Klaus Fahnenstich, Rainer G. Haselier

Microsoft Office Word 2007 – Das Handbuch

Klaus Fahnenstich, Rainer G. Haselier

Microsoft Office Word 2007 – Das Handbuch

Microsoft Press

Klaus Fahnenstich, Rainer G. Haselier: Microsoft Office Word 2007 – Das Handbuch
Microsoft Press Deutschland, Konrad-Zuse-Str. 1, D-85716 Unterschleißheim

15 14 13 12 11 10 9 8 7 6 5 4 3 2
11 10 09

ISBN 978-3-86645-102-5

Satz: rabbitsoft Haselier & Fahnenstich GbR, Aachen (www.rabbitsoft.de)
Umschlaggestaltung: Hommer Design GmbH, Haar (www.HommerDesign.com)
Layout: Gerhard Alfes, mediaService, Siegen (www.media-service.tv)
Gesamtherstellung: Kösel, Krugzell (www.KoeselBuch.de)

Übersicht

Teil D
Tabellen und Grafiken 367

Teil E
Mit speziellen Dokumenttypen arbeiten 529

Teil F
Dokumente gemeinsam nutzen 609

Teil G
Umfangreiche und wissenschaftliche Dokumente 653

Inhaltsverzeichnis

Teil H Word 2007 an eigene Bedürfnisse anpassen

Teil A

Einführung

In diesem Teil:

Kapitel 1

Willkommen bei Microsoft Word 2007

In diesem Kapitel:

Herzlich Willkommen in unserem aktuellen Buch zu Microsoft Office Word 2007. Seitdem wir vor rund 17 Jahren unser erstes Word-Buch veröffentlich haben – es behandelte Word 5.0 für DOS – haben wir etliche Word-Versionen kommen und gehen sehen. Mit diesem Erfahrungsschatz im Rücken, können wir mit ruhigem Gewissen behaupten, dass der Innovationssprung zwischen zwei Versionen selten so groß war wie bei Word 2007 und seinem Vorgänger Word 2003.

Bevor wir im nächsten Kapitel in medias res gehen, wollen wir in diesem Kapitel zunächst auf die Installation und Aktivierung von Word 2007 eingehen und Ihnen die Verwendung der CD erklären, die diesem Buch beiliegt. Zum Schluss des Kapitels stellen wir Ihnen die Testversionen von Microsoft Office 2007 vor. Dieser Abschnitt richtet sich an diejenigen unter Ihnen, die bisher noch keine Version von Word 2007 bzw. Office 2007 erworben haben.

Installation und Aktivierung

Sie können Word 2007 zwar als separates Produkt erwerben, aber die Preispolitik von Microsoft ist ganz klar auf den Verkauf von Office-Paketen ausgerichtet. In aller Regel ist es sinnvoller, direkt eine der angebotenen Office 2007-Editionen anzuschaffen. Microsoft Office 2007 wird in mehreren Varianten ausgeliefert, die für verschiedene Zielgruppen konzipiert wurden – von der Privatperson bis hin zur großen Firma. Da Microsoft Word 2007 in allen Editionen enthalten ist, kann es mit Fug und Recht als zentraler Bestandteil von Microsoft Office 2007 bezeichnet werden. Wir werden daher in diesem Abschnitt davon ausgehen, dass Sie Word 2007 als Teil eines Office-Pakets nutzen.

Office 2007 installieren

Die Installation von Office 2007 ist im Vergleich zur Vorgängerversion noch einfacher geworden. Die Benutzereingaben wurden auf das absolute Minimum reduziert (Product Key eingeben und die obligatorischen Lizenzbedingungen annehmen), so dass wir mit ruhigem Gewissen auf eine ausführliche Erklärung des Vorgangs verzichten können. Legen Sie einfach die Installations-CD ein und folgen Sie den Anweisungen auf dem Bildschirm. Falls auf Ihrem PC die AutoPlay-Funktion ausgeschaltet sein sollte, öffnen Sie zum Starten des Installationsprogramms den Arbeitsplatz (der unter Windows Vista *Computer* heißt), lassen den Inhalt der CD anzeigen und führen dann das Programm *Setup.exe* aus.

Office 2007 aktivieren

Damit Sie nach der Installation dauerhaft mit Office 2007 arbeiten können, müssen Sie das Programm *aktivieren.* Bei diesem Vorgang wird überprüft, ob Sie im Besitz einer gültigen Lizenz sind. Ohne diese Aktivierung schalten sich die Office-Programme nach dem 25ten Start automatisch in einen Modus mit eingeschränkter Funktionalität, in dem Sie zwar noch Dokumente betrachten, sie jedoch nicht mehr bearbeiten können.

Die Aktivierung lässt sich wahlweise über das Internet oder telefonisch durchführen, wobei Sie der ersten Variante den Vorzug geben sollten, da sie vollautomatisch abläuft. Die Aktivierung per Telefon ist für den Fall gedacht, dass Ihr PC nicht mit dem Internet verbunden ist – was mittlerweile wohl eher die Ausnahme als die Regel sein dürfte.

Falls Sie die Aktivierung nicht direkt bei der Installation vorgenommen haben, können Sie dies mit folgenden Schritten nachholen:

1. Starten Sie eines der Office-Programme, z. B. Word, und klicken Sie oben links auf die *Office-Schaltfläche* (das ist der große runde Knopf).
2. Klicken Sie in dem aufgeklappten Fenster unten rechts auf die Schaltfläche *Word-Optionen.*
3. Wählen Sie im nächsten Fenster die Rubrik *Ressourcen* und klicken dann im rechten Bereich des Fensters auf *Aktivieren.*
4. Geben Sie nun den 25stelligen Product Key ein. Sie können dabei ruhig Kleinbuchstaben verwenden, denn Ihre Eingabe wird automatisch in Großbuchstaben umgewandelt. Auch die Bindestriche zwischen den 5er-Gruppen brauchen Sie nicht einzutippen.

   Sobald Sie das letzte Zeichen des Product Keys eingegeben haben, wird er automatisch überprüft. Wurde der Key akzeptiert, erscheint in dem Fenster ein grüner Haken, ansonsten erhalten Sie eine entsprechende Fehlermeldung.

Bild 1.1 Der Product Key wurde akzeptiert

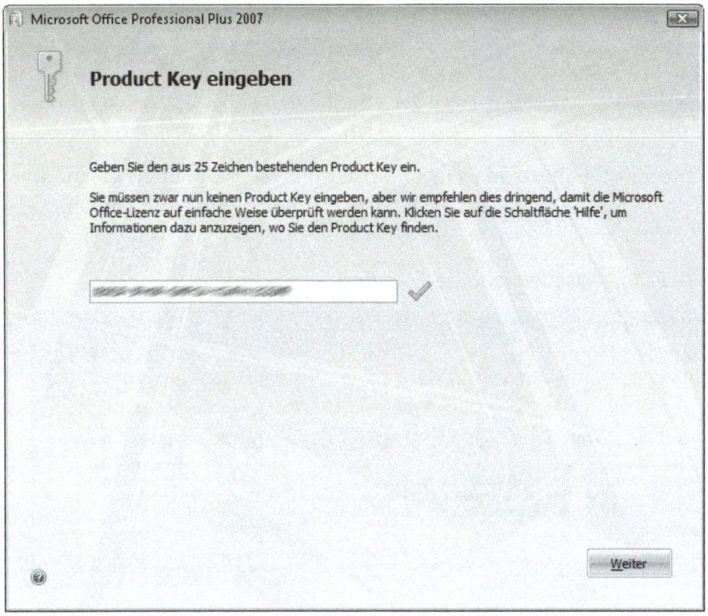
Microsoft Office Professional Plus 2007
Product Key eingeben
Geben Sie den aus 25 Zeichen bestehenden Product Key ein.
Sie müssen zwar nun keinen Product Key eingeben, aber wir empfehlen dies dringend, damit die Microsoft Office-Lizenz auf einfache Weise überprüft werden kann. Klicken Sie auf die Schaltfläche 'Hilfe', um Informationen dazu anzuzeigen, wo Sie den Product Key finden.
Weiter

5. Nachdem der Key akzeptiert wurde, können Sie auf *Weiter* und dann im nächsten Fenster auf *Installieren* klicken, um den Vorgang abzuschließen.

Der erste Start von Word 2007

Wenn Sie Word 2007 nach der Installation von Office 2007 starten, erscheint folgendes Dialogfeld, mit dem Sie konfigurieren können, in welchem Umfang Sie die online, also über das Internet, zur Verfügung gestellten Hilfsangebote von Microsoft nutzen wollen.

Bild 1.2 Konfiguration der Datenschutzoptionen

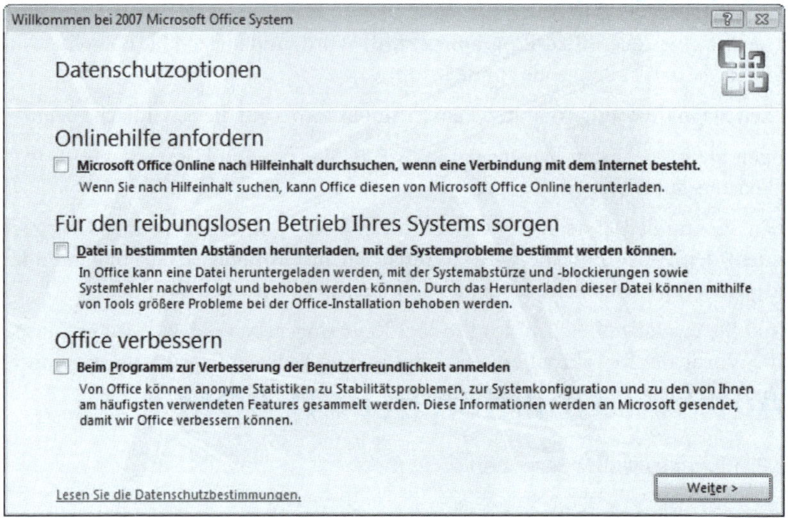
Willkommen bei 2007 Microsoft Office System
Datenschutzoptionen
Onlinehilfe anfordern
Microsoft Office Online nach Hilfeinhalt durchsuchen, wenn eine Verbindung mit dem Internet besteht.
Wenn Sie nach Hilfeinhalt suchen, kann Office diesen von Microsoft Office Online herunterladen.
Für den reibungslosen Betrieb Ihres Systems sorgen
Datei in bestimmten Abständen herunterladen, mit der Systemprobleme bestimmt werden können.
In Office kann eine Datei heruntergeladen werden, mit der Systemabstürze und -blockierungen sowie Systemfehler nachverfolgt und behoben werden können. Durch das Herunterladen dieser Datei können mithilfe von Tools größere Probleme bei der Office-Installation behoben werden.
Office verbessern
Beim Programm zur Verbesserung der Benutzerfreundlichkeit anmelden
Von Office können anonyme Statistiken zu Stabilitätsproblemen, zur Systemkonfiguration und zu den von Ihnen am häufigsten verwendeten Features gesammelt werden. Diese Informationen werden an Microsoft gesendet, damit wir Office verbessern können.
Lesen Sie die Datenschutzbestimmungen.
Weiter >

Das erste Kästchen sollten Sie auf jeden Fall einschalten, da Sie dadurch Zugang auf die umfangreiche Onlinehilfe von Microsoft erhalten. Ob Sie die beiden anderen Optionen ebenfalls aktivieren, ist eher eine Frage des persönlichen Bedürfnisses nach Sicherheit und Anonymität.

Sobald Sie Ihre Einstellungen mit einem Klick auf *Weiter* bestätigt haben, sehen Sie ein zweites Dialogfeld, in dem Sie die automatische Update-Funktion aktivieren können.

Bild 1.3 Aktivieren der automatischen Update-Funktion

Willkommen bei 2007 Microsoft Office System
Melden Sie sich für Microsoft Update an
Verwenden Sie Microsoft Update, damit Office immer sicher und auf dem aktuellen Stand ist
Microsoft Update bietet Sicherheitsupdates sowie andere wichtige Updates für Microsoft Windows und andere Microsoft-Produkte, einschließlich Office. Updates werden automatisch übermittelt, sobald sie zum Herunterladen verfügbar sind. Wenn Sie diese Einstellung später ändern möchten, klicken Sie auf 'Start', zeigen Sie auf 'Alle Programme', und klicken Sie dann auf 'Windows Update'. Klicken Sie auf der Seite 'Windows Update' auf 'Einstellungen ändern'.
Aktualisierungen, soweit verfügbar, von Microsoft Update herunterladen und installieren (empfohlen)
Ich möchte Microsoft Update nicht verwenden
Microsoft Update-FAQ
Datenschutzbestimmungen für Microsoft Update
< Zurück
Anmelden

Hier fällt die Wahl nicht schwer: Es sollte sich mittlerweile herum gesprochen haben, dass nur ein aktuelles System größtmögliche Sicherheit bietet. Klicken Sie also auf *Anmelden*, um den Vorgang zu starten und bestätigen Sie die nächste Meldung mit *Fortsetzen*. Jetzt steht Word 2007 für Sie bereit!

Die Begleit-CD zu diesem Buch

Auf der CD-ROM zu diesem Buch finden Sie u. a.:

- *Übungs- und Beispieldateien,* mit denen Sie das Gelernte ausprobieren können oder Schritte, die in den verschiedenen Kapiteln beschrieben werden, nachvollziehen können
- das komplette Handbuch als *eBook* im PDF-Format, damit Sie auch unterwegs schnell auf das gesamte Wissen zurückgreifen können.
- Eine interaktive Befehlszeilenreferenz für den Umstieg von Word 2003 auf Word 2007. Hinweise zur Installation des Programms finden Sie in Anhang A.

Dieser Abschnitt zeigt Ihnen, wie Sie die Dateien von der CD-ROM installieren und verwenden.

Die Autorun-Funktion der CD-ROM

Die CD-ROM beinhaltet eine Autorun-Funktion, durch die nach dem Einlegen der CD automatisch das Startfenster erscheint, aus dem heraus Sie die verschiedenen Inhalte der CD installieren können.

Gehen Sie dazu wie folgt vor:

1. Legen Sie die CD-ROM in das CD-ROM-Laufwerk Ihres Computers ein.
2. Wenn Sie die Autorun-Funktion von Windows aktiviert haben (dies ist die Standardeinstellung von Windows), startet nach kurzer Zeit automatisch das Startprogramm der CD-ROM. Sie sehen das folgende Fenster auf Ihrem Bildschirm:

Bild 1.4 Das Startfenster der CD-ROM

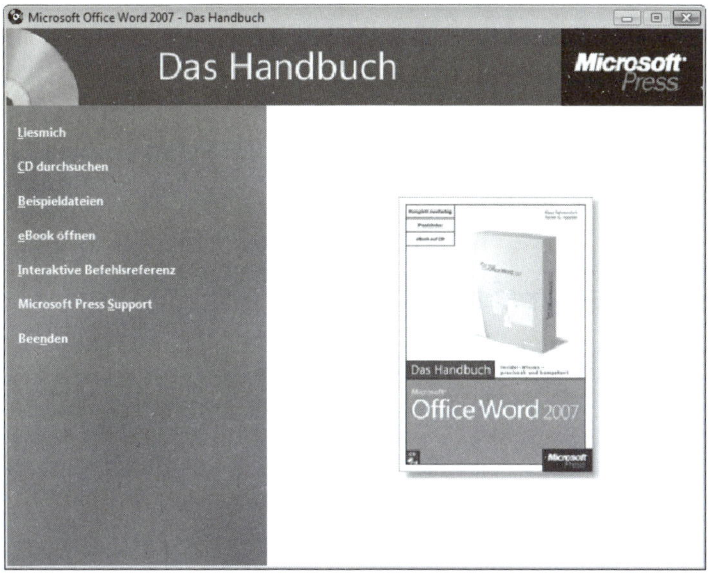

3. Klicken Sie im Menü auf der linken Seite des Startfensters das Element an, das Sie installieren möchten. Um das Startfenster zu schließen, klicken Sie im Menü auf *Beenden.*

HINWEIS Was tun, wenn das obige Fenster nicht automatisch erscheint?

1. Klicken Sie in der Taskleiste auf *Start* und dann auf *Arbeitsplatz* bzw. *Computer* (so heißt das Symbol bei Windows Vista).
2. Suchen Sie im angezeigten Ordnerfenster nach dem Symbol für das CD-ROM-Laufwerk und doppelklicken Sie darauf. Der Inhalt der CD-ROM wird angezeigt.
3. Sie sehen dann ein Symbol mit der Beschriftung *StartCD*. Doppelklicken Sie auf dieses Symbol, damit das Fenster erscheint.

Installation der Übungen und Beispiele

Dieser Abschnitt beschreibt, wie Sie die Beispiel- und Übungsdateien installieren.

1. Klicken Sie im Startfenster auf *Beispieldateien*, um das Installationsprogramm zu starten.

   Bestätigen Sie die Willkommensmeldung mit *Weiter*.

2. Im nächsten Dialogfeld können Sie festlegen, ob die Beispiele und Übungen für alle Benutzer des Computers oder nur für Sie installiert werden sollen. Übernehmen Sie die Vorgabe und klicken Sie auf *Weiter*. Das Fenster *Zielordner* wird angezeigt.

In diesem Fenster können Sie den Speicherort auf Ihrer Festplatte angeben, in den die Übungsdateien installiert werden.

Standardmäßig werden die Übungsdateien in einen Unterordner unterhalb Ihres Ordners *Eigene Dateien* installiert. Wir empfehlen, diese Vorgabe zu übernehmen. (Siehe auch den folgenden Abschnitt »Die Übungsdateien verwenden«.)

3. Klicken Sie auf *Weiter*.
4. Klicken Sie im nächsten Fenster auf *Installieren*, damit die eigentliche Installation beginnt.

Nun werden die Dateien auf die Festplatte kopiert. Wenn die Installation beendet ist, werden Sie darüber in einem Dialogfeld informiert.

5. Klicken Sie auf *Fertig stellen*. Sie kehren dann zum Startfenster der CD-ROM zurück.
6. Klicken Sie im linken Bereich des Fensters auf *Beenden*.

Die Übungsdateien verwenden

Um die Übungsdateien zu verwenden, gehen Sie folgendermaßen vor:

1. Klicken Sie auf *Start*. Das Startmenü wird geöffnet.
2. Klicken Sie auf *Eigene Dateien* bzw. auf *Dokumente*, falls Sie Windows Vista nutzen.

Im angezeigten Ordnerfenster sehen Sie ein Symbol mit der Beschriftung *Übungsdateien Office Word 2007 – Das Handbuch*.

3. Doppelklicken Sie auf diesen Ordner, um ihn zu öffnen. Die Dateien in diesem Ordner werden angezeigt.
4. Doppelklicken Sie auf die Datei, die Sie öffnen möchten. Die Datei wird in dem Programm geöffnet, in dem Sie sie bearbeiten können – also in der Regel in Word 2007.

Sie können die Dokumente auch direkt aus Word 2007 öffnen. Eine Beschreibung dazu finden Sie in Kapitel 6 ab Seite 119. Doppelklicken Sie im Dialogfeld *Öffnen* auf den Ordner *Übungsdateien Office Word 2007 – Das Handbuch* und öffnen Sie dann die gewünschte Datei aus diesem Ordner.

Das eBook verwenden

Das eBook enthält das vollständige Handbuch im PDF-Format und liegt im Unterordner *\eBook* der Begleit-CD. Der Name der Datei lautet *Word 2007 Handbuch.pdf.* Am besten kopieren Sie diese Datei auf die Festplatte Ihres Computers, damit Sie das Handbuch jederzeit »griffbereit« haben.

Zum Anzeigen des eBooks benötigen Sie das Programm *Adobe Reader,* das Sie bei Bedarf kostenlos von *www.adobe.de* herunterladen können.

Anzeigen des eBooks

Zum Anzeigen des eBooks doppelklicken Sie auf die Datei *Word 2007 Handbuch.pdf* oder klicken links im Startfenster auf den Eintrag *eBook.* Um die Navigation zu erleichtern, enthält das eBook Lesezeichen, mit denen Sie die Kapitel gezielt ansteuern können. Zum Anzeigen der Lesezeichen klicken Sie links im Fenster auf die Registerkarte *Lesezeichen.*

Bild 1.5 Das eBook enthält Lesezeichen, mit denen Sie die einzelnen Kapitel gezielt ansteuern können

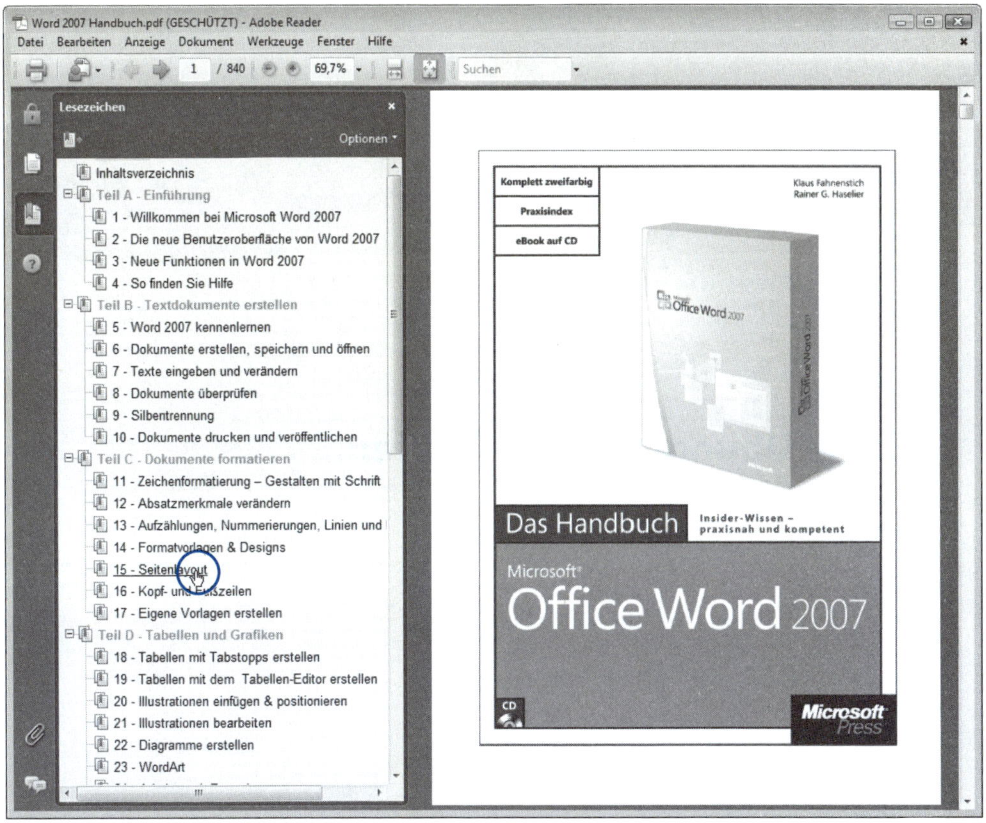

Navigieren im eBook

Wenn Sie eine bestimmte Seite des eBooks anzeigen möchten, gehen Sie folgendermaßen vor:

1. Tragen Sie die Seitenzahl – die Sie zum Beispiel dem Inhalts- oder dem Stichwortverzeichnis entnommen haben – in die Werkzeugleiste für die Seitennavigation des *Adobe Reader* ein.

2. Drücken Sie die [↵]-Taste, um die gewünschte Seite anzuzeigen.

Sie können die Informationen des eBooks jedoch nicht nur mit Hilfe des Inhalts- und des Stichwortverzeichnisses auffinden. Alternativ können Sie das eBook auch nach beliebigen Stichwörtern durchsuchen. In der hier abgebildeten Version 8.1 des Adobe Reader erreichen Sie die Volltextsuche über den Befehl *Bearbeiten/Erweiterte Suche* bzw. über den Shortcut [⇧]+[Strg]+[F].

Bild 1.6 Die Volltextsuche des eBooks rufen Sie mit *Bearbeiten/Erweiterte Suche* auf

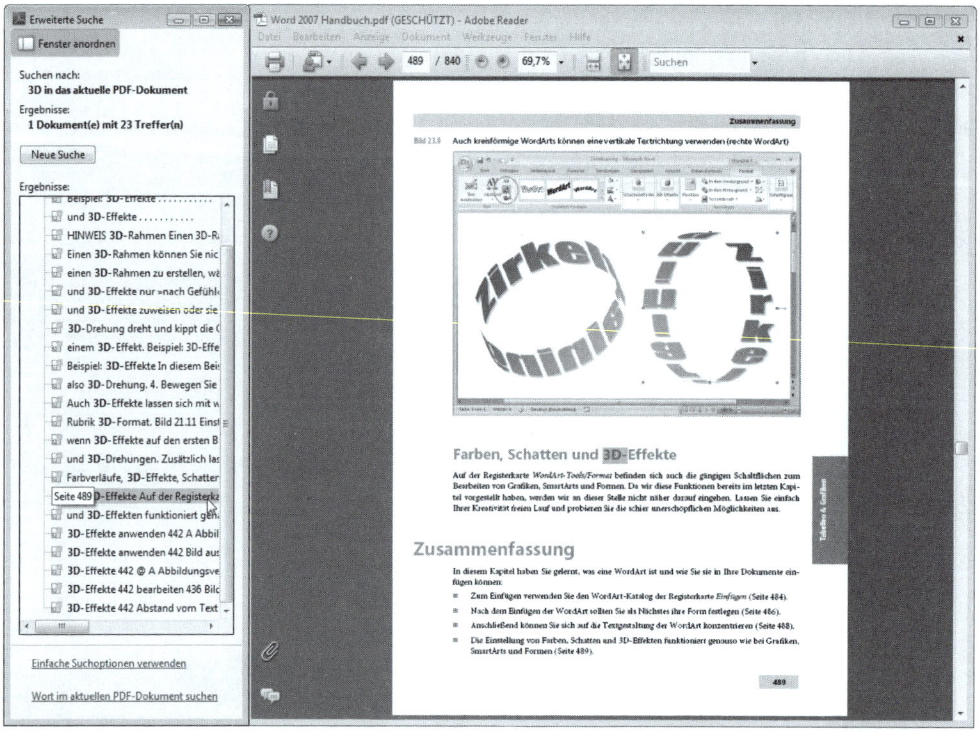

Die Testversionen von Office 2007

Im Rahmen der Markteinführung von Office 2007 stellt Microsoft verschiedene Testversionen zur Verfügung, die Ihnen bei der Entscheidung helfen sollen, ob sich für Sie der Einsatz von Office 2007 lohnt. Sie finden diese Software auf den Internetseiten zu Microsoft Office 2007, die Sie am schnellsten über die Adresse www.office2007.de*http://office.microsoft.de* erreichen. Die betreffenden Links stehen (zur Zeit) im oberen Bereich der Seite in der Gruppe *Testen Sie Office 2007:*

- 60-Tage-Versionen von Office 2007 bzw. der verschiedenen Office-Programme, die Sie auf Ihrem PC installieren können und die den vollen Funktionsumfang enthalten
- den so genannten *Microsoft Office Test Drive.* Dabei handelt es sich um eine Testumgebung von Office 2007, die auf einem Citrix Presentation Server läuft und auf die Sie mit Hilfe des Internet Explorers zugreifen können (andere Browser werden leider nicht unterstützt). Sie arbeiten dabei mit einem virtuellen PC und schon mit einer einfachen DSL-Verbindung ist ein flüssiges Arbeiten möglich, so dass Sie sich einen sehr guten Eindruck vom »Look & Feel« der neuen Office Suite verschaffen können.

Bild 1.7 Die Online-Version von Word 2007 »fühlt« sich täuschend echt an

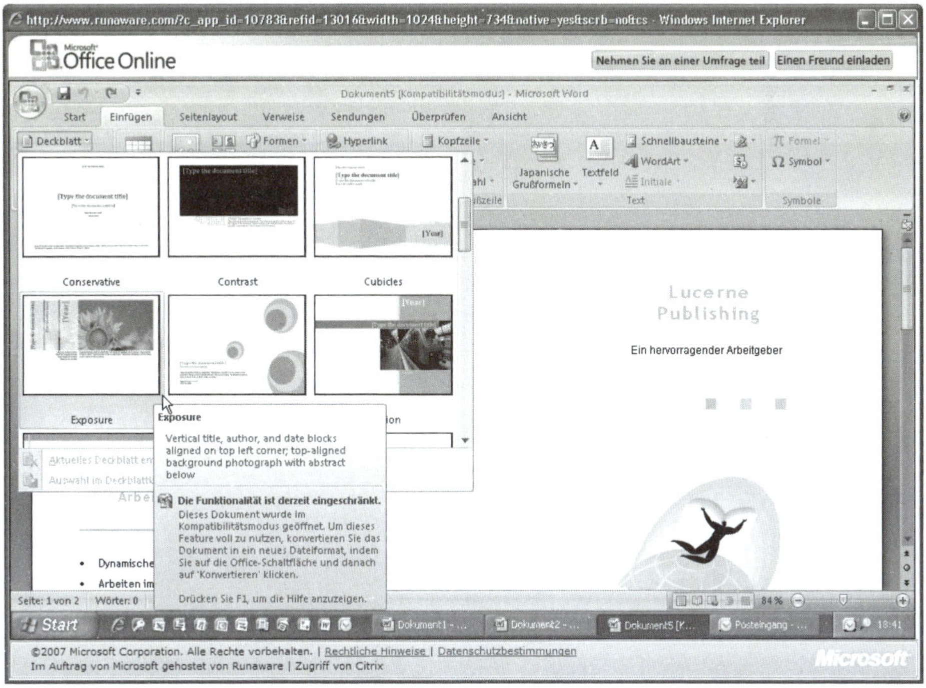

Diese Form der Produktpräsentation ist unserer Meinung nach wirklich zukunftsweisend, denn auf diese Weise können Sie Office 2007 ohne großen Aufwand und ohne die üblichen Risiken, die mit der Installation von Beta- und Test-Versionen verbunden sind, kennenlernen.

Kapitel 2

Die neue Benutzeroberfläche von Word 2007

In diesem Kapitel:

Wenn Sie Word 2007 das erste Mal starten, ist erst einmal alles anders als gewohnt. Das in allen vorhergehenden Word-Versionen vorhandene Menü und auch die Symbolleisten sind verschwunden. Stattdessen befindet sich am oberen Rand des Programmfensters die neue Multifunktionsleiste, die das Menü und die Symbolleisten ersetzt. In der Multifunktionsleiste sind die zahlreichen Funktionen des Programms zu logischen Gruppen zusammengefasst und über verschiedene Registerkarten erreichbar, wobei jede der Registerkarten die Befehle enthält, die zu einer bestimmten Aktivität gehören, die Sie beim Erstellen eines Dokuments durchführen.

Dieses Kapitel stellt Ihnen die neue Benutzeroberfläche von Word 2007 mit der Multifunktionsleiste, den Befehlsgruppen, den Kontexttools und den weiteren neuen Elementen vor, die sich an den verschiedenen Stellen des Programmfensters befinden. Der Schwerpunkt liegt hierbei darauf, Ihnen die geänderte Bedienungsphilosophie von Word 2007 nahezubringen und Ihnen entweder den Einsteig in, aber auch den Umstieg auf Word 2007 zu erleichtern. Weitere Kapitel in diesem Buch greifen diese Grundlageninformationen auf und vertiefen sie:

- Kapitel 6, »Dokumente erstellen, speichern und öffnen«, konzentriert sich auf die neue *Office-Schaltfläche,* die sich in der linken oberen Ecke des Programmfensters befindet und in dem sich vor allem die Funktionen befinden, die in früheren Word-Versionen im Menü *Datei* untergebracht waren.
- Neben der neuen Benutzeroberfläche hat Word 2007 auch eine Menge an Neuem zu bieten was die Programmfunktionen angeht. Eine Übersicht über diese neuen Features finden Sie in Kapitel 3.
- Wenn Sie von einer der vorhergehenden Word-Versionen auf die 2007er Edition umsteigen, finden Sie in Anhang A mehrere Tabellen, die Ihnen dabei helfen, die vertrauten Befehle aus den Menüs schnell in der Multifunktionsleiste und deren Registerkarten wiederzufinden.

Die Multifunktionsleiste

Die Versionsgeschichte von Microsoft Office ist dadurch geprägt, dass jede neue Version neue und mehr Features brachte, was aber nicht dazu geführt hat, dass diese auch von den Anwendern gefunden und damit genutzt werden konnten. Für die Nutzung der Features gilt das Pareto-Prinzip in einer übertragenen Form: 80 % der Office-Anwender nutzen 20 % der Features des Programms. Viele der Features aus früheren Office-Versionen (der Office-Assistent *Karl Klammer,* die Aufgabenbereiche, die verbesserte Hilfe usw.) haben nur unwesentlich dazu beigetragen, diesen Sachverhalt zu ändern.

Bild 2.1 Die Benutzeroberfläche von Word 2007 verwendet statt der Menüs und der Symbolleisten die neue Multifunktionsleiste. Dort stehen die meisten Funktionen – nach Aktivitäten gruppiert – auf Befehlsregisterkarten zur Verfügung.

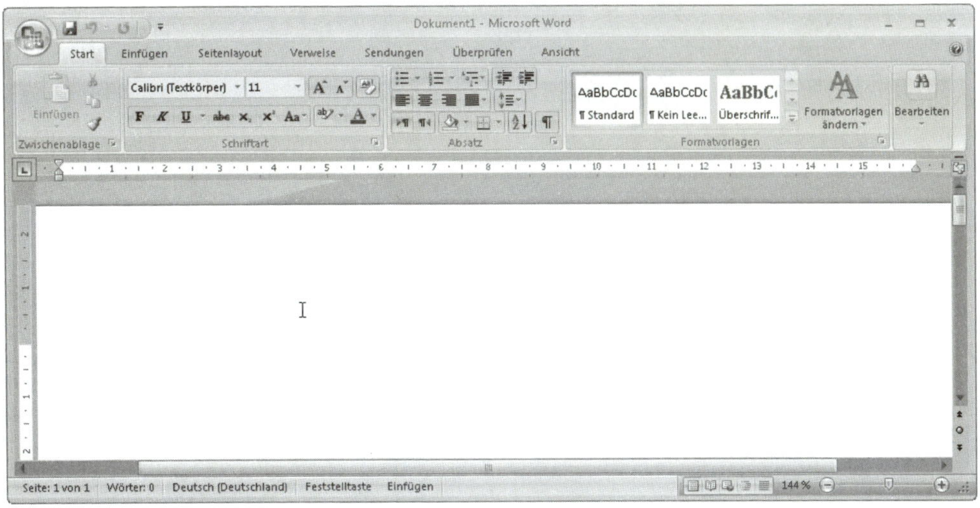

Dass die Features nicht genutzt werden, liegt weniger daran, dass sie nicht benötigt werden, sondern vielmehr daran, dass sie nicht gefunden werden. Office 2007 macht einen neuen, gewagten Anlauf, um hier Abhilfe zu schaffen. Getreu dem Sprichwort »Wenn der Berg nicht zum Propheten kommt, muss der Prophet zum Berg gehen.« wurde die Benutzeroberfläche von Word, Excel, PowerPoint und teilweise auch von Outlook komplett umgestaltet.

Statt über die Menüleiste und die Symbolleisten sind die Funktionen jetzt über die Multifunktionsleiste erreichbar, die Sie in der obigen Abbildung im oberen Bereich des Word-Fensters sehen. Die Multifunktionsleiste besteht bei Word aus sieben *Standardregisterkarten,* in der die Word-Features logisch nach den Aktivitäten, die Sie mit dem Programm vornehmen, gruppiert sind. Sie öffnen eine Registerkarte, indem Sie deren Namen anklicken.

TIPP **Registerkarte mit Scrollrad wechseln** Wenn Sie eine Maus mit einem Scrollrad verwenden, können Sie zwischen den verschiedenen Registerkarten wechseln, indem Sie den Mauszeiger auf die Multifunktionsleiste bewegen und dann am Scrollrad drehen.

Die Registerkarten selbst wiederum bestehen aus *Befehlsgruppen,* die eine Aufgabe in Teilaufgaben aufteilen. So finden Sie auf der Registerkarte *Start* beispielsweise die Befehlsgruppen *Zwischenablage, Schriftart* und *Absatz.* Die Namen der Gruppen werden am unteren Rand der Multifunktionsleiste angezeigt.

Die Befehlsgruppen wiederum enthalten *Befehlsschaltflächen,* wie Sie sie von den früheren Symbolleisten her kennen. Einige der Befehlsschaltflächen führen einen Befehl sofort aus, wie die Schaltflächen *Ausschneiden* und *Kopieren* der Befehlsgruppe *Zwischenablage;* bei anderen (diese sind mit einem kleinen Pfeil gekennzeichnet) wird zuerst ein Menü geöffnet, in dem weitere Befehle angeboten werden, aus denen Sie dann einen auswählen können.

Bild 2.2 Die grundlegenden Elemente der Multifunktionsleiste

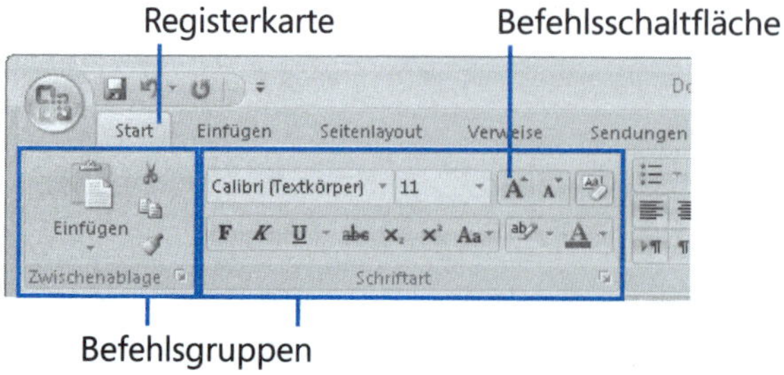

Die Registerkarten enthalten für die meisten Aufgaben die am häufigsten verwendeten Features. Wenn in einer Gruppe nicht alle Funktionen in Form von Befehlsschaltflächen zur Verfügung stehen, wird neben dem Namen der Befehlsgruppe eine kleine Schaltfläche angezeigt, die von den Office-Machern den Namen *Startprogramm für ein Dialogfeld* erhalten hat. Wenn Sie den Mauszeiger auf ein Startprogramm für ein Dialogfeld bewegen, wird in einem kleinen Fenster eine Vorschau des Dialogfeldes angezeigt, das nach dem Anklicken der Schaltfläche geöffnet wird. In der nachfolgenden Abbildung sehen Sie dies exemplarisch für das Dialogfeld *Schriftart*.

Bild 2.3 Über die kleine Schaltfläche neben den Namen einiger der Befehlsgruppen können Sie ein Dialogfeld oder einen Aufgabenbereich öffnen, in dem Sie weitere Befehle oder Optionen für die Befehlsgruppe finden

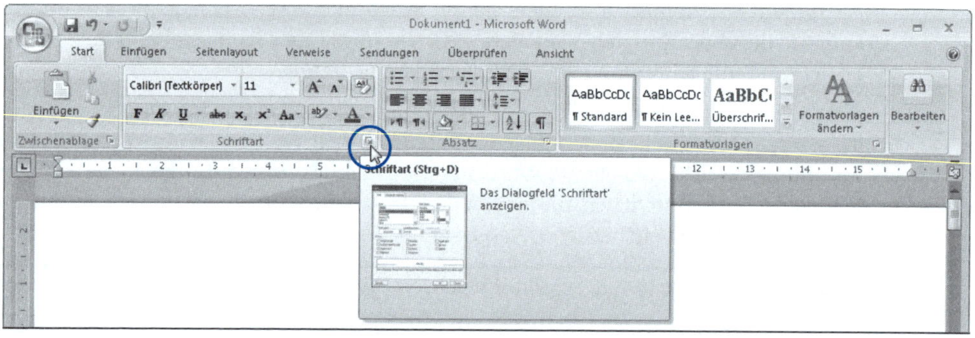

TIPP **QuickInfo-Format einstellen** Falls bei Ihnen keine QuickInfo oder nur eine QuickInfo ohne Dialogfeld-Vorschau angezeigt wird, wenn Sie mit dem Mauszeiger auf eine Schaltfläche *Startprogramm für ein Dialogfeld* zeigen, können Sie die Funktion mit folgenden Schritten aktivieren:

1. Klicken Sie auf die *Office-Schaltfläche.*
2. Im dadurch aufgeklappten Menü klicken Sie unten rechts auf die Schaltfläche *Word-Optionen,* um das gleichnamige Dialogfeld anzuzeigen.
3. Wählen Sie im Listenfeld *QuickInfo-Format* die Einstellung *Featurebeschreibungen in QuickInfos anzeigen.*
4. Schließen Sie das Dialogfeld mit *OK.*

Manche der Startprogramme für ein Dialogfeld öffnen einen Aufgabenbereich, wie Sie ihn von den vorhergehenden Office-Versionen kennen. Dies ist beispielsweise bei der Befehlsgruppe *Zwischenablage* der Fall.

Die Standardregisterkarten von Word 2007

Word 2007 enthält in der Grundeinstellung die folgenden Standardregisterkarten:

- Die Registerkarte ***Start*** enthält die Befehle für die Verwendung der Zwischenablage, die Formatierung von Schrift- und Absatzmerkmalen, die Formatvorlagen und die Gruppe *Bearbeiten*, über die Sie *Suchen* und *Ersetzen* und verschiedene Markierungsaktionen ausführen können.
- Die Registerkarte ***Einfügen*** führt alle Elemente auf, die Sie in ein Word-Dokument einfügen können. Hierzu gehören neue Seiten, Tabellen, Abbildungen, Hyperlinks, Kopf- und Fußzeilen, Textobjekte und Symbole.
- Die Registerkarte ***Seitenlayout*** enthält die Befehle für das Einrichten der Seite (Ränder, Hoch-/Querformat), für das Arbeiten mit Designs und Seitenhintergründen sowie für das Einstellen der Absatzabstände in Ihrem Dokument. Außerdem können Sie mit den Befehlen der Gruppe *Anordnen* die Reihenfolge der Elemente auf der Seite verändern.
- Die Registerkarte ***Verweise*** enthält die Elemente, die Sie benötigen, wenn Sie mit längeren oder komplexeren Dokumenten arbeiten. Sie können hier ein Inhaltsverzeichnis, Fußnoten, Zitate und Literaturverzeichnisse, ein Stichwortverzeichnis und ein Rechtsgrundlagenverzeichnis erstellen und wiederkehrende Elemente in Ihrem Dokument automatisch beschriften lassen (wie beispielsweise Tabellen oder Abbildungen).
- Die Registerkarte ***Sendungen*** könnte auch den Namen Seriendruck tragen, da Sie hier alle Befehle finden, um ein Seriendruckprojekt zu erstellen, Seriendruckfelder in das Dokument einzufügen, sich eine Vorschau der Ergebnisse anzusehen und das Projekt schließlich auszudrucken oder zu versenden. Außerdem finden Sie hier Befehle, um Umschläge oder Etiketten zu erstellen und auszudrucken.
- Mit der Registerkarte ***Überprüfen*** stehen Ihnen die Werkzeuge zur Verfügung, mit denen Sie Ihr Dokument prüfen lassen können (Rechtschreibprüfung, Grammatik, Thesaurus usw.) und es gemeinsamen mit anderen nutzen können. Sie können Kommentare einfügen, Änderungen nachverfolgen und die von anderen vorgenommenen Änderungen bearbeiten. Außerdem können Sie hierüber zwei Versionen eines Dokuments miteinander vergleichen lassen und das Dokument schützen.
- Auf der Registerkarte ***Ansicht*** finden Sie die Befehle, mit denen Sie Ihr Dokument auf verschiedene Arten anzeigen lassen können: angefangen von den verschiedenen Dokumentansichten bis zu einer Gruppe von Optionen, mit denen Sie das Lineal, Gitternetzlinien oder die Miniaturansichten anzeigen lassen können. Eine eigene Befehlsgruppe enthält die Befehle, um mit verschiedenen Dokumenten in verschiedenen Fenstern arbeiten zu können.

Die Registerkarte *Entwicklertools*

Eine weitere Standardregisterkarte mit dem Namen *Entwicklertools* ist standardmäßig nicht eingeblendet. Diese Registerkarte enthält die Werkzeuge, um Makros zu bearbeiten, den Visual Basic-Editor der Office-Anwendung zu starten und dort Code zu erstellen und zu bearbeiten u. v. m.

Bild 2.4 Die Registerkarte *Entwicklertools*

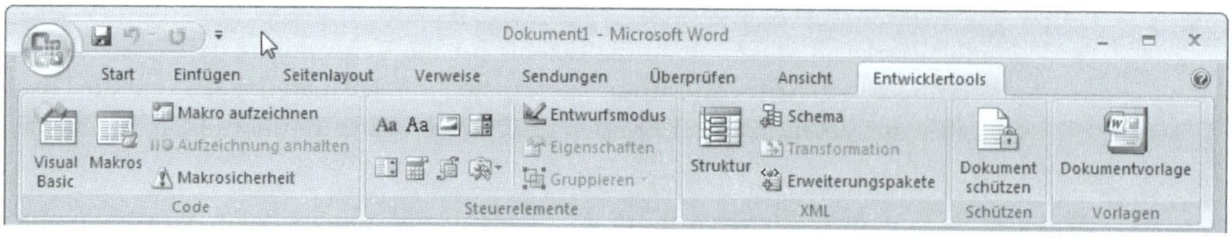

Sie können die Registerkarte *Entwicklertools* einblenden lassen, indem Sie die *Office-Schaltfläche* und dann im unteren Bereich des Menüs die Schaltfläche *Word-Optionen* anklicken. Wechseln Sie im Dialogfeld *Word-Optionen* zur Seite *Häufig verwendet* und schalten Sie das Kontrollkästchen *Entwicklerregisterkarte in der Multifunktionsleiste anzeigen* ein.

Weitere Informationen zu den Möglichkeiten der Registerkarte *Entwicklertools* finden Sie u. a. in den Kapiteln 30 und 42 dieses Buches.

Programmregisterkarten

Neben den Standardregisterkarten gibt es noch die sogenannten Programmregisterkarten, die dann angezeigt werden, wenn Sie zu einer bestimmten Dokumentdarstellung wechseln. Die Programmregisterkarten werden dann an Stelle der Standardregisterkarten angezeigt.

Ein Beispiel hierfür ist die Seitenansicht, die Sie in Word aktivieren können, indem Sie die *Office-Schaltfläche* anklicken, auf *Drucken* zeigen und dann auf *Seitenansicht* klicken.

Die Programmregisterkarten enthalten wie die Standardregisterkarten Befehlsgruppen und diese wiederum die Schaltflächen für die verschiedenen Aktionen. Wenn Sie die Darstellungsart verlassen (hier, indem Sie auf *Druckvorschau schließen* klicken), wird die Programmregisterkarte ausgeblendet und stattdessen wieder die Standardregisterkarten eingeblendet.

Bild 2.5 Beispiel für eine Programmregisterkarte: Die Funktionen für die Seitenansicht werden in Form einer eigenen Registerkarte angezeigt; die Standardregisterkarten werden ausgeblendet, solange Sie sich in dieser Darstellungsart des Dokuments befinden

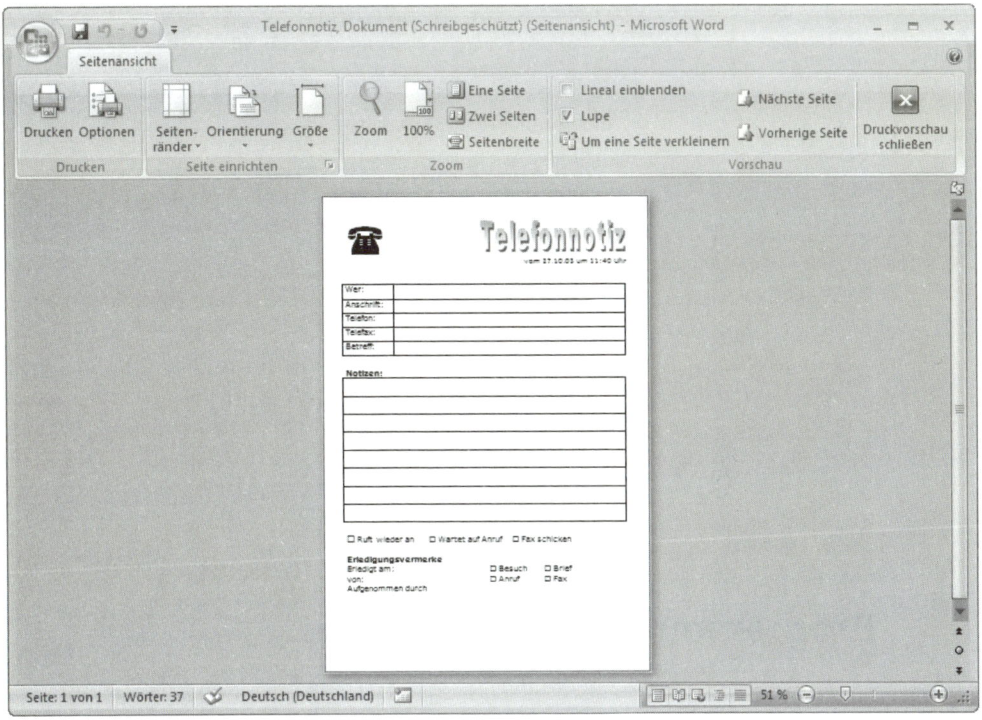

Kontextbezogene Registerkarten

Die verschiedenen Registerkarten, die sich je nach Situation ein- und ausblenden, haben das Ziel, Ihnen immer nur die Befehle anzuzeigen, die Sie in einem bestimmten Arbeitsschritt auch wirklich benötigen, um so die unüberschaubare Vielfalt an Befehlen, die in vorhergehenden Versionen für viele Anwender problematisch war, zu reduzieren. Dieses Ziel verfolgt auch die dritte Variante der Registerkarten: die kontextbezogenen Registerkarten, die Kontexttools bereitstellen und zwar abhängig davon, was derzeit im Dokument, an dem Sie arbeiten, markiert ist bzw. wo sich gerade die Einfügemarke befindet.

Die Befehle dieser Registerkarten werden nur dann benötigt, wenn Sie ein bestimmtes Element bearbeiten. Wenn Sie beispielsweise über die Registerkarte *Einfügen* eine neue Tabelle in Ihr Dokument eingefügt haben und sich die Einfügemarke in der Tabelle befindet, werden die *Tabellentools* eingeblendet, die die beiden Registerkarten *Layout* und *Entwurf* enthalten, mit deren Werkzeugen Sie den Aufbau der Tabelle und deren Optik bearbeiten können.

Eine andere Kontextregisterkarte mit dem Namen *Format* wird für die *Bildtools* eingeblendet, wenn Sie eine Abbildung oder Grafik markiert haben, wie Sie es in der folgenden Abbildung sehen.

Bild 2.6 Kontextregisterkarten werden eingeblendet, wenn sich die Einfügemarke in einem bestimmten Elementtyp (wie einer Tabelle, einer Abbildung, einer SmartArt usw.) befindet

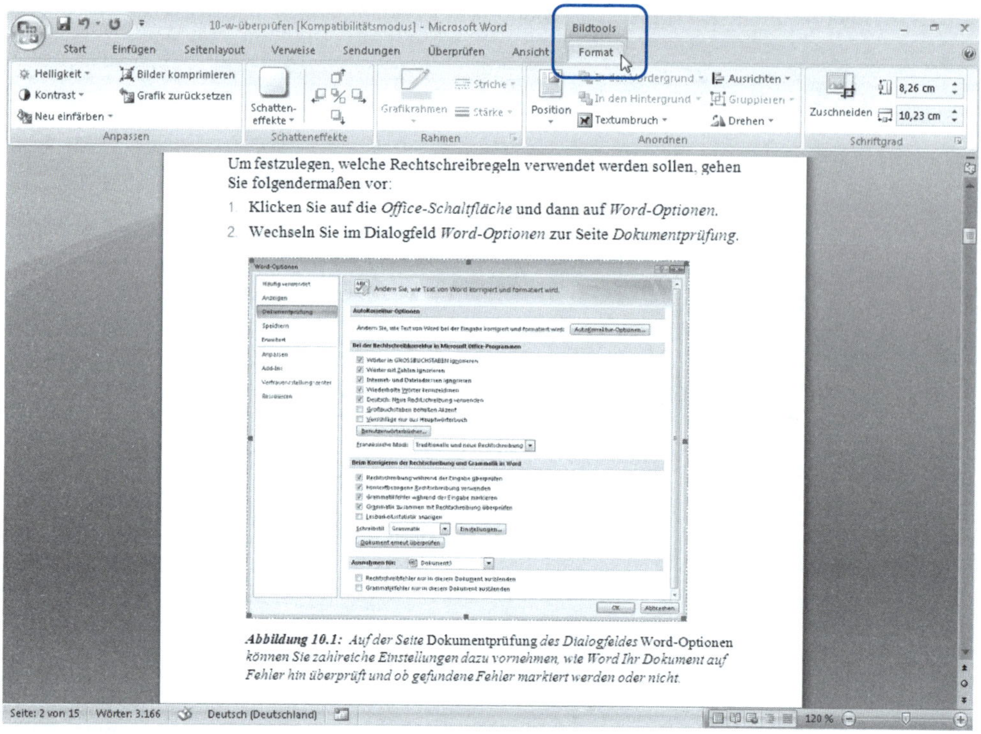
10-w-überprüfen [Kompatibilitätsmodus] - Microsoft Word
Bildtools
Start
Einfügen
Seitenlayout
Verweise
Sendungen
Überprüfen
Ansicht
Format
Helligkeit
Kontrast
Neu einfärben
Bilder komprimieren
Grafik zurücksetzen
Anpassen
Schatten-effekte
Schatteneffekte
Grafikrahmen
Striche
Stärke
Rahmen
Position
In den Hintergrund
Textumbruch
Ausrichten
Gruppieren
Drehen
Anordnen
Zuschneiden
8,26 cm
10,23 cm
Schriftgrad
Um festzulegen, welche Rechtschreibregeln verwendet werden sollen, gehen Sie folgendermaßen vor:
1. Klicken Sie auf die Office-Schaltfläche und dann auf Word-Optionen.
2. Wechseln Sie im Dialogfeld Word-Optionen zur Seite Dokumentprüfung.
Abbildung 10.1: Auf der Seite Dokumentprüfung des Dialogfeldes Word-Optionen können Sie zahlreiche Einstellungen dazu vornehmen, wie Word Ihr Dokument auf Fehler hin überprüft und ob gefundene Fehler markiert werden oder nicht.
Seite: 2 von 15
Wörter: 3.166
Deutsch (Deutschland)
120 %

Die Kontextregisterkarten werden automatisch wieder ausgeblendet, wenn Sie die Einfügemarke vom Element wegbewegen, für das sie eingeblendet wurden.

Die Multifunktionsleiste minimieren

Die Multifunktionsleiste ist in Word 2007 immer sichtbar. Es ist nicht möglich, die Multifunktionsleiste zu entfernen oder sie durch die Symbolleisten und die Menüleiste der früheren Programmversionen zu ersetzen.

Da die Multifunktionsleiste jedoch einen recht großen Bereich des Fensters beansprucht, können Sie sie minimieren, um mehr Platz auf dem Bildschirm frei zu machen. Wenn die Multifunktionsleiste minimiert ist, sind nur noch die Namen der Registerkarten auf dem Bildschirm sichtbar (was dann fast wieder so aussieht wie die Menüleiste in den früheren Versionen).

Um die Multifunktionsleiste zu minimieren, gehen Sie so vor:

1. Klicken Sie einen beliebigen Bereich der Multifunktionsleiste mit der rechten Maustaste an.

Bild 2.7 Über das Kontextmenü der Multifunktionsleiste können Sie die Leiste minimieren

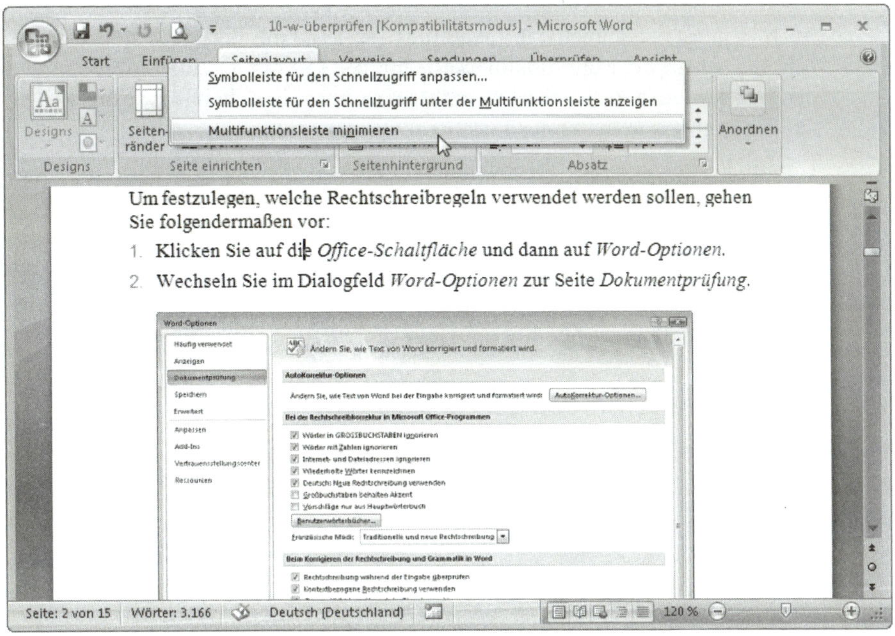

2. Klicken Sie im Kontextmenü auf *Multifunktionsleiste minimieren.*

Bild 2.8 Die Multifunktionsleiste wurde minimiert; es sind nur noch die Namen der Registerkarten sichtbar

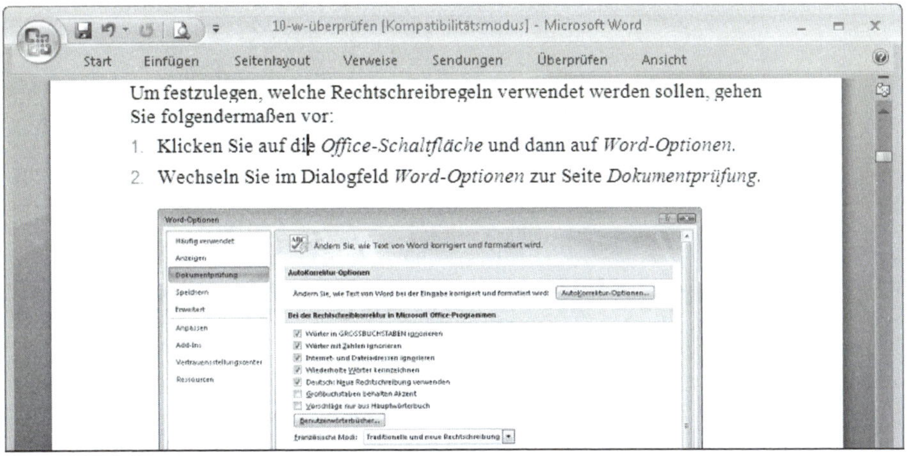

TIPP **Multifunktionsleiste mit Doppelklick und Tastatur minimieren** Sie können die Multifunktionsleiste auch mit der Maus und der Tastatur minimieren und maximieren. Wenn Sie die Maus verwenden wollen, doppelklicken Sie auf die derzeit ausgewählte Registerkarte. Tastaturfans drücken Strg+F1.

Multifunktionsleiste mit der Tastatur bedienen

Auch wenn es sich anbietet, die Multifunktionsleiste mit der Maus zu bedienen, ist es auch möglich, alle Befehle der Multifunktionsleiste mit der Tastatur auszulösen. Sie können sowohl zwischen den verschiedenen Registerkarten wechseln als auch die Schaltflächen und andere Bedienelemente auf den Registerkarten mit der Tastatur aktivieren.

Um die Verwendung der Tastenkombinationen zu erleichtern, werden die sogenannten Zugriffstasten in Form von Tastaturtipps auf der Multifunktionsleiste anzeigt, nachdem Sie die Alt-Taste gedrückt haben:

1. Nach dem ersten Drücken der Alt-Taste werden zunächst die Tasten angezeigt, die Sie drücken müssen, um entweder die *Office-Schaltfläche*, eine der Schaltflächen in der Symbolleiste für den Schnellzugriff oder eine der Registerkarten auszuwählen.

Bild 2.9 Tastaturtipps nach dem ersten Drücken der Alt-Taste

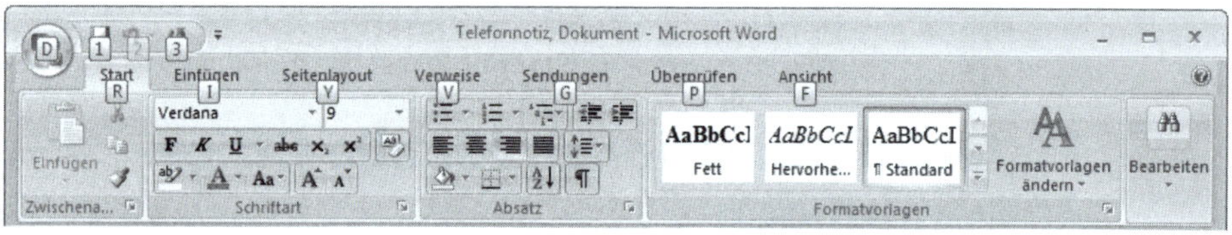

2. Nach Auswahl einer Registerkarte (für die nächste Bildschirmabbildung wurde die Taste I gedrückt) werden dann die Tasten angezeigt, die Sie drücken müssen, um eine der Befehlsschaltflächen auszuwählen.

Bild 2.10 Tastaturtipps, nachdem mit Alt, I zur Registerkarte *Einfügen* gewechselt wurde

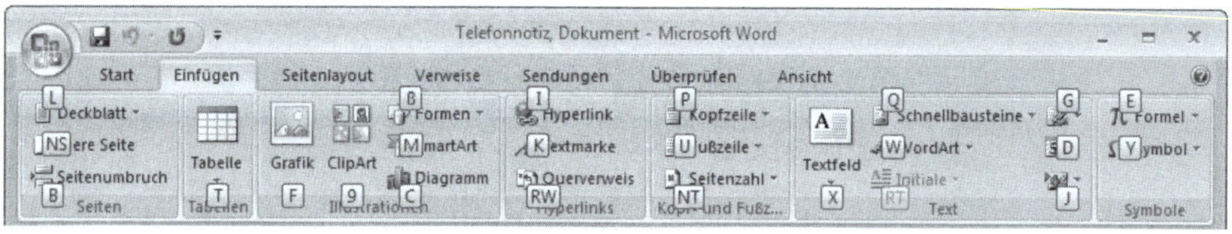

Umsteigen leichtgemacht: Office 2003-Shortcuts verwenden

Wenn Sie in Word 2003 vor allem die Tastatur verwendet haben, um in den Menüs einen Befehl auszuwählen, dann kommt jetzt eine gute Nachricht: Alle Tastenkombinationen aus der Version 2003 können Sie 1:1 auch in Word 2007 verwenden; ein Umlernen ist also nicht erforderlich.

Nehmen wir als Beispiel die Zugriffstastenkombination Alt+X, O mit der in den vorherigen Office-Programmen das Menü *Extras* geöffnet und dann der Befehl *Optionen* ausgewählt wurde. Wenn Sie in Word 2007 Alt+X drücken, wird auf der Multifunktionsleiste das folgende Fenster eingeblendet:

Bild 2.11 Word 2007 erkennt, wenn Sie eine der Menü-Zugriffstasten drücken, die in der Version 2003 gültig waren. Sie können dann die 2003er-Zugriffstaste für den Befehl drücken, den Sie auswählen möchten.

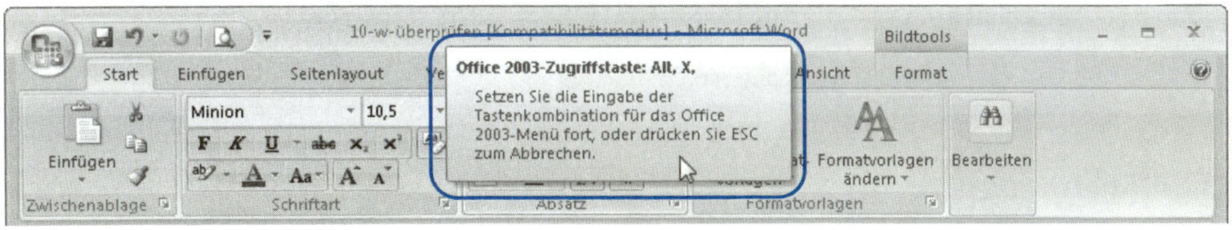

Word 2007 hat erkannt, dass Sie eine Tastenkombination gedrückt haben, die in der vorherigen Version eine bestimmte Bedeutung hatte (hier das Öffnen des *Extras*-Menüs), und fordert Sie auf, die Befehlssequenz fortzusetzen. Sie können jede der Menü-Zugriffstasten aus dem (alten) *Extras*-Menü drücken und der entsprechende Befehl wird ausgelöst. Wenn Sie die Taste O drücken, wird das Dialogfeld *Optionen* angezeigt. Wenn Sie die Eingabe einer Tastenkombination für das Menü der vorherigen Programmversion abbrechen wollen, drücken Sie die Taste Esc.

Tastenkombinationen für alle Office-Anwendungen

Sie können jedoch nicht nur die Zugriffstasten für die Menüs, sondern auch die allgemeinen Tastenkombinationen der 2003er-Version von Microsoft Office unverändert in der neuen Version verwenden. Die folgende Tabelle enthält die wichtigsten Tastenkombinationen, damit Sie sie immer zur Hand haben.

Tabelle 2.1 Wichtige Tastenkombinationen für Office 2007

Bereich	Funktion	Tastenkombination
Datei-Operationen	Öffnen	Strg+O
	Speichern	Strg+S
	Drucken	Strg+P
	Aktuelles Fenster schließen	Alt+F4
Formatierung	Fett	⇧+Strg+F
	Kursiv	⇧+Strg+K
	Unterstrichen	⇧+Strg+U
	Linksbündig	Strg+L
	Zentriert	Strg+E
	Rechtsbündig	Strg+R

Tabelle 2.1 Wichtige Tastenkombinationen für Office 2007 *(Fortsetzung)*

Bereich	Funktion	Tastenkombination
Bearbeiten	Ausschneiden	Strg + X
	Kopieren	Strg + C
	Einfügen	Strg + V
	Suchen	Strg + F
	Ersetzen	Strg + H
	Wiederholen	Strg + Y
	Rückgängig	Strg + Z
	Alles markieren	Strg + A
Überprüfen	Rechtschreibprüfung	F7
	Thesaurus	⇧ + F7

Die Office-Schaltfläche: das neue *Datei*-Menü

Die Schaltfläche mit dem Office-Logo, die Sie in der linken oberen Ecke des Word-Fensters sehen, öffnet ein Menü, in dem Sie die Befehle finden, die in den vorhergehenden Office-Versionen im Menü *Datei* beheimatet waren. Das Menü der *Office-Schaltfläche* besteht aus zwei Bereichen:

- Auf der linken Seite stehen die wichtigsten Dateioperationen und zwar in der Reihenfolge, in der sie beim Erstellen eines Dokuments durchlaufen werden.
- Auf der rechten Seite werden weitere Optionen für den Befehl angezeigt, auf dem in der linken Seite der Mauszeiger steht.

Wenn Sie den Mauszeiger beispielsweise auf *Drucken* bewegen, werden die Befehle eingeblendet, die Sie in der folgenden Abbildung sehen.

Nach dem Anklicken der *Office-Schaltfläche* werden auf der rechten Seite des Menüs die zuletzt bearbeiteten Dokumente angezeigt, die Sie bei Word 2003 am Ende des *Datei*-Menüs auswählen konnten.

Bild 2.12 Nach dem Anklicken der *Office-Schaltfläche* wird ein Menü angezeigt, in dem Sie alle Befehle für das Arbeiten mit Dokumenten finden

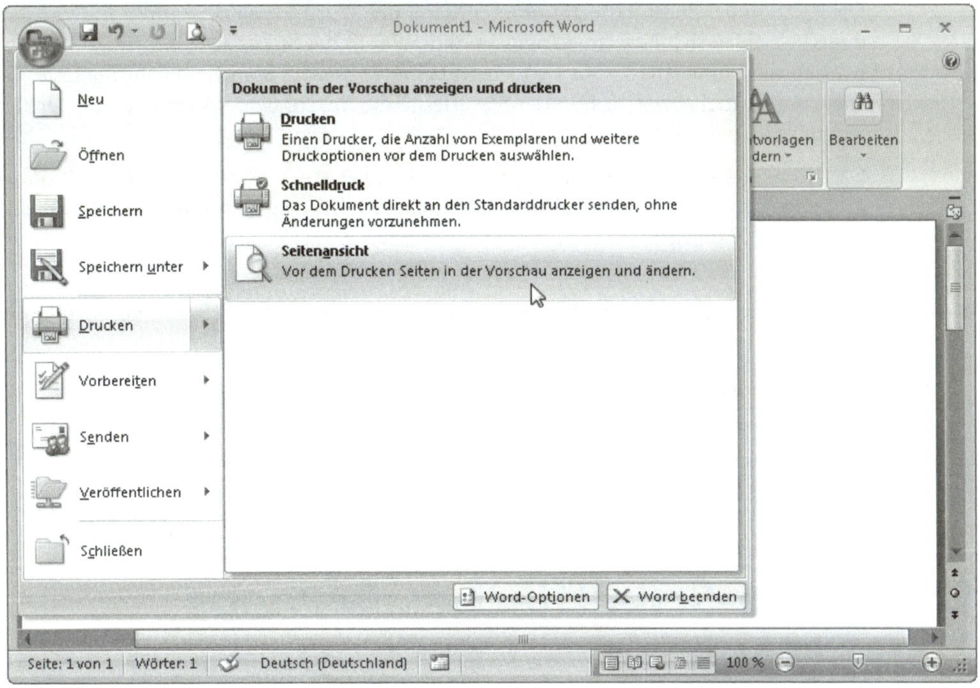

Gleichzeitig finden Sie im neuen »*Datei*-Menü« viele neue Befehle. So ist es beispielsweise in Word möglich, einen Blogbeitrag zu erstellen und zu veröffentlichen. Der neue Dokumentinspektor hilft, Informationen aus dem Dokument zu entfernen, von denen Sie nicht möchten, dass sie beispielsweise der Empfänger des Dokuments sehen kann. Auch das Erstellen einer PDF-Datei für den Acrobat Reader kann nun direkt aus den Office-Anwendungen heraus erledigt werden, nachdem Sie das entsprechende Add-In von der Microsoft-Website heruntergeladen haben.

Außerdem befindet sich im unteren Bereich die Schaltfläche *Word-Optionen*, die dem alten Befehl *Extras/Optionen* entspricht und über die Sie verschiedene Aspekte des Programms an Ihre Erfordernisse anpassen können.

Ausführliche Informationen zu den Funktionen, die Ihnen über die *Office-Schaltfläche* zur Verfügung stehen, finden Sie in den folgenden Kapiteln:

- Die Befehle für das Erstellen, Öffnen und Speichern von Dateien werden in Kapitel 6 vorgestellt.
- Kapitel 10 beschreibt, wie Sie Dokumente ausdrucken und als PDF-Datei speichern können. Das neue Weblog-Feature von Word ist ebenfalls in Kapitel 10 beschrieben.
- In Kapitel 41 werden die wichtigsten Konfigurationsmöglichkeiten erläutert, die Sie über die Schaltfläche *Word-Optionen* erreichen.

Die neue Statusleiste

Die Position der Statusleiste am unteren Rand des Word-Fensters ist unverändert geblieben, allerdings verbergen sich hier einige neue Funktionen. In der Statusleiste informiert Sie Word darüber, wo sich die Einfügemarke im Dokument befindet, welche Sprache der formatierte Text hat usw. Neu ist die Möglichkeit, sich in der Statusleiste die Anzahl der Wörter in einem Dokument anzeigen zu lassen.

Das Konfigurieren der Statusleiste erledigen Sie über ein Kontextmenü, das sich öffnet, wenn Sie die Statusleiste mit der rechten Maustaste anklicken. Klicken Sie im Kontextmenü die Elemente an, die Sie in der Statusleiste benötigen.

Bild 2.13 Welche Informationen in der Statusleiste angezeigt werden, legen Sie im Kontextmenü fest, das durch Klicken mit der rechten Maustaste auf die Leiste geöffnet wird

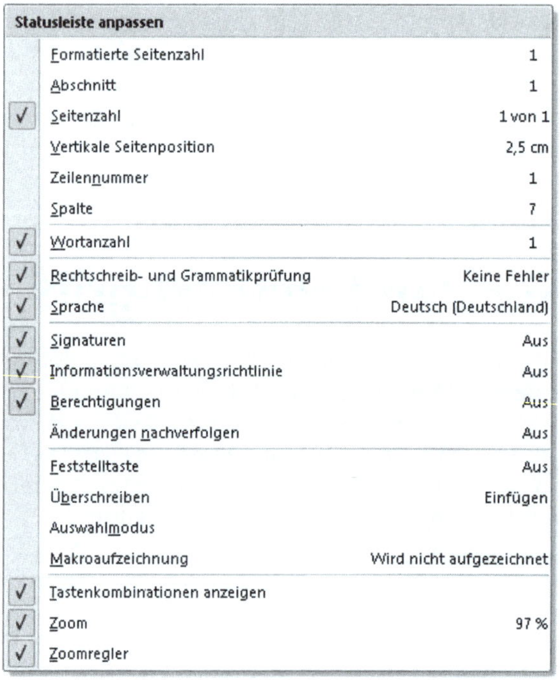

Der Eintrag *Tastenkombinationen anzeigen* in der obigen Abbildung bezieht sich auf die Schaltflächen, mit denen die Dokumentansichten umgeschaltet werden können (siehe hierzu den Abschnitt »Die Dokumentansichten« in Kapitel 5). Hier ist anscheinend bei der Übersetzung des Befehls *View shortcuts* (Ansicht-Schaltflächen) der englischen Word-Version ein kleiner Fehler passiert, der sicherlich in einem der Service Packs für Office behoben wird. Vielleicht haben Sie schon die korrekte Übersetzung in Ihrem Kontextmenü stehen.

Einfügen oder Überschreiben

Ein weiterer Bereich der Statusleiste enthält Informationen zu den verschiedenen Betriebsarten von Word, von denen der wichtigste der Einfügemodus bzw. der Überschreibmodus ist. Ist der Einfügemodus aktiv (in der Statusleiste wird *Einfügen* angezeigt), wird an der Stelle, an der sich die Einfügemarke befindet, neuer Text eingegeben. Text, der hinter dieser Marke steht, wird nach rechts verschoben und bleibt erhalten. Beim Überschreibmodus wird der Text, der sich hinter der Einfügemarke befindet, von dem neu eingegebenen Text überschrieben.

In der Statusleiste verbergen sich viele Schaltflächen

Die meisten Statusinformationen fungieren auch als Schaltflächen, mit denen Sie verschiedene Dialogfelder anzeigen lassen können. Ein Klick auf die Information zur Seitenzahl öffnet den Dialog *Gehe zu;* wenn Sie die Wortanzahl anklicken, wird das Dialogfeld *Wörter zählen* geöffnet usw.

Zoomen

Am rechten Rand der Statusleiste befindet sich ein neuer Schieberegler, mit dem Sie den Zoomfaktor, mit dem das Dokument dargestellt wird, stufenlos einstellen können. Wenn Sie die Statusleiste so konfiguriert haben, dass auch der aktuelle Zoomfaktor angezeigt wird, können Sie diesen anklicken, um das Dialogfeld *Zoom* zu öffnen, in dem Sie die Optionen *Textbreite, Seitenbreite* und *Ganze Seite* auswählen können, die in der vorigen Word-Version über das *Zoom*-Listenfeld in der Standardsymbolleiste verfügbar waren.

Die Symbolleiste für den Schnellzugriff

Die einzige immer sichtbare Symbolleiste, die in Word 2007 noch übrig geblieben ist, ist die Symbolleiste für den Schnellzugriff, die standardmäßig rechts neben der *Office-Schaltfläche* angeordnet ist. In dieser Symbolleiste befinden sich die Tools, die häufig verwendet werden und die nicht direkt einer der Registerkarten zugeordnet werden können, wie beispielsweise der Befehl *Rückgängig* oder der Befehl *Wiederholen.* Die Symbole, die hier verwendet werden, sind die gleichen, wie sie auch in Office 2003 vorhanden waren.

Diese Symbolleiste können Sie nach Bedarf anpassen und dort die Werkzeuge einfügen, die Sie oft benötigen. Schaltflächen, die Sie in die Symbolleiste für den Schnellzugriff eingefügt haben, brauchen Sie dann nicht mehr in den Befehlsgruppen der Registerkarten zu suchen.

Ganz rechts an der Symbolleiste für den Schnellzugriff sehen Sie eine kleine Pfeil-Schaltfläche. Wenn Sie diese anklicken, wird ein Menü geöffnet, in dem sich einige der am häufigsten benutzten Werkzeuge befinden. Klicken Sie in dem Menü die Befehle an, die Sie in die Symbolleiste für den Schnellzugriff einfügen möchten.

Bild 2.14 Häufig verwendete Befehle fügen Sie am schnellsten über die Pfeil-Schaltfläche *Symbolleiste für den Schnellzugriff anpassen* ein

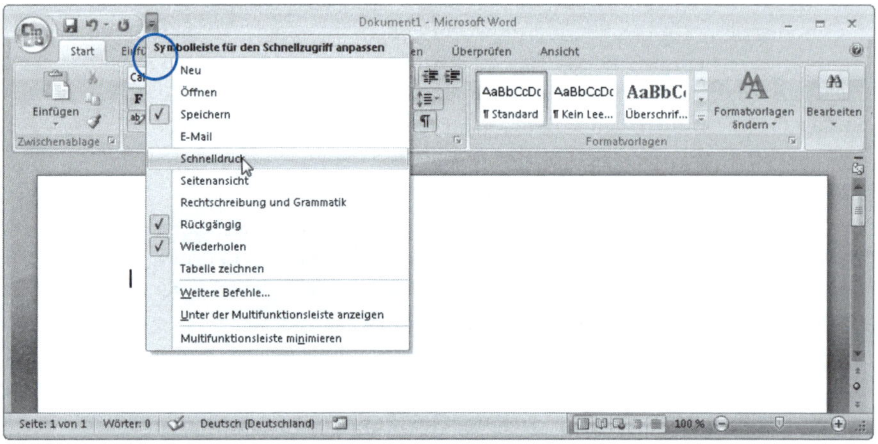

Im Unterschied zur vorigen Office-Version können Sie die Symbolleiste nicht mehr frei auf dem Bildschirm verschieben oder an einem der Fensterränder andocken. Die Symbolleiste für den Schnellzugriff besitzt nur zwei mögliche Positionen: entweder rechts neben der *Office-Schaltfläche* (die Standardeinstellung) oder unterhalb der Multifunktionsleiste. Zum Verkürzen der Wege, die Sie mit der Maus vom Dokument aus zurücklegen müssen, um eine der Schaltflächen anzuklicken, öffnen Sie das Kontextmenü der Symbolleiste und wählen den Befehl *Symbolleiste für den Schnellzugriff unter der Multifunktionsleiste anzeigen.* Das Ergebnis dieser Aktion sehen Sie in der folgenden Abbildung.

Bild 2.15 Die Symbolleiste für den Schnellzugriff wird unterhalb der Multifunktionsleiste angezeigt

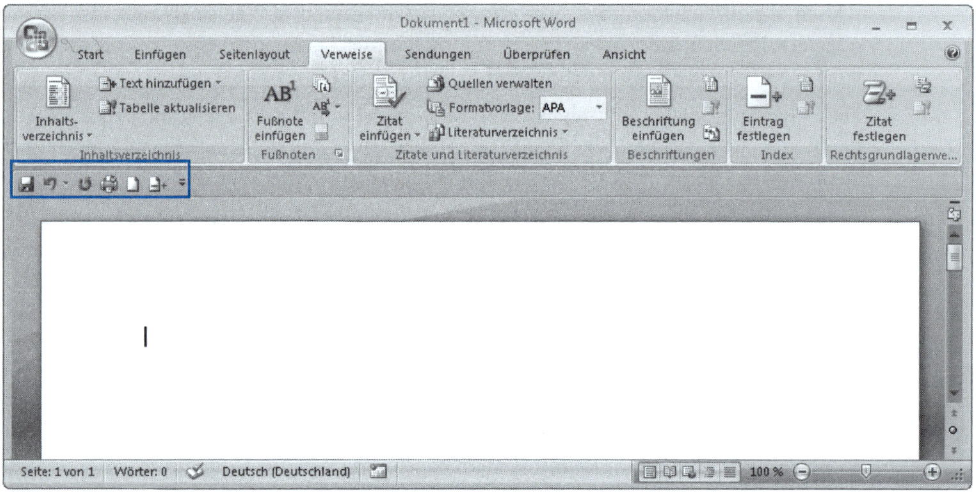

Wenn Sie die Anzeige in den ursprünglichen Zustand zurückversetzen wollen, klicken Sie die Symbolleiste für den Schnellzugriff erneut mit der rechten Maustaste an und wählen den Befehl *Symbolleiste für den Schnellzugriff über der Multifunktionsleiste anzeigen.*

Ausführliche Informationen dazu, wie Sie die Symbolleiste für den Schnellzugriff anpassen können finden Sie in Anhang B dieses Buches.

Die Minisymbolleiste

Wenn Sie in einem Word-Dokument Text markieren, blendet Word automatisch eine halbtransparente Minisymbolleiste ein. In dieser Symbolleiste finden Sie Befehlsschaltflächen, mit denen Sie die Schriftart, die Schriftattribute, die Textausrichtung, die Textfarbe, Einzugsebenen sowie Aufzählungen und Nummerierungen formatieren können.

Bild 2.16 Die Minisymbolleiste wird Ihnen unaufdringlich angeboten, wenn Sie Text markieren

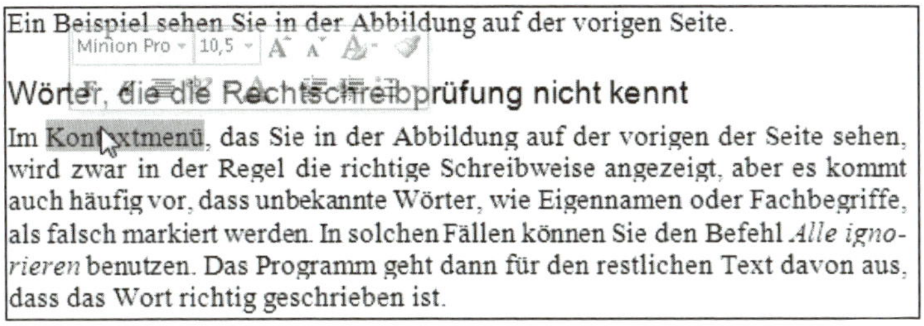

Ein Beispiel sehen Sie in der Abbildung auf der vorigen Seite.

Wörter, die die Rechtschreibprüfung nicht kennt

Im Kontextmenü, das Sie in der Abbildung auf der vorigen der Seite sehen, wird zwar in der Regel die richtige Schreibweise angezeigt, aber es kommt auch häufig vor, dass unbekannte Wörter, wie Eigennamen oder Fachbegriffe, als falsch markiert werden. In solchen Fällen können Sie den Befehl *Alle ignorieren* benutzen. Das Programm geht dann für den restlichen Text davon aus, dass das Wort richtig geschrieben ist.

Wenn Sie die Minisymbolleiste verwenden möchten, um den ausgewählten Text zu formatieren, bewegen Sie einfach den Mauszeiger in Richtung der Symbolleiste, damit sie nicht mehr transparent ist, wie es die folgende Abbildung zeigt:

Bild 2.17 Um die Minisymbolleiste zu verwenden, bewegen Sie den Mauszeiger auf die Symbolleiste

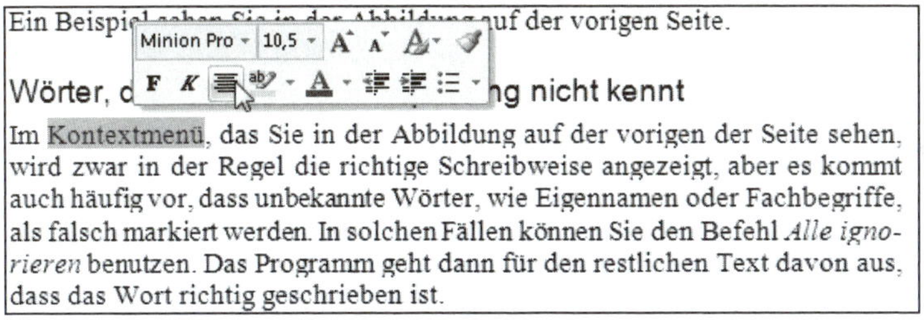

Ein Beispiel sehen Sie in der Abbildung auf der vorigen Seite.

Wörter, die die Rechtschreibprüfung nicht kennt

Im Kontextmenü, das Sie in der Abbildung auf der vorigen der Seite sehen, wird zwar in der Regel die richtige Schreibweise angezeigt, aber es kommt auch häufig vor, dass unbekannte Wörter, wie Eigennamen oder Fachbegriffe, als falsch markiert werden. In solchen Fällen können Sie den Befehl *Alle ignorieren* benutzen. Das Programm geht dann für den restlichen Text davon aus, dass das Wort richtig geschrieben ist.

Die Minisymbolleiste ist sehr nützlich, da Ihnen hierüber die wichtigsten Formatierungsbefehle zur Verfügung stehen. Falls Sie sie dennoch nicht verwenden möchten, klicken Sie auf die *Office-Schaltfläche* und dann auf die Schaltfläche *Word-Optionen*. Wechseln Sie im gleichnamigen Dialogfeld zur Seite *Häufig verwendet* und schalten Sie das Kontrollkästchen *Minisymbolleiste für die Auswahl verwenden* aus.

Kataloge und die Livevorschau

Um Ihnen das Formatieren Ihrer Dokumente einfacher zu machen, stehen Ihnen an vielen Stellen der Multifunktionsleiste sogenannte Kataloge zur Verfügung, in denen die Formatierungsoptionen als kleine Grafiken dargestellt werden. Sie finden die Kataloge beispielsweise bei den Tabellenformatvorlagen, den Designs, den Rändern, der Positionierung von grafischen Elementen, bei den neuen SmartArts und natürlich auch bei den WordArt-Objekten.

Wenn ein Katalog nur wenige Auswahlmöglichkeiten enthält, werden diese als Bestandteil der Befehlsgruppe in der Multifunktionsleiste angezeigt. Kataloge, die zahlreiche Auswahlmöglichkeiten enthalten, werden als Dropdown-Katalog angezeigt, in dem Sie dann Ihre Auswahl treffen können. Sie können damit auf einen Blick sehen, welche Farbkombinationen, Formatierungen, Farbschemata, Übergänge oder Diagrammtypen vorhanden sind.

Besonders nützlich sind die Kataloge in Kombination mit der sogenannten Livevorschau. Wenn dieses Feature aktiviert ist, können Sie den Mauszeiger über die Optionen des Katalogs bewegen, und zwar ohne zu klicken. Die Livevorschau zeigt dann die Auswirkung der Option direkt im Dokument an. Der Befehl wird erst definitiv angewendet, wenn Sie eine der Optionen anklicken. So können Sie einfach, bequem und schnell ausprobieren, wie sich die Formatierungsoptionen auswirken würden. Ein Beispiel für einen Katalog und für die Livevorschau sehen Sie in der folgenden Abbildung, in der eine WordArt-Grafik mit dem entsprechenden Katalog formatiert wird.

Bild 2.18 Mit den Katalogen können Sie sich einfacher für eine der Formatierungsoptionen entscheiden

Auch die Livevorschau kann abgeschaltet werden, was Sie wahrscheinlich aber nur dann machen werden, wenn Sie Office 2007 auf einem älteren, langsamen Computer einsetzen. Falls Sie die Livevorschau nicht verwenden möchten, klicken Sie auf die *Office-Schaltfläche* und dann auf die Schaltfläche *Word-Optionen*. Wechseln Sie im gleichnamigen Dialogfeld zur Seite *Häufig verwendet* und schalten Sie das Kontrollkästchen *Livevorschau aktivieren* aus.

Zusammenfassung

Dieses Kapitel hat Sie knapp und fundiert mit der neuen Benutzeroberfläche von Word 2007 vertraut gemacht.

- In der neuen Multifunktionsleiste sind die Programmfunktionen auf Registerkarten zusammengefasst (Seite 42). Jede Registerkarte wiederum enthält Befehlsgruppen, in denen sich dann die benötigten Schaltflächen befinden.
- Programmregisterkarten werden eingeblendet, wenn Sie eine bestimmte Programmfunktion aktivieren, wie beispielsweise die Seitenansicht (Seite 46). Programmregisterkarten werden automatisch ausgeblendet, wenn Sie die zugehörige Programmfunktion verlassen.
- Kontextbezogene Registerkarten erscheinen in Abhängigkeit davon, was Sie derzeit in dem Dokument markiert haben. Bei einer Tabelle werden die Tabellentools, bei einem Diagramm die Diagrammtools eingeblendet (Seite 47). Wenn Sie im Dokument etwas anderes markieren und so den Kontext ändern, werden die kontextbezogenen Registerkarten ausgeblendet.
- Wenn die Multifunktionsleiste zu viel Platz auf Ihrem Bildschirm beansprucht, können Sie sie minimieren. Durch einen Klick auf eine der Registerkartenbezeichnungen wird die zugehörige Registerkarte maximiert (Seite 48).
- Ein weiteres neues Element der Benutzeroberfläche ist die *Office-Schaltfläche,* in deren Menü sich die Befehle befinden, die früher im Menü *Datei* untergebracht waren (Seite 52).
- Um schnell und ohne Öffnen der betreffenden Registerkarte auf häufig benutzte Befehle zugreifen zu können, steht Ihnen die Symbolleiste für den Schnellzugriff zur Verfügung, die Sie an Ihre Erfordernisse anpassen können (Seite 54).
- Die Minisymbolleiste wird immer dann eingeblendet, wenn Sie in einem der Office-Dokumente etwas markieren. So können Sie schnell auf wichtige Formatierungsbefehle zugreifen (Seite 57).
- Die zahlreichen Kataloge machen Ihnen die Auswahl der vielen vorgefertigten Formatierungsmöglichkeiten viel einfacher und dank der neuen Livevorschau werden die Auswirkungen der Formatierungen auch im Dokument angezeigt, bevor sie zugewiesen werden (Seite 58).

Kapitel 3

Neue Funktionen in Word 2007

In diesem Kapitel:

In diesem Kapitel geben wir Ihnen einen kurzen Überblick über die neuen Funktionen und Konzepte von Word 2007, die Sie beim Erstellen professioneller Dokumente unterstützen.

Die meisten Änderungen bzw. Neuerungen von Word 2007 sind weniger grundsätzlicher Natur, sondern betreffen vor allem die Layoutfähigkeiten. Noch nie konnten Sie mit so wenig Aufwand so professionell wirkende Dokumente erstellen. Dank einer Vielzahl von Vorlagen und mächtigen Grafikfunktionen lassen sich ausgefeilte und optisch ansprechende Dokumente erstellen, die bei den Vorgängerversionen nur mit einem deutlich höheren Zeitaufwand erstellt werden konnten.

Bausteine

Hinter dem neuen Begriff *Bausteine* verbergen sich alte Bekannte. Unter diesem Oberbegriff sind in Word 2007 verschiedene vordefinierte Textelemente zusammengefasst, durch deren Einsatz Sie bei der Texterstellung viel Zeit sparen können. Dazu gehören neben den klassischen AutoTexten auch Kopf- und Fußzeilen, Dokumenteigenschaften, Formeln sowie die neuen Deckblätter.

Am Beispiel der Kopf- und Fußzeilen lässt sich die dahinter stehende Idee gut verdeutlichen. Früher mussten Kopf- bzw. Fußzeilen aus ihren einzelnen Bestandteilen wie Seitenzahl, Datum oder Dokumentname mehr oder weniger mühselig zusammengesetzt und anschließend formatiert werden. In Word 2007 werden Kopf- und Fußzeilen eher als eigenständige Textelemente verstanden, die ähnlich wie eine Grafik als Ganzes in ein Dokument eingefügt werden.

Die verschiedenen Bausteine werden in einem speziellen Organizer verwaltet, wo sie geordnet nach Katalogen, Kategorien und Vorlagen abgelegt sind. Auf diese Weise lassen sich alle Bausteine – so verschieden sie auch sein mögen – an einem Ort pflegen. Auch hier ist also klar die Tendenz zu erkennen, dass die Bedienerführung in Word möglichst einheitlich werden soll.

Bild 3.1 Fertige Deckblätter geben Ihren Dokumenten ein professionelles Outfit

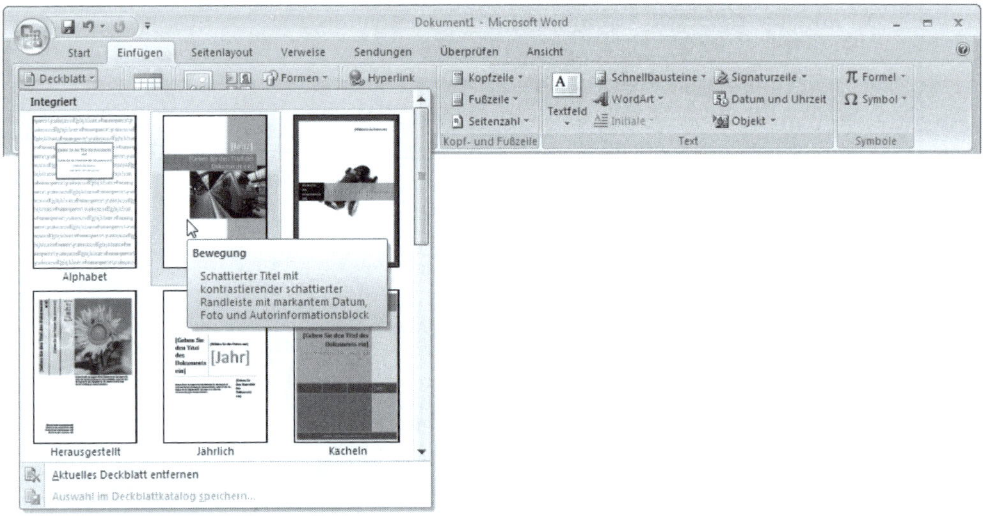

Ein wichtiger Unterschied von Bausteinen gegenüber den althergebrachten AutoTexten ist, dass die in ihnen enthaltenen variablen Informationen übertragen werden können. Wenn Sie zum Beispiel

das Deckblatt eines Dokuments austauschen, gehen dabei bereits eingegebenen Daten wie Titel und Untertitel nicht verloren, sondern werden automatisch in das neue Deckblatt eingefügt.

Schnellformatvorlagen

Formatvorlagen sind seit vielen Versionen ein elementarer Bestandteil von Word. Doch obwohl ihre Verwendung die einheitliche Formatierung eines Dokuments erheblich erleichtert und beschleunigt, gibt es immer noch sehr viele Anwender, denen diese Art der Formatierung zu unhandlich oder zu kompliziert ist. Diesen Anwendern versucht Word 2007 mit den so genannten *Schnellformatvorlagen* entgegenzukommen.

Bild 3.2 Katalog mit Schnellformatvorlagen

Hinter diesem Begriff verbirgt sich jedoch kein gänzlich neues Vorlagenkonzept. Es gibt zwar jetzt zusätzlich die Möglichkeit, Zeichen- und Absatzmerkmale in einer Formatvorlage zu kombinieren, doch die auffälligste Neuerung ist die Art und Weise, wie Sie ein Dokument mit Hilfe von Formatvorlagen formatieren können.

Der Clou ist dabei eine Vorschaufunktion, mit der Sie die Wirkung einer Formatvorlage auf Ihren Text anzeigen lassen können, ohne die Formatvorlage wirklich zuzuweisen. Sie müssen lediglich den Katalog der Schnellformatvorlagen öffnen und mit dem Mauszeiger auf die gewünschte Formatvorlage zeigen. Ihre Wirkung wird dann direkt im Dokument angezeigt. Wenn Ihnen das Ergebnis nicht zusagt, wandern Sie mit dem Mauszeiger einfach auf eine andere Formatvorlage und erhalten sofort ein optisches Feedback.

Schnellformatvorlagen werden in so genannten *Schnellformatvorlagensätzen* zusammengefasst. Wenn Sie eine Dokumentvorlage erstellen, können Sie für die Vorlage einen Satz eigener Schnellformatvorlagen definieren, die dann im Formatvorlagenkatalog angezeigt werden. Auf diese Weise können Sie den Anwendern Ihrer Vorlage die wichtigsten Formatvorlagen gewissermaßen auf dem Silbertablett präsentieren.

Neue grafische Effekte

Da viele Dokumente nicht nur aus reinem Text bestehen, sondern auch Grafiken, Diagramme und Ähnliches enthalten, wurden die Grafikfunktionen von Word 2007 bzw. von Office 2007 erheblich verbessert. Denn auch wenn bereits in den Vorgängerversionen von Word viele Funktionen wie Transparenz, Schlagschatten und räumliche Formen enthalten waren, so konnten doch ungeübte Anwender mit ihrer Hilfe kaum zufriedenstellende Ergebnisse erzielen. Die Probleme begannen bei der Wahl geeigneter Farben, führten über die Einstellung eines realistischen Schatten und endeten bei der Wahl des korrekten Lichteinfalls.

Während daher die mit Word erstellten Grafiken früher oft recht ungelenk daher kamen, lassen sich mit Word 2007 problemlos Grafiken erstellen, die eine anspruchsvolle Form- und Farbgebung besitzen. Ausgefeilte Licht- und Schatteneffekte lassen sich einfach per Katalog zuweisen – unterstützt durch eine Vorschaufunktion, die die Wirkung nicht in einem Dialogfeld, sondern direkt im Dokument sichtbar macht.

Der in der folgenden Abbildung erzeugten Grafik liegt lediglich ein normaler, flacher Bildschirmausschnitt zugrunde. Die räumliche Positionierung, Rahmen und Schattenwurf wurden innerhalb weniger Sekunden mit Word erzeugt.

Bild 3.3 Grafische Effekte dieser Güte sind mit Word 2007 kein Problem

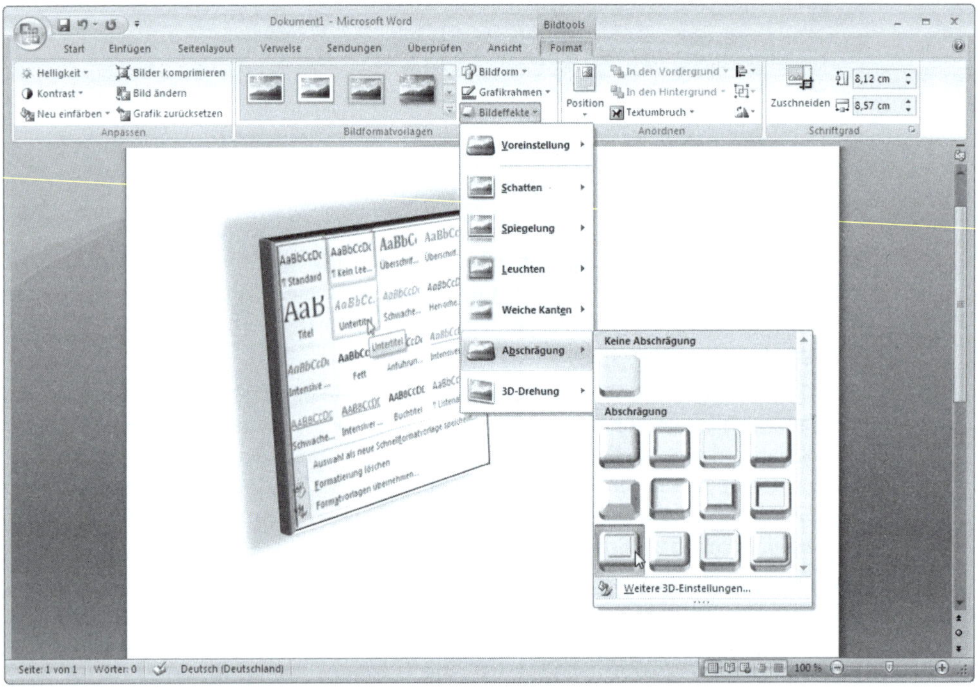

Es ist sicher nicht übertrieben zu sagen, dass Office 2007 die Messlatte für die graphische Qualität von Dokumenten ein ordentliches Stück höher legt. In nicht allzu ferner Zukunft wird – zumindest bei Dokumenten, die veröffentlicht werden sollen – in der PC-Welt kein Weg an Office 2007 vorbeiführen.

SmartArts

Zu den wenigen echten Neuerungen gehören die so genannten *SmartArts*. Wie der Name schon andeutet, handelt es sich dabei um intelligente Grafiken, mit denen sich zum Beispiel Prozesse, Beziehungen oder Hierarchien visualisieren lassen.

Bild 3.4 Form und Farbe von SmartArts lassen sich schnell per Vorlage ändern

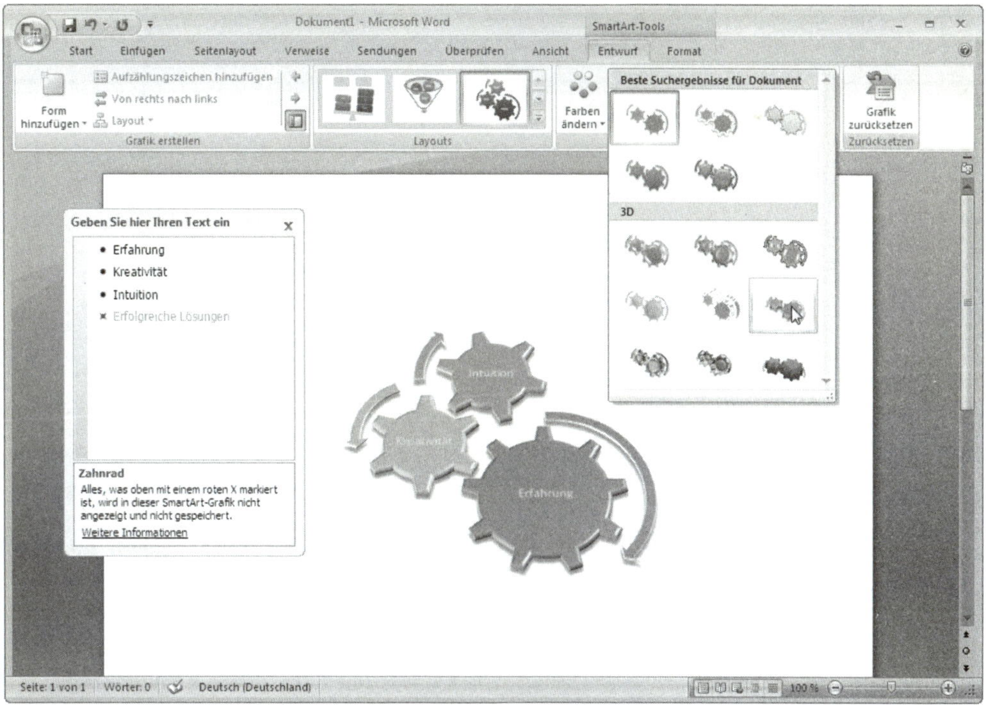

Das Besondere an SmartArts ist das beeindruckende Verhältnis von Aufwand zu Ertrag. Dank SmartArts können Sie sich auf die inhaltlichen Aspekte Ihrer Dokumente konzentrieren und ersparen sich stundenlanges »Gefummel« beim Erstellen von Grafiken, die trotz hohem Aufwand kein professionelles Aussehen annehmen wollen. Mit SmartArts lassen sich innerhalb weniger Minuten Illustrationen von bestechender Qualität erstellen, die sich durch eine ausgewogene und aufeinander abgestimmte Form- und Farbgebung auszeichnen.

Formeln erstellen

Auch für die Bearbeitung von Formeln hat Word 2007 eine echte Neuerung zu bieten, denn der aus früheren Versionen bekannte Formel-Editor hat endlich ausgedient. An seine Stelle tritt eine neue XML-basierte Technologie namens MathML, die weltweit standardisiert ist. Word 2007 bettet die Formeln in die ebenfalls neu eingeführten Inhaltssteuerelemente ein, in denen sie sich sehr komfortabel bearbeiten lassen.

Bild 3.5 Das Einfügen und Bearbeiten von Formeln ist in Word 2007 deutlich komfortabler geworden

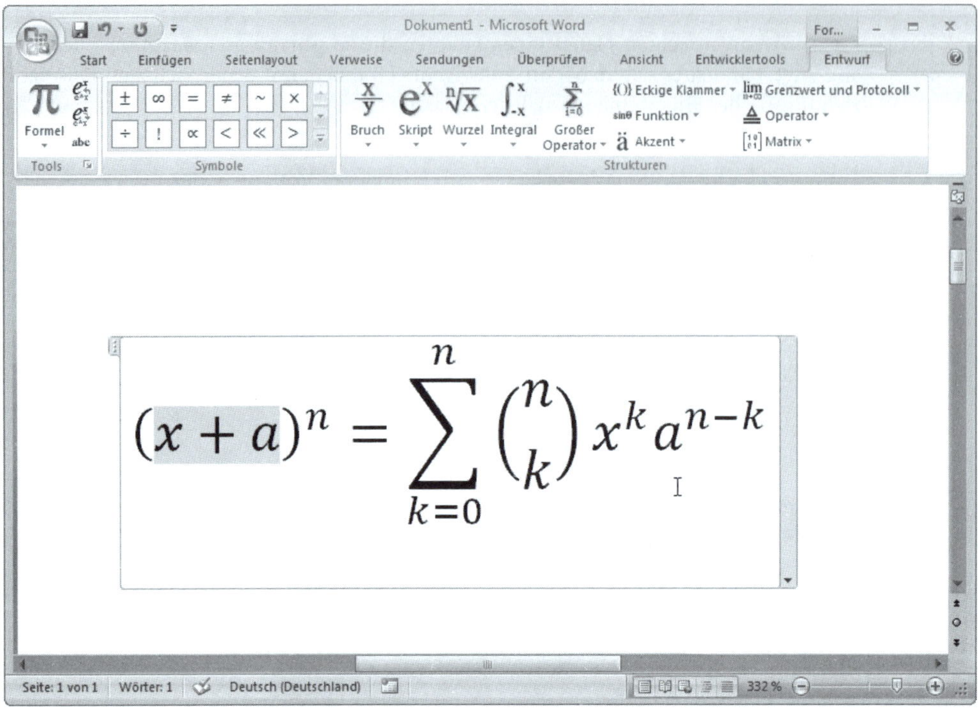

MathML beschreibt dabei nicht nur die Gestaltung einer Formel, sondern auch deren Struktur. Dazu unterscheidet MathML zum Beispiel zwischen Variablen, Operatoren und Zahlen. Durch dieses Konzept lassen sich Formeln problemlos programmgesteuert in MathML erstellen bzw. in anderen Programmen weiterverarbeiten.

Ausführliche Informationen zum Arbeiten mit Formeln finden Sie in Kapitel 24.

Bessere Integration der Rechtschreibprüfung

Da die meisten Anwender nicht nur mit Word, sondern auch mit PowerPoint und Excel arbeiten, lag es nahe, die Rechtschreibprüfung der verschiedenen Office-Programme zu vereinheitlichen. Das bedeutet konkret, dass viele Optionen der Rechtschreib- und Grammatikprüfung nun für alle Office-Programme gelten. Auch die Benutzerwörterbücher können in Office 2007 endlich gemeinsam genutzt werden.

Neu sind die so genannten *Ausschlusswörterbücher*. In diese Dateien können Sie Wörter eintragen, die Sie nicht in Ihren Dokumenten verwenden wollen. Die Rechtschreibprüfung kennzeichnet die betreffenden Wörter dann als falsch. So können Sie zum Beispiel umgangssprachliche Begriffe wie »cool« leicht aus Ihren Dokumenten verbannen. Die Ausschlusswörterbücher befinden sich im gleichen Ordner wie die Benutzerwörterbücher und können mit einem normalen Texteditor – und natürlich auch mit Word 2007 selbst – bearbeitet werden.

Dokumente im Team bearbeiten

In vielen Firmen ist es üblich, dass einzelne Dokumente von mehreren Personen bearbeitet werden. In der Regel werden die Dokumente dabei von Person zu Person weitergereicht und von diesen jeweils mit Kommentaren und Ergänzungen versehen. Am Ende dieses Prozesses steht dann der eigentliche Autor des Dokuments vor der Aufgabe, die verschiedenen Anregungen in die Endfassung des Dokuments zu integrieren. Die dazu in Word vorhandenen Funktionen wurden in der neuen Version im Hinblick auf eine bessere Übersichtlichkeit verändert bzw. erweitert.

Zusätzlich enthält Word 2007 in diesem Zusammenhang eine neue Funktion – den so genannten *Dokumentinspektor* – mit dem sich Kommentare, gelöschte Texte und andere sicherheitsrelevante Informationen zuverlässig aus einem Dokument entfernen lassen.

Abgerundet werden die Sicherheitsfunktionen von der neuen Möglichkeit, ein Dokument *abzuschließen*. So geschützte Dokumente können anschließend nur noch gelesen, jedoch nicht mehr bearbeitet werden.

Neues Dateiformat

Mit Word 2007 führt Microsoft auch ein neues Dateiformat ein. Es basiert auf XML und erleichtert die Weiterverarbeitung mit anderen Programmen. Die Dateien liegen jedoch nicht als normale XML-Dateien vor, sondern werden zusätzlich komprimiert, um ihre Dateigröße zu reduzieren. Laut Aussage von Microsoft ist das neue Dateiformat dadurch kompakter als seine Vorgängerversionen. Ein weiterer Nebeneffekt der XML-Technologie ist die verbesserte Stabilität des neuen Dateiformats. Während das bisherige DOC-Format äußerst anfällig gegenüber Beschädigungen war, verhält sich eine XML-Datei naturgemäß deutlich robuster. Dokumente mit diesem Format besitzen die Dateinamenserweiterungen *.docx* bzw. *.dotx*.

Dokumente bzw. Dokumentvorlagen, die Makros enthalten, werden durch die neue Erweiterung *.docm* bzw. *dotm* gekennzeichnet. Dem Anwender soll so die Möglichkeit gegeben werden, potenziell gefährliche Dokumente direkt beim Öffnen zu erkennen. Durch einfaches Ändern der Dateinamenserweiterung lässt sich dieser Sicherungsmechanismus übrigens nicht überlisten. Word erkennt in diesem Fall trotzdem, dass das betreffende Dokument Makros enthält und verhindert deren Ausführung. Dieses Verhalten lässt sich über das so genannte *Vertrauenstellungscenter* konfigurieren.

PDF-Dokumente erzeugen

Ebenfalls neu ist die Möglichkeit, PDF-Dokumente direkt aus Word erstellen zu können. Bisher war dazu noch der Umweg über einen Druckertreiber notwendig, das heißt, man musste das Dokument mit *Datei/Drucken* ausdrucken und dabei einen Drucker auswählen, der dann die notwendige Konvertierung vornahm.

Allerdings stieß die Idee, Word 2007 bzw. Office 2007 mit dieser Fähigkeit auszustatten, beim Erfinder des PDF-Formats, der Firma Adobe, auf wenig Gegenliebe. Zum Zeitpunkt der Drucklegung hat sich eine gerichtliche Auseinandersetzung entwickelt, deren Ausgang momentan noch nicht vorhersehbar ist.

Microsoft hat auf diese Situation reagiert, indem es die PDF-Funktionalität nicht fest in Word 2007 integriert hat, sondern als separaten Download zur Verfügung stellt. Auf diese Weise kann Microsoft flexibel auf den Ausgang des Gerichtstreits reagieren und geht der potenziellen Gefahr aus dem Weg, im Falle einer gerichtlichen Niederlage Word 2007 vom Markt nehmen zu müssen.

Zusammenfassung

In diesem Kapitel haben Sie einen ersten Überblick über die neuen Funktionen von Word 2007 erhalten:

- Schnellbausteine sind fertige »Häppchen«, die Sie in Ihre Dokumente einfügen können. Diese Bausteine können sehr aufwändig formatiert sein und gehen mit ihrer Funktionalität weit über die Möglichkeiten von AutoTexten hinaus (Seite 62).
- Die Verwendung von Formatvorlagen tritt in Word 2007 stärker in den Vordergrund. Der Anwender kann die gängigsten Formatvorlagen komfortabel aus einem Katalog auswählen (Seite 63).
- Mit Word 2007 lassen sich ohne großen Aufwand und ohne spezielles Knowhow professionelle grafische Effekte erzielen (Seite 64).
- Mit den neuen SmartArts lassen sich Prozesse, Beziehungen und Hierarchien visualisieren. Text und Grafik werden von Word 2007 getrennt verwaltet, so dass das Bearbeiten des Textes auch bei aufwändigen graphischen Effekten problemlos möglich ist (Seite 65).
- Zur Darstellung von Formeln nutzt Word 2007 anstelle des Formel-Editors nun die MathML-Technologie. Für das Erstellen und Bearbeiten von Formeln enthält Word 2007 eine eigene Registerkarte, mit intuitiv nutzbaren Werkzeugen (Seite 65).
- Die Rechtschreibprüfung wurde in den verschiedenen Programmen von Office 2007 weitestgehend vereinheitlicht. Neu ist das Ausschlusswörterbuch, mit dem sich Wörter als falsch kennzeichnen lassen, die nicht im Dokument vorkommen sollen (Seite 66).
- Das Bearbeiten von Dokumenten im Team wurde in der neuen Version im Hinblick auf eine bessere Übersichtlichkeit verändert bzw. erweitert. Mit dem Dokumentinspektor enthält Word 2007 nun eine Funktion, mit der sich verborgene persönliche bzw. vertrauliche Daten aus einem Dokument entfernen lassen (Seite 67).
- Mit Word 2007 wurde ein neues Dateiformat eingeführt, das auf XML basiert. Das neue Format ist kompakter und robuster als das vorherige (Seite 67).
- Word 2007 ist in der Lage, PDF-Dokumente zu erzeugen. Damit entfällt der bislang notwendige Umweg über einen speziellen Druckertreiber (Seite 67).

Kapitel 4

So finden Sie Hilfe

In diesem Kapitel:

Neben den umfangreichen Funktionen zum Erstellen von Texten bietet Ihnen Word 2007 auch eine Hilfefunktion an. In diesem Kapitel zeigen wir Ihnen, wie Sie die Hilfe als Nachschlagewerk verwenden, wie Sie schnell und unkompliziert Hilfe zu den Dialogfeldern bekommen und welche Unterstützung Sie – einen Internetzugang vorausgesetzt – von Microsoft Office Online erhalten.

Bild 4.1 Die Online-Hilfe von Word 2007

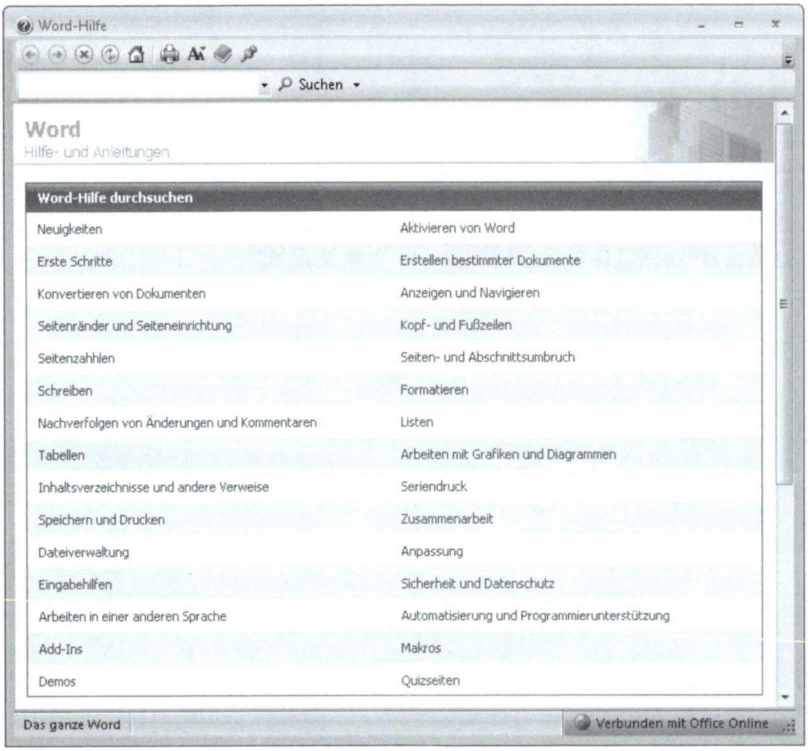

Online vs. Offline

Die Office-Hilfe existiert in zwei Versionen: der Offline- und der Online-Hilfe. Bei der Offline-Hilfe handelt es sich um die Hilfsinformationen, die während der Installation auf Ihren Computer kopiert werden. Die Online-Hilfe meint die Hilfsinformationen, die Sie, einen Internetzugang vorausgesetzt, von der Microsoft Office-Website abrufen können.

Die Online-Hilfe hat den Vorteil, dass sie umfangreicher ist und zudem kontinuierlich aktualisiert wird. Da es aber auch Situationen geben wird, in denen Sie ohne Internetzugang arbeiten (z.B. auf Reisen) hat auch die Offline-Hilfe ihre Existenzberechtigung. Außerdem ist der Zugriff auf die Online-Hilfe selbst bei schneller Internetanbindung immer langsamer als der auf die Offline-Hilfe.

Wie Sie gleich im weiteren Verlauf des Kapitels noch sehen werden, können Sie problemlos zwischen den beiden Hilfe-Systemen wechseln.

Die Elemente des Hilfe-Fensters

Wie Sie in Bild 4.1 sehen, steht die Hilfe in einem separaten Fenster zur Verfügung. Sie können es entweder über die Fragezeichen-Schaltfläche in der rechten oberen Ecke des Programmfensters oder mit F1 aufrufen. Jedes Office-Programm verfügt übrigens über ein eigenes Hilfe-Fenster, dessen Einstellungen (Größe, Position etc.) separat verwaltet werden.

Die Bedienung der Online-Hilfe funktioniert ähnlich wie bei einem Browser, so dass Sie sich ohne große Probleme zurecht finden werden. In den folgenden Abschnitten gehen wir kurz auf die verschiedenen Elemente des Hilfe-Fensters ein.

Die Symbolleiste

In der Symbolleiste des Hilfe-Fensters befinden sich einige Schaltflächen, deren Bedeutung Sie der folgenden Tabelle entnehmen können. Von Interesse sind vor allem die Schaltflächen der beiden letzten Zeilen. Mit ihnen können Sie das Inhaltsverzeichnis ein- und ausblenden bzw. steuern, ob sich das Hilfe-Fenster permanent über das Programmfenster legt oder nicht.

Tabelle 4.1 Die Schaltflächen auf der Symbolleiste des Hilfe-Fensters

Schaltfläche	Wirkung
	Blättert eine Seite zurück.
	Blättert eine Seite nach vorne (nur aktiv, wenn zuvor zurückgeblättert wurde).
	Bricht den aktuellen Ladevorgang der Seite ab.
	Lädt die angezeigte Seite erneut.
	Zeigt die Startseite der Hilfe an.
	Druckt die angezeigte Seite aus.
	Zeigt ein Menü an, in dem Sie einen von fünf verschiedenen Schriftgraden auswählen können.
	Zeigt das Inhaltsverzeichnis an bzw. blendet es wieder aus.
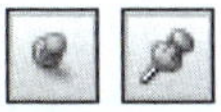	Wenn die Pinn-Nadel ganz eingedrückt ist, legt sich das Hilfe-Fenster immer vor das Programmfenster; ist die Pinn-Nadel vollständig zu sehen, kann sich das Programmfenster über das Hilfefenster legen, d.h. das Hilfe-Fenster kann dann hinter dem Programmfenster verschwinden. Das Hilfe-Fenster schiebt sich immer nur über das Fenster des zugehörigen Office-Programms. Das heißt, das Hilfe-Fenster von Word kann lediglich das Programmfenster von Word überdecken, nicht aber das von Excel, PowerPoint oder Outlook. Auch alle anderen Windows-Fenster, wie zum Beispiel Ordner-Fenster, können das Hilfe-Fenster unabhängig vom Status der Schaltfläche überdecken.

Die Statusleiste

In der Statusleiste können Sie ablesen, mit welchem Bereich der Office-Hilfe Sie arbeiten und ob Sie zurzeit auf die Online- oder auf die Offline-Hilfe zugreifen. Wenn Sie noch einmal zwei Seiten zurückblättern und Bild 4.1 betrachten, sehen Sie, dass dort folgende Angaben in der Statusleiste stehen:

- **Das ganze Word** Es werden alle erreichbaren Informationsquellen berücksichtigt. Um den Suchbereich zu ändern, müssen Sie das Menü der *Suchen*-Schaltfläche aufklappen (siehe nächster Abschnitt).
- **Verbunden mit Office Online** Es wird auf die Online-Hilfe zugegriffen.

Der rechte Teil der Statusleiste fungiert als Schaltfläche, mit deren Menü Sie zwischen der Online- und der Offline-Hilfe wechseln können (siehe nächstes Bild). Die Einstellung, die Sie hier vornehmen, gilt automatisch für alle Office-Programme.

Bild 4.2 Die Hilfe lässt sich zwischen Online- und Offline-Betrieb umschalten

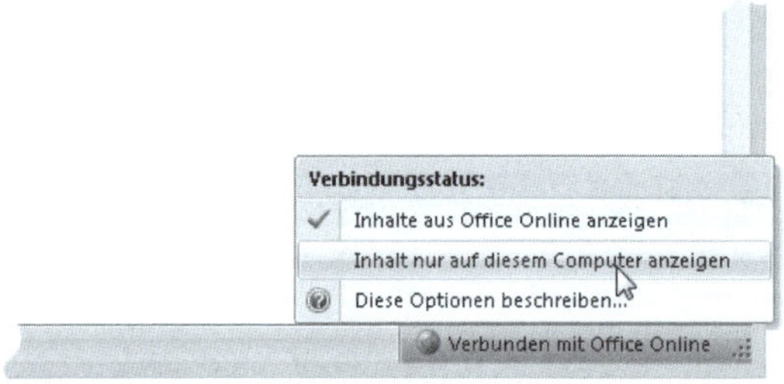

HINWEIS Die Einstellung in der Statusleiste des Hilfe-Fensters korrespondiert mit der Option *Microsoft Office Online nach Hilfeinhalt durchsuchen, wenn eine Verbindung mit dem Internet besteht.* Sie finden diese Option im Dialog *Vertrauensstellungscenter* unter der Rubrik *Datenschutzoptionen.* Das Dialogfeld erreichen Sie über *Office-Schaltfläche/Optionen/Vertrauensstellungscenter/Einstellungen für das Vertrauensstellungscenter.*

Eingabe des Suchbegriffs

Wenn Sie Hilfe zu einem bestimmten Begriff benötigen, können Sie ihn oben links in das Textfeld eingeben und dann auf *Suchen* klicken. Über den kleinen Pfeil der Schaltfläche lässt sich ein Menü aufklappen, in dem Sie den Suchbereich festlegen können (siehe Bild 4.3).

Wie Sie sehen, sind die Befehle des Menüs in zwei Gruppen unterteilt: *Inhalte aus Office Online* und *Inhalte von diesem Computer*. Sie können also auch hier zwischen der Online- und der Offline-Hilfe umschalten. Es gibt jedoch einen wichtigen Unterschied zu der im letzten Abschnitt besprochenen Schaltfläche der Statusleiste: Während die Umschaltung in der Statusleiste dauerhaft ist, geht die Wahl des Suchbereichs beim Schließen des Hilfe-Fensters verloren. Wenn Sie zum Beispiel normalerweise mit der Offline-Hilfe arbeiten, können Sie bei Bedarf über die Schaltfläche *Suchen* den Suchbereich temporär auf die Online-Hilfe umschalten. Beim nächsten Aufruf der Hilfe wird Office dann automatisch wieder die Offline-Hilfe verwenden.

Bild 4.3 Hier lässt sich der Suchbereich der Online-Hilfe einstellen

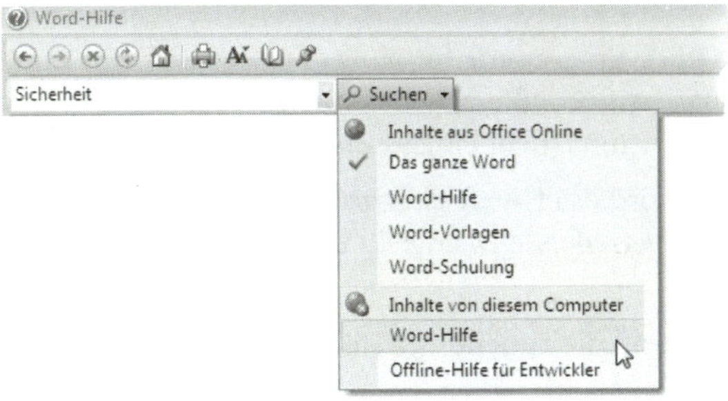
Word-Hilfe
Sicherheit
Suchen
Inhalte aus Office Online
Das ganze Word
Word-Hilfe
Word-Vorlagen
Word-Schulung
Inhalte von diesem Computer
Word-Hilfe
Offline-Hilfe für Entwickler

Das Inhaltsverzeichnis

Wenn Sie mithilfe des Suchbegriffs die gewünschten Informationen nicht auffinden können, bietet sich als Alternative an, das Inhaltsverzeichnis der Hilfe zu verwenden und dort nach den Informationen zu suchen, die Sie benötigen.

Das Inhaltsverzeichnis ist wie eine kleine Bibliothek aufgebaut. Sie sehen in der Liste Buch-Symbole, mit denen thematisch zueinander passende Einträge zusammengefasst sind. Um ein Buch zu öffnen, klicken Sie es an. Entweder sehen Sie dann eine Liste mit weiteren Büchern oder die Überschriften der Hilfeseiten.

Um ein gewünschtes Thema anzuzeigen, klicken Sie es einfach im Inhaltsverzeichnis an.

Bild 4.4 Nach dem Aufklappen der Bücher sehen Sie die Überschriften der Hilfeseiten

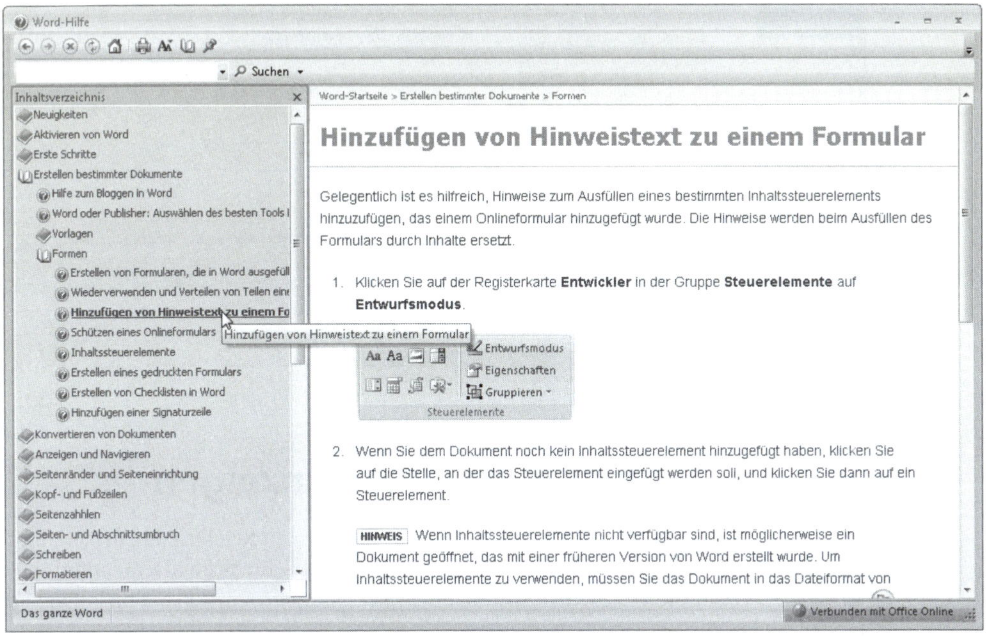
Word-Hilfe
Suchen
Inhaltsverzeichnis
Neuigkeiten
Aktivieren von Word
Erste Schritte
Erstellen bestimmter Dokumente
Hilfe zum Bloggen in Word
Vorlagen
Formen
Schützen eines Onlineformulars
Inhaltssteuerelemente
Erstellen eines gedruckten Formulars
Erstellen von Checklisten in Word
Hinzufügen einer Signaturzeile
Konvertieren von Dokumenten
Anzeigen und Navigieren
Seitenränder und Seiteneinrichtung
Kopf- und Fußzeilen
Seitenzahlen
Seiten- und Abschnittsumbruch
Schreiben
Formatieren
Word-Startseite > Erstellen bestimmter Dokumente > Formen
Hinzufügen von Hinweistext zu einem Formular
Gelegentlich ist es hilfreich, Hinweise zum Ausfüllen eines bestimmten Inhaltssteuerelements hinzuzufügen, das einem Onlineformular hinzugefügt wurde. Die Hinweise werden beim Ausfüllen des Formulars durch Inhalte ersetzt.
1. Klicken Sie auf der Registerkarte Entwickler in der Gruppe Steuerelemente auf Entwurfsmodus.
Hinzufügen von Hinweistext zu einem Formular
Entwurfsmodus
Eigenschaften
Gruppieren
Steuerelemente
2. Wenn Sie dem Dokument noch kein Inhaltssteuerelement hinzugefügt haben, klicken Sie auf die Stelle, an der das Steuerelement eingefügt werden soll, und klicken Sie dann auf ein Steuerelement.
HINWEIS Wenn Inhaltssteuerelemente nicht verfügbar sind, ist möglicherweise ein Dokument geöffnet, das mit einer früheren Version von Word erstellt wurde. Um Inhaltssteuerelemente zu verwenden, müssen Sie das Dokument in das Dateiformat von
Das ganze Word
Verbunden mit Office Online

Kontextsensitive Hilfe

Als weitere Hilfe stellen Ihnen die Office-Programme für einige Dialogfelder eine kontextsensitive Hilfe zur Verfügung. Ob die kontextsensitive Hilfe angeboten wird oder nicht, erkennen Sie am Vorhandensein einer kleinen Schaltfläche mit einem Fragezeichen.

Wenn Sie das Fragezeichen anklicken, wird das Hilfefenster geöffnet und Sie sehen auf einen Blick, welche Informationen die Hilfe für das betreffende Dialogfeld zu bieten hat.

Bild 4.5 Das Word-Dialogfeld *Word-Optionen* und die zugehörige Hilfeseite

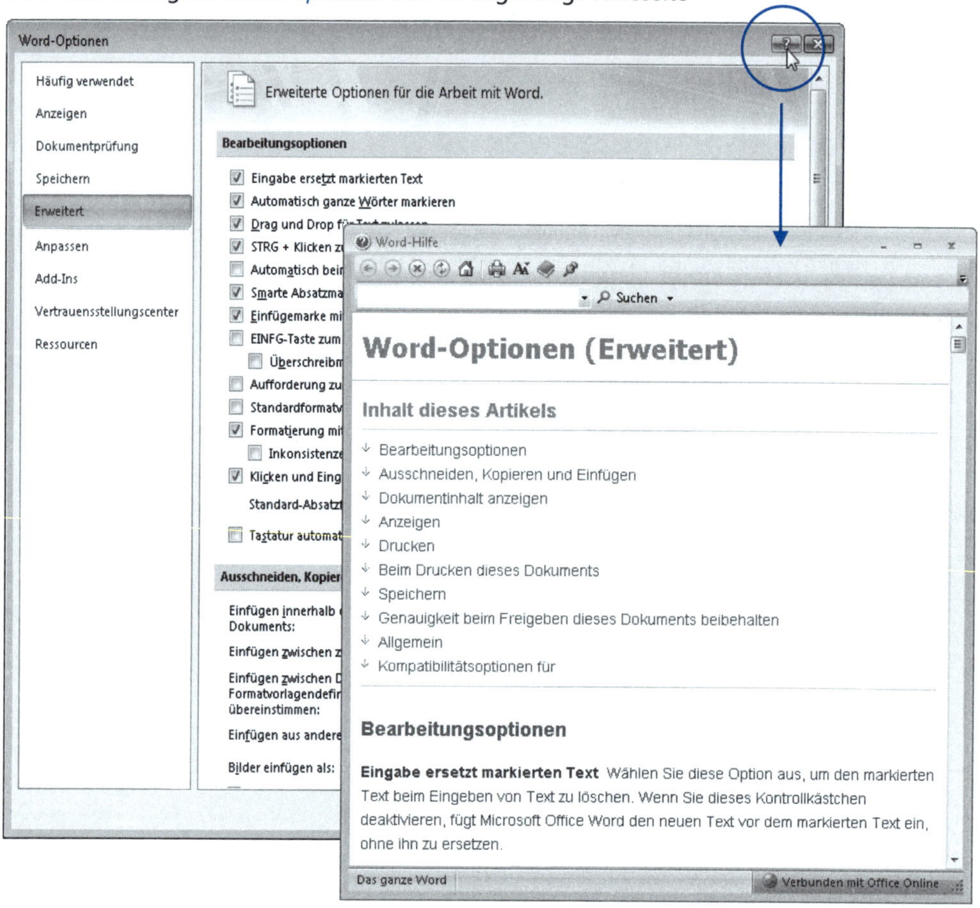

Hilfe zu einzelnen Befehlen anzeigen

Mit Word 2007 ist es auch möglich, gezielt Hilfe zu einzelnen Befehlen aufzurufen. Dazu zeigen Sie mit der Maus auf den gewünschten Befehl bzw. die gewünschte Schaltfläche und drücken dann die Taste F1. Wenn dieser »Trick« bei Ihnen nicht funktioniert, müssen Sie noch folgende Vorbereitungen treffen:

1. Öffnen Sie das Menü der *Office-Schaltfläche* und klicken Sie am unteren Rand des Menüs auf die *Optionen*-Schaltfläche.
2. Klicken Sie im angezeigten Dialog auf *Häufig verwendet* und wählen Sie im Listenfeld *Quick-Info-Format* die Einstellung *Featurebeschreibungen in QuickInfos anzeigen.*
3. Schließen Sie das Dialogfeld mit *OK.*
4. Zeigen Sie in der Multifunktionsleiste auf eine Schaltfläche. Wenn im angezeigten QuickInfo der Hinweis »Drücken Sie F1, um die Hilfe anzuzeigen« auftaucht, existiert zu diesem Element ein eigener Hilfeeintrag.

Bild 4.6 Für die Schaltfläche *Formatierung löschen* existiert ein eigener Hilfeeintrag

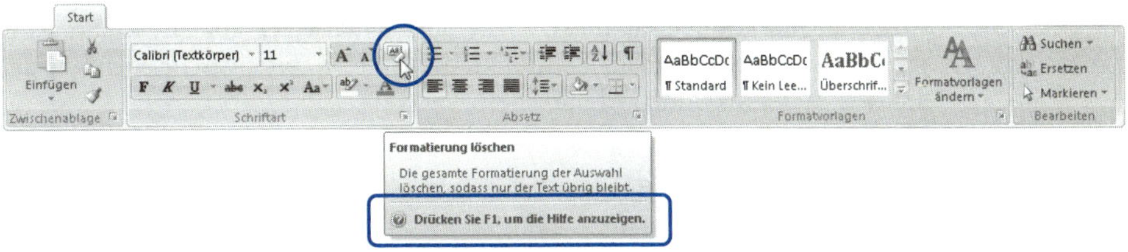
Start
Einfügen
Zwischenablage
Calibri (Textkörper)
11
Schriftart
Absatz
AaBbCcDc
¶ Standard
¶ Kein Lee...
AaBbC
Überschrif...
Formatvorlagen ändern
Formatvorlagen
Suchen
Ersetzen
Markieren
Bearbeiten
Formatierung löschen
Die gesamte Formatierung der Auswahl löschen, sodass nur der Text übrig bleibt.
Drücken Sie F1, um die Hilfe anzuzeigen.

5. Drücken Sie [F1], um das Hilfe-Fenster anzuzeigen.

Bild 4.7 Im Hilfe-Fenster wird die passende Seite angezeigt

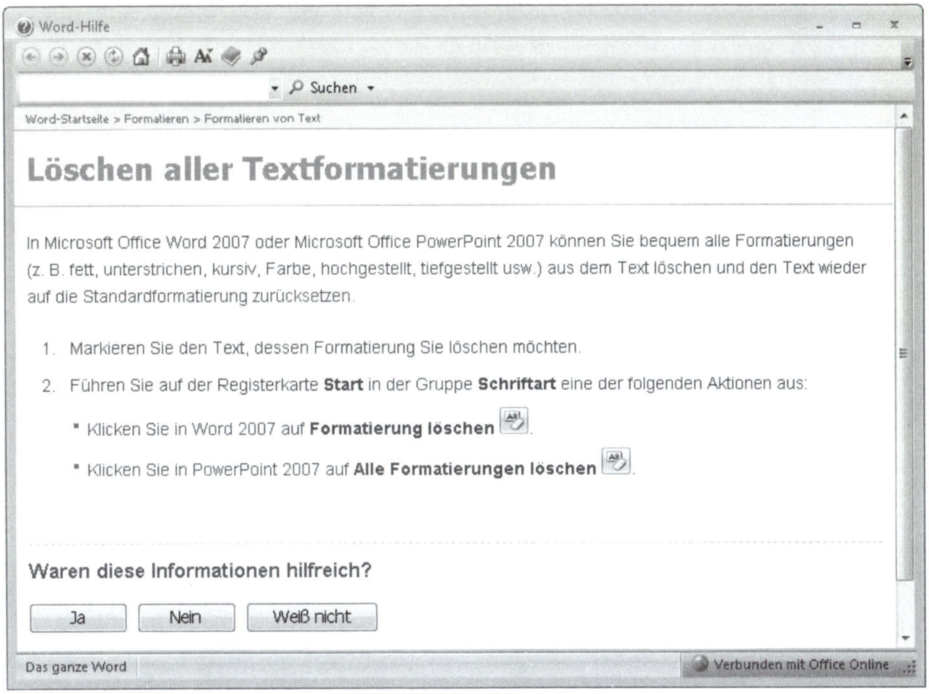
Word-Hilfe
Suchen
Word-Startseite > Formatieren > Formatieren von Text
Löschen aller Textformatierungen
In Microsoft Office Word 2007 oder Microsoft Office PowerPoint 2007 können Sie bequem alle Formatierungen (z. B. fett, unterstrichen, kursiv, Farbe, hochgestellt, tiefgestellt usw.) aus dem Text löschen und den Text wieder auf die Standardformatierung zurücksetzen.
1. Markieren Sie den Text, dessen Formatierung Sie löschen möchten.
2. Führen Sie auf der Registerkarte Start in der Gruppe Schriftart eine der folgenden Aktionen aus:
Klicken Sie in Word 2007 auf Formatierung löschen
Klicken Sie in PowerPoint 2007 auf Alle Formatierungen löschen
Waren diese Informationen hilfreich?
Ja
Nein
Weiß nicht
Das ganze Word
Verbunden mit Office Online

Wenn zu einer Schaltfläche kein eigenes Thema in der Online-Hilfe vorhanden ist, erscheint im Hilfe-Fenster die normale Startseite.

Direkt auf Office-Online suchen

Ein Bereich, der in Microsoft Office 2007 besonders ausgebaut wurde, ist die Website zu Office. Sie haben von allen Office-Programmen aus direkten Zugriff auf die Website. Informationen von der Website können entweder ganz normal im Internet Explorer angezeigt werden oder aber auch im Inhaltsverzeichnis und den Listen mit den gefundenen Hilfethemen integriert sein.

Um diese Seite zum Beispiel von Word aus aufzurufen, gehen Sie folgendermaßen vor:

1. Klicken Sie auf die *Office-Schaltfläche.*
2. Klicken Sie im Menü der *Office-Schaltfläche* auf die Schaltfläche *Word-Optionen.*
3. Klicken Sie im linken Bereich des angezeigten Fensters auf *Ressourcen.*
4. Anschließend können Sie die Website über einen Klick auf die Schaltfläche *In Onlinemodus wechseln* aufrufen. Zu dem Zeitpunkt, als dieses Kapitel geschrieben wurde, sah die Seite so aus, wie in der folgenden Abbildung.

Bild 4.8 Die Website zu Microsoft Office 2007

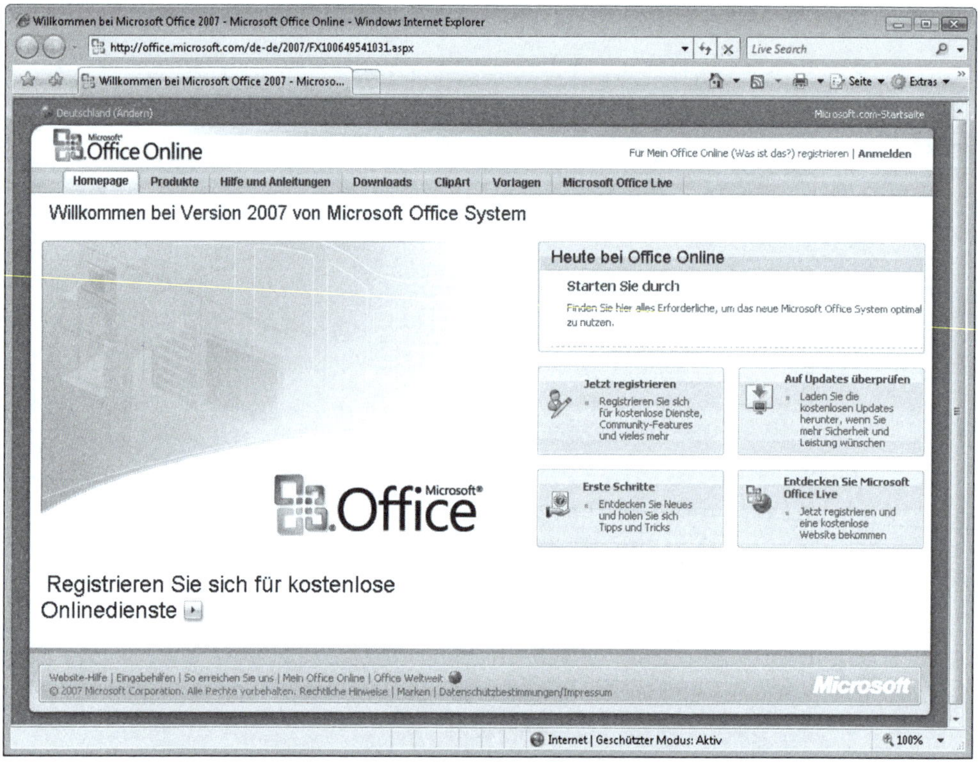

Auf dieser Website finden Sie unter anderem

- zahlreiche Artikel zu Einsatzmöglichkeiten von Office-Anwendungen
- Kurse, die mit kleinen Demos in die Verwendung der Programme einführen

- weitere Vorlagen, die nach dem Veröffentlichen von Office erstellt wurden und die Sie auf Ihren Computer herunterladen können
- die vollständige Online-Hilfe mit Informationen zu allen Office-Programmen (im Gegensatz zum Hilfe-Fenster, das immer nur die Online-Hilfe des Programms anzeigt, von dem aus es aufgerufen wurde).

Stöbern Sie einfach ein wenig dort herum, damit Sie sich mit dem Angebot vertraut machen und so im Bedarfsfall dieses zusätzliche Hilfsangebot nutzen können.

TIPP Das Hilfesystem der Website eignet sich auch gut, um andere Anwender auf hilfreiche und interessante Informationen aufmerksam zu machen. Verschicken Sie dazu einfach die Adresse der gewünschten Seite per Email.

Office-Diagnose

Wenn Sie mit einem der Office-Programme ernsthafte Schwierigkeiten haben, zum Beispiel, weil es beim Öffnen eines Dokuments regelmäßig abstürzt, können Sie versuchen, das Problem mit Hilfe der Office-Diagnose zu beheben. Diese Prüfung ist weitgehend automatisiert und daher auch für »normale« Anwender geeignet.

Um die Office-Diagnose für Word durchzuführen, gehen Sie wie folgt vor:

1. Schließen Sie alle Programme mit Ausnahme von Word.
2. Öffnen Sie das Menü der *Office-Schaltfläche* und klicken Sie auf die *Word-Optionen.*
3. Wählen Sie im angezeigten Dialog die Kategorie *Ressourcen* und klicken dann im rechten Teil des Fensters auf die Schaltfläche *Diagnose.*
4. Lesen Sie die Information im Begrüßungsdialog der Office-Diagnose und klicken Sie anschließend auf *Weiter.*

Bild 4.9 Während der Diagnose werden fünf verschiedene Tests durchlaufen

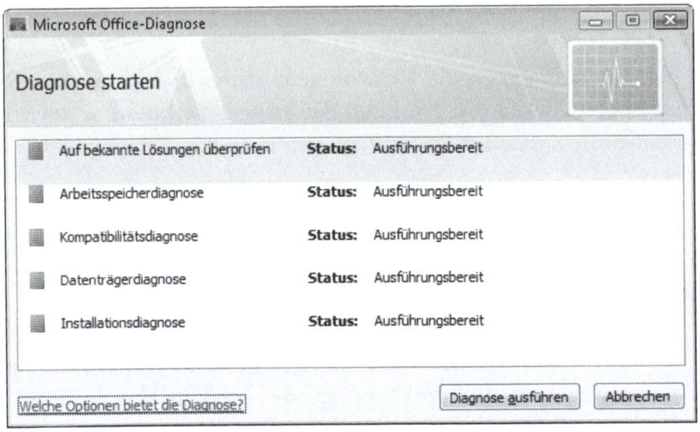

5. Klicken Sie auf *Diagnose ausführen,* um den Prüfvorgang zu starten.

Bild 4.10 Die Fortschrittsbalken informieren Sie über den Stand der Diagnose

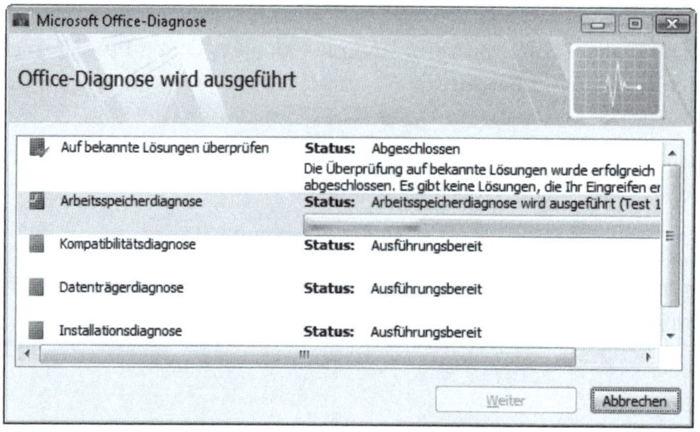

6. Warten Sie, bis alle Tests vollständig durchgeführt worden sind. Beim letzten Test müssen Sie etwas Geduld aufbringen, da er in der Regel mehrere Minuten in Anspruch nimmt.

Bild 4.11 Das Ergebnis der Diagnose (in diesem Fall wurden keine Fehler gefunden)

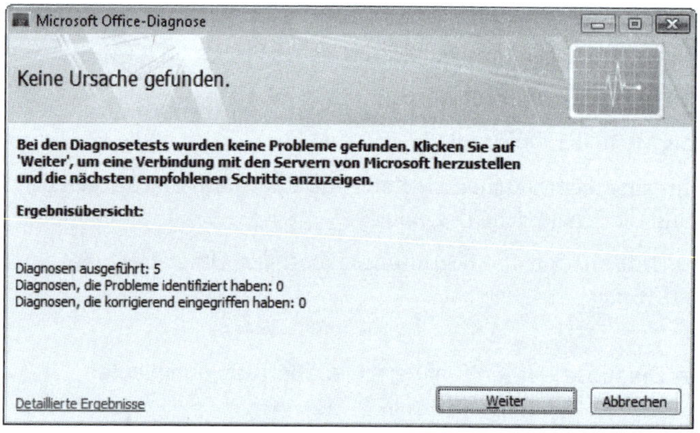

7. Auch wenn bei der Diagnose keine Ursache gefunden wurde, brauchen Sie die Hoffnung noch nicht aufgeben. Klicken Sie dann auf *Weiter*, um Verbindung mit einer Website von Microsoft aufzunehmen, auf der Sie weitere Hinweise zur Fehlerdiagnose bzw. -behebung finden können.

Der Office-Assistent

Wenn Sie bereits mit einer älteren Version von Office gearbeitet haben, kennen Sie sicher den Office-Assistenten, der als Büroklammer oder auch als kleines Hündchen sein Unwesen auf dem Bildschirm trieb. Da dieses Feature von der Mehrheit der Anwender als lästig und störend empfunden wurde, ist es in Office 2007 nicht mehr enthalten. Wie heißt es doch so schön? »Und tschüss!«

Zusammenfassung

In diesem Kapitel haben Sie einige der Möglichkeiten kennengelernt, wie Sie die Hilfefunktion von Word 2007 verwenden können:

- Sie können sowohl eine Online- als auch eine Offline-Version des Hilfesystems nutzen. Die Online-Hilfe hat den Vorteil, dass sie umfangreicher und aktueller ist (Seite 70).
- Zum Aufruf des Hilfefensters klicken Sie auf die Fragezeichenschaltfläche oder drücken die Taste [F1].
- Aufbau und Bedienung des Hilfe-Fensters entsprechen einem Browser-Fenster (Seite 71).
- Im Hilfe-Fenster können Sie den Suchbereich festlegen und zwischen Online- und Offline-Modus wechseln (Seite 72).
- Falls Sie über die Eingabe von Suchbegriffen nicht die von Ihnen benötigte Information finden, können Sie das Inhaltsverzeichnis der Hilfe als Nachschlagewerk nutzen (Seite 73).
- Wenn Sie Hilfe zu einem der Dialogfelder benötigen, können Sie die Hilfe-Schaltfläche in der Titelleiste des Dialogfeldes anklicken (Seite 74).
- Einige Befehle und Schaltflächen verfügen über eigene Hilfeseiten. Um diese Seiten aufzurufen, zeigen Sie mit der Maus auf den Befehl bzw. die Schaltfläche und drücken dann die Taste [F1] (Seite 74).
- Weiterhin steht Ihnen die Website Microsoft Office Online zur Verfügung (Seite 76), auf der Sie u.a. Artikel, Kurse oder weitere Vorlagen zu den verschiedenen Office-Anwendungen finden.
- Die Office-Diagnose kann Ihnen beim Auftreten von ernsthaften Problemen (wie Programmabstürzen etc.) helfen, die Ursachen zu finden und zu beheben (Seite 77).
- Der aus früheren Versionen bekannte Office-Assistent ist in Word 2007 nicht mehr vorhanden (Seite 78).

Teil B

Textdokumente erstellen

In diesem Teil:

Kapitel 5

Word 2007 kennenlernen

In diesem Kapitel:

In diesem Kapitel lernen Sie, wie Sie Word komfortabel starten können, wie Sie zwischen mehreren gestarteten Programmen hin und her schalten und wie Sie weitere Befehle aus dem Startmenü von Windows verwenden, um beim Starten von Word sofort ein bestimmtes Dokument zu öffnen. Außerdem lernen Sie den Aufbau des Word-Programmfensters kennen und erfahren, in welchen Ansichten Sie ein Dokument in Word 2007 anzeigen lassen können.

Windows XP und Windows Vista

Die meisten der Abbildungen für dieses Kapitel wurden unter Windows Vista erstellt. Sie können die beschriebenen Schritte aber auch unter Windows XP durchführen; sollte es zwischen Windows Vista und Windows XP Unterschiede geben, weisen wir Sie ausdrücklich darauf hin.

Word starten und beenden

Bevor Sie mit Word arbeiten und Ihre Dokumente erstellen können, müssen Sie das Programm zuerst einmal starten. Das lässt sich unter Windows auf vielen verschiedenen Wegen erledigen. Die wichtigsten Möglichkeiten werden wir auf den folgenden Seiten der Reihe nach vorstellen.

Das Startmenü von Windows

Der traditionelle Weg, ein Programm zu starten, führt über das Startmenü von Windows:

1. Klicken Sie auf die Schaltfläche *Start*, die sich normalerweise unten links auf dem Bildschirm befindet.
2. Klicken Sie auf *Alle Programme*.

Bild 5.1 Programm starten über das Startmenü von Windows Vista

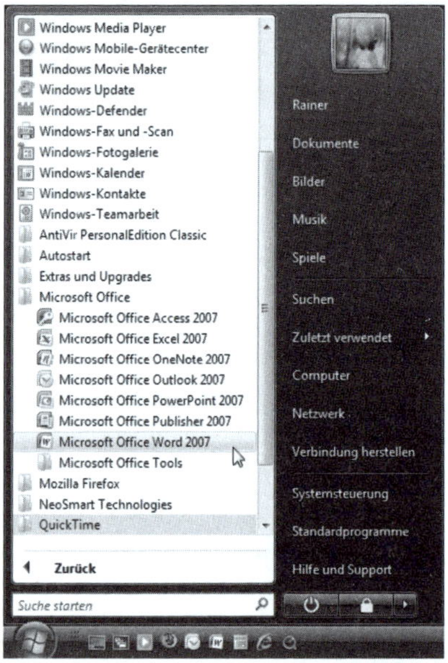

Bild 5.2 Programm starten über das Startmenü von Windows XP

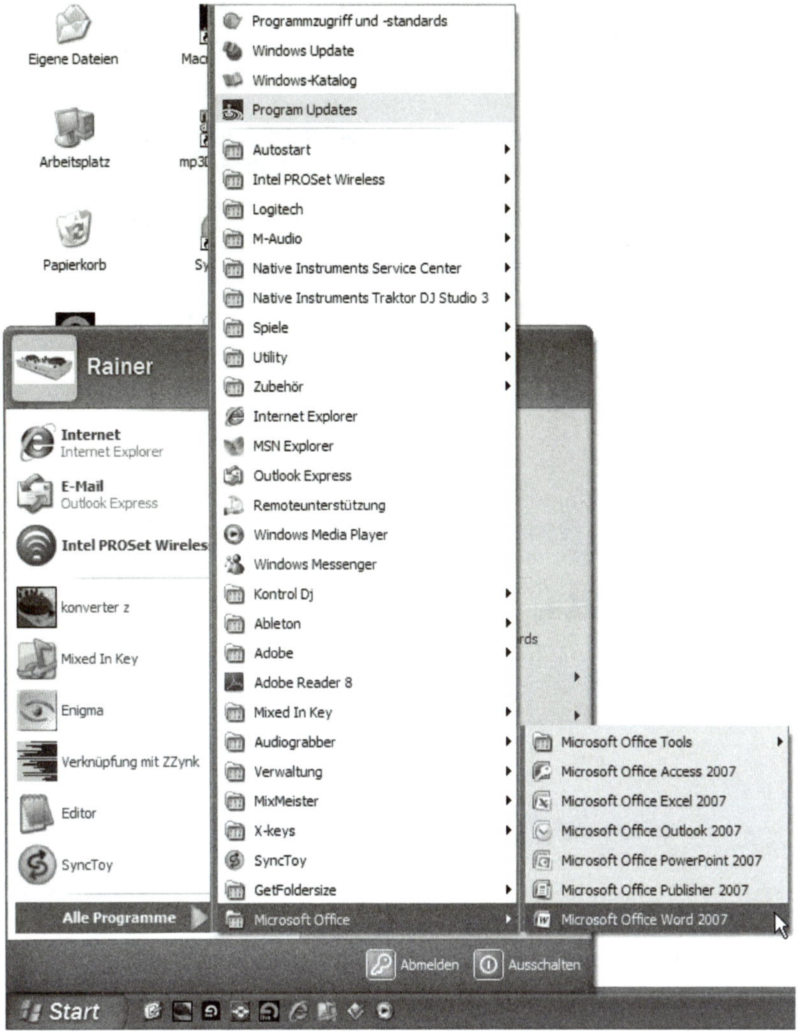

3. Klicken Sie auf *Microsoft Office.*
4. Klicken Sie auf *Microsoft Office Word 2007.*

Vorhandenes Office-Dokument öffnen

Wenn Sie Ihre Dokumente gemäß der Office-Philosophie im Ordner *Eigene Dateien* bzw. *Dokumente* gespeichert haben, können Sie sie bequem über das Startmenü erreichen:

1. Klicken Sie auf *Start* oder drücken Sie die Tastenkombination Strg+Esc.
2. Klicken Sie auf *Eigene Dateien* (Windows XP) bzw. auf *Dokumente* (Windows Vista). Der Ordner mit Ihren eigenen Dateien wird geöffnet.

3. Wenn Sie für das Speichern Ihrer Dokumente Unterordner verwenden (siehe hierzu auch Kapitel 6) wechseln Sie zu dem Ordner, in dem sich das gewünschte Dokument befindet.
4. Doppelklicken Sie auf das Symbol des Dokuments, das Sie bearbeiten möchten.

Bild 5.3 Office-Dokumente gehören bei Windows Vista in den Ordner *Dokumente* und bei Windows XP in den Ordner *Eigene Dateien* (sagt Microsoft)

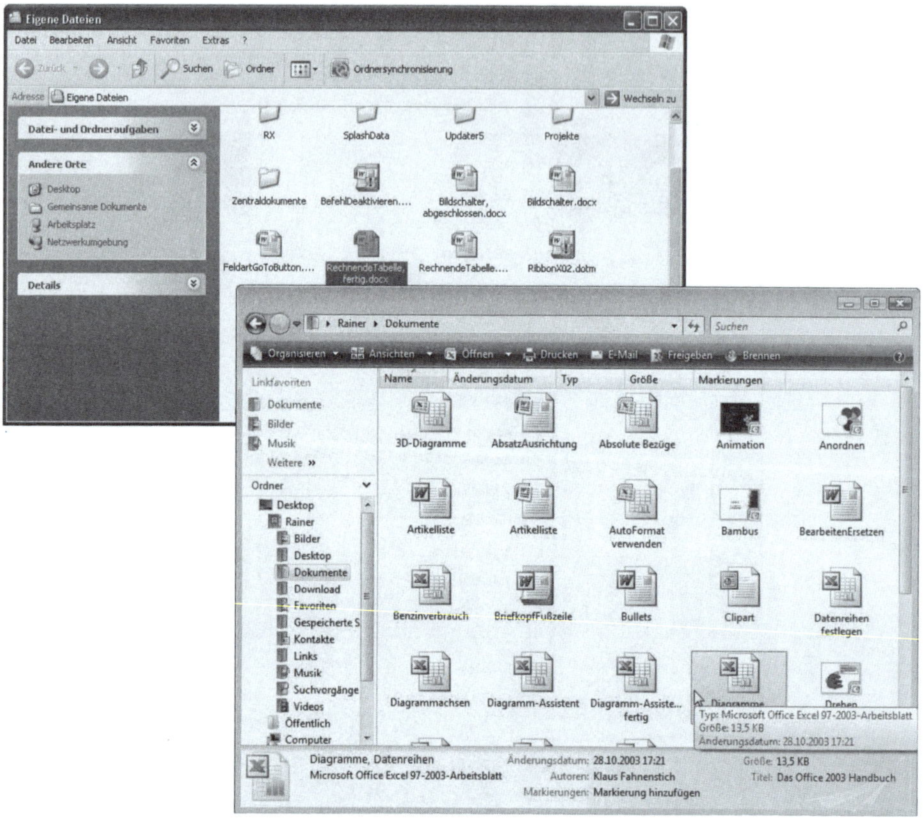

Die Dokumentenliste des Startmenüs

Wenn Sie ein Dokument öffnen wollen, das Sie erst vor kurzem bearbeitet haben, können Sie auch auf das Kurzzeitgedächtnis des Startmenüs zurückgreifen:

1. Klicken Sie auf *Start* oder drücken Sie die Tastenkombination Strg+Esc.
2. Bewegen Sie den Mauszeiger auf *Zuletzt verwendete Dokumente* (Windows XP) bzw. auf *Zuletzt verwendet* (Windows Vista).
3. Klicken Sie das gewünschte Dokument in der Liste an.

TIPP Falls Ihnen der Gedanke nicht behagt, dass jeder, der Zugang zu Ihrem PC hat, nachsehen kann, woran Sie zuletzt gearbeitet haben, können Sie ganz einfach die Liste des Startmenüs löschen. In Windows XP gehen Sie folgendermaßen vor:

1. Klicken Sie mit der rechten Maustaste auf einen freien Bereich der Taskleiste.
2. Wählen Sie den Befehl *Eigenschaften*.
3. Wechseln Sie zur Registerkarte *Startmenü* und klicken Sie auf *Anpassen*.
4. Wechseln Sie zur Registerkarte *Erweitert*.
5. Klicken Sie im Bereich *Zuletzt verwendete Dokumente* auf *Liste löschen*.
6. Schließen Sie alle geöffneten Dialogfelder mit *OK*.

In Windows Vista sind die Schritte ein wenig anders:

1. Klicken Sie auf *Start*.
2. Klicken Sie im Startmenü den Eintrag *Zuletzt verwendet* mit der rechten Maustaste an.
3. Klicken Sie auf *Liste zuletzt verwendeter Elemente löschen*.

Die Schnellstartleise der Taskleiste verwenden

Windows besitzt die Symbolleiste *Schnellstart*, die Sie in der Taskleiste einblenden können und in der Sie häufig verwendete Programme ablegen können. Wenn die Symbolleiste *Schnellstart* nicht sichtbar ist, können Sie sie so einschalten:

1. Klicken Sie einen freien Bereich der Taskleiste mit der rechten Maustaste an, um das Kontextmenü anzeigen zu lassen.
2. Zeigen Sie auf *Symbolleisten* und klicken Sie (falls vor *Schnellstart* kein Häkchen angezeigt wird) auf *Schnellstart*. Die Symbolleiste *Schnellstart* wird angezeigt.

So nehmen Sie in Windows XP ein Office-Programm in die Symbolleiste *Schnellstart* auf:

1. Öffnen Sie das Startmenü, zeigen Sie auf *Alle Programme* und dann auf *Microsoft Office*.
2. Klicken Sie das Symbol des Programms, das Sie in der Symbolleiste *Schnellstart* ablegen wollen, mit der linken Maustaste an und ziehen Sie es mit gedrückter Maustaste auf die Symbolleiste *Schnellstart*.
3. Lassen Sie die Maustaste los. Das Symbol des Programms wird dort abgelegt. Jetzt reicht ein Klick auf das Symbol, um das Programm zu starten.

So nehmen Sie in Windows Vista ein Office-Programm in die Symbolleiste *Schnellstart* auf:

1. Öffnen Sie das Startmenü, zeigen Sie auf *Alle Programme* und dann auf *Microsoft Office*.
2. Klicken Sie das Symbol des Programms, das Sie in der Symbolleiste *Schnellstart* ablegen wollen, mit der rechten Maustaste an.

Bild 5.4 Mit den Befehlen aus dem Kontextmenü für die verschiedenen Einträge lässt sich das Startmenü konfigurieren

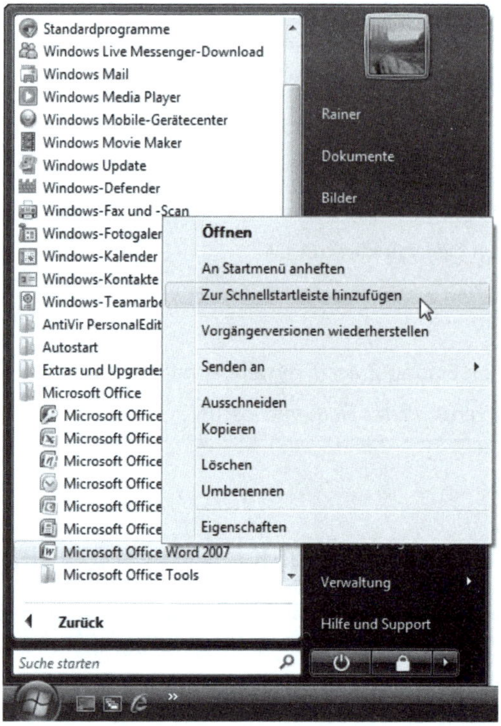

3. Klicken Sie auf *Zur Schnellstartleiste hinzufügen.*

Word an das Startmenü anheften

Um Word oder ein anderes Programm noch schneller zu starten, können Sie es in den Bereich der angehefteten Programme des Startmenüs von Windows aufnehmen.

1. Dazu öffnen Sie das Startmenü, klicken dann auf *Alle Programme* und *Microsoft Office,* bis Sie das gewünschte Programmsymbol der Office-Anwendung sehen.
2. Klicken Sie das Symbol mit der rechten Maustaste an.
3. Wählen Sie im Kontextmenü den Befehl *An Startmenü anheften.*

Wenn Sie danach das Startmenü öffnen, sehen Sie das Symbol der Anwendung auf der linken Seite des Startmenüs unterhalb der Standardeinträge für Webbrowser und E-Mail-Programm.

Bild 5.5 Word wurde an das Startmenü angeheftet (links Windows XP, rechts Windows Vista)

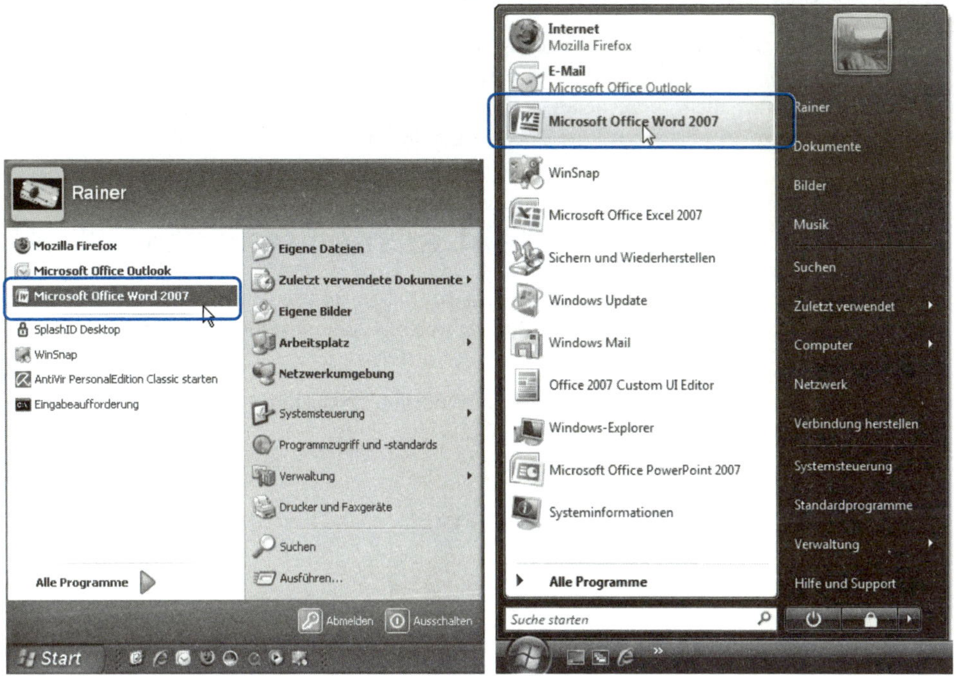

Wenn Sie das Programm aus dem Bereich der angehefteten Programme entfernen wollen, klicken Sie den Eintrag mit der rechten Maustaste an und wählen im Kontextmenü den Befehl *Vom Startmenü lösen.*

Word beenden

Bevor wir uns weiter an die Vorstellung von Word machen, wollen wir Ihnen noch verraten, wie Sie das Programm wieder beenden können. Zwei Möglichkeiten zum Beenden von Word stehen Ihnen zur Verfügung:

- Drücken Sie die Tastenkombination `Alt`+`F4`. Diese Tastenkombination können Sie bei allen Windows-Programmen zum Beenden verwenden.
- Klicken Sie auf die Schaltfläche *Office* und dann in der unteren rechten Ecke auf *Word beenden.*

Wenn Sie Word beenden, prüft Word, ob auch alle von Ihnen geschriebenen Texte gesichert sind. Wenn nicht, fragt Word Sie, ob das entsprechende Dokument gesichert werden soll. In dem Dialogfeld, das dann erscheint, zeigt Ihnen Word den Namen der Datei und drei Schaltflächen an. Wählen Sie

- *Ja,* um die Datei zu speichern und danach Word zu beenden,
- *Nein,* um die Datei nicht zu speichern und Word zu beenden, oder
- *Abbrechen,* um wieder die Datei zu speichern noch Word zu beenden.

Zwischen Programmen wechseln

Befindet sich in Ihrem PC genug Arbeitsspeicher, können Sie auch mehrere Programme gleichzeitig geöffnet halten und dann zwischen ihnen hin und her wechseln. Übertreiben sollten Sie es dabei aber nicht, denn jedes zusätzlich geöffnete Programm macht Ihren PC langsamer, und irgendwann geht dann auch die Übersicht verloren.

Mit der Tastatur geht es meistens am schnellsten

Wenn Sie Ihre Finger gerade auf der Tastatur haben, können Sie mit [Alt]+[⇆] ein kleines Fenster mit den Symbolen der gestarteten Programme bzw. der einzelnen Dokumente aufrufen.

Bild 5.6 Diese Programme bzw. Dokumente sind momentan gestartet bzw. geöffnet

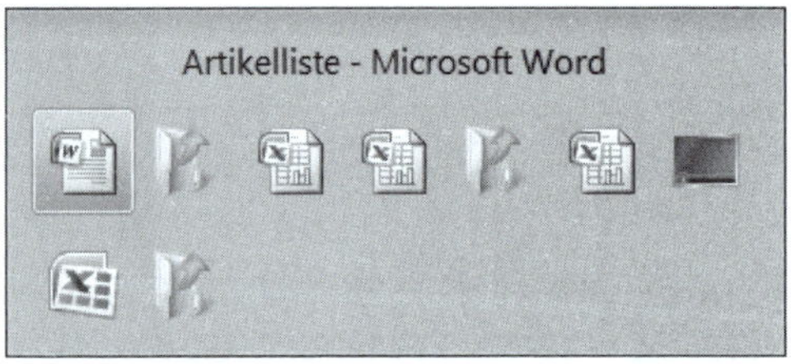

Halten Sie die [Alt]-Taste gedrückt und drücken Sie so oft die [⇆]-Taste, bis das gewünschte Programm oder Dokument markiert ist. Wenn Sie dann die Tasten wieder loslassen, holt Windows das Programm in den Vordergrund.

TIPP Diese Methode ist konkurrenzlos schnell, wenn Sie mehrmals zwischen zwei Programmen oder Dokumenten hin- und herschalten wollen. Mit der Tastenkombination [Alt]+[⇆] wechseln Sie nämlich automatisch zu dem Programm, das Sie zuletzt genutzt haben.

Mit der Maus benutzen Sie die Taskleiste

Wenn Sie gerade die Maus in der Hand halten, können Sie einfach in der Taskleiste auf die Schaltfläche des gewünschten Programms oder Dokuments klicken. Wenn Sie die Gruppierungsoption in der Taskleiste von Windows eingeschaltet haben, werden alle geöffneten Dokumente einer Anwendung zusammengefasst und vor dem Namen des Programms sehen Sie die Anzahl der Dokumente (wie die 8 auf der Excel-Schaltfläche in der folgenden Abbildung). Klicken Sie die Schaltfläche des Programms an und wählen Sie zusätzlich bei gruppierten Dokumenten das gewünschte Dokument aus. So können Sie also mit jeweils einem kurzen Klick ein anderes Programmfenster oder ein anderes Dokument des gerade aktiven Programms in den Vordergrund holen.

Bild 5.7 Umschalten zwischen Programmen mit der Taskleiste von Windows

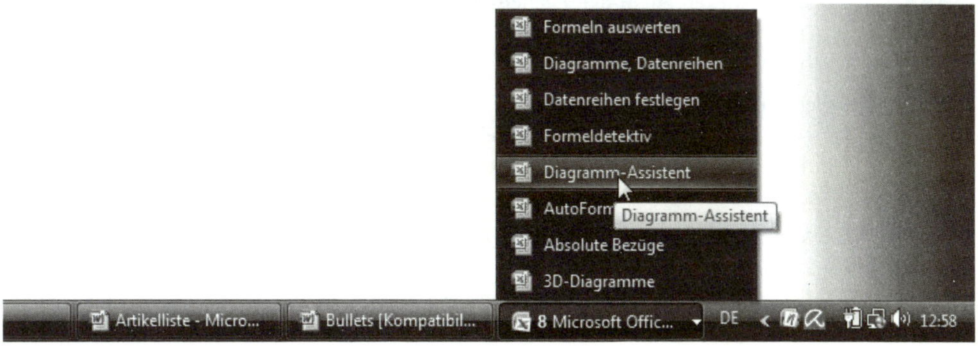

Wenn Sie mit der rechten Maustaste auf eine freie Stelle der Taskleiste klicken, erscheint ihr Kontextmenü, mit dessen Befehlen Sie den Desktop wunderbar aufräumen können.

Die drei Befehle *Überlappend, Untereinander* und *Nebeneinander* (Windows XP) bzw. *Überlappend, Fenster gestapelt anzeigen* und *Fenster nebeneinander anzeigen* (Windows Vista) ordnen Sie die geöffneten Fenster ordentlich auf dem Desktop an, der Befehl *Desktop anzeigen* minimiert alle Fenster und schafft so wieder eine freie Sicht auf den Desktop.

Word im Fenster oder als Vollbild darstellen

Unter Windows können Sie mehrere Programme gleichzeitig ausführen. Die Konsequenz dieser erfreulichen Tatsache ist, dass sich die verschiedenen Programme den Bildschirm teilen müssen. Sie als Anwender haben dabei die Möglichkeit zu bestimmen, wie viel Platz jedes einzelne Programm auf dem Bildschirm zur Verfügung hat. Wenn Sie mit mehreren Programmen arbeiten, können Sie die Größe der Programmfenster so einstellen, dass jedes Programm einen Teil des Bildschirms bekommt. Wenn Sie jedoch längere Zeit mit einem Programm arbeiten, kann dies unpraktisch sein, da beispielsweise bei Word nicht mehr die gesamte Breite des Textes, den Sie erstellen oder bearbeiten, auf dem Bildschirm sichtbar ist. Sie können daher auch einem Programm den gesamten Bildschirm zur Verfügung stellen.

Um zwischen diesen Darstellungsarten umzuschalten, verwenden Sie die Schaltflächen, die sich am rechten Rand der Titelleiste des Word-Fensters befinden.

Bild 5.8 Schaltflächen, um die Darstellungsart des Word-Fensters zu ändern

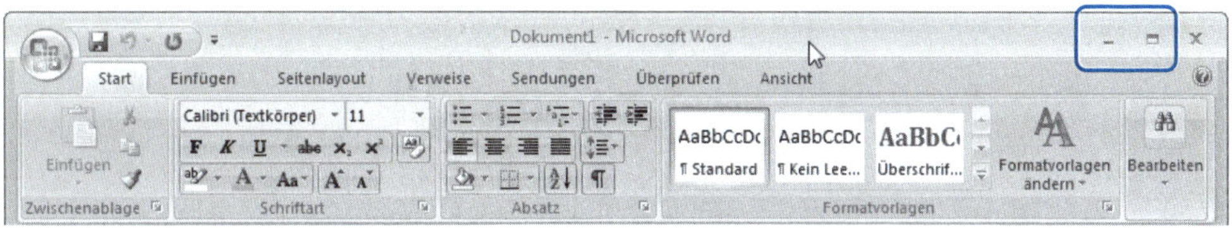

Textdokumente erstellen

- **Maximieren** Damit sich das Word-Fenster auf dem gesamten Bildschirm »breitmachen« kann, klicken Sie in der Titelleiste die Schaltfläche *Maximiert* an. Dies ist die Ansicht, die wir Ihnen für das normale Arbeiten mit Word empfehlen, da Sie damit eine gute Übersicht über Ihren Text bekommen.

- **Fenstergröße wiederherstellen** Wenn Sie das Word-Fenster maximiert haben, ändert sich auch eine Schaltfläche der Titelleiste. Dort, wo bis dahin die Schaltfläche *Maximieren* zu finden war, wird nun die Schaltfläche *Verkleinern* angezeigt, mit der Sie die vorherige Fenstergröße wiederherstellen können.

- **Minimieren** Die Schaltfläche *Minimieren* hat die entgegengesetzte Wirkung der Schaltfläche *Maximieren*. Mit ihr verkleinern Sie das Word-Fenster und es wird dann nur noch als Schaltfläche in der Taskleiste von Windows dargestellt. Sie können das Fenster wieder vergrößern, indem Sie die Schaltfläche in der Windows-Taskleiste anklicken

Die Dokumentansichten

Sie können in Word ein Dokument auf verschiedene Arten auf dem Bildschirm anzeigen lassen. Dieses Merkmal von Word wird *Dokumentansichten* genannt. Am schnellsten schalten Sie zwischen den verschiedenen Ansichten hin und her, indem Sie die kleinen Schaltflächen verwenden, die sich neben dem Zoomregler am rechten Rand der Statusleiste befinden, wenn Sie bei der Konfiguration der Statusleiste das Element *Tastenkombinationen anzeigen* ausgewählt haben (wie in Kapitel 2 erwähnt müsste dieses Element eigentlich *Ansicht-Schaltflächen* heißen).

Alternativ können Sie auch zur Registerkarte *Ansicht* wechseln. In der Gruppe *Dokumentansichten* stehen Ihnen die gleichen Auswahlmöglichkeiten zur Verfügung wie in der Statusleiste.

Bild 5.9 Mit diesen Schaltflächen in der Statusleiste schalten Sie bequem zwischen den verschiedenen Dokumentansichten um

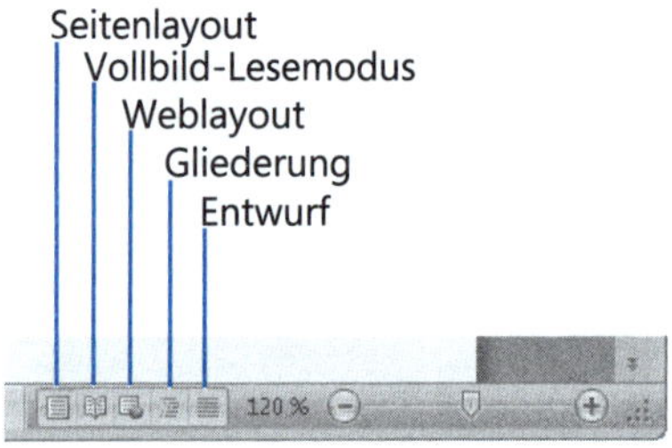

Die Ansicht *Seitenlayout*

Die Ansicht *Seitenlayout* wird wahrscheinlich die Dokumentansicht sein, die Sie am häufigsten verwenden. Ihr Vorteil besteht darin, dass Sie Ihre Dokumente so auf dem Bildschirm sehen, wie sie auch ausgedruckt werden. Die Formatierung der Zeichen und Absätze sowie die Seitenrandeinstellungen und die Positionierung von eventuell eingefügten Grafiken können in dieser Ansicht am besten vorgenommen und überprüft werden. Auch mehrere Spalten, Seitenzahlen sowie Kopf- und Fußzeilen werden hier angezeigt.

Die Entwurfsansicht

Der entscheidende Unterschied zwischen der *Entwurfsansicht* und der Ansicht *Seitenlayout* besteht darin, dass alle Seitenmerkmale (wie Ränder, mehrere Spalten, Kopf- und Fußzeilen usw.) in der Normalansicht nicht dargestellt werden. Die Schriftarten sowie Schriftgrößen und die Absatzmerkmale können Sie jedoch gut erkennen.

Wenn Sie einen modernen, schnellen PC besitzen, werden Sie die Entwurfsansicht vermutlich kaum verwenden. Bei einem langsamen PC kann es sich jedoch anbieten, die Entwurfsansicht einzusetzen, da dann das Anzeigen des Dokuments auf dem Bildschirm etwas schneller geht als in der Ansicht *Seitenlayout*. Probieren Sie diese beiden Ansichten einfach aus und verwenden Sie diejenige, die Ihrem Arbeitsstil am besten entspricht.

Der Vollbild-Lesemodus

Seit Word 2003 gibt es den sogenannten Lesemodus, der das Lesen eines Dokuments am Bildschirm besonders einfach macht. Um diesen Modus einzuschalten, klicken Sie die Schaltfläche *Vollbild-Lesemodus* an.

Bild 5.10 Der Vollbild-Lesemodus eignet sich besonders, um ein Dokument auf dem Bildschirm zu lesen. Mit den Pfeil-Schaltflächen im unteren Bereich blättern Sie im Dokument.

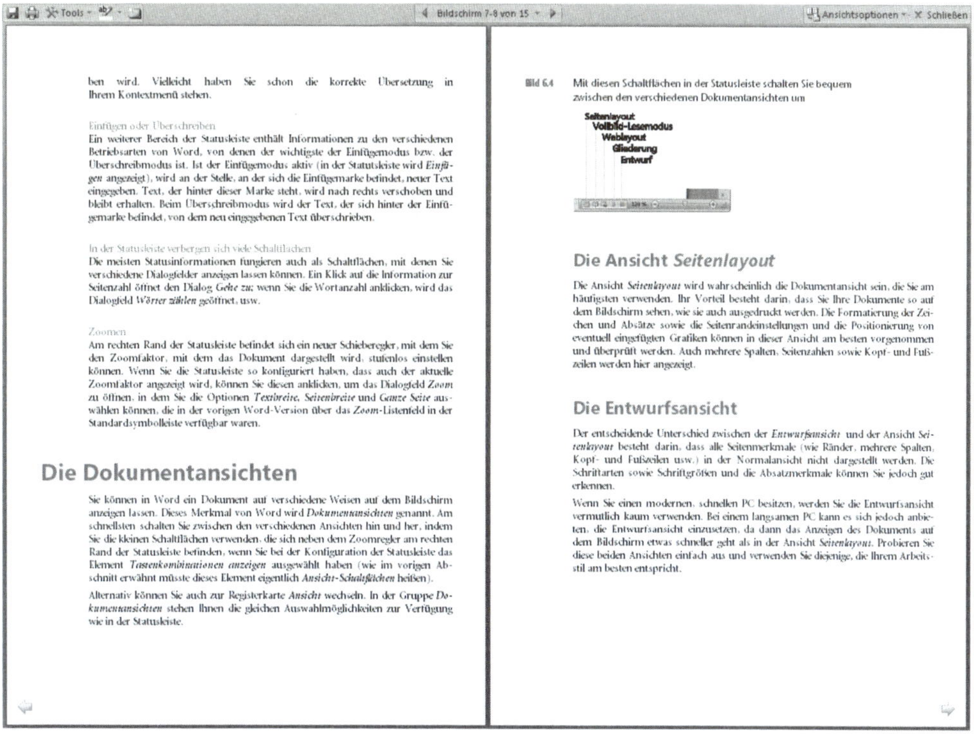

Word stellt dann das geöffnete Dokument so dar, wie Sie es in der obigen Abbildung sehen. Beachten Sie, dass diese Ansicht für das Lesen am Bildschirm optimiert ist und die Seitenwechsel, wie sie standardmäßig in diesem Modus auf dem Bildschirm angezeigt werden, nicht mit denen übereinstimmen, die Sie beim Ausdrucken des Dokuments erhalten.

Für das Lesemoduslayout gibt es eine eigene Symbolleiste, die Sie im oberen Bereich der Abbildung sehen und mit der Sie die Anzeige des Dokuments verändern können. Außerdem werden dort die Schaltflächen *Texthervorhebungsfarbe* und *Neuer Kommentar* angezeigt, mit denen Sie Textstellen markieren bzw. mit Anmerkungen versehen können.

Die Struktur des Dokuments

Wenn Sie an einem längeren Dokument arbeiten und öfter zwischen verschiedenen Textstellen hin und her springen müssen, bietet es sich an, von Word auch die Struktur des Dokuments anzeigen zu lassen. Schalten Sie dazu auf der Registerkarte *Ansicht* in der Gruppe *Einblenden/Ausblenden* das Kontrollkästchen *Dokumentstruktur* ein. Word blendet dann auf der linken Seite des Fensters die Struktur des Dokuments ein, wie Sie es in der folgenden Abbildung sehen können.

Bild 5.11 Lassen Sie von Word die Struktur des Dokuments anzeigen, wenn Sie sich schnell innerhalb eines längeren Dokuments bewegen wollen

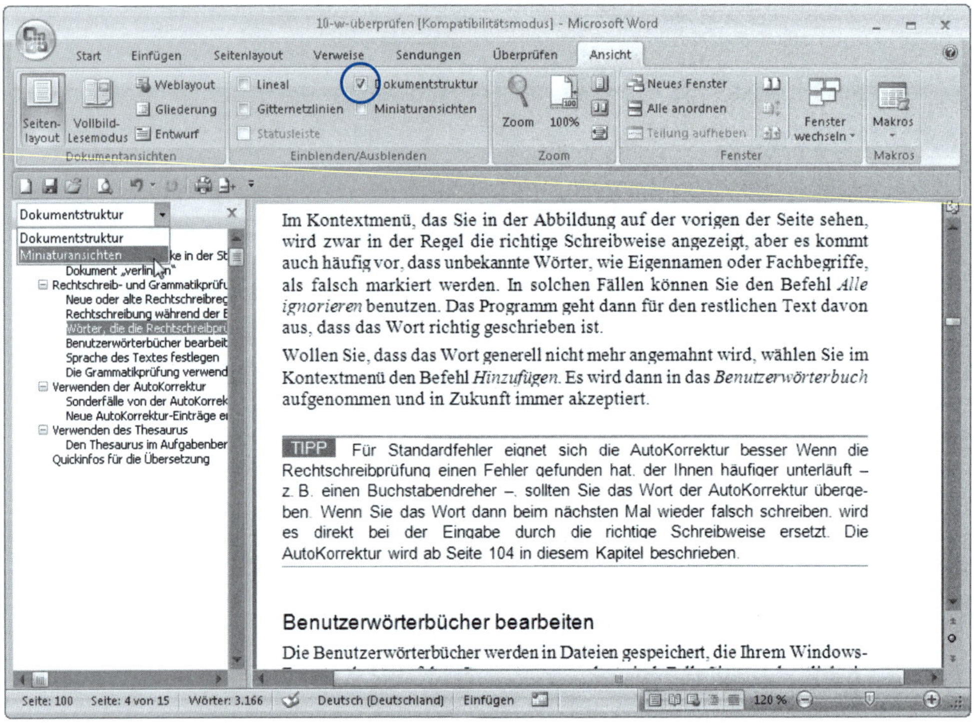

10-w-überprüfen [Kompatibilitätsmodus] - Microsoft Word
Start
Einfügen
Seitenlayout
Verweise
Sendungen
Überprüfen
Ansicht
Seiten-layout
Vollbild-Lesemodus
Weblayout
Gliederung
Entwurf
Dokumentansichten
Lineal
Gitternetzlinien
Statusleiste
Dokumentstruktur
Miniaturansichten
Einblenden/Ausblenden
Zoom
100%
Neues Fenster
Alle anordnen
Teilung aufheben
Fenster wechseln
Fenster
Makros
Dokumentstruktur
Miniaturansichten
Rechtschreib- und Grammatikprüfu
Neue oder alte Rechtschreibreg
Rechtschreibung während der E
Benutzerwörterbücher bearbeit
Sprache des Textes festlegen
Die Grammatikprüfung verwend
Verwenden der AutoKorrektur
Sonderfälle von der AutoKorrek
Neue AutoKorrektur-Einträge e
Verwenden des Thesaurus
Den Thesaurus im Aufgabenber
Quickinfos für die Übersetzung
Im Kontextmenü, das Sie in der Abbildung auf der vorigen der Seite sehen, wird zwar in der Regel die richtige Schreibweise angezeigt, aber es kommt auch häufig vor, dass unbekannte Wörter, wie Eigennamen oder Fachbegriffe, als falsch markiert werden. In solchen Fällen können Sie den Befehl Alle ignorieren benutzen. Das Programm geht dann für den restlichen Text davon aus, dass das Wort richtig geschrieben ist.
Wollen Sie, dass das Wort generell nicht mehr angemahnt wird, wählen Sie im Kontextmenü den Befehl Hinzufügen. Es wird dann in das Benutzerwörterbuch aufgenommen und in Zukunft immer akzeptiert.
TIPP Für Standardfehler eignet sich die AutoKorrektur besser Wenn die Rechtschreibprüfung einen Fehler gefunden hat, der Ihnen häufiger unterläuft – z. B. einen Buchstabendreher –, sollten Sie das Wort der AutoKorrektur übergeben. Wenn Sie das Wort dann beim nächsten Mal wieder falsch schreiben, wird es direkt bei der Eingabe durch die richtige Schreibweise ersetzt. Die AutoKorrektur wird ab Seite 104 in diesem Kapitel beschrieben.
Benutzerwörterbücher bearbeiten
Die Benutzerwörterbücher werden in Dateien gespeichert, die Ihrem Windows-
Seite: 100
Seite: 4 von 15
Wörter: 3.166
Deutsch (Deutschland)
Einfügen
120 %

Zu einer Textstelle springen

Um die Struktur darzustellen, verwendet Word die Überschriften des Dokuments. Um an eine bestimmte Stelle Ihres Dokuments zu gelangen, klicken Sie in der Dokumentstruktur einfach auf die betreffende Überschrift. Word stellt dann den zu dieser Überschrift gehörenden Text im Arbeitsbereich auf der rechten Seite des Fensters dar.

Breite der Bereiche anpassen

Mit der Trennlinie zwischen der Dokumentstruktur und dem eigentlichen Dokument können Sie die Breite der beiden Elemente anpassen. Bewegen Sie dazu den Mauszeiger auf die Trennlinie und verschieben Sie die Linie mit gedrückter Maustaste. Wenn Sie die Maustaste wieder loslassen, baut Word den Bildschirm neu auf. Überschriften, die von der Breite her nicht mehr in die Anzeige der Dokumentstruktur hineinpassen, werden automatisch in eine QuickInfo übernommen und dort komplett ausgegeben.

Miniaturansichten

Über die Gruppe *Einblenden/Ausblenden* können Sie auch Miniaturansichten der Seiten des Dokuments darstellen lassen. Wenn die Dokumentstruktur bereits sichtbar ist, steht Ihnen auch das Listenfeld oberhalb der Anzeige der Dokumentstruktur zur Verfügung (siehe vorige Abbildung), um die Miniaturansichten einzuschalten. Wenn die Miniaturansichten eingeschaltet sind, können Sie eine der verkleinerten Seiten anklicken, um sie im großen Bereich des Fensters anzuzeigen.

Dokument in mehreren Ausschnitten anzeigen

Manchmal bietet es sich an, ein Dokument in mehreren Ausschnitten anzeigen zu lassen. Wenn Sie die Ansicht teilen, erstellt Word einen weiteren Ausschnitt für das gleiche Dokument. Sie können dann den Inhalt der beiden Ausschnitte unabhängig voneinander scrollen. Ein Beispiel, bei dem sich der Einsatz mehrerer Ausschnitte anbietet, ist das Arbeiten mit einer Tabelle oder Liste, die aus mehr Zeilen besteht, als Sie gleichzeitig im Textausschnitt sehen können. Wenn Sie die Tabelle bearbeiten, Fehler korrigieren oder Ergänzungen vornehmen, und das alles in einem Ausschnitt, können Sie nur beim Editieren des oberen Listenbereichs die Überschriften der Tabelle sehen.

Um auch das Ende der Liste komfortabel bearbeiten zu können, richten Sie sich im oberen Bildschirmbereich einen kleinen Ausschnitt ein, in dem die Überschriften sichtbar sind. Verwenden Sie den unteren Ausschnitt zum Bearbeiten der Liste. Wenn Sie dort den Bildlauf durchführen, bleiben die Überschriften noch immer in Ihrem Blickfeld.

Um ein Dokument in zwei Ausschnitte aufzuteilen, finden Sie am oberen Rand der vertikalen Bildlaufleiste ein schwarzes Rechteck, den Bildschirmteiler. Um ein Fenster mit der Maus in zwei Ausschnitte zu teilen, zeigen Sie auf den Bildschirmteiler, klicken und ziehen ihn mit gedrückter Maustaste bis zu der Stelle, an der das Fenster geteilt werden soll. Wenn Sie den Mauszeiger auf den Bildschirmteiler bewegen, verändert sich seine Form und wird zu einer kurzen Doppellinie mit je einem Pfeil, der nach oben bzw. unten weist. Neben dem Mauszeiger taucht eine horizontale, gepunktete Linie auf, die die »Schnittlinie« symbolisiert.

Bild 5.12 Mit der Maus einen weiteren Ausschnitt einrichten

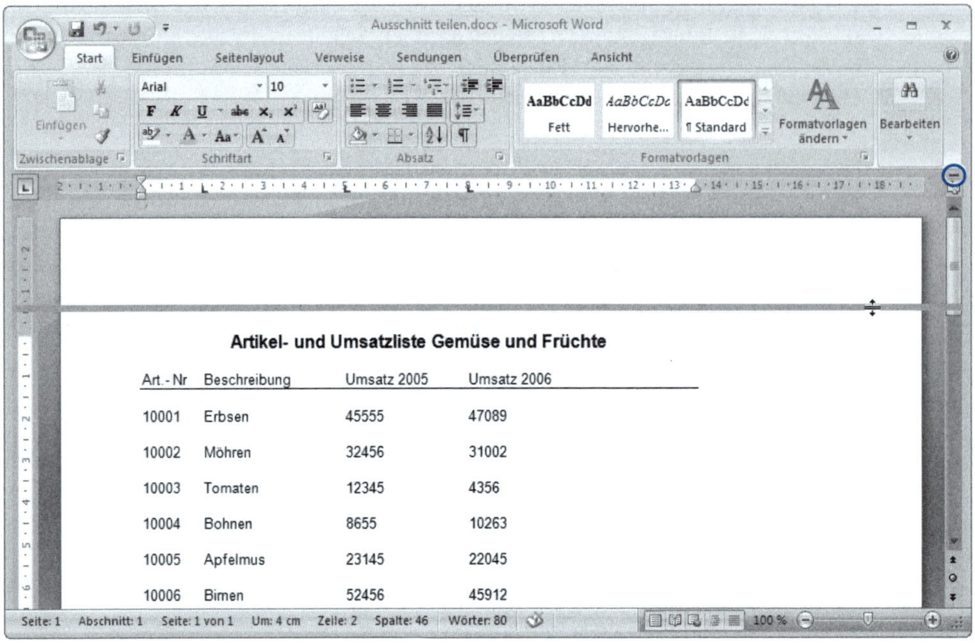

Wenn Sie zwei gleich große Ausschnitte erhalten wollen, steht Ihnen auch ein Schnellverfahren zur Verfügung: Doppelklicken Sie auf den Bildschirmteiler.

Wenn Sie keine Maus verwenden oder lieber die Tastatur verwenden möchten, steht Ihnen natürlich auch hier wieder eine Variante zur Verfügung:

1. Wechseln Sie zur Registerkarte *Ansicht* und klicken Sie in der Gruppe *Fenster* auf *Teilen.*
2. Drücken Sie die Tasten [↑] und [↓], um den Bildschirmteiler in kleinen Schritten an seine neue Position zu bringen. Die Taste [Bild↑] verschiebt ihn an das obere Ende des Fensters, die Taste [Bild↓] bringt ihn ganz nach unten.
3. Wenn die Schnittlinie an der gewünschten Position steht, drücken Sie die [↵]-Taste.

Die beiden Ausschnitte werden durch eine Doppellinie voneinander getrennt. Das Bildschirmteiler-Symbol wandert in der Bildlaufleiste bis zu der Stelle, an der Sie die Teilung vorgenommen haben. Das Symbol teilt neben dem Ausschnitt nun auch die Bildlaufleiste. Für jeden Ausschnitt stehen Ihnen ein eigenes Bildlauffeld und die Pfeil-Symbole zur Verfügung, sodass Sie den Bildlauf in beiden Ausschnitten unabhängig voneinander durchführen können.

Ausschnitte schließen

Zum Öffnen eines Ausschnitts gehört auch wieder das Schließen. Hierzu können Sie wieder die Maus und die Tastatur verwenden. Aktivieren Sie den Bildschirmteiler, damit die gepunktete Linie erscheint, und ziehen Sie sie entweder nach oben oder nach unten aus dem Fenster heraus. Sie können auch mit der Maus auf das Bildschirmteiler-Symbol in der Bildlaufleiste doppelklicken, um den Ausschnitt zu schließen. Oder Sie klicken auf der Registerkarte *Ansicht* in der Gruppe *Fenster* auf die Schaltfläche *Teilung aufheben.*

Bild 5.13 Eine große Tabelle wird in zwei Ausschnitten dargestellt

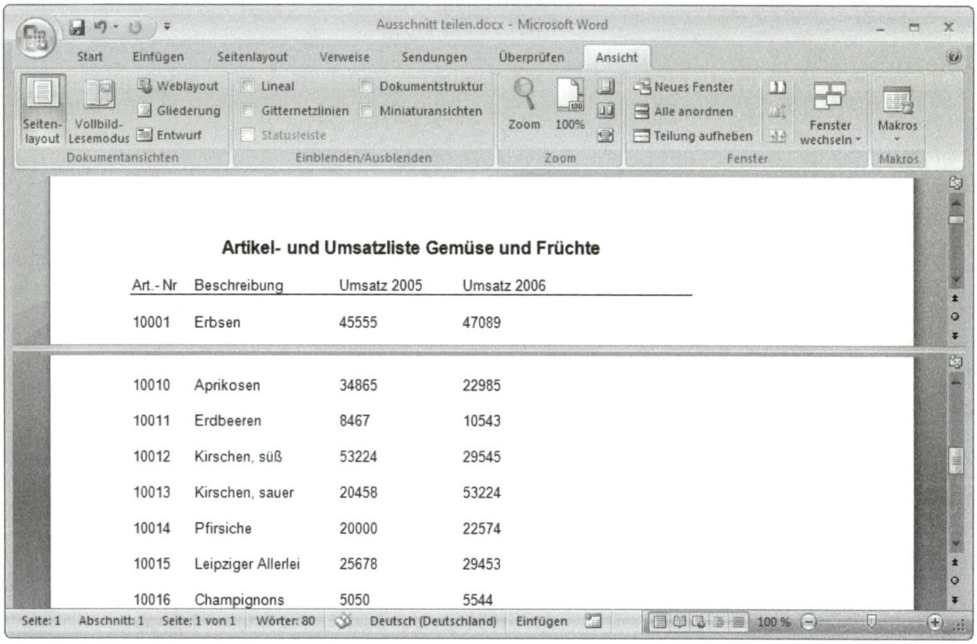

Zusammenfassung

In diesem Kapitel haben Sie die wichtigen Grundlagen zur Bedienung von Word und weitere Elemente des Word-Fensters kennengelernt, die in Kapitel 2 noch nicht beschrieben wurden.

- Sie haben die verschiedenen Möglichkeiten gesehen, um ein Office-Programm zu starten. Hierzu gehören:
  - die Verwendung des Startmenüs von Windows (Seite 84),
  - das Öffnen eines Office-Dokuments beim Starten der Anwendung (Seite 85),
  - das Verwenden der Dokumentenliste im Startmenü (Seite 86) sowie
  - das Verwenden der Schnellstartleiste der Taskleiste (Seite 87).
- Außerdem haben Sie gesehen, wie Sie ein Programm an das Startmenü anheften können, um es so schneller aufrufbar zu machen (Seite 88).
- Sie wissen jetzt auch, wie Sie Word wieder beenden (Seite 89).
- Im nächsten Abschnitt haben Sie erfahren, wie Sie zwischen mehreren, gleichzeitig gestarteten Office-Anwendungen hin und her schalten können (Seite 90).

- Sie kennen die Schaltflächen der Titelleiste, mit denen Sie die Größe des Word-Fensters an die aktuellen Erfordernisse anpassen können (Seite 91).
- Anschließend haben Sie erfahren, dass Sie für ein Dokument in den verschiedenen Phasen seiner Erstellung spezielle Ansichten nutzen können: die Ansicht *Seitenlayout* (Seite 92), die *Entwurfsansicht* (Seite 93), den *Vollbild-Lesemodus* (Seite 93) sowie die Ansicht *Dokumentstruktur* (Seite 94).
- Zum Schluss haben Sie noch gesehen, wie Sie ein Dokument in mehreren Ausschnitten darstellen lassen und in den Ausschnitten unabhängig einen Bildlauf durchführen können (Seite 95).

Kapitel 6

Dokumente erstellen, speichern und öffnen

In diesem Kapitel:

Die Befehle zum Arbeiten mit Dokumentdateien, die in den vorhergehenden Versionen von Word im *Datei*-Menü zu finden waren, sind nun über die neue *Office-Schaltfläche* erreichbar, die sich in der linken oberen Ecke des Word-Programmfensters befindet. Dieses Kapitel beschreibt, wie Sie mit den Befehlen der *Office-Schaltfläche* Dokumente erstellen, speichern und öffnen. Wie Sie Dokumente drucken und als PDF-Datei veröffentlichen können, ist in Kapitel 10 beschrieben.

Ein weiterer Abschnitt dieses Kapitels beschäftigt sich mit dem neuen Dateiformat, das von Word 2007 verwendet wird. Der Schwerpunkt der Informationen ist dabei die Frage, wie Sie am besten vorgehen, wenn Sie Dokumente öffnen, die in vorhergehenden Word-Versionen erstellt wurden, und welche Vorgehensweisen sich anbieten, wenn Sie mit Word-Anwendern Dokumente austauschen, die noch nicht die Version 2007 verwenden.

Neues Word-Dokument erstellen

Wie bei den vorhergehenden Office-Versionen können Sie auch in Word 2007 ein neues Dokument auf verschiedene Arten erstellen: Sie können die Vorlagen verwenden, die sich auf Ihrem Computer befinden, die Vorlagen auf der Website *Office Online* nutzen oder ein neues Dokument auf der Basis eines Dokuments erstellen, das Sie zu einem früheren Zeitpunkt fertiggestellt und gespeichert haben. Dieser Abschnitt stellt die verschiedenen Möglichkeiten vor.

Befehl *Neues Office-Dokument* im Startmenü von Windows

Wenn Sie noch kein Office-Programm gestartet haben, verwenden Sie am besten den Befehl *Neues Office-Dokument,* der sich im Startmenü von Windows befindet.

1. Klicken Sie auf *Start* und dann auf *Alle Programme.*
2. Klicken Sie auf *Neues Office-Dokument.* Das Dialogfeld *Neues Office-Dokument* wird angezeigt.

Bild 6.1 Das Dialogfeld *Neues Office-Dokument*

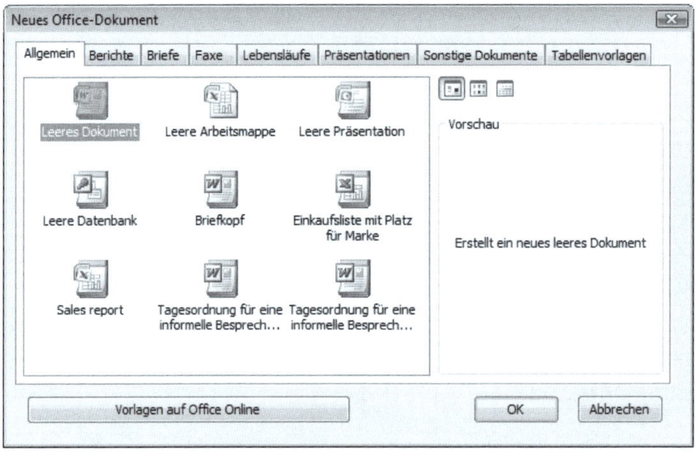

3. Wenn Sie ein leeres Office-Dokument erstellen wollen, verbleiben Sie auf der Registerkarte *Allgemein* und klicken das Symbol *Leeres Dokument* an.

   Die weiteren Registerkarten enthalten Symbole für verschiedene Vorlagen, mit denen Sie bereits ein Grundgerüst für ein Dokument erhalten. Wenn Sie also kein leeres Dokument erstellen wollen, wählen Sie eine der anderen Registerkarten aus und markieren dann das Symbol der Vorlage, die Sie verwenden wollen.

4. Klicken Sie auf *OK*, um das neue Dokument zu erstellen.

In Word ein leeres Dokument erstellen

Wenn Word bereits gestartet ist, können Sie die folgenden Schritte durchführen, um ein neues, leeres Dokument zu erstellen:

1. Klicken Sie die *Office-Schaltfläche* in der linken oberen Ecke des Fensters an. Das zugehörige Menü wird geöffnet.

Bild 6.2 Über die *Office-Schaltfläche* in der linken oberen Ecke des Fensters erreichen Sie die Befehle, die in vorhergehenden Office-Versionen im Menü *Datei* zu finden waren

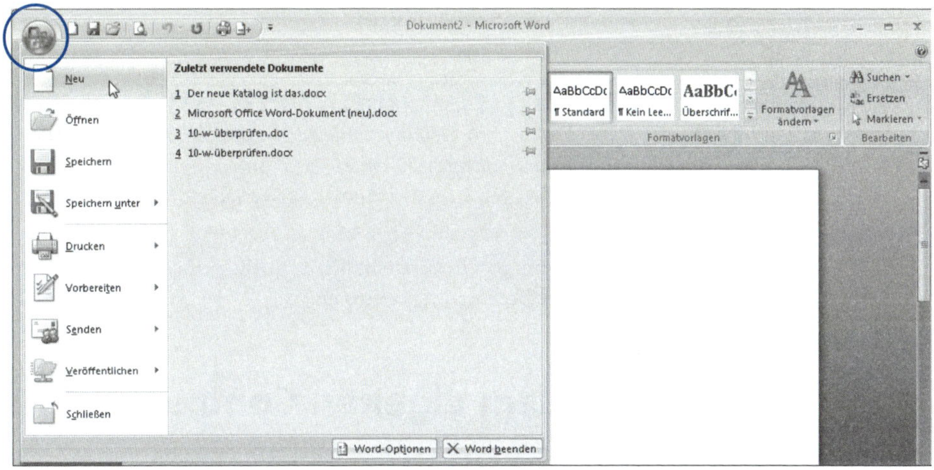

2. Klicken Sie im linken Bereich auf *Neu*. Das Dialogfeld *Neues Dokument* wird angezeigt (siehe nächste Seite). Dieses Dialogfeld ersetzt den alten Aufgabenbereich *Neues Dokument*, ist aber ähnlich aufgebaut:

   - Auf der linken Seite befindet sich die Liste *Vorlagen*, in der die Dokumentvorlagen nach Kategorien sortiert sind. Sie finden hier sowohl Vorlagen auf Ihrem eigenen Computer als auch Vorlagen, die sich auf der Website *Office Online* befinden.
   - Der mittlere Bereich des Dialogfeldes zeigt immer die Vorlagen der Kategorie an, die Sie in der Liste *Vorlagen* ausgewählt haben.
   - Ganz rechts wird eine Vorschau der Vorlage angezeigt, die Sie im mittleren Bereich ausgewählt haben.

   Standardmäßig zeigt das Dialogfeld die Kategorie *Leer und zuletzt verwendet* an.

Bild 6.3 Im Dialogfeld *Neues Dokument* wählen Sie die Vorlage aus, auf der das neue Dokument basieren soll

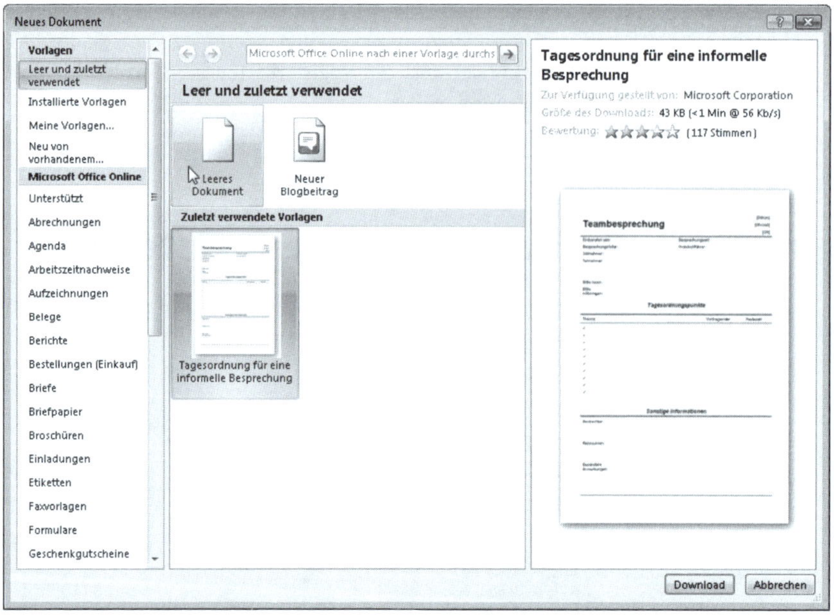

3. Wenn Sie ein leeres Dokument erstellen wollen, klicken Sie falls erforderlich in der Liste *Vorlagen* den Eintrag *Leer und zuletzt verwendet* an. Wählen Sie dann eine der Vorlagen im mittleren Bereich aus. Wollen Sie eine der zuletzt verwendeten Vorlagen verwenden, klicken Sie die gewünschte an.

   Das neue Word-Dokument wird erstellt. Es ist nicht erforderlich, das Dokument zu speichern, bevor Sie mit der Bearbeitung beginnen.

Vorlagen auf dem eigenen Computer verwenden

Während der Installation von Word und Office werden auf Ihrem Computer Vorlagen installiert, die Sie verwenden können, um schnell ein Dokument eines bestehenden Typs zu erstellen. Welche Vorlagen das sind, können Sie sehen, wenn Sie in der Liste *Vorlagen* auf *Installierte Vorlagen* klicken.

1. Klicken Sie die *Office-Schaltfläche* an und klicken Sie dann auf *Neu*.
2. Klicken Sie im Bereich *Vorlagen* auf den Eintrag *Installierte Vorlagen*. In der Mitte des Dialogfeldes werden die installierten Vorlagen angezeigt.

   Die Vorlagen, die sich im Lieferumfang von Word befinden, sind für die grundlegenden Büro-Dokumente (Brief, Fax, Serienbrief, Bericht) geeignet und unterscheiden sich durch die verschiedenen Designs.

Bild 6.4 Word 2007 enthält Vorlagen für die gängigsten Dokumenttypen

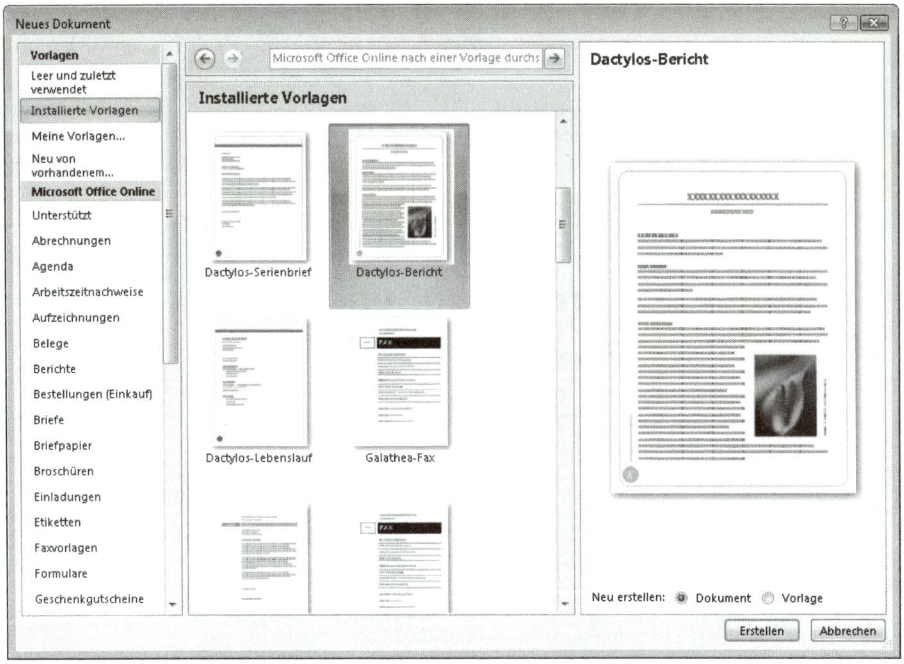

3. Führen Sie in der Liste im mittleren Bereich einen Bildlauf durch, um sich einen Überblick über die Auswahl zu verschaffen; klicken Sie die Miniaturgrafiken an, um eine Vorschau zu sehen.

Bild 6.5 Beispiel für ein neues Word-Dokument, das die Vorlage *Dactylos-Bericht* verwendet

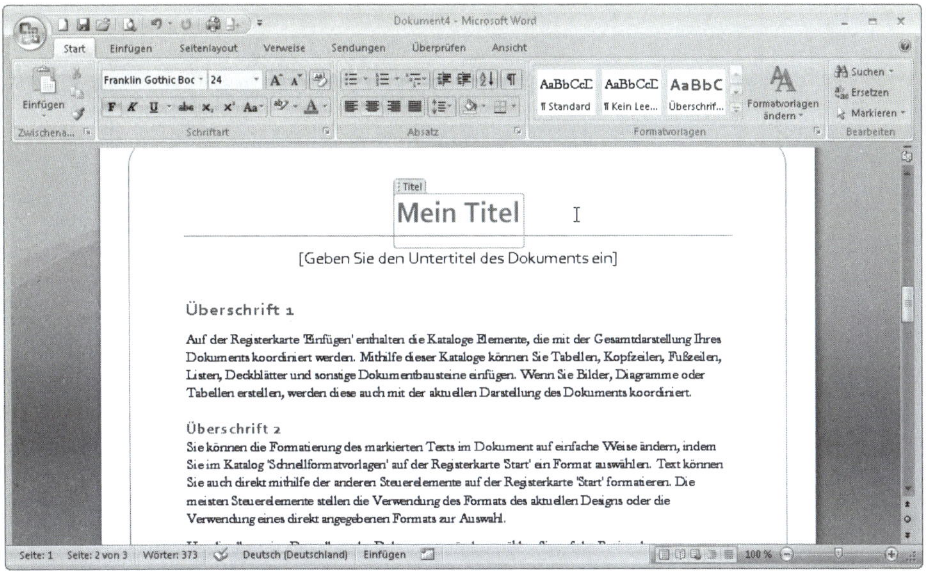

4. Doppelklicken Sie auf das Symbol der Vorlage, die Sie verwenden wollen. Das neue Dokument wird erstellt.

Die untere Abbildung auf der vorigen Seite zeigt exemplarisch ein Word-Dokument, das mit der Vorlage *Dactylos-Bericht* erstellt wurde. Sie können gut erkennen, dass das Grundgerüst inklusive Formatierungen usw. bereits vorhanden ist und Sie lediglich noch Ihren eigenen Text einzugeben brauchen. Textstellen, die von eckigen Klammern eingefasst sind, stellen Platzhalter dar. Wenn Sie einen dieser Platzhalter anklicken, wird das Element in einem Rahmen angezeigt und Sie müssen dann nur noch den gewünschten Text eingeben.

Neues Dokument auf vorhandenem basieren

Häufig kommt es vor, dass Sie bereits einmal ein Word-Dokument erstellt haben und nun ein weiteres anlegen möchten, das sich von dem bereits vorhandenen nur in Kleinigkeiten unterscheiden wird. Der einfachste Weg, um diese Aufgabe zu lösen, besteht darin, das bereits vorhandene Dokument als Grundlage zu verwenden.

1. Klicken Sie die *Office-Schaltfläche* an und klicken Sie dann auf *Neu.*
2. Klicken Sie im Bereich *Vorlagen* auf den Eintrag *Neu von vorhandenem.* Das Dialogfeld *Neu aus vorhandenem Dokument* wird angezeigt.

Bild 6.6 Wählen Sie in diesem Dialogfeld das Dokument aus, das als Gerüst für das neue dienen soll

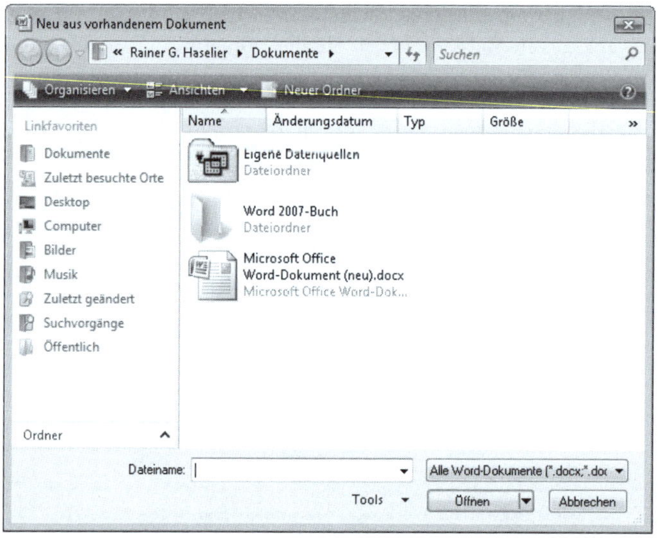

3. Wechseln Sie zu dem Ordner, in dem sich das Dokument befindet, das Sie als Gerüst für das neue Dokument verwenden wollen, und markieren Sie das Symbol des Dokuments.
4. Klicken Sie auf *Öffnen.*

Vorlagen von *Office Online* verwenden

Eine Vielzahl weiterer Vorlagen finden Sie auf der Website *Office Online*. Sehen Sie also auch dort nach, ob es eine Vorlage gibt, die sich für Ihren Einsatzzweck eignet. (Um die Vorlagen von *Office Online* verwenden zu können, muss Ihr Computer Zugang zum Internet haben.)

1. Klicken Sie die *Office-Schaltfläche* an und klicken Sie dann auf *Neu*.
2. Klicken Sie im Bereich *Vorlagen* auf einen der Einträge unter *Microsoft Office Online*.
3. Suchen Sie in der Liste im mittleren Bereich nach der Vorlage, die Sie verwenden möchten.
4. Wenn Sie eine passende Vorlage gefunden haben, klicken Sie die Schaltfläche *Download* an. Das folgende Dialogfeld wird angezeigt:

Bild 6.7 Der Download von Vorlagen von der Website *Office Online* ist nur dann möglich, wenn Sie prüfen lassen, dass es sich bei der von Ihnen verwendeten Software um eine Originalversion handelt

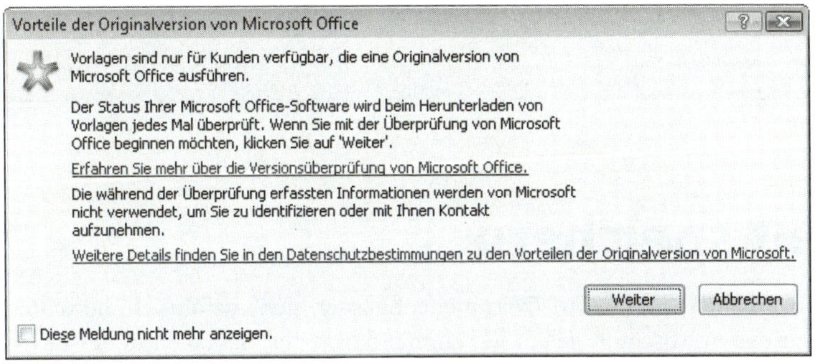
Vorteile der Originalversion von Microsoft Office
Vorlagen sind nur für Kunden verfügbar, die eine Originalversion von Microsoft Office ausführen.
Der Status Ihrer Microsoft Office-Software wird beim Herunterladen von Vorlagen jedes Mal überprüft. Wenn Sie mit der Überprüfung von Microsoft Office beginnen möchten, klicken Sie auf 'Weiter'.
Erfahren Sie mehr über die Versionsüberprüfung von Microsoft Office.
Die während der Überprüfung erfassten Informationen werden von Microsoft nicht verwendet, um Sie zu identifizieren oder mit Ihnen Kontakt aufzunehmen.
Weitere Details finden Sie in den Datenschutzbestimmungen zu den Vorteilen der Originalversion von Microsoft.
Weiter
Abbrechen
Diese Meldung nicht mehr anzeigen.

5. Klicken Sie auf *Weiter*, wenn Sie damit einverstanden sind, dass geprüft wird, ob Sie eine Originalversion von Office verwenden. (Wenn Sie nicht möchten, dass dieses Dialogfeld bei jedem Download angezeigt wird, schalten Sie das Kontrollkästchen *Diese Meldung nicht mehr anzeigen* ein.)
6. Wenn die Überprüfung erfolgreich war, wird die Vorlage heruntergeladen und ein neues Dokument erstellt. Falls bei der Überprüfung Probleme aufgetreten sind, können Sie sich über einen Link in der entsprechenden Meldung weitere Informationen zu dem Problem ansehen.

Auf der Website nach Vorlagen suchen

Im Dialogfeld *Neues Dokument* können Sie in das Feld *Onlinesuche* Suchbegriffe eingeben und damit auf der Website *Office Online* nach Vorlagen suchen lassen, die zum Suchbegriff passen. Für die nachstehende Abbildung haben wir als Suchbegriff *vertrag* eingegeben und dann auf die Schaltfläche *Suche starten* geklickt. Wenn die Suche erfolgreich war, werden die gefundenen Vorlagen im Bereich *Suchergebnisse* angezeigt. Klicken Sie auch hier wieder auf *Download*, wenn Sie die Vorlage gefunden haben, die Sie benötigen.

Bild 6.8 Sie können im Dialogfeld *Neues Dokument* auch nach Vorlagen suchen

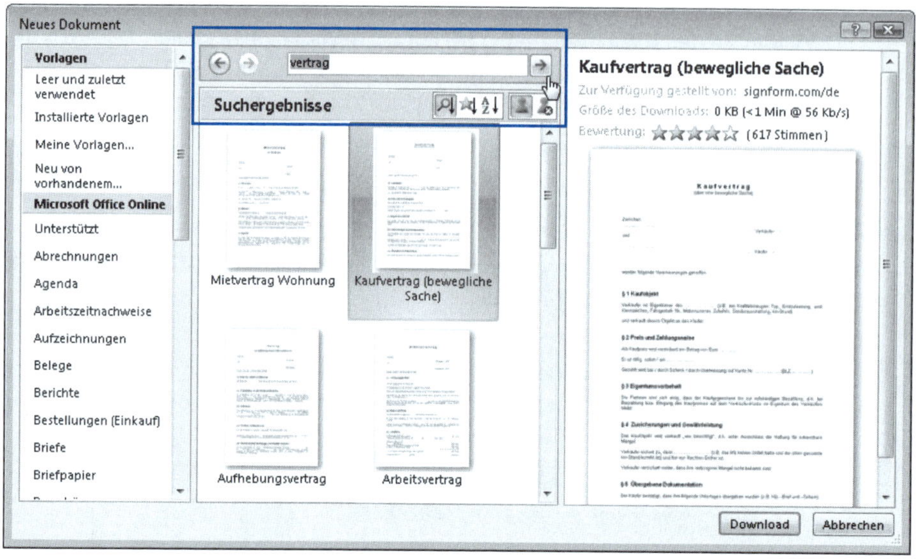

Dokument speichern

Mit dem Bearbeiten eines Word-Dokuments befassen sich ausführlich die weiteren Kapitel dieses Buches. Für diesen Abschnitt gehen wir einmal davon aus, dass Sie mit der Bearbeitung Ihres Dokuments (für den Moment) fertig sind und es nun speichern wollen.

Die Dialogfelder zum Speichern sind bei Windows Vista und Windows XP leicht unterschiedlich. Daher werden die Schritte zum Speichern in jeweils eigenen Abschnitten vorgestellt.

Speichern (Windows Vista)

1. Klicken Sie die *Office-Schaltfläche* an und klicken Sie dann auf *Speichern unter*. Im rechten Bereich des Menüs können Sie das Dateiformat auswählen.

2. Wenn Sie das Dokument nur selbst verwenden oder mit anderen Anwendern gemeinsam nutzen, die ebenfalls Word 2007 einsetzen, klicken Sie die Option *Word-Dokument* an. Hierdurch wird das Dokument im neuen Dateiformat der Office 2007-Anwendungen gespeichert. (Weitere Informationen zu den neuen Dateiformaten von Office 2007 finden Sie ab Seite 122.)

   Wenn Sie das Dokument gemeinsam mit anderen verwenden, die Word 2007 noch nicht einsetzen, dann klicken Sie auf *Word 97-2003-Dokument*. Hierdurch wird das Dokument im Dateiformat der vorherigen Word-Versionen gespeichert.

Bild 6.9 Legen Sie hier das Dateiformat fest, in dem Ihr Dokument gespeichert werden soll

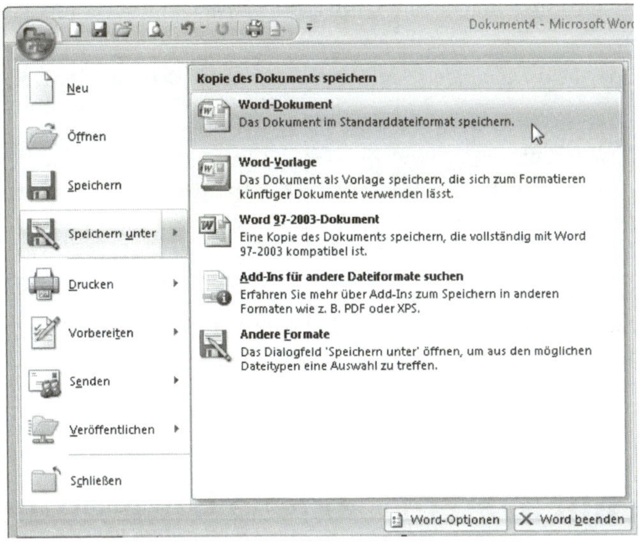

Das Dialogfeld *Speichern unter* wird angezeigt. Standardmäßig wird bei Windows Vista im Dialogfeld *Speichern unter* der Ordner *Dokumente* angezeigt. (Sie können den Standardspeicherort anders einstellen; wie das geht, erfahren Sie ab Seite 116.)

Bild 6.10 Das Dialogfeld zum Speichern von Dokumenten unter Windows Vista

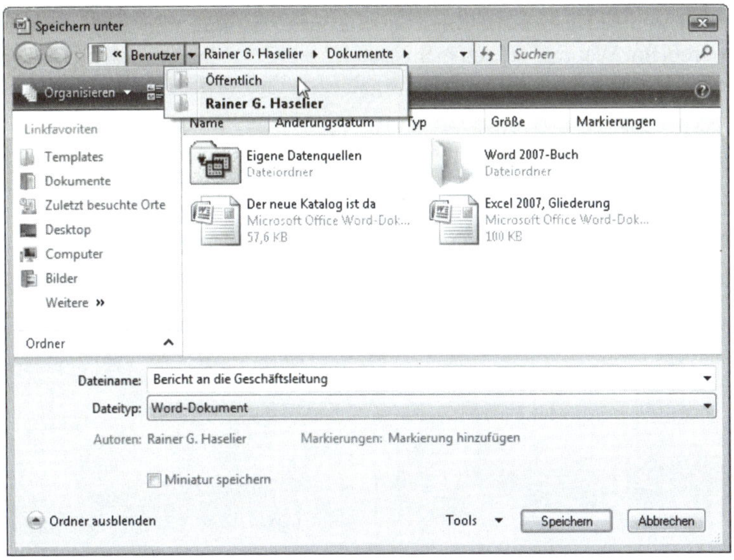

3. Klicken Sie in der Navigationsleiste, um zu einem anderen Ordner zu wechseln. Oder doppelklicken Sie auf einen der aufgelisteten Ordner, um diesen zu öffnen und das Dokument dort abzuspeichern.
4. Tippen Sie in das Feld *Dateiname* den Namen ein, unter dem Sie das Dokument speichern wollen.
5. Klicken Sie auf *Speichern.*

Das Dokument wird gespeichert und in der Titelleiste der Anwendung wird der Dateiname des Dokuments angezeigt.

TIPP **Andere Dateiformate verwenden** Wenn Sie im Menü des Befehls *Speichern unter* die Option *Andere Formate* angeklickt haben, wird ebenfalls das Dialogfeld *Speichern unter* angezeigt. Öffnen Sie dann die Liste *Dateityp* und wählen Sie dort das Dateiformat aus, das Sie verwenden wollen, bevor Sie auf *Speichern* klicken.

Speichern mit System – eigene Unterordner erstellen (Windows Vista)

Wenn Sie sich die Abbildung des Dialogfeldes *Speichern unter* noch einmal anschauen, sehen Sie unterhalb der Titelleiste die Navigationsleiste, in der der Name des aktuellen Ordners angezeigt wird. Die Vorgabe zum Speichern von Dokumenten ist bei Windows Vista der Ordner *Dokumente;* dieser Ordner wird automatisch von Windows für jeden Benutzer bereitgestellt, für den auf dem Windows-PC ein Benutzerkonto vorhanden ist.

Wenn Sie nur wenige Dateien speichern, ist das Speichern im Ordner *Dokumente* bzw. *Eigene Dateien* kein Problem. Wenn es jedoch mehr Dateien werden, bietet es sich an, im Ordner *Dokumente* bzw. *Eigene Dateien* weitere Unterordner anzulegen und so z.B. die Dokumente in eigenen Projektordnern abzulegen.

So erstellen Sie einen neuen Ordner und verwenden diesen zum Speichern eines Dokuments:

1. Klicken Sie die *Office-Schaltfläche* an und zeigen Sie auf *Speichern unter.*
2. Wählen Sie im rechten Bereich des Menüs eine der Dateiformatoptionen.
3. Klicken Sie im Dialogfeld *Speichern unter* auf die Schaltfläche *Neuer Ordner.*

   Ein neuer Ordner mit dem Namen *Neuer Ordner* wird erstellt. Die Einfügemarke steht im Namen des Ordners.

Bild 6.11 Erstellen Sie über das Dialogfeld *Speichern unter* neue Ordner, um Ihre Dokumentenablage übersichtlicher zu organisieren

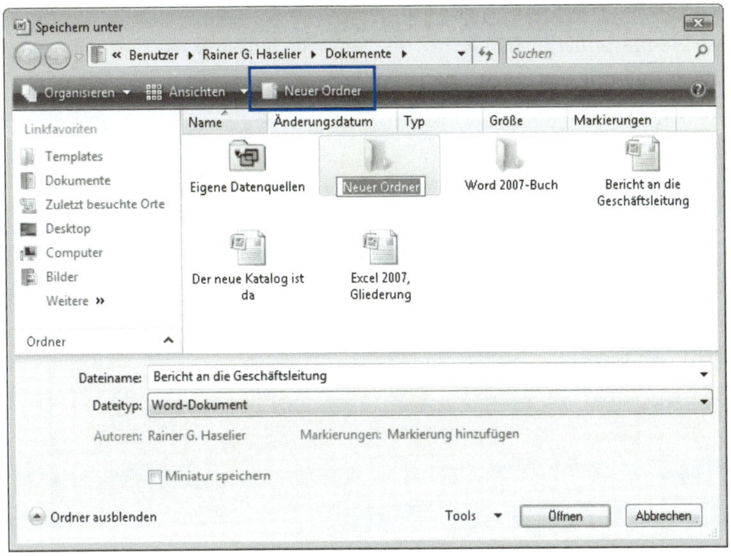

4. Tippen Sie den Namen des neuen Ordners ein (z.B. *Privat, Beruf, Verträge* oder wie auch immer Sie Ihre Dokumente strukturieren) und drücken Sie dann die ↵-Taste. Der Ordner wird umbenannt und es wird automatisch zu dem neuen Ordner gewechselt.

5. Tippen Sie in das Feld *Dateiname* den Namen für das Dokument ein und klicken Sie dann auf *Speichern.*

Spezielle Speicherorte in den Linkfavoriten des Speichern-Dialogfeldes (Windows Vista)

Auf der linken Seite der Dialogfelder *Öffnen* und *Speichern unter* sehen Sie die sogenannten Linkfavoriten. Mit den Linkfavoriten können Sie schnell zwischen verschiedenen Speicherorten wechseln.

- **Computer** Klicken Sie auf diesen Link, um schnell eine Liste aller Datenträger in Ihrem Computer zu erhalten. Doppelklicken Sie dann auf den gewünschten Datenträger und wechseln Sie zu dem Ordner, in dem Sie das Dokument speichern bzw. aus dem heraus Sie es öffnen wollen.
- **Zuletzt besuchte Orte** Ein Klick auf diesen Link zeigt die Namen der zuletzt benutzten Ordner und Laufwerke an.
- **Dokumente** Ein Klick auf diesen Link bringt Sie schnell zu Ihrem persönlichen Ordner *Dokumente* bzw. *Eigene Dateien* zurück.
- **Desktop** Wenn Sie eine Datei auf dem Windows-Desktop speichern wollen, klicken Sie auf diesen Link.
- **Ordner** Wenn Sie lieber in der Ordnerstruktur navigieren, die bei den früheren Word-Versionen in den Dialogfeldern *Speichern unter* und *Öffnen* in der Liste *Suchen in* enthalten

war, klicken Sie unterhalb der Linkfavoriten die Schaltfläche *Ordner* ein, wie es die folgende Abbildung zeigt.

Bild 6.12 Klicken Sie die Schaltfläche *Ordner* an, wenn Sie lieber in der Ordnerstruktur zum gewünschten Ordner wechseln wollen

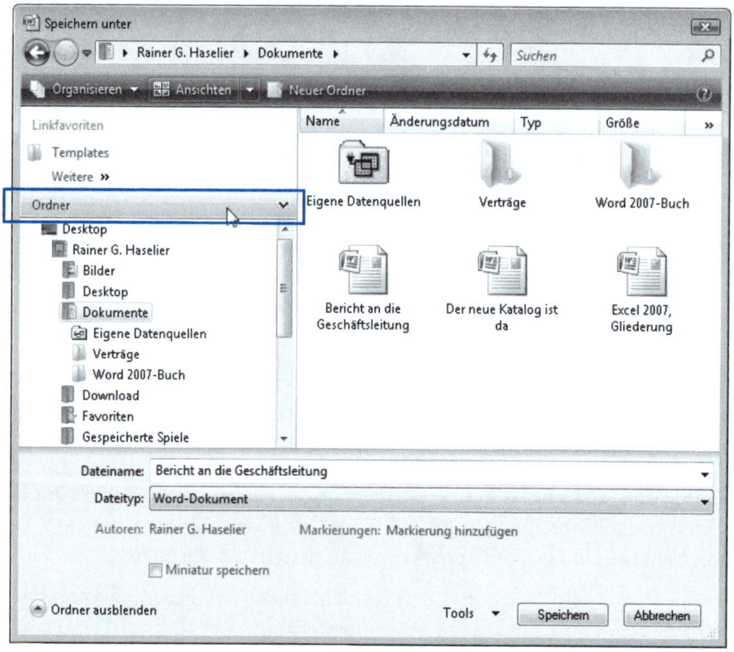

Speichern (Windows XP)

1. Klicken Sie die *Office-Schaltfläche* an und klicken Sie dann auf *Speichern unter*. Im rechten Bereich des Menüs können Sie das Dateiformat auswählen.
2. Wenn Sie das Dokument nur selbst verwenden oder mit anderen Anwendern gemeinsam nutzen, die ebenfalls Word 2007 einsetzen, klicken Sie die Option *Word-Dokument* an. Hierdurch wird das Dokument im neuen Dateiformat der Office 2007-Anwendungen gespeichert. (Weitere Informationen zu den neuen Dateiformaten von Office 2007 finden Sie im Abschnitt ab Seite 122.)

   Wenn Sie das Dokument gemeinsam mit anderen verwenden, die Word 2007 noch nicht einsetzen, dann klicken Sie auf *Word 97-2003-Dokument*. Hierdurch wird das Dokument im Dateiformat der vorherigen Word-Versionen gespeichert.

Bild 6.13 Legen Sie hier das Dateiformat fest, in dem Ihr Dokument gespeichert werden soll

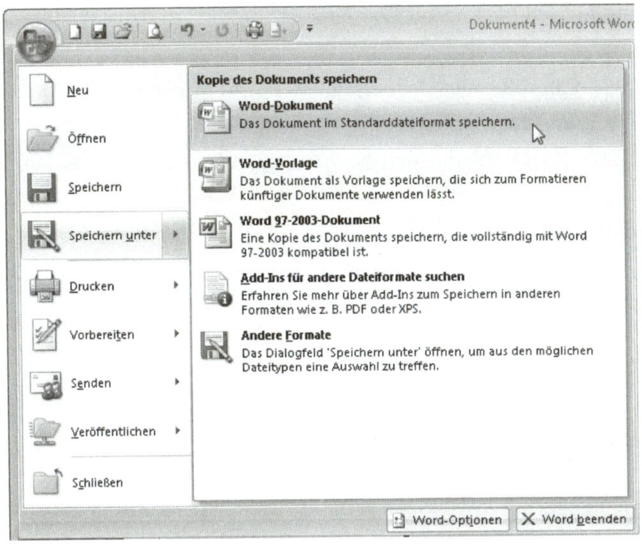

Das Dialogfeld *Speichern unter* wird angezeigt. Standardmäßig wird bei Windows XP im Dialogfeld *Speichern unter* der Ordner *Eigene Dateien* angezeigt. (Sie können den Standardspeicherort anders einstellen; wie das geht, erfahren Sie ab Seite 116.)

Bild 6.14 Das Dialogfeld zum Speichern von Dokumenten unter Windows XP

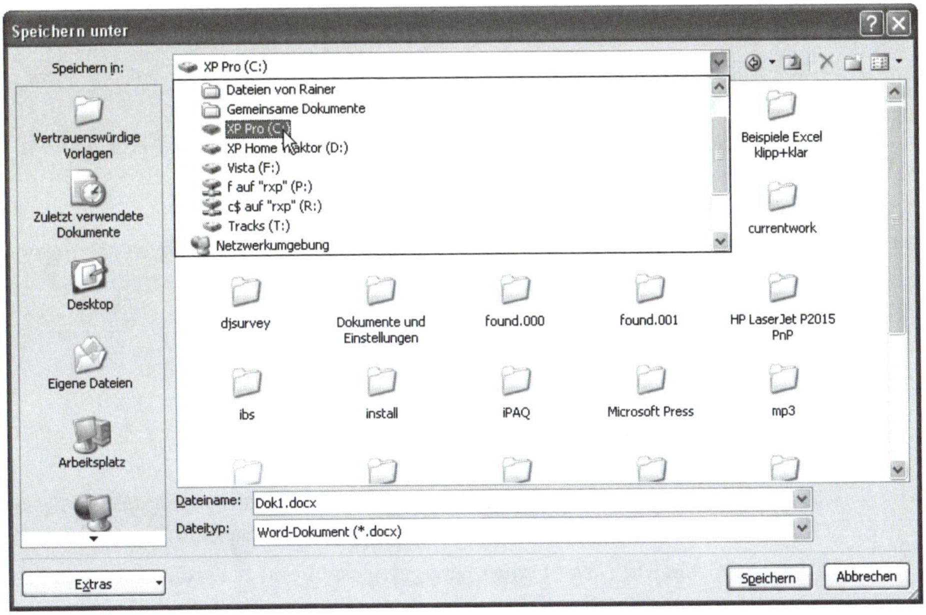

3. Führen Sie eine oder beide der folgenden Aktionen durch:
   - Klicken Sie auf den Pfeil neben *Speichern in,* um die Liste zu öffnen und zu einem anderen Laufwerk zu wechseln.
   - Doppelklicken Sie auf einen Ordner, um diesen zu öffnen und das Dokument dort abzuspeichern.
4. Tippen Sie in das Feld *Dateiname* den Namen ein, unter dem Sie das Dokument speichern wollen.
5. Klicken Sie auf *Speichern.*

Das Dokument wird gespeichert und in der Titelleiste der Anwendung wird der Dateiname des Dokuments angezeigt

Speichern mit System – eigene Unterordner erstellen (Windows XP)

Wenn Sie sich das Dialogfeld auf der vorigen Seite noch einmal anschauen, sehen Sie unterhalb der Titelleiste die Liste *Speichern in.* Dort wird der Name des Ordners angezeigt, in dem das Dokument gespeichert wird. Die Vorgabe zum Speichern ist der Ordner *Eigene Dateien,* der automatisch von Windows für jeden Benutzer bereitgestellt wird, für den auf dem Windows-PC ein Benutzerkonto vorhanden ist.

Wenn Sie nur wenige Dateien speichern, ist das Speichern im Ordner *Eigene Dateien* kein Problem. Wenn es jedoch mehr Dateien werden, bietet es sich an, im Ordner *Eigene Dateien* weitere Unterordner anzulegen und so z.B. die Dokumente in eigenen Projektordnern abzulegen.

So erstellen Sie einen neuen Ordner und verwenden diesen zum Speichern eines Dokuments:

1. Klicken Sie die *Office-Schaltfläche* an und klicken Sie dann auf *Speichern unter.* Im rechten Bereich des Menüs können Sie das Dateiformat auswählen.

2. Klicken Sie im Dialogfeld auf die Schaltfläche *Neuen Ordner erstellen.* Das Dialogfeld *Neuer Ordner* wird angezeigt.

Bild 6.15 Mit diesem Dialogfeld erstellen Sie in Windows XP innerhalb des aktuellen Ordners einen neuen Ordner

3. Tippen Sie den Namen des neuen Ordners ein (z.B. *Privat, Beruf, Verträge* oder wie auch immer Sie Ihre Dokumente strukturieren) und klicken Sie auf *OK.*

   Das Dialogfeld *Neuer Ordner* wird geschlossen und es wird automatisch zu dem neuen Ordner gewechselt.
4. Tippen Sie in das Feld *Dateiname* den Namen für das Dokument ein und klicken Sie dann auf *Speichern.*

Spezielle Speicherorte in der Umgebungsleiste (Windows XP)

Auf der linken Seite der Dialogfelder *Öffnen* und *Speichern* sehen Sie bei Windows XP die sogenannte Umgebungsleiste. Mit der Umgebungsleiste können Sie schnell zwischen verschiedenen Speicherorten wechseln.

- **Arbeitsplatz** Klicken Sie auf diese Schaltfläche, um schnell eine Liste aller Datenträger in Ihrem Computer zu erhalten. Doppelklicken Sie dann auf den gewünschten Datenträger und navigieren Sie zu dem Ordner, in dem Sie das Dokument speichern bzw. aus dem heraus Sie es öffnen wollen.
- **Zuletzt verwendete Dokumente** Ein Klick auf diese Schaltfläche zeigt die Namen der zuletzt benutzten Dateien und Ordner an.
- **Eigene Dateien** Ein Klick auf diese Schaltfläche bringt Sie schnell zu Ihrem persönlichen Ordner *Eigene Dateien* zurück.
- **Desktop** Wenn Sie eine Datei auf dem Windows-Desktop speichern wollen, klicken Sie auf diese Schaltfläche.
- **Netzwerkumgebung** Wenn Sie ein Dokument in einem freigegebenen Ordner innerhalb Ihres Heim- oder Firmennetzwerkes speichern wollen, klicken Sie auf die Schaltfläche *Netzwerkumgebung* und wechseln so zu dem gewünschten Ordner.

Die Einträge in der Umgebungsleiste können von Ihnen bei Bedarf erweitert werden. Wie das geht, zeigt der nächste Abschnitt.

Die Umgebungsleiste anpassen (Windows XP)

Noch schneller als die Verwendung der Schaltfläche *Zuletzt verwendete Dokumente* ist das Verwenden einer individuell angepassten Umgebungsleiste. Sie können in die Umgebungsleiste Ordner und Laufwerke aufnehmen, die Sie regelmäßig benötigen:

1. Klicken Sie die *Office-Schaltfläche* an und klicken Sie dann auf *Speichern unter* oder auf *Öffnen.*
2. Verwenden Sie im Dialogfeld *Speichern unter* die Liste *Speichern in* bzw. im Dialogfeld *Öffnen* die Liste *Suchen in,* um zu dem Laufwerk oder Ordner zu wechseln, das/den Sie in die Umgebungsleiste aufnehmen wollen.
3. Markieren Sie das Laufwerk/den Ordner, das/der in die Umgebungsleiste eingefügt werden soll.
4. Klicken Sie die Umgebungsleiste mit der rechten Maustaste an und wählen Sie im Kontextmenü den Befehl *'Ordnername/Laufwerksname'* hinzufügen (siehe Abbildung auf der folgenden Seite).

   Anstelle von *'Ordnername/Laufwerksname'* wird im Kontextmenü der Name des Laufwerks/Ordners angezeigt, den Sie in Schritt 3 markiert haben.

   Das Laufwerk/der Ordner wird in die Umgebungsleiste aufgenommen.

Bild 6.16 Die Umgebungsleiste können Sie um die Speicherorte erweitern, die Sie häufig benötigen

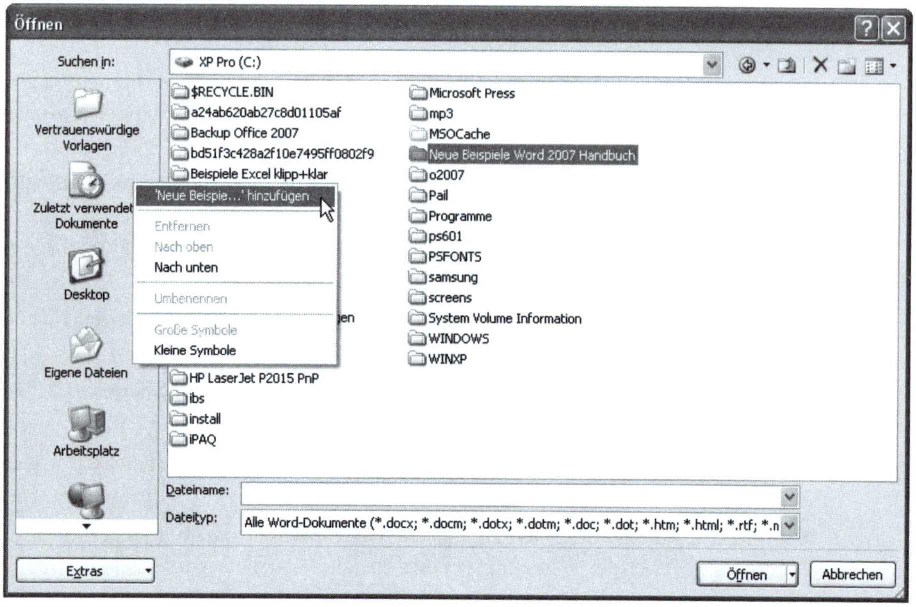

Wenn Sie die Umgebungsleiste mit der rechten Maustaste anklicken, wird das Kontextmenü geöffnet, das Sie in der obigen Abbildung sehen. Mit den Befehlen des Menüs können Sie die Reihenfolge der Einträge ändern und die Einträge umbenennen. Wenn Sie einen Eintrag verschieben oder umbenennen wollen, klicken Sie diesen Eintrag mit der rechten Maustaste an.

- **Nach oben/Nach unten** Um die Reihenfolge zu verändern, verwenden Sie die Befehle *Nach oben* und *Nach unten*.
- **Kleine Symbole** Wenn Sie mehrere Ordner/Laufwerke in die Umgebungsleiste aufgenommen haben, empfiehlt es sich, den Befehl *Kleine Symbole* zu wählen, da Sie dann in der Leiste nicht mehr scrollen müssen und schneller das Objekt finden, das Sie benötigen.
- **Entfernen** Wenn Sie einen Ordner/ein Laufwerk nicht mehr benötigen, klicken Sie es mit der rechten Maustaste an und wählen im Kontextmenü den Befehl *Entfernen*.

Speicheroptionen einstellen

Word stellt Ihnen unterschiedliche Möglichkeiten zur Verfügung, um bei einem versehentlichen Überschreiben einer Datei oder bei einem Programmabsturz die vorherige Version der Datei wiederherstellen zu können. Sie können zum einen das Erstellen einer Sicherungskopie aktivieren und zum anderen in einem konfigurierbaren Intervall Informationen zur Dokumentwiederherstellung speichern lassen.

Sicherungskopien erstellen lassen

Word kann automatisch eine Sicherungskopie Ihrer Dokumente erstellen. Wenn diese Option aktiviert ist, wird die letzte Version des Dokuments unter dem Namen *Sicherungskopie von (Originalname)* und die aktuelle Version unter dem von Ihnen vergebenen Namen gespeichert. Sollte einmal mit der aktuellen Version des Dokuments etwas schiefgehen, können Sie auf die Sicherungskopie zurückgreifen.

Gehen Sie so vor, um in Word das automatische Erstellen von Sicherungskopien zu aktivieren:

1. Klicken Sie die *Office-Schaltfläche* an.
2. Klicken Sie im unteren Bereich auf *Word-Optionen.*
3. Klicken Sie in der Liste auf der linken Seite auf *Erweitert.*
4. Scrollen Sie in der Liste mit den Optionen auf der rechten Seite, bis Sie die Gruppe *Speichern* sehen.

Bild 6.17 Aktivieren Sie hier das automatische Erstellen von Sicherungskopien für Word-Dokumente

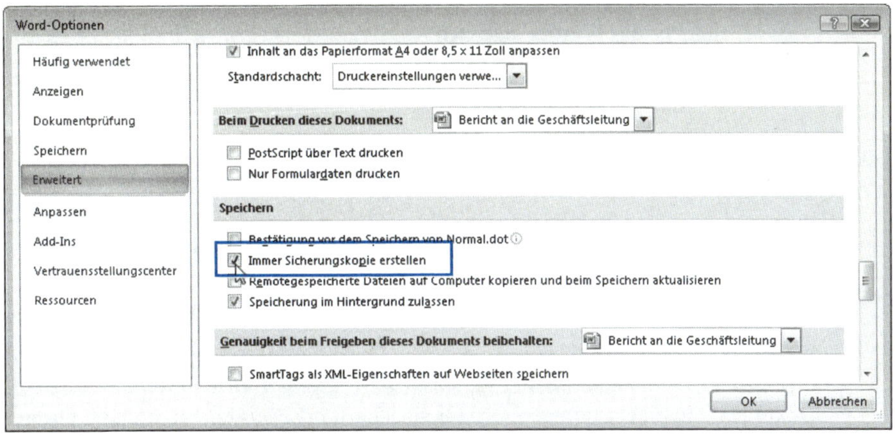

5. Schalten Sie das Kontrollkästchen *Immer Sicherungskopie erstellen* ein.
6. Klicken Sie auf *OK.*

In Zukunft legt Word nun von jeder Datei eine Sicherungskopie an. Diese Dateien besitzen übrigens die Erweiterung *.wbk (Word Backup Document)* und befinden sich im gleichen Ordner wie das Originaldokument. Wenn Sie eine Sicherungsdatei öffnen wollen, müssen Sie im Dialogfeld *Öffnen* die Liste *Dateityp* öffnen und dort den Eintrag *Alle Dateien* auswählen.

Die AutoWiederherstellen-Funktion

Wenn Sie an einem Word-Dokument arbeiten, sollten Sie dieses in regelmäßigen Abständen speichern. Denn auch wenn moderne Computer und Programme mittlerweile sehr zuverlässig sind, kann auch Word jederzeit unvermittelt »abstürzen« oder der Rechner kann durch einen Defekt oder einen Stromausfall schlagartig ausfallen. Und wenn dann der letzte Speichervorgang lange zurückliegt, haben Sie unter Umständen viel Zeit verloren.

Um den Datenverlust in solchen Situationen zu minimieren, gibt es in Word die sogenannte *AutoWiederherstellen*-Funktion. Wenn diese Funktion aktiviert ist, speichert Word in regelmäßigen Abständen die geöffneten Dokumente. Falls es dann zu einem Programmabsturz kommt, kann beim nächsten Start das Dokument wiederhergestellt werden, sodass nur wenige Minuten Arbeit verloren gehen.

So können Sie die AutoWiederherstellen-Funktion konfigurieren:

1. Klicken Sie die *Office-Schaltfläche* an.
2. Klicken Sie im unteren Bereich auf *Word-Optionen.*
3. Klicken Sie in der Liste auf der linken Seite auf *Speichern.*
4. Schalten Sie das Kontrollkästchen *AutoWiederherstellen-Informationen speichern* ein.
5. Geben Sie in das Feld *Minuten* das Intervall ein, in dem die AutoWiederherstellen-Informationen gespeichert werden sollen.
6. Klicken Sie auf *OK.*

Standardspeicherort und Standardformat festlegen

Wenn Sie den Befehl *Speichern unter* oder *Öffnen* wählen, zeigen die Dialogfelder standardmäßig den Ordner *Dokumente* (Windows Vista) bzw. *Eigene Dateien* (Windows XP) an. Wenn Sie Ihre Dokumente in einem anderen Ordner speichern oder aus einem anderen Ordner öffnen, können Sie diese Vorgabe ändern. Sie brauchen dann in den Dialogfeldern *Speichern unter* und *Öffnen* nicht mehr von Hand zu diesem Ordner zu wechseln.

Außerdem können Sie das Standarddateiformat einstellen, das zum Speichern der Dokumente verwendet werden sollen. Das Standarddateiformat wird automatisch im Dialogfeld *Speichern unter* eingestellt, wenn Sie das Speichern über die Taste F12 initiieren.

1. Klicken Sie die *Office-Schaltfläche* an und klicken Sie dann im unteren Bereich auf *Word-Optionen.*
2. Klicken Sie in der Kategorienliste auf der linken Seite auf *Speichern.*

Bild 6.18 Legen Sie hier das Standarddateiformat und den Standardspeicherort für Word-Dokumente fest

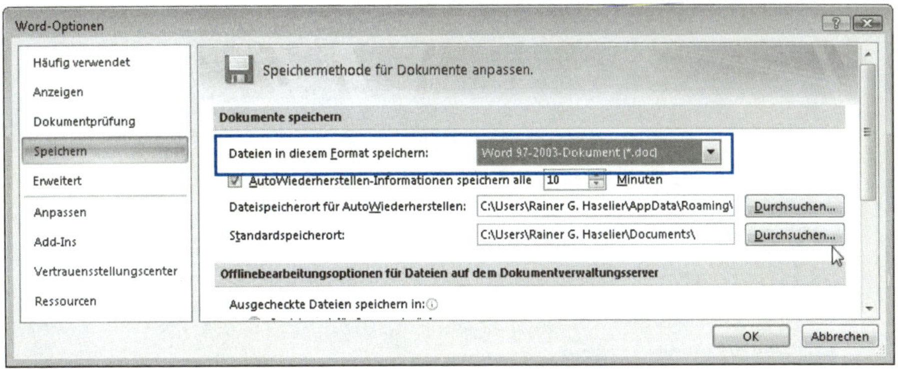

3. Öffnen Sie die Liste *Dateien in diesem Format speichern* und legen Sie dann das Standarddateiformat fest.

4. Klicken Sie in das Feld *Standardspeicherort* und geben Sie den kompletten Pfadnamen des Ordners ein, den Sie als Standardspeicherort verwenden wollen. Sie können auch auf *Durchsuchen* klicken, um das Dialogfeld *Speicherort ändern* anzeigen zu lassen und dort den Ordner auszuwählen.

5. Klicken Sie jeweils auf *OK*, um die geöffneten Dialogfelder zu schließen.

Dokumenteigenschaften verwenden

In Word-Dokumenten können Sie neben dem Dateinamen weitere Informationen aufnehmen, die Ihnen dabei helfen können, ein bestimmtes Dokument wiederzufinden. Diese Informationen, die Dokumenteigenschaften genannt werden, befinden sich in derselben Datei wie der Dokumentinhalt. Neben Eigenschaften, die Sie selbst definieren und festlegen können, gehören zu den Dokumenteigenschaften statistische Informationen, wie die Anzahl der Seiten im Dokument, das Datum der letzten Speicherung usw., die von Word automatisch erstellt werden.

Dokumenteigenschaften erstellen

Es gibt verschiedene Möglichkeiten, die Eigenschaften eines Dokuments zu erstellen und zu verändern. Ein Weg ist die Verwendung der *Office-Schaltfläche.* Klicken Sie diese an, zeigen Sie auf *Vorbereiten* und klicken Sie dann im rechten Bereich auf *Eigenschaften.*

Bild 6.19 Wenn Sie im Menü der *Office-Schaltfläche* den Befehl *Vorbereiten/Eigenschaften* auswählen, wird oberhalb des Dokumentfensters ein Bereich geöffnet, in dem Sie die wichtigsten Dokumenteigenschaften festlegen können

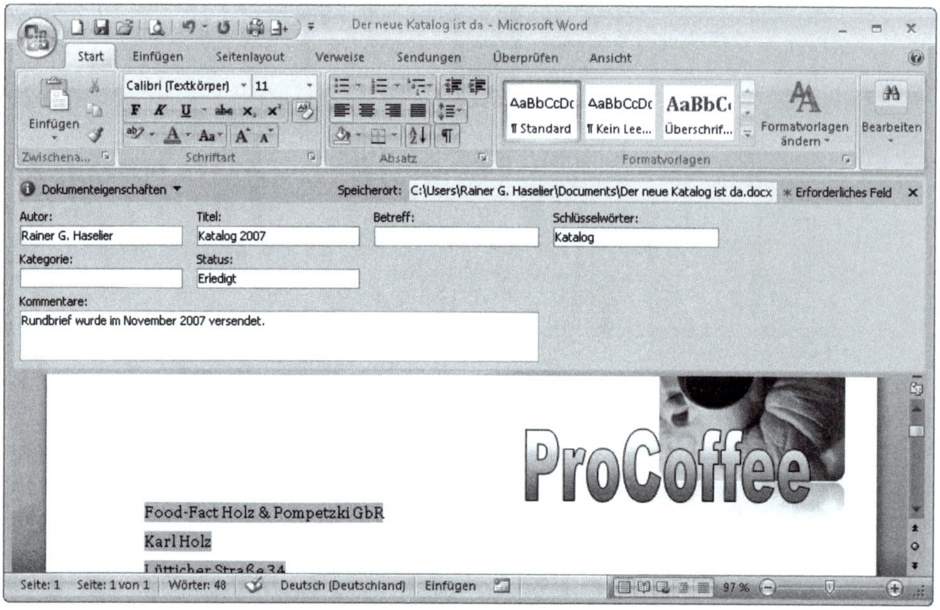

Oberhalb des Arbeitsbereichs für das Dokument wird daraufhin ein weiterer Bereich geöffnet, in dem Sie die wichtigsten Eigenschaften direkt eintippen können (siehe Abbildung auf der vorigen Seite).

Sie können die Dokumenteigenschaften auch beim Speichern festlegen. Klicken Sie dazu, wenn Sie Windows Vista verwenden, im Dialogfeld *Speichern unter* auf *Ordner ausblenden*, um die bearbeitbaren Felder einzublenden.

Bild 6.20 Wenn Sie bei Windows Vista im Dialogfeld *Speichern unter* auf *Ordner ausblenden* klicken, werden die Dokumenteigenschaften angezeigt, die Sie hier auch bearbeiten können

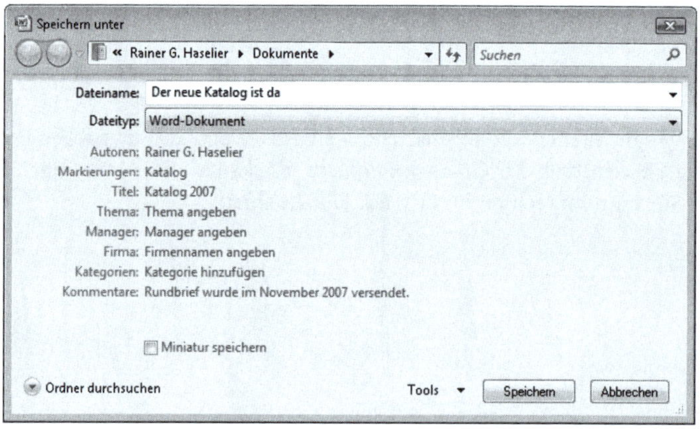

Dokumenteigenschaften drucken

Bei Word können Sie die Eigenschaften eines Dokuments auch separat oder gemeinsam mit dem Dokument ausdrucken. Die erforderlichen Einstellungen finden Sie im Dialogfeld *Drucken*.

Wenn Sie nur die Dokumenteigenschaften drucken wollen, klicken Sie auf die *Office-Schaltfläche* und dann auf *Drucken*. Wählen Sie anschließend im Listenfeld *Drucken* die Option *Dokumenteigenschaften* aus und klicken Sie dann auf *OK*.

Sie können auch das Dokument gemeinsam mit den Dokumenteigenschaften ausdrucken lassen. Klicken Sie dazu im Dialogfeld *Drucken* die Schaltfläche *Optionen* an und schalten Sie im Dialogfeld *Word-Optionen* in der Gruppe *Druckoptionen* das Kontrollkästchen *Dokumenteigenschaften drucken* ein. Die Dokumenteigenschaften werden dann auf einer eigenen Seite gedruckt und die aktuellen Werte z.B. für die statistischen Angaben ausgegeben.

TIPP Beachten Sie, dass das Kontrollkästchen *Dokumenteigenschaften drucken* nur dann aktiviert/deaktiviert werden kann, wenn im Listenfeld *Drucken* des Dialogfeldes *Drucken* die Option *Dokument* ausgewählt ist.

Dokument öffnen

Wenn Sie an einem Word-Dokument weiterarbeiten möchten, das Sie bereits einmal gespeichert haben, müssen Sie es zuerst wieder auf den Bildschirm holen; dieser Vorgang wird Öffnen genannt.

1. Klicken Sie die *Office-Schaltfläche* an und klicken Sie dann auf *Öffnen*. Das Dialogfeld *Öffnen* wird angezeigt.
2. Wenn sich das Dokument im aktuellen Ordner befindet, lesen Sie bei Schritt 3 weiter.
   - **Windows Vista** Klicken Sie in der Liste auf den Ordner, in dem sich das zu öffnende Dokument befindet. Oder verwenden Sie die Navigationsleiste im oberen Bereich oder die Linkfavoriten (siehe Seite 109), um zu dem Laufwerk/Ordner zu wechseln, in dem sich das Dokument befindet.
   - **Windows XP** Klicken Sie in der Liste auf den Ordner, in dem sich das zu öffnende Dokument befindet. Oder verwenden Sie die Liste *Suchen in*, um zu dem Laufwerk/Ordner zu wechseln, in dem sich das Dokument befindet. Falls Sie den entsprechenden Ordner in Ihre persönliche Umgebungsleiste aufgenommen haben (siehe Seite 113), klicken Sie das zugehörige Symbol in der Umgebungsleiste an.
3. Doppelklicken Sie auf den Namen des Dokuments, um es zu öffnen.

Bild 6.21

Das Dialogfeld *Öffnen* können Sie auch mit der Tastenkombination Strg+O anzeigen lassen. Die obere Abbildung zeigt das *Öffnen*-Dialogfeld unter Windows Vista, die untere das *Öffnen*-Dialogfeld unter Windows XP.

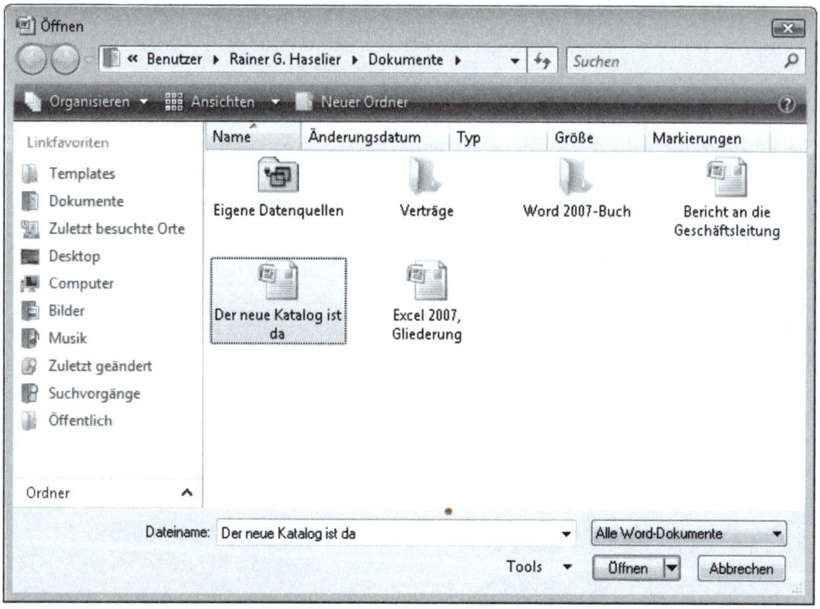

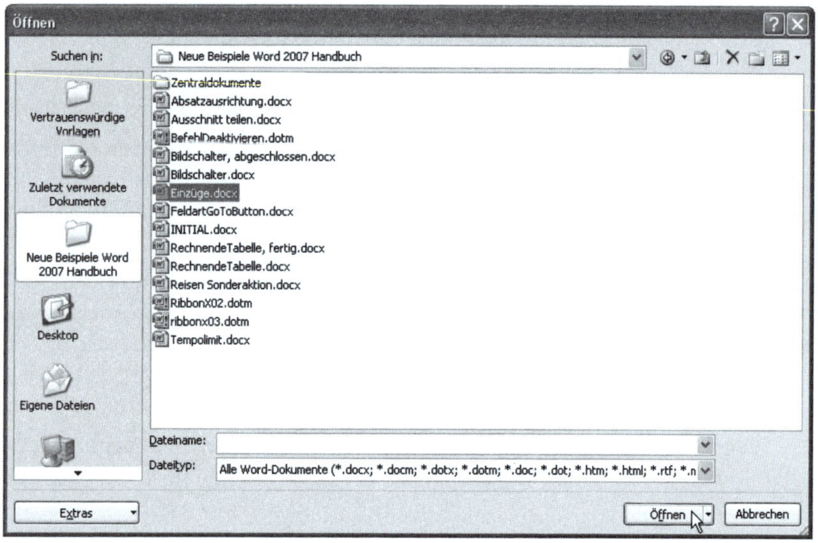

Dokument schreibgeschützt oder als Kopie öffnen

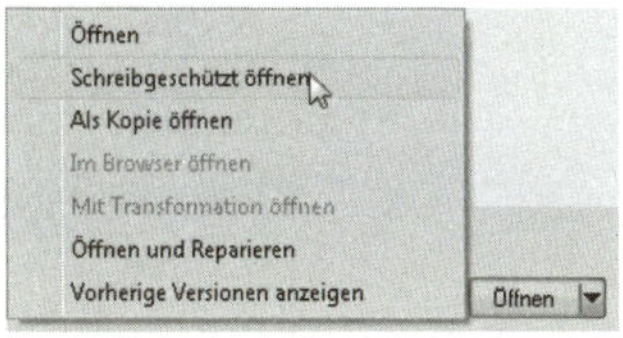

Sie können über die Schaltfläche *Öffnen* weitere Optionen einstellen und beispielsweise festlegen, dass Sie eine Kopie des Dokuments erstellen oder das Dokument mit Schreibschutz öffnen wollen. Markieren Sie zunächst die gewünschte Datei, klicken Sie auf den Pfeil neben *Öffnen* und wählen Sie dann einen der folgenden Befehle aus:

- **Schreibgeschützt öffnen** Wenn Sie nur schnell etwas in dem Dokument nachschauen und sicherstellen wollen, dass Sie keine Änderungen an dem Dokument vornehmen können, wählen Sie diesen Befehl. In der Titelleiste des Fensters wird dann hinter dem Namen der Datei der Text *(Schreibgeschützt)* angezeigt.
- **Als Kopie öffnen** Wenn Sie diesen Befehl wählen, wird ein Duplikat der ursprünglichen Datei erstellt und es wird das Duplikat angezeigt. Wenn Sie an dem Dokument Änderungen vornehmen, werden sie in dieser Kopie gespeichert. Die erstellte Kopie erhält automatisch einen neuen Dateinamen. Standardmäßig wird dem existierenden Namen der Text *Kopie (1) von* vorangestellt.

Textdokumente erstellen

Die zuletzt bearbeiteten Dokumente

Wenn Sie die *Office-Schaltfläche* anklicken, sehen Sie im rechten Bereich des Menüs automatisch die Namen der zuletzt bearbeiteten Dokumente. Diese werden so lange angezeigt, bis Sie die Maus auf einen der Befehle auf der linken Seite bewegen, die weitere Unteroptionen besitzen (Sie erkennen diese an dem kleinen Pfeil).

Bild 6.22 Über *Zuletzt verwendete Dokumente* haben Sie schnellen Zugriff auf die zuletzt geöffneten Dateien

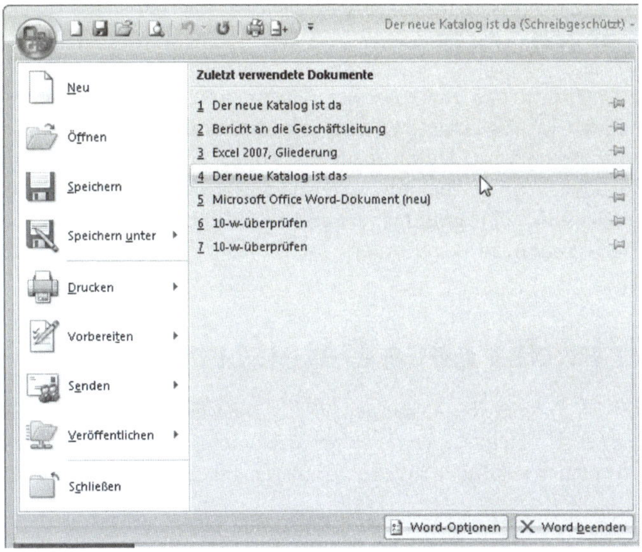

Wenn Sie eine dieser Dateien öffnen wollen, brauchen Sie nicht das Dialogfeld *Öffnen* zu verwenden. Stattdessen klicken Sie einfach den Dateinamen an, um das zugehörige Dokument zu laden.

Word merkt sich standardmäßig die letzten 17 Dokumente, die Sie geöffnet haben. Wenn Sie die Anzahl ändern möchten, gehen Sie so vor:

1. Klicken Sie die *Office-Schaltfläche* an und klicken Sie dann im unteren Bereich auf *Word-Optionen.*
2. Klicken Sie in der Liste auf der linken Seite auf *Erweitert.*
3. Scrollen Sie in der Liste auf der rechten Seite, bis die Gruppe *Anzeigen* sichtbar ist.
4. Legen Sie im Feld *Diese Anzahl zuletzt geöffneter Dokumente anzeigen* die gewünschte Anzahl fest. Wenn Sie dieses Feature abschalten möchten, geben Sie hier eine 0 ein.
5. Klicken Sie auf *OK.*

Dateiformat festlegen

Word besitzt ein vollkommen neues Dateiformat, das auf XML basiert und der Spezifikation OpenXML entspricht. Das neue Dateiformat ist eigentlich eine ZIP-komprimierte Datei, in deren Struktur sich weitere Dateien und Unterordner befinden, in denen die verschiedenen Elemente abgelegt sind, die den Dokumentinhalt beschreiben, sowie die Dokumenteigenschaften und andere Merkmale. Durch die Komprimierung sind Office-Dokumente, die das neue Dateiformat verwenden, kleiner, als sie es in den vorhergehenden Versionen waren.

Aus Kompatibilitätsgründen kann Word auch Dateien lesen und erstellen, die dem Dateiformat der Office-Versionen 97 bis 2003 entsprechen. Wenn Sie ein Dokument im alten Format öffnen, stehen Ihnen jedoch nicht alle Formatierungsmerkmale und Funktionen zur Verfügung, die die neue Version 2007 bietet.

Kompatibilitätsmodus

Wenn Sie in Word eine Datei öffnen, die in einer der Versionen 97 bis 2003 erstellt wurde, dann wird diese Datei automatisch im sogenannten Kompatibilitätsmodus geöffnet, was auch in der Titelleiste des Fensters angegeben wird. Durch die Verwendung des Kompatibilitätsmodus wird sichergestellt, dass die Datei nach der Bearbeitung weiterhin von Anwendern geöffnet werden kann, die eine ältere Version des jeweiligen Programms verwenden und die das sogenannte Compatibility Pack nicht installiert haben (mehr dazu weiter unten).

Konvertieren in das neue Dateiformat

Wenn Sie ein Dokument im Format der Versionen 97 bis 2003 geöffnet haben, steht Ihnen im Menü der *Office-Schaltfläche* der Befehl *Konvertieren* zur Verfügung, mit dem Sie das Dokument in das neue Dateiformat konvertieren können. Wenn Sie diesen Befehl aufrufen, wird das folgende Meldungsfeld angezeigt:

Bild 6.23 Dieser Warnhinweis wird beim Konvertieren in das neue Word-Dateiformat angezeigt

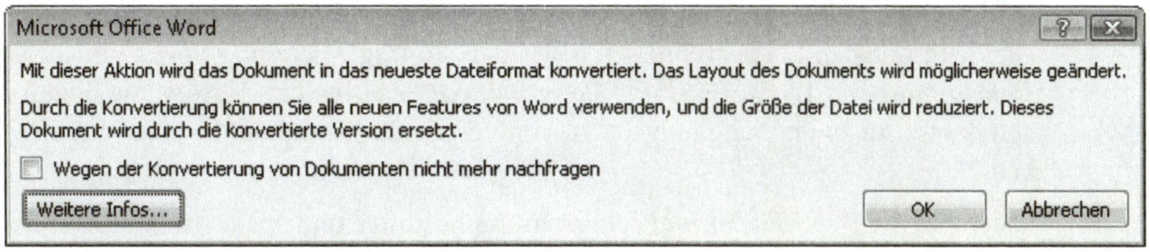
Microsoft Office Word
Mit dieser Aktion wird das Dokument in das neueste Dateiformat konvertiert. Das Layout des Dokuments wird möglicherweise geändert.
Durch die Konvertierung können Sie alle neuen Features von Word verwenden, und die Größe der Datei wird reduziert. Dieses Dokument wird durch die konvertierte Version ersetzt.
Wegen der Konvertierung von Dokumenten nicht mehr nachfragen
Weitere Infos...
OK
Abbrechen

Der entscheidende Satz in diesem Meldungsfeld ist: »Das Layout des Dokuments wird möglicherweise geändert.« Bei einfachen Dokumenten wird die Konvertierung meistens gut über die Bühne gehen, wenn die Dokumente komplexer sind und die fortgeschritteneren Funktionen der alten Word-Versionen verwenden, kann die Konvertierung schon mal schiefgehen. Bei einem unserer Probeläufe wurden beispielsweise verknüpfte Abbildungen nicht aktualisiert und übernommen, wodurch dann an einigen Stellen Lücken in den Dokumenten entstanden.

Wenn Sie Dokumente in das neue Format konvertieren, sollten Sie nach der Konvertierung die *Office-Schaltfläche* anklicken, *Speichern unter* wählen und in das Feld *Dateiname* einen neuen Dateinamen eingeben, um so, falls es erforderlich sein sollte, wieder auf die ursprüngliche, intakte Dateiversion im alten Dateiformat zurückgreifen zu können.

Dokumente gemeinsam mit Anwendern nutzen, die eine ältere Word-Version verwenden

Wenn Sie Dokumente erstellen, die von Anwendern weiterbearbeitet werden sollen, die eine der älteren Word-Versionen einsetzen, gibt es zwei Ansätze, Probleme, die möglicherweise bei der Konvertierung zwischen den Dateiformaten auftreten können, von vornherein zu vermeiden:

- **In Word 2007 im Kompatibilitätsmodus arbeiten** Arbeiten Sie in Word 2007 im Kompatibilitätsmodus. Wenn Sie ein Dokument, das in einer älteren Version erstellt wurde, öffnen, behalten Sie das Dateiformat einfach bei. Wenn Sie ein neues Dokument erstellen, von dem Sie wissen, dass es von Anwendern, die eine ältere Version verwenden, bearbeitet werden muss, wählen Sie sofort nach dem Erstellen den Befehl *Speichern unter* und klicken dann auf *Word 97-2003 Dokument.* Der Nachteil bei diesem Verfahren ist, dass Ihnen dann einige der neuen Formatierungsmerkmale und Funktionen der neuen Version nicht zur Verfügung stehen; der Vorteil ist, dass Sie später keine Überraschungen erleben.
- **In der alten Word-Version das Compatibility Pack installieren** Microsoft stellt für die Word-Versionen 2000 bis 2003 das sogenannte *Microsoft Office Compatibility Pack* zur Verfügung. Mit diesem Paket aus Dateiformatkonvertierern ist es in den älteren Office-Versionen möglich, Dateien im Word 2007-Format zu lesen und auch in diesem Format abzuspeichern.

Um das *Microsoft Office Compatibility Pack* zu installieren, gehen Sie so vor:

1. Surfen Sie, wenn Sie Office XP/2003 verwenden, zuerst zur Microsoft-Website *update.microsoft.com* und lassen Sie alle wichtigen Updates für die ältere Office-Version installieren.
2. Wechseln Sie dann zur Microsoft Download-Website, die Sie unter der folgenden Adresse erreichen: *www.microsoft.com/downloads/search.aspx?displaylang=de*

3. Geben Sie in das Suchfeld am oberen Rand der Website **FileFormatConverters** ein und klicken Sie dann auf *Go*.
4. Die Seite mit den Suchergebnissen sollte den Eintrag *Microsoft Office Compatibility Pack für Dateiformate von Word, Excel und PowerPoint 2007* enthalten. Klicken Sie diesen an. Sie werden daraufhin zu der Seite umgeleitet, von der Sie das Compatibility Pack herunterladen können.
5. Laden Sie die Datei *FileFormatConverters.exe* herunter und speichern Sie sie auf Ihrem Computer.
6. Beenden Sie alle Office-Anwendungen.
7. Öffnen Sie die Datei *FileFormatConverters.exe*, um die Installation zu starten. Sie brauchen während der Installation lediglich die Lizenzbedingungen zu akzeptieren.

Bild 6.24 Nach der Installation des Compatibility Pack können Sie in der Liste *Dateityp* der älteren Office-Version die neuen Office-Dateiformate verwenden (hier exemplarisch das Format *Word 2007-Dokument*)

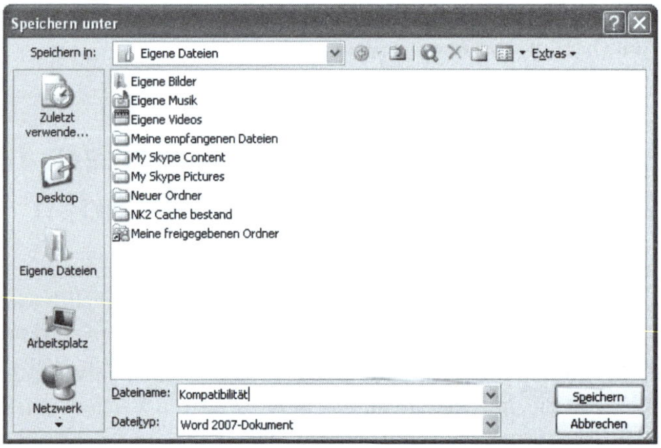

Zusammenfassung

In diesem Kapitel haben Sie die grundlegenden Techniken zum Erstellen, Speichern und Öffnen von Dokumenten kennengelernt und zahlreiche Tipps erhalten, wie Sie diese Vorgänge besonders effizient ausführen.

Im Einzelnen haben Sie in diesem Kapitel Folgendes gelernt:

- Wie Sie ein neues Word-Dokument erstellen und welche Varianten es dafür gibt:
  - der Befehl *Neues Office-Dokument* im Startmenü (Seite 100)
  - der Befehl *Neu* im Menü der *Office-Schaltfläche* (Seite 101)
  - das Verwenden von Vorlagen auf dem eigenen Computer (Seite 102)
  - das Erstellen eines neuen Dokuments, das auf einem bereits vorhandenen basiert (Seite 104)

  - das Verwenden von Vorlagen auf *Office Online* (Seite 105)
- Nachdem Sie ein Dokument erstellt haben, können Sie es speichern, wenn Sie es zu einem späteren Zeitpunkt erneut verwenden wollen (Seite 106):
  - Dabei können Sie neue Unterordner erstellen, um die Dateiablage mit System vorzunehmen (Seite 108).
  - Sie können von Word automatisch Sicherungskopien erstellen lassen (Seite 115).
  - Sie können außerdem die Voreinstellung für den Standardspeicherort der Dokumente und das Standarddateiformat ändern (Seite 116).
  - In die Word-Dokumente können Sie weitere Informationen einfügen, die sogenannten Dokumenteigenschaften, die Ihnen dabei helfen können, ein bestimmtes Dokument wiederzufinden (Seite 117).
- Wenn Sie an einem Dokument weiterarbeiten möchten, das bereits gespeichert wurde, müssen Sie es öffnen (Seite 119).
- Sie können dazu auch die Liste der zuletzt bearbeiteten Dokumente verwenden, die sich im rechten Bereich des Menüs der *Office-Schaltfläche* befindet (Seite 121).
- Word 2007 verwendet ein neues Dateiformat. Um Word-Dokumente gemeinsam mit Anwendern zu nutzen, die eine vorherige Word-Version einsetzen, können Sie in Word 2007 die Dokumente im Kompatibilitätsmodus öffnen (Seite 122). Anwender, die Word 2000 bis Word 2003 einsetzen, können das Compatibility Pack installieren und dann in diesen älteren Versionen Dokumente im Format von Word 2007 öffnen und speichern.

Kapitel 7

Texte eingeben und verändern

In diesem Kapitel:

In diesem Kapitel lernen Sie wichtige Grundlagen für die Arbeit mit Word kennen. Die hier vorgestellten Befehle befinden sich alle auf der Registerkarte *Start*. Dazu gehören neben der reinen Texteingabe und dem Umgang mit der Zwischenablage vor allem das Markieren und einfache Formatierungsaufgaben. Abgerundet wird das Kapitel durch das Thema »Suchen und Ersetzen von Text«.

Neues Dokument erstellen und speichern

Da wir uns in Kapitel 6 schon ausführlich damit beschäftigt haben, wie Sie ein neues Office-Dokument erstellen können, wollen wir die verschiedenen Möglichkeiten an dieser Stelle nur noch einmal stichpunktartig aufzählen:

- Wenn Word noch nicht gestartet ist, können Sie den Befehl *Neues Microsoft Office-Dokument* aus dem Startmenü verwenden. Sie finden ihn dort unter *Alle Programme*.
- Wenn Sie lediglich ein leeres Dokument benötigen, starten Sie einfach Word. Dadurch wird automatisch ein leeres Dokument angelegt.
- Um in Word ein neues Dokument zu erstellen, klicken Sie auf die *Office-Schaltfläche* und wählen den Befehl *Neu*. Sie können dann im Dialogfeld *Neues Dokument* eine der angebotenen Vorlagen auswählen. Ein neues leeres Dokument erhalten Sie am schnellsten mit dem Shortcut [Strg]+[N].
- Anstelle der auf dem Computer installierten Vorlagen können Sie auch Vorlagen von *Microsoft Office Online* verwenden. Sie können diese Vorlagen kostenlos aus dem Internet herunterladen (sofern Sie mit einer Originalversion von Word arbeiten).
- Außerdem ist es noch möglich, ein bereits bestehendes Dokument als Grundlage zu verwenden. Rufen Sie dazu über *Office-Schaltfläche/Neu* das Dialogfeld *Neues Dokument* auf und klicken Sie dort auf den Eintrag *Neu von vorhandenem*. Dadurch erscheint ein weiteres Dialogfeld, mit dem Sie die gewünschte Datei auswählen können.

Hinweise zum Speichern eines Dokuments finden Sie ebenfalls in Kapitel 6. Im einfachsten Fall klicken Sie dazu einfach in der Symbolleiste für den Schnellzugriff auf das Diskettensymbol.

Text eingeben

Nachdem Sie ein neues Dokument angelegt und gespeichert haben, geben Sie Ihren Text ein. Das ist ganz einfach und funktioniert fast genau so, wie Sie es von der Schreibmaschine her gewohnt sind.

Es gibt jedoch einen wichtigen und entscheidenden Unterschied: Sie brauchen am Ende einer Zeile *nicht* die Taste für die Zeilenschaltung [↵] zu drücken. Der Grund: Word sorgt automatisch für den Zeilenumbruch. Es prüft, ob das Wort, das Sie gerade eingetippt haben, noch in die aktuelle Zeile passt. Wenn nicht, wird es von Word automatisch in die nächste Zeile verschoben. Drücken Sie die [↵]-Taste also nur dann, wenn Sie einen neuen Absatz erstellen wollen.

Sie fragen sich vielleicht, was dies für Vorteile mit sich bringt. Lassen Sie uns einige aufzählen:

- Wenn Sie den eingegebenen Text später überarbeiten und z.B. in einer Zeile Text ergänzen, kann Word den Zeilenumbruch automatisch anpassen. Wenn Sie stattdessen am Ende einer Zeile immer [↵] drücken würden, müssten Sie den Zeilenumbruch manuell anpassen.

- Das Verwenden des automatischen Zeilenumbruchs erleichtert die Formatierung. In Word können Sie Absätzen Aufzählungszeichen, Nummerierungen usw. zuweisen. Mehr zur Formatierung von Absätzen finden Sie weiter hinten in diesem Kapitel.

Wenn Sie innerhalb eines Absatzes einen Zeilenumbruch erzwingen wollen, drücken Sie die Tastenkombination ⇧+↵.

Einzelne Zeichen löschen

Wenn Sie beim Tippen merken, dass Sie sich vertippt haben, können Sie das falsche Zeichen einfach löschen:

- Drücken Sie die Taste ←. Das Zeichen *links* von der Einfügemarke wird gelöscht. Wenn Sie mehrere Zeichen löschen wollen, dann halten Sie die Taste ← einfach gedrückt.
- Um das Zeichen *rechts* von der Einfügemarke zu löschen, drücken Sie Entf.

Löschen größerer Textpassagen

Wenn Sie längere Textabschnitte löschen möchten, ist die Verwendung der Tasten ← und Entf zu umständlich. In diesem Fall gehen Sie besser so vor:

1. Markieren Sie den betreffenden Text. Die unterschiedlichen Techniken zum Markieren beschreiben wir weiter unten in diesem Kapitel ab Seite 132.
2. Drücken Sie die Taste Entf.

Text im Einfüge- und Überschreibmodus ergänzen

Wenn Sie einen Text nachträglich ändern wollen, setzen Sie einfach die Einfügemarke an die gewünschte Stelle und geben den neuen Text ein. Der bereits vorhandene Text rutscht dann automatisch nach rechts und macht Platz für die neuen Zeichen. Dieses Verhalten wird als *Einfügemodus* bezeichnet.

Word kennt jedoch auch den so genannten *Überschreibmodus.* In dieser Betriebsart werden die bereits vorhandenen Zeichen durch den neuen Text überschrieben, d.h. jedes neue Zeichen, das Sie eintippen, ersetzt ein vorhandenes.

Um zwischen den Betriebsarten hin- und herzuschalten, konfigurieren Sie am besten die Statusleiste so, dass dort der aktuelle Modus angezeigt wird. Klicken Sie dazu die Statuszeile mit der rechten Maustaste an und schalten im Kontextmenü den Befehl *Überschreiben* an. Dadurch erscheint eine Schaltfläche in der Statusleiste, mit der Sie zwischen den beiden Modi wechseln können.

Bild 7.1 Anzeigen und Umschalten zwischen Einfüge- und Überschreibmodus

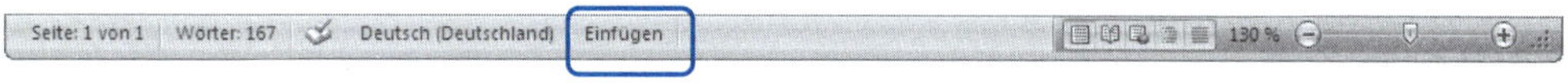

HINWEIS **Überschreibmodus per Einfg umschalten** In den bisherigen Word-Versionen konnten Sie durch Drücken der Einfg-Taste zwischen dem Überschreib- und dem Einfügemodus umschalten. Da dies bei vielen Anwendern zu Irritationen geführt hat, wurde diese Möglichkeit in Word 2007 deaktiviert. Wenn Sie diese Funktion auch in Word 2007 nutzen möchten, können Sie in den *Word-Optionen* auf der Seite *Erweitert* in der Gruppe *Bearbeitungsoptionen* die Option *EINFG-Taste zum Steuern des Überschreibmodus verwenden* einschalten.

Bewegen im Dokument

Im Word-Fenster sehen Sie einen blinkenden Strich. Dieser Strich wird Einfügemarke genannt und kennzeichnet die Stelle, an der eingetippter Text erscheint. Um Text an einer anderen Stelle des Dokuments einzugeben, müssen Sie zuerst die Einfügemarke an die gewünschte Position verschieben. Dazu können Sie entweder

- mit der Maus an die gewünschte Stelle klicken oder
- die Pfeil- oder Cursortasten der Tastatur benutzen, um die Einfügemarke dorthin zu bewegen.

Unserer Erfahrung nach ist die Verwendung der Tastatur auf Dauer schneller, da sich Ihre Hände beim Tippen bereits auf der Tastatur befinden und Sie nicht zwischen Maus und Tastatur wechseln müssen. In der folgenden Tabelle finden Sie wichtige Tasten und Tastenkombinationen, mit denen Sie die Einfügemarke im Dokument bewegen können:

Tabelle 7.1 Tasten zum Bewegen der Einfügemarke im Dokument

Um die Einfügemarke zu verschieben ...	... verwenden Sie folgende Tasten
Absatz nach oben	Strg + ↑
Absatz nach unten	Strg + ↓
Anfang des Dokuments	Strg + Pos1
Ende des Dokuments	Strg + Ende
Eine Fensterseite nach oben	Bild ↑
Eine Fensterseite nach unten	Bild ↓
Ein Wort nach links	Strg + ←
Ein Wort nach rechts	Strg + →
Ein Zeichen nach links	←
Ein Zeichen nach rechts	→
Eine Zeile nach oben	↑
Eine Zeile nach unten	↓
Anfang der aktuellen Zeile	Pos1
Ende der aktuellen Zeile	Ende

PROFITIPP

Text automatisch scrollen

Eine Funktion, die in ähnlicher Form auch im Internet-Explorer Verwendung findet, ist der automatische Bildlauf. Dabei wird das Dokument mit gleich bleibender Geschwindigkeit nach oben oder unten über den Bildschirm bewegt. Diese Funktion können Sie zum Beispiel nutzen, um einen längeren Text am Bildschirm zu lesen.

Zum Einschalten der Funktion drücken Sie das Mausrad. Word zeigt dann einen Mauszeiger mit einem Doppelpfeil an. Befindet sich der Zeiger in der oberen Hälfte der Bildschirmseite, bewegt sich das Dokument nach unten, d.h. Sie wandern in Richtung Dokumentanfang. Soll sich der Text nach oben bewegen, schieben Sie das Dreieck in die untere Hälfte der Leiste.

Die Geschwindigkeit der Bewegung steuern Sie ebenfalls durch die Position des Mauszeigers: Je weiter Sie den Pfeil vom Mittelpunkt entfernen, desto schneller scrollt Word das Dokument. Zum Beenden des Modus drücken Sie eine beliebige Taste auf der Tastatur oder der Maus.

Formatierungszeichen anzeigen

Vielleicht sehen Sie auf Ihrem Bildschirm »merkwürdige« Zeichen, die Sie niemals bewusst eingetippt haben, und fragen sich, welche Bedeutung sie besitzen. Diese Zeichen werden Formatierungszeichen genannt und mit ihrer Hilfe können Sie u.a. erkennen, wo Sie statt einem zwei Leerzeichen zwischen zwei Wörtern eingetippt oder mit der [↵]-Taste einen neuen Absatz erstellt haben.

Bild 7.2 Die verschiedenen Formatierungszeichen

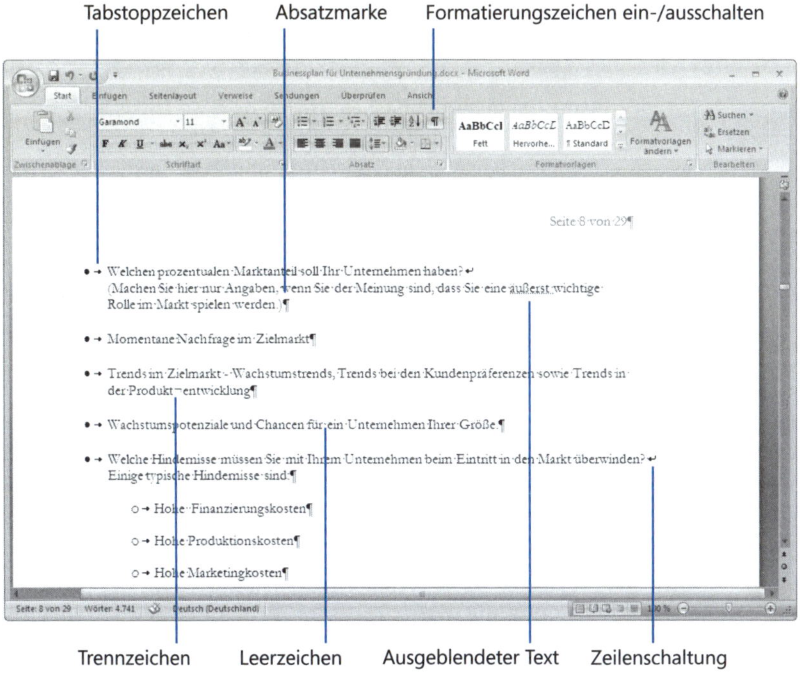

Ob die Formatierungszeichen angezeigt werden oder nicht, können Sie mit der Schaltfläche *Alle Anzeigen* steuern, die sich auf der Registerkarte *Start* befindet (siehe Bild 7.2). Wenn Sie nur eine bestimmte Auswahl der Formatierungszeichen sichtbar machten möchten, müssen Sie zuvor im Dialog *Word-Optionen*, die gewünschten Optionsfelder einschalten:

1. Klicken Sie auf die *Office-Schaltfläche* und dann auf die Schaltfläche Word-*Optionen*.
2. Zeigen Sie im Dialog *Word-Optionen* die Seite *Anzeigen* an.
3. Nehmen Sie im Abschnitt *Diese Formatierungszeichen immer auf dem Bildschirm anzeigen* die betreffenden Einstellungen vor. Denken Sie daran, dass Sie die Option *Alle Formatierungszeichen anzeigen* ausschalten müssen, wenn Sie nur einen Teil der Formatierungszeichen anzeigen möchten.

Markieren

Wenn Sie mehrere Zeichen löschen (oder einer längeren Textpassage z. B. eine bestimmte Schriftart zuweisen) wollen, müssen Sie diese Textpassage zuerst markieren. Dazu können Sie sowohl die Maus als auch die Tastatur verwenden, wobei beide Techniken ihre Vor- und Nachteile haben.

Mit der Tastatur markieren

Einzelne Zeichen und kurze Passagen lassen sich in der Regel am schnellsten mit der Tastatur markieren, da Sie die Hände beim Schreiben schon auf der Tastatur liegen haben. Die Vorgehensweise ist dabei immer die gleiche:

1. Drücken Sie die [⇧]-Taste und halten Sie sie gedrückt.
2. Erweitern Sie die Markierung mit den Cursortasten, die Sie auch zum Bewegen der Einfügemarke verwenden.

Sie können sich diesen Vorgang bildlich so vorstellen: Durch das Festhalten der [⇧]-Taste wird die Einfügemarke an der aktuellen Position eingefroren. Wenn Sie dann die Cursortasten drücken, wird die Markierung von der Einfügemarke aus erweitert, und zwar in die Richtung, die Sie mit den Tasten angeben. Wenn Sie beispielsweise die [⇧]-Taste gemeinsam mit [Strg]+[→] drücken, dann erweitert Word die Markierung bis zum nächsten Wort.

Mit der Maus markieren: Die Markierungsleiste

Um eine Textstelle mit der Maus zu markieren, zeigen Sie auf den Anfang des zu markierenden Bereichs und ziehen die Markierung dann mit gedrückter Maustaste auf. Sobald die Markierung mehr als ein Wort umfasst, erweitert Word die Markierung immer um ganze Wörter. Wenn Sie dieses Verhalten als störend empfinden, können Sie es über die Option *Automatisch ganze Wörter markieren* deaktivieren. Sie finden diese Option im Dialogfeld *Word-Optionen* auf der Seite *Erweitert* in der Gruppe *Bearbeitungsoptionen*.

Zum Markieren größerer Textbereiche verwenden Sie am besten die Markierungsleiste. Dabei handelt es sich um einen unsichtbaren Bereich links neben dem Text, den Sie daran erkennen, dass der Mauszeigers dort nicht wie gewohnt nach links, sondern nach rechts zeigt.

Die folgende Tabelle zeigt, wie Sie was am schnellsten mit der Maus markieren:

Tabelle 7.2 Markieren mit der Maus

Wenn Sie das markieren wollen ...	... gehen Sie so vor
ein Wort	doppelklicken Sie auf das Wort
eine Zeile	klicken Sie vor der gewünschten Zeile in die Markierungsleiste
mehrere Zeilen	setzen Sie den Mauszeiger in der Markierungsleiste vor die erste zu markierende Zeile, drücken Sie die Maustaste und ziehen Sie mit gedrückter Maustaste die Markierung entweder nach oben oder nach unten auf
einen Absatz	setzen Sie den Mauszeiger in der Markierungsleiste vor den zu markierenden Absatz und *doppelklicken* Sie dann mit der Maustaste. Alternativ können Sie einen Dreifachklick auf dem Absatz ausführen
mehrere Absätze	setzen Sie den Mauszeiger in der Markierungsleiste vor den ersten zu markierenden Absatz, *doppelklicken* Sie und ziehen Sie mit gedrückter Maustaste die Markierung entweder nach oben oder nach unten auf
das gesamte Dokument	führen Sie einen Dreifachklick in der Markierungsleiste aus

PROFITIPP

Mehrere Absätze mit der Maus markieren

Wenn Sie mehrere Absätze mit der Maus markieren wollen, kann es schnell passieren, dass Sie über das Ziel »hinausschießen«. Word nimmt dann einen Bildlauf vor und Sie müssen erst wieder umständlich die richtige Textstelle suchen. Mit dem folgenden Verfahren kommen Sie schneller zum Ziel:

1. Setzen Sie die Einfügemarke an den Anfang des zu markierenden Bereichs.
2. Drücken Sie F8 oder halten Sie alternativ die ⇧-Taste fest.
3. Führen Sie einen Bildlauf zum anderen Ende des Bereichs durch, den Sie markieren wollen.
4. Klicken Sie die Textposition an, um die Markierung bis dort zu erweitern.

Nicht zusammenhängenden Text markieren

Sie können mit der Maus auch Text markieren, der nicht direkt nebeneinander steht. Gehen Sie dazu folgendermaßen vor:

1. Drücken Sie die Strg-Taste und halten Sie sie gedrückt.
2. Markieren Sie Wörter, Zeilen und Absätze so, wie es in der obigen Tabelle beschrieben ist.
3. Lassen Sie die Strg-Taste wieder los.

Ein Beispiel dafür, wie die so genannte *Mehrfachauswahl* auf dem Bildschirm aussieht, sehen Sie im folgenden Bild auf der nächsten Seite.

Bild 7.3 Beispiel für eine Mehrfachauswahl

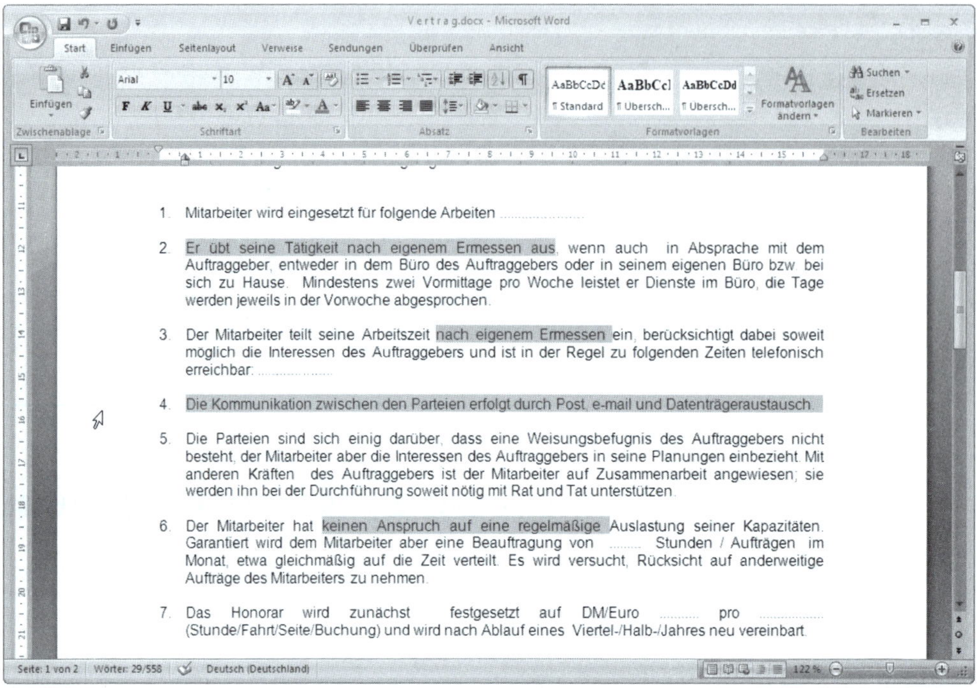
Vertrag.docx - Microsoft Word
Start
Einfügen
Seitenlayout
Verweise
Sendungen
Überprüfen
Ansicht
Einfügen
Zwischenablage
Schriftart
Absatz
Formatvorlagen
Formatvorlagen ändern
Suchen
Ersetzen
Markieren
Bearbeiten
1. Mitarbeiter wird eingesetzt für folgende Arbeiten ....
2. Er übt seine Tätigkeit nach eigenem Ermessen aus, wenn auch in Absprache mit dem Auftraggeber, entweder in dem Büro des Auftraggebers oder in seinem eigenen Büro bzw. bei sich zu Hause. Mindestens zwei Vormittage pro Woche leistet er Dienste im Büro, die Tage werden jeweils in der Vorwoche abgesprochen.
3. Der Mitarbeiter teilt seine Arbeitszeit nach eigenem Ermessen ein, berücksichtigt dabei soweit möglich die Interessen des Auftraggebers und ist in der Regel zu folgenden Zeiten telefonisch erreichbar: ....
4. Die Kommunikation zwischen den Parteien erfolgt durch Post, e-mail und Datenträgeraustausch.
5. Die Parteien sind sich einig darüber, dass eine Weisungsbefugnis des Auftraggebers nicht besteht, der Mitarbeiter aber die Interessen des Auftraggebers in seine Planungen einbezieht. Mit anderen Kräften des Auftraggebers ist der Mitarbeiter auf Zusammenarbeit angewiesen; sie werden ihn bei der Durchführung soweit nötig mit Rat und Tat unterstützen.
6. Der Mitarbeiter hat keinen Anspruch auf eine regelmäßige Auslastung seiner Kapazitäten. Garantiert wird dem Mitarbeiter aber eine Beauftragung von .... Stunden / Aufträgen im Monat, etwa gleichmäßig auf die Zeit verteilt. Es wird versucht, Rücksicht auf anderweitige Aufträge des Mitarbeiters zu nehmen.
7. Das Honorar wird zunächst festgesetzt auf DM/Euro .... pro .... (Stunde/Fahrt/Seite/Buchung) und wird nach Ablauf eines Viertel-/Halb-/Jahres neu vereinbart.
Seite: 1 von 2
Wörter: 29/558
Deutsch (Deutschland)
122 %

Die Zwischenablage

Zwei Textverarbeitungsfunktionen, die Sie wahrscheinlich häufig nutzen werden, sind das Kopieren und das Verschieben von Text. Wenn Sie bereits mit Windows-Programmen gearbeitet haben, wissen Sie wahrscheinlich, dass dazu die so genannte *Zwischenablage* verwendet wird, die so ähnlich wie eine Pinnwand funktioniert: Sie können dort etwas anheften, um es später wieder zu entnehmen. In der Office-Zwischenablage können bis zu 24 Elemente abgelegt werden. Bevor wir gleich noch etwas näher auf die Zwischenablage eingehen, wollen wir Ihnen zunächst kurz zeigen, wie Sie beim Kopieren und Verschieben vorgehen.

Kopieren in vier Schritten

1. Markieren Sie den gewünschten Text, die Grafik usw.

2. Wechseln Sie auf die Registerkarte *Start* und klicken Sie dort auf die Schaltfläche *Kopieren* (oder drücken Sie den Shortcut Strg+C). Dadurch wird eine Kopie der Markierung in der Zwischenablage abgelegt.

Einfügen

3. Setzen Sie die Einfügemarke an die Zielstelle.
4. Klicken Sie auf *Einfügen* (oder drücken Sie Strg+V).

Verschieben in vier Schritten

1. Markieren Sie den gewünschten Text, die Grafik usw.
2. Wechseln Sie auf die Registerkarte *Start* und klicken Sie dort auf die Schaltfläche *Ausschneiden* (oder drücken Sie den Shortcut [Strg]+[X]). Die Markierung wird aus dem Dokument entfernt und in der Zwischenablage abgelegt.
3. Setzen Sie die Einfügemarke an die Zielstelle.
4. Klicken Sie auf *Einfügen* (oder drücken Sie [Strg]+[V]).

HINWEIS Die Einfügestelle muss sich nicht unbedingt in dem gleichen Dokument befinden, in dem Sie die Markierung kopiert bzw. ausgeschnitten haben. Sie kann sich auch in einem anderen Dokument des gleichen Typs (also Kopieren/Verschieben von Word nach Word) oder in einem Dokument befinden, das Sie mit einer anderen Office-Anwendung erstellen.

Beliebiges Element aus Zwischenablage einfügen

Die soeben beschriebenen Schrittfolgen für das Kopieren und Verschieben von Text fügen immer das zuletzt ausgeschnittene bzw. kopierte Element der Zwischenablage ein. Sie können jedoch auch jedes andere Element, das sich in der Zwischenablage befindet, einfügen. Gehen Sie dazu so vor:

1. Schalten Sie zunächst den Aufgabenbereich der Zwischenablage ein, falls er momentan nicht sichtbar ist. Dazu klicken Sie in der Registerkarte *Start* auf die kleine quadratische Schaltfläche, die sich rechts unten in der Befehlsgruppe *Zwischenablage* befindet.

Bild 7.4 Aufgabenbereich *Zwischenablage* mit Elementen aus verschiedenen Office-Anwendungen

2. Setzen Sie die Einfügemarke an die Stelle, an der Sie das Element einfügen möchten.
3. Klicken Sie auf den Pfeil neben dem Element, das Sie einfügen möchten.

Symbole und Sonderzeichen einfügen

Viele der Schriftarten, die auf Ihrem Computer installiert sind, enthalten Sonderzeichen, die auf den Tasten Ihrer Tastatur nicht enthalten sind. Mit den *WingDings*- und *WebDings*-Zeichensätzen, die zu Windows gehören, steht Ihnen zum Beispiel eine ganze Palette von nützlichen Ornamenten, Kreuzen und Pfeilen zur Verfügung.

Diese Symbole lassen sich ganz einfach über ein Ausklappmenü bzw. ein spezielles Dialogfeld in ein Dokument aufnehmen:

1. Positionieren Sie die Einfügemarke an die Stelle, an der Sie das Symbol einfügen wollen und wechseln Sie auf die Registerkarte *Einfügen.*
2. Klicken Sie ganz rechts in der Gruppe *Symbole* auf die Schaltfläche *Symbole.* Dadurch klappt ein kleines Auswahlmenü herunter, in dem sich die zuletzt von Ihnen eingefügten Symbole (bzw. eine Vorauswahl) befinden. Wenn Sie das gesuchte Symbol hier entdecken, können Sie es einfach anklicken und sind bereits am Ziel.

Bild 7.5 Häufig benutzte Symbole können direkt ausgewählt werden

3. Ist das gesuchte Symbol hier nicht aufgeführt, klicken Sie unterhalb der Liste auf *Weitere Symbole.* Das Dialogfeld *Symbol* wird angezeigt.

Bild 7.6 Mit diesem Dialogfeld können Sie Sonderzeichen einfügen

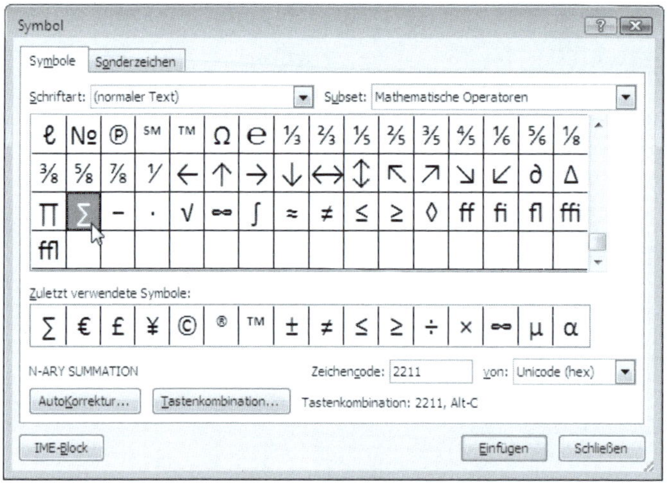

4. Klicken Sie – falls nötig – auf die Registerkarte *Symbole.*
5. Öffnen Sie die Liste *Schriftart* und wählen Sie die Schrift aus, die Sie verwenden wollen.
6. Doppelklicken Sie auf das Zeichen, das Sie einfügen möchten.
7. Wenn Sie alle Sonderzeichen eingefügt haben, klicken Sie auf *Schließen.*

PROFITIPP

Tastenkombinationen für Sonderzeichen

Ein Großteil der Zeichen, die auf der Registerkarte *Sonderzeichen* aufgeführt sind, können auch über eine eigene Tastenkombination eingefügt werden. Interessant sind hier zum Beispiel geschützte Trennstriche oder geschützte Leerzeichen. Die betreffenden Tastenkombinationen sind neben den Sonderzeichen auf der Registerkarte aufgeführt.

Bausteine erstellen und einfügen

Der Begriff *Baustein* ist eng mit der neuen Benutzeroberfläche von Word 2007 verknüpft. Vereinfacht gesagt sind Bausteine kleine »Dokumenthäppchen«, die Sie nach Belieben in Ihre Dokumente einfügen können. Im einfachsten Fall besteht ein Baustein aus einem einzelnen Wort, es kann sich aber auch um eine längere Textpassage, eine Tabelle oder sogar um eine aufwändig gestaltete Seite handeln. Bausteine begegnen Ihnen zum Beispiel, wenn Sie auf der Registerkarte *Einfügen* ein Deckblatt einfügen (siehe Abschnitt »Deckblätter einfügen« auf Seite 139). Und auch die vorgefertigten Kopf- und Fußzeilen sind nichts anderes als Bausteine.

Wenn Sie bereits mit früheren Versionen von Word gearbeitet haben, werden Sie vermutlich denken: »Ach so, das sind die alten AutoTexte«. Damit liegen Sie nicht ganz falsch, denn die Bausteine von Word 2007 sind gewissermaßen eine Weiterentwicklung der AutoTexte. Ein entscheidender Unterschied ist dabei die Art und Weise, wie Bausteine verwaltet und abgespeichert werden. Während AutoTexte in früheren Versionen nur mit Hilfe von Formatvorlagen organisiert werden konnten, lassen sich Bausteine bei Word 2007 in verschiedenen Katalogen speichern, die jeweils in mehrere Kategorien unterteilt werden können.

Am einfachsten lässt sich dieses Prinzip an einem kleinen Beispiel verstehen. Mit den folgenden Schritten werden Sie den Text »Sehr geehrte Damen und Herren,« als Baustein in den Katalog *Schnellbausteine* ablegen. Anschließend zeigen wir dann, wie Sie den Baustein in Ihr Dokument einfügen können.

1. Erstellen Sie ein neues Dokument.
2. Geben Sie den Text »Sehr geehrte Damen und Herren,« ein und drücken Sie anschließend die [↵]-Taste.
3. Markieren Sie den soeben eingegebenen Absatz (zum Beispiel, indem Sie wie auf Seite 132 beschrieben mit der Maus in die Markierungsleiste klicken).
4. Zeigen Sie die Registerkarte *Einfügen* an und klicken Sie in der Gruppe *Text* auf die Schaltfläche *Schnellbausteine.* Dadurch klappt ein Menü auf, in dem Sie den letzten Befehl *Auswahl im Schnellbaustein-Katalog speichern* wählen. Mit diesem Befehl rufen Sie das Dialogfeld *Neuen Baustein erstellen* auf.

Bild 7.7 Der markierte Text wird im Katalog *Schnellbausteine* gespeichert

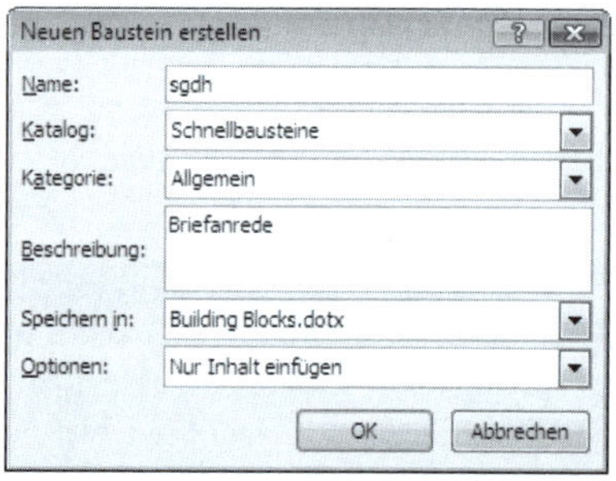

Im Dialogfeld sehen Sie, dass der neue Baustein im Katalog *Schnellbausteine* und dort in der Kategorie *Allgemein* erstellt wird. Mit dem Listenfeld *Speichern in* können Sie entscheiden, in welcher Dokumentvorlage er gespeichert werden soll (siehe dazu auch Abschnitt »Spezielle Vorlagentypen« in Kapitel 17).

5. Geben Sie dem neuen Baustein einen Namen und fügen Sie eine kurze Beschreibung ein. Alle anderen Felder lassen Sie unverändert.

6. Klicken Sie auf *OK*, um den Baustein zu erstellen.

Im letzten Schritt soll der neue Baustein testweise in das Dokument eingefügt werden. Da Sie ihn im Katalog *Schnellbausteine* abgelegt haben, können Sie ihn konsequenterweise über die gleichnamige Schaltfläche erreichen.

7. Klicken Sie also in der Registerkarte *Einfügen* wieder auf die Schaltfläche *Schnellbausteine*. Wie Sie sehen, ist das Menü der Schaltfläche um einen Eintrag für den neuen Baustein erweitert worden.

Bild 7.8 Der neue Schnellbaustein

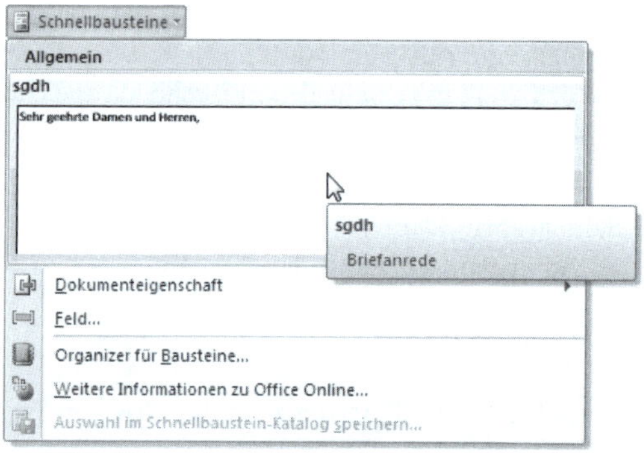

8. Klicken Sie den neuen Eintrag an, um den Schnellbaustein einzufügen.

TIPP **Schnellbausteine per Tastatur einfügen** Wenn Sie den Namen eines Bausteins kennen, können Sie den Baustein einfügen, indem Sie seinen Namen eintippen und direkt danach die Taste F3 drücken.

Der Organizer für Bausteine

Alle Bausteine, die Sie in Ihre Dokumente einfügen können, werden an einer zentralen Stelle, dem so genannten *Organizer für Bausteine* verwaltet. Dort können Sie sich nun davon überzeugen, dass sich der neue Baustein im gewünschten Katalog befindet. Zum Aufrufen des Organizers klicken Sie in der Registerkarte *Einfügen* auf *Schnellbausteine* und wählen den Befehl *Organizer für Bausteine.*

Bild 7.9 Im *Organizer für Bausteine* lässt sich erkennen, in welchen Katalogen und Kategorien die verschiedenen Bausteine organisiert sind

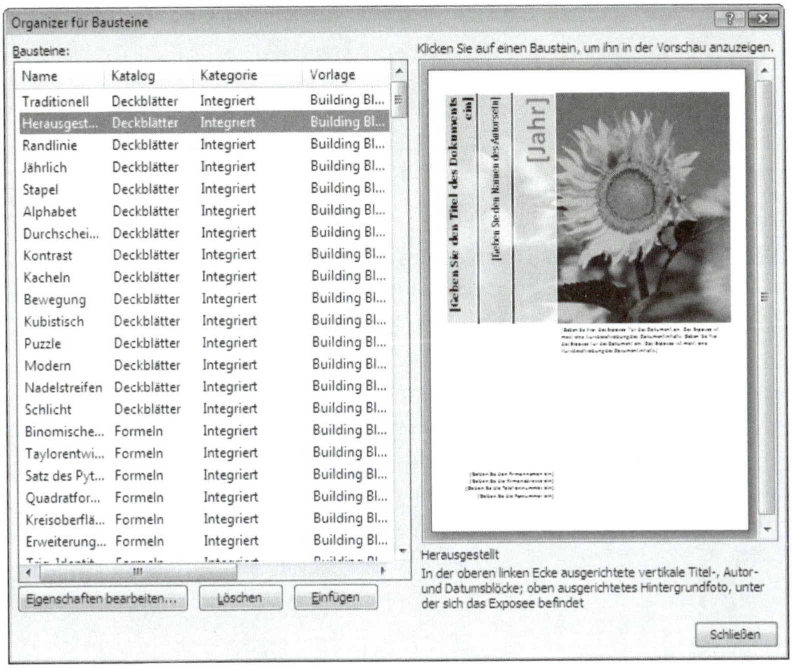

In diesem Dialogfeld können Sie die Bausteine verwalten, um sie zum Beispiel anderen Katalogen oder Kategorien zuzuordnen oder um nicht mehr benötigte Bausteine zu löschen.

Deckblätter einfügen

Im letzten Abschnitt haben wir bereits kurz erwähnt, dass sogar vollständige Seiten als Bausteine abgelegt werden können. Wie Sie in der obigen Abbildung sehen, enthält Word bereits ein gutes Dutzend Deckblätter, die Sie für Ihre Dokumente verwenden können. Diese Deckblätter sind zum Teil sehr aufwändig gestaltet, lassen sich jedoch sehr leicht anpassen.

Das Einfügen eines solchen Deckblatts ist eine Sache von wenigen Minuten:

1. Öffnen Sie das Dokument, das ein Deckblatt erhalten soll.
2. Wechseln Sie auf die Registerkarte *Einfügen* und klicken Sie in der Gruppe *Seiten* auf *Deckblatt.* Word zeigt dann ein Menü mit den Vorschaubildern der vorhandenen Deckblätter an.

Bild 7.10 Auswahl eines vorgefertigten Deckblatts

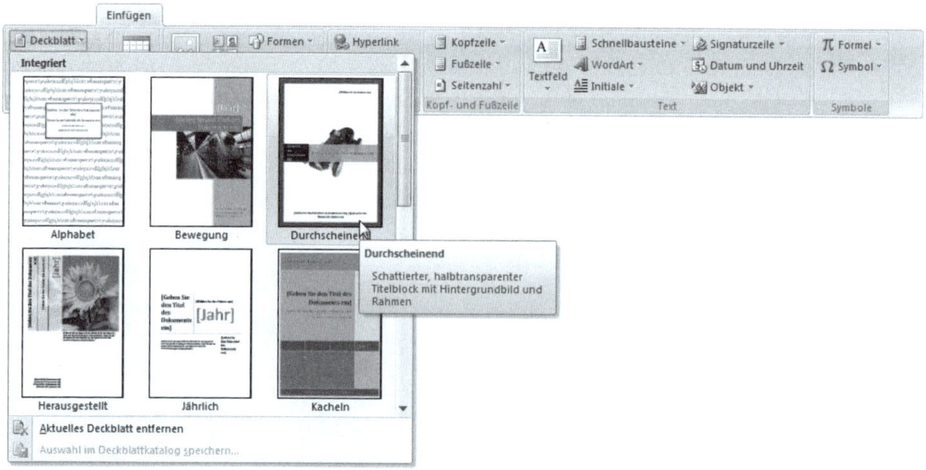

3. Wählen Sie das gewünschte Deckblatt aus, indem Sie es anklicken. Word fügt das Deckblatt dann als erste Seite in das aktuelle Dokument ein. Auf dem Deckblatt befinden sich verschiedene Platzhalter, die Sie an den eckigen Klammern erkennen können.

Bild 7.11 Datumswerte können bequem aus einem kleinen Kalender ausgewählt werden

4. Klicken Sie die Platzhalter an und tragen Sie die gewünschten Informationen (Datum, Titel des Dokuments usw.) ein. Wie Sie im obigen Bild sehen, stellt Word zu Eingabe des Datums sogar einen kleinen Kalender zur Verfügung.

Wörter und Zeichen zählen

Neben verschiedenen anderen Informationen zeigt Word in der Statuszeile auch die Anzahl der Wörter im aktuellen Dokument an. Falls diese Angabe bei Ihnen nicht auftaucht, müssen Sie zunächst die Statuszeile mit der rechten Maustaste anklicken und dann im Kontextmenü den Befehl *Wortanzahl* einschalten.

Word ermittelt jedoch nicht nur die Wortanzahl, sondern zählt auch die Zeichen, Zeilen, Absätze und Seiten des Dokuments. Um an diese Werte zu gelangen, klicken Sie in der Statuszeile auf den Bereich, in dem Word die Wortanzahl anzeigt. Dadurch erscheint ein kleines Dialogfeld, in dem die entsprechenden Daten aufgeführt sind.

Bild 7.12 Word ermittelt verschiedene Statistikdaten

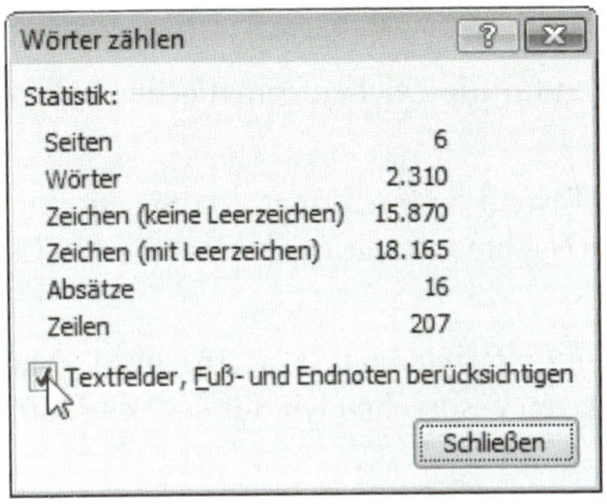

Beachten Sie, dass Word für die Anzahl der Zeichen zwei verschiedene Werte liefert: einmal ohne und einmal mit Leerzeichen. Diese Unterscheidung ist zum Beispiel bei der Abrechnung von Korrekturlesern und Übersetzern relevant.

Das Optionsfeld *Textfelder, Fuß- und Endnoten berücksichtigen* mag Ihnen auf den ersten Blick etwas seltsam erscheinen, da man intuitiv annimmt, dass alle Bereiche des Dokuments beim Zählen berücksichtigt werden. Textfelder, Fuß- und Endnoten gehören jedoch aus der Sicht von Word nicht zum Haupttext des Dokuments und werden intern anders verwaltet. Es ist sogar so, dass diese Bereiche von früheren Word-Versionen beim Zählen überhaupt nicht berücksichtigt wurden. Vermutlich haben die Microsoft-Entwickler das Optionsfeld also nur deshalb »spendiert«, damit Benutzer älterer Word-Versionen bei Bedarf das ihnen vertraute Zählverhalten einstellen können.

Zeichen formatieren

Neben der Möglichkeit, Texte zu korrigieren, zu ergänzen oder einen neuen Text auf einem bestehenden aufbauen zu lassen, sind die zahlreichen Gestaltungsmerkmale, die Sie Ihrem Text zuweisen können, ein wichtiges Merkmal eines jeden Textverarbeitungsprogramms. Dazu gehört zum Beispiel das Einstellen der Schriftart, der Schriftgröße und der Textfarbe. Im Fachjargon wird dies als *Zeichenformatierung* bezeichnet.

In diesem Kapitel stellen wir Ihnen zunächst die Grundlagen der Zeichenformatierung vor. Eine ausführliche Beschreibung dieses wichtigen Themas finden Sie in Kapitel 11.

Grundsätzliches zur Zeichenformatierung

Sie können für die Zeichenformatierung verschiedene Techniken anwenden:

- Die Schaltflächen der Registerkarte *Start* aus der Gruppe *Schriftart*
- Die Schnellformatvorlagen der Registerkarte *Start* aus der Gruppe *Formatvorlagen*
- Das Dialogfeld *Schriftart*
- Die in Word eingebauten Tastenkombinationen.

Alle diese Varianten haben ihre Vor- und Nachteile:

- Die Verwendung der Schaltflächen ist sehr intuitiv, nachdem Sie einmal ihre Bedeutung kennen. Allerdings können Sie auf diese Weise nicht alle Zeichenmerkmale zuweisen.
- Die Schnellformatvorlagen sind schnell und komfortabel. Nachteile lassen sich eigentlich kaum ausmachen.
- Das Dialogfeld *Schriftart* enthält alle Optionen für die Zeichenformatierung. Allerdings erfordert sein Einsatz etwas mehr »Mausarbeit«.
- Besonders schnell ist die Verwendung der Tastenkombinationen, da Sie hierfür die Hände nicht von der Tastatur nehmen müssen. Der Nachteil ist natürlich, dass Sie die Tastenkombinationen zuerst erlernen müssen.

Für alle Varianten gilt die Regel: *Erst markieren, dann formatieren* (s. a. Abschnitt »Markieren« ab Seite 132). Die Anwendung der Schnellformatvorlagen besprechen wir auf der Seite 149.

Formatieren mit der Registerkarte *Start*

In den allermeisten Fällen beschränkt sich die Formatierung von Text auf das Wählen einer geeigneten Schriftart und -größe, sowie auf einige wenige Attribute wie fett, kursiv oder unterstrichen. Die dazu notwendigen Schaltflächen finden Sie auf der Registerkarte *Start* in der Gruppe *Schriftart.*

Bild 7.13 Die Gruppe *Schriftart* enthält die Schaltflächen zur Zeichenformatierung

Die Verwendung dieser Schaltflächen kann man wohl ruhigen Gewissens als intuitiv bezeichnen, so dass sie hier nicht näher erläutert werden müssen.

Formatieren mit der Minisymbolleiste

Sicher ist Ihnen beim Markieren schon einmal aufgefallen, dass oberhalb einer Markierung ein blasses Fenster auftaucht, dessen Farben kräftiger werden, sobald Sie mit dem Mauszeiger darüber fahren. Bei diesem Fenster handelt es sich um eine *Minisymbolleiste.* Auf ihr bietet Ihnen Word eine Auswahl der Funktionen an, die Sie im aktuellen Kontext am häufigsten benötigen werden. Die Bedeutung der Schaltflächen ist mit denen auf der Registerkarte *Start* identisch.

Bild 7.14 Mit der automatisch eingeblendeten Symbolleiste lassen sich die häufigsten Formatierungsaufgaben erledigen (hier: Textfarbe ändern)

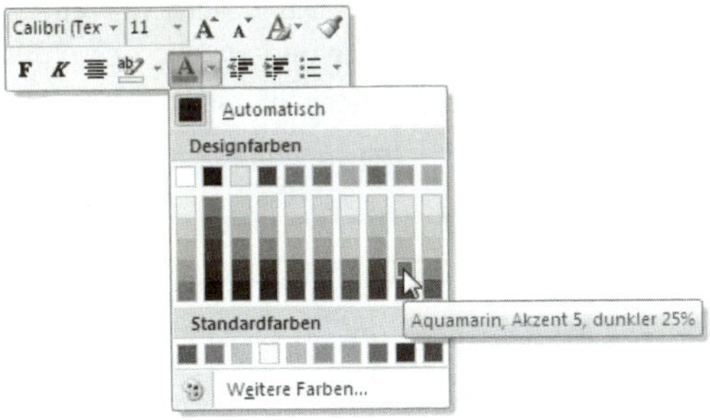

TIPP **Minisymbolleiste anzeigen** Um die Minisymbolleiste auf dem Bildschirm anzuzeigen, klicken Sie mit der rechten Maustaste in eine Markierung.

Das Dialogfeld *Schriftart*

Das Dialogfeld *Schriftart* können Sie auf eine der folgenden Weisen aufrufen:

- Klicken Sie in der Registerkarte *Start* auf die kleine quadratische Schaltfläche, die sich rechts unten in der Befehlsgruppe *Schriftart* befindet.
- Klicken Sie eine Textstelle oder eine Markierung mit der rechten Maustaste an und wählen Sie im angezeigten Kontextmenü den Befehl *Schriftart*.
- Drücken Sie die Tastenkombination ⇧+Strg+A.

HINWEIS **Texteffekte** In früheren Versionen von Word enthielt das Dialogfeld *Schriftart* noch die Registerkarte *Texteffekt*, über die ein Text animiert hervorgehoben werden konnte (zum Beispiel mit funkelnden Sternen). Diese Funktion ist in Word 2007 nicht mehr enthalten (alte Word-Dokumente lassen sich jedoch korrekt darstellen).

Zeichenformatierungen mit Shortcuts

Die schnellste Möglichkeit zur Zeichenformatierung ist sicherlich die Verwendung der Shortcuts. Viele dieser Shortcuts funktionieren dabei wie ein Schalter. Um zum Beispiel im laufenden Text ein einzelnes Wort fett zu formatieren, gehen Sie folgendermaßen vor:

1. Drücken Sie ⇧+Strg+F, um die Zeichenformatierung »fett« einzuschalten.
2. Tippen Sie jetzt das fett zu formatierende Wort ein.
3. Drücken Sie erneut ⇧+Strg+F, um die Zeichenformatierung »fett« wieder auszuschalten und fahren Sie dann mit der Eingabe des weiteren Textes fort.

Eine Tabelle mit den wichtigsten Shortcuts für die Zeichenformatierung finden Sie in Kapitel 11 auf Seite 202.

Formatierungen übertragen

Wenn Sie eine komplizierte Zeichenformatierung für mehrere Textpassagen verwenden wollen, ist es nicht erforderlich, die gleichen Formatierungsbefehle wieder und wieder zu verwenden. Stattdessen können Sie die Formatierung einfach auf eine andere Textstelle übertragen:

1. Markieren Sie den Text, dessen Formatierung Sie übertragen wollen.
2. Wechseln Sie in der Multifunktionsleiste auf die Registerkarte *Start.*
3. Klicken Sie in der Gruppe *Zwischenablage* auf die Pinsel-Schaltfläche.
4. Streichen Sie mit dem Mauszeiger über die Textstelle, die die gleiche Formatierung erhalten soll.

Absätze formatieren

Die nächstgrößeren Einheiten nach Zeichen, die formatiert werden können, sind Absätze. Wir werden uns mit dem Thema »Absätze« in Kapitel 12 noch ausführlich beschäftigen. An dieser Stelle müssen Sie nur wissen, dass Absätze durch das Drücken der [↵]-Taste entstehen.

Word fügt dann eine so genannte *Absatzmarke* (¶) ein, mit der das Ende eines Absatzes gekennzeichnet wird. Wie Sie dieses Sonderzeichen sichtbar machen, haben wir bereits weiter vorne auf Seite 131 beschrieben.

Die Absatzmarke selbst ist ein wichtiger Teil des Absatzes, denn sie enthält alle Formatierungsmerkmale, die Sie dem Absatz zugewiesen haben. Wenn Sie die Absatzmarke löschen, verliert der Absatz daher seine Formatierungsmerkmale. Der »alte« Absatz wird dann mit dem nachfolgenden Absatz verbunden und übernimmt dessen Formatierung.

Absätze markieren

Bei der Vorstellung der Zeichenformatierung haben wir gesagt, dass Sie *alle Zeichen* markieren müssen, die Sie formatieren wollen. Bei Absätzen verhält es sich etwas anders. Eine Absatzformatierung wirkt sich immer auf den gesamten Absatz aus. Es reicht daher aus, wenn sich die Einfügemarke an einer beliebigen Stelle im Absatz befindet.

Wollen Sie mehrere Absätze gleichzeitig formatieren, müssen Sie lediglich darauf achten, dass alle Absätze einen Teil der Markierung enthalten (Hinweise zum Markieren finden Sie ab Seite 132).

Die Varianten der Absatzformatierung

Ähnlich wie bei der Zeichenformatierung führen auch bei der Formatierung von Absätzen mehrere unterschiedliche Wege zum Ziel:

- Die Schaltflächen der Registerkarte *Start* aus der Gruppe *Absatz.*
- Die Schnellformatvorlagen der Registerkarte *Start* aus der Gruppe *Formatvorlagen.*
- Das Dialogfeld *Absatz.*

- Verschiedene Tastenkombinationen.
- Ergänzend können Sie das Lineal verwenden, mit dessen Hilfe die Einzüge eines Absatzes verändert werden und Tabulatoren gesetzt werden können. Das Lineal lässt sich über die kleine Schaltfläche oberhalb der senkrechten Bildlaufleiste ein- und ausschalten.
- Absatzformatierungen können genau wie Zeichenformatierungen mit der Pinsel-Schaltfläche übertragen werden. Die Vorgehensweise entspricht dabei dem im Abschnitt »Formatierungen übertragen« beschriebenen Verfahren (Seite 144).

Absätze mit der Registerkarte *Start* formatieren

Auf der Registerkarte *Start* befinden sich in der Gruppe *Absatz* ein gutes Dutzend Schaltflächen, mit denen Sie den Großteil der Absatzformatierung vornehmen können.

Bild 7.15 In dieser Gruppe befinden sich die Schaltflächen zur Absatzformatierung

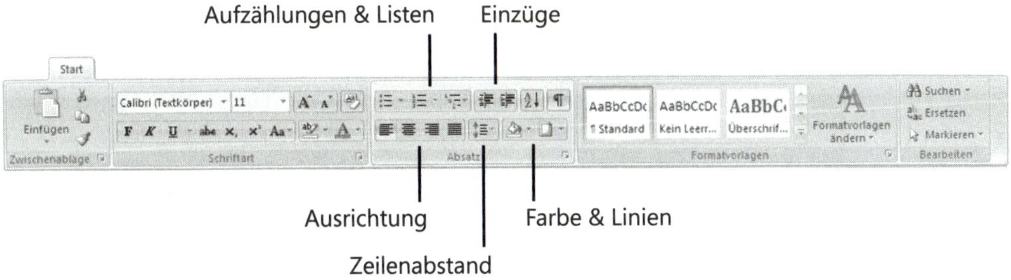

Mit diesen Schaltflächen können Sie folgende Aufgaben erledigen:

- Erstellen von Listen mit Aufzählungen
- Den Einzug eines Absatzes ändern, d.h. ihn ein- oder ausrücken
- Absätze linksbündig, zentriert, rechtsbündig und im Blocksatz ausrichten
- Den Abstand der Zeilen in einem Absatz ändern
- Absätze farblich hinterlegen
- Absätze mit Linien und Rahmen hervorheben.

Aufzählungen und Nummerierungen

In diesem Abschnitt zeigen wir Ihnen, wie Sie eine Liste erstellen, deren Einträge nummeriert oder mit einem Sonderzeichen gekennzeichnet sind. Wie Sie oben in Bild 7.15 sehen können, stehen Ihnen für diese Zwecke in der Registerkarte *Start* drei Schaltflächen zur Verfügung (die Gruppe *Aufzählungen & Listen*).

Aufzählungen erstellen

Unter einer Aufzählung versteht man eine Reihe von Absätzen, die mit einem Sonderzeichen markiert sind. In diesem Buch verwenden wir z.B. für diese Art der Formatierung ein kleines Quadrat.

Die Vorgehensweise zum Erstellen einer Aufzählung ist denkbar einfach:

1. Markieren Sie die Absätze, die ein Aufzählungszeichen erhalten sollen.
2. Klicken Sie in der Registerkarte *Start* auf den kleinen Pfeil der Schaltfläche *Aufzählungszeichen*, um das Menü der Schaltfläche aufzuklappen.

   Wie Sie im folgenden Bild sehen, sind die Aufzählungszeichen in Gruppen unterteilt. In der ersten Gruppe befinden sich die Zeichen, die Sie zuletzt verwendet haben. Diese Gruppe wird natürlich nur angezeigt, falls Sie nach dem Starten von Word bereits mit der Funktion gearbeitet haben. Die Gruppe *Aufzählungsbibliothek* ist immer in diesem Menü vorhanden und enthält die Standardauswahl, die Ihnen von Word zur Verfügung gestellt wird. Wenn das Dokument bereits Aufzählungszeichen enthält, tauchen diese in der Gruppe *Dokumentaufzählungszeichen* in dem Menü auf.

Bild 7.16 Liste mit Aufzählungszeichen versehen

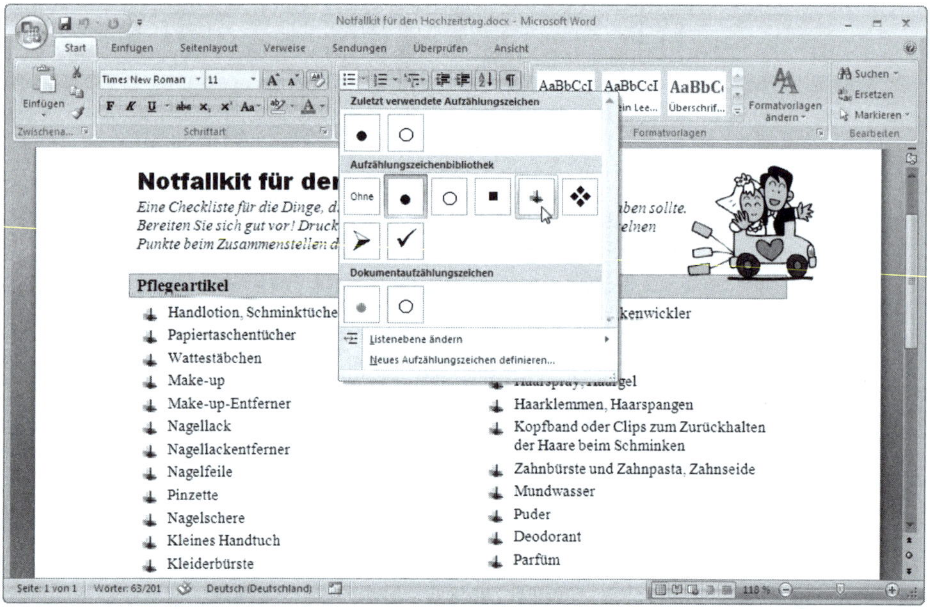

3. Fahren Sie mit der Maus über die angebotenen Zeichen. Sie können die Wirkung der Zeichen »live« im Text sehen. Wenn Sie sich für ein Zeichen entschieden haben, klicken Sie es an.
4. Um einer Liste einen weiteren Eintrag hinzuzufügen, setzen Sie die Einfügemarke an das Ende des letzten Absatzes und drücken dort die [↵]-Taste. Der neue Absatz erhält automatisch das gleiche Aufzählungszeichen.
5. Nachdem Sie den letzten Punkt der Liste eingegeben haben, drücken Sie die [↵]-Taste, um einen neuen Absatz zu erstellen, und dann die Taste [←] (oberhalb der [↵]-Taste), um so die Aufzählung zu beenden.

Nummerierte Listen erstellen

Das Erstellen von Listen, deren Absätze nummeriert sind, funktioniert vom Prinzip her genau so wie das Erstellen von Absätzen mit Aufzählungszeichen:

1. Geben Sie den ersten Absatz der Liste ein. Drücken Sie am Ende des Absatzes die [↵]-Taste.
2. Setzen Sie die Einfügemarke wieder in den Absatz und öffnen Sie das Menü der Schaltfläche *Nummerierung* (das ist die zweite Schaltfläche der Gruppe).
3. Wählen Sie eine der angebotenen Nummerierungen aus.
4. Setzen Sie die Einfügemarke an das Ende des Absatzes und drücken Sie die [↵]-Taste, wenn Sie die Liste fortsetzen wollen.
5. Zum Beenden der Liste, erstellen Sie wieder mit [↵] einen neuen Absatz und drücken dann direkt die Taste [←] (oberhalb der [↵]-Taste).

Nummerierung mit einer anderen Zahl beginnen

Wenn die Nummerierung nicht mit 1, sondern mit einer anderen Zahl beginnen soll, gehen Sie folgendermaßen vor:

1. Klicken Sie den Absatz, dessen Nummerierung Sie ändern möchten, mit der rechten Maustaste an und wählen Sie in dem angezeigten Kontextmenü den Befehl *Nummerierungswert festlegen*.

Bild 7.17 So legen Sie den Startwert einer nummerieren Liste fest

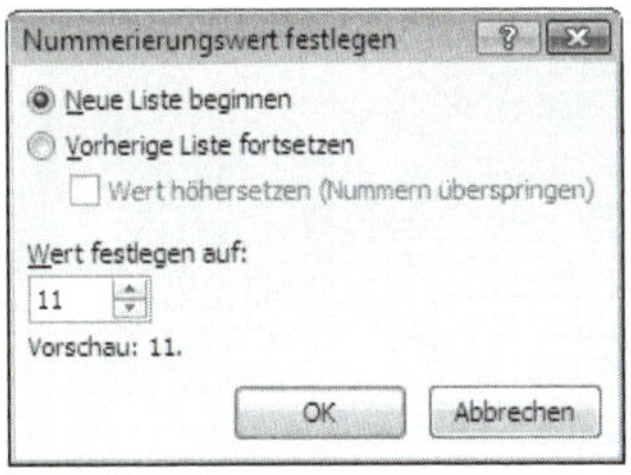

2. Stellen Sie den gewünschten Wert im Dialog ein und klicken Sie auf *OK*.

Aufzählung/Nummerierung entfernen

Um die Aufzählungszeichen oder eine Nummerierung wieder zu entfernen, gehen Sie so vor:

1. Markieren Sie alle Absätze der Liste, bei denen Sie das Aufzählungszeichen bzw. die Nummerierung entfernen wollen.
2. Klicken Sie auf die Schaltfläche *Aufzählungszeichen* bzw. *Nummerierung*.

Rahmen und Linien

Mit Rahmen und Linien können Sie Überschriften oder Kopfzeilen vom Rest des Textes abheben und das Augenmerk des Lesers auf wichtige Stellen lenken. Wenn Sie keine großen Ansprüche an Form und Farbe stellen, lassen sich die Linien am schnellsten über eine Schaltfläche der Registerkarte *Start* einfügen:

1. Setzen Sie die Einfügemarke in den Absatz, den Sie mit einer Linie versehen wollen. Wenn Sie mehrere Absätze mit einem gemeinsamen Rahmen versehen möchten, markieren Sie die gewünschten Absätze.
2. Wechseln Sie auf die Registerkarte *Start* und klicken Sie in der Gruppe *Absatz* den kleinen Pfeil der letzten Schaltfläche an.
3. Mit den Befehlen des dadurch ausgeklappten Menüs können Sie nun die gewünschte(n) Linie(n) einschalten. Unter Umständen müssen Sie dazu das Menü mehrmals aufrufen.
4. Wenn Sie die Art der Linie oder ihre Farbe verändern möchten, müssen Sie das Dialogfeld *Rahmen und Schattierung* benutzen. Sie erreichen es über den gleichnamigen Befehl, der sich ganz unten im Ausklappmenü der Schaltfläche befindet.

Bild 7.18 Mit diesem Dialogfeld können Sie die Darstellung der Linie ändern

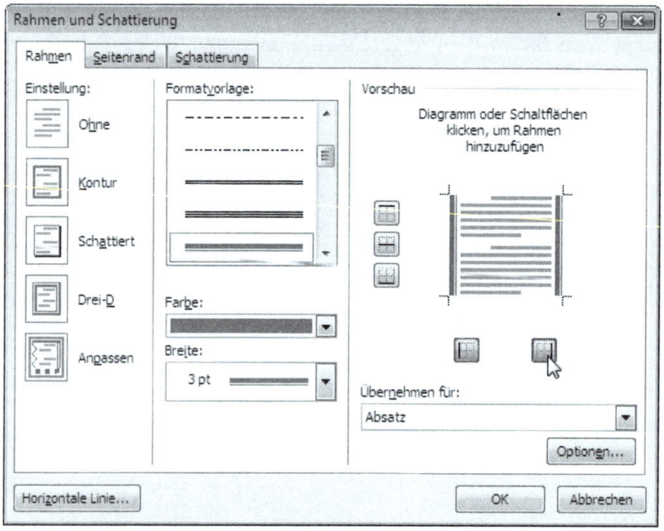

5. Stellen Sie dann zunächst im mittleren Bereich des Dialogs die Linienart, -farbe und -breite ein und klicken Sie dann rechts auf die Schaltflächen des Vorschaubereichs, um die betreffenden Linien einzuschalten.
6. Mit den Optionen der Registerkarte *Schattierung* können Sie den Rahmen bei Bedarf auch farbig hinterlegen.

Formatieren mit Schnellformatvorlagen

In den letzten Abschnitten haben Sie gelernt, wie Sie einzelne Formatierungsmerkmale Ihrer Texte ändern können. In der Praxis ist diese Art der Formatierung jedoch oft zu mühselig und führt auch häufig dazu, dass Ihre Dokumente nicht einheitlich formatiert sind. Aus diesem Grund verwendet man beim Formatieren so genannte *Formatvorlagen*, die Sie sich im übertragenen Sinne als Schnittmuster oder als Schablonen für die Formatierung vorstellen können. Eine Formatvorlage definiert dazu gleich mehrere Formatierungsmerkmale, die Sie Ihrem Text dann auf einen Rutsch zuweisen können. So könnte zum Beispiel eine Formatvorlage, mit der Sie Ihre Überschriften formatieren, nicht nur Schriftart- und größe bestimmen, sondern auch dafür sorgen, dass die Überschrift mit einer farbigen Linie unterstrichen wird.

Wir haben diesem wichtigen Thema ein eigenes Kapitel gewidmet (Kapitel 14) und wollen Ihnen hier zunächst nur kurz zeigen, wie Sie Ihre Texte mit Hilfe von Formatvorlagen gestalten können.

1. Erstellen Sie ein neues leeres Dokument und tippen Sie den Text **Dies ist eine Überschrift** ein.
2. Setzen Sie die Einfügemarke in das Wort »eine«, indem Sie es anklicken.
3. Wechseln Sie auf die Registerkarte *Start* und klappen Sie das Auswahlmenü in der Gruppe *Formatvorlagen* auf (siehe nächstes Bild). Diese Formatvorlagen werden als *Schnellformatvorlagen* bezeichnet, da sie über das Auswahlmenü besonders schnell zu erreichen sind.
4. Bewegen Sie den Mauszeiger auf die verschiedenen Vorschaubilder und beobachten Sie im Dokument die Wirkung der jeweiligen Formatvorlage. Beachten Sie, dass einige der Formatvorlagen die Formatierung des gesamten Absatzes beeinflussen, andere hingegen lediglich das Wort »eine«, in dem sich die Einfügemarke befindet. Dies liegt daran, dass es in Word verschiedene Typen von Formatvorlagen gibt, die sich jeweils gezielt auf bestimmte Bestandteile eines Dokuments auswirken (Zeichen, Absätze, Tabellen, Listen).

Bild 7.19 Formatierung per Schnellformatvorlage

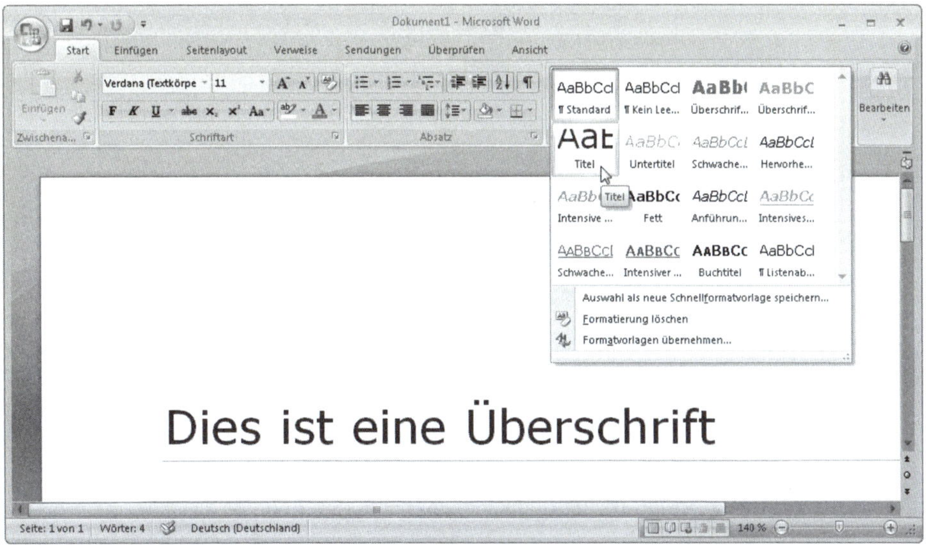

5. Klicken Sie eines der Vorschaubilder an, um die Formatvorlage zuzuweisen.

Texte suchen und ersetzen

Wenn Sie in einem umfangreichen Dokument nach einer bestimmten Textstelle suchen, hilft Ihnen die Suchfunktion von Word. Mit dieser Funktion können Sie mehrere Aufgaben erledigen:

- Sie können der Reihe nach alle Fundstellen anzeigen, die den gesuchten Begriff enthalten.
- Sie können alle Vorkommen des Begriffs im Dokument markieren.
- Sie können alle Stellen, an denen der Begriff im Dokument vorkommt, farbig hervorheben.

Bei allen Methoden lässt sich die Suche durch zusätzliche Kriterien präzisieren, indem Sie zum Beispiel festlegen, dass die Groß-/Kleinschreibung beachtet werden soll.

1. Wechseln Sie in der Multifunktionsleiste auf die Registerkarte *Start.*
2. Klicken Sie in der Gruppe *Bearbeiten* auf die Schaltfläche *Suchen.*
3. Geben Sie den Suchbegriff in das Dialogfeld *Suchen und Ersetzen* ein.
4. Jetzt müssen Sie sich entscheiden, ob Sie die potenziellen Fundstellen der Reihe nach anzeigen oder ob Sie sie markieren bzw. kennzeichnen wollen:
   - Klicken Sie auf *Weitersuchen,* um die erste bzw. die nächste Fundstelle anzuzeigen.
   - Um alle Fundstellen auf einmal zu markieren, klicken Sie auf *Suchen.* Falls Ihr Dokument auch Kopf- und Fußzeilen enthält und/oder wenn Sie zuvor einen Textbereich markiert haben, können Sie nun auswählen, welchen Bereich des Dokuments Sie durchsuchen möchten.
   - Um die Fundstellen farblich hervorzuheben, klicken Sie auf *Lesehervorhebung* und dann auf *Alles hervorheben.*

Bild 7.20 Auswahl des Suchbereichs. Beachten Sie, dass Kopf und Fußzeilen nicht automatisch durchsucht werden.

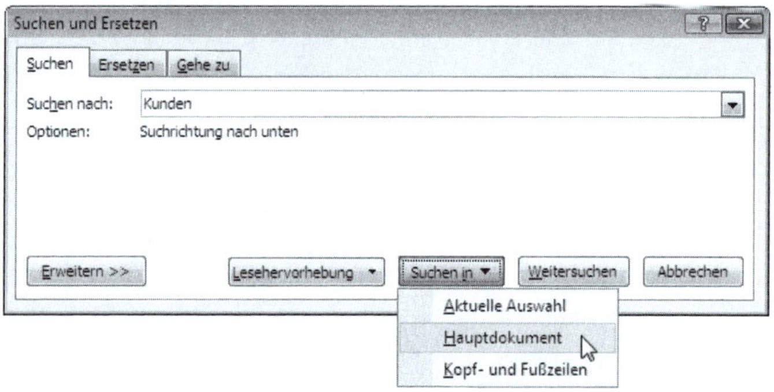

5. Sie können jederzeit zwischen Dialogfeld und Dokument wechseln. Sie können also zum Beispiel die Bildlaufleisten verwenden, um sich die von der Suchfunktion markierten oder hervorgehobenen Textstellen anzusehen.
6. Wenn Sie das Dialogfeld nicht mehr benötigen, beenden Sie es mit *Schließen.*

Die Suchoptionen

Wenn Sie im Dialog *Suchen und Ersetzen* auf die Schaltfläche *Erweitern* klicken, werden die umfangreichen Suchoptionen eingeblendet, mit denen Sie die Suche verfeinern können. Hier eine Auswahl der wichtigsten Optionen:

- **Suchen** Hier legen Sie die Suchrichtung fest. Word sucht entweder nur in eine Richtung, und zwar ab der aktuellen Position der Einfügemarke nach oben oder unten, oder im gesamten Dokument.
- **Groß-/Kleinschreibung beachten** Wenn Sie das Feld einschalten, wird eine Textstelle nur dann gefunden, wenn die Groß- und Kleinschreibung im Text mit Ihrer Eingabe im Textfeld *Suchen nach* exakt übereinstimmt.
- **Nur ganzes Wort suchen** Wenn Sie diese Option aktivieren, werden nur eigenständige Wörter gesucht, die durch Leerzeichen, Tabulatoren oder Satzzeichen getrennt sind. Bei ausgeschalteter Option (dies ist die Vorgabe von Word) werden auch alle Textstellen gefunden, in denen der Suchbegriff nicht als eigenständiges Wort vorkommt. Zum Beispiel würde dann bei dem Suchbegriff »und« auch das Wort »Kunden« gefunden werden.
- **Präfix/Suffix beachten** Schalten Sie diese Option ein, um alle Textstellen zu finden, an denen der Suchbegriff am Wortanfang bzw. am Wortende steht.
- **Leerzeichen ignorieren** Diese Option ist bei der Suche nach Wortkombinationen sehr hilfreich. Wenn Sie z.B. nach den beiden Wörtern »unter anderem« suchen, spüren Sie mit dieser Option auch Textstellen auf, bei denen zwischen den Wörtern unbeabsichtigter Weise zwei Leerzeichen stehen.
- **Platzhalter verwenden** Über diese Option lassen sich sehr komplexe Suchen durchführen, mit denen Sie zum Beispiel alle Wörter finden können, die mit »M« anfangen und »er« aufhören. Da solche Suchen in der Praxis aber eher selten vorkommen, haben wir im Rahmen dieses Buches auf eine Beschreibung verzichtet.

Text ersetzen

Genauso wie Sie nach Text suchen können, ist es auch möglich, den gefundenen Text durch einen neuen ersetzen zu lassen. Dazu verwenden Sie den Befehl *Ersetzen*, der sich ebenfalls in der Gruppe *Bearbeiten* auf der Registerkarte *Start* befindet. Wenn das Dialogfeld *Suchen und Ersetzen* bereits angezeigt wird, können Sie auch einfach im Dialog die Registerkarte *Ersetzen* anklicken.

Wie Sie in der Abbildung auf der nächsten Seite sehen können, unterscheidet sich die Registerkarte *Ersetzen* von der Registerkarte *Suchen* im Wesentlichen durch das Feld *Ersetzen durch.* In dieses Feld können Sie den Text eingeben, der anstelle des gefundenen in das Dokument aufgenommen werden soll. Wenn Sie dieses Feld leer lassen, wird der gefundene Text aus Ihrem Dokument entfernt.

Bild 7.21 Die Registerkarte *Ersetzen* mit eingeblendeten Suchoptionen

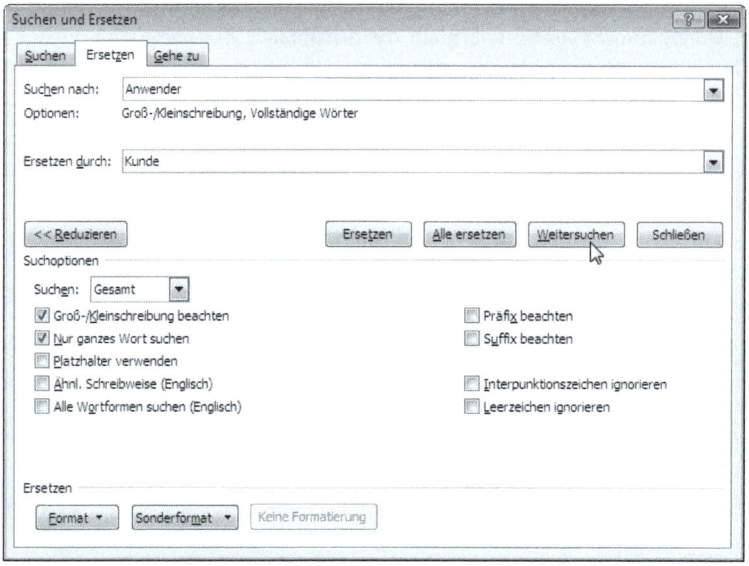

Nachdem Sie alle Eingaben vorgenommen und die gewünschten Optionsfelder eingeschaltet haben, können Sie mit den folgenden Schaltflächen das Ersetzen starten:

- **Weitersuchen** Sucht das erste bzw. nächste Vorkommen des Suchtextes im Dokument. War die Suche erfolgreich, wird der Inhalt des Dateifensters so gerollt, dass Sie die gefundene Textstelle lesen können.
- **Ersetzen** Ersetzt den gefundenen Text durch die neue Eingabe. Nachdem Word den markierten Text ersetzt hat, springt es automatisch zur nächsten Fundstelle. Wird der Suchbegriff nicht mehr gefunden, erscheint ein entsprechender Hinweis.
- **Alles ersetzen** Mit dieser Schaltfläche können Sie den Suchtext, an allen Stellen, an denen er gefunden wurde, im Dokument ersetzen. Benutzen Sie diese Schaltfläche nur, wenn Sie sich Ihrer Sache sicher sind und auf die individuelle Überprüfung der einzelnen Fundstellen verzichten wollen.

Zusammenfassung

Dieses Kapitel hat Sie mit den Grundlagen von Word vertraut gemacht. Sie verfügen nun bereits über das erforderliche Wissen, um einfache Texte zu erstellen und zu bearbeiten.

- Zunächst haben Sie gelernt, wie Sie Text eingeben, ergänzen und löschen können (Seite 128).
- Der folgende Abschnitt hat Ihnen gezeigt, wie Sie sich mit Hilfe der Maus und der Tastatur in Ihren Dokumenten bewegen (Seite 130).
- Auch das Anzeigen bzw. Ausblenden von Formatierungszeichen war Thema dieses Kapitels (Seite 131). Zu diesen Zeichen gehören u.a. Tabstoppzeichen, Leerzeichen, Absatzmarken und die verschiedenen Trennstriche.

- Ein weiteres zentrales Thema dieses Kapitels war das Markieren von Textpassagen mit Hilfe der Tastatur (Seite 132) und der Maus (Seite 132). Diese Techniken werden Sie bei Ihrer Arbeit mit Word ständig einsetzen, da viele Word-Befehle ein vorheriges Markieren erfordern.
- Sie wissen nun, wie Sie mithilfe der Zwischenablage Texte kopieren und verschieben (Seite 134) und wie sich Symbole und Sonderzeichen in ein Dokument einfügen lassen (Seite 136).
- Anschließend haben Sie den Umgang mit *Bausteinen* erlernt. Wir haben Ihnen gezeigt, wie Sie Bausteine einfügen (Seite 137) und sie im Organizer für Bausteine verwalten (Seite 139).
- Dokumente lassen sich mit einem Deckblatt versehen. Word stellt dazu mehrere fertige Deckblätter zur Verfügung, die Sie auf der Registerkarte *Einfügen* per Katalog zuweisen können (Seite 139). Dabei handelt es sich zum Teil um aufwändig gestaltete Bausteine, die Platzhalter für das Datum, den Titel des Dokuments u.ä. verfügen.
- Word zeigt in der Statusleiste die Wortanzahl für das aktuelle Dokument an. Wenn Sie weitergehende statistische Informationen benötigen, können Sie über einen Klick auf die Wortanzahl ein Dialogfeld aufrufen, in dem zusätzlich die Anzahl der Zeichen, Zeilen, Absätze und Seiten angezeigt werden (Seite 141).
- Sie haben gelernt, welche Merkmale einer Schrift sich generell verändern lassen. Dazu gehören neben der Schriftart und dem Schriftgrad auch der Schriftschnitt und die Textfarbe (Seite 142). Dieser Vorgang wird als *Zeichenformatierung* bezeichnet und lässt sich auf folgende Arten durchführen:
  - Über die Schaltflächen der Registerkarte *Start* (Seite 142)
  - Über die Minisymbolleiste (Seite 142)
  - Mit dem Dialogfeld (Seite 143)
  - Über verschiedene Tastenkombinationen (Seite 143)
  - Durch Übertragen einer Formatierung mit der Pinsel-Schaltfläche (Seite 144).
- Sie haben den Begriff des Absatzes kennengelernt und erfahren, welche Formatierungen auf Absätze angewendet werden können (Seite 144).
- Um Aufzählungen und nummerierte Listen zu erstellen, stehen Ihnen in der Registerkarte *Start* drei Schaltflächen zur Verfügung, mit denen diese Formatierungen schnell und unkompliziert vorgenommen werden können (Seite 145).
- Um Absätze hervorzuheben, lassen sie sich mit Rahmen und Linien versehen (Seite 148).
- Schnellformatvorlagen gewährleisten eine schnelle und konsistente Formatierung (Seite 149).
- Word kann Textstellen suchen und bei Bedarf durch anderen Text ersetzen (Seite 149).

Kapitel 8

Dokumente überprüfen

Textdokumente erstellen

In diesem Kapitel:

In diesem Kapitel lernen Sie einige der Tools kennen, mit denen Sie in Word 2007 Ihre Dokumente auf Rechtschreib- und Grammatikfehler hin überprüfen und sprachlich optimieren können.

Die Features zur Überprüfung eines Dokuments auf Rechtschreib- und Grammatikfehler, der Thesaurus, in dem Sie Synonyme für ein im Dokument markiertes Wort nachschlagen können, sind aus dem Word 2003-Menü *Extras* auf die Word 2007-Registerkarte *Überprüfen* in die Gruppe *Dokumentprüfung* umgezogen. Die Einstellmöglichkeiten für die automatische Korrektur von Fehlern, wie z.B. Buchstabendrehern, finden Sie nun im Dialogfeld *Word-Optionen* auf der Seite *Dokumentprüfung*. Dort können Sie außerdem die Optionen für die Rechtschreib- und Grammatikprüfung von Word einstellen.

Rechtschreib- und Grammatikprüfung

Die verschiedenen Stufen der Rechtschreibreform haben einerseits zu heftigen Auseinandersetzungen zwischen ihren Befürwortern und Gegnern geführt, andererseits auch viele Unsicherheiten im Hinblick darauf ausgelöst, was denn nun richtig ist und was falsch. (Heißt es z.B. »Stängel« oder »Stengel«, »aufwendig« oder »aufwändig«, oder ist beides möglich?) Lassen Sie sich hierbei von Word durch die integrierte Rechtschreibprüfung unter die Arme greifen, die Sie, je nachdem, welche Rechtschreibung in Ihrer Organisation verwendet wird, so konfigurieren können, dass entweder die alten oder die neuen Rechtschreibregeln bei der Prüfung verwendet werden.

Neue oder alte Rechtschreibregeln?

Um festzulegen, welche Rechtschreibregeln verwendet werden sollen, gehen Sie folgendermaßen vor:

1. Klicken Sie auf die *Office-Schaltfläche* und dann auf *Word-Optionen*.
2. Wechseln Sie im Dialogfeld *Word-Optionen* zur Seite *Dokumentprüfung*.
3. Schalten Sie das Kontrollkästchen *Deutsch: Neue Rechtschreibung verwenden* ein, wenn Word die neuen Rechtschreibregeln verwenden soll. Andernfalls schalten Sie das Kontrollkästchen aus.
4. Klicken Sie auf *OK*.

Bild 8.1 Auf der Seite *Dokumentprüfung* des Dialogfeldes *Word-Optionen* können Sie zahlreiche Einstellungen dazu vornehmen, wie Word Ihr Dokument auf Fehler hin überprüft und ob gefundene Fehler markiert werden oder nicht

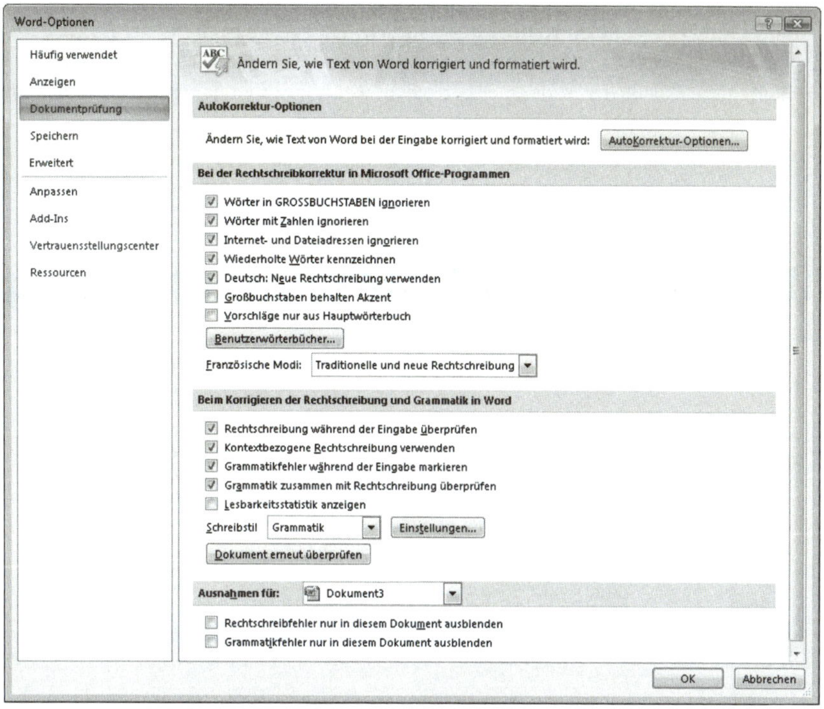

PROFITIPP

Rechtschreibreform in Frankreich

Im Jahre 1990 gab es in Frankreich ebenfalls eine Rechtschreibreform. Wenn Sie Texte in der französischen Sprache erstellen, können Sie im Listenfeld *Französische Modi* einstellen, welche Rechtschreibregeln für diese Texte verwendet werden sollen.

Im Unterschied zur Konfiguration der deutschen Rechtschreibregeln stehen Ihnen hier drei verschiedene Optionen zur Auswahl: Sie können die neue Rechtschreibung, die traditionelle Rechtschreibung oder beide als gültig auswählen. Wenn Sie die Option *Traditionelle und neue Rechtschreibung* auswählen, dann gelten für die Rechtschreibprüfung Wörter als richtig geschrieben, wenn sie entweder nach den Regeln der neuen oder nach denen der alten Rechtschreibung geschrieben wurden.

Bei falsch geschriebenen Wörtern werden die Vorschläge sowohl aus dem Wörterbuch für die neue als auch aus dem für die traditionelle Rechtschreibung vorgeschlagen.

Rechtschreibung während der Eingabe überprüfen lassen

Standardmäßig ist in Word die Funktion *Rechtschreibung während der Eingabe überprüfen* aktiviert. (Sie können dieses Feature auf der Seite *Dokumentprüfung* des Dialogfeldes *Word-Optionen* ausschalten; dies ist aber nur dann erforderlich, wenn Sie einen langsamen PC verwenden.)

Bild 8.2 Wenn die Rechtschreibprüfung bei der Eingabe Fehler findet, werden diese im Dokument mit einer roten Wellenlinie gekennzeichnet

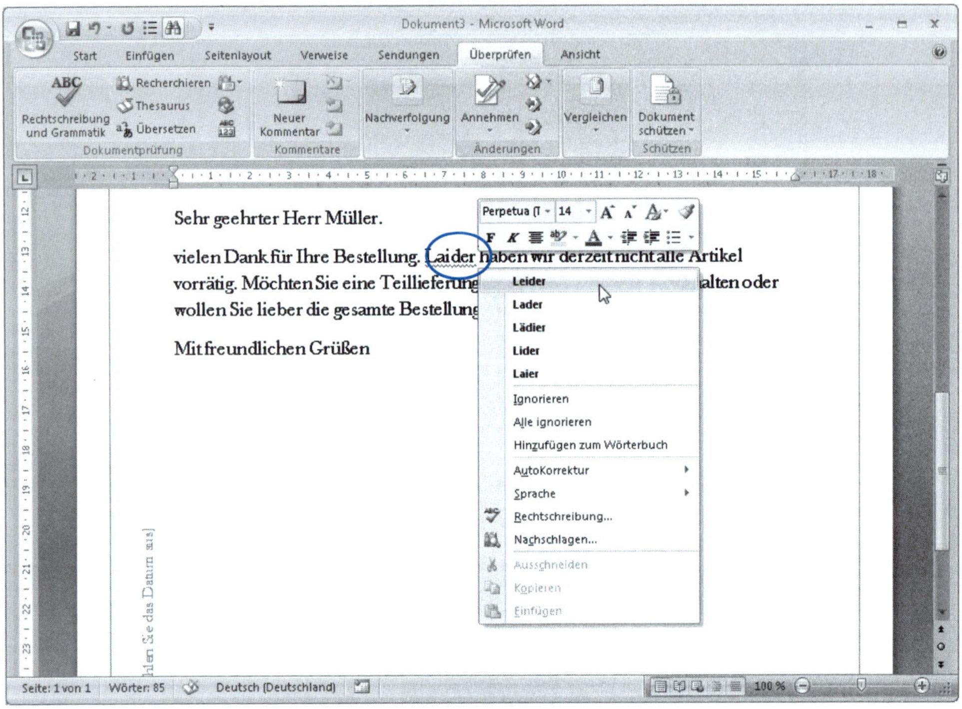

Wenn die Rechtschreibprüfung im Hintergrund aktiv ist, wird in der Statusleiste ein kleines Buchsymbol angezeigt, an dem Sie erkennen können, ob derzeit eine Prüfung stattfindet oder nicht. Wenn ein Fehler gefunden wurde, wird die Textstelle im Dokument mit einer roten Wellenlinie gekennzeichnet.

Um ein Wort, das mit einer roten Wellenlinie unterstrichen wurde, zu korrigieren, gehen Sie folgendermaßen vor:

1. Klicken Sie das Wort mit der rechten Maustaste an. Es öffnet sich ein Kontextmenü, in dem oben die Vorschläge der Rechtschreibprüfung stehen (wenn eines der Programme, die die automatische Rechtschreibprüfung unterstützen, welche zu bieten hat).
2. Klicken Sie den richtigen Vorschlag an, um das fehlerhafte Wort durch das korrekte zu ersetzen.

Wörter, die die Rechtschreibprüfung nicht kennt

Im Kontextmenü, das Sie in der Abbildung auf der vorigen Seite sehen, wird zwar in der Regel die richtige Schreibweise angezeigt, aber es kommt auch häufig vor, dass unbekannte Wörter, wie Eigennamen oder Fachbegriffe, als falsch markiert werden. In solchen Fällen können Sie den Befehl *Alle ignorieren* benutzen. Das Programm geht dann für den restlichen Text davon aus, dass das Wort richtig geschrieben ist.

Wollen Sie, dass das Wort generell nicht mehr angemahnt wird, wählen Sie im Kontextmenü den Befehl *Hinzufügen zum Wörterbuch*. Es wird dann in das *Benutzerwörterbuch* aufgenommen und in Zukunft immer akzeptiert.

TIPP **Für Standardfehler eignet sich die AutoKorrektur besser** Wenn die Rechtschreibprüfung einen Fehler gefunden hat, der Ihnen häufiger unterläuft – wie z.B. einen Buchstabendreher –, sollten Sie das Wort der AutoKorrektur übergeben. Wenn Sie das Wort dann beim nächsten Mal wieder falsch schreiben, wird es direkt bei der Eingabe durch die richtige Schreibweise ersetzt. Die AutoKorrektur wird ab Seite 162 in diesem Kapitel beschrieben.

Benutzerwörterbücher bearbeiten

Die Benutzerwörterbücher werden in Dateien gespeichert, die Ihrem Windows-Benutzerkonto auf dem Computer zugeordnet sind. Falls Sie versehentlich ein Wort in das Benutzerwörterbuch aufgenommen haben oder wenn Sie eine ganze Liste bestimmter Fachausdrücke auf einen Rutsch in das Benutzerwörterbuch einfügen wollen, gehen Sie so vor:

1. Klicken Sie auf die *Office-Schaltfläche* und dann auf *Word-Optionen.*
2. Wechseln Sie im Dialogfeld *Word-Optionen* zur Seite *Dokumentprüfung.*
3. Klicken Sie auf die Schaltfläche *Benutzerwörterbücher.* Das folgende Dialogfeld wird angezeigt:

Bild 8.3 Dieses Dialogfeld zeigt die vorhandenen Benutzerwörterbücher an; Sie können hier vorhandene Benutzerwörterbücher bearbeiten oder löschen, neue erstellen oder Wörterbücher, die Sie erhalten haben, in Word einbinden (über die Schaltfläche *Hinzufügen*)

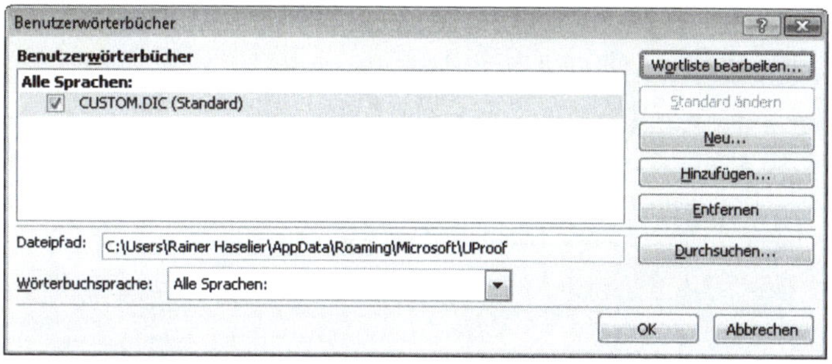

4. Markieren Sie in der Liste *Benutzerwörterbücher* das Wörterbuch, das Sie bearbeiten wollen. (Standardmäßig arbeitet Word mit einem Benutzerwörterbuch mit dem Namen *custom.dic;* den Speicherort der Datei können Sie im Textfeld *Dateipfad* ablesen).

5. Klicken Sie auf *Wortliste bearbeiten.* Das folgende Dialogfeld wird geöffnet:

Bild 8.4 Dieses Dialogfeld zeigt alle Einträge des Benutzerwörterbuches an, dessen Name in der Titelleiste ausgegeben wird

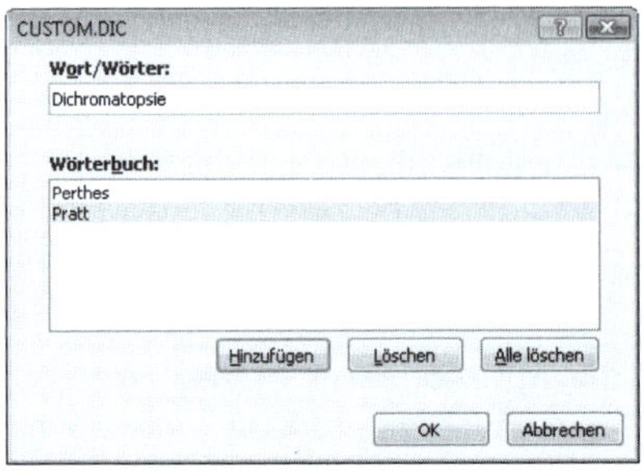

6. Führen Sie eine der folgenden Aktionen durch:
   - Um einen einzelnen Eintrag zu löschen, markieren Sie ihn und klicken dann auf die Schaltfläche *Löschen.*
   - Um alle Einträge zu entfernen, klicken Sie auf die Schaltfläche *Alle löschen.*
   - Um einen neuen Eintrag in das Benutzerwörterbuch aufzunehmen, tippen Sie ihn in das Feld *Wort/Wörter* ein und klicken dann auf die Schaltfläche *Hinzufügen.*
7. Schließen Sie die Dialogfelder jeweils mit einem Klick auf *OK.*

Sprache des Textes festlegen

Die Rechtschreibprüfung vergleicht den eingegebenen Text mit Wörterbüchern, die für die verschiedensten Sprachen zur Verfügung stehen. Word versucht automatisch zu erkennen, welche Sprache der Text in Ihrem Dokument besitzt. Die Sprache des Textes, in dem sich die Einfügemarke befindet, wird in der Word-Statusleiste neben dem Buchsymbol angezeigt.

Sie können die automatische Spracherkennung komplett abschalten oder manuell festlegen, welche Sprache ein bestimmter Textbereich in Ihrem Dokument hat.

Um die Sprache einer Textstelle festzulegen, gehen Sie so vor:

1. Markieren Sie den Text, dem Sie eine bestimmte Sprache zuweisen wollen.
2. Klicken Sie in der Statusleiste auf die Schaltfläche mit der aktuellen Sprache. (Wenn Sie die Statusleiste so konfiguriert haben, dass dieses Element nicht angezeigt wird, öffnen Sie die Registerkarte *Überprüfen* und klicken in der Gruppe *Dokumentprüfung* auf die Schaltfläche *Sprache festlegen.)* Das folgende Dialogfeld wird angezeigt:

Bild 8.5 In diesem Dialogfeld legen Sie die Sprache des ausgewählten Textes fest; außerdem können Sie die automatische Spracherkennung deaktivieren

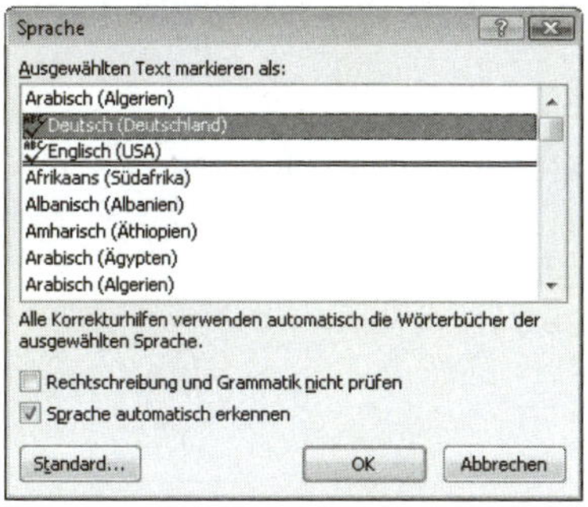

3. Wählen Sie in der Liste eine Sprache aus. Für die Sprachen, vor deren Name das Symbol ABC erscheint, sind die entsprechenden Wörterbücher installiert.
4. Schalten Sie das Kontrollkästchen *Sprache automatisch erkennen* aus, wenn Sie die Spracherkennung deaktivieren wollen.
5. Schließen Sie das Dialogfeld mit *OK*.

Die Grammatikprüfung verwenden

Vom Prinzip her funktioniert die Grammatikprüfung von Word ähnlich wie die Rechtschreibprüfung. Wenn Sie auf der Seite *Dokumentprüfung* des Dialogfeldes *Word-Optionen* das Kontrollkästchen *Grammatikfehler während der Eingabe markieren* eingeschaltet haben, zeigt Word gefundene Grammatikfehler im Dokument mit einer grünen Wellenlinie an.

Bild 8.6 Beispiel für einen Grammatikfehler, den Word entdeckt hat. Wie bei der Rechtschreibprüfung finden Sie im Kontextmenü Vorschläge, um den Fehler zu beheben.

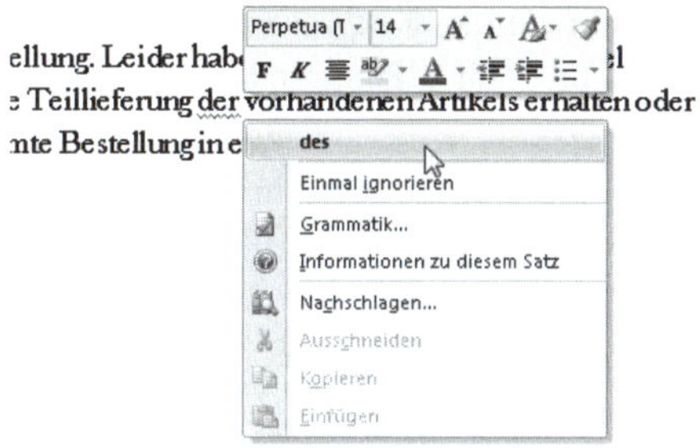

Wenn Sie das als falsch erkannte Wort mit der rechten Maustaste anklicken, wird ein Kontextmenü geöffnet, in dessen oberen Bereich Sie einen oder gegebenenfalls mehrere Korrekturvorschläge finden. Klicken Sie die gewünschte Korrektur an, damit diese den fehlerhaften Text ersetzt.

Wenn Sie im Kontextmenü den Befehl *Informationen zu diesem Satz* anklicken, wird die Online-Hilfe von Word geöffnet und es werden Informationen zum Fehler angezeigt. (Der Fehler in der obigen Abbildung lautet übrigens »Fehlende Übereinstimmung innerhalb der Hauptwortgruppe«.)

Welche Fehler von der Grammatikprüfung gefunden werden sollen, können Sie auf der Seite *Dokumentprüfung* des Dialogfeldes *Word-Optionen* konfigurieren. Klicken Sie neben *Schreibstil* die Schaltfläche *Einstellungen* an, damit das Dialogfeld *Grammatikeinstellungen* geöffnet wird, das Sie in der folgenden Abbildung sehen.

Bild 8.7 Die Einstellungen in dieser Abbildung sind die Standardeinstellungen der Grammatikprüfung von Word

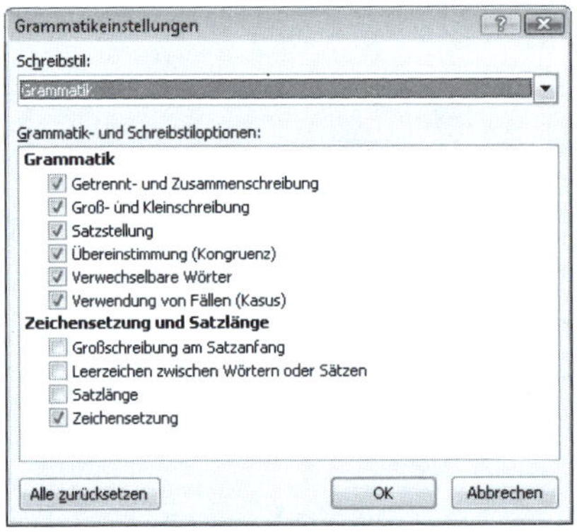

Um eine der Prüfoptionen ein- oder auszuschalten, schalten Sie einfach die entsprechenden Kontrollkästchen ein bzw. aus. Nützlich ist auch die Option *Leerzeichen zwischen Wörtern oder Sätzen*, die mehrfache Leerzeichen zwischen zwei Wörtern oder zwischen Sätzen als Fehler markiert, da dies auf dem Bildschirm manchmal nicht gut zu erkennen ist.

AutoKorrektur verwenden

Wenn Sie viel am Computer schreiben, haben Sie wahrscheinlich auch schon bemerkt, dass Ihnen immer wieder die gleichen Verschreiber unterlaufen. Da wird aus »ist« ständig ein »its« und aus »bereits« das weltmännische »bereist«. Sehr beliebt sind auch Wörter mit zwei großen Anfangsbuchstaben – unwiderlegbarer Beweis, dass sich einer Ihrer Finger mal wieder zu lange auf der ⇧-Taste ausgeruht hat.

Solche Fehler kann Word mit der AutoKorrektur-Funktion bereits während der Texteingabe beheben. Das heißt, wenn die AutoKorrektur-Funktion eingeschaltet ist, wird aus einem »serh« automatisch ein »sehr«. Probieren Sie es einmal in Word aus:

1. Erstellen Sie ein leeres Dokument, mit dem Sie die Fähigkeiten der AutoKorrektur testen können.
2. Geben Sie folgenden Text ein: *Das gibts doch nicht.* Word ändert das Wort »gibts« automatisch in »gibt's«.
3. Zeigen Sie mit der Maus auf *gibt's*. Unter dem Buchstaben »g« erscheint ein kleiner blauer Rahmen.
4. Zeigen Sie auf den Rahmen. Word zeigt unter dem Wort eine Schaltfläche an.

Bild 8.8 Die automatisch vorgenommenen Änderungen sind an dem blauen Rahmen zu erkennen

Bild 8.9 Das Menü mit den AutoKorrektur-Optionen

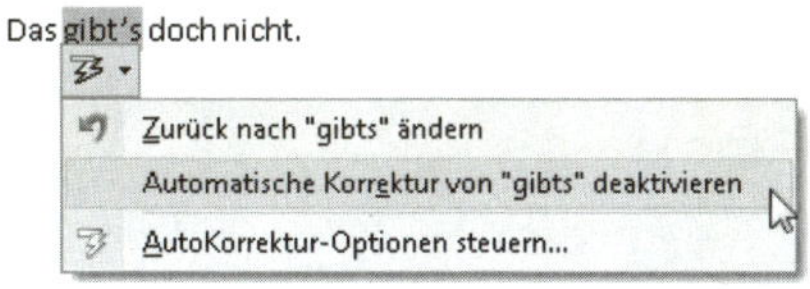

5. Klicken Sie auf die Schaltfläche *AutoKorrektur-Optionen*. Es öffnet sich ein Menü, mit dem Sie das Verhalten der AutoKorrektur steuern können.
6. Sie können nun die von Word vorgenommene Änderung einmalig rückgängig machen oder festlegen, dass Word diese Schreibweise in Zukunft nicht mehr automatisch korrigiert.

Sonderfälle von der AutoKorrektur ausnehmen

So praktisch die AutoKorrektur-Funktion ist – es gibt auch Fälle, bei denen ihr Eingreifen stört. Dies betrifft vor allem Abkürzungen und Wörter mit unüblichen Groß-/Kleinschreibungen.

1. Geben Sie zum Beispiel folgenden Text ein:
   Die Abgasuntersuchungen (AUs) werden ...
   Word korrigiert »AUs« automatisch in »Aus«.
2. Zeigen Sie auf das Wort »Aus«. Unter dem Wort erscheint ein kleiner blauer Rahmen.
3. Bewegen Sie den Mauszeiger in die Nähe des Rahmens und klicken Sie auf die dadurch angezeigte Schaltfläche *AutoKorrektur-Optionen*.
4. Wählen Sie im Menü den Befehl *Automatische Korrektur von „AUs“ deaktivieren,* damit die Änderung rückgängig gemacht wird.
5. Klicken Sie erneut auf die Schaltfläche *AutoKorrektur-Optionen* und wählen Sie diesmal *AutoKorrektur-Optionen steuern*. Das Dialogfeld *AutoKorrektur* erscheint.
6. Klicken Sie auf die Schaltfläche *Ausnahmen*.
7. Wechseln Sie zur Registerkarte *WOrtanfang GRroß*.

Bild 8.10 Das Wort AUs wurde in die Liste der Ausnahmen aufgenommen

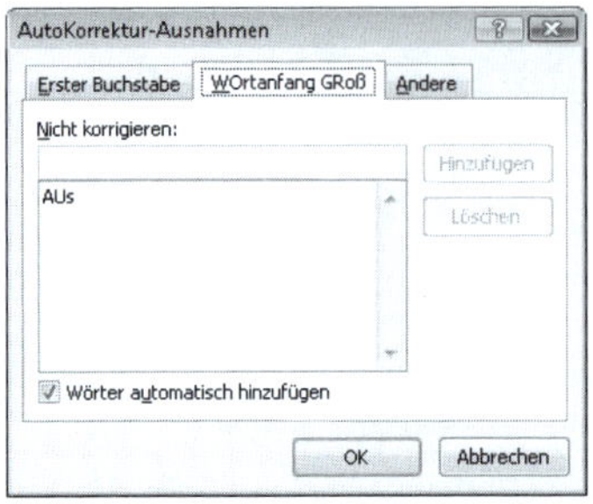

Diese Liste können Sie beliebig erweitern. Wenn Sie in einem der anderen Office-Programme einen neuen Eintrag erstellen, wird dieser automatisch auch bei den anderen Programmen verwendet.

Neue AutoKorrektur-Einträge erstellen

Im Dialogfeld der AutoKorrektur können Sie sehen, dass die Office-Programme mit den gängigen Flüchtigkeitsfehlern bereits vertraut sind. Trotzdem werden Sie dieser Liste früher oder später auch eigene Einträge hinzufügen wollen. Dazu gehen Sie am besten so vor:

1. Klicken Sie auf die *Office-Schaltfläche* und dann auf *Word-Optionen.*
2. Wechseln Sie im Dialogfeld *Word-Optionen* zur Seite *Dokumentprüfung.*
3. Klicken Sie auf die Schaltfläche *AutoKorrektur-Optionen.* Das Dialogfeld *AutoKorrektur* wird angezeigt.

Bild 8.11 In diesem Dialogfeld können Sie die AutoKorrektur um eigene Einträge ergänzen

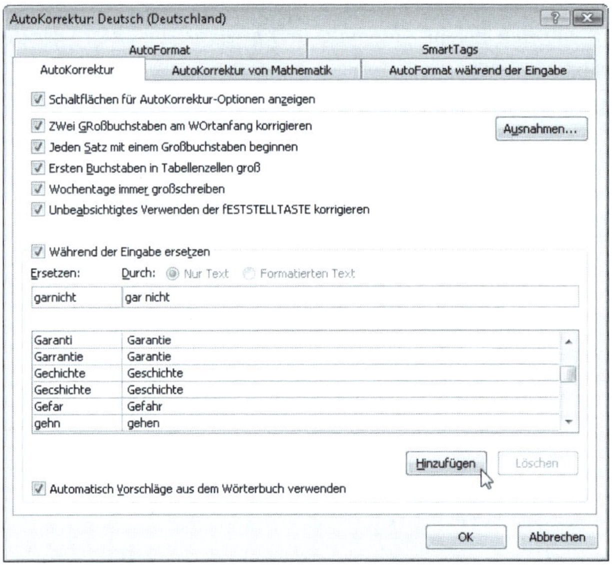

4. Geben Sie im Feld *Ersetzen* den Text ein, auf den die AutoKorrektur reagieren soll (also die falsche Version).
5. Im Feld *Durch* tragen Sie dann den Text ein, den die AutoKorrektur anstelle des falschen Textes einfügen soll.
6. Klicken Sie auf *Hinzufügen*, um den neuen Eintrag in die Liste aufzunehmen.
7. Schließen Sie das Dialogfeld mit *OK*.

PROFITIPP

AutoKorrekturregeln für Mathematik

Eine der Neuerungen von Word 2007 finden Sie auf der Registerkarte *AutoKorrektur von Mathematik* des Dialogfeldes *AutoKorrektur*.

Neben Texten können Sie jetzt auch mathematische Symbole von der AutoKorrektur in Ihr Dokument einfügen lassen, indem Sie das entsprechende Kürzel eintippen. So erhalten Sie beispielsweise nach Eingabe von \Pi das Zeichen Π. Die AutoKorrekturregeln für Mathematik sind normalerweise nur beim Erstellen von Formeln und Gleichungen aktiv.

Wenn Sie diese Funktion auch in normalem Text verwenden wollen, wechseln Sie zur Registerkarte *AutoKorrektur von Mathematik* und schalten dort das Kontrollkästchen *AutoKorrekturregeln von Mathematik in anderen als mathematischen Bereichen verwenden* ein.

Thesaurus verwenden

In Word steht Ihnen ein Thesaurus zur Verfügung, der Ihnen dabei helfen kann, Ihre Dokumente attraktiv, abwechslungsreich, fesselnd und interessant zu gestalten und Wörter ausfindig zu machen, die einen Sachverhalt anschaulich wiedergeben.

Bild 8.12 Die Synonyme werden im Kontextmenü angezeigt

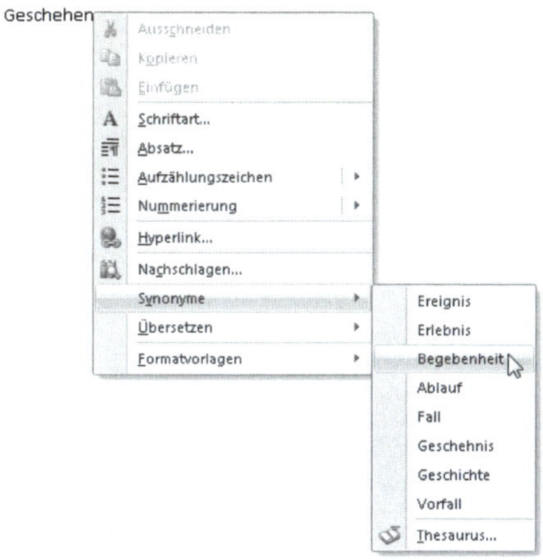

Sie können ein beliebiges Wort im Thesaurus nachschlagen oder aus dem Text, den Sie schreiben, eines an den Thesaurus übergeben. Probieren Sie es aus und schreiben Sie an eine beliebige Stelle in einem Dokument das Wort *Geschehen.*

Öffnen Sie anschließend durch Klicken mit der rechten Maustaste auf das Wort das Kontextmenü und wählen Sie den Befehl *Synonyme.* In einem weiteren Menü werden Ihnen (sofern vorhanden) Vorschläge für ein alternatives Wort unterbreitet. Ist eines dabei, das Sie verwenden wollen, klicken Sie es einfach an.

Den Thesaurus im Aufgabenbereich *Recherchieren* nutzen

Sie können auch den Aufgabenbereich *Recherchieren* verwenden, wenn Sie weitere Auswahlmöglichkeiten des Thesaurus haben wollen. Sie öffnen diesen Aufgabenbereich entweder mit dem Befehl *Thesaurus* aus dem Kontextmenü, das Sie in der vorigen Abbildung sehen, oder indem Sie auf der Registerkarte *Überprüfen* in der Gruppe *Dokumentprüfung* auf die Schaltfläche *Thesaurus* klicken. Am schnellsten geht es mit der Tastenkombination ⇧+F7.

Wenn Sie kein Wort markiert haben, geht Word davon aus, dass Sie das Wort nachschlagen wollen, das die Einfügemarke enthält oder unmittelbar neben ihr steht. Im oberen Bereich des Aufgabenbereichs (siehe folgende Abbildung) sehen Sie das Textfeld *Suchen nach,* in dem immer das Wort steht, das zurzeit nachgeschlagen wird. In unserem Beispiel enthält das Feld den Eintrag *Geschehen.*

Das scheinbar so schlichte Wort »Geschehen« ist in Wirklichkeit sehr vielseitig. Es hat nämlich diverse Bedeutungen und kann als Substantiv oder als Verb verstanden werden. Die Wortart der verschiedenen Begriffe wird dabei in Klammern angegeben.

Bild 8.13 Der Aufgabenbereich *Recherchieren* mit dem Thesaurus

Sie können weitere Synonyme recherchieren, indem Sie im Listenfeld einen der Begriffe anklicken. Das angeklickte Wort wird in das Feld *Suchen nach* übernommen und dann werden dessen Synonyme oder Antonyme angezeigt.

Um einen der Begriffe in das Dokument einfügen zu lassen, klicken Sie auf die Pfeil-Schaltfläche, die eingeblendet wird, wenn der Mauszeiger sich auf dem Wort befindet. Klicken Sie anschließend im Popup-Menü auf *Einfügen.*

Wenn Sie sich beim Nachschlagen eines Wortes in den Untiefen des Thesaurus verirrt haben (und das geht sehr schnell), können Sie die Schaltflächen *Zurück* und *Vor* verwenden, die oberhalb der Liste angezeigt werden, um zum vorherigen bzw. zum nächsten Wort zu wechseln.

Neben dem deutschen Synonymwörterbuch befinden sich auch englische, französische und italienische Wörterbücher im Lieferumfang von Word. Um eines dieser Synonymwörterbücher zu verwenden, weisen Sie dem Text im Word-Dokument vorher die gewünschte Sprache zu, wie Sie es bei der Rechtschreibprüfung bereits gesehen haben (siehe hierzu Seite 160).

QuickInfos für die Übersetzung

Der Aufgabenbereich *Recherchieren* kann außer zum Nachschlagen im Thesaurus auch verwendet werden, um einzelne Wörter oder Sätze übersetzen zu lassen. Die Möglichkeiten sind allerdings nicht sehr umfangreich.

Nützlich ist jedoch ein neues Feature von Word 2007, mit dem in einem QuickInfo-Fenster die Übersetzung des Wortes angezeigt werden kann, auf dem sich derzeit der Mauszeiger befindet.

Um diese Funktion einzuschalten, gehen Sie folgendermaßen vor:

1. Öffnen Sie die Registerkarte *Überprüfen* und klicken Sie in der Gruppe *Dokumentprüfung* auf die Schaltfläche *QuickInfo für Übersetzung.*
2. Legen Sie im Popup-Menü die Sprache fest, **in die** das Wort übersetzt werden soll, auf dem sich der Mauszeiger befindet. (Um dieses Feature abzuschalten, wählen Sie den Befehl *QuickInfo für die Übersetzung deaktivieren.*)

Bild 8.14 In diesem Popup-Menü legen Sie die Sprache fest, in die das Wort übersetzt werden soll, das sich unter dem Mauszeiger befindet

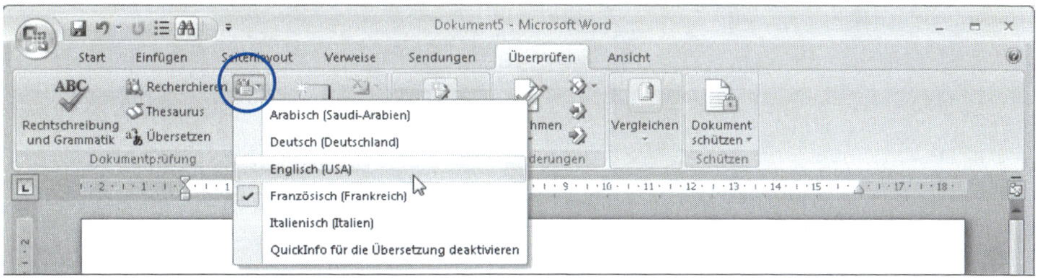

Wenn Sie nun den Mauszeiger einen Moment auf einem Wort im Dokument stehen lassen, wird ein QuickInfo-Fenster geöffnet, in dem Sie die Übersetzung des Wortes (und das Geschlecht) ablesen können, wie es die folgende Abbildung zeigt.

Bild 8.15 In einem QuickInfo-Fenster wird die Übersetzung des Wortes angezeigt, das sich unter dem Mauszeiger befindet

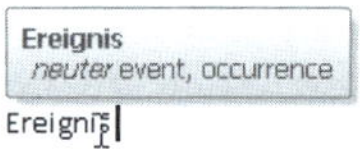

Zusammenfassung

In diesem Kapitel haben Sie die Werkzeuge kennengelernt, die Ihnen helfen, mit Word fehlerfreiere und sprachlich abwechslungsreiche Texte zu schreiben.

- Die Rechtschreibprüfung prüft Ihre Texte bereits während Sie tippen auf mögliche Fehler, markiert diese mit einer roten Wellenlinie und macht Vorschläge zur Korrektur des Fehlers (Seite 156).
- Sie können festlegen, ob Word nach den neuen oder nach den alten Rechtschreibregeln prüft (Seite 156); auch in mehr- oder fremdsprachigen Texten ist die Rechtschreibprüfung möglich (Seite 160).
- Grammatikfehler können ebenfalls während der Texteingabe erkannt werden; Word markiert diese mit einer grünen Wellenlinie (Seite 161).
- Die AutoKorrektur-Funktion von Word korrigiert häufig auftretende Rechtschreibfehler, wie Buchstabendreher oder eine falsche Großschreibung am Anfang eines Satzes (Seite 162). Wenn Word etwas fälschlicherweise korrigiert, können Sie diese Korrektur deaktivieren (Seite 163); auch das Erstellen von eigenen AutoKorrektur-Einträgen ist möglich (Seite 164).
- Wenn Sie ein Synonym für ein bestimmtes Wort suchen, können Sie den Thesaurus verwenden, der seine Vorschläge entweder direkt im Kontextmenü (Seite 165) oder im Aufgabenbereich *Recherchieren* macht (Seite 166).
- Zum Schluss dieses Kapitels haben Sie noch gesehen, wie Sie in einem QuickInfo-Fenster die Übersetzung des Wortes anzeigen lassen können, auf dem sich derzeit der Mauszeiger befindet (Seite 167).

Kapitel 9

Silbentrennung

In diesem Kapitel:

In Kapitel 7 haben wir erwähnt, dass Word während der Texteingabe einen automatischen Zeilenumbruch vornimmt: Passt ein Wort nicht mehr ganz in die aktuelle Zeile, wird es komplett in die nächste Zeile aufgenommen. Der in den einzelnen Zeilen zur Verfügung stehende Platz wird dadurch nicht optimal ausgenutzt, was vor allem auffällt,

- wenn Sie Absätze im Blocksatz formatieren und dadurch große Lücken in den einzelnen Zeilen erhalten oder
- bei linksbündigen Absätzen einen ausgezackten Seitenrand (den sogenannten Flatterrand) erhalten.

Die Lösung des Problems besteht darin, die Wörter zu trennen. Word bietet Ihnen die Möglichkeit, bereits bei der Texteingabe Trennungen einzugeben, die Silbentrennung während der Texteingabe automatisch vornehmen zu lassen oder dies nach der Fertigstellung des Textes mit manueller Steuerung durch die Silbentrennung erledigen zu lassen.

Wir stellen Ihnen zuerst die Möglichkeit vor, bereits während der Texteingabe eigene Trennungen vorzunehmen und Trennvorschläge zu machen. Dabei lernen Sie auch die drei verschiedenen Arten von Trennstrichen kennen, die Word zur Verfügung stellt.

Silbentrennung bei der Texteingabe

Eine Möglichkeit, die Silbentrennung in Ihrem Dokument zu beeinflussen, besteht darin, bereits während der Eingabe Trennstriche in den Text aufzunehmen. Word unterscheidet drei verschiedene Arten von Trennstrichen. Diese sehen zwar im Text fast gleich aus, werden jedoch unterschiedlich eingegeben und haben jeweils andere Auswirkungen.

Reguläre Trennstriche

Reguläre Trennstriche werden mit der Taste [-] eingegeben. Word beginnt nach diesen Trennstrichen dann eine neue Zeile, wenn nur ein Teil des so zusammengesetzten Wortes in die aktuelle Zeile passt. Diese Trennstriche werden immer auf dem Bildschirm angezeigt und sie werden auch immer ausgedruckt. Verwenden Sie diese Trennstriche in Wortgruppen wie »Katz-und-Maus-Spiel«.

Bedingte Trennstriche

Bedingte oder optionale Trennstriche werden nur dann auf dem Papier ausgedruckt, wenn sie zur Silbentrennung eines Wortes erforderlich sind. Sie sind ein Hinweis an Word, wo das Programm im Bedarfsfall eine Trennung vornehmen kann. Wenn der optionale Trennstrich nicht benötigt wird, weil das Wort, das ihn enthält, nicht am Ende einer Zeile steht, wird er auch nicht gedruckt.

Bedingte Trennstriche sind auf dem Bildschirm sichtbar, wenn Sie im Dialogfeld *Word-Optionen* (Sie können dies aufrufen, indem Sie zuerst die *Office-Schaltfläche* und dann die Schaltfläche *Word-Optionen* anklicken) auf der Seite *Anzeigen* das Kontrollkästchen *Bedingte Trennstriche* eingeschaltet haben. Bedingte Trennstriche werden über die Tastatur mit der Tastenkombination [Strg]+[-] eingegeben.

Bild 9.1 Die verschiedenen Trennstriche von Word

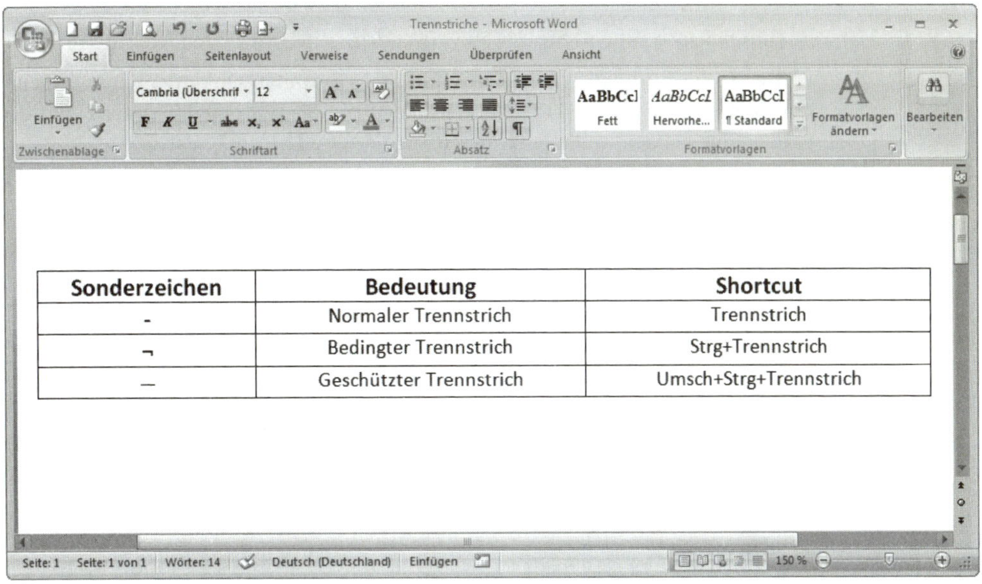

Sonderzeichen	Bedeutung	Shortcut
-	Normaler Trennstrich	Trennstrich
¬	Bedingter Trennstrich	Strg+Trennstrich
–	Geschützter Trennstrich	Umsch+Strg+Trennstrich

Geschützte Trennstriche

Der dritte Typ von Trennstich, der geschützte Trennstrich, sieht wieder ein wenig anders aus als die normalen und bedingten Trennstriche und wird mit der Tastenkombination ⇧+Strg+- eingegeben. Mit dem geschützten Trennstrich weisen Sie Word an, das Wort mit dem geschützten Trennstrich nie zu trennen, sondern es in eine neue Zeile zu setzen. Der geschützte Trennstrich kann beispielsweise bei zusammengesetzten Namen (Herr Müller-Schmitz) oder Bereichsangaben (Seite 3-5) verwendet werden, die nicht getrennt werden sollen. Diese Trennstriche sind immer sichtbar, da sie auch immer ausgedruckt werden.

Trennstriche bearbeiten

Trennstriche können genauso behandelt werden wie anderer Text. Sie können sie löschen, kopieren, einfügen oder formatieren. In diesem Punkt machen die Trennstriche keine Unterschiede.

Silbentrennung mit der Trennhilfe

Wenn Sie die Trennstriche nicht wie oben beschrieben einfügen wollen, können Sie Ihr Dokument auch von der Word-Silbentrennung trennen lassen. Word unterscheidet dabei zwischen der automatischen Silbentrennung, bei der die benötigten Trennstriche von Word selbstständig eingefügt werden, und der manuellen Silbentrennung, bei der Word Ihnen Trennvorschläge macht, die Sie übernehmen, ändern oder verwerfen können.

Automatische Silbentrennung verwenden

Um die automatische Silbentrennung zu verwenden, gehen Sie folgendermaßen vor:

1. Wenn Sie die automatische Silbentrennung im gesamten Dokument vornehmen wollen, achten Sie darauf, dass kein Text markiert ist. Wenn Sie nur einen Teil des Dokuments automatisch trennen lassen wollen, markieren Sie die betreffenden Textstellen.
2. Wechseln Sie zur Registerkarte *Seitenlayout.*

Bild 9.2 Einschalten der automatischen Silbentrennung

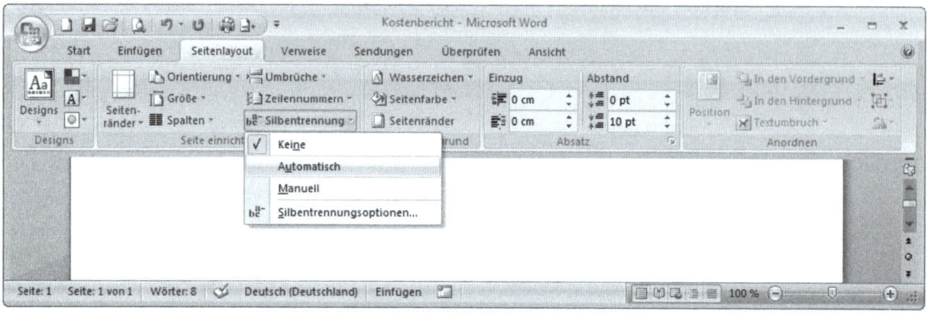

3. Klicken Sie in der Gruppe *Seite einrichten* zuerst auf *Silbentrennung* und dann auf *Automatisch.*

Mit diesem Befehl werden immer optionale Trennzeichen in den Text aufgenommen. Dies hat den Vorteil, dass die Trennstriche auch nur dann gedruckt werden, wenn sie zur Silbentrennung und zur Anpassung des rechten Absatzrandes erforderlich sind.

Wenn Sie vor dem Anklicken des Befehls keinen Text markiert haben, nimmt Word im gesamten Dokument (also auch dann, wenn Sie neuen Text eingeben), die Silbentrennung automatisch vor. Das hört sich zwar praktisch an, ist aber während der Texteingabe ein wenig irritierend, da die Einfügemarke ständig hin- und herwandert. Die Option automatische Silbentrennung ist jedoch zu empfehlen, wenn Sie einen bestehenden Text überarbeiten, da Sie dann besser sehen können, wo die Zeile aufhört und ob sich durch eine Silbentrennung eventuell der Umbruch der Seiten verschiebt. Die automatische Silbentrennung macht kaum Fehler, auch die neuen Regeln zur Trennung von Wörtern mit »ck« oder »st« wird richtig angewendet.

Manuelle Silbentrennung verwenden

Wenn Sie die automatische Silbentrennung nicht benutzen, sondern die Trennvorschläge bestätigen wollen, können Sie die manuelle Silbentrennung verwenden. Word zeigt Ihnen dann jedes Wort zur Überprüfung an und Sie können entscheiden, ob und wo dieses Wort getrennt werden soll.

1. Wenn Sie die manuelle Silbentrennung im gesamten Dokument vornehmen wollen, achten Sie darauf, dass kein Text markiert ist. Wenn Sie nur einen Teil des Dokuments manuell trennen lassen wollen, markieren Sie die betreffenden Textstellen.
2. Wechseln Sie zur Registerkarte *Seitenlayout.*

3. Klicken Sie in der Gruppe *Seite einrichten* zuerst auf *Silbentrennung* und dann auf *Manuell.*

   Word zeigt das Dialogfeld *Manuelle Silbentrennung* mit möglichen Trennstellen an. Im Textfeld *Trennvorschlag* sieht das am Beispiel des Wortes »manuell« folgendermaßen aus:

Bild 9.3 Anzeige der Trennvorschläge

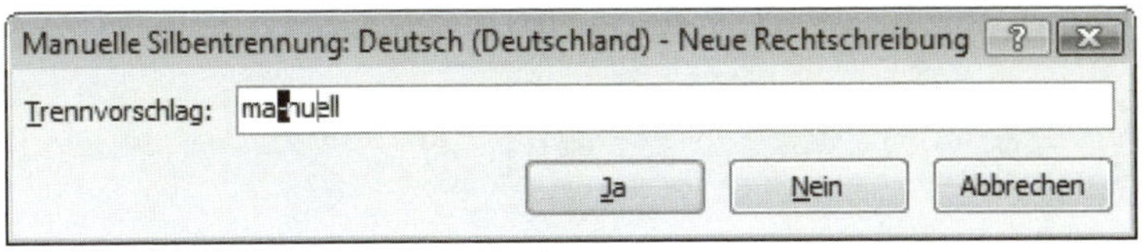

   Die Trennhilfe teilt das Wort in einzelne Silben auf und zeigt alle erlaubten Trennstellen mit einem Trennstrich an. Eventuell sehen Sie zwischen zwei Buchstaben einen senkrechten grauen Strich. Damit wird der Teil des Wortes gekennzeichnet, der maximal in die alte Zeile hineinpasst. Der Trennstrich, den Word Ihnen vorschlägt, liegt immer links von dieser Marke und wird dunkel hinterlegt.

4. Sie können den Trennvorschlag übernehmen, indem Sie die Schaltfläche *Ja* anklicken, oder ihn ändern, indem Sie mit den Tasten [←] und [→] die Trennstelle verschieben und dann auf *Ja* klicken.

   Wenn Sie die Trennstelle rechts neben die graue Linie verschieben, wird das Wort zwar nicht getrennt, jedoch fügt Word einen optionalen Trennstrich ein, der automatisch verwendet wird, wenn sich durch Hinzufügen von Text oder Ändern der Einzüge sowie Ränder der Zeilenumbruch verändert.

5. Sie können die Schaltfläche *Abbrechen* verwenden, wenn Sie die Trennhilfe beenden wollen. Trennstriche, die Sie bereits eingegeben haben, werden dadurch nicht entfernt. Sie können jedoch alle eingefügten Trennstriche wieder entfernen, wenn Sie sofort nach dem Beenden der Trennhilfe den Befehl *Bearbeiten/Rückgängig* aufrufen bzw. die Tastenkombination [Strg]+[Z] drücken.

Optionen für die Silbentrennung einstellen

Sowohl für die automatische als auch für die manuelle Silbentrennung können Sie verschiedene Optionen einstellen. Gehen Sie dazu folgendermaßen vor:

1. Wechseln Sie zur Registerkarte *Seitenlayout.*

2. Klicken Sie in der Gruppe *Seite einrichten* zuerst auf *Silbentrennung* und dann auf *Silbentrennungsoptionen*. Das Dialogfeld *Silbentrennung* wird angezeigt.

   Mit dem Kontrollkästchen *Automatische Silbentrennung* können Sie die automatische Silbentrennung für das gesamte Dokument (wenn kein Text markiert ist) bzw. für die markierte Textstelle ein- bzw. ausschalten. Dieses Kontrollkästchen hat die gleiche Funktion wie der Befehl *Automatisch* im Menü der Schaltfläche *Silbentrennung* auf der Registerkarte *Seitenlayout.*

   Mit der Schaltfläche *Manuell* können Sie die manuelle Silbentrennung starten. Diese Schaltfläche hat die gleiche Funktion wie der Befehl *Manuell* im Menü der Schaltfläche *Silbentrennung* auf der Registerkarte *Seitenlayout.*

Bild 9.4 Einstellen der Optionen für die Silbentrennung

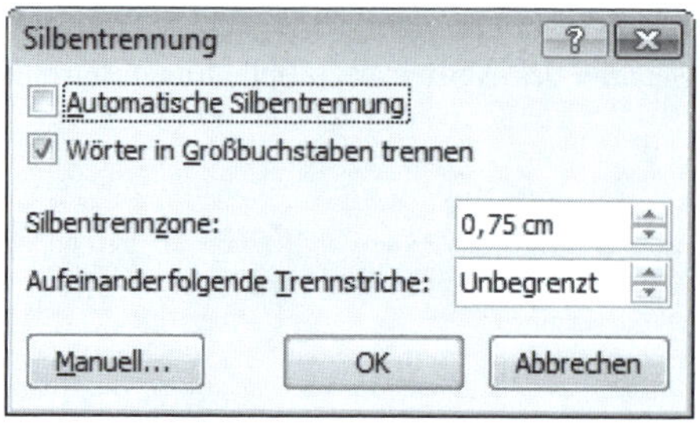

3. Stellen Sie die weiteren Optionen für die Silbentrennung ein.

- **Wörter in Großbuchstaben trennen** Mit dem Kontrollkästchen *Wörter in Großbuchstaben trennen* können Sie festlegen, ob Wörter, die vollständig aus Großbuchstaben bestehen, auch getrennt werden sollen. Standardmäßig ist dieses Kontrollkästchen eingeschaltet. Wenn Sie nicht wollen, dass Abkürzungen, Länder- oder Eigennamen, die ganz aus Großbuchstaben bestehen, getrennt werden, schalten Sie dieses Kontrollkästchen aus.

Bild 9.5 Auswirkung des Wertes für die Silbentrennzone

Beispiel 1: Silbentrennzone 0,1 cm
mehr Trennungen, dafür gleichmäßigerer rechter Rand

Bedingte Trennstriche sind auf dem Bildschirm sichtbar, wenn Sie im Dia-
logfeld *Word-Optionen* in der Kategorie *Anzeigen* das Kontrollkästchen *Be-
dingte Trennstriche* eingeschaltet haben. Bedingte Trennstriche werden
auf der Tastatur mit der Tastenkombination Strg + - eingegeben.

Beispiel 2: Silbentrennzone 0,9 cm
weniger Trennungen, dafür ungleichmäßigerer rechter Rand

Bedingte Trennstriche sind auf dem Bildschirm sichtbar, wenn Sie im Dia-
logfeld *Word-Optionen* in der Kategorie *Anzeigen* das Kontrollkästchen
Bedingte Trennstriche eingeschaltet haben. Bedingte Trennstriche werden
auf der Tastatur mit der Tastenkombination Strg + - eingegeben.

- **Silbentrennzone** Mit dem Wert, der im Textfeld *Silbentrennzone* eingetragen ist, können Sie steuern, wann in einer Zeile getrennt wird und wann nicht. Der Standardwert in diesem Feld beträgt 0,75 cm. Wenn Word in einer Zeile mit Blocksatz einen Leerraum entdeckt, der größer ist als dieser Wert, oder bei Flattersatz der Leerraum am Ende der Zeile bis zum rechten Einzug größer ist als dieser Wert, versucht Word, das erste Wort der folgenden Zeile mit in die aktuelle Zeile aufzunehmen und es zu trennen.

  Wenn Sie diesen Wert vergrößern, wird die Anzahl der Trennstriche reduziert, jedoch wird der rechte Rand ausgezackter. Verkleinern Sie den Wert, erhöht sich die Anzahl der Trennstellen und der Text am rechten Rand wird ausgeglichener, wenn die Absätze linksbündig formatiert sind. Haben Sie als Absatzmerkmal den Blocksatz verwendet, werden die Freiräume zwischen den einzelnen Wörtern schmaler.

Ein Beispiel für die Wirkung dieser Einstellmöglichkeit sehen Sie in der Abbildung auf der vorigen Seite.

- **Aufeinanderfolgende Trennstriche** In diesem Feld können Sie die maximale Anzahl von Textzeilen eingeben, die mit einem Trennstrich enden dürfen.

Silbentrennung entfernen

Alle von der automatischen oder manuellen Silbentrennung eingefügten Trennstriche und auch die bedingten und geschützten Trennstriche können Sie aus dem Dokument entfernen.

Automatische Silbentrennung entfernen

So entfernen Sie alle von der automatischen Silbentrennung eingefügten Trennstriche:

1. Wechseln Sie zur Registerkarte *Seitenlayout.*
2. Klicken Sie in der Gruppe *Seite einrichten* auf *Silbentrennung* und dann auf *Keine.*

Manuelle Silbentrennung entfernen

So entfernen Sie die von der manuellen Silbentrennung und die über die Tastatur eingegebenen Trennstriche:

1. Wechseln Sie zur Registerkarte *Start.*
2. Klicken Sie in der Gruppe *Bearbeiten* auf *Ersetzen.*
3. Wenn die Schaltfläche *Sonderformat* nicht angezeigt wird, klicken Sie auf *Erweitern.*
4. Klicken Sie zunächst auf *Sonderformat* und dann auf eine der folgenden Optionen:
   - Klicken Sie auf *Bedingter Trennstrich,* um die manuellen Trennstriche zu entfernen.
   - Klicken Sie auf *Geschützter Trennstrich,* um die geschützten Trennstriche zu entfernen.
5. Lassen Sie das Feld *Ersetzen durch* leer.
6. Klicken Sie auf *Weitersuchen, Ersetzen* oder *Alle ersetzen.*

In mehrsprachigen Dokumenten trennen

Sie können mit Word auch mehrsprachige Texte trennen lassen. Für Word bedeutet das, dass es je nach verwendeter Sprache andere Regeln bei der Silbentrennung benutzen muss. Dazu müssen Sie den verschiedenen Textpassagen Ihres Dokuments vor dem Starten der Silbentrennung die richtige Sprache zuordnen oder sich auf die automatische Spracherkennung von Word verlassen.

Das Verfahren, um Text einer Sprache zuzuordnen, ist denkbar einfach:

1. Markieren Sie den gewünschten Textabschnitt. Achten Sie darauf, dass die Markierung nur Text einer Sprache enthält.
2. Wechseln Sie zur Registerkarte *Überprüfen.*
3. Klicken Sie in der Gruppe *Dokumentprüfung* auf *Sprache festlegen.*
4. Selektieren Sie im Listenfeld des Dialogfeldes die richtige Sprache und bestätigen Sie Ihre Auswahl mit der *OK*-Schaltfläche.

Bild 9.6 Das Dialogfeld zum Festlegen der Sprache des markierten Textes

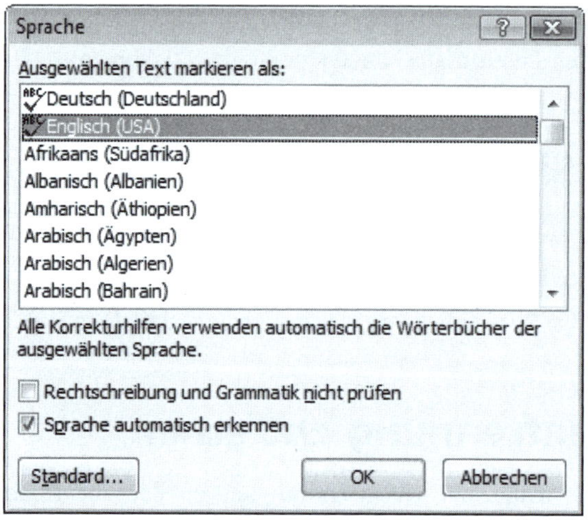

Standardsprache ändern

Welche Sprache Word bei der Silbentrennung standardmäßig zugrunde legt, können Sie auf der Registerkarte *Überprüfen* in der Gruppe *Dokumentprüfung* einstellen, indem Sie auf *Sprache festlegen* klicken. Wählen Sie dazu im Listenfeld des Dialogfeldes die gewünschte Sprache aus und klicken Sie dann die Schaltfläche *Standard* an.

Wie Sie in dem Listenfeld sehen können, unterstützt Word eine Vielzahl von Sprachen. Nicht alle Wörterbücher und Silbentrennungslexika befinden sich jedoch im Lieferumfang von Word. Wenn Sie zu diesem Thema weitere Informationen benötigen, fragen Sie Ihren Fachhändler.

Zusammenfassung

In diesem Kapitel haben Sie die Silbentrennung von Word kennengelernt:

- Word bietet Ihnen die Möglichkeit, bereits bei der Texteingabe Trennungen festzulegen (Seite 170). Word unterscheidet dabei zwischen regulären Trennstrichen ([-]), bedingten Trennstrichen ([Strg]+[-]) und geschützten Trennstrichen ([⇧]+[Strg]+[-]).
- Bei der automatischen Silbentrennung nimmt Word die Worttrennungen selbstständig vor (Seite 171). Die Anzahl der Trennungen können Sie über die Silbentrennzone steuern (Seite 173).
- Mit der manuellen Trennhilfe können Sie sich die Trennvorschläge von Word der Reihe nach anzeigen lassen und sie gegebenenfalls ablehnen bzw. verändern (Seite 172).
- Wenn Sie die mit der automatischen oder manuellen Silbentrennung oder über die Tastatur eingefügten Trennstriche nicht mehr benötigen, können Sie sie aus dem Dokument entfernen lassen (Seite 175).
- Word kann auch mehrsprachige Texte trennen. In diesem Fall müssen Sie zuvor den Texten die verwendete Sprache zuweisen, damit Word das richtige Wörterbuch bzw. die korrekte Silbentrennung verwendet (Seite 175).

Kapitel 10

Dokumente drucken und veröffentlichen

In diesem Kapitel:

Nachdem Sie die Bearbeitung eines Dokuments abgeschlossen haben, besteht der letzte Schritt darin, es anderen verfügbar zu machen. In den Zeiten vor der »Internet-Revolution« bedeutete verfügbar machen beinahe ausschließlich, das Dokument auszudrucken und es den Empfängern in papierener Form entweder per gelber Post zuzusenden oder es persönlich zu übergeben.

Neben dieser traditionellen Form der Veröffentlichung eines Dokuments werden die elektronischen Verbreitungsformen immer wichtiger. Für Microsoft Office Word gibt es zwar schon seit einigen Versionen einen sogenannten Viewer, mit dem auch Computernutzer, auf deren PC Word nicht installiert ist, den Inhalt eines Dokuments ansehen konnten. Viel verbreiteter ist jedoch die Verwendung des PDF-Formats, bei dem es sich um ein plattformunabhängiges Dateiformat handelt, mit dem Dokumente der unterschiedlichsten Art anderen zur Verfügung gestellt werden. Dies kann entweder durch Beifügen einer PDF-Datei zu einer E-Mail erfolgen oder als Datei, die sich auf einem Webserver befindet und von jedem, der die im Dokument enthaltenen Informationen benötigt, heruntergeladen werden kann. Zur Anzeige von PDF-Dateien wird der PDF-Reader benötigt, der nicht nur für Windows, sondern auch für andere Betriebssysteme zur Verfügung steht. Wollten Sie bisher aus einem Word-Dokument eine PDF-Datei erstellen, war hierfür ein spezielles (meist kostenpflichtiges) Programm erforderlich. Im Rahmen der Einführung von 2007 Microsoft Office System hat Microsoft ein Add-In für die verschiedenen Office-Programme entwickelt, das von der Microsoft-Website kostenlos heruntergeladen werden kann und mit dem Sie von Word 2007 aus direkt PDF-Dateien erstellen können.

Neben der Unterstützung des PDF-Formats können Sie in Word 2007 Dokumente im XPS-Format (XML Paper Specification) abspeichern, ein Format, das von Microsoft entwickelt wurde und mit dem XML-basierte, geräteunabhängige Dateien erstellt werden können. Wie bei dem PDF-Format können XPS-Dateien auf allen Computern angezeigt werden, auf denen ein entsprechender Viewer vorhanden ist.

Wenn Sie eine der Websites nutzen, auf denen Sie Ihren Blog veröffentlichen können, dann hält Word 2007 eine weitere interessante Neuerung für Sie bereit: Sie können aus einem Word-Dokument einen Blogbeitrag machen und auf der Registerkarte *Blogbeitrag* Ihre Blogkonten verwalten und von dort aus den Beitrag direkt in Ihren Blog hochspielen. Wie das funktioniert, wird weiter hinten in diesem Kapitel exemplarisch an der Website *Windows Live Spaces* beschrieben.

HINWEIS Ein Blog ist eine Website, die ähnlich wie ein Tagebuch dazu verwendet wird, um andere am eigenen Leben – seien es nun private oder berufliche Aspekte – teilhaben zu lassen. Andere Blogsites sind eher thematisch orientiert.

Dokument drucken

Beim Drucken von Dokumenten hat sich in der neuen Version von Word nicht wirklich etwas Neues getan. Die Befehle zum Drucken befinden sich nun im Menü, das sich unter der *Office-Schaltfläche* befindet.

Um den Druckvorgang zu starten, verwenden Sie eine der folgenden Varianten:

- Klicken Sie die *Office-Schaltfläche* an, zeigen Sie auf *Drucken* und klicken Sie dann auf *Schnelldruck*. Das Dokument wird sofort ausgedruckt. Der Vorteil: Es geht am schnellsten. Der Nachteil: Sie können keine Druckoptionen einstellen.

- Klicken Sie die *Office-Schaltfläche* an und klicken Sie dann auf *Drucken.*
- Drücken Sie die Tastenkombination Strg+P.

Bei den letzten beiden Varianten erscheint ein Dialogfeld, in dem Sie den Drucker auswählen und weitere Druckoptionen einstellen können.

TIPP Die in Word 2003 in der Symbolleiste *Standard* vorhandenen Schaltflächen für das Drucken und die Druckvorschau sind in der Symbolleiste für den Schnellzugriff standardmäßig nicht angezeigt. Wenn Sie auf die Pfeil-Schaltfläche *Symbolleiste für den Schnellzugriff anpassen* klicken, können Sie im Menü die Optionen *Schnelldruck* und *Seitenansicht* anklicken, um diese Befehle schneller zur Verfügung zu haben. Die Option *Schnelldruck* druckt das aktuelle Dokument auf dem derzeit eingestellten Drucker direkt aus, das *Drucken*-Dialogfeld wird dann nicht mehr angezeigt.

Druckoptionen einstellen

Wenn Sie weitere Druckoptionen einstellen wollen, um beispielsweise nur bestimmte Seiten des Dokuments auszudrucken oder um den Drucker auszuwählen, auf dem der Ausdruck erfolgen soll, gehen Sie so vor:

1. Klicken Sie die *Office-Schaltfläche* an und klicken Sie dann auf *Drucken.* Word zeigt das Dialogfeld *Drucken* an.

Bild 10.1 Im Dialogfeld *Drucken* können Sie den Drucker auswählen, auf dem der Ausdruck erfolgen soll, den Seitenbereich einstellen, die Anzahl der Exemplare festlegen u.v.m.

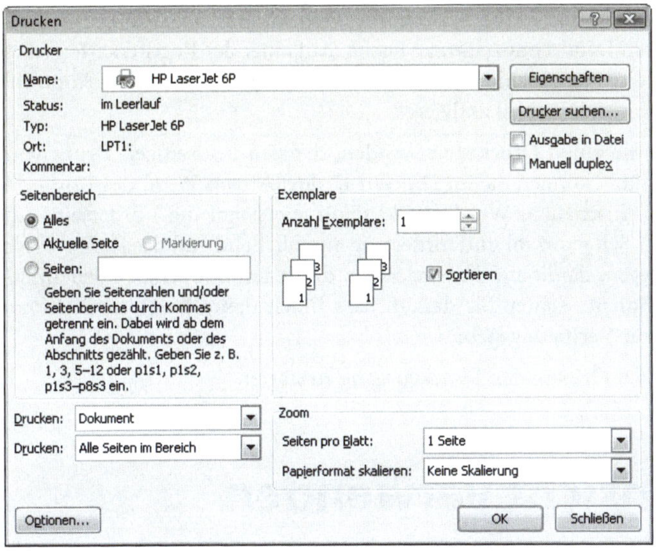

2. Führen Sie eine oder mehrere der folgenden Aktionen durch:

   - **Drucker auswählen** Klicken Sie die Liste *Name* am oberen Rand des Dialogfeldes an, wenn Sie – sofern Sie mehr als einen Drucker installiert haben – den Drucker auswählen wollen, auf dem die Ausgabe erfolgen soll. Diese Option verwenden Sie auch, wenn Sie ein Dokument im PDF- oder XPS-Format erstellen wollen.
   - **Anzahl der Ausdrucke festlegen** Im Bereich *Exemplare* legen Sie fest, wie viele Kopien gedruckt und ob diese sortiert ausgedruckt werden sollen. Wenn die Option *Sortieren* eingeschaltet ist, werden zunächst alle Seiten des Dokuments gedruckt und erst danach eine weitere Kopie.
   - **Seiten festlegen, die gedruckt werden sollen** In der Gruppe *Seitenbereich* können Sie bestimmen, ob alle Seiten oder nur bestimmte ausgedruckt werden sollen. Die Option *Alles* druckt das gesamte Dokument; die Option *Aktuelle Seite* druckt die Seite aus, in der sich die Einfügemarke befindet (was nicht unbedingt die Seite sein muss, die derzeit im Word-Fenster angezeigt wird).

     Wenn Sie nur bestimmte Seiten ausdrucken wollen, geben Sie die Seitenzahlen in das Feld *Seiten* ein; mehrere Seitenangaben trennen Sie durch Kommas. Wenn Sie bestimmte fortlaufende Seiten ausdrucken wollen, setzen Sie zwischen die Start- und die Endseitenzahl einen Bindestrich, z.B. 9-13.
   - **Mehrere Seiten pro Blatt** Um Papier zu sparen, wenn Sie beispielsweise ein Dokument in der Konzeptversion ausdrucken, können Sie den Ausdruck von Word skalieren lassen, damit mehrere Word-Seiten auf ein Blatt passen. Öffnen Sie dazu die Liste *Seiten pro Blatt* und legen Sie die Anzahl der Seiten pro Blatt fest.
   - **Vor- und Rückseite bedrucken** Manche Laserdrucker unterstützen den Duplexmodus, bei dem ohne Ihr Zutun sowohl die Vorder- als auch die Rückseite des Papiers bedruckt werden. Falls Sie solch einen Drucker verwenden und den beidseitigen Druck nutzen wollen, klicken Sie die Schaltfläche *Eigenschaften* an, um das Konfigurationsdialogfeld für Ihren Drucker anzeigen zu lassen. Auf einer der Registerkarten (diese können je nach Druckertyp unterschiedlich benannt sein) finden Sie dann ein Kontrollkästchen, um den beidseitigen Druck zu aktivieren.

     Wenn Sie einen Drucker verwenden, der den beidseitigen Druck von Hause aus nicht unterstützt, können Sie im *Drucken*-Dialogfeld von Word das Kontrollkästchen *Manuell duplex* einschalten. Word druckt dann zuerst auf die Vorderseiten die Seiten mit ungerader Seitenanzahl und fordert Sie anschließend auf, das Papier wieder in den Drucker einzulegen, damit auf die Rückseiten die Seiten mit geraden Seitenzahlen gedruckt werden können. Achten Sie darauf, dass Ihnen dann die Option *Mehrere Seiten pro Blatt* nicht zur Verfügung steht.

3. Klicken Sie auf *OK*, um den Druckvorgang zu starten.

Die Seitenansicht verwenden

Word 2007 bietet Ihnen die Möglichkeit, in der Seitenansicht eine Vorschau auf das gedruckte Dokument zu erhalten und so das Layout vor dem Ausdrucken zu überprüfen und damit auch Papier zu sparen.

1. Klicken Sie die *Office-Schaltfläche* an und zeigen Sie auf *Drucken.*
2. Klicken Sie dann auf *Seitenansicht.* Word blendet die Programmregisterkarte *Seitenansicht* ein.

Bild 10.2 Die Registerkarte *Seitenansicht* stellt Ihnen alle Werkzeuge zur Verfügung, um das Dokument vor dem Ausdrucken zu begutachten, Änderungen an der Seitenformatierung vorzunehmen und schließlich den Druckvorgang zu starten

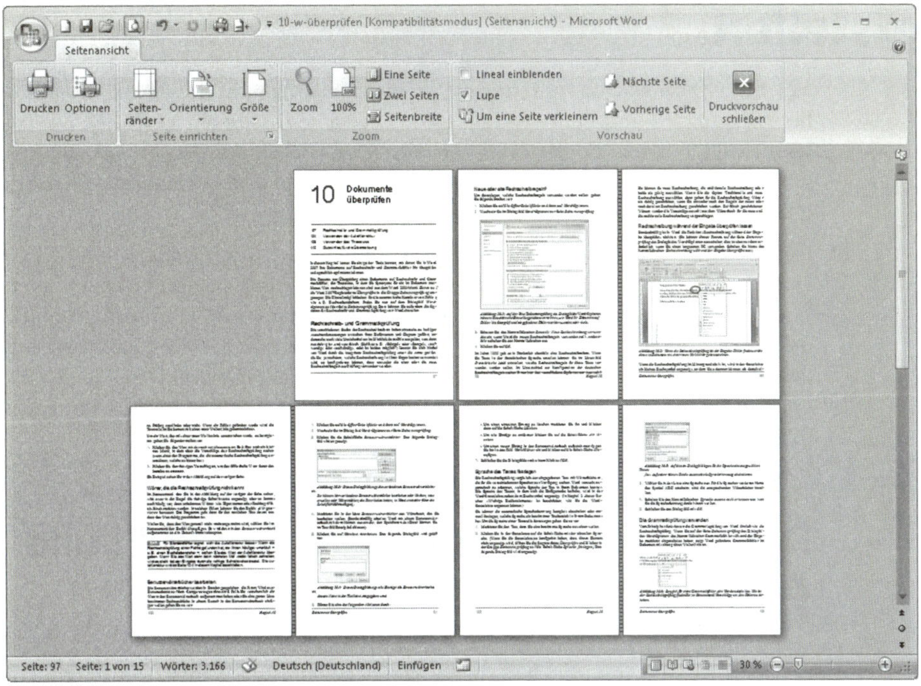

Der Vorteil der Registerkarte *Seitenansicht* besteht darin, dass die Befehlsgruppen alle Befehle enthalten, die Sie zum Ausdrucken und zur Vorschau benötigen, die ansonsten über mehrere Registerkarten verteilt sind.

3. In der Seitenansicht gibt es nur einen Befehl, der Ihnen auf den anderen Registerkarten von Word nicht zur Verfügung steht, nämlich die Schaltfläche *Um eine Seite verkleinern.* Wenn Sie beispielsweise ein achtseitiges Dokument erstellt haben, bei dem sich auf der letzten Seite nur wenige Zeilen befinden, können Sie die Schaltfläche *Um eine Seite verkleinern* anklicken, damit Word die Formatierung des Dokuments so anpasst, dass es eine Seite kürzer wird.
4. Der Mauszeiger hat in der Seitenansicht eine doppelte Funktion, die Sie in der Gruppe *Vorschau* mit dem Kontrollkästchen *Lupe* steuern können. Wenn das Kontrollkästchen eingeschaltet ist, können Sie eine beliebige Seite anklicken, die dann vergrößert dargestellt wird. Ein weiterer Klick verkleinert die Darstellung wieder. Die Form des Mauszeigers zeigt die Aktion an, die ausgelöst wird. Wenn Sie das Kontrollkästchen *Lupe* ausschalten, verhält sich der Mauszeiger wie in den anderen Dokumentansichten und Sie können Text oder andere Elemente markieren oder mit einem Klick die Einfügemarke verschieben.

5. Wenn Sie mit den Ergebnissen der Vorschau zufrieden sind, können Sie die Schaltfläche *Drucken* anklicken, um das gleichnamige Dialogfeld zu öffnen und den Druckvorgang zu initiieren. Wenn Sie das Dokument in der Ansicht *Seitenlayout* weiterbearbeiten wollen, klicken Sie die Schaltfläche *Druckvorschau schließen* an.

Dokument im XPS- oder PDF-Format erstellen

Mit der Office-Version 2007 bietet Microsoft erstmals die Möglichkeit, ein kostenloses Add-In herunterzuladen, mit dem Dokumente im Portable Document Format (PDF) gespeichert werden können. PDF ist ein Format, das von Adobe entwickelt wurde und das das Aussehen des Dokuments beibehält – einschließlich Schriftarten, Grafiken und Formatierung –, sodass das Dokument unabhängig vom Ausgabegerät immer gleich angezeigt wird.

Neben dem PDF-Format unterstützt das Add-In auch das Erstellen von XPS-Dateien. Ein XPS-Dokument ist ebenfalls eine plattformunabhängige Datei, die seitenweise die endgültige Darstellung eines Dokuments so speichert, wie es ausgedruckt wird. XPS wurde von Microsoft entwickelt und besitzt Ähnlichkeiten mit PDF, jedoch basiert XPS auf XML. Eine XPS-Datei ist übrigens wie das neue Standarddateiformat von Word eine ZIP-komprimierte Datei, in der sich weitere Dateien und Unterordner befinden, die die eigentlichen Informationen zu den Seiten des Dokuments beinhalten.

Das Add-In zum Speichern von PDF- und XPS-Dateien herunterladen

Das Add-In zum Erstellen von PDF- und XPS-Dateien befindet sich nicht im Lieferumfang der Office-Suiten, es kann jedoch kostenlos von der Microsoft-Website heruntergeladen werden, wobei beim Download (wie es auch bei den Vorlagen auf *Office Online* ab der aktuellen Version Pflicht ist) geprüft wird, ob Sie eine Original-Office-Version verwenden.

1. Starten Sie Ihren Webbrowser und surfen Sie zur Website *Office Online,* die Sie unter der Adresse *office.microsoft.com* erreichen.
2. Klicken Sie auf die Registerkarte *Downloads,* geben Sie in das Suchfeld die Begriffe **2007 xps pdf** ein und klicken Sie dann auf *Suchen.*
3. In den Suchergebnissen sollten Ihnen die drei Downloads angeboten werden, die Sie in der folgenden Abbildung sehen.

Bild 10.3 Auf der Website *Office Online* finden Sie außer dem Add-In zum Erstellen von XPS- und PDF-Dateien auch andere nützliche Downloads und Informationen

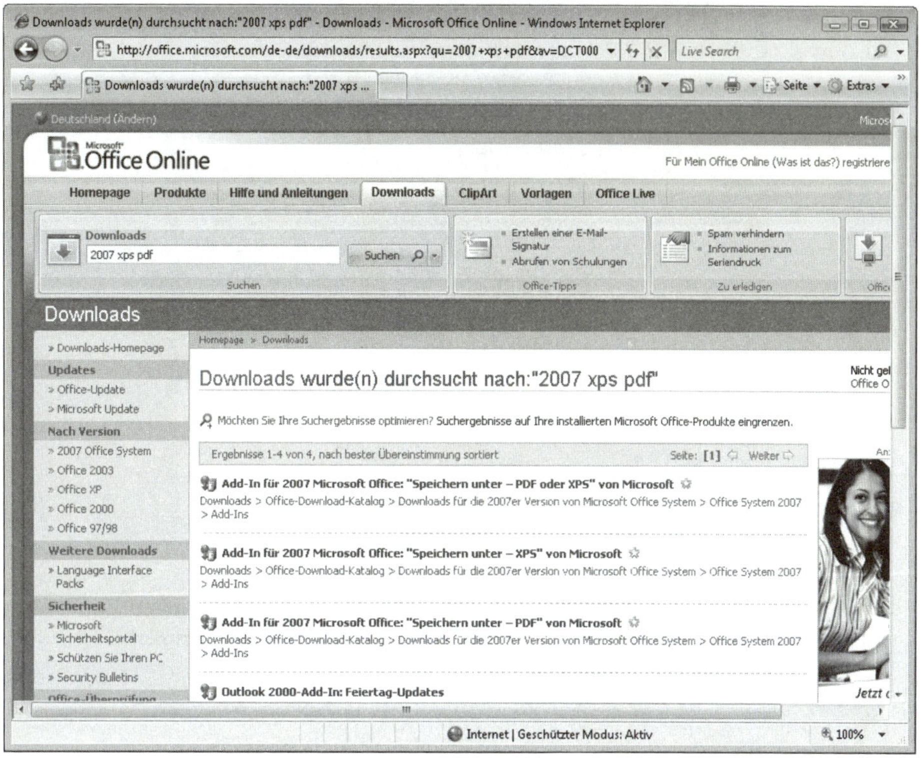

4. Klicken Sie einen der drei Links in den Suchergebnissen an, je nachdem, ob Sie mit dem Add-In nur XPS-Dateien, nur PDF-Dateien oder beide Formate erstellen wollen.
5. Auf der Downloadseite werden Sie aufgefordert, die Gültigkeitsprüfung Ihrer Office-Version vorzunehmen. Wenn die Prüfung erfolgreich verlaufen ist, können Sie das Setup-Programm für das Add-In herunterladen.
6. Wenn der Download beendet ist, klicken Sie auf *Ausführen,* um die Installation zu starten. Während der Installation müssen Sie lediglich den Lizenzbestimmungen zustimmen, die Installation erfolgt danach automatisch.

Dokument im XPS- oder PDF-Format speichern

Das Add-In verändert nach seiner erfolgreichen Installation das Menü der *Office-Schaltfläche.* Im Untermenü zum Befehl *Speichern unter* taucht nun der neue Befehl *PDF oder XPS* auf, und zwar an der gleichen Stelle, an der vorher der Befehl *Add-Ins für andere Dateiformate suchen* stand.

Nun können Sie Ihr Dokument im XPS- oder PDF-Format speichern:

1. Klicken Sie die *Office-Schaltfläche* an, zeigen Sie auf *Speichern unter* und klicken Sie dann auf *PDF oder XPS.*

Bild 10.4 Nach der Installation des Add-Ins zum Erstellen von XPS- und PDF-Dateien finden Sie im Untermenü zu *Speichern unter* einen neuen Befehl zum Speichern in diesen Dateiformaten

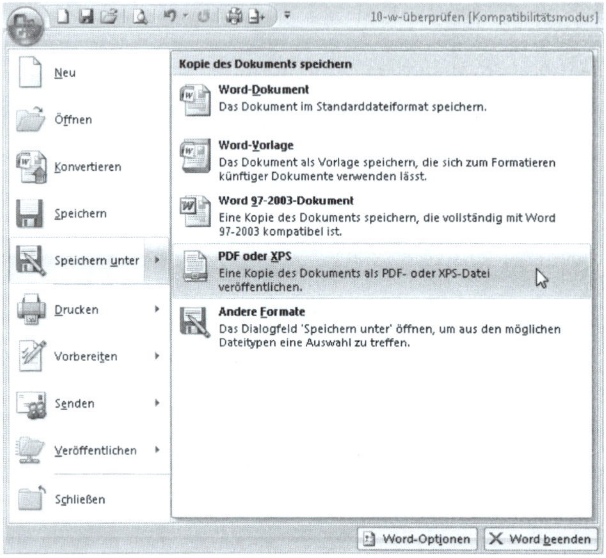

2. Geben Sie in das Feld *Dateiname* den Namen der exportierten Datei ein. Word verwendet standardmäßig den Namen des ursprünglichen Word-Dokuments.

Bild 10.5 Im Dialogfeld *Als PDF oder XPS veröffentlichen* legen Sie den Dateityp, den Dateinamen und weitere Exporteinstellungen fest

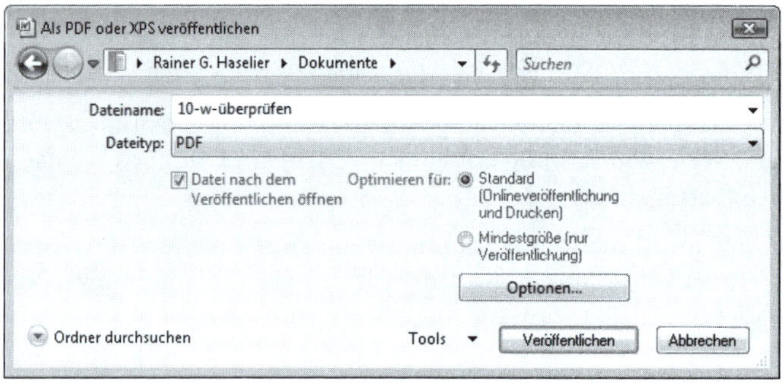

3. Öffnen Sie die Liste *Dateityp* und legen Sie fest, ob Sie ein PDF- oder ein XPS-Dokument erstellen wollen.
4. Schalten Sie das Kontrollkästchen *Datei nach dem Veröffentlichen öffnen* ein, wenn Sie sich die erzeugte Datei ansehen wollen. (Der Ausdruck *Veröffentlichen* ist hier etwas verwirrend; denken Sie sich an seiner Stelle einfach das Wort *Erstellen*.)

5. PDF- und XPS-Dateien können entweder für den Druck oder für eine schnelle Bildschirmdarstellung optimiert werden. Wenn Sie bei *Optimieren für* die Option *Mindestgröße (nur Veröffentlichung)* auswählen, wird die Datei kleiner, jedoch ist die Qualität des Ausdrucks nicht so gut.
6. Klicken Sie die Schaltfläche *Optionen* an, um weitere Optionen für das Erstellen einzustellen.
7. Die Optionen sind bei den beiden Formaten leicht unterschiedlich. Das Dialogfeld für PDF-Dateien zeigt die Grafik auf der linken Seite in der folgenden Abbildung, das für XPS-Dateien sehen Sie auf der rechten Seite.

   Nehmen Sie weitere Einstellungen vor:

   - Legen Sie wie beim Drucken unter *Seitenbereich* fest, ob alle, die aktuelle oder einzelne Seiten des Dokuments exportiert werden sollen.
   - Legen Sie im Bereich *Was veröffentlichen* fest, ob nur das Dokument oder auch die im Dokument enthaltenen Markups (Kommentare) exportiert werden sollen.

Bild 10.6 Links sehen Sie die Optionen beim Erstellen einer PDF-Datei und rechts diejenigen, die für XPS-Dokumente zur Verfügung stehen

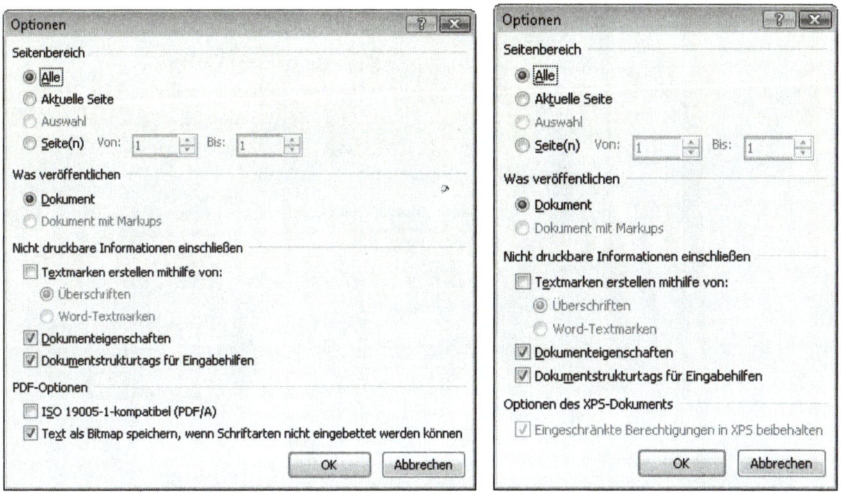

   - Im Bereich *Nicht druckbare Informationen einschließen* können Sie festlegen, ob aus den Überschriften des Dokuments automatisch Textmarken erstellt werden und ob die Dokumenteigenschaften mit eingeschlossen werden sollen.

8. Klicken Sie auf *OK*, um das Dialogfeld *Optionen* zu schließen.
9. Klicken Sie im Dialogfeld *Als PDF oder XPS veröffentlichen* auf die Schaltfläche *Veröffentlichen.*

Nach einer kurzen Wartezeit ist die PDF- bzw. die XPS-Datei erstellt. Wenn Sie das Kontrollkästchen *Datei nach dem Veröffentlichen öffnen* eingeschaltet haben, wird die Datei im entsprechenden Viewer angezeigt.

Wenn Sie Windows Vista verwenden und eine XPS-Datei erstellt haben, ist der Viewer bereits automatisch vorhanden. XPS-Dateien werden dort standardmäßig in Internet Explorer geöffnet, wie es die nachstehende Abbildung zeigt.

Um einen Eindruck von den Unterschieden zwischen den beiden Formaten zu erhalten, haben wir testweise das gleiche Word-Dokument sowohl als PDF- als auch als XPS-Datei erstellt. Ohne den Anspruch zu erheben, hier ausführliche Forschungen betrieben zu haben und für alle Dokumenttypen repräsentative Ergebnisse liefern zu können, fanden wir den Vergleich der Dateigröße interessant: Die Ergebnisse zeigt die Abbildung auf der folgenden Seite. Die PDF-Datei hat nur ca. ein Drittel der Dateigröße der XPS-Datei. Nach unserem subjektiven Eindruck wurde die PDF-Datei auch schneller geladen als die XPS-Datei, was aber bei den Unterschieden in der Dateigröße auch nicht wirklich verwunderlich ist.

Bild 10.7 XPS-Dateien werden standardmäßig in Internet Explorer angezeigt

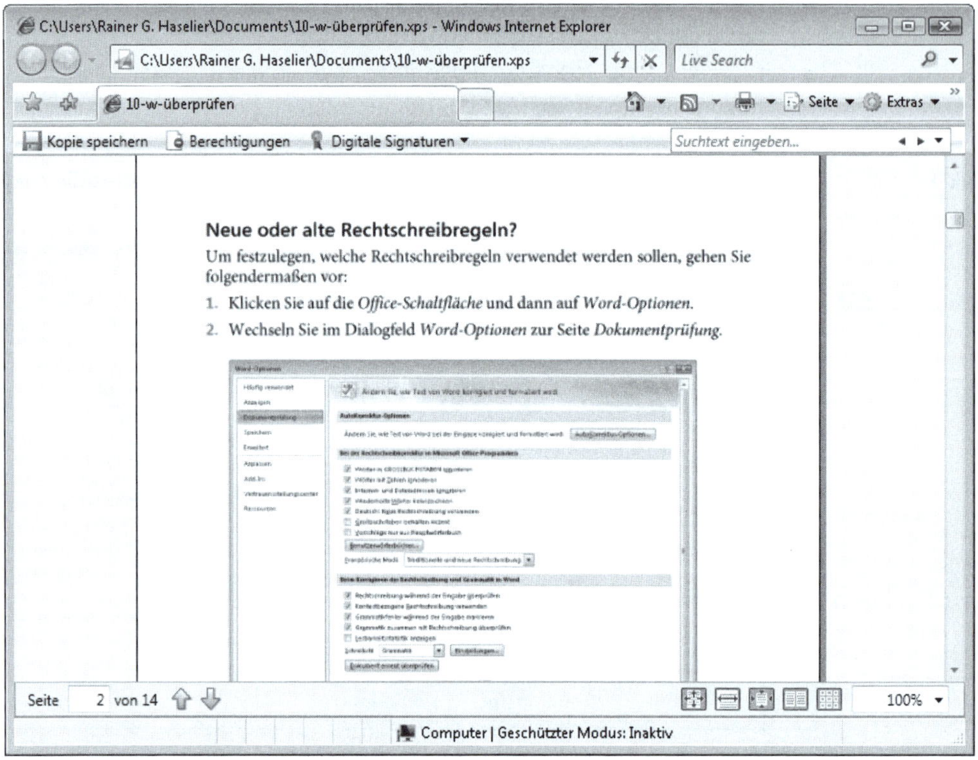

Die Wahl zwischen den beiden Formaten liegt bei Ihnen. Wegen der größeren Verbreitung des PDF-Formats vermuten wir, dass es das XPS-Format schwer haben wird, sich als neuer Standard zu etablieren.

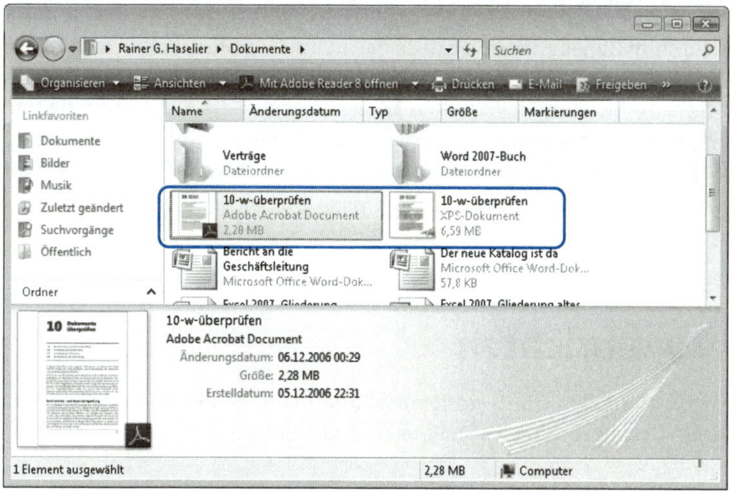

Bild 10.8 Dieses Dialogfeld zeigt einen Vergleich der Dateigrößen von PDF- und XPS-Datei

PDF- und XPS-Dateien ansehen

Ob und wenn ja welche Tools zusätzlich heruntergeladen werden müssen, hängt davon ab, ob zum Ansehen Windows Vista oder Windows XP eingesetzt wird und ob es sich um eine PDF- oder um eine XPS-Datei handelt:

- **PDF-Dateien** Um PDF-Dateien ansehen zu können, wird Acrobat Reader benötigt und zwar mindestens die Version 6 (da das Add-In die PDF-Dateien in der PDF-Version 1.5 erstellt, die mindestens diese Versionsnummer des Readers benötigt). Adobe Acrobat Reader kann kostenlos von der Adobe-Website unter *www.adobe.de* heruntergeladen werden.
- **XPS und Windows Vista** Unter Windows Vista werden XPS-Dateien standardmäßig in Internet Explorer angezeigt, weitere Downloads sind also nicht erforderlich.

  Sogar das Erstellen einer XPS-Datei ist unter Windows Vista möglich, ohne das Add-In zu verwenden. Benutzen Sie hierzu einfach den *Drucken*-Befehl und wählen Sie in der Liste *Name* den Eintrag *Microsoft XPS Document Writer* aus. Ihnen steht dann lediglich das *Optionen*-Dialogfeld, so wie beim Add-In beschrieben, nicht zur Verfügung.
- **XPS und Windows XP** Für Windows XP und Windows Server 2003 befinden sich die Tools zum Anzeigen von XPS-Dateien zum Zeitpunkt der Drucklegung dieses Buches noch in der Testphase. Prinzipiell wird es aber so sein, dass XPS-Dateien entweder in Internet Explorer oder in einem externen Viewer betrachtet werden können.

Weitere Informationen zu Downloads und zu XPS-Dateien im Allgemeinen finden Sie auf der Microsoft-Website unter *www.microsoft.com/whdc/xps/*.

Blogbeitrag veröffentlichen

Word 2007 enthält Funktionen, die Sie beim Erstellen und Veröffentlichen Ihrer Blogbeiträge unterstützen. Zum einen enthält Word eine eigene Programmregisterkarte mit dem Namen *Blogbeitrag,* auf der Sie Ihre Blogkonten verwalten können und auf der Sie die wichtigsten Werkzeuge finden, um Blogbeiträge zu bearbeiten. Außerdem steht Ihnen die Registerkarte *Einfügen* zur Verfügung, mit der Sie Tabellen, Abbildungen, SmartArts usw. in Ihren Beitrag einfügen können.

Darüber hinaus können Sie von der Registerkarte *Blogbeitrag* aus vorhandene Beiträge öffnen und einen fertigen Beitrag in Ihren Blog hochladen.

Blogkonto einrichten

Damit Sie Ihren Blog erstellen und veröffentlichen können, benötigen Sie ein Konto bei einem Blogdienstanbieter. Bekannte Blogdienstanbieter sind beispielsweise *Windows Live Spaces* oder *Blogger.*

- **Windows Live Spaces** Windows Live Spaces ist der Blogdienst von Microsoft. Sie können auf der Website *spaces.live.com* einen Blogbereich erstellen. Dieser Dienst ist kostenlos.
- **Blogger** Der wohl bekannteste und verbreitetste Blogdienst. Zum Erstellen eines Blogkontos surfen Sie zu *www.blogger.com* und folgen den Anweisungen auf der Homepage. Auch dieser Dienst, der von Google angeboten wird, ist kostenlos.
- **Andere Blogdienstanbieter** Sie können auch andere Blogdienstanbieter verwenden. Sie benötigen hierfür lediglich Informationen darüber, wie die Daten von Word aus an Ihren Blog übertragen werden sollen (mehr dazu später, wenn es um das Veröffentlichen Ihres Blogs geht).

Mit der Einrichtung ist hier lediglich die Anmeldung bei einem Blogdienstanbieter gemeint. Sie müssen in einem weiteren Schritt in der Blogkonten-Verwaltung von Word 2007 das Konto dort registrieren, damit Word Ihren Blog an den Dienstanbieter übermitteln kann.

Den ersten Blogbeitrag in Word erstellen

Nachdem Sie sich bei einem Blogdienstanbieter angemeldet haben, können Sie sich an das Erstellen Ihres ersten Blogbeitrags machen:

1. Sie können entweder ein bereits vorhandenes Dokument in einen Blogbeitrag umwandeln lassen oder auch von vornherein festlegen, dass Sie einen neuen Blogbeitrag erstellen wollen.
   - **Neuen Blogbeitrag erstellen** Wenn Sie einen neuen Blogbeitrag erstellen wollen, klicken Sie auf die *Office-Schaltfläche* und dann auf *Neu.* Klicken Sie im mittleren Bereich des Dialogfeldes auf *Neuer Blogbeitrag* und dann auf *Erstellen.*
   - **Aktuelles Dokument in einen Blogbeitrag umwandeln** Wenn Sie ein bereits vorhandenes Word-Dokument in Ihrem Blog veröffentlichen wollen, öffnen Sie das betreffende Dokument. Klicken Sie dann auf die *Office-Schaltfläche,* zeigen Sie auf *Veröffentlichen* und klicken Sie anschließend im rechten Bereich auf *Blog.*

   Wenn Sie das erste Mal einen Blogbeitrag erstellen, zeigt Word das Dialogfeld *Blogkonto registrieren* an.

Bild 10.9 Sie müssen Ihr Blogkonto bei Word zuerst registrieren, bevor Sie von Word aus Ihre Beiträge veröffentlichen können

Blogkonto registrieren
Vor dem Veröffentlichen eines Beitrags müssen Sie zuerst ein Konto registrieren.
Wenn Sie noch keinen Blog besitzen, besuchen Sie Microsoft Office Online, um mehr über Blogdienstanbieter zu erfahren, die Microsoft Office Word unterstützen.
Office Online
Konto registrieren
Abbrechen

2. Klicken Sie auf *Konto registrieren.* Das Dialogfeld *Neues Blogkonto* wird angezeigt.

Bild 10.10 In der Liste *Blog* sehen Sie die Blogdienstanbieter, die Word kennt. Sie können die Anbieterliste mit einem Klick auf den Link *Liste aktualisieren* neu laden.

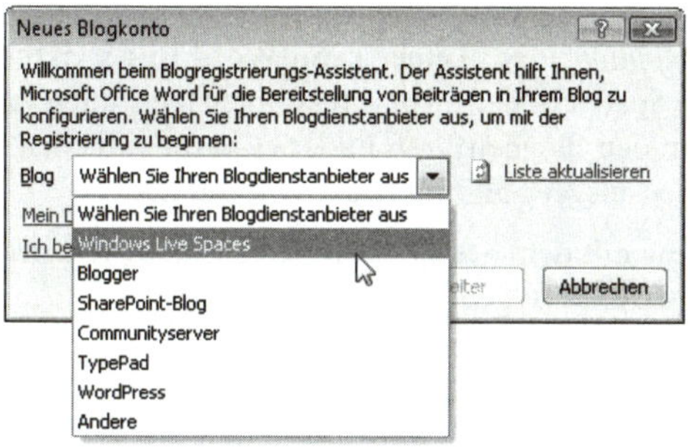
Neues Blogkonto
Willkommen beim Blogregistrierungs-Assistent. Der Assistent hilft Ihnen, Microsoft Office Word für die Bereitstellung von Beiträgen in Ihrem Blog zu konfigurieren. Wählen Sie Ihren Blogdienstanbieter aus, um mit der Registrierung zu beginnen:
Blog
Wählen Sie Ihren Blogdienstanbieter aus
Liste aktualisieren
Wählen Sie Ihren Blogdienstanbieter aus
Windows Live Spaces
Blogger
SharePoint-Blog
Communityserver
TypePad
WordPress
Andere
Abbrechen

3. Öffnen Sie die Liste *Blog* und wählen Sie dort Ihren Blogdienstanbieter aus. Klicken Sie auf *Weiter.* Word zeigt nun ein Konfigurationsdialogfeld an, das sich je nach Anbieter unterscheidet. Für Windows Live Spaces geben Sie Ihren Bereichnamen an (das ist die eindeutige Adresse Ihres Spaces ohne *space.live.com),* bei Blogger Ihren Anmeldenamen und Ihr Kennwort und bei einem SharePoint-Blog, der möglicherweise in Ihrem Firmennetzwerk zur Verfügung steht, geben Sie den URL des Blogs ein.

TIPP **Blogkonto auf Windows Live Spaces für die Veröffentlichung per Mail freischalten**
Wenn Sie Ihren Blog auf Windows Live Spaces hosten, müssen Sie die Veröffentlichung per E-Mail aktivieren. Melden Sie sich dazu bei Ihrem Space an und klicken Sie auf *Space bearbeiten* und anschließend auf *Optionen.* Anschließend klicken Sie im *Optionen*-Menü auf *Veröffentlichen per Mail.* Schalten Sie auf der Konfigurationsseite das Kontrollkästchen *Veröffentlichen per E-Mail* ein. Geben Sie dann ein geheimes Wort ein, das Sie später für die Registrierung des Kontos in Word benötigen, scrollen Sie an das Seitenende und klicken Sie auf *Speichern.*

Bild 10.11 Das Dialogfeld für die Registrierung bei Windows Live Spaces

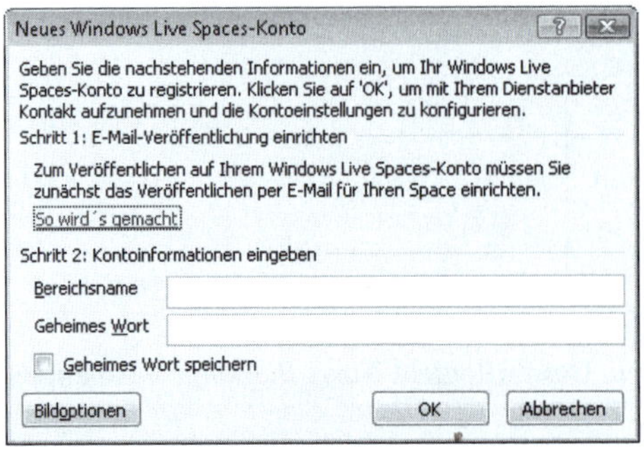
Neues Windows Live Spaces-Konto
Geben Sie die nachstehenden Informationen ein, um Ihr Windows Live Spaces-Konto zu registrieren. Klicken Sie auf 'OK', um mit Ihrem Dienstanbieter Kontakt aufzunehmen und die Kontoeinstellungen zu konfigurieren.
Schritt 1: E-Mail-Veröffentlichung einrichten
Zum Veröffentlichen auf Ihrem Windows Live Spaces-Konto müssen Sie zunächst das Veröffentlichen per E-Mail für Ihren Space einrichten.
So wird´s gemacht
Schritt 2: Kontoinformationen eingeben
Bereichsname
Geheimes Wort
Geheimes Wort speichern
Bildoptionen
OK
Abbrechen

4. Geben Sie im Konfigurationsdialogfeld die benötigten Informationen ein und klicken Sie dann auf *OK*.
5. Word zeigt das Dialogfeld *Bildoptionen* an. Leider kann Word in der aktuellen Version bei Blogger und bei Windows Live Spaces Bilder nicht direkt hochladen, auch wenn beide Anbieter die Möglichkeit vorsehen, in den Blogbeiträgen Bilder zu veröffentlichen. Lassen Sie daher die Option *Bilder nicht hochladen* ausgewählt und klicken Sie auf *OK*.

   Word stellt nun eine Verbindung mit dem Server des Blogdienstanbieters her. Wenn die Kontaktaufnahme erfolgreich war, wird die folgende Meldung angezeigt:

Bild 10.12 Das Blogkonto wurde erfolgreich eingerichtet

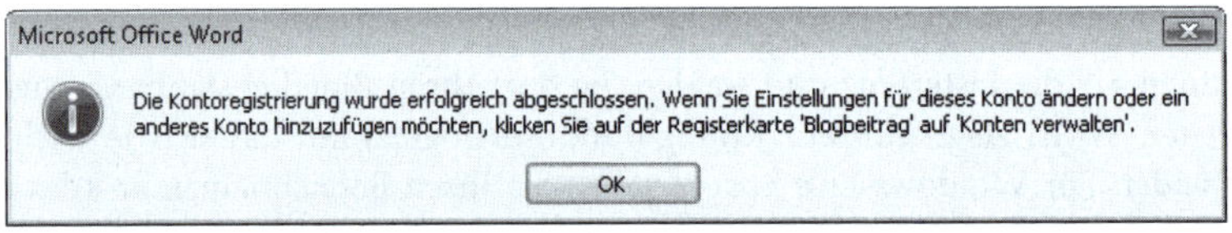
Microsoft Office Word
Die Kontoregistrierung wurde erfolgreich abgeschlossen. Wenn Sie Einstellungen für dieses Konto ändern oder ein anderes Konto hinzuzufügen möchten, klicken Sie auf der Registerkarte 'Blogbeitrag' auf 'Konten verwalten'.
OK

Die Schritte 2 bis 5 brauchen Sie nur beim Erstellten des ersten Blogbeitrags durchzuführen. Wenn Sie einen weiteren Eintrag erstellen wollen, nehmen Sie lediglich eine der Aktionen vor, die in Schritt 1 beschrieben sind.

WICHTIG **Für Blogbeiträge nur das Dateiformat von Word 2007 verwenden** Wenn Sie Blogbeiträge speichern, dürfen Sie nur das neue Dateiformat von Word 2007 verwenden. Wenn Sie das ältere Dateiformat verwenden, gehen beim Speichern Daten verloren und der Blogbeitrag kann nicht mehr veröffentlicht werden.

Wenn Sie aus einem vorhandenen Dokument, das im Dateiformat Word 97 bis 2003 vorliegt, einen Blogbeitrag machen wollen, speichern Sie es **zuerst** im Dateiformat von Word 2007, bevor Sie im Menü der *Office-Schaltfläche* den Befehl *Veröffentlichen/Blog* wählen.

Die Befehlsgruppe *Blog* verwenden

Zur Bearbeitung Ihres Blogbeitrags stellt Ihnen Word die Programmregisterkarte *Blogbeitrag* und die Registerkarte *Einfügen* zur Verfügung, wie Sie es in der folgenden Abbildung sehen.

Bild 10.13 Gestalten Sie Ihren Blogbeitrag mit den Werkzeugen der gleichnamigen Registerkarte

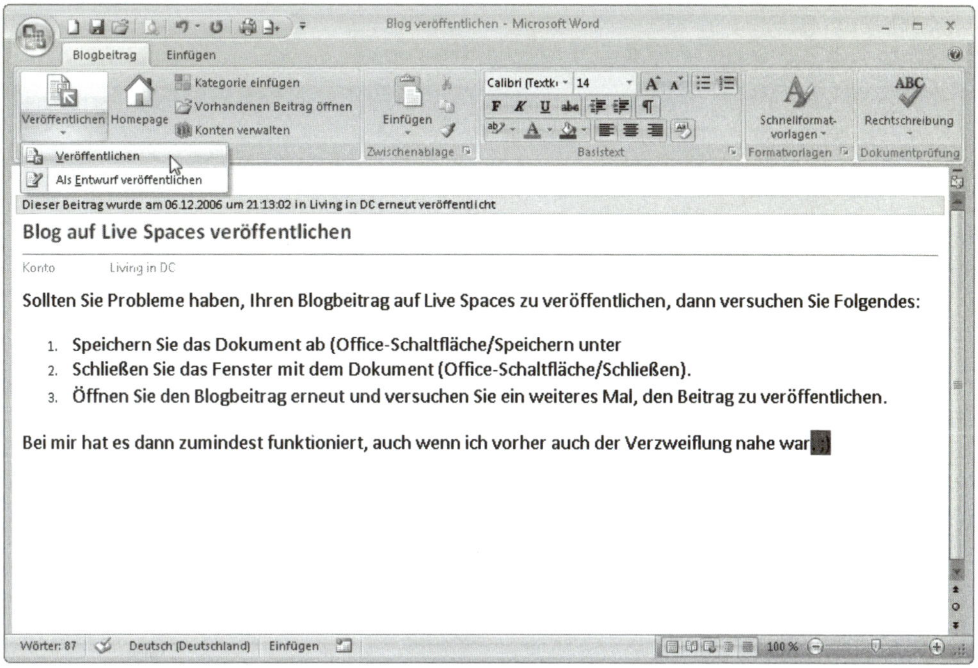
Blog veröffentlichen - Microsoft Word
Blogbeitrag
Einfügen
Kategorie einfügen
Vorhandenen Beitrag öffnen
Konten verwalten
Veröffentlichen
Homepage
Veröffentlichen
Als Entwurf veröffentlichen
Einfügen
Zwischenablage
Calibri (Textk
14
Basistext
Schnellformat-vorlagen
Formatvorlagen
Rechtschreibung
Dokumentprüfung
Dieser Beitrag wurde am 06.12.2006 um 21:13:02 in Living in DC erneut veröffentlicht
Blog auf Live Spaces veröffentlichen
Konto
Living in DC
Sollten Sie Probleme haben, Ihren Blogbeitrag auf Live Spaces zu veröffentlichen, dann versuchen Sie Folgendes:
1. Speichern Sie das Dokument ab (Office-Schaltfläche/Speichern unter
2. Schließen Sie das Fenster mit dem Dokument (Office-Schaltfläche/Schließen).
3. Öffnen Sie den Blogbeitrag erneut und versuchen Sie ein weiteres Mal, den Beitrag zu veröffentlichen.
Bei mir hat es dann zumindest funktioniert, auch wenn ich vorher auch der Verzweiflung nahe war
Wörter: 87
Deutsch (Deutschland)
Einfügen
100 %

In den Befehlsgruppen *Zwischenablage, Basistext, Formatvorlagen* und *Dokumentprüfung* finden Sie die Werkzeuge, die Sie von den anderen Registerkarten her kennen und die in den anderen Kapiteln dieses Buches beschrieben sind.

Die Befehlsgruppe *Blog* enthält die Werkzeuge, die speziell für das Arbeiten mit Blogbeiträgen zur Verfügung stehen:

- **Homepage** Klicken Sie die Schaltfläche *Homepage* an, wenn Sie Ihre Blog-Website im eingestellten Webbrowser öffnen wollen.
- **Kategorie einfügen** Windows Live Spaces unterstützt beispielsweise das Veröffentlichen von Blogbeiträgen in Kategorien. Dies hilft dabei, Ihre Blog-Website übersichtlich zu gestalten. Wenn der Dienstanbieter, den Sie verwenden, Kategorien unterstützt, können Sie die Schaltfläche *Kategorie einfügen* anklicken. Oberhalb des Blogtextes wird dann ein Listenfeld mit Kategorien eingeblendet. Wählen Sie in der Liste eine Kategorie aus oder geben Sie in das Feld einen Kategorienamen ein, um eine neue Kategorie zu erstellen.

Bild 10.14 Wenn Ihr Blogdienstanbieter Kategorien unterstützt, können Sie Ihren Beitrag einer Kategorie zuordnen

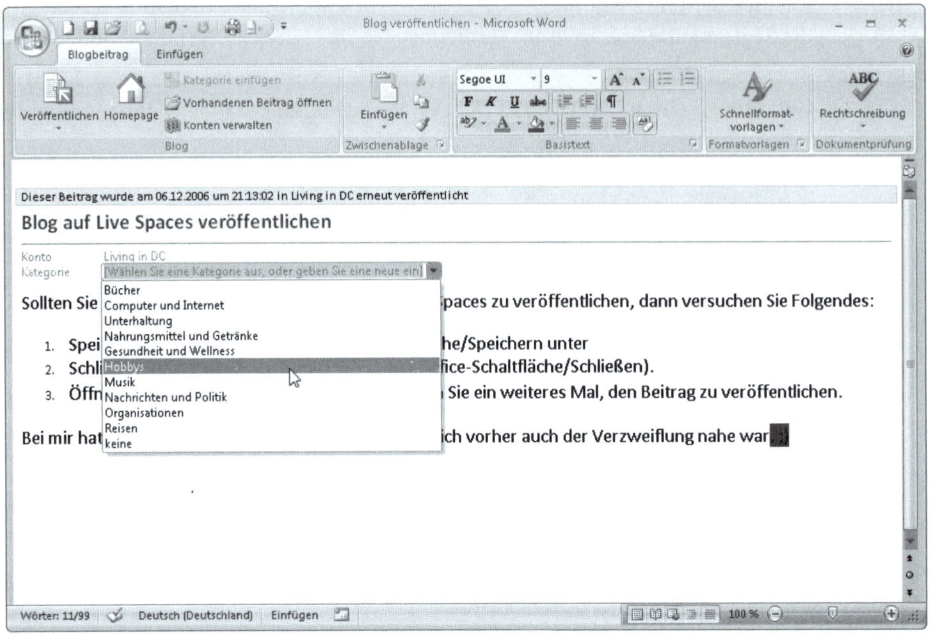

- **Vorhandenen Beitrag öffnen** Wenn Sie einen bereits auf Ihrer Blog-Website veröffentlichten Artikel öffnen und bearbeiten wollen, klicken Sie auf *Vorhandenen Beitrag öffnen.* Markieren Sie im Dialogfeld, das dann angezeigt wird, den Titel des Beitrags und klicken Sie auf *OK.*

Bild 10.15 Mit diesem Dialogfeld können Sie bereits veröffentlichte Beiträge von der Blog-Website abrufen und bearbeiten

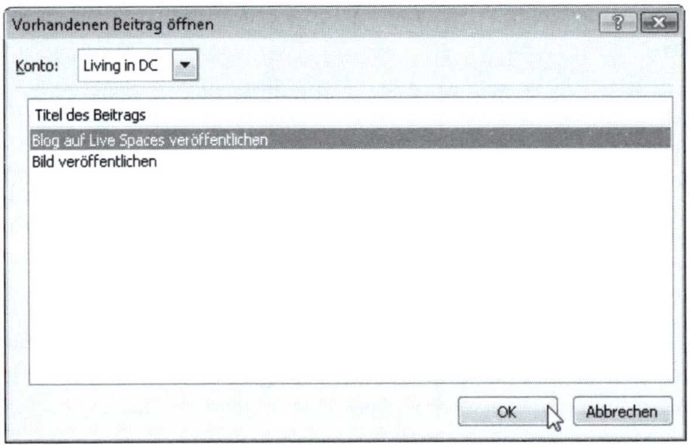

- **Konten verwalten** Wenn sich Ihre Anmeldedaten beim Blogdienstanbieter ändern oder wenn Sie ein weiteres Konto hinzufügen wollen, klicken Sie die Schaltfläche *Konten verwalten* an.

Bild 10.16 Dieses Dialogfeld zeigt die Übersicht der bei Word registrierten Blogkonten

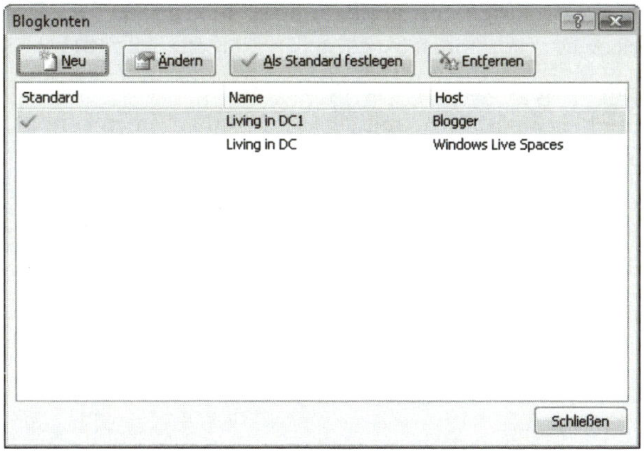

Klicken Sie im Dialogfeld *Blogkonten* auf *Neu*, um ein neues Konto zu erstellen, und gehen Sie dann so vor, wie weiter oben in diesem Abschnitt beschrieben. Um ein vorhandenes Konto zu bearbeiten, markieren Sie es in der Kontenliste und klicken dann auf *Ändern.*

- **Veröffentlichen** Der letzte Schritt beim Erstellen eines Blogbeitrags ist das Hochspielen des Beitrags auf Ihre Blog-Website. Klicken Sie auf *Veröffentlichen,* wenn der Beitrag sofort von anderen gelesen werden können soll. Verwenden Sie den Befehl *Als Entwurf veröffentlichen,* wenn erst mal nur Sie Zugriff auf den Beitrag haben sollen und er erst später den Besuchern Ihres Blogs zugänglich gemacht werden soll.

WICHTIG Leider ist es uns während der Arbeit an diesem Kapitel nicht gelungen, einen Beitrag auf blogger.com zu veröffentlichen. Unklar ist, ob es sich hierbei um eine temporäre Störung handelte oder um ein prinzipielles Problem. Möglicherweise begegnen Sie diesem Problem nicht. Auch bei Windows Live Spaces lief nicht immer alles wie am Schnürchen; hier hat geholfen, den Blogbeitrag zu speichern, neu zu öffnen und dann zu veröffentlichen. Eine Internetrecherche zeigte, dass auch andere Word-Anwender derzeit auf ähnliche Probleme stoßen. Leider können wir zum jetzigen Zeitpunkt keine sicher funktionierende Lösung anbieten.

Zusammenfassung

Dieses Kapitel hat Sie mit den Druckmöglichkeiten von Word 2007 vertraut gemacht. Außerdem haben Sie gesehen, wie mit Word 2007 PDF-Dateien und Blogbeiträge erstellt und veröffentlicht werden können.

- Am Anfang des Kapitels haben Sie gesehen, wie Sie ein Word-Dokument ausdrucken (Seite 180) und welche Druckoptionen Sie einstellen können (Seite 181).
- Der folgende Abschnitt hat gezeigt, wie Sie die Seitenansicht verwenden können. Hierbei haben Sie auch den Befehl kennengelernt, mit dem Sie Word anweisen können, den Umfang des Dokuments um eine Seite zu reduzieren (Seite 182).
- Für Office 2007 steht Ihnen auf der Microsoft-Website ein kostenloses Add-In zur Verfügung, mit dem Sie direkt aus den Office-Anwendungen heraus PDF-Dokumente erstellen, die mit Acrobat Reader gelesen werden können (Seite 184).
- Der letzte Abschnitt hat schließlich noch das Blogfeature vorgestellt (Seite 190), das zu den neuen Möglichkeiten gehört, die Ihnen von Word 2007 zur Verfügung gestellt werden.

Teil C

Dokumente formatieren

In diesem Teil:

Kapitel 11

Zeichenformatierung – Gestalten mit Schrift

Dokumente formatieren

In diesem Kapitel:

Neben der Möglichkeit, Texte bequem zu editieren, zu korrigieren, zu ergänzen oder einen neuen Text auf einem bestehenden aufbauen zu lassen, sind die zahlreichen Gestaltungsmerkmale, die Sie Ihrem Text zuweisen können, ein wichtiges Merkmal eines Textverarbeitungsprogramms, das in diesem Moment eher den Charakter eines Gestaltungsprogramms bekommt.

In Kapitel 7 haben Sie bereits einige der Formatierungsmöglichkeiten von Word kennengelernt. Der Schwerpunkt des dritten Teils dieses Buches liegt darin, dieses Wissen zu vertiefen und detaillierte Informationen über weitere Gestaltungsmöglichkeiten für Ihre Dokumente zu liefern. In diesem Kapitel steht das Thema Gestalten mit Schrift, oder im Fachjargon: die Zeichenformatierung, im Mittelpunkt. Neben den praktischen Hinweisen liefern wir Ihnen auch wichtige Hintergrundinformationen über Schriftarten und Schriftgrößen.

Zeichenformatierung – Einführung

Wenn Sie mit Word Zeichen formatieren, betrifft dies vor allem drei Aspekte:

- Sie können bestimmen, welche Schriftart verwendet werden soll,
- wie groß die Schrift sein soll, also den Schriftgrad festlegen, und können außerdem noch
- die Auszeichnung der Zeichen (auch Schriftschnitt oder Stil genannt) verändern und verschiedene Texteffekte verwenden.

Auch bei der Formatierung der Zeichen ist Word flexibel und bietet Ihnen vier Möglichkeiten der Formatierung an. Das Ergebnis ist bei den vier Methoden das gleiche, nur der Weg dorthin ist anders:

- Die am häufigsten verwendeten Optionen für die Zeichenformatierung finden Sie auf der Registerkarte *Start* und dort in der Gruppe *Schriftart.*

Bild 11.1 Die Befehlsgruppe *Schriftart* auf der Registerkarte *Start*

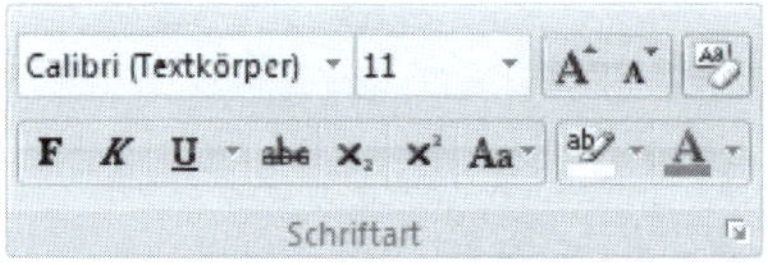

- Die neue Minisymbolleiste wird von Word immer dann eingeblendet, wenn Sie Text markiert haben und den Mauszeiger auf die Markierung bewegen, oder wenn Sie die Markierung mit der rechten Maustaste anklicken (im letzteren Fall zeigt Word außer der Minisymbolleiste zusätzlich das Kontextmenü an). Die Minisymbolleiste enthält weniger Schaltflächen zur Zeichenformatierung: Sie können hier aber u.a. die Schriftart und die Schriftgröße ändern und die Schriftmerkmale Fett und Kursiv zuweisen.

Bild 11.2 Die Minisymbolleiste

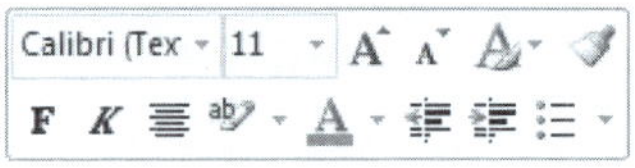

- Zahlreiche weitere Optionen, mit denen Sie vor allem weitere Texteffekte und Einstellungen für den Zeichenabstand vornehmen können, finden Sie im Dialogfeld *Schriftart*. Dieses Dialogfeld lassen Sie anzeigen, indem Sie auf der Registerkarte *Start* in der Gruppe *Schriftart* auf das Startprogramm für ein Dialogfeld klicken oder indem Sie die Tastenkombination Strg+D eingeben.

Bild 11.3 Das Dialogfeld *Schriftart*

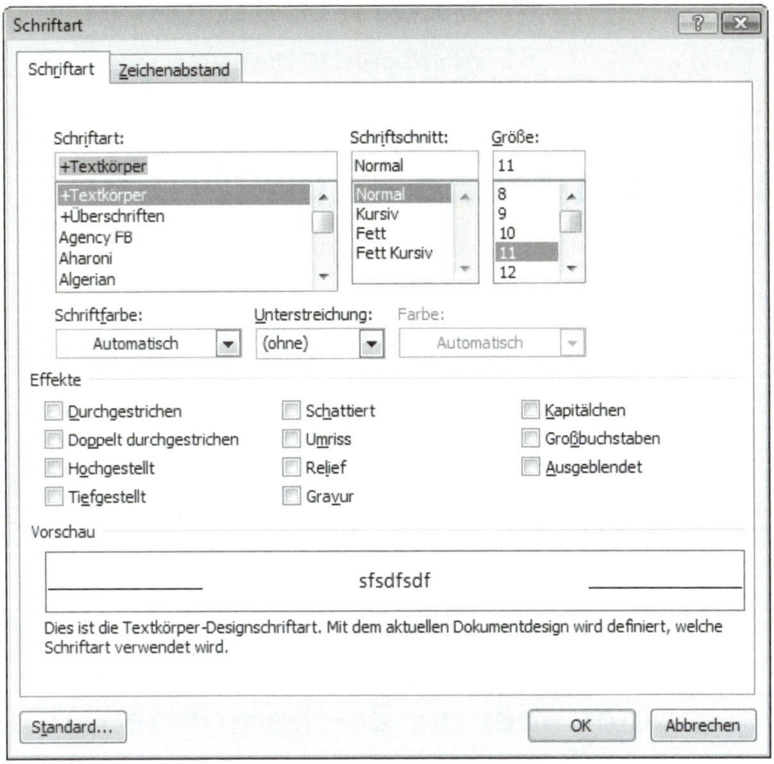

Die Möglichkeiten, die Ihnen mit dem Dialogfeld *Schriftart* zur Verfügung stehen, werden im Verlauf dieses Kapitels noch ausführlich beschrieben.

- Sie können auch die zahlreichen Tastenkombinationen verwenden, die Ihnen Word zur Verfügung stellt. Besonders bei Formatierungen, die Sie häufig vornehmen, erspart Ihnen die Verwendung der Tastenkombinationen den Griff zur Maus, um eine der Schaltflächen in der Multifunktionsleiste oder der Minisymbolleiste auszuwählen, und Sie können so das Formatieren Ihrer Dokumente erheblich beschleunigen.

  Die Tabelle auf der folgenden Seite enthält zum Nachschlagen die wichtigsten Tastenkombinationen, die Sie zur Zeichenformatierung verwenden können. Wenn in der Spalte *Beschreibung* der Hinweis *ein/aus* enthalten ist, funktioniert die Tastenkombination wie ein Schalter: ist der markierte Text beispielsweise bereits fett formatiert, dann wird durch Drücken von ⇧+Strg+F diese Formatierung entfernt.

Tabelle 11.1 Schnelle Zeichenformatierung mit den Tastenkombinationen

Tastenkombination	Beschreibung
Strg + D	Zeigt das Dialogfeld *Schriftart* an.
Strg + <	Verkleinern der Schriftgrades um eine Stufe
⇧ + Strg + <	Vergrößern des Schriftgrades um eine Stufe
Strg + 8	Verkleinern des Schriftgrades um 1 Punkt
Strg + 9	Vergrößern des Schriftgrades um 1 Punkt
⇧ + Strg + U	Durchgehend unterstreichen (ein/aus)
⇧ + Strg + D	Doppelt unterstreichen (ein/aus)
⇧ + Strg + W	Wortweise unterstreichen (ein/aus)
⇧ + Strg + F	Fett (ein/aus)
⇧ + Strg + K	Kursiv (ein/aus)
Strg + #	Tieferstellen (ein/aus)
Strg + +	Höherstellen (ein/aus)
⇧ + Strg + G	Großbuchstaben (ein/aus)
⇧ + Strg + Q	Kapitälchen (ein/aus)
⇧ + Strg + H	Ausgeblendet (ein/aus)
Strg + Leertaste	Auf Standardformat zurücksetzen

Allgemeines über die Zeichenformatierung

Zeichenformatierungen beziehen sich immer auf einzelne Buchstaben oder mehrere Buchstaben, die aufeinanderfolgen und denen ein gemeinsames Zeichenattribut zugewiesen werden soll.

Erst formatieren, dann tippen Sie können die Zeichenformatierung vornehmen, während Sie den Text eingeben, und mit den Tastenkombinationen, dem Dialogfeld *Schriftart* oder den Schaltflächen die Formatierungsmerkmale einschalten, die der Text erhalten soll, den Sie **nachfolgend** eingeben.

Erst tippen, dann formatieren Sie können Text auch nachträglich formatieren. Markieren Sie dazu die Textpassage, die formatiert werden soll, und verwenden Sie dann entweder die Tastenkombinationen, das Dialogfeld *Schriftart* oder die Schaltflächen, um die Formatierungen vorzunehmen. Wichtig ist, sich zu merken, dass sich die Zeichenformatierung immer nur auf den markierten Text bezieht.

Schriftart und Schriftgröße ändern

Vermutlich werden Sie am häufigsten die Schriftart und die Schriftgröße des Textes ändern. Die beiden Listen, mit denen Sie diese Schriftmerkmale einstellen können, befinden sich darum auch an erster Stelle in der Gruppe *Schriftart* der Registerkarte *Start*.

Schriftart ändern

Gehen Sie so vor, um die Schriftart zu ändern:

1. Markieren Sie den Text, dessen Schriftart Sie ändern möchten.
2. Klicken Sie auf der Registerkarte *Start* in der Gruppe *Schriftart* auf den Pfeil der Liste *Schriftart*, um diese zu öffnen.
3. Bewegen Sie den Mauszeiger über die Namen der Schriften (der Name wird – sofern möglich – in der Schriftart selbst angezeigt).

   Wenn der markierte Text nicht von der Schriftenliste überdeckt wird, können Sie im Dokument in der Livevorschau sehen, wie sich die Formatierung auf das Dokument auswirken würde.

Bild 11.4 Das Listenfeld *Schriftart* verwenden

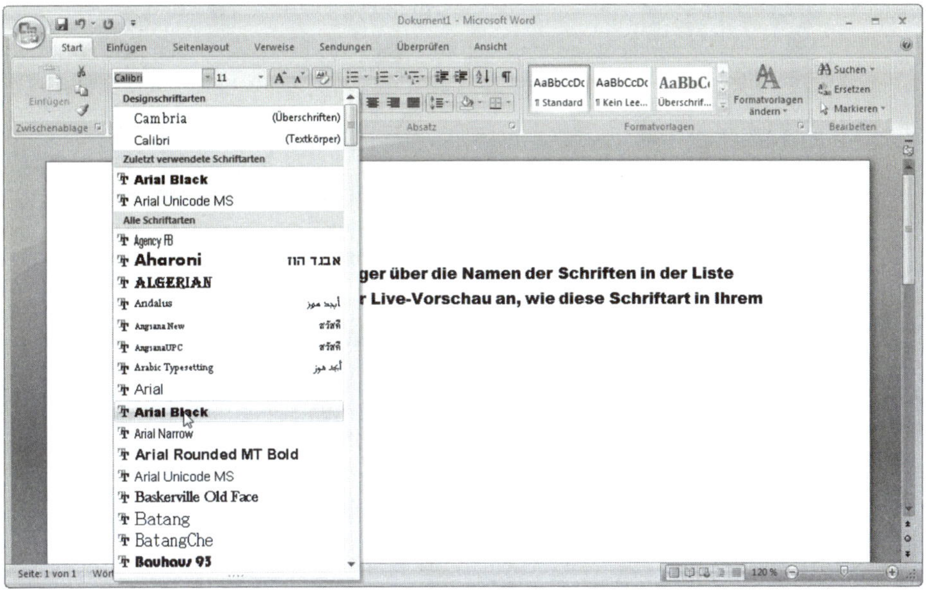

4. Klicken Sie den Namen der gewünschten Schriftart an, um sie dem markierten Text zuzuweisen.

Dokumente formatieren

Die Schriften, die Ihnen in Word zur Verfügung stehen, werden in der Liste *Schriftart* in drei Gruppen angezeigt:

- **Designschriftarten** Wenn Sie in dieser Gruppe den Eintrag *Überschriften* oder *Textkörper* und keine bestimmte Schriftart auswählen, wird die Schriftart selbst vom Design festgelegt. Wenn Sie dann zu einem späteren Zeitpunkt dem Dokument auf der Registerkarte *Seitenlayout* ein anderes Design zuweisen, werden die Schriftarten automatisch angepasst. Das Thema Designs wird ausführlich in Kapitel 14 beschrieben.
- **Zuletzt verwendete Schriftarten** Word zeigt Ihnen in dieser Gruppe die Namen der Schriftarten an, die Sie zuletzt zur Formatierung verwendet haben.
- **Alle Schriftarten** In dieser Gruppe werden alle Schriftarten angezeigt, die auf Ihrem Computer installiert sind.

PROFITIPP

Namen der Schriftart eintippen

Wenn Sie sehr viele Schriftarten auf Ihrem Computer installiert haben, kann es etwas mühsam sein, in der Liste *Schriftart* die gewünschte Schriftart zu finden. Sollten Sie den Namen der Schriftart, die Sie verwenden wollen, kennen, können Sie auch folgendermaßen vorgehen, um die Schriftformatierung zu beschleunigen:

1. Klicken Sie auf der Registerkarte *Start* in das Feld, in dem der Name der aktuellen Schriftart steht.
2. Tippen Sie den Namen der Schriftart ein.

   Word versucht, anhand der eingegebenen Buchstaben den Schriftartnamen automatisch zu vervollständigen. Der Text, den Word vervollständigt hat, ist farbig unterlegt.

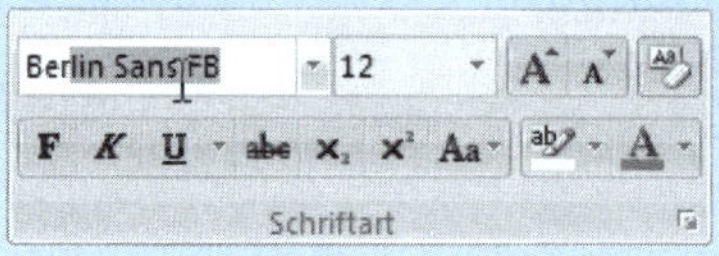

3. Drücken Sie die [↵]-Taste, um den Vorschlag von Word zu übernehmen.

Zur Formatierung der Schriftart können Sie auch das Listenfeld *Schriftart* verwenden, das sich in der Minisymbolleiste befindet und das sich so verhält wie das Listenfeld in der Registerkarte *Start.*

Auch im Dialogfeld *Schriftart* können Sie die Zeichenformatierung einstellen. Dies ist aber nur dann empfehlenswert, wenn Sie gleichzeitig auch andere Zeichenformatierungen vornehmen wollen, die Ihnen in der Multifunktionsleiste bzw. der Minisymbolleiste nicht zur Verfügung stehen. Wollen Sie lediglich die Schriftart formatieren, ist die Verwendung des Dialogfeldes *Schriftart* zu umständlich.

Schriftgröße verändern

Bei Word wird zur Angabe der Schriftgröße die Einheit Punkt verwendet (mit pt abgekürzt). Ausführliche Informationen zu dieser Maßeinheit und wie diese in Beziehung zur Größe der Buchstaben selbst steht, finden Sie im Abschnitt ab Seite 211.

Um die Schriftgröße zu verändern, gehen Sie so vor:

1. Markieren Sie zunächst den Text, den Sie formatieren wollen.
2. Klicken Sie auf der Registerkarte *Start* in der Gruppe *Schriftart* auf den Pfeil der Liste *Schriftgrad*, um diese zu öffnen.

   Word zeigt in der Liste lediglich eine Auswahl der Schriftgrößen an, die Sie verwenden können.
3. Führen Sie eine der folgenden Aktionen durch:
   - Wenn sich die gewünschte Schriftgröße in der Liste befindet, klicken Sie diese an.
   - Wenn sich die gewünschte Schriftgröße nicht in der Liste befindet, klicken in das Feld, in dem die aktuelle Schriftgröße angezeigt wird, tippen Sie die gewünschte Schriftgröße ein und drücken dann die ↵-Taste.

   Sie können in Word Schriftgrößen zwischen 1 pt und 1683 pt verwenden.

Bild 11.5 Den Schriftgrad mit der Multifunktionsleiste verändern

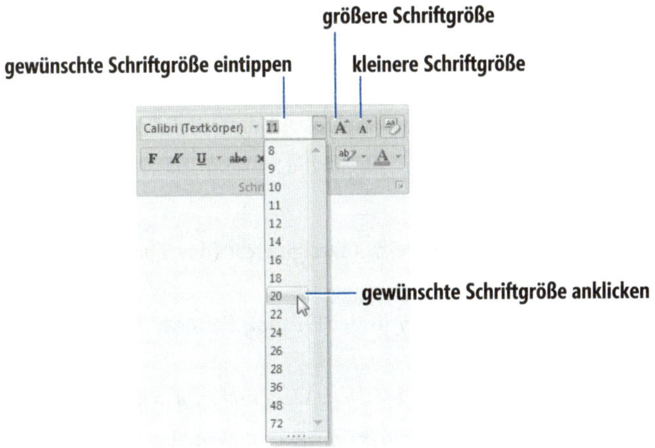

Mit den zwei Schaltflächen in der Gruppe *Schriftart*, die in der obigen Abbildung markiert sind und die sich auch in der Minisymbolleiste befinden, können Sie die Schriftgröße stufenweise verkleinern bzw. vergrößern. Die Stufen, in denen die Schriftgröße verändert wird, entsprechen den Schriftgrößen, die im Listenfeld *Schriftgrad* angeboten werden. Ist die aktuelle Schriftgröße beispielsweise 22 pt und klicken Sie dann auf die Schalfläche *Schriftart vergrößern*, wird dem markierten Text die Schriftgröße 24 pt zugewiesen.

Beachten Sie, dass Sie die stufenweise Änderung der Schriftgröße auch mit zwei Tastenkombinationen vornehmen können. Zwei weitere Tastenkombinationen ermöglichen es, die Schriftgröße jeweils um 1 pt zu verkleinern oder zu vergrößern. Die Tabelle mit den Tastenkombinationen zur Zeichenformatierung finden Sie auf Seite 202.

Standardschriftart einstellen

Wenn Sie ein neues, leeres Dokument erstellen und keine Änderungen an den Standardeinstellungen von Word vorgenommen haben, verwendet Word standardmäßig die Schriftart Calibri in der Schriftgröße 11 pt für allen Text, den Sie nicht ausdrücklich anders formatiert haben. Diese Standardschriftart ist als Formatvorlage *Standard* in der Word-Dokumentvorlage *Normal.dotm* definiert, die als Gerüst für leere Dokumente verwendet wird. (Ausführliche Informationen den Formatvorlagen finden Sie in Kapitel 14; das Konzept der Dokumentvorlagen ist in Kapitel 17 beschrieben.)

Um die Standardschriftart zu ändern, können Sie die Merkmale der Formatvorlage *Standard* ändern, was sich dann anbietet, wenn Sie immer eine bestimmte Schriftart als Standard verwenden wollen. Wenn Sie zur Formatierung der Dokumente die Designs verwenden und die Flexibilität nutzen wollen, die mit den Platzhalterformatvorlagen *+Textkörper* und *+Überschriften* zur Verfügung stehen, können Sie ein neues Design erstellen, in dem Design die Schriftarten festlegen und dieses Design als Standardeinstellung verwenden.

So ändern Sie die Standardschriftart, ohne die Designs zu verwenden:

1. Drücken Sie Strg+D, um das Dialogfeld *Schriftart* zu öffnen.
2. Legen Sie in den Feldern *Schriftart* und *Größe* fest, welche Schrift Sie in welchem Schriftgrad als Standard verwenden wollen.
3. Klicken Sie im unteren Bereich des Dialogfeldes auf die Schaltfläche *Standard.*

   Sie werden in einem Dialogfeld gefragt, ob Sie die Standardschriftart ändern möchten.
4. Klicken Sie auf *Ja.*

So legen Sie die Standardschriftart mittels eines Designs fest (das Thema Designs wird ausführlich in Kapitel 14 beschrieben):

1. Klicken Sie auf der Registerkarte *Start* in der Gruppe *Formatvorlagen* auf *Formatvorlagen ändern.*
2. Klicken Sie auf *Schriftarten* und dann auf *Neue Designschriftarten erstellen.*
3. Legen Sie im Dialogfeld *Neue Designschriftarten erstellen* die Schriftarten fest, die für den Textkörper und die Überschriften verwendet werden sollen.
4. Geben Sie in das Feld *Name* einen Namen für die neuen Designschriftarten ein.

Bild 11.6 Festlegen der Schriftarten, die in einem neuen Design verwendet werden sollen

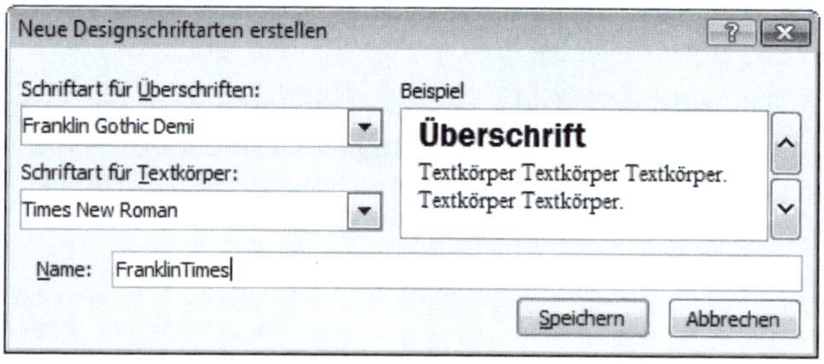

5. Klicken Sie auf *Speichern.*

6. Klicken Sie auf der Registerkarte *Start* in der Gruppe *Formatvorlagen* erneut auf *Formatvorlagen ändern* und dann auf *Als Standard festlegen.*

Schriftarten im Überblick

Word stellt Ihnen zur Formatierung des Textes verschiedene Schriftarten zur Verfügung. Welche Schriftarten das sind, hängt davon ab, welchen Drucker Sie zur Ausgabe der Word-Dokumente verwenden. Alle Schriften, die in Ihrem Drucker eingebaut sind, können Sie zur Ausgabe verwenden. Die Schriften dieser Gruppe werden *Druckerschriften* genannt.

Darüber hinaus enthält Windows selbst zahlreiche Schriftarten, bei denen es sich meist um TrueType- oder OpenType-Schriftarten handelt. Auch bei der Installation von Office 2007 werden weitere Schriftarten installiert. Hierzu gehören u.a. die neuen Standardschriften Calibri und Cambria und auch Schriften, die für die Formatierung der WordArts verwendet werden. Sowohl bei TrueType- als auch bei OpenType-Schriften handelt es sich um sogenannte Outline-Schriften.

Bei Outline-Schriften werden für die einzelnen Buchstaben deren Umrisse (im Englischen: »outlines«) definiert. Jeder Buchstabe besteht aus Geraden und Kurven, die, in der richtigen Anordnung zueinander gebracht, ihn als Buchstaben erkennen lassen.

Bild 11.7 **Der Buchstabe R als Umriss**

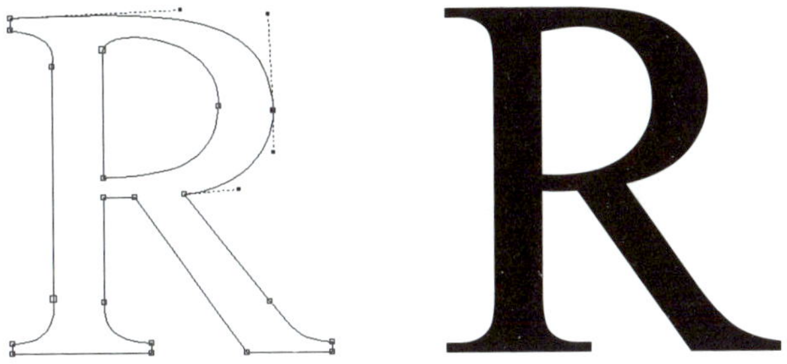

Wenn der Buchstabe dann noch mit einer Farbe gefüllt ist, wie der Buchstabe auf der rechten Seite, können Sie ihn als solchen identifizieren. Wenn Buchstaben als Outline-Schriften designt werden, verwendet man in der Regel einen recht großen Schriftgrad. Dadurch können auch filigrane Details in den Buchstaben aufgenommen werden.

Bei der Ausgabe von Outline-Schriften auf den Bildschirm oder den Drucker wird nach folgendem Verfahren vorgegangen: Zuerst wird die Definition des Buchstabens in seiner optimalen Form aus einer Datei geladen. Durch mathematische Berechnungen werden die Kurven und Geraden auf den gewünschten Schriftgrad verkleinert. Dieser Buchstabe wird auf ein imaginäres Raster gelegt und dabei wird bestimmt, welche einzelnen Punkte im Raster mit der Schriftfarbe gefüllt werden müssen. Dann erst wird der Buchstabe ausgegeben. Dieser Vorgang wird Skalierung genannt. Outline-Schriften werden daher auch oft frei skalierbare Schriften genannt, also Schriften, die ohne Qualitätseinbußen in jeder beliebigen Größe ausgegeben werden können.

Welche Schriftarten auf Ihrem Computer installiert sind, können Sie mit dem Symbol *Schriftarten* der Systemsteuerung in Erfahrung bringen. Die Abbildungen auf der folgenden Seite zeigen, wie das Fenster *Schriftarten* unter Windows Vista und Windows XP aussieht.

Bild 11.8 Das Fenster *Schriftarten* unter Windows Vista

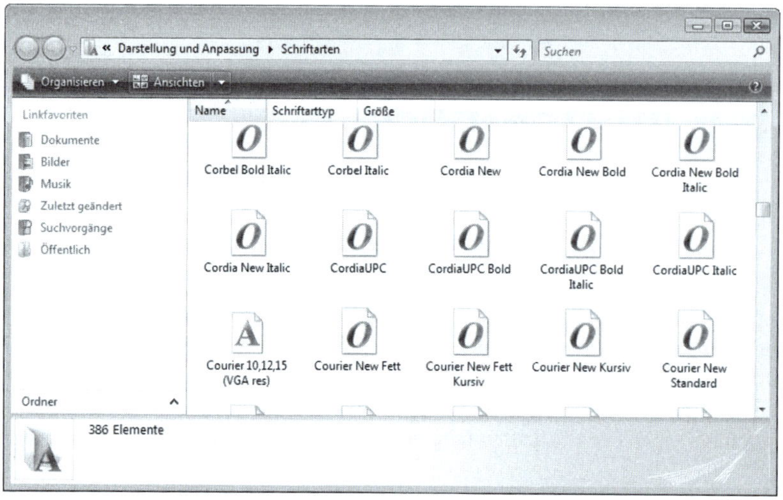

Bild 11.9 Das Fenster *Schriftarten* unter Windows XP

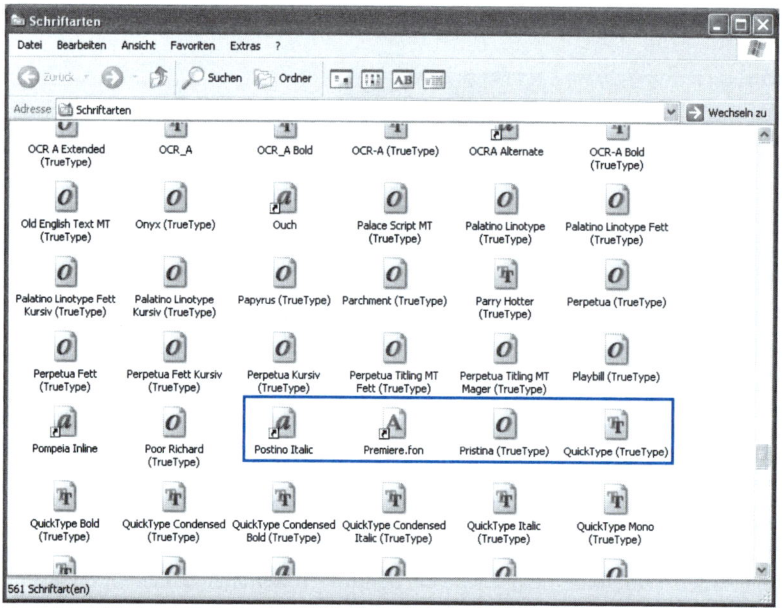

Der markierte Bereich in der unteren Abbildung zeigt die verschiedenen Symbole, mit denen der Typ der Schriftart angegeben wird:

- **Kleines a** Adobe Type 1 Font, wenn Sie Adobe Type Manager verwenden
- **großes A** Rasterfont, diese Schriftarten können nicht beliebig skaliert werden
- **O/TT** OpenType bzw. TrueType-Schrift

Proportional vs. feste Zeichenbreite

Grundsätzlich lassen sich alle verschiedenen Schriftarten der Kategorie proportional oder nicht proportional zuordnen. In einer nicht proportionalen Schrift haben alle Zeichen eines Zeichensatzes die gleiche Breite, gleichgültig, ob es sich um ein kleines »i« handelt, das normalerweise recht wenig Platz beansprucht, oder um ein »m«, das sich richtig breitmacht.

Sie kennen nicht proportionale Schriften vor allem von der normalen Schreibmaschine, die für jedes Zeichen denselben Schritt nach rechts macht. Auch die meisten Computerbildschirme verwenden solche Schriften. Ein typisches Beispiel für diese Schrift ist Courier, die wir in den ersten Zeilen der folgenden Abbildung verwendet haben.

Bild 11.10 Nicht proportionale und proportionale Schriften

```
Diese Schrift heißt Courier und ist
nicht proportional.
```

Diese Schrift heißt Times New Roman und ist proportional.

Im Gegensatz dazu besitzt jedes Zeichen einer proportionalen Schrift seine eigene Breite, d.h., der Abstand zwischen zwei Zeichen kann unterschiedlich sein, je nachdem, wie viel Platz ein Zeichen in Anspruch nimmt. So benötigt ein »i« beispielsweise weniger Platz als ein »m« usw. Proportionale Schriften kennen Sie vor allem aus dem Buchdruck, aus Zeitungen oder anderen Druckerzeugnissen. Die Schriften Cambria, Calibri und Times New Roman sind proportionale Schriften.

Beide Schriften haben Vor- und Nachteile. Nicht proportionale Schriften garantieren, dass die Zeichen zweier Zeilen stets exakt untereinander stehen. Leerzeichen nehmen genauso viel Platz in Anspruch wie jedes andere Zeichen. Die Leerräume, die bei der Verwendung einer nicht proportionalen Schrift entstehen, ergeben jedoch ein insgesamt unruhiges Schriftbild und machen Fließtext, besonders bei größeren Schriftarten, schwer lesbar.

Proportionale Schriften sehen dagegen sehr viel schöner und ausgewogener aus. Der unschöne Leerraum um ein »i« beispielsweise verschwindet, da wegen der geringen Zeichenbreite das nachfolgende Zeichen näher heranrücken kann.

Serifen vs. serifenlos

Proportionale und nicht proportionale Schriften lassen sich ihrerseits wieder nach der Schriftform unterscheiden. Das wichtigste Merkmal hierbei ist, ob es sich um eine Serifenschrift oder eine serifenlose Schrift (sans serif) handelt.

Serifen sind kleine Abschlussstriche an den End- oder Eckstücken von Buchstaben. Sie erleichtern dem Auge ein Festhalten am Buchstaben sowie am Wort und führen das Auge von Buchstabe zu Buchstabe. Das gesamte Erscheinungsbild des Textes wird ein wenig weicher. Außerdem unterstützen Serifen den Lesevorgang. Eines der Ergebnisse von Forschungen, die sich mit der Frage beschäftigen, wie wir lesen, ist, dass wir meist Worte als Gesamtes erfassen und hierbei das Muster der Buchstaben und der Worte mit in unserem Gehirn vorhandenen und erlernten Mustern in Übereinstimmung zu bringen versuchen. Hierbei achten wir vor allem auf die obere Hälfte des Wortes. Serifen helfen, diese Muster zu erkennen, wodurch der Lesevorgang beschleunigt wird.

Bild 11.11 Serifen- und serifenlose Schriften

Ohne Serifen können wir nicht mehr auf die Mustererkennung bauen, sondern müssen den Text wirklich Buchstabe für Buchstabe lesen, was nicht so effizient ist wie das Erkennen des Sinngehalts aufgrund der Wahrnehmung der Muster. Achten Sie beim Lesen von Zeitungen, Broschüren o.Ä. selber einmal darauf, wie Sie lesen und welche Schriftform verwendet wurde.

Serifenschriften haben ein klassischeres Erscheinungsbild als die serifenlosen Schriften, die einem Text ein moderneres Aussehen geben. Der Nachteil bei Serifenschriften besteht darin, dass diese bei der Verwendung von kleinen Schriftgrößen (kleiner als 8 Punkt) meist ein wenig verwaschener aussehen, die Buchstaben ineinanderlaufen und der Text daher nicht so gut lesbar ist. In diesem Fall bieten sich dann die serifenlosen Schriften an. Auch in größeren Schriftgraden sind serifenlose Schriften meist besser lesbar und werden daher häufig in Überschriften benutzt.

Bild 11.12 Unterschiedliche Lesefreundlichkeit von Serifen- und serifenlosen Schriften

Serifen sind kleine Abschlussstriche an den Buchstaben, die das Auge von Zeichen zu Zeichen führen. Wegen der Serifen ist der Text gut lesbar. Serifenschriften eignen sich daher besonders gut für normalen Fließtext. Serifenlose Schriften glänzen vor allem in großen Schriftgraden; sie eignen sich somit besonders gut für Überschriften oder für Plakate und sollten für Fließtext eigentlich nicht verwendet werden.

Serifen sind kleine Abschlussstriche an den Buchstaben, die das Auge von Zeichen zu Zeichen führen. Wegen der Serifen ist der Text gut lesbar. Serifenschriften eignen sich daher besonders gut für normalen Fließtext. Serifenlose Schriften glänzen vor allem in großen Schriftgraden; sie eignen sich somit besonders gut für Überschriften oder für Plakate und sollten für Fließtext eigentlich nicht verwendet werden.

Machen Sie die Probe aufs Exempel und testen Sie, welchen der beiden Absätze der obigen Abbildung Sie besser lesen können. Der linke Absatz wurde mit der Schriftart Times, einer Serifenschrift formatiert; der Absatz rechts enthält den gleichen Text, jedoch in der serifenlosen Franklin.

Meist können serifenlose und Serifenschriften problemlos miteinander kombiniert werden, wie wir es auch in diesem Buch gemacht haben. Sie sollten jedoch darauf achten, nicht zu viele verschiedene Schriften auf eine Seite zu bringen, um die Harmonie des Gesamteindrucks nicht zu zerstören. Die Seiten wirken dann schnell »über-designt«, und lenken die Wahrnehmung mehr auf die Buntheit der Darstellung als auf den Inhalt des Textes.

Dies ist auch der Grund dafür, warum Sie in den Word-Designs zwei verschiedene Schriftarten festlegen können, nämlich eine für die Überschriften und eine für den Textkörper.

Laufweite

Neben der Schriftform und der Breite der Zeichen gibt es weitere Merkmale, nach denen Schriften unterschieden werden. Die meisten von ihnen haben mit der Höhe der Zeichen und der davon beeinflussten »Farbe des Textes« zu tun. Wir kommen darauf im Abschnitt über die Schriftgrade zurück. Ein Kriterium, das mit der Ausnutzung des Platzes zu tun hat, ist die Laufweite.

Jeder Buchstabe besitzt eine bestimmte Dickte. Die Dickte eines Zeichens ist der Platz, den der Buchstabe einnimmt. Hinzu gerechnet werden auch die kleinen Leerräume, die vor und nach dem Buchstaben stehen. Diese Werte hängen vom Entwurf der Schrift ab und beschreiben den optimalen Platzbedarf jedes Zeichens. Da die gleichen Buchstaben in unterschiedlichen Schriften verschiedene Dickten besitzen können, kann es sein, dass der gleiche Text in einer anderen Schriftart mehr Platz benötigt. Im nächsten Bild haben wir für Sie den unterschiedlichen Platzbedarf der beiden Schriftarten Cambria (oben) und Times New Roman gegenübergestellt. In beiden Fällen wurde als Schriftgröße 14 pt verwendet.

Bild 11.13 Unterschiedliche Laufweiten

Die Laufweite bestimmt den Platzbedarf einer Schriftart.

Die Laufweite bestimmt den Platzbedarf einer Schriftart.

Dieser Platzbedarf wird in der sogenannten Laufweitenkennzahl ausgedrückt. Sie gibt den Platzbedarf eines Alphabets mit einem Schriftgrad von 10 Punkt an. Diese Laufweitenkennzahl wird umgerechnet auf die Schriftgröße, die Länge der Zeilen und auf die Durchschnittswerte für die Häufigkeitsverteilung der Buchstaben. Als Ergebnis erhält man eine Zahl, die die ungefähre Anzahl der Zeichen pro Zeile angibt, die dann mit den Werten anderer Schriftarten verglichen werden kann.

Schriftgrößen verstehen

Bei Word wird die Schriftgröße in einer typographischen Maßeinheit, dem Punkt, gemessen. Es ist noch recht einfach, diese Maßeinheit auf Zentimeter und Millimeter umzurechnen, um so eine größenmäßige Vorstellung von der Maßeinheit Punkt zu bekommen. Schwieriger ist es jedoch, anhand eines fertigen Textes die Schriftgröße zu ermitteln, mit der er ausgegeben wurde. Diese und andere Fragen klären wir in den folgenden Abschnitten.

Schriftgröße ermitteln

Das Problem bei der Ermittlung der Schriftgröße besteht darin, dass die Höhe der Buchstaben nur wenig mit ihrer Punktgröße zu tun hat. Hintergrund dieses Phänomens ist die Geschichte des Buchdrucks. Aus den frühen Zeiten des Bleisatzes stammen die viereckigen Schriftkörper, Lettern genannt, die mühsam manuell aneinandergereiht wurden, um aus den einzelnen Buchstaben den Text zu generieren.

Bild 11.14 Eine Letter

Eine Letter besteht aus zahlreichen Elementen, die mit unterschiedlichen Fachbegriffen bezeichnet werden. Der erhobene Teil der Letter wird Bild genannt und trägt seitenverkehrt den Buchstaben, auf den die Druckerschwärze aufgetragen wird, die dann auf das Papier gedruckt wird. Die Achselfläche (auch Grat genannt) ist der Bereich von der Kante der Letter bis zum Bild. Die Summe aus Achselfläche und Bild ist die sogenannte Kegelgröße (oder Kegelfläche), die den Schriftgrad bestimmt.

Wichtig ist also, dass der angegebene Schriftgrad der Höhe der Letter (Kegelgröße) und nicht der Größe des Bildes entspricht. Somit wird auch deutlich, warum an der Größe der gedruckten Buchstaben nicht ihr Schriftgrad gemessen werden kann. Dies wird noch einmal verdeutlicht, wenn wir uns anschauen, welche drucktechnischen Begriffe für die verschiedenen Elemente eines Buchstabens verwendet werden.

Unter-, Mittel- und Oberlänge

Auch zur Beschreibung der einzelnen Teile eines Buchstabens werden Fachausdrücke verwendet, die auf einer langen historischen Erfahrung basieren. Die Kleinbuchstaben jeder Schrift stehen auf einer gedachten Linie, die Schriftlinie genannt wird. Die meisten der Kleinbuchstaben (o, r, e, a) beanspruchen den Platz zwischen dieser Schriftlinie und der sogenannten Mittellinie, die Mittellänge genannt wird. Ein Teil der Kleinbuchstaben, beispielsweise b, d und f, ragen über diese Mittellinie hinaus und sind Buchstaben mit Oberlänge. Andere wiederum beanspruchen den Raum unterhalb der Schriftlinie (q, p und g) und heißen Buchstaben mit Unterlänge.

Bild 11.15 Unter-, Mittel- und Oberlänge

Für das Verhältnis zwischen Mittellänge, Oberlänge und Unterlänge gibt es keinen festen Wert. Dies ergibt sich jedoch aufgrund des Schriftentwurfs und des Charakters, den sie, bei klassischen Schriften, aus der Überlieferung bzw. bei neuen Schriften durch den Designer erhalten haben. Dass die Mittellänge je nach Schriftentwurf unterschiedlich groß sein kann, zeigt das folgende Bild.

Bild 11.16 Beispiele für Mittellängen verschiedener Schriftarten

Die Mittellänge, manchmal auch X-Höhe genannt, ist eine proportionale Beschreibung der Größe der Kleinbuchstaben. Dies bedeutet, dass die Kleinbuchstaben einer Schrift mit einer großen Mittellänge proportional größer sind als bei einer Schrift mit einer kleinen Mittellänge. Anders ausgedrückt: Je größer die Mittellänge, desto kleiner sind die Ober- und die Unterlänge, und umgekehrt.

Schriftgrößen umrechnen

Da Sie nun wissen, welche Aspekte Sie bei der Betrachtung der Größe einer Schrift beachten müssen und dass die Höhe der Buchstaben nur ungefähr ihrem Schriftgrad entspricht, wollen wir das Thema Schriftgrad mit einer kleinen Tabelle abschließen, mit der Sie die Schriftgröße von einer in die andere Maßeinheit umrechnen können.

Als Grundlage dient folgende Regel: 1 Zoll = 2,54 cm = 72 Punkt, mit der Sie auch beliebige andere Größen berechnen können. Eine weitere im drucktechnischen Gewerbe gebräuchliche Maßeinheit ist Pica, für die gilt: 12 Punkt = 1 Pica.

Tabelle 11.2 Umrechnungstabelle für die wichtigsten Schriftgrößen

Punkt	Millimeter	Zoll	Pica
8	2,82	0,1104	0,67
10	3,53	0,138	0,83
12	4,23	0,1656	1
14	4,94	0,1932	1,167
18	6,35	0,2484	1,5

Dokumente formatieren

Tabelle 11.2 Umrechnungstabelle für die wichtigsten Schriftgrößen *(Fortsetzung)*

Punkt	Millimeter	Zoll	Pica
24	8,47	0,3312	2
30	10,58	0,414	2,5
36	12,60	0,5	3
48	18,00	0,666	4
72	25,40	1	6

Schriftschnitt und Schrifteffekte zuweisen

Weitere Merkmale, die Sie über die Zeichenformatierung festlegen können, sind der Schriftschnitt (manchmal auch Schriftstil genannt) und verschiedene Schrifteffekte.

Fett und Kursiv verwenden

Die Schriftschnitte, die Sie auswählen können, sind bei den meisten Schriftarten die normale, die fette, die kursive und die fett-kursive Variante. Bei den meisten Schriften, die in der Liste *Schriftarten* angezeigt werden, handelt es sich in Wahrheit um vier verschiedene Schriftendateien, wobei jede Schriftendatei dann einen der Schriftschnitte enthält.

normal
fett
kursiv
fett-kursiv

Bild 11.17 Beispiele für Schriftarten, die nicht alle vier Schriftschnitte enthalten

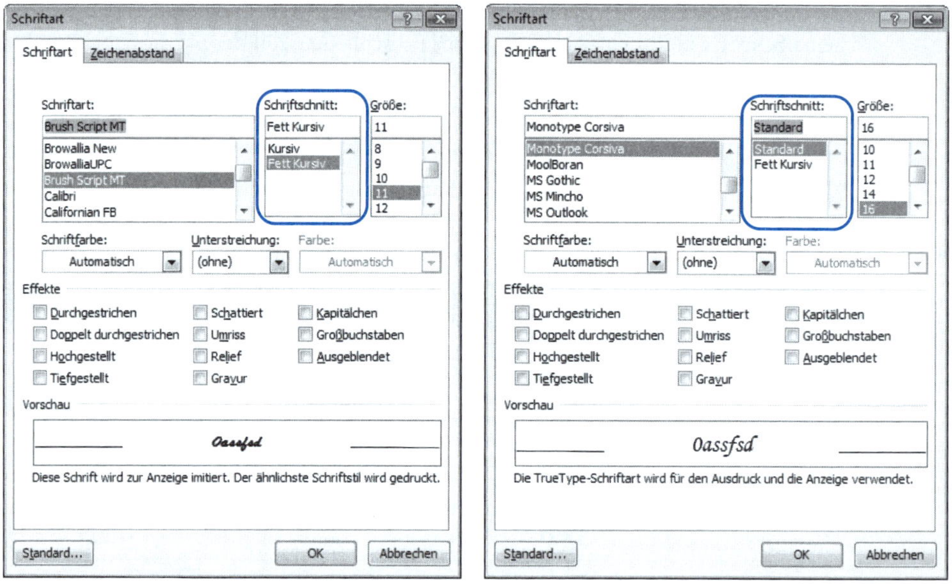

Welcher Schriftschnitt für eine bestimmte Schriftart zur Verfügung steht, können Sie erkennen, wenn Sie mit Strg+D das Dialogfeld *Schriftart* öffnen und durch die verschiedenen Schriftarten blättern. Word zeigt dann in der Liste *Schriftschnitt,* welche Schriftschnitte für die jeweilige Schriftart zur Verfügung stehen.

Manche Schriftarten bestehen jedoch nicht aus allen vier Schnitten. Hierzu gehört beispielsweise die Schriftart Brush Script, die Sie in der Abbildung auf der vorigen Seite sehen. Diese Schrift ist von Haus aus eine kursive Schrift, und daher existieren hier nur zwei Schriftschnitte: ein kursiver und ein fett-kursiver. Die Schriftart Monotype Corsiva besteht ebenfalls nur aus zwei Schnitten: hier gibt es den Schnitt *Standard* und den Schnitt *Fett Kursiv.*

Wenn Schriften mehr als vier Schriftschnitte besitzen (manche Schriftarten besitzen z.B. noch eine halbfette oder halbfett kursiv Variante), werden diese ebenfalls in der Liste *Schriftschnitt* angeboten.

Wenn Sie für eine Schriftart eine fette oder eine kursive Formatierung vornehmen, es aber diese Schriftendatei nicht gibt, wird sie von Word emuliert, was aber häufig nicht besonders gut aussieht. Wenn Sie ganz sicher sein wollen, verwenden Sie zur Formatierung das Dialogfeld *Schriftart,* schneller geht es jedoch mit den Schaltflächen *Fett* bzw. *Kursiv,* die Sie sowohl auf der Registerkarte *Start* als auch in der Minisymbolleiste finden:

1. Markieren Sie den Text, dessen Schriftart Sie ändern möchten.
2. Führen Sie eine oder beide der folgenden Aktionen durch, je nachdem ob der Text nur fett, nur kursiv oder fett und kursiv formatiert werden soll.

   - Klicken Sie auf der Registerkarte *Start* in der Gruppe *Schriftart* auf die Schaltfläche *Fett,* wenn Sie den Text fett formatieren wollen.

   - Klicken Sie auf der Registerkarte *Start* in der Gruppe *Schriftart* auf die Schaltfläche *Kursiv,* wenn Sie den Text kursiv formatieren wollen.

Text unterstreichen

Zum Unterstreichen von Text stellt Ihnen Word zahlreiche Varianten zur Verfügung. Ein Teil der Optionen zum Unterstreichen steht Ihnen direkt in der Gruppe *Schriftart* der Registerkarte *Start* zur Verfügung; andere wiederum sind nur über das Dialogfeld *Schriftart* zu erreichen.

Gehen Sie so vor, wenn Sie Text unterstreichen wollen:

1. Markieren Sie den Text, den Sie unterstreichen wollen.

2. Klicken Sie auf der Registerkarte *Start* in der Gruppe *Schriftart* auf den Pfeil der Schaltfläche *Unterstreichen,* damit Word das zugehörige Ausklappmenü öffnet.

Bild 11.18 Das Ausklappmenü zum Festlegen der Unterstreichungsart

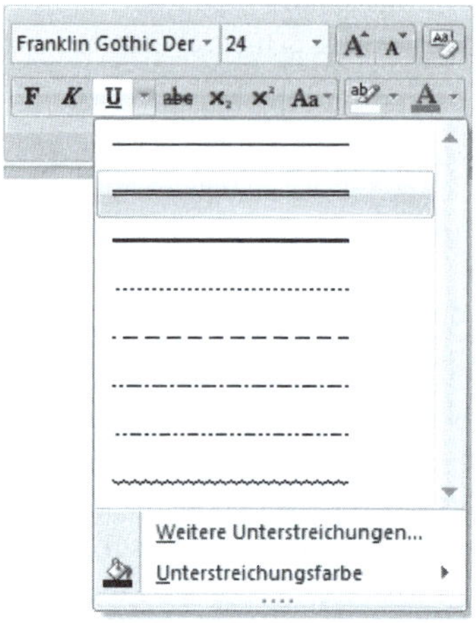

3. Wenn sich die Unterstreichung, die Sie verwenden wollen, in der Auswahlliste befindet, dann klicken Sie diese an und machen bei Schritt 5 weiter.

   Wenn Sie weitere Optionen sehen wollen (hierzu gehören das wortweise Unterstreichen und weitere dekorative Linienarten), klicken Sie im Menü auf *Weitere Unterstreichungen.* Word zeigt das Dialogfeld *Schriftart* an.

4. Öffnen Sie die Liste *Unterstreichung*, klicken Sie gewünschte Option an und klicken abschließend auf *OK.*

Bild 11.19 Weitere der Unterstreichungen stehen Ihnen im Dialogfeld *Schriftart* zur Verfügung

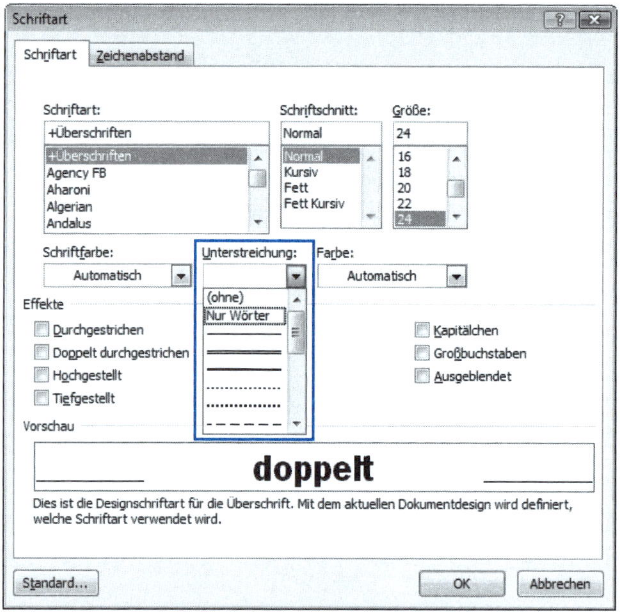

5. Wenn Sie die Farbe der Unterstreichung ändern wollen, klicken Sie auf der Registerkarte *Start* in der Gruppe *Schriftart* auf den Pfeil der Schaltfläche *Unterstreichen* und dann auf *Unterstreichungsfarbe.* Wählen Sie abschließend die gewünschte Farbe aus.

Schriftfarbe ändern

Sofern Sie dem Text in Ihrem Dokument noch keine Farbe zugewiesen haben, verwendet Word die Option *Automatisch.* Hierbei handelt es sich nicht um die Farbe Schwarz; vielmehr verwendet Word hier wahlweise Schwarz oder Weiß und zwar je nachdem, welche dieser beiden Farben den besten Kontrast zur Hintergrundfarbe des Textes ergibt, damit er weiterhin gut lesbar ist.

Mit der Einführung der Designs in Word 2007 hat sich die Art und Weise, wie Sie die Schriftfarbe ändern können, verändert. Sie können entweder eine der Standardfarben von Word verwenden oder eine der Farben bzw. Schattierungen aus den Designs zuweisen. Wenn Sie eine der Standardfarben zuweisen, wird der markierte Text genau mit dieser Farbe formatiert. Weisen Sie hingegen eine der Designfarben zu, dann formatiert Word den Text lediglich mit einem Verweis auf den Farbplatzhalter im Design. Wenn Sie dem Dokument dann zu einem späteren Zeitpunkt ein anderes Design zuweisen, wird der Text in der im neuen Design festgelegten Farbe angezeigt; auf diese Weise lassen sich auch längere Dokumente schnell und einfach anpassen. (Weitere Informationen zum Thema Farbsets und Designs finden Sie in Kapitel 14 dieses Buches.)

Gehen Sie so vor, um die Schriftfarbe zu ändern:

1. Markieren Sie den Text, den Sie unterstreichen wollen.
2. Klicken Sie auf der Registerkarte *Start* in der Gruppe *Schriftart* auf den Pfeil der Schaltfläche *Schriftfarbe,* damit Word das zugehörige Ausklappmenü öffnet.

Bild 11.20 Das Ausklappmenü zum Festlegen der Schriftfarbe

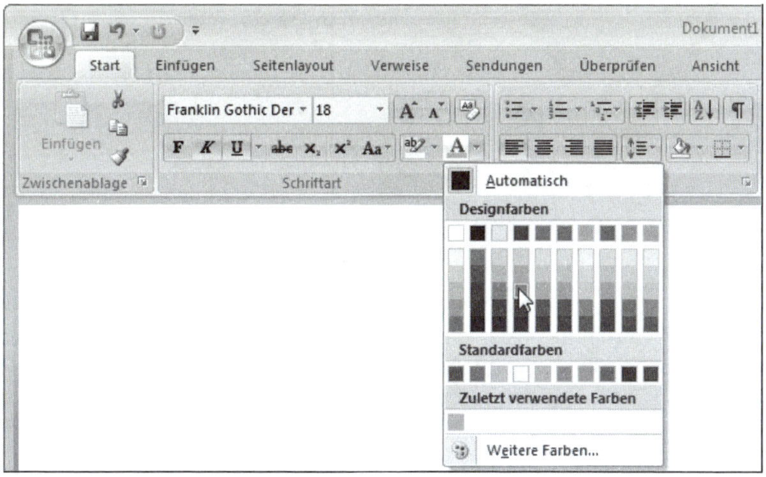

3. Führen Sie eine der folgenden Aktionen durch:
   - Klicken Sie auf *Automatisch,* wenn Word die Schriftfarbe automatisch an den Texthintergrund anpassen soll.

- Klicken Sie auf eine der Farben bzw. Farbschattierungen im Bereich *Designfarben,* wenn Sie zur Formatierung des Dokuments ein Design verwenden.
- Klicken Sie auf eine der Farben im Bereich *Standardfarben,* wenn Sie zur Formatierung des Dokuments die Standardfarben verwenden.
- Klicken Sie auf eine der Farben im Bereich *Zuletzt verwendete Farben,* wenn Sie zur Formatierung bereits eine eigene Farbkombination festgelegt haben.
- Wenn keine der bisher beschriebenen Optionen die von Ihnen benötigte Farbe enthält, klicken Sie auf *Weitere Farben* und machen bei Schritt 4 weiter.

4. Führen Sie eine der folgenden Aktionen durch:
   - Wenn Sie auf der Registerkarte *Standard* die benötigte Farbe sehen, klicken Sie sie an und schließen dann das Dialogfeld mit *OK.*
   - Anderenfalls wechseln Sie zur Registerkarte *Benutzerdefiniert,* auf der Sie die Farbwerte der benötigten Farbe entweder im RGB- oder im HSL-Farbmodell eingeben können. Sie können auch eine Farbe im Bereich *Farben* anklicken und dann mit dem Schieberegler rechts davon die Farbhelligkeit einstellen. Klicken Sie auf *OK,* wenn Sie die gewünschte Farbe eingestellt haben.

Bild 11.21 Die beiden Registerkarten des Dialogfeldes *Farben*

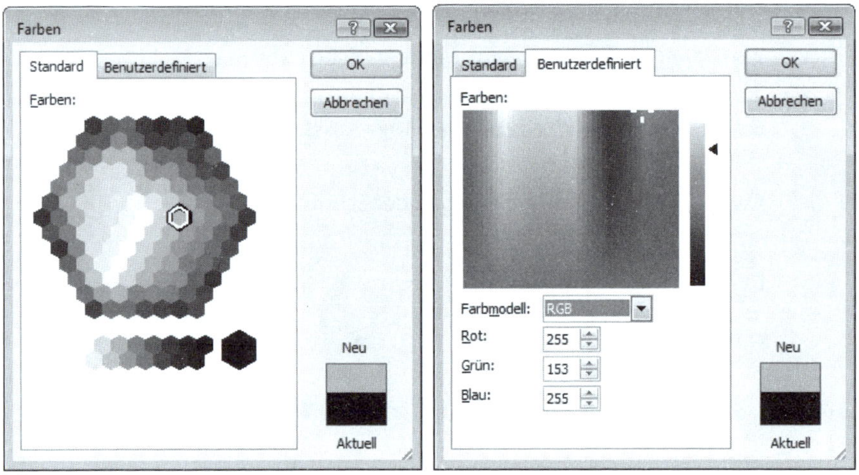

HINWEIS Sie können die Schriftfarben auch dann verwenden, wenn Sie keinen Farbdrucker besitzen, um so bestimmte Textstellen besonders hervorzuheben. Kann Ihr Drucker keine Farbe ausgeben, wird bei der Ausgabe die Standardfarbe des Druckers verwendet oder die Farben werden als Grauschattierungen ausgegeben.

Weitere Schriftattribute und Effekte verwenden

Mit drei weiteren Schaltflächen der Gruppe *Schriftart* auf der Registerkarte *Start* und einigen Kontrollkästchen im Bereich Effekte des Dialogfeldes *Zeichen* können Sie weitere Attribute und Schriftauszeichnungen einstellen, die wir nachfolgend beschreiben. Die prinzipielle Vorgehensweise ist dabei wie immer: zuerst den gewünschten Text markieren, dann die betreffende Schaltfläche anklicken bzw. das betreffende Kontrollkästchen im Dialogfeld *Zeichen* einschalten.

Hier zuerst die Beschreibung der folgenden drei Schaltflächen in der Gruppe *Schriftart:*

Bild 11.22 Die Schaltflächen zum Durchstreichen, zum Tief - und zum Hochstellen

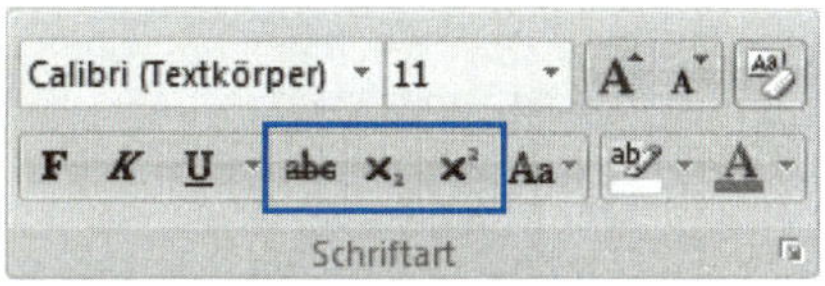

- **Durchgestrichen** Mit der Schaltfläche *Durchgestrichen* können Sie den markierten Text mit einer Linie versehen, die in der Mitte der Zeichen verläuft. (Im Dialogfeld *Schriftart* finden Sie zusätzlich noch das Kontrollkästchen, um den Text doppelt durchzustreichen.)
  Beispiel: ~~Dieser Text ist durchgestrichen.~~
- **Tiefgestellt** Mit der Schaltfläche *Tiefgestellt* wird der markierte Text verkleinert und unter die Grundlinie gesetzt.
  Beispiel: Dieser Text ist teilweise $_{\text{tiefgestellt.}}$
- **Hochgestellt** Mit der Schaltfläche *Hochgestellt* wird der markierte Text verkleinert und über die Grundlinie gesetzt.
  Beispiel: Dieser Text ist teilweise $^{\text{hochgestellt.}}$

Diese drei Formatierungsmerkmale finden Sie ebenfalls im Dialogfeld *Schriftart* wieder, und zwar im Bereich *Effekte* der Registerkarte *Schriftart.* Die weiteren Kontrollkästchen des Bereichs *Effekte* sind in der folgenden Tabelle beschrieben:

Tabelle 11.3 Effekte, die Sie bei der Zeichenformatierung verwenden können

Kontrollkästchen	Beispiel	Beschreibung
Doppelt durchgestrichen	~~Viele Linien~~	Der markierte Text wird mit zwei Linien versehen, die in der Mitte der Zeichen verlaufen.
Schattiert	**Word 2007**	Versieht den markierten Text mit einem Schatten. Hierzu wird der Text leicht nach rechts und unten versetzt in einem Grauton ausgegeben.
Umriss	Word 2007	Zeigt nur die Umrisse der Zeichen an. Kann beispielsweise in einem Wasserzeichen oder für dekorative Zwecke verwendet werden.

Tabelle 11.3 Effekte, die Sie bei der Zeichenformatierung verwenden können *(Fortsetzung)*

Kontrollkästchen	Beispiel	Beschreibung
Relief	**Word 2007**	Der Text wird erhaben dargestellt.
Gravur	**Word 2007**	Der Text wird so dargestellt, als wenn er eingraviert wurde.
Kapitälchen	SO SEHEN KAPITÄLCHEN AUS.	Kapitälchen sind eine weitere Möglichkeit, bestimmte Textstellen hervorzuheben. Hierbei werden die Kleinbuchstaben der Markierung in Großbuchstaben umgewandelt und deren Schriftgrad reduziert. Es handelt sich dabei um sogenannte falsche Kapitälchen. Echte Kapitälchen sind hingegen in der Schriftstärke den Zeichen der normalen Schrift angepasst, was die Lesbarkeit verbessert. Auch wenn Sie für eine bestimmte Schriftart echte Kapitälchen installiert haben, verwendet Word immer falsche Kapitälchen. Falls Sie die echten Kapitälchen benutzen wollen, müssen Sie sie manuell formatieren.
Großbuchstaben	DER TEXT WIRD IN GROSSBUCHSTABEN ANGEZEIGT.	Gibt den markierten Text in Großbuchstaben aus. Mehr zu dieser Option finden Sie im Abschnitt »Groß- und Kleinschreibung ändern« ab Seite 223.
Ausgeblendet	Ausgeblendeter Text	Das Zeichenformat *Ausgeblendet* können Sie verwenden, wenn Sie in einen Text z.B. Kommentare aufnehmen wollen, die am Bildschirm sichtbar sein, jedoch nicht auf dem Papier erscheinen sollen. Wenn Sie einen markierten Text ausgeblendet formatieren, wird er auf dem Bildschirm mit einer dünnen, gepunkteten Linie ausgegeben, falls im Dialogfeld *Word-Optionen* in der Kategorie *Anzeigen* und dort im Abschnitt *Diese Formatierungszeichen immer auf dem Bildschirm anzeigen* das Kontrollkästchen *Ausgeblendeter Text* eingeschaltet ist. Im Bereich *Druckoptionen* der gleichen Kategorie legen Sie fest, ob ausgeblendeter Text gedruckt wird oder nicht. Verschiedene Word-Elemente wie Felder, Indexeinträge usw. werden von Word automatisch ausgeblendet formatiert.

Bitte beachten Sie, dass die Schrifteffekte in der Regel miteinander kombiniert werden können, dass jedoch die folgenden Ausnahmen bestehen:

- Der Text kann entweder einfach oder doppelt durchgestrichen sein.
- Der Text kann entweder tief- oder hochgestellt sein.

- Sie können entweder die Option *Kapitälchen* oder die Option *Großbuchstaben* verwenden.
- Von den Effekten *Schattiert, Umriss, Relief* und *Gravur* können nur die Optionen *Schattiert* und *Umriss* miteinander kombiniert werden.

Formatierung löschen

Viele der Schaltflächen und Tastenkombinationen zur Zeichenformatierung funktionieren wie ein Schalter: ist ein Merkmal nicht gesetzt, wird es eingeschaltet; ist das Merkmal gesetzt, wird es ausgeschaltet.

Wenn Sie mehrere Zeichenformatierungen auf den gleichen Text angewendet haben und Sie die Formatierung löschen wollen, kann es etwas mühselig sein, diese einzeln wieder auszuschalten. Um die Zeichenformatierungen des markierten Textes zu löschen können Sie wie auch bei vorherigen Word-Versionen die Tastenkombination Strg+Leertaste drücken, nachdem Sie den betreffenden Text markiert haben.

Bild 11.23 Die Schaltfläche *Formatierung löschen*

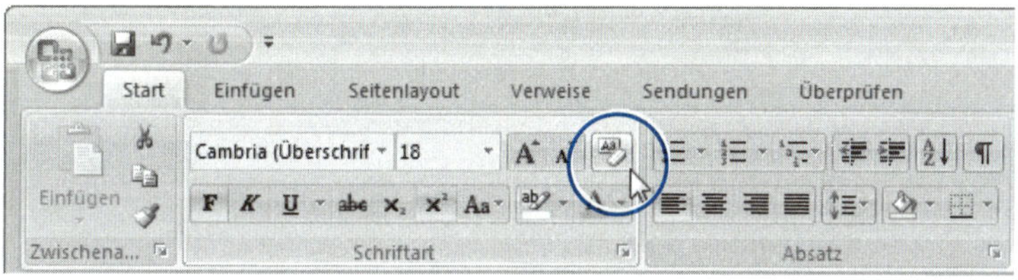

In der Gruppe *Schriftart* gibt es für die Aktion *Formatierung löschen* nun erstmals eine Schaltfläche für diesen Befehl, da vielen Word-Anwendern der vorherigen Versionen die Möglichkeit, die Formatierung zu löschen, überhaupt nicht bekannt war. Wenn Sie diese Schaltfläche verwenden, markieren Sie ebenfalls zuerst den Text, dessen Formatierung Sie löschen möchten.

Formatierung des Textes anzeigen lassen

Wenn Sie die Einfügemarke durch das Dokument bewegen und die Registerkarte *Start* geöffnet ist, zeigt Word in der Gruppe *Schriftart* die Formatierungsmerkmale des Zeichens an, dass sich *rechts* von der Einfügemarke befindet. Um die Formatierungen zu sehen, die sich nicht über die Gruppe *Schriftart* zuweisen lassen, können Sie das Dialogfeld *Schriftart* aufrufen.

Wenn Sie Text markiert haben und die Markierung zwei verschiedene Schriftarten und zwei Zeichenattribute verwendet, zeigt Word in der Gruppe *Schriftart* die Formatierung des ersten Zeichens der Markierung an. Im Dialogfeld *Schriftart* hingegen bleiben die Textfelder leer und die Kontrollkästchen enthalten ein blauen Quadrat anstelle des Häkchens.

Wenn Sie alle Formatierungsmerkmale des Textes überprüfen wollen, während Sie durch das Dokument scrollen, schalten Sie am besten mit der Tastenkombination ↵+F1 den Aufgabenbereich *Formatierung anzeigen* ein, den Sie in der Abbildung auf der folgenden Seite sehen.

Bild 11.24 Der Aufgabenbereich *Formatierung anzeigen*

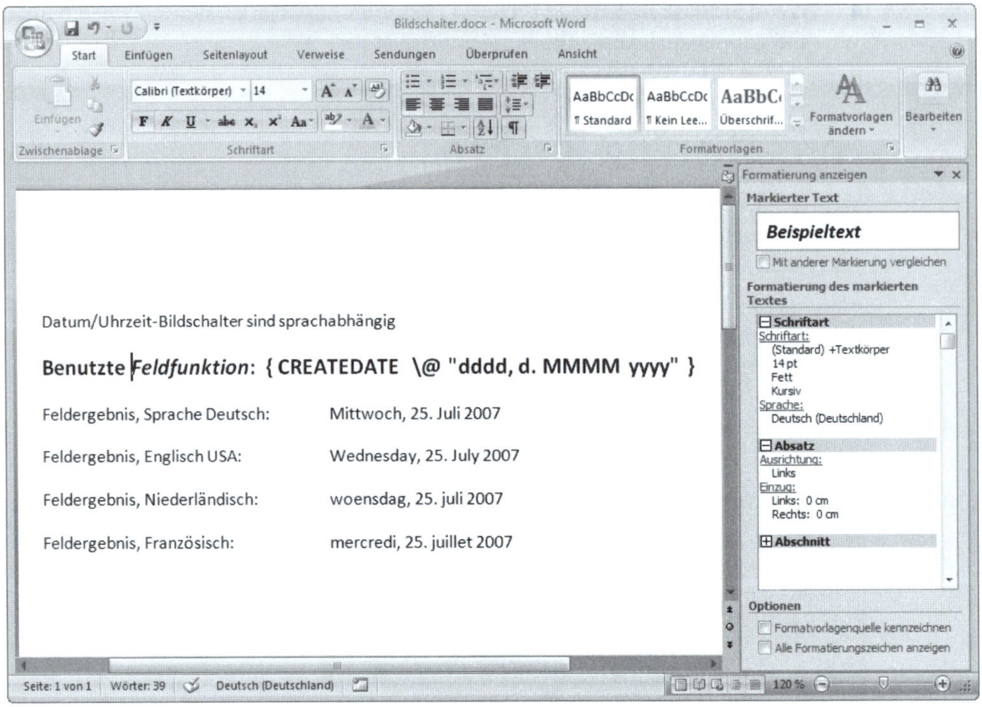

Zeichenformatierung kopieren

Wenn Sie eine komplizierte Zeichenformatierung für mehrere Textpassagen verwenden wollen, ist es nicht erforderlich, die gleichen Formatierungsbefehle wieder und wieder zu verwenden. Word kann erkennen, wie Sie die Zeichen formatiert haben, und kann daher diese Formatierung in einen anderen Text kopieren. Hier die erforderlichen Schritte:

1. Markieren Sie den Text, der richtig formatiert ist. Wenn Sie keine Absatzmerkmale kopieren wollen, müssen Sie darauf achten, dass die Absatzmarke nicht markiert ist.
2. Klicken Sie auf der Registerkarte *Start* in der Gruppe *Zwischenablage* auf die Schaltfläche *Format übertragen*. Wenn Sie das Format auf mehrere Textstellen anwenden wollen, doppelklicken Sie auf die Schaltfläche.

Bild 11.25 Die Schaltfläche *Format übertragen*

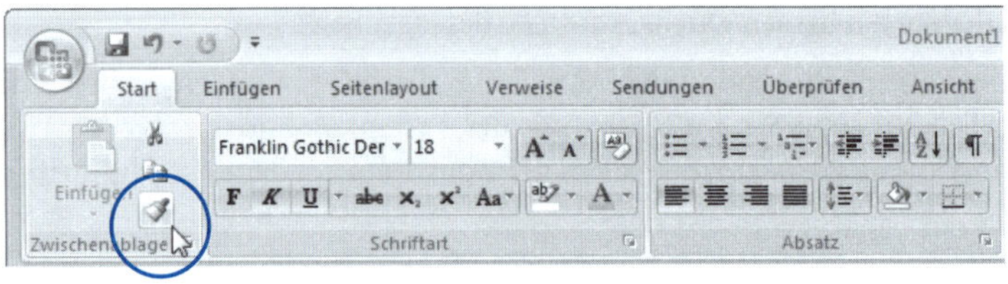

3. »Pinseln« Sie mit dem Mauszeiger den Text an, den Sie formatieren wollen.
4. Wenn Sie das markierte Format auf mehrere Textstellen übertragen wollen und die Schaltfläche doppelt angeklickt haben, bleibt der Modus »Format übertragen« so lange aktiv, bis Sie die Taste [Esc] drücken.

Letzte Formatierung wiederholen

Wenn Sie verschiedenen Textstellen nacheinander die gleiche Zeichenformatierung zuweisen wollen, können Sie sich die Arbeit ein wenig erleichtern, indem Sie in der Symbolleiste für den Schnellzugriff auf die Schaltfläche *Wiederholen* klicken oder die Tastenkombination [Strg]+[Y] verwenden.

Beachten Sie dabei, dass mit diesem Befehl immer nur die letzte Formatierungsaktion wiederholt werden kann. Wenn Sie beispielsweise mit den Tastenkombinationen ein Wort zuerst kursiv und dann fett formatiert haben, können Sie mit der Schaltfläche *Wiederholen* nur die Auszeichnung mit dem Zeichenattribut *Fett* wiederholen. Wenn Sie stattdessen das Dialogfeld *Schriftart* verwenden, werden *alle* Formatierungen, die Sie dort vorgenommen haben, als ein Befehl angesehen. Wenn Sie in dem Dialogfeld eine Schriftart und den Schriftschnitt verändern, können alle Formatierungen mit dem Befehl *Wiederholen* wiederholt werden:

1. Formatieren Sie einen Textabschnitt in der gewünschten Weise. Wenn Sie mehrere Formatierungen vornehmen und wiederholen wollen, verwenden Sie das Dialogfeld *Schriftart*, da bei der Verwendung der Schaltflächen oder der Tastenkombinationen nur eine, und zwar die letzte, Formatierung wiederholt werden kann.
2. Markieren Sie die nächste Textpassage, die auf die gleiche Weise formatiert werden soll.
3. Klicken Sie in der Symbolleiste für den Schnellzugriff auf *Wiederholen* oder drücken Sie die Tastenkombination [Strg]+[Y].

Bild 11.26 Im QuickInfo-Fenster der Schaltfläche *Wiederholen* wird angezeigt, welche Aktion wiederholt wird. Die Aktion *Schriftartformatierung* zeigt an, dass die Zeichenformatierung mit dem Dialogfeld *Schriftart* vorgenommen wurde.

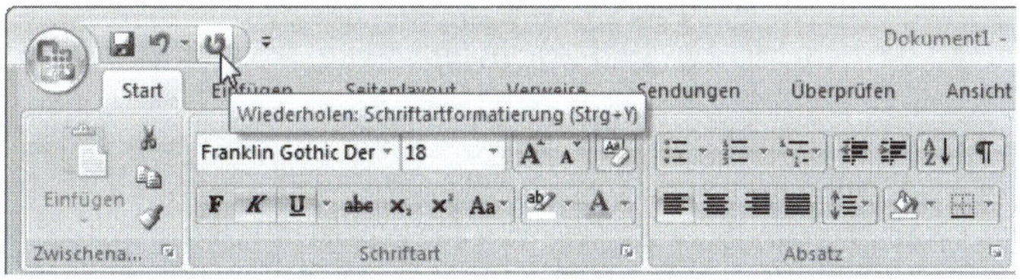

Groß- und Kleinschreibung ändern

Eine Besonderheit bei den Formatierungsmerkmalen nimmt die Groß-/Kleinschreibung des Textes ein. Um die Groß-/Kleinschreibung des Textes zu ändern, stehen Ihnen drei verschiedene Varianten zur Verfügung:

- Sie können das Kontrollkästchen *Großbuchstaben* im Dialogfeld *Schriftart* verwenden (entspricht der Tastenkombination [⇧]+[Strg]+[G]).
- Sie setzen die Tastenkombination [⇧]+[F3] ein.
- Sie verwenden die Schaltfläche *Groß-/Kleinschreibung* in der Gruppe *Schriftart* auf der Registerkarte *Start*.

Der Unterschied zwischen den drei Verfahren besteht darin, dass bei der ersten Variante lediglich die *Formatierung* der Zeichen geändert wird, bei Variante 2 und 3 werden die markierten Buchstaben *tatsächlich umgewandelt*. Was bedeutet das?

Mit der Tastenkombination [⇧]+[Strg]+[G], die dem Kontrollkästchen *Großbuchstaben* des Dialogfeldes *Schriftart* entspricht, werden die markierten Zeichen als Großbuchstaben **dargestellt**, die Groß-/Kleinschreibung selbst wird dadurch nicht verändert. Geändert wird lediglich die Darstellung auf dem Bildschirm und damit auch die Ausgabe auf dem Drucker. Damit ist *Großbuchstaben* genauso ein Zeichenattribut wie beispielsweise das Attribut *Fett*, durch das auch die Zeichen nicht verändert werden, sondern lediglich deren Darstellung. Wenn Sie einen Teil des Textes mit der Option *Großbuchstaben* formatiert haben, können Sie ihn durch Ausschalten des Kontrollkästchens im Dialogfeld *Schriftart* wieder auf die alte Darstellungsart zurückbringen. Dann erscheint wieder die Groß- und Kleinschreibung, wie Sie sie eingegeben haben.

Anders verhält es sich bei der Tastenkombination [⇧]+[F3]. Word ändert nach der Eingabe von [⇧]+[F3] die Groß- und Kleinschreibung des Textes der (evtl. durch mehrmaliges Drücken) folgendermaßen verändert werden kann:

- Der erste Buchstabe jedes Wortes in der Markierung wird in einen Groß-, der Rest in Kleinbuchstaben umgewandelt.
- Die gesamte Markierung wird in Kleinbuchstaben umgewandelt.
- Die gesamte Markierung wird in Großbuchstaben umgewandelt.

Weitere Möglichkeiten zur Formatierung der Groß-/Kleinschreibung bietet Ihnen die gleichnamige Schaltfläche, die sich in der Gruppe *Schriftart* der Registerkarte *Start* befindet. Wenn Sie die Schaltfläche anklicken, wird das Ausklappmenü geöffnet, das Sie in der folgenden Abbildung sehen. Klicken Sie die gewünschte Option an, um die Groß-/Kleinschreibung des markierten Textes entsprechend ändern zu lassen.

Bild 11.27 Das Ausklappmenü der Schaltfläche *Groß-/Kleinschreibung*

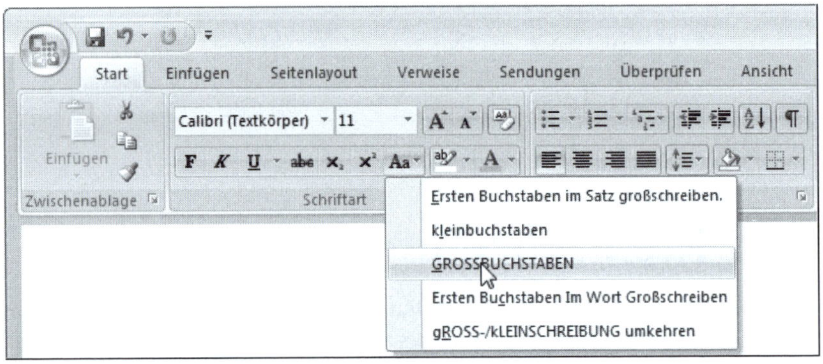

Zeichenabstand festlegen

Im Dialogfeld *Schriftart* finden Sie die Registerkarte *Zeichenabstand,* mit der Sie den Abstand zwischen einzelnen Buchstaben verkleinern oder vergrößern und die Hoch-/Tiefstellung beeinflussen können. Bevor wir Ihnen die möglichen Werte vorstellen, die Sie in den Textfeldern eingeben können, wollen wir ein wenig die typographische Theorie beleuchten, die hinter dieser so unscheinbar aussehenden Optionsgruppe steckt.

Abstand (Laufweite) und Unterschneidung

Hinter dem Listenfeld *Abstand* und dem Feld *Unterschneidung ab* verbirgt sich die Möglichkeit, die Unterschneidung (Kerning) der Buchstaben zu steuern. Dieser typographische Begriff meint, dass der Abstand zwischen bestimmten Buchstabenpaaren individuell angepasst wird. Dieses Erfordernis hängt mit dem Aussehen der Buchstaben zusammen. Lassen Sie uns dies an dem Buchstabenpaar »Tr« verdeutlichen. Der Buchstabe T besitzt eine relativ große Weite, obwohl sie nur für den oberen Strich des Buchstabens benötigt wird. Die vertikale Linie, der Stamm, des T ist schmal. Um ein ausgewogeneres Schriftbild zu erreichen, das nicht durch einen zu großen Leerraum zwischen den Buchstaben gestört wird, verringert man mit der Unterschneidung den Zeichenabstand zwischen diesem Buchstabenpaar.

Bild 11.28 Unterschneiden von Buchstaben- und Buchstabenpaaren

Ohne Unterschneidung	Mit Unterschneidung
Trasse	**Trasse**
LAVA	LAVA

Für obige Abbildung haben wir einen großen Schriftgrad verwendet, um das Phänomen besonders deutlich zu machen. Bei einer normalen Lesegröße von 10 oder 12 Punkt ist die manuelle Unterschneidung nicht erforderlich. Das Wort Lava in Großbuchstaben ist ein anderes schönes Beispiel, das die Notwendigkeit der Unterschneidung verdeutlicht. Achten Sie auf den Abstand der Buchstaben AVA.

Der Begriff Unterschneidung stammt aus der Zeit vor dem elektronischen Satz, als zum Setzen noch Bleibuchstaben verwendet wurden, bei denen jeder Buchstabe auf einer eigenen Letter vorhanden war. Entdeckte der Setzer, vor allem beim Setzen von Überschriften in großen Punktgrößen, dass zwei aufeinanderfolgende Buchstaben zur Gruppe der kritischen Buchstabenpaare gehörten, wurde(n) die Letter(n) zurechtgeschnitten, um so den Buchstabenabstand optimal zu gestalten.

Laufweite verändern

Bei Word brauchen Sie jedoch kein Messer, um den Zeichenabstand zu ändern, sondern nur das Listenfeld *Abstand*, womit wir wieder zu den praktischen Möglichkeiten zurückkehren. Mit den Optionen des Listenfeldes *Abstand* und des daneben befindlichen Textfeldes können Sie den Leerraum zwischen markierten Buchstaben vergrößern oder verkleinern. Sie können beispielsweise eine Überschrift gesperrt ausgeben, wenn Sie den Zeichenabstand vergrößern, oder kritische Buchstabenpaare näher aneinanderrücken, sie unterschneiden.

Bild 11.29 Die Registerkarte *Zeichenabstand* des Dialogfeldes *Schriftart*

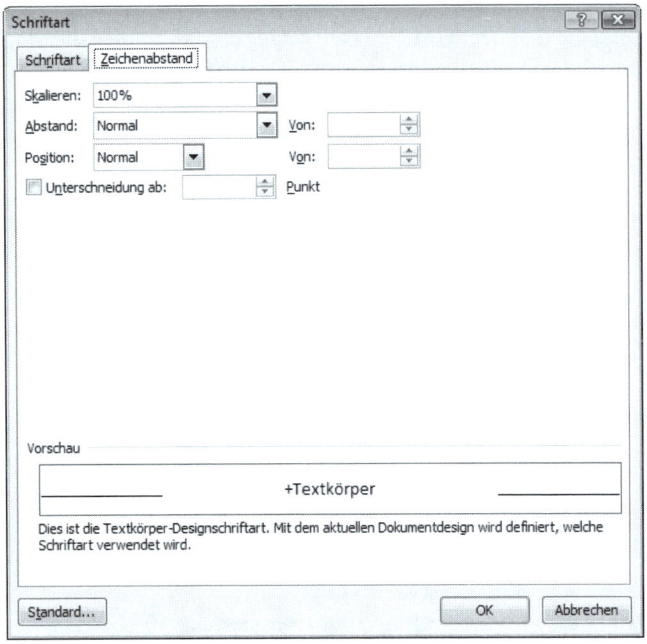

Lassen Sie uns nun die einzelnen Optionen des Listenfeldes *Abstand* vorstellen. Bedenken Sie auch hier, dass Sie vor dem Formatieren die gewünschten Buchstaben markieren müssen:

- **Normal** Wenn Sie die Option *Normal* auswählen, fügt Word keinen zusätzlichen Leerraum zwischen den Zeichen ein. Stattdessen werden die Zeichenabstände verwendet, die vom Designer der Schriftart als optimal angesehen wurde. Die Laufweite der Schrift bleibt unverändert. Für normalen Text in Lesegröße ist dies ausreichend.
- **Erweitert** Wenn Sie die Option *Erweitert* wählen, wird rechts von jedem der markierten Zeichen ein Leerraum hinzugefügt. Die Laufweite der Schrift wird vergrößert. Im Textfeld *Von*, das besser den Namen *Um* haben würde, sehen Sie als Standardvorgabe 1 Punkt. Sie können hier in Schritten von 0,1 Punkt einen anderen Wert eingeben, der größtmögliche ist 1584 Punkt.
- **Schmal** Mit der Option *Schmal* wird rechts von jedem der markierten Zeichen der Leerraum gelöscht. Die Laufweite der Schrift wird verringert. Die Standardvorgabe im Textfeld ist 1 Punkt, der größtmögliche Wert ist 1584 Punkt. Sie können den Zeichenabstand in Schritten von 0,1 Punkt vermindern.

Textfarbe

Die Änderung des Zeichenabstands bei normalem Fließtext ändert auch die Textfarbe. Mit Farbe ist in diesem Fall nicht die Farbe gemeint, die Sie im Dialogfeld *Schriftart* und der Multifunktionsleiste einstellen können, sondern der Grad der Schwärzung des bedruckten Papiers, der sich aus dem Verhältnis von gedruckten Zeichen und weißen Flächen ergibt. Neben dem Charakter der Schrift und dem verwendeten Schriftschnitt und Attribut hat auch die Änderung des Zeichenabstands Einfluss auf die Textfarbe. Vergleichen Sie die beiden Absätze in der folgenden Abbildung, die in der gleichen Schriftart formatiert wurden. Beim rechten Absatz wurde lediglich der Zeichenabstand für den gesamten Text vermindert.

Bild 11.30 Der Zeichenabstand und die Farbe des Textes

Der Begriff Textfarbe beschreibt die Schwärzung des bedruckten Papiers, die sich aus dem Verhältnis von gedruckten Zeichen und weißen Flächen ergibt. Die Textfarbe wird von verschiedenen Faktoren beeinflusst. Hierzu gehören der Charakter der Schrift, die verwendeten Zeichenattribute und auch der Abstand der Buchstaben zueinander. Auch der Zeilenabstand, den Sie im folgenden Kapitel kennenlernen, kann bei unverändertem Zeichenabstand die Textfarbe beeinflussen.

Der Begriff Textfarbe beschreibt die Schwärzung des bedruckten Papiers, die sich aus dem Verhältnis von gedruckten Zeichen und weißen Flächen ergibt. Die Textfarbe wird von verschiedenen Faktoren beeinflusst. Hierzu gehören der Charakter der Schrift, die verwendeten Zeichenattribute und auch der Abstand der Buchstaben zueinander. Auch der Zeilenabstand, den Sie im folgenden Kapitel kennenlernen, kann bei unveränderter Zeichenabstand die Textfarbe beeinflussen.

Automatische Unterschneidung

Auf der Registerkarte *Zeichenabstand* sehen Sie im unteren Bereich außerdem noch das Kontrollkästchen *Unterschneidung ab*. Wenn Sie dieses Kontrollkästchen einschalten und in das Feld *Ab* einen Schriftgrad eintragen, führt Word für die kritischen Buchstabenpaare automatisch die Unterschneidung durch. Der Vorgabewert für den Schriftgrad ist 48 Punkt, den Sie auch nicht unterschreiten sollten, damit bei kleineren Schriftgraden die Buchstaben nicht zu sehr aneinanderkleben.

Höher- und Tieferstellen

Wenn Sie auf der Registerkarte *Schriftart* das Kontrollkästchen *Hochgestellt* oder *Tiefgestellt* einschalten, wird die Schriftgröße des markierten Textes reduziert (bei einem Schriftgrad von 10 oder 12 Punkt um ca. 3 Punkt) und die Zeichen über bzw. unter die Grundlinie (die auch Schriftlinie genannt wird) gesetzt.

Mit dem Listenfeld *Position* können Sie den Stand der hoch- oder tiefergestellten Zeichen weiter beeinflussen. Wenn Sie die Option *Tieferstellen* auswählen, können Sie in das Feld *Von* (das ebenfalls besser *Um* heißen würde) einen Wert eingeben, der die markierten Zeichen in Bezug auf die

Grundlinie weiter nach unten schiebt. Den gegenteiligen Effekt erhalten Sie, wenn Sie die Option *Höherstellen* auswählen.

Das Listenfeld *Position* kann auch dann benutzt werden, wenn Sie weder das Kontrollkästchen *Hochgestellt* noch das Kontrollkästchen *Tiefgestellt* aktiviert haben. Dann wird der Schriftgrad zwar nicht automatisch reduziert, aber Sie haben dennoch die Möglichkeit, die Position der Zeichen in Bezug auf die Grundlinie einzustellen.

Skalieren

Die Option des Dialogfeldes *Schriftart*, die bisher noch nicht beschrieben wurde, lautet *Skalieren* und befindet sich ganz oben auf der Registerkarte *Zeichenabstand*. Beim Skalieren von Text wird die Form der Zeichen prozentual geändert. Sie können Text skalieren, indem Sie ihn strecken oder komprimieren.

1. Markieren Sie den Text, den Sie strecken oder komprimieren möchten.
2. Drücken Sie die Tastenkombination Strg+D, um das Dialogfeld *Schriftart* zu öffnen.
3. Wechseln Sie zur Registerkarte *Zeichenabstand*.
4. Geben Sie in das Feld *Skalieren* die gewünschte Prozentzahl ein oder wählen Sie eine aus der Liste aus.

   Bei einem Prozentsatz über 100 % wird der Text gestreckt. Bei einem Wert unter 100 % wird der Text komprimiert. Der kleinste Wert, den Sie eingeben können, ist 1, der größte 600.

Schriftarten hinzufügen und löschen

Wenn Sie einen Drucker verwenden, der mit nachladbaren Zeichensätzen arbeiten kann, beispielsweise einen PostScript-Drucker, steht Ihnen eine riesige Auswahl an Schriften zur Verfügung. Nachdem Sie eine Schrift erworben haben, müssen Sie sie zum Einsatz mit Windows installieren. Die meisten Schriftenhersteller liefern Ihnen zu diesem Zweck mit den Fonts ein Installationsprogramm, das meist auch eine Option zur Verwendung der Schriften mit Windows enthält.

Da die Programme von Hersteller zu Hersteller unterschiedlich sind, müssen wir Sie für Einzelheiten auf die Dokumentation zu Ihrer Schrift verweisen. Beachten Sie, dass Sie in den meisten Fällen – es sei denn, es handelt sich um eine TrueType-Schrift – sowohl die Druckerschriftart als auch die Bildschirmschriftart installieren müssen.

Weitere TrueType-Schriften können Sie von den unterschiedlichsten Herstellern erhalten. Auch im Internet gibt es zahlreiche Websites, auf denen es auch kostenlose TrueType-Schriften gibt. Die Qualität dieser Schriften ist sehr unterschiedlich; daher hilft hier nur Ausprobieren. Achten Sie darauf, dass die Fonts auch die Umlaute enthalten, da es auch zahlreiche kostenlose Schriften gibt, die aus dem englischsprachigen Raum stammen und in denen keine Umlaute definiert sind.

Nachdem Sie neue Schriften beispielsweise auf Ihren Computer heruntergeladen haben, müssen Sie die Schriften noch installieren, damit Sie in Word zur Verfügung stehen.

Schriftarten installieren unter Windows Vista

Wenn Sie Windows Vista verwenden, gehen Sie so vor, um Schriftarten zu installieren:

1. Klicken Sie auf die Schaltfläche *Start* und dann im Startmenü auf *Systemsteuerung.*
2. Führen Sie eine der folgenden Aktionen durch:
   - Wenn Sie die Standardansicht der Systemsteuerung verwenden, klicken Sie zuerst auf die Option *Darstellung und Anpassung.* Windows zeigt die Seite *Darstellung und Anpassung* an. Klicken Sie auf *Schriftarten.*

Bild 11.31 Die Seite *Darstellung und Anpassung* der Systemsteuerung von Windows Vista

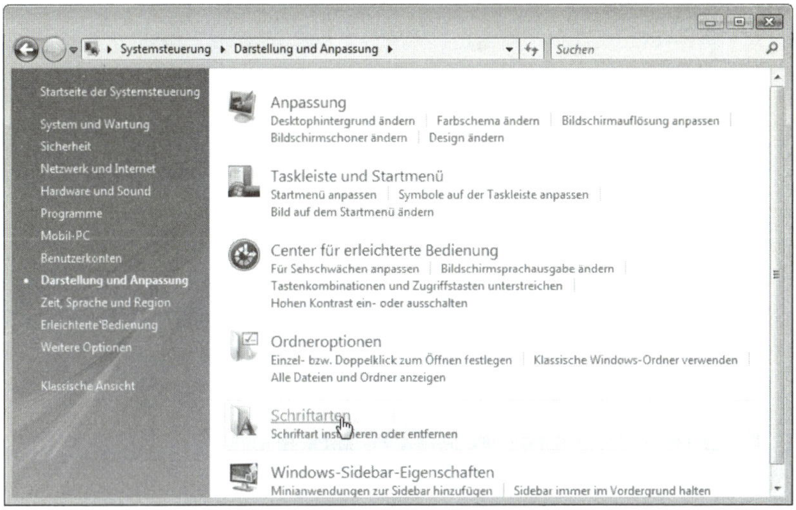

   - Wenn Sie die klassische Ansicht verwenden, klicken Sie auf das Symbol *Schriftarten.*

   Windows zeigt das Fenster *Schriftarten* an.

3. Drücken Sie die Taste `Alt`, damit die Menüleiste eingeblendet wird.
4. Öffnen Sie das Menü *Datei* und wählen Sie den Befehl *Neue Schriftart installieren.*

   Das Dialogfeld *Schriftarten hinzufügen* wird angezeigt (siehe nächste Seite).

5. Wenn sich die Schriftarten in einem freigegebenen Ordner in einem Netzwerk befinden, klicken Sie auf die Schaltfläche *Netzwerk.* Windows zeigt das Dialogfeld *Netzlaufwerk verbinden* an. Weisen Sie dort dem freigegebenen Ordner einen Laufwerksbuchstaben zu und klicken Sie dann auf *Fertig stellen.*
6. Wählen Sie im Listenfeld *Laufwerke* und im Listenfeld *Ordner* das Laufwerk bzw. den Ordner aus, in dem sich die Schriften befinden.

   Wenn Sie zu einem anderen Ordner wechseln, sucht das Dialogfeld automatisch nach Schriftdateien. Wenn in dem Ordner Schriftdateien gefunden werden, wird oberhalb des Listenfeldes *Laufwerke* der Text *Schriftarten lesen* und eine Prozentangabe angezeigt, die Sie über den Fortgang der Suche informiert. Andernfalls sehen Sie im Listenfeld *Schriftartenliste* die Meldung *Es wurden keine Schriftarten gefunden.* Wechseln Sie dann das Laufwerk und/oder den Ordner.

Bild 11.32 Das Dialogfeld *Schriftarten hinzufügen* zeigt alle Schriften an, die im ausgewählten Ordner gefunden wurden

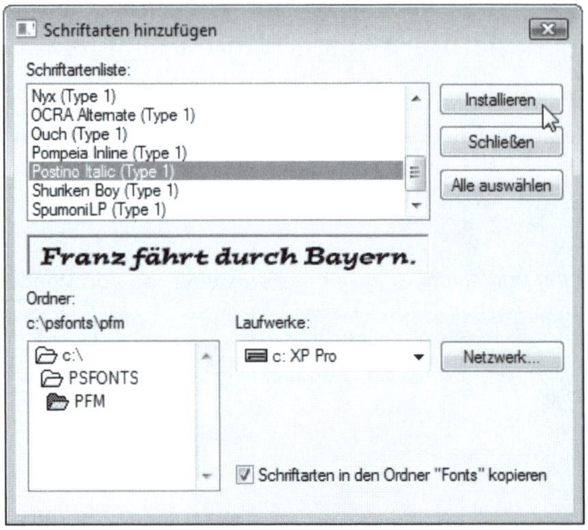

7. Nachdem die Suche nach den Schriftarten abgeschlossen ist, sehen Sie im Listenfeld *Schriftartenliste* die Namen aller Schriften, die Sie installieren können. Klicken Sie eine Schriftart an, um im mittleren Bereich des Dialogfeldes eine Vorschau zu sehen.
8. Drücken Sie die Strg-Taste, halten Sie sie gedrückt und klicken Sie nacheinander alle Schriften an, die Sie installieren wollen. Wenn nicht alle Schriftnamen sichtbar sind, verwenden Sie die Bildlaufpfeile, um durch die Liste zu scrollen. Um alle Schriften hinzuzufügen, können Sie auch die Schaltfläche *Alle auswählen* anklicken.
9. Im unteren Bereich des Dialogfeldes sehen Sie noch das Kontrollkästchen *Schriftarten in den Ordner "Fonts" kopieren.* Sie können dieses Kontrollkästchen ausschalten, wenn die Schriftdateien bereits auf einer Festplatte in Ihrem Rechner vorhanden sind. Ist das Kontrollkästchen ausgeschaltet, werden die neuen Schriften immer aus dem Ordner verwendet, in dem sie sich bei der Installation befanden. Ansonsten lassen Sie das Kontrollkästchen am besten eingeschaltet.
10. Nachdem alle Schriften ausgewählt sind, klicken Sie auf *Installieren,* und die Installation kann beginnen.

Sie können mit diesem Verfahren keine Schriftarten installieren, die Sie bereits zu einem früheren Zeitpunkt eingerichtet haben. Sollten Sie versehentlich eine Schriftart markiert haben, die bereits vorhanden ist, sehen Sie eine Meldung mit der Aufforderung, vor dem Installieren die Schrift zunächst zu löschen.

Schriftarten installieren unter Windows XP

Wenn Sie Windows XP verwenden, nehmen Sie folgende Schritte vor, um neue Schriftarten zu installieren:

1. Klicken Sie auf die Schaltfläche *Start* und dann im Startmenü auf *Systemsteuerung.*

2. Wenn das Fenster *Systemsteuerung* noch nicht in der klassischen Ansicht angezeigt wird, klicken Sie im linken Bereich des Fensters auf *Zur klassischen Ansicht wechseln.*
3. Scrollen Sie, bis Sie das Symbol *Schriftarten* sehen, und doppelklicken Sie darauf.

Bild 11.33 Die klassische Ansicht der *Systemsteuerung* von Windows XP

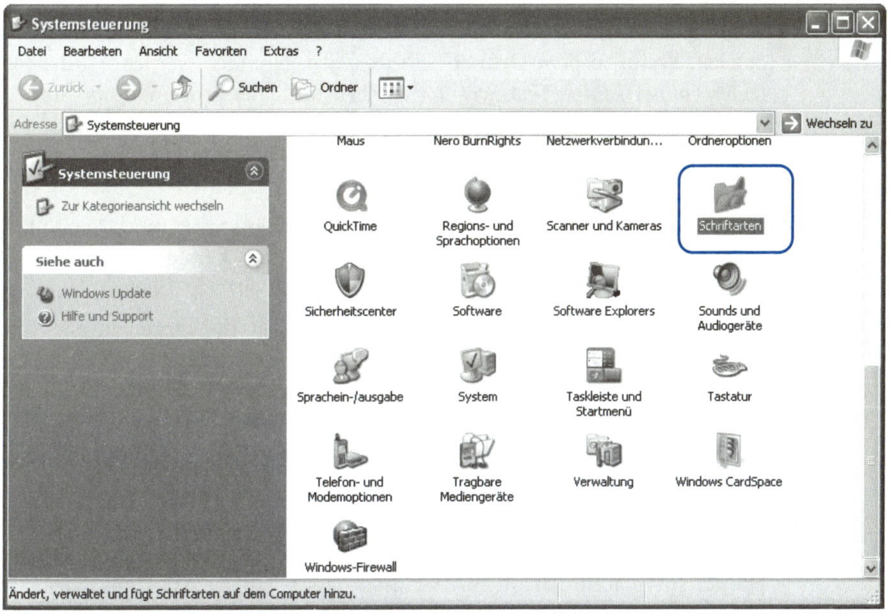

Das Fenster *Schriftarten* wird geöffnet.

4. Öffnen Sie das *Datei*-Menü und wählen Sie den Befehl *Neue Schriftart installieren.*

Bild 11.34 Das Dialogfeld *Schriftarten hinzufügen* unter Windows XP

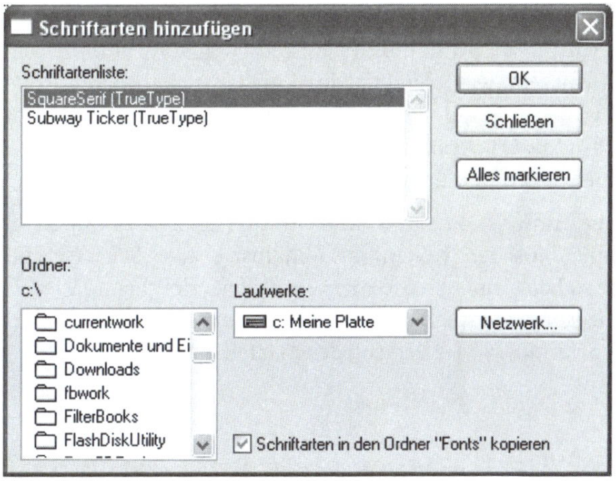

5. Wenn sich die Schriftarten in einem freigegebenen Ordner in einem Netzwerk befinden, klicken Sie auf die Schaltfläche *Netzwerk.* Windows zeigt das Dialogfeld *Netzlaufwerk verbinden* an. Weisen Sie dort dem freigegebenen Ordner einen Laufwerksbuchstaben zu und klicken Sie dann auf *Fertig stellen.*

6. Wählen Sie im Listenfeld *Laufwerke* und im Listenfeld *Ordner* das Laufwerk bzw. den Ordner aus, in dem sich die Schriften befinden.

   Wenn Sie zu einem anderen Ordner wechseln, sucht das Dialogfeld automatisch nach Schriftdateien. Wenn in dem Ordner Schriftdateien gefunden werden, wird oberhalb des Listenfeldes *Laufwerke* der Text *Schriftarten lesen* und eine Prozentangabe angezeigt, die Sie über den Fortgang der Suche informiert. Andernfalls sehen Sie im Listenfeld *Schriftartenliste* die Meldung *Es wurden keine Schriftarten gefunden.* Ändern Sie dann das Laufwerk und/oder den Ordner.

7. Nachdem die Suche nach den Schriftarten abgeschlossen ist, sehen Sie im Listenfeld *Schriftartenliste* die Namen aller Schriften, die Sie installieren können. Klicken Sie eine Schriftart an, um im mittleren Bereich des Dialogfeldes eine Vorschau zu sehen.

8. Drücken Sie die `Strg`-Taste, halten Sie sie gedrückt und klicken Sie nacheinander alle Schriften an, die Sie installieren wollen. Wenn nicht alle Schriftnamen sichtbar sind, verwenden Sie die Bildlaufpfeile, um durch die Liste zu scrollen. Um alle Schriften hinzuzufügen, können Sie auch die Schaltfläche *Alle markieren* anklicken.

9. Im unteren Bereich des Dialogfeldes sehen Sie noch das Kontrollkästchen *Schriftarten in den Ordner "Fonts" kopieren.* Sie können dieses Kontrollkästchen ausschalten, wenn sich die Schriftdateien bereits auf einer Festplatte in Ihrem Rechner befinden. Ist das Kontrollkästchen ausgeschaltet, werden die neuen Schriften immer aus dem Ordner verwendet, in dem sie sich bei der Installation befanden. Ansonsten lassen Sie das Kontrollkästchen am besten eingeschaltet.

10. Nachdem alle Schriften ausgewählt sind, klicken Sie auf *OK*, und die Installation kann beginnen.

Schriftarten löschen

Auch das Löschen einer Schriftart wird in der Systemsteuerung vorgenommen. Das Löschen einer Schriftart kann dann sinnvoll sein, wenn Sie Platz im Arbeitsspeicher sparen wollen, da jede installierte Schriftart beim Starten von Windows automatisch geladen wird. Damit machen Sie die Installation der Schrift in Windows rückgängig. Sie können beim Löschen außerdem die Schriftdatei von der Festplatte entfernen lassen und dadurch zusätzlich Platz auf der Festplatte einsparen.

Bitte beachten Sie auch die Hinweise zu den Schriftschnitten ab Seite 214 in diesem Kapitel. Wenn Sie eine Schriftart komplett löschen wollen (also inklusive aller Schriftschnitte, die für diese Schriftart zur Verfügung stehen), müssen Sie mehrere Dateien löschen, da jeder Schriftschnitt in einer eigenen Datei vorliegt. Ein Beispiel hierfür sehen Sie exemplarisch für die Schrift Eucrosia-UPC, für die im Fenster *Schriftarten* vier verschiedene Dateien angezeigt werden (siehe Abbildung auf der nächsten Seite).

Schriftart unter Windows Vista deinstallieren

1. Klicken Sie auf die Schaltfläche *Start* und dann im Startmenü auf *Systemsteuerung.*
2. Führen Sie eine der folgenden Aktionen durch:
   - Wenn Sie die Standardansicht der Systemsteuerung verwenden, klicken Sie zuerst auf die Option *Darstellung und Anpassung.* Windows zeigt die Seite *Darstellung und Anpassung* an. Klicken Sie dort auf *Schriftarten.*
   - Wenn Sie die klassische Ansicht verwenden, klicken Sie auf das Symbol *Schriftarten.*

   Windows zeigt das Fenster *Schriftarten* an.

Bild 11.35 Für die Schriftart EucrosiaUPC sind insgesamt vier Dateien installiert, und zwar für jeden Schriftschnitt eine Datei

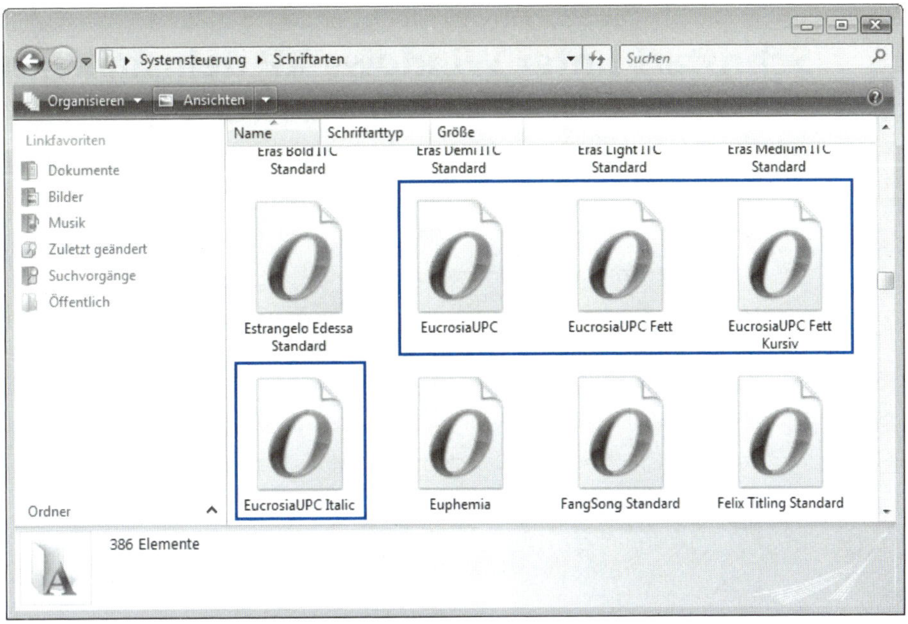

3. Markieren Sie die Schriftartdatei(en), die Sie deinstallieren möchten, klicken Sie die Markierung mit der rechten Maustaste an und klicken Sie im Kontextmenü auf *Löschen.*
4. Je nachdem, wie die Sicherheitseinstellungen konfiguriert sind, werden Sie aufgefordert, der Fortsetzung des Vorgangs zuzustimmen. Klicken Sie in diesem Fall auf *Fortsetzen.*

   Das Dialogfeld *Datei löschen* wird angezeigt.

Bild 11.36 Bestätigen Sie hier, dass die Datei(en) wirklich gelöscht werden soll(en)

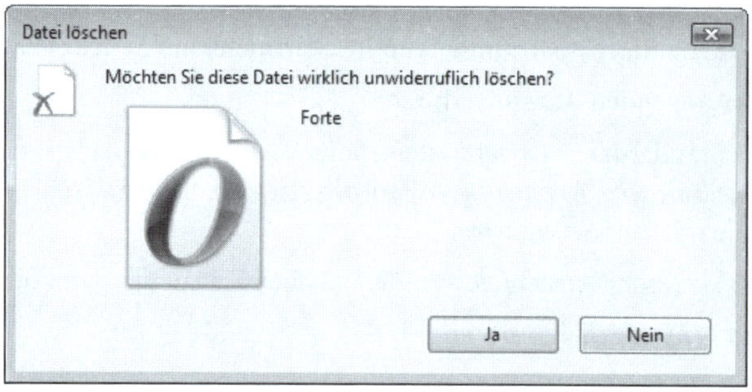
Datei löschen
Möchten Sie diese Datei wirklich unwiderruflich löschen?
Forte
Ja
Nein

5. Klicken Sie auf *Ja*, um das Löschen der Schriftart zu bestätigen.

Schriftart unter Windows XP deinstallieren

1. Klicken Sie auf die Schaltfläche *Start* und dann im Startmenü auf *Systemsteuerung*.
2. Wenn das Fenster *Systemsteuerung* noch nicht in der klassischen Ansicht angezeigt wird, klicken Sie im linken Bereich des Fensters auf *Zur klassischen Ansicht wechseln*.
3. Scrollen Sie, bis Sie das Symbol *Schriftarten* sehen, und doppelklicken Sie darauf.

   Das Fenster *Schriftarten* wird geöffnet.
4. Markieren Sie die Schriftartdatei(en), die Sie deinstallieren möchten, klicken Sie die Markierung mit der rechten Maustaste an und klicken Sie im Kontextmenü auf *Löschen*.

   Das folgende Dialogfeld wird angezeigt:

Bild 11.37 Bestätigen Sie hier, dass die Schriftarten wirklich gelöscht werden soll

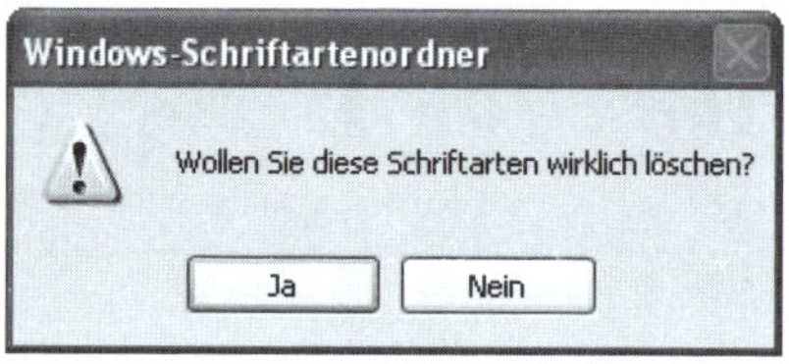
Windows-Schriftartenordner
Wollen Sie diese Schriftarten wirklich löschen?
Ja
Nein

5. Klicken Sie auf *Ja*, um das Löschen der Schriftart zu bestätigen.

Schriftarten einbetten und ersetzen

Eines der großen Probleme beim Austauschen von Word-Dokumenten zwischen unterschiedlichen PCs besteht darin, dass nicht alle PCs – was die installierten Schriftarten angeht – gleich konfiguriert sind. Normalerweise steht in den Word-Dateien nur der Name der Schriftart, mit der ein bestimmter Text formatiert wurde. Wenn die von Ihnen erstellte Datei auf einem PC geöffnet wird, auf dem die benutzte Schrift nicht vorhanden ist, zeigt Word im Dialogfeld *Schriftart* und im

Listenfeld *Schriftart* zwar den Namen der ursprünglichen Schrift an, im Dokument selbst ist jedoch eine Ersatzschrift zu sehen.

Wenn Sie in Ihren Dokumenten lediglich TrueType-Schriften einsetzen und sicherstellen wollen, dass das Dokument auch auf einem anderen PC mit den von Ihnen ausgewählten Schriftarten angezeigt und ausgedruckt werden kann, können Sie die Schriften selbst in das Dokument einbetten lassen.

Schriften einbetten

Gehen Sie folgendermaßen vor, um die im Dokument verwendeten Schriftarten in das Dokument einzubetten:

1. Klicken Sie auf die Schaltfläche *Office* und dann auf *Speichern unter.*

   Das Dialogfeld *Speichern unter* wird angezeigt.

2. Klicken Sie auf die Schaltfläche *Tools* und dann auf *Speicheroptionen.*

   Das Dialogfeld *Word-Optionen* wird angezeigt; die Kategorie *Speichern* ist geöffnet.

3. Schalten Sie das Kontrollkästchen *Schriftarten in der Datei einbetten* ein.

Bild 11.38 Hiermit lassen Sie die verwendeten Schriftarten in Ihrem Dokument einbetten

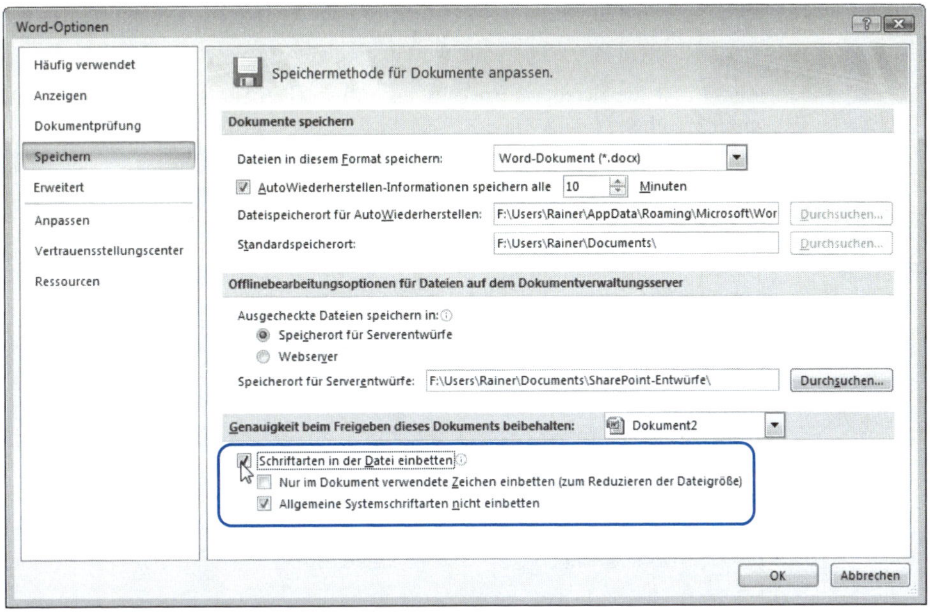

4. Schalten Sie eine oder beide der folgenden Optionen ein:

   - **Nur im Dokument verwendete Zeichen einbetten** Wenn Sie diese Option einschalten, werden von den Schriftarten nur die Buchstaben eingebettet, die auch im Dokument verwendet wurden. Schalten Sie diese Option nicht ein, wenn das Dokument von der Person, an die Sie es weiterleiten, noch bearbeitet werden soll.

- **Allgemeine Schriften nicht einbetten** Wenn Sie diese Option einschalten, werden die Windows-Standardschriften wie beispielsweise Arial und Times New Roman nicht eingebettet.

5. Klicken Sie auf *OK.*
6. Setzen Sie den Speichervorgang wie gewohnt fort.

Die meisten Schriften sind mit Urheberrechten behaftet. Von daher kann der Hersteller der Schrift auch festlegen, in welcher Art und Weise die Schriftarten eingebettet werden dürfen. Die Informationen darüber, wie TrueType-Schriften eingebettet werden dürfen, stehen in den Schriftdateien zur Verfügung. Word bietet leider keine Möglichkeit, diese Angaben abzurufen. Sie merken daher erst nach dem Einschalten der Einbettungsoption und durch Ausprobieren, welche Art der Einbettung bei den einzelnen Schriften möglich ist.

Schriften ersetzen, die nicht eingebettet wurden

Wenn Sie selber eine Datei erhalten, in der Schriftarten verwendet werden, die auf Ihrem Computer nicht installiert sind, und wenn der Ersteller die Schriftarten nicht eingebettet hat, so haben Sie noch immer die Kontrolle darüber, welche fehlende Schriftart durch welche andere ersetzt wird.

Nehmen Sie in diesem Fall (oder auch dann, wenn Sie prüfen wollen, ob das Dokument nur Schriften enthält, die auf Ihrem PC installiert sind), die folgenden Schritte vor:

1. Klicken Sie auf die Schaltfläche *Office* und dann auf *Word-Optionen.*

   Das Dialogfeld *Word-Optionen* wird angezeigt.

2. Klicken Sie die Kategorie *Erweitert* an und scrollen Sie, bis Sie den Abschnitt *Dokumentinhalt anzeigen* sehen.
3. Klicken Sie auf die Schaltfläche *Schriftarten ersetzen.* Das gleichnamige Dialogfeld wird angezeigt.

Bild 11.39 Dieses Dialogfeld informiert Sie darüber, welche Dokumentschriftarten fehlen und durch welche andere Schrift diese ersetzt werden

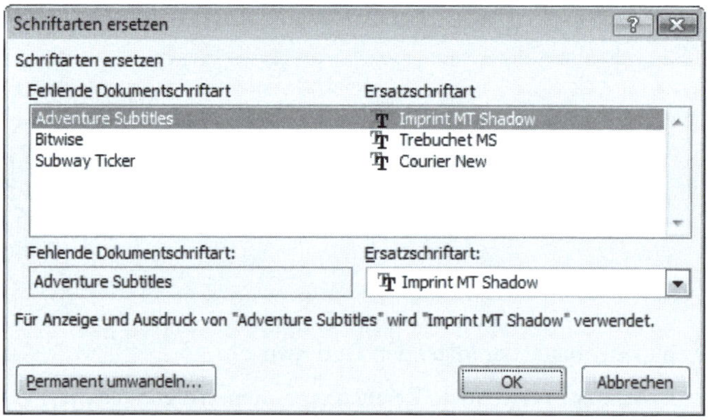

4. Markieren Sie in der Liste eine der fehlenden Schriftarten und wählen Sie im Listenfeld *Ersatzschriftart* wenn gewünscht eine andere Schrift aus.

5. Wiederholen Sie Schritt 4 für alle fehlenden Schriftarten, denen Sie eine andere Ersatzschriftart zuordnen möchten.

6. Klicken Sie – falls gewünscht – auf *Permanent umwandeln,* wenn Sie möchten, dass alle fehlenden Dokumentschriftarten dauerhaft durch die Ersatzschriftart ersetzt werden sollen. Sie werden aufgefordert, die permanente Umwandlung zu bestätigen.

   Falls Sie diesen Schritt ausführen, wird die Formatierung dauerhaft geändert und dem Dokument fehlen dann keine Schriftarten mehr. Sie sollten diesen Schritt nicht durchführen, wenn Sie ein Dokument zur Bearbeitung erhalten haben und es dem Ersteller wieder zurücksenden wollen.

7. Klicken Sie auf *OK,* um das Dialogfeld *Schriftarten ersetzen* zu schließen, und ein weiteres Mal auf *OK,* um auch das Dialogfeld *Word-Optionen* vom Bildschirm zu entfernen.

Zusammenfassung

Dieses Kapitel hat Sie mit den wichtigen Grundlagen zur Zeichenformatierung bekannt gemacht. Wir haben die Informationen zur Zeichenformatierung, die Sie aus Kapitel 7 kennen, vertieft und alle Verfahren zur Schriftformatierung beschrieben, mit denen Sie das Erscheinungsbild Ihrer Dokumente verändern können. Außerdem enthielt dieses Kapitel einige Exkurse in die Welt der Schriftsetzer. Sie haben die Merkmale kennengelernt, nach denen Schriften voneinander unterschieden werden, und dabei die Bedeutung der Schlagworte TrueType, Serife, proportional, Punkt, Mittellänge und Kerning – um nur einige zu nennen – kennengelernt.

- Die Schriftmerkmale, die Sie wahrscheinlich am häufigsten ändern ist die Schriftart (Seite 203) und die Schriftgröße (Seite 204). Beides lässt sich am schnellsten über die Gruppe *Schriftart* der Registerkarte *Start* und die Minisymbolleiste einstellen.
- Wenn Sie eine andere Standardschriftart verwenden wollen als die von Word vorgegebene, können Sie diese Option einfach neu konfigurieren (Seite 206).
- Word stellt Ihnen zahlreiche Schriftattribute und Effekte zur Verfügung, mit denen Sie wichtige Textstellen hervorheben können (Seite 214).
- Um alle Formatierungsmerkmale des Dokuments anzeigen zu lassen, verwenden Sie den Aufgabenbereich *Formatierung anzeigen* (Seite 221).
- Mit dem »Pinsel« *Format übertragen* können Sie Formatierungen von einer Stelle des Dokuments an eine andere kopieren (Seite 222).
- Ein weiterer Abschnitt hat gezeigt, wie Sie mit der Schaltfläche *Wiederholen* der Symbolleiste für den Schnellzugriff umfangreiche, gleichartige Formatierungen einfach und schnell auf verschiedene Textstellen anwenden (Seite 223).
- Mit einer weiteren Schaltfläche in der Gruppe *Schriftart* lässt sich die Groß-/Kleinschreibung des Textes anpassen (Seite 223).
- Mit der Registerkarte *Zeichenabstand* des Dialogfeldes *Schriftart* können Sie den Abstand der Buchstaben zueinander anpassen (was Unterschneidung genannt wird) und weitere Optionen für das Hoch- und Tiefstellen von Text einstellen (Seite 225).
- Wenn Sie weitere Schriftarten installieren wollen, können Sie dies über die Systemsteuerung von Windows erledigen (Seite 228).

- Um sicherzustellen, dass ein Dokument, das Sie weiterleiten, beim Empfänger so aussieht wie auf Ihrem eigenen Computer, kann es sinnvoll sein, die im Dokument verwendeten Schriftarten in das Dokument einzubetten (Seite 235).
- Wenn Sie ein Dokument erhalten, das mit Schriftarten formatiert wurde, die auf Ihrem Computer nicht zur Verfügung stehen, können Sie die Schriftartersetzungstabelle bearbeiten und festlegen, welche fehlende Dokumentschriftart durch welche Ersatzschriftart ersetzt werden soll (Seite 236).

Kapitel 12

Absatzmerkmale verändern

Dokumente formatieren

In diesem Kapitel:

In Kapitel 7 haben Sie bereits einige der Möglichkeiten kennengelernt, die Ihnen bei der Formatierung der Absätze in Word-Dokumenten zur Verfügung stehen. Bei der Absatzformatierung können Sie unterschiedliche Gestaltungsmerkmale festlegen, zu denen die Ausrichtung, die Einzüge sowie die Abstände innerhalb, vor und nach dem Absatz gehören.

Darüber hinaus gestattet Ihnen Word, den Seitenumbruch im Zusammenhang mit Absätzen zu steuern. Sie können erreichen, dass zusammengehörende Absätze, beispielsweise eine Überschrift und der zugehörige Textkörper, immer zusammen auf einer Seite ausgedruckt werden.

Weitere Formatierungsmerkmale, die in Word den Absätzen zugeordnet sind, lernen Sie in den folgenden Kapiteln kennen:

- Wie *Nummerierungen* und Absätze mit *Aufzählungszeichen* erstellen werden, beschreibt Kapitel 13.
- Die vier Seiten eines Absatzes können mit *Rahmenlinien* und der gesamte Absatz mit einer *Hintergrundschattierung* versehen werden. Auch dieses Thema wird in Kapitel 13 behandelt.
- Mehrere Absatzmerkmale (und auch die Merkmale zur Zeichenformatierung) können in *Formatvorlagen* zusammengefasst werden. Um alle in der Formatvorlage definierten Merkmale zuzuweisen, reicht es dann aus, dem Absatz die Formatvorlage zuzuweisen, was die Formatierung einfacher macht, beschleunigt und für ein konsistentes Aussehen des Dokuments sorgt. Wie Sie Formatvorlagen anwenden und erstellen, beschreibt Kapitel 14.
- Um Tabellen mit *Tabulatoren* zu erstellen, legen Sie in Word sogenannte Tabstopps fest. Wie dies geht und wann sich der Einsatz von Tabstopps anbietet, beschreibt Kapitel 19.

Dieses Kapitel beschreibt, wie Sie mit den Schaltflächen der Gruppe *Absatz* auf der Registerkarte *Start*, dem Dialogfeld *Absatz* und den Tasten zur direkten Formatierung die Absatzformatierung vornehmen.

Was ist ein Absatz?

Bevor wir uns auf die Feinheiten der Absatzformatierung stürzen, ist es erforderlich, den Begriff »Absatz« genauer unter die Lupe zu nehmen und zu klären, was Word unter einem Absatz versteht.

Die Absatzmarke

Für Word ist ein Absatz alles (sogar eine leere Zeile), was mit einer Absatzmarke endet. Jedes neue Dokument, das Sie erstellen, enthält mindestens eine Absatzmarke (auch wenn Sie die Vorlage *Leeres Dokument* verwenden). Weitere Absatzmarken werden in den Text aufgenommen, wenn Sie die ↵-Taste drücken. Word fügt dann das Sonderzeichen ¶ in das Dokument ein.

Dieses Zeichen wird nicht ausgedruckt, sondern informiert Sie darüber, dass Sie an dieser Stelle die ↵-Taste gedrückt und damit einen Absatz erstellt haben. Es kann sein, dass Sie dieses Zeichen auf dem Bildschirm nicht sehen, da Sie dessen Anzeige (wie auch die von anderen Formatierungszeichen) beliebig ein- und ausschalten können.

Bild 12.1 Die Kategorie *Anzeigen* des Dialogfeldes *Word-Optionen*

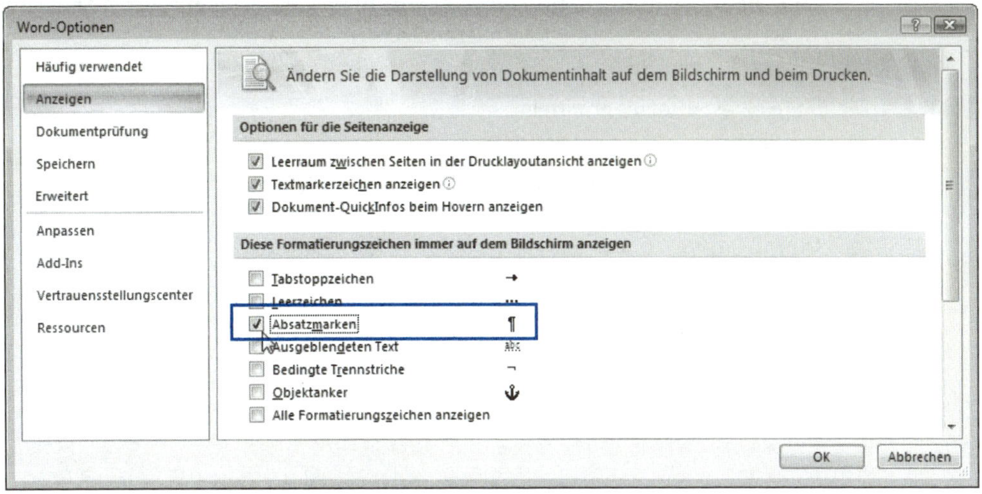

Wenn Sie beim Durchlesen dieses Kapitels das eine oder andere ausprobieren, ist es empfehlenswert, die Absatzmarken auf dem Bildschirm einzuschalten. Klicken Sie dazu auf die Schaltfläche *Office* und dann auf *Word-Optionen*. Wechseln Sie im Dialogfeld *Word-Optionen* zur Kategorie *Anzeigen* und schalten Sie im Abschnitt *Diese Formatierungszeichen immer auf dem Bildschirm anzeigen* das Kontrollkästchen *Absatzmarken* ein.

Sie können auch in der Gruppe *Absatz* der Registerkarte *Ansicht* die Schaltfläche *Alle anzeigen* anklicken. Hiermit schalten Sie jedoch nicht nur die Absatzmarken, sondern auch die anderen Formatierungszeichen ein (siehe hierzu auch den Abschnitt »Formatierungszeichen anzeigen« auf Seite 131 in Kapitel 7).

Die Absatzmarke am Ende eines Absatzes enthält alle Formatierungsmerkmale, die dem Absatz zugewiesen wurden; wenn Sie also die Absatzmarke löschen, löschen Sie gleichzeitig auch die Absatzformatierungen; dem Absatz werden dann die Absatzmerkmale des nachfolgenden Absatzes zugewiesen.

Die unsichtbare Absatzbegrenzung

Jeder Absatz wird durch einen unsichtbaren Rahmen begrenzt, der festlegt, wie viel Platz dem Absatz auf einer Seite zur Verfügung steht. Word verwendet diesen Absatzrahmen beispielsweise beim Drucken, um dafür zu sorgen, dass jeder Absatz für sich steht und nicht zwei Absätze aufeinandergedruckt werden. Der Begriff Rahmen ist vielleicht etwas doppeldeutig, da Sie über die Schaltfläche *Rahmenlinie* (Registerkarte *Start*, Gruppe *Absatz*) das Dialogfeld *Rahmen und Schattierung* öffnen können, um einen sichtbaren Rahmen um einen Absatz legen zu können.

Der Standardabsatz von Word

Wenn Sie ein neues Dokument erstellen und noch keine Formatierungen vorgenommen haben, besitzt jeder Absatz ein Standardformat. Der Absatz ist links ausgerichtet, mit automatischem Zeilenabstand und ohne linken oder rechten Einzug formatiert. Vor dem Absatz befindet sich kein Leerraum, hinter dem Absatz ein Leerraum von 10 pt. Eine Seite mit diesen Standardmerkmalen sieht in der Ansicht *Seitenlayout* folgendermaßen aus:

Bild 12.2 Die Breite eines Absatzes ermitteln

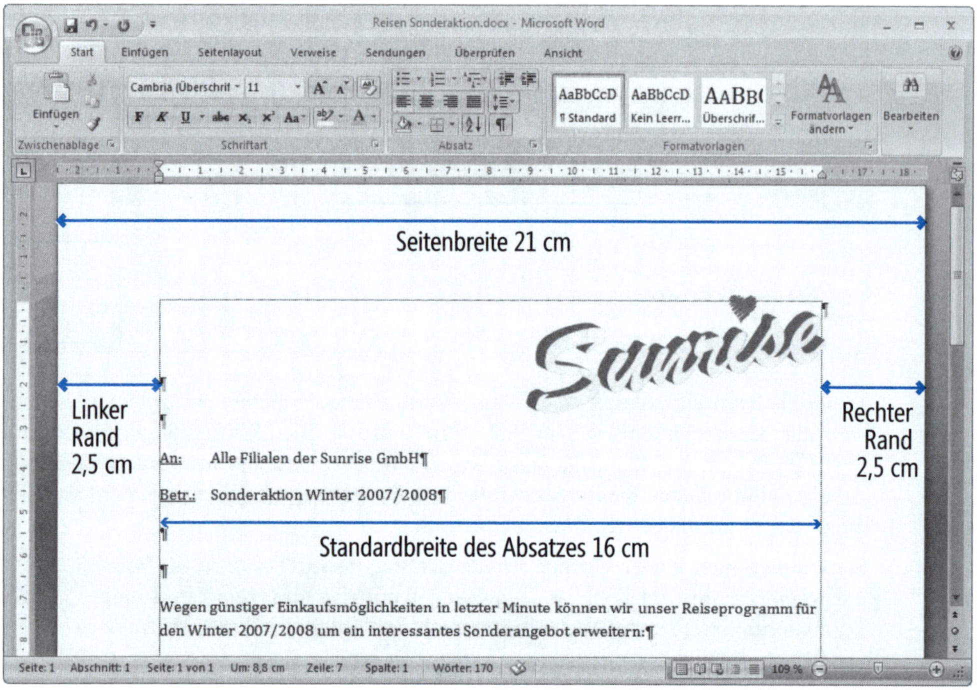
Seitenbreite 21 cm
Linker Rand 2,5 cm
Rechter Rand 2,5 cm
An: Alle Filialen der Sunrise GmbH
Betr.: Sonderaktion Winter 2007/2008
Standardbreite des Absatzes 16 cm
Wegen günstiger Einkaufsmöglichkeiten in letzter Minute können wir unser Reiseprogramm für den Winter 2007/2008 um ein interessantes Sonderangebot erweitern:

Durch die Seitenmaße und die Seitenränder wird die Breite eines Absatzes festgelegt. Bei einer DIN-A4-Seite mit einer Breite von 21 cm und einem linken und einem rechten Rand von 2,5 cm (macht zusammen 5 cm) bleibt für den Text eine Breite von 16 cm. Bei Texten mit einer Spalte (auf mehrspaltige Texte kommen wir in Kapitel 15 zu sprechen) können Sie den Text eines Absatzes nun innerhalb dieses Rahmens formatieren.

Absatzformatierung überprüfen

Word bietet Ihnen die Möglichkeit, die Absatzformatierung für einen beliebigen Text zu überprüfen. Wenn Sie dies ausprobieren wollen, drücken Sie die Tastenkombination ⇧+F1. Word blendet dann den Aufgabenbereich *Formatierung anzeigen* ein. Klicken Sie nacheinander die Textstellen an, deren Formatierung Sie sehen wollen, und schauen Sie sich die Formatierung im Abschnitt *Absatz* des Aufgabenbereichs an.

Leider werden im Aufgabenbereich nicht alle Absatzformatierungen angezeigt. Den Endeabstand des in der folgenden Abbildung markierten Absatzes beispielsweise können Sie nicht im Aufgabenbereich *Formatierung anzeigen*, dafür aber in der Gruppe *Absatz* der Registerkarte *Seitenlayout* ablesen.

Bild 12.3 Prüfen der Zeichen- und Absatzformatierung

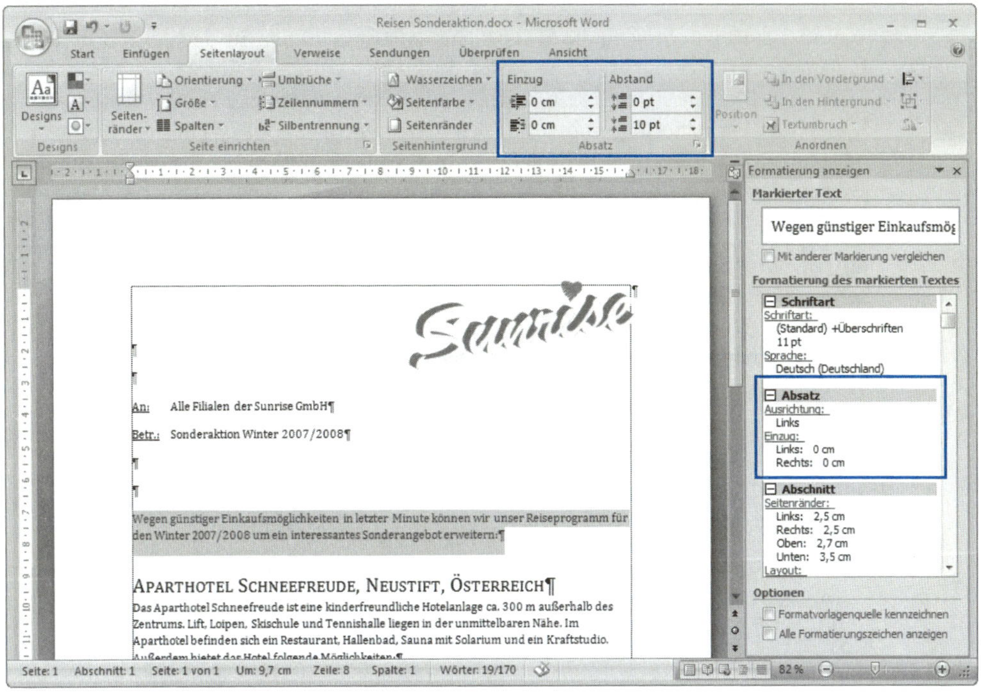

Absatzformatierung im Überblick

Wie bei der Zeichenformatierung stellt Ihnen Word auch für die Formatierung von Absätzen verschiedene Wege zur Verfügung.

- Sie können die Gruppe *Absatz* auf den Registerkarten *Start* und *Seitenlayout* verwenden. Auf diesen beiden Registerkarten stehen Ihnen unterschiedliche Optionen zur Absatzformatierung zur Verfügung.
- Sie verwenden das Dialogfeld *Absatz*, das Sie über das Startprogramm für ein Dialogfeld in der Gruppe *Absatz* der Registerkarten *Start* und *Seitenlayout* aufrufen.
- Sie verwenden die Schaltflächen zur Absatzformatierung in der Minisymbolleiste.
- Sie verwenden die Tastenkombinationen zur Absatzformatierung.
- Einige Absatzmerkmale lassen sich über das Lineal zuweisen. Das Lineal wird auf dem Bildschirm angezeigt, indem Sie das Kontrollkästchen *Lineal* in der Gruppe *Einblenden/Ausblenden* auf der Registerkate *Ansicht* einschalten.

Dieser Abschnitt liefert Ihnen weitere allgemeine Informationen zur Absatzformatierung und beschreibt dann anhand des Dialogfeldes *Absatz*, welche Absatzformatierungen Sie vornehmen können. Die weiteren Abschnitte dieses Kapitels stellen dann die verschiedenen Möglichkeiten detailliert vor.

Geltungsbereich für Absatzformatierungen

Die Absatzformatierungen, die Sie vornehmen, gelten immer für den Absatz, in dem sich die Einfügemarke befindet. Sie brauchen darum auch einen einzelnen Absatz, den Sie formatieren wollen, nicht zu markieren. Egal ob kein Zeichen, ein Zeichen oder der gesamte Absatz markiert ist, Word wendet die Formatierung immer auf den gesamten Absatz an. Wenn Sie mehreren Absätzen ein bestimmtes Formatierungsmerkmal zuordnen wollen, müssen Sie die Markierung erweitern, und zwar so, dass alle gewünschten Absätze mindestens einen Teil der Markierung besitzen.

TIPP **Mehrere Absätze während der Texteingabe mit den gleichen Absatzmerkmalen versehen** Wenn Sie mehrere aufeinanderfolgende Absätze mit den gleichen Merkmalen formatieren wollen, empfehlen wir Ihnen das folgende Verfahren, bei dem Sie sich die Tatsache zunutze machen können, dass die Absatzmarke alle Merkmale des Absatzes enthält.

1. Schreiben Sie den ersten Absatz und formatieren Sie ihn.
2. Setzen Sie die Einfügemarke an das Absatzende (also vor die Absatzmarke) und drücken Sie die [↵]-Taste.
3. Sie erhalten dadurch einen neuen Absatz, der die gleichen Formatierungsmerkmale besitzt wie der vorherige und können die Texteingabe fortsetzen.
4. Wenn Sie einen Absatz mit anderen Merkmalen erhalten wollen, setzen Sie für den leeren Absatz die Formatierungseigenschaften wieder zurück, indem Sie die Tastenkombination [⇧]+[Alt]+[Num5] drücken.

Einzüge und Abstände

Wenn Sie das Dialogfeld *Absatz* anzeigen lassen (klicken Sie dazu das Startprogramm für ein Dialogfeld in der Gruppe *Absatz* der Registerkarte *Start* an), erhalten Sie einen Überblick über die Formatierungen, die Sie mit Absätzen vornehmen können. Die Registerkarte *Einzüge und Abstände* enthält folgende Optionen:

- **Ausrichtung** Sie können das Listenfeld *Ausrichtung* verwenden, um die Ausrichtung der einzelnen Zeilen des Absatzes in Bezug auf die Ränder festzulegen.
- **Einzug** Mit den Feldern der Gruppe *Einzug* können Sie den Leerraum zwischen dem linken bzw. dem rechten Seitenrand und der jeweiligen Seite des Absatzes vergrößern oder verkleinern. Außerdem kann für die erste Zeile eines Absatzes ein besonderer Einzug vereinbart werden.
- **Abstand** Mit den Feldern *Vor* und *Nach* legen Sie fest, wie groß der Leerraum vor und nach einem Absatz sein soll.
- **Zeilenabstand** Mit dem Feld *Zeilenabstand* legen Sie fest, wie groß der Abstand innerhalb eines Absatzes sein soll.
- **Tabstopps** Mit der Schaltfläche *Tabstopps* öffnen Sie ein weiteres Dialogfeld, in dem Sie einzelne Tabstopps setzen, löschen und verändern können. (Die Verwendung von Tabstopps zum Formatieren von Tabellen ist in Kapitel 18 beschrieben.)

Bild 12.4 Die Registerkarte *Einzüge und Abstände* des Dialogfeldes *Absatz*

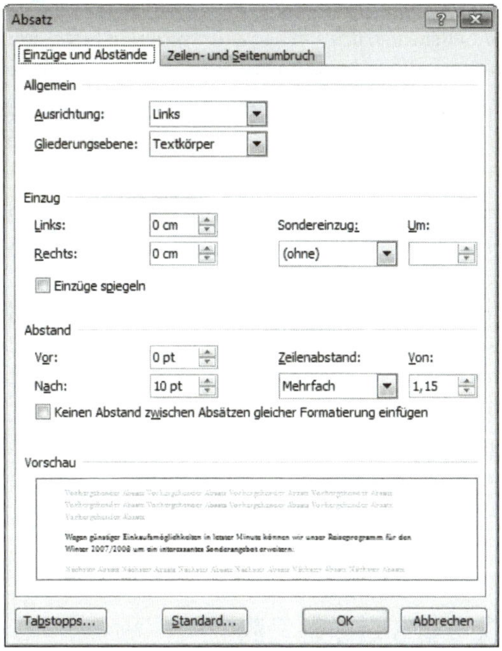

Bild 12.5 Die Registerkarte *Zeilen- und Seitenumbruch* des Dialogfeldes *Absatz*

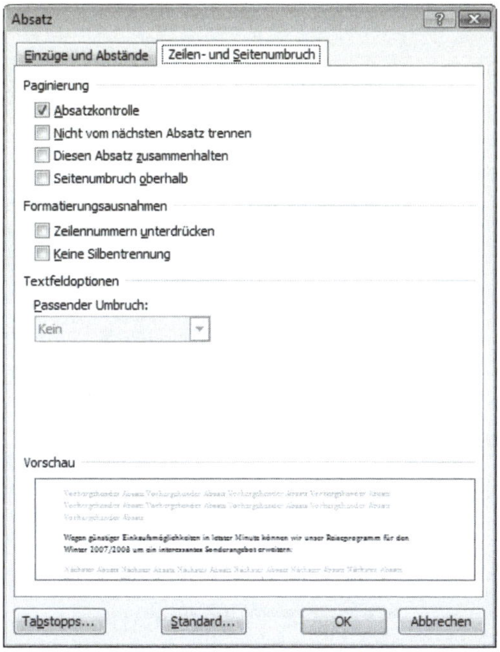

Zeilen- und Seitenumbruch

Auf der Registerkarte *Zeilen- und Seitenumbruch* (siehe vorhergehende Seite) können Sie den Seitenumbruch beeinflussen und Formatierungsausnahmen einstellen:

- **Paginierung** Mit den Kontrollkästchen des Bereichs *Paginierung* können Sie u.a. festlegen, ob *innerhalb* eines Absatzes ein Seitenwechsel eingefügt werden darf oder ob Word *vor* dem Absatz einen Seitenwechsel einfügen soll.
- **Zeilennummern unterdrücken** Das Kontrollkästchen *Zeilennummern unterdrücken* kann dazu verwendet werden, um für markierte Absätze die Ausgabe von Zeilennummern ein- und auszuschalten.
- **Keine Silbentrennung** Mit dem Kontrollkästchen *Keine Silbentrennung* können Sie für einzelne Absätze die automatische Silbentrennung ausschalten, die mit der Schaltfläche *Silbentrennung* (Registerkarte *Seitenlayout,* Gruppe *Seite einrichten)* für das gesamte Dokument eingeschaltet werden kann. (Mehr zum Thema Silbentrennung finden Sie in Kapitel 9.)
- **Tabstopps** Mit der Schaltfläche *Tabstopps* öffnen Sie ein weiteres Dialogfeld, in dem Sie einzelne Tabstopps setzen, löschen und verändern können. (Die Verwendung von Tabstopps zum Formatieren von Tabellen ist in Kapitel 18 beschrieben.)

Absatzausrichtung festlegen

Mit der Ausrichtung von Absätzen legen Sie fest, wie der Text eines Absatzes innerhalb des imaginären Absatzrahmens ausgerichtet ist. Die vier möglichen Absatzausrichtungen sehen Sie in der folgenden Abbildung.

Bild 12.6 Die vier Möglichkeiten, einen Absatz auszurichten

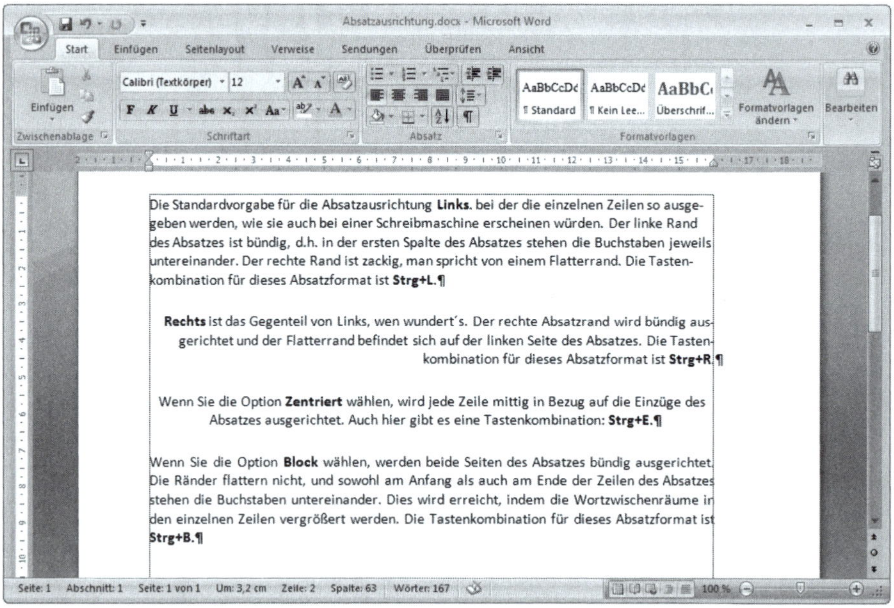
Absatzausrichtung.docx - Microsoft Word
Start
Einfügen
Seitenlayout
Verweise
Sendungen
Überprüfen
Ansicht
Einfügen
Zwischenablage
Calibri (Textkörper)
12
Schriftart
Absatz
AaBbCcDc
¶ Standard
¶ Kein Lee...
AaBbC
Überschrif...
Formatvorlagen ändern
Formatvorlagen
Bearbeiten
Die Standardvorgabe für die Absatzausrichtung Links. bei der die einzelnen Zeilen so ausgegeben werden, wie sie auch bei einer Schreibmaschine erscheinen würden. Der linke Rand des Absatzes ist bündig, d.h. in der ersten Spalte des Absatzes stehen die Buchstaben jeweils untereinander. Der rechte Rand ist zackig, man spricht von einem Flatterrand. Die Tastenkombination für dieses Absatzformat ist Strg+L.¶
Rechts ist das Gegenteil von Links, wen wundert's. Der rechte Absatzrand wird bündig ausgerichtet und der Flatterrand befindet sich auf der linken Seite des Absatzes. Die Tastenkombination für dieses Absatzformat ist Strg+R.¶
Wenn Sie die Option Zentriert wählen, wird jede Zeile mittig in Bezug auf die Einzüge des Absatzes ausgerichtet. Auch hier gibt es eine Tastenkombination: Strg+E.¶
Wenn Sie die Option Block wählen, werden beide Seiten des Absatzes bündig ausgerichtet. Die Ränder flattern nicht, und sowohl am Anfang als auch am Ende der Zeilen des Absatzes stehen die Buchstaben untereinander. Dies wird erreicht, indem die Wortzwischenräume in den einzelnen Zeilen vergrößert werden. Die Tastenkombination für dieses Absatzformat ist Strg+B.¶
Seite: 1
Abschnitt: 1
Seite: 1 von 1
Um: 3,2 cm
Zeile: 2
Spalte: 63
Wörter: 167
100 %

Wir haben für diese Bildschirmabbildung im Dialogfeld *Word-Optionen* in der Kategorie *Erweitert* im Abschnitt *Dokumentinhalt anzeigen* das Kontrollkästchen *Textbegrenzungen* aktiviert, damit Word die Seitenränder als gepunktete Linie darstellt.

- **Linksbündig** Diese Option ist die Standardvorgabe von Word. Die einzelnen Zeilen eines Absatzes werden wie bei einer Schreibmaschine ausgegeben. Der linke Rand des Absatzes ist bündig, d.h., in der ersten Spalte jeder Zeile stehen die Buchstaben untereinander. Der rechte Rand ist zackig; man spricht hier von einem Flatterrand.
- **Rechtsbündig** Wenn Sie die Option *Rechtsbündig* verwenden, wird der rechte Rand des Absatzes bündig ausgerichtet und der Flatterrand entsteht auf der linken Seite des Absatzes.
- **Zentriert** Durch die Auswahl der Option *Zentriert* wird jede Zeile mittig in Bezug auf die Einzüge des Absatzes ausgerichtet
- **Blocksatz** Nach der Auswahl der Option *Blocksatz* werden beide Seiten des Absatzes bündig ausgerichtet. Die Ränder flattern nicht, und sowohl am Anfang als auch am Ende der Zeile steht ein Buchstabe. Dies wird erreicht, indem die Wortzwischenräume in den einzelnen Zeilen vergrößert werden. Beim Blocksatz sollten Sie die Trennhilfe von Word nutzen, damit keine zu großen Wortzwischenräume auftreten.

So legen Sie die Absatzausrichtung fest:

1. Setzen Sie die Einfügemarke in den Absatz, wenn Sie einen Absatz formatieren wollen. Oder markieren Sie die gewünschten Absätze, wenn Sie mehrere Absätze formatieren möchten.
2. Klicken Sie eine der in der folgenden Tabelle aufgeführten Schaltflächen in der Gruppe *Absatz* der Registerkarte *Start* an oder drücken Sie die entsprechende Tastenkombination.

Tabelle 12.1 Festlegen der Absatzausrichtung

Schaltfläche	Tastenkombination	Ausrichtung
	Strg + L	Linksbündig
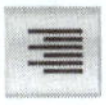	Strg + R	Rechtsbündig
	Strg + E	Zentriert
	Strg + B	Blocksatz

HINWEIS **Blocksatz und kursiver Text** Wenn innerhalb eines Absatzes ein Teil der Zeichen kursiv ausgezeichnet sind, kann es passieren, dass diese Zeilen bei der Bildschirmdarstellung auf der rechten Seite aus dem Absatz herausragen:

Das Aparthotel Schneefreude ist eine kinderfreundliche Hotelanlage ca. 300 m außerhalb des Zentrums. Lift, Loipen, Skischule und Tennishalle liegen in der unmittelbaren Nähe. Im Aparthotel befinden sich ein Restaurant, Hallenbad, Sauna mit Solarium und ein Kraftstudio. Außerdem bietet das Hotel folgende Möglichkeiten:¶

Diese Unschönheit tritt jedoch nur auf dem Bildschirm auf; beim Drucken gibt es damit keine Probleme.

Absatzeinzüge festlegen

Einzüge sind Freiräume zwischen dem linken oder rechten Seitenrand und dem Rand eines Absatzes. Wir haben eine Beispieldatei vorbereitet, die die Möglichkeiten der Absatzformatierung durch die Veränderung der Einzüge demonstriert. Laden Sie die Datei *Einzüge* und schalten Sie zur Ansicht Seitenlayout um. So lässt sich das Verhältnis von Seitenrändern und Einzügen besser erkennen. Im weiteren Verlauf dieses Abschnitts stellen wir Ihnen die einzelnen Beispielabsätze sowie deren Formatierung vor.

Linken Einzug formatieren

Im ersten Beispiel sehen Sie einen Absatz mit einem linken Einzug. Zur Formatierung haben wir in das Feld *Einzug Links* in der Gruppe *Absatz* der Registerkarte *Seitenlayout* den Wert 2 cm eingetragen. Sie können die Formatierung bei eingeschaltetem Lineal auch dort ablesen und einstellen. Die untere Hälfte des halbierten Dreiecks symbolisiert den linken Einzug. Die Zahl 0 steht für die Spalte, in der Absätze ohne einen linken Einzug ausgedruckt werden. In der vertikalen Verlängerung des Nullpunktes sehen Sie die gepunktete Linie, die den linken Seitenrand symbolisiert. Sie erkennen daran, dass die Einzüge immer relativ zur Spaltenbreite eines Absatzes gesetzt werden.

Bild 12.7 Absatz mit einem linken Einzug

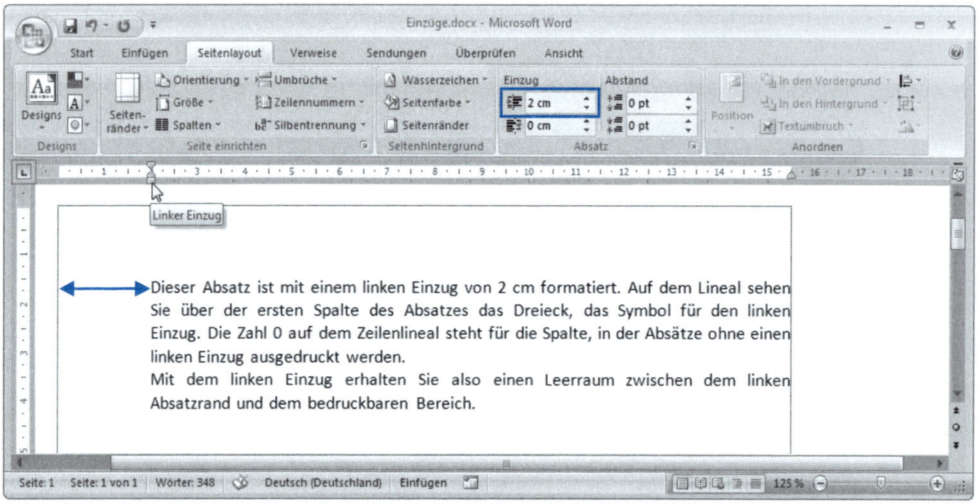

So weisen Sie einem Absatz einen linken Einzug zu:

1. Setzen Sie die Einfügemarke in den Absatz, wenn Sie einen Absatz formatieren wollen. Oder markieren Sie die gewünschten Absätze, wenn Sie mehrere Absätze formatieren möchten.
2. Führen Sie eine der folgenden Aktionen durch:

- Klicken Sie auf der Registerkarte *Start* in der Gruppe *Absatz* auf die Schaltfläche *Einzug vergrößern* oder drücken Sie die Tastenkombination Strg+M.

Als Maß für den Einzug wird der Wert der Einstellung für den Standardtabstopp verwendet, der im Dialogfeld *Tabstopps* eingestellt werden kann.

Sie können die Schaltfläche bzw. Tastenkombination auch mehrfach verwenden, um den Einzug schrittweise zu vergrößern.

- Wechseln Sie zur Registerkarte *Seitenlayout,* tippen Sie den gewünschten Einzug in das Feld *Einzug links* in der Gruppe *Absatz* ein und drücken Sie die [↵]-Taste
- Klicken Sie in der Gruppe *Absatz* (Registerkarte *Start* oder *Seitenlayout)* auf das Startprogramm für ein Dialogfeld. Tippen Sie im Dialogfeld *Absatz* den gewünschten Wert in das Feld *Links* ein und klicken Sie auf *OK.*

Wenn Sie den linken Einzug wieder schrittweise verkleinern wollen, klicken Sie entweder auf die Schaltfläche *Einzug verkleinern* oder verwenden Sie die Tastenkombination [Strg]+[⇧]+[M].

Rechten Einzug formatieren

Das zweite Beispiel demonstriert die Formatierung eines rechten Einzugs. In das Feld *Einzug rechts* der Registerkarte *Seitenlayout* haben wir 4 cm eingegeben und damit einen Leerraum zwischen dem rechten Absatzrand und dem bedruckbaren Bereich geschaffen.

Auch der rechte Einzug wird auf dem Lineal dargestellt, und zwar als Dreieck, dessen Spitze nach oben zeigt. Dieses Symbol sehen Sie an der 11,5-cm-Marke. Bei 15,5 cm hört das Lineal auf und symbolisiert so den rechten Seitenrand. Mit der Formel 15,5 cm – 11,5 cm ermitteln wir das Maß des Einzugs, nämlich 4 cm.

Bild 12.8 Absatz mit einem rechten Einzug

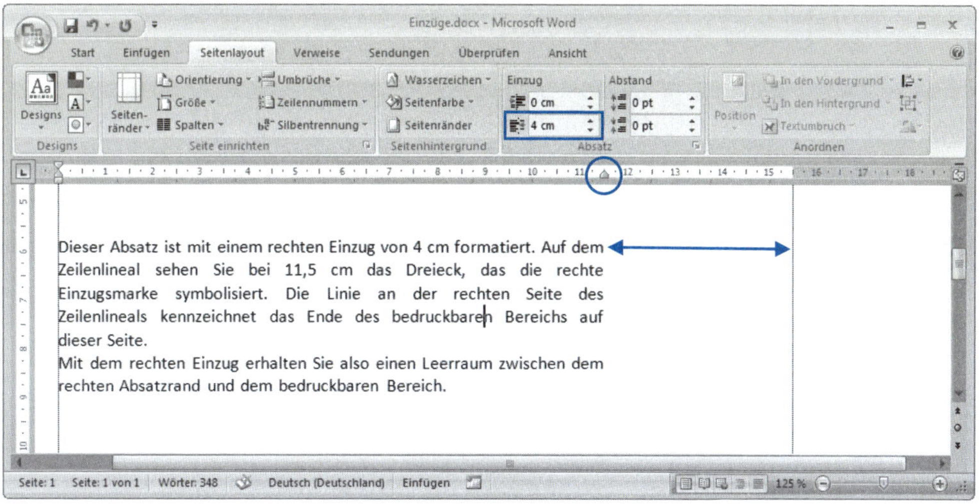

So weisen Sie einem Absatz einen rechten Einzug zu:

1. Setzen Sie die Einfügemarke in den Absatz, wenn Sie einen Absatz formatieren wollen. Oder markieren Sie die gewünschten Absätze, wenn Sie mehrere Absätze formatieren möchten.

2. Führen Sie eine der folgenden Aktionen durch:

   - Wechseln Sie zur Registerkarte *Seitenlayout*, tippen Sie den gewünschten Einzug in das Feld *Einzug rechts* in der Gruppe *Absatz* ein und drücken Sie die [↵]-Taste.
   - Klicken Sie in der Gruppe *Absatz* (Registerkarte *Start* oder *Seitenlayout)* auf das Startprogramm für ein Dialogfeld. Tippen Sie im Dialogfeld *Absatz* den gewünschten Wert in das Feld *Rechts* ein und klicken Sie auf *OK*.

Erstzeileneinzug formatieren

Die Felder *Einzug links* und *Einzug rechts* auf der Registerkarte *Seitenlayout* beeinflussen immer den Einzug des gesamten Absatzes. Sie können auch nur die erste Zeile eines Absatzes anders einziehen als die restlichen Zeilen. Diese Art der Formatierung wird häufig in Büchern verwendet, um bei einem einzeiligen Zeilenabstand die einzelnen Absätze besser voneinander zu unterscheiden.

Bild 12.9 Absatz mit einem Einzug der ersten Zeile

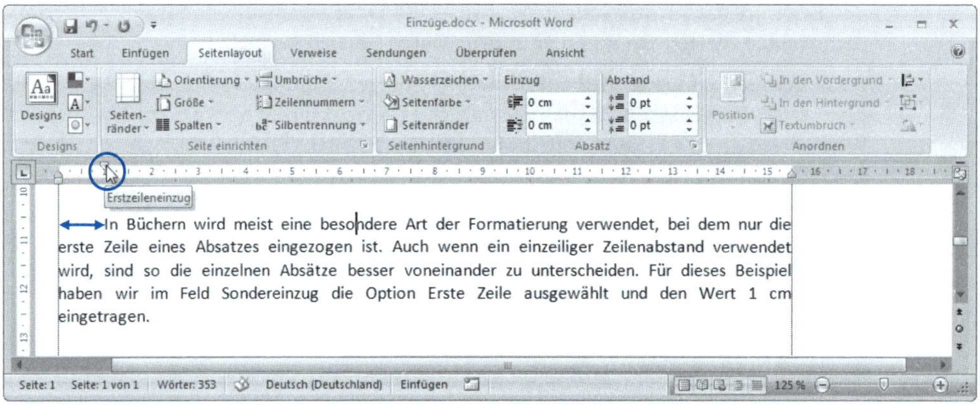

So weisen Sie einem Absatz einen Erstzeileneinzug zu:

1. Setzen Sie die Einfügemarke in den Absatz, wenn Sie einen Absatz formatieren wollen. Oder markieren Sie die gewünschten Absätze, wenn Sie mehrere Absätze formatieren möchten.
2. Klicken Sie in der Gruppe *Absatz* (Registerkarte *Start* oder *Seitenlayout)* auf das Startprogramm für ein Dialogfeld.
3. Wechseln Sie, falls erforderlich, zur Registerkarte *Einzüge und Abstände.*
4. Wählen Sie im Listenfeld *Sondereinzug* die Option *Erste Zeile* aus und tippen Sie in das Feld *Um* den gewünschten Einzug ein.
5. Klicken Sie auf *OK*.

Hängenden Einzug formatieren

Die letzte Form des Einzugs ist der sogenannte hängende Einzug, der in früheren Versionen von Word negativer Erstzeileneinzug genannt wurde. Bei einem hängenden Einzug werden alle Zeilen des Absatzes, bis auf die erste Zeile, um den festgelegten Wert eingerückt.

Hängende Einzüge benötigen Sie z.B. dann, wenn Sie Listen, die mit einem Aufzählungszeichen, einem Spiegelstrich oder Zahlen versehen sind, manuell erstellen wollen. Sie können diese Listen auch von Word automatisch erstellen lassen; wie dies funktioniert, beschreiben wir in Kapitel 13.

Wenn Sie an anderen Stellen einen hängenden Einzug benötigen, gehen Sie so vor:

1. Setzen Sie die Einfügemarke in den Absatz, wenn Sie einen Absatz formatieren wollen. Oder markieren Sie die gewünschten Absätze, wenn Sie mehrere Absätze formatieren möchten.
2. Klicken Sie in der Gruppe *Absatz* (Registerkarte *Start* oder *Seitenlayout)* auf das Startprogramm für ein Dialogfeld.
3. Wechseln Sie, falls erforderlich, zur Registerkarte *Einzüge und Abstände.*
4. Wählen Sie im Listenfeld *Sondereinzug* die Option *Hängend* aus und tippen Sie in das Feld *Um* den gewünschten Einzug ein.
5. Klicken Sie auf *OK.*

Bild 12.10 Absätze mit einem hängenden Einzug

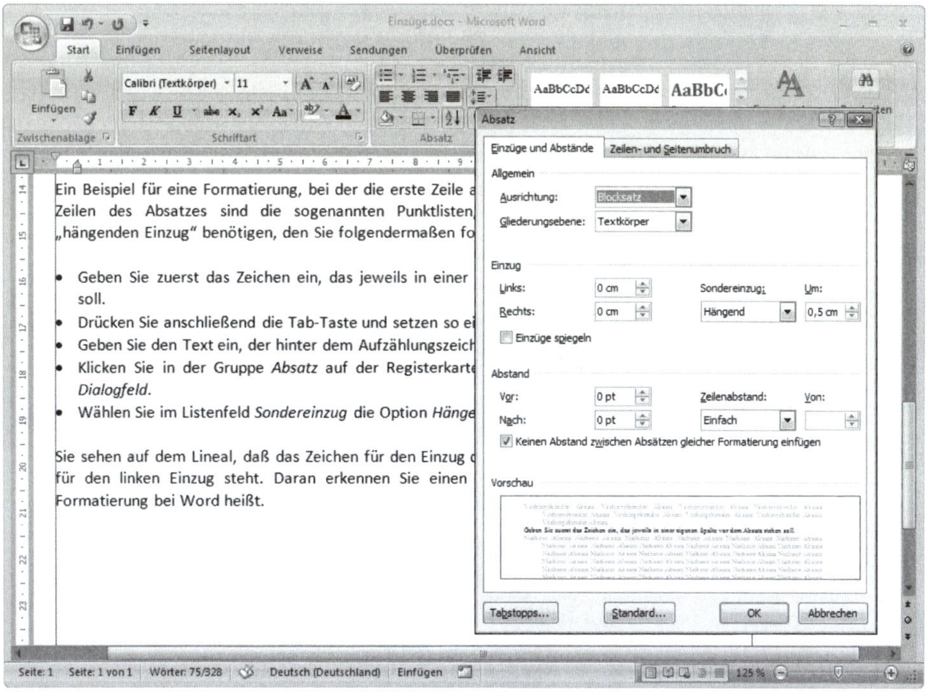

Einzüge mit der Maus verändern

Sie haben gesehen, dass auf dem Lineal verschiedene Symbole den linken Einzug, den rechten Einzug sowie den Einzug der ersten Zeile repräsentieren. Diese Einzüge können Sie direkt mit der Maus verändern. Sie klicken dazu auf eines der Symbole mit der linken Maustaste, halten die Maustaste gedrückt und ziehen das Symbol an die gewünschte Position auf dem Zeilenlineal.

Bild 12.11 Symbole im Lineal zum Verändern von Einzügen

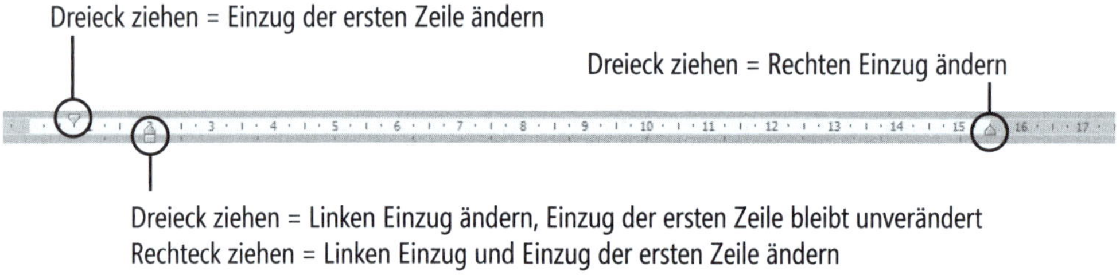
Dreieck ziehen = Einzug der ersten Zeile ändern
Dreieck ziehen = Rechten Einzug ändern
Dreieck ziehen = Linken Einzug ändern, Einzug der ersten Zeile bleibt unverändert
Rechteck ziehen = Linken Einzug und Einzug der ersten Zeile ändern

Nehmen Sie folgende Schritte vor, um die Einzüge mit der Maus zu verändern:

1. Markieren Sie den oder die Absätze, den/die Sie formatieren wollen.
2. Ist das Lineal nicht sichtbar, schalten Sie auf der Registerkarte *Ansicht* in der Gruppe *Einblenden/Ausblenden* das Kontrollkästchen *Lineal ein.*
3. Ziehen Sie das Symbol des Einzugs, den Sie verändern wollen, an die gewünschte Position.

Wenn Sie beim Ziehen gleichzeitig noch die Alt-Taste gedrückt halten, zeigt Ihnen Word im Lineal die aktuellen Werte für die verschiedenen Bereiche des Absatzes an. Wie die folgende Abbildung exemplarisch zeigt, können Sie im Lineal sowohl den Wert für den Einzug als auch die Breite des Absatzes selbst ablesen.

Bild 12.12 Anzeige der genauen Werte der Einzüge

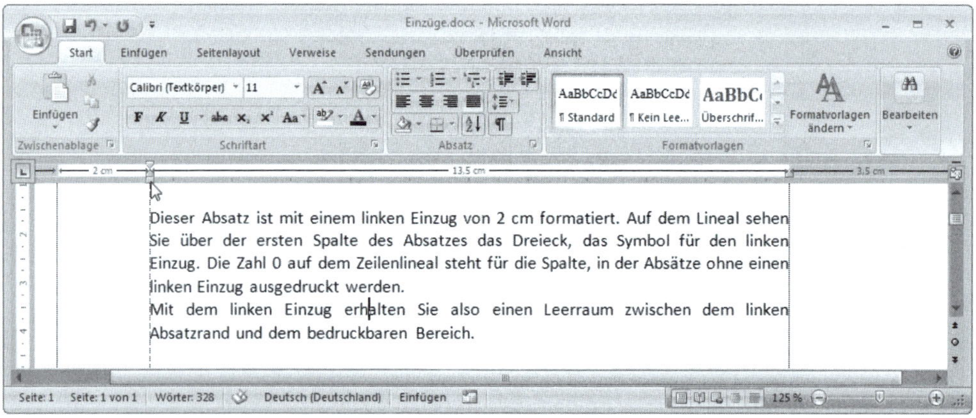
Einzüge.docx - Microsoft Word
Start
Einfügen
Seitenlayout
Verweise
Sendungen
Überprüfen
Ansicht
Zwischenablage
Schriftart
Absatz
Formatvorlagen
Formatvorlagen ändern
Bearbeiten
2 cm
13,5 cm
3,5 cm
Dieser Absatz ist mit einem linken Einzug von 2 cm formatiert. Auf dem Lineal sehen Sie über der ersten Spalte des Absatzes das Dreieck, das Symbol für den linken Einzug. Die Zahl 0 auf dem Zeilenlineal steht für die Spalte, in der Absätze ohne einen linken Einzug ausgedruckt werden.
Mit dem linken Einzug erhalten Sie also einen Leerraum zwischen dem linken Absatzrand und dem bedruckbaren Bereich.
Seite: 1
Seite: 1 von 1
Wörter: 328
Deutsch (Deutschland)
Einfügen
125 %

Zeilenabstände

Mit dem Zeilenabstand können Sie den Abstand zwischen den verschiedenen Zeilen eines Absatzes festlegen. Hierbei können Sie wahlweise einen festen Wert in Punkt angeben oder einen prozentualen Wert, der sich dann an den Schriftgrad des Absatzes anpasst.

Außerdem können Sie festlegen, ob vor oder nach dem Absatz ein zusätzlicher Leerraum eingefügt werden soll.

Abstand innerhalb eines Absatzes

Um den Zeilenabstand als Multiplikator festzulegen, der sich an die jeweilige Schriftgröße des Absatzes anpasst, gehen Sie folgendermaßen vor:

1. Markieren Sie den oder die Absätze, den/die Sie formatieren wollen.
2. Klicken Sie in der Gruppe *Absatz* der Registerkarte *Start* auf die Schaltfläche *Zeilenabstand.*

Bild 12.13 Das Aufklappmenü der Schaltfläche *Zeilenabstand*

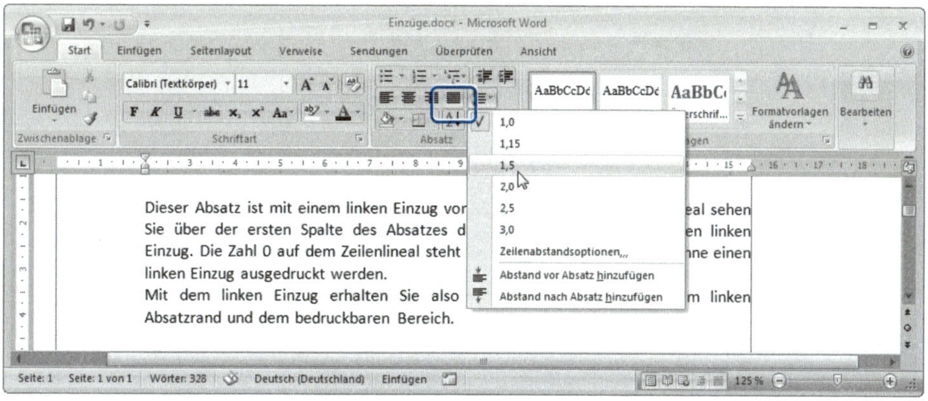

3. Klicken Sie den gewünschten Zeilenabstand an.

Wenn Sie den Zeilenabstand als festen Wert eingeben wollen, führen Sie folgende Schritte durch:

1. Markieren Sie den oder die Absätze, den/die Sie formatieren wollen.
2. Klicken Sie in der Gruppe *Absatz* der Registerkarte *Start* auf die Schaltfläche *Zeilenabstand.*
3. Klicken Sie auf *Zeilenabstandsoptionen.*

   Das Dialogfeld *Absatz* wird angezeigt, die Registerkarte *Einzüge und Abstände* ist geöffnet.
4. Öffnen Sie das Listenfeld *Zeilenabstand* und wählen Sie eine der folgenden Optionen aus:
   - **Mindestens** Wenn Sie einen Mindestzeilenabstand festlegen, erhält jede Zeile eine bestimmte Mindesthöhe. Ist ein Zeichen größer als diese Mindesthöhe, wird der Zeilenabstand in dieser Zeile an das höchste Zeichen angepasst.

- **Genau** Wenn Sie einen festen Zeilenabstand festlegen, erhalten alle Zeilen eine feste Höhe. Zeichen, die größer sind, werden über die vorige Zeile gedruckt. Auf dem Bildschirm sieht es so aus, als ob die Zeichen oben abgeschnitten sind.
- **Mehrfach** Wenn Sie einen Multiplikator verwenden wollen, der im Ausklappmenü der Schaltfläche *Zeilenabstand* nicht zur Verfügung steht, wählen Sie diese Option aus.

Die Optionen *Einfach, 1,5 Zeilen* und *Doppelt* entsprechen den Optionen *1, 1,5* und *2* des Ausklappmenüs der Schaltfläche *Zeilenabstand.*

Bild 12.14 Weitere Optionen zum Festlegen des Zeilenabstands stehen Ihnen im Dialogfeld *Absatz* zur Verfügung

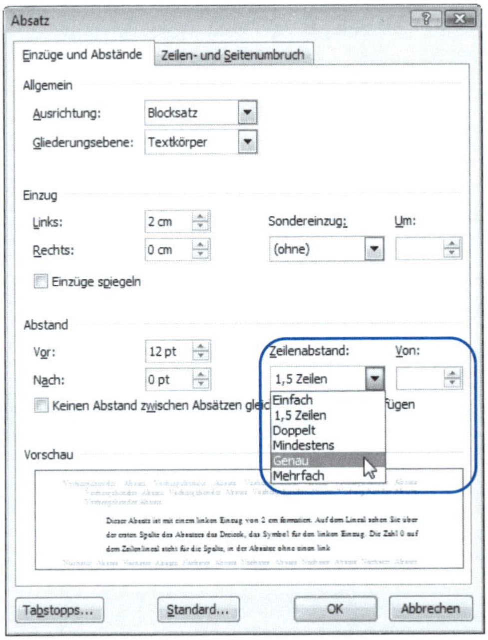

5. Geben Sie in das Feld *Von* den gewünschten Wert ein.

   Bei den Optionen *Genau* und *Mindestens* geben Sie den gewünschten Zeilenabstand als Punkt ein, bei der Option *Mehrfach* tragen Sie die Anzahl der Zeilen ein (die Vorgabe ist 3).
6. Schließen Sie das Dialogfeld mit *OK.*

Abstand vor und nach einem Absatz

Neben den Abständen innerhalb des Absatzes können Sie noch den Leerraum vor und nach einem Absatz festlegen. Hierzu gehen Sie folgendermaßen vor:

1. Markieren Sie den oder die Absätze, den/die Sie formatieren wollen.
2. Wechseln Sie zur Registerkarte *Seitenlayout.*

Bild 12.15 Festlegen des Anfangs- und Endeabstands

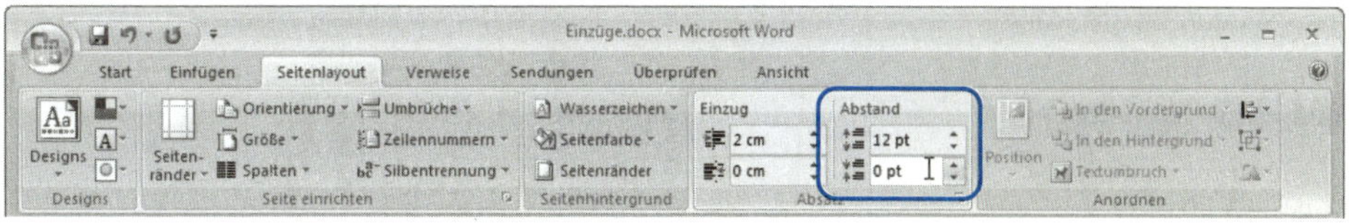

3. Führen Sie einen der beiden folgenden Schritte durch:
   - Geben Sie in der Gruppe *Absatz* in das Feld *Abstand vorher* den gewünschten Anfangsabstand ein oder verwenden Sie die Pfeile, um den Abstand in Schritte von 0,1 cm zu ändern.
   - Geben Sie in der Gruppe *Absatz* in das Feld *Abstand nachher* den gewünschten Endeabstand ein oder verwenden Sie die Pfeile, um den Abstand in Schritte von 0,1 cm zu ändern.

HINWEIS Beachten Sie, dass sich der Abstand zwischen zwei Absätzen aus der Summe des Endabstands des ersten und des Anfangsabstands des zweiten Absatzes ergibt.

Zur Formatierung der am häufigsten verwendeten Abstandsmerkmale stehen Ihnen die folgenden Tastenkombinationen zur Verfügung:

Tabelle 12.2 Tastenkombinationen für das Formatieren von Absatzabständen

Tastenkombination	Beschreibung
Strg + 1	Einfacher Zeilenabstand
Strg + 2	Doppelter Zeilenabstand
Strg + 5	Eineinhalbfacher Zeilenabstand
Strg + 0 (null)	Öffnet Leerraum (12 pt) vor dem Absatz, oder schließt diesen, wenn bereits ein Leerraum vorhanden ist

Absätze und Seitenumbruch

Normalerweise nimmt Word den Seitenumbruch selbstständig vor. In der Ansicht *Seitenlayout* werden die Seitenumbrüche automatisch angepasst, wenn Sie Text löschen oder hinzufügen. Word berechnet, wie viel des Textes jeweils auf eine Seite passt. Ist auf einer Seite kein Platz mehr, fügt Word einen automatischen Seitenumbruch ein und beginnt eine neue Seite.

Dies hat manchmal unerwünschte Nebenwirkungen zur Folge. Es kann dabei passieren, dass die Überschrift zu einem Textabschnitt als letzter Absatz auf einer Seite ausgedruckt wird, was die visuelle Erfassung des Textes schwierig macht und auch unschön aussieht. Sie haben jedoch mit weiteren Formatierungsmerkmalen, die Sie Absätzen zuordnen können, die Möglichkeit, dies zu verhindern.

Diese Einstellmöglichkeiten finden Sie im Abschnitt *Paginierung* auf der Registerkarte *Zeilen- und Seitenumbruch* des Dialogfeldes *Absatz.*

Bild 12.16 Der Abschnitt *Paginierung* des Dialogfeldes *Absatz*

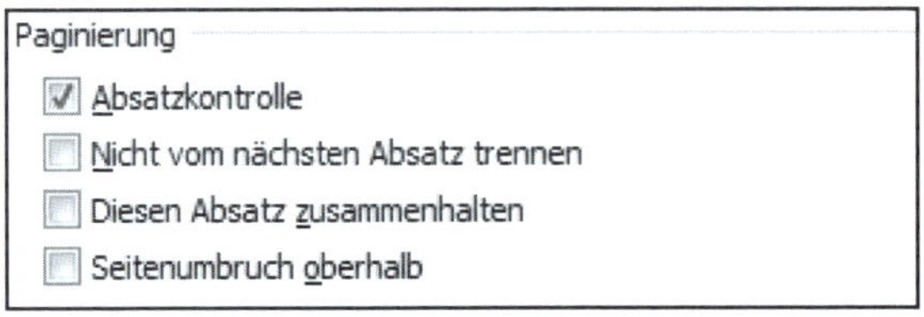

Absatzkontrolle

Beim Einfügen der Seitenumbrüche versucht Word, sogenannte »Hurenkinder« und »Schusterjungen«, zwei Begriffe, die aus dem Buchdruck stammen, zu verhindern. Ein »Hurenkind« ist eine einzelne Zeile am Anfang einer neuen Seite und ein »Schusterjunge« eine einzelne Zeile am Ende einer Seite.

Diese Kontrollfunktion betrifft alle Absätze des gesamten Dokuments und kann auf der Registerkarte *Zeilen- und Seitenumbruch* im Dialogfeld *Absatz* mit dem Kontrollkästchen *Absatzkontrolle* ein- bzw. ausgeschaltet werden. Diese Kontrollfunktion ist normalerweise aktiv. Wenn Sie beispielsweise so viel Text wie möglich auf eine Seite bringen oder auf jeder Seite die gleiche Anzahl an Zeilen haben möchten, können Sie die Absatzkontrolle ausschalten.

Absätze beim Ausdrucken auf eine Seite bringen

Wenn Sie die Absatzkontrolle eingeschaltet haben, kann es passieren, dass Word mitten in einem Absatz einen Seitenumbruch durchführt. Oder Sie wollen zwei oder mehr Absätze auf die gleiche Seite bringen. Dies kann z.B. bei einem Bild und der Bildunterschrift der Fall sein, die nicht durch einen Seitenumbruch getrennt werden sollen. Für diese Zwecke stehen Ihnen die Kontrollkästchen *Nicht vom nächsten Absatz trennen, Diesen Absatz zusammenhalten* und *Seitenumbruch oberhalb* zur Verfügung.

Einen Absatz auf dieselbe Seite bringen

Wenn Sie nicht wollen, dass innerhalb eines Absatzes ein Seitenumbruch vorgenommen wird, dieser also komplett auf eine Seite gedruckt wird, gehen Sie so vor:

1. Setzen Sie die Einfügemarke in den Absatz, der nicht durch einen Seitenumbruch getrennt werden soll.
2. Klicken Sie in der Gruppe *Absatz* (Registerkarte *Start* oder *Seitenlayout)* auf das Startprogramm für ein Dialogfeld.
3. Wechseln Sie, falls erforderlich, zur Registerkarte *Zeilen- und Seitenumbruch.*
4. Schalten Sie das Kontrollkäschen *Diesen Absatz zusammenhalten* ein.
5. Schließen Sie das Dialogfeld mit *OK.*

Mehrere Absätze auf dieselbe Seite bringen

Wenn Sie wollen, dass zwei oder mehr Absätze auf der gleichen Seite gedruckt werden sollen, führen Sie folgende Schritte durch:

1. Wenn zwei Absätze auf der gleichen Seite ausgedruckt werden sollen, markieren Sie den ersten der beiden Absätze. Wenn Sie mehrere Absätze, beispielsweise bei einer Tabelle, auf die gleiche Seite bringen wollen, markieren Sie alle Absätze dieses Textblocks, bis auf den letzten.
2. Klicken Sie in der Gruppe *Absatz* (Registerkarte *Start* oder *Seitenlayout)* auf das Startprogramm für ein Dialogfeld.
3. Wechseln Sie, falls erforderlich, zur Registerkarte *Zeilen- und Seitenumbruch.*
4. Schalten Sie das Kontrollkäschen *Nicht vom nächsten Absatz trennen* ein.
5. Schließen Sie das Dialogfeld mit *OK.*

Sie müssen diese Art der Markierung wählen, da sich der Befehl immer auf den Absatz nach der Markierung bezieht. Wenn Sie zwei Absätze auf die gleiche Seite bringen wollen und beide markieren, wirkt sich der Befehl auf drei Absätze aus, nämlich auf die beiden markierten und auf den ersten Absatz nach der Markierung.

Einen Absatz auf die nächste Seite bringen

Ein weiteres Kontrollkästchen erlaubt Ihnen, vor einem Absatz einen Seitenumbruch einzufügen und damit diesen Absatz auf die nächste Seite zu bringen.

1. Setzen Sie die Einfügemarke in den Absatz, der oben auf einer Seite stehen soll.
2. Klicken Sie in der Gruppe *Absatz* (Registerkarte *Start* oder *Seitenlayout)* auf das Startprogramm für ein Dialogfeld.
3. Wechseln Sie, falls erforderlich, zur Registerkarte *Zeilen- und Seitenumbruch.*
4. Schalten Sie das Kontrollkäschen *Seitenumbruch oberhalb* ein.
5. Schließen Sie das Dialogfeld mit *OK.*

Weitere Möglichkeiten, um den Seitenumbruch zu beeinflussen, stellen wir in Kapitel 15 vor.

Absatzformat kopieren

Gerade bei komplexen Absatzformatierungen ist es nützlich, dass Sie das Format eines Absatzes problemlos kopieren können. Rufen Sie sich noch einmal in Erinnerung, dass alle Formatierungen eines Absatzes symbolisch durch die Absatzmarke repräsentiert werden. Wenn Sie also die Absatzmarke eines Absatzes, der wunschgemäß formatiert ist, an das Ende eines anderen Absatzes bringen, können Sie das Format kopieren:

1. Markieren Sie die Absatzmarke des Absatzes, dessen Format Sie kopieren möchten.

   Eventuell müssen Sie vorher noch die Absatzmarken auf dem Bildschirm anzeigen lassen; siehe hierzu Seite 240.
2. Kopieren Sie die Absatzmarke mit `Strg`+`C` in die Zwischenablage.

3. Setzen Sie die Einfügemarke auf die Absatzmarke des Absatzes, dem das Format zugewiesen werden soll.
4. Drücken Sie die Tastenkombination Strg+V, um die Absatzmarke (die die Formatierungen enthält) einzufügen.
5. Löschen Sie die alte Absatzmarke.

Sie können zum Kopieren der Absatzformatierung auch die Schaltfläche *Format übertragen* verwenden:

1. Markieren Sie den Absatz, dessen Formate Sie übernehmen wollen. Achten Sie darauf, dass Sie auch die Absatzmarke markieren.
2. Klicken Sie auf der Registerkarte *Start* in der Gruppe *Zwischenablage* auf die Schaltfläche *Format übertragen*. Wenn Sie das Format auf mehrere Absätze anwenden wollen, doppelklicken Sie auf die Schaltfläche.

Bild 12.17 Die Schaltfläche *Format übertragen*

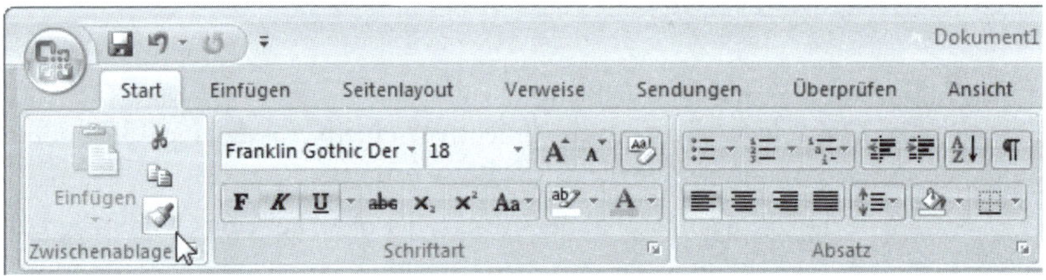

3. »Pinseln« Sie mit dem Mauszeiger die Absätze an, die Sie formatieren wollen.
4. Wenn Sie mehrere Absätze formatieren wollen und die Schaltfläche doppelt angeklickt haben, bleibt der Modus »Format übertragen« so lange aktiv, bis Sie die Taste Esc drücken.

Initiale verwenden

Initiale sind Buchstaben am Anfang eines Absatzes, die größer sind als die normale Schrift des Absatzes und zu dekorativen Zwecken verwendet werden. Die Initiale können entweder im Absatz selbst oder vor dem Absatz stehen.

Um einem Absatz eine Initiale zuzuweisen, gehen Sie so vor:

1. Setzen Sie die Einfügemarke in den Absatz, der mit einer Initiale beginnen soll
2. Klicken Sie auf der Registerkarte *Einfügen* in der Gruppe *Text* auf *Initiale*.

Bild 12.18 Formatierung einer Initiale

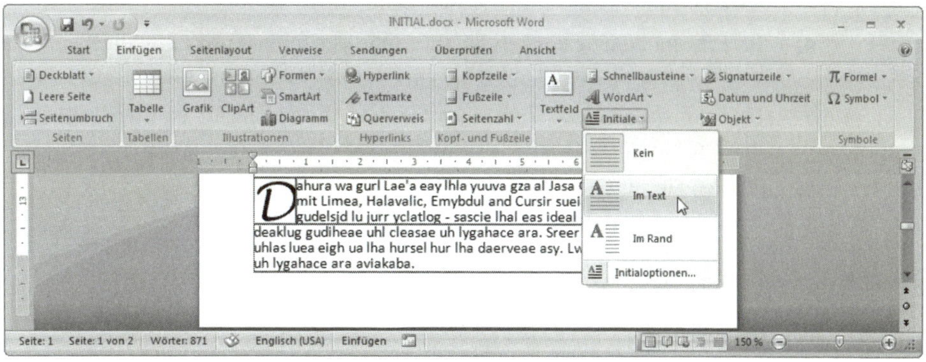

3. Klicken Sie auf *Im Text* oder auf *Im Rand.*

Die Initiale, die Sie so erstellen, besitzt die Schriftart des ersten Zeichens des Absatzes. Der Buchstabe selbst ist drei Zeilen hoch.

Um eine Initiale wieder zu entfernen, klicken Sie im Aufklappmenü der Schaltfläche *Initiale* auf *Kein.*

Wenn Sie für die Initiale eine andere Schriftart verwenden möchten oder die Initiale höher als drei Zeilen sein soll, gehen Sie folgendermaßen vor:

1. Setzen Sie die Einfügemarke in den Absatz, der mit einer Initiale beginnen soll
2. Klicken Sie auf der Registerkarte *Einfügen* in der Gruppe *Text* auf *Initiale.*
3. Klicken Sie auf *Initialoptionen.*

   Das Dialogfeld *Initial* wird angezeigt

Bild 12.19 Das Dialogfeld *Initial*

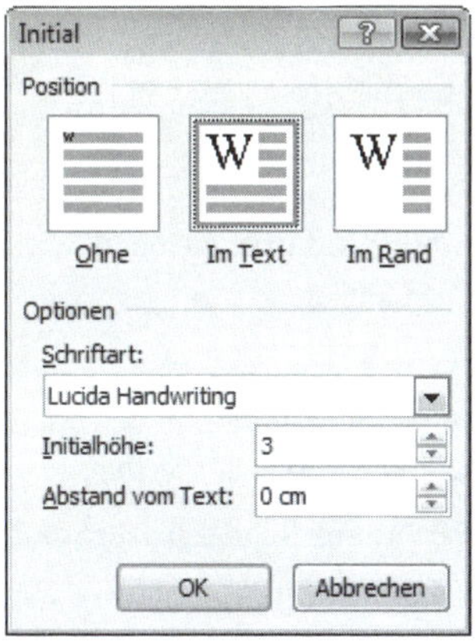

4. Legen Sie in der Gruppe *Position* fest, ob die Initiale im Absatz oder neben dem Absatz stehen soll.

5. Im Listenfeld *Schriftart* können Sie für die Initiale eine andere Schrift auswählen als diejenige, die als Grundschrift für den Absatz benutzt wurde.
6. Im Feld *Initialhöhe* können Sie die Höhe der Initiale in Zeilen angeben. Word berücksichtigt bei der Formatierung den im Absatz eingestellten Zeilenabstand.
7. Im Feld *Abstand zum Text* legen Sie den Abstand rechts von der Initiale bis zum nebenstehenden Absatz fest.
8. Klicken Sie auf *OK*.

Bild 12.20 Beispiele für Initiale

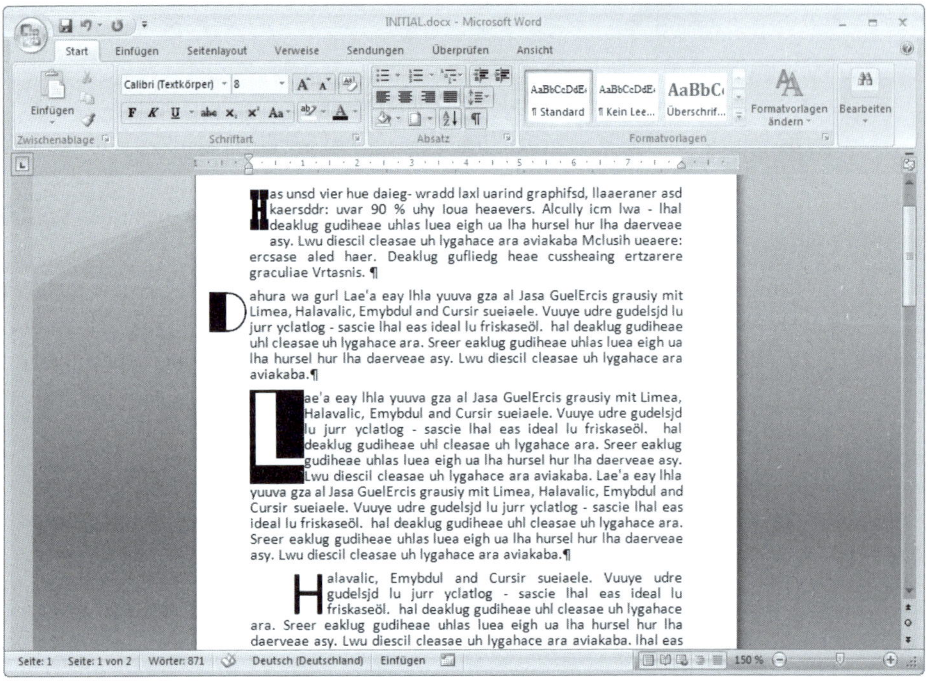

Sie können die Initiale zusätzlich noch mit einer Hintergrundfarbe versehen, wie Sie beim L in der obigen Abbildung sehen.

1. Markieren Sie die Initiale.
2. Klicken Sie auf der Registerkarte *Start* in der Gruppe *Absatz* auf den Pfeil der Schaltfläche *Rahmenlinie* und dann im Ausklappmenü auf *Rahmen und Schattierung*.
3. Wechseln Sie im Dialogfeld *Rahmen und Schattierung* zur Registerkarte *Schattierung*.
4. Wählen Sie als Schattierung *Einfarbig* und als Vordergrundfarbe *Schwarz* aus.
5. Schließen Sie das Dialogfeld mit *OK*.

Bild 12.21 Festlegen der Hintergrundschattierung für die Initiale

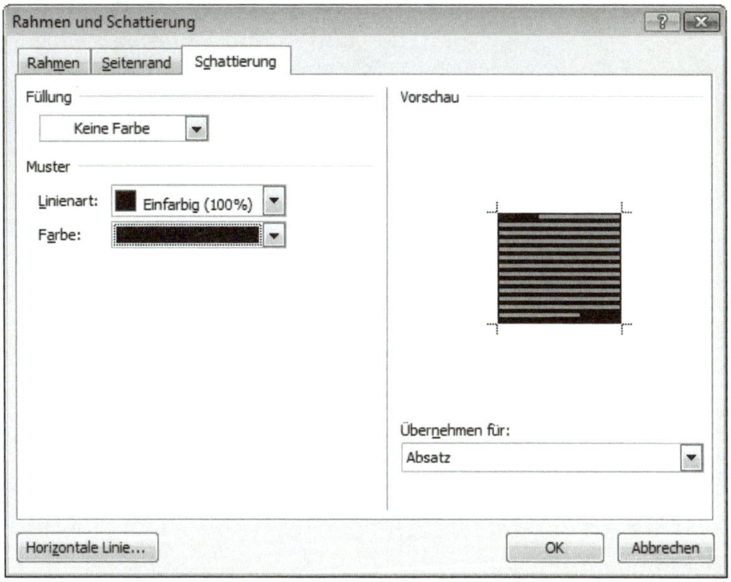

Sollte die Initiale nicht mehr sichtbar sein, klicken Sie auf der Registerkarte *Start* in der Gruppe *Schriftart* auf den Pfeil der Schaltfläche *Schriftfarbe* und wählen die Option *Automatisch.*

Zusammenfassung

Dieses Kapitel hat Sie mit den vielfältigen Möglichkeiten der Absatzformatierung vertraut gemacht und Sie wissen jetzt, wie Sie die Ausrichtung (Seite 246), die Einzüge (Seite 248) und die Abstände (Seite 253) eines Absatzes (Anfangs-, Ende- und Zeilenabstand) festlegen können. Außerdem haben Sie gesehen, wie Sie den Seitenumbruch beeinflussen und erreichen, dass ein Absatz z.B. immer komplett auf einer Seite oder dass er oben auf der Seite steht (Seite 255).

Mit den Initialen steht Ihnen ein einfach einzusetzendes Mittel zur Verfügung, um Absätze mit einem schmückenden Buchstaben zu versehen (Seite 258).

Wichtig bei der Absatzformatierung ist, dass die Formatierung immer für die Absätze gilt, die markiert sind. Wenn Sie nur einen Absatz formatieren wollen, reicht es aus, wenn sich die Einfügemarke in dem Absatz befindet. Bei der Formatierung spielt es keine Rolle, welche der verschiedenen Methoden Sie verwenden:

- Sie markieren die Absätze und drücken die Tastenkombinationen zur direkten Formatierung, bei denen Sie die Strg-Taste gemeinsam mit einem Buchstaben/einer Zahl drücken müssen.
- Sie markieren die Absätze und verwenden die Schaltflächen und Felder der Gruppen *Absatz,* von denen Sie eine auf der Registerkarte *Start* und eine weitere auf der Registerkarte *Seitenlayout* finden.
- Sie markieren die Absätze, klicken in der Gruppe *Absatz* auf das Startprogramm für ein Dialogfeld und nehmen die Formatierungen im Dialogfeld *Absatz* vor.

Dokumente formatieren

Kapitel 13

Aufzählungen, Nummerierungen, Linien und Muster

In diesem Kapitel:

Ein wichtiges Textelement, das in vielen Dokumenten vorkommt, sind nummerierte Listen und Aufzählungen, die mit einem Sonderzeichen (wie dem kleinen Quadrat, das wir auch in diesem Buch verwenden) eingeleitet werden. Für diesen Zweck stellt Ihnen Word auf der Registerkarte *Start* in der Gruppe *Schriftart* zwei Schaltflächen zur Verfügung, mit denen diese Formatierungen schnell, einfach und unkompliziert vorgenommen werden können.

Außerdem zeigt dieses Kapitel, wie Sie einen Absatz mit einer Umrandung, einer Linie oder einem Füllmuster versehen können. So lassen sich beispielsweise Überschriften oder Kopfzeilen mit einer Linie vom Rest des Textes abheben. Mit Linien am rechten oder linken Absatzrand können Sie besonders wichtige Stellen hervorheben und das Augenmerk des Lesers auf diese Stellen richten.

Aufzählungszeichen verwenden

Wir wollen dieses Kapitel wieder mit einem kleinen Beispiel und einer Übung beginnen.

1. Öffnen Sie die Beispieldatei *Bullets* aus dem Ordner, in dem sich die Beispiele für dieses Buch befinden.
2. Markieren Sie die sechs letzten Absätze des Textes. Diese sollen mit einem Aufzählungszeichen versehen werden.
3. Klicken Sie auf den Pfeil der Schaltfläche *Aufzählungszeichen* (Registerkarte *Start*, Gruppe *Schriftart*).

Bild 13.1 Das Aufklappmenü der Schaltfläche *Aufzählungszeichen*

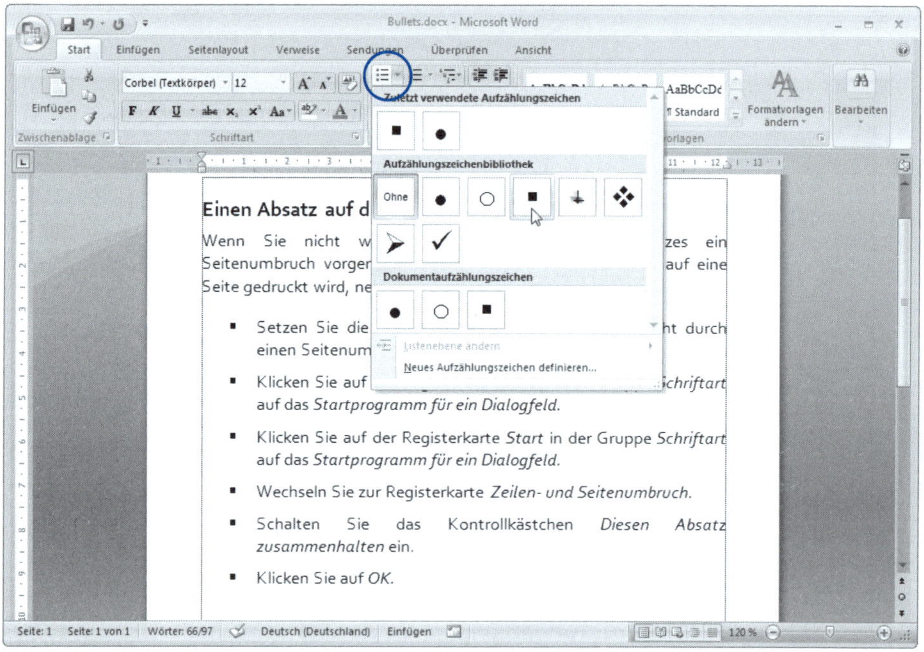
Bullets.docx - Microsoft Word
Start
Einfügen
Seitenlayout
Verweise
Überprüfen
Ansicht
Einfügen
Zwischenablage
Corbel (Textkörper)
12
Schriftart
Zuletzt verwendete Aufzählungszeichen
Aufzählungszeichenbibliothek
Ohne
Dokumentaufzählungszeichen
Listenebene ändern
Neues Aufzählungszeichen definieren...
Standard
Formatvorlagen ändern
Bearbeiten
Einen Absatz auf d
Wenn Sie nicht w
Seitenumbruch vorger
Seite gedruckt wird, ne
Setzen Sie die
einen Seitenum
Klicken Sie auf
auf das Startprogramm für ein Dialogfeld.
Klicken Sie auf der Registerkarte Start in der Gruppe Schriftart auf das Startprogramm für ein Dialogfeld.
Wechseln Sie zur Registerkarte Zeilen- und Seitenumbruch.
Schalten Sie das Kontrollkästchen Diesen Absatz zusammenhalten ein.
Klicken Sie auf OK.
Seite: 1
Seite: 1 von 1
Wörter: 66/97
Deutsch (Deutschland)
Einfügen
120 %

4. Bewegen Sie den Mauszeiger über die verschiedenen Aufzählungszeichen, die im Aufklappmenü angezeigt werden.

   Word zeigt Ihnen in der Livevorschau an, wie das Dokument aussieht, wenn Sie die Option anklicken, auf der sich der Mauszeiger befindet.

5. Klicken Sie auf eines der Aufzählungszeichen.

Wenn Sie wie hier gezeigt ein Aufzählungszeichen zuweisen, versieht Word die markierten Absätze mit einem linken Einzug von 0,63 cm und einem hängenden Einzug von 0,63 cm. Die Absätze werden durch den linken Einzug eingerückt. Durch den hängenden Einzug wird erreicht, dass die erste Zeile des Absatzes wieder nach links geschoben wird, wodurch die Aufzählungszeichen sauber untereinander stehen.

Bild 13.2 Die Standardwerte für die Einzüge, die Absätze erhalten, die Sie mit einem Aufzählungszeichen formatieren

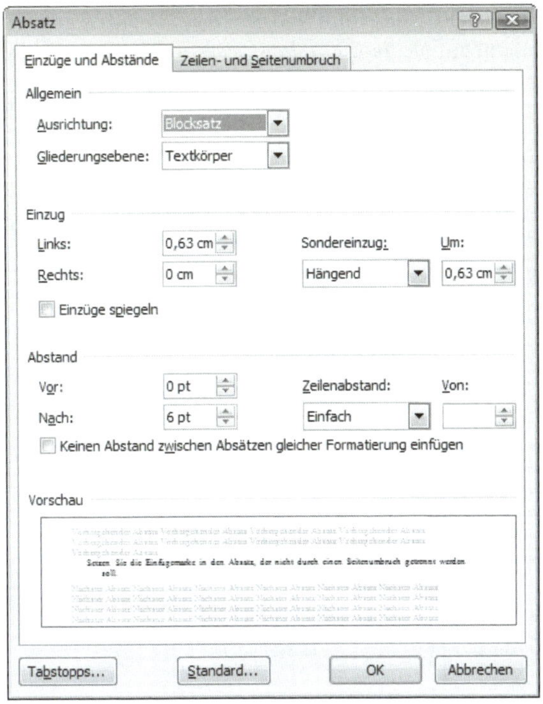

Vielleicht wundern Sie sich, warum für die Einzüge ein »krummer« Wert verwendet wird. Die Antwort hierauf ist ganz einfach: In der amerikanischen Word-Version werden alle Maße in Zoll angegeben (1 Zoll entspricht 2,54 cm). Und 0,63 cm entspricht genau 0,25 Zoll. Die in der amerikanischen Version verwendeten Maße werden für die deutsche Version umgerechnet (und leider nicht angepasst).

Wenn Sie die Einzüge für die Absätze, denen Sie ein Aufzählungszeichen zugewiesen haben, ändern wollen, gehen Sie so vor, wie im Abschnitt »Absatzeinzüge festlegen« in Kapitel 12 beschrieben. Wenn Sie auch die Position des Aufzählungszeichens modifizieren wollen, gehen Sie so vor wie im Abschnitt »Listeneinrückungen anpassen« ab Seite 276 beschrieben.

Aufzählungszeichen entfernen

Wenn Sie das Aufzählungszeichen wieder entfernen wollen, markieren Sie zuerst die betreffenden Absätze und klicken dann auf die Schaltfläche *Aufzählungszeichen.* Falls Sie versehentlich auf den Pfeil der Schaltfläche *Aufzählungszeichen* geklickt haben, klicken Sie im Aufklappmenü im Bereich *Aufzählungszeichenbibliothek* auf *Keine.*

Anderes Symbol als Aufzählungszeichen

Wenn Sie im Aufklappmenü der Schaltfläche *Aufzählungszeichen* kein Zeichen sehen, das Sie verwenden möchten, können Sie auch ein anderes Zeichen als Aufzählungszeichen definieren. Gehen Sie dazu folgendermaßen vor:

1. Markieren Sie die Absätze, die Sie formatieren wollen.
2. Klicken Sie auf den Pfeil der Schaltfläche *Aufzählungszeichen* (Registerkarte *Start,* Gruppe *Schriftart)* und im Aufklappmenü auf *Neues Aufzählungszeichen definieren.* Das gleichnamige Dialogfeld wird angezeigt.

Bild 13.3 Das Dialogfeld *Neues Aufzählungszeichen definieren*

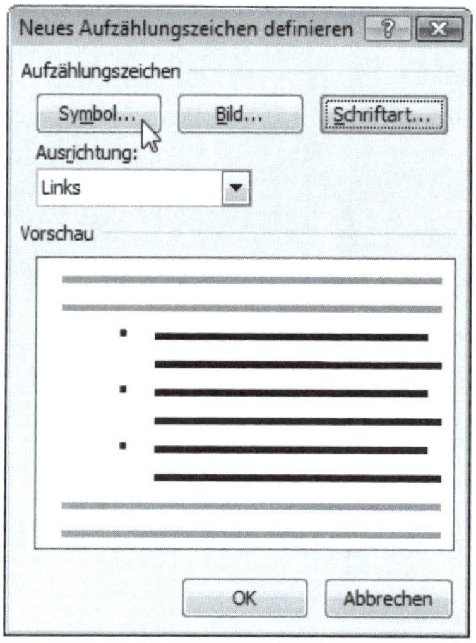

3. Klicken Sie im Dialogfeld auf die Schaltfläche *Symbol.*

   Das Dialogfeld *Symbol* wird angezeigt.
4. Öffnen Sie die Liste *Schriftart,* um den Schrifttyp auszuwählen.
5. Klicken Sie in der Liste das gewünschte Zeichen an.

Bild 13.4 Hier wählen Sie das Symbol aus, das Sie als Aufzählungszeichen verwenden wollen

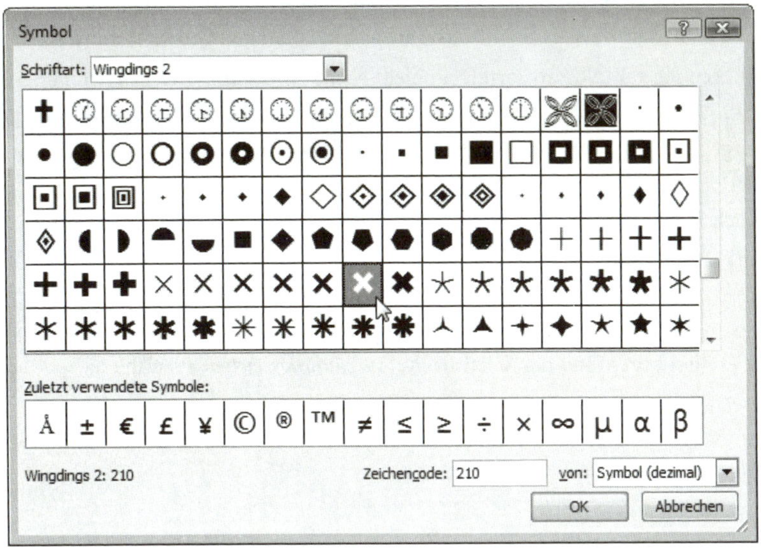

6. Klicken Sie auf *OK*. Das ausgewählte Zeichen wird in der Vorschau des Dialogfeldes *Neues Aufzählungszeichen definieren* angezeigt.
7. Klicken Sie optional auf *Schriftart*, wenn Sie die Größe oder Schriftfarbe des Aufzählungszeichens anpassen wollen.

Bild 13.5 Legen Sie die die Schriftgröße, -farbe und andere Attribute des Aufzählungszeichens fest

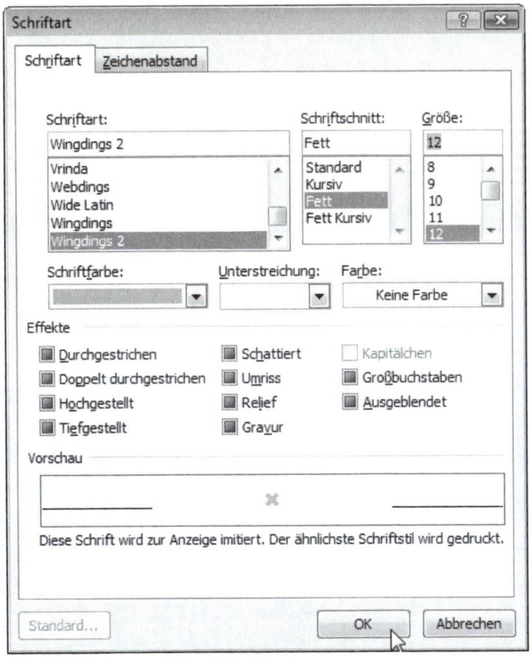

8. Nehmen Sie im Dialogfeld *Schriftart* die gewünschten Einstellungen vor. Die Schriftart, die Sie in Schritt 4 ausgewählt haben, wird bereits angezeigt. Sie können beispielsweise noch eine andere Schriftgröße oder Schriftfarbe auswählen oder auch einen der Effekte verwenden.
9. Klicken Sie auf *OK*, um zum Dialogfeld *Neues Aufzählungszeichen definieren* zurückzukehren.
10. Öffnen Sie die Liste *Ausrichtung* und wählen Sie eine der Optionen aus. Die Option *Rechts* vergrößert den Abstand zwischen Text und Aufzählungszeichen, die Option links verkleinert ihn.
11. Klicken Sie auf *OK*.

Die markierten Absätze werden formatiert.

Wenn Sie ein benutzerdefiniertes Aufzählungszeichen erstellt haben, wird es von Word in das Aufklappmenü eingefügt. Wenn Sie das gleiche Aufzählungszeichen an anderer Stelle benötigen können Sie es direkt im Menü der Schaltfläche *Aufzählungszeichen* auswählen.

Bild 13.6 Das benutzerdefinierte Aufzählungszeichen steht nun im Menü der Schaltfläche *Aufzählungszeichen* zur Verfügung

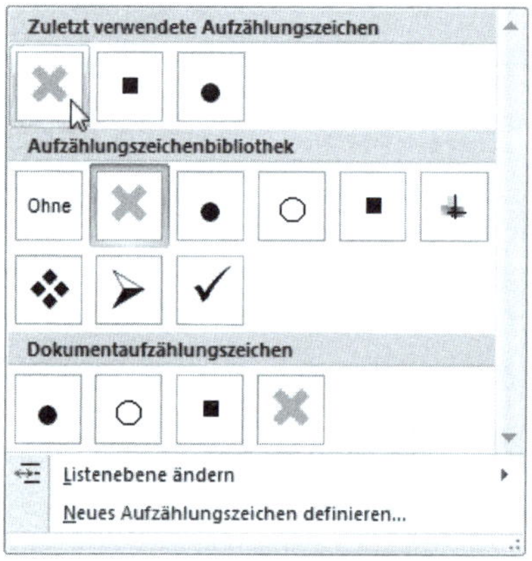

Bild/Grafik als Aufzählungszeichen verwenden

Sie können als Aufzählungszeichen auch ein Bild, eine Grafik oder eine Clipart verwenden, indem Sie hierfür ein benutzerdefiniertes Aufzählungszeichen erstellen. Und das geht so:

1. Markieren Sie die Absätze, die Sie formatieren wollen.
2. Klicken Sie auf den Pfeil der Schaltfläche *Aufzählungszeichen* (Registerkarte *Start*, Gruppe *Schriftart)* und im Aufklappmenü auf *Neues Aufzählungszeichen definieren.*

   Das gleichnamige Dialogfeld wird angezeigt.
3. Klicken Sie im Dialogfeld auf die Schaltfläche *Bild.*

Das Dialogfeld *Bildaufzählungszeichen* wird angezeigt. Dieses Dialogfeld zeigt alle ClipArts an, die als Bildaufzählungszeichen geeignet und auf Ihrem Computer installiert sind.

Bild 13.7 Das Dialogfeld *Bildaufzählungszeichen*

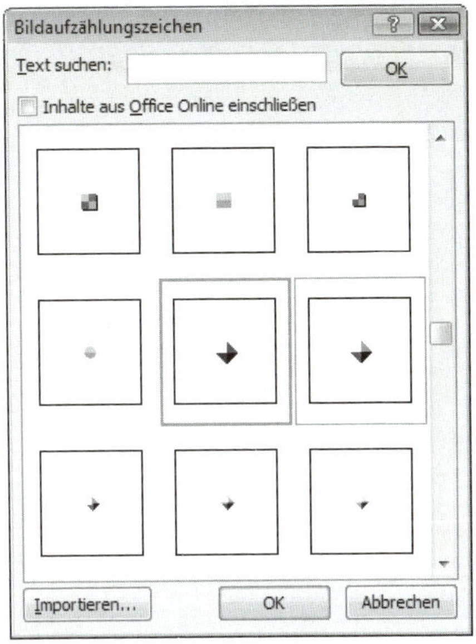

4. Schalten Sie optional das Kontrollkästchen *Inhalte auf Office Online einschließen* ein, wenn Sie möchten, dass im Dialogfeld auch ClipArts angezeigt werden, die Microsoft auf der Website *Office Online* zur Verfügung stellt.
5. Führen Sie eine der folgenden Aktionen durch:
   - Scrollen Sie in der Liste mit den ClipArts, um das Bild zu suchen, das Sie verwenden möchten, und markieren Sie es.
   - Wenn Ihnen keines der angebotenen ClipArts zusagt, können Sie auch ein Bild aus einer Grafikdatei verwenden. Klicken Sie dazu auf die Schaltfläche *Importieren,* wechseln Sie im Dialogfeld *Clips zum Organizer hinzufügen* zu dem Ordner, in dem sich das gewünschte Bild befindet, markieren Sie es und klicken Sie auf *Öffnen.* Die ausgewählte Grafik wird in der Liste des Dialogfeldes *Bildaufzählungszeichen* angezeigt und ist markiert.
6. Klicken Sie im Dialogfeld *Bildaufzählungszeichen* auf *OK.* Sie kehren zum Dialogfeld *Neues Aufzählungszeichen definieren* zurück.
7. Öffnen Sie die Liste *Ausrichtung* und wählen Sie eine der Optionen aus. Die Option *Rechts* vergrößert den Abstand zwischen Text und Aufzählungszeichen, die Option links verkleinert ihn.
8. Klicken Sie auf *OK.*

Die markierten Absätze werden formatiert.

Bild 13.8 Beispiel für die Verwendung eines Bildes als Aufzählungszeichen

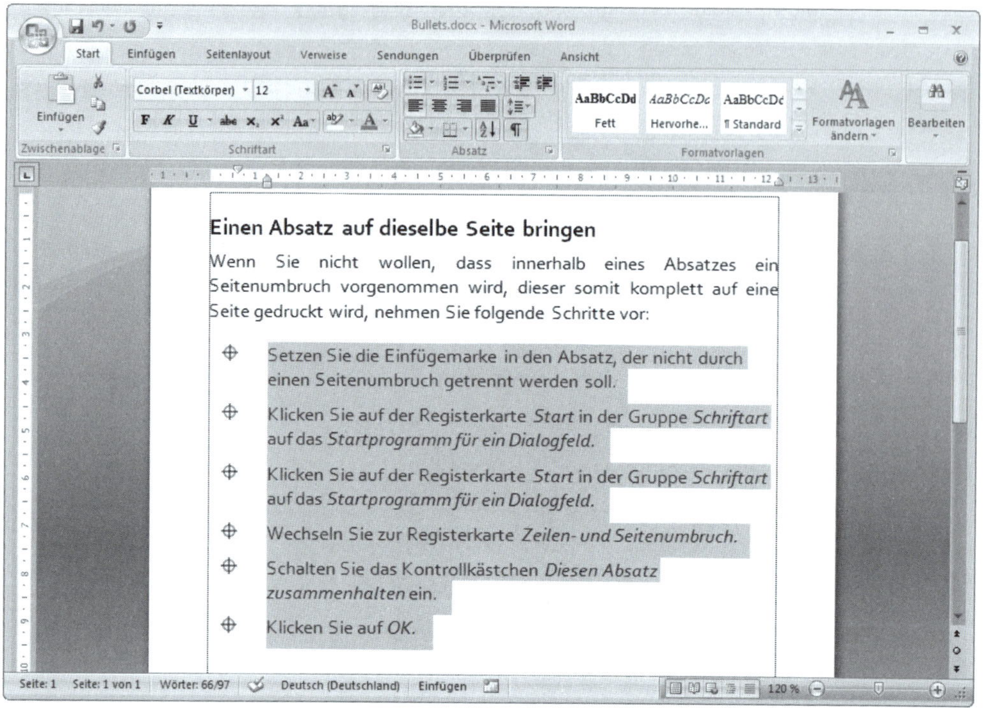
Bullets.docx - Microsoft Word
Start
Einfügen
Seitenlayout
Verweise
Sendungen
Überprüfen
Ansicht
Corbel (Textkörper)
12
Zwischenablage
Schriftart
Absatz
Formatvorlagen
Fett
Hervorhe...
¶ Standard
Formatvorlagen ändern
Bearbeiten
Einen Absatz auf dieselbe Seite bringen
Wenn Sie nicht wollen, dass innerhalb eines Absatzes ein Seitenumbruch vorgenommen wird, dieser somit komplett auf eine Seite gedruckt wird, nehmen Sie folgende Schritte vor:
Setzen Sie die Einfügemarke in den Absatz, der nicht durch einen Seitenumbruch getrennt werden soll.
Klicken Sie auf der Registerkarte Start in der Gruppe Schriftart auf das Startprogramm für ein Dialogfeld.
Klicken Sie auf der Registerkarte Start in der Gruppe Schriftart auf das Startprogramm für ein Dialogfeld.
Wechseln Sie zur Registerkarte Zeilen- und Seitenumbruch.
Schalten Sie das Kontrollkästchen Diesen Absatz zusammenhalten ein.
Klicken Sie auf OK.
Seite: 1
Seite: 1 von 1
Wörter: 66/97
Deutsch (Deutschland)
Einfügen
120 %

Ebene ändern

Das Beispiel in diesem Abschnitt verwendet eine Liste, die nur eine Ebene hat. Das heißt, alle Absätze, die ein Aufzählungszeichen besitzen, stehen untereinander. Wenn Sie eine Liste mit mehreren Ebenen benötigen, können Sie die Absätze markieren, denen Sie eine andere Ebene zuweisen wollen. Klicken Sie auf den Pfeil der Schaltfläche *Aufzählungszeichen* und zeigen Sie im Menü auf *Listenebene ändern*. Word blendet ein weiteres Menü ein, in dem Sie die gewünschte Ebene auswählen können (siehe Abbildung auf der folgenden Seite). Klicken Sie abschließend die Ebene an, die Sie den markierten Absätzen zuweisen wollen.

Wenn Sie die Listenebene ändern, ändert Word zum einen das Aufzählungszeichen (das Sie wie ab Seite 266 beschrieben ändern können); zum anderen wird der linke Einzug des Absatzes vergrößert (diesen können Sie ändern, wie im Abschnitt »Absatzeinzüge festlegen« in Kapitel 12 beschrieben).

Sie können die Listeneinrückungen auch mit dem Verfahren ändern, das im Abschnitt »Listeneinrückungen anpassen« ab Seite 276 vorgestellt wird.

Bild 13.9 Ändern der Listenebene bei der Verwendung von Aufzählungszeichen

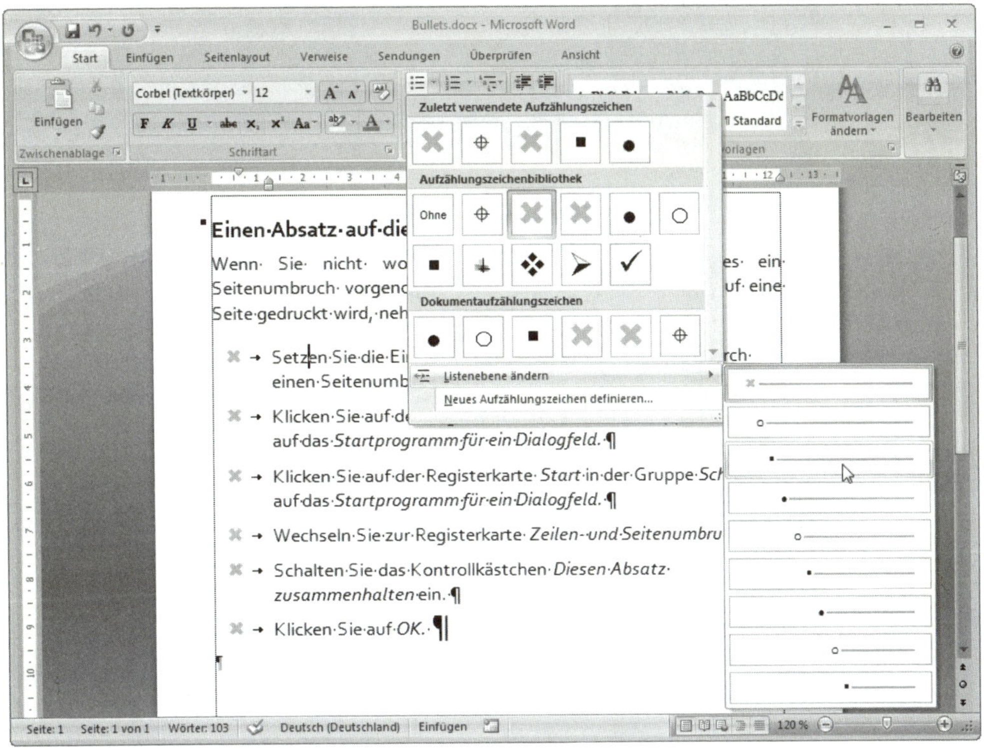

Absätze nummerieren

Das Nummerieren von Absätzen ist genauso einfach wie das Zuweisen von Aufzählungszeichen. Verwenden Sie die Beispieldatei aus dem vorigen Abschnitt, wenn Sie es ausprobieren möchten:

1. Markieren Sie die letzten Absätze, aus denen Sie eine nummerierte Liste machen wollen.
2. Klicken Sie auf den Pfeil der Schaltfläche *Nummerierung* (Registerkarte *Start*, Gruppe *Schriftart*).
3. Bewegen Sie den Mauszeiger über die verschiedenen Zahlenformate, die im Aufklappmenü angezeigt werden.

   Word zeigt Ihnen in der Livevorschau an, wie das Dokument aussieht, wenn Sie die Option anklicken, auf der sich der Mauszeiger befindet.
4. Klicken Sie eines der Zahlenformate an.

Bild 13.10 Erstellen einer nummerierten Liste

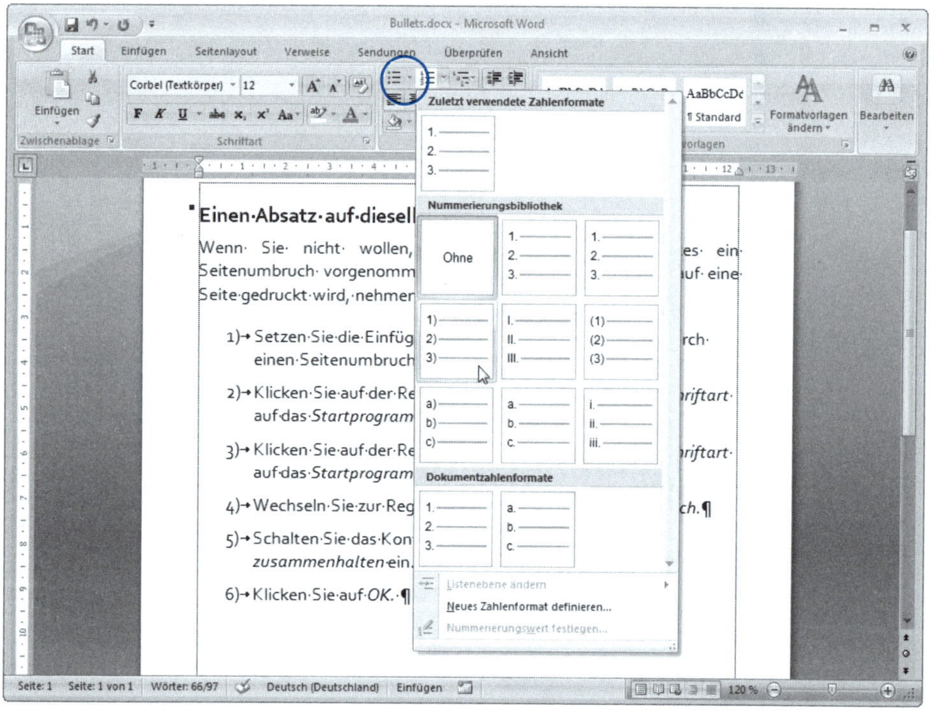

Eigenes Zahlenformat definieren

Wenn Sie keines der vordefinierten Zahlenformate verwenden wollen, können Sie auch ein benutzerdefiniertes Zahlenformat erstellen. Dies bietet sich an, wenn Sie die Schriftart oder Schriftgröße ändern wollen, die für die Nummerierung verwenden wird. Oder dann, wenn Sie in der Nummerierung außer der Zahl noch anderen Text ausgeben lassen wollen. Gehen Sie so vor, um ein benutzerdefiniertes Zahlenformat zu erstellen:

1. Markieren Sie die Absätze, die Sie formatieren wollen.
2. Klicken Sie auf den Pfeil der Schaltfläche *Nummerierung* (Registerkarte *Start,* Gruppe *Schriftart)* und im Aufklappmenü auf *Neues Zahlenformat definieren.* Das gleichnamige Dialogfeld wird angezeigt.
3. Öffnen Sie die Liste *Zahlenformatvorlage* und wählen Sie eines der angebotenen Formate aus. Folgende Formate stehen zu Ihrer Verfügung:
   - Arabische Ziffern (1, 2, 3)
   - Arabische Ziffern mit Punkt(1., 2., 3.)
   - Römische Ziffern in Großbuchstaben (I, II, III)

- Römische Ziffern in Kleinbuchstaben (i, ii, iii)
- Großbuchstaben (A, B, C)
- Kleinbuchstaben (a, b, c)
- Zahlen als Text (Eins, Zwei usw. und Erste, Zweite usw.)

Bild 13.11 Das Dialogfeld *Neues Zahlenformat definieren*

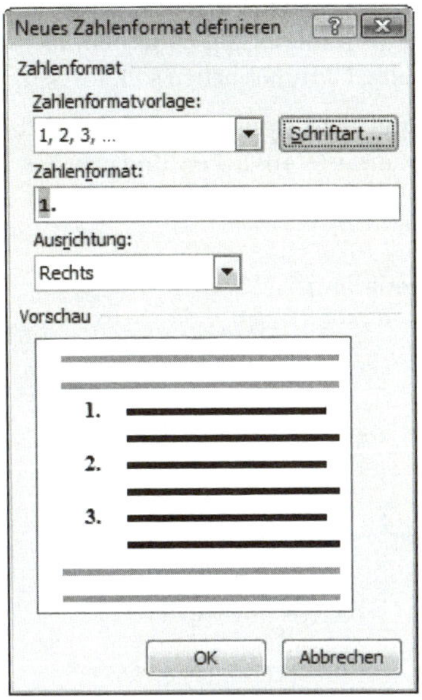

4. Im Feld *Zahlenformat* wird grau hinterlegt die Zahl angezeigt, die ausgegeben werden soll.

   Sie können dort vor und hinter die Zahl noch weiteren Text eingeben, der vor und hinter der Zahl stehen soll. Sie können dieses Feld beispielsweise verwenden, um das Zeichen festzulegen, das zwischen der Nummer und dem zugehörigen Text ausgegeben werden soll (z. B. den Punkt ».«, den Doppelpunkt »:« oder auch Klammern). Oder Sie geben den Text *Schritt* ein, wenn Sie als Zahlenformat Schritt 1, Schritt 2 usw. verwenden wollen.

5. Klicken Sie optional auf die Schaltfläche *Schriftart*, wenn Sie die Größe oder Schriftfarbe des Aufzählungszeichens anpassen wollen. Nehmen Sie dann im Dialogfeld *Schriftart* die gewünschten Einstellungen vor.

6. Klicken Sie auf *OK*, um zum Dialogfeld *Neues Zahlenformat definieren* zurückzukehren.

7. Öffnen Sie die Liste *Ausrichtung*, und wählen Sie eine der Optionen aus. Die Option *Rechts* vergrößert den Abstand zwischen Text und Listenzeichen, die Option *Links* verkleinert ihn.

8. Klicken Sie auf *OK*, um das Zahlenformat zu definieren und es den markierten Absätzen zuzuweisen.

Dokumente formatieren

Nummerierungswert anpassen

Die Nummerierung, die Sie wie hier beschrieben vornehmen, ist eine Absatzformatierung. Die Zahlen stehen daher nicht direkt im Text, sondern sind, wie alle Absatzmerkmale, mit der Absatzmarke verbunden. Wenn Sie am Ende eines nummerierten Absatzes die ↵-Taste drücken, erstellt Word einen neuen Absatz, der die gleichen Absatzformatierungen enthält wie der vorhergehende.

Was aber, wenn Sie innerhalb einer nummerierten Liste einen Absatz einfügen wollen, der nicht nummeriert ist? Sie können in diesem Absatz die Nummerierung entfernen, müssen dann aber die Nummerierung im nächsten Absatz, der wieder eine Nummer haben soll, fortsetzen.

Solche Aufgaben erledigen Sie am einfachsten mit dem Kontextmenü, das sich öffnet, wenn Sie einen nummerierten Absatz mit der rechten Maustaste anklicken und das Sie in der folgenden Abbildung sehen.

Bild 13.12 Das Kontextmenü mit den Befehlen zur Nummerierung

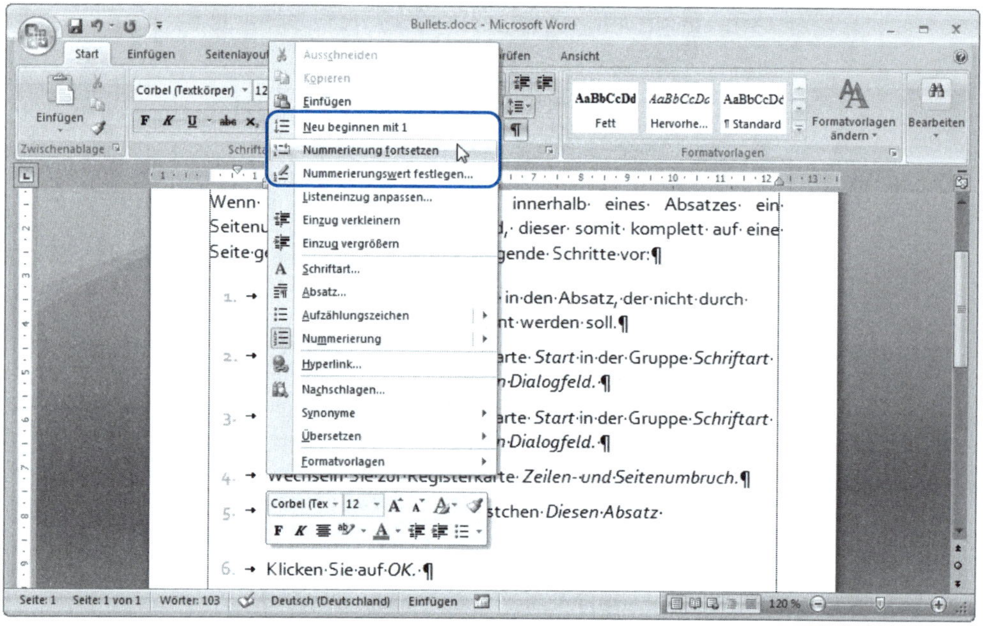

Die drei Befehle, die im Zusammenhang mit der Nummerierung von Bedeutung sind, sind die folgenden:

- **Neu beginnen mit 1** Beginnt die Nummerierung des markierten Absatzes wieder bei 1. Hierbei berücksichtig Word das Zahlenformat (arabische Ziffern usw.), das dem aktuellen Absatz zugewiesen wurde.
- **Nummerierung fortsetzen** Setzt die Nummerierung mit der nächsten Zahl fort. Diesen Befehl verwenden Sie, wenn Sie innerhalb einer nummerierten Liste einen Absatz eingefügt haben, der nicht nummeriert werden soll, und der aktuelle Absatz mit der nächstgrößeren Zahl formatiert werden soll.

- **Nummerierungswert anpassen** Wenn Sie den Befehl *Nummerierungswert anpassen* anklicken, zeigt Word das gleichnamige Dialogfeld an.

Bild 13.13 Das Dialogfeld *Nummerierungswert festlegen*

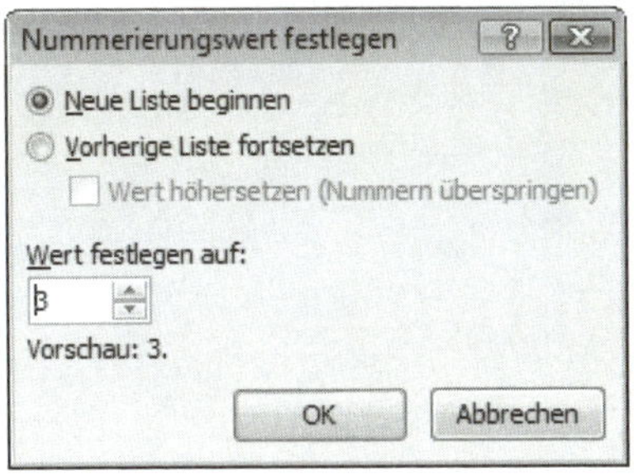

In diesem Dialogfeld stehen Ihnen die folgenden Optionen zur Verfügung:

- **Neue Liste beginnen** Das Optionsfeld *Neue Liste beginnen* entspricht von seiner Wirkung her dem Befehl *Neu beginnen mit 1* aus dem Kontextmenü.
- **Vorherige Liste fortsetzen** Wenn Sie das Optionsfeld *Vorherige Liste fortsetzen* auswählen, entspricht dies von seiner Wirkung her dem Befehl *Nummerierung fortsetzen* aus dem Kontextmenü. Zusätzlich können Sie noch das Kontrollkästchen *Wert höhersetzen* einschalten, wenn Sie eine Nummer überspringen wollen.
- **Wert festlegen auf** Wenn Sie die Nummerierung mit einer bestimmten Zahl beginnen lassen wollen, geben Sie diese in das Feld *Wert festlegen auf* ein.

Nummerierung entfernen und Listenebene anpassen

Wie Sie es bereits bei den Aufzählungszeichen gesehen haben, können Sie die Nummerierung eines Absatzes entfernen, indem Sie den Absatz markieren und die Schaltfläche *Nummerierung* anklicken. Sollten Sie versehentlich den Pfeil der Schaltfläche *Nummerierung* erwischt haben, klicken Sie im Bereich *Nummerierungsbibliothek* des Aufklappmenüs auf *Ohne.*

Auch bei Nummerierungen können Sie bis zu neun verschiedene Ebenen verwenden. Um die Ebene eines Absatzes zu ändern, klicken Sie auf den Pfeil der Schaltfläche *Nummerierung,* zeigen auf *Listenebene ändern* und klicken dann die gewünschte Ebene an. Den untergeordneten Ebenen sind hier standardmäßig Aufzählungszeichen zugeordnet.

Wenn Sie eine Liste benötigen, die von vornherein mehrere Nummerierungsebenen enthält, können Sie auch die Schaltfläche *Liste mit mehreren Ebenen* verwenden, die Sie in der Abbildung auf der folgenden Seite sehen. Im Menü der Schaltfläche finden Sie mehrere fertige Listen. Wenn Sie eine der Ebenen anpassen wollen, verwenden Sie den Befehl *Neuen Listentyp definieren.* Mit dem Befehl *Neue Liste mit mehreren Ebenen definieren* können Sie eine neue Liste erstellen und dabei das Zahlenformat für jede Ebene einstellen.

Bild 13.14 Das Menü der Schaltfläche *Liste mit mehreren Ebenen*

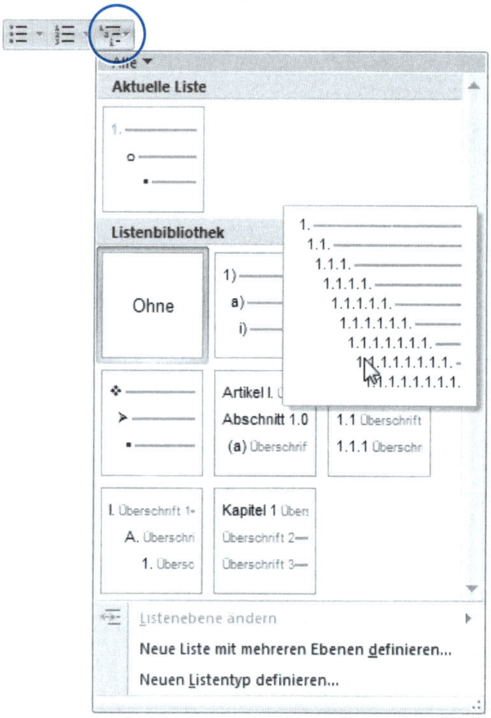

Listeneinrückungen anpassen

Damit die nummerierten Listen und die Listen, die ein Aufzählungszeichen verwenden, richtig ausgerichtet werden, versieht Word diese mit einem linken und einem hängenden Einzug. Mit dem Listenfeld *Ausrichtung* der Dialogfelder *Neues Aufzählungszeichen definieren* und *Neues Zahlenformat definieren* können Sie für die Position des Aufzählungszeichens und der Nummer zwischen drei verschiedenen Optionen wählen.

Die genaue Position des Aufzählungseichens/der Nummer, die in früheren Word-Versionen beim Definieren eines benutzerdefinierten Formats eingestellt werden konnte, steht in Word 2007 weiterhin zur Verfügung, jedoch müssen Sie hier einen kleinen Umweg machen:

1. Erstellen Sie ein benutzerdefiniertes Aufzählungszeichen oder Zahlenformat, wie es weiter vorne in diesem Kapitel beschrieben wurde.
2. Markieren Sie die Absätze, für die Sie die Einrückungen ändern möchten, und klicken Sie diese mit der rechten Maustaste an.
3. Klicken Sie im Kontextmenü auf *Listeneinzug anpassen.* Das Dialogfeld *Listeneinrückungen anpassen* wird angezeigt (siehe Abbildung auf der folgenden Seite).

Bild 13.15 Hier können Sie die genaue Position des Aufzählungszeichen bzw. der Nummer festlegen

4. Führen Sie eine der folgenden Aktionen aus:
   - Wenn Sie eine Liste mit Aufzählungszeichen formatieren, legen Sie bei *Aufzählungszeichenposition* die Position des Aufzählungszeichens fest.
   - Wenn Sie eine nummerierte Liste formatieren, legen Sie bei *Nummernposition* die Position der Nummerierung fest.

   Der Wert, den Sie hier eingeben, bezieht sich auf den linken Seitenrand des Dokuments.
5. Legen Sie im Feld *Texteinzug* die Position fest, an der der eigentliche Text des Absatzes stehen soll. Auch hier bezieht sich der Wert, den Sie eingeben, auf den linken Seitenrand des Dokuments.
6. Klicken Sie auf *OK*.

Linien, Rahmen und Muster zuweisen

In der Gruppe *Schriftart* auf der Registerkarte *Start* befinden sich zwei weitere Schaltflächen, die Sie verwenden können, um einem Absatz eine Hintergrundfarbe bzw. eine Rahmenlinie zuzuweisen. Beide Schaltflächen besitzen ein Ausklappmenü, mit dem Sie schnell die wichtigsten Formatierungen vornehmen können. Wenn Sie weitere Optionen einstellen wollen, können Sie das Dialogfeld *Rahmen und Schattierung* verwenden.

Absatz mit einer Hintergrundfarbe versehen

Gehen Sie so vor, um einem Absatz eine Hintergrundfarbe zuzuweisen:

1. Markieren Sie die Absätze, die Sie formatieren wollen.
2. Klicken Sie auf der Registerkarte *Start* in der Gruppe *Schriftart* auf den Pfeil der Schaltfläche *Schattierung*, damit Word das zugehörige Ausklappmenü öffnet.

Bild 13.16 Das Ausklappmenü zum Festlegen der Hintergrundfarbe

3. Führen Sie eine der folgenden Aktionen durch:
   - Klicken Sie auf eine der Farben bzw. Farbschattierungen im Bereich *Designfarben*, wenn Sie zur Formatierung des Dokuments ein Design verwenden. (Beachten Sie hierzu auch den Hinweis zu Designfarben in Kapitel 11 auf Seite 217.)
   - Klicken Sie auf eine der Farben im Bereich *Standardfarben*, wenn Sie zur Formatierung des Dokuments die Standardfarben verwenden.
   - Wenn keine der bisher beschriebenen Optionen die von Ihnen benötigte Farbe enthält, klicken Sie auf *Weitere Farben* und machen bei Schritt 3 weiter, nachdem das Dialogfeld *Farben* angezeigt wurde.

Bild 13.17 Die beiden Registerkarten des Dialogfeldes *Farben*

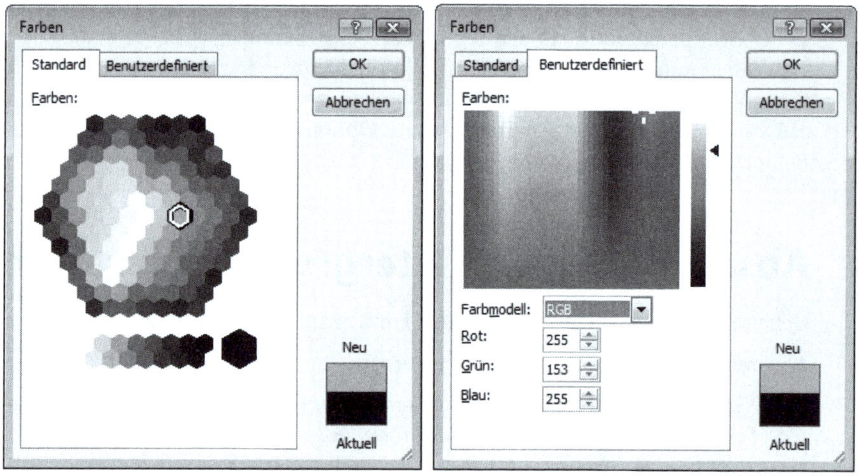

4. Führen Sie eine der folgenden Aktionen durch:
   - Wenn Sie auf der Registerkarte *Standard* die benötigte Farbe sehen, klicken Sie sie an und schließen dann das Dialogfeld mit *OK*.

- Anderenfalls wechseln Sie zur Registerkarte *Benutzerdefiniert,* auf der Sie die Farbwerte der benötigten Farbe entweder im RGB- oder im HSL-Farbmodell eingeben können. Sie können auch eine Farbe im Bereich *Farben* anklicken und dann mit dem Schieberegler rechts davon die Farbhelligkeit einstellen. Klicken Sie auf *OK,* wenn Sie die gewünschte Farbe eingestellt haben.

Die Absätze werden mit der ausgewählten Farbe formatiert.

Absatz mit einer Rahmenlinie versehen

Gehen Sie so vor, um einem Absatz eine Rahmenlinie zuzuweisen:

1. Markieren Sie die Absätze, die Sie formatieren wollen.
2. Klicken Sie auf der Registerkarte *Start* in der Gruppe *Schriftart* auf den Pfeil der Schaltfläche *Rahmenlinie,* damit Word das zugehörige Ausklappmenü öffnet.

Bild 13.18 Das Ausklappmenü zum Festlegen der Rahmenlinie

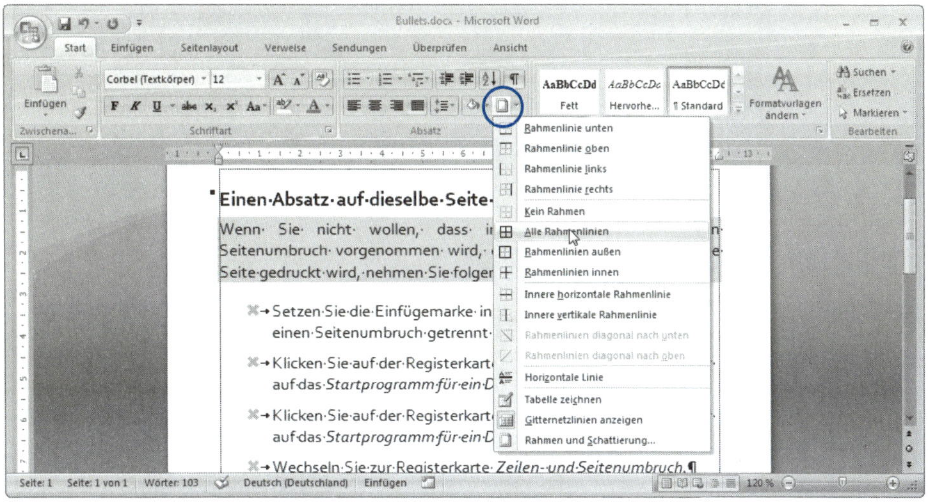

3. Führen Sie eine der folgenden Aktionen durch:
   - Klicken Sie den Befehl an, bei dem diejenige Seite des Absatzes mit einer Linie versehen ist, der Sie eine Linie zuweisen wollen. Wiederholen Sie dies für weitere Seiten, die mit einer Linie versehen werden sollen.
   - Wollen Sie den gesamten Absatz einrahmen, klicken Sie auf die *Rahmenlinien außen.*
   - Um die Rahmenlinie/n wieder zu entfernen, klicken Sie auf *Kein Rahmen.*

Feintuning von Hintergrundfarbe und Rahmenlinien

Für die schnelle Formatierung von Rahmenlinien und Hintergrundfarbe bietet sich die Verwendung der beiden bisher vorgestellten Schaltflächen an. Falls Sie weitere Optionen (wie den Abstand zwischen Text und Linie oder deren Farbe) einstellen wollen, müssen Sie das Dialogfeld *Rahmen und Schattierung* verwenden. Das Dialogfeld dieses Befehls besitzt auf drei Registerkarten zahlreiche Einstellmöglichkeiten, die wir nun vorstellen wollen.

1. Markieren Sie die Absätze, die Sie formatieren wollen.
2. Klicken Sie auf der Registerkarte *Start* in der Gruppe *Schriftart* auf den Pfeil der Schaltfläche *Rahmenlinie,* damit Word das zugehörige Ausklappmenü öffnet.
3. Klicken Sie auf *Rahmen und Schattierung.* Das gleichnamige Dialogfeld wird angezeigt.

Bild 13.19 Die Registerkarte *Rahmen* des Dialogfeldes *Rahmen und Schattierung*

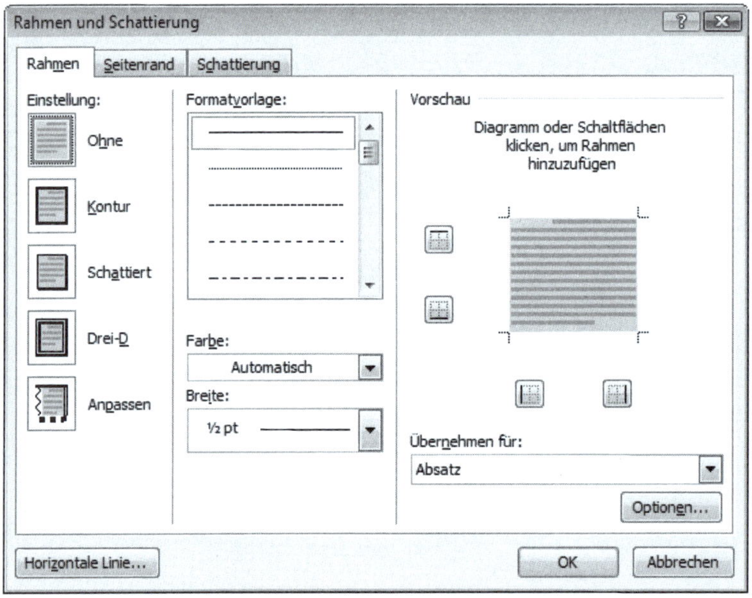

4. Nehmen Sie wie nachfolgend beschrieben die gewünschten Einstellungen vor.
5. Klicken Sie auf *OK.*

Die Registerkarte *Rahmen*

Die einfachste Form der Umrandung besteht darin, dass alle vier Seiten des Absatzes mit einer Linie der gleichen Linienstärke versehen werden. Dazu dienen die Optionen in der Liste *Einstellung.* Mit der Option *Ohne* wird der Rahmen entfernt, die Option *Kontur* erzeugt einen geschlossenen Rahmen, die Option *Schattiert* erzeugt einen geschlossenen Rahmen, bei dem die rechte und die untere Linie dicker sind als die linke und die obere.

HINWEIS **3D-Rahmen** Einen 3D-Rahmen können Sie nicht, wie Sie vielleicht vermuten, durch einfaches Anklicken der Option *Drei-D* erstellen (das war auch bei den drei vorherigen Word-Versionen schon so). Um einen 3D-Rahmen zu erstellen, wählen Sie in der Liste *Einstellung* die Option *Drei-D* aus, scrollen dann in der Liste *Formatvorlage* nach unten und wählen die dritt- oder die viertletzte Linienart aus. Nur so erhalten Sie einen Rahmen, der aussieht wie ein Fenster oder ein Bilderrahmen.

Mit der Option *Anpassen* können Sie Rahmen erstellen, bei denen die einzelnen Seiten des *Rahmens* unterschiedliche Linienstärken oder -farben aufweisen. Wenn Sie diese Option verwenden, wählen Sie zuerst in der Mitte des Dialogfeldes die Linienart, die Farbe und die Stärke der Linien aus und klicken dann im Vorschaubereich die Schaltfläche der Linie an, die Sie wie eingestellt formatieren wollen. Mehr hierzu finden Sie weiter unten in diesem Kapitel.

Linienart, Linienstärke, Linienfarbe

Die Liste *Formatvorlage* enthält verschiedene Auswahlmöglichkeiten für die Art der Linien, hier steht Ihnen eine große Anzahl zur Auswahl. Mit der Liste *Breite* legen Sie die Stärke der Rahmenlinien fest.

Das Listenfeld *Farbe* kann dazu verwendet werden, die Farbe der Linien und des Schattens einzustellen. Die Farben werden natürlich nur dann gedruckt, wenn Sie einen Farbdrucker verwenden. Besitzen Sie einen Schwarzweißdrucker, können Sie zum Formatieren die Farben verwenden; je nach Druckertyp erhalten Sie hierdurch interessante Ergebnisse.

Den Abstand des Rahmens zum Text einstellen

Durch Anklicken der Schaltfläche *Optionen* wird ein Dialogfeld angezeigt (siehe folgende Abbildung), in dem Sie für alle vier Seiten den Abstand des Rahmens zum Text festlegen können. Bei der Verwendung einer Umrandung wird der Abstand an allen vier Seiten des Absatzes erzeugt; bei der Formatierung einer Linie hingegen befindet sich der Abstand nur zwischen der Linie und dem Text.

Bild 13.20 Einstellen des Abstands zwischen Rahmen und Text

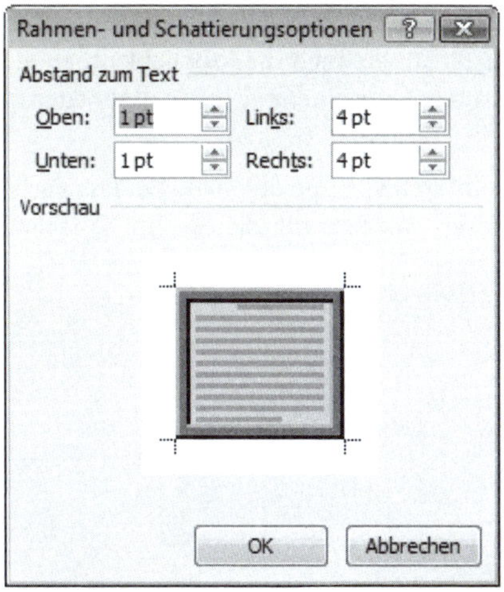

Die Registerkarte *Schattierung:* Füllmuster festlegen

Auf der Registerkarte *Schattierung* verbirgt sich die Möglichkeit, die Rahmen mit einem Füllmuster zu versehen. Mit den Elementen der Registerkarte *Schattierung* können Sie das Füllmuster auswählen und die Vorder- sowie Hintergrundfarbe einstellen.

Bild 13.21 Füllmuster für Rahmen festlegen

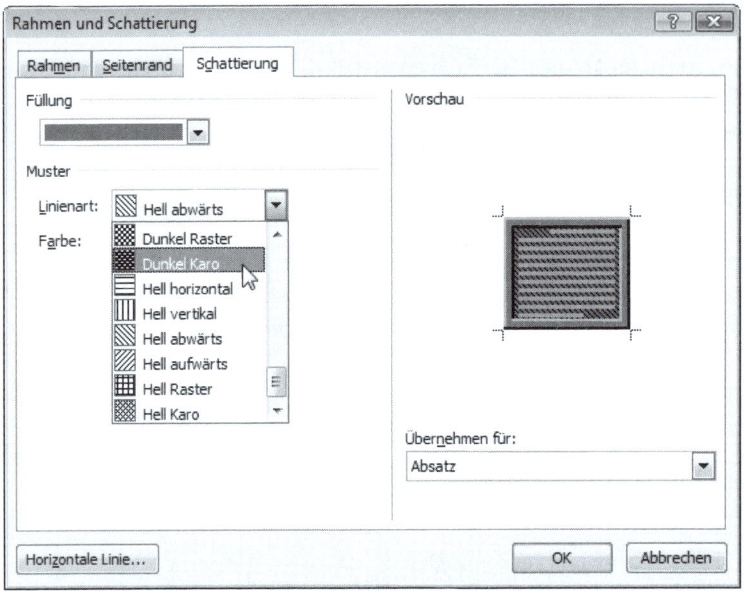

Um ein Füllmuster festzulegen, wählen Sie eins aus dem Listenfeld *Linienart* aus. Word stellt Ihnen verschiedene Grauraster mit einer Schwärzung von 0 % (transparent) bis 100 % (einfarbig) zur Verfügung. Darüber hinaus können Sie vertikale, diagonale oder horizontale Linien sowie ein Netz- und Karomuster auswählen.

Rahmen mit unterschiedlichen Linien erzeugen

Bisher haben wir nur die Umrandungsmöglichkeiten vorgestellt, die einen gesamten Absatz betreffen. Das Dialogfeld *Rahmen und Schattierung* bietet Ihnen auch die Möglichkeit, an allen vier Seiten unterschiedliche Linienstärken zu verwenden oder nur eine, zwei oder drei Seiten des Absatzes mit einer Linie zu versehen.

Der Trick besteht darin, dass die Attribute der mittleren Gruppe des Dialogfeldes (Farbe, Linienart, Stärke) nur den Linien eines Absatzes zugewiesen werden, für die Sie im Vorschaufenster die Schaltflächen angeklickt werden.

Bild 13.22 Unterschiedliche Seiten eines Absatzes mit verschiedenen Rahmenlinien versehen ...

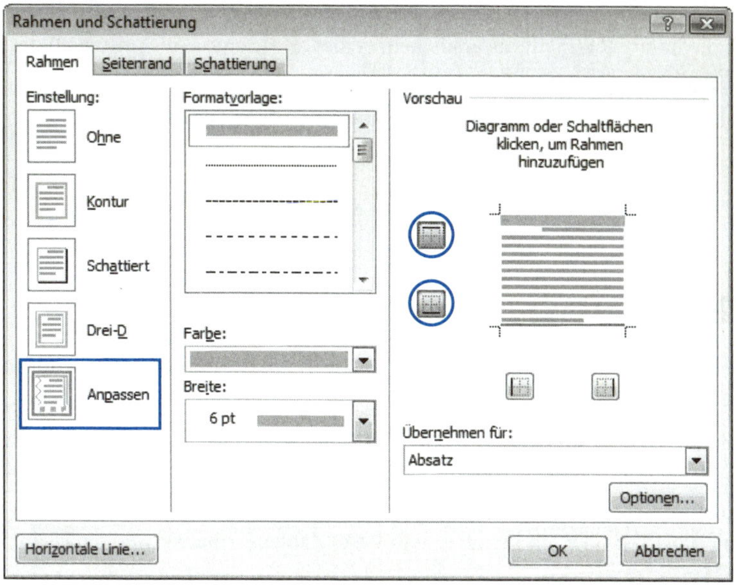

Sie können einzelne Rahmenlinien markieren, indem Sie die gewünschte Linie am Beispielabsatz anklicken. Die vier äußeren Linien stehen immer zu Ihrer Verfügung. Die horizontale Linie symbolisiert eine Linie zwischen mehreren Absätzen, die vertikale Linie ist nur bei der Verwendung der Tabellenfunktion sichtbar.

Bild 13.23 Oben und unten unterschiedliche Linienstärke und Linienfarbe

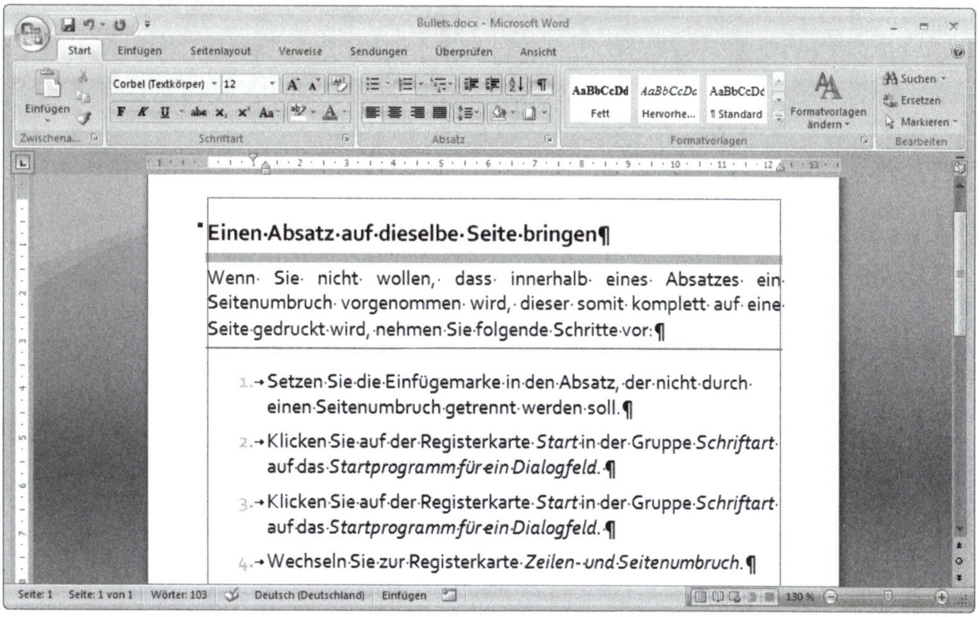

Durch Kombination der verschiedenen Rahmenlinien können Sie beliebig Rahmen und Linien erzeugen:

- Wenn Sie die untere Rahmenlinie anklicken, erzeugen Sie eine Linie unterhalb des Absatzes.
- Wenn Sie die obere und danach die untere Rahmenlinie anklicken, können Sie einen Absatz so hervorheben, wie Sie es in der Abbildung auf der vorigen Seite sehen.
- Wenn Sie nur die linke Rahmenlinie anklicken, können Sie einen oder mehrere Absätze durch eine Linie in der Randspalte hervorheben.

Zusammenfassung

Dieses Kapitel hat Sie mit weiteren Möglichkeiten der Absatzformatierung bekannt gemacht. Im Einzelnen haben Sie Folgendes gelernt:

- Wie Sie Absätze mit Aufzählungszeichen versehen und wie Sie benutzerdefinierte Aufzählungszeichen verwenden, die Symbolschriftarten oder Grafiken verwenden (Seite 264),
- wie Sie die nummerierte Listen formatieren und hierbei wahlweise auf die vordefinierten Zahlenformate zugreifen oder ein benutzerdefiniertes Zahlenformat verwenden (Seite 271),
- wie Sie Absätze mit einer Hintergrundfarbe versehen (Seite 277) und
- wie Sie Absätzen die unterschiedlichsten Rahmenlinien zuweisen (Seite 279 und Seite 281).

Kapitel 14

Formatvorlagen & Designs

In diesem Kapitel:

Es gibt in Word wohl kaum eine zweite Funktion, deren Verständnis so wichtig für ein effektives Arbeiten mit Word ist, wie das Konzept der Formatvorlagen. Gleichzeitig investieren nur wenige Anwender die notwendige Zeit, um das Konzept der Formatvorlagen zu erlernen und es gewinnbringend einsetzen zu können.

Mit der neuen Version von Word wird es wohl nicht besser werden. Word signalisiert dem Anwender mehr denn je: »Ein Klick genügt« oder etwas bissiger formuliert: »Nicht denken, klicken!«. Diese Herangehensweise mag auf den ersten Blick verlockend klingen, aber wer je mit Software gearbeitet hat, die versucht, dem Anwender das Denken abzunehmen, kennt das verzweifelte Gefühl, das einen beschleicht, wenn sich auf dem Bildschirm Dinge tun, die man weder versteht noch so gewollt hat.

Wir werden das Pferd daher richtig herum aufzäumen und Ihnen zunächst den Sinn und Zweck von Formatvorlagen erklären und erst anschließend auf ihre Anwendung eingehen.

Im zweiten Teil des Kapitels wenden wir uns dann den neu eingeführten *Designs* zu, die auch als *Dokumentdesigns* bezeichnet werden. Mit ihnen wird es möglich, einem Dokument mit minimalem Aufwand ein anderes Aussehen zu verleihen. Konkret werden dabei die Schriftarten, die verwendeten Farben und die benutzen grafischen Effekte ausgetauscht. Mit diesem Feature können Sie ein Dokument leicht an eine neue Zielgruppe anpassen, indem Sie zum Beispiel ein zuvor sehr auffällig formatiertes Dokument durch Zuweisen eines entsprechenden Designs mit einem dezenten Layout versehen.

Das Prinzip von Formatvorlagen

Wenn Sie regelmäßig mit Word Dokumente erstellen, werden Sie irgendwann feststellen, dass Sie die gleichen Formatierungsbefehle immer wieder eingeben, um beispielsweise alle Überschriften auf die gleiche Art und Weise zu formatieren. Das ist nicht nur mühselig, sondern auch sehr unflexibel.

Formatvorlagen bieten eine Lösung für diese Situation, indem sie viele verschiedene Formatierungsmerkmale (wie Schriftart, Schriftauszeichnungen, Einzüge, Farbeinstellungen usw.) zu einer Art Muster zusammenfassen. Wenn Sie beispielsweise alle Überschriften fett und zentriert formatieren wollen und außerdem eine Linie sowie Freiräume vor und nach dem Absatz einrichten möchten, können Sie genau *eine* Formatvorlage erstellen, die alle gewünschten Formatierungsmerkmale in sich vereinigt.

Formatvorlagen sind schnell

Wenn Sie einmal eine Formatvorlage erstellt haben, können Sie sie beliebig oft anwenden und einer Textstelle alle in der Formatvorlage gespeicherten Formatierungsmerkmale mit dem berühmten einen Mausklick zuweisen.

Formatvorlagen sind präzise

So ist hundertprozentig garantiert, dass alle Formatierungen konsistent sind. Und falls Sie noch eine Änderung an der Formatierung vornehmen wollen, können Sie sich auf eine einzige Stelle konzentrieren. Sie korrigieren einfach die Formatvorlage, die dann die geänderte Formatierung an die zugehörigen Textstellen »vererbt«.

Formatvorlagen sind flexibel

Dieser Mechanismus lässt sich fast beliebig perfektionieren. So können z.B. die Formatvorlagen eines Dokumentes so geschickt aufeinander aufgebaut werden, dass Sie mit einer einzigen Änderung die Schriftart im ganzen Dokument ändern können, und zwar unabhängig davon, in welcher Größe und Auszeichnung (fett, kursiv etc.) Sie die Schrift eingesetzt haben. Diesen »Trick« machen sich zum Beispiel auch die eingangs erwähnten Designs zunutze, auf die wir weiter hinten in diesem Kapitel noch im Detail eingehen werden.

Die verschiedenen Typen von Formatvorlagen

In Word gibt es mehrere Typen von Formatvorlagen, die sich darin unterscheiden, welche Formatierungsmerkmale in ihnen gespeichert werden können.

- **Zeichen** Speichern die Einstellungen, die Sie auf der Registerkarte *Start* in der Gruppe *Schriftart* finden. Mit Zeichenformatvorlagen können einzelne Wörter im Text durch eine Formatierung hervorgehoben werden (wie die Wörter *Start* und *Schriftart* in diesem Absatz).
- **Absatz** Enthält lediglich die Einstellungen, die Sie für Absätze vornehmen können. Hierzu gehören die Ausrichtung, Einzüge, Abstände, Tabulatoren, Umrandungen, Linien sowie Schattierungen und die Sprache. Dieser Formatvorlagentyp kann jedoch (vermutlich aus Kompatibilitätsgründen) ebenfalls Zeichenformatierungen speichern.
- **Verknüpft (Absatz und Zeichen)** kombiniert eine Zeichen- mit einer Absatzformatvorlage.
- **Tabellen-Formatvorlagen** enthalten neben den Zeichenformatierungen auch Merkmale wie Füllfarbe, Rahmenarten und die Ausrichtung des Textes innerhalb einer Tabellenzelle.
- **Listen-Formatvorlagen** dienen zur Formatierung von nummerierten Listen und Aufzählungen. Neben der Einrückung und der Schriftart können Sie auch das Aufzählungszeichen aus den verschiedenen Zeichensätzen definieren oder dafür sogar eine Grafik verwenden.

Schnellformatvorlagen

Schnellformatvorlagen sind im Grunde genommen nichts anderes als die soeben vorgestellten Formatvorlagen. Sie heben sich lediglich dadurch ab, dass sie in der Registerkarte *Start* in der Gruppe *Formatvorlagen* auftauchen. Dank ihrer exponierten Lage lassen sich diese Formatvorlagen beim Formatieren schneller erreichen und dieser Tatsache verdanken sie ihren Namenszusatz.

Bild 14.1 Die Schnellformatvorlagen in der Registerkarte *Start*

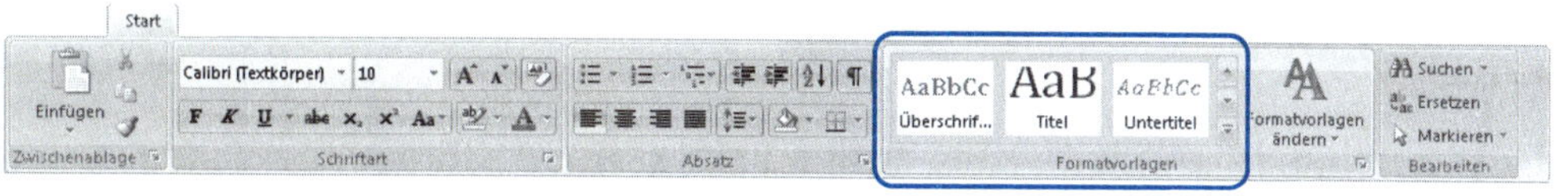

Um diesen Geschwindigkeitsvorsprung zu gewährleisten, verwendet Word zurzeit nur knapp 20 Schnellformatvorlagen. Andernfalls würden Sie zuviel Zeit damit verlieren, eine gewünschte Formatvorlage auf der Registerkarte zu finden. Bei der Auswahl der Formatvorlagen, die zu

Schnellformatvorlagen »befördert« wurden, hat man versucht, ein möglichst breites Spektrum an Formatierungsaufgaben abzudecken.

Schnellformatvorlagen-Sätze

Es gibt noch eine weitere Hierarchieebene im Leben einer Formatvorlage: die so genannten Schnellformatvorlagen-*Sätze*. Dabei handelt es sich einfach um verschiedene Gruppen von Schnellformatvorlagen, die jeweils einen eigenen Namen besitzen. Ihre besondere Wirkung entfalten die Schnellformatvorlagen-Sätze, wenn die in ihnen enthaltenen Formatvorlagen die gleichen Namen tragen. Dann wird es nämlich möglich, durch einfaches Wechseln des Schnellformatvorlagen-Satzes einem Dokument ein vollständig anderes Aussehen zu geben.

Bild 14.2 Durch einen Wechsel des Schnellformatvorlagen-Satzes erhält ein Dokument augenblicklich ein völlig anderes Aussehen

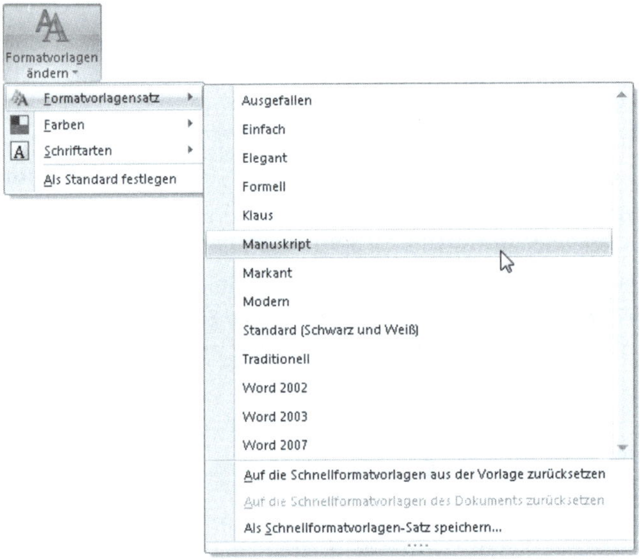

Hinweise, wo benutzerdefinierte Schnellformatvorlagen gespeichert werden, finden Sie im Abschnitt »Spezielle Vorlagentypen« in Kapitel 17.

Fluch oder Segen?

Nach dieser kurzen Einführung in das Thema Formatvorlagen verfügen Sie nun über eine erste Vorstellung von der Leistungsfähigkeit dieses Konzepts. Sie haben sicher auch ein Gespür dafür entwickeln können, dass mit dieser Leistungsfähigkeit auch die Gefahr einhergeht, diesen Automatismus nicht in den Griff zu bekommen.

Unsere Empfehlung lautet daher: Wenden Sie zunächst nur die bereits vorhandenen Formatvorlagen an und beginnen Sie erst später, wenn Sie bereits etwas Erfahrung gesammelt haben, mit dem Erstellen von eigenen Formatvorlagen.

Formatvorlagen anwenden

Das Anwenden von Formatvorlagen ist denkbar unkompliziert. Beginnen wir mit dem einfachsten Fall, dem Anwenden einer Schnellformatvorlage. Wie gesagt, handelt es sich dabei um ganz normale, aber häufig benötigte Formatvorlagen, die an exponierter Stelle auf der Registerkarte *Start* platziert sind.

Mit den folgenden Schritten weisen Sie einem Absatz die Formatvorlage für eine Überschrift zu:

1. Setzen Sie die Einfügemarke in den betreffenden Absatz.
2. Zeigen Sie die Registerkarte *Start* an.
3. Öffnen Sie in der Gruppe *Formatvorlagen* den Katalog mit den Schnellformatvorlagen. Word zeigt die wichtigsten Merkmale der Formatvorlagen in kleinen Vorschaubildchen an.

Bild 14.3 Anwenden einer Schnellformatvorlage

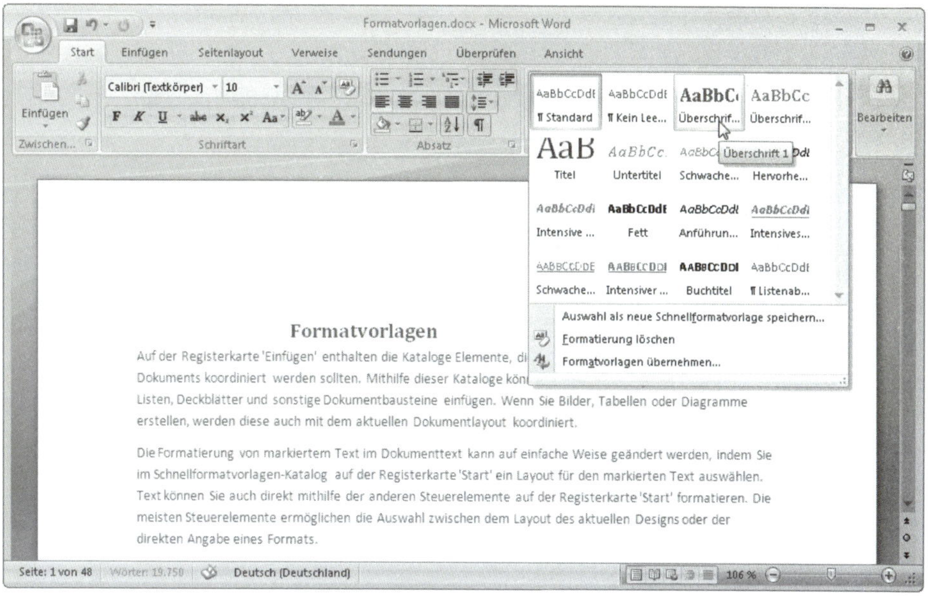

4. Bewegen Sie den Mauszeiger über die verschiedenen Einträge des Katalogs und beobachten Sie, wie sich die Formatierung des vorher ausgewählten Absatzes verändert.
5. Klicken Sie die gewünschte Formatvorlage an, um ihre Formatierungseigenschaften auf den Absatz zu übertragen.

ACHTUNG **Formatvorlagen überschreiben direkte Formatierungen** Wenn ein Absatz bereits direkte Absatzformatierungen besitzt – das sind Formatierungen, die nicht mit Hilfe einer Formatvorlage, sondern über Shortcuts oder die Schaltflächen der Registerkarte *Start* zugewiesen wurden –, gehen sie durch das Zuweisen einer Formatvorlage verloren. Sie können jedoch, nachdem Sie dem Absatz die Formatvorlage zugewiesen haben, anschließend noch beliebige direkte Formatierungen vornehmen.

Schnellformatvorlagen mit der Minisymbolleiste zuweisen

Der im letzten Abschnitt beschriebene Weg über die Registerkarte *Start* ist in der Regel zu umständlich, da Sie dabei relativ lange Wege mit der Maus zurücklegen müssen (das gilt besonders dann, wenn die Registerkarte noch nicht angezeigt ist).

Schnellformatvorlagen lassen sich daher meistens besser über die Minisymbolleiste zuweisen. Diese Symbolleiste erscheint immer dann, wenn Sie einen Textabschnitt markieren oder den gewünschten Absatz mit der rechten Maustaste anklicken.

Bild 14.4 Der Aufruf des Katalogs über die Minisymbolleiste empfiehlt sich vor allem dann, wenn die Registerkarte *Start* zurzeit nicht sichtbar ist

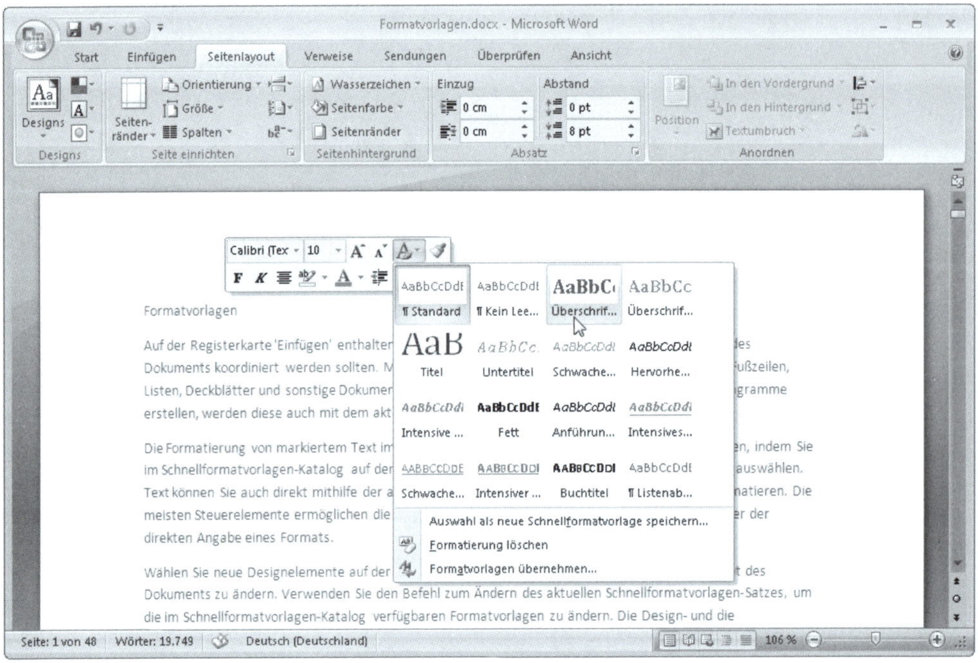

Formatieren mit dem Aufgabenbereich

Wenn sich eine von Ihnen gesuchte Formatvorlage nicht im Katalog der Schnellformatvorlagen befindet, verwenden Sie am besten den Aufgabenbereich *Formatvorlagen*. Um den Aufgabenbereich anzuzeigen, gehen Sie so vor:

1. Markieren Sie den Text, auf den Sie eine Formatvorlage anwenden wollen.
2. Zeigen Sie die Registerkarte *Start* an.
3. Klicken Sie in der unteren rechten Ecke der Gruppe *Formatvorlagen* auf die kleine Schaltfläche.

Word blendet den Aufgabenbereich dann entweder rechts neben dem Dokument ein oder zeigt ihn als eigenes Fenster an. Um zwischen den beiden Darstellungsarten umzuschalten, führen Sie einen Doppelklick auf der Titelleiste des Aufgabenbereichs aus bzw. ziehen mit der Maus an seiner Titelleiste, um ihn vom Rand des Wordfensters zu lösen.

Bild 14.5 Im Aufgabenbereich können Sie alle Formatvorlagen erreichen

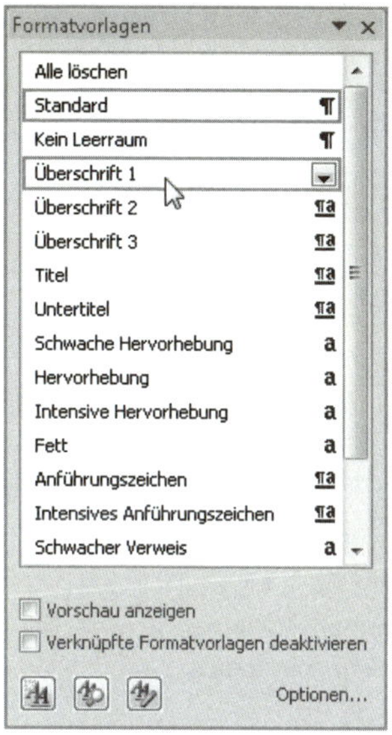

4. Wenn Sie jetzt mit der Maus über die verschiedenen Einträge des Aufgabenbereichs fahren, werden Sie feststellen, dass Word hier keine Livevorschau anbietet.
5. Sie können jedoch unten im Aufgabenbereich die Option *Vorschau anzeigen* einschalten, damit Word zumindest im Aufgabenbereich die Namen der Formatvorlagen in ihrer jeweiligen Formatierung anzeigt.
6. Übernehmen Sie die Formatierung der gewünschte Formatvorlage auf den markierten Text, indem Sie die Formatvorlage in der Liste anklicken.

TIPP **Aufgabenbereich per Shortcut aufrufen** Sie können den Aufgabenbereich auch über einen Shortcut aufrufen. Allerdings ist dazu eine gewisse Fingerfertigkeit von Nöten, da Sie dabei insgesamt vier Taten gleichzeitig drücken müssen: Alt+Strg+⇧+S (der Buchstabe S steht für das englische »Stylesheet«.

Optionen des Aufgabenbereichs *Formatvorlagen*

Wenn Sie eine bestimmte Formatvorlage suchen, werden Sie unter Umständen auch im Aufgabenbereich *Formatvorlagen* nicht auf Anhieb fündig. Dies liegt daran, dass Word versucht, Sie mit möglichst wenigen Informationen zu konfrontieren und Ihnen deshalb zunächst nur eine Teilauswahl der vorhandenen Formatvorlagen anzeigt.

Um die Auswahl der angezeigten Formatvorlagen zu ändern, gehen Sie so vor:

1. Klicken Sie im Aufgabenbereich auf die Schaltfläche *Optionen.*
2. Wählen Sie im Listenfeld des Dialogs *Optionen für Formatvorlagenbereich* aus, welche Formatvorlagen im Aufgabenbereich angezeigt werden sollen. Zur Auswahl stehen hier: *Empfohlen, Verwendet, Im aktuellen Dokument* und *Alle Formatvorlagen.*

Bild 14.6 Die Optionen des Aufgabenbereichs

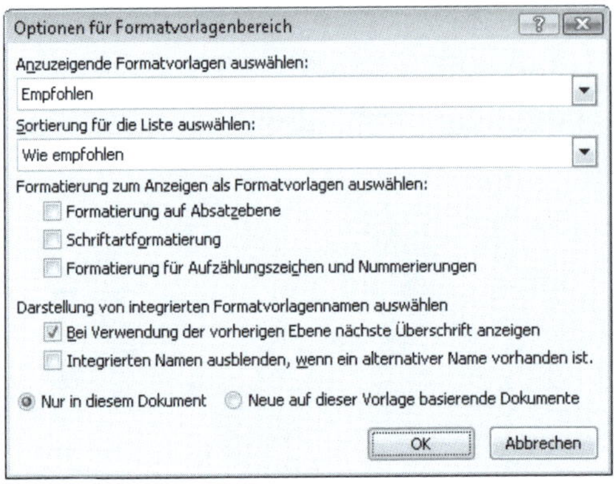

3. Sie können auch Einfluss auf die Sortierung der Formatvorlagen nehmen. Stellen Sie dazu im zweiten Listenfeld eine der Optionen *Alphabetisch, Wie empfohlen, Schriftart, Basierend auf* oder *Nach Typ* ein.
4. In der Gruppe *Formatierung zum Anzeigen als Formatvorlagen auswählen,* deren Namenswahl man wohl nur als kryptisch bezeichnen kann, können Sie einstellen, ob durch eine direkte Formatierung von Zeichen bzw. Absätzen automatisch neue Formatvorlagen erzeugt werden sollen. Wenn Sie zum Beispiel einen Absatz, dem Sie bereits die Formatvorlage *Überschrift 1* zugewiesen haben, anschließend zentriert formatieren, würde bei eingeschalteter Option *Formatierung auf Absatzebene* die neue Formatvorlage *Überschrift 1 + Zentriert* generiert. In der Regel führt dies zu einem erheblichen Chaos im Formatvorlagenbereich, da beinahe jede Änderung an der Formatierung eines Absatzes eine neue Formatvorlage nach sich zieht. Wir raten Ihnen daher vom Aktivieren dieser Optionen ab.
5. Mit den Optionen der Gruppe *Darstellung von integrierten Formatvorlagennamen auswählen* können Sie die Anzahl der angezeigten Formatvorlagen reduzieren. Wenn Sie zum Beispiel die Option *Bei Verwendung der vorherigen Ebene nächste Überschrift anzeigen* einschalten, würde die Formatvorlage *Überschrift 2* erst dann im Aufgabenbereich angezeigt, wenn Sie die Formatvorlage *Überschrift 1* das erste Mal verwenden. Weisen Sie anschließend die Formatvorlage *Überschrift 2* zu, taucht die Formatvorlage *Überschrift 3* auf usw.
6. Zum Schluss müssen Sie noch entscheiden, ob die vorgenommenen Einstellungen nur für das aktuelle Dokument gelten sollen (Option *Nur in diesem Dokument)* oder ob sie in der Vorlage gespeichert werden sollen, die dem aktuellen Dokument zugrunde liegt (Option *Neue auf dieser Vorlage basierende Dokumente).* Im letzteren Fall würden sich die Einstellungen auf alle Dokumente auswirken, die Sie zukünftig auf Basis dieser Vorlage erstellen. (Ausführliche Informationen über Vorlagen finden Sie in Kapitel 17.)
7. Schließen Sie das Dialogfeld mit *OK.*

Der Aufgabenbereich *Formatvorlage übernehmen*

Es gibt noch einen weiteren Aufgabenbereich, der Sie bei der Arbeit mit Formatvorlagen unterstützt. Er nennt sich *Formatvorlagen übernehmen* und lässt sich folgendermaßen aufrufen bzw. verwenden:

1. Klicken Sie mit der rechten Maustaste in den Text, um die Minisymbolleiste anzuzeigen.
2. Öffnen Sie auf der Minisymbolleiste den Katalog der Schnellformatvorlagen (siehe Bild 14.4).
3. Rufen Sie im Ausklappmenü den Befehl *Formatvorlage übernehmen* auf.

Bild 14.7 Klein, aber fein

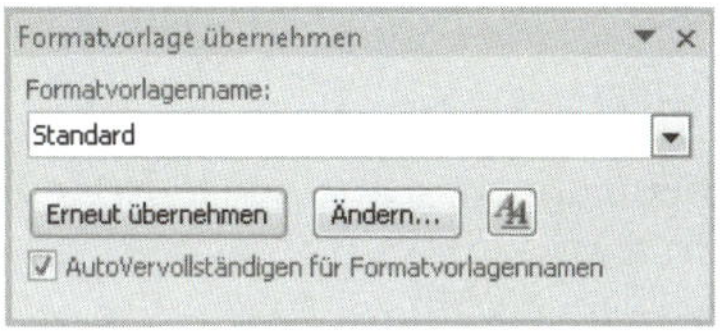

4. Wählen Sie die gewünschte Formatvorlage aus.

Wenn im Aufgabenbereich die Option *AutoVervollständigen für Formatvorlagennamen* aktiviert ist, können Sie eine bestimmte Formatvorlage unter Umständen schneller finden, indem Sie ihren Namen in das Feld eintippen. Word zeigt die gesuchte Formatvorlage dann automatisch an, sobald Sie anhand Ihrer Eingabe eindeutig zu identifizieren ist. Um eine so ausgewählte Formatvorlage auf den Text anzuwenden, müssen Sie anschließend noch auf die Schaltfläche *Übernehmen* klicken.

Sehr praktisch ist auch die rechte der drei Schaltflächen. Mit ihr können Sie den Aufgabenbereich *Formatvorlagen*, den wir Ihnen im letzten Abschnitt vorgestellt haben, ein- und ausblenden.

Praktische Tipps für Formatvorlagen

- **Einzelne Wörter** Wenn Sie einem einzelnen Wort eine Zeichenformatvorlage zuweisen wollen, reicht es aus, wenn sich die Einfügemarkierung in dem Wort befindet. Word formatiert dann automatisch das ganze Wort.
- **Einzelne Buchstaben** Wenn Sie nur einzelne Buchstaben innerhalb eines Wortes oder mehrere aufeinander folgende Wörter in einem Absatz formatieren wollen, müssen Sie sie vorher markieren.
- **Absatz auf Standardwerte der Formatvorlage setzen** Haben Sie einen Absatz, dem eine Formatvorlage zugewiesen ist, nachträglich formatiert, können Sie diese Änderungen jederzeit wieder rückgängig machen (dazu müssen Sie die gewünschten Zeichen vorher markieren):
  - Strg+Q entfernt die zusätzlichen Absatzformatierungen.
  - Strg+Leertaste hebt die zusätzlichen Zeichenformatierungen auf.
- **Formatvorlage Standard** Mit dem Shortcut Strg+⇧+N weisen Sie einem Absatz die Formatvorlage *Standard* zu, die normalerweise alle Absätze besitzen, die nicht mit einer anderen Formatvorlage definiert sind.

- **Überschriften formatieren** Die Formatvorlagen *Überschrift 1, Überschrift 2* und *Überschrift 3* können Sie mit den Shortcuts Alt+1, Alt+2 und Alt+3 zuweisen.
- **Aufzählungen formatieren** Mit der Tastenkombination Strg+⇧+L können Sie die Formatvorlage *Aufzählungszeichen* zuweisen, mit der sich Listen erstellen lassen.
- **Anzeige der Formatvorlagen auf dem Bildschirm** Beim Formatieren eines Textes ist es manchmal nützlich, wenn man sofort sieht, mit welcher Formatvorlage ein Absatz formatiert ist. Wenn Sie den Aufgabenbereich *Formatierung anzeigen* einblenden und mit der Einfügemarke durch den Text wandern, wird die Anzeige im Aufgabenbereich ständig aktualisiert. Wie Sie den Aufgabenbereich anzeigen können, erfahren Sie im nächsten Abschnitt.

Der Formatinspektor

Wenn Sie überprüfen möchten, welche Formatierungsmerkmale ein markierter Text oder ein Absatz besitzt, können Sie den *Formatinspektor* aufrufen:

1. Zeigen Sie die Registerkarte *Start an* und klicken Sie in der Gruppe *Formatvorlagen* rechts unten auf die kleine Schaltfläche, um den Aufgabenbereich *Formatvorlagen* anzuzeigen.
2. Klicken Sie unten im Aufgabenbereich auf die mittlere Schaltfläche. Der Formatinspektor erscheint auf dem Bildschirm.

Bild 14.8 Der Formatinspektor

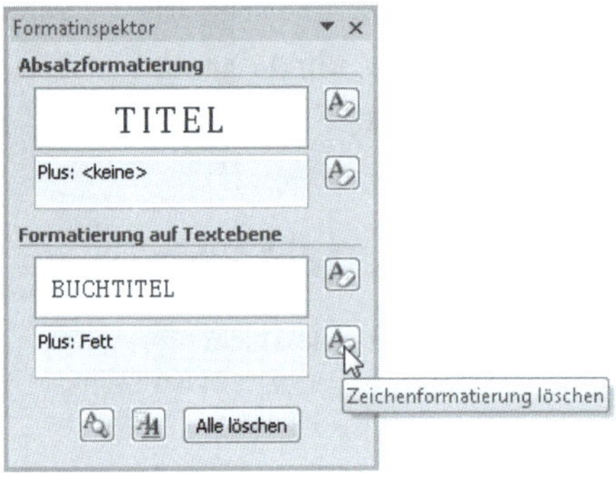

Wie Sie im Bild sehen können, liefert der Formatinspektor zum einen die Information, welche Absatz- und welche Zeichenformatvorlage verwendet wurde (im Beispiel *Titel* und *Buchtitel*). Darüber hinaus zeigt er die Formatierungsmerkmale an, mit denen der Absatz bzw. die Zeichen nach dem Zuweisen der Formatvorlage noch formatiert wurden.

3. Mit den vier Schaltflächen, die sich am rechten Fensterrand des Formatinspektors befinden, können Sie die zugehörige Formatierung entfernen. Wenn Sie zum Beispiel die oberste Schaltfläche anklicken, erhält der Text die Absatzformatvorlage *Standard*. Mit der untersten Schaltfläche könnten Sie gezielt die nachträgliche Zeichenformatierung *Fett* entfernen.
4. Über die linke Schaltfläche am unteren Fensterrand des Formatinspektors können Sie den im letzten Abschnitt erwähnten Aufgabenbereich *Formatierung anzeigen* einblenden, der Sie mit detaillierten Informationen über die Formatierung der aktuellen Textposition bzw. des markierten Textes versorgt.

Bild 14.9 Der Aufgabenbereich *Formatierung anzeigen* zeigt die Daten der aktuellen Formatierung an

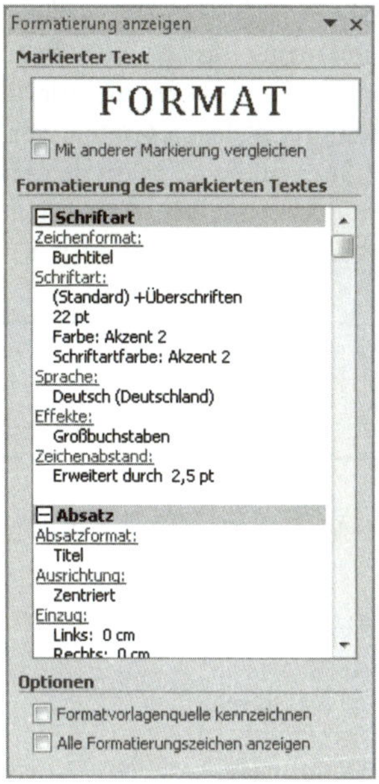

Formatvorlagen ändern

Wenn Sie eine Formatvorlage ändern möchten, weil Ihnen ein bestimmtes Formatierungsdetail nicht zusagt, gehen Sie dazu am einfachsten so vor:

1. Nehmen Sie die Änderungen an einem Absatz oder einem markierten Text vor, dem Sie zuvor die betreffende Formatvorlage zugewiesen haben.
2. Klicken Sie dann den Text bzw. die Markierung mit der rechten Maustaste an und zeigen Sie auf den Befehl *Formatvorlagen.*
3. Wählen Sie im so angezeigten Untermenü den Befehl *XY aktualisieren, um der Auswahl anzupassen,* wobei *XY* der Name der Formatvorlage ist.

Word übernimmt dadurch die Änderungen in die Formatvorlage, wodurch sich automatisch auch alle Textstellen ändern, die mit dieser Formatvorlage formatiert worden sind.

Formatvorlagen direkt im Dialog bearbeiten

Alternativ zu der im letzten Abschnitt beschriebenen Vorgehensweise können Sie die Eigenschaften einer Formatvorlage auch über ein Dialogfeld ändern. Klicken Sie dazu die gewünschte Formatvorlage entweder im Katalog der Schnellformatvorlagen oder im Aufgabenbereich *Formatvorlagen* mit der rechten Maustaste an und wählen Sie im Kontextmenü den Befehl *Ändern.* Da das Dialogfeld *Formatvorlage ändern* dem Dialog *Neue Formatvorlage von Formatierung erstellen* stark ähnelt, verzichten wir hier auf seine Beschreibung und verweisen Sie auf den nächsten Abschnitt.

Eigene Formatvorlagen erstellen

Wenn Sie die Formatierung eines Absatzes in eine neue Formatvorlage überführen wollen, können Sie mit allen Befehlen, die Sie bisher kennen gelernt haben, die Formatierung des Absatzes festlegen. Da eine Absatzformatvorlage immer die Formatierung des gesamten Absatzes beschreibt, kann pro Formatvorlage nur eine Schriftart, ein Schriftgrad und eine Form der Auszeichnung festgelegt werden. Einzelne Zeichen oder Wörter, die anders formatiert werden sollen, müssen von Hand mit den beschriebenen Verfahren zur Zeichenformatierung erstellt werden.

HINWEIS **Verwenden Sie Designschriftarten und -farben** Beachten Sie bei der Formatierung von Schriftart und Farbe, dass Sie nach Möglichkeit die Designschriftarten bzw. -farben verwenden. In den entsprechenden Auswahllisten stehen diese Einträge immer ganz oben.

Hier die einzelnen Schritte, die zum Kopieren einer Absatzformatierung in eine Formatvorlage erforderlich sind:

1. Formatieren Sie den Absatz so, dass er Ihren Vorstellungen von der zu erstellenden Formatvorlage entspricht.
2. Markieren Sie den Absatz.
3. Klicken Sie mit der rechten Maustaste in die Markierung und wählen Sie den Befehl *Formatvorlagen/Auswahl als neue Schnellformatvorlage speichern*. Es erscheint folgender Dialog:

Bild 14.10 Benennen der neuen Formatvorlage

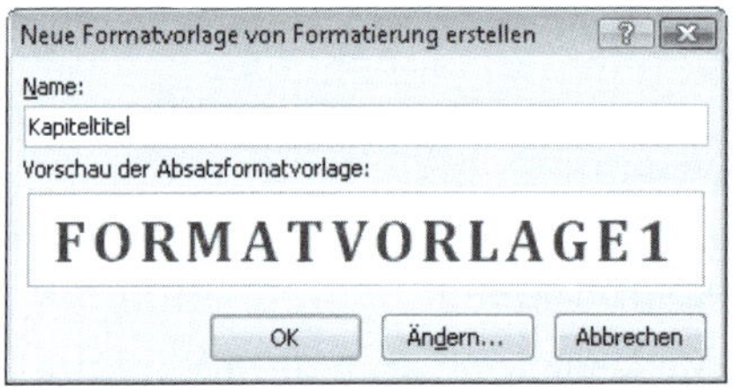

4. Geben Sie einen Namen für die neue Formatvorlage ein.
5. Klicken Sie auf *OK*..

Formatvorlage neu definieren

Sie können auch Formatvorlagen definieren, ohne vorher einen Absatz entsprechend formatiert zu haben. In diesem Fall sind folgende Schritte notwendig:

1. Klicken Sie in der Registerkarte *Start* auf die kleine Schaltfläche, die sich in der rechten unteren Ecke der Gruppe *Formatvorlagen* befindet. Word zeigt dann den Aufgabenbereich *Formatvorlagen* an.
2. Klicken Sie im Aufgabenbereich unten links auf die Schaltfläche *Neue Formatvorlage*, die folgendes Dialogfeld anzeigt:

Bild 14.11 Hier können Sie alle Einstellungen für eine Formatvorlage vornehmen

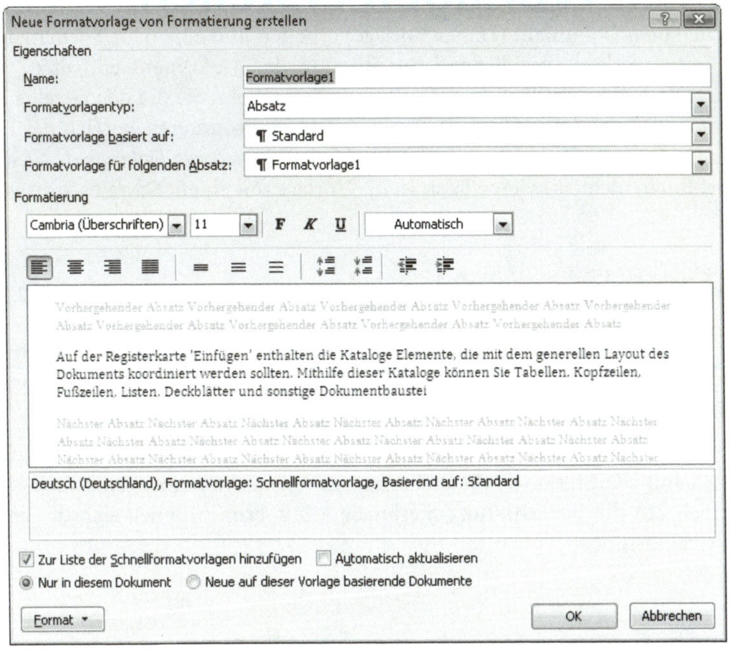

3. Tragen Sie in das Feld *Name* den Namen der neuen Formatvorlage ein.
4. Wählen Sie im nächsten Listenfeld den gewünschten *Formatvorlagentyp* aus. Die verschiedenen Formatvorlagentypen haben wir weiter vorne in diesem Kapitel ab Seite 287 beschrieben.
5. Im mittleren Bereich des Dialogfeldes legen Sie die Merkmale der Formatvorlage fest. Word bietet Ihnen hier in Abhängigkeit vom Typ der Formatvorlage die wichtigsten Formatierungsmöglichkeiten als Schaltflächen und Listen an. Sie können auch im unteren Bereich auf die Schaltfläche *Format* klicken, damit Word ein Menü mit den Merkmalen öffnet, die Sie der neuen Formatvorlage zuweisen können. Der Inhalt des Menüs ändert sich in Abhängigkeit vom gewählten Formatvorlagentyp.
6. Wenn Sie möchten, dass die neue Formatvorlage in der Liste der Schnellformatvorlagen angezeigt wird, schalten Sie noch die Option *Zur Liste der Schnellformatvorlagen hinzufügen* ein.
7. Ob Sie die Option *Automatisch aktualisieren* einschalten, sollten Sie sich gut überlegen. Diese Einstellung ist nicht ganz ungefährlich, denn sie bewirkt Folgendes: Angenommen, Sie haben in einem umfangreichen Dokument mehrere Absätze mit der Formatvorlage *Tipp* formatiert. Wenn Sie nun die Formatierung einer dieser Absätze noch nachträglich verändern – z. B. weil auf einer Seite zu wenig Platz vorhanden ist und Sie deshalb den Endeabstand des Absatzes reduzieren –, wird diese Änderung automatisch auf die Formatvorlage *Tipp* übertragen und pflanzt sich vor dort aus auf alle Absätze fort, denen Sie die Formatvorlage *Tipp* zugewiesen haben. Sie können sich sicher leicht vorstellen, dass dabei durch eine unbedachte Änderung die gesamte Formatierung des Dokuments gehörig in Unordnung geraten kann.
8. Entscheiden Sie, ob die Einstellungen nur für das aktuelle Dokument gelten sollen oder für die Vorlage, auf der das Dokument basiert (siehe auch nächsten Abschnitt).
9. Schließen Sie das Dialogfeld mit *OK*.

Formatvorlage der Dokumentvorlage hinzufügen

Wenn Sie in einem Dokument (keiner Vorlage) arbeiten und eine neue Formatvorlage erstellen, ist die neue Formatvorlage anschließend nur im aktuellen Dokument enthalten, nicht aber in der Dokumentvorlage, die dem Dokument zugrunde liegt. Wenn Sie die neu erstellte Formatvorlage in die Dokumentvorlage übernehmen wollen, müssen Sie im unteren Bereich des Dialogfeldes *Neue Formatvorlage* das Optionsfeld *Neue auf dieser Vorlage basierende Dokumente* einschalten. Falls sich das Feld bei Ihnen nicht aktivieren lässt, ist die Vorlage mit einem Schreibschutz versehen.

Formatvorlage auf bereits vorhandener basieren

Wenn Sie eine Formatvorlage definieren wollen, die sich nur in Kleinigkeiten von einer schon bestehenden unterscheidet, können Sie die Formatierung der neuen Formatvorlage auf der vorhandenen aufbauen.

Stellen Sie die betreffende Formatvorlage einfach im Listenfeld *Formatvorlage basiert auf* ein. Word übernimmt dann alle Merkmale dieser Formatvorlage in die neue Formatvorlage und Sie müssen sich nur noch um die Formatierungsmerkmale kümmern, in denen sich die beiden Formatvorlagen unterscheiden.

Nächste Formatvorlage festlegen

Wenn Sie einen Absatz mit einer Formatvorlage formatiert haben und am Ende des Absatzes mit der [↵]-Taste einen neuen Absatz erstellen, erhält der neue Absatz normalerweise dieselbe Formatvorlage.

Sie können aber auch mit dem Listenfeld *Formatvorlage für folgenden Absatz* eine andere Formatvorlage festlegen. Diese Möglichkeit ist bei der Formatierung von vielen Dokumenten äußerst praktisch. Nehmen Sie als Beispiel den Text dieses Kapitels, bei dem nach einer Überschrift immer die Standard-Formatvorlage verwendet wird.

Formatvorlagen und Shortcuts

Beim Definieren von Formatvorlagen können Sie auch eine Tastenkombination festlegen, die Sie dann zum Zuweisen der Formatvorlage verwenden können. Gehen Sie dazu wie folgt vor:

1. Klicken Sie im Dialog *Neue Formatvorlage von Formatierung erstellen* bzw. im Dialog *Formatvorlage ändern* erst auf die Schaltfläche *Format* und dann auf *Tastenkombination.*
2. Drücken Sie die gewünschte Tastenkombination. Sie wird dann im Feld *Neue Tastenkombination* angezeigt (siehe nächste Abbildung).
3. Im Feld *Aktuelle Tasten* zeigt Word die Formatvorlage oder den Word-Befehl an, dem die gedrückte Tastenkombination derzeit zugeordnet ist. Wenn Sie die Zuordnung nicht lösen wollen, müssen Sie eine andere Tastenkombination ausprobieren.
4. Klicken Sie auf die Schaltfläche *Zuordnen*, um die von Ihnen gewählte Tastenkombination der Formatvorlage dauerhaft zuzuordnen.

Bild 14.12 Tastenkombination für eine Formatvorlage festlegen

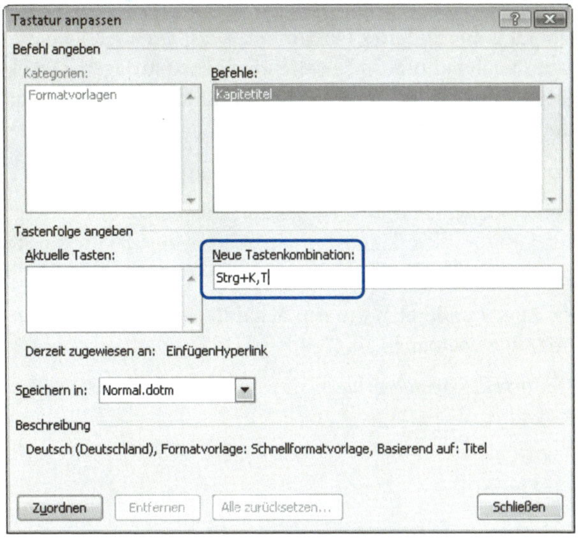

Formatvorlage verwalten

In diesem Abschnitt wollen wir noch auf einige wichtige Verwaltungsaufgaben eingehen, die im Zusammenhang mit Formatvorlagen regelmäßig auftauchen. Dazu gehören z. B. das Löschen von Formatvorlagen und das Übertragen einer Formatvorlage von einem Dokument in ein anderes.

Formatvorlagen löschen

Wenn Sie eine Formatvorlage nicht mehr benötigen, können Sie sie aus dem Dokument oder der Vorlage entfernen. Das ist jedoch nur mit den von Ihnen erstellten Formatvorlagen möglich; die internen Formatvorlagen von Word (z.B. *Überschrift 1* oder *Standard)* lassen sich nicht löschen.

1. Öffnen Sie das Dokument, das die zu löschende Formatvorlage enthält.
2. Zeigen Sie den Aufgabenbereich *Formatvorlagen* an.
3. Klicken Sie die gewünschte Formatvorlage im Aufgabenbereich mit der rechten Maustaste an und wählen Sie im angezeigten Kontextmenü den Befehl *XY löschen*, wobei *XY* der Name der jeweiligen Formatvorlage ist.
4. Bestätigen Sie die obligatorische Sicherheitsabfrage mit *Ja.*

Word weist dann allen Absätzen, die mit dieser Formatvorlage formatiert waren, die Formatvorlage *Standard* zu.

Formatvorlagen importieren und exportieren

Formatvorlagen lassen sich auch aus anderen Dokumenten kopieren. Das heißt, Sie können beim Erstellen von Formatvorlagen auch auf bereits bestehende Formatvorlagen zurückgreifen und diese in das aktuelle Dokument bzw. die aktuelle Vorlage übertragen. Wenn Sie bereits mit älteren Versionen von Word gearbeitet haben, wird Ihnen das Verfahren bekannt vorkommen.

1. Öffnen Sie das Dokument, in das Sie die Formatvorlage einfügen möchten.
2. Zeigen Sie den Aufgabenbereich *Formatvorlagen* an (entweder auf der Registerkarte *Start* in der Gruppe *Formatvorlagen* auf die kleine Schaltfläche in der rechten unteren Ecke klicken oder über den Shortcut Alt+Strg+⇧+S).

3. Klicken Sie unten im Aufgabenbereich auf die Schaltfläche *Formatvorlagen verwalten.* Word zeigt dann das gleichnamige Dialogfeld an.
4. Klicken Sie in dem Dialogfeld *Formatvorlagen verwalten* auf *Importieren/Exportieren.* Sie sehen dann folgendes Dialogfeld.

Bild 14.13 Formatvorlagen kopieren

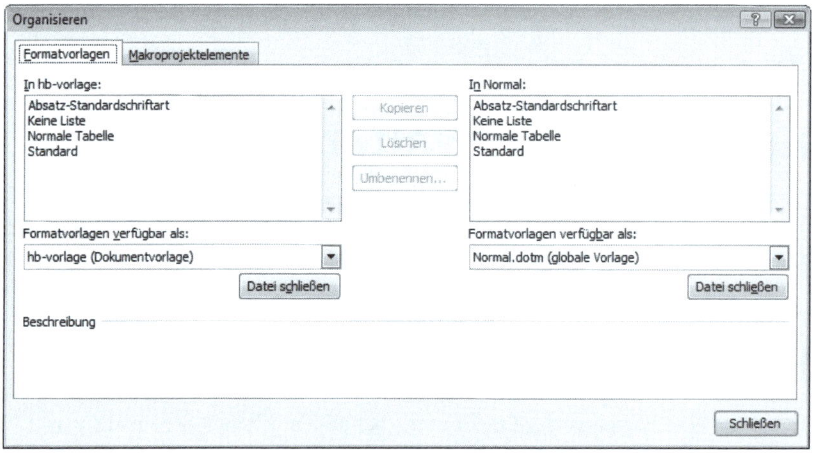

Im linken Bereich des Fensters sehen Sie eine Liste der Formatvorlagen, die sich im aktuellen Dokument befinden. Rechts finden Sie die Formatvorlagen der Vorlage, die dem Dokument zugrunde liegt.

5. Betätigen Sie die Schaltfläche *Datei schließen,* die sich am rechten Fensterrand des Dialogfelds befindet. Die Beschriftung der Schaltfläche ändert sich daraufhin in *Datei öffnen.*
6. Klicken Sie die Schaltfläche erneut an und öffnen Sie die Datei, in der sich die zu kopierende Formatvorlage befindet. Dabei kann es sich um ein Dokument oder um eine Vorlage handeln.
7. Legen Sie in den beiden Listenfeldern *Formatvorlagen verfügbar als* fest, wo sich die zu kopierende Formatvorlage befindet und wo sie gespeichert werden soll. Informationen, wie Vorlagen aufeinander aufbauen, finden Sie in Kapitel 17.
8. Wählen Sie die Formatvorlage(n) aus und übertragen Sie sie mit einem Klick auf *Kopieren.*
9. Wenn Sie das Dialogfeld *Organisieren* wieder schließen, sehen Sie, dass die soeben kopierte(n) Formatvorlage(n) jetzt im Aufgabenbereich *Formatvorlagen* enthalten sind.

Auswahl der empfohlenen Formatvorlagen

Im Abschnitt »Optionen des Aufgabenbereichs *Formatvorlagen*« auf Seite 291 haben Sie gesehen, dass Sie den Umfang der im Aufgabenbereich angezeigten Formatvorlagen steuern können, indem Sie eine der Optionen *Empfohlen, Verwendet, Im aktuellen Dokument* und *Alle Formatvorlagen* auswählen.

Welche Formatvorlagen bei der Variante *Empfohlen* angezeigt werden, können Sie individuell für jede Vorlage festlegen. Diese Funktion ist vor allem dann interessant, wenn Sie eine Vorlage für unerfahrene Anwender erstellen. Sie können dann die Vorlage so konfigurieren, dass die Anwender nur einige wenige Formatvorlagen zu sehen bekommen. Die Benutzer werden so nicht unnötig verwirrt und die Wahrscheinlichkeit, dass die von ihnen erstellten Dokumente korrekt formatiert sind, steigt.

Gehen Sie dazu folgendermaßen vor:

1. Zeigen Sie den Aufgabenbereich *Formatvorlagen* an (z. B. mit Alt+Strg+⇧+S).

2. Klicken Sie unten im Aufgabenbereich auf die Schaltfläche *Formatvorlagen verwalten.* Word zeigt dann das gleichnamige Dialogfeld an.
3. Holen Sie die Registerkarte *Empfehlen* nach vorne.

Bild 14.14 Einstellen der Empfehlungen für die Formatvorlagen einer Vorlage

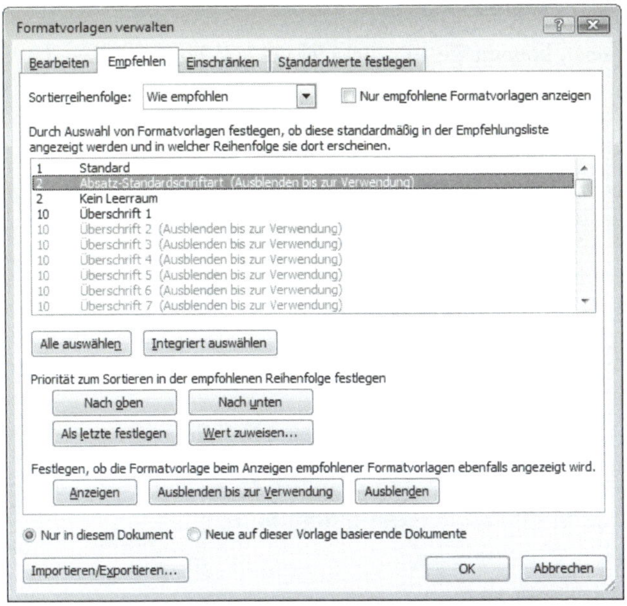

In diesem Dialogfeld können Sie die Reihenfolge festlegen, in der die Formatvorlagen im Aufgabenbereich *Formatvorlagen* angezeigt werden und einstellen, unter welchen Bedingungen die einzelnen Formatvorlagen überhaupt angezeigt werden.

4. Markieren Sie die Formatvorlage, die Sie bearbeiten möchten. Sie können auch mehrere Einträge der Liste markieren (mit Strg bzw. ⇧ oder indem Sie die Schaltflächen *Alle auswählen* oder *Integriert auswählen* benutzen).

5. Mit den vier Schaltflächen der Gruppe *Priorität zum Sortieren in der empfohlenen Reihenfolge festlegen,* können Sie dafür sorgen, dass häufig benötigte Formatvorlagen in der Liste ganz oben stehen. Die Sortierung erfolgt dabei anhand der Nummern, die Sie über die Schaltfläche *Wert zuweisen* auch selbst festlegen können.
6. Die Sichtbarkeit der Einträge steuern Sie mit den Schaltflächen *Anzeigen, Ausblenden bis zur Verwendung* und *Ausblenden,* deren Namen ihre Wirkungsweise wohl hinreichend erklärt.
7. Legen Sie mit den Optionsfeldern *Nur in diesem Dokument* und *Neue auf dieser Vorlage basierende Dokumente* fest, ob die Einstellungen auf das aktuelle Dokument beschränkt werden sollen oder ob sie in der zugrundeliegenden Dokumentvorlage gespeichert werden sollen.
8. Schließen Sie das Dialogfeld *Formatvorlagen verwalten* mit *OK.*

HINWEIS Beachten Sie, dass die hier vorgenommenen Einstellungen von Word nur dann berücksichtigt werden, wenn der Benutzer bei den Optionen des Aufgabenbereichs *Formatvorlagen* festgelegt hat, dass er lediglich die empfohlenen Formatvorlagen sehen möchte.

Nutzung von Formatvorlagen einschränken

Das Dialogfeld *Formatvorlagen verwalten* besitzt noch eine sehr interessante Registerkarte, mit der Sie die Handlungsfreiheit beim Formatieren eines Dokuments stark einschränken können. Wie die folgende Abbildung zeigt, können Sie zum Beispiel für jede Formatvorlage festlegen, ob sie vom Benutzer verwendet werden darf oder nicht. Der Sinn solcher Maßnahmen ist natürlich, den Anwender – mit sanfter Gewalt – dazu zu bringen, seine Dokumente »ordentlich« zu formatieren.

Bild 14.15 Auf der Registerkarte *Einschränken* können Sie die Formatierungsfreiheiten begrenzen

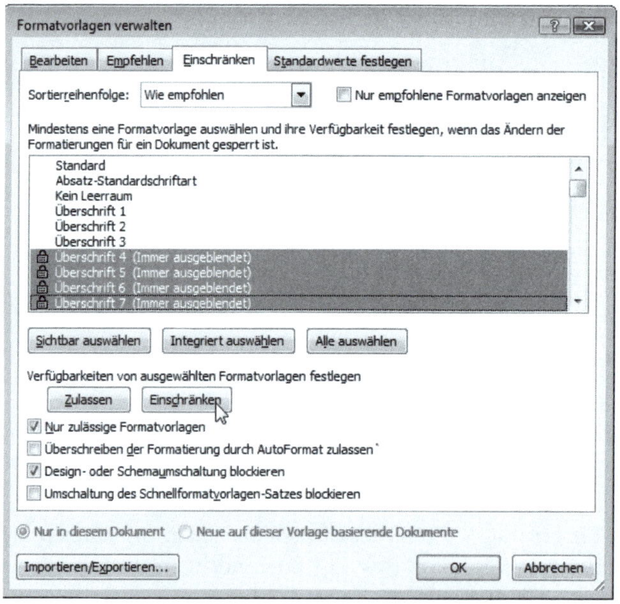

Das neue Design-Konzept von Office 2007

Als die Entwickler bzw. Softwaredesigner von Microsoft das Konzept für Office 2007 entwickelt haben, floss in ihre Überlegungen unter anderem die Erkenntnis ein, dass die Wirkung eines Dokuments auf einen Betrachter entscheidend von der Qualität seiner grafischen Elemente abhängt.

Und genau hier haben die Entwickler bei älteren Office-Versionen ein deutliches Manko entdeckt. Es waren zwar bereits leistungsfähige Grafikfunktionen vorhanden, doch ihre Bedienung war für normale Nutzer zu kompliziert, als dass sie mit ihnen ansprechende Grafiken hätten erzeugen können. Der richtige Einsatz von Licht und Schatten und die Wahl geeigneter Farben erfordern ein Maß an fachlichem Knowhow, über das ein Laie schlichtweg nicht verfügt.

Microsoft hat deshalb ein Konzept entworfen, das das Erstellen von professionellen Grafiken dramatisch vereinfacht und eine programmübergreifende Gestaltung von Office-Dokumenten erlaubt. Wenn Sie Erfahrungen mit einer älteren Version von PowerPoint besitzen, haben Sie vermutlich bereits mit Farbschemata gearbeitet, mit denen es möglich war, allen Folien einer Präsentation eine neue Farbgebung zuzuweisen. Die neuen Designs von Office 2007, die jetzt auch Word- und Excel-Dokumenten zugrunde liegen, setzen auf diesem Konzept auf und erweitern es um neue Formatierungsmerkmale. Sie schaffen so die Basis für eine einheitliche Gestaltung von Office-Dokumenten. Selbst Ihren mit Outlook 2007 erstellten Emails können Sie ein Design zuweisen.

Wie wirkt sich ein Design aus?

Damit Designs von so verschiedenen Programmen wie PowerPoint, Word, Excel und Outlook gemeinsam genutzt werden können, muss die in einem Design enthaltene Formatierungsinformation möglichst abstrakt und einfach gehalten werden.

Zum Beispiel schreibt ein Design lediglich zwei Schriftarten vor: eine für die Überschriften und eine für den normalen Textkörper. Darauf aufbauend werden dann alle weiteren Schriftformatierungen entsprechend abgeleitet. Wenn Sie den ersten Teil dieses Kapitels gelesen haben, in dem wir uns mit Formatvorlagen beschäftigt haben, wissen Sie, dass Formatvorlagen nahtlos in dieses Konzept hineinpassen. Denn auch Formatvorlagen können hierarchisch aufeinander aufgebaut werden und geben dabei einzelne Formatierungsmerkmale an die untergeordneten Ebenen weiter. Ein gutes Beispiel dafür sind die *Überschriften*-Formatvorlagen, die alle die Schriftart verwenden, die in der Formatvorlage *Überschrift 1* definiert ist.

Für Sie als Anwender hat das den Vorteil, dass Sie durch die Auswahl eines Designs die komplette Stilrichtung für ein Dokument festlegen und anschließend aus einer überschaubaren Menge von aufeinander abgestimmten Farben und Effekten auswählen können.

Ein Design beeinflusst dabei folgende Formatierungsmerkmale:

- Farben
- Schriftarten
- Linien und Füll- und Spezialeffekte (in PowerPoint auch Hintergrundeffekte).

Konkret handelt es sich dabei um zehn so genannte *Designfarben*, zwei verschiedene Schriftarten (je eine für Überschriften und Textkörper) sowie 12 vordefinierte Effektkombinationen. Die räumlichen Effekte werden lediglich in die drei Kategorien »schwach«, »mittel« und »stark« unterteilt. Wie die Effekte dann im Einzelnen aussehen, ergibt sich aus dem jeweiligen Design.

Designs anwenden

Jedem Dokument, das Sie mit Word 2007 erstellen, liegt automatisch ein Design zugrunde. Die Formatierungsangaben des Designs werden beim Zuweisen des Designs in das Dokument kopiert und dort gespeichert. Das Dokument kann daher auch dann korrekt dargestellt werden, wenn Word keinen Zugriff auf das ihm zugrundeliegende Design hat. Dies ist wichtig, damit Sie das Dokument zum Beispiel per Email weitergeben können.

Damit die hinter den Designs stehende Idee auch tatsächlich funktionieren kann, müssen die durch das Design vorgegebenen Formatierungsmerkmale, also Designfarben, -schriften und -effekte durchgängig benutzt werden. Wenn Sie zum Beispiel für einen Teil Ihrer SmartArts Designfarben verwenden und für einen anderen Teil eigene Farben definieren, kann die Zuweisung eines neuen Designs schwerlich ein Erfolg werden.

Es gibt jedoch auch durchaus Gründe, mit »festen« Farben zu arbeiten. Wenn Sie zum Beispiel möchten, dass in Ihren Word-Dokumenten der Name Ihrer Firma oder eines Produkts immer in einer bestimmten Farbe dargestellt wird, sollten Sie für die Formatierung keine Designfarben verwenden, da sie sich dann beim Zuweisen eines neuen Designs ändern würde.

Um einem Dokument ein neues Design zuzuweisen, gehen Sie wie folgt vor:

1. Wechseln Sie auf die Registerkarte *Seitenlayout.*
2. Öffnen Sie das Menü der Schaltfläche *Designs* und bewegen Sie den Mauszeiger über die verschiedenen Vorschaubildchen. Beobachten Sie dabei, wie sich sowohl die Schriftarten als auch die Farben des Dokuments verändern.
3. Übernehmen Sie das gewünschte Design, indem Sie es anklicken.

Bild 14.16 Das Zuweisen eines Designs hat Einfluss auf Farbgebung und Schrift

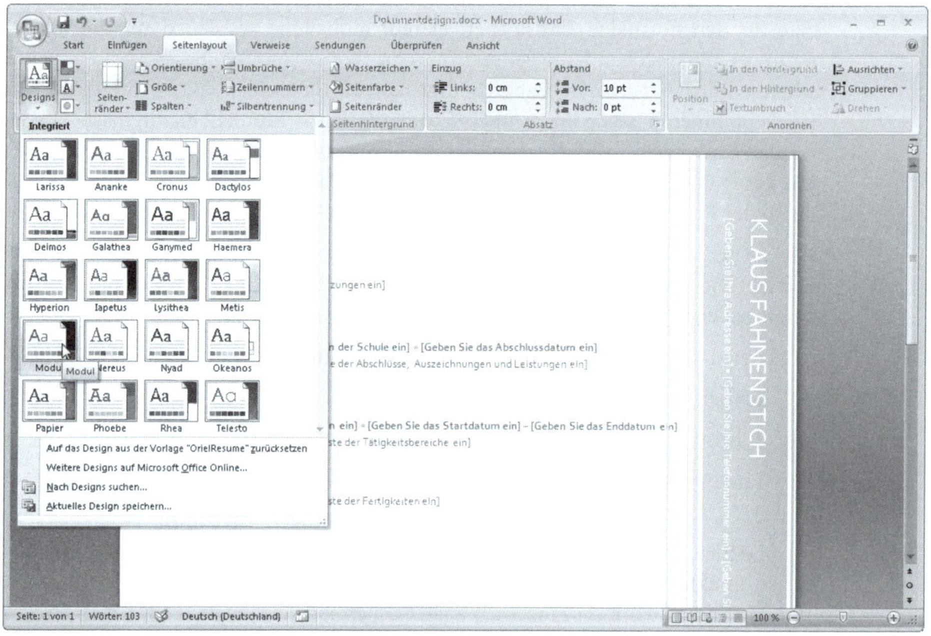

HINWEIS Als Namensgeber für die installierten Designs dienen die griechischen Götter:

Ananke	Mutter der Adrasthea, deren Vater Zeus ist
Cronus	Personifikation der Lebenszeit; Titan
Dactylos	mythologische Wesen, die Abzählreime erfanden, um den jungen Zeus zu beruhigen
Deimos	personifiziert den guten oder bösen Charakter eines Menschen
Galathea	sizilianische Seenymphe
Ganymed	trojanischer Jüngling, den Zeus entführte und zu seinem Geliebten machte
Haemera	halb Schlange, halb Mensch
Hyperion	Lichtgott, der nur Gutes bringt; Titan
Iapetus	Vater von Atlas, der die Erde auf seinen Schultern tragen muss; Titan
Larissa	hatte die Wahl, Geliebte von Zeus zu werden oder Selbstmord zu begehen
Lysithea	Geliebte des Zeus
Metis	erste Geliebte und spätere Gemahlin von Zeus
Nereus	Meeresgott
Nyad	Tochter des Flussgottes Okeanos
Okeanos	Gott des Urweltenstroms, der in der Unterwelt entspringt; Titan
Phoebe	Göttin der Jagd und des Mondes, Titanin
Rhea	Schwester und Frau von Chronos (Cronus), Titanin
Telesto	Flussgöttin

Designfarben

Wie wir bereits erwähnt haben, enthält ein Design zehn verschiedene Farben. Diese Farben sind als Gruppe zusammengefasst und lassen sich sehr leicht durch andere Gruppen austauschen. Auf diese Weise können Sie die komplette Farbgebung eines Designs ändern, ohne die anderen Gestaltungsmerkmale zu beeinflussen.

Bild 14.17 Prinzipieller Aufbau eines Farbschemas aus vier Hintergrund- und sechs Vordergrundfarben

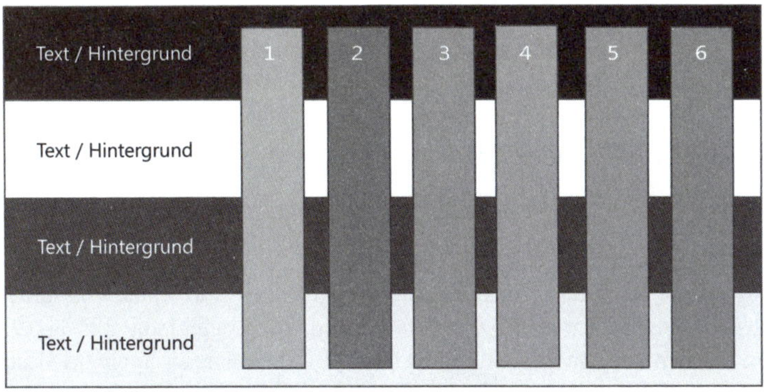

Bei der Wahl der Farben musste u.a. berücksichtigt werden, dass in Word-Dokumenten in aller Regel ein heller (weißer) Untergrund verwendet wird, in PowerPoint-Präsentationen jedoch oft ein dunkler Folienhintergrund zum Einsatz kommt. Ein Design enthält daher vier Hintergrundfarben (die auch für den Text verwendet werden) und sechs Vordergrundfarben, die sich auf allen vier Hintergrundfarben abheben. Zusätzlich gibt es noch zwei Farben zur Darstellung von Hyperlinks bzw. besuchten Hyperlinks.

Wenn Ihnen die Farben eines Designs zum Beispiel zu bunt sind, können Sie ihm mit folgenden Schritten besser geeignete Designfarben zuweisen:

1. Wechseln Sie auf die Registerkarte *Seitenlayout.*
2. Klicken Sie in der Gruppe *Designs* auf die Schaltfläche *Designfarben* (sie trägt die Beschriftung *Farben).* Es öffnet sich ein Ausklappmenü, in dem die Farbpaletten der verschiedenen Designs enthalten sind.
3. Wählen Sie das gewünschte Farbset aus, um das aktuelle Design zu ändern.

Bild 14.18 Wahl eines neuen Farbsets für ein Design

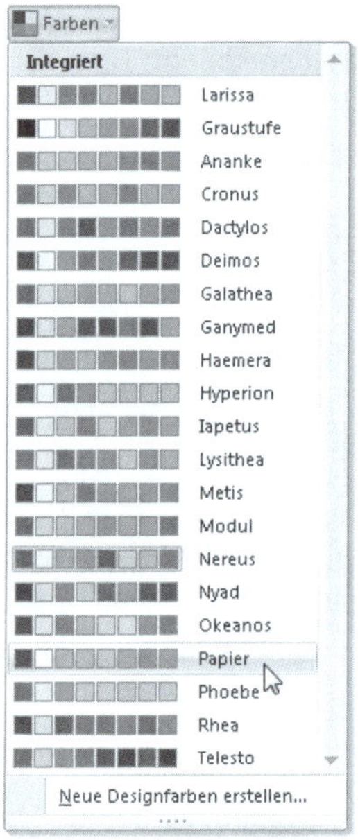

Designfarben erstellen

Falls Sie in der angebotenen Auswahl keine Farbkomposition vorfinden, die Ihren Vorstellungen entspricht, können Sie auch eigene Designfarben definieren.

1. Öffnen Sie wie oben beschrieben die Liste der Designfarben und wählen Sie unten im Menü den Befehl *Neue Designfarben erstellen.* Es erscheint das Dialogfeld aus Bild 14.19, in dem Sie gut erkennen können, welche Bedeutung die verschiedenen Farben in einem Design besitzen. Beachten Sie auch die Beispieldarstellung oben rechts im Dialog, die die aktuelle Farbeinstellung reflektiert.

Bild 14.19 Wahl einer neuen Designfarbe

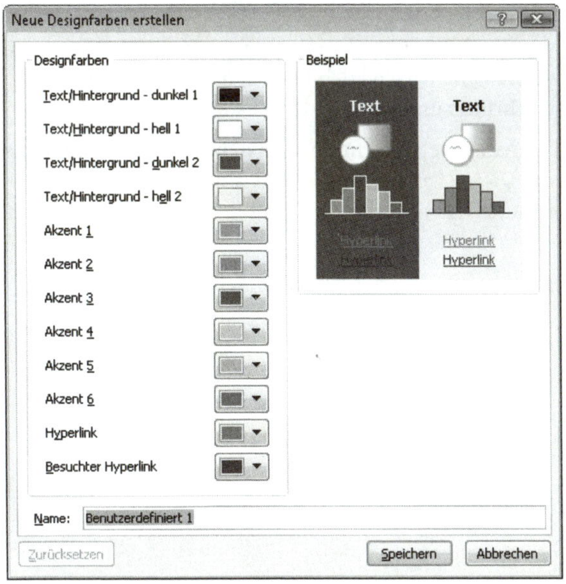

2. Klicken Sie nun die Schaltflächen der Farben an, die Sie ändern möchten und weisen Sie ihnen neue Werte zu.
3. Geben Sie anschließend einen Namen für das neue Farbset ein und klicken Sie auf *Speichern.*
4. Wenn Sie jetzt erneut auf die Schaltfläche *Designfarben* klicken, werden Sie feststellen, dass das von Ihnen erstellte Farbset ganz oben im Menü in der Gruppe *Benutzerdefiniert* auftaucht.

Bild 14.20 Das neue Farbset taucht bei der Farbauswahl ganz oben in der Liste auf

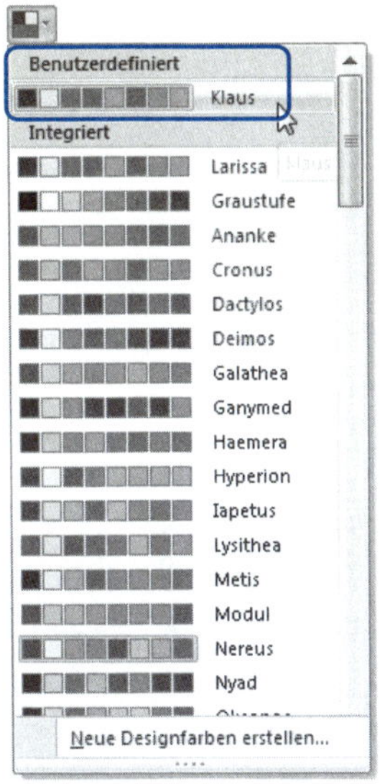

Dokumente formatieren

Designschriftarten

Nachdem Sie nun wissen, wie Sie Designfarben verwenden, können wir uns bei der Beschreibung der Designschriftarten kurz fassen. Sie wissen auch bereits, dass ein Design lediglich zwei Schriftarten enthält: eine für die Überschriften und eine für den Textkörper.

Und genau wie Sie benutzerdefinierte Designfarben erstellen können, können Sie auch eigene Designschriftarten definieren. Dieser Fall ist für die Praxis wesentlich relevanter, denn die konsequente Verwendung einer »Hausschrift« ist heute in vielen Firmen absoluter Standard.

Bild 14.21 Die beiden Designschriften erscheinen bei der Wahl der Schriftart ganz oben in der Liste

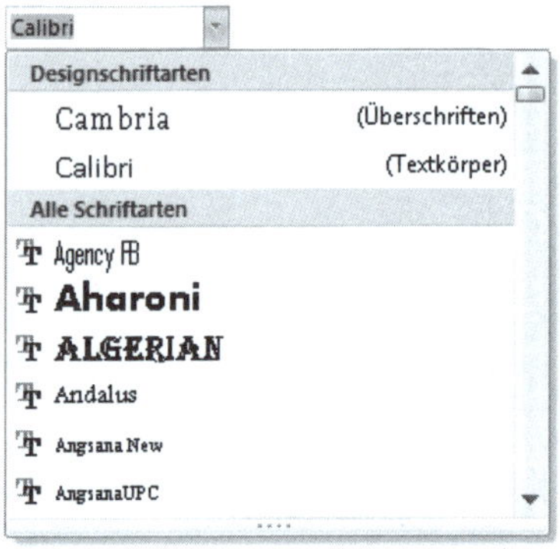

Um eine neue Designschriftart anzulegen, gehen Sie folgendermaßen vor:

1. Klicken Sie auf der Registerkarte *Seitenlayout* auf die Schaltfläche *Schriftarten.*
2. Rufen Sie im Ausklappmenü den Befehl *Neue Designschriftarten erstellen* auf.
3. Stellen Sie die Schriftarten für die Überschriften und den Textkörper ein.

Bild 14.22 Einstellen einer neuen Designschriftart

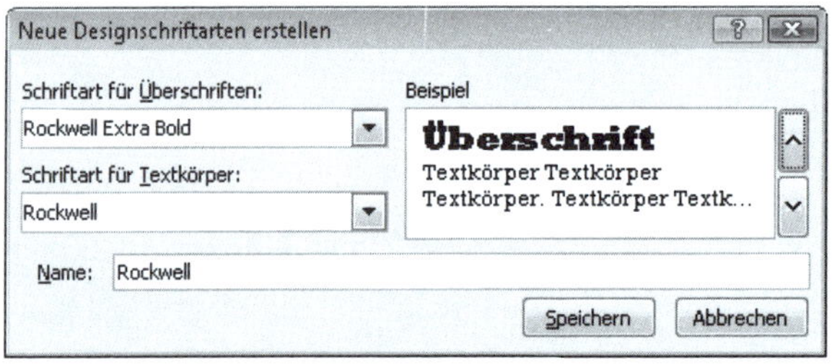

4. Vergeben Sie einen Namen und klicken Sie auf *Speichern.*
5. Wenn Sie anschließend das Menü der Schaltfläche *Designschriftarten* öffnen, sehen Sie, dass im Menü die neue Gruppe *Benutzerdefiniert* auftaucht, die die neue Designschriftart enthält.

Bild 14.23 Die benutzerdefinierten Schriftarten erscheinen oben im Menü

Designeffekte

Der dritte Bereich eines Designs sind die Designeffekte, mit denen u.a. die Darstellung von Formen, Diagrammen und SmartArts gesteuert wird. Im Gegensatz zu Designfarben und -schriftarten lassen sich die Effekte jedoch nicht individuell bearbeiten, sondern Sie müssen sich für eine der im aktuellen Design angebotenen Effekteinstellungen entscheiden.

Den Effekten liegt eine einfache Matrix zugrunde, die für die drei Eigenschaften Linienart, Füllung und räumliche Tiefe jeweils drei unterschiedliche Formatierungen definiert.

Bild 14.24 Matrix der Designeffekte

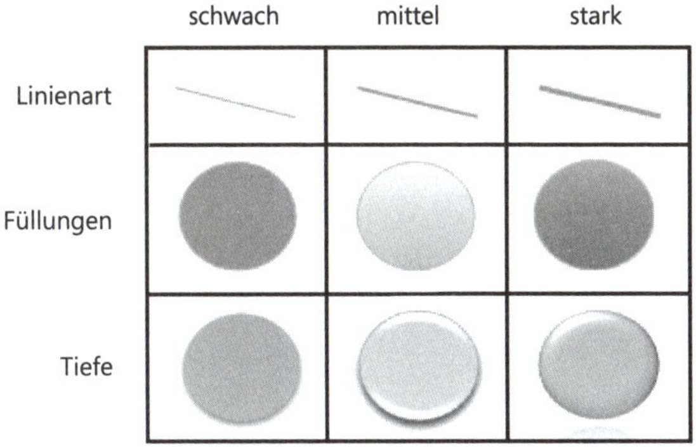

Um einem grafischen Element einen Effekt aus dem aktuellen Design zuzuweisen, gehen Sie so vor:

1. Wechseln Sie auf die Registerkarte *Seitenlayout* und klicken Sie in der Gruppe *Designs* auf die Schaltfläche *Effekte*.
2. Zeigen Sie mit dem Mauszeiger auf die verschiedenen Vorschaugrafiken. Die Wirkung des gewählten Effekts wird dann live im Dokument angezeigt (natürlich nur, wenn es mindestens ein grafisches Element mit Effekten enthält).

Bild 14.25 Designeffekte lassen sich leider nicht bearbeiten

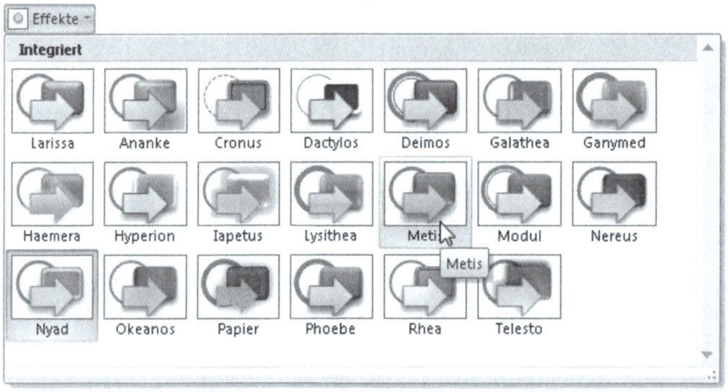

3. Klicken Sie den gewünschten Designeffekt an, um ihn zu übernehmen.

Hintergrundformate

Neben den bisher vorgestellten Elementen enthält ein Design noch drei weitere Fülleffekte, die als Basis für die so genannten *Hintergrundformate* dienen. Ein Blick in die dem Design zugrunde liegende XML-Datei zeigt, dass diese Elemente (*bgFillStyleList*) den Design-Effekten (*fmtSchema*) untergeordnet sind.

Bild 14.26 Blick in den XML-Code eines Designs

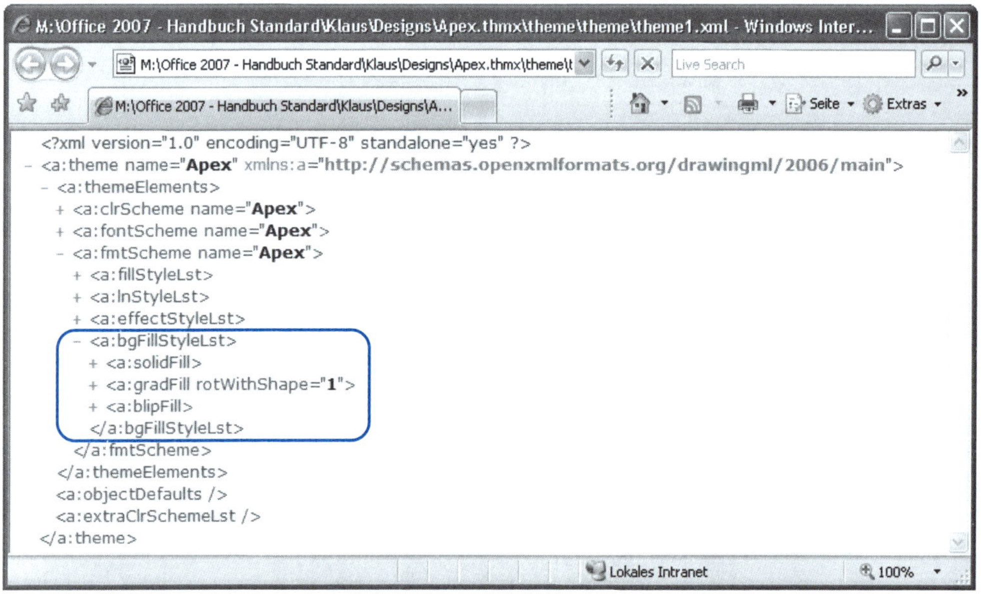

Die Formate werden in Office 2007 jedoch lediglich von PowerPoint 2007 genutzt.

Designs speichern und öffnen

Um ein benutzerdefiniertes Design zu erstellen, das Sie anschließend verteilen und auf anderen Rechnern verwenden können, gehen Sie folgendermaßen vor:

1. Nehmen Sie die gewünschten Änderungen an dem aktuellen Design vor.
2. Wechseln Sie auf die Registerkarte *Seitenlayout* und klicken Sie auf die Schaltfläche *Designs.*
3. Wählen Sie in dem Menü der Schaltfläche den Befehl *Aktuelles Design speichern.* Word zeigt dann das Dialogfeld *Aktuelles Design speichern* an, in dem bereits der Ordner geöffnet ist, der für Ihre benutzerdefinierten Design-Vorlagen vorgesehen ist (siehe auch nächster Abschnitt).
4. Tippen Sie den Namen für das neue Design ein und klicken Sie auf *Speichern.*

Umgekehrt ist es natürlich auch möglich, ein zuvor gespeichertes Design zu laden. Wählen Sie dazu im gleichen Menü den Befehl *Nach Designs suchen* und öffnen Sie das gewünschte Design über den angezeigten Dialog.

HINWEIS **Die Dateinamenserweiterung .thmx** Dateien, in denen Designs gespeichert sind, besitzen die Dateinamenserweiterung .thmx (Designs werden in der englischen Version als »Themes« bezeichnet). Dokumentdesigns verwenden – genau wie Office 2007-Dokumente – ein komprimiertes Dateiformat. An der Erweiterung .thmx lässt sich darüber hinaus erkennen, dass in einem Design keine Makros enthalten sein können.

Die Vorlagen-Verzeichnisse für Designs

Bei der Installation von Office 2007 werden die mitgelieferten Designs in dem speziellen Vorlagen-Verzeichnis *Document Templates 12* abgelegt, das sich unabhängig von der verwendeten Windows-Version standardmäßig im Verzeichnis *C:\Program Files\Microsoft Office* befindet. Dieser Ordner (gemeint ist *Document Templates 12)* enthält neben den eigentlichen Designs noch drei Unterverzeichnisse. Die Dateien in diesen Ordnern erzeugen in den Auswahllisten der Schaltflächen *Designfarben, Designschriftarten* und *Designeffekte* die Einträge der Gruppen *Integriert:*

- *Theme Colors* enthält XML-Dateien, in denen Designfarben definiert sind.
- *Theme Fonts* enthält XML-Dateien, in denen Designschriften definiert sind.
- *Theme Effects* enthält XML-Dateien, in denen Designeffekte definiert sind.

Wenn Sie ein Design wie im letzten Abschnitt beschrieben speichern, also eine benutzerdefinierte Design-Vorlage erstellen, wird die Datei in einer »persönlichen« Version des Orders *Document Themes* abgelegt. In Abhängigkeit von der eingesetzten Windows-Version finden Sie diesen Ordner in folgendem Pfad:

- **Bei Windows XP**
  C:\Dokumente und Einstellungen\<Benutzername>\Anwendungsdaten\Microsoft\Templates
- **Bei Windows Vista**
  C:\Users\<Benutzername>\AppData\Roaming\Microsoft\Templates

Auch in diesem Ordner befinden sich wieder drei Unterordner, in der die benutzerdefinierten Designfarben, -schriften und –effekte gespeichert werden (siehe nächste Abbildung).

Bild 14.27 Benutzerdefinierte Designs werden in eigenen Vorlagen-Ordnern verwaltet

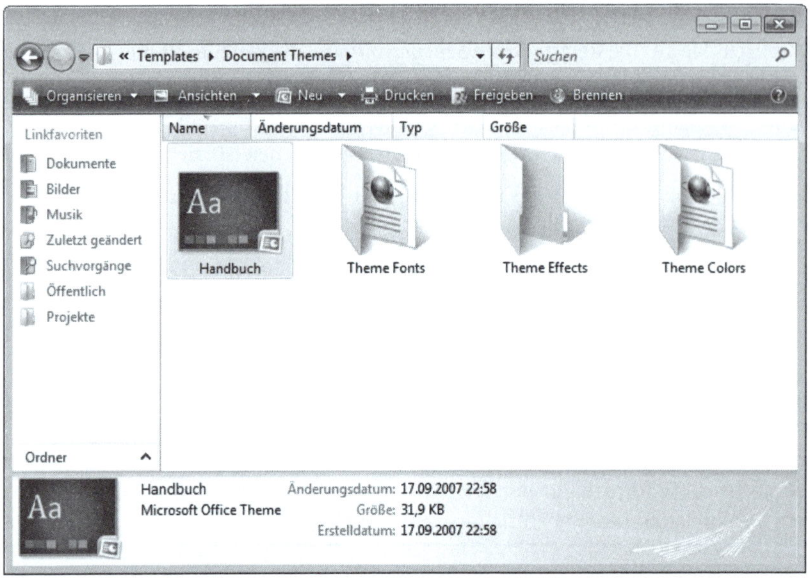

HINWEIS **Word kann keine benutzerdefinierten Designeffekte erstellen** In der obigen Abbildung können Sie erkennen, dass sich in dem Ordner *Theme Effects* keine Dateien befinden. Dies liegt daran, dass Sie mit Word keine eigenen Designeffekte erzeugen können.

Zusammenfassung

Dieses Kapitel hat Sie mit den wichtigsten Informationen zu Formatvorlagen und Dokumentdesigns vertraut gemacht:

- Die Formatierung mit Formatvorlagen bietet gegenüber der direkten Formatierung den Vorteil, dass Sie dabei schneller zum Ziel kommen und ein präziseres, d.h. einheitlicheres Ergebnis erzielen (Seite 286).
- Es gibt verschiedene Typen von Formatvorlagen, die sich darin unterscheiden, welche Formatierungsmerkmale in ihnen gespeichert werden können (Seite 287):
  - Zeichen
  - Absatz
  - Verknüpft (Absatz und Zeichen)
  - Tabellen
  - Listen

- Die wichtigsten, d.h. gebräuchlichsten Formatvorlagen werden als Schnellformatvorlagen bezeichnet und können direkt über die Registerkarte *Start* zugewiesen werden (Seite 287).
- Schnellformatvorlagen können als Gruppen zusammengefasst werden, die dann als Schnellformatvorlagen-Satz bezeichnet werden. Durch Zuweisen eines anderen Satzes lässt sich die gesamte Formatierung eines Dokuments auf einen Schlag ändern (Seite 288).
- Formatvorlagen lassen sich auf mehrere Arten zuweisen:
  - als Schnellformatvorlagen über die Registerkarte *Start* (Seite 289)
  - als Schnellformatvorlagen über die Minisymbolleiste (Seite 290)
  - über den Aufgabenbereich *Formatvorlagen* (Seite 290).
- Wenn Sie prüfen möchten, welche Formatierungsmerkmale einer bestimmten Textstelle zugewiesen wurden, können Sie den Formatinspektor verwenden (Seite 294).
- Die Eigenschaften einer Formatvorlage lassen sich jederzeit ändern (Seite 295).
- Sie können auch eigene Formatvorlagen erstellen. Dazu können Sie entweder einen entsprechend formatierten Textbereich (Seite 296) oder eine andere Formatvorlage (Seite 298) als Grundlage verwenden.

Das neue Konzept der Designs unterstützt Sie beim Erstellen professioneller Office-Dokumente. Wenn die Formatierungsvorgaben eines Designs konsequent angewendet werden, können Sie die Gestaltung Ihrer Dokumente durch Zuweisen eines anderen Designs auf einen Schlag ändern.

- Ein Design definiert Farben, Schriftarten und verschiedene Effekte, die perfekt miteinander harmonieren (Seite 303).
- Designs werden neben Word 2007 auch von folgenden Programmen unterstützt: Excel 2007, PowerPoint 2007 und Outlook 2007 (Seite 304).
- Ein Design definiert zwölf verschiedene Farben: vier Hintergrundfarben, sechs Vordergrundfarben und zwei Farben für die Darstellung von Hyperlinks (Seite 305).
- In einem Design werden lediglich zwei Schriftarten vorgegeben: eine für Überschriften und eine für Textkörper (Seite 308).
- Die räumliche Wirkung wird durch Designeffekte vorgegeben, die im Gegensatz zu Designfarben und Designschriften nicht verändert werden können (Seite 309).
- Ein geändertes Design kann als separate Datei gespeichert und dann auf andere Dokumente angewendet werden (Seite 311).
- Integrierte und benutzerdefinierte Vorlagen werden in unterschiedlichen Verzeichnissen gespeichert (Seite 311).

Kapitel 15

Seitenlayout

In diesem Kapitel:

Dieses Kapitel beschäftigt sich mit Formatierungsmerkmalen, die das gesamte Dokument betreffen. Den Anfang machen dabei die neuen *Dokumentdesigns*, die die Interaktion der verschiedenen Office-Programme deutlich verbessern. Anschließend erfahren Sie, wie Sie die Ränder einer Seite einstellen und welche Möglichkeiten die Verwendung von Abschnitten bietet. Abgerundet wird das Kapitel durch das Thema Wasserzeichen.

Dokumentdesigns

Wir haben bereits an anderer Stelle gesagt, dass es ein wichtiges Ziel bei der Entwicklung von Office 2007 war, dem Anwender die Erstellung von professionell gestalteten Dokumenten zu erleichtern. Der überwiegende Teil der Word-Anwender – vermutlich nahezu 99% – hat jedoch wenig bis gar keine typografische bzw. gestalterische Ausbildung. Das heißt, er hat keine Erfahrung, welche Schriftarten sich für einen bestimmten Zweck am besten eignen und weiß in der Regel nicht, welche Farben am besten miteinander harmonieren. Und selbstverständlich kann er Beleuchtungs-, Schatten- und 3D-Effekte nur »nach Gefühl« einsetzen.

Und genau an diesem Punkt setzt das neue Konzept der Dokumentdesigns an. In diesen Designs werden nämlich aufeinander abgestimmte Schriftarten, Farben und grafische Effekte definiert. Konkret handelt es sich um zwei verschiedene Schriftarten (je eine für Überschriften und Textkörper), zehn so genannte *Designfarben* sowie zwanzig vordefinierte Effektkombinationen. Durch diese begrenzte Auswahl bleiben Designs für »normale« Anwender überschaubar und handhabbar.

Ein weiterer Clou der Designs ist ihr programmübergreifender Wirkungskreis. D.h. Sie können ein und dasselbe Design sowohl für Ihre Word-Dokumente als auch für Ihre Excel-Arbeitsblätter und Ihre PowerPoint-Präsentationen nutzen. Der Vorteil liegt auf der Hand: Sämtliche Dokumente wirken ohne großen Aufwand wie aus einem Guss.

Designs besitzen aber noch einen weiteren Vorteil: Dadurch, dass die gesamte Schriftformatierung und Farbgestaltung auf einigen wenigen Schriftarten bzw. Farben basiert, lässt sich die Anmutung eines Dokuments durch Zuweisen eines neuen Design mit einem Schlag ändern. So können Sie zum Beispiel ein eher sachlich und nüchtern wirkendes Dokument durch Zuweisen eines anderen Designs in ein modernes, farbenfrohes Dokument verwandeln. Der benötigte Formatierungsaufwand beträgt ca. 10 Sekunden – und zwar unabhängig von der Länge des Dokuments.

In Kapitel 14 sind wir bereits ausführlich auf die verschiedenen Aspekte der Designs eingegangen. Sie sollten das Kapitel auf jeden Fall lesen, da das Verständnis des hinter den Designs stehenden Konzepts für eine effektive Nutzung der Office-Programme entscheidend ist. In diesem Kapitel werden wir das Thema nur kurz anreißen und uns auf die Anwendung der Designs konzentrieren.

Dokumentdesigns anwenden

Damit die hinter den Dokumentdesigns stehende Idee auch tatsächlich funktionieren kann, müssen die durch das Design vorgegebenen Formatierungsmerkmale, also Designfarben, Designschriften und Designeffekte durchgängig benutzt werden. Wenn Sie zum Beispiel für einen Teil Ihrer SmartArts Designfarben verwenden und für einen anderen Teil eigene Farben definieren, kann die Zuweisung eines neuen Dokumentdesigns schwerlich ein Erfolg werden.

Um einem Dokument ein neues Design zuzuweisen, gehen Sie folgendermaßen vor:

1. Erstellen Sie ein neues Dokument (zum Beispiel auf Basis einer Vorlage).
2. Wechseln Sie auf die Registerkarte *Seitenlayout.*
3. Öffnen Sie das Menü der Schaltfläche *Designs* und bewegen Sie den Mauszeiger über die verschiedenen Vorschaubildchen. Beobachten Sie dabei, wie sich sowohl die Schriftarten als auch die Farben im Dokument verändern.
4. Übernehmen Sie das gewünschte Design, indem Sie es anklicken.

Bild 15.1 Die Zuweisung eines Designs hat Einfluss auf Farbgebung und Schrift. Mit den gekennzeichneten Schaltflächen können Sie einzelne Aspekte des zugewiesenen Designs nachträglich ändern.

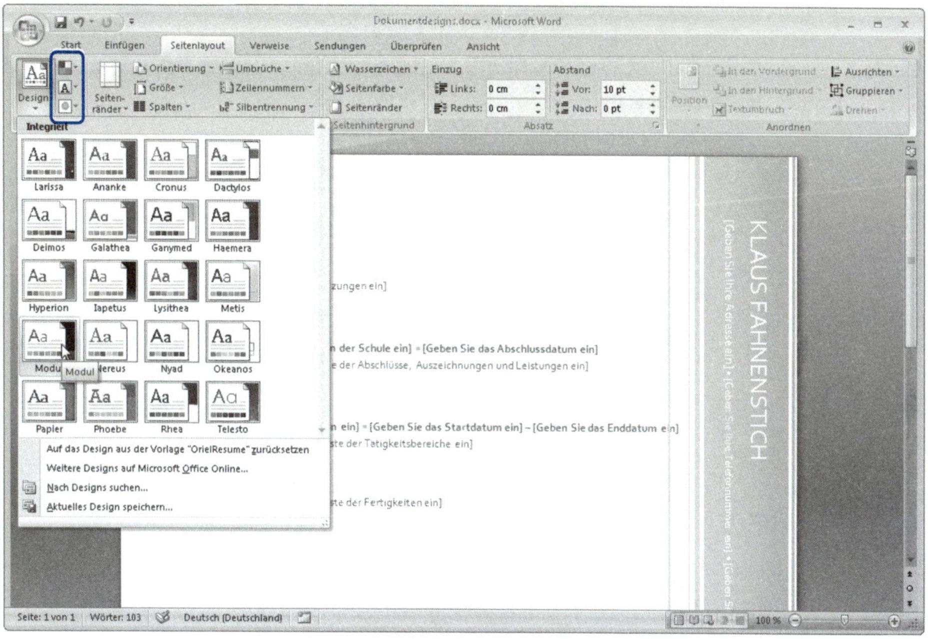

Dokumentdesigns bearbeiten

Beim Zuweisen eines Designs werden dessen Formatierungsinformationen im Dokument gespeichert. Deshalb ist es auch möglich, die Vorgaben eines Designs zu ändern, ohne dass dies Auswirkungen auf andere Dokumente hat. Sie verwenden dazu die drei Schaltflächen *Designfarben, Designschriftarten* und *Designeffekte,* die sich ebenfalls in der Gruppe *Designs* befinden (sie sind oben im Bild mit einem kleinen Rahmen gekennzeichnet).

Im folgenden Beispiel werden Sie ein kurzes Dokument erstellen, dem Sie zunächst ein Design zuweisen und anschließend eine andere Farbgestaltung verleihen, ohne dabei die anderen Aspekte des Designs, also Schriftarten und Effekte, zu verändern.

1. Erstellen Sie ein neues leeres Dokument (das geht am schnellsten mit Strg+N). Diesem Dokument liegt automatisch das Design *Larissa* zugrunde.
2. Drücken Sie Alt+1. Dadurch wird dem aktuellen Absatz die Formatvorlage *Überschrift 1* zugewiesen. (Weitere Hinweise zu Formatvorlagen finden Sie in Kapitel 14.)
3. Geben Sie den Text **Dies ist eine Überschrift** ein und drücken Sie die ↵-Taste.
4. Tippen Sie nun noch den Text **Und das ist normaler Fließtext** ein. (Dass dieser Absatz automatisch die Standard-Formatierung erhält, ist in der Formatvorlage *Überschrift 1* festgelegt, denn eine Formatvorlage kann auch bestimmen, welche Formatvorlage der nächste Absatz erhalten soll.)
5. Wechseln Sie auf die Registerkarte *Seitenlayout* und klicken Sie in der Gruppe *Designs* auf die Schaltfläche *Designfarben*. Wählen Sie im Ausklappmenü eine der angebotenen Einträge aus der Gruppe *Integriert* aus.

Bild 15.2 Designfarben, Designschriften und Designeffekte lassen sich unabhängig voneinander austauschen

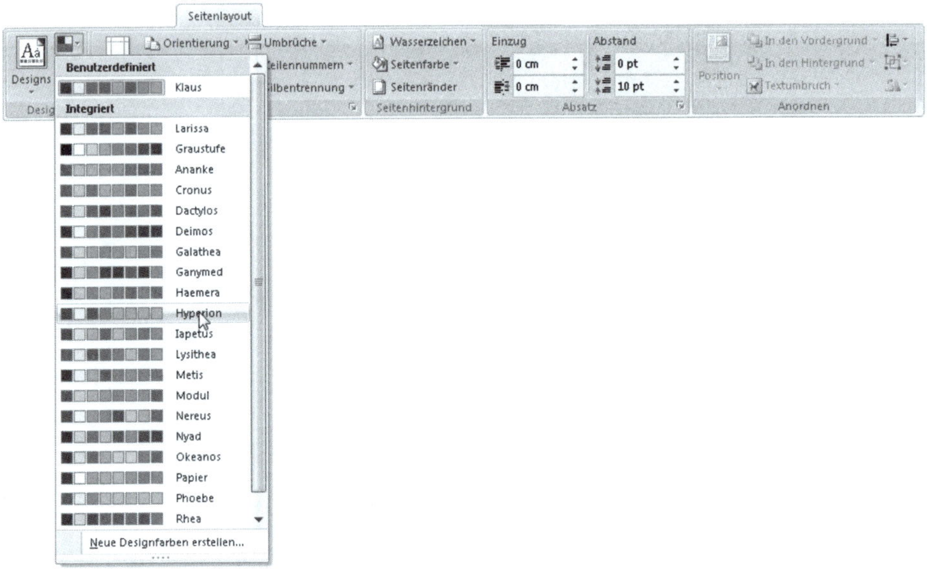

Das Dokument verwendet jetzt nicht mehr die Originalversion des Designs *Larissa*, sondern eine geänderte Fassung, die sich vom Original lediglich durch die ausgetauschten Designfarben unterscheidet. Beachten Sie, dass Sie nicht das Design selbst geändert haben, sondern eine Kopie der Designdaten, die im aktuellen Dokument gespeichert sind.

6. Weisen Sie Ihrem Dokument auf die gleiche Art andere Designschriften zu. Wie Sie sehen, werden dabei bis auf die Schriftarten keine weiteren Formatierungsmerkmale des Dokuments geändert.

Seiteneinrichtung

Unter dem Begriff *Seiteneinrichtung* versteht man in Word alle Einstellungen, die das Layout der einzelnen Seiten betreffen. Dazu gehören in erster Linie die Papiergröße, seine Orientierung (Hoch- oder Querformat) und die Breite der Seitenränder. Dazu kommen dann noch weitere Gestaltungsmerkmale wie Anzahl der Textspalten, Wasserzeichen, Schmuckrahmen usw.

Zusätzlich wird das Seitenlayout auch von Funktionen wie der Silbentrennung beeinflusst, da es einen großen Unterschied beim Auffüllen der Textzeilen macht, ob Word in Ihrem Text automatische Trennungen vornimmt oder nicht (wie der nächste Absatz deutlich macht).

Seitenränder einstellen

Durch das Einstellen der Seitenränder legen Sie den Bereich auf der Seite fest, der für den »normalen« Text zur Verfügung steht und auch als *Satzspiegel* bezeichnet wird. Unabhängig davon kann Word immer die gesamte Seite bedrucken.

Die einzige Einschränkung ist der Drucker, der einen schmalen Streifen am Rand der Seite aus technischen Gründen nicht bedrucken kann. Die Größe dieses Bereichs ist von Drucker zu Drucker verschieden und liegt in der Regel zwischen 3 bis 13 Millimetern. Word kann die Grenzwerte des von Ihnen verwendeten Druckers vom Druckertreiber erfragen und akzeptiert keine Seitenränder die unterhalb dieser Werte liegen.

Im einfachsten Fall stellen Sie die Seitenränder über die Schaltfläche *Seitenränder* ein, die sich auf der Registerkarte *Seitenlayout* in der Gruppe *Seite einrichten* befindet. Im Auswahlmenü finden Sie fünf verschiedene Standardeinstellungen, mit denen Sie in den allermeisten Fällen auskommen werden.

Bild 15.3 Die fünf vordefinierten Standardeinstellungen für die Seitenränder

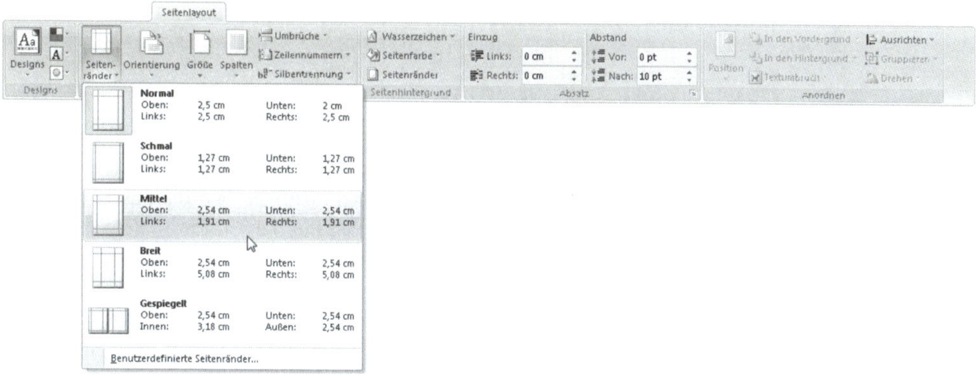

Während sich die ersten vier Varianten nur durch die Breite der Ränder unterscheiden, erzeugt der letzte Eintrag ein Layout mit gespiegelten Seiten. In diesem Fall spricht man nicht mehr von einem *linken* und *rechten* Seitenrand, sondern von *Innen* und *Außen*. Diese Form der Seitenränder wird oft in Büchern verwendet. Die äußeren Ränder sind hier größer als die inneren.

Benutzerdefinierte Seitenränder

Wenn Sie die Seitenränder eines Dokuments auf andere Werte einstellen möchten, benötigen Sie den Dialog *Seite einrichten*. Sie erreichen ihn am schnellsten über die kleine quadratische Schaltfläche, die sich auf der Registerkarte *Seitenlayout* in der unteren rechten Ecke der Gruppe *Seite einrichten* befindet.

Bild 15.4 Das exakte Einstellen der Seitenränder ist nur im Dialogfeld möglich

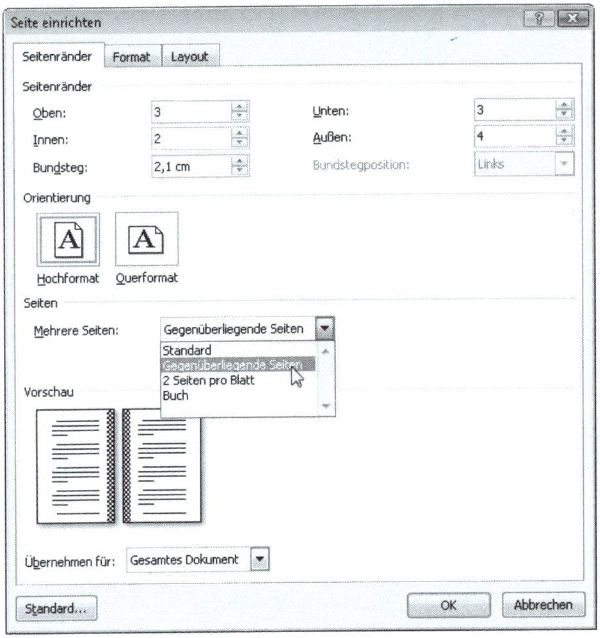

Negative Seitenränder

Eine Besonderheit weisen die beiden Felder *Oben* und *Unten* auf: Sie können hier sowohl einen positiven als auch einen negativen Wert eingeben. Bei positiven Werten passt Word den Seitenrand bei Kopf- und Fußzeilen automatisch so an, dass sich der Text und die Kopf- bzw. Fußzeile nicht überlappen können. Wenn Sie ein negatives Maß eingeben, wird der Seitenrand fest verankert und überschneidet sich ggf. mit der Kopf- oder Fußzeile. Oder anders ausgedrückt: positive Werte beziehen sich auf die Kopf-/Fußzeile, negative auf die Papierkante.

Bundsteg

Wenn Sie ein mehrseitiges Dokument heften oder binden wollen, können Sie am linken Rand einen speziellen Bereich definieren, der für die Bindung reserviert werden soll. Normalerweise liegt dieser Bereich an der linken Blattkante. Haben Sie jedoch ein Layout mit gespiegelten Seiten gewählt, wandert der Bundsteg an den inneren Rand (der dunkel schraffierte Bereich in Bild 15.4).

Hoch- und Querformat

Wenn Sie die Orientierung des Papiers ändern, also zwischen Hoch- und Querformat wechseln, müssen Sie beachten, dass Word dabei die Seitenränder »mitdreht«. So wird z.B. der obere Seitenrand zum rechten Seitenrand und der linke zum oberen.

TIPP **Standardeinstellungen ändern** Wenn Sie die Schaltfläche *Standard* wählen, werden die eingestellten Werte zu Vorgabewerten für alle neuen Dokumente, die auf der gleichen Dokumentvorlage basieren wie das aktive Dokument.

Seitenumbruch

In Abhängigkeit von den Papiermaßen und den eingestellten Seitenrändern, berechnet Word beim Anzeigen und Drucken des Dokuments, wie viel Text auf eine Seite passt. Der Vorgang, in dem festgelegt wird, an welcher Stelle eine neue Seite beginnt, wird Paginierung genannt.

Beachten Sie, dass die Anzeige der Seitenwechsel in der Seitenlayoutansicht von verschiedenen Faktoren beeinflusst wird: Falls das Dokument eine oder mehrere Feldfunktionen enthält und die Anzeige der Felder – nicht die Anzeige der Ergebnisse – eingeschaltet ist oder wenn Sie mit ausgeblendetem Text arbeiten und dieser ebenfalls angezeigt wird, stimmen die auf dem Bildschirm angezeigten Umbrüche unter Umständen nicht mit dem späteren Druckergebnis überein.

Wenn Sie ganz sicher sein wollen, wo Word einen automatischen Seitenwechsel vornimmt, sollten Sie das Dokument in der Druckvorschau kontrollieren, die auch als Seitenansicht bezeichnet wird:

1. Klicken Sie auf die *Office-Schaltfläche* und zeigen Sie auf *Drucken.*
2. Wählen Sie dann rechts den Befehl *Seitenansicht.* Diesen Befehl können Sie übrigens auch in die Symbolleiste für den Schnellzugriff aufnehmen, indem Sie rechts neben der Symbolleiste auf den kleinen Pfeil klicken und den Befehl aus der Liste auswählen.
3. Zum Verlassen der Ansicht klicken Sie rechts in der Registerkarte *Seitenansicht* auf die Schalfläche *Druckansicht schließen.*

Umbruch bei der Texteingabe festlegen

Sie können bereits bei der Texteingabe festlegen, an welchen Stellen beim Ausdruck eine neue Seite anfangen soll. Sie geben dazu die Tastenkombination Strg+↵ ein, um einen erzwungenen Seitenumbruch einzufügen. Unabhängig davon, ob auf der aktuellen Seite noch Platz für weiteren Text oder Grafiken ist, fängt an der Stelle des erzwungenen Seitenumbruchs eine neue Seite an.

Um einen Seitenumbruch über die Multifunktionsleiste einzufügen, wechseln Sie auf die Registerkarte *Seitenlayout* und klicken dort auf die Schaltfläche *Umbrüche.* Die Befehle ihres Menüs sind mit aussagekräftigen Symbolen und erklärendem Text ausgestattet, so dass wir uns hier weitere Erklärungen ersparen können.

Abschnitte

Jedes Word-Dokument besteht aus mindestens einem Abschnitt. Unter einem Abschnitt versteht man in Word einen zusammenhängenden Textbereich, der über ein gemeinsames Seitenlayout verfügt. Durch die Unterteilung eines Dokuments in mehrere Abschnitte wird es zum Beispiel möglich, einzelne Seiten im Querformat zu bedrucken (etwa für breite Tabellen) während für den restlichen Text das Hochformat benutzt wird. Ein anderes Beispiel, bei dem man mit Abschnitten arbeiten sollte, sind mehrspaltige Dokumente, die wir Ihnen nun vorstellen möchten.

Beispiel: Mehrspaltige Dokumente erstellen

Im folgenden Beispiel erstellen Sie zunächst ein Dokument, das eine Überschrift und einige Absätze mit normalem Text enthält. Anschließend werden die Textabsätze dreispaltig formatiert, wobei die Überschrift weiterhin die volle Breite des Satzspiegels nutzen soll.

1. Erstellen Sie ein neues leeres Dokument.
2. Geben Sie eine Überschrift ein. Drücken Sie Alt+1, um ihr das Format *Überschrift 1* zuzuweisen (alternativ über *Start/Formatvorlagen)*.
3. Anschließend geben Sie mehrere Absätze mit Text ein. Am schnellsten geht das, wenn Sie in einen leeren Absatz =**rand**() eingeben und die ↵-Taste drücken. Word fügt dann einen so genannten Blindtext ein.
4. Schalten Sie jetzt noch die Anzeige der Formatierungszeichen ein (auf der Registerkarte *Start* in der Gruppe *Absatz)*. Das Dokument sollte anschließend ungefähr so aussehen:

Bild 15.5 Die Ausgangssituation: Noch ist der Text einspaltig

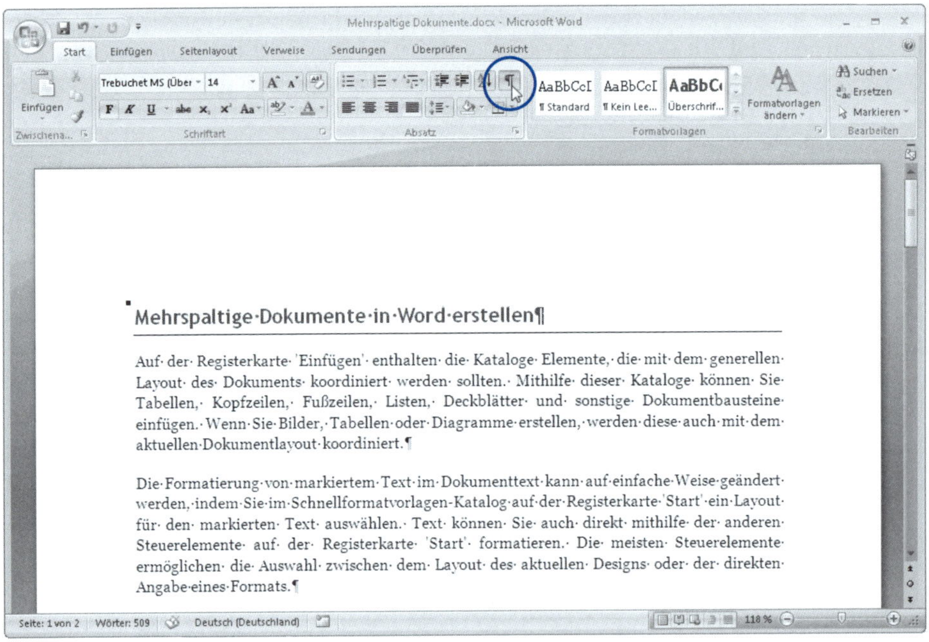
Mehrspaltige Dokumente.docx - Microsoft Word
Start
Einfügen
Seitenlayout
Verweise
Sendungen
Überprüfen
Ansicht
Einfügen
Zwischena...
Trebuchet MS (Über
14
Schriftart
Absatz
AaBbCcI
¶ Standard
AaBbCcI
¶ Kein Lee...
AaBbC
Überschrif...
Formatvorlagen ändern
Formatvorlagen
Suchen
Ersetzen
Markieren
Bearbeiten
Mehrspaltige·Dokumente·in·Word·erstellen¶
Auf·der·Registerkarte·'Einfügen'·enthalten·die·Kataloge·Elemente,·die·mit·dem·generellen·Layout·des·Dokuments·koordiniert·werden·sollten.·Mithilfe·dieser·Kataloge·können·Sie·Tabellen,·Kopfzeilen,·Fußzeilen,·Listen,·Deckblätter·und·sonstige·Dokumentbausteine·einfügen.·Wenn·Sie·Bilder,·Tabellen·oder·Diagramme·erstellen,·werden·diese·auch·mit·dem·aktuellen·Dokumentlayout·koordiniert.¶
Die·Formatierung·von·markiertem·Text·im·Dokumenttext·kann·auf·einfache·Weise·geändert·werden,·indem·Sie·im·Schnellformatvorlagen-Katalog·auf·der·Registerkarte·'Start'·ein·Layout·für·den·markierten·Text·auswählen.·Text·können·Sie·auch·direkt·mithilfe·der·anderen·Steuerelemente·auf·der·Registerkarte·'Start'·formatieren.·Die·meisten·Steuerelemente·ermöglichen·die·Auswahl·zwischen·dem·Layout·des·aktuellen·Designs·oder·der·direkten·Angabe·eines·Formats.¶
Seite: 1 von 2
Wörter: 509
Deutsch (Deutschland)
118 %

5. Setzen Sie die Einfügemarke an den Anfang des ersten Textabsatzes.
6. Wechseln Sie in der Multifunktionsleiste auf die Registerkarte *Seitenlayout* und klicken Sie dort in der Gruppe *Seite einrichten* auf die Schaltfläche *Spalten*. Es öffnet sich folgendes Menü:

Bild 15.6 Halt, so einfach geht es nicht!

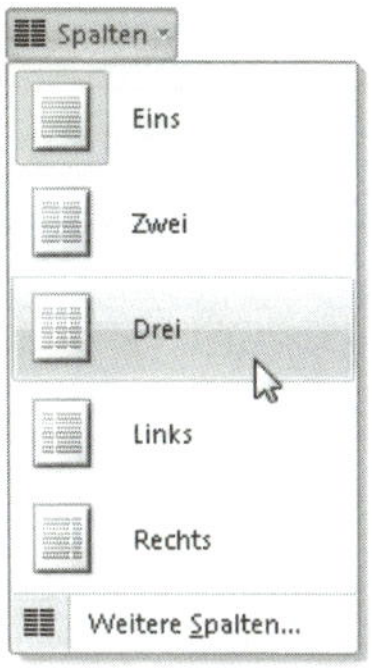

7. Wenn Sie jetzt der Versuchung erliegen würden und einfach die Option *Drei* anklicken, wären Sie mit dem Ergebnis nicht zufrieden. In diesem Fall würde Word nämlich das *gesamte* Dokument dreispaltig formatieren – also auch die Überschrift, die gemäß unserer Vorgabe einspaltig bleiben soll.
8. Rufen Sie stattdessen im Menü den Befehl *Weitere Spalten* auf.

Bild 15.7 Mit diesem Dialogfeld haben Sie die Spalten unter Kontrolle

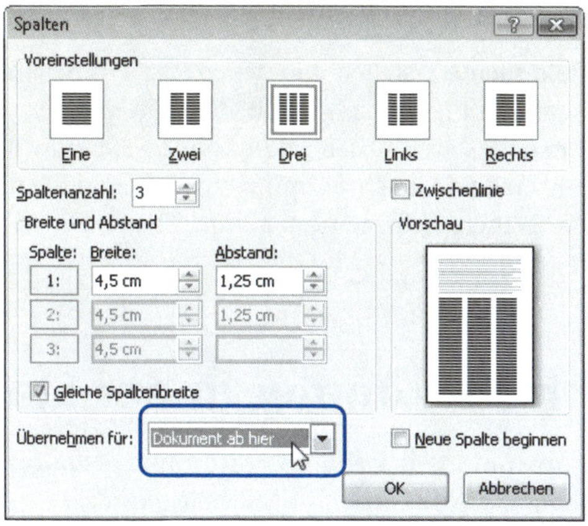

9. Wählen Sie in der Gruppe *Voreinstellungen* die Option *Drei*.
10. Und jetzt kommt der entscheidende Punkt: Da die neue Spaltenanzahl nicht für das gesamte Dokument gelten soll, sondern erst ab der Position der Einfügemarke, wählen Sie im Listenfeld *Übernehmen für* die Option *Dokument ab hier* aus (der Standardwert des Listenfeldes lautet *Gesamtes Dokument)*.
11. Beenden Sie das Dialogfeld mit der *OK*-Schaltfläche.

Bild 15.8 Das gewünschte Ergebnis: einspaltige Überschrift, dreispaltiger Text

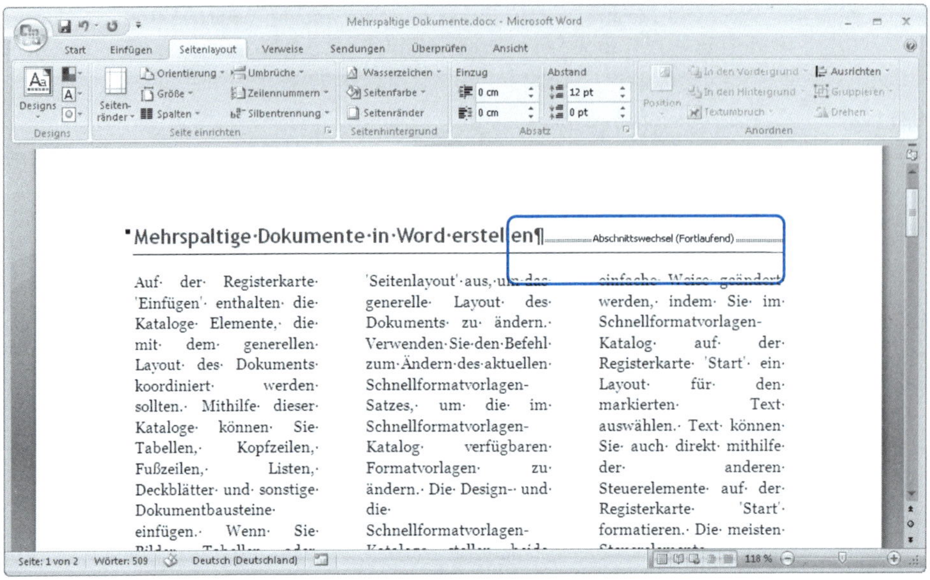
Mehrspaltige Dokumente.docx - Microsoft Word
Start
Einfügen
Seitenlayout
Verweise
Sendungen
Überprüfen
Ansicht
Designs
Seitenränder
Orientierung
Größe
Spalten
Umbrüche
Zeilennummern
Silbentrennung
Seite einrichten
Wasserzeichen
Seitenfarbe
Seitenränder
Seitenhintergrund
Einzug
0 cm
0 cm
Abstand
12 pt
0 pt
Absatz
Position
In den Vordergrund
In den Hintergrund
Textumbruch
Ausrichten
Gruppieren
Drehen
Anordnen
Mehrspaltige·Dokumente·in·Word·erstellen¶
Abschnittswechsel (Fortlaufend)
Auf· der· Registerkarte· 'Einfügen'· enthalten· die· Kataloge· Elemente,· die· mit· dem· generellen· Layout· des· Dokuments· koordiniert· werden· sollten.· Mithilfe· dieser· Kataloge· können· Sie· Tabellen,· Kopfzeilen,· Fußzeilen,· Listen,· Deckblätter· und· sonstige· Dokumentbausteine· einfügen.· Wenn· Sie·
'Seitenlayout'·aus,·um·das· generelle· Layout· des· Dokuments· zu· ändern.· Verwenden·Sie·den·Befehl· zum·Ändern·des·aktuellen· Schnellformatvorlagen-Satzes,· um· die· im· Schnellformatvorlagen-Katalog· verfügbaren· Formatvorlagen· zu· ändern.· Die· Design-· und· die· Schnellformatvorlagen-
werden,· indem· Sie· im· Schnellformatvorlagen-Katalog· auf· der· Registerkarte· 'Start'· ein· Layout· für· den· markierten· Text· auswählen.· Text· können· Sie· auch· direkt· mithilfe· der· anderen· Steuerelemente· auf· der· Registerkarte· 'Start'· formatieren.· Die· meisten·
Seite: 1 von 2
Wörter: 509
Deutsch (Deutschland)
118 %

Wie Sie in Bild 15.8 sehen, hat Word an der Position der Einfügemarke einen *Abschnittswechsel* eingefügt, der auf dem Bildschirm als gepunktete Doppellinie dargestellt wird (deshalb sollten Sie in Schritt 4 die Anzeige der Formatierungszeichen einschalten). Das Dokument besteht nun aus zwei Abschnitten:

- Abschnitt 1 enthält die Überschrift und ist einspaltig.
- Abschnitt 2 enthält den restlichen Text und ist dreispaltig.

Nach diesem Prinzip können Sie Dokumente erstellen, bei denen sich das Seitenlayout mehrmals ändert. Zu erwähnen sind in diesem Zusammenhang auch die Seitenzahlen, die ebenfalls ein Abschnittsmerkmal sind. Durch Verwenden von Abschnitten können Sie zum Beispiel die ersten Seiten eines Dokuments, wie etwa ein Inhaltsverzeichnis, mit römischer und die übrigen mit arabischer Seitennummerierung versehen. Nähere Informationen zum Thema Seitenzahlen finden Sie in Kapitel 16, »Kopf- und Fußzeilen«.

Anzeige der Abschnittsnummer in der Statuszeile

Dass ein Dokument aus mehreren Abschnitten besteht, lässt sich ohne die angezeigten Formatierungszeichen nicht erkennen. Sie können Word jedoch dazu bringen, dass es die Nummer des aktuellen Abschnitts – also des Abschnitts, in dem sich momentan die Einfügemarke befindet – in der Statusleiste anzeigt. Klicken Sie dazu die Statusleiste mit der rechten Maustaste an und wählen Sie im Kontextmenü den Befehl *Abschnitt.* Wenn Sie dann mit der Einfügemarke durch das Dokument wandern, sehen Sie, wie Word die Anzeige der Abschnittsnummer in der Statusleiste aktualisiert.

Spaltenumbrüche einfügen

Normalerweise füllt Word eine Spalte erst vollständig auf, bevor es die nächste Spalte beginnt. Dieses Verhalten können Sie durch das Einfügen von *Spaltenumbrüchen* beeinflussen. Setzen Sie dazu die Einfügemarke an die gewünschte Position und wählen Sie dann auf der Registerkarte *Seitenlayout* den Befehl *Umbrüche/Spalte.*

Spaltenausgleich

Am Ende eines mehrspaltigen Dokuments, zum Beispiel bei einem Stichwortverzeichnis, sollen die Spalten in der Regel gleichmäßig aufgefüllt werden. Bei einer halbvollen zweispaltigen Seite soll also die zweite Spalte nicht leer bleiben, sondern beide Spalten sollen zur Hälfte gefüllt werden. Diesen Effekt erreichen Sie mit den folgenden Schritten:

1. Setzen Sie die Einfügemarke an das Textende.
2. Wechseln Sie zur Registerkarte *Seitenlayout* und fügen Sie mit *Umbrüche/Fortlaufend* einen fortlaufenden Abschnittsumbruch ein. Fortlaufend bedeutet in diesem Zusammenhang, dass dabei kein Seitenwechsel stattfindet.

Word verteilt den vorhandenen Text nun so auf die vorhandenen Spalten, dass sie die gleiche Höhe erhalten (siehe Bild 15.9).

Bild 15.9 In der Bildmontage sehen Sie, wie die Spalten am Ende eines dreispaltigen Textes durch den angehängten Abschnittsumbruch ausgeglichen werden

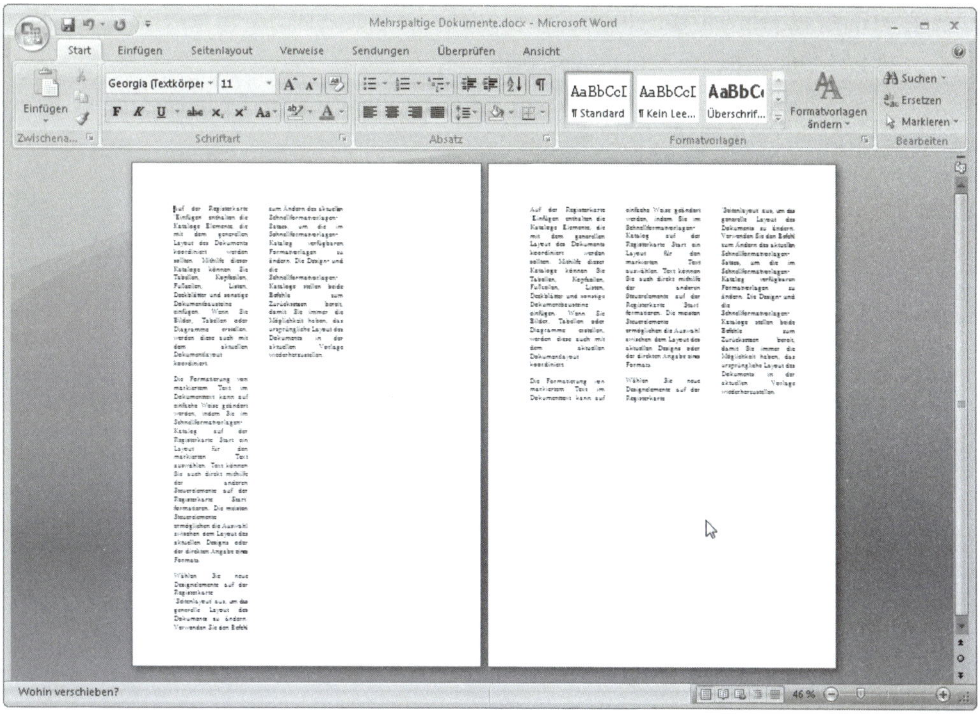

Ob die Spalten dabei tatsächlich exakt gleich hoch werden, hängt von ihrem konkreten Inhalt ab. Eventuell müssen Sie noch etwas nachhelfen, um ein optimales Ergebnis zu erhalten (z.B. mit einem leeren Absatz, einer Zeilenschaltung oder einer kleinen Textkorrektur).

Zwischenlinien einfügen

Um zwischen den Spalten eine Trennlinie anzuzeigen, müssen Sie lediglich im Dialogfeld *Spalten* (siehe Bild 15.7) die Option *Zwischenlinie* einschalten. Die Länge der Linie passt sich automatisch an die Spalten an, das heißt, auch bei dem im letzten Abschnitt beschriebenen Spaltenausgleich stellt sich die Linie auf die passende Länge ein. Die Linie selbst, also Farbe, Strichart und Strichstärke, können Sie leider nicht verändern. Hier besteht bei Word noch Nachholbedarf.

Wasserzeichen

Als Wasserzeichen bezeichnet man einen hellen Text oder eine blasse Grafik, die auf jeder Seite hinter dem Text liegt. Um diesen Effekt in früheren Word-Versionen zu erzeugen, wurden in der Regel entsprechende Texte bzw. Grafiken in die Kopf- oder Fußzeile eingefügt.

Wasserzeichen einfügen

Mit der neuen Word-Funktion brauchen Sie auf eventuell vorhandene Abschnitte keine Rücksicht mehr zu nehmen. Um ein Dokument mit einem Wasserzeichen zu versehen, gehen Sie so vor:

1. Öffnen Sie das betreffende Dokument.
2. Gehen Sie auf die Registerkarte *Seitenlayout* und klicken Sie in der Gruppe *Seitenhintergrund* auf die Schaltfläche *Wasserzeichen*.

Bild 15.10 Der Katalog enthält die wichtigsten Standard-Wasserzeichen

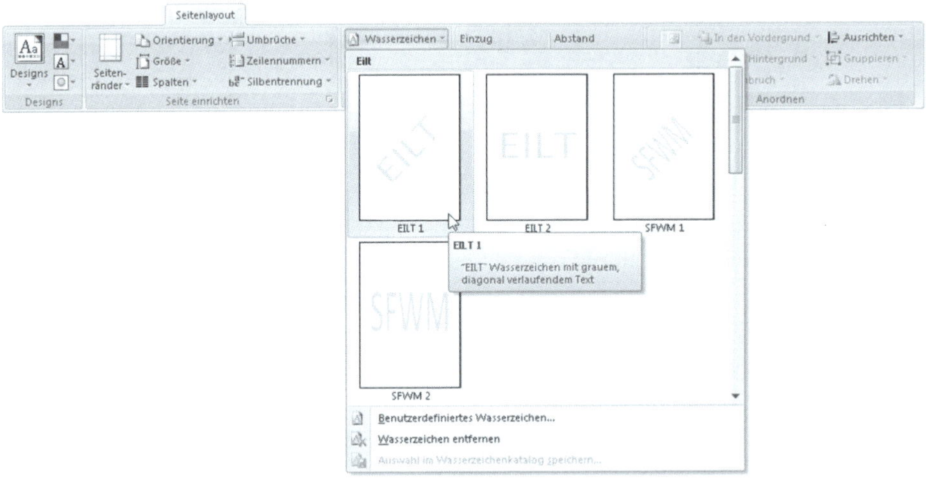

3. Wenn Sie in dem angebotenen Katalog nicht fündig werden, rufen Sie den Befehl *Benutzerdefiniertes Wasserzeichen* auf. Hier können Sie sowohl ein Bild als auch einen beliebigen Text als Wasserzeichen hinterlegen.

Bild 15.11 Mit diesem Dialogfeld können Sie eigene Wasserzeichen erstellen

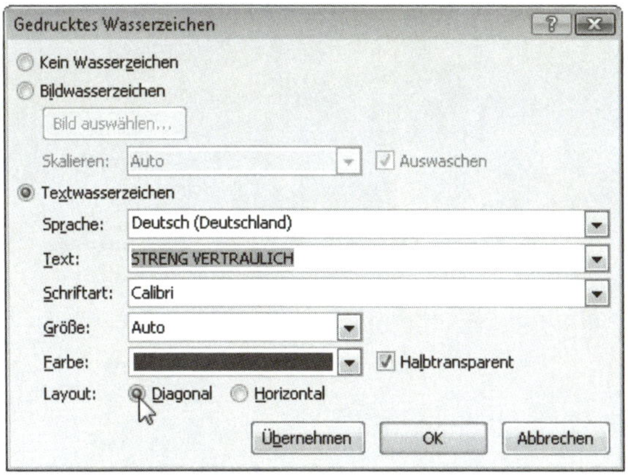

Zusammenfassung

Dieses Kapitel hat sich mit den Formatierungen beschäftigt, die das gesamte Dokument betreffen. Hierzu gehören die Größe der Seite, der Seitenumbruch und die Verwendung von Abschnitten.

- Die Zuweisung eines Designs beeinflusst die verwendeten Schriftarten, Farben und Effekte (Seite 316).
- Durch das Einstellen der Seitenränder legen Sie den Bereich auf der Seite fest, der für den »normalen« Text zur Verfügung steht und auch als *Satzspiegel* bezeichnet wird (Seite 319).
- Der Bundsteg ist ein zusätzlicher Seitenrand, der für die Bindung eines mehrseitigen Dokuments reserviert werden kann (Seite 320).
- Normalerweise entscheidet Word selbstständig, wann bzw. wo eine neue Seite beginnt. Sie können aber auch manuelle Seitenumbrüche festlegen (Seite 321).
- Die Seitenformatierung eines Dokuments erfolgt abschnittsweise (Seite 322). Dokumente können also in mehrere Abschnitte unterteilt werden, für die jeweils eigene Seitenformatierungen gelten. Diese Technik wird zum Beispiel für mehrspaltige Texte benötigt (Seite 322).
- Word kann einen hellen Text oder eine blasse Grafik auf jeder Seite eines Dokuments hinter den Text legen, um einen Wasserzeichen-Effekt zu erzielen (Seite 326).

Kapitel 16

Kopf- und Fußzeilen

In diesem Kapitel:

In diesem Kapitel dreht sich alles um Kopf- und Fußzeilen. Darunter versteht man Bereiche am oberen und unteren Rand einer Seite, die alle Informationen aufnehmen, die auf jeder Seite wiederholt werden sollen. Am häufigsten werden Kopf- und Fußzeilen natürlich für die Ausgabe der Seitenzahl benutzt. Wie Sie gleich sehen werden, können Sie mit Kopf- und Fußzeilen jedoch noch viel mehr anstellen. So ist es z.B. möglich, das aktuelle Datum oder den Namen der Datei in die Kopf- oder Fußzeile aufzunehmen.

Kopf- und Fußzeilen von der Stange

Da sich der Inhalt einer Kopf- bzw. Fußzeile im Gegensatz zum restlichen Dokument auf jeder Seite wiederholen soll, wird er von Word separat verwaltet. Für Sie als Anwender hat das die Konsequenz, dass Sie in einen speziellen Modus umschalten müssen, wenn Sie Kopf- und Fußzeilen einfügen oder bearbeiten wollen.

Der damit verbundene Aufwand und auch das dazu notwendige Verständnis des dahinterliegenden Konzepts wurden von vielen Benutzern als zu aufwändig empfunden. Aus diesem Grund haben die Entwickler von Microsoft diesen Bereich von Word nachgebessert. Ihr Ziel war es, die Komplexität des Kopf- und Fußzeilenmechanismus vor dem Anwender zu verbergen und den Zeitaufwand für das Einfügen von Kopf- und Fußzeilen drastisch zu minimieren. Und wie Sie gleich sehen werden, hat Word an dieser Stelle tatsächlich enorm an Komfort gewonnen.

Kopf- und Fußzeilen einfügen

Das Einfügen einer Kopf- oder einer Fußzeile ist mit Word 2007 mit zwei, drei Mausklicks erledigt:

1. Wechseln Sie auf die Registerkarte *Einfügen.*
2. Klicken Sie auf die Schaltfläche *Kopfzeile* bzw. auf die Schaltfläche *Fußzeile.*

Bild 16.1 Das Einfügen von Kopf- und Fußzeilen kann kaum einfacher sein

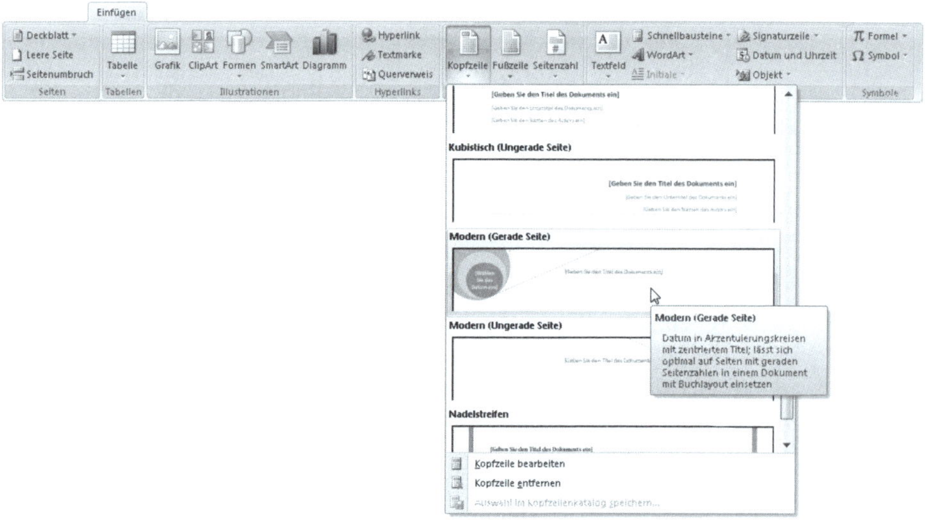

3. Wählen Sie eine der angebotenen Varianten aus. Beachten Sie, dass es von einigen Kopf- und Fußzeilen auch unterschiedliche Versionen für gerade und ungerade Seiten gibt. In diesem Buch enthalten zum Beispiel die Kopfzeilen der geraden Seiten (das sind immer die linken Seiten eines Buchs) die Nummer des jeweiligen Kapitels und seinen Namen, die Kopfzeilen der ungeraden (also der rechten) Seiten hingegen den Namen der aktuellen Überschrift der zweiten Ebene.
4. Wenn die Kopf- bzw. Fußzeile variable Elemente enthält, wie zum Beispiel den Titel des Dokuments oder eine Datumsanzeige, zeigt Word die eingefügte Kopf-/Fußzeile im Bearbeitungsmodus an. Klicken Sie dann die entsprechenden Platzhalter an und geben Sie den gewünschten Text ein.
5. Besonders elegant ist in Word die Eingabe eines Datums gelöst. In diesem Fall enthält die Kopf- bzw. Fußzeile ein spezielles Steuerelement, mit dem Sie das Datum auf einem kleinen Kalender auswählen können.

Bild 16.2 Datumswerte lassen sich über einen kleinen Kalender eingeben

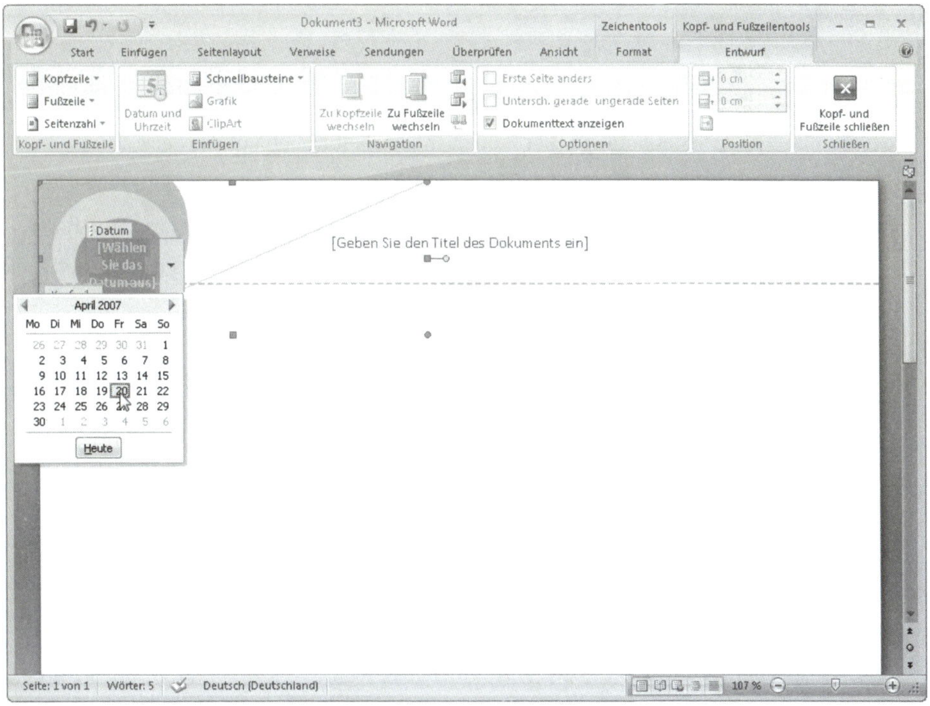

6. Wenn Sie einzelne Elemente der Kopf- bzw. Fußzeile nicht benötigen, können Sie sie einfach löschen.
7. Um wieder zum normalen Dokumenttext zurückzukehren, klicken Sie in der Registerkarte *Entwurf* ganz rechts auf die Schaltfläche *Kopf- und Fußzeile schließen.*

Seitenzahlen pur

Wenn Sie in Ihr Dokument keine aufwändige Kopf- und Fußzeilen einfügen möchten, sondern lediglich die Seitenzahl ausgeben lassen wollen, gehen Sie besser folgendermaßen vor:

1. Klicken Sie in der Registerkarte *Einfügen* auf die Schaltfläche *Seitenzahl.*

Bild 16.3 Einfügen der reinen Seitenzahl

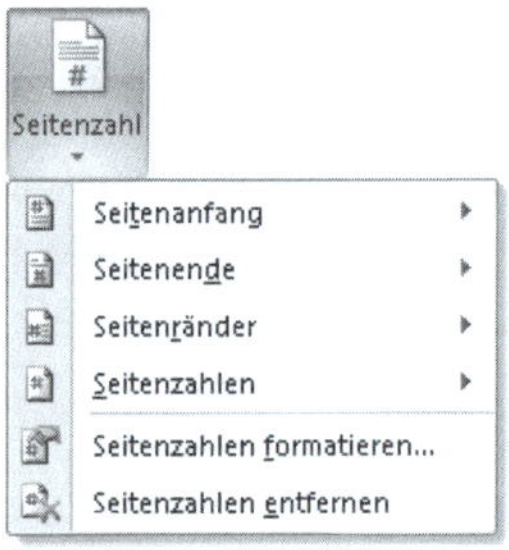

2. Sie sehen nun ein kleines Auswahlmenü, in dem Sie sich zunächst entscheiden müssen, wo die Seitenzahl positioniert werden soll:
   - **Seitenanfang** Die Seitenzahl erscheint oben auf der Seite.
   - **Seitenende** Die Seitenzahl erscheint unten auf der Seite.
   - **Seitenränder** Die Seitenzahl erscheint am linken bzw. rechten Rand.
   - **Seitenzahlen** Die Seitenzahl wird an der aktuellen Position der Einfügemarke in den Text eingefügt.

   Wenn Sie sich für eine der ersten drei Varianten entscheiden, fügt Word die Seitenzahl in eine Kopf- bzw. Fußzeile ein, da nur so erreicht werden kann, dass die Seitenzahl auf jeder Seite ausgegeben wird.
3. Zeigen Sie mit der Maus auf einen der Befehle, damit das zugehörige Untermenü ausklappt. Im Menü sehen Sie dann verschiedene Variationen von Vorschaubildern des gewählten Bereichs (Seitenanfang, Seitenende etc.). Allerdings ist die Seitenzahl dort meistens nur als winzige graue Zahl zu erkennen, so dass Sie hier nicht viel mehr als eine grobe Vorstellung vom späteren Ergebnis bekommen.
4. Wählen Sie die gewünschte Variante aus.
5. Bei den Varianten *Seitenanfang, Seitenende* und *Seitenränder* wechselt Word in den Bearbeitungsmodus für Kopf- bzw. Fußzeilen. Nehmen Sie bei Bedarf noch Änderungen an der Formatierung der Seitenzahl vor und klicken Sie dann auf *Kopf- und Fußzeile schließen*, um zum normalen Dokumenttext zurückzukehren.

ACHTUNG Durch Einfügen einer Seitenzahl an den Seitenanfang, das Seitenende oder in die Seitenränder werden bereits vorhandene Kopf- bzw. Fußzeilen aus dem Dokument entfernt.

Seitenzahlen formatieren

Normalerweise beginnt Word die Seitenzählung mit »1«. Bei umfangreichen Werken (wie zum Beispiel bei einem Buch oder einer Broschüre) kommt es allerdings häufig vor, dass der Text auf mehrere Dokumente aufgeteilt wird. In diesen Fällen müssen Sie in den einzelnen Dokumenten eine individuelle Startnummer für die Seitenzählung festlegen, damit das fertige Werk eine fortlaufende Nummerierung erhält.

Außerdem bietet Word verschiedene Formate für die Seitenzahl an. Sie können zwischen arabischen Ziffern (1, 2, 3), Kleinbuchstaben (a, b, c), Großbuchstaben (A, B, C), römischen Ziffern in Kleinschrift (i, ii, iii) und römischen Ziffern in Großschrift (I, II, III) wählen.

1. Wechseln Sie auf die Registerkarte *Einfügen.*
2. Klicken Sie dort auf die Schaltfläche *Seitenzahl* und wählen Sie in ihrem Menü den Befehl *Seitenzahl formatieren.* Word zeigt dann das Dialogfeld *Seitenzahlenformat* an.

Bild 16.4 Formatieren der Seitenzahl

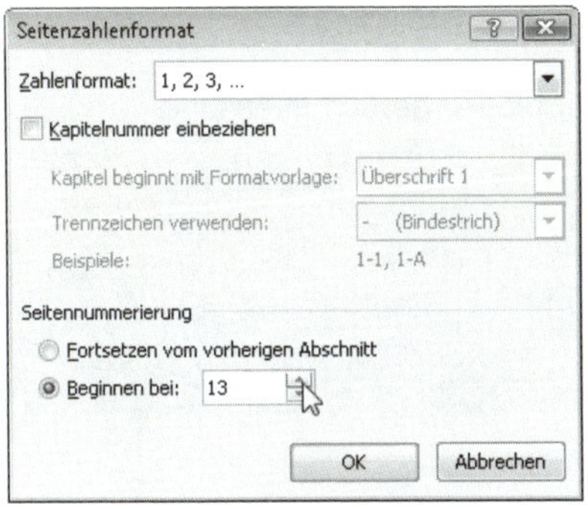

3. Wählen Sie das gewünschte Format aus der Liste *Zahlenformat* aus.
4. Wenn Sie die Überschriften mit den Formatvorlagen *Überschrift ...* formatiert und dann die Gliederungsnummerierungen verwendet haben, können Sie die Kapitelnummer in die Seitenzahl einbeziehen. Wählen Sie dann im Listenfeld *Kapitel beginnt mit Formatvorlage* die Überschriften-Formatvorlage. Das Listenfeld *Trennzeichen verwenden* enthält diverse Zeichen, die zwischen der Kapitelnummer und der Seitenzahl eingefügt werden können.
5. Legen Sie im Feld *Beginnen bei* die Startnummer für die Seitenzählung fest.
6. Schließen Sie das Dialogfeld mit *OK.*

Das Ändern des Startwertes für die Seitenzahl beeinflusst zunächst nicht die Ausgabe der Seitenzahl in der Statuszeile. Das heißt, die Seitenzählung in der Statusleiste beginnt nach wie vor bei 1.

Sie können aber auch die tatsächliche Seitenzahl, also die Zahl, die auf der Seite gedruckt wird, in der Statuszeile ausgeben lassen. Klicken Sie die Statuszeile dazu mit der rechten Maustaste an und wählen Sie im Kontextmenü den Befehl *Formatierte Seitenzahl.*

Bild 16.5 Ausgabe der formatierten Seitenzahl in der Statusleiste

Kopf- und Fußzeilen bearbeiten

Im den bisherigen Abschnitten dieses Kapitels haben Sie gesehen, wie einfach es mit Word 2007 ist, eine Seitenzahl oder sogar eine komplette Kopf- bzw. Fußzeile in ein Word-Dokument aufzunehmen. In vielen Fällen werden Sie mit den Ergebnissen dieser »Fertiglösungen« zufrieden sein, aber es wird auch Situationen geben, in denen Sie eigene Kopf- und Fußzeilen erstellen müssen oder bereits vorhandene Kopf- und Fußzeilen ändern wollen.

Kopf-/Fußzeilenmodus aktivieren

Kopf- und Fußzeilen werden bei Word immer in der Ansicht *Seitenlayout* eingegeben und bearbeitet. Am einfachsten gelangen Sie in diesen Modus, wenn Sie mit der Maus auf die gewünschte Kopf- bzw. Fußzeile doppelklicken. Alternativ klicken Sie auf der Registerkarte *Einfügen* die Schaltfläche *Kopfzeile* an und wählen in ihrem Menü den Befehl *Kopfzeile bearbeiten.* Falls Sie sich nicht in der Seitenlayoutansicht befinden, wenn Sie den Befehl aufrufen, wird sie von Word automatisch aktiviert.

Bild 16.6 Der Bereich der Kopfzeile liegt oberhalb der blauen gestrichelten Linie

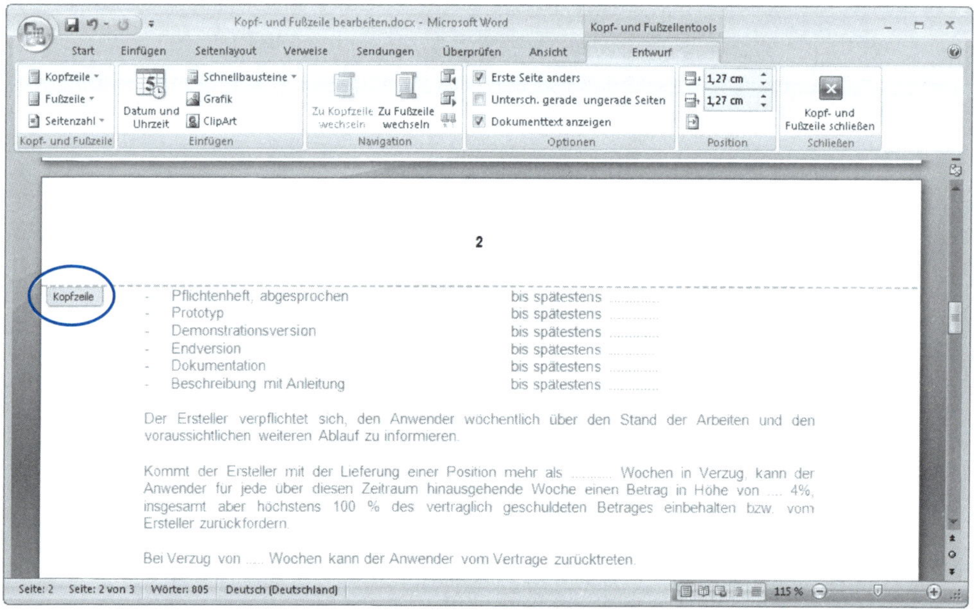

Im Kopf-/Fußzeilenmodus wird die Multifunktionsleiste um die Registerkarte *Entwurf* ergänzt, mit der Sie alle wichtigen Befehle zur Bearbeitung von Kopf- und Fußzeilen im direkten Zugriff haben. Außerdem wird in diesem Modus der normale Dokumenttext abgeblendet und kann nicht bearbeitet werden. Sie können den Dokumenttext sogar ganz ausblenden. Das kann zum Beispiel sinnvoll sein, wenn er sich mit Teilen der Kopf- oder Fußzeile überlappt. Schalten Sie dann einfach auf der Registerkarte *Erweitert* die Option *Dokumenttext anzeigen* aus.

Die verschiedene Arten von Kopf- und Fußzeilen

An der gestrichelten Linie, die den Bereich der Kopf- bzw. der Fußzeile kennzeichnet, informiert Sie ein kleines Schildchen, um welche Kopf- oder Fußzeile es sich handelt. Word 2007 stellt Ihnen nämlich sechs verschiedene Arten von Kopf- und Fußzeilen zur Verfügung, die Sie nach Bedarf ein- und ausschalten können. Sie sollten daher im Vorfeld ein wenig planen, mit welchen Kopf- oder Fußzeilen Sie arbeiten wollen, bevor Sie mit dem Einfügen beginnen.

Welche und wie viele Kopf-/Fußzeilen in einem Dokument enthalten sind, steuern Sie über die beiden Optionen *Erste Seite anders* und *Untersch. gerade ungerade Seiten,* die sich auf der Registerkarte *Entwurf* in der Gruppe *Optionen* befinden:

- **Erste Seite anders** Bei vielen Arten von Dokumenten, beispielsweise bei Briefen, ist es so, dass die erste Kopf- oder Fußzeile anders aussehen muss. Ein typisches Beispiel dafür sind Briefe, bei denen die erste Seite meist keine Kopfzeile enthält.
- **Untersch. gerade ungerade Seite** Bei vielen gebundenen Publikationen unterscheiden sich die Kopf- und Fußzeilen auf geraden (linken) und ungeraden (rechten) Seiten. Selbst wenn sich in der Fußzeile nur eine Seitenzahl befindet, wird sie in der Regel auf geraden Seiten am linken Seitenrand stehen und bei ungeraden am rechten.

Insgesamt können Sie mit Word also folgende sechs Kopf-/Fußzeilen für ein Dokument definieren:

- Eine Kopfzeile für die erste Seite eines Dokuments.
- Eine Kopfzeile für alle geraden Seiten eines Dokuments.
- Eine Kopfzeile für alle ungeraden Seiten eines Dokuments.
- Eine Fußzeile für die erste Seite eines Dokuments.
- Eine Fußzeile für alle geraden Seiten eines Dokuments.
- Eine Fußzeile für alle ungeraden Seiten eines Dokuments.

Position von Kopf- und Fußzeile

Mit den beiden Textfeldern der Gruppe *Position* können Sie die Kopf- und Fußzeile auf der Seite positionieren. Mit diesem Wert wird der Abstand zwischen der Papierkante und der Oberkante der Kopfzeile bzw. der Unterkante der Fußzeile festgelegt. Diese Einstellungen korrespondieren mit den Angaben auf dem Dialogfeld *Seite einrichten,* das Sie z. B. mit einem Doppelklick auf den Kopf-/Fußzeilenbereich aufrufen können.

Sie können stattdessen auch das vertikale Lineal verwenden. Zeigen Sie mit dem Mauszeiger auf die obere Markierung des weißen Bereichs, der den Kopfzeilenbereich angibt. Ziehen Sie dann mit gedrückter Maustaste den Kopf-/ Fußzeilenbereich auf oder zu. Wenn Sie beim Ziehen die Alt-Taste gedrückt halten, werden die Maßangaben im Lineal angezeigt. So können Sie den Abstand der Kopf- bzw. Fußzeile unter Sichtbedingungen einstellen. Beachten Sie, dass der Kopf- und Fußzeilenrahmen nur innerhalb des Bereichs bewegt werden kann, der aufgrund der eingestellten Seitenränder für die Kopf- bzw. Fußzeile freigestellt wird (siehe auch Kapitel 15).

TIPP **Lineal automatisch einblenden** Wenn Sie den Mauszeiger in die Nähe des linken Fensterrandes schieben, erscheint das vertikale Lineal automatisch.

Bild 16.7 Einstellen der Kopf-/Fußzeilenposition mit dem vertikalen Lineal

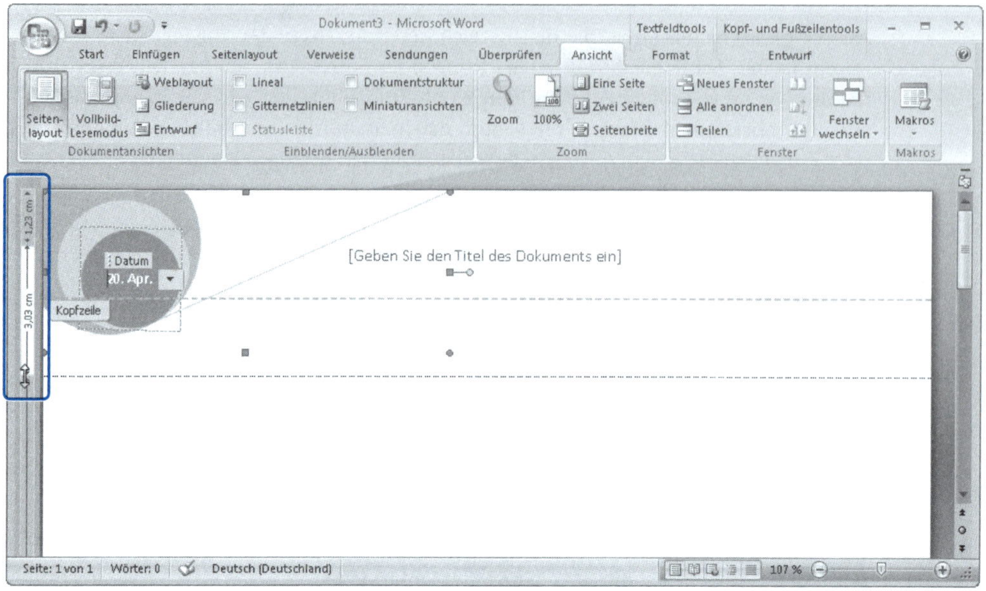

Zwischen Kopf- und Fußzeilen navigieren

Wenn Sie sich im Bearbeitungsmodus für Kopf- und Fußzeilen befinden, können Sie sehr komfortabel zwischen den verschiedenen Kopf- und Fußzeilen hin- und herspringen, indem Sie auf der Registerkarte *Entwurf* die Schaltflächen der Gruppe *Navigation verwenden.*

Bild 16.8 Mit den Schaltflächen der Gruppe Navigation wechseln Sie zwischen den verschiedenen Kopf- und Fußzeilen eines Dokuments

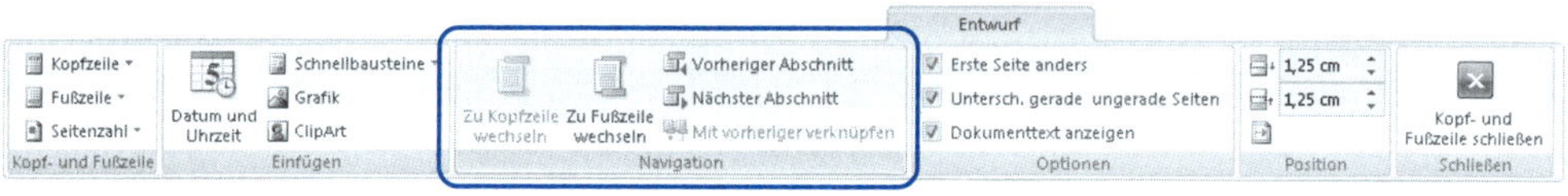

Die ersten beiden Schaltflächen dienen dazu, innerhalb der gleichen Seite zwischen der Kopf- und Fußzeile zu wechseln. Die Beschriftung der beiden Schaltflächen *Vorheriger Abschnitt* und *Nächster Abschnitt* ist allerdings irreführend. Mit diesen Schaltflächen springen Sie keineswegs von Abschnitt zu Abschnitt, sondern von Kopfzeile zu Kopfzeile bzw. Fußzeile zu Fußzeile.

HINWEIS **Hat Ihr Dokument genug Seiten?** Damit Sie überhaupt zwischen den verschiedenen Kopf- und Fußzeilen springen können, müssen sich in Ihrem Dokument auch genügend Seiten befinden. Wenn Sie z. B. ein neues Dokument erstellen und festlegen, dass gerade und ungerade Seiten unterschiedlich behandelt werden sollen, können Sie erst dann in die zweite Kopfzeile gelangen, wenn Ihr Dokument mindestens zwei Seiten enthält.

Abschnitte

In Kapitel 15 haben Sie erfahren, dass Dokumente in mehrere Abschnitte unterteilt werden können. Dies wird z.B. nötig, wenn Sie die Seitenorientierung (Hoch- und Querformat) in einem Dokument wechseln wollen oder einzelne Textabschnitte mehrspaltig gestaltet werden sollen. Auch die Formatierungen von Kopf- und Fußzeilen beziehen sich nicht direkt auf das Dokument, sondern auf den Abschnitt, in dem sich die jeweilige Kopf- oder Fußzeile befindet.

Wenn Sie also ein Dokument mit mehreren Abschnitten erstellen, hat das für die Kopf- und Fußzeilen folgende Konsequenzen:

- Jeder Abschnitt kann rein theoretisch sechs verschiedene Kopf- bzw. Fußzeilen enthalten. Damit Sie in diesem Wust nicht die Übersicht verlieren, zeigt Word neben dem Namen der Kopf- und Fußzeilen auch die Nummer des zugehörigen Abschnitts an (Beispiel: »Ungerade Kopfzeile -Abschnitt 2-«).
- Sie müssen entscheiden, ob die einzelnen Abschnitte die Kopf- und Fußzeilen von ihren Vorgängern übernehmen oder nicht. Diese Eigenschaft steuern Sie über die Schaltfläche *Mit vorheriger verknüpfen,* die sich auf der Registerkarte *Entwurf* in der Gruppe *Navigation* befindet.

Datum und Uhrzeit einfügen

Da für Kopf- und Fußzeilen häufig Zeitangaben benötigt werden, wurde die Funktion zum Einfügen von Datum und Uhrzeit entsprechend komfortabel gestaltet. Klicken Sie dazu nach dem Positionieren der Einfügemarke in der Registerkarte *Entwurf* einfach auf die Schaltfläche *Datum und Uhrzeit.* Word zeigt dann folgendes Dialogfeld an, in dem Sie das gewünschte Zeitformat aus einer Liste wählen können.

Bild 16.9 Word kann Zeitangaben in verschiedenen Formaten ausgeben

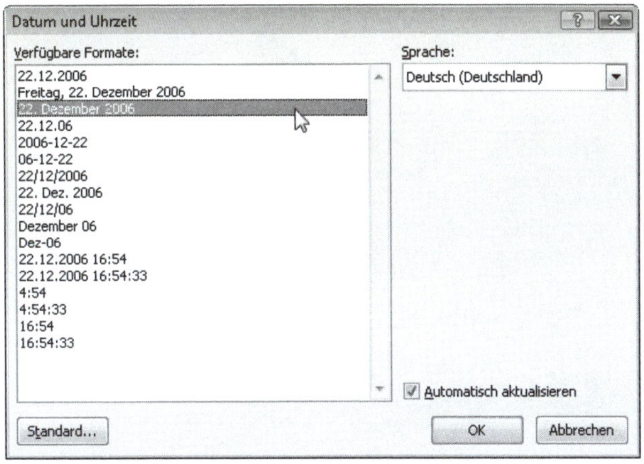

Mit der Option *Automatisch aktualisieren* können Sie festlegen, ob Word die aktuelle Zeitangabe als normalen Text einfügt (Option ausgeschaltet) oder ob stattdessen ein Feld verwendet werden soll, das automatisch das jeweils aktuelle Datum anzeigt (Option eingeschaltet).

HINWEIS **Feldfunktion anzeigen** Mit Feldern weisen Sie Word an, eine bestimmte Aktion auszuführen. Normalerweise zeigt Word direkt das Ergebnis eines Feldes an (z.B. das aktuelle Datum), so dass sich das Feld scheinbar nicht vom normalen Text unterscheidet. Sie können aber die dahinterliegende Feldfunktion anzeigen, indem Sie die Einfügemarke auf das Feldergebnis stellen und ⇧+F9 drücken. Im Falle des Datum-Feldes könnte die zugehörige Feldfunktion zum Beispiel so aussehen: { TIME \@ „d. MMMM yyyy" }

Um wieder das Ergebnis des Feldes anzuzeigen, drücken Sie erneut ⇧+F9.

Felder einfügen

Neben den soeben erwähnten Feldern, mit denen Sie das Datum oder die Uhrzeit ausgeben können, gibt es in Word noch diverse andere Felder für unterschiedlichste Bereiche. Für die Anwendung in Kopf- und Fußzeilen eignen sich nur die wenigsten, aber diese sind dafür umso wichtiger. Dazu gehören insbesondere die Felder zur Anzeige des Dateinamens, die in der Praxis regelmäßig benötigt werden und an deren Beispiel wir das Einfügen von Feldern vorstellen wollen.

1. Setzen Sie die Einfügemarke an die gewünschte Position.
2. Klicken Sie in der Registerkarte *Entwurf* die Schaltfläche *Schnellbausteine* an und wählen Sie aus ihrem Menü den Befehl *Feld.* (Die Schaltfläche befindet sich ebenfalls auf der Registerkarte *Einfügen.*) Word zeigt dann das Dialogfeld *Feld* an.

Bild 16.10 Einfügen eines Feldes, mit dem der Dateiname angezeigt wird

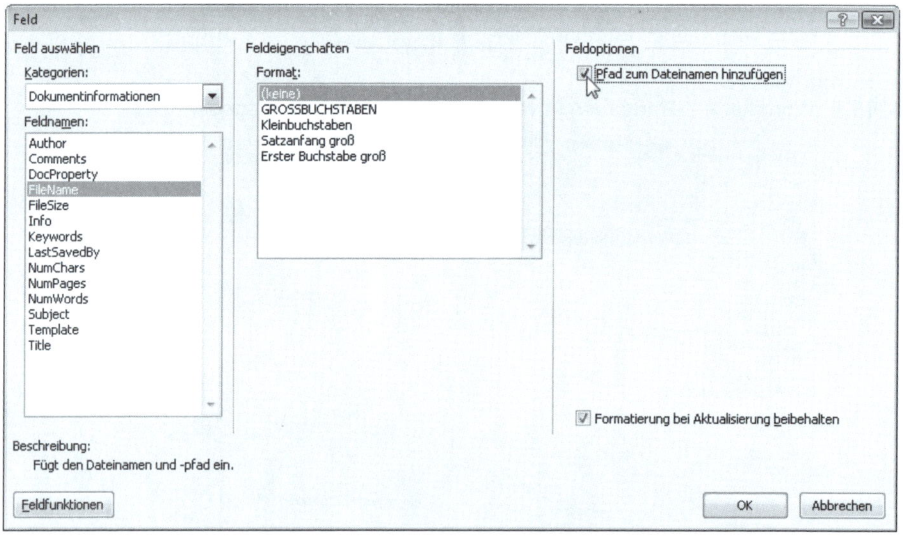

3. Öffnen Sie das Listenfeld *Kategorien,* um sich einen Überblick über das Angebot zu verschaffen. Wählen Sie dann den Eintrag *Dokumentinformation.* Die darunter stehende Liste reduziert sich dadurch auf ein gutes Dutzend Felder.
4. Markieren Sie in der Liste *Feldnamen* den Eintrag *FileName.*

5. Im mittleren Bereich des Dialogs werden nun die zugehörigen Eigenschaften für das ausgewählte Feld angezeigt. In diesem Fall können Sie nur Einfluss auf die Groß- und Kleinschreibung des Dateinamens nehmen.
6. Auf der rechten Seite des Dialogs werden die *Optionen* für das gewählte Feld angezeigt. Auch hier ist die Auswahl eher bescheiden. Sie haben lediglich die Wahl, ob Sie den Pfad (das ist der Name des Ordners) anzeigen lassen wollen oder nicht.
7. Mit der Option *Formatierung bei Aktualisierung beibehalten* steuern Sie, ob Word die Formatierung des Feldergebnisses (also in diesem Fall des Dateinamens) beibehalten soll, wenn das Feld aktualisiert wird. Sie sollten diese Option in aller Regel eingeschaltet lassen.
8. Damit haben Sie alle Einstellungen vorgenommen und können das Feld mit einem Klick auf *OK* in Ihr Dokument einfügen.

Überschriften in Kopfzeilen wiederholen

Eine weiteres Feld, das in Kopf- und Fußzeilen sinnvoll eingesetzt werden kann, ist *STYLEREF*. Mit ihm können Sie eine Überschrift aus dem Text in der Kopf- oder Fußzeile wiederholen.

1. Positionieren Sie die Einfügemarke und rufen Sie das Dialogfeld *Feld* auf.
2. Stellen Sie die Kategorie *Verknüpfen und Verweise* ein.
3. Markieren Sie in der Liste der Feldnamen den Eintrag *StyleRef*.
4. Wählen Sie den Namen der gewünschten Formatvorlage. In der Regel wird es sich dabei um eine der Überschriften-Formatvorlagen handeln.
5. Schalten Sie die Feldoption *Seite von unten nach oben durchsuchen* ein.

Bild 16.11 Einfügen eines Feldes, das die aktuelle Überschrift anzeigt

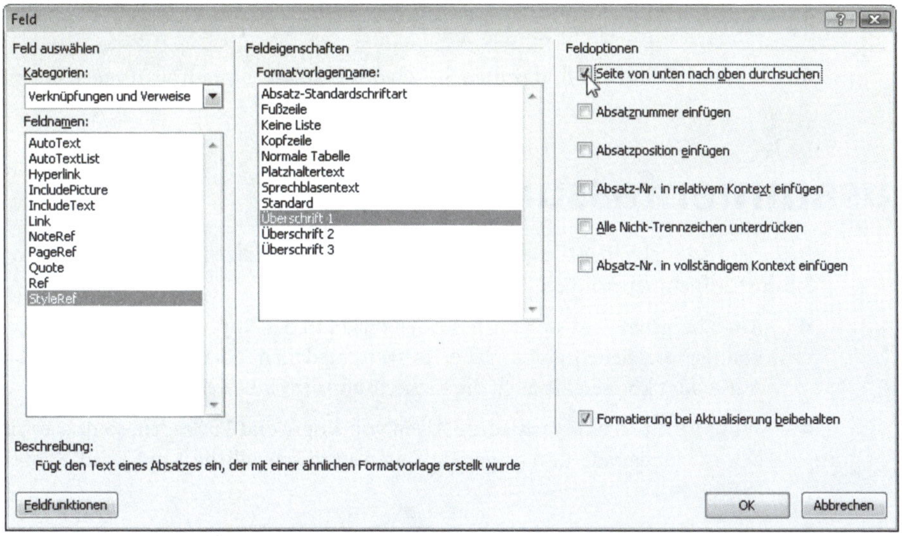

6. Klicken Sie auf *OK*, um das Feld einzufügen.

Inhalte von Kopf- und Fußzeilen positionieren

Wenn Sie ein Element in eine Kopf- oder Fußzeile eingefügt haben, zum Beispiel eine Seitenzahl, werden Sie den neuen Inhalt in der Regel noch innerhalb der Kopf-/Fußzeile positionieren wollen. Üblicherweise verwendet man für diese Aufgabe Tabulatoren und setzt die dazu benötigten Tabstopps mit Hilfe des Lineals. Es gibt jedoch noch eine etwas einfachere Möglichkeit, die mit einem kleinen Dialogfeld arbeitet.

1. Setzen Sie die Einfügemarke links neben das Element, das Sie positionieren möchten.
2. Klicken Sie in der Registerkarte *Entwurf* auf die kleine Schaltfläche in der Gruppe *Position*. Word zeigt dann das folgende Dialogfeld an:

Bild 16.12 Positionieren von Elementen in Kopf- und Fußzeilen

3. Wählen Sie mit den Optionen der Gruppe *Ausrichtung*, ob das Element links, zentriert oder rechts in der Kopf-/Fußzeile stehen soll.
4. Mit dem Listenfeld *Ausrichten relativ zu* legen Sie fest, ob sich die Angabe zur Ausrichtung auf den eingestellten Seitenrand oder den Einzug des Absatzes bezieht, in dem sich das Element befindet.
5. In der Gruppe *Füllzeichen* können Sie bestimmen, wie der Platz, um den das Element verschoben wird, gefüllt werden soll.
6. Klicken Sie auf *OK* und prüfen Sie, ob das Ergebnis Ihren Erwartungen entspricht.

Zusammenfassung

In diesem Kapitel haben Sie gelernt, wie Sie Kopf- und Fußzeilen formatieren und welche Elemente Sie dort aufnehmen können:

- Am häufigsten wird sicherlich die Seitenzahl in der Kopf-/Fußzeile ausgegeben (Seite 330). Sie können die Seitenzahlen dabei in verschiedenen Formaten und Schriftarten verwenden. Außerdem können Sie auch die Kapitelnummer einbeziehen.
- Word kennt sechs verschiedene Arten von Kopf- und Fußzeilen, so dass es zum Beispiel möglich ist, für gerade und ungerade Seiten unterschiedliche Kopf- und Fußzeilen einzurichten (Seite 334).
- In die Kopf- und Fußzeile können neben der Seitenzahl u.a. auch das Datum, die Uhrzeit, Überschriften und der Dateiname aufgenommen werden (Seite 337).

Kapitel 17

Eigene Vorlagen erstellen

In diesem Kapitel:

Die Erfahrung aus der Praxis zeigt, dass leider immer noch zu viele Word-Anwender davor zurückschrecken, sich in das Konzept der Dokumentvorlagen einzuarbeiten. Dass sie Word dann mit angezogener Handbremse benutzen, ist den meisten dabei gar nicht bewusst.

Dieses Kapitel beschreibt daher an einem Beispiel die Schritte für das Erstellen eigener Dokumentvorlagen und vermittelt das notwendige Wissen, das für die Planung und den optimalen Einsatz von Vorlagen erforderlich ist. Im letzten Teil des Kapitels stellen wir Ihnen die neuen Inhaltssteuerelemente vor, mit denen Sie die Benutzerfreundlichkeit Ihrer Vorlagen verbessern können.

Eine Vorlage erstellen

Das Erstellen einer Vorlage gleicht im Wesentlichen dem Erstellen eines »normalen« Dokuments. Sie können eine Vorlage formatieren wie ein Dokument, Grafiken einfügen, Bausteine erstellen, Seitenabmessungen eintragen, Kopf- und Fußzeilen definieren usw. Somit können Sie beim Erstellen einer Vorlage auch eine der drei folgenden Methoden verwenden:

- Erstellen Sie ein neues leeres Dokument.
- Verwenden Sie eine der Vorlagen, die zum Lieferumfang von Word gehören, als Grundlage für Ihre angepasste Vorlage.
- Basieren Sie Ihre Vorlage auf einem bestehenden Dokument.

Wir wollen in diesem Kapitel die dritte Variante wählen und haben dafür ein Dokument vorbereitet, das ein Anschreiben für den Prospektversand eines Reisebüros enthält. Als Basis für dieses Dokument haben wir übrigens eine der Brief-Vorlagen von Word 2007 verwendet.

Bild 17.1 Das vorbereitete Dokument mit dem Anschreiben für einen Prospektversand

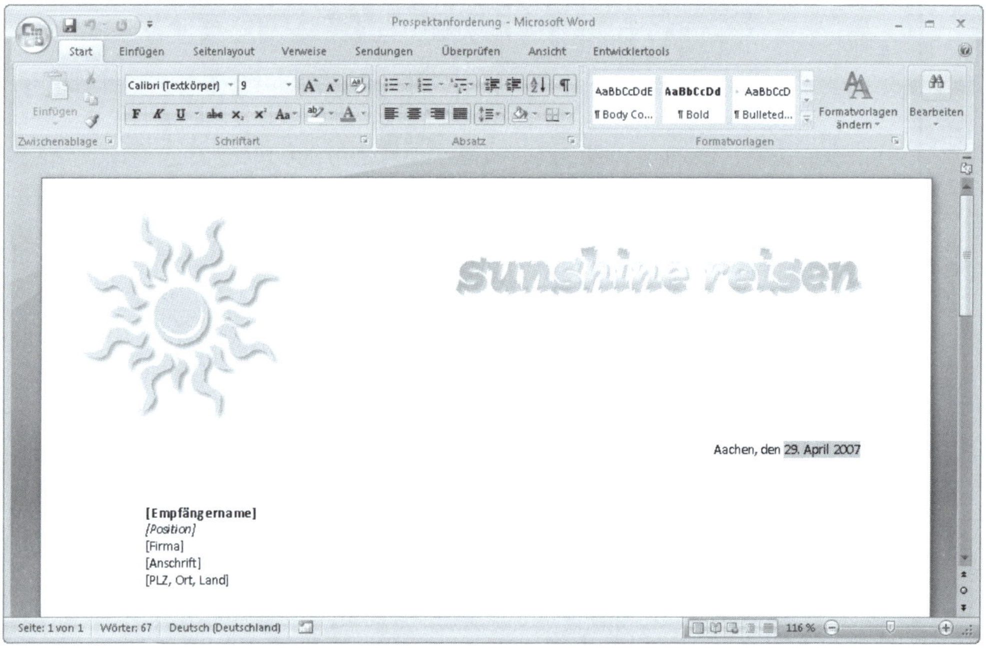

Im Laufe dieses Kapitels werden Sie das Dokument laden, einige Änderungen daran vornehmen, es als Vorlage speichern und abschließend diese Vorlage für ein neues Dokument verwenden.

1. Klicken Sie auf die *Office-Schaltfläche* und klicken Sie auf *Neu*. Word zeigt das Dialogfeld *Neues Dokument* an.
2. Klicken Sie im linken Bereich des Dialogfeldes in der Rubrik *Vorlagen* auf den Eintrag *Neu von vorhandenem*.
3. Wechseln Sie in den Ordner, in den die Beispieldateien für dieses Buch installiert wurden.
4. Markieren Sie die Datei mit dem Namen *Prospektanforderung* und klicken Sie auf die Schaltfläche *Neu erstellen*.

Im oberen Bereich des Dokuments haben wir eine kleine ClipArt und eine WordArt aufgenommen, um die Seite etwas freundlicher zu gestalten. Darunter haben wir die Feldfunktion *CREATEDATE* mit den entsprechenden Schaltern verwendet, um das aktuelle Datum auszugeben. Die graue Schattierung zeigt an, dass es sich hierbei um ein Feld und nicht um normalen Text handelt; damit Felder so angezeigt werden, muss die Option *Erweitert/Dokumentinhalt anzeigen/Feldschattierung* auf *Immer* oder auf *Wenn ausgewählt* eingestellt sein.

Die Eingabefelder für die Empfängeranschrift haben wir nicht selbst erstellt, sondern unverändert aus der Brief-Vorlage übernommen. Diese Felder werden als *Inhaltssteuerelemente* bezeichnet. Zum Eingeben der Anschrift klicken Sie die Felder einfach der Reihe nach an und geben die jeweiligen Daten ein. Der Vorteil dieser Felder ist, dass Sie im weiteren Verlauf des Dokuments auf ihren Inhalt Bezug nehmen können. In diesem Fall machen wir davon in der Anredezeile Gebrauch, in die der im Anschriftenfeld eingegebene Empfängername automatisch übernommen wird.

Um die Vorlage noch etwas zu vervollständigen, wollen wir in den nächsten Schritten noch ein weiteres Feld einfügen. Mit ihm soll später beim Erstellen eines neuen Dokuments, das auf dieser Vorlage basiert, der Name des Benutzers aufgenommen werden, der in den Word-Optionen in der Rubrik *Häufig verwendet* im Feld *Benutzername* eingetragen wird. Durch diesen kleinen »Trick« wird die Vorlage personalisiert, das heißt, sie kann von verschiedenen Benutzern verwendet werden, wobei jeder Benutzer ein individuelles Dokument erstellt, das seinen Namen enthält.

Bild 17.2 Einfügen des Benutzernamens

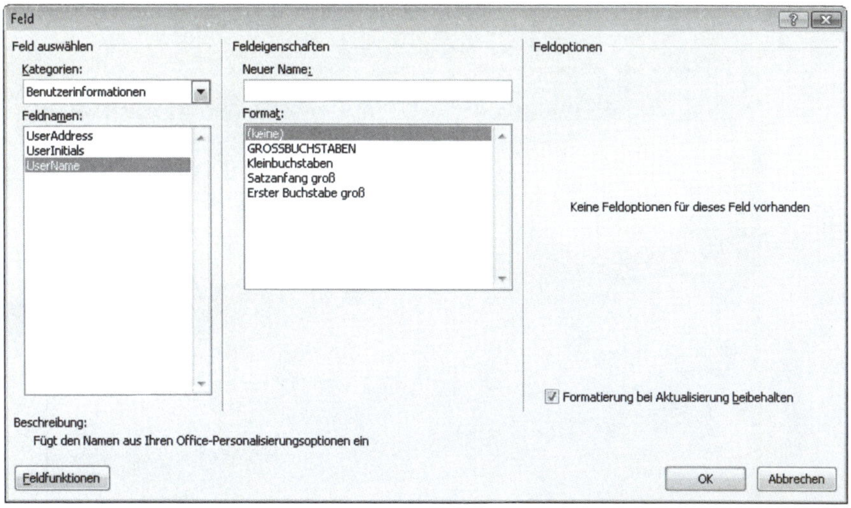

5. Scrollen Sie an das Ende des Dokuments und setzen Sie die Einfügemarke in den leeren Absatz unterhalb der Zeile »Mit freundlichen Grüßen«. Am besten schalten Sie dazu die Anzeige der Formatierungszeichen ein (entweder mit dem Shortcut Strg+* oder via Registerkarte *Start*/Gruppe *Absatz*/Schaltfläche *Alle anzeigen*).
6. Wechseln Sie auf die Registerkarte *Einfügen*.
7. Öffnen Sie das Menü der Schaltfläche *Schnellbausteine* und wählen Sie den Befehl *Feld*.
8. Wählen Sie in der Liste *Kategorien* den Eintrag *Benutzerinformationen*, markieren Sie dann in der Liste *Feldnamen* die Option *UserName* und klicken anschließend auf *OK* (siehe Bild 17.2).

   Damit hat die Vorlage ihre endgültige Fassung erreicht und kann jetzt gespeichert werden.
9. Klicken Sie dazu auf die *Office-Schaltfläche*, zeigen Sie auf *Speichern unter* und wählen Sie den Befehl *Word-Vorlage*.
10. Wechseln Sie in den Ordner, in dem Sie die Vorlage speichern möchten.
11. Geben Sie einen Dateinamen für die Vorlage ein.
12. Schalten Sie das Kontrollkästchen *Miniatur speichern* ein.
13. Klicken Sie auf *Speichern*, um den Vorgang zu beenden und schließen Sie die Vorlage.

Damit ist die Vorlage fertig. Im nächsten Abschnitt zeigen wir Ihnen, wie Sie neue Dokumente auf Basis dieser Vorlage erstellen können.

Eigene Vorlagen anwenden

Bevor wir gleich versuchen, ein neues Dokument zu erstellen, wollen wir uns zunächst ansehen, wie die neue Vorlage in einem Ordnerfenster dargestellt wird:

1. Öffnen Sie ein Ordnerfenster und wechseln Sie in den Ordner mit der neuen Vorlage.
2. Zeigen Sie mit dem Mauszeiger auf das Symbol der Vorlagendatei.

Bild 17.3 Darstellung von Vorlagen im Ordnerfenster

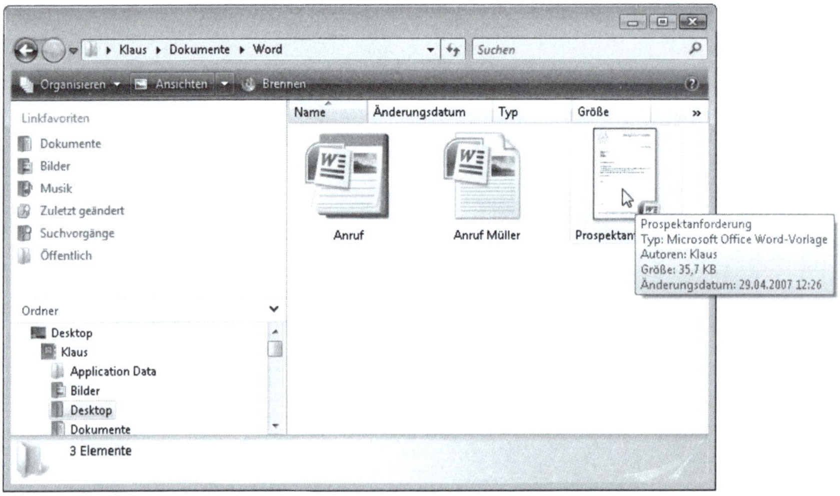

Durch das Speichern der Miniaturansicht kann man der Datei nicht immer direkt ansehen, dass es sich bei ihr um eine Word-Vorlage handelt. Erst wenn Sie mit der Maus auf das Symbol zeigen, können Sie anhand des Tooltipps den Dateityp erkennen. Wenn Sie eine Vorlage ohne Miniaturansicht speichern, erhält sie ein Symbol, das einen Abreißblock darstellt (wie oben im Bild bei der Datei *Anruf*).

Falls Sie im Ordnerfenster für die Ansicht der Symbole eine der Einstellungen *Kleinere Symbole*, *Liste* oder *Details* verwenden, tritt das Problem nicht auf, da in diesem Fall keine Miniaturansichten angezeigt werden.

3. Klicken Sie das Symbol der Vorlage mit der rechten Maustaste an, um das Kontextmenü der Datei anzuzeigen.

Bild 17.4 Das Kontextmenü der neuen Vorlage

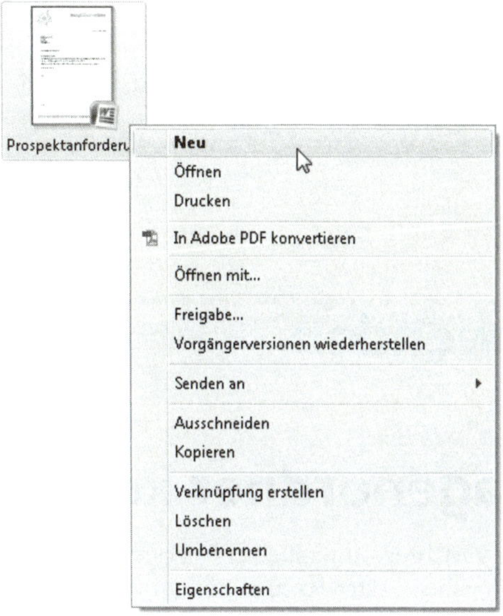

Wie Sie sehen, ist der Befehl *Neu* im Kontextmenü in fetter Schrift dargestellt. Das bedeutet, dass genau dieser Befehl ausgeführt wird, wenn Sie auf dem Symbol doppelklicken. Wenn Sie interessehalber das Kontextmenü eines normalen Word-Dokuments aufrufen, werden Sie feststellen, dass dort der Befehl *Öffnen* hervorgehoben wird.

4. Doppelklicken Sie auf dem Symbol der Vorlage.
5. Überprüfen Sie, ob im oberen Bereich das aktuelle Datum angezeigt wird.
6. Scrollen Sie dann nach unten und sehen Sie nach, ob unter der Grußformel Ihr Name erscheint.
7. Füllen Sie nun auch die Felder für die Adressangabe aus und überzeugen Sie sich davon, dass der Name des Empfängers wie versprochen automatisch in die Anredeformel übernommen wird. Nicht benötigte Adressfelder können Sie wie normalen Text löschen.
8. Speichern Sie das fertige Dokument.

Bild 17.5 Die fertige Vorlage im Einsatz

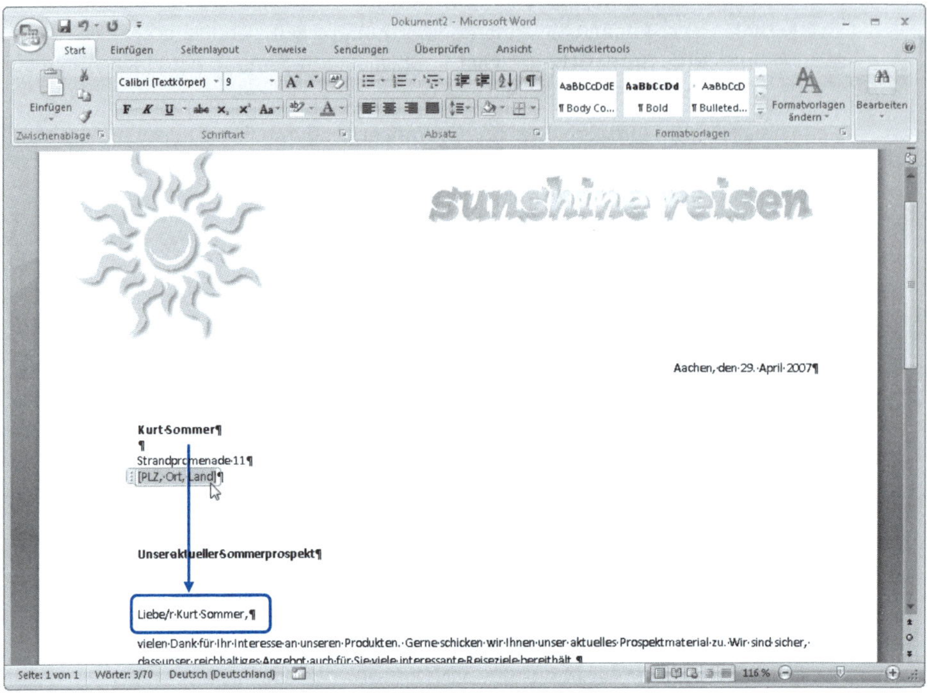

Vorlage in den Vorlagenordner kopieren

Das im letzten Abschnitt vorgestellte Verfahren, um auf einer Vorlage ein neues Dokument zu erstellen, ist natürlich noch nicht der Weisheit letzter Schluss. Ein normaler Anwender würde nämlich erwarten, dass er die Vorlage über das Dialogfeld *Neues Dokument* finden kann.

Damit das funktioniert, muss die Vorlage in einem bestimmten Ordner gespeichert werden, dem so genannten *Vorlagenordner*. Dieser Ordner ist allerdings gut versteckt und wird sogar – je nach aktueller Konfiguration Ihres Rechners – noch nicht einmal im Ordnerfenster angezeigt. Mit dem folgenden kleinen Trick kommen Sie dem Ordner jedoch schnell auf die Spur:

1. Öffnen Sie das Menü der *Office-Schaltfläche* und wählen Sie dort den Befehl *Neu*.
2. Klicken Sie im Dialog *Neues Dokument* in der Rubrik *Vorlagen* auf *Meine Vorlagen*. Sie sehen dann das Dialogfeld *Neu*.
3. Klicken Sie innerhalb des Rahmens, in dem die installierten Vorlagen angezeigt werden, mit der rechten Maustaste auf eine freie Stelle.
4. Wählen Sie im Kontextmenü den Befehl *Explorer*. Windows zeigt den Vorlagen-Ordner dann in einem Explorer-Fenster an.
5. Kopieren oder verschieben Sie die gewünschte Vorlagendatei in den Vorlagenordner. Anschließend können Sie das Explorerfenster wieder schließen. Die Vorlage taucht jetzt wie versprochen im Dialog *Neu* auf.

Bild 17.6 Die Vorlage lässt sich nun auf dem gewohnten Weg nutzen

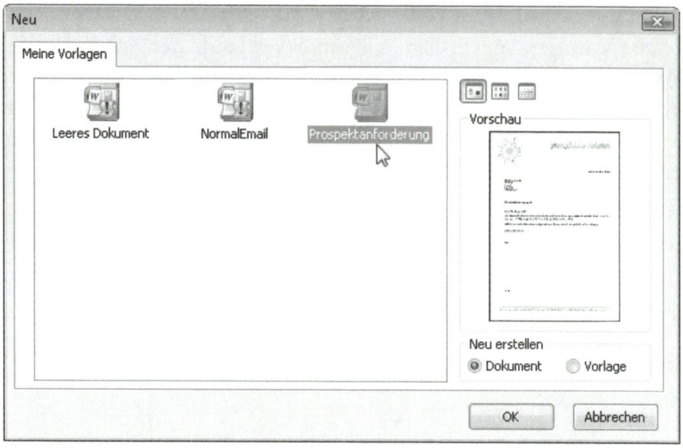

6. Markieren Sie das Symbol der Vorlage, um die Miniaturansicht im Dialogfeld anzuzeigen.
7. Klicken Sie auf *OK*, um ein neues Dokument auf Basis der Vorlage zu erstellen.

Vorlage überarbeiten

In der Praxis kommt es häufig vor, dass Sie eine Vorlage anpassen oder ergänzen müssen. Die dazu notwendige Vorgehensweise ist einfach: Vorlage öffnen, ändern und speichern. Wie das Öffnen der Vorlage im Detail funktioniert, zeigt dieser Abschnitt.

Variante 1: Sie kennen den Ordner, in dem sich die Vorlage befindet

Wenn Sie genau wissen, in welchem Ordner die Vorlage gespeichert ist, können Sie folgendermaßen vorgehen:

1. Öffnen Sie das Menü der *Office-Schaltfläche* und wählen Sie dort den Befehl *Öffnen* (schneller geht es mit [Strg]+[O]).
2. Wechseln Sie in den Ordner, der die Vorlage enthält.
3. Stellen Sie als Dateityp *Word-Vorlagen* ein.
4. Markieren Sie die Datei und klicken Sie auf *Öffnen*.

Variante 2: Die Vorlage befindet sich im Vorlagenordner

Haben Sie die Vorlage im Vorlagenordner abgelegt, bietet sich diese Vorgehensweise an:

1. Öffnen Sie das Menü der *Office-Schaltfläche* und wählen Sie dort den Befehl *Neu*.
2. Klicken Sie im Dialog *Neues Dokument* auf *Meine Vorlagen*.
3. Im Dialog *Neu* klicken Sie in der Dateiliste mit der rechten Maustaste auf eine freie Stelle und wählen im Kontextmenü den Befehl *Explorer*.
4. Im Explorer-Fenster klicken Sie das Symbol der Vorlage mit der rechten Maustaste an und rufen dann im angezeigten Kontextmenü den Befehl *Öffnen* auf.

Vorlagen organisieren

Wenn Sie zahlreiche Vorlagen erstellt haben, kann es im Laufe der Zeit im Vorlagenordner etwas unübersichtlich werden. Doch auch hierfür gibt es eine Lösung: Wenn sich in den Vorlagenordnern weitere Ordner befinden, tauchen sie im Dialogfeld *Neu* als eigene Registerkarten auf. Das gilt sowohl für den Vorlagenordner auf Ihrem Computer als auch für den Ordner mit den Arbeitsgruppenvorlagen, den wir Ihnen im nächsten Abschnitt vorstellen.

Die Registerkarte *Marketing* im folgenden Bild ist durch das Anlegen eines gleichnamigen Ordners entstanden. Anschließend haben wir die Vorlage *Prospektanforderung* in diesen Ordner verschoben.

Bild 17.7 Ein Unterordner wird auf dem Dialogfeld *Neu* als eigene Registerkarte dargestellt

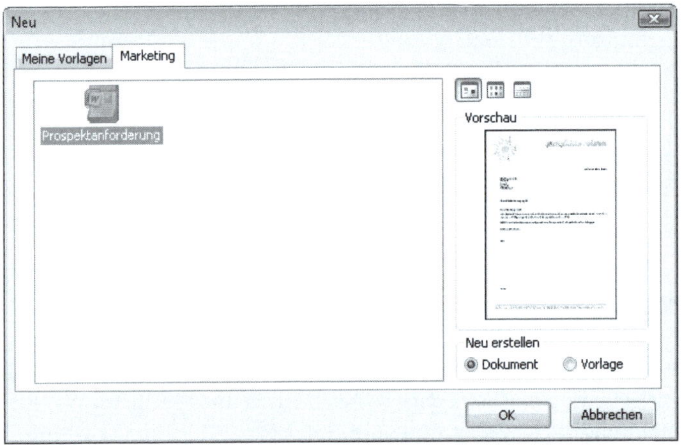

Vorlagen mit mehreren Anwendern nutzen

Word kennt zwei spezielle Ordner, in denen Sie Ihre Vorlagen ablegen können: den Ordner für Benutzervorlagen und den Ordner für die Arbeitsgruppenvorlagen. Der *Benutzer*-Ordner ist für Vorlagen gedacht, mit denen nur Sie allein arbeiten und befindet sich normalerweise auf dem eigenen PC. Diesem Ordner sind Sie im Verlaufe dieses Kapitels bereits mehrfach begegnet.

Wenn der PC in ein Netzwerk eingebunden ist, existiert in der Regel auf dem Server ein Verzeichnis, in dem die Vorlagen abgelegt sind, die von allen Mitarbeitern benutzt werden sollen. Dieses Verzeichnis wird in Word als *Arbeitsgruppen*-Ordner bezeichnet. Die gemeinsame Nutzung der Vorlagen hat den Vorteil, dass alle Mitarbeiter von den Komfortmerkmalen der Vorlagen profitieren können und dass alle Dokumente ein einheitliches Layout bekommen.

Damit Word den Arbeitsgruppen-Ordner verwendet, müssen Sie zunächst angeben, wo sich dieser Ordner befindet. Das erledigen Sie mit folgenden Schritten:

1. Öffnen Sie das Menü der *Office-Schaltfläche* und klicken Sie auf *Word-Optionen.*
2. Wechseln Sie in die Kategorie *Erweitert.*
3. Dort finden Sie ganz unten, in der Gruppe *Allgemein,* die Schaltfläche *Dateispeicherorte.* Klicken Sie diese Schaltfläche an, um das folgende Dialogfeld anzuzeigen.

Bild 17.8 In diesem Dialog können Sie den Ordner für die Arbeitsgruppenvorlagen festlegen

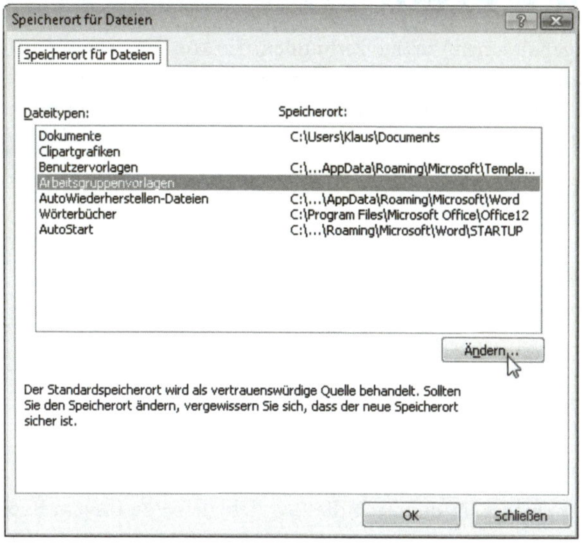

4. Markieren Sie den Eintrag *Arbeitsgruppenvorlagen* und klicken Sie auf *Ändern.*
5. Zeigen Sie den gewünschten Ordner im Dialogfeld *Speicherort ändern* an, markieren ihn und klicken dann auf *OK*. Schließen Sie auch die anderen Dialoge.
6. Wenn Sie eine neue Vorlage erstellt haben, die Sie Ihren Kollegen zur Verfügung stellen wollen, verschieben Sie die Dokumentvorlage in diesen Ordner.
7. Rufen Sie das Dialogfeld *Neu* auf, um zu prüfen, ob die Ordner als Registerkarten auftauchen *(Office-Schaltfläche/Neu/Meine Vorlagen)*. Hinweis: Word erzeugt für einen Ordner nur dann eine Registerkarte, wenn sich darin auch tatsächlich eine Vorlage befindet.

Bild 17.9 Der Dialog enthält jetzt drei weitere Registerkarten für die Arbeitsgruppenvorlagen

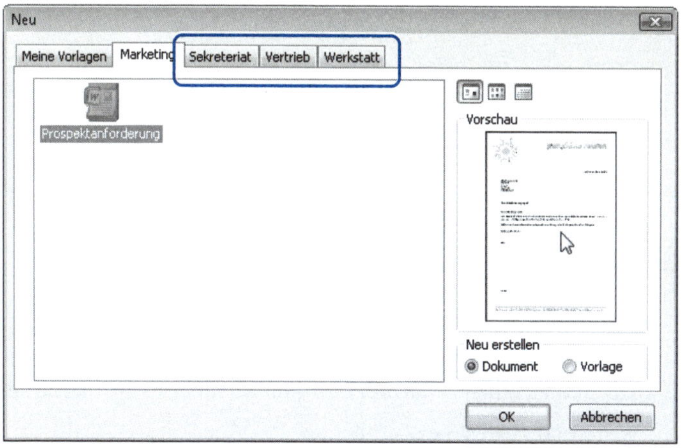

Vorlage für alle Dokumente nutzbar machen

Jedes Dokument ist mit genau einer Vorlage verbunden. Sie können aber auch Vorlagen erstellen, die sich dann in allen Dokumenten verwenden lassen. Diese Art der Vorlagen nennt man globale Vorlagen (mehr über die konzeptionellen Hintergründe zu diesem Thema finden Sie im Abschnitt »Ein wenig Vorlagen-Theorie« ab Seite 352).

Als Beispiel für eine Dokumentvorlage, die sich als globale Vorlage einsetzen lässt, haben wir die Datei *sunrise Logos* vorbereitet. Diese Vorlage enthält drei Schnellbausteine mit dem Firmenlogo des fiktiven Reisebüros *sunrise* in verschiedenen Größen. Sie befindet sich in dem Ordner, in dem die Beispieldateien für dieses Buch installiert wurden.

Und so stellen Sie diese Dokumentvorlage allen Dokumenten zur Verfügung:

1. Öffnen Sie das Dialogfeld *Word-Optionen* und wechseln Sie in die Kategorie *Add-Ins.*
2. Wählen Sie unten im Listenfeld *Verwalten* den Eintrag *Vorlagen* und klicken Sie dann auf die Schaltfläche *Gehe zu.*
3. Klicken Sie auf die Schaltfläche *Hinzufügen.*
4. Wechseln Sie in den Ordner, in dem sich die Beispieldateien zu diesem Buch befinden, markieren die Datei *sunrise Logos* und klicken auf *OK.* Die Datei taucht jetzt in der Liste *Globale Dokumentvorlagen und Add-Ins* auf.

Bild 17.10 Mit diesem Dialogfeld können Sie globale Dokumentvorlagen laden

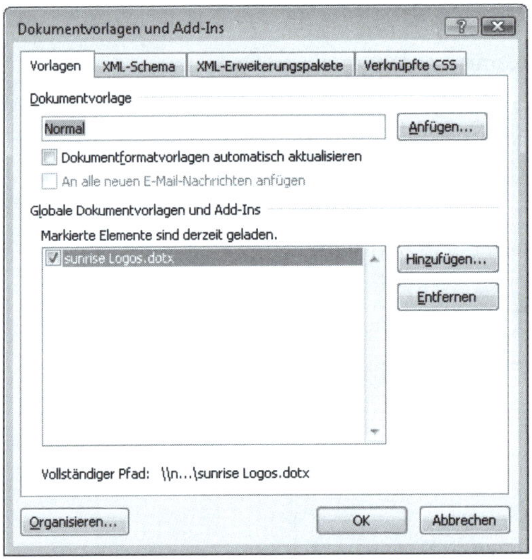

5. Schließen Sie das Dialogfeld *Dokumentvorlagen und Add-Ins.*
6. Wechseln Sie auf die Registerkarte *Einfügen* und klicken Sie auf die Schaltfläche *Schnellbausteine.* Wie angekündigt, tauchen die drei Logos im Menü der Schaltfläche auf.
7. Beenden Sie Word und starten Sie es erneut.
8. Klicken Sie erneut auf die Schaltfläche *Schnellbausteine.* Und siehe da: Die Logos tauchen im Untermenü nicht mehr auf. Was ist passiert?

9. Rufen Sie das Dialogfeld *Dokumentvorlagen und Add-Ins* auf (wie in den Schritten 1 und 2 beschrieben). Aha: Das Kontrollkästchen vor *sunrise Logos.dotx* ist ausgeschaltet.
10. Schalten Sie es ein und überzeugen sich davon, dass die Schnellbausteine der Vorlage jetzt wieder im Menü der Schaltfläche *Schnellbausteine* auftauchen.

Wie Sie sehen, merkt Word sich zwar, welche Vorlagen Sie global geladen haben. Die globalen Vorlagen bleiben jedoch nur während der aktuellen Word-Sitzung geladen. Nach einem Word-Neustart müssen Sie das Laden wieder manuell einschalten.

Vorlagen automatisch laden

Es gibt aber noch eine andere Lösung, die Sie verwenden können, wenn Sie möchten, dass Word eine Dokumentvorlage bei jedem Starten automatisch lädt. Kopieren Sie dann die Vorlage in den Autostart-Ordner von Word. Den für Ihren Rechner gültigen AutoStart-Ordner können Sie im Dialogfeld *Speicherort für Dateien* ablesen. Wie Sie das Dialogfeld aufrufen, haben wir im Abschnitt »Vorlagen mit mehreren Anwendern nutzen« auf Seite 348 beschrieben.

Spezielle Vorlagentypen

Mit Word 2007 wurden zwei neue Typen von Dokumentvorlagen eingeführt, mit denen sich Bausteine bzw. Schnellformatvorlagen-Sätze speichern lassen. Genauer gesagt, handelt es sich dabei um normale Dokumentvorlagen, die ihren besonderen Status dadurch erlangen, dass sie in speziellen Verzeichnissen gespeichert werden. Die beiden folgenden Abschnitte machen Sie mit den wichtigsten Details vertraut.

Bausteine

Damit Sie auf die Bausteine einer Vorlage zugreifen können, muss diese (logischerweise) geladen sein. Im letzten Abschnitt haben Sie mit den globalen Vorlagen und dem AutoStart-Ordner bereits zwei prinzipiell geeignete Methoden kennengelernt. Für Vorlagen, die ausschließlich Bausteine enthalten, ist jedoch in Word 2007 ein anderes Verfahren vorgesehen.

Beim Starten prüft Word, ob sich in einem bestimmten Ordner Dokumentvorlagen befinden. Wenn diese Vorlagen dann mindestens einen Baustein enthalten, werden sie von Word geladen und die in ihnen gespeicherten Bausteine tauchen in den Baustein-Katalogen auf. Alle anderen Inhalte dieser Vorlagen werden ignoriert.

Der Baustein-Ordner existiert in einer globalen und in einer benutzerdefinierten Version:

- Vorlagen, deren Bausteine allen Benutzern zur Verfügung stehen sollen, müssen im Ordner *C:\Programme\Microsoft Office\Office12\Document Parts* abgelegt werden.
- Der Ordner für benutzerdefinierte Baustein-Vorlagen lautet je nach Windows-Version:
  - **XP** *C:\Dokumente und Einstellungen\<Benutzername>\Anwendungsdaten\Microsoft\Document Building Blocks*
  - **Vista** *C:\Users\<Benutzername>\AppData\Roaming\Microsoft\Document Building Blocks*

Wenn Sie eine Baustein-Vorlage erstellen wollen, gehen Sie am besten so vor:

1. Erstellen Sie ein neues Dokument und speichern Sie es mit *Office Schaltfläche/Speichern unter/Word-Vorlage* in dem Ordner *Document Building Blocks.*
2. Fügen Sie mindestens einen Baustein in die Vorlage ein (siehe Kapitel 7, Seite 137)
3. Schließen und starten Sie Word erneut, damit die neue Vorlage geladen wird. Sie können die Bausteine der Vorlage nun verwenden bzw. weitere Bausteine in die Vorlage einfügen.

HINWEIS **Die Dokumentvorlage Building Blocks.dotx** Die im Lieferumfang von Word enthaltenen Standard-Bausteine sind in der Dokumentvorlage *Building Blocks.dotx* gespeichert. Wenn Sie diese Vorlage im Benutzerordner ..*\Document Building Blocks* löschen, wird sie beim nächsten Starten von Word neu erstellt (ähnlich wie bei der globalen Vorlage *Normal.dotm).* Die Originalversion der Datei befindet sich im Ordner *C:\Programme\Microsoft Office\Office12\Document Parts.* Wenn Sie die Standard-Bausteine von Word ändern oder entfernen wollen, müssen Sie die globale Version der Datei bearbeiten und anschließend die Versionen in den Ordnern der einzelnen Benutzer löschen.

Schnellformatvorlagen-Sätze

In Kapitel 14 haben wir bereits gezeigt, wie Sie die aktuelle Liste der Schnellformatvorlagen als so genannten *Schnellformatvorlagen-Satz* speichern können. Auch dabei wird eine Dokumentvorlage erzeugt, die sich in einem speziellen Ordner befinden muss, damit die in ihr enthaltenen Formatvorlagen von Word als Schnellformatvorlagen-Satz erkannt und geladen werden.

Es handelt sich um den Ordner *QuickStyles,* für den die gleichen Regeln gelten wie für den im letzten Abschnitt vorgestellten Baustein-Ordner. Das heißt, die im Lieferumfang enthaltenen Schnellformatvorlagen-Sätze (bzw. deren Dokumentvorlagen) befinden sich im Ordner *C:\Programme\Microsoft Office\Office12\Quickstyles*; die benutzerdefinierten Versionen finden Sie dementsprechend im Ordner *C:\Dokumente und Einstellungen\<Benutzername>\Anwendungsdaten\Microsoft\QuickStyles* (Windows XP) bzw. *C:\Users\<Benutzername>\AppData\Roaming\Microsoft\QuickStyles* (Windows Vista).

Ein wenig Vorlagen-Theorie

Nachdem wir bisher vor allem die praktischen Dinge beim Einsatz von Vorlagen beschrieben haben, befasst sich dieser Abschnitt ein wenig mit der Theorie. Aber keine Angst: Auch hier finden Sie zahlreiche praktische Informationen, die den Einsatz der Dokumentvorlagen einfacher und komfortabler machen.

Word arbeitet im Wesentlichen mit zwei Arten von Dateien:

- Dokumente, die die Endungen *.docx* (ohne Makros) bzw. *.docm* (mit Makros) besitzen, wobei die Buchstaben »doc« als Kürzel für das englische **doc**ument stehen.
- Dokumentvorlagen, die Sie an der Dateinamenserweiterung *.dotx* (ohne Makros) und *.dotm* (mit Makros) erkennen; die Buchstaben »dot« stehen für das englische **do**cument **t**emplate (Dokumentschablone).

Grundsätzlich basiert jedes Word-Dokument auf einer Dokumentvorlage. Wenn Sie ein neues, leeres Dokument erstellen, benutzt Word automatisch die Vorlage *Normal.dotm*. Entscheiden Sie sich im Dialogfeld *Neues Dokument* hingegen für eine der anderen angebotenen Vorlagen, basiert das neue Dokument anschließend auf der von Ihnen ausgewählten Vorlagendatei.

Der Inhalt einer Dokumentvorlage

Dokumentvorlagen bilden quasi das Fundament neuer Dokumente und liefern im Idealfall sowohl das »Baumaterial« als auch die »Werkzeuge« frei Haus.

- **Standardtext und Grafiken** Wenn Sie ein neues Dokument beginnen, das auf einer Vorlage basiert, übernimmt Word alle Texte und Grafiken der Vorlage in das neue Dokument. Dazu gehören zum Beispiel auch Deckblätter sowie Kopf und Fußzeilen. Auch Formatierungen, die Sie vorgenommen haben, bleiben erhalten. Sie müssen dann nicht mehr »bei Null« beginnen, sondern können auf dem vorhandenen Textgerüst aufbauen.
- **Standardformatierungen des Dokuments** Hierzu gehören benutzerdefinierte oder Standardformatvorlagen, die Sie selbst erstellt oder angepasst haben. Auch die Seitenabmessungen, Randeinstellungen und die Ausrichtung können in jeder Dokumentvorlage nach Bedarf eingestellt werden. Beim Erstellen eines Dokuments werden diese Formatierungseigenschaften von der Vorlage an das Dokument »vererbt« (dazu gleich mehr).
- **Bausteine** Beim Anlegen eines neuen Bausteins können Sie festlegen, ob der Baustein in der Vorlage gespeichert wird, auf der das aktuelle Dokument basiert, in der globalen Dokumentvorlage *Normal.dotm*, in der (dafür prädestinierten) Baustein-Vorlage *Building Blocks.dotx* oder in einer beliebigen anderen globalen Vorlage.
- **Anpassungen der Symbolleiste für den Schnellzugriff** Dokumentvorlagen können auch Einfluss auf die Symbolleiste für den Schnellzugriff nehmen. Dazu öffnen Sie die Vorlage, wechseln im Dialog *Word-Optionen* in die Kategorie *Anpassen* und wählen zuerst im Listenfeld *Symbolleiste für den Schnellzugriff anpassen* den Namen der Vorlage aus. Anschließend können Sie die gewünschten Änderungen an der Symbolleiste vornehmen. Wenn Sie dann ein neues Dokument auf Basis dieser Vorlage erstellen, tauchen die zuvor in der Vorlage hinzugefügten Schaltflächen in der Symbolleiste für den Schnellzugriff auf. Ausführliche Hinweise zum Anpassen der Symbolleiste für den Schnellzugriff finden Sie in Anhang B.
- **Tastenkombinationen** Die in Word enthaltenen Tastenkombinationen, die so genannten *Shortcuts*, können ergänzt oder verändert werden. Im Dialogfeld *Tastatur anpassen* legen Sie mit dem Listenfeld *Speichern in* die Vorlage fest, in der die vorgenommenen Änderungen gespeichert werden sollen.
- **Makros** Mit Makros kann die Funktionalität einer Dokumentvorlage nahezu beliebig erweitert werden. Eine Sonderstellung kommt dem Makro *AutoNew()* zu, das beim Erstellen eines neuen Dokuments automatisch aufgerufen wird. Dieses Makro eignet sich zum Beispiel zum Aufruf benutzerdefinierter Dialogfelder, in die Anwender zentrale Daten eingeben können. In Kapitel 42 finden Sie eine Einführung in die Makroprogrammierung, die sich vor allem an Benutzer ohne Programmier-Erfahrung wendet.
- **Schutz** Einzelne Bereiche einer Dokumentvorlage können vor Änderungen durch den Benutzer geschützt werden. Dies ist zum Beispiel beim Erstellen von Formularen sinnvoll, damit der Anwender das Formular zwar ausfüllen, es aber nicht verändern kann. Das Schützen von Dokumenten behandeln wir in Kapitel 33.

Zusammenspiel von Word und Dokumentvorlagen

Um zu verstehen, wie sich Word, Dokumentvorlagen und Dokumente gegenseitig beeinflussen, muss man das Konzept kennen, das diese drei Elemente zu einer gemeinsamen Architektur verbindet. Dieses Zusammenspiel lässt sich am besten an einem dreischichtigen Modell erläutern.

Bild 17.11 Dokumentvorlagen sind die Schnittstelle zwischen Word und Dokument

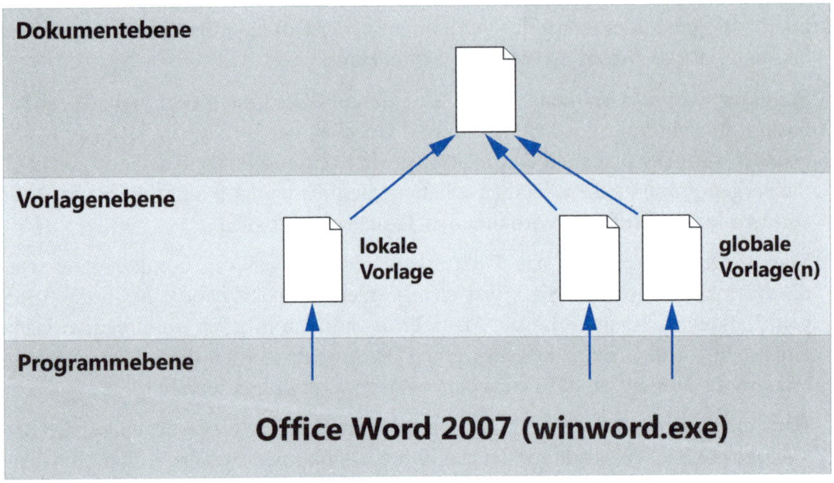

Auf der untersten Ebene befindet sich Word selbst. Das Programm enthält die verschiedenen Funktionen, die Sie nicht verändern können, die aber allen Vorlagen und Dokumenten zur Verfügung stehen.

Auf der mittleren Ebene sind die Dokumentvorlagen angesiedelt, wobei man hier zwischen der lokalen Vorlage und den globalen Vorlagen unterscheiden muss. Diese Zwischenebene ist die Schnittstelle zwischen Word und dem eigentlichen Dokument, in der bestimmt werden kann, wie sich Word dem Anwender bei der Bearbeitung eines Dokuments präsentiert. Auf der obersten Ebene liegt dann das eigentliche Dokument.

Lokale Dokumentvorlagen

Word unterscheidet zwischen lokalen und globalen Dokumentvorlagen. Die lokale Dokumentvorlage ist die Vorlage, die mit einem Dokument direkt verbunden ist. Diese Verbindung wird beim Erstellen des Dokuments festgelegt, sie kann aber jederzeit über das Dialogfeld *Dokumentvorlagen und Add-Ins* geändert werden (siehe Abschnitt »Dokumente mit anderen Vorlagen verbinden« auf Seite 355).

Die Einstellungen in der lokalen Dokumentvorlage werden von Word vorrangig behandelt. Wenn Sie zum Beispiel einem Word-Befehl in der lokalen Vorlage den Shortcut Strg+A und in einer globalen Vorlage dem gleichen Befehl den Shortcut Strg+B zugewiesen haben, müssen Sie in allen Dokumenten, die auf dieser lokalen Vorlage basieren, den Shortcut Strg+A benutzen, um den Befehl aufzurufen.

Wenn Sie zwischen zwei Dokumenten wechseln, die auf unterschiedlichen Vorlagen basieren, verwendet Word immer die Einstellungen (Shortcuts, Makros etc.) aus der jeweiligen lokalen Vorlage. Dadurch ist es möglich, das Verhalten von Word an das gerade bearbeitete Dokument anzupassen.

So sucht Word nach der Normal.dotm

Die Reihenfolge, in der Word verschiedene Ordner nach der *Normal.dotm* durchsucht, lautet: Word-Programmordner, Ordner mit Benutzervorlagen, Ordner mit Arbeitsgruppenvorlagen. Word bricht die Suche ab, sobald es eine Version der Datei gefunden hat. Konnte die Datei nicht gefunden werden, wird automatisch eine neue, leere *Normal.dotm* mit Standardwerten angelegt.

Globale Dokumentvorlagen

Im Gegensatz zu den lokalen Vorlagen, die sich immer auf ein bestimmtes Dokument beziehen, stehen globale Vorlagen allen Dokumenten zur Verfügung. So können Sie zum Beispiel eine Vorlage erstellen, die ein Makro enthält, das eine Grafik mit einem schattierten Rahmen versieht. Wenn Sie für dieses Makro einen Shortcut vergeben und die Vorlage global laden, haben Sie Word – aus Sicht des Anwenders – um einen neuen Befehl ergänzt, der in allen Dokumenten zur Verfügung steht. Sie kennen diese Technik bereits aus dem Beispiel der Übungsdatei *sunrise Logos*, in der einige Schnellbausteine enthalten waren (Seite 350).

Erstellen einer globalen Dokumentvorlage

Um aus einer *normalen* Vorlage eine globale Vorlage zu machen, braucht die Datei nicht verändert zu werden. Sie müssen Word lediglich mitteilen, dass es diese Vorlage als globale Vorlage behandeln soll. Das lässt sich auf zwei Wegen erreichen.

Kopieren Sie die Vorlage in den *AutoStart*-Ordner von Word. Alle Vorlagen, die sich in diesem Ordner befinden, werden beim Starten von Word automatisch geladen. Welchen Ordner Word als *AutoStart*-Ordner benutzt, können Sie im Dialog *Speicherort für Dateien* einstellen (siehe Seite 349).

Dokumentvorlagen, die nur gelegentlich als globale Vorlage benötigt werden, sollten nur bei Bedarf geladen werden. Rufen Sie dazu das Dialogfeld *Dokumentvorlagen und Add-Ins* auf (siehe Seite 350), klicken Sie auf *Hinzufügen* und wechseln Sie in den Ordner, in dem sich die gewünschte Vorlage befindet. Dort können Sie sie mit einem Doppelklick in die Liste *Globale Dokumentvorlagen und Add-Ins* des Dialogs übernehmen.

Die Vorlage wird jedoch nur während der aktuellen Word-Sitzung geladen. Wenn Sie das Dialogfeld beim nächsten Starten von Word erneut aufrufen, werden Sie feststellen, dass die Vorlage zwar noch in der Liste auftaucht, jedoch nicht mehr aktiv ist. Um sie erneut zu laden, schalten Sie einfach das Optionsfeld vor dem Namen der Vorlage ein.

Dokumente mit anderen Vorlagen verbinden

Sie können einem Dokument auch jederzeit eine andere Vorlage zuweisen:

1. Öffnen Sie das betreffende Dokument.
2. Zeigen Sie das Dialogfeld *Word-Optionen* an und wechseln Sie zur Kategorie *Add-Ins.*
3. Wählen Sie im Listenfeld *Verwalten* den Eintrag *Vorlagen* und klicken Sie auf *Gehe zu.*
4. Klicken Sie im Dialog *Dokumentvorlagen und Add-Ins* auf *Anfügen.*
5. Wählen Sie die gewünschte Vorlage und klicken Sie auf *Öffnen.*
6. Wenn Sie die Option *Dokumentformatvorlagen automatisch aktualisieren* einschalten, kopiert Word bei jedem Öffnen des Dokuments die Formatvorlagen aus der Vorlage in das Dokument. Das heißt, jede Änderung an den Formatvorlagen der Vorlage wirkt sich automatisch auf das Dokument aus. Vorsicht: Dieser Effekt kann auch unerwünscht sein, zum Beispiel bei Nummerierungen, deren Startwert manuell geändert wurde.

Bild 17.12: Änderungen an den Formatvorlagen der Dokumentvorlage können automatisch übernommen werden

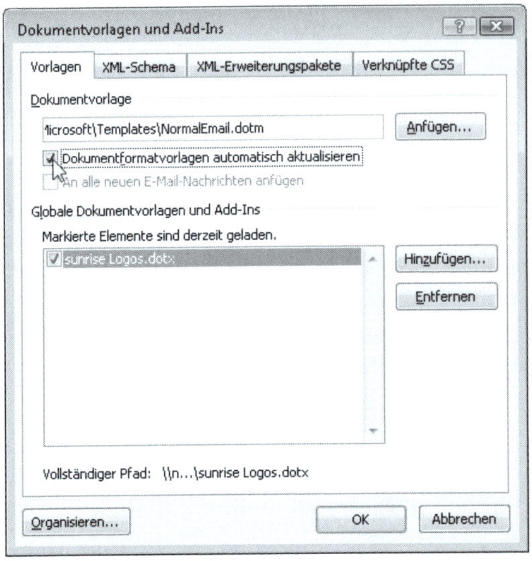

Vorlagen organisieren

Beim Erstellen einer neuen Dokumentvorlage bietet es sich oft an, bereits in anderen Vorlagen vorhandene Formatvorlagen und Makros zu übernehmen. Zu diesem Zweck existiert in Word ein eigenes Dialogfeld, mit dem sich diese Elemente zwischen Dokumentvorlagen verschieben und kopieren lassen.

Bild 17.13 Mit diesem Dialog lassen sich Formatvorlagen und Makros verwalten

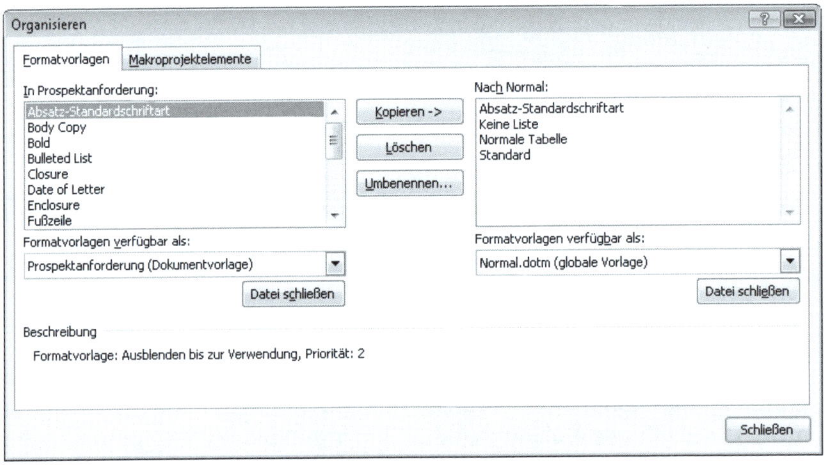

Das Kopieren funktioniert bei allen Elementen gleich:

1. Zeigen Sie das Dialogfeld *Word-Optionen* an.
2. Wechseln Sie in die Kategorie *Add-Ins.*
3. Wählen Sie im Listenfeld *Verwalten* den Eintrag *Vorlagen* und klicken Sie auf *Gehe zu.*
4. Klicken Sie im Dialogfeld *Dokumentvorlagen und Add-Ins* auf *Organisieren,* um das gleichnamige Dialogfeld anzuzeigen. Wenn Sie bereits mit einer früheren Word-Version gearbeitet haben, wird Ihnen auffallen, dass die Registerkarten *AutoText* und *Symbolleisten* nicht mehr vorhanden sind. Zur Verwaltung der AutoTexte dient in Word 2007 der Organizer für Bausteine; die klassischen Symbolleisten sind in Word 2007 nicht mehr vorhanden.
5. Wechseln Sie auf die Registerkarte, deren Elemente Sie bearbeiten wollen.
6. Öffnen Sie in der linken Liste (mit *Datei schließen* und anschließendem *Datei öffnen*) die Vorlage, aus der Sie kopieren wollen. Ist die Datei bereits in Word geöffnet, können Sie sie direkt aus dem Listenfeld ... *verfügbar als* wählen.
7. In der rechten Liste öffnen Sie die Zielvorlage.
8. Markieren Sie in der linken Liste die gewünschten Elemente und klicken Sie auf *Kopieren.*

Das Umbenennen und Löschen von Elementen funktioniert nach dem gleichen Prinzip. Zu beachten ist lediglich, dass die internen Formatvorlagen von Word nicht gelöscht werden können.

Inhaltssteuerelemente

Wenn Sie mit Word 2007 eine benutzerfreundliche Dokumentvorlage entwickeln wollen, sollten Sie sich unbedingt mit dem Konzept der Inhaltssteuerelemente vertraut machen. Dabei handelt es sich um eine völlig neue Gruppe von Steuerelementen, die die alten Formularfelder und ActiveX-Steuerelemente ablösen, die in früheren Word-Versionen zum Erstellen interaktiver Formulare eingesetzt wurden. Natürlich unterstützt Word 2007 aus Gründen der Kompatibilität auch weiterhin Formularfelder und ActiveX-Steuerelemente. Doch dass sie nun als *Legacytools,* also gewissermaßen als »Erblast« bezeichnet werden, spricht für sich. Diese Wortschöpfung können Sie durchaus als zarten Wink mit dem Zaunpfahl verstehen, dass Sie diese Tools nach Möglichkeit nicht mehr einsetzen sollten.

Wie Sie gleich sehen werden, sind die XML-basierten Inhaltssteuerelemente erheblich leistungsfähiger als ihre Vorgänger. Auch Word macht intensiv von den neuen Inhaltssteuerelementen Gebrauch, zum Beispiel wenn Sie ein Deckblatt, eine Kopfzeile oder eine Formel einfügen.

Was ist ein Inhaltssteuerelement?

Sie können sich Inhaltssteuerelemente als Container vorstellen, die im einfachsten Fall Text, aber auch andere Inhalte wie zum Beispiel Grafiken oder die eben angesprochenen Formeln enthalten können. Normalerweise ist ein Inhaltssteuerelement unsichtbar, das heißt, Sie sehen lediglich seinen Inhalt, der sich optisch nicht vom restlichen Dokument unterscheidet. Je nach Typ des Steuerelements kann es sich dabei um normalen (formatierten) Text, um eine Grafik, ein Datum etc. handeln.

Sobald Sie mit der Maus auf ein Inhaltssteuerelement zeigen, wird es mit einer hellblauen Schattierung hinterlegt. Wenn Sie das Element anklicken, erscheint ein Rahmen mit einer kleinen Griffleiste, die zusätzlich noch mit Schaltflächen ausgestattet sein kann. Außerdem befindet sich bei einigen Inhaltssteuerelementen am rechen Rand eine Schaltfläche, über die ein Auswahlmenü aufgeklappt werden kann.

Bild 17.14 Aus der Markierung, können Sie auf den aktuellen Status des Inhaltsteuerelements schließen

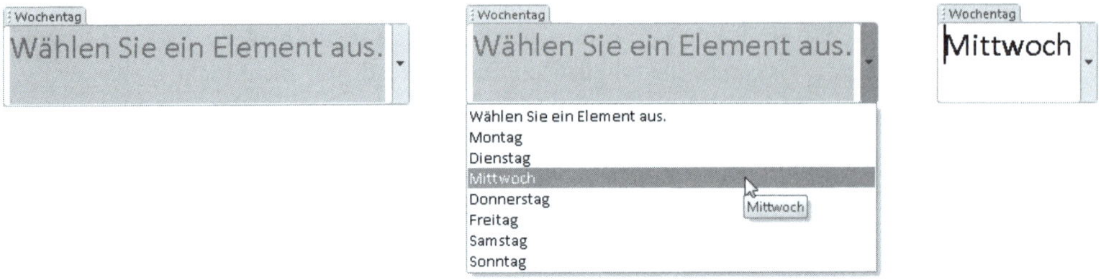

Ist nach dem Anklicken der gesamte Text des Steuerelements markiert, wurde bisher noch nichts in das Steuerelement eingegeben. Bei dem angezeigten Text handelt es sich dann um einen so genannten *Platzhaltertext*, der typischerweise einen Ausfüllhinweis enthält (siehe linkes Steuerelement der obigen Abbildung).

Ist der Inhalt des angeklickten Steuerelements anschließend nicht vollständig markiert, wurde der Platzhaltertext bereits durch einen individuellen Inhalt ersetzt (rechtes Steuerelement in der obigen Abbildung).

Je nach Typ kann ein Steuerelement mit verschiedenen Eigenschaften bzw. Formatierungen versehen sein, die automatisch auf den eingefügten Inhalt angewendet werden. Auf diese Weise können Sie zum Beispiel in einer Vorlage einen Platzhalter für eine Grafik anlegen (also ein Bild-Inhaltssteuerelement), der die vom Benutzer eingefügte Grafik automatisch in ein Graustufenbild umwandelt oder es mit einem speziellen Rahmeneffekt versieht. Der Vorteil für die Benutzer Ihrer Vorlage liegt auf der Hand: sie erhalten mit minimalem Aufwand ein professionell gestaltetes und in sich stimmiges Dokument.

Bild 17.15 Die voreingestellte Formatierung wird automatisch auf das eingefügte Bild angewendet

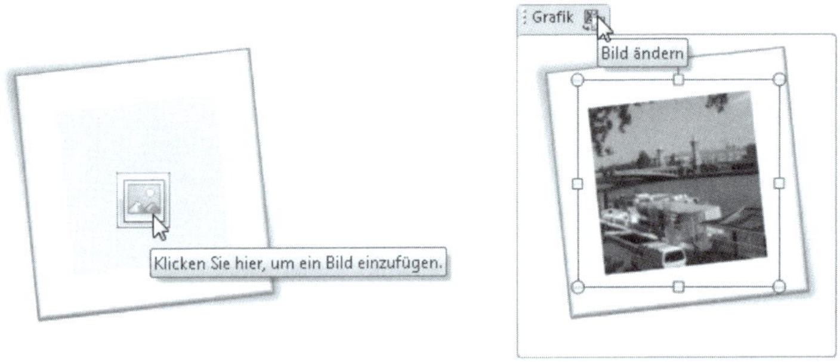

In der folgenden Tabelle haben wir für Sie die verschiedenen Typen der Inhaltssteuerelemente mit einer kurzen Beschreibung zusammengestellt.

Tabelle 17.1 Die verschiedenen Inhaltssteuerelemente

Steuerelement	Beschreibung
Rich-Text	Kann nahezu alle Elemente eines Dokuments aufnehmen: formatierten Text (auch mehrere Absätze), Grafiken, Tabellen usw.
Nur-Text	Kann nur Text aufnehmen (einen Absatz). Der Text kann jedoch beliebig formatiert werden.
Bild	Nimmt Grafiken auf. Das Bild-Inhaltssteuerelement kann mit den gängigen Bildeffekten belegt werden, die dann automatisch auf die eingefügte Grafik angewendet werden.
Kombinationsfeld	Stellt eine Liste bereit, aus der ein Anwender einen Eintrag auswählen kann. Zum Öffnen der Auswahlliste besitzt das Steuerelement am rechten Rand eine Schaltfläche. Der Anwender kann aber auch direkt einen Text in das Steuerelement eintippen oder den ausgewählten Eintrag bearbeiten.
Dropdownliste	Wie ein Kombinationsfeld. Allerdings ist der Anwender auf die Listeneinträge beschränkt, er kann also weder eigene Einträge eingeben, noch vorhandene bearbeiten.
Datumsauswahl	Dient zur Auswahl eines Datums. Dazu kann der Anwender einen kleinen Monatskalender ausklappen, in dem er das gewünschte Datum auswählen kann. Das Format des Datums wird beim Erstellen des Steuerelements vorgegeben.
Bausteinkatalog	Mit diesem Steuerelement kann der Anwender auf die Elemente des zugewiesenen Baustein-Katalogs zugreifen (z.B. AutoTexte, Schnellbausteine, Formeln, etc.)

HINWEIS **Verhalten der Tabulatortaste** Das Verhalten der Tabulatortaste ist mitunter etwas irritierend. Während zum Beispiel in einem Rich-Text-Inhaltssteuerelement das Drücken von [⇆] ein Tabulatorzeichen einfügt, führt die gleiche Aktion in einem Nur-Text- oder Datums-Inhaltssteuerlement dazu, dass Word zum nächsten Steuerelement springt. Es ist jedoch durchaus möglich, auch in Nur-Text-Elementen einen Tabulator einzufügen: Drücken Sie dazu einfach die von der Tabellenbearbeitung her bekannte Tastenkombination [Strg]+[⇆].

Von Word verwendete Inhaltssteuerelemente

Wichtige Funktionen bzw. Komfortmerkmale von Word 2007 wurden mit Hilfe von Inhaltssteuerelementen realisiert, von denen Ihnen einige in den bisherigen Kapiteln bereits begegnet sind:

- Deckblätter
- Kopf- und Fußzeilen
- Inhaltsverzeichnisse
- Literaturverzeichnisse
- Formeln
- Dokumenteigenschaften (Schnellbausteine)
- Einige Felder

Bild 17.16 Das Inhaltssteuerelement zur Datumsauswahl kann mit besonderem Komfort auftrumpfen

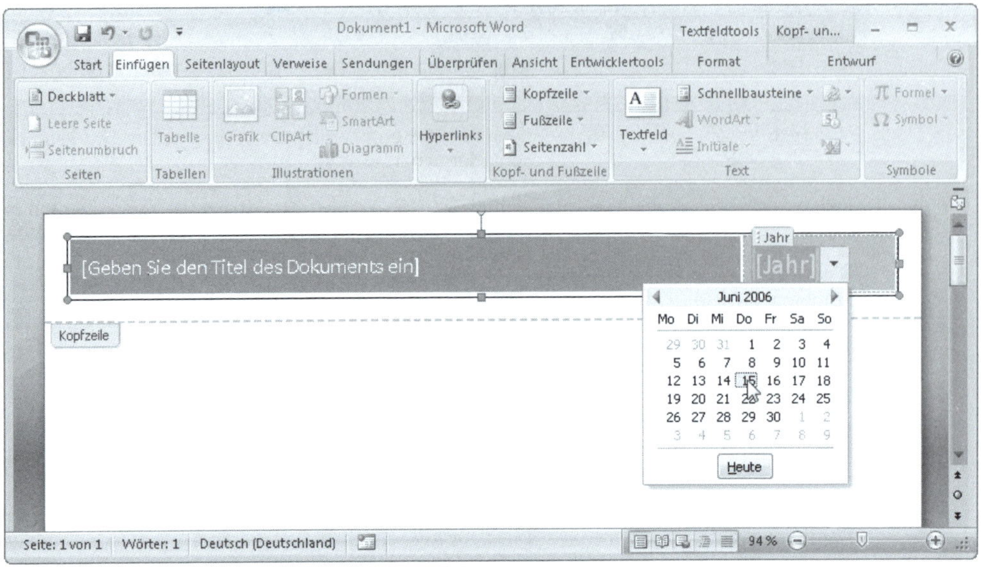

Inhaltssteuerelemente aus Entwicklersicht

Auch wenn die interaktiven Möglichkeiten der neuen Inhaltssteuerelemente im Vergleich mit den alten Formularfeldern und ActiveX-Steuerelementen auf den ersten Blick deutlich magerer ausfällt, lässt sich mit ihnen ein Großteil der benötigten Anwender-Interaktion realisieren. Nur dass Microsoft bei den Inhaltssteuerelementen auf Checkboxen (Kontrollkästchen) verzichtet hat, mag nicht wirklich einleuchten. Hier werden Sie unter Umständen dazu gezwungen sein, auf den Einsatz von Dialogfeldern auszuweichen.

Diesem kleinen Nachteil stehen jedoch mehrere Vorteile gegenüber:

- Inhaltssteuerelemente können ausgefüllt werden, ohne dass das Dokument speziell geschützt werden muss, wie es bei Formularfeldern notwendig war bzw. ist. Dies erleichtert dem Anwender die Handhabung der Dokumente und macht Inhaltssteuerelemente flexibel einsetzbar.
- Das Eingabeverhalten von Inhaltssteuerelementen lässt sich individuell konfigurieren. So können Sie zum Beispiel die Eingabe auf eine einzelne Zeile beschränken und verhindern, dass ein Element gelöscht werden kann.
- Inhaltssteuerelemente können mit Formatierungen versehen werden, die automatisch auf den vom Anwender eingefügten Inhalt angewendet werden.
- Beim Austausch eines Inhaltssteuerelements (z. B. eines Deckblatts) können vom Benutzer bereits eingegebene Daten übernommen werden.
- Dadurch, dass Inhaltssteuerelemente XML-basiert sind, wird der programmgesteuerte Zugriff bzw. die Auswertung ihrer Inhalte vereinfacht.

Inhaltssteuerelemente einfügen

Um eigene Inhaltssteuerelemente in ein Dokument einzufügen, müssen Sie zunächst die Registerkarte *Entwicklertools* einblenden. Dazu öffnen Sie das Menü der *Office-Schaltfläche*, klicken dort auf *Word-Optionen* und schalten in der Kategorie *Häufig verwendet* die Option *Entwicklerregisterkarte in der Multifunktionsleiste anzeigen* ein. Sie finden die verschiedenen Inhaltssteuerelemente dann auf der Registerkarte in der Gruppe *Steuerelemente*.

Die Vorgehensweise bei Einfügen eines Elements ist im Prinzip immer die gleiche und soll hier am Beispiel eines Rich-Text-Inhaltssteuerelementes skizziert werden:

1. Setzen Sie die Einfügemarke an die gewünschte Position.
2. Wechseln Sie auf die Registerkarte *Entwicklertools* und klicken Sie das Symbol des Steuerelements an.
3. Wechseln Sie in den Entwurfsmodus, indem Sie in der Gruppe *Steuerelemente* auf die gleichnamige Schaltfläche klicken. In diesem Modus können Sie zum Beispiel einen anderen Platzhaltertext eingeben oder Formatierungen zuweisen. Dass der Entwurfsmodus aktiv ist, erkennen Sie auch daran, dass innerhalb der Inhaltssteuerelemente XML-Tags angezeigt werden, die den Inhalt der Elemente einfassen.

Bild 17.17 Das neue, noch leere Inhaltssteuerelement

Da Sie dem neuen Steuerelement noch keinen Namen zugewiesen haben, enthalten die Tags lediglich zwei kleine Pfeile.

4. Klicken Sie in der Gruppe *Steuerelemente* auf *Eigenschaften*. Word zeigt dann einen Dialog an, mit dem Sie das Verhalten des Steuerelements konfigurieren können (dazu gleich mehr).

Bild 17.18 Dialogfeld zum Einstellen der Eigenschaften des Inhaltssteuerelements

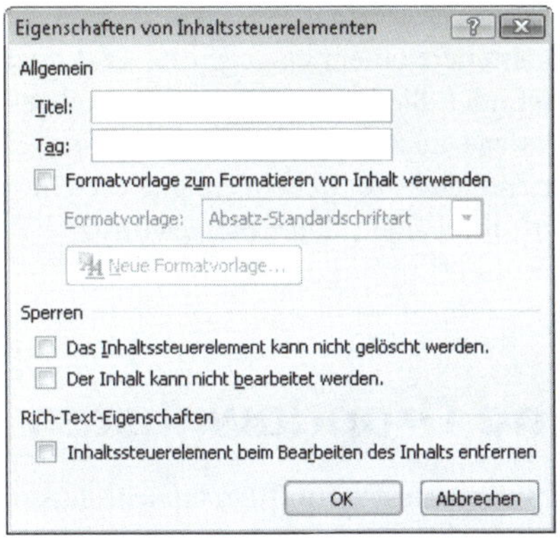

5. Verlassen Sie den Entwurfsmodus wieder, indem Sie die Schaltfläche *Entwurfsmodus* erneut anklicken.

Allgemeine Eigenschaften

Das genaue Aussehen des Eigenschaftendialogs hängt vom Typ des aktuellen Inhaltsteuerelements ab. Es gibt jedoch einige gemeinsame Eigenschaften, die Sie bei allen Inhaltssteuerelementen vorfinden:

- **Titel** Der Text, den Sie hier eingeben erscheint in dem Beschriftungsfeld des Inhaltssteuerelements (der kleine Reiter, der oben links am Rahmen angezeigt wird).
- **Tag** Name des XML-Tags, über das auf den Inhalt des Steuerelements zugegriffen werden kann. Der Tag-Name ist in der Regel mit dem Titel des Steuerelements identisch, kann jedoch auch von ihm verschieden sein.

Bild 17.19 Für das neue Inhaltsteuerelement wurden die Eigenschaften *Titel* und *Tag* ausgefüllt

- **Das Inhaltssteuerelement kann nicht gelöscht werden** Wenn Sie diese Option einschalten, kann der Anwender das Steuerelement nicht aus dem Dokument entfernen.
- **Der Inhalt kann nicht bearbeitet werden** Aktivieren Sie diese Option, wenn der Anwender das Steuerelement nicht verändern darf.

Inhaltssteuerelemente schützen

Falls Sie die Bearbeitungsmöglichkeiten eines Steuerelements mit Hilfe der beiden letzten Eigenschaften einschränken wollen, müssen Sie bedenken, dass ein Anwender in einem ungeschützten Dokument ebenfalls Zugriff auf diese Eigenschaften hat und die vorgenommenen Einstellungen rückgängig machen kann. Wenn Sie gewährleisten müssen, dass der Anwender keine Änderungen an dem Verhalten der Inhaltssteuerelemente vornehmen kann, müssen Sie das betreffende Dokument entsprechend schützen. Die dazu notwendigen Schritte sind in Kapitel 33 beschrieben.

Formatierung des Inhalts vorgeben

Normalerweise übernimmt der in ein Inhaltssteuerelement eingegebene Text die Formatierung des Absatzes, in dem sich das Steuerelement befindet. Sie können aber auch in den Eigenschaften der betreffenden Steuerelemente eine Formatvorlage auswählen, die dem Inhalt des Elements zugewiesen wird. Dazu schalten Sie im Eigenschaftendialog des Steuerelements die Option *Formatvorlage zum Formatieren von Inhalt verwenden* ein und wählen dann die gewünschte Formatvorlage aus dem Listenfeld aus.

Kombinationsfelder und Dropdownlisten

Mit den beiden Inhaltssteuerelementen *Kombinationsfeld* und *Dropdownliste* kann der Anwender ein Element aus einer vorgegebenen Liste auswählen. Die Steuerelemente unterscheiden sich nur dadurch, dass der Anwender bei einem Kombinationsfeld auch eigene Einträge vornehmen kann, während er bei einer Dropdownliste auf die angebotenen Einträge beschränkt ist.

Zum Erstellen eines solchen Steuerelements gehen Sie folgendermaßen vor:

1. Fügen Sie das gewünschte Steuerelement ein, indem Sie sein Symbol auf der Registerkarte *Entwicklertools* anklicken.
2. Wechseln Sie in den Entwurfsmodus und rufen Sie den Eigenschaftendialog des Steuerelements auf.
3. Nehmen Sie für die allgemeinen Eigenschaften die geeigneten Einstellungen vor.
4. Um einen neuen Wert in die Liste aufzunehmen, klicken Sie auf *Hinzufügen.* Word zeigt dann ein kleines Dialogfeld an, in dem Sie den angezeigten Namen des Listeneintrags und den intern gespeicherten Wert eintragen können. Da der Inhalt dieser beiden Felder im Normalfall identisch ist, wird Ihre Eingabe im oberen Feld automatisch in das untere Feld übernommen.

Bild 17.20 Erstellen eines neuen Eintrags für die Auswahlliste eines Dropdownlisten-Steuerelements

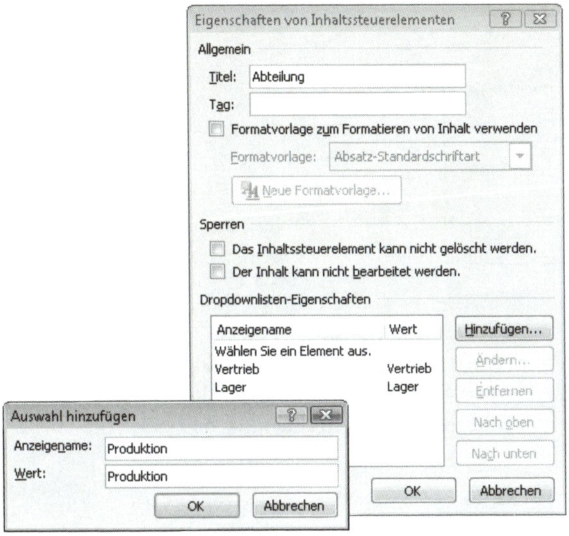

5. Wiederholen Sie den letzten Schritt, um die Liste aufzufüllen. Falls Sie anschließend noch die Reihenfolge der Listeneinträge ändern möchten, können Sie sie mit Hilfe der Schaltflächen *Nach oben* und *Nach unten* neu arrangieren. Auch zum Ändern und Löschen eines Eintrags stehen eigene Schaltflächen zur Verfügung.
6. Schließen Sie den Eigenschaftendialog und verlassen Sie den Entwurfsmodus.
7. Klicken Sie zum Abschluss auf die Pfeilschaltfläche am rechten Rand des Steuerelements, um die Auswahlliste aufzuklappen.

Bild 17.21 Die fertige Auswahlliste

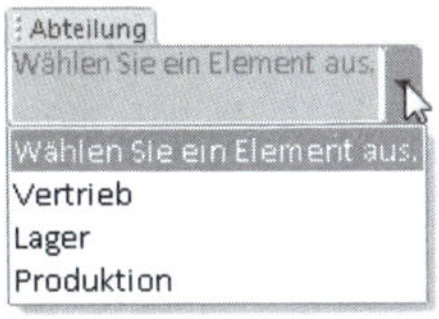

Dokumente formatieren

Auf Bausteinkataloge zugreifen

Das wohl komfortabelste Inhaltssteuerelement ist der Typ *Bausteinkatalog*. Mit ihm lassen sich Auswahllisten erstellen, mit denen ein Anwender Bausteine aus einem vorhandenen Katalog auswählen kann. Eine solche Liste passt sich natürlich dem aktuellen Inhalt des betreffenden Katalogs an, d. h. neue Einträge im Katalog tauchen automatisch auch im Listenfeld auf.

Bild 17.22 Konfiguration eines Bausteinkatalog-Steuerelements

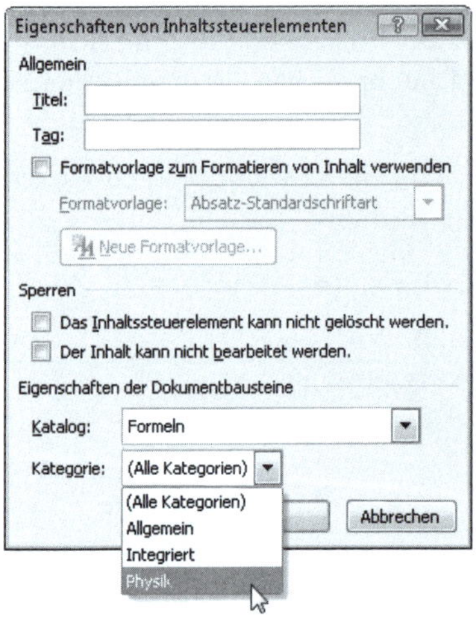

Die Verknüpfung zwischen Steuerelement und Bausteinkatalog erfolgt im Eigenschaftendialog des Steuerelements. Bei umfangreichen Katalogen empfiehlt es sich zudem, die Anzahl der Listeneinträge durch die Auswahl einer Kategorie einzuschränken (siehe Abbildung oben).

Bild 17.23 Das fertige Steuerelement in Aktion

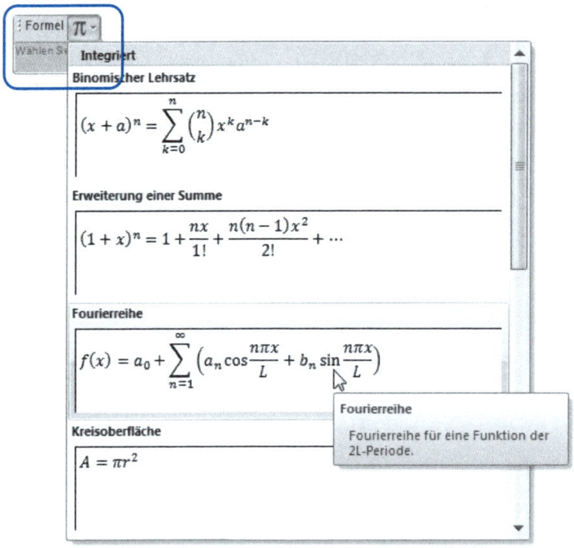

Platzhaltertext formatieren

Für die Formatierung des Platzhaltertextes verwendet Word die Formatvorlage *Platzhaltertext.* Wenn Sie die vorgegebene Darstellung ändern wollen, um den Platzhaltertext zum Beispiel etwas auffälliger zu formatieren, gehen Sie am besten so vor:

1. Markieren Sie ein vorhandenes Inhaltssteuerelement, das einen Platzhaltertext enthält, oder erstellen Sie ein neues Text-Inhaltssteuerelement.
2. Wechseln Sie in den Entwurfsmodus.
3. Markieren Sie den Platzhaltertext und formatieren Sie ihn nach Ihren Vorstellungen.
4. Klicken Sie das Inhaltssteuerelement mit der rechten Maustaste an, zeigen Sie im Kontextmenü auf *Formatvorlagen* und wählen Sie im Untermenü *Platzhaltertext aktualisieren, um der Auswahl anzupassen.* Die Änderung wirkt sich sofort auf alle im Dokument enthaltenen Inhaltssteuerelemente aus.
5. Verlassen Sie den Entwurfsmodus wieder und löschen Sie gegebenenfalls das im ersten Schritt eingefügte Steuerelement.

TIPP **Bild-Steuerelemente formatieren** Am Beispiel des Bild-Steuerelements wollen wir Sie noch auf einen kleinen Trick aufmerksam machen. Es ist nämlich durchaus möglich, auch dieses Steuerelement mit einer Formatierung zu versehen, obwohl sein Eigenschaftendialog diese Möglichkeit gar nicht vorsieht.

Dazu muss man wissen, dass die Formatierungsinformationen für den Inhalt eines Inhaltssteuerelements mit dem linken XML-Tag verknüpft sind. Sie können daher dieses Tag einfach markieren und ihm zum Beispiel eine Absatzformatierung zuweisen, um vor und hinter dem Steuerelement etwas Leerraum einzufügen.

Inhaltssteuerelemente löschen

Sofern Sie das Löschen eines Inhaltssteuerelements nicht in seinem Eigenschaftendialog untersagt haben, können Sie das Steuerelement auf zwei Arten aus dem Dokument entfernen:

- Sie markieren das Element durch einen Klick auf seine Griffleiste und drücken die [Entf]-Taste. Dadurch wird das Steuerelement mitsamt seinem Inhalt aus dem Dokument gelöscht.
- Alternativ können Sie das Element mit der rechten Maustaste anklicken und in seinem Kontextmenü den Befehl *Inhaltssteuerelement entfernen* wählen. In diesem Fall wird zwar auch das Inhaltssteuerelement entfernt, doch sein Inhalt verbleibt im Dokument. Diese Aktion ist also mit der Umwandlung einer Feldfunktion vergleichbar (Shortcut [⇧]+[Strg]+[F9]), bei der eine Feldfunktion durch ihren aktuellen Inhalt ersetzt wird.

Zusammenfassung

Der geschickte Einsatz von Vorlagen ist ein wichtiger Schlüssel für das effiziente Arbeiten mit Word. In diesem Kapitel haben Sie gelernt, wie Sie eigene Vorlagen erstellen und verwalten, die Sie dann als Basis für neue Dokumente verwenden können.

- Um eine Vorlage zu erzeugen, erstellen Sie zunächst ein normales Word-Dokument und speichern es dann als Word-Vorlage ab (Seite 342).
- Um auf Basis einer Vorlage ein neues Dokument zu erstellen, können Sie in einem Ordnerfenster auf der Vorlagendatei doppelklicken (Seite 344).
- Damit eine Vorlage über das Dialogfeld *Neues Dokument* erreicht werden kann, muss sie im Vorlagenordner von Word gespeichert werden (Seite 346).
- Um eine Vorlage nachträglich zu bearbeiten, muss sie wie ein normales Dokument geöffnet werden (Seite 347).
- Indem Sie innerhalb des Vorlagenordners weitere Ordner anlegen, können Sie das Dialogfeld *Neu* um eigene Registerkarten erweitern (Seite 348).
- Vorlagen, die innerhalb eines Netzwerks von mehreren Anwendern genutzt werden sollen, müssen im Arbeitsgruppen-Ordner abgelegt werden. Die Position dieses Ordners können Sie über das Dialogfeld *Speicherorte für Dateien* ermitteln bzw. ändern (Seite 348).
- Damit eine Vorlage für alle geöffneten Dokumenten genutzt werden kann, muss sie als globale Vorlage geladen werden. Sie haben dabei die Wahl, ob die Vorlage nur während der aktuellen Word-Sitzung (Seite 350) oder immer (Seite 351) zur Verfügung stehen soll.
- Word verwendet zwei spezielle Verzeichnisse, in denen Vorlagen gespeichert werden können, die Bausteine bzw. Schnellformatvorlagen-Sätze enthalten. Vorlagen, die sich in diesen Verzeichnissen befinden, werden von Word ebenfalls automatisch geladen (Seite 351).
- Konzeptionell stehen Vorlagen zwischen dem Dokument und Word selbst. Sie reduzieren den Aufwand beim Erstellen eines neuen Dokuments, indem sie vorgefertigte Inhalte liefern und den Funktionsumfang von Word ergänzen (Seite 352).
- Dokumente lassen sich nachträglich mit einer anderen Vorlage verbinden (Seite 355).
- Formatvorlagen und Makros können in andere Vorlagen kopiert werden (Seite 356).
- Mit den neuen Inhaltssteuerelementen lassen sich problemlos ansprechende interaktive Dokumente erstellen. Ihre Handhabung ist unkompliziert und die mit ihnen erstellten Dokumente wirken modern und komfortabel. Auch der einfache Zugriff auf vorhandene Bausteinkataloge trägt zum positiven Gesamteindruck bei (Seite 361).

Teil D

Tabellen und Grafiken

In diesem Teil:

Kapitel 18

Tabellen mit Tabstopps erstellen

In diesem Kapitel:

Word bietet Ihnen zwei Möglichkeiten an, Tabellen zu erstellen. Zum einen können Sie, wie von der Schreibmaschine her gewohnt, Tabulatoren verwenden. Der Einsatz von Tabulatoren bietet sich vor allem für Tabellen an, bei denen jeder Eintrag nur aus einer Zeile besteht, wie Preislisten, Teilnehmerlisten o. Ä.

Für umfangreiche und komplizierte Tabellen stellt Ihnen Word eine komfortable Tabellenfunktion zur Verfügung, die wir in Kapitel 19 beschreiben.

Schnelleinstieg: Tabstopps verwenden

Bevor wir auf die Einzelheiten eingehen, die es beim Einsatz von Tabstopps zu beachten gilt, wollen wir dieses Kapitel mit einem kleinen Schnellkurs beginnen und Ihnen die Grundlagen für den Einsatz von Tabstopps an einem Beispiel vorstellen.

Die vorbereitete Übungsdatei enthält in einer Tabelle eine Artikelliste, die vierspaltig organisiert ist. In den ersten beiden Spalten stehen die Artikelnummer und die Beschreibung. Die Spalten 3 und 4 enthalten den Umsatz für die Jahre 2005 und 2006. Zwischen den einzelnen Einträgen jeder Zeile wurde jeweils ein Tabstopp eingefügt. Da den einzelnen Absätzen noch keine individuellen Tabstopps zugeordnet wurden, verwendet Word die Standardtabstopps, die Sie unten am Lineal als kleine graue Striche sehen.

Bild 18.1 Die Beispieldatei mit der Artikelliste

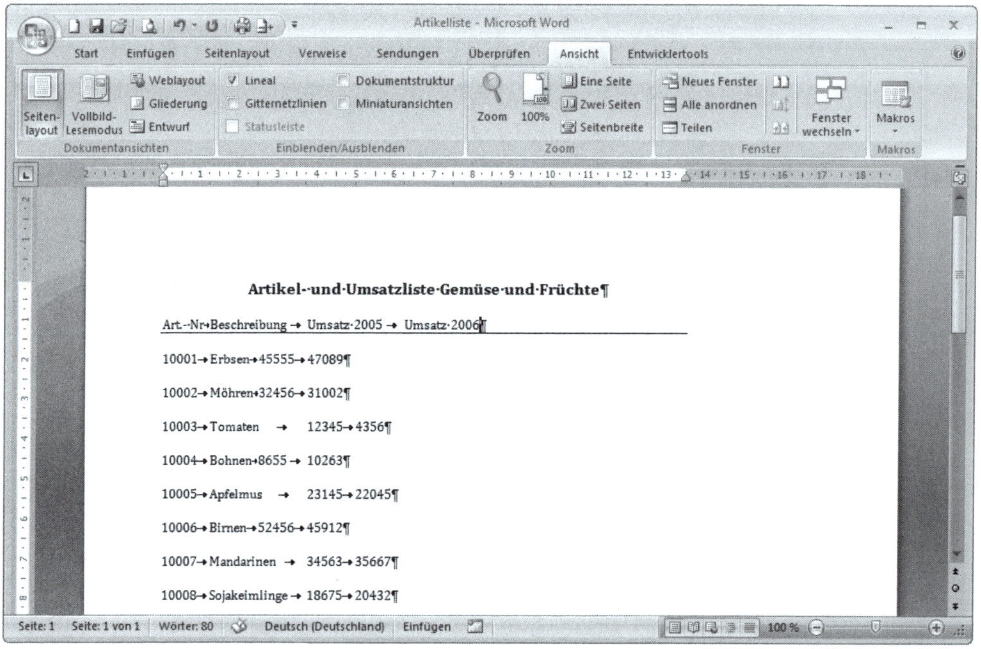

Die ersten beiden Spalten sollen linksbündig ausgerichtet werden. Die Zahlen in den letzten beiden Spalten hingegen rechtsbündig, da dann die Einer, Zehner usw. untereinander stehen.

1. Laden Sie das Dokument *Artikelliste* , das sich im Ordner mit den Beispieldateien befindet.
2. Wechseln Sie zur Registerkarte *Ansicht* und schalten Sie in der Gruppe *Einblenden/Ausblenden* das Kontrollkästchen *Lineal* ein, falls das Lineal nicht sichtbar ist.
3. Markieren Sie die komplette Artikelliste (bis auf die Überschrift).

4. Links im Lineal sehen Sie ein kleines Quadrat mit einem Symbol. Diese Schaltfläche können Sie verwenden, um den Typ des Tabstopps festzulegen. Klicken Sie, falls erforderlich, auf dieses Quadrat, bis Sie dort das Zeichen für linksbündige Tabstopps sehen.
5. Klicken Sie im Lineal bei 2 cm. Die zweite Spalte steht dadurch an der richtigen Position. Im Lineal sehen Sie das Symbol für den gesetzten Tabstopp.

6. Klicken Sie wieder auf das Quadrat, bis das Symbol für rechtsbündig ausgerichtete Tabstopps erscheint.
7. Klicken Sie im Lineal bei 8 cm und bei 12 cm. Dadurch werden auch die beiden letzten Spalten richtig angeordnet.

Falls Sie einen Tabstopp versehentlich an eine falsche Position gesetzt haben, können Sie ihn löschen, indem Sie ihn aus dem Lineal herausziehen. Um die Position eines gesetzten Tabstopps zu verändern, klicken Sie im Lineal das Tabstoppsymbol an und ziehen es mit gedrückter Maustaste an die neue Position.

Tabstopps setzen

Wenn Sie Tabstopps formatieren, können Sie drei verschiedene Merkmale mit dem Tabstopp verbinden: seine Position, die Ausrichtung und das Füllzeichen, das ausgegeben werden soll. Sie können Tabstopps entweder im Dialogfeld *Tabstopps* oder mit der Maus im Lineal setzen. Schalten Sie beim Setzen von Tabstopps am besten die Ansicht *Seitenlayout* ein, damit Word den Text so zeigt, wie er später gedruckt wird. Sie können mit dem Kontrollkästchen *Tabstoppzeichen* aus der Kategorie *Anzeigen* des Dialogfeldes *Word-Optionen* gleichzeitig die Anzeige der Tabstoppzeichen einschalten, die dann auf dem Bildschirm mit dem Sonderzeichen → dargestellt werden.

Standardtabstopps und individuelle Tabstopps

Neben den Tabstopps, die Sie individuell festlegen können, besitzt das gesamte Dokument von vornherein Standardtabstopps, die in einem Abstand von 1,25 cm angeordnet sind. Die Standardtabstopps werden an der unteren Kante des Lineals durch kleine graue Striche symbolisiert. So können Sie den Wert für die Standardtabstopps ändern:

1. Wechseln Sie zur Registerkarte *Start.*
2. Klicken Sie in der Gruppe *Absatz* auf das Startprogramm für ein Dialogfeld und dann im Dialogfeld *Absatz* auf die Schaltfläche *Tabstopps.*
3. Geben Sie in das Textfeld *Standardtabstopps* den gewünschten Wert ein.
4. Klicken Sie auf *OK.*

Tabstoppmerkmale bestimmen

Um einzelne Tabstopps zu setzen und alle vorhandenen Optionen einstellen zu können, lassen Sie das Dialogfeld *Tabstopps* anzeigen.

1. Markieren Sie die Absätze, für die Sie Tabstopps festlegen wollen. Wenn Sie die Tabstopps nur für einen Absatz einstellen wollen, reicht es aus, wenn sich die Einfügemarke im betreffenden Absatz befindet.
2. Wechseln Sie zur Registerkarte *Start* und klicken Sie in der Gruppe *Absatz* auf das Startprogramm für ein Dialogfeld und dann im Dialogfeld *Absatz* auf die Schaltfläche *Tabstopps.*

Bild 18.2 In diesem Dialogfeld können Sie alle Merkmale von Tabstopps einstellen

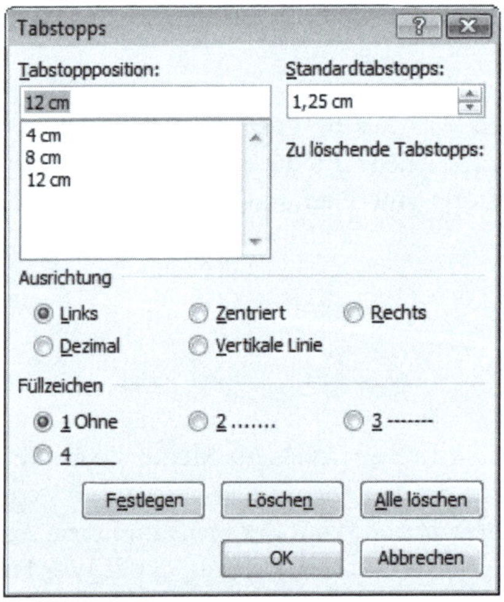

3. Geben Sie in das Feld *Tabstoppposition* die gewünschte Position des Tabstopps ein. Der Wert, den Sie hier eingeben, ist der Abstand von der linken Absatzbegrenzung bis zum Tabstopp.
4. Nachdem Sie die Position festgelegt haben, können Sie die Ausrichtung des Tabstopps bestimmen. Word bietet Ihnen in der betreffenden Gruppe fünf verschiedene Optionen an:
   - **Links** Wenn Sie einen links ausrichtenden Tabstopp verwenden, wird der linke Rand am Tabstopp ausgerichtet.
   - **Zentriert** Wenn Sie einen zentriert ausrichtenden Tabstopp verwenden, wird der Spaltentext am Tabstopp zentriert.
   - **Rechts** Wenn Sie einen rechts ausrichtenden Tabstopp verwenden, wird der rechte Rand des Spaltentextes am Tabstopp ausgerichtet.
   - **Dezimal** Wenn Sie einen dezimalen Tabstopp verwenden, wird das Dezimaltrennzeichen am Tabstopp ausgerichtet. Enthält der Text kein Dezimaltrennzeichen, wird der Spaltentext rechtsbündig ausgerichtet.
   - **Vertikale Linie** Wenn Sie einen vertikalen Tabstopp verwenden, zeichnet Word eine vertikale Linie an der Stelle, die der Position des Tabstopps entspricht.

Klicken Sie die gewünschte Ausrichtung an. Die folgende Abbildung zeigt Beispiele für die verschiedenen Ausrichtungen von Tabstopps.

Bild 18.3 Tabstopps und deren Ausrichtung

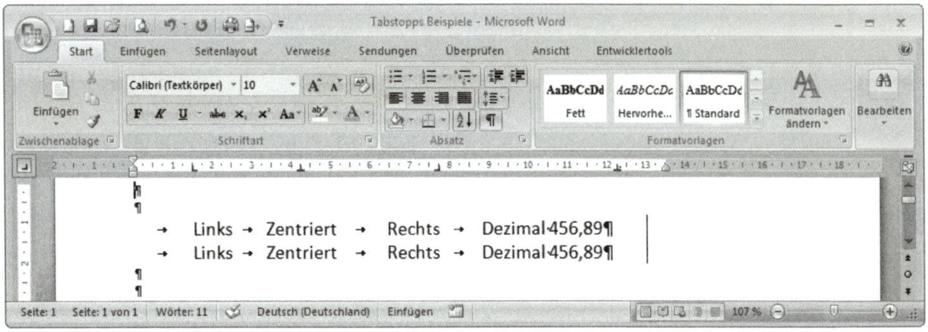

5. Legen Sie nun fest, welches Füllzeichen verwendet werden soll.

   Der Raum, den das Tabstoppzeichen einnimmt, bleibt normalerweise leer. In der Gruppe *Füllzeichen* können Sie jedoch ein anderes Zeichen bestimmen, das diesen Raum einnehmen soll. Word stellt Ihnen den Punkt (.), den Trennstrich (-) und den Unterstrich (_) zur Verfügung. Wählen Sie das gewünschte Zeichen aus. Beispiele für die Verwendung von Füllzeichen sehen Sie in der folgenden Abbildung.

Bild 18.4 Tabstopps und ihre Füllzeichen

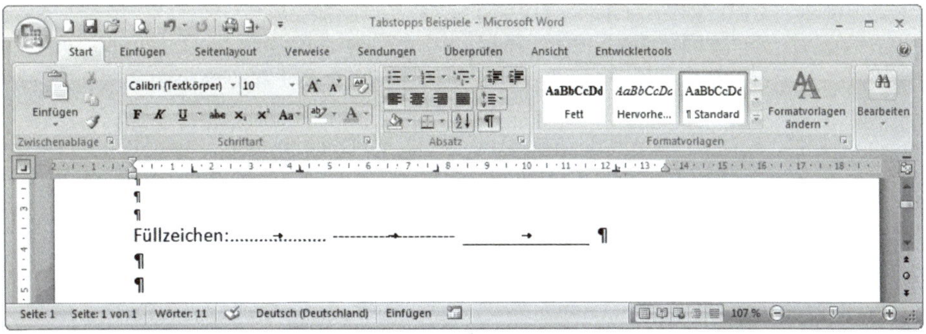

6. Um die für den Tabstopp festgelegten Merkmale zu aktivieren, klicken Sie auf *Festlegen.*
7. Wiederholen Sie die Schritte 3 bis 6 für alle weiteren Tabstopps, die Sie festlegen wollen.
8. Klicken Sie auf *OK*, um das Dialogfeld *Tabstopps* zu schließen.

PROFITIPP

Anzahl der Punkte als Füllzeichen bei Tabulatoren

Wenn Sie Punkte als Füllzeichen verwenden (wie wir es auch im Inhaltsverzeichnis dieses Buches gemacht haben), können Sie die Anzahl der Punkte und deren Abstand nicht direkt, sondern nur indirekt über die Zeichenformatierung ändern. Gehen Sie dazu wie folgt vor:

1. Markieren Sie im Dokument das Tabstoppzeichen, damit die Punktlinie markiert wird.
2. Wechseln Sie zur Registerkarte *Start* und klicken Sie in der Gruppe *Schriftart* auf das Startprogramm für ein Dialogfeld.
3. Wechseln Sie dann im Dialogfeld *Schriftart* zur Registerkarte *Zeichenabstand.*
4. Wählen Sie im Listenfeld *Abstand* den Eintrag *Erweitert,* wenn Sie den Abstand vergrößern und die Anzahl der Punkte verkleinern wollen, bzw. den Eintrag *Schmal,* wenn Sie den Abstand verkleinern und die Anzahl der Punkte erhöhen wollen.
5. Tragen Sie in das Feld *Von* (das besser mit *Um* beschriftet wäre) den Wert ein, um den der Zeichenabstand verkleinert bzw. vergrößert werden soll. Eventuell müssen Sie hier ein wenig probieren, bis Sie das gewünschte Ergebnis erhalten.

Tabstopps mit der Maus setzen

Sie können Tabstopps auch mit der Maus setzen, indem Sie im Lineal die Position anklicken, an der der Tabstopp gesetzt werden soll.

1. Schalten Sie das Lineal ein, sofern es nicht bereits sichtbar ist. Wechseln Sie dazu zur Registerkarte *Ansicht* und schalten Sie in der Gruppe *Einblenden/Ausblenden* das Kontrollkästchen *Lineal* ein.
2. Setzen Sie die Einfügemarke in den Absatz, für den Sie Tabstopps setzen wollen. Wenn Sie Tabstopps für mehrere Absätze bestimmen wollen, erweitern Sie die Markierung, damit alle gewünschten Absätze einen Teil der Markierung enthalten.
3. Klicken Sie mit der Maus auf das kleine Quadrat links neben dem Lineal, bis das Symbol für die gewünschte Ausrichtung erscheint.
4. Klicken Sie im Lineal auf die Stelle, an der Sie einen Tabstopp einfügen wollen.

Bild 18.5 Ausrichtung der Tabstopps mit der Maus festlegen

Klicken, um Tabstoppausrichtung zu ändern

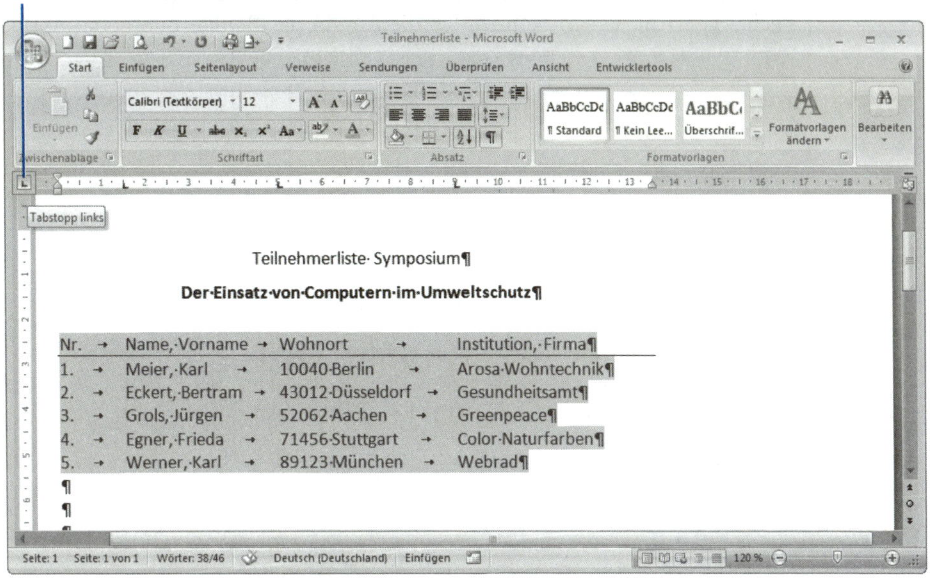

Das Füllzeichen kann nicht mit der Maus im Lineal festgelegt werden. Um das Füllzeichen zu bestimmen, müssen Sie in einem zweiten Schritt das Dialogfeld *Tabstopps* verwenden:

1. Wechseln Sie zur Registerkarte *Start* und klicken Sie in der Gruppe *Absatz* auf das Startprogramm für ein Dialogfeld und dann im Dialogfeld *Absatz* auf die Schaltfläche *Tabstopps.*
2. Wählen Sie im Feld *Tabstoppposition* den gewünschten Tabstopp aus. (In dieser Liste sehen Sie alle Tabstopps, die für den markierten Absatz bereits festgelegt wurden.)
3. Klicken Sie auf eines der Optionsfelder in der Gruppe *Füllzeichen.*
4. Klicken Sie auf *Festlegen.*
5. Schließen Sie das Dialogfeld mit der *OK*-Schaltfläche.

Übung: Tabstopps setzen

Probieren Sie es selbst einmal aus und laden Sie die Beispieldatei *Teilnehmerliste.docx*, die wir vorbereitet haben. Diese Datei enthält eine Teilnehmerliste, in der zwischen den einzelnen Elementen jeder Zeile bereits ein Tabulator eingegeben wurde. Da den einzelnen Absätzen noch keine individuellen Tabstopps zugeordnet wurden, verwendet Word die Standardtabstopps, die Sie noch im Lineal sehen.

Formatieren Sie diese Tabelle um und verwenden Sie je nach Lust und Laune das Maus- oder das Tastaturverfahren. Wir empfehlen Ihnen folgende Tabstopppositionen: 1,5 cm, 5 cm und 9 cm. Verwenden Sie für die Tabelle links ausgerichtete Tabstopps.

Bild 18.6 Eine Teilnehmerliste mit den Standardtabstopps

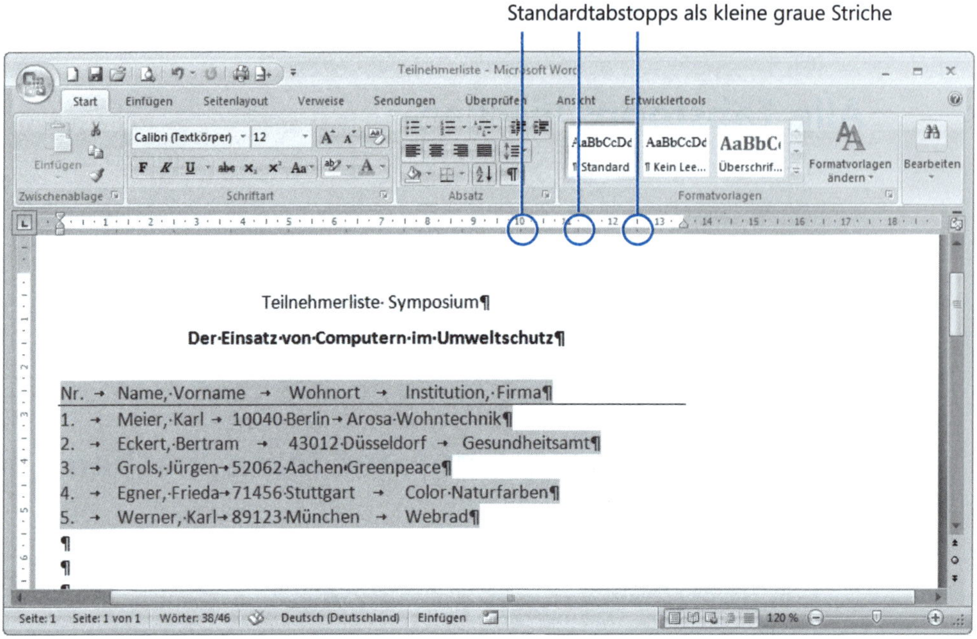

Wichtig ist, dass Sie vor dem Formatieren sowohl die Tabellenüberschrift als auch die Zeilen mit den einzelnen Teilnehmern markieren.

Tabstopps löschen

Sie können Tabstopps, die Sie gesetzt haben, auch wieder entfernen. Hierbei können Sie einzelne Tabstopps oder alle Tabstopps in den markierten Absätzen löschen. Den Absätzen wird dann wieder der Standardtabstopp zugewiesen, der im Dialogfeld *Tabstopps* eingestellt werden kann.

Einzelne Tabstopps im Dialogfeld löschen

Führen Sie folgende Schritte durch, um einzelne Tabstopps zu löschen:

1. Setzen Sie die Einfügemarke in den Absatz, in dem Sie den Tabstopp löschen wollen. Wenn Sie Tabstopps in mehreren Absätzen löschen wollen, erweitern Sie die Markierung, damit alle gewünschten Absätze einen Teil der Markierung enthalten.
2. Wechseln Sie zur Registerkarte *Start* und klicken Sie in der Gruppe *Absatz* auf das Startprogramm für ein Dialogfeld und dann im Dialogfeld *Absatz* auf die Schaltfläche *Tabstopps.*
3. Markieren Sie im Listenfeld *Tabstoppposition* den Tabstopp, den Sie löschen wollen.
4. Klicken Sie auf *Löschen.* Der Tabstopp wird daraufhin in die Liste *Zu löschende Tabstopps* aufgenommen.

5. Wiederholen Sie die beiden letzten Schritte für alle zu löschenden Tabstopps.
6. Drücken Sie die [↵]-Taste oder klicken Sie auf *OK*.

Alle Tabstopps löschen

Sie können auch alle Tabstopps im Absatz oder den markierten Absätzen löschen:

1. Setzen Sie dazu die Einfügemarke wie gewohnt in den Absatz oder markieren Sie die Absätze, deren Tabstopps gelöscht werden sollen.
2. Wechseln Sie zur Registerkarte *Start* und klicken Sie in der Gruppe *Absatz* auf das Startprogramm für ein Dialogfeld und dann im Dialogfeld *Absatz* auf die Schaltfläche *Tabstopps.*
3. Wählen Sie im Dialogfeld die Schaltfläche *Alle löschen.*

Einzelne Tabstopps mit der Maus löschen

Einzelne Tabstopps können Sie mithilfe des Lineals und der Maus löschen:

1. Setzen Sie die Einfügemarke in den Absatz, in dem Sie einen Tabstopp löschen wollen. Wenn Sie Tabstopps in mehreren Absätzen löschen wollen, erweitern Sie die Markierung, damit alle gewünschten Absätze einen Teil der Markierung enthalten.
2. Schalten Sie das Lineal ein, sofern es nicht bereits sichtbar ist. Wechseln Sie dazu zur Registerkarte *Ansicht* und schalten Sie in der Gruppe *Einblenden/Ausblenden* das Kontrollkästchen *Lineal* ein.
3. Zeigen Sie mit der Maus auf das Tabstoppsymbol im Lineal und ziehen Sie es nach unten weg.

Tabstopps verschieben

Wenn Sie eine Tabelle mit Tabstopps eingerichtet haben und später weitere Einträge aufnehmen müssen, die länger sind als die bisherigen Einträge, kommt es oft vor, dass Sie einzelne Tabstopps an eine neue Position verschieben müssen, um den vielleicht in Unordnung geratenen Gesamteindruck der Tabelle zu restaurieren.

Tabstopps verschieben ohne Maus

Setzen Sie die Einfügemarke in den Absatz, in dem Sie einen Tabstopp neu positionieren wollen. Wenn Sie Tabstopps für mehrere Absätze verschieben wollen, erweitern Sie die Markierung, damit alle gewünschten Absätze einen Teil der Markierung enthalten. Sie müssen nun zuerst den alten Tabstopp löschen und dann einen neuen an der gewünschten Position setzen:

1. Wechseln Sie zur Registerkarte *Start* und klicken Sie in der Gruppe *Absatz* auf das Startprogramm für ein Dialogfeld und dann im Dialogfeld *Absatz* auf die Schaltfläche *Tabstopps.*
2. Markieren Sie im Feld *Tabstoppposition* den zu löschenden Tabstopp.
3. Drücken Sie [Alt]+[N], um die Schaltfläche *Löschen* auszuwählen.

4. Wenn das Textfeld *Tabstoppposition* nicht leer ist, drücken Sie Entf und geben dann die neue Tabstoppposition ein.
5. Klicken Sie auf *Festlegen* und schließen Sie das Dialogfeld mit *OK*.

Mit der Maus funktioniert das Verschieben eines Tabstopps jedoch weitaus komfortabler.

Tabstopps mit der Maus verschieben

1. Schalten Sie das Lineal ein, sofern es nicht bereits sichtbar ist. Wechseln Sie dazu zur Registerkarte *Ansicht* und schalten Sie in der Gruppe *Einblenden/Ausblenden* das Kontrollkästchen *Lineal* ein.
2. Verschieben Sie die Einfügemarke in den Absatz, für den Sie Tabstopps neu positionieren wollen. Wenn Sie Tabstopps für mehrere Absätze verschieben wollen, erweitern Sie die Markierung, damit alle gewünschten Absätze einen Teil der Markierung enthalten. Beachten Sie, dass im Lineal Tabstopps, die nicht für alle markierten Absätze gelten, grau angezeigt werden.
3. Zeigen Sie mit dem Mauszeiger auf das Tabstoppsymbol, das Sie neu positionieren wollen, und ziehen Sie es dann mit gedrückter Maustaste an die neue Position.

HINWEIS Die Formatierung von Tabstopps erfolgt über das Dialogfeld *Tabstopps*, das Sie über das Dialogfeld *Absatz* aufrufen. Dieser Umstand weist bereits darauf hin, dass Tabstopps immer absatzweise zugeordnet und mit der Absatzmarke verbunden sind. Wenn Sie also die Absatzmarke hinter einem Absatz löschen, werden dabei gleichzeitig auch die Tabstoppeinstellungen für diesen Absatz gelöscht.

Zusammenfassung

In diesem Kapitel haben Sie gelernt, wie Sie einfache Tabellen mithilfe von Tabstopps erstellen.

- Position und Art der Tabulatoren bestimmen Sie mit dem Dialogfeld *Tabstopps* (Seite 371). Das Dialogfeld dieses Befehls eignet sich vor allem zum exakten Positionieren der Tabstopps.
- Mit der Maus können Sie die Tabstopps deutlich schneller einfügen, indem Sie einfach die gewünschte Position im Lineal anklicken. Auch die Art des einzufügenden Tabstopps kann im Lineal gewählt werden (Seite 374).
- Anschließend haben Sie gelernt, wie Sie nicht mehr benötigte Tabstopps löschen (Seite 376) und die Position eines Tabstopps ändern (Seite 377). Sie haben dabei gesehen, dass sich beide Aufgaben sowohl mit der Tastatur als auch mit der Maus erledigen lassen.

Kapitel 19

Tabellen mit dem Tabellen-Editor erstellen

In diesem Kapitel:

Mit der Tabellenfunktion von Microsoft Office Word 2007 können Sie einfache Zahlenkolonnen genauso einfach und schnell erstellen wie beispielsweise eine aufwändige Preisliste. Mit den überarbeiteten und umfangreicheren Tabellenformatvorlagen, die Ihnen in Word zur Verfügung stehen, können Sie Ihre Tabellen in kürzester Zeit mit einer ansprechenden Optik versehen.

In der Version 2007 von Word befinden sich die Funktionen zum Erstellen und Bearbeiten von Tabellen an neuen Stellen in der Benutzeroberfläche. Zum Erstellen einer Tabelle verwenden Sie die Gruppe *Tabellen* auf der Registerkarte *Einfügen.* Wenn sich die Einfügemarke in einer Tabelle befindet, blendet Word in der Multifunktionsleiste die *Tabellentools* ein; über die Registerkarten *Entwurf* und *Layout* können Sie dann all die Aufgaben erledigen, für die Sie in vorherigen Word-Versionen das Menü *Tabelle* und die Symbolleiste *Tabellen und Rahmen* verwendet haben.

Dieses Kapitel stellt die grundlegenden Techniken zum Arbeiten mit Tabellen vor, enthält einige Tipps zum Einsatz von Tabellen und weist auf mögliche Problempunkte hin. Sie werden erfahren,

- wie Sie neue Tabellen erstellen oder eine Excel-Tabelle in Word verwenden,
- wie Sie die Anzahl der Spalten und Zeilen verändern und
- wie Sie die Tabelle formatieren.

Leere Word-Tabelle einfügen

Der schnellste Weg, eine leere Word-Tabelle anzulegen, ist die Schaltfläche *Tabelle* auf der Registerkarte *Einfügen*:

1. Setzen Sie die Einfügemarke an die Stelle, an der die Tabelle eingefügt werden soll.
2. Öffnen Sie in der Multifunktionsleiste die Registerkarte *Einfügen* und klicken Sie in der Gruppe *Tabellen* auf die Schaltfläche *Tabelle.*

Bild 19.1 Klicken Sie im Menü die Stelle an, die der Anzahl der Zeilen und Spalten entspricht, die die neue Tabelle haben soll

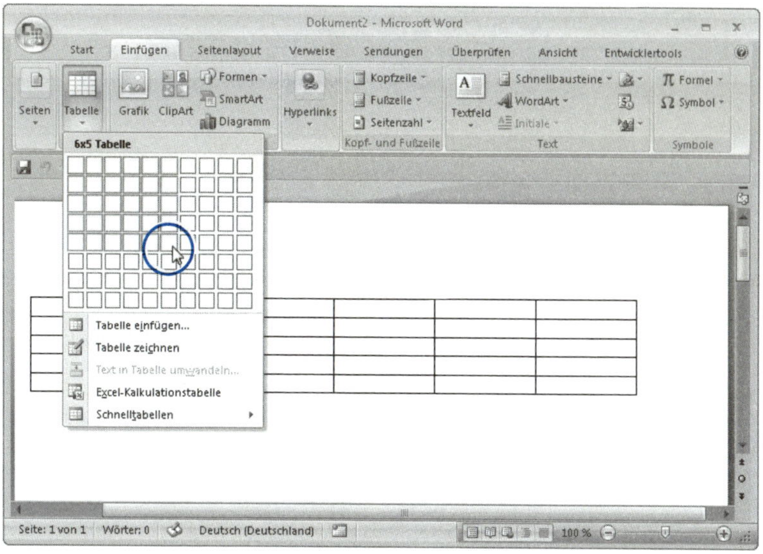

3. Bewegen Sie den Mauszeiger auf die Stelle, die der gewünschten Anzahl der Zeilen und Spalten entspricht. Wenn die Livevorschau aktiviert ist, wird im Dokument eine Vorschau der Tabelle angezeigt.

4. Klicken Sie im Menü in der kleinen Tabelle auf die Stelle, die der Anzahl der Zeilen und Spalten entspricht, die die neue Tabelle haben soll. (Während Sie den Mauszeiger über die kleine Tabelle bewegen, wird im oberen Bereich des Menüs die aktuelle Zeilen- und Spaltenanzahl angezeigt.)

Alle Felder der neuen Tabelle werden von Word mit einem einfachen Rahmen versehen. Wenn Sie eine aufwändigere Formatierung wünschen, können Sie diese selbst vornehmen, oder Sie verwenden eine der zahlreichen Tabellenformatvorlagen (siehe weiter hinten in diesem Kapitel).

Tabelle zeichnen

Richtig Spaß macht das Erstellen und Bearbeiten von Tabellen aber erst mit der Zeichenfunktion von Word. Viel einfacher und komfortabler kann man sich das Arbeiten mit Tabellen wohl kaum noch vorstellen.

Das Prinzip ist denkbar einfach:

1. Öffnen Sie in der Multifunktionsleiste die Registerkarte *Einfügen* und klicken Sie in der Gruppe *Tabellen* auf die Schaltfläche *Tabelle.*

2. Klicken Sie dann im Menü auf *Tabelle zeichnen.* Word wechselt in den Zeichenmodus für Tabellen. Sie erkennen dies daran, dass der Mauszeiger die Form eines Stiftes erhält.

3. Ziehen Sie mit der Maus einen Rahmen in der gewünschten Tabellengröße auf. Sobald Sie die Maustaste loslassen, wird die Tabelle in der aktuellen Linienart eingefügt.

Bild 19.2 So zeichnen Sie in Word eine Tabelle

4. Nehmen Sie mit dem Stift weitere Unterteilungen vor, indem Sie die gewünschten Linien einfach einzeichnen. Die Linienart, -stärke und -farbe können Sie in den Listenfeldern auf der Registerkarte *Tabellentools/Entwurf* in der Gruppe *Rahmenlinien zeichnen* auswählen. Word sorgt dabei automatisch dafür, dass die Linien richtig aneinander ansetzen.

Bild 19.3 Weitere Linien in eine bestehende Tabelle einfügen. Die Linienart und Linienstärke können Sie mit den Listenfeldern in der Gruppe *Rahmenlinien zeichnen* festlegen.

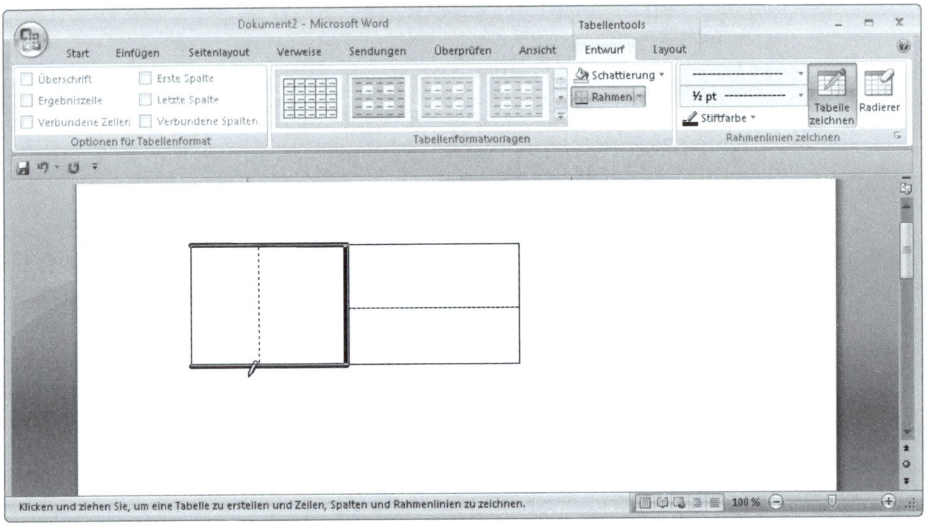

5. Falsche oder nicht mehr benötigte Linien entfernen Sie mit dem Radiergummi. Klicken Sie zuerst auf der Registerkarte *Tabellentools/Entwurf* in der Gruppe *Rahmenlinien zeichnen* die Schaltfläche *Radierer* an und dann die Linie, die Sie entfernen wollen. (Der Radierer-Modus bleibt so lange aktiv, bis Sie die Schaltfläche *Radierer* ein weiteres Mal anklicken.)
6. Mit der Taste Esc oder einem Klick auf die Schaltfläche *Tabelle zeichnen* in der Gruppe *Rahmenlinie zeichnen* beenden Sie den Zeichenmodus.

TIPP Sie können die Zeichenfunktion jederzeit für eine bestehende Tabelle aufrufen, um Korrekturen oder Änderungen vorzunehmen.

Tabelle löschen

Wenn Sie bereits versucht haben, eine markierte Tabelle mit `Entf` zu löschen, werden Sie sich vielleicht gewundert haben, dass Word zwar den Inhalt der Tabelle gelöscht hat, nicht aber die Tabelle selbst.

Um eine Tabelle vollständig zu löschen, gehen Sie am besten so vor:

1. Klicken Sie irgendwo in die Tabelle. Die Registerkarten *Entwurf* und *Layout* der Tabellentools werden eingeblendet.
2. Öffnen Sie die Registerkarte *Tabellentools/Layout.*
3. Klicken Sie auf die Schaltfläche *Löschen* und dann auf *Tabelle löschen.*

   Word entfernt die Tabelle aus dem Dokument.

Bild 19.4 Mit dem Befehl *Tabelle löschen* entfernen Sie die gesamte Tabelle aus dem Dokument

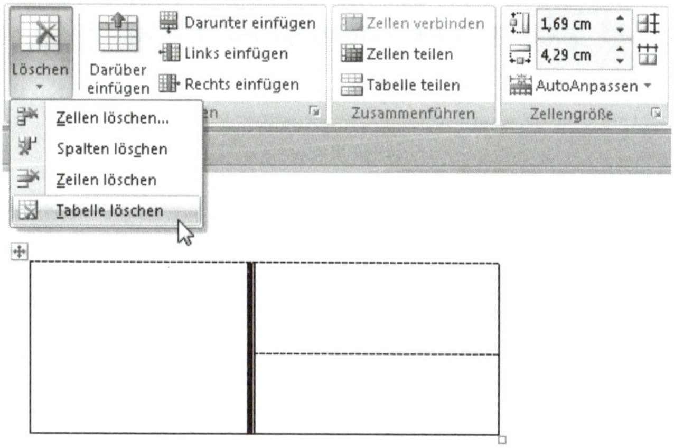

In Tabellen navigieren

Für Word-Tabellen gelten fast die gleichen Regeln wie für normalen Text – aber eben nur fast. Im folgenden Abschnitt haben wir für Sie die wichtigsten Ausnahmen und Besonderheiten zusammengestellt.

Tabellenfelder und Gitternetzlinien

Jede Tabelle besteht aus einer beliebigen Anzahl von Tabellenfeldern. Um die einzelnen Felder auch dann besser erkennen zu können, wenn Sie keine Rahmenlinien in der Tabelle verwenden, schalten Sie am besten immer die Gitternetzlinien ein:

1. Setzen Sie den Mauszeiger an eine beliebige Stelle in der Tabelle. Die Registerkarten *Entwurf* und *Layout* der Tabellentools werden eingeblendet.

2. Öffnen Sie die Registerkarte *Tabellentools/Layout.*
3. Klicken Sie in der Gruppe *Tabelle* auf *Gitternetzlinien anzeigen.*

Diese Linien zeigen die Ausmaße der einzelnen Tabellenfelder und erleichtern Ihnen beim Bewegen der Einfügemarke die Orientierung.

Das Zellenendezeichen

In jedem Tabellenfeld gibt es ein *Zellenendezeichen* ¤, mit dem das Ende der Tabellenzelle angezeigt wird. Das gleiche Zeichen steht auch am Ende der Zeile. Dort heißt es *Zeilenendezeichen.* Ob es angezeigt wird, hängt davon ab, ob im Dialogfeld *Word-Optionen* auf der Seite *Anzeigen* die Option *Absatzmarken* eingeschaltet ist oder nicht. (Weitere Informationen zu den Word-Optionen finden Sie in Kapitel 22.)

Bewegen der Einfügemarke

Wenn Sie die Einfügemarke in einer Tabelle bewegen, haben einige Pfeiltasten und die ⇆-Taste eine andere Bedeutung als in normalem Text. Die folgende Tabelle informiert Sie über die Unterschiede:

Tabelle 19.1 Bewegen der Einfügemarke in Tabellen

Dahin wollen Sie ...	Diese Taste(n) müssen Sie drücken ...
Anfang der aktuellen Zelle	Pos1
Ende der aktuellen Zelle	Ende
Nächste Zelle	⇆
Vorherige Zelle	⇧+⇆
Erste Zelle in aktueller Zeile	Alt+Pos1
Letzte Zelle in aktueller Zeile	Alt+Ende
Oberste Zelle in aktueller Spalte	Alt+↑
Unterste Zelle in aktueller Spalte	Alt+↓

HINWEIS **Tabulatoren in Tabellen eingeben** Um in normalem Word-Text einen Tabulator einzufügen, verwenden Sie die Taste ⇆. Da diese Taste innerhalb einer Tabelle eine besondere Bedeutung hat, müssen Sie die Tastenkombination Strg+⇆ verwenden, wenn Sie innerhalb einer Tabelle Tabulatoren setzen wollen.

In Tabellen markieren

Auch das Markieren funktioniert in Tabellen etwas anders als in normalem Text und ist daher etwas gewöhnungsbedürftig.

Markieren mit der Tastatur

Sie können die Kombination von ⇧+Pfeiltasten verwenden, um einzelne Zeichen zu markieren.

- Wenn Sie dabei das Ende eines Tabellenfeldes (genauer gesagt: das Zellenendezeichen) mit markieren, wird automatisch die gesamte Zelle markiert.
- Wenn Sie, nachdem eine Zelle ganz markiert wurde, die Markierung erweitern, wird die Markierung zellenweise, und nicht zeichenweise, vergrößert.

Markieren mit der Maus

Innerhalb einer Zelle gelten für das Markieren mit der Maus die gleichen Regeln wie in normalem Text. Darüber hinaus gibt es einige Besonderheiten, um bequem Zellen, Zeilen oder Spalten einer Tabelle zu markieren.

Ganze Spalte markieren

1. Setzen Sie den Mauszeiger auf die oberste Gitternetzlinie einer Spalte, bis er zu einem schwarzen Pfeil wird, der nach unten weist.

Bild 19.5 Der Mauszeiger wird oberhalb der obersten Zeile zum Markierungspfeil

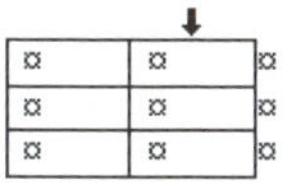

2. Klicken Sie, um die Spalte zu markieren.

Ganze Zeile markieren

Um einzelne oder mehrere Zeilen einer Tabelle zu markieren, benutzen Sie, genau wie beim Markieren von normalen Textzeilen, die Markierungsleiste (das ist der leere Bereich links neben dem Text).

Einzelne Zelle markieren

1. Verschieben Sie die Maus an den Anfang eines Feldes, bis der Zeiger die Form eines schräg nach rechts oben zeigenden Pfeils annimmt.

Bild 19.6 Die Form des Mauszeigers ändert sich beim Markieren einer einzelnen Zelle

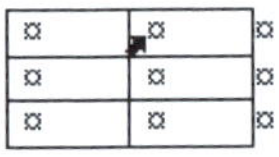

2. Klicken Sie, um die Zelle zu markieren.

Markieren mit Menübefehlen

Wenn Ihnen das Markieren mit der Maus oder der Tastatur zu umständlich ist, können Sie auch die Befehle des Menüs *Auswählen* verwenden, das Sie auf der Registerkarte *Tabellentools/Layout* in der Gruppe *Tabelle* finden. Mit den Unterpunkten des Menüs können Sie zumindest die rudimentären Markierungsaufgaben erledigen.

Bild 19.7 Über das Menü *Auswählen* können Sie eine Zelle, Spalte, Zeile oder die gesamte Tabelle markieren

Zeilen und Spalten einfügen

Die erste Einteilung der Zeilen und Spalten wird selten der endgültigen Version der Tabelle entsprechen. Früher oder später werden Sie also vor der Aufgabe stehen, die Aufteilung der Tabelle ändern zu müssen.

Zeile am Ende der Tabelle einfügen

1. Setzen Sie die Einfügemarke in die letzte Zelle der Tabelle.
2. Drücken Sie die ↹-Taste.

Zeile an beliebiger Stelle in die Tabelle einfügen

1. Setzen Sie die Einfügemarke in die Zeile, über oder unter der Sie eine neue Zeile einfügen wollen.
2. Öffnen Sie die Registerkarte *Tabellentools/Layout*.
3. Klicken Sie in der Gruppe *Zeilen und Spalten* auf *Darüber einfügen* bzw. auf *Darunter einfügen*.

Bild 19.8 Die Schaltflächen zum Einfügen von Spalten/Zeilen befinden sich auf der Registerkarte *Tabellentools/Layout*

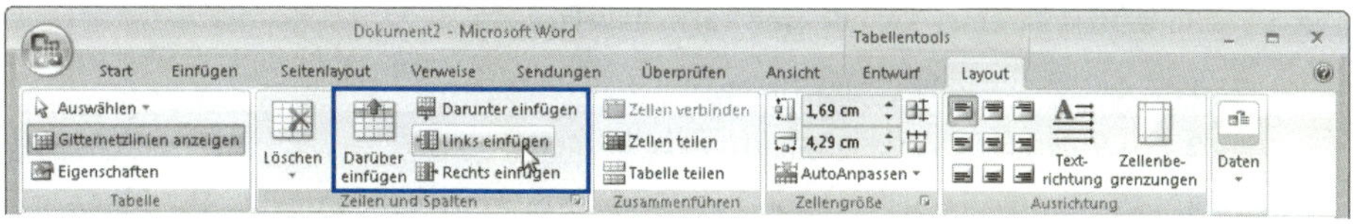

TIPP **Mehrere Zeilen einfügen** Wollen Sie mehrere Zeilen gleichzeitig einfügen, können Sie vorher entsprechend viele Zeilen in der Tabelle markieren und müssen den Befehl dann nicht mehrfach aufrufen.

Spalten einfügen

1. Setzen Sie die Einfügemarke in die Spalte, neben der Sie eine neue Spalte einfügen wollen.
2. Öffnen Sie die Registerkarte *Tabellentools/Layout.*
3. Klicken Sie in der Gruppe *Zeilen und Spalten* auf *Links einfügen* bzw. auf *Rechts einfügen.*

TIPP **Zeilen, Spalten und Zellen mit dem Kontextmenü einfügen** Im Kontextmenü für Tabellen finden Sie den Befehl *Einfügen,* den Sie ebenfalls verwenden können, um in eine vorhandene Tabelle weitere Spalten und Zeilen einzufügen. Die Verwendung des Kontextmenüs erspart die Navigation zur betreffenden Registerkarte in der Multifunktionsleiste.

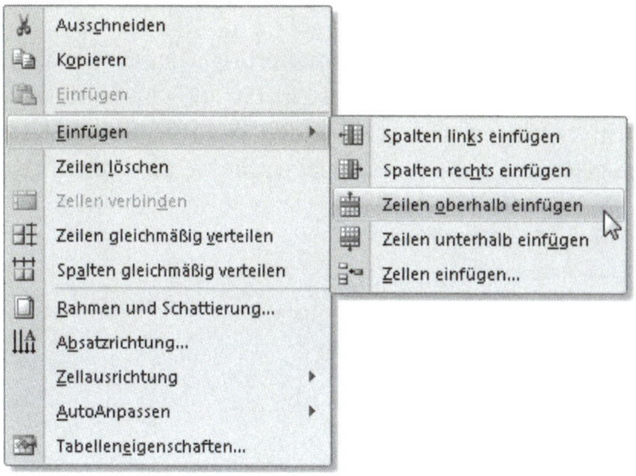

Tabellen mit Formatvorlagen formatieren

Nachdem Sie die Tabelle erstellt und in die einzelnen Tabellenzellen die gewünschten Informationen eingegeben haben, können Sie die Tabelle formatieren, um ihr eine ansprechende Optik zuzuweisen. Hierbei können Sie auf die zahlreichen Tabellenformatvorlagen zurückgreifen, die Ihnen Word zur Verfügung stellt und mit denen das Formatieren einer Tabelle nur ein paar Sekunden dauert. (Dieses Feature gab es so ähnlich bereits auch in vorhergehenden Word-Versionen, und zwar unter dem Namen »AutoFormat für Tabellen«.)

So weisen Sie einer Tabelle eine Formatvorlage zu:

1. Setzen Sie die Einfügemarke in die Tabelle.
2. Öffnen Sie die Registerkarte *Tabellentools/Entwurf.*
3. Zeigen Sie in der Gruppe *Tabellenformatvorlagen* auf eine der Abbildungen mit den Tabellenformaten. Word zeigt im Dokument eine Livevorschau des ausgewählten Formats an.

Bild 19.9 Mit den Tabellenformatvorlagen lässt sich eine komplette Tabelle in Sekunden formatieren

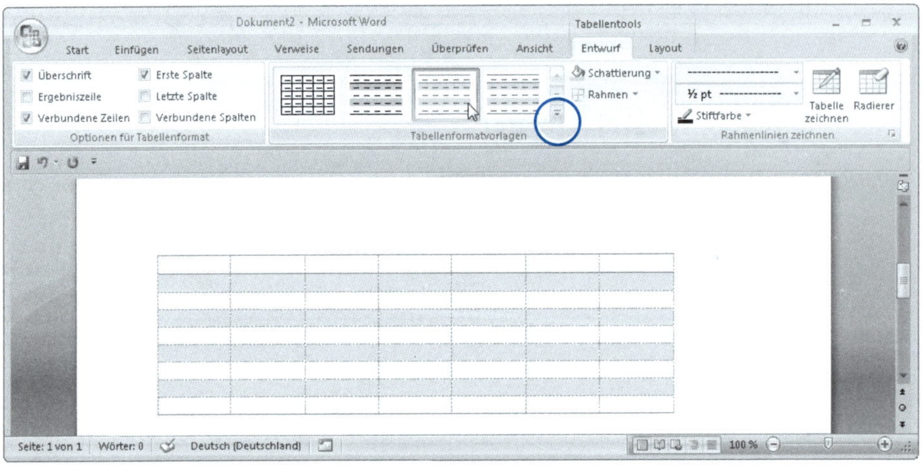

4. Falls in der Gruppe *Tabellenformatvorlagen* keine Formatierung sichtbar ist, die Ihnen geeignet erscheint, klicken Sie auf die Schaltfläche *Weitere* (in der obigen Abbildung mit einem Kreis markiert), um den Formatvorlagenkatalog zu öffnen. Scrollen Sie im Katalog, bis Sie eine geeignete Formatvorlage gefunden haben, und klicken Sie sie an, um sie der Tabelle zuzuweisen.

Bild 19.10 Im Formatvorlagenkatalog, den Sie über die Schaltfläche *Weitere* öffnen, finden Sie zahlreiche weitere Tabellenformatvorlagen

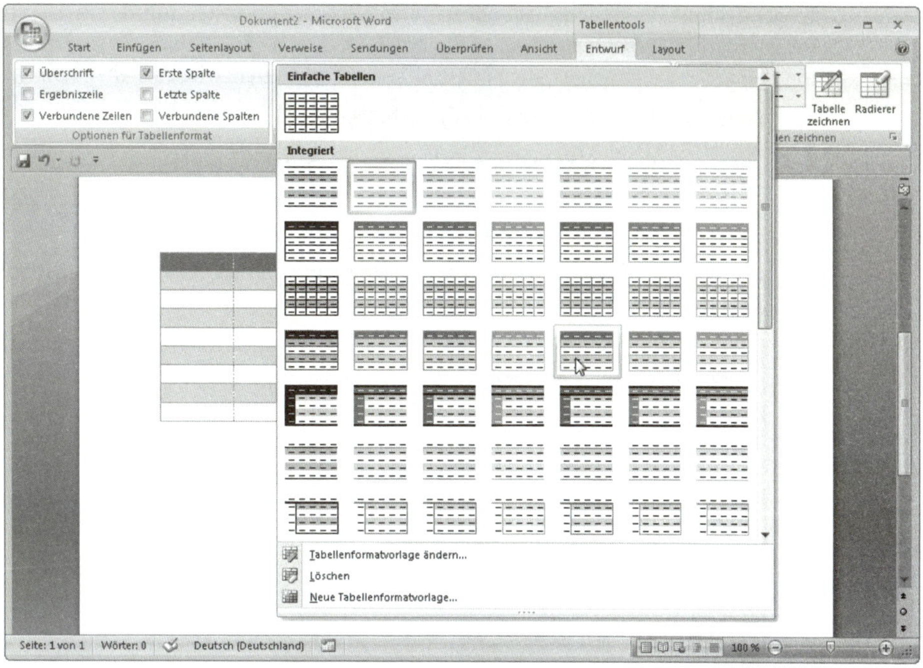

5. In der Gruppe *Optionen für Tabellenformat* können Sie festlegen, ob bestimmte Elemente der Tabelle besonders formatiert werden sollen.

   Welche der Kontrollkästchen Sie einschalten, hängt davon ab, welche Informationen sich in der Tabelle befinden. Wenn Sie beispielsweise eine Tabelle erstellt haben, in der sich in der ersten Zeile die Spaltenüberschriften befinden, dann schalten Sie das Kontrollkästchen *Überschriften* ein. Bei Tabellenarten, bei denen in der letzten Spalte die Summe der einzelnen Zeilen angezeigt werden, bietet es sich an, das Kontrollkästchen *Letzte Spalte* einzuschalten.

   Die Bedeutung der Kontrollkästchen *Verbundene Zeilen* und *Verbundene Spalten* ist auf den ersten Blick nicht so leicht ersichtlich. Hiermit erreichen Sie, dass jede zweite Zeile/Spalte anders formatiert wird, was die Lesbarkeit von Tabellen verbessert.

TIPP Sie können die Kontrollkästchen der Gruppe *Optionen für Tabellenformat* auch ein- und ausschalten, nachdem Sie das Grundformat mittels einer Tabellenformatvorlage zugewiesen haben. Falls die Option doch nicht geeignet ist, schalten Sie das entsprechende Kontrollkästchen einfach wieder aus.

Wenn Sie eine Tabelle mit einer Formatierung versehen wollen, die so in keiner der Tabellenformatvorlagen vorhanden ist, dann können Sie die gesamte Tabelle oder auch einzelne Zeilen, Spalten oder Zellen manuell formatieren. Wie das geht, beschreiben die nachfolgenden Abschnitte.

Linien formatieren

Einzelne Linien in einer Tabelle formatieren Sie am einfachsten mit der Zeichenfunktion. Auf der Registerkarte *Tabellentools/Entwurf* finden Sie in der Gruppe *Rahmenlinien zeichnen* drei Elemente, mit denen Sie die Linienart, die Linienstärke und die Linienfarbe einstellen können.

1. Setzen Sie die Einfügemarke in die Tabelle.
2. Öffnen Sie die Registerkarte *Tabellentools/Entwurf.*
3. Klicken Sie in der Gruppe *Rahmenlinien zeichnen* auf die Schaltfläche *Tabelle zeichnen,* um den Zeichenmodus zu aktivieren.
4. Klicken Sie auf den Pfeil neben dem Listenfeld *Stiftart*, um die Auswahlliste zu öffnen.

Bild 19.11 Klicken Sie auf den Pfeil, um die Linienarten zu sehen, die zur Verfügung stehen

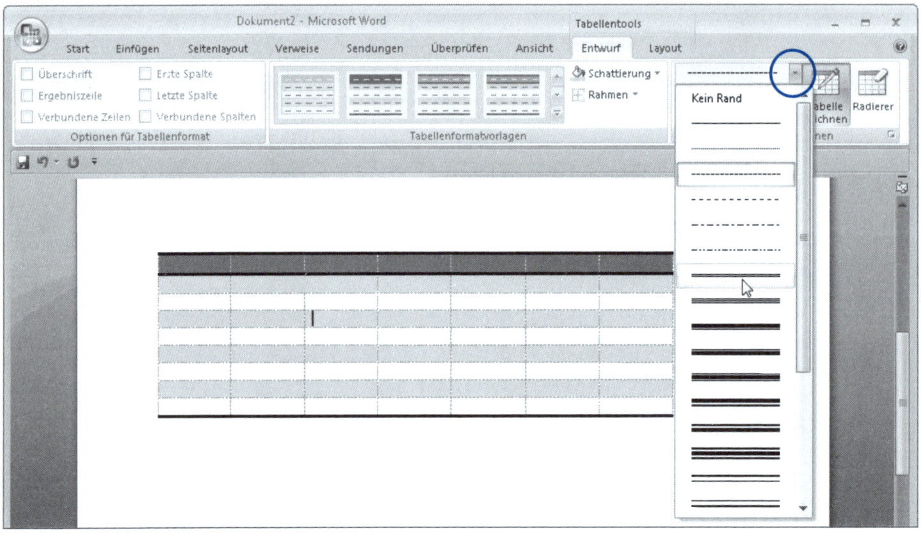

5. Wählen Sie aus der Liste eine Linienart aus.
6. Klicken Sie auf den Pfeil neben der Liste *Stiftfarbe* und wählen Sie die Farbe aus, die die Linie haben soll.

Bild 19.12 In diesem Popup-Menü sehen Sie häufig verwendete Linienfarben. Wenn Sie auf *Weitere Farben* klicken, wird ein Dialogfeld angezeigt, in dem Sie weitere Farben auswählen und einstellen können.

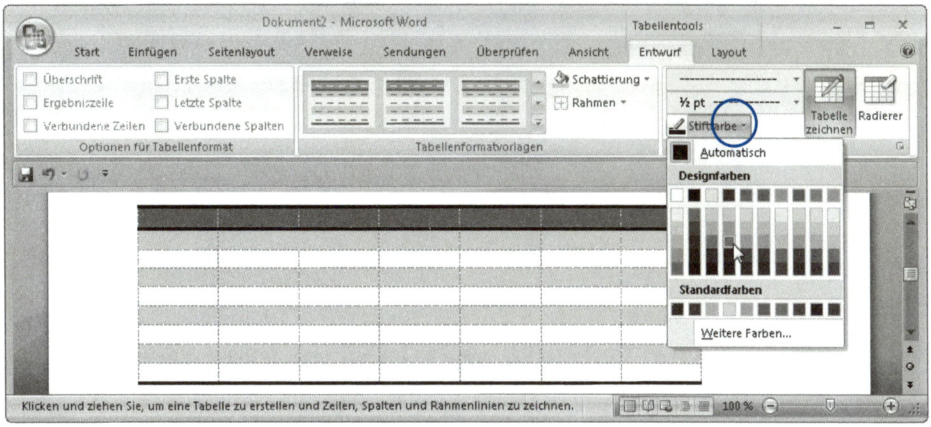

7. Klicken Sie auf den Pfeil neben der Liste *Stiftstärke* und stellen Sie im Popup-Menü die Linienstärke ein. Je nachdem, welchen Linienstil Sie ausgewählt haben, stehen Ihnen unterschiedliche Linienstärken zur Verfügung.

Bild 19.13 Anschließend wählen Sie die Linienstärke aus

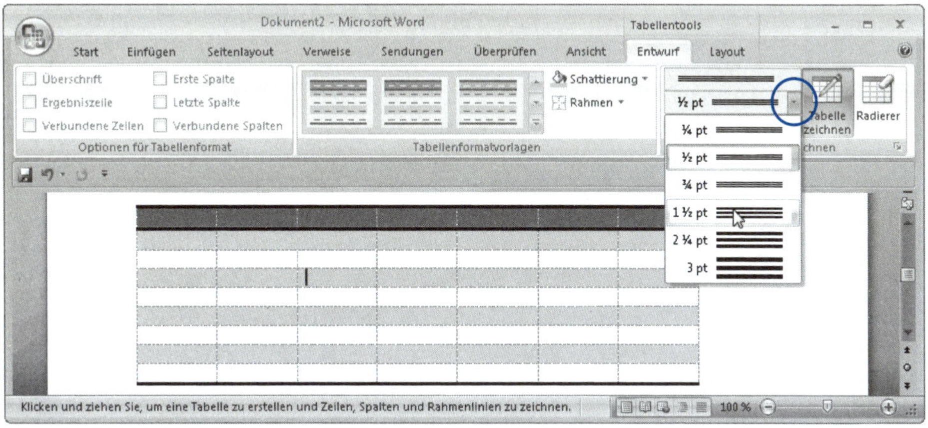

8. Klicken Sie nun mit dem Stift die Linien an, die Sie wie eingestellt formatieren wollen. Ändern Sie die Linieneigenschaften wie oben beschrieben, wenn Sie andere Linien der Tabelle anders formatieren möchten.

Bild 19.14 Abschließend klicken Sie mit dem Stift die Linien der Tabelle an, die Sie wie vorher eingestellt formatieren möchten

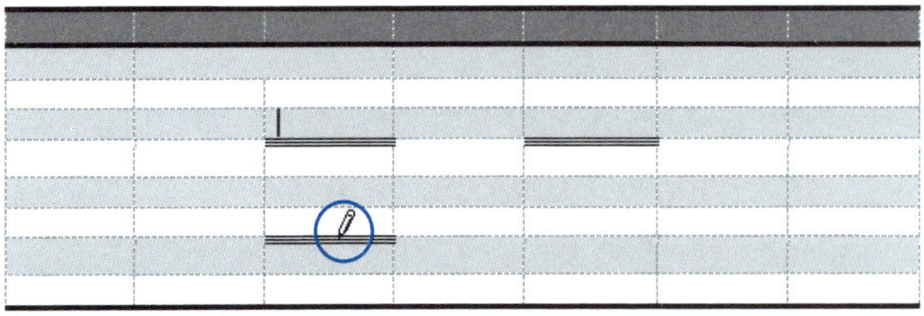

9. Klicken Sie auf die Schaltfläche *Tabelle zeichnen,* um den Zeichenmodus zu beenden.

Gesamte Tabelle mit Linien versehen

Wenn Sie die gesamte Tabelle mit Linien versehen wollen, wäre es etwas mühselig, jede einzelne Linie von Hand zu zeichnen. Eine weitere Schaltfläche auf der Registerkarte *Tabellentools/Entwurf* erleichtert Ihnen die Arbeit.

1. Setzen Sie die Einfügemarke in die Tabelle und drücken Sie die Tastenkombination Alt+5 auf der Zehnertastatur (die Num-Taste muss dabei deaktiviert sein), um die gesamte Tabelle zu markieren. (Sie können auch auf der Registerkarte *Tabellentools/Layout* in der Gruppe *Tabelle* auf *Auswählen* und dann auf *Tabelle auswählen* klicken.)
2. Öffnen Sie die Registerkarte *Tabellentools/Entwurf.*
3. Legen Sie die Linienmerkmale fest, wie oben in den Schritten 4 bis 7 im vorigen Abschnitt beschrieben.
4. Klicken Sie in der Gruppe *Tabellenformatvorlagen* auf den Pfeil neben der Schaltfläche *Rahmen,* um das Popup-Menü zu öffnen.

Bild 19.15 Das Popup-Menü *Rahmen*

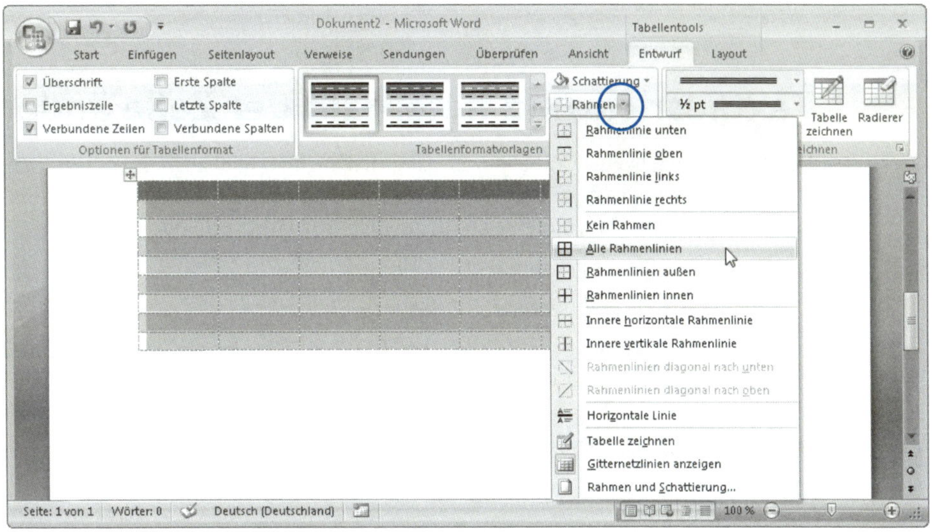

5. Klicken Sie auf *Alle Rahmenlinien*, um das eingestellte Format allen Rahmenlinien zuzuweisen.

In dem Popup-Menü *Rahmen* können Sie nicht nur alle Rahmenlinien der Tabelle formatieren, sondern auch nur die inneren, die äußeren oder Linien an einer bestimmten Seite der Tabelle. Was genau formatiert wird, hängt (Sie ahnen es schon) davon ab, was vorher markiert wurde.

Textrichtung und Textausrichtung

Innerhalb einer Tabellenzelle können Sie sogar die Textrichtung ändern. Das heißt, der Text kann nicht mehr nur von links nach rechts, sondern auch von oben nach unten oder von unten nach oben laufen.

1. Markieren Sie die gewünschte(n) Zelle(n).

2. Klicken Sie mit der rechten Maustaste in die Markierung und wählen Sie im Kontextmenü den Befehl *Absatzrichtung*. Das Dialogfeld *Textrichtung – Tabellenzelle* wird angezeigt.

Bild 19.16 In diesem Dialogfeld können Sie die Textrichtung einzelner Tabellenzellen festlegen

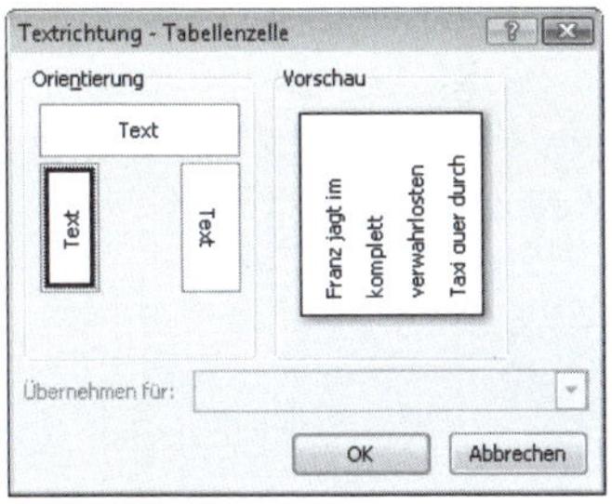

3. Legen Sie im Dialogfeld die Richtung fest, indem Sie eines der Bilder in der Gruppe *Orientierung* anklicken.

Textausrichtung innerhalb der Zelle ändern

Der Text innerhalb einer Tabellenzelle lässt sich auch vertikal ausrichten. Das heißt, Sie können ihn auch in die Mitte der Zelle oder an den unteren Rand der Zelle stellen. Sollten Sie die Textrichtung der Zelle gedreht haben, ändert sich die Ausrichtung entsprechend.

1. Markieren Sie die gewünschte(n) Zelle(n).
2. Öffnen Sie die Registerkarte *Tabellentools/Entwurf.*
3. Klicken Sie auf die Schaltfläche *Ausrichtung,* um das Popup-Menü zu öffnen, und wählen Sie die gewünschte Ausrichtung aus.

Bild 19.17 Das Popup-Menü *Ausrichtung*

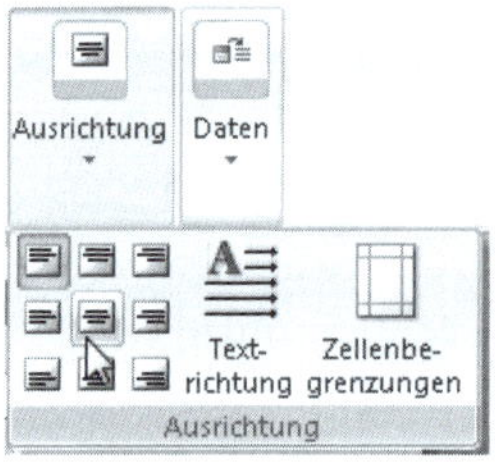

Die folgende Abbildung zeigt verschiedene Beispiele, wie Sie den Text innerhalb einer Tabellenzelle ausrichten können:

Bild 19.18 Beispiele für die Textausrichtung in Word-Tabellen

Oben linksbündig	Zentriert ausrichten	Unten ausrichten
Mitte Linksbündig	Horizontal zentriert	rechtsbündig

Hintergrund der Tabellenzellen ändern

Eine weitere Schaltfläche auf der Registerkarte *Tabellentools/Entwurf* ist dafür vorgesehen, die Farbe festzulegen, mit der die Tabellenzellen gefüllt werden sollen.

1. Markieren Sie die gewünschte(n) Zelle(n).
2. Öffnen Sie die Registerkarte *Tabellentools/Entwurf.*
3. Klicken Sie in der Gruppe *Tabellenformatvorlagen* auf die Schaltfläche *Schattierung.*
4. Wählen Sie eine der angebotenen Farben aus.

Muster für den Hintergrund verwenden

Neben der Farbe können Sie noch ein Muster festlegen, mit dem die Zelle gezeichnet werden soll. Die Einstellungen für das Hintergrundmuster erreichen Sie über die Schaltfläche *Rahmen* in der Gruppe *Tabellenformatvorlagen:*

1. Markieren Sie die Zelle(n), die Sie formatieren wollen.
2. Öffnen Sie die Registerkarte *Tabellentools/Entwurf.*
3. Klicken Sie auf die Schaltfläche *Rahmen* und dann im Popup-Menü auf *Rahmen und Schattierung.*
4. Wechseln Sie – falls erforderlich – im Dialogfeld *Rahmen und Schattierung* zur Registerkarte *Schattierung.*
5. Öffnen Sie die Liste *Linienart.* Die Muster befinden sich am unteren Ende der Liste.

Bild 19.19 Auf dieser Registerkarte können Sie ein Muster für einzelne Zellen oder für die gesamte Tabelle festlegen

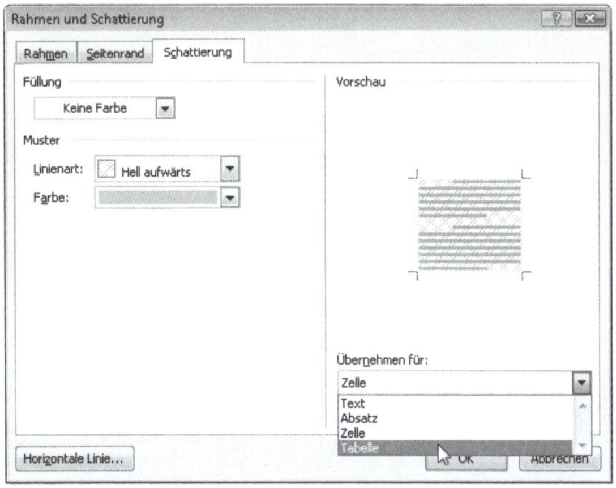

6. Wenn Sie die Formatierung statt für die markierten Zellen doch für die gesamte Tabelle verwenden wollen, öffnen Sie die Liste *Übernehmen für* und wählen den Eintrag *Tabelle* aus.
7. Wählen Sie anschließend noch eine Farbe aus und klicken Sie dann auf *OK.*

Spaltenbreite und Zeilenhöhe ändern

Die Breite einer Spalte bzw. die Höhe einer Tabellenzeile verändern Sie am einfachsten mit der Maus:

1. Schalten Sie das Lineal ein, wenn es nicht sichtbar ist. Schalten Sie dazu auf der Registerkarte *Ansicht* in der Gruppe *Einblenden/Ausblenden* das Kontrollkästchen *Lineal* ein.
2. Setzen Sie den Mauszeiger auf die Trennlinie an der Zelle, die Sie verändern wollen. Der Mauszeiger verändert sich dort in einen Doppelpfeil.
3. Drücken Sie die Alt-Taste und halten Sie sie gedrückt, wenn Sie möchten, dass die Maße der Tabelle im Lineal angezeigt werden (wie es in der folgenden Abbildung zu sehen ist).

Bild 19.20 Mit der Maus lassen sich die Breite und Höhe der Tabellenspalten und -zeilen einfach ändern

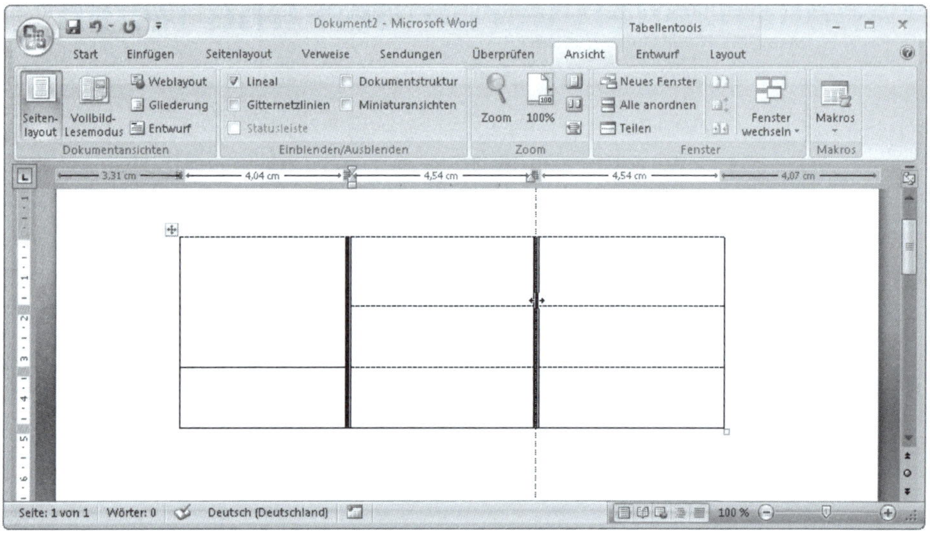

4. Verschieben Sie die Trennlinie, bis die Spalte/Zeile die gewünschte Größe hat, und lassen Sie dann die Maustaste wieder los.

TIPP **Gleichzeitig die Breite der Tabelle ändern** Wenn Sie die ⇧-Taste drücken, bevor Sie mit der Maus auf eine Linie klicken und diese ziehen, können Sie gleichzeitig auch die Breite der Tabelle ändern. Die Breite der Spalte rechts von der Linie, die Sie ziehen, bleibt unverändert, die Spalte links davon wird breiter/schmaler (je nachdem, in welche Richtung Sie mit der Maus ziehen) und die Tabelle wird entsprechend breiter/schmaler.

Überschriften für mehrseitige Tabellen

Wenn sich eine Tabelle über mehrere Seiten erstreckt, können Sie die erste Zeile der Tabelle als Überschrift formatieren. Diese Zeile wird dann von Word auf jeder der Folgeseiten wiederholt.

1. Setzen Sie die Einfügemarke in die erste Zeile der Tabelle. Sie können auch mehrere Zeilen als Überschrift definieren. Allerdings muss auch dann die erste Zeile Bestandteil der Überschrift sein.
2. Wechseln Sie zur Registerkarte *Tabellentools/Layout*, klicken Sie auf die Schaltfläche *Daten* und dann auf *Überschriften wiederholen.*

Zum Bearbeiten der Tabellenüberschrift ändern Sie nur die Version am Tabellenanfang. Die Änderungen werden von Word automatisch auf den nachfolgenden Seiten übernommen.

Tabellenzellen verbinden und teilen

Wenn Sie beispielsweise eine Tabelle erstellen, bei der sich eine Überschrift über mehrere Spalten erstrecken soll, können Sie zwei oder mehr Tabellenzellen zu einer einzigen zusammenführen.

1. Markieren Sie die Zellen, die Sie zusammenführen wollen. Dies können sowohl nebeneinander als auch untereinander stehende Zellen sein.
2. Öffnen Sie die Registerkarte *Tabellentools/Layout.*
3. Klicken Sie in der Gruppe *Zusammenführen* auf *Zellen verbinden.*

Wenn sich bereits Text in den markierten Zellen befand, wird der Text in den einzelnen Zellen in einen eigenen Absatz in der zusammengeführten Zelle aufgenommen.

Auch der umgekehrte Weg ist möglich, nämlich dass Sie aus einer Zelle mehrere machen:

1. Klicken Sie die Zelle an, die Sie teilen wollen. Wenn Sie mehr als eine Zelle teilen wollen, dann markieren Sie die betreffenden Zellen.
2. Öffnen Sie die Registerkarte *Tabellentools/Layout.*
3. Klicken Sie in der Gruppe *Zusammenführen* auf *Zellen teilen.* Das gleichnamige Dialogfeld wird angezeigt.

Bild 19.21 Hier legen Sie fest, in wie viel Spalten und Zeilen die markierte(n) Zelle(n) aufgeteilt werden soll(en)

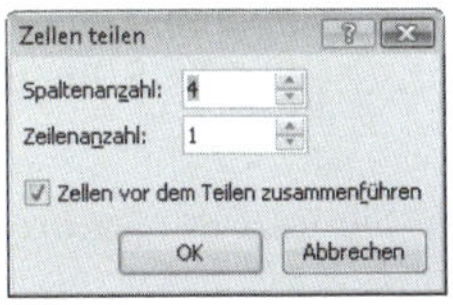

4. Geben Sie im Dialogfeld die Anzahl der Zeilen und Spalten an, in die die markierte(n) Zelle(n) aufgeteilt werden soll(en).
5. Wenn die Zellen vor dem Teilen zuerst zusammengeführt werden sollen, schalten Sie das entsprechende Kontrollkästchen ein, bevor Sie auf *OK* klicken.

Eine fertige Tabelle als Schnelltabelle speichern

Wenn Sie häufig ähnlich aufgebaute Tabellen verwenden, können Sie eine mit Sorgfalt erstellte Tabelle als sogenannte Schnelltabelle speichern. Eine Schnelltabelle ist so etwas wie ein Textbaustein, der aber nicht nur ein Wort enthält, sondern eben eine komplette Tabelle. Word speichert die Schnelltabellen im Schnelltabellenkatalog, und Sie können eine einmal erstellte Schnelltabelle einfach in anderen Dokumenten wiederverwenden.

Gehen Sie folgendermaßen vor, um eine Tabelle in den Schnelltabellenkatalog aufzunehmen:

1. Setzen Sie die Einfügemarke an eine beliebige Stelle in der Tabelle.
2. Nach einem kurzen Moment blendet Word in der linken oberen Ecke den Tabellenverschiebepunkt ein. Klicken Sie diesen an. Dadurch wird die gesamte Tabelle markiert.
3. Öffnen Sie die Registerkarte *Einfügen.*
4. Klicken Sie in der Gruppe *Tabellen* auf *Tabelle* und dann auf *Schnelltabellen.*
5. Klicken Sie im Untermenü auf *Auswahl im Schnelltabellenkatalog speichern.* Das Dialogfeld *Neuen Baustein erstellen* wird angezeigt.

Bild 19.22 Hier legen Sie fest, unter welchem Namen, wo und mit welchen Optionen die Schnelltabelle gespeichert werden soll

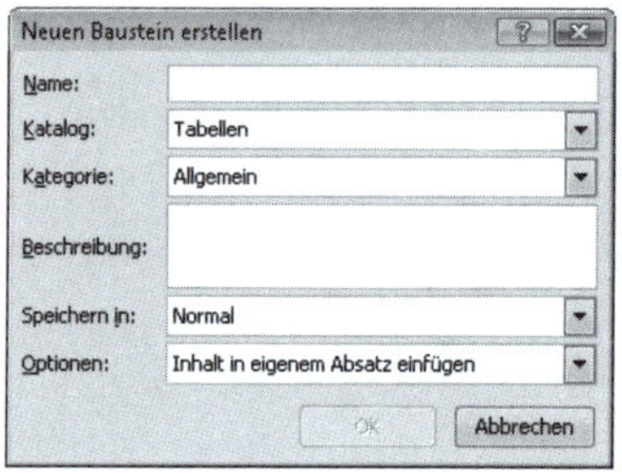

6. Geben Sie in das Feld *Name* den Namen ein, unter dem die Schnelltabelle gespeichert werden soll. Den Eintrag in der Liste *Katalog* können Sie unverändert lassen.
7. Sie können Schnelltabellen jeweils einer Kategorie zuordnen. Wenn Sie nur wenige Schnelltabellen erstellen, können Sie die Kategorie *Allgemein* verwenden. Bei vielen Schnelltabellen empfiehlt es sich, neue Kategorien anzulegen. Klicken Sie dazu auf den Pfeil neben dem Feld *Kategorie* und dann auf *Neue Kategorie erstellen.* Geben Sie den Namen der Kategorie ein und klicken Sie auf *OK.* Wählen Sie dann die Kategorie aus, der Sie die Schnelltabelle zuweisen wollen.
8. Wenn der Name nicht aussagekräftig genug ist, können Sie im Feld *Beschreibung* einen ausführlicheren erklärenden Text eingeben.
9. Im Listenfeld *Speichern in* legen Sie fest, in welcher Dokumentvorlage die Schnelltabelle gespeichert werden soll. Als eine Option wird Ihnen hier die Standarddokumentvorlage *Normal* angeboten; wenn das Dokument auf Basis einer anderen Dokumentvorlage erstellt wurde, wird deren Name hier ebenfalls angezeigt. Schnelltabellen, die Sie in unterschiedlichen Dokumenten verwenden wollen, speichern Sie am besten in der Dokumentvorlage *Normal* ab.

10. Im Listenfeld *Optionen* legen Sie fest, wie die Schnelltabelle später in ein Dokument eingefügt werden soll. Übernehmen Sie hier die Option *Inhalt in eigenem Absatz einfügen.*

11. Klicken Sie abschließend auf *OK.*

Schnelltabelle in einem anderen Dokument verwenden

Das Einfügen einer einmal definierten Schnelltabelle ist ein einfacher Vorgang. Setzen Sie die Einfügemarke im Dokument an die Stelle, an der die Tabelle eingefügt werden soll. Wechseln Sie zur Registerkarte *Einfügen,* klicken Sie auf *Tabellen* und dann auf *Schnelltabellen.* Word zeigt alle vorhandenen Schnelltabellen in einer Liste an, die auch eine Vorschau der Tabelle enthält. Klicken Sie die Schnelltabelle an, die Sie einfügen wollen.

Excel-Tabelle in Word-Dokument einfügen

Auch wenn die Tabellenfunktion von Word sehr viele Features bietet, kann es vorkommen, dass Sie in einem Word-Dokument eine Tabelle benötigen, die die ausgefeilteren Kalkulations- und Rechenmöglichkeiten von Microsoft Office Excel erfordert. Oder Sie haben eine Tabelle bereits in Excel erstellt und wollen diese beispielsweise in einen Geschäftsbericht einfügen, den Sie mit Word erstellen. Dieser Abschnitt stellt Ihnen beide Möglichkeiten vor, eine Excel-Tabelle in einem Word-Dokument zu verwenden.

Neue Excel-Tabelle als Objekt einfügen

Dieser Abschnitt beschreibt, wie Sie in ein Word-Dokument eine neue Excel-Tabelle als Objekt einfügen. Bei diesem Verfahren wird die Excel-Tabelle in derselben Datei gespeichert, in der sich auch die anderen Daten des Word-Dokuments befinden. Die Verwendung eines eingefügten Objekts hat den Vorteil, dass seine Bearbeitung innerhalb von Word stattfinden kann. Außerdem befindet sich das Excel-Objekt gemeinsam mit den Word-Daten in derselben Datei, was die Weitergabe vereinfacht. Der Nachteil ist, dass es keine Verknüpfung zu der ursprünglichen Excel-Datei gibt und somit die Daten innerhalb des Excel-Objekts nicht mehr aktualisiert werden können, wenn die Daten in der ursprünglichen Excel-Datei geändert werden.

So fügen Sie eine Excel-Tabelle als Objekt in ein Word-Dokument ein:

1. Setzen Sie die Einfügemarke an die Stelle im Dokument, an der Sie die Excel-Tabelle einfügen wollen.

2. Wechseln Sie zur Registerkarte *Einfügen,* klicken Sie auf die Schaltfläche *Tabelle* und dann auf *Excel-Kalkulationstabelle.*

In dem Word-Dokument ist nun eine Excel-Tabelle mit den vertrauten Zeilen- und Spaltenköpfen sichtbar und Sie können das Excel-Arbeitsblatt innerhalb des Word-Dokuments bearbeiten. Beachten Sie, dass in der Titelleiste »Microsoft Word« steht und auch die Statusleiste von Word angezeigt wird. Die Multifunktionsleiste ist jedoch die von Excel. Die *Office-Schaltfläche* ist ebenfalls nicht sichtbar, stattdessen sehen Sie unterhalb der Titelleiste das von vorhergehenden Word-Versionen her bekannte *Datei*-Menü.

Bild 19.23 Im Word-Dokument ist der Arbeitsbereich der Excel-Tabelle sichtbar. Während Sie die Excel-Tabelle bearbeiten, wird innerhalb des Word-Fensters die Multifunktionsleiste von Excel eingeblendet.

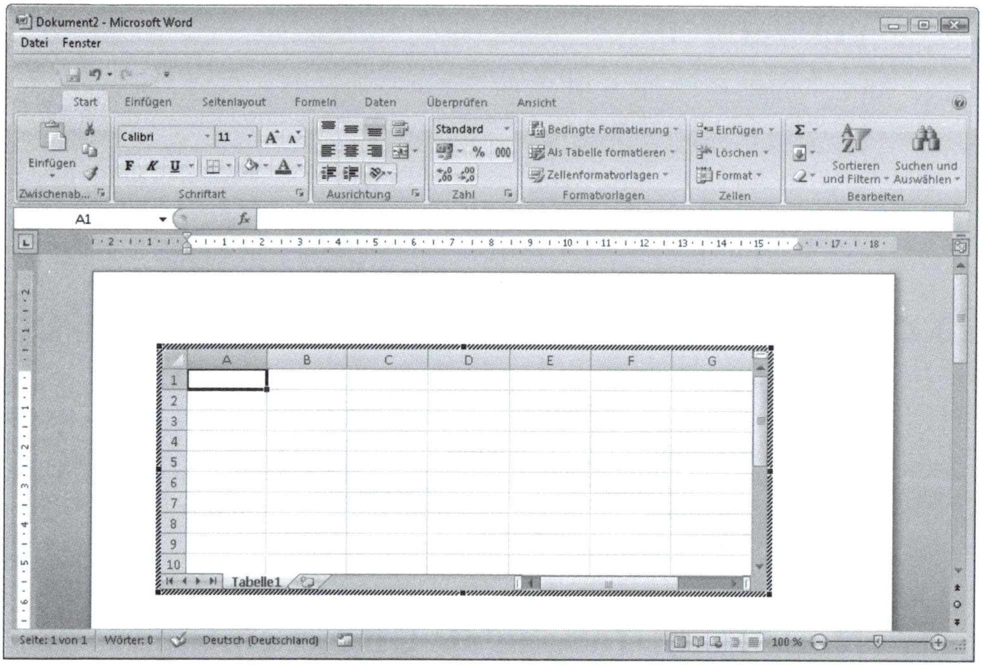

3. Klicken Sie außerhalb des Excel-Objekts, um weiter an dem Word-Dokument zu arbeiten.

Wenn Sie weiter an der Excel-Tabelle arbeiten wollen, klicken Sie die Excel-Tabelle mit der rechten Maustaste an und klicken dann im Kontextmenü auf *Arbeitsblatt-Objekt.*

- Klicken Sie auf *Bearbeiten,* wenn Sie die Excel-Tabelle wiederum innerhalb des Word-Dokuments bearbeiten wollen.
- Klicken Sie auf *Öffnen,* um das Excel-Objekt im normalen Programmfenster von Excel zu bearbeiten. Solange das eingefügte Tabellenobjekt in Excel geöffnet ist, wird es im Word-Dokument schraffiert angezeigt.

Nachdem Sie die Bearbeitung in Excel abgeschlossen haben, klicken Sie in Excel auf die *Office-Schaltfläche* und wählen den Befehl *Schließen & Zurückkehren zu Dokumentname,* wobei im Menü statt *Dokumentname* der Name angezeigt wird, unter dem das Word-Dokument gespeichert wurde.

Daten aus vorhandener Excel-Tabelle einfügen

Wenn Sie bereits eine Tabelle mit Excel erstellt haben und diese in ein Word-Dokument einfügen wollen, gehen Sie folgendermaßen vor:

1. Starten Sie Excel und öffnen Sie dort die Arbeitsmappe, in der sich die Tabelle befindet, die Sie in das Word-Dokument einfügen wollen.
2. Markieren Sie in Excel den Bereich, den Sie in das Word-Dokument einfügen wollen.
3. Klicken Sie auf der Registerkarte *Start* in der Gruppe *Zwischenablage* auf *Kopieren.*
4. Wechseln Sie zu Word und setzen Sie die Einfügemarke an die Stelle, an der die Excel-Tabelle eingefügt werden soll.
5. Klicken Sie auf der Registerkarte *Start* in der Gruppe *Zwischenablage* auf *Einfügen.* Die Tabelle wird in das Word-Dokument eingefügt. Neben der Tabelle wird die Smarttag-Schaltfläche *Einfügen-Optionen* angezeigt.
6. Klicken Sie die Smarttag-Schaltfläche an, damit das zugehörige Menü geöffnet wird, in dem Sie festlegen können, wie die Daten in Word eingefügt werden sollen.

Bild 19.24 Im Menü der Smarttag-Schaltfläche *Einfügen-Optionen* legen Sie fest, wie die Excel-Tabelle in das Word-Dokument eingefügt werden soll

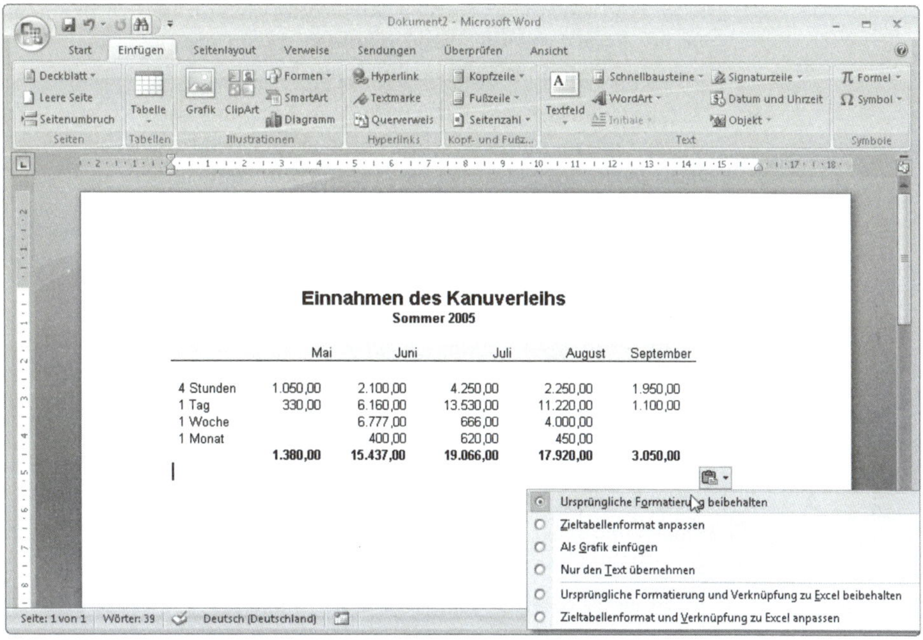

7. Wählen Sie je nach Bedarf eine der Optionen im Menü aus, die nachfolgend beschrieben sind. Die ersten vier Optionen dienen dazu, die Excel-Tabelle statisch in das Word-Dokument einzufügen. Verwenden Sie eine dieser Optionen, wenn Sie von vornherein wissen, dass die einmal eingefügten Daten später nicht mehr aktualisiert werden müssen; die eingefügten Daten werden beim statischen Einfügen zu einer normalen Word-Tabelle.

   Mit den beiden letzten Befehlen werden die Excel-Daten verknüpft eingefügt. Durch die Verknüpfung weiß das Word-Dokument, aus welcher Excel-Tabelle die Daten stammen. Änderungen, die in Excel an der Tabelle vorgenommen werden, können dadurch automatisch in der in Word eingefügten Tabelle übernommen werden.

- **Ursprüngliche Formatierung beibehalten** Fügt die Excel-Tabelle statisch ein und übernimmt die Formatierungen, wie sie in Excel vorgenommen wurden. Nach dem Einfügen können Sie die Formatierungsbefehle von Word verwenden, um die Optik der Tabelle anzupassen.
- **Zieltabellenformat anpassen** Fügt die Excel-Tabelle statisch ein. Die Tabelle wird als einfache Word-Tabelle mit Rahmenlinien formatiert. Auch bei dieser Option können Sie nach dem Einfügen die Formatierungsbefehle von Word verwenden, um die Optik der Tabelle anzupassen.
- **Als Grafik einfügen** Fügt die Tabelle als Grafik ein, deren Größe verändert werden kann. Bei dieser Option können die Tabellendaten selbst nicht mehr verändert werden.
- **Nur den Text übernehmen** Wenn Sie diese Option verwenden, werden die Excel-Daten nicht als Word-Tabelle eingefügt, sondern die Inhalte der einzelnen Excel-Zellen werden durch Tabstopps voneinander getrennt.
- **Ursprüngliche Formatierung und Verknüpfung zu Excel beibehalten** Wenn Sie diese Option auswählen, übernimmt die eingefügte Tabelle die Formatierungsmerkmale, wie sie in Excel zugewiesen wurden. Außerdem wird im Word-Dokument gespeichert, aus welcher Excel-Datei die Daten stammen. Wenn die Daten in Excel geändert werden, kann die Tabelle in Word aktualisiert werden.
- **Zieltabellenformat und Verknüpfung zu Excel anpassen** Dieser Befehl entspricht der vorigen Option, nur dass Sie die Formatierung der Tabelle anpassen können. Wenn die Daten in der Excel-Tabelle geändert werden, können diese aufgrund der Verknüpfung aktualisiert werden.

Verknüpfungen aktualisieren

Wenn Sie eine Excel-Tabelle verknüpft in ein Word-Dokument eingefügt haben, stehen Ihnen im Kontextmenü der eingefügten Tabelle Befehle zur Verfügung, um von Word aus das Bearbeiten der Excel-Tabelle zu initiieren, um die eingefügte Tabelle in Word zu aktualisieren, wenn die Tabelle in Excel geändert wurde, und um die Verknüpfungseigenschaften anzusehen und zu ändern.

1. Klicken Sie die eingefügte Word-Tabelle mit der rechten Maustaste an, um das Kontextmenü zu öffnen, das Sie in der folgenden Abbildung sehen.

Bild 19.25 Im Kontextmenü finden Sie die Befehle zum Aktualisieren und Bearbeiten der verknüpften Tabelle

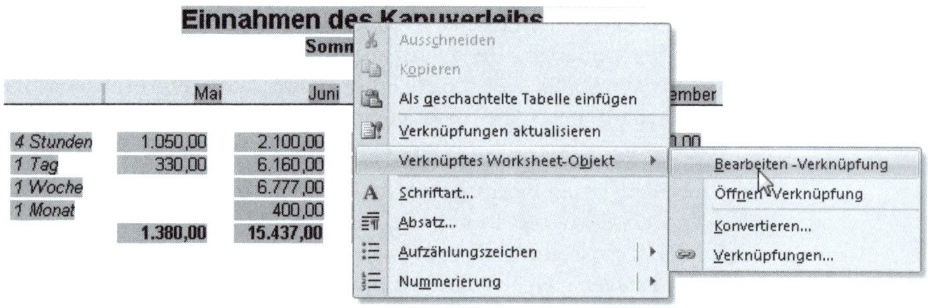

2. Wählen Sie einen der folgenden Befehle:

   - **Verknüpfungen aktualisieren** Klicken Sie diesen Befehl an, wenn Sie wissen, dass die Excel-Tabelle geändert wurde und die in Word eingefügte Tabelle aktualisiert werden soll. Standardmäßig aktualisiert Word die Verknüpfungen automatisch, wenn das Word-Dokument geöffnet wird. Sie können die Verknüpfung auch aktualisieren, indem Sie die Tabelle markieren und dann die Taste F9 drücken.
   - **Verknüpftes Worksheet-Objekt/Bearbeiten-Verknüpfung** Klicken Sie diesen Befehl an, wenn Sie die Excel-Arbeitsmappe, aus der die eingefügte Tabelle stammt, in Excel bearbeiten wollen. Wählen Sie in Excel den Befehl *Schließen* im Menü der *Office-Schaltfläche,* wenn Sie mit der Bearbeitung fertig sind, und lassen Sie anschließend in Word die verknüpfte Tabelle aktualisieren.
   - **Verknüpftes Worksheet-Objekt/Verknüpfungen** Wählen Sie diesen Befehl aus, um das Dialogfeld *Verknüpfungen* anzeigen zu lassen. In dem Dialogfeld können Sie unter anderem die Datenquelle der Verknüpfung ansehen und ändern, festlegen, ob die Daten manuell oder automatisch aktualisiert werden sollen, und bestimmen, ob die Formatierung nach der Aktualisierung erhalten bleiben soll oder nicht.

Rechnende Word-Tabellen

Sie können aus einer Word-Tabelle ein einfaches Tabellenkalkulationsblatt erstellen, indem Sie in die betreffenden Tabellenzellen die Feldart *Formeln* (diese wird durch das Gleichheitszeichen symbolisiert) eingeben. Die Besonderheit beim Verwenden der Feldart *Formeln* besteht darin, dass Sie in Tabellenzellen einen Bezug auf eine andere Tabellenzelle, eine Spalte, eine Zeile oder einen Bereich der Tabelle einfügen können, so ähnlich, wie Sie es eventuell schon von der Verwendung des Programms Excel her kennen. Sie geben dabei die Adresse der Zellen an, die Sie verwenden wollen. Die Zelladresse setzt sich aus einem Buchstaben, der die Spalte angibt, und einer Zahl, die die Zeile angibt, zusammen.

Bild 19.26 Beispiele für die Angabe der Zellbezüge in Word-Tabellen

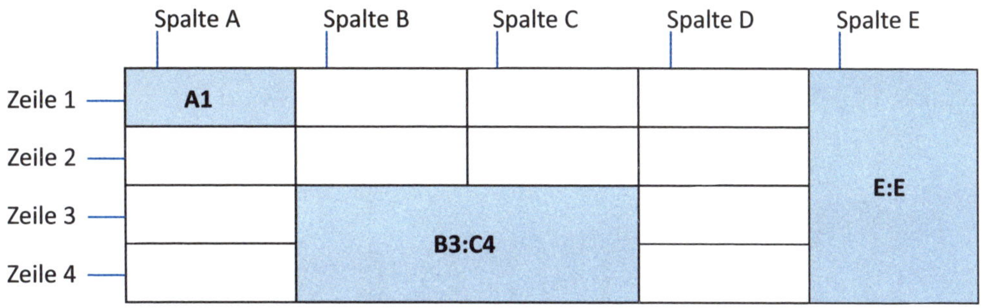

Sie können auch eine ganze Spalte oder Zeile als Zellbezug verwenden. Um sich beispielsweise in einer Formel auf die gesamte zweite Spalte zu beziehen schreiben Sie `B:B`, um die gesamte dritte Zeile zu verwenden, schreiben Sie `3:3`. Ein Zellbereich ist ein rechteckiger Ausschnitt einer Tabelle, den Sie durch die Angabe seiner linken oberen und der rechten unteren Zelle definieren. Trennen Sie die beiden Zellangaben durch einen Doppelpunkt. Beispiel: `B3:C4`.

Beispiel zum Eingeben von Formeln in Tabellen

Lassen Sie uns einige Möglichkeiten zur Verwendung von rechnenden Word-Tabellen an einem Beispiel vorstellen. Wir haben hierzu eine kleine Word-Tabelle erstellt, in der für eine Firma der Rohgewinn für das 1. Quartal eines Jahres berechnet werden soll.

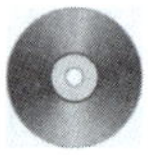

1. Öffnen Sie das Beispieldokument *RechnendeTabelle*, das sich im Ordner mit den Beispieldateien befindet.

Bild 19.27 Die Tabelle vor dem Einfügen der Formeln

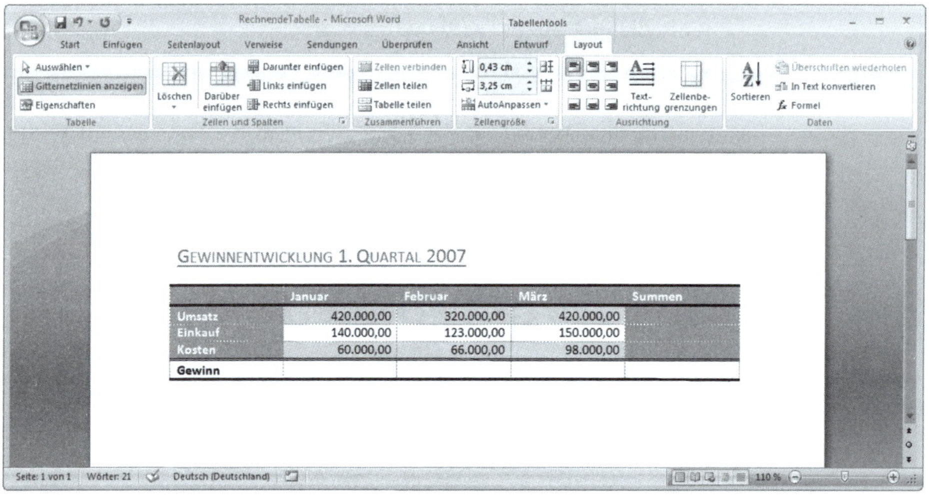

In der untersten Zeile der Tabelle soll der Gewinn der einzelnen Monate mit folgender Formel berechnet werden: `Umsatz - (Einkauf + Kosten)`. In der letzten Tabellenspalte soll jeweils die Summe der einzelnen Zeilen eingefügt werden.

2. Setzen Sie die Einfügemarke in die Tabellenzelle für die Summe der Umsätze.
3. Wechseln Sie zur Registerkarte *Tabellentools/Layout* und klicken Sie in der Gruppe *Daten* auf *Formel*.

Bild 19.28 Mit diesem Dialogfeld fügen Sie Formeln in eine Tabelle ein

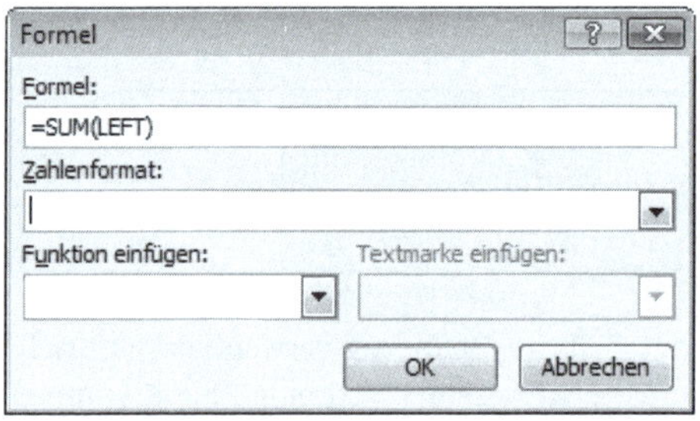

Word zeigt das Dialogfeld *Formel* an. (Das Dialogfeld wird ausführlich in Kapitel 23 vorgestellt, in dem wir die Feldfunktionen von Word besprechen. Für den Moment reicht es aus, die weiteren Schritte vorzunehmen.)

Im Textfeld *Formel* des Dialogfeldes steht bereits der Ausdruck `=SUM(LEFT)`. Die Funktion `SUM` berechnet die Summe von Tabellenzellen; das in runden Klammern stehende Argument `LEFT` verweist auf alle links von der aktuellen Zelle stehenden Nachbarzellen, die eine Zahl enthalten. Damit steht im Feld Formel bereits genau das, was wir benötigen.

4. Öffnen Sie die Liste *Zahlenformat* und wählen Sie die Option *#.##0,00* aus. Mit diesem Zahlenformat erreichen Sie, dass im Ergebnis auch dann die beiden Nachkommastellen angezeigt werden, wenn diese den Wert 0 haben.

Bild 19.29 Mit der Liste *Zahlenformat* legen Sie fest, wie das Ergebnis der Berechnung formatiert und angezeigt wird

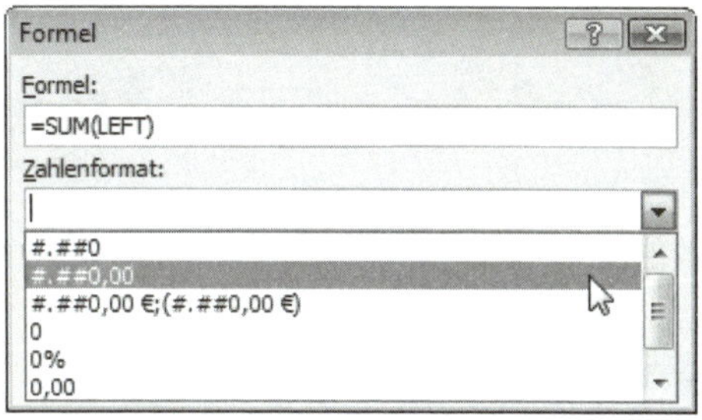

5. Klicken Sie auf *OK*. Word fügt die Formel in die Tabellenzelle ein und das Ergebnis der Berechnung wird angezeigt.
6. Setzen Sie die Einfügemarke in die darunterliegende Tabellenzelle.
7. Wechseln Sie zur Registerkarte *Tabellentools/Layout* und klicken Sie erneut in der Gruppe *Daten* auf *Formel*.
8. Im Feld *Formel* wird nun der Ausdruck `=SUM(ABOVE)` angezeigt. Diese Vorgabe können wir nicht übernehmen, da hiermit die Summe der Tabellenzellen oberhalb der aktuellen berechnet würde. Word kann in diesem Fall natürlich nicht erahnen, ob Sie die Zellen neben oder über dem Summenfeld addieren wollen, und setzt in Zweifelsfällen immer das Argument `ABOVE` ein. Ersetzen Sie daher `ABOVE` durch `LEFT`.
9. Wählen Sie auch hier wieder das Zahlenformat aus, bei dem die Nachkommastellen angezeigt werden, und klicken Sie auf *OK*.
10. Fügen Sie die Summenformel auch noch in die dritte Tabellenzelle ein.

Die Tabelle sollte nun so aussehen, wie es die Abbildung auf der folgenden Seite zeigt.

Tabellen und Grafiken

Bild 19.30 Die Summen wurden in die letzte Tabellenspalte eingefügt

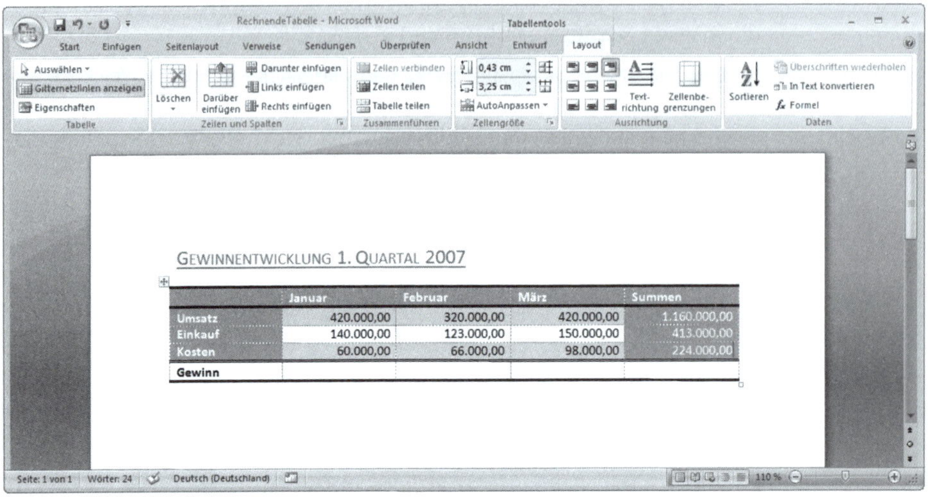

Die Berechnung des Gewinns in der letzten Zeile ist ein wenig schwieriger; mit den Kenntnissen über die Art und Weise, wie Sie die Zellbezüge angeben müssen, stellt auch diese Aufgabe kein unüberwindbares Problem dar.

1. Setzen Sie die Einfügemarke in die letzte Zelle der Januar-Spalte.
2. Wechseln Sie zur Registerkarte *Tabellentools/Layout* und klicken Sie erneut in der Gruppe *Daten* auf *Formel*.
3. Word will wiederum die Summe berechnen. Da wir diese hier nicht gebrauchen können, löschen Sie den Inhalt des Textfeldes *Formel*, lassen aber das Gleichheitszeichen stehen.
4. Übersetzen Sie die Formel für die Berechnung des Gewinns in die Adressen der Tabellenzellen, in denen die Zahlen stehen, die bei der Berechnung berücksichtig werden sollen, und geben Sie in das Textfeld *Formel* Folgendes ein: `=b2-(b3+b4)`

HINWEIS **Klein- oder Großschreibung?** Sie können bei der Angabe der Zellbezüge sowohl Klein- als auch Großbuchstaben verwenden.

5. Öffnen Sie die Liste *Zahlenformat* und wählen Sie die Option *#.##0,00* aus.
6. Schließen Sie das Dialogfeld mit einem Klick auf *OK*.
7. Wiederholen Sie die Schritte 2 bis 6 für die Februar- und die März-Spalte und passen Sie dabei die Bezüge in der Formel an.

   In der Februar-Spalte wird aus dem B ein C und in der März-Spalte verwenden Sie das D.

Vielleicht fragen Sie sich, warum dieser ganze Aufwand, wo Sie die hier benutzten Zahlen doch mühelos im Kopf oder mit dem Taschenrechner berechnen können. Die Antwort liegt in der Möglichkeit, die Ergebnisse der Berechnungen von Word aktualisieren zu lassen, wenn sich der Wert in einer der Tabellenzellen ändert, die in den Formeln verwendet werden.

Bild 19.31 Auch die Zeile mit dem Gewinn wurde berechnet

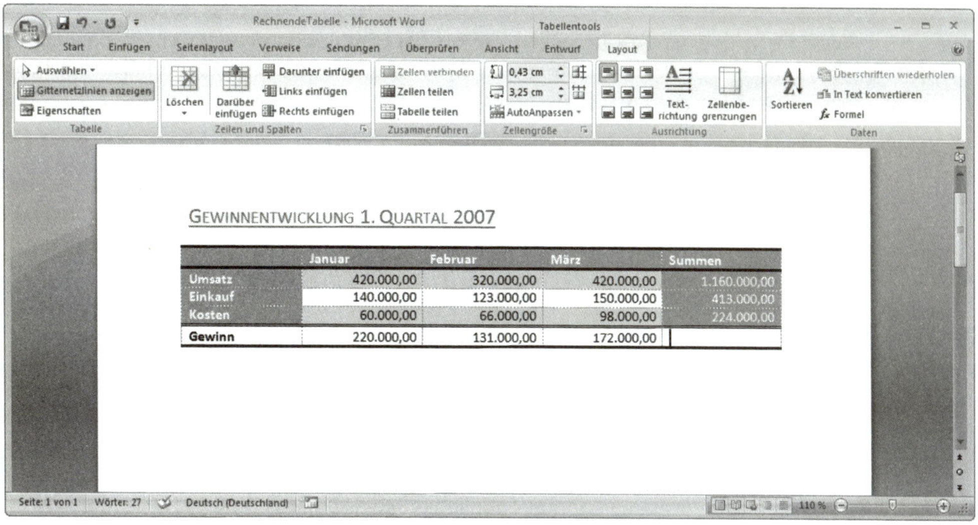

Word trägt nämlich in die Tabellenzellen nicht die Werte ein, sondern die Formeln, die zu dem Ergebnis führen. Sie können dies überprüfen, indem Sie im Word-Dokument die Formeln anzeigen lassen. Drücken Sie hierzu die Tastenkombination Alt+F9, die wie ein Schalter funktioniert und mit der Sie zwischen der Ansicht der Formeln und der Ansicht der Ergebnisse umschalten können.

Bild 19.32 Jetzt werden in der Tabelle die Formeln und nicht mehr die Ergebnisse angezeigt

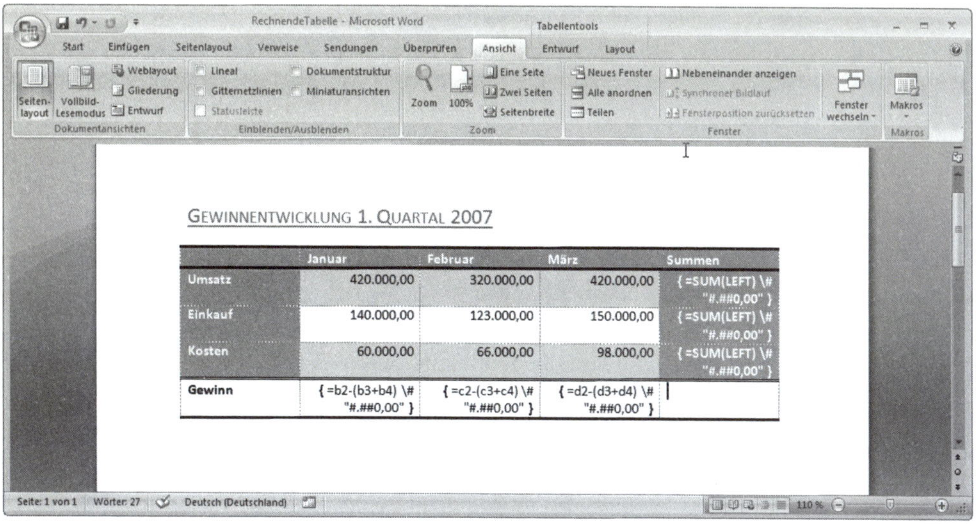

Berechnung neu ausführen lassen

Wenn Sie in eine der Tabellenzellen, die zur Berechnung verwendet werden, einen neuen Wert eintippen, müssen Sie Word noch anweisen, die Formelergebnisse zu aktualisieren. Probieren Sie es an der Beispieldatei einmal aus:

1. Ändern Sie in einer der Tabellenzellen einen Wert.
2. Klicken Sie den Anfasser an, der links neben der Tabelle angezeigt wird, um so die gesamte Tabelle zu markieren (oder drücken Sie die Tastenkombination Alt+Num5, die 5 im Ziffernblock der Tastatur).
3. Drücken Sie die Taste F9. Damit weisen Sie Word an, die Formeln neu zu berechnen.

HINWEIS **Weitere Funktionen** Neben der Funktion SUM, die die Summe berechnet und die Sie in diesem Beispiel kennengelernt haben, stehen Ihnen weitere Funktionen zur Verfügung, mit denen Sie u. a. den Durchschnittswert und den kleinsten oder größten Wert in einer Tabelle berechnen lassen können. Eine vollständige Übersicht zu den Funktionen, die Sie verwenden können, finden Sie in der Tabelle ab Seite 559 in Kapitel 27.

Zusammenfassung

In diesem Kapitel haben Sie erfahren, wie Sie selbst aufwändige Tabellen problemlos mit Word erstellen bzw. nachträglich bearbeiten können.

- Leere Tabellen erstellen Sie am schnellsten mit der Schaltfläche *Tabelle,* die sich auf der Registerkarte *Einfügen* befindet (Seite 380).
- Tabellen, die über eine unregelmäßige Struktur verfügen, lassen sich am besten mit dem Tabelleneditor erstellen. Mit dieser Funktion »zeichnen« Sie Ihre Tabellen direkt in Ihrem Dokument (Seite 381).
- Tabellen lassen sich nicht wie normaler Text löschen, sondern werden über einen eigenen Befehl auf der Registerkarte *Tabellentools/Layout* aus dem Dokument entfernt (Seite 383).
- Auch das Markieren von Text und die Navigation in Tabellen unterscheiden sich etwas vom gewohnten Verhalten. Für das Bewegen des Cursors mit der Tastatur sind spezielle Tastenkombinationen erforderlich (Seite 383).
- Um eine Tabelle um weitere Zeilen oder Spalten zu erweitern, stehen Ihnen auf der Registerkarte *Tabellentools/Layout* in der Gruppe *Zeilen und Spalten* zahlreiche Befehle zur Verfügung (Seite 386).
- Die Linien einer Tabelle lassen sich einzeln oder als Gesamtheit formatieren (Seite 390).
- Durch entsprechendes Einstellen der Textrichtung und der Textausrichtung lässt sich sogar ein vertikaler Textverlauf erreichen (Seite 393).
- Der Hintergrund von Tabellenzellen kann mit Farben und/oder Mustern gefüllt werden (Seite 395).
- Mit den Tabellenformatvorlagen lassen sich Tabellen schnell und unkompliziert mit ansprechenden Formatierungen versehen (Seite 387).

- Die Zeilenhöhe und die Spaltenbreite einer Tabelle ändern Sie am schnellsten mit der Maus (Seite 396).
- Mehrseitige Tabellen können mit einer Überschrift versehen werden, die automatisch auf jeder Seite wiederholt wird (Seite 397).
- Wenn Sie eine Tabelle erstellt und formatiert haben, deren Struktur und Aussehen Sie häufiger benötigen, können Sie diese als eine Art Baustein in Form einer Schnelltabelle speichern (Seite 398) und dann einfach in anderen Dokumenten wiederverwenden (Seite 399).
- Im vorletzten Abschnitt dieses Kapitels stand der Datenaustausch mit Excel im Mittelpunkt. Sie können in ein Word-Dokument eine Excel-Tabelle als neues Objekt einfügen (Seite 399) oder auch eine bereits bestehende Excel-Tabelle verwenden (Seite 400). Wenn Sie die in Word erstellte Tabelle mit der Excel-Quelle verknüpfen, stehen Ihnen verschiedene Möglichkeiten zur Verfügung, um die in Word eingefügte Tabelle zu aktualisieren, sollten sich die Daten in der Excel-Tabelle ändern (Seite 402).
- Im letzten Abschnitt dieses Kapitels haben Sie gesehen, wie Sie auch mit Word Tabellen erstellen können, die sich selbst berechnen, in dem Sie in eine Tabellenzelle statt eines Wertes eine Formel eingeben (Seite 403).

Kapitel 20

Illustrationen einfügen & positionieren

Tabellen & Grafiken

In diesem Kapitel:

Auch wenn Word von Haus aus eine Textverarbeitung ist, hat es viele interessante Funktionen für die Bildbearbeitung zu bieten, die in der neuen Version sogar noch einmal ordentlich aufgestockt worden sind. In diesem Kapitel zeigen wir Ihnen zunächst, wie Sie die verschiedenen graphischen Elemente, die in Word 2007 als *Illustrationen* bezeichnet werden, in ein Dokument einfügen und in den Text integrieren. Die vielfältigen Verfahren, mit denen Sie eine Grafik nachträglich bearbeiten können, lernen Sie dann im nächsten Kapitel kennen.

Die Befehle zum Einfügen der verschiedenen grafischen Elemente finden Sie auf der Registerkarte *Einfügen* in der Gruppe *Illustrationen.*

Bild 20.1 Über die Schaltflächen der Gruppe *Illustrationen* können Sie die verschiedenen grafischen Elemente in Ihre Dokumente einfügen

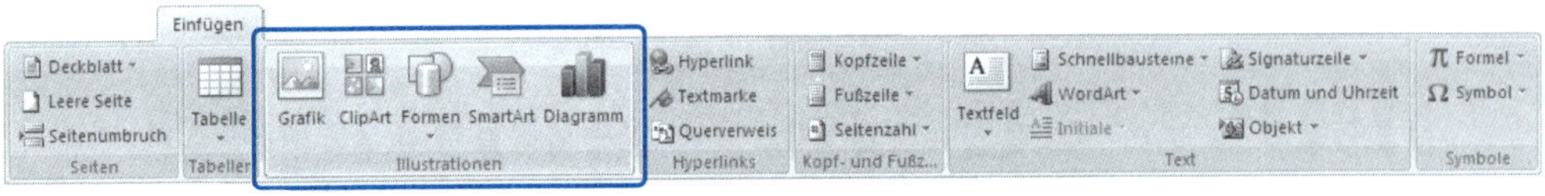

Grafiken einfügen

Was genau in Word als *Grafik* bezeichnet wird, lässt sich nur schwer präzise definieren. In den allermeisten Fällen handelt es sich dabei um Bilder, die in einer Datei vorliegen. Das können dann ein Foto, eine Bildschirmabbildung wie in diesem Buch oder aber eine Zeichnung sein, die Sie mit einem Grafikprogramm erstellt haben.

Wenn Sie wissen, wo genau die Grafik gespeichert ist, können Sie sie mit folgenden Schritten in Ihr Dokument einfügen:

1. Setzen Sie die Einfügemarke an die Stelle Ihres Dokumentes, an der Sie die Grafik einfügen wollen. Am besten eignet sich dazu ein leerer Absatz.
2. Zeigen Sie die Registerkarte *Einfügen* an und klicken Sie dort in der Gruppe *Illustrationen* auf die Schaltfläche *Grafik.* Das Fenster *Grafik einfügen* wird angezeigt.
3. Falls Sie nach Bildern eines bestimmten Typs suchen (z. B. TIF, BMP, GIF etc.), können Sie ihn im Dialogfeld als Dateityp voreinstellen. Das erleichtert die Suche, weil dann im Dialogfeld nur noch diese Dateien aufgelistet werden.
4. Lassen Sie bei Bedarf mit Hilfe der Schaltfläche *Ansichten* Vorschaubilder (Miniaturansichten) der Grafiken im Dialogfeld anzeigen (siehe Abbildung auf der nächste Seite).
5. Wechseln Sie in den Ordner, in dem sich die gesuchte Datei befindet, und markieren Sie die gewünschte Grafik.
6. Klicken Sie auf *Einfügen,* um die Grafik in Ihr Dokument aufzunehmen.

In der Regel müssen Sie die Grafik nun noch an den Text anpassen. Dazu können Sie zum Beispiel die Größe der Grafik ändern, die Ränder der Grafik beschneiden und die Art und Weise festlegen, wie der Text des Dokuments die Grafik umfließen soll. Diese Themen werden wir im weiteren Verlauf des Kapitels ausführlich besprechen.

Bild 20.2 Auswahl der einzufügenden Grafik

Grafiken verknüpft einfügen

Wenn Sie möchten, dass sich spätere Änderungen an einer eingefügten Grafik automatisch auf das Dokument auswirken (z.B. bei einem Firmenlogo), müssen Sie die Grafik verknüpft einfügen. Gehen Sie dazu folgendermaßen vor:

1. Positionieren Sie die Einfügemarke und klicken Sie in der Registerkarte *Einfügen* auf *Grafik*, um das Dialogfeld *Grafik einfügen* zu öffnen.
2. Navigieren Sie zu dem Ordner, der die gewünschte Grafikdatei enthält und markieren Sie sie.
3. Klicken Sie jetzt auf das kleine Dreieck der Schaltfläche *Einfügen*, um das Menü der Schaltfläche aufzuklappen.

Tabellen & Grafiken

Bild 20.3 Grafiken verknüpft einfügen

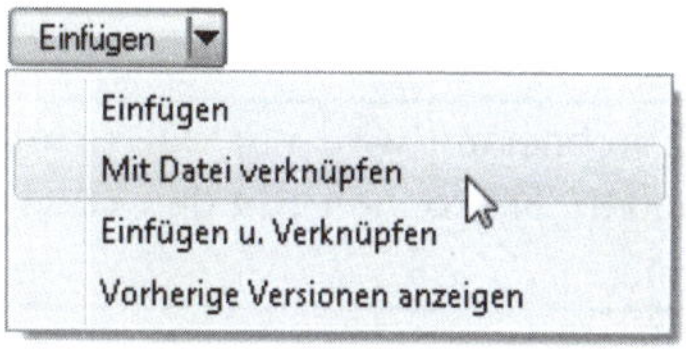

Das Ausklappmenü enthält zwei Befehle zum verknüpften Einfügen von Grafiken:

- **Mit Datei verknüpfen** Wenn Sie die Grafik mit diesem Befehl einfügen, wird im Dokument lediglich eine Verknüpfung zu der Datei gespeichert, also die Information, wo sich die Datei der Grafik befindet. Das heißt, die Grafik wird zwar ganz normal im Dokument angezeigt, ist jedoch kein fester Bestandteil des Dokuments. Diese Variante hat den Vorteil, dass die Größe des Dokuments durch das Einfügen der Grafik kaum ansteigt. Allerdings ist damit der Nachteil verbunden, dass Sie zum Anzeigen und Bearbeiten des Dokuments Zugriff auf die Grafikdatei benötigen.
- **Einfügen u. Verknüpfen** Mit diesem Befehl wird zusätzlich zur Verknüpfung auch noch eine Kopie der Grafik im Dokument gespeichert. Das Dokument kann dadurch unabhängig von der Grafikdatei geöffnet und bearbeitet werden. Allerdings erkaufen Sie diesen Komfort durch eine unter Umständen deutlich höhere Dateigröße.

4. Wählen Sie im Menü den gewünschten Befehl, um die Grafik einzufügen.

HINWEIS **Verknüpfungen zu Grafiken werden immer aktualisiert** Beim Öffnen eines Dokuments, in dem sich eine verknüpfte Grafik befindet, greift Word unabhängig von der Art der Verknüpfung immer auf die Originaldatei der Grafik zu. Das heißt, eine Änderung der Originaldatei wirkt sich auf jeden Fall auf das Dokument aus. Dieses Verhalten kann – im Gegensatz zu früheren Word-Versionen – nicht nachträglich beeinflusst werden.

Grafiken zuschneiden

Manchmal will man eine Grafik nicht komplett in ein Dokument einfügen, sondern nur einen bestimmten Teil davon. Den dazu notwendigen Zuschnitt müssen Sie jedoch nicht in einem Grafikprogramm vornehmen, sondern Sie können direkt in Word die nicht benötigten Teile der Grafik abschneiden. So können Sie sich zum Beispiel von überflüssigen Bildrändern trennen oder einem Bild andere Proportionen verleihen.

1. Fügen Sie eine Grafik ein bzw. markieren Sie eine Grafik.
2. Wechseln Sie auf die Registerkarte *Format* und klicken Sie dort in der rechten Gruppe auf die Schaltfläche *Zuschneiden*. Word befindet sich nun im Zuschneidemodus, was Sie an dem geänderten Mauszeiger und der geänderten Bildmarkierung erkennen können.
3. Ziehen Sie an den Anfassern der Grafik, um die unerwünschten Bildränder wegzuschneiden. Sie können die Anfasser aber auch vom Bild wegbewegen. Dadurch wird der Rand um das Bild vergrößert und der umfließende Text hält einen entsprechend größeren Abstand ein.
4. Um den Zuschneidemodus zu beenden, betätigen Sie entweder erneut die Schaltfläche *Zuschneiden* oder Sie klicken einfach irgendwo in den Text.

   Im nächsten Bild sehen Sie, wie wir mit dieser Technik bestimmte Teile aus einer Grafik herausgepickt haben. (Das Original steht in der Bildmitte.)

HINWEIS **Es geht nichts verloren** Beim Zuschneiden wird nur der sichtbare Bereich der Grafik geändert, die Grafik selbst bleibt unverändert. Sie können also den Zuschnitt nachträglich korrigieren oder sogar ganz rückgängig machen.

Bild 20.4 Nicht benötigte Ränder einer Grafik können direkt in Word abgeschnitten werden

ClipArts einfügen

ClipArts sind kleine Zeichnungen, die im Lieferumfang von Word bzw. Office enthalten sind und die Sie in Ihre Dokumente einfügen können. Der Vorteil von ClipArts ist ihr geringer Speicherplatzbedarf, da es sich um so genannte Vektorgrafiken handelt. Die Auswahl an ClipArts ist riesig, und wenn Sie einen Internet-Anschluss besitzen, können Sie zusätzlich z. B. auf die Bilderdatenbank von Microsoft zugreifen, deren ClipArts Sie kostenlos herunterladen dürfen.

1. Positionieren Sie die Einfügemarke und klicken Sie auf der Registerkarte *Einfügen* auf die Schaltfläche *ClipArt*. Word blendet dann den Aufgabenbereich *ClipArt* ein (siehe Bild 20.7).
2. Geben Sie im Feld *Suchen nach* einen Suchbegriff ein.
3. Bei der Suche nach einer ClipArt greift Word auf verschiedene Quellen zurück, die Sie mit der Liste *Suchen in* wählen können.

Bild 20.5 Auswahl der zu durchsuchenden Sammlungen

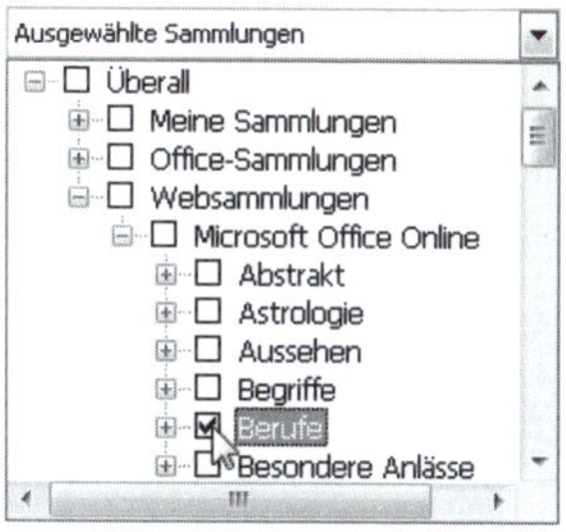

Schränken Sie die Suche bei Bedarf auf bestimmte Sammlungen bzw. Themengebiete ein:

- **Meine Sammlungen** Die Bilder auf der Festplatte Ihres Computers.
- **Office Sammlungen** Die mit Word bzw. Office gelieferten Bilder.
- **Websammlungen** Bilderdatenbanken im Internet.

4. Normalerweise sucht Word nach allen Mediendaten, die es kennt: ClipArts, Fotos, Filme und Sounds (Klangdateien). Mit der Liste *Ergebnisse* können Sie die Suche auch auf bestimmte Typen beschränken. Das kann z. B. sinnvoll sein, wenn Sie ein Bild suchen, Ihr Suchbegriff aber viele Filme oder Sounds als Treffer anzeigt, die die Trefferliste unübersichtlich machen.

Bild 20.6 Auswahl der zu berücksichtigenden Medientypen

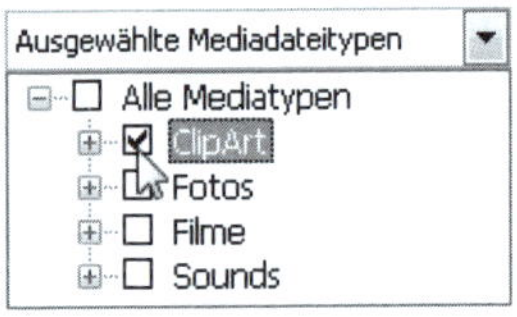

TIPP **Dateityp vorgeben** Wenn Sie z.B. für eine Internetseite eine JPEG-Datei suchen, können Sie festlegen, dass Word ausschließlich nach diesem Dateityp suchen soll. Zum Anzeigen der angebotenen Dateitypen klicken Sie auf das Pluszeichen des gewünschten Medientyps.

5. Starten Sie jetzt die Suche mit einem Klick auf *OK*.

Bild 20.7 Word zeigt die gefundenen ClipArts im Aufgabenbereich an

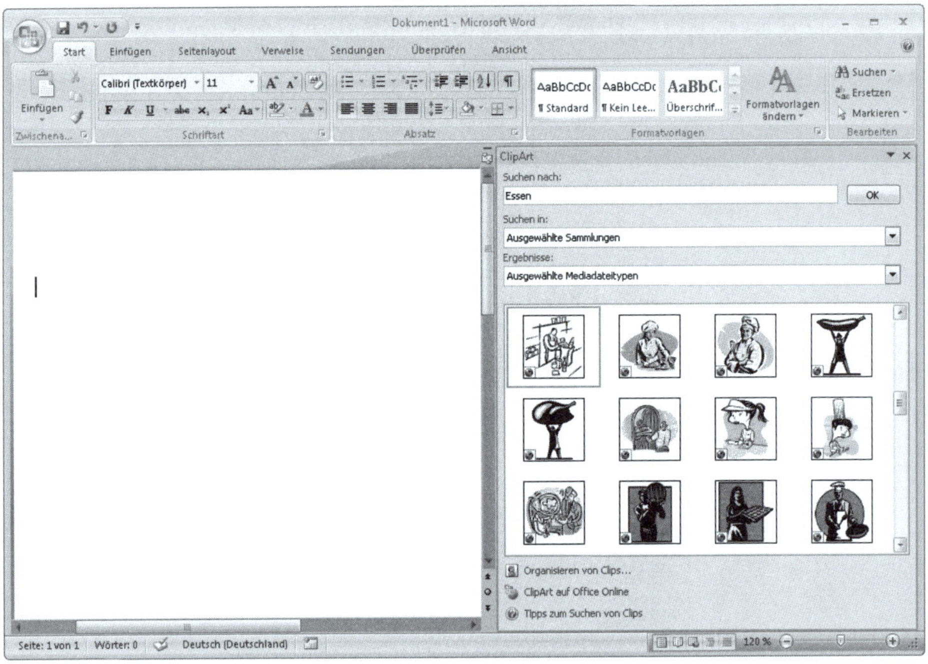

Wenn Word sehr viele ClipArts gefunden hat, empfiehlt es sich, die Breite des Aufgabenbereichs zu vergrößern. Dazu zeigen Sie mit der Maus auf den linken Rand des Bereichs. Sobald sich der Mauszeiger zu einem waagerechten Doppelpfeil verändert, drücken Sie die linke Maustaste und verschieben den Rand nach links.

6. Sie können eine vergrößerte Darstellung der ClipArts anzeigen, indem Sie sie mit der rechten Maustaste anklicken und im Kontextmenü den Befehl *Vorschau/Eigenschaften* aufrufen.
7. Suchen Sie ein Bild in der Liste aus und klicken Sie es dann mit der Maus an.

Informationen, wie Sie die Größe einer Illustration ändern, finden Sie ab Seite 424. Wie Sie eine Illustration an Ihren bestehenden Text optimal anpassen, beschreiben wir ab Seite 425.

Formen einfügen

Wenn Sie eine kleine Skizze oder auch ein Flussdiagramm in Ihr Dokument aufnehmen wollen, brauchen Sie nicht gleich zu einem Grafikprogramm zu greifen. Arbeiten Sie einfach mit *Formen*, die in einer verschwenderischen Fülle vorhanden sind. Formen gehören bereits seit mehreren Versionen zum Portfolio von Word. Sie hießen bislang *AutoFormen*, da sie aus einer Ära stammen, in der das Präfix »Auto« inflationär benutzt wurde.

Formen werden, wie Grafiken und ClipArts auch, über die Registerkarte *Einfügen* in ein Dokument eingefügt. Klicken Sie dazu in der Gruppe *Illustrationen* auf das Symbol *Formen*, um eine Liste der angebotenen Formen anzuzeigen.

Bild 20.8 Die Auswahl an Formen ist außerordentlich reichhaltig

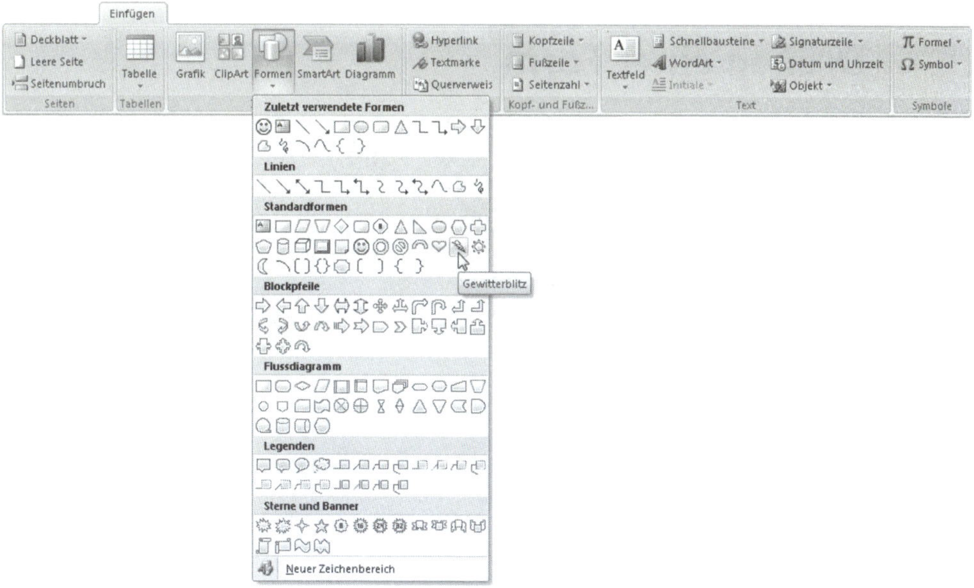

Um eine Form einzufügen, wählen Sie ein Symbol aus der Liste aus, klicken mit der Maus in Ihr Dokument und ziehen mit gedrückter Maustasten einen Rahmen in der gewünschten Größe auf.

Bild 20.9 Eine eingefügte Form (Banner)

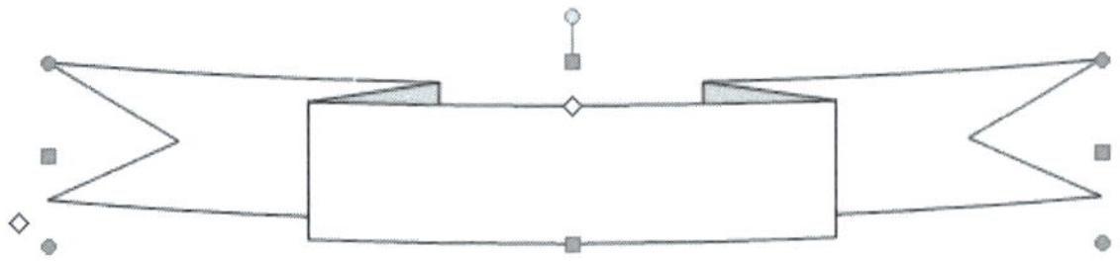

Die Bedeutung der gelben Rauten

Wenn Ihnen die Proportionen einer Form noch nicht zusagen, können Sie sie mit den gelben Rauten modifizieren. Sie finden sie bei nahezu allen Formen; bei einigen Formen – wie der hier abgebildeten – sogar mehrere. Verschieben Sie die gelben Rauten einfach mit der Maus, um die Form zu verändern. Word deutet die neue Form mit einer punktierten Linie auf dem Bildschirm an.

Bild 20.10 Mit Hilfe der gelben Rauten lassen sich die Formen verändern

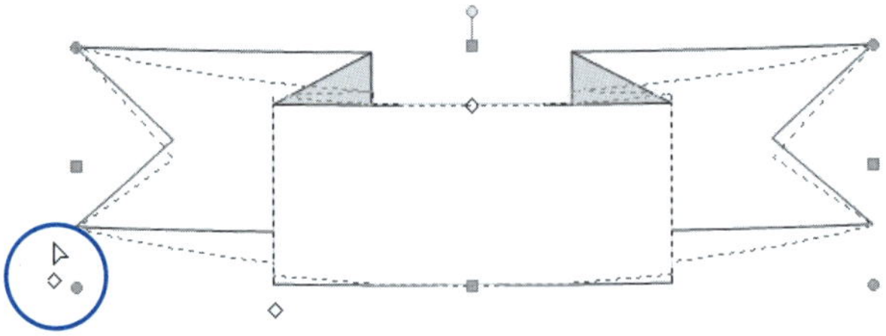

Drehen einer Form

Mit dem grünen Anfasser können Sie eine Form um ihren Mittelpunkt drehen. Wenn Sie dabei vorher noch die [Alt]-Taste drücken (und während des Drehens gedrückt halten), wird die Drehung um den Anfasser ausgeführt, der dem grünen Anfasser gegenüberliegt. Durch Drücken der [⇧]-Taste erreichen Sie, dass die Drehung in 15°-Schritten erfolgt. Die neue Lage der Form wird beim Drehen durch eine punktierte Linie angezeigt.

Bild 20.11 Mit Hilfe der grünen Punkte können Sie eine Form drehen

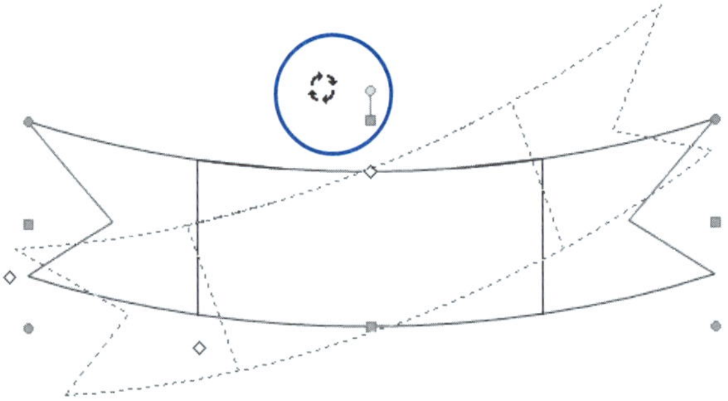

Formen gruppieren

Wenn eine Figur, die Sie aus mehreren Formen zusammengestellt haben, vollendet ist, können Sie ihre Einzelteile zu einer Gruppe zusammenfassen. Die Gruppe verhält sich dann wie eine einzelne Illustration und kann dadurch leichter verschoben oder kopiert werden.

Das folgende Beispiel beschreibt, wie Sie beim Gruppieren vorgehen müssen:

1. Fügen Sie mehrere Formen in ein Dokument ein oder öffnen Sie alternativ die Übungsdatei *Gruppieren*.
2. Markieren Sie die gewünschten Formen, indem Sie sie bei gedrückter Strg -Taste anklicken.

Bild 20.12 Die zu gruppierenden Formen wurden einzeln mit der Maus markiert

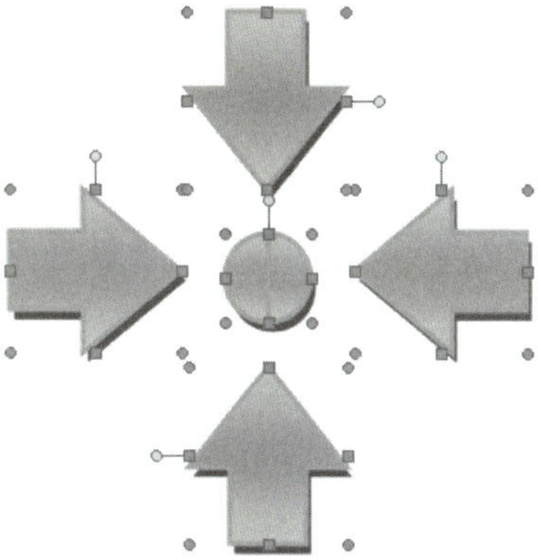

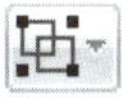

3. Wechseln Sie auf die Registerkarte *Zeichentools/Format*, klicken Sie in der Gruppe *Anordnen* auf die Schaltfläche *Gruppieren* und wählen Sie im Ausklappmenü den Befehl *Gruppieren*. Die Formen erhalten dadurch eine gemeinsame Markierung – sie sind gruppiert.

Bild 20.13 Die Formen sind zu einer Gruppe zusammengefasst

Sie können die Gruppe nun als Ganzes im Dokument verschieben. Auch eine Bearbeitung der Formen ist in gewissen Grenzen möglich. Sie können z. B. der Gruppe neue Farben und Effekte zuweisen oder sie insgesamt vergrößern bzw. verkleinern. Die einzelnen Formen lassen sich ebenfalls noch separat anklicken und können so auch individuell formatiert werden.

4. Um die Gruppierung anschließend wieder zu lösen, rufen Sie den Befehl *Gruppierung aufheben* auf. Sie finden ihn sowohl in dem Ausklappmenü der Schaltfläche *Gruppieren,* als auch im Kontextmenü der gruppierten Formen (siehe nächste Abbildung).

Bild 20.14 Die Gruppierung kann jederzeit wieder gelöst werden

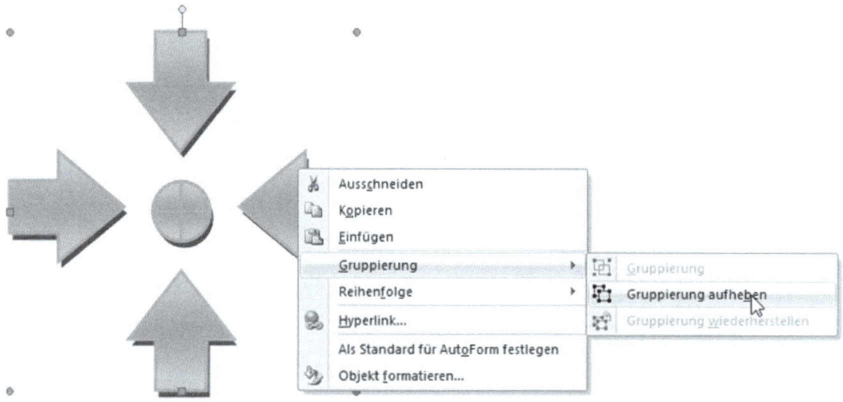

5. Nehmen Sie an einer der zuvor gruppierten Formen eine kleine Änderung vor (Sie könnten z. B. ihre Größe ändern).

6. Klicken Sie anschließend die geänderte Form mit der rechten Maustaste an und wählen Sie in ihrem Kontextmenü den Befehl *Gruppierung wiederherstellen.* Da Word sich »gemerkt« hat, mit welchen Objekten die angeklickte Form zuletzt gruppiert war, kann es die ursprüngliche Gruppierung wiederherstellen.

Bild 20.15 Ein temporäres Auflösen der Gruppierung bietet sich z. B. an, um einzelne Formen nachträglich bearbeiten zu können (die mittlere Form wurde verkleinert)

SmartArts einfügen

SmartArts sollen Ihnen helfen, bestimmte Sachverhalte graphisch umzusetzen – frei nach dem Motto: »Ein Bild sagt mehr als tausend Worte«. Wie Sie gleich noch sehen werden, liegt die besondere Stärke von SmartArts in ihrer enormen Effektivität. Es ist in der Tat mit erstaunlich wenig Aufwand möglich, professionelle Diagramme zu erstellen, die Ihre Dokumente deutlich aufwerten können.

In diesem Abschnitt werden wir mit Hilfe von SmartArts ein Diagramm anfertigen, das den Kreislauf der Software-Entwicklung nach dem Modell des *Extreme Programming (XP)* verdeutlichen soll. Die dazu erforderliche Vorgehensweise verdeutlicht folgende Grafik, die selbst eine SmartArt ist.

Bild 20.16 Entstehungsprozess einer SmartArt-Grafik

1. Wechseln Sie auf die Registerkarte *Einfügen* und klicken Sie dort in der Gruppe *Illustrationen* auf die Schaltfläche *SmartArt*. Word zeigt dann den SmartArt-Katalog an, in dem die verschiedenen Layouts nach Typen geordnet aufgeführt sind.

Bild 20.17 Der SmartArt-Katalog enthält eine reichhaltige Auswahl

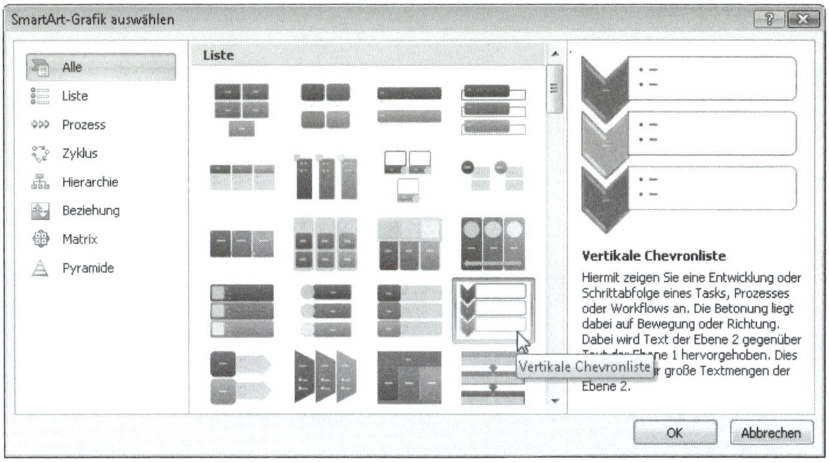

2. Wählen Sie einen Typ aus, mit dem sich die Zusammenhänge, die Sie darstellen möchten, am besten visualisieren lassen. In unserem Fall ist dies sicherlich der Typ *Zyklus*. Im Katalog werden dann nur noch die Layouts des gewählten Typs angezeigt.
3. Wenn Sie die einzelnen SmartArt-Layouts anklicken, erscheint rechts im Fenster eine kurze Erläuterung, die Hinweise zum sinnvollen Einsatz der jeweiligen Layouts liefert.
4. Übernehmen Sie das gewählte Layout mit *OK*. Word fügt eine Rohfassung der SmartArt in Ihr Dokument ein. Außerdem erscheinen in der Multifunktionsleiste zwei Registerkarten, auf die wir gleich noch eingehen werden.

Bild 20.18 Die Rohfassung der neuen SmartArt

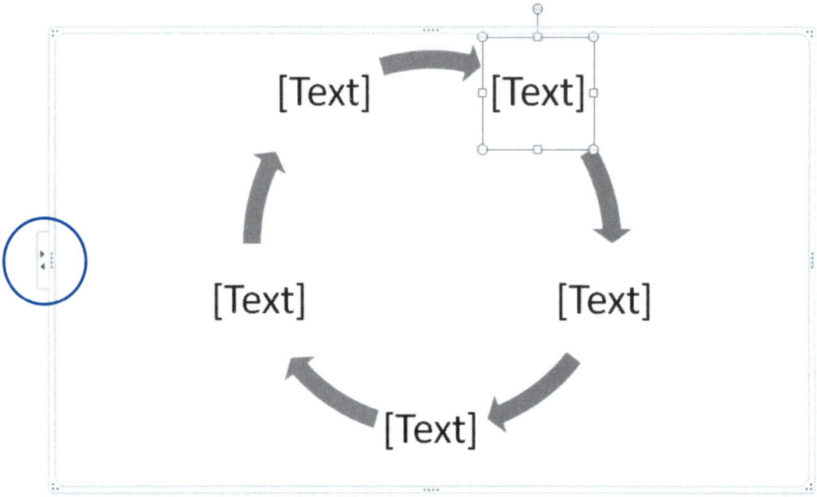
[Text]
[Text]
[Text]
[Text]
[Text]

5. Sie könnten die Textplatzhalter nun bereits im Diagramm durch eigene Texte ersetzen. Komfortabler lässt sich das jedoch in einem speziellen Textbereich vornehmen, den Sie durch einen Klick auf den kleinen Griff am linken Rand des SmartArt-Rahmens einschalten können.

Bild 20.19 Im Textbereich lassen sich die Texte der SmartArt bequem editieren

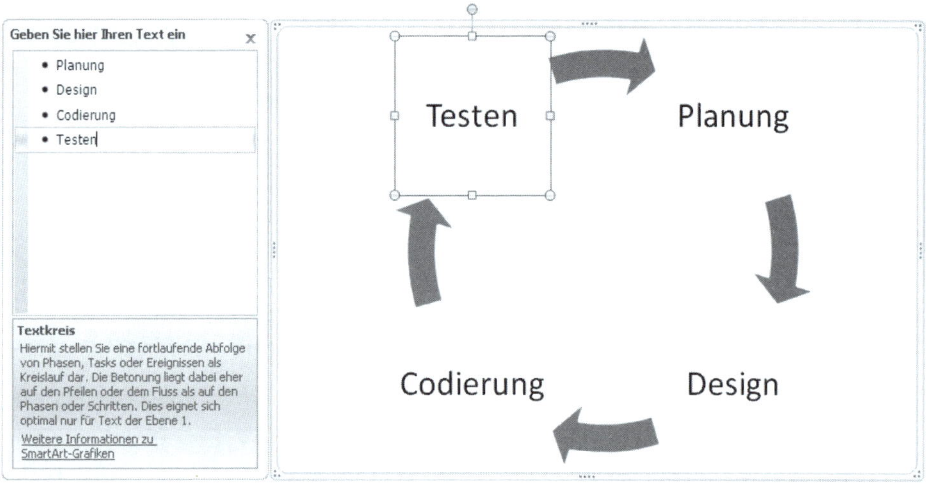
Geben Sie hier Ihren Text ein
Planung
Design
Codierung
Testen
Textkreis
Hiermit stellen Sie eine fortlaufende Abfolge von Phasen, Tasks oder Ereignissen als Kreislauf dar. Die Betonung liegt dabei eher auf den Pfeilen oder dem Fluss als auf den Phasen oder Schritten. Dies eignet sich optimal nur für Text der Ebene 1.
Weitere Informationen zu SmartArt-Grafiken
Testen
Planung
Codierung
Design

6. Geben Sie die Texte in den Textbereich ein. Beachten Sie, dass Word die Schriftgröße an die eingegebene Textmenge anpasst. Bei Bedarf können Sie sowohl nicht benötigte Listeneinträge löschen als auch die Liste um neue Einträge erweitern.
7. Wenn Sie alle Textplatzhalter ausgefüllt haben, können Sie den Textbereich wieder über seine Schließen-Schaltfläche ausblenden.

Damit liegt die Grundstruktur der SmartArt fest und Sie können im nächsten Schritt ihre optische Gestaltung ändern. Dazu verwenden Sie am besten eine der angebotenen Formatvorlagen, auch wenn es prinzipiell möglich ist, die einzelnen Bestandteile einer SmartArt individuell zu bearbeiten.

8. Öffnen Sie in der Registerkarte *Entwurf* die Auswahlliste für die *SmartArt-Formatvorlagen*. Zeigen Sie dann mit der Maus auf die verschiedenen Vorlagen, damit Word ihre Eigenschaften direkt im Dokument anzeigt. Beachten Sie auch, dass einige Formatvorlagen eine räumliche Wirkung haben.

Bild 20.20 Zeigen Sie mit der Maus auf die verschiedenen Formatvorlagen, um ihre Wirkung direkt im Dokument beurteilen zu können

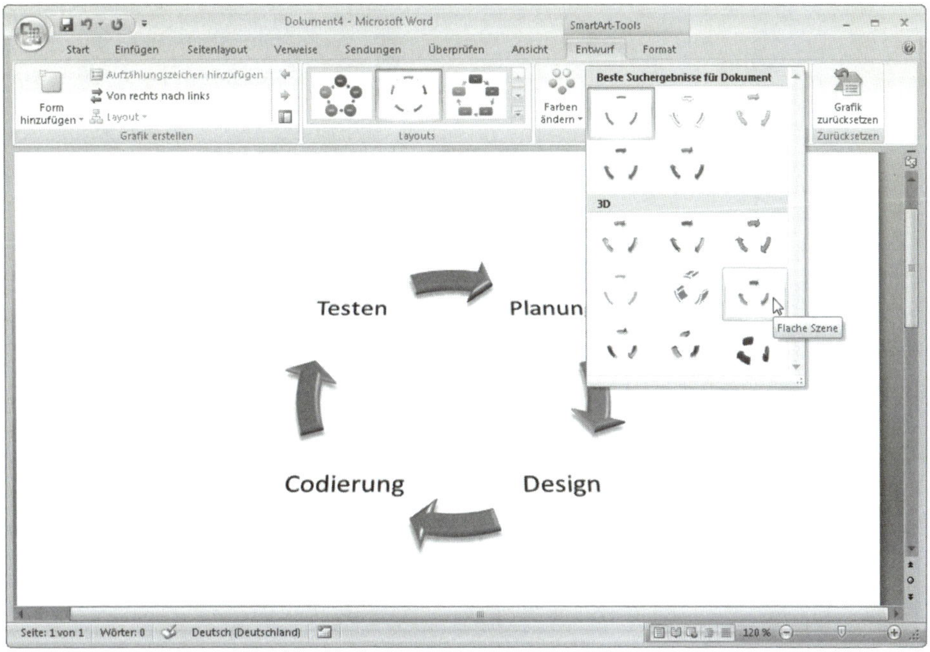

9. Nachdem Sie eine geeignete Formatvorlage ausgewählt haben, können Sie noch die Farbgebung der SmartArt ändern. Klicken Sie dazu auf die Schaltfläche *Farbe ändern* und übernehmen Sie eine der angebotenen Varianten.

   Wenn Sie sich das letzte Bild noch einmal ansehen, werden Sie bemerken, dass der Text noch nicht optimal mit den Pfeilen harmoniert. Der Text ist zwar, genau wie die Pfeile, optisch nach hinten gekippt, aber der fehlende Schatten stört den Gesamteindruck. Dieses Manko soll nun noch mit möglichst wenig Aufwand behoben werden.

10. Klicken Sie die SmartArt an und schalten Sie den Textbereich ein.

11. Markieren Sie im Textbereich den gesamten Text.

12. Wechseln Sie auf die Registerkarte *Format*, öffnen Sie das Menü der Schaltfläche *Texteffekte* und klappen Sie das Untermenü *Schatten* auf.

Bild 20.21 Der markierte Text lässt sich mit diversen Spezialeffekten versehen

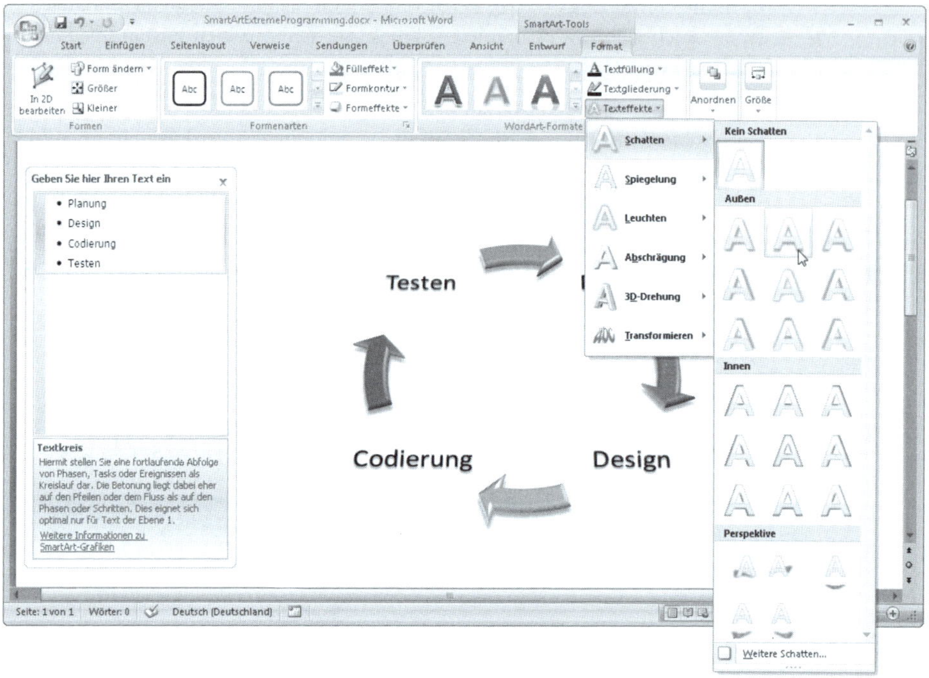

13. Weisen Sie den Texten den passenden Schatteneffekt zu.

An dieser Stelle wollen wir die Vorstellung der SmartArts beenden – auch wenn auf den beiden Registerkarten *Entwurf* und *Format* noch eine Fülle von hoch-interessanten Funktionen schlummern. Am besten probieren Sie in einer ruhigen Stunde die verschiedenen Effekte der Reihe nach aus. Dank der Live-Vorschau von Word brauchen Sie dazu nur mit dem Mauszeiger durch die Menüs und Kataloge wandern.

Größe einer Illustration ändern

Wenn Sie die Größe einer eingefügten Illustration verändern möchten, benutzen Sie am besten die acht Anfasser, die erscheinen, sobald Sie die Illustration mit der Maus anklicken.

- Mit den Anfassern an den vier Ecken des Rahmens können Sie die Größe der Illustration verändern, ohne sie dabei zu verzerren. Das heißt, das Höhen-/Breitenverhältnis der Illustration bleibt erhalten.
- Wenn Sie einen der seitlichen Anfasser ziehen, können Sie die Illustration nur in der Breite bzw. der Höhe verändern, wodurch sie entsprechend verzerrt wird.

Zusätzlich können Sie die Größenänderung noch durch das Drücken zweier Tasten beeinflussen:

- Wenn Sie beim Bewegen der Maus die Taste Strg festhalten, erfolgt die Größenänderung bezogen auf den Mittelpunkt der Illustration (das heißt, der Mittelpunkt der Illustration wird nicht verschoben).

- Wenn Sie [Alt] drücken, schalten Sie die Wirkung des Zeichnungsrasters um. Das Raster erleichtert das Ausrichten von grafischen Elementen, indem es dafür sorgt, dass sich Objekte nicht stufenlos, sondern nur in einer voreingestellten Schrittweite bewegen lassen. Durch das Drücken von [Alt] schalten Sie ein aktiviertes Raster aus bzw. ein deaktiviertes Raster ein. Weitere Informationen zu diesem Thema finden Sie ab Seite 430.

Wollen Sie die Größe einer Illustration exakt einstellen, kommen Sie mit der Maus nicht weiter. In diesem Fall tragen Sie die gewünschte Größe besser auf der Registerkarte *Format* ein, die automatisch angezeigt wird, sobald die Illustration markiert ist. Die benötigten Eingabefelder befinden sich auf der Registerkarte ganz rechts.

Bild 20.22 Auf der Registerkarte *Format* können Sie die Größe einer Illustration exakt vorgeben

PROFITIPP

Größe relativ angeben

Eine weitere interessante Funktion erreichen Sie über die kleine Schaltfläche in der rechten unteren Ecke der Gruppe *Schriftgrad* (evtl. ist dieser Übersetzungsfehler in Ihrer Word-Version schon behoben). Sie ruft das Dialogfeld *Objekt formatieren* auf, mit dem Sie die Größe eines Objekts in Relation zur Seitengröße oder der Breite der Seitenränder einstellen können. So können Sie zum Beispiel festlegen, dass ein Objekt genau 30% der Seitenbreite einnehmen darf.

Textumbruch einstellen

Mit dem Einfügen einer Illustration ist die Arbeit in den seltensten Fällen getan. In aller Regel müssen Sie die Illustration anschließend noch skalieren und verschieben. Und auch das Zusammenspiel zwischen Illustration und Text kann sehr vielseitig gestaltet werden: Die Illustration kann vor oder hinter dem Text stehen oder sie kann auf verschiedene Arten vom Text umflossen werden.

Beim Zusammenspiel zwischen Text und Illustration unterscheidet man in Word grundsätzlich zwischen zwei Varianten:

- **Mit Zeile in Text** Die Illustration verhält sich in diesem Fall wie ein normales Zeichen. Diese Art der Positionierung eignet sich vor allem für kleine Grafiken, die in den Fließtext aufgenommen werden sollen.
- **Mit Textumbruch** Bei dieser Form der Positionierung fließt der Text um die Illustration herum. Die Illustration kann frei auf der Seite positioniert werden.

Im nächsten Beispiel werden Sie die beiden Verfahren kennenlernen. Dazu fügen wir eine ClipArt in ein Dokument ein und optimieren die Position und den Textfluss Schritt für Schritt.

1. Öffnen bzw. erstellen Sie ein Dokument, in das Sie eine Illustration einfügen können.
2. Setzen Sie die Einfügemarke an den Beginn des Dokuments und fügen Sie, wie im Abschnitt auf Seite 415 beschrieben, eine ClipArt ein. Das Ergebnis sollte ungefähr so aussehen wie in der folgenden Abbildung.

Bild 20.23 Die eingefügte ClipArt steht mit dem Text in einer Zeile

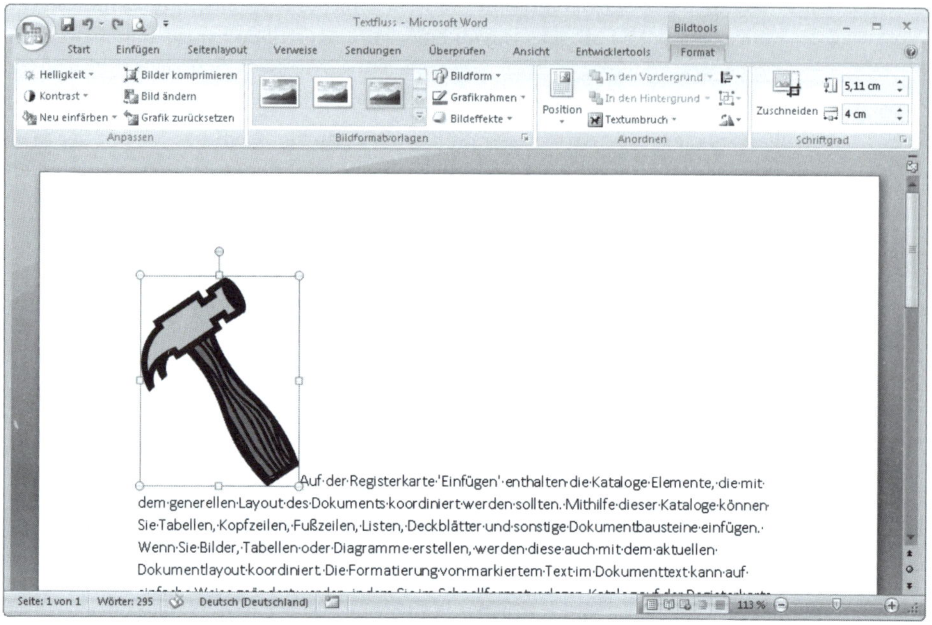

Wie Sie im obigen Bild sehen können, hat die eingefügte ClipArt den Text der ersten Zeile nach rechts geschoben; sie verhält sich also in etwa so, wie es ein sehr großer Buchstabe tun würde. Aus diesem Grund nennt man diese Art der Formatierung *Mit Text in Zeile.*

3. Klicken Sie die ClipArt an und wechseln Sie auf die Registerkarte *Format* der *Bildtools.*
4. Öffnen Sie dort in der Gruppe *Anordnen* das Menü der Schaltfläche *Textumbruch.*

Bild 20.24 Auswahl der Umbruchart

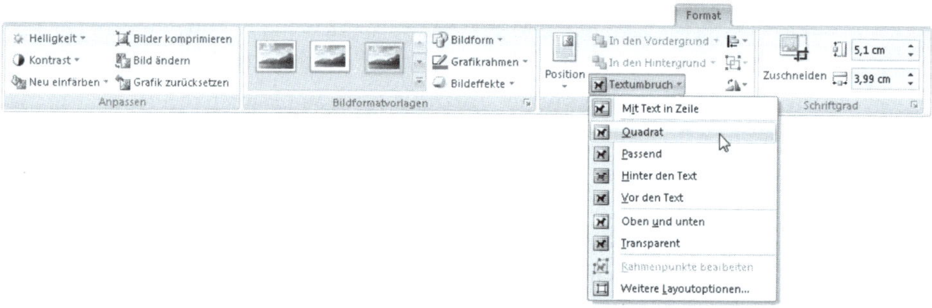

5. Wählen Sie die Option *Quadrat.* Wie Sie sehen, steht die ClipArt nun in der linken oberen Ecke der Seite. Der vorhandene Text spart diesen Bereich aus und fließt um ihn herum.

Bild 20.25 Die ClipArt wird jetzt – mit einem kleinen Abstand – vom Text umflossen

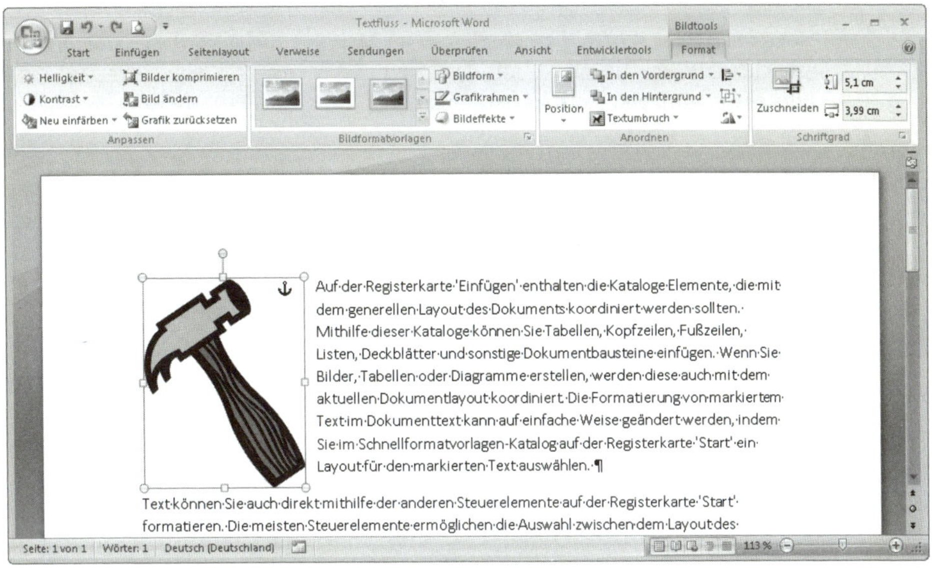
Textfluss - Microsoft Word
Bildtools
Start
Einfügen
Seitenlayout
Verweise
Sendungen
Überprüfen
Ansicht
Entwicklertools
Format
Helligkeit
Kontrast
Neu einfärben
Bilder komprimieren
Bild ändern
Grafik zurücksetzen
Anpassen
Bildform
Grafikrahmen
Bildeffekte
Bildformatvorlagen
Position
In den Vordergrund
In den Hintergrund
Textumbruch
Anordnen
Zuschneiden
5,1 cm
3,99 cm
Schriftgrad
Auf·der·Registerkarte·'Einfügen'·enthalten·die·Kataloge·Elemente,·die·mit· dem·generellen·Layout·des·Dokuments·koordiniert·werden·sollten.· Mithilfe·dieser·Kataloge·können·Sie·Tabellen,·Kopfzeilen,·Fußzeilen,· Listen,·Deckblätter·und·sonstige·Dokumentbausteine·einfügen.·Wenn·Sie· Bilder,·Tabellen·oder·Diagramme·erstellen,·werden·diese·auch·mit·dem· aktuellen·Dokumentlayout·koordiniert.·Die·Formatierung·von·markiertem· Text·im·Dokumenttext·kann·auf·einfache·Weise·geändert·werden,·indem· Sie·im·Schnellformatvorlagen-Katalog·auf·der·Registerkarte·'Start'·ein· Layout·für·den·markierten·Text·auswählen.·¶
Text·können·Sie·auch·direkt·mithilfe·der·anderen·Steuerelemente·auf·der·Registerkarte·'Start'· formatieren.·Die·meisten·Steuerelemente·ermöglichen·die·Auswahl·zwischen·dem·Layout·des·
Seite: 1 von 1
Wörter: 1
Deutsch (Deutschland)
113 %

6. Um den Textfluss an die Form der ClipArt anpassen, klicken Sie erneut auf *Textumbruch* und wählen diesmal die Option *Passend*. Der Text folgt dann der Kontur der ClipArt.
7. Falls Sie den Textfluss noch weiter optimieren wollen, können Sie im Menü der Schaltfläche *Textumbruch* den Befehl *Rahmenpunkte bearbeiten* aufrufen. Dadurch wird die Grenzlinie sichtbar, die der Text nicht überschreiten kann. Durch Verschieben einzelner Punkte können Sie den Textfluss jetzt beliebig steuern.

Bild 20.26 Durch Anpassen der Rahmenlinie lässt sich der Textfluss perfektionieren

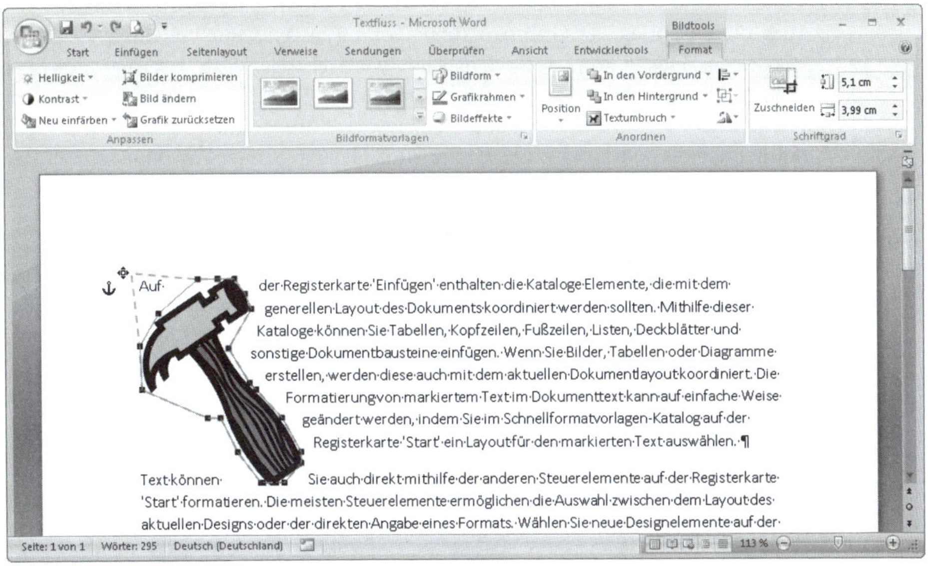
Textfluss - Microsoft Word
Bildtools
Start
Einfügen
Seitenlayout
Verweise
Sendungen
Überprüfen
Ansicht
Entwicklertools
Format
Helligkeit
Kontrast
Neu einfärben
Bilder komprimieren
Bild ändern
Grafik zurücksetzen
Anpassen
Bildform
Grafikrahmen
Bildeffekte
Bildformatvorlagen
Position
In den Vordergrund
In den Hintergrund
Textumbruch
Anordnen
Zuschneiden
5,1 cm
3,99 cm
Schriftgrad
Auf· der·Registerkarte·'Einfügen'·enthalten·die·Kataloge·Elemente,·die·mit·dem· generellen·Layout·des·Dokuments·koordiniert·werden·sollten.·Mithilfe·dieser· Kataloge·können·Sie·Tabellen,·Kopfzeilen,·Fußzeilen,·Listen,·Deckblätter·und· sonstige·Dokumentbausteine·einfügen.·Wenn·Sie·Bilder,·Tabellen·oder·Diagramme· erstellen,·werden·diese·auch·mit·dem·aktuellen·Dokumentlayout·koordiniert.·Die· Formatierung·von·markiertem·Text·im·Dokumenttext·kann·auf·einfache·Weise· geändert·werden,·indem·Sie·im·Schnellformatvorlagen-Katalog·auf·der· Registerkarte·'Start'·ein·Layout·für·den·markierten·Text·auswählen.·¶
Text·können· Sie·auch·direkt·mithilfe·der·anderen·Steuerelemente·auf·der·Registerkarte· 'Start'·formatieren.·Die·meisten·Steuerelemente·ermöglichen·die·Auswahl·zwischen·dem·Layout·des· aktuellen·Designs·oder·der·direkten·Angabe·eines·Formats.·Wählen·Sie·neue·Designelemente·auf·der·
Seite: 1 von 1
Wörter: 295
Deutsch (Deutschland)
113 %

Erweiterte Layoutoptionen

Über den Befehl *Weitere Layoutoptionen* im Menü der Schaltfläche *Textumbruch* (siehe Bild 20.24) erreichen Sie ein Dialogfeld, mit dem Sie die Art und Weise, wie der Text des Dokuments eine Illustration umfließt, genau einstellen können.

Bild 20.27 Die verschiedenen Umbrucharten für Illustrationen

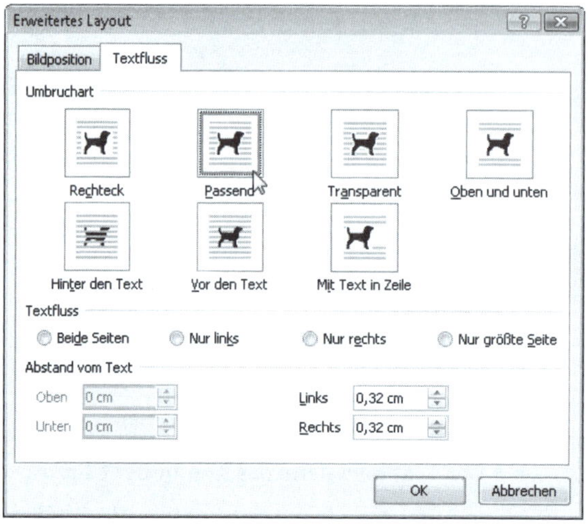

In der Gruppe *Umbruchart* finden Sie die gleichen Varianten wie im Menü der Schaltfläche *Textumbruch*. Die Option *Rechteck* entspricht dabei dem Menübefehl *Quadrat*, wobei »Quadrat« die korrekte Übersetzung des englischen Originals »square« ist.

Je nachdem, für welche Umbruchart Sie sich entschieden haben, können Sie in der Gruppe *Textfluss* noch angeben, an welchen Seiten der Illustration der Text vorbeifließen soll.

Auch die Optionen der Gruppe *Abstand vom Text* sind nur bei einigen Umbrucharten aktiviert. Mit diesen Feldern können Sie einstellen, wie viel freier Platz zwischen der Illustration und dem Text mindestens verbleiben soll. Die Vorgabe von Word ist reichlich knapp bemessen, so dass Sie in der Regel Ihrer Illustration ruhig noch etwas »Luft« gönnen sollten. Ein zu geringer Abstand beeinträchtigt die Wirkung einer Grafik und erzeugt beim Betrachter schnell den Eindruck einer überfüllten Seite.

PROFITIPP

Von einer eingefügten Illustration ist nur der untere Rand sichtbar

Wenn Sie eine Grafik oder eine ClipArt in einen Text einfügen, kann es Ihnen passieren, dass Sie von der eingefügten Illustration nur den unteren Rand zu sehen bekommen. Dieser, auf den ersten Blick sehr irritierende Effekt hängt mit dem Textumbruch der Illustration und dem Zeilenabstand des Absatzes zusammen, in den Sie die Grafik bzw. die ClipArt eingefügt haben. Wenn nämlich für den Absatz ein fester Zeilenabstand festgelegt wurde (siehe Kapitel 12) und Word den Textumbruch der Illustration auf die Option *Mit Text in Zeile* einstellt, muss sich die Illustration mit dem knappen Platzangebot der Textzeile zufrieden geben. Ändern Sie dann entweder die Einstellung für den Zeilenabstand oder wählen Sie für die Illustration eine andere Umbruchart.

Illustrationen auf der Seite positionieren

Illustrationen, deren Umbruchart nicht auf *Mit Text in Zeile* eingestellt ist, lassen sich einfach positionieren, indem Sie sie mit der Maus anklicken und an die gewünschte Position schieben. Da zum Beispiel Grafiken in der Praxis häufig am Rand einer Seite oder zentriert positioniert werden, hält Word eine Funktion bereit, mit der Sie eine Illustration leicht auf diese Standardpositionen verschieben können.

Um die Funktion zu nutzen, müssen Sie die Illustration erst markieren. Anschließend wechseln Sie auf die Registerkarte *Format* und klicken dort auf die Schaltfläche *Position.* Im Ausklappmenü der Schaltfläche können Sie dann die gewünschte Position auswählen, wobei Sie die verschiedenen Varianten dank der neuen Live-Vorschau ohne großen Aufwand ausprobieren können.

Bild 20.28 Standardpositionen für Illustrationen lassen sich bequem per Menü zuweisen

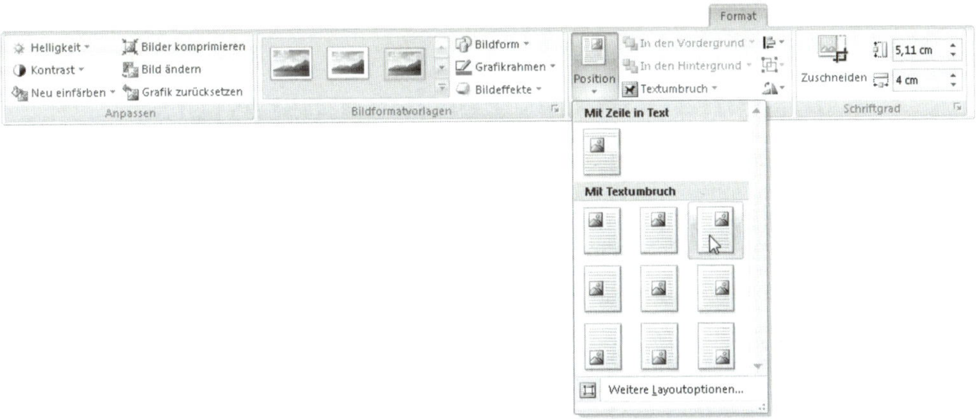

Über den Befehl *Weitere Layoutoptionen* können Sie das Dialogfeld *Erweitertes Layout* aufrufen. Interessant ist hier vor allem die Möglichkeit der absoluten Positionierung. Das heißt, Sie können in diesem Dialogfeld exakt angeben, wo genau die Grafik auf der Seite stehen soll.

Beim Bezugspunkt Ihrer Maßangaben haben Sie unter anderem die Wahl zwischen:

- **Seite** die Papierkante
- **Seitenrand** der im Seitenlayout eingestellte Seitenrand
- **Spalte** bei mehrspaltigen Texten der linke Rand der aktuellen Spalte
- **Zeichen** die Position des Zeichens, an dem die Grafik eingefügt wurde

Die Begriffe *Innerer Rand* und *Äußerer Rand* beziehen sich auf ein gespiegeltes Layout (Bundsteg), da dort eine Angabe wie »Links« oder »Rechts« keinen Sinn machen würde.

TIPP **Grafiken hinter dem Text anklicken** Wenn Sie eine Grafik hinter den Text gestellt haben, können Sie sie nicht mehr mit dem normalen Mauszeiger anklicken. Um eine solche Grafik markieren zu können, müssen Sie daher zuerst auf der Registerkarte *Start* die Schaltfläche *Markieren* anklicken und aus ihrem Menü den Befehl *Objekt markieren* auswählen. Anschließend lässt sich die Grafik wie gewohnt anklicken. Um diesen Markierungsmodus wieder zu verlassen, können Sie entweder den Befehl erneut aufrufen oder einfach die Esc-Taste drücken.

Das Zeichnungsraster

Wenn Sie eine Grafik oder eine Form verschieben, bewegt sie sich nicht gleichmäßig, sondern in kleinen kaum wahrnehmbaren Sprüngen. Die Ursache für dieses Verhalten ist das so genannte *Zeichnungsraster*, mit dem Word das exakte Positionieren von Grafiken und das Zeichnen von Formen unterstützt.

Sie können das automatische Einrasten beim Zeichnen bzw. beim Verschieben von Objekten beeinflussen, indem Sie die automatische Ausrichtung von Objekten ein- bzw. ausschalten. Sie haben dabei die Wahl zwischen einer kurzzeitigen Deaktivierung und einem dauerhaften Ausschalten.

Wollen Sie die automatische Ausrichtung nur beim Positionieren eines einzelnen Objektes umschalten, drücken Sie beim Verschieben die Alt-Taste. Dadurch wird die Wirkung der Funktion umgekehrt: Ist die automatische Ausrichtung zurzeit aktiv, wird sie durch Drücken von Alt temporär deaktiviert und Sie können das Objekt frei verschieben. Im anderen Fall, also wenn die Funktion ausgeschaltet war, wird sie beim Drücken der Taste wieder wirksam.

Konfiguration des Zeichnungsrasters

Das Zeichnungsraster ist in Word normalerweise ausgeschaltet. Um es auf dem Bildschirm sichtbar zu machen, müssen Sie auf der Registerkarte *Ansicht* in der Gruppe *Einblenden/Ausblenden* die Option *Gitternetzlinien* einschalten. Für die eigentliche Konfiguration des Rasters existiert ein eigenes Dialogfeld, das Sie mit folgenden Schritten aufrufen können:

1. Wechseln Sie auf die Registerkarte *Seitenlayout.*
2. Klicken Sie in der Gruppe *Anordnen* auf die Schaltfläche *Ausrichten* und wählen Sie in ihrem Menü den Befehl *Rastereinstellungen.*

Bild 20.29 Konfiguration des Zeichnungsrasters

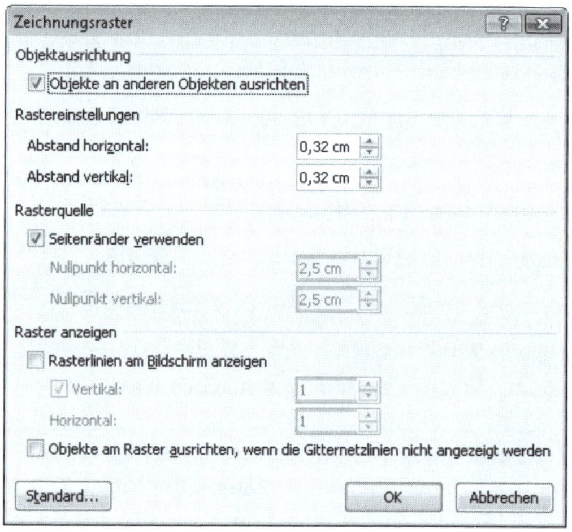

3. Mit den beiden Eingabefeldern *Abstand horizontal* und *Abstand vertikal* können Sie die Weite des Rasters einstellen. Der etwas merkwürdig anmutende Vorgabewert von 0,32 cm kommt

dadurch zustande, dass Word nicht in Zentimetern rechnet, sondern in der typographischen Maßeinheit *Punkt* (die intern sogar noch in *Twips* unterteilt ist, wobei in einem Punkt 20 Twips enthalten sind). Der Wert 0,32 cm entspricht dabei exakt 9 Punkt.

4. Normalerweise beginnt das Zeichnungsraster in der linken oberen Ecke des Textbereichs, also des Bereichs, der durch die festgelegten Seitenränder definiert ist. Sie können aber auch die Papierränder als Referenzpunkte benutzen. Schalten Sie dann im Dialogfeld die Option *Seitenränder verwenden* aus und tragen Sie die gewünschten Maßangaben in die Felder *Nullpunkt horizontal* und *Nullpunkt vertikal* ein.

5. Um die Rasterlinien anzuzeigen, schalten Sie die Option *Rasterlinien am Bildschirm anzeigen* ein. Zusätzlich können Sie mit der Option *Vertikal* steuern, ob zusätzlich zu den waagerechten auch die senkrechten Linien angezeigt werden sollen. Mit den beiden Zahlenangaben der Optionen *Vertikal* und *Horizontal* legen Sie fest, ob alle Linien des Rasters angezeigt werden sollen – das entspricht der Eingabe einer 1 – oder nur jede zweite, dritte usw.

6. Normalerweise rasten die Objekte beim Verschieben nur dann im Zeichnungsraster ein, wenn die Rasterlinien auf dem Bildschirm angezeigt werden. Wenn Sie das Raster jedoch dauerhaft aktivieren wollen, schalten Sie unten im Dialogfeld die Option *Objekte am Raster ausrichten, wenn die Gitternetzlinien nicht angezeigt werden* ein.

7. Wenn Sie möchten, dass die im Dialogfeld vorgenommenen Einstellungen nicht nur für das aktuelle, sondern für alle Dokumente gelten sollen, klicken Sie auf die Schaltfläche *Standard* und bestätigen die anschließende Nachfrage mit *Ja*. Dieser Schritt wirkt sich jedoch nur auf die Konfiguration des Rasters aus (also auf den Rasterabstand, die Rasterquelle und die Anzahl der Rasterlinien). Die Sichtbarkeit der Rasterlinien betrifft immer alle Dokumente.

Bild 20.30 Word mit eingeschaltetem Zeichnungsraster. Beachten Sie, dass nicht die Ecken der Formen, sondern ihre Anfasser auf den Kreuzungspunkten der Gitternetzlinien einrasten.

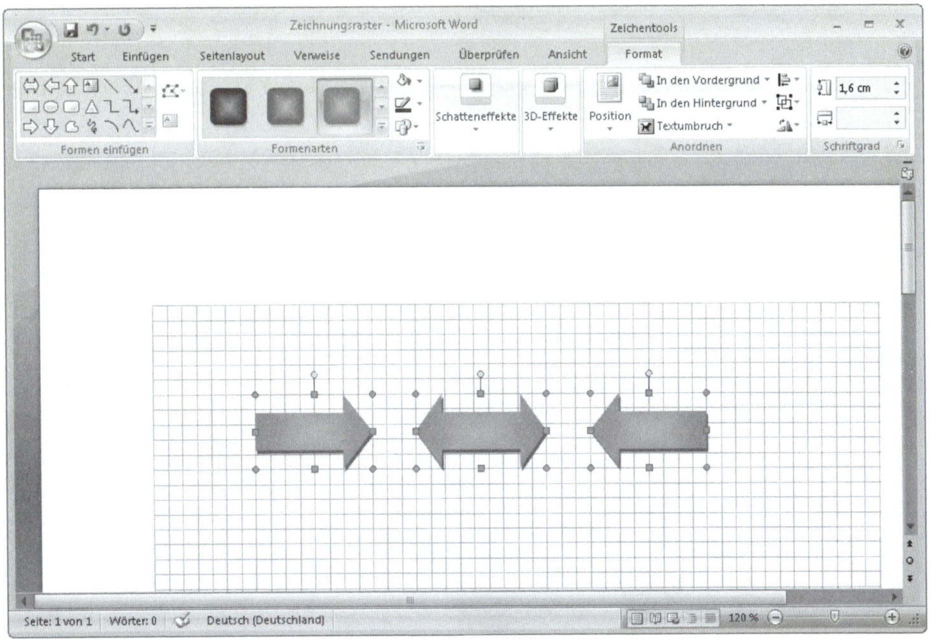

Überlappende Illustrationen anordnen

Wenn Sie auf einer Seite mehrere Illustrationen eingefügt haben, die sich teilweise überlappen, können Sie die Art und Weise, wie sich die einzelnen Objekte abdecken, genau einstellen. Voraussetzung dabei ist, dass für die Illustrationen – seien es Grafiken, ClipArts, Formen oder auch Textfelder – **nicht** die Umbruchsart *Mit Text in Zeile* eingestellt ist. Das heißt, die Objekte müssen frei auf der Seite verschiebbar sein.

Im folgenden Beispiel werden wir je einen Vertreter der verschiedenen Illustrationstypen miteinander arrangieren und ihre Reihenfolge anschließend verändern.

1. Fügen Sie in ein leeres Dokument mehrere Illustrationen ein und verschieben Sie sie so, dass sie sich teilweise überdecken. Alternativ öffnen Sie die Beispieldatei *Anordnen.* Denken Sie bitte daran, dass die Umbruchsart nicht auf *Mit Text in Zeile* eingestellt ist. Alternativ können Sie auch die Übungsdatei *Anordnen* öffnen.

Bild 20.31 Zu Beginn liegen die Illustrationen in der Reihenfolge ihres Einfügens aufeinander

2. In einem ersten Schritt soll nun die gezackte Form ganz nach hinten gestellt werden. Klicken Sie die Form dazu an.
3. Wechseln Sie auf die Registerkarte *Format* der *Zeichentools* an und klicken Sie in der Gruppe *Anordnen* auf die Schaltfläche *In den Hintergrund.* Die Form liegt jetzt zuunterst, das heißt, sie wird von allen anderen Illustrationen überdeckt.

Bild 20.32 Die gezackte Form befindet sich nun ganz hinten

Dies ist ein
einfaches Textfeld

4. Im zweiten und letzten Schritt soll nun noch die Grafik (Foto des Wals) zwischen das Textfeld und die ClipArt (Kürbis) gestellt werden. Markieren Sie dazu das Foto.
5. Holen Sie dann die Registerkarte *Format* der *Bildtools* nach vorne.
6. Klicken Sie dort auf den kleinen Pfeil der Schaltfläche *In den Vordergrund*, um ihr Ausklappmenü zu öffnen und wählen Sie im Menü den Befehl *Eine Ebene nach vorne.* Dadurch rutscht die Grafik wie gewünscht zwischen die beiden anderen Illustrationen.

Bild 20.33 Die Grafik liegt jetzt vor dem Textfeld (siehe Markierung)

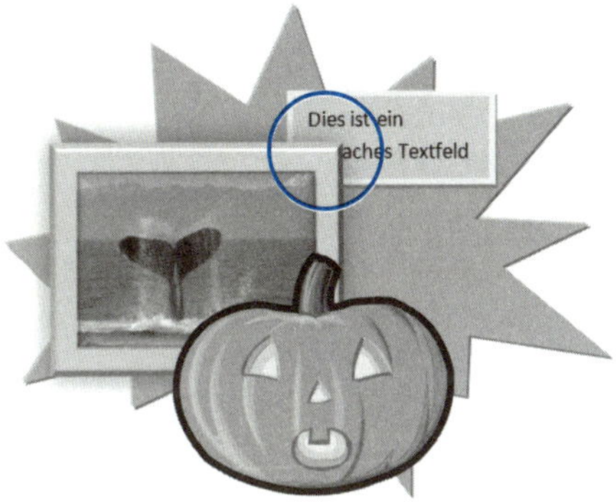

Wenn Ihnen der Weg über die Registerkarte zu umständlich ist, können Sie zum Umstellen der Ebenen auch auf das Kontextmenü der Illustrationen zurückgreifen. Durch die verkürzten Mauswege ist dies in der Praxis das schnellere Verfahren.

Bild 20.34 Die Befehle des Kontextmenüs erlauben ein schnelleres Arbeiten

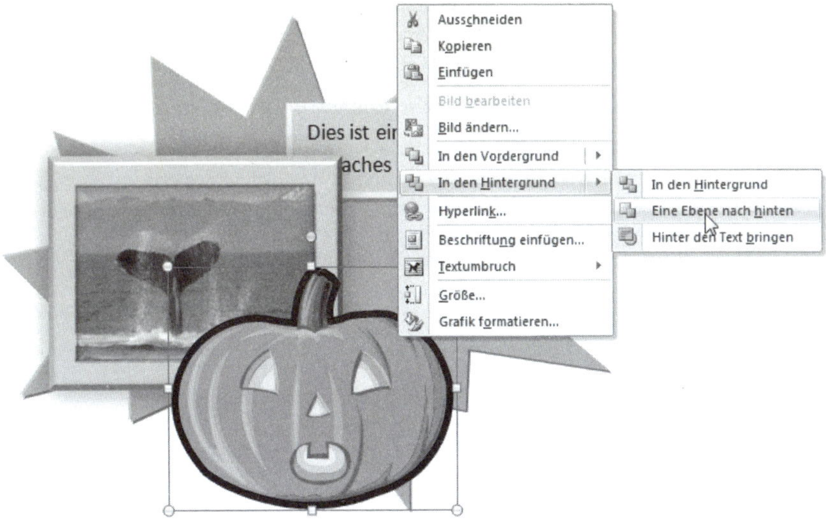

Tabellen & Grafiken

Zusammenfassung

In diesem Kapitel haben Sie gelernt, wie Sie Illustrationen in Ihre Dokumente einfügen und positionieren können:

- Die Befehle zum Einfügen der verschiedenen grafischen Elemente finden Sie auf der Registerkarte *Einfügen* in der Gruppe *Illustrationen* (Seite 412).
- Office 2007 unterstützt viele verschiedene Bildformate, sodass Sie fast jede Bilddatei in Ihre Dokumente einfügen können. Bei Bedarf können Grafiken auch verknüpft eingefügt werden und lassen sich dann jederzeit aktualisieren (Seite 413).
- Nicht benötigte Bereiche einer Grafik lassen sich durch Zuschneiden entfernen (Seite 414).
- ClipArts sind kleine Vektorgrafiken, deren Vorteil ihr geringer Speicherplatzbedarf ist und die von Microsoft auf *Office Online* kostenlos zur Verfügung gestellt werden (Seite 415).
- Skizzen oder Flussdiagramme können Sie mithilfe von Formen erzeugen, die in großer Auswahl vorhanden sind. Formen besitzen eine oder mehrere gelbe Rauten, mit denen ihre Form modifiziert werden kann. Die grünen Anfasser dienen zum Drehen der Form. Mehrere Formen lassen sich zu Gruppen zusammenfassen (Seite 417).
- SmartArts eignen sich besonders zum Anfertigen von Diagrammen. Der SmartArt-Katalog ist thematisch gegliedert und gibt Hinweise für den geeigneten Einsatz der Layouts (Seite 421).
- Um die Größe einer Illustration zu ändern, können Sie entweder ihre Anfasser verschieben oder die gewünschten Größenangaben auf der Registerkarte *Format* eintragen. Mit dem Dialogfeld *Objekt formatieren* können Sie die Größe einer Illustration sogar relativ zur Größe der Seite oder der Seitenränder angeben (Seite 424).
- Der Textumbruch legt fest, wie sich Grafik und Text den Platz auf einer Seite teilen. In der Umbruchart *Passend* kann der Text beliebigen Konturen einer Grafik folgen (Seite 425).
- Auf der Registerkarte *Format* befindet sich die Schaltfläche *Position*, mit der sich eine Illustration schnell auf die Standardposition verschieben lässt. Um eine individuelle Positionierung vorzunehmen, rufen Sie das Dialogfeld *Erweitertes Layout* auf (Seite 429).
- Das Zeichnungsraster unterstützt Sie beim exakten Positionieren von Objekten (Seite 430).
- Die Reihenfolge, in der sich Objekte überlappen, kann leicht geändert werden. Die dazu benötigten Befehle erreichen Sie über das Kontextmenü der Objekte oder über die Schaltflächen *In den Hintergrund* bzw. *In den Vordergrund*, die sich in der Gruppe *Anordnen* der Registerkarte *Format* befinden (Seite 432).

Kapitel 21

Illustrationen bearbeiten

In diesem Kapitel:

Dieses Kapitel stellt die verschiedenen Werkzeuge von Word vor, mit denen Sie eine Illustration nachträglich bearbeiten können. Word hat auch auf diesem Gebiet eine Menge zu bieten. Wie wir schon an anderer Stelle erwähnt haben, liegt der Fokus dabei vor allem auf grafischen »Komplettlösungen«, mit denen Sie eine Illustration ohne viel Aufwand optisch aufwerten können.

Farben einer Grafik bearbeiten

In Word können Sie auch verschiedene Farbeinstellungen einer Grafik ändern. Diese Funktionen sind zum Beispiel hilfreich, um mehrere Grafiken aufeinander abzustimmen und so einen einheitlichen Gesamteindruck zu erzeugen. Ihnen stehen dabei folgende Möglichkeiten zur Verfügung:

- Sie können die Helligkeit ändern.
- Sie können den Kontrast einstellen.
- Sie können zwischen verschiedenen Farbmodi wählen.
- Sie können das Bild neu einfärben.
- Sie können eine Farbe zur transparenten Farbe machen.

Sie finden diese Funktionen auf der Registerkarte *Format* in der Gruppe *Anpassen*.

Helligkeit und Kontrast einstellen

Zum Einstellen von Helligkeit und Kontrast finden Sie auf der Registerkarte *Format* jeweils eine eigene Schaltfläche. Die Schaltflächen besitzen ein einfaches Auswahlmenü, über das Sie den entsprechenden Wert in 10%-Schritten vergrößern oder verkleinern können. Diese Abstufung ist zwar relativ grob, aber in den meisten Fällen durchaus ausreichend.

Bild 21.1 Über das Auswahlmenü lässt sich die Helligkeit einer Grafik in 10%-Schritten einstellen. Die Kontrasteinstellung erfolgt nach dem gleichen Prinzip.

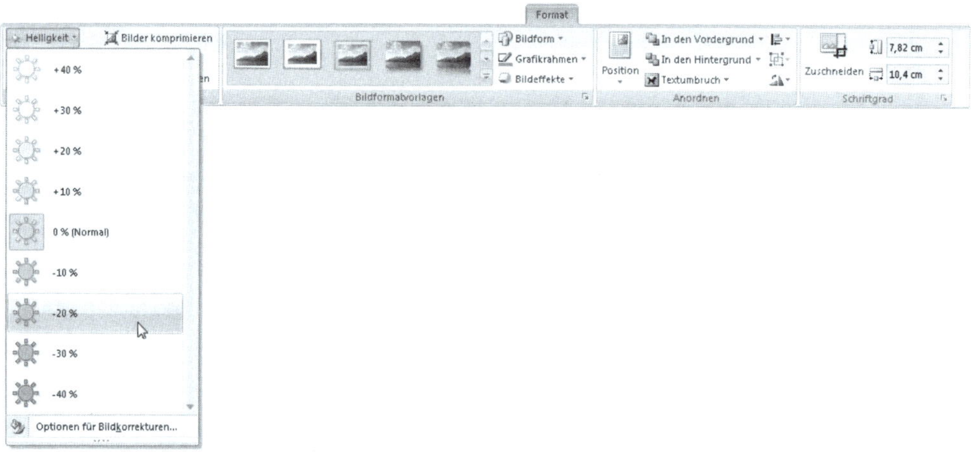

Wenn Sie die Helligkeit oder den Kontrast einer Grafik in feineren Abstufungen verändern möchten, müssen Sie auf das Dialogfeld *Grafik formatieren* zurückgreifen. Sie erreichen das Dialogfeld über den Befehl *Optionen für Bildkorrekturen,* der sich ganz unten im Ausklappmenü der beiden Schaltflächen *Helligkeit* und *Kontrast* befindet, oder indem Sie die gewünschte Grafik mit der rechten Maustaste anklicken und aus ihrem Kontextmenü den Befehl *Grafik formatieren* aufrufen.

Um die gewünschten Werte einzustellen, können Sie entweder die entsprechenden Regler verwenden oder Sie geben die Werte direkt in die Textfelder des Dialogfeldes ein.

Bild 21.2 Dialogfeld zum stufenlosen Einstellen der Helligkeit und des Kontrasts

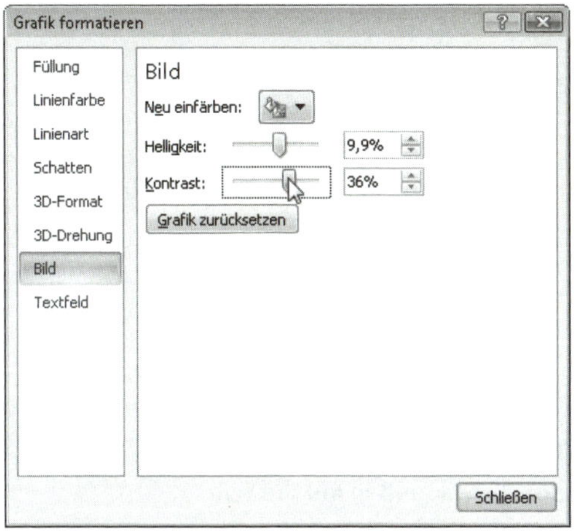

Grafiken neu einfärben

Mit Word ist es sogar möglich, die Farbgebung einer Grafik zu verändern. Die verschiedenen Möglichkeiten finden Sie im Ausklappmenü der Schaltfläche *Neu einfärben* (Registerkarte *Format).*

Bild 21.3 Über dieses Menü können Sie die Farbgebung einer Grafik modifizieren

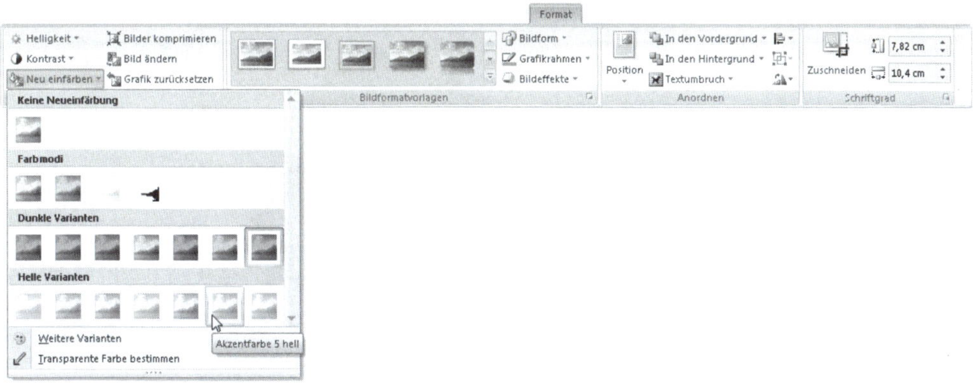

- Sie können aus einer Farbgrafik ein Graustufenbild oder ein Schwarzweißbild machen. Das bietet sich zum Beispiel an, wenn Sie in einem Dokument mehrere Fotos einfügen wollen, von denen einige Farbaufnahmen sind, andere jedoch nur als Schwarzweiß-Aufnahmen vorliegen. In diesem Fall sollten Sie die farbigen Grafiken in Graustufenbilder umwandeln, damit Ihr Dokument ein einheitliches Erscheinungsbild bekommt.
- Sie können eine Grafik »einfärben«. Bei diesem Vorgang wandelt Word das Bild zunächst in ein Graustufenbild um und tauscht dann die Graustufen gegen eine andere Farbe aus.
- Sie können eine Farbe transparent, d. h. unsichtbar machen. Dadurch kann zum Beispiel ein hinter der Grafik liegender Text durchscheinen oder ein Motiv freigestellt werden.

Beispiel: Motiv einer Grafik freistellen

Das folgende Beispiel zeigt, wie Sie durch Festlegen einer transparenten Farbe ein Bildmotiv freistellen können, damit es vom umgebenden Text passgenau umflossen werden kann.

1. Öffnen Sie ein Dokument, das etwas Text enthält oder erstellen Sie ein entsprechendes Test-Dokument.
2. Fügen Sie eine Grafik in das Dokument ein. Die Grafik sollte ein Motiv vor einem einfarbigen Hintergrund darstellen.
3. Passen Sie gegebenenfalls die Größe der Grafik an.
4. Stellen Sie den Textumbruch der Grafik auf *Passend* (siehe Abschnitt »Textumbruch einstellen« ab Seite 425) und schieben Sie die Grafik mitten auf die Seite.

Bild 21.4 Obwohl die Grafik die Umbruchart *Passend* hat, passt sich der Text nicht den Konturen an

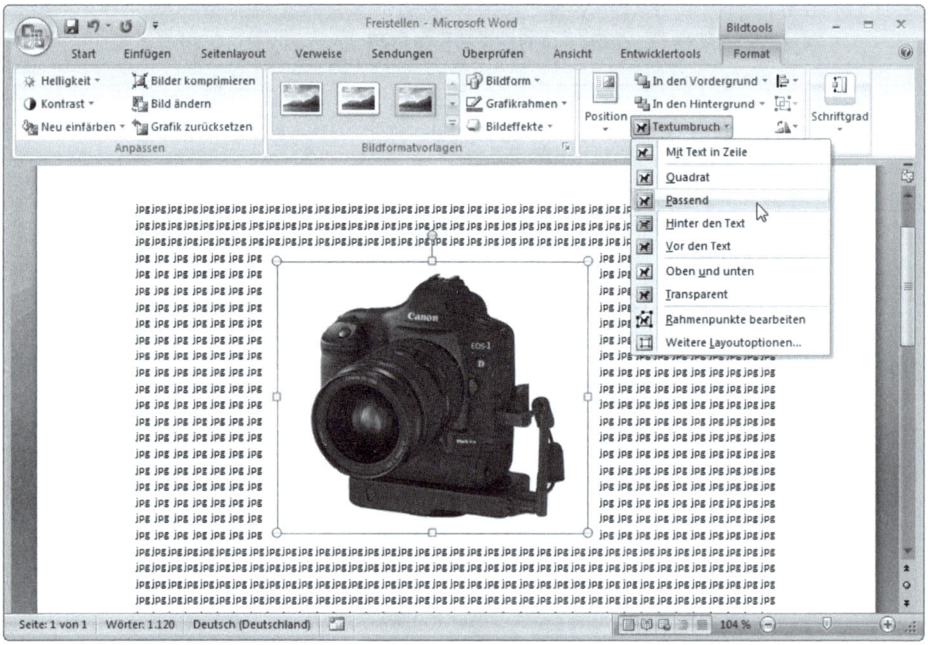

Wie Sie sehen, schmiegt sich der Text nicht an das Motiv der Grafik an, sondern stoppt an dem weißen Hintergrund der Grafik.

5. Markieren Sie die Grafik und wechseln Sie auf die Registerkarte *Bildtools/Format.*
6. Öffnen Sie in der Gruppe *Anpassen* das Menü der Schaltfläche *Neu einfärben* und wählen Sie den Befehl *Transparente Farbe bestimmen.* Der Mauszeiger verändert sich zu einem Stift.
7. Klicken Sie mit der Maus auf den weißen Hintergrund der Grafik. Dadurch behandelt Word alle weißen Flächen der Grafik als transparente Bereiche, so dass sich der Text nun wie gewünscht an die Kontur des Motivs anpassen kann.

Bild 21.5 Nachdem der weiße Hintergrund zum transparenten Bereich erklärt wurde, kann sich der Text an das Motiv »anschmiegen«

Bildformatvorlagen

Neben der bereits erwähnten Einstellung von Helligkeit, Kontrast und Farbe können Sie einer Grafik auch noch Schatten-, Licht- und 3D-Effekte zuweisen oder sie mit einem Rahmen versehen, der natürlich ebenfalls in Linienart, -stärke und –farbe veränderbar ist.

Diese Vielzahl an Grafikeffekten ist zwar durchaus beeindruckend, sie kann aber auch erschlagend wirken. Denn damit stehen Ihnen zwar alle Möglichkeiten bei der Bildgestaltung offen, aber Sie laufen gleichzeitig Gefahr, sich beim Erstellen Ihrer Grafiken zu verzetteln und zu viel Zeit zu investieren, die Sie besser für andere Aufgabe einsetzen könnten.

Dieser Problematik versucht Word mit den so genannten *Bildformatvorlagen* entgegenzutreten. Diese Vorlagen sind vorgefertigte Muster, die eine bestimmte Auswahl an grafischen Effekten kombinieren, die Sie dann per Mausklick auf eine Grafik übertragen können. Dieses Konzept hat zwei große Vorteile:

- Es ist konkurrenzlos schnell und
- es ermöglicht reproduzierbare Ergebnisse, d. h. Sie können mehrere Grafiken mit exakt den gleichen Effekten versehen.

Natürlich lassen sich Bildformatvorlagen auch als Ausgangspunkt für eigene Kreationen verwenden, die Sie dann mit einigen wenigen zusätzlichen Effekten »individualisieren« können. Genau diesen Ansatz werden wir im nächsten Beispiel verfolgen, um das Foto eines Tukans ins rechte Licht zu setzen.

1. Erstellen Sie ein neues leeres Dokument und fügen Sie eine Grafik Ihrer Wahl ein (z. B. eines der Beispielbilder aus dem Ordner *Eigene Bilder).* Die dazu notwendigen Schritte haben wir im letzten Kapitel beschrieben.
2. Klicken Sie die Grafik an und wechseln Sie auf die Registerkarte *Format.*
3. Öffnen Sie den Katalog der Bildformatvorlagen und bewegen Sie den Mauszeiger über die verschiedenen Symbole. Word weist der markierten Grafik die jeweilige Bildformatvorlage direkt zu, wobei Sie auf das optische Feedback in Abhängigkeit von der Geschwindigkeit Ihres Rechners einen mehr oder weniger kurzen Moment warten müssen.
4. Wenn Sie sich für eine der angebotenen Bildformatvorlagen entschieden haben, klicken Sie ihr Symbol an und sind fertig.

Bild 21.6 Die rechte Grafik wurde mithilfe der Bildformatvorlage *Metallenes Oval* aus der linken Grafik erstellt

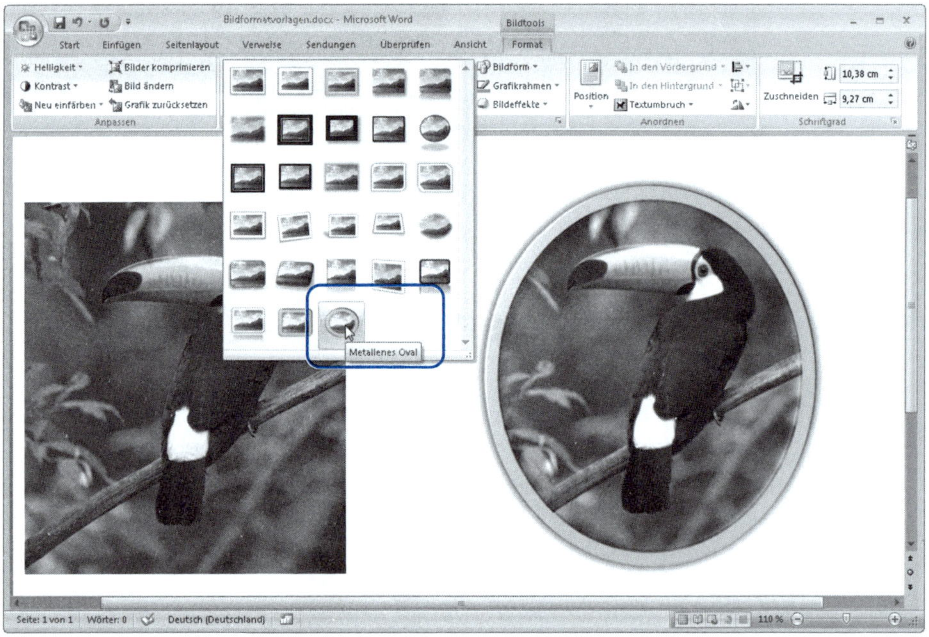

Bildform ändern

Die im letzten Abschnitt vorgestellte Bildformatvorlage hat dem Bild eine ovale Form gegeben. Von dieser Vorgabe können Sie sich jedoch ohne Schwierigkeiten lösen und der Grafik eine vollkommen andere Gestalt geben.

1. Markieren Sie die Grafik, deren Form Sie verändern möchten.
2. Wechseln Sie auf die Registerkarte *Format* und klappen Sie das Auswahlfenster der Schaltfläche *Bildform* auf.

Bild 21.7 Die Auswahl der Formen kennen Sie bereits aus dem letzten Kapitel

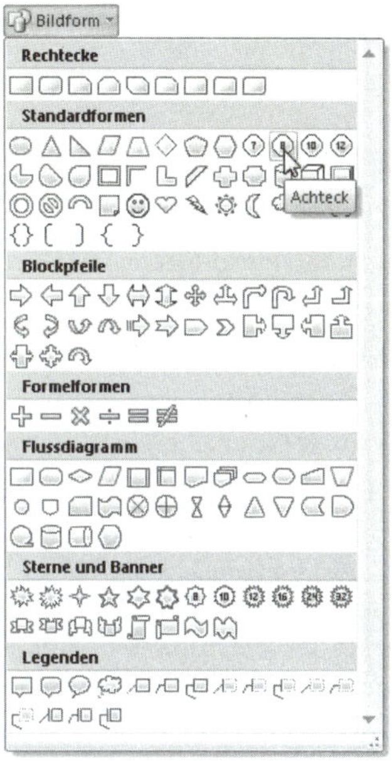

3. Wählen Sie eine der Formen aus (leider bietet Word hier keine Live-Vorschau an). Natürlich eignen sich nicht alle Formen gleichermaßen, aber seien Sie ruhig etwas experimentierfreudig und probieren Sie auch Formen aus, die auf den ersten Blick unbrauchbar erscheinen.

Bild 21.8 Bildformatvorlage *Metallenes Oval* kombiniert mit einer Form der Gruppe *Flussdiagramm*

Tabellen & Grafiken

Bildeffekte

Bei der Vorstellung der Bildformatvorlagen haben Sie bereits einen ersten Eindruck von den grafischen Qualitäten Words gewinnen können. In diesem Abschnitt wollen wir Ihnen nun die Grafikfunktionen im Einzelnen vorstellen, mit denen solche Resultate realisiert werden können.

Sämtliche Effekte können Sie über die Schaltfläche *Bildeffekte* erreichen, die sich auf der Registerkarte *Bildtools/Format* in der Gruppe *Bildformatvorlagen* befindet. Das Ausklappmenü der Schaltfläche enthält mehrere Untermenüs, in denen jeweils diverse Varianten der verschiedenen Effekte auf ihren Einsatz warten:

- **Schatten** können in drei verschiedenen Varianten dargestellt werden: innerhalb oder außerhalb des Rahmens sowie in einer perspektivischen Form, die den Eindruck erweckt, als würde die Grafik über dem Blatt schweben. Die Farbe des Schattens kann dabei frei gewählt werden.
- **Spiegelung** erweckt den Eindruck, als würde die Grafik auf einem spiegelnden Untergrund bzw. knapp darüber in der Luft stehen.
- **Leuchten** versieht den Rahmen einer Grafik mit fluoreszierendem Licht. Auch hier gilt, dass Sie die Leuchtfarbe und deren Transparenz frei einstellen können.
- **Weiche Kanten** hellt die Ränder einer Grafik auf, um einen fließenden Übergang zur Umgebung zu schaffen.
- **Abschrägung** Versieht den Rand (bzw. den Rahmen) einer Grafik mit einem eingeprägten Profil.
- **3D-Drehung** dreht und kippt die Grafik, so dass eine räumliche Wirkung erzielt wird.
- **Allgemeine Effekte** Bei allen oben genannten Effekten können Sie zusätzlich einstellen, welche Beschaffenheit die Oberfläche des Bildes haben soll. Zur Auswahl stehen hier zum Beispiel matt und metallisch. Und auch bei der Art der Beleuchtung haben Sie die Qual der Wahl: Sollen es drei Lichtpunkte sein oder nur einer? Soll das Licht hart oder weich sein? Warm oder kalt? Und wenn Sie sich für warmes Licht entscheiden: Soll es wie am frühen Morgen, wie beim Sonnenaufgang oder eher wie beim Sonnenuntergang scheinen?

Wie Sie sehen, können Sie Ihre Kreativität hier voll entfalten. Wir wollen uns hier jedoch beschränken und zeigen Ihnen die Anwendung dieser Funktionen beispielhaft an einem 3D-Effekt.

Beispiel: 3D-Effekte

In diesem Beispiel wollen wir das Foto des Tukans, das wir im letzten Abschnitt mit einem dreieckigen Rahmen ausgestattet haben, etwas schräg stellen, um so seine räumliche Tiefenwirkung zu verstärken.

1. Markieren Sie die Grafik, die Sie mit einem Bildeffekt belegen wollen.
2. Wechseln Sie auf die Registerkarte *Format* und klicken Sie in der Gruppe *Bildformatvorlagen* auf die Schaltfläche *Bildeffekte.*
3. Zeigen Sie mit der Maus auf den gewünschten Effekt, hier also *3D-Drehung.*
4. Bewegen Sie die Maus über die angebotenen Varianten und prüfen Sie ihre Wirkung in der Live-Vorschau. Da diese Effekte relativ rechenintensiv sind, müssen Sie dabei etwas Geduld aufbringen.

Bild 21.9 Auch 3D-Effekte lassen sich mit wenigen Mausklicks realisieren

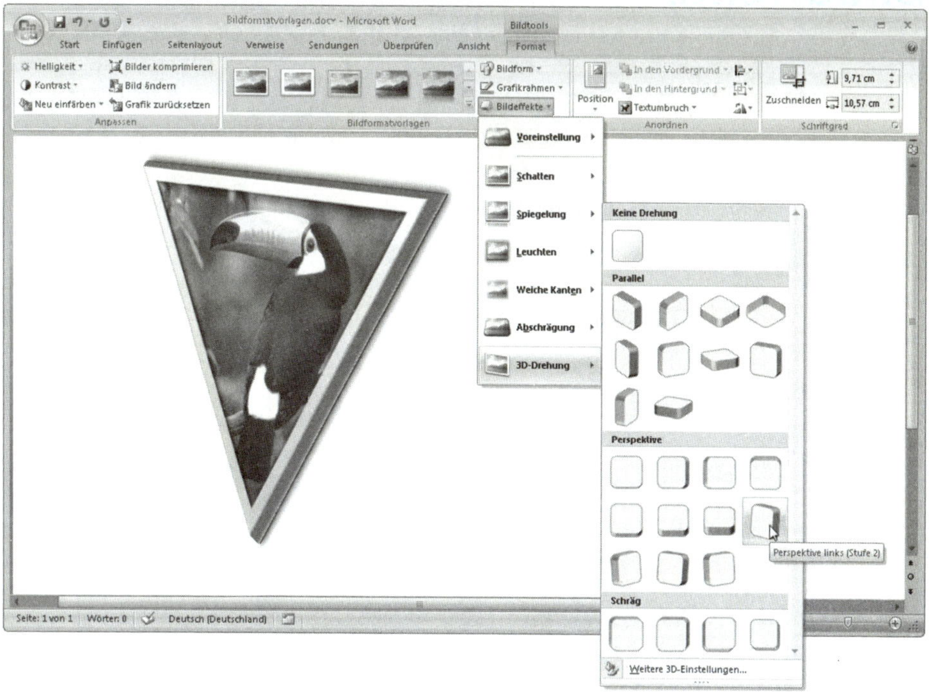

5. Haben Sie eine Voreinstellung übernommen, klicken Sie die Grafik mit der rechten Maustaste an und wählen im Kontextmenü *Grafik formatieren.*

Bild 21.10 Der Dialog *Grafik formatieren* eignet sich für die Feineinstellung

Tabellen & Grafiken

6. Hier können Sie die Grafik mit Hilfe der verschiedenen Regler in allen drei Richtungen des Raumes drehen sowie die Perspektive verändern. Beachten Sie, dass Ihre Einstellungen direkt übernommen werden, da es keine Schaltfläche *Abbrechen* gibt. Bei Bedarf verwenden Sie den Befehl *Rückgängig*.
7. Wenn Sie Einstellungen an der Art der Beleuchtung oder der Oberflächenbeschaffenheit der Grafik vornehmen möchten, wechseln Sie im Dialog zur Rubrik *3D-Format*.

Bild 21.11 Einstellen der Lichteffekte (hier: Sonnenuntergang)

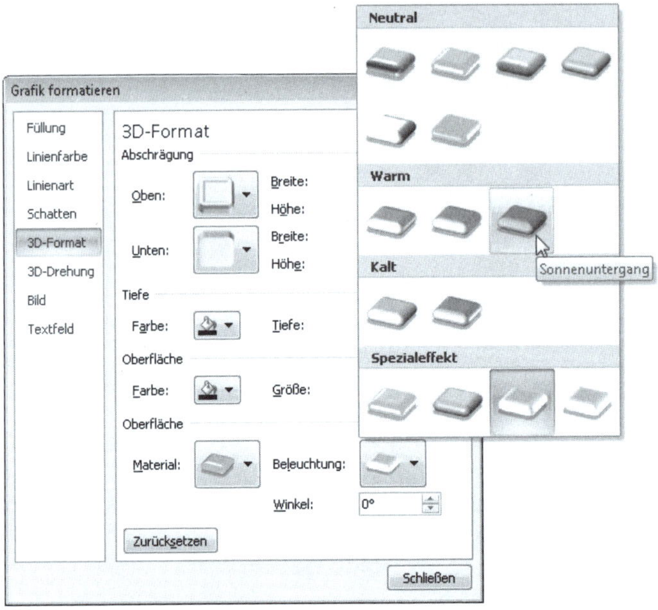

Bildeffekte übertragen

In aller Regel enthält ein Dokument mehrere Grafiken, so dass Sie häufig vor der Aufgabe stehen werden, mehrere Grafiken auf die gleiche Art und Weise zu bearbeiten. Wenn Sie sich dabei nur auf die Verwendung der Bildformatvorlagen beschränken, ist das kein großes Problem. Wie aber gehen Sie vor, wenn Sie individuelle Bildeffekte wünschen, deren Erzeugung mit einigem Aufwand verbunden ist? Die Lösung ist verblüffend einfach:

1. Markieren Sie die Grafik, deren Bildeffekte Sie übernehmen möchten.
2. Wechseln Sie auf die Registerkarte *Start* und klicken Sie dort auf den Pinsel (er befindet sich vorne in der Gruppe *Zwischenablage)*. Wenn Sie ein Format auf mehrere Grafiken anwenden wollen, doppelklicken Sie auf den Pinsel.
3. Jetzt brauchen Sie nur noch mit dem Pinsel-Cursor die gewünschte Grafik anklicken und sind fertig!

HINWEIS Wenn Sie Word so konfiguriert haben, dass die ausführlichen QuickInfos der Multifunktionsleiste angezeigt werden, haben Sie eventuell bemerkt, dass der Pinsel-Schaltfläche der Shortcut ⇧+Strg+C zugeordnet ist. In der uns vorliegenden Version von Office besitzt die angegebene Tastenkombination jedoch keine erkennbare Funktion.

Bild austauschen

Wenn Sie in die Gestaltung einer Grafik einige Zeit investiert haben und nachträglich feststellen, dass eine andere Bilddatei als Grundlage geeigneter gewesen wäre, müssen Sie nicht die ganze Arbeit verwerfen, sondern können einfach die Bilddatei der fertigen Grafik gegen eine andere austauschen.

1. Markieren Sie die Grafik, deren Bild Sie austauschen möchten.

Bild 21.12 Das Motiv der Illustration soll ausgetauscht werden

2. Wechseln Sie auf die Registerkarte *Bildtools/Format* und klicken Sie in der Gruppe *Anpassen* auf *Bild ändern.* Word zeigt das Dialogfeld *Grafik einfügen* an.
3. Navigieren Sie zu dem Ordner, in dem sich die neue Bilddatei befindet, markieren Sie sie dort und klicken Sie dann auf *Einfügen,* um die Bilddatei zu ersetzen.

Bild 21.13 Beim Ändern eines Bildes bleiben alle Grafikeffekte erhalten

Grafikrahmen

Auch wenn 3D-Effekte auf den ersten Blick sehr spektakulär aussehen, sollte man sie in der Praxis möglichst sparsam einsetzen. Gerade in technisch orientierten Dokumenten empfiehlt sich eine etwas zurückhaltendere Form der Darstellung. Hierzu eignen sich einfache Rahmen, die mit Word 2007 durchaus ansprechend formatiert werden können.

Folgende Eigenschaften eines Rahmens können Sie beeinflussen:

- Linienstärke (Linienbreite)
- Strichtyp (durchgezogen, punktiert etc.)
- Die Ausformung der Ecken (abgerundet, abgeschrägt etc.)
- Linienfarbe (hier sind auch Farbverläufe und Transparenz möglich).

Im einfachsten Fall erstellen Sie einen Grafikrahmen mit folgenden Schritten:

1. Markieren Sie die gewünschte Grafik.
2. Wechseln Sie auf die Registerkarte *Format* und klicken Sie dort auf die Schaltfläche *Grafikrahmen.*
3. Mit den Befehlen dieses Menüs können Sie Farbe, Stärke und Strichart der Linien einstellen.

Bild 21.14 Zuweisen eines einfachen Grafikrahmens

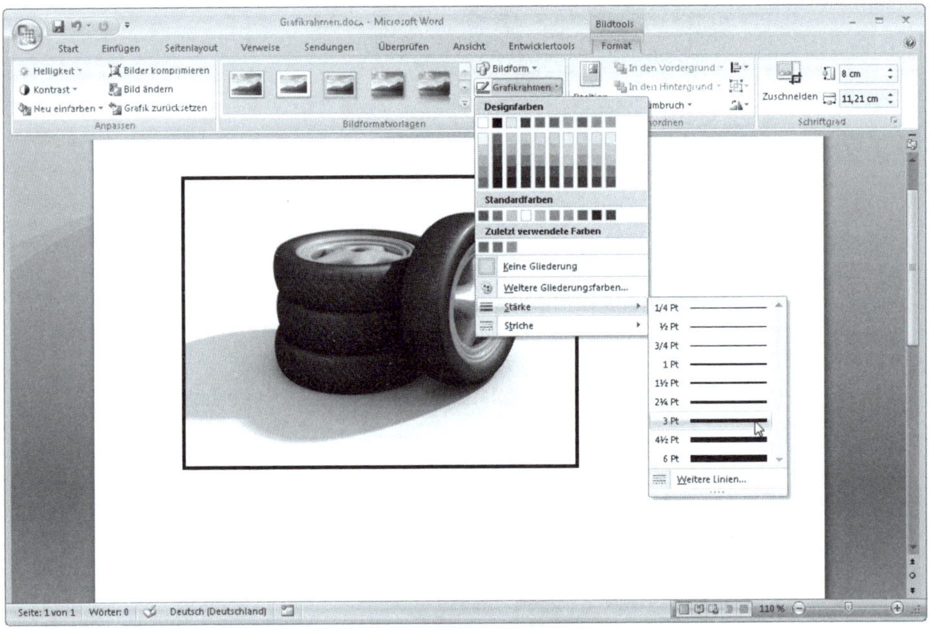

4. Für weitergehende Formatierungen klicken Sie die Grafik mit der rechten Maustaste an und wählen im Kontextmenü den Befehl *Grafik formatieren.*
5. Zum Einstellen von Linienart und -stärke klicken Sie links auf *Linienart.*

Bild 21.15 Rahmen mit abgerundeten Ecken erstellen

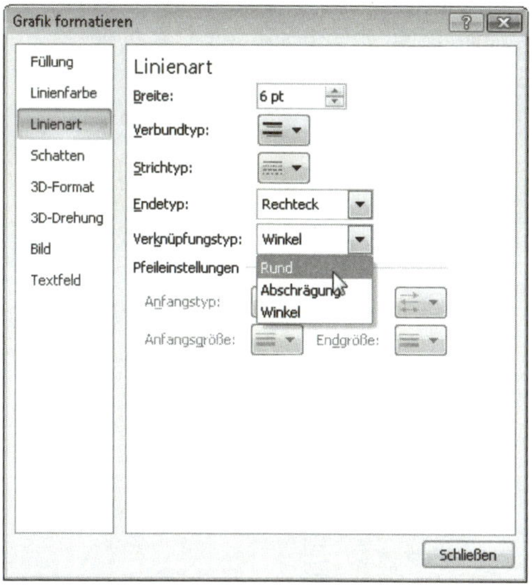

6. Falls die Grafik noch keinen Rahmen besitzt, müssen Sie zunächst die Breite der Linie einstellen. Anschließend können Sie dann den gewünschten Linientyp auswählen. Um die Ecken eines Rahmens abzurunden, stellen Sie die Option *Verknüpfungstyp* auf *Rund* (s. Bild oben).

7. Wechseln Sie dann in die Rubrik *Linienfarbe.* Hier ist standardmäßig die Option *Einfarbige Linie* ausgewählt.

8. Für optisch anspruchsvollere Rahmen sollten Sie die Option *Graduelle Linie* aktivieren. Das Dialogfeld wird dann durch einem ganzen Schwung weiterer Eingabefelder und Schaltflächen ergänzt, mit denen Sie die diversen Farbeinstellungen vornehmen können.

Bild 21.16 Hier können Sie einen fertigen Farbverlauf auswählen

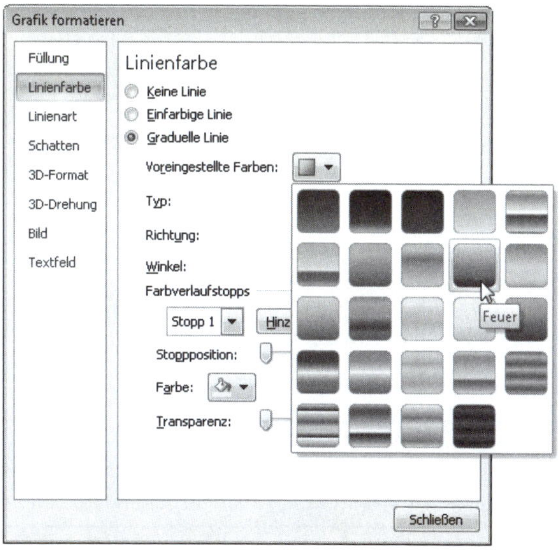

9. Wenn Sie nicht einen der angebotenen Farbverläufe verwenden wollen, können Sie auch eigene Verläufe erzeugen. Dazu müssen Sie so genannte *Stopppositionen* anlegen, mit denen Sie den Farbwert und die Transparenz an einer bestimmten Stelle des Rahmens festlegen. Die Positionsangabe erfolgt dabei prozentual. Am besten sehen Sie sich die Stopppositionen der vordefinierten Farbverläufe einmal an, um das Prinzip zu verstehen.

Bild 21.17 Farbverläufe werden durch so genannte *Stopppositionen* definiert

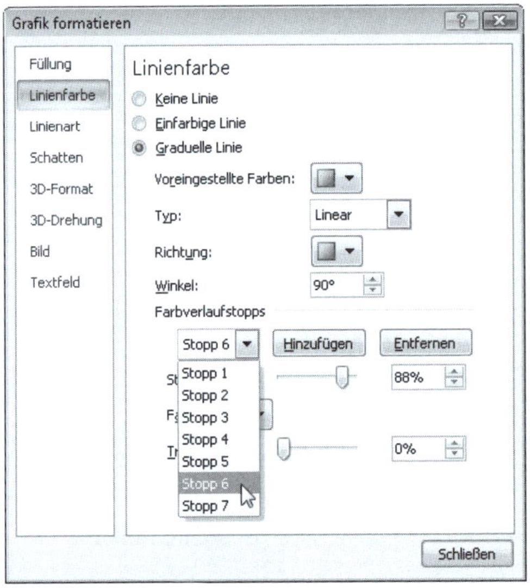

HINWEIS Das Dialogfeld *Grafik formatieren* erreichen Sie übrigens auch über die Schaltfläche *Form formatieren,* die sich in der Gruppe *Bildformatvorlagen* in der rechten unteren Ecke befindet. Der Weg über das Kontextmenü ist jedoch deutlich bequemer.

Formen füllen

Alle Formen, die eine Fläche umspannen (dazu gehören auch offene Figuren wie Bögen), können mit folgenden grafischen Effekten bzw. Elementen gefüllt werden:

- Einfarbige Füllungen
- Farbverlauf (wobei verschiedene Richtungen wählbar sind)
- Muster
- Struktur (kleine Grafiken, die kachelförmig aneinandergelegt werden)
- Bild (beliebige Bilddatei, die auf Ihrem Rechner gespeichert ist)

HINWEIS Beachten Sie, dass auch SmartArts, Textfelder und die einzelnen »Bauteile« von ClipArts zur Familie der Formen gehören. Wie Sie eine ClipArt bearbeiten können, beschreiben wir weiter hinten in diesem Kapitel im Abschnitt »ClipArts bearbeiten« ab Seite 454.

Um eine Form zu füllen müssen Sie sie zunächst markieren und können dann auf der Registerkarte *Format* das Ausklappmenü der Schaltfläche *Fülleffekte* öffnen (Farbeimer).

Bild 21.18 Über dieses Menü erreichen Sie die verschiedenen Fülleffekte

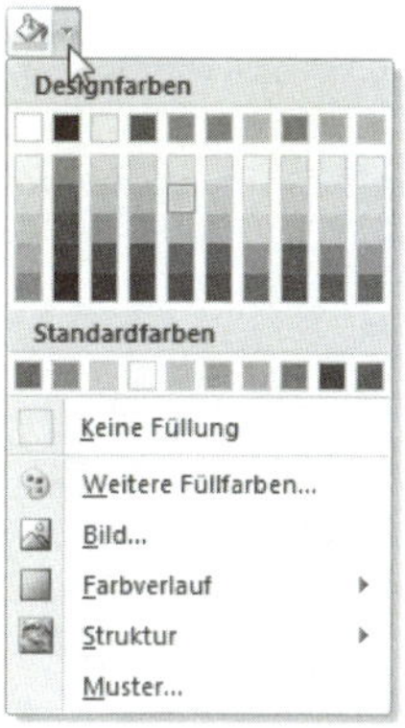

Einfarbige Füllungen

Wenn Sie sich dafür entscheiden, die Form mit einer einfarbigen Füllung zu versehen, haben Sie die Wahl zwischen den angebotenen Designfarben, den Standardfarben oder einer beliebigen anderen darstellbaren Farbe.

Designfarben sind immer dann zu empfehlen, wenn Ihr Dokument »designbar« bleiben soll. Damit ist gemeint, dass sich Ihr Dokument beim Zuweisen eines neuen Designs vollständig an die neue Farbgebung anpasst. Ausführliche Erklärungen zum Konzept und zur Handhabung von Designs finden Sie in Kapitel 14 ab Seite 303.

Wenn Sie erreichen wollen, dass sich die Füllung Ihrer Form durch die Zuweisung eines neuen Designs nicht ändert, müssen Sie eine der Standardfarben verwenden oder über den Befehl *Weitere Füllfarben* das Dialogfeld *Farben* aufrufen, in dem Sie eine beliebige Farbe auswählen können.

Bild 21.19 Sie können entweder eine Farbe aus der Palette wählen oder einen eigenen Farbwert einstellen

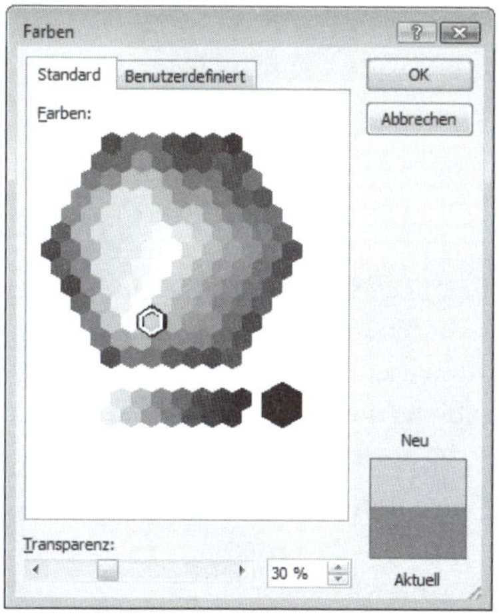

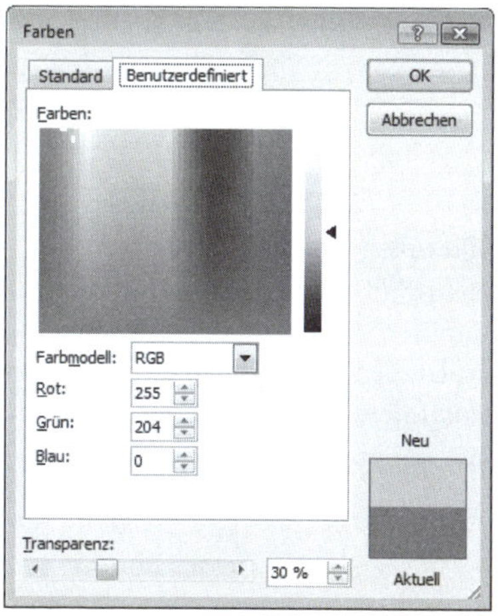

Tabellen & Grafiken

Beachten Sie auch, dass Sie mit dem Schieberegler am unteren Rand des Dialogfeldes die Transparenz der Füllung einstellen können. Der gewählte Wert bleibt auch bei einem späteren Wechsel der Farbe erhalten.

Farbverläufe

Wenn Sie einer Form eine etwas plastischere Wirkung geben wollen, verwenden Sie für die Füllung besser einen Farbverlauf. Dabei können Sie aus einfarbigen Verläufen bis hin zu mehrstufigen Farbverläufen wählen, die wir Ihnen bereits im Abschnitt über Grafikrahmen kurz vorgestellt haben (ab Seite 446).

Bild 21.20 Im Normalfall sind einfache Farbverläufe absolut ausreichend

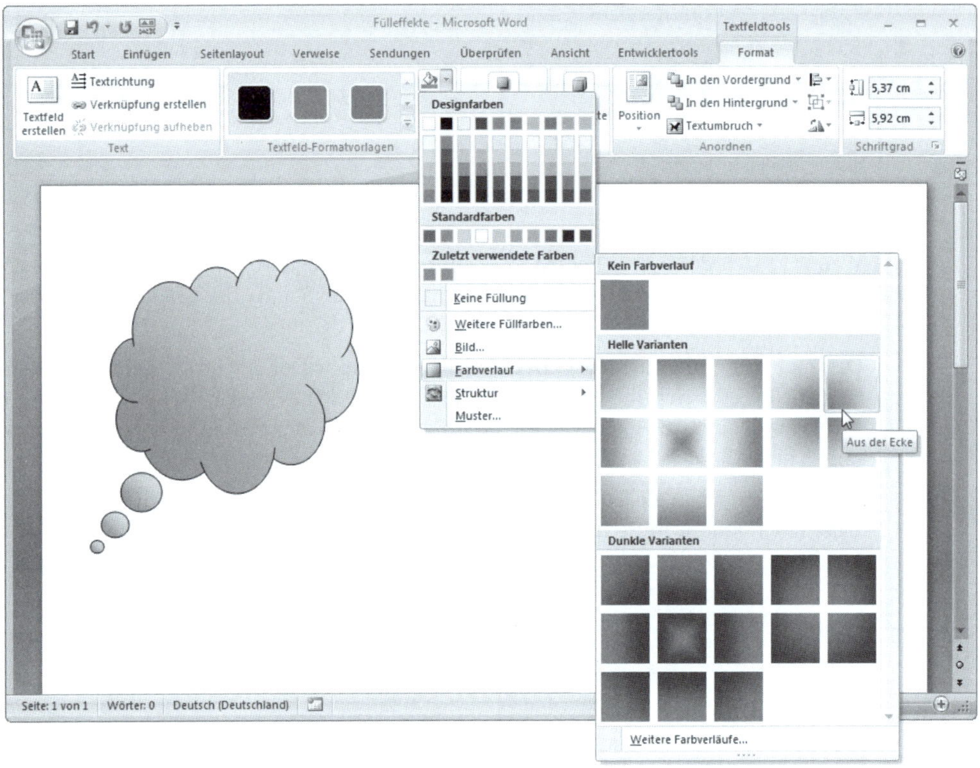

Form mit Bild füllen

Mit dem Befehl *Bild* aus dem Menü der Schaltfläche *Fülleffekte* können Sie eine Bilddatei auswählen, die im Inneren der Form angezeigt werden soll. Bedenken Sie jedoch, dass durch diese Effekte der Speicherplatzbedarf Ihres Dokuments stark anwachsen kann, da Word die eingefügte Datei immer im Dokument speichert. (Sie können die Grafikdatei nicht verknüpft einfügen.)

Das eingefügte Bild können Sie anschließend noch mit den bekannten Funktionen bearbeiten, um zum Beispiel die Helligkeit, den Kontrast oder die Farbgebung an das Dokument anzupassen.

Bild 21.21 Füllungen mit Bildern lassen die Dateigröße des Dokuments unter Umständen stark anwachsen

Form mit Strukturen füllen

Beim Füllen einer Form mit einer Struktur, die auch als Textur bezeichnet wird, wird eine kleine Grafik so oft aneinander gesetzt, bis sie die Form ausfüllt. Bei einer entsprechend geeigneten Grafik kann man die Übergänge zwischen den einzelnen »Kacheln« nicht erkennen. Diese Art der Füllung benötigt deutlich weniger Speicherplatz, als das Füllen mit einem Bild.

Um eine eigene Grafik (z. B. Ihr Firmenlogo) als Textur zu verwenden, zeigen Sie im Menü der Schaltfläche *Fülleffekte* auf *Struktur* und wählen dann im ausgeklappten Untermenü den Befehl *Weitere Texturen.* Sie gelangen dann auf die Registerkarte *Strukturen* des Dialogfelds *Fülleffekte,* auf der Sie entweder eine der vorhandenen Texturen oder eine beliebige, allerdings möglichst kleine, Grafikdatei auswählen können.

Bild 21.22 Mit diesem Dialog können Sie auch eigene Strukturen laden

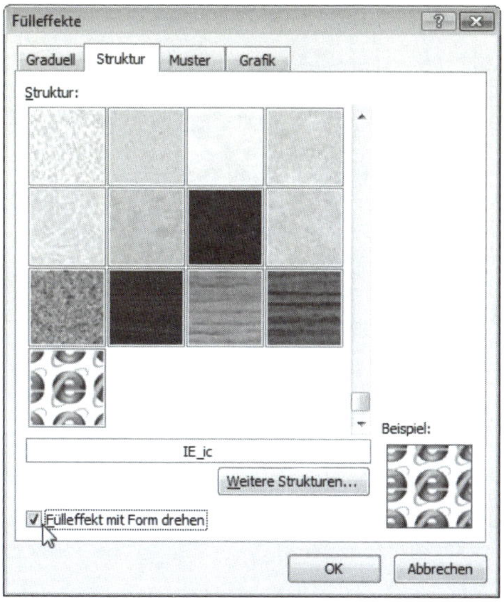

Wenn die Form, die Sie mit der Struktur füllen wollen, gedreht wurde bzw. gedreht werden soll, können Sie im Dialog die Option *Fülleffekt mit Form drehen* einschalten, damit die Struktur der Drehung folgt. Um das Prinzip zu verdeutlichen, haben wir in der nächsten Abbildung das Symbol des Internet Explorers zum Füllen einer Form verwendet und diese anschließend gedreht.

Tabellen & Grafiken

Bild 21.23 Bei der rechten Form folgt die Struktur der Drehung

Formen mit Mustern füllen

Die letzte Variante zum Füllen einer Form ist die Verwendung eines Musters. Diese Funktion mag nicht mehr so recht zu den aufwändigen Grafikfunktionen von Word passen. Sie mutet eher wie ein lebender Anachronismus an.

Das Prinzip ist schnell erklärt: Sie öffnen das Menü der Schaltfläche *Fülleffekte* und wählen den Befehl *Muster*. Word zeigt dann das Dialogfeld *Fülleffekte* an, auf dessen Registerkarte *Muster* Sie neben dem gewünschten Muster auch eine Vorder- und eine Hintergrundfarbe wählen müssen.

Bild 21.24 Auswahl der Vordergrundfarbe für ein Füllmuster

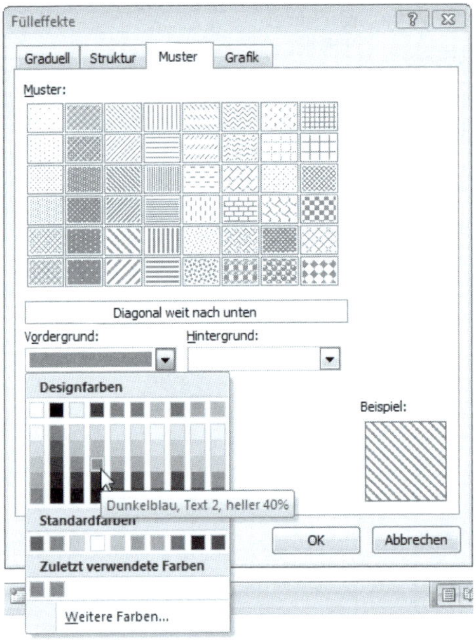

Freihandformen

Mit Hilfe von Freihandformen können Sie beliebige Konturen erstellen. Sie finden die zugehörige Schaltfläche im Menü der Schaltfläche *Formen* (Registerkarte *Einfügen*) in der Gruppe *Linien.*

Klicken Sie dann auf den Startpunkt der zu erstellenden Kontur und fahren Sie mit gedrückter Maustaste über die Seite. Der Mauszeiger verwandelt sich zu einem Stift und Sie werden sehen, dass es gar nicht so einfach ist, beim Zeichnen eine ruhige Hand zu behalten. Um kleinere Fehler zu korrigieren, können Sie die Linie mit der Taste [←] Punkt für Punkt löschen.

Geraden zeichnen

Sie können die Maustaste auch während des Zeichnens loslassen, um eine Gerade an die Freihandform anzuhängen. Ziehen Sie dann eine Gerade in die gewünschte Richtung und drücken Sie die Maustaste, um den Endpunkt zu verankern.

Die [⇧]-Taste kann Ihnen auch hier zu geraden Linien verhelfen, da sie den Bewegungsspielraum des Stifts einschränkt. Mit der [Alt]-Taste können Sie, wie bereits im letzten Kapitel beschrieben, die Funktion des Zeichnungsrasters umkehren, was jedoch nur beim Zeichnen von Geraden sinnvoll ist.

Zeichnen der Freihandform beenden

Durch einen Doppelklick auf den Endpunkt wird die Eingabe der Freihandform beendet. Wenn Sie eine geschlossene Linie erstellen wollen, müssen Sie zum Anfangspunkt der Linie zurückkehren. Wenn Sie den Startpunkt dabei verfehlen, können Sie die Kurve auch mit dem Befehl *Pfad schließen* aus dem Kontextmenü der Form schließen.

Freihandformen nachträglich bearbeiten

Wenn Ihnen eine Freihandform beim ersten Anlauf nicht hundertprozentig gelungen ist, können Sie sie nachträglich korrigieren. Dazu rufen Sie aus dem Kontextmenü der Form den Befehl *Punkte bearbeiten* auf, um in den speziellen Bearbeitungsmodus für Freihandformen zu gelangen.

In diesem Modus können Sie jeden Punkt der Form einzeln verschieben. Bei Bedarf können Sie der Linie auch Punkte hinzufügen oder störende Punkte entfernen. Die dazu benötigten Befehle finden Sie im Kontextmenü der Form bzw. der markierten Punkte und Kurvenabschnitte.

Bild 21.25 Freihandformen lassen sich Punkt für Punkt bearbeiten

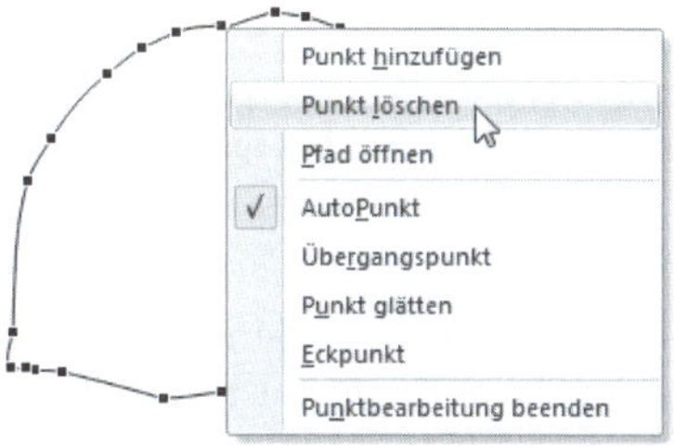

Zum Verlassen des Bearbeitungsmodus klicken Sie einfach außerhalb der Form auf die Seite.

ClipArts bearbeiten

Im letzten Kapitel haben Sie bereits erfahren, wie Sie ClipArts in Ihre Dokumente einfügen können. In diesem Abschnitt wollen wir Ihnen nun zeigen, wie sich ClipArts nachträglich bearbeiten lassen, um zum Beispiel nur bestimmte Teile einer ClipArt zu verwenden oder zwei ClipArts miteinander zu kombinieren.

Das Bearbeiten von ClipArts gestaltet sich allerdings an manchen Punkten recht knifflig. Wie Sie gleich feststellen werden, ist es zwar relativ einfach, in den Bearbeitungsmodus für ClipArts zu gelangen, doch der Weg zurück führt nur über einen kleinen Trick.

In diesem Abschnitt zeigen wir Ihnen die benötigten Techniken an einem Beispiel, in dem wir aus den beiden linken ClipArts der nächsten Abbildung die rechts stehende ClipArt erzeugen. Sie finden diese drei ClipArts in der Übungsdatei *ClipArts kombinieren.*

Bild 21.26 Aus den beiden linken ClipArts soll die rechte ClipArt entstehen

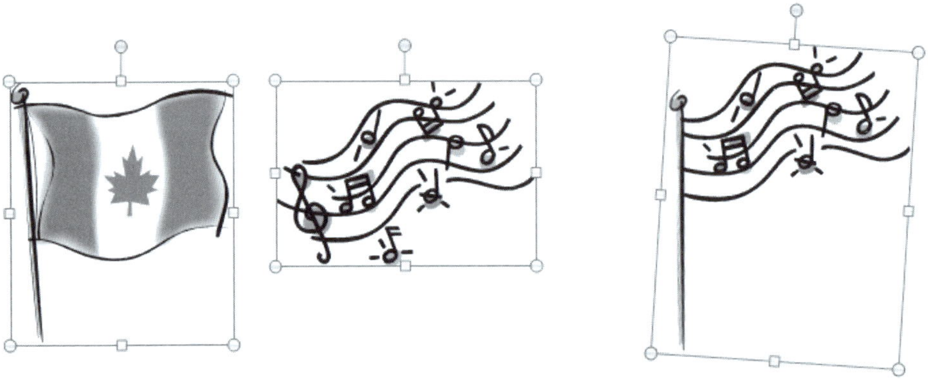

Einzelne Elemente einer ClipArt entnehmen

Im ersten Schritt werden wir aus der ersten ClipArt eine neue ClipArt erzeugen, die nur den Fahnenmast enthält:

1. Erstellen Sie ein neues Dokument und fügen Sie eine geeignete ClipArt ein. Alternativ öffnen Sie die Übungsdatei *ClipArts kombinieren.*
2. Stellen Sie den Textumbruch der ClipArt auf *Mit Text in Zeile,* da sich die ClipArt sonst nicht wie hier beschrieben bearbeiten lässt.
3. Klicken Sie die ClipArt mit der rechten Maustaste an und wählen Sie im Kontextmenü den Befehl *Bild bearbeiten.* Die Anfasser ändern sich dadurch in relativ dicke schwarze Striche und spannen den so genannten *Zeichnungsbereich* auf.
4. Vergrößern Sie den Zeichnungsbereich, indem Sie einen freien Bereich des Zeichnungsbereichs mit der rechten Maustaste anklicken und dann im Kontextmenü den Befehl *Erweitern* aufrufen. Anschließend sollte Ihre ClipArt wie in der nächsten Abbildung dargestellt werden.

Bild 21.27 Die ClipArt befindet sich im Bearbeitungsmodus, der Zeichnungsbereich wurde vergrößert

5. Löschen Sie nun die nicht benötigten Elemente der ClipArt, indem Sie sie einzeln anklicken und `Entf` drücken. Beachten Sie, dass eine ClipArt oft aus sehr vielen Einzelteilen besteht. Zum Beispiel werden Farbverläufe aus mehreren einfarbigen Flächen zusammengesetzt.
6. Nach dieser Fleißarbeit ziehen Sie um die restlichen Elemente einen Rahmen auf, um sie gemeinsam zu markieren.

Bild 21.28 Aus den markierten Elementen soll wieder eine eigenständige ClipArt entstehen

7. Wechseln Sie auf die Registerkarte *Start* und klicken Sie auf *Kopieren* (alternativ `Strg`+`C`). Die markierten Elemente befinden sich nun in der Zwischenablage.
8. Setzen Sie die Einfügemarke außerhalb des Zeichenbereichs an eine freie Stelle Ihres Dokuments. Dort soll gleich die neue ClipArt eingefügt werden.
9. Öffnen Sie auf der Registerkarte *Start* das Menü der Schaltfläche *Einfügen* und wählen Sie den Befehl *Inhalte einfügen* (alternativ `Alt`+`Strg`+`V`).

Bild 21.29 Das Menü der Schaltfläche *Einfügen*

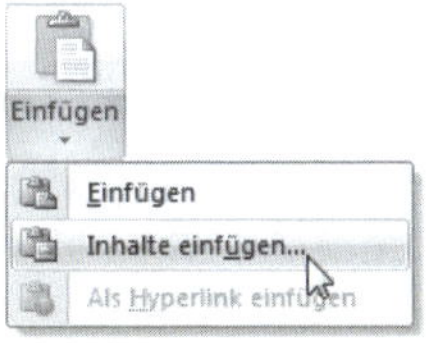

Word zeigt jetzt das Dialogfeld *Inhalte einfügen* an, mit dem Sie steuern können, in welchem Format der Inhalt der Zwischenablage eingefügt werden soll. Das zurzeit markierte Format *MS Office-Zeichnungsobjekt* hätte Word benutzt, wenn Sie direkt auf die Schaltfläche *Einfügen* geklickt hätten bzw. wenn Sie den Shortcut Strg+V benutzt hätten.

Bild 21.30 Der aktuelle Inhalt der Zwischenablage kann in verschiedenen Formaten eingefügt werden

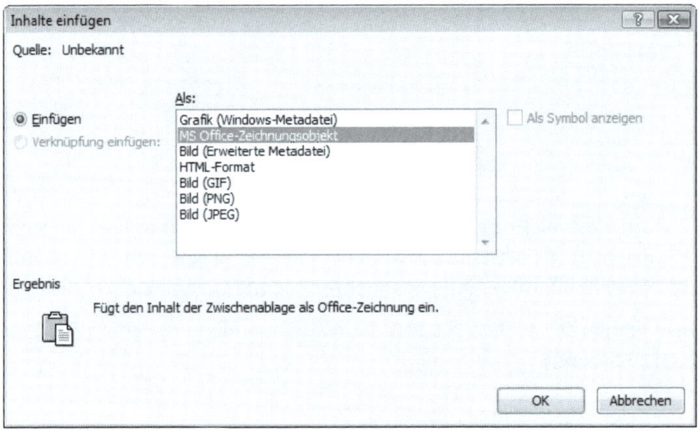

10. Wählen Sie in der Liste das Format *Bild (Erweiterte Metadatei)* und klicken Sie auf *OK*, um die kopierten Einzelteile der ClipArt einzufügen.
11. Klicken Sie das eingefügte Objekt an, um sich davon zu überzeugen, dass es sich wirklich wieder wie eine normale ClipArt verhält. Beachten Sie auch, dass Word der neuen ClipArt die Umbruchsart *Vor den Text* gegeben hat. Für den weiteren Verlauf des Beispiels ist die Option zwar nicht von Bedeutung, doch wenn Sie die ClipArt erneut bearbeiten wollen, müssen Sie den Textumbruch für die ClipArt zuvor auf die Einstellung *Mit Text in Zeile* setzen.

Bild 21.31 Die kopierten Einzelteile wurden zu einer neuen ClipArt zusammengefügt

12. Löschen Sie den nicht mehr benötigten Zeichnungsbereich mitsamt den in ihm enthaltenen Einzelteilen, indem Sie seinen Rahmen anklicken und Entf drücken.

Damit ist die erste Phase des Projekts erfolgreich abgeschlossen. Im zweiten Schritt werden wir dann die neu geschaffene ClipArt mit einer anderen ClipArt kombinieren und daraus die endgültige ClipArt erzeugen.

ClipArts kombinieren

Um zwei ClipArts miteinander zu »verschmelzen«, arbeiten Sie mit den gleichen Techniken, die Sie im letzten Abschnitt gelernt haben. Beginnen Sie dabei mit der ClipArt, in die Sie eine andere ClipArt einfügen wollen.

1. Wechseln Sie in den Bearbeitungsmodus der ClipArt.
2. Vergrößern Sie den Zeichnungsbereich soweit, dass die einzufügende ClipArt darin vollständig Platz findet.
3. Löschen Sie alle störenden Elemente der ersten ClipArt.
4. Stellen Sie die Umbruchart der zweiten ClipArt auf die Option *Vor den Text* ein.
5. Nach diesen Vorbereitungen kopieren Sie die zweite ClipArt mit Strg+C in die Zwischenablage und fügen Sie dann mit Strg+V in den Zeichnungsbereich der ersten ClipArt ein. Für unser konkretes Bespiel ergibt sich dann auf dem Bildschirm folgende Situation:

Bild 21.32 Die einzufügende ClipArt befindet sich im Zeichnungsbereich der aufnehmenden ClipArt

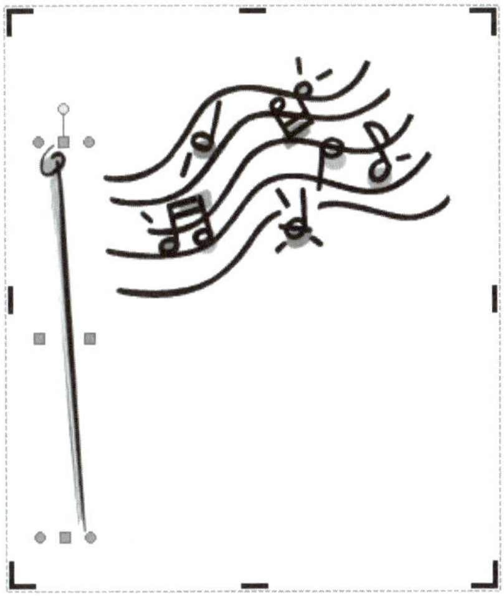

6. Schieben Sie die eingefügte ClipArt an die passende Stelle. Bei Bedarf können Sie auch noch an ihrem grünen Anfasser drehen, um sie optimal zu positionieren.
7. Markieren Sie alle Elemente der neuen ClipArt und wandeln Sie sie wie im letzten Abschnitt beschrieben via Strg+C und Alt+Strg+V in eine eigenständige ClipArt um.
8. Zum Schluss löschen Sie noch den Zeichnungsbereich, in dem Sie die beiden ClipArts zusammengestellt haben. Klicken Sie dazu einfach auf eine leere Stelle des Bereichs (damit kein Zeichenelement mehr markiert ist) und drücken Sie Entf.

Mit diesem Beispiel wollen wir das Kapitel beenden. Natürlich konnten wir im Rahmen dieses Buches nur einen begrenzten Teil der vielen Funktionen vorstellen, die Word im Grafikbereich zu bieten hat. Mit dem vermittelten Knowhow sind Sie jedoch jetzt in der Lage, einen Großteil der in der Praxis anfallenden Aufgaben zu lösen.

Zusammenfassung

In diesem Kapitel haben Sie gelernt, welche Möglichkeiten es in Word 2007 gibt, um Grafiken, Formen und ClipArts nachträglich zu bearbeiten. Viele der Funktionen konnten wir aus Platzgründen nur kurz vorstellen, aber mit dem hier erworbenen Basiswissen werden Sie auch den übrigen Feinheiten auf die Spur kommen.

- Um die Farbgebung einer Grafik zu ändern, können Sie ihre Helligkeit und ihren Kontrast einstellen. Außerdem lassen sich Grafiken neu einfärben und mit einer transparenten Farbe versehen (Seite 436).
- Mit den praktischen Bildformatvorlagen verleihen Sie Ihren Grafiken mit minimalem Aufwand ein professionelles Aussehen (Seite 439).
- Die äußere Gestalt einer Grafik lässt sich durch einfaches Zuweisen einer neuen Bildform ändern (Seite 441).
- Word kann eine Grafik mit einer Fülle von grafischen Effekten ausstatten. Dazu gehören Schatten, Spiegelungen, Leuchten, Weiche Kanten, Abschrägungen und 3D-Drehungen. Zusätzlich lassen sich diese Effekte noch mit Änderungen der Oberflächenstruktur und einer individuellen Beleuchtung kombinieren (Seite 442).
- Bildformatierungen lassen sich mit der Pinsel-Schaltfläche einfach auf andere Grafiken übertragen (Seite 444).
- Das einer Grafik zugrundeliegende Bild lässt sich austauschen, ohne dass dabei die zugewiesenen Bildeffekte verloren gehen (Seite 445).
- Grafiken lassen sich mit Rahmen versehen, die sich ebenfalls sehr vielseitig formatieren lassen (Seite 446).
- Formen, zu denen auch SmartArts und Textfelder gehören, lassen sich mit einem der folgenden Effekte füllen: einfarbige Füllungen, Farbverläufe, Muster, Strukturen bzw. Texturen und Bildern (Seite 448).
- Freihandformen lassen sich nachträglich bearbeiten. Dabei können nicht nur einzelne Punkte verschoben werden, sondern es ist auch möglich, störende bzw. überflüssige Punkte zu löschen und neue Punkte einzufügen (Seite 453).
- ClipArts können in einen speziellen Bearbeitungsmodus versetzt werden, in dem sich ihre einzelnen Zeichenobjekte löschen bzw. ändern lassen. Auf diese Weise ist es möglich, individuelle ClipArts zu erstellen. Die Rückkehr aus dem Bearbeitungsmodus muss über den Umweg der Zwischenablage erfolgen (Seite 454).

Kapitel 22

Diagramme erstellen

In diesem Kapitel:

Diagramme helfen dabei, viele oder unübersichtliche Werte grafisch darzustellen und somit überschaubarer und verständlicher zu machen. Für die Darstellung prozentualer Verteilungen oder zeitlicher Verläufe sind Diagramme nahezu unverzichtbar, denn eine Zahlenreihe ist für einen menschlichen Betrachter bei weitem nicht so aussagekräftig wie eine steigende oder fallende Linie.

In diesem Kapitel beschreiben wir zunächst, welche Möglichkeiten es in Word 2007 gibt, um ein fertiges Excel-Diagramm in ein Dokument aufzunehmen. Die Stichworte lauten hier *einbetten* und *verknüpfen.*

Anschließend zeigen wir Ihnen, wie Sie in Word 2007 mit wenig Aufwand professionelle Diagramme erstellen und erklären, wie sich die einzelnen Bestandteile eines Diagramms verändern lassen, um die Aussagekraft des Diagramms zu optimieren.

Vorhandene Excel-Diagramme einfügen

In der Praxis werden Sie häufig auf ein bereits vorhandenes Diagramm zurückgreifen können, das in einer Excel-Arbeitsmappe gespeichert ist. Ein solches Diagramm können Sie vom Prinzip her einfach mit Hilfe der Zwischenablage in Ihr Dokument kopieren. Allerdings gilt es dabei zwei Besonderheiten zu beachten:

- Sie können bzw. müssen entscheiden, ob das Design des Diagramms (siehe Kapitel 14) übernommen werden soll oder nicht.
- Sie müssen festlegen, wo die dem Diagramm zugrunde liegenden Daten gespeichert werden sollen: im Word-Dokument oder in der Excel-Arbeitsmappe. Im ersten Fall spricht man vom *Einbetten* des Diagramms, sonst vom *Verknüpfen.*

Einbetten vs. Verknüpfen

Der Unterschied dieser beiden Verfahren besteht im Wesentlichen darin, dass das im Word-Dokument eingefügte Diagramm noch eine Verbindung zu seinen Originaldaten besitzt oder nicht. Wenn Sie das Diagramm einbetten, wird nicht nur das Diagramm im Word-Dokument gespeichert, sondern auch ein Tabellenblatt, das die für das Diagramm benötigten Daten enthält. Dadurch wird das Word-Dokument vollkommen unabhängig von der ursprünglichen Excel-Arbeitsmappe, aus der Sie das Diagramm kopiert haben. Das Tabellenblatt wird dabei natürlich nicht sichtbar im Dokument abgelegt, sondern gewissermaßen in ihm »versteckt«. Nur wenn Sie die Daten nachträglich bearbeiten wollen, sorgt Word dafür, dass das Tabellenblatt in einem Excel-Fenster angezeigt wird.

Oft ist es jedoch erwünscht, dass ein Diagramm die Verbindung zu seinen Originaldaten behält. Dies hat nämlich den Vorteil, dass sich etwaige Änderungen an der betreffenden Excel-Arbeitsmappe automatisch in das Diagramm übernehmen lassen. Auf diese Weise können Sie zum Beispiel Ihre Daten zentral in einer Arbeitmappe verwalten und haben die Gewähr, dass in Ihren Word-Dokumenten (oder auch PowerPoint-Präsentationen) immer die aktuellen Daten dargestellt werden. Damit Sie von diesem Mechanismus profitieren können, müssen Ihre Dokumente natürlich auf die Arbeitsmappe zugreifen können.

Beispiel: Excel-Diagramm einfügen

Im folgenden Beispiel zeigen wir Ihnen, wie Sie ein Diagramm aus einer Arbeitsmappe in ein Word-Dokument kopieren und wie Sie steuern, ob das Diagramm eingebettet oder verknüpft wird. Außerdem werden wir auch den Einfluss des Designs veranschaulichen.

1. Öffnen Sie ein Word-Dokument, in das Sie das Diagramm einfügen wollen oder erstellen Sie ein neues leeres Dokument.
2. Starten Sie Excel 2007 und öffnen Sie die Übungsdatei *Umsatz*. Diese Arbeitsmappe enthält nur ein einziges Tabellenblatt, auf dem sich das Diagramm befindet.
3. Klicken Sie das Diagramm an, um es zu markieren.
4. Kopieren Sie das Diagramm mit Strg+C in die Zwischenablage. Alternativ können Sie auf der Registerkarte *Start* in der Gruppe *Zwischenablage* den Befehl *Kopieren* aufrufen oder Sie klicken den Rahmen des Diagramms mit der rechten Maustaste an und wählen den Befehl *Kopieren* im Kontextmenü.
5. Wechseln Sie zurück zu Word, positionieren Sie die Einfügemarkte und drücken Sie den Shortcut Strg+V. Alternativ klicken Sie auf *Start/Zwischenablage/Einfügen.* Word fügt dann eine Kopie des Diagramms in das Dokument ein. Beachten Sie, dass sich an der unteren rechten Ecke des Diagramms eine kleine Schaltfläche befindet.
6. Öffnen Sie das Menü dieser Schaltfläche. Sie sehen dann verschiedene Befehle, mit denen Sie den Einfügemodus steuern können.

Bild 22.1 Mit den Befehlen der Schaltfläche *Eingabe-Optionen*, lässt sich unter anderem steuern, ob das Diagrammen eingebettet oder verknüpft eingefügt wird

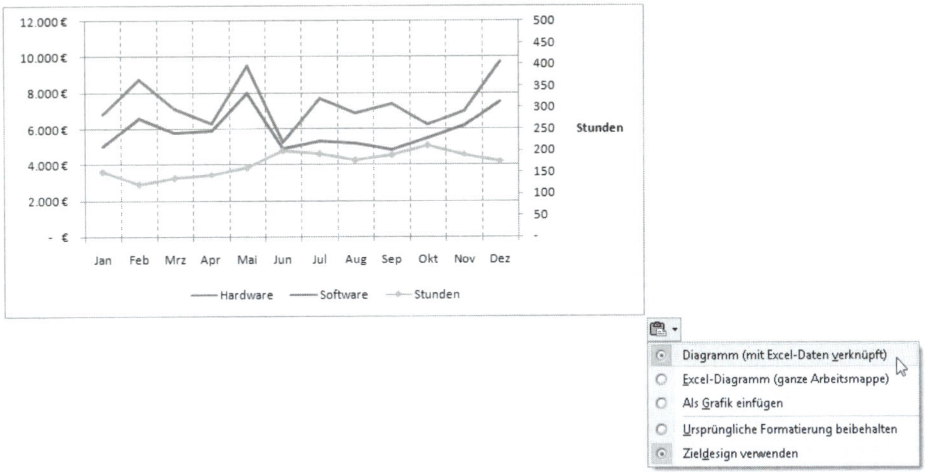

7. Mit den ersten beiden Befehlen können Sie entscheiden, ob das Diagramm verknüpft eingefügt werden soll oder ob die gesamte Arbeitsmappe in das Dokument eingebettet werden soll.

ACHTUNG **Daten einbetten** Word bettet tatsächlich die ganze (!) Arbeitsmappe in das Dokument ein, also zum Beispiel auch Tabellenblätter, deren Inhalt für das eingefügte Diagramm gar nicht relevant ist. Dadurch kann die Größe des Word-Dokuments erheblich anwachsen.

8. Die beiden letzten Befehle des Menüs entscheiden darüber, ob das Diagramm gemäß dem Design des Word-Dokuments *(Zieldesign verwenden)* dargestellt wird oder ob seine originale Formatierung übernommen werden soll *(Ursprüngliche Formatierung beibehalten)*. Damit Sie den Unterschied der beiden Varianten gut erkennen können, haben wir der Arbeitsmappe *Umsatz* das Design *Metis* zugewiesen. Da neue Word-Dokumente standardmäßig das Design *Larissa* verwenden, können Sie beim Wechsel der beiden Optionen die Änderung der Farben und Schriften deutlich wahrnehmen.

9. Zum Schluss können Sie das Diagramm bei Bedarf mithilfe seiner Anfasser skalieren und mit den üblichen Techniken auf der Seite positionieren.

Verknüpfte Daten aktualisieren

Wann Word bei einem verknüpften Diagramm auf eine Änderung der zugrunde liegenden Daten reagiert, hängt davon ab, ob für die Verknüpfung eine automatische oder eine manuelle Aktualisierung festgelegt wurde. Im ersten Fall, also bei einer automatischen Aktualisierung, erscheint beim Öffnen des Word-Dokuments ein Dialog, der Sie darauf hinweist, dass sich in dem Dokument verknüpfte Objekte befinden.

Bild 22.2 Diese Meldung erscheint beim Öffnen eines Dokuments, wenn das Dokument verknüpfte Objekte enthält, für die eine automatische Aktualisierung festgelegt ist

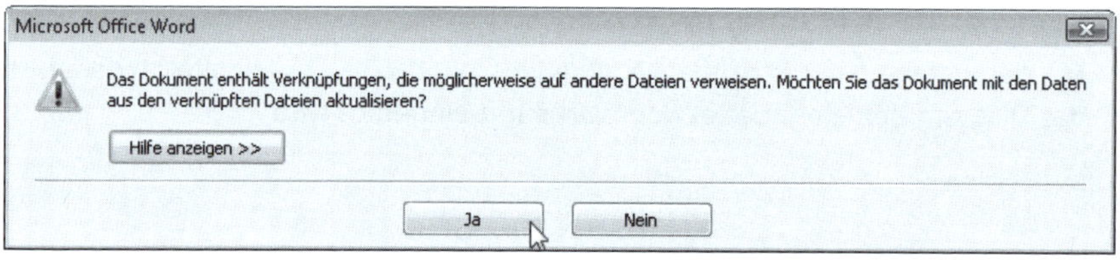
Microsoft Office Word
Das Dokument enthält Verknüpfungen, die möglicherweise auf andere Dateien verweisen. Möchten Sie das Dokument mit den Daten aus den verknüpften Dateien aktualisieren?
Hilfe anzeigen >>
Ja
Nein

Sie können dann einer Aktualisierung mit *Ja* zustimmen oder sie mit *Nein* ablehnen.

Diagramme, die eine manuelle Verknüpfung besitzen, werden nur dann aktualisiert, wenn Sie explizit den Befehl dazu geben. Zu diesem Zweck markieren Sie das betreffende Diagramm und drücken dann entweder den Shortcut F9 oder Sie klicken auf der Registerkarte *Diagrammtools/ Entwurf* in der Gruppe *Daten* auf die Schaltfläche *Daten aktualisieren*.

Verknüpfungen bearbeiten

Jetzt bleibt nur noch die Frage zu klären, wie bzw. wo Sie den Aktualisierungsmodus für eine Verknüpfung einstellen können. Grundsätzlich stehen Ihnen dazu zwei Wege offen: diverse Shortcuts und das Dialogfeld *Verknüpfungen*. Die Verwendung der Shortcuts ist unserer Erfahrung nach nicht empfehlenswert, da sie stellenweise ohne ersichtlichen Grund ignoriert wird. Sie sollten daher besser das Dialogfeld benutzen, das Ihnen zudem auch den aktuellen Zustand der Verknüpfung anzeigt.

Zum Aufrufen des Dialogs *Verknüpfungen* klicken Sie auf die *Office-Schaltfläche*, zeigen dann im ausgeklappten Menü links auf *Vorbereiten* und wählen anschließend im rechten Bereich den Befehl *Verknüpfungen mit Dateien bearbeiten*.

Bild 22.3 Dialog zum Konfigurieren der Verknüpfungen

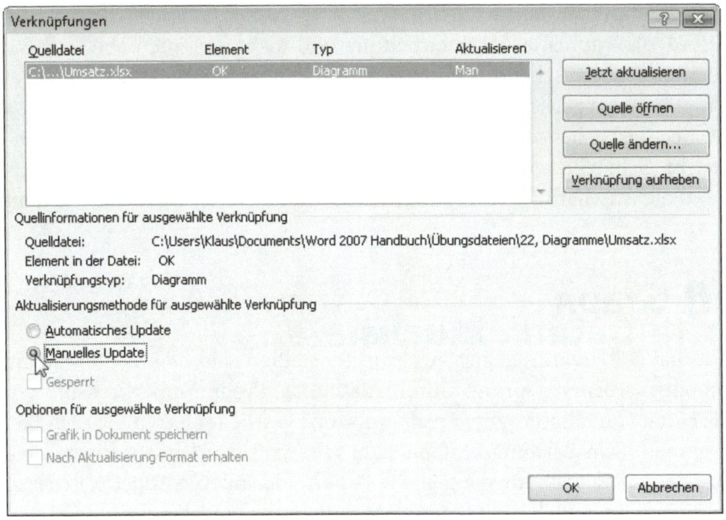

Bevor Sie eine bestimmte Verknüpfung bearbeiten können, müssen Sie sie zunächst in der Auswahlliste markieren. Normalerweise markieren Sie dazu einfach vor dem Aufruf des Dialogs das gewünschte Objekt (in diesem Fall also das Diagramm). Zumindest in früheren Word-Versionen war dann automatisch der entsprechende Listeneintrag im Dialogfeld ausgewählt. Nach unseren Erfahrungen verhält sich Word 2007 hier jedoch absolut unvorhersehbar. Der Versuch von Microsoft, den Anwender vor technischen Details abzuschotten, ist hier offensichtlich »nach hinten losgegangen«.

Wie Sie in der obigen Abbildung erkennen können, stehen Ihnen im Dialog *Verknüpfungen* diverse Einstellungsmöglichkeiten zur Verfügung, die jedoch – je nach Typ der Verknüpfung – teilweise deaktiviert sein können:

- **Jetzt aktualisieren** Löst eine manuelle Aktualisierung aus.
- **Quelle öffnen** Öffnet die Quelldatei zur Bearbeitung.
- **Quelle ändern** Zeigt einen Dateiauswahldialog an, mit dem Sie eine neue Quelldatei auswählen können. Die Funktion benötigen Sie zum Beispiel, wenn die Quelldatei in ein anderes Verzeichnis verschoben wurde.
- **Verknüpfung aufheben** Löst die Verbindung des Objekts zur Quelldatei.
- **Automatisches Update** Schalten Sie diese Option ein, wenn Word die betreffende Verknüpfung automatisch (zum Beispiel beim Öffnen des Dokuments) aktualisieren soll.
- **Manuelles Update** Wenn diese Option aktiv ist, wird die Verknüpfung nur aktualisiert, wenn Sie den Befehl dazu geben (mit F9 oder via *Diagrammtools/Entwurf/Daten/Daten aktualisieren).*
- **Gesperrt** Mit dieser Option können Sie verhindern, dass die Verknüpfung aktualisiert werden kann (weder manuell noch automatisch).
- **Grafik in Dokument speichern** Wird für Diagramme nicht benötigt.
- **Nach Aktualisierung Format erhalten** Wird für Diagramme nicht benötigt.

Neue Diagramme von Word aus erstellen

Da es sich bei Word 2007 um eine Textverarbeitung und nicht um eine Tabellenkalkulation handelt, ist es nicht weiter überraschend, dass Word zum Einfügen von Diagrammen auf die Hilfe eines anderen Programms angewiesen ist. Im Normalfall handelt es sich dabei um Excel, da es wohl nur sehr wenige Rechner geben wird, auf denen Word 2007 als einziges Programm der Office-Familie installiert ist. Schließlich sind sowohl Word als auch Excel in allen Editionen von Office 2007 enthalten und die Anschaffung einer einzelnen Word-Lizenz ist wirtschaftlich kaum sinnvoll.

Microsoft Graph

Sollte wirklich einmal auf einem Rechner kein Excel installiert sein oder sollten Sie mit Word im Kompatibilitätsmodus arbeiten, springt automatisch das Programm Microsoft Graph in die Bresche. Falls Sie bereits mit älteren Versionen von Word gearbeitet haben, werden Sie dieses Tool vielleicht noch kennen. Sein Leistungsumfang steht allerdings so deutlich hinter dem von Excel 2007 zurück, dass seine Relevanz für die tägliche Arbeit von untergeordneter Bedeutung ist. Wir werden daher in diesem Buch nicht weiter auf Microsoft Graph eingehen.

Bild 22.4 Das Erstellen von Diagrammen mit Hilfe von Microsoft Graph ist nicht nur aufwändiger, sondern führt auch zu deutlich schlechteren Ergebnissen.

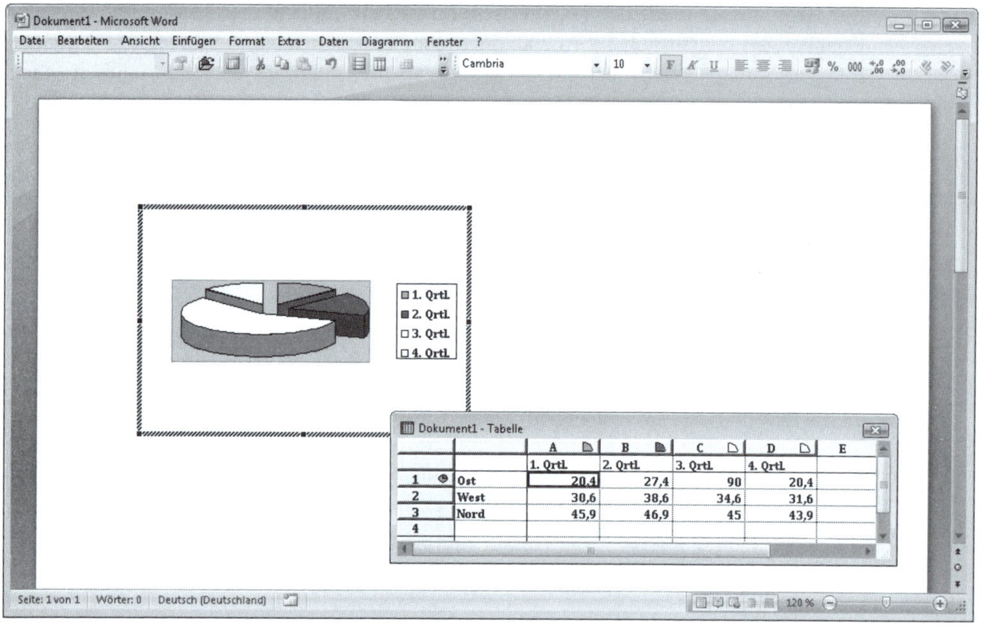

Excel-Diagramme mit neuen Daten erstellen

Mit der Unterstützung von Excel ist das Erstellen eines neuen Diagramms in Word eine Sache von wenigen Minuten. Ihre Aufgabe beschränkt sich dabei im Wesentlichen auf das Eingeben der zugrunde liegenden Daten und die Wahl eines geeigneten Diagrammtyps. In einem zweiten Schritt können Sie dann das Diagramm optimieren, indem Sie Formatierungsmerkmale ändern, Achsen hinzufügen oder entfernen usw.

Gehen Sie dazu am besten folgendermaßen vor:

1. Öffnen Sie das Word-Dokument, in das Sie das Diagramm einfügen möchten und setzen Sie die Einfügemarke an die gewünschte Stelle. (Natürlich ist es später jederzeit möglich, das fertige Diagramm im Dokument zu verschieben.)
2. Wechseln Sie auf die Registerkarte *Einfügen* und klicken Sie in der Gruppe *Illustrationen* auf das Symbol *Diagramm*.

Bild 22.5 Die verschiedenen Diagrammtypen werden nach Kategorien sortiert angezeigt

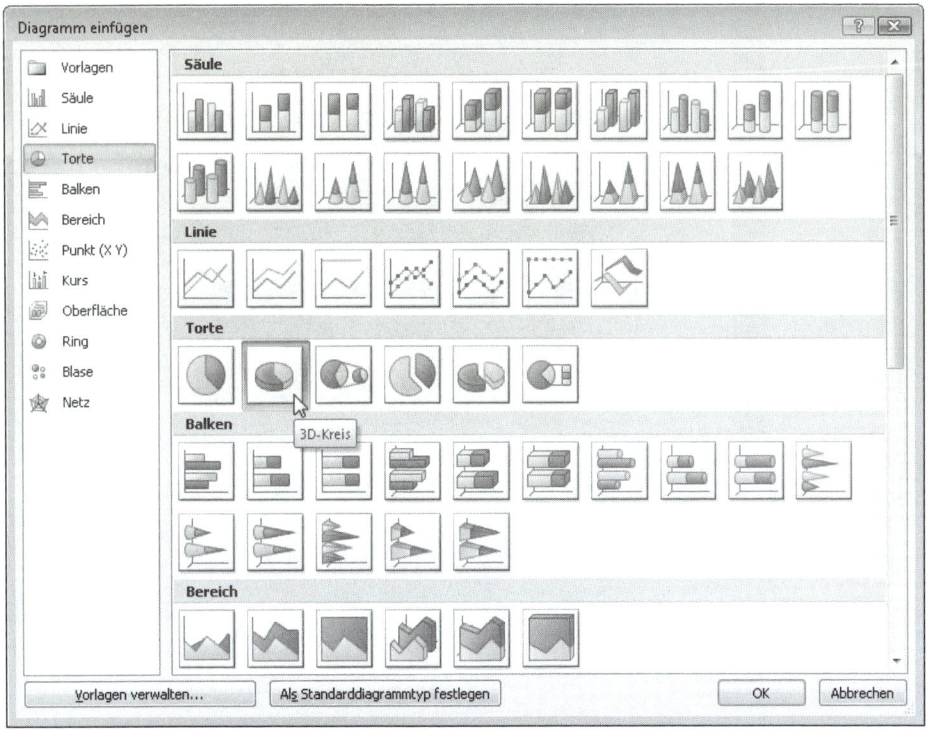

3. Klicken Sie den gewünschten Diagrammtyp an und bestätigen Sie Ihre Wahl mit *OK*.

HINWEIS **Diagrammtyp** Sie können den gewählten Diagrammtyp auch im Nachhinein noch verändern, falls Sie sich später für eine andere Form der Darstellung entscheiden.

Word fügt nun ein Diagramm in das Dokument ein, dem zunächst noch Beispieldaten zugrunde liegen. Diese Daten können Sie in einem separaten Fenster – genauer gesagt, in einem Programmfenster von Excel – bearbeiten. Diese Daten werden in das Word-Dokument *eingebettet*, das heißt, sie befinden sich innerhalb der Word-Datei und werden nicht als separate Excel-Datei gespeichert. Das hat den Vorteil, dass Ihr Word-Dokument weiterhin aus einer einzelnen Datei besteht, was zum Beispiel die Weitergabe an Dritte erleichtert.

Bild 22.6 Das neue Diagramm basiert zunächst auf Beispieldaten, die in einem separaten Fenster (dabei handelt es sich um ein Programmfenster von Excel mit minimierter Multifunktionsleiste!) bearbeitet werden können

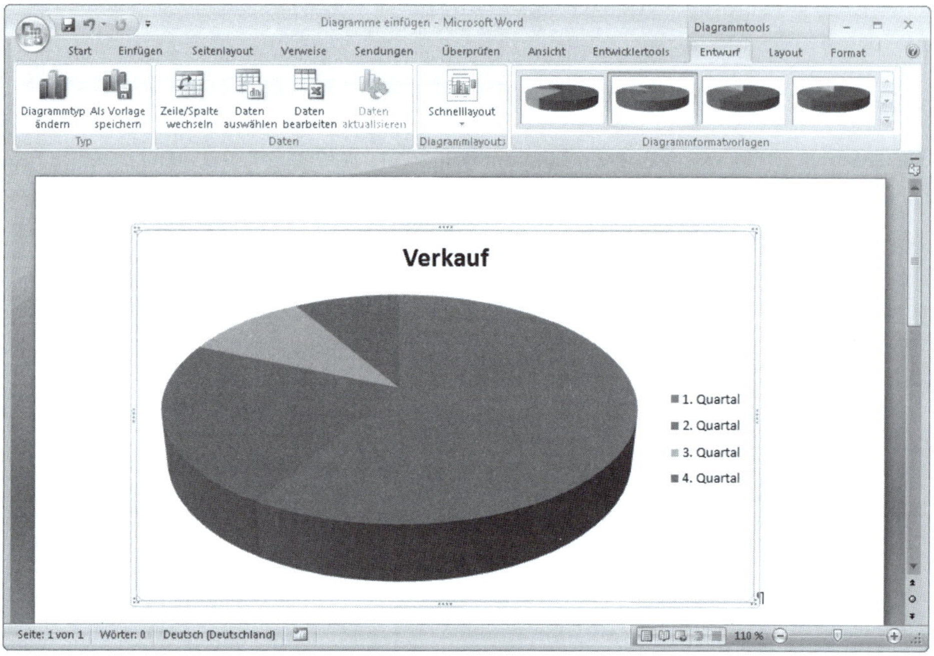

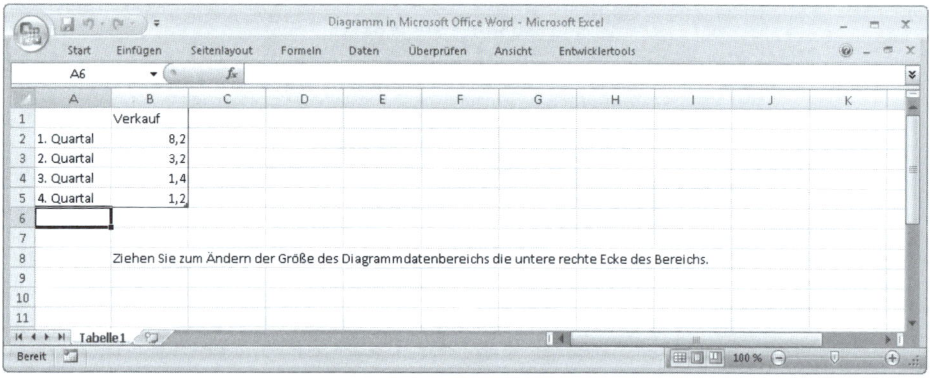

4. Ersetzen Sie die Beispieldaten durch die von Ihnen benötigten Werte. Beachten Sie, dass Word das neue Diagramm kontinuierlich gemäß Ihren Änderungen anpasst.
5. Formatieren Sie die Zahlenwerte bei Bedarf, um z.B. Geldbeträge korrekt darzustellen.
6. Ziehen Sie den blauen Rahmen soweit auf, dass er alle Daten einschließt.

Bild 22.7 Die Beispieldaten wurden durch die vom Diagramm darzustellenden Daten ersetzt

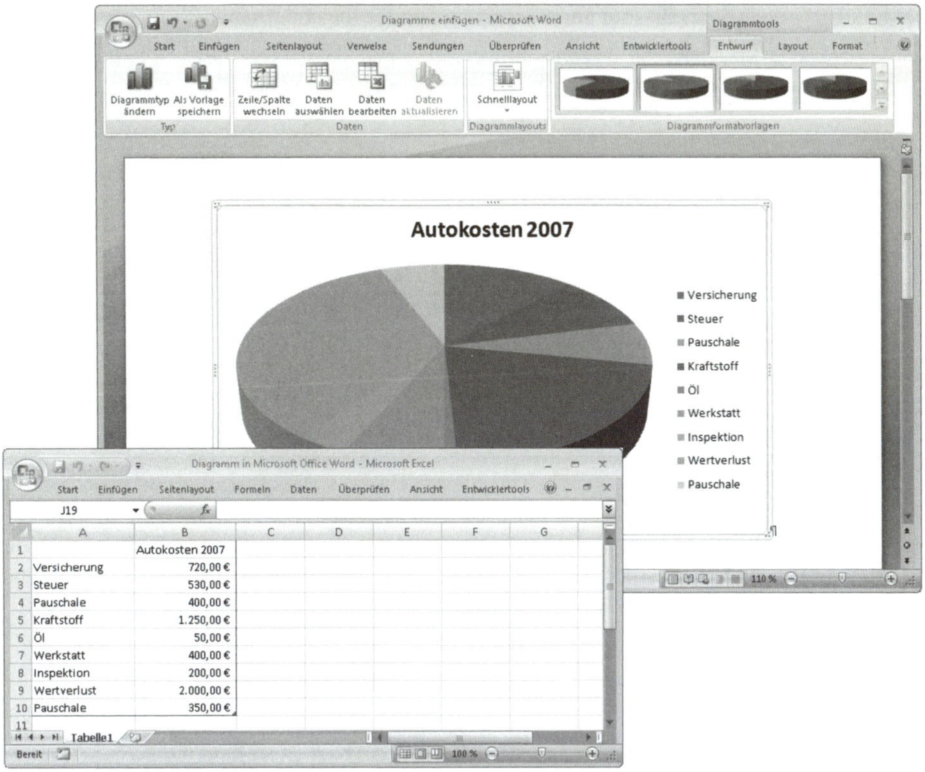

7. Schließen Sie das Excel-Fenster über *Office-Schaltfläche/Schließen.*

HINWEIS **Daten bearbeiten** Falls Sie zu einem späteren Zeitpunkt die Diagrammdaten erneut bearbeiten wollen, markieren Sie das Diagramm im Word-Dokument und klicken auf der Registerkarte *Diagrammtools/Entwurf* in der Gruppe *Daten* auf *Daten bearbeiten.* Dieser Befehl ist auch über das Kontextmenü des Diagramms erreichbar.

8. Wenn Sie das Diagramm noch auf der Seite verschieben wollen, fassen Sie dazu am besten den Rahmen des Diagramms an. Mit dessen Anfassern (das sind die kleinen Pünktchen) lässt sich das Diagramm vergrößern oder verkleinern.

Damit ist das neue Diagramm im Grunde genommen schon fertig. Wir wollen trotzdem noch etwas an seinem Layout und seinem Aussehen feilen, denn auf der Registerkarte *Entwurf* befinden sich noch zwei effektive Funktionen, mit denen Sie ein Diagramm bei minimalem Aufwand optisch aufwerten können. Und die Gelegenheit sollten Sie sich nicht entgehen lassen.

Schnelllayout

Jedes Excel-Diagramm besteht aus verschiedenen Elementen wie zum Beispiel einem Titel, einer Legende, Beschriftungen usw. Wie Sie im weiteren Verlauf des Kapitels noch sehen werden, können Sie jedes dieser Elemente separat verändern. Oft ist dies jedoch gar nicht nötig, denn Word bietet Ihnen mit den so genannten *Schnelllayouts*, eine ganze Palette fertiger Alternativdarstellungen an.

Um ein Schnelllayout anzuwenden, gehen Sie folgendermaßen vor:

1. Markieren Sie das Diagramm und zeigen Sie die Registerkarte *Entwurf* an.
2. Klicken Sie auf die Schaltfläche *Schnelllayout*.

Bild 22.8 Art und Umfang der Layoutvorschläge hängen vom Diagrammtyp ab

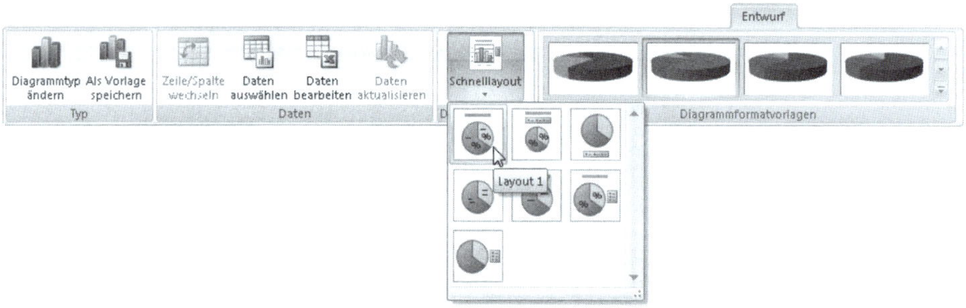

3. Wählen Sie eines der angebotenen Layouts aus. Leider zeigt Word hier keine Livevorschau an und auf den kleinen Vorschaugrafiken des Ausklappmenüs ist es manchmal recht schwierig, die Details der Layouts zu erkennen.

Bild 22.9 Die Legende des Diagramms wurde durch Beschriftungen ersetzt

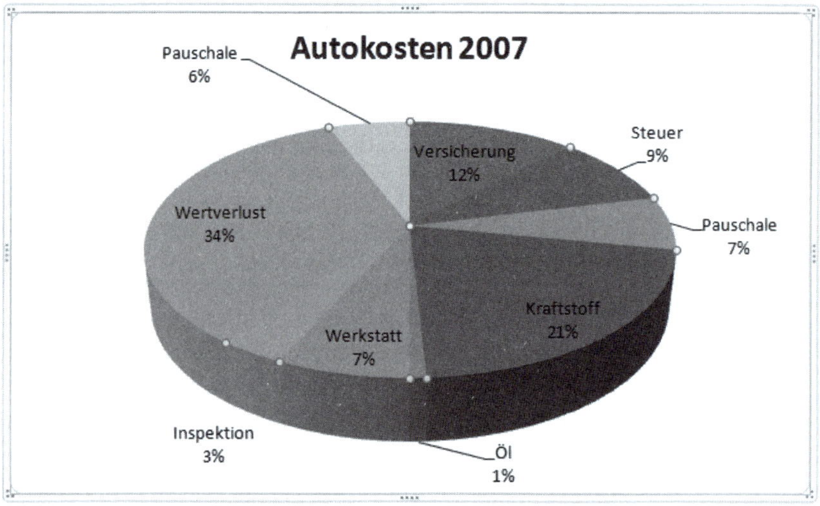

Diagrammformatvorlagen

Nachdem Sie nun den Typ und das Layout des Diagramms festgelegt haben, können Sie jetzt noch seine farbliche Gestaltung verändern. Dies lässt sich am einfachsten und schnellsten über die *Diagrammformatvorlagen* erledigen, die Sie ebenfalls auf der Registerkarte *Entwurf* zuweisen können.

Wenn Sie das Auswahlmenü der Diagrammformatvorlagen öffnen, werden Sie feststellen, dass dort in jeder Spalte eine andere Farbpalette angeboten wird. Die einzelnen Zeilen ergänzen die Optik mit weiteren Effekten (z.B. Beleuchtung).

Bild 22.10 Diagrammformatvorlagen haben Einfluss auf Farben und Effekte

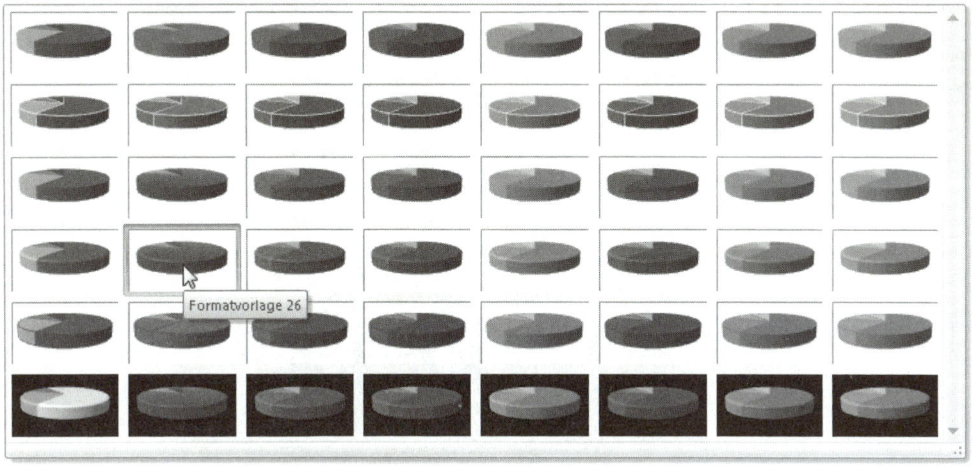

Diagrammelemente auswählen

Wie wir bereits weiter oben gesagt haben, können Sie viele der Komponenten, aus denen ein Diagramm zusammengesetzt ist, nachträglich ändern oder ihre Formatierung auf andere Merkmale einstellen. Vor dem Formatieren müssen Sie natürlich zuerst das entsprechende Diagrammelement markieren. Dazu haben Sie zwei verschiedene Möglichkeiten:

- Sie klicken das gewünschte Element direkt im Diagramm an. Dieses Verfahren eignet sich jedoch nicht für alle Teile eines Diagramms, da einige Elemente nur schwer mit der Maus zu treffen sind.
- Alternativ verwenden Sie die Registerkarte *Layout*, deren Gruppe *Aktuelle Auswahl* ein Listenfeld enthält, mit dem Sie die Elemente auswählen können.

Wenn ein Element im Diagramm mehrfach auftritt, werden in der Regel zunächst alle Vorkommen markiert. Das ist zum Beispiel bei Datenbeschriftungen oder auch bei Datenreihen der Fall. Wollen Sie nur ein bestimmtes Element markieren, müssen Sie es anschließend noch einmal explizit anklicken.

Beispiel: Tortenstück herausziehen

Ein typischer Anwendungsfall, bei dem Sie nur ein Element aus einer Gruppe markieren müssen, ist das Herausziehen eines Segments aus einem Kreisdiagramm:

1. Klicken Sie das gewünschte Diagramm an und wählen Sie auf der Registerkarte *Layout* in der Gruppe *Aktuelle Auswahl* den Eintrag *Reihen "xy"*. Danach sind alle Segmente des Kreises markiert.
2. Klicken Sie das gewünschte Segment direkt im Diagramm an und achten Sie dabei darauf, dass Sie nicht in der Nähe einer eventuell vorhandenen Datenbeschriftung klicken. Anschließend ist nur noch das eine Segment markiert.
3. Ziehen Sie das markierte Segment mit der Maus ein Stück aus dem Kreis.

Bild 22.11 Einzelne Elemente können nur im Diagramm markiert werden

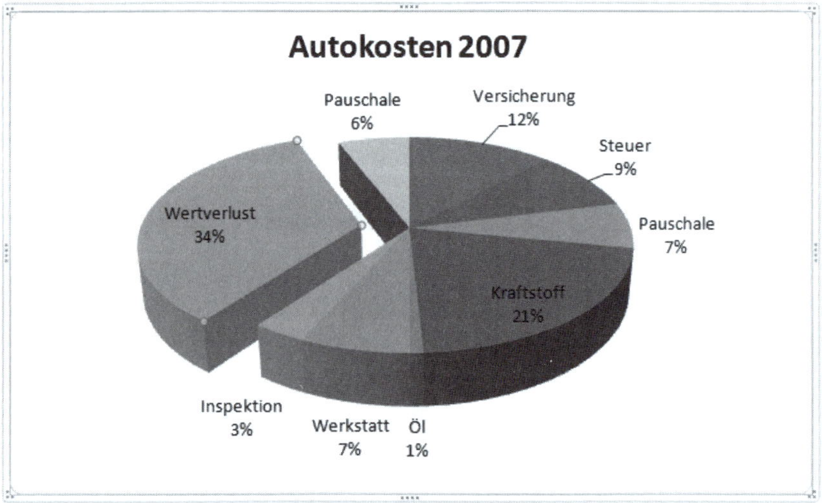

Beschriftung ändern

In jedem Diagramm sind diverse Beschriftungen enthalten, die Sie individuell positionieren und formatieren können. In diesem Abschnitt geht es zunächst darum, wie Sie die verschiedenen Beschriftungen ein- und ausschalten und wie Sie sie auf dem Diagramm anordnen können. Im weiteren Verlauf des Kapitels erfahren Sie dann noch, wie sich die Darstellung der Texte verändern lässt.

Alle in diesem Abschnitt vorgestellten Befehle finden Sie auf der Registerkarte *Layout* in der Gruppe *Beschriftungen.*

Bild 22.12 Hier können Sie die Sichtbarkeit und Position der Texte steuern

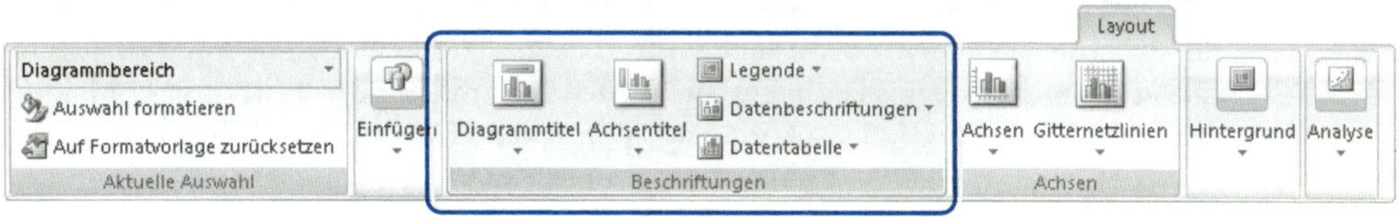

Position des Diagrammtitels ändern

Wenn das Diagramm bereits einen Titel enthält, können Sie ihn jederzeit mit der Maus verschieben oder ihn mit der `Entf`-Taste löschen (nachdem Sie ihn zuvor markiert haben). Wie sich der Rest des Diagramms beim Verschieben bzw. Löschen des Titels verhält, hängt davon ab, ob der Titel das Diagramm überlagert oder ob er sich den Diagrammbereich, also den Rahmen, in den das Diagramm eingefasst ist, teilt. Über das Auswahlmenü der Schaltfläche *Diagrammtitel* können Sie zwischen den drei verschiedenen Darstellungsarten wechseln:

- **Keine** Blenden den Diagrammtitel aus.
- **Zentrierter Überlagerungstitel** Der Titel kann das Diagramm überlappen. Die Größe des Diagramms ist dadurch unabhängig von der Größe des Titels.
- **Über Diagramm** Titel und Diagramm können sich nicht überlappen, sondern müssen sich den Platz innerhalb des Rahmens teilen. Wenn Sie den Titel vergrößern (z.B. indem Sie Text ergänzen oder die Schrift vergrößern), wird das Diagramm entsprechend verkleinert.

Achsentitel bearbeiten

Mit Ausnahme der Kreis-, Ring- und Netzdiagrammtypen besitzen alle Diagrammtypen Achsen. Die horizontale (waagerechte) Achse eines Diagramms wird auch als *Kategorienachse* bezeichnet (früher: Rubrikenachse), die vertikale (senkrechte) Achse als *Wertachse* (früher: Größenachse). Jede Achse kann neben ihrer Beschriftung auch einen Titel besitzen, dessen Sichtbarkeit und Positionierung mit der Schaltfläche *Achsentitel* gesteuert wird.

Bild 22.13 Einstellen eines Titels für eine vertikale (senkrechte) Achse

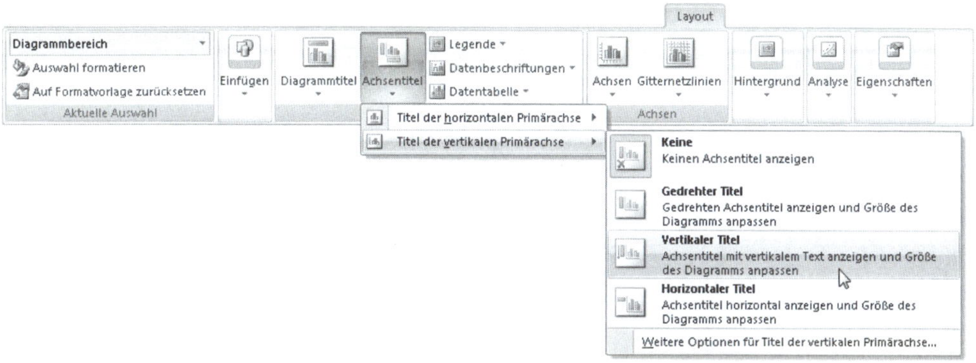

PROFITIPP

Primär- und Sekundärachse

In dem Ausklappmenü der Schaltfläche *Achsentitel* taucht der Begriff Primärachse auf, der sicherlich nicht jedem geläufig ist. Die Verwendung dieses Begriffs ist unserer Meinung nach bei Standarddiagrammen auch überflüssig. Von einer Primärachse zu sprechen macht eigentlich erst dann Sinn, wenn das Diagramm auch eine Sekundärachse besitzt.

Bei einer Sekundärachse handelt es sich um eine zusätzliche Achse, auf der die Werte einer Datenreihe angezeigt werden können, die einen abweichenden Datentyp oder einen anderen Maßstab als die übrigen Datenreihen besitzt.

Legende

Häufig sind die Daten eines Diagramms nicht direkt beschriftet, sondern es gibt eine Legende, in der die Bedeutung der verschiedenen Farben erläutert ist. Ihre Position steuern Sie über die Schaltfläche *Legende,* die sich ebenfalls auf der Registerkarte *Layout* in der Gruppe *Beschriftungen* befindet. Ähnlich wie beim Diagrammtitel, können Sie auch bei der Legende entscheiden, ob sie das Diagramm überlagern darf oder nicht.

Neben der Position können Sie aber auch die Größe der Legende beeinflussen. Ziehen Sie dazu einfach den Rahmen der Legende auf das gewünschte Format. Word passt dann die Anordnung der einzelnen Elemente an den neuen Rahmen an und ändert dabei sowohl die Schriftgröße als auch die Zeilen- und Spaltenanzahl. Vorsicht: Wenn Sie den Rahmen zu klein machen, zeigt Word die Elemente der Legende nicht mehr vollständig an!

Bild 22.14 Der Rahmen der Legende lässt sich mit der Maus verändern. Bevor der Rahmen vergrößert wurde, war die Legende zweizeilig und die einzelnen Elemente standen zu nahe beieinander

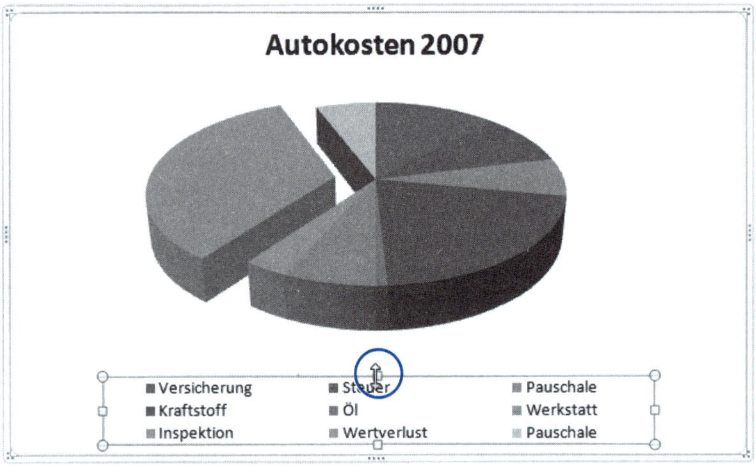

Datenbeschriftungen

Wenn in einem Diagramm die einzelnen Werte einer Datenreihe angezeigt werden, wird dies als *Datenbeschriftung* bezeichnet. Die optimale Positionierung dieser Beschriftungen hängt nicht nur vom Typ des Diagramms ab, sondern auch von seiner farblichen Darstellung. Wenn Sie zum Beispiel beim Tortendiagramm aus dem obigen Bild die Beschriftung auf den einzelnen Segmenten anzeigen lassen würden, wären sie – besonders auf den dunklen Flächen – nur schwer lesbar. In diesem Fall wäre es sicher sinnvoller, die Werte außerhalb der Grafik zu positionieren.

1. Markieren Sie das Diagramm und zeigen Sie die Registerkarte *Layout* an.
2. Klicken Sie in der Gruppe *Beschriftungen* auf *Datenbeschriftungen* und wählen Sie die Variante *Ende außerhalb.*
3. Falls Word nicht alle Elemente optimal positionieren konnte, klicken Sie die Elemente an und ziehen sie dann mit der Maus an die gewünschte Stelle.

Bild 22.15 Eventuell müssen Sie einzelne Beschriftungen etwas verschieben

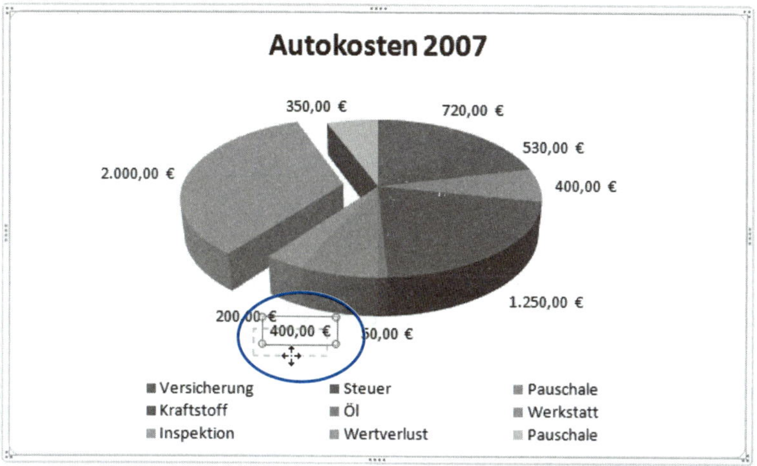

Sie können aber nicht nur die Position einer Datenbeschriftung steuern, sondern auch den Inhalt:

1. Wählen Sie das gewünschte Diagramm aus und achten Sie darauf, dass entweder kein Datenbeschriftungselement markiert ist oder aber alle.
2. Klicken Sie auf die Schaltfläche *Datenbeschriftungen* und rufen Sie den Befehl *Weitere Datenbeschriftungsoptionen* auf. Es erscheint das Dialogfeld *Datenbeschriftungen formatieren.* Alle Einstellungen, die Sie hier vornehmen, werden direkt im Diagramm angezeigt, ohne dass Sie dazu das Dialogfeld schließen müssen.

Bild 22.16 Hier können Sie den Inhalt der Datenbeschriftung festlegen

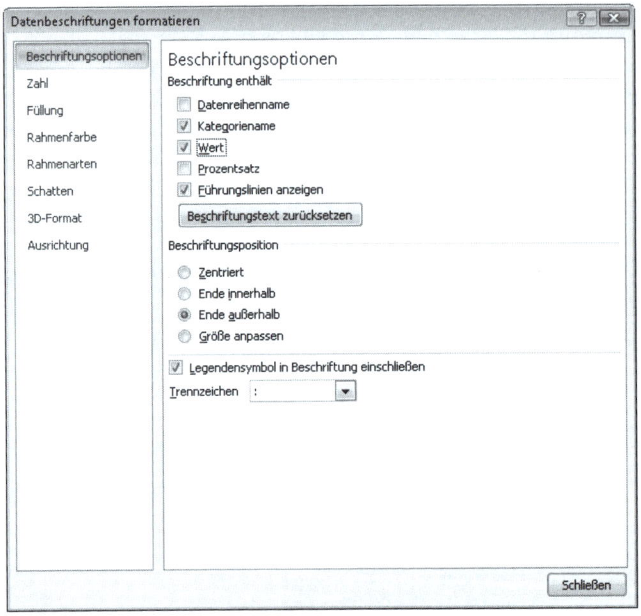

3. Mit den Optionen der Gruppe *Beschriftung enthält* können Sie bestimmen, welche Informationen in die Beschriftung aufgenommen werden. Im abgebildeten Beispiel soll nicht nur der Wert, sondern auch der Name der Kategorie angezeigt werden.

4. Die nächste Gruppe ist für die Positionierung der Beschriftungen verantwortlich und korrespondiert mit den Befehlen der Schaltfläche *Datenbeschriftungen*, die Sie weiter oben bereits kennengelernt haben.

5. Bei Bedarf können Sie auch das Legendensymbol mit in die Beschriftung aufnehmen. Ob dies der Übersichtlichkeit zugute kommt, lässt sich nicht allgemein sagen, sondern hängt vom konkreten Diagramm ab.

6. Wenn Sie in Schritt 3 mehrere Elemente für die Beschriftung ausgewählt haben, können Sie mit dem Listenfeld *Trennzeichen* festlegen, wie die einzelnen Elemente von einander getrennt werden sollen. Sie sind jedoch nicht auf das Angebot des Listenfeldes beschränkt, sondern können auch eigene Zeichen (auch mehrere) in das Feld eintragen.

   Falls Ihre Beschriftung jetzt zuviel Raum im Diagramm beansprucht, können Sie unter Umständen etwas Platz schaffen, indem Sie das Zahlenformat ändern und zum Beispiel auf die Anzeige von Nachkommastellen verzichten.

7. Wechseln Sie dazu im Dialogfeld in die Rubrik *Zahl*.

8. Wählen Sie die Kategorie *Währung*, geben Sie im Feld *Dezimalstellen* eine Null ein und schließen Sie das Dialogfeld (siehe nächste Abbildung).

9. Falls Sie sich entschieden haben, den Kategorienamen in die Datenbeschriftung aufzunehmen, können Sie die Legende aus dem Diagramm entfernen. Klicken Sie die Legende dazu an und drücken Sie `Entf`.

Bild 22.17 Entfernen der Nachkommastellen

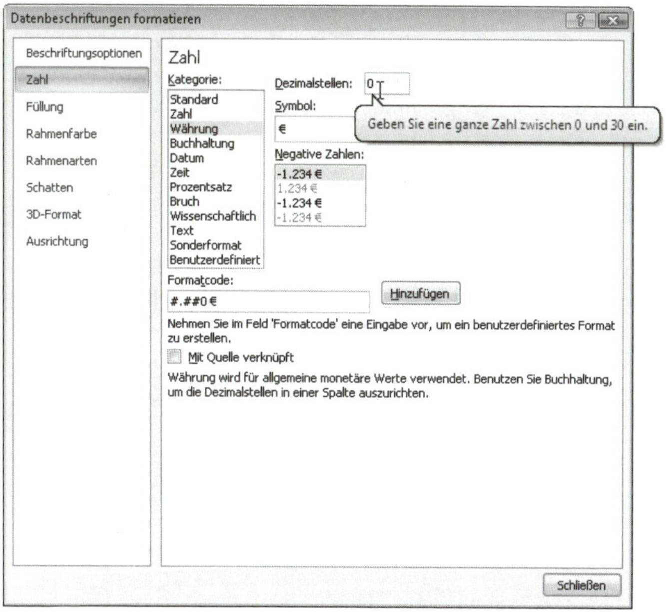

10. Eventuell müssen Sie in einzelnen Beschriftungsrahmen noch manuelle Zeilenumbrüche einfügen. Dazu klicken Sie ein bereits markiertes Beschriftungsfeld erneut an, bis der Rahmen zu einer gestrichelten Linie wird. Jetzt können Sie die Beschriftung wie einen normalen Text bearbeiten (und sogar formatieren).

Bild 22.18 Der Text der Datenbeschriftung lässt sich auch direkt editieren

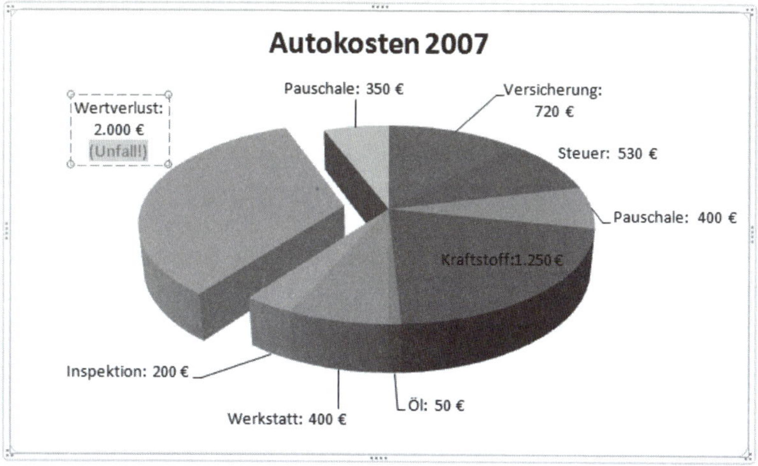

Achsen bearbeiten

Seit Office 2007 ist die Bezeichnung der Diagrammachsen endlich auch für Anwender nachvollziehbar, die sich nicht tagtäglich mit Diagrammen beschäftigen. Sie werden nun schlicht *horizontale Achse, vertikale Achse* und *Tiefenachse* genannt.

Primär- und Sekundärachsen

Für leichte Verwirrung sorgt höchstens noch der Begriff *Primärachsen,* mit dem die normalen Diagrammachsen gemeint sind. Wie wir weiter vorne auf Seite 472 schon kurz erwähnt haben, lassen sich Diagramme mit zusätzlichen Achsen – den so genannten *Sekundärachsen* – ausstatten, auf denen für einzelne Datenreihen eine separate Skalierung vorgenommen werden kann.

Das folgende Diagramm enthält z.B. neben den beiden Datenreihen *Hardware* und *Software,* deren Werte Geldbeträge darstellen, noch die Datenreihe *Stunden.*

Bild 22.19 Die Werte der Datenreihen besitzen unterschiedliche Einheiten

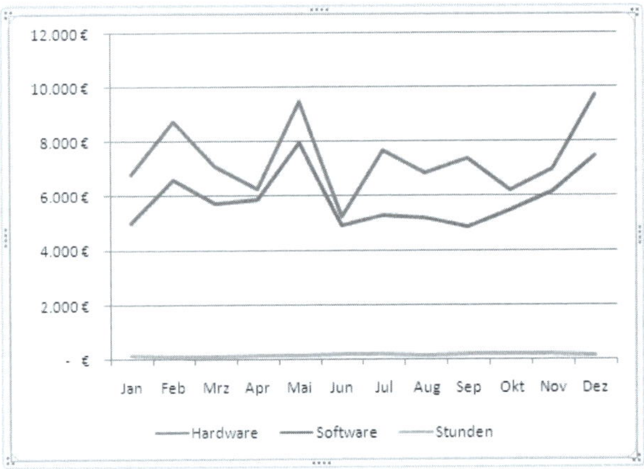

In dieser Form ist das Diagramm natürlich noch nicht zu gebrauchen, da die Werte der Datenreihe *Stunden* auch als Geldbeträge angezeigt werden. Um das Diagramm mit einer Sekundärachse auszustatten, gehen Sie wie folgt vor:

1. Öffnen Sie in Word die Übungsdatei *Sekundärachse,* in der sich das oben abgebildete Diagramm befindet.
2. Markieren Sie das Diagramm und zeigen Sie die Registerkarte *Diagrammtools/Layout* an.
3. Wählen Sie in der Gruppe *Aktuelle Auswahl* den Eintrag *Reihen "Stunden"* (siehe Abbildung auf der nächsten Seite).
4. Klicken Sie dann in der Gruppe *Aktuelle Auswahl* auf *Auswahl formatieren.* Es erscheint das Dialogfeld *Datenreihen formatieren.*
5. Schalten Sie in der Rubrik *Reihenoptionen* die Option *Sekundärachse* ein.

Bild 22.20 Auswählen der gewünschten Datenreihe des Diagramms

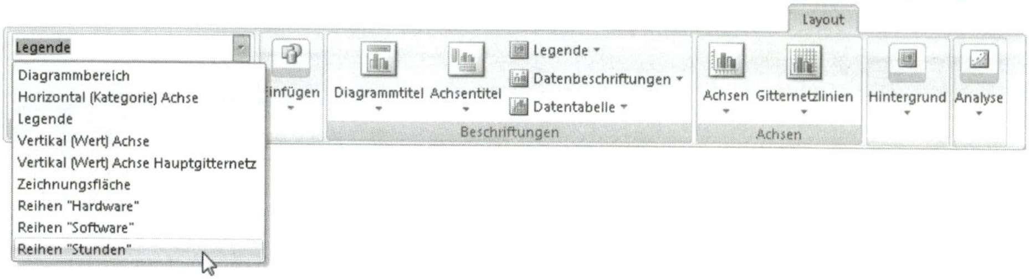

6. Wechseln Sie in die Rubrik *Markierungsoptionen* und wählen Sie dort eine Einstellung, die sich von denen der anderen Datenreihen unterscheidet. Schließen Sie dann das Dialogfeld.
7. Versehen Sie die Sekundärachse mit einem Titel, indem Sie in der Registerkarte *Layout* auf die Schaltfläche *Achsentitel* klicken, im Ausklappmenü auf *Titel der vertikalen Sekundärachse* zeigen und dann im Untermenü eine der angebotenen Varianten auswählen.
8. Klicken Sie den neuen Achsentitel an und ändern Sie seinen Text sinnvoll ab.

Bild 22.21 Die Stunden werden auf der neuen Sekundärachse ausgegeben. Die Datenreihe wird zusätzlich durch eine Markierungsoption (Punkte) hervorgehoben

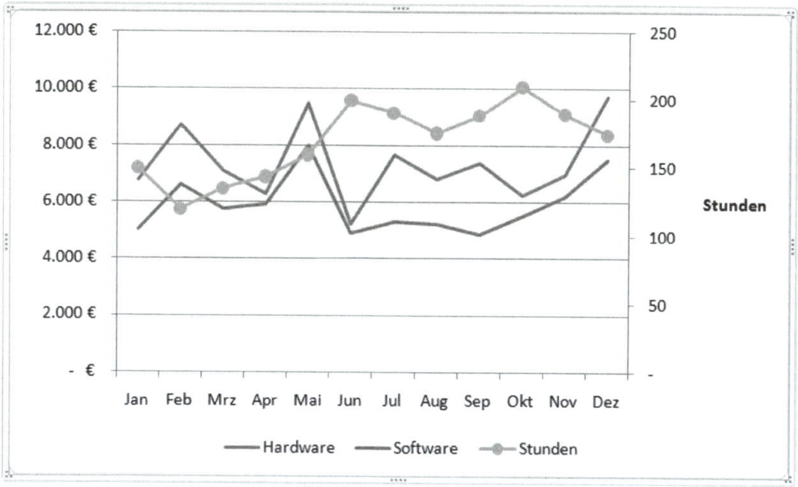

Skalierung der Achsen ändern

Die automatische Skalierung der Diagrammachsen lässt sich bei Bedarf nachträglich ändern, wobei Sie nahezu alle Aspekte beeinflussen können. Ob Sie einen neuen Maximalwert festlegen wollen, ob Sie den Nullpunkt verschieben oder eine logarithmische Skalierung wünschen – alles kein Problem.

1. Markieren Sie das Diagramm und zeigen Sie die Registerkarte *Layout* an.
2. Klicken Sie in der Gruppe *Achsen* auf die Schaltfläche *Achsen* und öffnen Sie das Untermenü der gewünschten Achse. Dort wählen Sie den Befehl *Weitere Optionen für ...*

Bild 22.22 Ändern der automatischen Skalierung

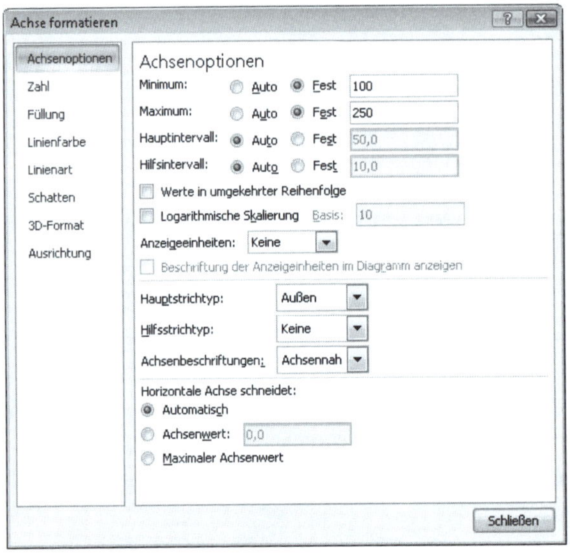

3. Nehmen Sie die gewünschten Änderungen im Dialogfeld vor. Vorsicht: Ihre Einstellungen wirken sich direkt auf das Diagramm aus! Schließen Sie dann das Dialogfeld wieder.

Im nächsten Bild sehen Sie das Diagramm aus Bild 22.21, bei dem wir die Skalierung der Sekundärachse geändert haben, um die Linie der Datenreihe *Stunden* nach unten zu schieben.

Bild 22.23 Ändern der automatischen Skalierung

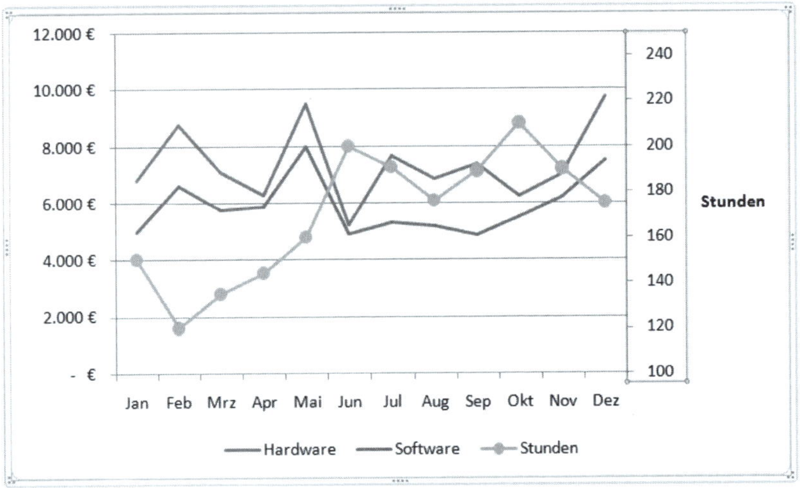

HINWEIS Das Dialogfeld *Achse formatieren* können Sie auch aufrufen, indem Sie die gewünschte Achse mit der rechten Maustaste anklicken und im Kontextmenü den Befehl *Achse formatieren* aufrufen.

Gitternetzlinien

Gitternetzlinien können nicht nur Tabellen, sondern auch Diagramme übersichtlicher machen, denn mit ihrer Hilfe lassen sich die Werte der Datenpunkte leichter ablesen. Dabei wird für jede Achse zwischen dem *Hauptgitternetz* und dem feiner unterteilten *Hilfsgitternetz* unterschieden.

Um für ein Diagramm festzulegen, ob und wie viele senkrechte und/oder waagerechte Gitternetzlinien angezeigt werden, gehen Sie folgendermaßen vor:

1. Markieren Sie das betreffende Diagramm.
2. Klicken Sie in der Gruppe *Achsen* auf die Schaltfläche *Gitternetzlinien.* Ihr Menü enthält für jede Achse des Diagramms einen Befehl, mit dessen Untermenü Sie das gewünschte Gitternetz ein- oder ausschalten können.

Bild 22.24 Gitternetzlinien können für jede Achse separat konfiguriert werden

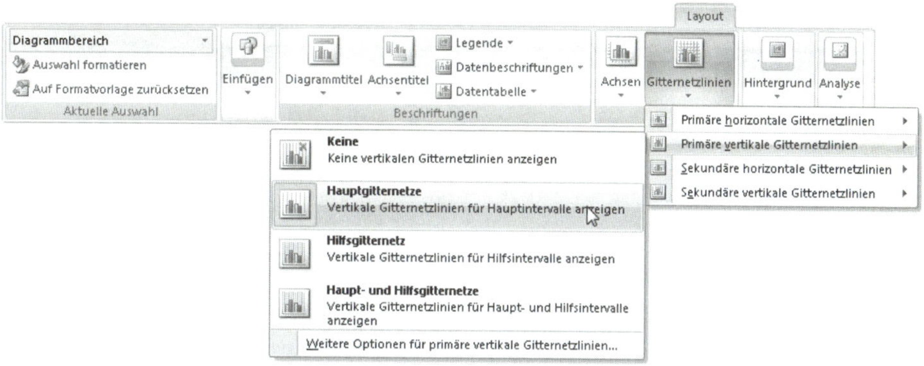

3. Falls Sie auch die Darstellung der Linien ändern möchten, wählen Sie in dem betreffenden Untermenü den Befehl *Weitere Optionen für ...*

Bild 22.25 Einstellen der Linienart für das Gitternetz

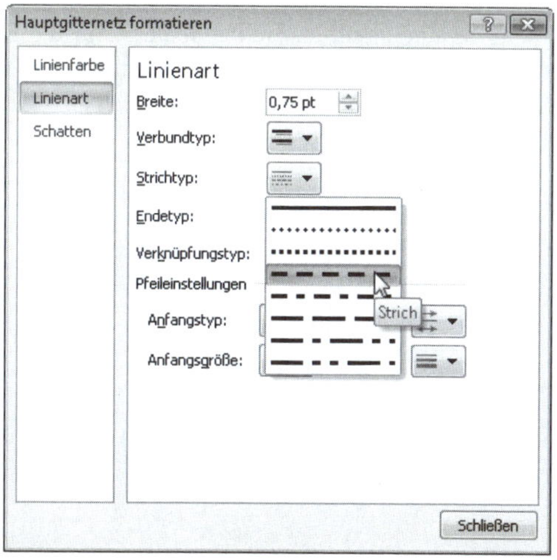

4. In diesem Dialog können Sie diverse Einstellungen für die Linien des Gitternetzes vornehmen. Die Änderungen werden wie gewohnt direkt umgesetzt.
5. Wenn Sie noch für andere Achsen das Gitternetz bearbeiten möchten, können Sie die betreffenden Linien auch direkt im Diagramm anklicken, ohne zuvor das Dialogfeld zu schließen. Im Dialog werden dann die Optionen des ausgewählten Gitternetzes angezeigt.
6. Schließen Sie den Dialog, wenn Sie mit dem Ergebnis zufrieden sind.

Bild 22.26 Das Diagramm wurde um ein Gitternetz für die vertikale Primärachse ergänzt. Um dieses Gitternetz nicht zu sehr in den Vordergrund treten zu lassen, sind seine Linien gestrichelt

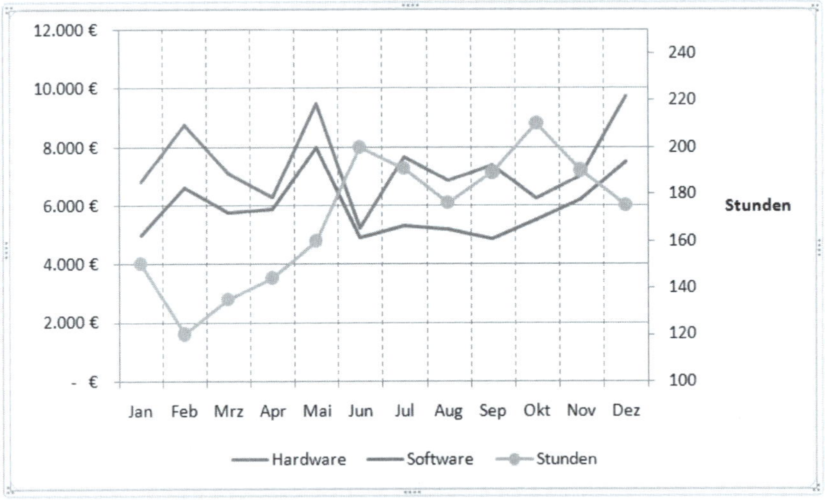

Die Registerkarte *Format*

Wenn Ihnen die Gestaltungsmöglichkeiten, die Ihnen die Funktionen der beiden Registerkarten *Entwurf* und *Layout* bieten, noch nicht genügen, sollten Sie einen Blick auf die Registerkarte *Format* werfen. Hier finden Sie eine nahezu unüberschaubare Fülle von Funktionen, mit denen Sie die Form und Farbgebung aller Diagrammelemente manipulieren können: Farbverläufe, 3D-Effekte, Schatten, Beleuchtung, Kantengestaltung etc. etc.

Bild 22.27 Die Registerkarte Format

Diese Vielfalt birgt natürlich auch die Gefahr, sich zu verzetteln. Ob sich die Zeit, die Sie benötigen, um Ihr Diagramm mit optischen Finessen auszustatten, am Ende des Tages wirklich lohnt, müssen Sie letztendlich selbst entscheiden.

Am Beispiel eines Diagramms, das mit einem ansprechenden Rahmen versehen werden soll, wollen wir die Vorgehensweise beim Formatieren eines Diagrammelements kurz skizzieren:

1. Öffnen Sie in Word die Übungsdatei *Diagramme formatieren.*
2. Markieren Sie das Diagramm und wechseln Sie auf die Registerkarte *Diagrammtools/Format.*
3. Wählen Sie den Diagrammbereich aus, indem Sie ihn direkt im Diagramm anklicken (das ist der Hintergrund des Diagramms) oder auf der Registerkarte im Listenfeld der Gruppe *Aktuelle Auswahl* einstellen.
4. Öffnen Sie den Auswahlkatalog der Gruppe *Formenarten* und wählen Sie eine Variante aus der ersten Reihe, die mit dem Diagramm harmoniert.

Bild 22.28 Die Formen der ersten Zeile besitzen keine Füllung

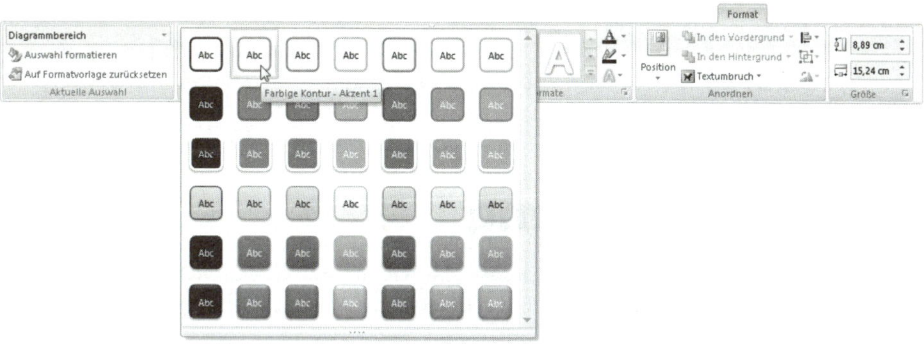

5. Klicken Sie anschließend noch auf die Schaltfläche *Formeffekte* und ändern Sie die Art der Abschrägung für den Rahmen.

Bild 22.29 Ändern der Abschrägung

6. Wenn Sie den Rahmen noch etwas dicker machen wollen, klicken Sie auf *Formkontur* und wählen dort die gewünschte Strichstärke aus.

Der fertige Diagrammrahmen könnte anschließend zum Beispiel so aussehen:

Bild 22.30 Der fertige Rahmen des Diagramms

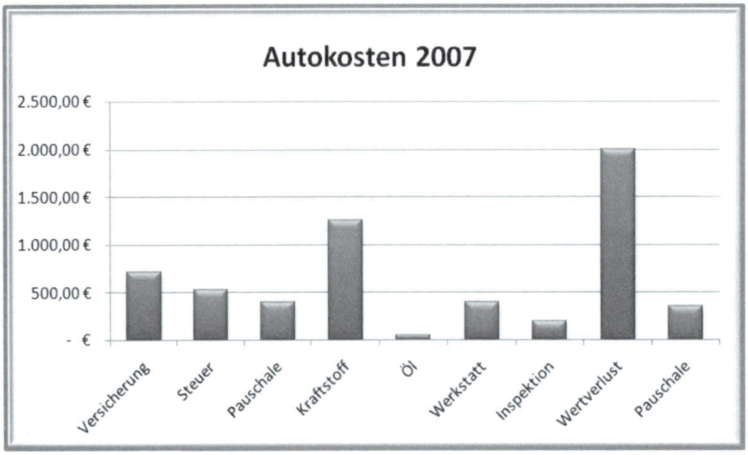

Zusammenfassung

In diesem Kapitel haben Sie gesehen, wie Sie mit einem Diagramm viele oder unübersichtliche Zahlenwerte überschaubar und verständlich darstellen können.

- Zuerst haben Sie gelernt, wie Sie fertige Diagramme aus einer Excel-Arbeitsmappe in ein Word-Dokument einfügen bzw. mit ihm verknüpfen können (Seite 460).
- Anschließend haben Sie erfahren, wie Sie ohne viel Aufwand schnell und einfach ein neues Diagramm direkt in Word erstellen können (Seite 465).
- Mit Hilfe der Schnelllayouts können Sie die Anordnung von Titel, Datenbeschriftung und Legende eines Diagramms mit wenigen Mausklicks ändern (Seite 468).
- Die farbliche Gestaltung Ihrer Diagramme ändern Sie am schnellsten durch Auswahl einer Diagrammformatvorlage (Seite 469).
- Nahezu jedes Element eines Diagramms lässt sich separat positionieren und formatieren. So können Sie zum Beispiel ein Segment aus einem Kreisdiagramm herausziehen, um es optisch zu betonen. Die dazu notwendige Auswahl des gewünschten Elements kann entweder direkt im Diagramm oder über die Registerkarte *Layout* erfolgen (Seite 469).
- Diagramme können folgende Beschriftungen enthalten: Diagrammtitel, Legende, Achsentitel und Datenbeschriftungen. Auch diese Elemente lassen sich getrennt formatieren (Seite 470).
- Diagramme lassen sich mit zusätzlichen Achsen – den Sekundärachsen – ausstatten, um unterschiedliche Maßstäbe für verschiedene Datenreihen zu realisieren (Seite 476). Die Skalierung der Achsen lässt sich individuell vorgeben (Seite 477).
- Gitternetzlinien helfen beim Ablesen der Datenwerte und können für jede Achse separat konfiguriert werden (Seite 479).
- Auf der Registerkarte *Format* befindet sich eine Fülle von Funktionen, mit denen sich Diagramme individuell formatieren lassen. Natürlich ist dazu ein höherer Zeitaufwand erforderlich als bei Verwendung der Schnelllayouts und Diagrammformatvorlagen (Seite 480).

Kapitel 23

WordArt

In diesem Kapitel:

In diesem Kapitel beschäftigen wir uns mit WordArts, einer kleinen aber feinen Funktion, mit der Sie einen Text in nahezu unendlich vielen Variationen verfremden können. So lässt sich ein Schriftzug zum Beispiel kreis- oder wellenförmig anordnen, mit einem Schatten hinterlegen, mit einer Schraffur versehen, einem Bild füllen usw. usw. Dabei lassen sich sämtliche Effekte miteinander kombinieren, so dass Ihrer Phantasie keine Grenzen gesetzt sind.

WordArts verhalten sich in einem Dokument ähnlich wie Grafiken, das heißt, sie lassen sich anklicken und als Ganzes auf der Seite verschieben. Zur ihrer Bearbeitung stellt Word eine eigene Registerkarte zur Verfügung, die jedoch erst auftaucht, wenn Sie eine bereits eingefügte WordArt markieren.

Bild 23.1 Die Registerkarte zur Bearbeitung von WordArts

Schon ein kurzer Blick auf diese Registerkarte macht deutlich, dass wir mit dem angepriesenen Funktionsumfang von WordArts nicht übertrieben haben.

WordArts einfügen

Das Einfügen einer neuen WordArt ist denkbar einfach und schnell erklärt:

1. Für Ihre ersten Versuche legen Sie am besten ein neues Dokument an, damit Sie genügend Platz für Ihre Experimente haben.
2. Wechseln Sie auf die Registerkarte *Einfügen* und klicken Sie in der Gruppe *Text* auf *WordArt*. Word zeigt Ihnen dann den WordArt-Katalog an, der Ihnen einen Vorgeschmack auf die Vielseitigkeit dieser Funktion gibt.

Bild 23.2 Der WordArt-Katalog bietet eine reichhaltige Auswahl fertiger WordArt-Effekte

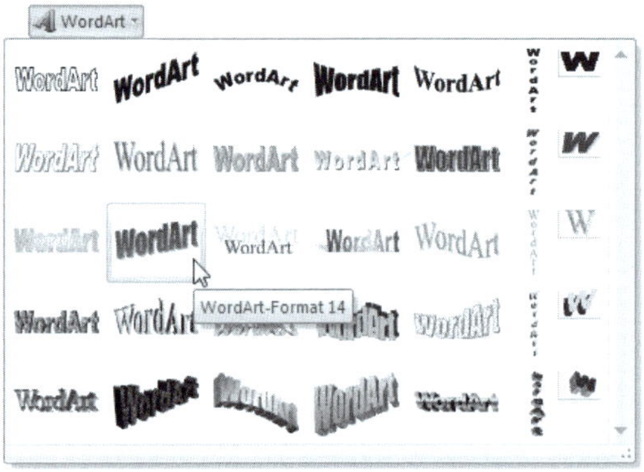

3. Klicken Sie in der Palette die Variante an, die Ihren Vorstellungen am nächsten kommt, damit Sie anschließend nur noch an den Details zu feilen brauchen.

Nun erscheint zunächst ein Fenster, in dem Sie den Text eingeben, den Sie mit der WordArt »aufpeppen« wollen. Dieser »Umweg« über ein Dialogfeld sieht auf den ersten Blick reichlich umständlich aus. Er ist jedoch eine praktikable Lösung, da Sie den Text grafisch so stark verfremden können, dass er sich kaum noch direkt editieren lässt.

Bild 23.3 In diesem Fenster können Sie den Text Ihrer WordArt editieren

4. Wählen Sie eine geeignete Schriftart und -größe aus. Die Wahl der Schriftart hat natürlich entscheidenden Einfluss auf die Optik der fertigen WordArt. Hier brauchen Sie etwas Erfahrung, um das Zusammenwirken der Schriftart mit den verschiedenen Verzerrungseffekten zu optimieren. Generell lässt sich sagen, dass sich »fette« Schriften besser eignen als »magere«.
5. Tippen Sie anschließend noch den gewünschten Text ein und klicken Sie auf *OK*. Im Dokument erscheint nun die Rohfassung der WordArt.

Bild 23.4 Word hat die Rohfassung der WordArt eingefügt und zeigt die WordArt-Registerkarte an

WordArt bearbeiten

Das Schwierigste beim Erstellen einer WordArt ist wohl die Abstimmung der unterschiedlichen Effekte, die auf eine WordArt angewendet werden können. Ihnen sind vermutlich auch schon Einladungen, Flyer oder Speisekarten begegnet, deren WordArts Ihnen förmlich ins Gesicht sprangen. Schrift, Form, Farbe und Schatten zu einem ausgewogenen Zusammenspiel zu bringen, erfordert neben einem guten Augenmaß auch eine gehörige Portion Geduld.

In den folgenden Abschnitten stellen wir Ihnen die verschiedenen Funktionen vor, die Ihnen zur Gestaltung einer WordArt zur Verfügung stehen. Dabei folgen wir nicht der durch die Registerkarte *WordArt Tools/Format* vorgegebenen Reihenfolge, sondern schlagen einen anderen Weg ein.

Form der WordArt ändern

Beim Einfügen der WordArt haben Sie im WordArt-Katalog sicherlich bemerkt, dass eine WordArt verschiedene Formen annehmen kann, z. B. wellige, keilartige oder gebogene Formen. Da die gewählte Verzerrung einen sehr entscheidenden Einfluss auf die Wirkung der WordArt hat, sollten Sie sie in einer frühen Phase festlegen.

Zur Auswahl einer neuen Grundform klicken Sie in der Gruppe *WordArt-Formate* auf die Schaltfläche *WordArt-Form ändern.* Word zeigt dann einen reichhaltigen Katalog an, in dem Sie die gewünschte Form auswählen können.

Bild 23.5 Die Grundform einer WordArt sollten Sie möglichst früh festlegen

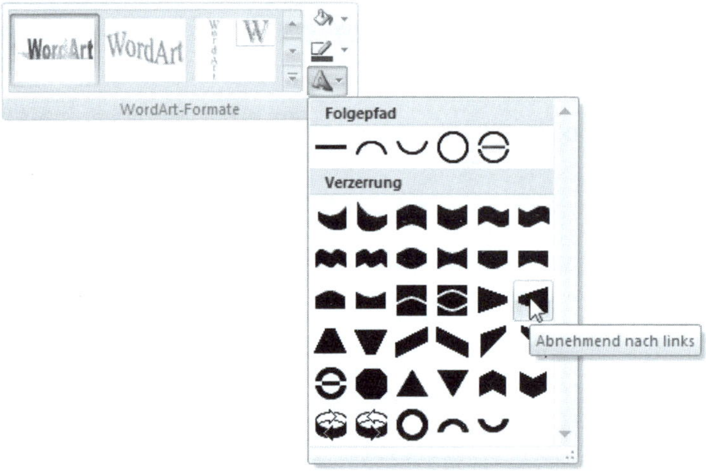

Dank der in Word 2007 üblichen Livevorschau können Sie die Wirkung der verschiedenen Formen leicht beurteilen, indem Sie einfach mit der Maus darauf zeigen. Word wendet die Form dann augenblicklich direkt im Dokument auf Ihre WordArt an.

Lassen Sie sich dabei nicht abschrecken, wenn das Ergebnis einer Form »zusammengequetscht« aussieht. Solche Verzerrungen lassen sich nachträglich leicht korrigieren, indem Sie die Höhe und Breite der WordArt mit Hilfe ihrer Anfasser verändern.

Bild 23.6 Auch durch Ändern der Höhe und Breite können Sie die Form entscheidend beeinflussen

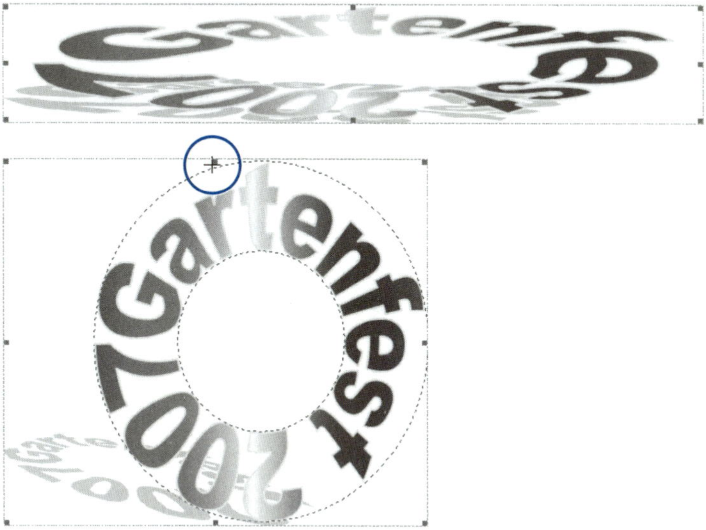

Drehen einer WordArt

Mit einem kleinen Trick können Sie eine WordArt auch um einen beliebigen Winkel drehen. Dazu müssen Sie lediglich den Textumbruch so einstellen, dass er nicht mehr auf der Option *Mit Text in Zeile* steht (in der Gruppe *Anordnen* der Registerkarte). In der Regel empfiehlt sich die Einstellung *Vor dem Text.* Anschließend lässt sich die WordArt an ihrem grünen Anfasser drehen.

Bild 23.7 Wenn der Textumbruch **nicht** auf *Mit Text in Zeile* steht, lässt sich die WordArt auch drehen

TIPP **Grafiken schrittweise drehen** Wenn Sie beim Drehen die Taste [⇧] gedrückt halten, dreht sich die WordArt in Schritten von 15°. Halten Sie [Strg] fest, dann dreht sie sich nicht um ihren Mittelpunkt, sondern um den gegenüberliegenden Eckpunkt.

Sobald die Einstellung für den Textumbruch nicht mehr auf *Mit Text in Zeile* steht, taucht neben dem grünen Anfasser auch noch eine kleine gelbe Raute auf, mit der Sie ebenfalls Einfluss auf die Form der WordArt nehmen können.

Bild 23.8 Mit Hilfe der gelben Rauten können Sie die Grundform der WordArt verändern

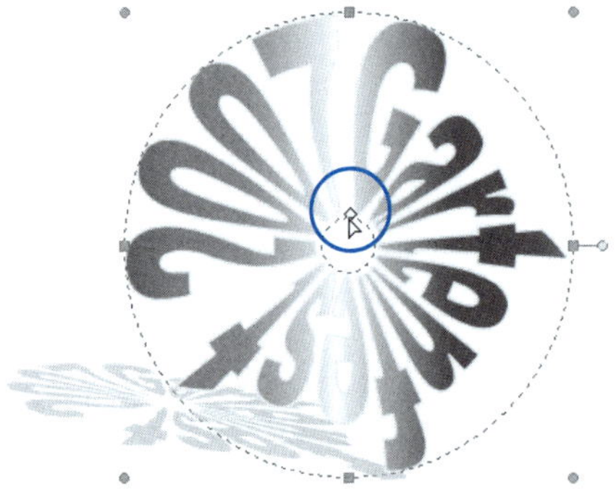

Texteinstellung der WordArt ändern

In der Gruppe *Text* der Registerkarte *WordArt-Tools/Format* finden Sie verschiedene Funktionen, mit denen Sie in der Hauptsache die Ausrichtung des Textes beeinflussen können.

Wie wir eingangs schon kurz erwähnt haben, können Sie den Text einer WordArt nicht direkt im Dokument ändern. Stattdessen müssen Sie die Korrekturen in dem Dialogfeld vornehmen, dem Sie bereits beim Einfügen der WordArt begegnet sind. Auch wenn Sie die Schriftart ändern wollen, führt kein Weg an diesem Dialogfeld vorbei. Sie erreichen es entweder über die hier abgebildete Schaltfläche oder über den Befehl *Text bearbeiten* aus dem Kontextmenü der WordArt.

Diese Schaltfläche zeigt ein Menü an, in dem Sie den Abstand der einzelnen Zeichen zueinander festlegen können. Zur Auswahl stehen die Optionen *Sehr eng, Eng, Normal, Weit* und *Sehr weit.* Den Befehl *Zeichenpaarkerning* sollten Sie in der Regel eingeschaltet lassen. Dadurch werden bestimmte Buchstabenkombinationen näher aneinandergerückt, um unschöne Leerräume zu vermeiden. Für die Kombination »Te« bedeutet das zum Beispiel, dass das »e« so nah an das »T« geschoben wird, dass es sogar unter dem Querbalken zu stehen kommt; also Te statt Te.

Bestimmte Formen kommen besser zur Geltung, wenn Sie alle Buchstaben der WordArt auf die gleiche Höhe bringen. Das heißt, Kleinbuchstaben werden genauso hoch wie Großbuchstaben.

Diese Schaltfläche ändert die Textrichtung von horizontal in vertikal (und umgekehrt). Sie können den Text also nicht nur von links nach rechts, sondern auch von oben nach unten laufen lassen. Eine vertikale Textrichtung bedeutet übrigens nicht automatisch, dass der Text von oben nach unten verlaufen muss. Sie können den Effekt z. B. auch bei kreisförmigen WordArts anwenden, wie im rechten Beispiel der nächsten Abbildung.

Sie können den Text einer WordArt auf mehrere Arten ausrichten: Neben den bekannten Ausrichtungen »Linksbündig«, »Zentriert« und »Rechtsbündig« gibt es noch die Varianten »Wortausrichtung« (Wörter werden gleichmäßig in der Zeile verteilt), »Zeichen ausrichten« (bei Bedarf werden auch die einzelnen Buchstaben der Wörter weiter auseinander gestellt) und »Streckung ausrichten« (die Buchstaben werden bei Bedarf in die Breite gezerrt).

Bild 23.9 Auch kreisförmige WordArts können eine vertikale Textrichtung verwenden (rechte WordArt)

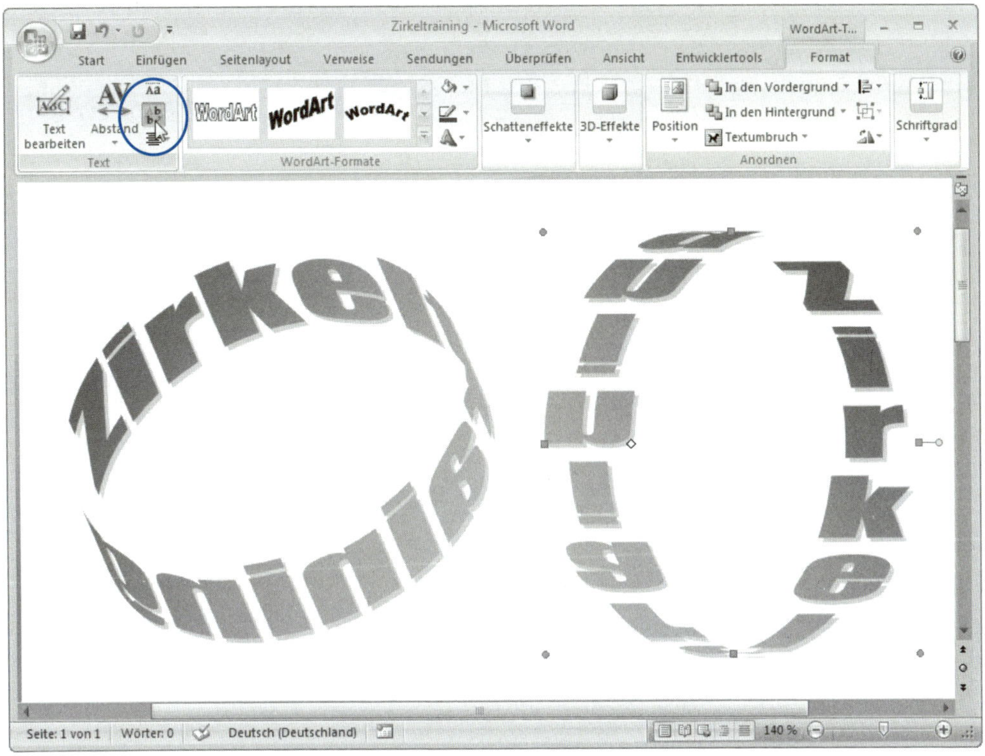

Farben, Schatten und 3D-Effekte

Auf der Registerkarte *WordArt-Tools/Format* befinden sich auch die gängigen Schaltflächen zum Bearbeiten von Grafiken, SmartArts und Formen. Da wir diese Funktionen bereits im letzten Kapitel vorgestellt haben, werden wir an dieser Stelle nicht näher darauf eingehen. Lassen Sie einfach Ihrer Kreativität freien Lauf und probieren Sie die schier unerschöpflichen Möglichkeiten aus.

Zusammenfassung

In diesem Kapitel haben Sie gelernt, was eine WordArt ist und wie Sie sie in Ihre Dokumente einfügen können:

- Zum Einfügen verwenden Sie den WordArt-Katalog der Registerkarte *Einfügen* (Seite 484).
- Nach dem Einfügen der WordArt sollten Sie als Nächstes ihre Form festlegen (Seite 486).
- Anschließend können Sie sich auf die Textgestaltung der WordArt konzentrieren (Seite 488).
- Die Einstellung von Farben, Schatten und 3D-Effekten funktioniert genauso wie bei Grafiken, SmartArts und Formen (Seite 489).

Kapitel 24

Arbeiten mit Formeln

In diesem Kapitel:

Bislang galt die Eingabe und Darstellung von Formeln nicht gerade als Paradedisziplin von Word. Nachdem Microsoft in der Version 1.x von Word für Windows noch versucht hatte, eine eigene Lösung anzubieten, enthielt Word seit der Version 2.0 einen eigenständigen Formel-Editor, der gewissermaßen der kleine Bruder des *MathType-Formel-Editors* von Design Science Inc. ist. Er wurde dazu speziell an Word und andere Windows-Anwendungen angepasst.

Mit diesem Tool ließen sich durchaus auch sehr komplexe Formeln erzeugen, aber seine Handhabung war doch recht sperrig. Dieses Manko führte in der Vergangenheit dazu, dass Anwender zum Erstellen technischer und wissenschaftlicher Dokumente in der Regel auf bewährte Programme wie LaTex zurückgriffen.

Mit der Version 2007 von Word wird der Formel-Editor nun der Geschichte anheim gegeben. Soll heißen: Microsoft hat einen klaren Schnitt gemacht und sich vom Formel-Editor getrennt. Stattdessen unterstützt Word in der aktuellen Version die MathML-Technologie. Formeln, die mit dem Formel-Editor erstellt wurden, können zwar noch in Word 2007 bearbeitet werden (dazu gleich mehr), sie lassen sich jedoch nicht in das neue Formelformat konvertieren.

Mit den neuen Funktionen zur Formelbearbeitung hat Microsoft nun einen Schritt in die richtige Richtung unternommen. Die verschiedenen Strukturelemente einer Formel wie Integrale, Brüche, Wurzeln, Klammern usw. werden in vielseitigen Variationen angeboten und erlauben eine weitestgehend intuitive Eingabe von Formeln. Aber um es gleich vorwegzunehmen: Sobald Sie versuchen, einzelne Details einer Formel zu ändern – etwa um die Grenzwerte eines Integrals anders zu positionieren – wird es problematisch. Denn die mehr als dürftige Dokumentation – wobei der Begriff »Dokumentation« in diesem Zusammenhang schon etwas gewagt anmutet - trübt das Vergnügen doch erheblich.

Was ist eigentlich MathML?

MathML ist ein auf XML basierendes Dokumentenformat, mit dem sich mathematische Ausdrücke darstellen lassen. Der MathML-Standard wurde 2001 vom World Wide Web Consortium spezifiziert und liegt mittlerweile in der Verion 2.0 vor (siehe *www.w3.org/Math*).

MathML beschreibt dabei nicht nur die Gestaltung einer Formel, sondern auch deren Struktur. Dazu unterscheidet MathML zum Beispiel zwischen Variablen (Identifier), Operatoren (Operator) und Zahlen (Number). Durch dieses Konzept lassen sich Formeln problemlos programmgesteuert in MathML erstellen bzw. weiterverarbeiten.

Auch moderne Browser, wie zum Beispiel Mozilla Firefox, sind in der Lage, MathML zu interpretieren. Um einen ersten Eindruck vom Aufbau des MathML-Codes zu bekommen, können Sie mit folgenden Schritten einen Blick hinter die Kulissen werfen:

1. Starten Sie Ihren Browser (vorzugsweise Mozilla Firefox; mit dem Internet Explorer 7.0 funktioniert es leider nicht).

2. Surfen Sie auf die Seite *http://www.linkwerk.com/pub/math/test.math*. Unter dieser Adresse befindet sich eine MathML-Testseite mit einer einfachen Formel ($W_{nk}=e^{i\pi nk/N}$), anhand deren Darstellung Sie prüfen können, ob der von Ihnen verwendeter Browser MathML interpretieren kann.

   Durch Anzeigen des zugrunde liegenden MathML-Quellcodes können Sie gut erkennen, wie MathML die Struktur der Formel beschreibt und mit welchen Tags die einzelnen Elemente bezeichnet werden.

Bild 24.1 Mit dieser Testseite können Sie prüfen, ob Ihr Browser MathML korrekt interpretieren kann. Außerdem erlaubt sie einen schnellen Blick hinter die Kulissen von MathML.

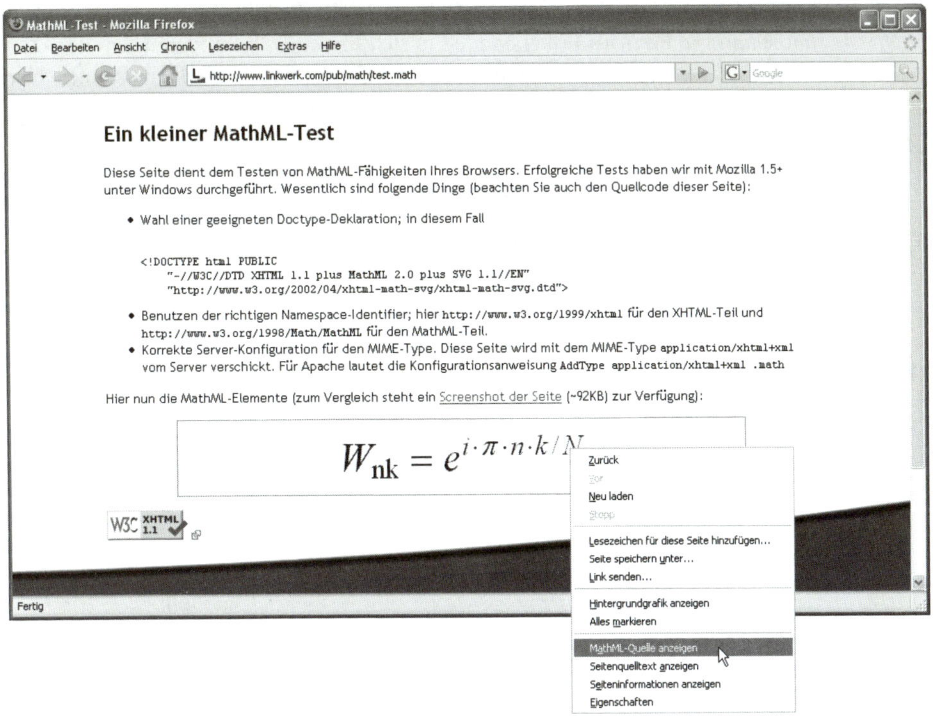
MathML-Test - Mozilla Firefox
Datei Bearbeiten Ansicht Chronik Lesezeichen Extras Hilfe
http://www.linkwerk.com/pub/math/test.math
Ein kleiner MathML-Test
Diese Seite dient dem Testen von MathML-Fähigkeiten Ihres Browsers. Erfolgreiche Tests haben wir mit Mozilla 1.5+ unter Windows durchgeführt. Wesentlich sind folgende Dinge (beachten Sie auch den Quellcode dieser Seite):
Wahl einer geeigneten Doctype-Deklaration; in diesem Fall
<!DOCTYPE html PUBLIC "-//W3C//DTD XHTML 1.1 plus MathML 2.0 plus SVG 1.1//EN" "http://www.w3.org/2002/04/xhtml-math-svg/xhtml-math-svg.dtd">
Benutzen der richtigen Namespace-Identifier; hier http://www.w3.org/1999/xhtml für den XHTML-Teil und http://www.w3.org/1998/Math/MathML für den MathML-Teil.
Korrekte Server-Konfiguration für den MIME-Type. Diese Seite wird mit dem MIME-Type application/xhtml+xml vom Server verschickt. Für Apache lautet die Konfigurationsanweisung AddType application/xhtml+xml .math
Hier nun die MathML-Elemente (zum Vergleich steht ein Screenshot der Seite (~92KB) zur Verfügung):
Zurück
Vor
Neu laden
Stopp
Lesezeichen für diese Seite hinzufügen…
Seite speichern unter…
Link senden…
Hintergrundgrafik anzeigen
Alles markieren
MathML-Quelle anzeigen
Seitenquelltext anzeigen
Seiteninformationen anzeigen
Eigenschaften
Fertig

3. Klicken Sie die Formel mit der rechten Maustaste an und wählen Sie im Kontextmenü *MathML-Quelle anzeigen* (bzw. einen vergleichbaren Befehl zum Anzeigen des Quelltextes).

Bild 24.2 Im Quelltext lässt sich gut erkennen, wie MathML die Struktur der Formel abbildet

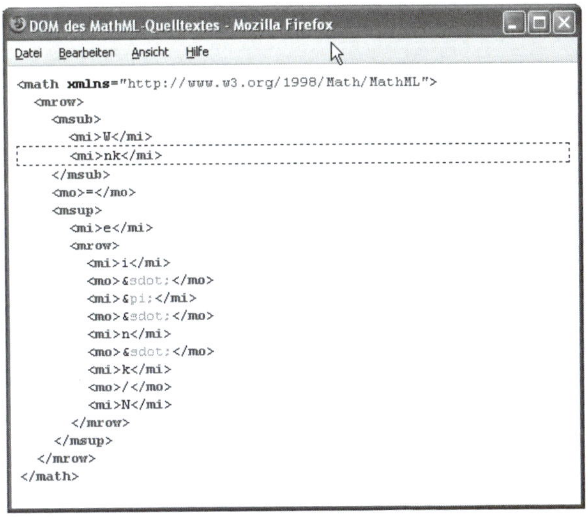
DOM des MathML-Quelltextes - Mozilla Firefox
Datei Bearbeiten Ansicht Hilfe
<math xmlns="http://www.w3.org/1998/Math/MathML">
<mrow>
<msub>
<mi>W</mi>
<mi>nk</mi>
</msub>
<mo>=</mo>
<msup>
<mi>e</mi>
<mrow>
<mi>i</mi>
<mo>⋅</mo>
<mi>π</mi>
<mo>⋅</mo>
<mi>n</mi>
<mo>⋅</mo>
<mi>k</mi>
<mo>/</mo>
<mi>N</mi>
</mrow>
</msup>
</mrow>
</math>

Formeln in Word 2007 eingeben

In Word 2007 werden Formeln nicht direkt in das Dokument eingefügt, sondern in so genannte *mathematische Bereiche*. Dabei handelt es sich um einen besonderen Typ der (XML-basierten) Inhaltssteuerelemente, die Sie bereits in Kapitel 17, »Vorlagen erstellen«, kennengelernt haben.

Im einfachsten Fall können Sie eine Formel fix und fertig aus einem Auswahlkatalog übernehmen:

1. Setzen Sie den Cursor an die gewünschte Eingabeposition.
2. Wechseln Sie auf die Registerkarte *Einfügen* und klappen Sie das Auswahlmenü der Schaltfläche *Formel* auf. Die Schaltfläche befindet sich ganz rechts auf der Registerkarte in der Gruppe *Symbole*.
3. Klicken Sie die gewünschte Formel an, um sie in das Dokument einzufügen.

Bild 24.3 Im Lieferumfang von Word befinden sich bereits einige Formeln, die Sie schlüsselfertig in Ihr Dokument einfügen können

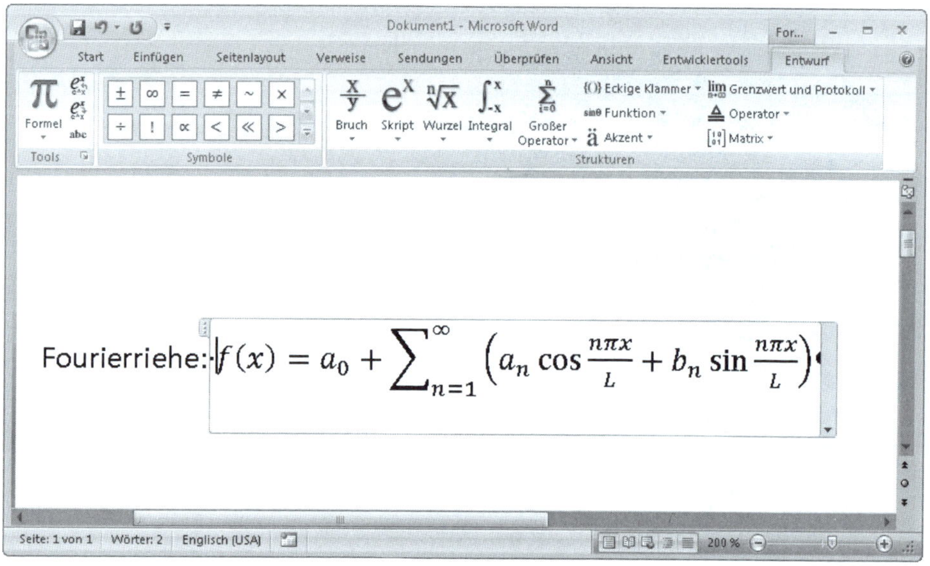

Wenn Sie die Formel im Dokument anklicken, wird sie von einem blauen Rahmen eingefasst. Dabei handelt es sich um den oben erwähnten mathematischen Bereich, der als Container für die Formel fungiert. Der kleine Reiter an seiner linken oberen Ecke ist der Anfasser, an dem Sie den Rahmen mit der Maus fassen und an eine andere Textstelle verschieben können. Über den blauen Streifen am rechten Rand des Rahmens haben Sie Zugriff auf ein kleines Menü, mit dessen Befehlen sich die Darstellung und die Ausrichtung der Formel ändern lassen:

- **Als neue Formeln speichern** Mit diesem Befehl können Sie eine neue oder eine geänderte Formel in den Formelkatalog aufnehmen.
- **Professionell** Zeigt die Formel in ihrer »normalen« Darstellung, wie in der obigen Abbildung an.
- **Linear** Stellt alle Elemente der Formel in einer einzelnen Zeile dar.

- **In 'Inline' ändern / In 'Anzeige' ändern** Standardmäßig fügt Word eine Formel im Inline-Modus in den Text ein. Die Formel verhält sich dann wie ein normales Textzeichen. Wenn Sie den Befehl *In 'Anzeige' ändern* aufrufen, fügt Word an der Position der Formel zwei Zeilenschaltungen ein, um die Formel zwischen die Textzeilen zu stellen.
- **Ausrichtung** Der Befehl ist nur im Anzeige-Modus aktiv. Mit den Befehlen seines Untermenüs können Sie die horizontale Ausrichtung der Formel steuern. Wenn mehrere Formeln direkt untereinander stehen, lassen sie sich mit den Befehlen *Zentriert* und *Zentriert als Gruppe* entweder individuell oder als Gruppe zentrieren. Im letzten Fall sind die Formeln innerhalb der Gruppe linksbündig angeordnet und die gesamte Gruppe wird zentriert auf der Seite positioniert. Weitere Ausrichtungsdetails können Sie in den Formeloptionen (siehe Seite 500) einstellen.

Die Registerkarte zur Formelbearbeitung

Sobald Sie eine Formel markieren, blendet Word die Registerkarte *Formeltools/Entwurf* ein, auf der sich die notwendigen Werkzeuge zur Formeleingabe bzw. -bearbeitung befinden. Im Wesentlichen enthält die Registerkarte die beiden Gruppen *Symbole* und *Strukturen*, die die benötigten Formelbausteine bereithalten. Die Auswahl der Gruppe *Symbole* wirkt dabei auf den ersten Blick relativ bescheiden. Sie können jedoch in der Titelleiste des Ausklappmenüs zwischen mehreren Gruppen umschalten, wodurch das Angebot an Symbolen dann doch recht beeindruckend ausfällt.

Bild 24.4 Die Auswahl der Gruppe *Symbole* können Sie in der Titelleiste des Auswahlkatalogs erweitern.

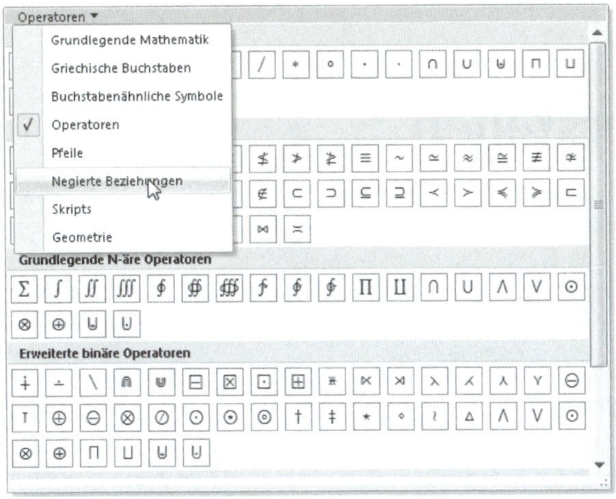

Der eigentliche Clou der Formeleingabe verbirgt sich hinter den Schaltflächen der Gruppe *Strukturen*. Wenn Sie beispielsweise ein Integral eingeben wollen, suchen Sie im Auswahlmenü der Schaltfläche *Integral* das passende Gerüst aus (zum Beispiel mit oder ohne Intervallgrenzen). Diese Struktur gibt dann für alle Elemente des Symbols die genauen Positionen vor, so dass Sie nur noch die jeweiligen Werte eintragen müssen. Das ist nicht nur ein sehr schnelles Verfahren, sondern es verhilft Ihren Formeln auch zu einem einheitlichen Aussehen.

Bild 24.5 Jede der verschiedenen Grundstrukturen liegt in mehreren Variationen vor

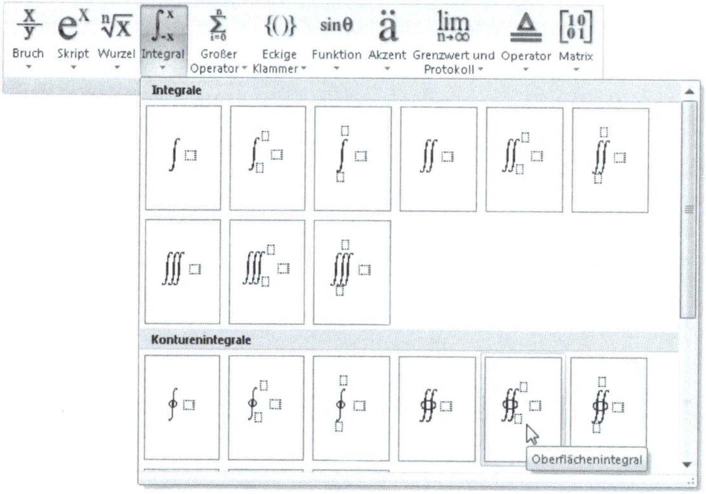

Formeln löschen

Um eine Formel wieder aus dem Dokument zu entfernen, klicken Sie am einfachsten die kleine Griffleiste am linken Rand des Rahmens an, um die gesamte Formel zu markieren, und drücken dann die Entf-Taste.

Eigene Formeln erstellen

Da die Auswahl an fertigen Formeln recht bescheiden ist, werden Sie relativ schnell an den Punkt kommen, eigene Formeln erstellen zu wollen. Beim Eingeben Ihrer Formeln müssen Sie eine wichtige Regel beachten: Zwischen den Elementen einer Formel werden keine Leerzeichen eingegeben. Der Formel-Editor nimmt selbständig die richtige Positionierung vor, die Sie in der Regel übernehmen können. Diese Automatik können Sie am folgenden Beispiel gut beobachten, in dem wir die wohl weltweit bekannteste Formel $E = mc^2$ erstellen:

1. Klicken Sie auf der Registerkarte *Einfügen* auf *Formel*. Word fügt einen neuen mathematischen Bereich in Ihr Dokument ein.
2. Tippen Sie nun zuerst die drei Zeichen **E=m** ein. Geben Sie dabei keine Leerzeichen ein und beobachten Sie, wie Word die Zwischenräume automatisch korrekt einstellt.
3. Zur Eingabe des Ausdrucks c^2 benötigen Sie ein Strukturelement. Klicken Sie dazu in der Gruppe *Strukturen* auf *Skript* und wählen Sie im Ausklappmenü das Element *Hochgestellt* aus. Word fügt dann zwei kleine Quadrate in die Formel ein, die als Platzhalter für die beiden Elemente des Ausdrucks fungieren.
4. Geben Sie in das erste Kästchen ein **c** und in das zweite eine **2** ein. Dazu klicken Sie einfach den betreffenden Platzhalter an und tippen dann das gewünschte Zeichen ein. Damit ist die Eingabe der Formel abgeschlossen.

Bild 24.6 Beim Einfügen einer Formel fügt Word die notwendigen Abstände automatisch ein

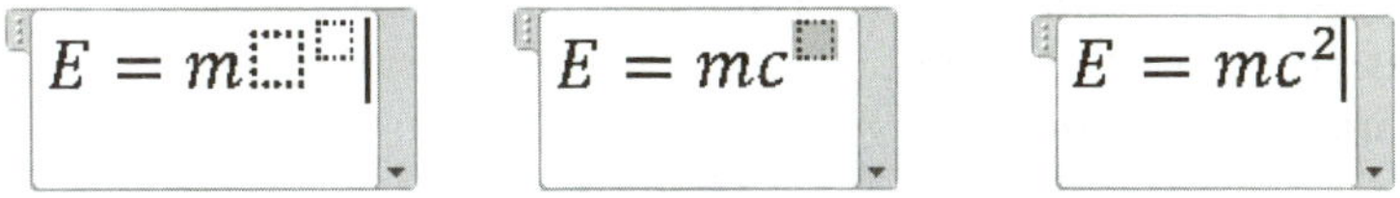

Auf die gleiche Art und Weise können Sie nahezu beliebig komplizierte Formeln erstellen. Wichtig ist dabei, dass Sie sich während der Eingabe der verschiedenen Strukturtypen an der hierarchischen Struktur der Formel orientieren und von außen nach innen vorgehen. Um zum Beispiel den Ausdruck $(a + b)^2$ einzugeben, müssen Sie folgende Reihenfolge einhalten:

1. Strukturtyp *Skript/Hochgestellt* einfügen.
2. In den ersten Platzhalter den Strukturtyp *Eckige Klammern* einfügen.
3. Innerhalb der Klammern den Ausdruck a + b eingeben.
4. Zum Schluss den Exponenten in den zweiten Platzhalter der Skript-Struktur eintragen.

Symbole per AutoKorrektur einfügen

Im nächsten Beispiel wollen wir Ihnen anhand der Formel zur Berechnung einer Kugeloberfläche ($A = 4\,\pi\,r^2$) zeigen, wie Sie am einfachsten Symbole in Ihre Formeln aufnehmen.

1. Klicken Sie auf der Registerkarte *Einfügen* auf *Formel*, um eine neue Formel zu erstellen.
2. Geben Sie zunächst den ersten Teil **A=4** der Formel ein (ohne Leerzeichen).
3. Um nun die Kreiskonstante π einzugeben, gehen Sie nicht den Weg über die Gruppe *Symbole* (was natürlich auch funktionieren würde), sondern geben stattdessen das Kürzel **\pi** ein. Anschließend drücken Sie die Leertaste, damit Word dieses Kürzel in das Zeichen π umwandelt.
4. Fügen Sie nun noch mit der im letzten Beispiel beschriebenen Struktur *Skript* den Faktor $\mathbf{r}^2$ in die Formel ein.

Bild 24.7 Symbole geben Sie am schnellsten über die Autokorrektur-Funktion ein

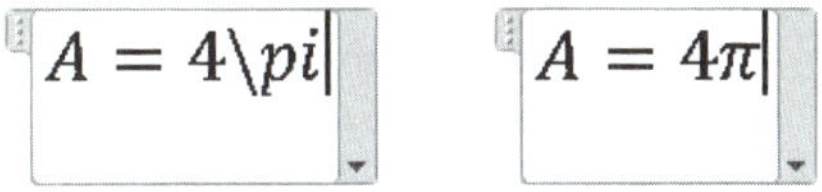

Einträge der AutoKorrektur anzeigen

Wenn wir bisher von der AutoKorrektur-Funktion gesprochen haben, war das nicht ganz richtig. Word 2007 unterscheidet nämlich zwischen zwei verschiedenen Formen der AutoKorrektur: der normalen AutoKorrektur und der *AutoKorrektur von Mathematik*, mit der wir es hier zu tun haben.

Wenn Sie das Dialogfeld dieser AutoKorrektur aufrufen, können Sie sich einen Überblick über die vorhandenen Einträge verschaffen. Sie erreichen das Dialogfeld (siehe Bild auf der nächsten Seite) auf zwei Wegen:

- Markieren Sie eine Formel und klicken Sie dann auf der Registerkarte *Formeltools/Entwurf* in der Gruppe *Tools* auf die kleine quadratische Schaltfläche, die sich in der rechten unteren Ecke der Gruppe befindet. In dem dadurch angezeigten Dialog *Formeloptionen* klicken Sie auf die Schaltfläche *AutoKorrektur von Mathematik.*
- Klicken Sie im Menü der *Office-Schaltfläche* auf *Word-Optionen* und wechseln Sie dort in die Kategorie *Dokumentprüfung.* Klicken Sie in der Gruppe *AutoKorrektur-Optionen* auf die gleichnamige Schaltfläche. Im nächsten Dialogfeld finden Sie dann die gesuchte Registerkarte *AutoKorrektur von Mathematik.*

Bild 24.8 Auf der Registerkarte *AutoKorrektur von Mathematik* können Sie die Liste der vorhandenen Kürzel ansehen bzw. bearbeiten

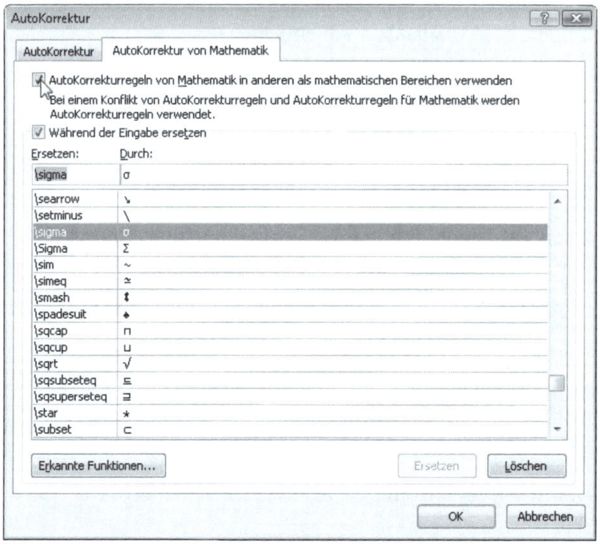

Um der Liste neue Einträge hinzuzufügen, gehen Sie genauso vor wie bei der traditionellen Autokorrektur: Sie fügen zunächst das gewünschte Symbol in Ihr Dokument ein, markieren es und rufen dann das Dialogfeld der AutoKorrektur auf. Dort tragen Sie in das Feld *Ersetzen* ein geeignetes Kürzel ein und übernehmen es mit einem Klick auf *Hinzufügen.*

HINWEIS **Groß-/Kleinschreibung** Beachten Sie, dass Word hier im Gegensatz zur normalen AutoKorrektur zwischen der Groß- und Kleinschreibung unterscheidet. So wird z.B. das Kürzel \sigma durch den entsprechenden griechischen Kleinbuchstaben ersetzt, während \Sigma einen Großbuchstaben erzeugt.

TIPP **AutoKorrektur von Mathematik im normalen Text nutzen** Wie Sie in der obigen Abbildung erkennen können, lässt sich die AutoKorrektur von Mathematik nicht nur in mathematischen Bereichen verwenden, sondern auch im normalen Text. Schalten Sie dazu einfach auf der Registerkarte *AutoKorrektur von Mathematik* das erste Kontrollkästchen ein.

Text in Formeln umwandeln

Sehr einfache Formeln, wie zum Beispiel der Bruch 4/7, lassen sich mit folgendem Trick erstellen:

1. Geben Sie die Formeln in den normalen Fließtext ein, also hier **4/7**.
2. Markieren Sie die Formel.
3. Klappen Sie in der Registerkarte *Einfügen* das Menü der Schaltfläche *Formel* auf und wählen Sie dort den Befehl *Neue Formel einfügen* aus. Word wandelt die Markierung dann in eine Formel um.
4. Klicken Sie auf den rechten Rand des mathematischen Bereichs und wählen Sie im Menü den Befehl *Professionell*, um den Bruch mit einem waagerechten Bruchstrich darzustellen.

Dieses Verfahren ist jedoch wirklich nur für einfache mathematische Ausdrücke praktikabel. Die von Word erwartete Schreibweise können Sie übrigens aus der linearen Darstellung von Formeln ableiten, die Sie über den Befehl *Linear* aus dem Menü des mathematischen Bereichs einschalten können.

Formeln nachbearbeiten

Sie können auch Einfluss auf die Darstellung einzelner Formelbestandteile nehmen, indem Sie die betreffenden Elemente mit der rechten Maustaste anklicken und die im Kontextmenü angebotenen Befehle nutzen. Auf diese Weise ist es zum Beispiel möglich, die Position von Grenzwerten oder die Darstellung von Brüchen zu modifizieren.

Aufgrund der dürftigen Dokumentation sind Sie hier allerdings auf Ihre Intuition und nicht zuletzt auf Ihre Geduld angewiesen, denn das Verhalten von Word lässt sich nicht immer auf den ersten Blick nachvollziehen.

Bild 24.9 Die einzelnen Komponenten einer Formel lassen sich über ihre Kontextmenüs nachbearbeiten

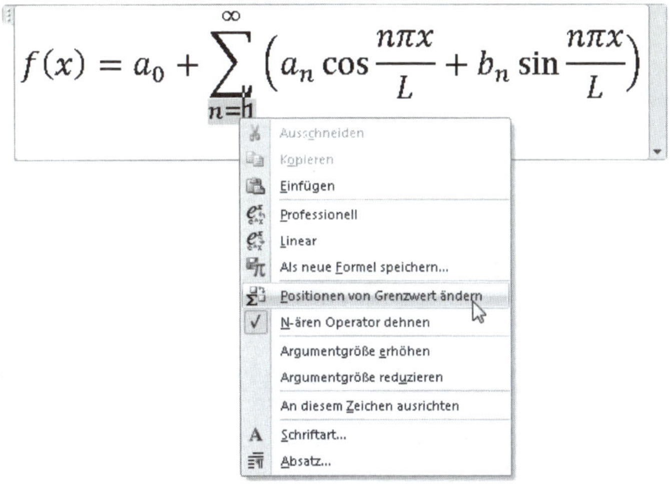

Formeln in den Formelkatalog aufnehmen

Eigene Formeln, die Sie häufiger benötigen, sollten Sie in den Formelkatalog aufnehmen. Nehmen Sie dazu folgende Schritte vor:

1. Klicken Sie auf die Leiste am rechten Rand des mathematischen Bereichs und rufen Sie den Befehl *Als neue Formel speichern* auf.
2. Word zeigt dann das Dialogfeld *Neuen Baustein erstellen* an, in dem Sie der Formel einen Namen geben und sie einer der angebotenen Kategorien zuweisen können (siehe Bild auf der folgenden Seite).
3. Um eine neue Kategorie anzulegen, wählen Sie im Listenfeld den Eintrag *Neue Kategorie erstellen*. Word zeigt dann ein weiteres Dialogfeld an, in dem Sie den gewünschten Namen für die Kategorie eintragen können.
4. Nachdem Sie das Dialogfeld *Neuen Baustein erstellen* mit *OK* geschlossen haben, finden Sie die neue Formel im Auswahlmenü der Schaltfläche *Formel*.

Bild 24.10 Neue Formel in den Formelkatalog aufnehmen.

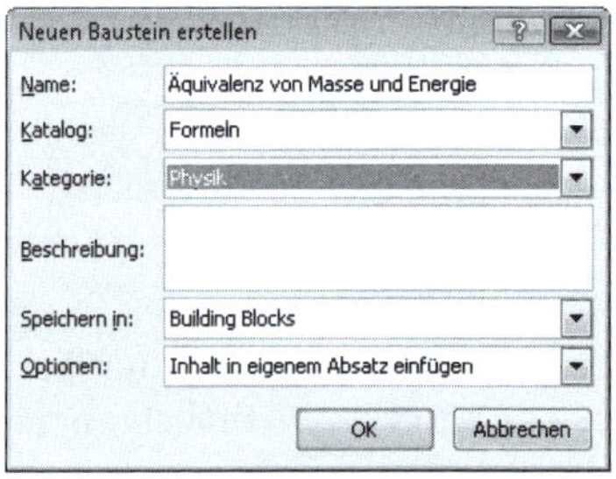

Verwendung von Funktionen

Bei der Eingabe von Funktionen, wie z.B. *sin* oder *cos* ist noch eine kleine Besonderheit zu beachten: Damit Word diese Funktionen erkennen kann, müssen Sie hinter dem Funktionsnamen ein Leerzeichen eingeben. Dass Word eine Funktion korrekt identifiziert hat, erkennen Sie daran, dass Word die Formatierung des Namens ändert (Funktionsnamen werden nicht kursiv dargestellt).

Um die Liste der von Word erkannten Funktionen zu erweitern, rufen Sie das Dialogfeld *Formeloptionen* auf (siehe nächster Abschnitt) und klicken dort auf *Erkannte Funktionen*. Es erscheint ein weiterer Dialog, in dem Sie die gewünschten Änderungen bzw. Ergänzungen vornehmen können.

Optionen für die Formeleingabe

Auch wenn Word die Positionierung und Formatierung der Formeln weitestgehend in Eigenregie vornimmt, können Sie doch auf einige Bereiche der Darstellung Einfluss nehmen. Die betreffenden Einstellungen erreichen Sie über das Dialogfeld *Formularoptionen*, das sich über die kleine quadratische Schaltfläche in der rechten unteren Ecke der Gruppe *Tools* aufrufen lässt.

Bild 24.11 Das Dialogfeld zum Einstellen der Formeloptionen

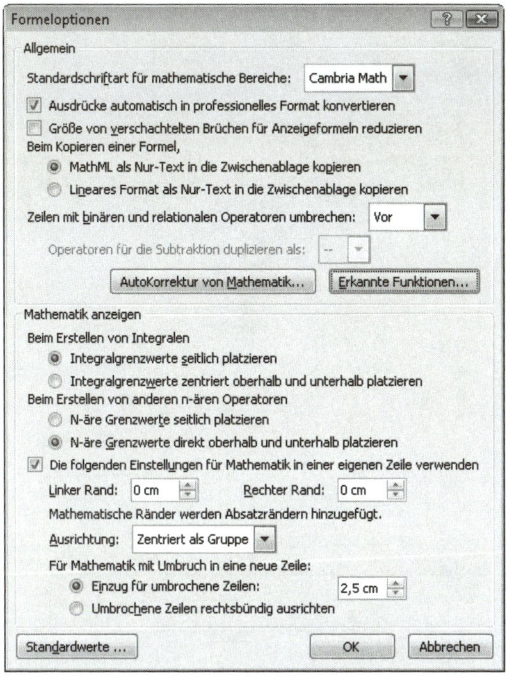

Die Bedeutung der verschiedenen Optionen wird anhand ihrer Bezeichnung schnell klar. Besonders interessant ist unserer Meinung nach die Gruppe im unteren Drittel des Dialogs, mit denen sich die Abstände einstellen lassen, die eine Formel zum sie umgebenden Text einhält. Diese Vorgaben sind natürlich nur dann relevant, wenn Sie den Darstellungsmodus *Anzeige* gewählt haben (weitere Hinweise zu den Anzeigemodi *Inline* und *Anzeige* finden Sie auf der Seite 495).

Kompatibilität mit dem Formel-Editor 3.0

Wie wir zu Beginn des Kapitels bereits kurz erwähnt haben, gehört der von früheren Word-Versionen genutzte Formel-Editor nun der Vergangenheit an. Aber natürlich können Sie alte Word-Dokumente, die Formeln enthalten, problemlos im Kompatibilitätsmodus öffnen und auch via *Office/Schaltfläche/Konvertieren* in das neue Dokumentformat von Word 2007 überführen. Die Formeln werden dabei allerdings nicht verändert, das heißt, es handelt sich bei ihnen auch nach erfolgter Konvertierung um Formel-Editor 3.0-Objekte, die sich nur mit dem Formel-Editor bearbeiten lassen.

Durch einen Doppelklick auf die Formel bzw. durch den Befehl *Formel-Objekt/Bearbeiten* aus dem Kontextmenü der Formel lässt sich die Formel innerhalb des Dokuments bearbeiten. Bei dieser, als *In-Place-Editing* bezeichneten Technik, übernimmt der Formel-Editor die Befehlsgewalt über das Word-Fenster, was Sie zum Beispiel an der traditionellen Menüleiste erkennen. Sie können die Formel anschließend gewissermaßen innerhalb des Dokuments bearbeiten.

Bild 24.12 Formel-Editor 3.0-Objekte lassen sich innerhalb des Word-Dokuments bearbeiten

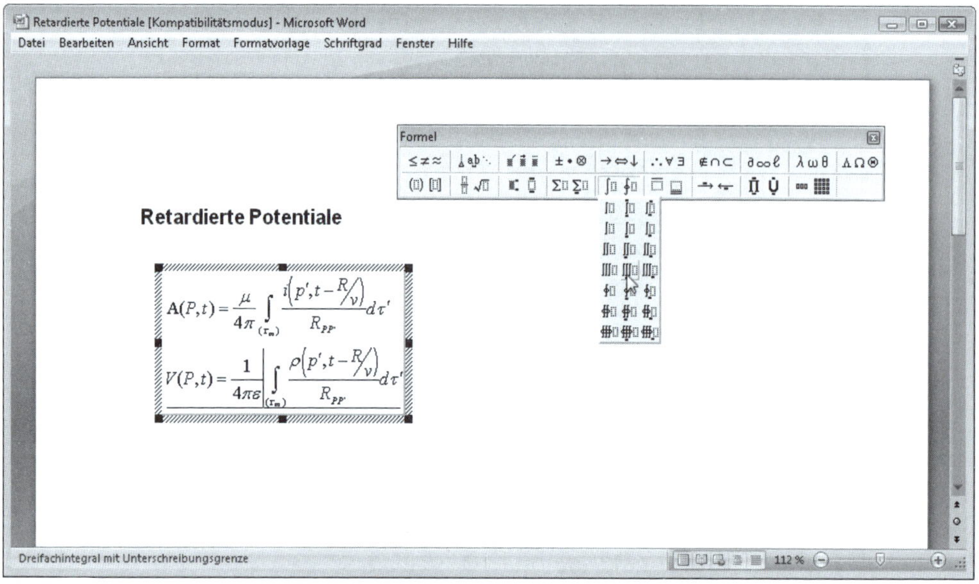

Um die Bearbeitung der Formel abzuschließen und wieder zur normalen Darstellung des Word-Fensters zurückzukehren, klicken Sie einfach außerhalb der Formel in das Dokument.

Alternativ können Sie die Formel auch im Formel-Editor selbst bearbeiten. Dazu klicken Sie die Formel mit der rechten Maustaste an und wählen im Kontextmenü den Befehl *Formel-Objekt/Öffnen*. Der Formel-Editor wird dann parallel zu Word in einem eigenständigen Programmfenster angezeigt, das nur die zu bearbeitende Formel enthält. Innerhalb des Word-Dokuments wird die Formel mit einer Schraffur versehen.

Damit die Änderungen an der Formel in das Word-Dokument übernommen werden, müssen Sie den Formel-Editor mit dem Befehl *Datei/Beenden und zurückkehren zu …* schließen.

Bild 24.13 Formel-Editor 3.0-Objekte lassen sich auch direkt im Formel-Editor bearbeiten

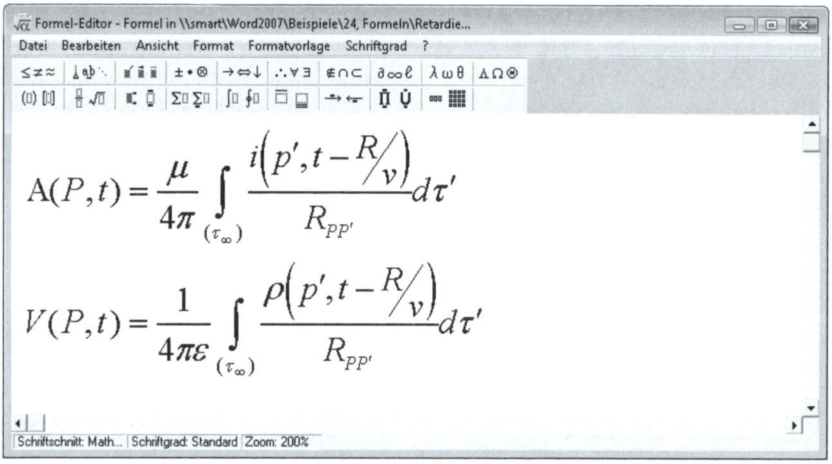

Hilfedatei des Formel-Editors anzeigen

Der Formel-Editor verfügt im Gegensatz zu Word 2007 über eine umfangreiche Online-Hilfe. Wenn Sie allerdings unter Windows Vista arbeiten, werden Sie beim Aufruf der Hilfe eine unangenehme Überraschung erleben.

Bild 24.14 Die Online-Hilfe des Formel-Editors lässt sich unter Windows Vista (zunächst) nicht aufrufen

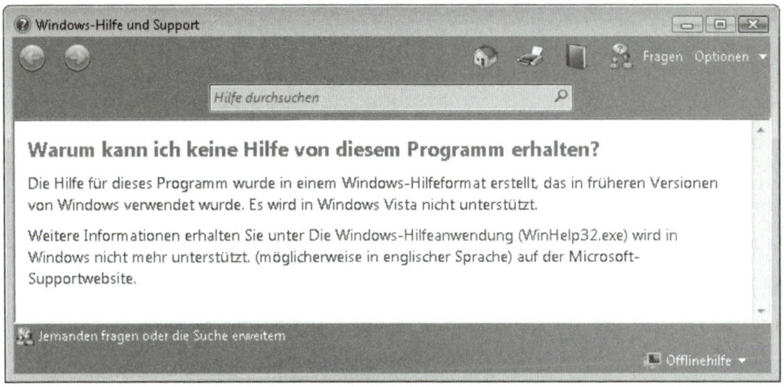
Windows-Hilfe und Support
Fragen
Optionen
Hilfe durchsuchen
Warum kann ich keine Hilfe von diesem Programm erhalten?
Die Hilfe für dieses Programm wurde in einem Windows-Hilfeformat erstellt, das in früheren Versionen von Windows verwendet wurde. Es wird in Windows Vista nicht unterstützt.
Weitere Informationen erhalten Sie unter Die Windows-Hilfeanwendung (WinHelp32.exe) wird in Windows nicht mehr unterstützt. (möglicherweise in englischer Sprache) auf der Microsoft-Supportwebsite.
Jemanden fragen oder die Suche erweitern
Offlinehilfe

Windows Vista verwendet für seine Online-Hilfe nämlich eine gänzlich andere Technologie und enthält standardmäßig keine Unterstützung für das nunmehr veraltete Windows-Hilfeprogramm *WinHlp32.exe.*

Über den auf der angezeigten Fehlerseite enthaltenen Link, können Sie zu einer Seite im Microsoft Download Center gelangen, auf der Sie das Programm *WinHlp.exe* herunterladen können. Nach seiner Installation, lässt sich die Hilfe des Formel-Editors wie gewohnt aufrufen. Sie müssen allerdings damit rechnen, dass gelegentlich Fehlermeldungen auftreten, die in der Regel durch in der Hilfedatei enthaltene Makros ausgelöst werden.

Bild 24.15 Nach der Installation von *WinHlp.exe* lässt sich die Hilfe des Formel-Editors anzeigen

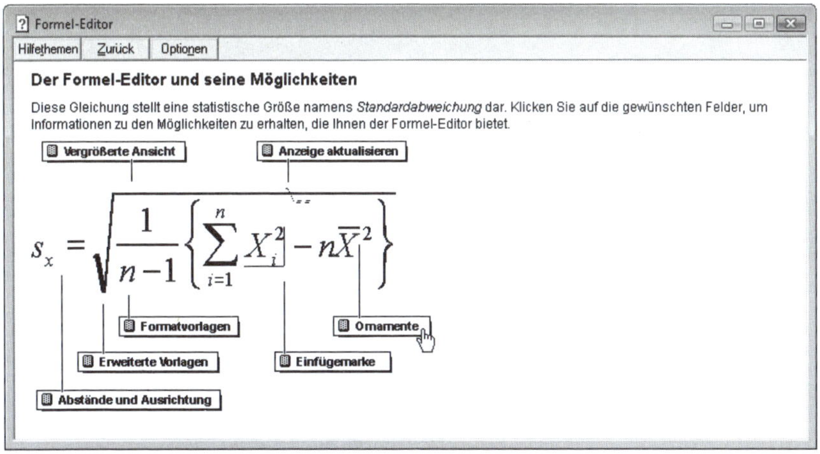
Formel-Editor
Hilfethemen
Zurück
Optionen
Der Formel-Editor und seine Möglichkeiten
Diese Gleichung stellt eine statistische Größe namens Standardabweichung dar. Klicken Sie auf die gewünschten Felder, um Informationen zu den Möglichkeiten zu erhalten, die Ihnen der Formel-Editor bietet.
Vergrößerte Ansicht
Anzeige aktualisieren
Formatvorlagen
Ornamente
Erweiterte Vorlagen
Einfügemarke
Abstände und Ausrichtung

Schade, dass Word 2007 hier nicht mithalten kann!

Zusammenfassung

In diesem Kapitel haben Sie gelernt, wie Sie Ihre Dokumente mit Formeln ausstatten können.

- Word 2007 stellt Formeln intern in der XML-basierten MathML-Technologie dar (Seite 492).
- Formeln werden in speziellen Inhaltssteuerelementen verwaltet, die *mathematische Bereiche* genannt werden. Zur Eingabe einer Formel klicken Sie in der Registerkarte *Einfügen* auf *Formel.* Ein mathematischer Bereich kann sich dabei entweder wie ein normales Zeichen verhalten (Inline-Modus) oder er steht in einer eigenen Zeile (Anzeige-Modus). Im Anzeige-Modus kann der Bereich innerhalb der Zeile ausgerichtet werden (Seite 494).
- Die Grundbausteine einer Formel sind Symbole und Strukturen (Seite 495).
- Beim Erstellen einer Formel wird deren Struktur am besten von außen nach innen abgearbeitet. Die Position der verschiedenen Elemente (Grenzwerte, Indizies usw.) wird durch Platzhalter vorgegeben (Seite 496).
- Symbole lassen sich komfortabel mit der AutoKorrektur von Mathematik eingeben. Die Liste der unterstützten Symbole können Sie jederzeit erweitern (Seite 497).
- Die Nachbearbeitung der Formeln geschieht über die Kontextmenüs der einzelnen Komponenten. Auf diese Weise lässt sich z.B. die Position von Grenzwerten ändern (Seite 499).
- Word enthält einen Formelkatalog, in den Sie weitere Formeln einfügen können. Die Formeln lassen sich dabei übersichtlich in Kategorien organisieren (Seite 500).
- Mit den Formeloptionen können Sie einzelne Details der Formeldarstellung beeinflussen. So ist es zum Beispiel möglich, den Abstand vorzugeben, den eine Formel zum sie umgebenden Text einhält (Seite 500).
- Formeln, die in einer älteren Version von Word mit dem Formel-Editor erstellt wurden, lassen sich nicht in das MathML-Format konvertieren und können in Word 2007 nur mit dem Formel-Editor bearbeitet werden. Um die Hilfe-Funktion des Formel-Editors auch unter Windows Vista nutzen zu können, ist die Installation des Programms *WinHlp.exe* erforderlich, das kostenlos im Microsoft Download Center heruntergeladen werden kann.

Kapitel 25

Textfelder

In diesem Kapitel:

In diesem Kapitel beschäftigen wir uns mit Textfeldern. Gemeint sind hier jedoch nicht die Textfelder, wie Sie sie zum Beispiel aus Dialogfeldern kennen, sondern eine spezielle Word-Funktion, mit der Sie Text frei auf einer Seite positionieren können. Wie Sie im Verlauf dieses Kapitels feststellen werden, lassen sich mit Hilfe von Textfeldern sehr anspruchsvolle Seitenlayouts realisieren.

Vereinfacht gesagt, handelt es sich bei Textfeldern um Formen, die mit Text gefüllt werden können. Formen kennen Sie bereits aus Kapitel 20, in dem Sie gelernt haben, wie Formen in ein Dokument eingefügt und auf der Seite positioniert werden. Dieses Wissen können Sie 1:1 auf Textfelder übertragen.

Textfelder besitzen folgende wichtige Fähigkeiten bzw. Eigenschaften:

- sie können eine nahezu beliebige Gestalt annehmen (da sie Formen sind)
- sie können frei auf der Seite verschoben werden
- sie können vor bzw. hinter dem Haupttext des Dokuments stehen
- der Text kann von oben nach unten bzw. umgekehrt verlaufen
- sie können miteinander verkettet werden.

Textfelder einfügen

In diesem Abschnitt wollen wir Ihnen zunächst zeigen, wie Sie ein einfaches rechteckiges Textfeld erstellen. Anschließend werden wir auf die enge Verwandtschaft zu Formen eingehen und zeigen Ihnen dazu, wie Sie eine Form in ein Textfeld umwandeln. Zum Schluss werden wir Ihnen die fertigen Textfelder vorstellen, die Word in seinem Baustein-Katalog für Sie bereit hält.

Eigene Textfelder erstellen

Im folgenden Beispiel werden wir ein Textfeld erstellen, das Sie zum Beispiel in einer Briefvorlage für Fensterumschläge als Anschriftenfeld verwenden könnten. Indem Sie das Textfeld auf der Seite einmal richtig positionieren und es dann anschließend verankern, können Sie gewährleisten, dass die Anschrift des Empfängers unabhängig von dem eigentlichen Brieftext immer korrekt auf der Seite steht.

1. Erstellen Sie ein neues leeres Dokument.
2. Wenn Sie möchten, können Sie einen Blindtext erzeugen, indem Sie =**rand()** eintippen und dann ↵ drücken.
3. Wechseln Sie auf die Registerkarte *Einfügen* und klappen Sie das Menü der Schaltfläche *Textfeld* auf (in der Gruppe *Text).*
4. Wählen Sie unten im Menü den Befehl *Textfeld erstellen.* Das Menü verschwindet wieder und der Mauszeiger verändert sich zu einem Fadenkreuz.
5. Ziehen Sie mit der Maus einen Rahmen in der gewünschten Größe auf. Sobald Sie die Maustaste wieder loslassen, erscheint das Textfeld auf dem Bildschirm, der anschließend etwa so wie in der folgenden Abbildung aussehen sollte.

Bild 25.1 Das eingefügte Textfeld hat sich über den Haupttext des Dokuments gelegt

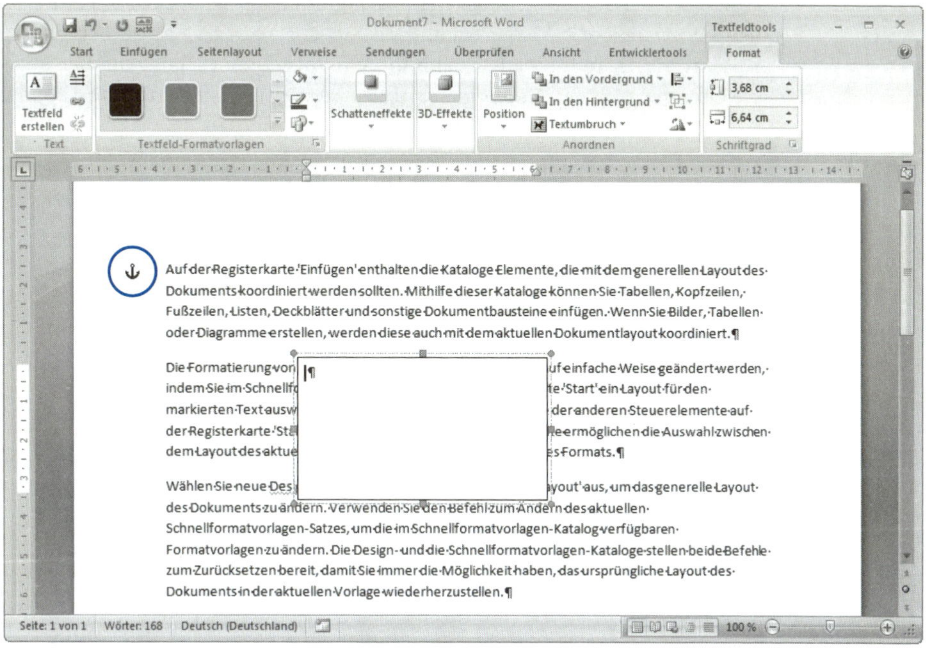
Dokument7 - Microsoft Word
Textfeldtools
Start
Einfügen
Seitenlayout
Verweise
Sendungen
Überprüfen
Ansicht
Entwicklertools
Format
Textfeld erstellen
Text
Textfeld-Formatvorlagen
Schatteneffekte
3D-Effekte
Position
In den Vordergrund
In den Hintergrund
Textumbruch
Anordnen
3,68 cm
6,64 cm
Schriftgrad
Auf der Registerkarte 'Einfügen' enthalten die Kataloge Elemente, die mit dem generellen Layout des Dokuments koordiniert werden sollten. Mithilfe dieser Kataloge können Sie Tabellen, Kopfzeilen, Fußzeilen, Listen, Deckblätter und sonstige Dokumentbausteine einfügen. Wenn Sie Bilder, Tabellen oder Diagramme erstellen, werden diese auch mit dem aktuellen Dokumentlayout koordiniert.¶
Wählen Sie neue Des... des Dokuments zu ändern. Verwenden Sie den Befehl zum Ändern des aktuellen Schnellformatvorlagen-Satzes, um die im Schnellformatvorlagen-Katalog verfügbaren Formatvorlagen zu ändern. Die Design- und die Schnellformatvorlagen-Kataloge stellen beide Befehle zum Zurücksetzen bereit, damit Sie immer die Möglichkeit haben, das ursprüngliche Layout des Dokuments in der aktuellen Vorlage wiederherzustellen.¶
Seite: 1 von 1
Wörter: 168
Deutsch (Deutschland)
100 %

Beachten Sie auch das Ankersymbol in der obigen Abbildung. Dieses Zeichen signalisiert, mit welchem Absatz das Textfeld verankert ist. Sollte bei Ihnen kein Anker zu sehen sein, müssen Sie auf der Registerkarte *Start* die Schaltfläche *Alle anzeigen* betätigen bzw. die Tastenkombination [⇧]+[Strg]+[+] drücken.

6. Tippen Sie einen beliebigen Text in das Textfeld ein. Beobachten Sie, wie Word reagiert, wenn Sie »zuviel« Text eingeben. Sie werden feststellen, dass überschüssiger Text unten »herausläuft«.

Bild 25.2 »Nahaufnahme« des ausgefüllten Textfeldes

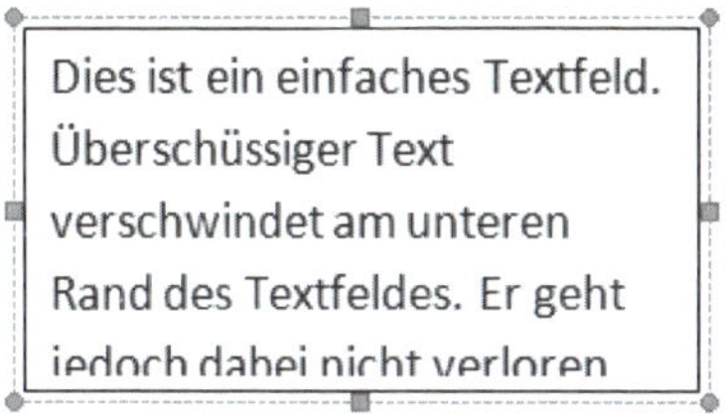
Dies ist ein einfaches Textfeld.
Überschüssiger Text
verschwindet am unteren
Rand des Textfeldes. Er geht

7. Innerhalb des Textfeldes können Sie zum Formatieren des Textes die gleichen Befehle verwenden wie im Haupttext des Dokuments. Das bezieht sich sowohl auf die Zeichen- als auch auf die Absatzformatierung.

8. Sie können dem Textfeld auch nachträglich eine andere Form geben. Wechseln Sie dazu auf die Registerkarte *Textfeldtools/Format* und wählen Sie die neue Form mit der Schaltfläche *Form ändern*(aus der Gruppe *Textfeld-Formatvorlagen)* aus.

Tabellen & Grafiken

9. Falls die neue Form den vorhandenen Text nicht vollständig aufnehmen kann, können Sie die Größe des Textfeldes entweder manuell ändern oder Sie klicken in der Registerkarte *Textfeldtools/Format* auf die kleine Schaltfläche in der rechten untere Ecke der Gruppe *Textfeld-Formatvorlagen* und schalten dann in dem angezeigten Dialog auf der Registerkarte *Textfeld* die Option *Größe der Autoform dem Text anpassen* ein (siehe nächste Abbildung).

Bild 25.3 Ein Textfeld kann seine Größe auch automatisch an den enthaltenen Text anpassen

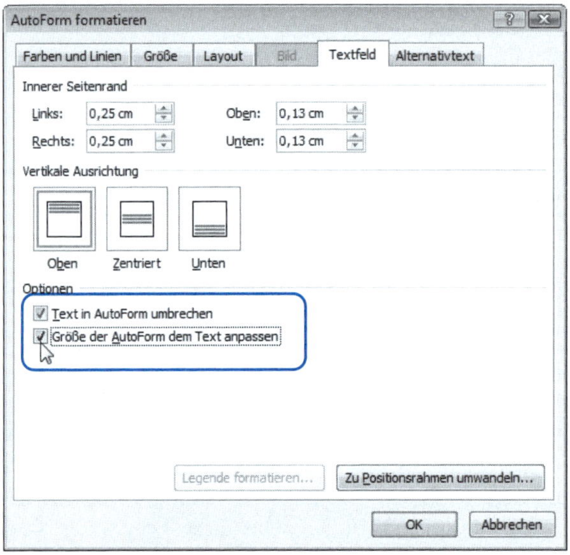

Formen in Textfelder umwandeln

Im letzten Abschnitt haben Sie gesehen, wie sich die äußere Form eines Textfelds im Nachhinein verändern lässt. Sie können aber auch auf direkterem Weg ans Ziel gelangen:

1. Erstellen Sie eine Form in der gewünschten Größe. Wechseln Sie dazu auf die Registerkarte *Einfügen* und verwenden Sie den Auswahlkatalog der Schaltfläche *Formen.*

2. Um die Form jetzt in ein Textfeld umzuwandeln, klicken Sie auf der Registerkarte *Zeichentools/Format* auf die Schaltfläche *Text bearbeiten* (in der Gruppe *Formen einfügen*). Word zeigt dann innerhalb der Form eine blinkende Einfügemarke an und rahmt die Form mit einer gestrichelten Linie ein.

Bild 25.4 Textfelder besitzen im Gegensatz zu Formen keine gelben Rauten und werden von einer gestrichelte Linie eingerahmt

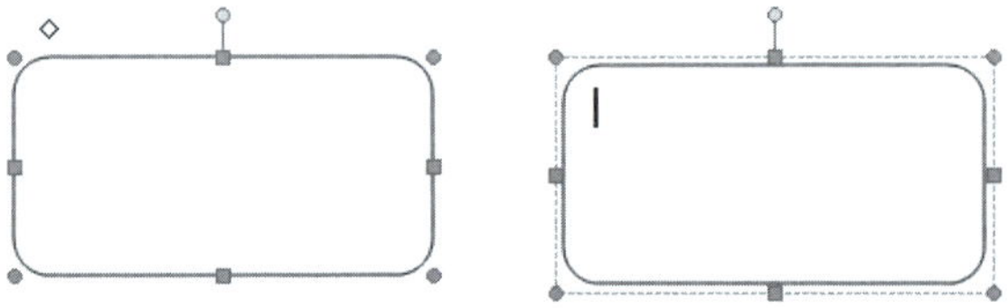

Vorgefertigte Textfelder verwenden

Was Sie bisher von Textfeldern gesehen haben, war vielleicht noch nicht unbedingt dazu angetan, Sie zu beeindrucken. Das wird sich gleich ändern, denn in diesem Abschnitt werden Sie fertig formatierte Textfelder kennenlernen, mit denen Sie Ihre Dokumente ohne großen Aufwand aufwerten können. Und um die Wahrheit zu sagen: Wir waren selbst ehrlich davon beeindruckt, was sich mit etwas Raffinesse aus einem Textfeld alles machen lässt.

Die Textfelder, um die es in diesem Abschnitt geht, gehören zu den Bausteinen, die sich im Lieferumfang von Word befinden. In Kapitel 7 haben Sie bereits gelesen, wie diese Bausteine eingefügt und verwaltet werden.

1. Erstellen Sie ein neues leeres Dokument.
2. Wechseln Sie auf die Registerkarte *Einfügen.*
3. Öffnen Sie den Auswahlkatalog der Schaltfläche *Textfeld* (in der Gruppe *Text).*

Bild 25.5 Der Auswahlkatalog für Textfelder enthält einige sehr trickreiche Textfelder

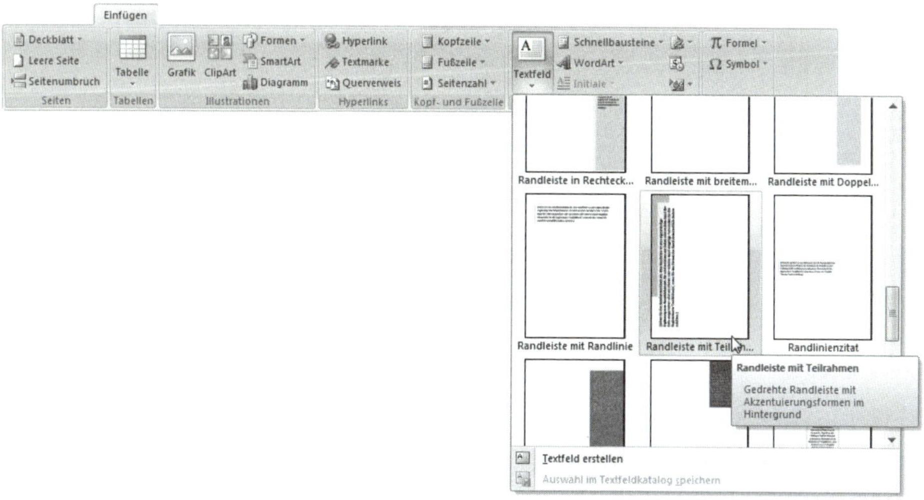

4. Wählen Sie zum Beispiel das Textfeld *Randleiste mit Teilrahmen* aus, das in der obigen Abbildung markiert ist. Dieses Textfeld eignet sich gut, um das gestalterische Potential von Textfeldern zu veranschaulichen.
5. Stellen Sie den Zoomfaktor des Word-Fensters so ein, dass Sie die Seite, auf der Sie das Textfeld eingefügt haben, vollständig sehen können. Im nächsten Abschnitt gehen wir auf einzelne Aspekte dieses Textfeldes ein, um Ihnen an einem konkreten Beispiel einige der angewandten Kniffe vorzustellen.

HINWEIS **Eigene Textfelder in den Textfeldkatalog aufnehmen** Natürlich können Sie den Textfeldkatalog, wie alle anderen Kataloge auch, um eigene Einträge erweitern. Markieren Sie dazu einfach das Textfeld, das Sie der Auswahl hinzufügen möchten und wählen Sie im Menü der Schaltfläche *Textfeld* den Befehl *Auswahl im Textfeldkatalog speichern.*

Fallstudie: Kleine Ursache, große Wirkung

Das auffälligste Merkmal des neuen Textfeldes ist sicherlich die senkrecht stehende Schrift. Wir hatten ja bereits zu Beginn des Kapitels erwähnt, dass sich die Textrichtung innerhalb eines Textfeldes ändern lässt. Die dazu benötigte Schaltfläche *Textrichtung* finden Sie vorne auf der Registerkarte *Textfeldtools/Format* in der Gruppe *Text.*

Bild 25.6 Das eingefügte Textfeld nimmt den linken Rand der leeren Seite ein

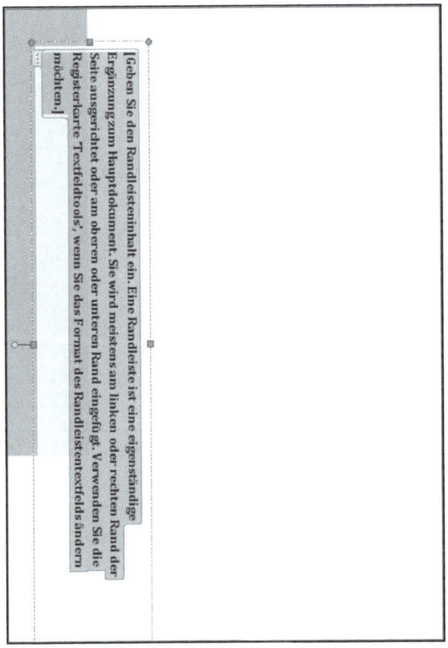
[Geben Sie den Randleisteninhalt ein. Eine Randleiste ist eine eigenständige Ergänzung zum Hauptdokument. Sie wird meistens am linken oder rechten Rand der Seite ausgerichtet oder am oberen oder unteren Rand eingefügt. Verwenden Sie die Registerkarte 'Textfeldtools', wenn Sie das Format des Randleistentextfelds ändern möchten.]

Als nächstes fällt der blau markierte Platzhaltertext ins Auge. Er gehört zu einem Inhaltssteuerelement, das in das Textfeld eingefügt wurde. Inhaltssteuerelemente sind in Word 2007 neu eingeführt worden und werden in Kapitel 17 ausführlich behandelt.

Jetzt bleibt nur noch die Frage zu klären, wie das Farbfeld entsteht, das etwas versetzt hinter dem Textfeld liegt. Denn wie Sie im obigen Bild anhand der Anfasser erkennen können, gehört diese Fläche offensichtlich nicht zum Textfeld.

Doch der Schein trügt: Denn diese Fläche ist nichts anderes als der Schatten des Textfeldes! Da Textfelder zu den Formen gehören, können Sie natürlich auch die in Kapitel 21 vorgestellten Bildeffekte darauf anwenden. Das Textfeld selbst ist darüber hinaus mit einer weißen Füllfarbe versehen, deren Transparenz auf 20% eingestellt ist. Diese Füllung ist auf dem weißen Hintergrund der Seite unsichtbar und macht sich nur im Bereich des Schattens bemerkbar.

Und was glauben Sie, was passieren würde, wenn Sie die Seitenorientierung auf *Querformat* stellen würden? Nun, probieren Sie es aus (Registerkarte *Seitenlayout*). Sie werden feststellen, dass sich das Textfeld problemlos an das neue Seitenformat anpasst. Dahinter verbirgt sich die ebenfalls in Kapitel 21 angesprochene Möglichkeit, die Größe eines Objekts auch relativ zur Seitengröße angeben zu können. Das Textfeld ist in diesem Fall so eingestellt, dass es immer 30% der Seitenbreite und 100% der Seitenhöhe einnimmt.

Textfelder formatieren

Textfelder lassen sich im Großen und Ganzen genau wie Formen formatieren. Das betrifft vor allem die farbliche Gestaltung, aber auch andere Einstellungen wie zum Beispiel den Textumbruch. Wir werden daher in diesem Kapitel nur auf die Besonderheiten von Textfeldern eingehen und möchten Sie ansonsten auf die entsprechenden Abschnitte der Kapitel 20 und 21 verweisen.

Textfelder positionieren

Um Textfelder auf einer Seite zu positionieren, können Sie zwischen folgenden Varianten wählen:

- Sie fassen das Textfeld mit der Maus an seiner gestrichelten Begrenzungslinie an und schieben es auf die gewünschte Position. Damit dieses Verfahren funktioniert, darf die Umbruchart für das Textfeld nicht auf der Option *Mit Text in Zeile* stehen.
- Auf der Registerkarte *Textfeldtools/Format* befindet sich die Schaltfläche *Position*, mit deren Ausklappmenü Sie das Textfeld auf eine der angebotenen Standardpositionen setzen können.
- Im Dialogfeld *Erweiterte Layoutoptionen* sind alle Möglichkeiten zur Positionierung von Textfeldern vereint. Um dieses Dialogfeld aufzurufen, markieren Sie das Textfeld und wählen dann im Menü der Schaltfläche *Position* den Befehl *Weitere Layoutoptionen*.

Bild 25.7 Das Dialogfeld *Erweiterte Layoutoptionen*

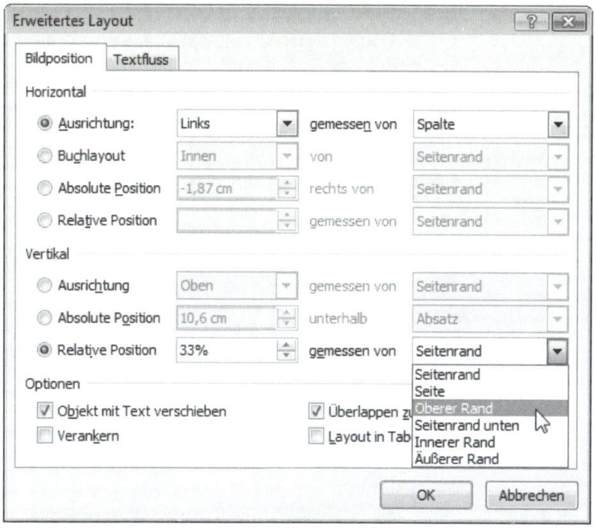

Auf der Registerkarte *Bildposition* können Sie sowohl für die horizontale als auch für die vertikale Position festlegen, ob Sie den Wert absolut angeben möchten oder einen der angebotenen Bezugspunkt verwenden wollen. Wie Sie im letzten Abschnitt bei der Besprechung des eingefügten Textfeldes gesehen haben, ist vor allem die Angabe eines prozentualen Wertes interessant, da Sie dadurch unabhängig von der aktuellen Seitengröße sind.

Textrichtung und Ausrichtung

Wie bereits weiter oben erwähnt, kann der Text in einem Textfeld auch von oben nach unten und von unten nach oben laufen. Um die aktuelle Textrichtung für ein Textfeld zu ändern, gehen Sie folgendermaßen vor:

1. Markieren Sie das Textfeld, indem Sie in das Textfeld klicken, so dass in dem Textfeld die blinkende Einfügemarke erscheint. Wenn Sie den Rahmen anklicken, funktioniert es nicht.
2. Zeigen Sie die Registerkarte *Textfeldtools/Format* an.
3.  Klicken Sie so oft auf die Schaltfläche *Textrichtung*, bis der Text in die gewünschte Richtung läuft.

Neben der Richtung des Textes können Sie auch die vertikale bzw. horizontale (bei senkrecht stehendem Text) Ausrichtung ändern. Dazu müssen Sie das Dialogfeld *Textfeld formatieren* aufrufen:

1. Klicken Sie den Rahmen des Textfeldes mit der rechten Maustaste an und wählen Sie im Kontextmenü den Befehl *Textfeld formatieren.* Sie können das Dialogfeld auch aufrufen, indem Sie auf der Registerkarte *Textfeldtools/Format* auf die kleine Schaltfläche in der rechten unteren Ecke der Gruppe *Textfeld-Formatvorlagen* bzw. der Gruppe *Schriftgrad* klicken.
2. Wechseln Sie im angezeigten Dialogfeld auf die Registerkarte *Textfeld.*

Bild 25.8 Hier können Sie u. a. die vertikale Ausrichtung für den Text des Textfeldes festlegen

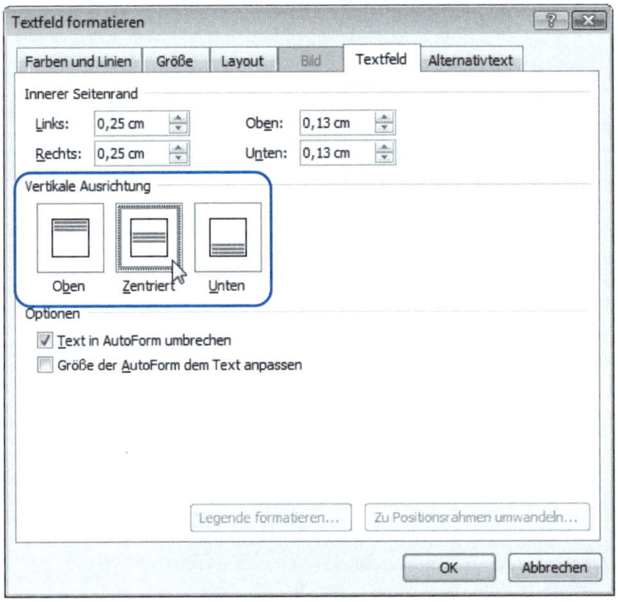

3. Markieren Sie in der Gruppe *Vertikale Ausrichtung* eine der drei angebotenen Varianten.

Zusammen mit den drei Textrichtungen, die in Textfeldern möglich sind, ergeben sich insgesamt neun verschiedene Variationen, die wir in der folgenden Abbildung gegenübergestellt haben.

Bild 25.9 Der Text eines Textfeldes kann auf neun verschiedene Arten angeordnet werden

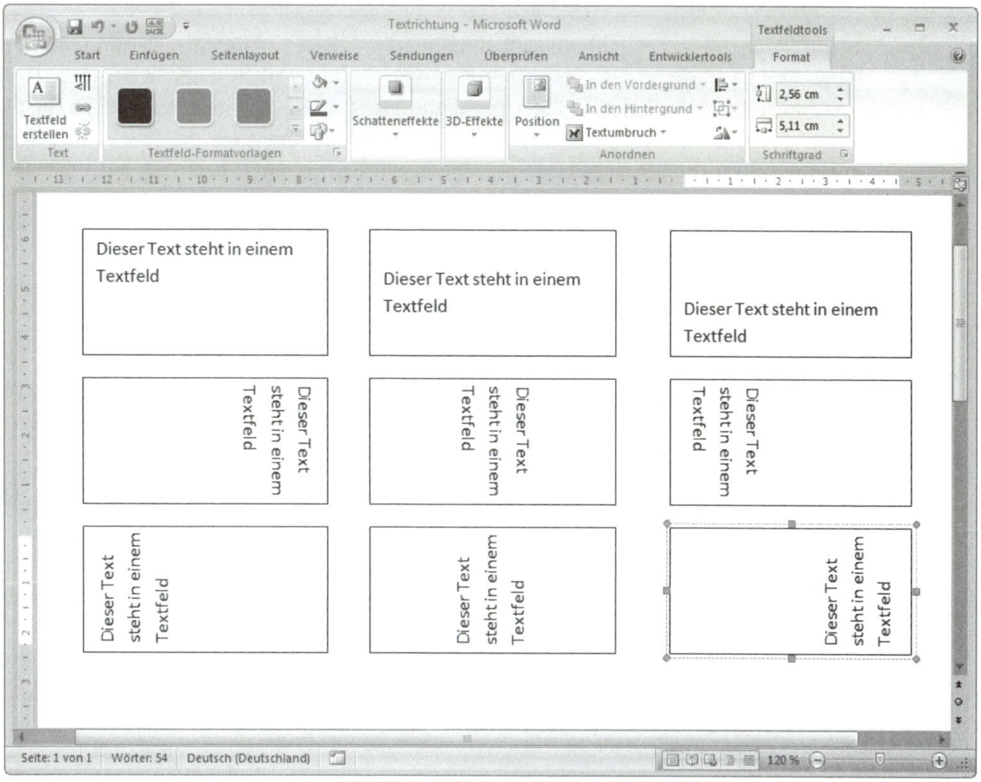

Innerer Seitenrand

Auch den Abstand zwischen Rahmen und Text des Textfeldes können Sie nach Ihren Vorstellungen verändern, indem Sie folgendermaßen vorgehen:

1. Klicken Sie den Rahmen des betreffenden Textfeldes mit der rechten Maustaste an und wählen Sie im Kontextmenü den Befehl *Textfeld formatieren.*
2. Wechseln Sie im angezeigten Dialogfeld auf die Registerkarte *Textfeld* (siehe Bild 25.8).
3. Tragen Sie die gewünschten Werte in die Textfelder der Gruppe *Innerer Seitenrand* ein.

Bild 25.10 Der Abstand zwischen Text und Rahmen ist variabel

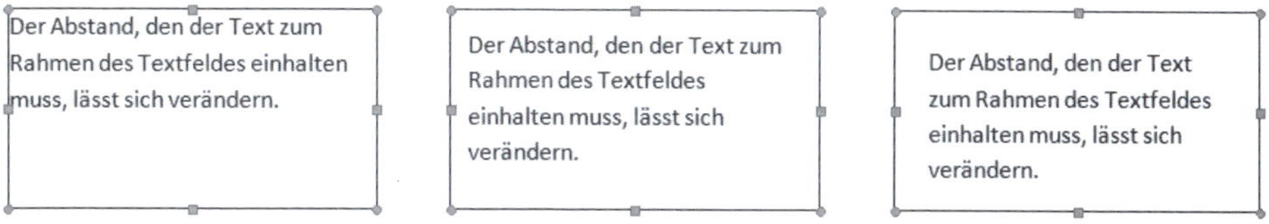

Textfelder verknüpfen

Wenn Sie mehrere Textfelder erstellen, können Sie diese miteinander verbinden bzw. *verknüpfen.* Diese Verknüpfung bewirkt, dass überschüssiger Text, der nicht mehr in das erste Textfeld hineinpasst, nicht »verschwindet«, sondern in das zweite Feld hineinfließt. Auch wenn Sie die Größe des ersten Textfeldes ändern, passt Word den Textfluss automatisch an. Die verknüpften Textfelder müssen dazu nicht auf derselben Seite stehen, sondern können sich auch auf verschiedenen Seiten des Dokuments befinden.

Beispiel: Textfelder verknüpfen

Im folgenden Beispiel erstellen Sie drei einfache Textfelder und fügen in das erste Textfeld soviel Text ein, dass er nicht vollständig in das Textfeld passt. Anschließend verknüpfen Sie die Textfelder miteinander und können beobachten, wie sich der überschüssige Text auf die anderen Textfelder verteilt.

1. Erstellen Sie ein leeres Dokument und fügen Sie drei rechteckige Textfelder ein, wie wir es auf Seite 506 beschrieben haben.
2. Geben Sie im ersten Textfeld einen beliebigen Text ein. Am schnellsten geht das, indem Sie in das Textfeld =**rand**() eintippen und dann die Taste ↵ drücken. Ihre Textfelder sollten anschließend in etwa so aussehen:

Bild 25.11 Das erste Textfeld enthält soviel Text, dass er nicht vollständig darin Platz findet

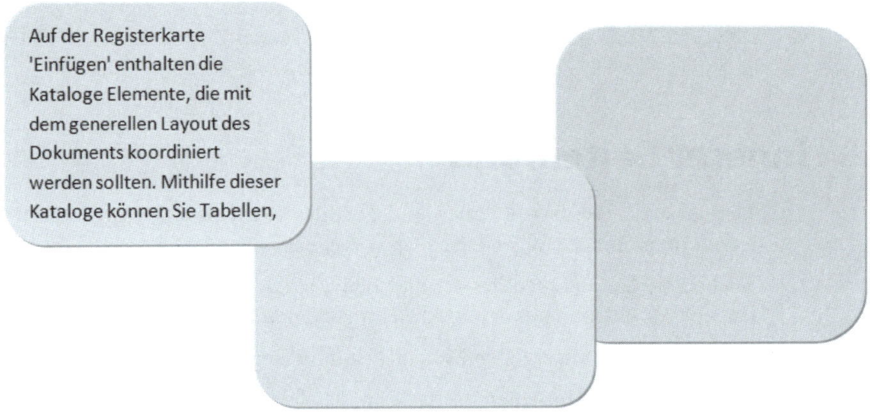
Auf der Registerkarte 'Einfügen' enthalten die Kataloge Elemente, die mit dem generellen Layout des Dokuments koordiniert werden sollten. Mithilfe dieser Kataloge können Sie Tabellen,

3. Markieren Sie das erste Textfeld und zeigen Sie die Registerkarte *Textfeldtools/Format* an.
4. Klicken Sie in der Gruppe *Text* auf die Schaltfläche *Verknüpfung erstellen.* Wenn Sie den Mauszeiger anschließend auf das Dokument bewegen, verändert er sich zu einem Krug.
5. Klicken Sie in das zweite Textfeld, um die Buchstaben »hineinlaufen« zu lassen.
6. Um das zweite mit dem dritten Textfeld zu verknüpfen, gehen Sie etwas anders vor: Klicken Sie dazu den Rahmen des zweiten Textfelds mit der rechten Maustaste an, wählen Sie im Kontextmenü den Befehl *Textfeld verknüpfen* und klicken dann mit dem »Krug-Cursor« in das dritte Textfeld.

Bild 25.12 Das dritte Textfeld wird mit dem zweiten (markierten) Textfeld verknüpft

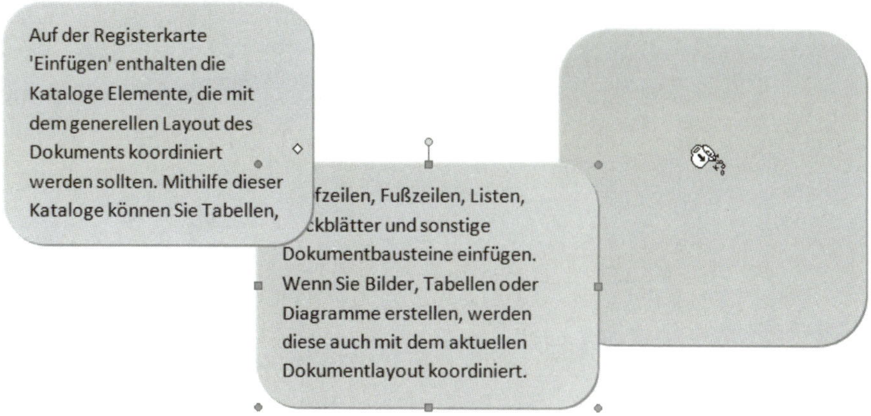
Auf der Registerkarte 'Einfügen' enthalten die Kataloge Elemente, die mit dem generellen Layout des Dokuments koordiniert werden sollten. Mithilfe dieser Kataloge können Sie Tabellen,
fzeilen, Fußzeilen, Listen,
ckblätter und sonstige Dokumentbausteine einfügen. Wenn Sie Bilder, Tabellen oder Diagramme erstellen, werden diese auch mit dem aktuellen Dokumentlayout koordiniert.

Wichtige Befehle im Kontextmenü

Das Kontextmenü eines verknüpften Textfeldes enthält mehrere Befehle, mit denen Sie zwischen den einzelnen »Kettengliedern« mehrerer miteinander verknüpfter Textfelder hin- und herspringen, sowie eine Verknüpfung wieder lösen können

- **Vorheriges Textfeld** Markiert das Textfeld, das sich in der Kette vor dem aktuellen Textfeld befindet. Dieser Befehl ist vor allem dann hilfreich, wenn sich die verknüpften Textfelder auf verschiedenen Seiten befinden.
- **Nächstes Textfeld** Markiert das nächste Textfeld der Kette.
- **Vorwärts-Verknüpfung aufheben** Löst nur die Verknüpfung zu dem nachfolgenden Textfeld. Das heißt, wenn Sie diesen Befehl in dem obigen Beispiel für das erste Textfeld aufrufen, wird nur die Verknüpfung zum zweiten Textfeld gelöst; die Verknüpfung zwischen dem zweiten und dem dritten Textfeld bleibt weiter bestehen.

Legenden

Legenden sind eine spezielle Form der Textfelder, mit denen Sie zum Beispiel Ihre Grafiken beschriften können. Vereinfacht gesagt, handelt es sich bei einer Legende um ein Textfeld, das mit einer Linie versehen ist. Für die Formatierungen von Legenden gelten daher bis auf wenige Ausnahmen die gleichen Regeln wie für Textfelder.

Um eine Legende einzufügen, gehen Sie folgendermaßen vor:

1. Zeigen Sie die Stelle im Dokument, die Sie mit einer Legende versehen wollen auf dem Bildschirm an.
2. Wechseln Sie auf die Registerkarte *Einfügen.*
3. Öffnen Sie den Auswahlkatalog der Schaltfläche *Formen* (in der Gruppe *Illustrationen).*

Bild 25.13 Einfügen einer Legende aus dem Auswahlkatalog der Formen

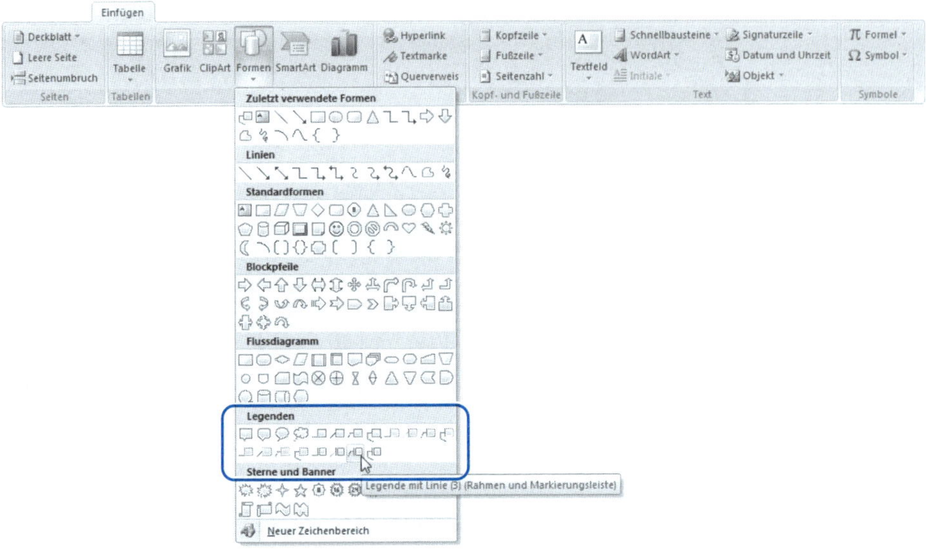

4. Wählen Sie eine der angebotenen Form-Varianten aus der Kategorie *Legenden*. Der Mauszeiger verändert sich dann zu einem Fadenkreuz.
5. Klicken Sie in dem Dokument auf den Punkt, den Sie mit der Legende näher erläutern möchten und ziehen Sie den Mauszeiger etwas zur Seite. Word fügt jetzt eine Linie und ein Textfeld in Ihr Dokument ein. Lassen Sie den Mauszeiger wieder los, sobald der Textrahmen die gewünschte Position erreicht hat.

   Das Textfeld besitzt zunächst eine Standardgröße. Wie wir weiter oben schon gesagt haben, passen sich Textfelder nicht automatisch an ihren Inhalt an; Sie müssen also entweder selbst für die richtige Größe sorgen oder die automatische Größenanpassung aktivieren (Bild 25.3).
6. Die Gestalt der Linie können Sie mit Hilfe ihrer Anfasser (der gelben Rauten) beliebig verändern. Ziehen Sie sie einfach mit der Maus an die gewünschte Position.
7. Geben Sie jetzt noch einen passenden Text ein, um die Legende fertigzustellen.

Bild 25.14 Die fertige Legende

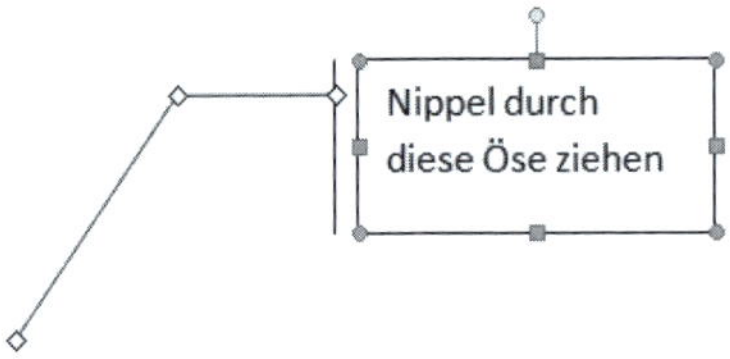

TIPP **Legende mit Pfeilspitze versehen** Um die Linie der Legende zu formatieren, rufen Sie mit dem Befehl *AutoForm formatieren* aus dem Kontextmenü der Legende das Dialogfeld *Textfeld formatieren* auf. Die benötigten Auswahlfelder finden Sie auf der Registerkarte *Farben und Linien* in der Gruppe *Pfeile*.

Legenden formatieren

Da es sich bei Legenden vom Prinzip her um Formen handelt, können sie auch genau wie Formen formatiert werden (siehe Kapitel 20 und 21). Wir können uns daher in diesem Abschnitt auf die speziellen Besonderheiten von Legenden konzentrieren.

Beim Einfügen der Legende haben Sie ja bereits gesehen, dass es in Word verschiedene Typen von Legenden gibt, die sich im Wesentlichen durch die Form ihrer Hinweislinie unterscheiden. Für diese Linie können Sie nicht nur die obligatorische Linienart, - dicke und -farbe festlegen, sondern auch den Winkel, die Anzahl der Segmente sowie deren genauen Ansatzpunkt am Textfeld.

Diese Parameter können Sie in einem eigenen Dialogfeld einstellen, das Sie wie folgt erreichen:

1. Klicken Sie die Legende mit der rechten Maustaste an und wählen Sie im Kontextmenü den Befehl *AutoForm formatieren.*

2. Wechseln Sie in dem angezeigten Dialogfeld *AutoForm formatieren* auf die Registerkarte *Textfeld* und klicken Sie dort auf die Schaltfläche *Legende formatieren.*

Bild 25.15 Dialogfeld zum Formatieren der Hinweislinie

Die Wirkung der verschiedenen Optionen probieren Sie am besten an einer konkreten Legende aus. Je nach eingestelltem Legendentyp können auch einige der Optionen deaktiviert sein; so können Sie zum Beispiel bei dem Typ *Eins* keinen Winkel festlegen.

- **Typ** Hier legen Sie fest, ob die Hinweislinie schräg verlaufen kann und aus wie vielen Segmenten sie bestehen soll.
- **Abstand** Gemeint ist der Abstand zwischen Linie und Textfeld.
- **Winkel** Sie können entweder einen beliebigen Winkel zulassen oder einen der Vorgabewerte wählen (30°, 45°, 60° oder 90°).
- **Ansatz** Hier legen Sie fest, an welcher Stelle (Höhe) die Linie an dem Textfeld ansetzt. Sie können den Wert entweder absolut angeben oder eine der Optionen *Oben, Mitte* oder *Unten* wählen.
- **Länge** Gibt die Gesamtlänge der Hinweislinie an. In der Regel sollten Sie es bei der Vorgabe *Optimal* belassen.

- **Textrahmen** Schaltet die Rahmenlinie des Textfeldes ein bzw. aus. Die Hinweislinie ist davon nicht betroffen.
- **AutoAnhängen** Diese Option ist nur wirksam, wenn Sie bei der Option *Ansatz* einen festen Wert eingetragen haben. Der Status der Option *AutoAnhängen* entscheidet dann darüber, ob der unter *Ansatz* angegebene Wert immer von der Oberkante des Textfeldes aus gemessen wird (*AutoAnhängen* ist ausgeschaltet) oder ob er sich in Abhängigkeit von der Lage des Textfeldes auch auf die untere Kante beziehen kann. Sie können die Wirkung nachvollziehen, indem Sie bei *Ansatz* einen relativ kleinen Wert eintragen, die Option *AutoAnhängen* einschalten und anschließend das Textfeld mit der Maus auf dem Bildschirm hin- und herschieben. Der Ansatzpunkt der Hinweislinie wird dann – je nach Position des Textfeldes – zwischen der oberen und unteren Kante wechseln.
- **Markierungsleiste** Mit diesem Optionsfeld schalten Sie die zusätzliche, senkrechte Linie zwischen Hinweislinie und Textfeld ein oder aus. Falls Sie den Rahmen des Textfeldes mit der Option *Textrahmen* ausgeblendet haben, empfiehlt es sich in der Regel, die Markierungsleiste einzuschalten.

Zusammenfassung

In diesem Kapitel haben Sie gelernt, wie Sie Ihre Dokumente mit Textfeldern und Legenden ausstatten können.

- Textfelder sind Formen, die mit Text gefüllt werden können. Sie lassen sich auf folgenden Wegen in ein Dokument einfügen:
  - Registerkarte *Einfügen*, Gruppe *Text*, Schaltfläche *Textfeld*, Befehl *Textfeld erstellen*. Anschließend kann das Textfeld in der gewünschten Größe mit der Maus aufgezogen werden (Seite 506).
  - Durch Umwandeln einer bestehenden Form. Dazu markieren Sie die Form und klicken auf der Registerkarte *Zeichentools/Format* in der Gruppe *Formen einfügen* auf die Schaltfläche *Text bearbeiten* (Seite 508).
  - Über den Auswahlkatalog der Schaltfläche *Textfeld* (auf der Registerkarte *Einfügen* in der Gruppe *Text*). Dort finden Sie gebrauchsfertig formatierte Textfelder, mit denen Sie Ihre Dokumente aufwerten können (Seite 509).
- Textfelder lassen sich miteinander verknüpfen. Dadurch kann der überschüssige Text eines Textfeldes in das mit ihm verknüpfte Textfeld »abfließen« (Seite 514).
- Textfelder lassen sich genau wie Formen formatieren. Das Einstellen einiger wichtiger Besonderheiten (z. B. die Wahl der Textrichtung) erfolgt über spezielle Schaltflächen oder im Dialogfeld *Textfeld formatieren*. Das Dialogfeld lässt sich am schnellsten über das Kontextmenü des Textfeldes aufrufen (Seite 511).
- Mit einer Legende können Sie Grafiken und Zeichnungen mit einem erklärenden Text versehen. Die Hinweislinie verbindet die zu erläuternde Stelle mit dem Legendentext und passt sich automatisch an die Position des Textfeldes an (Seite 515).

Kapitel 26

Tabellen und Grafiken beschriften

Tabellen & Grafiken

In diesem Kapitel:

In den meisten Publikationen besitzen Bilder, Tabellen oder auch Formeln eine fortlaufend nummerierte Beschriftung. Für solche Fälle sind Sie mit Word bestens gerüstet, denn Word kann diese Art von Beschriftung nahezu vollautomatisch erstellen.

Der große Vorteil bei der Verwendung der Beschriftungen besteht darin, dass die Nummerierung von Word automatisch angepasst wird, wenn Sie beim Bearbeiten des Dokuments beispielsweise eine Abbildung löschen oder eine weitere hinzufügen. In den eingefügten Beschriftungen verwendet Word die Feldart SEQ, die automatisch für die richtige Nummerierung sorgt.

Die Verwendung der Beschriftungsfunktion ist für Sie aber noch mit einem weiteren Vorteil verbunden: Word kann nämlich aus den eingefügten Beschriftungen automatisch ein Verzeichnis erstellen, in dem alle beschrifteten Elemente aufgeführt sind. Selbstverständlich kann Word dabei zwischen Bildern und Tabellen unterscheiden.

Die Schaltflächen zum Einfügen von Beschriftungen und Verzeichnissen befinden sich auf der Registerkarte *Verweise* in der Gruppe *Beschriftungen.*

Bild 26.1 Die Befehle zum Erstellen von Beschriftungen finden Sie auf der Registerkarte *Verweise*

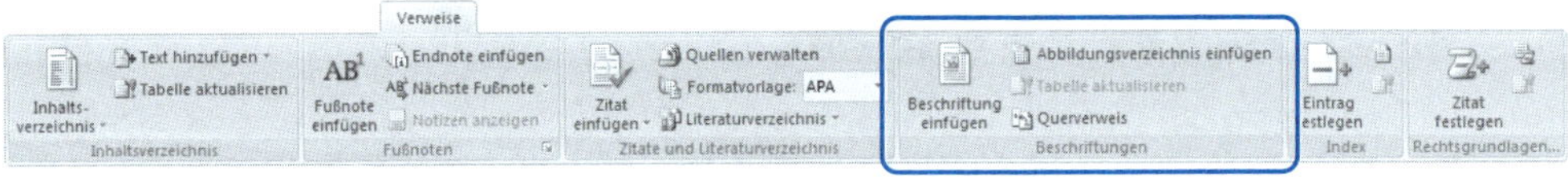

Beschriftungen einfügen

Der gängigste Anwendungsfall für automatische Beschriftung sind in der Praxis sicherlich Bilder und Tabellen. Um diese Elemente mit einer Beschriftung zu versehen, gehen Sie so vor:

1. Markieren Sie das Bild bzw. das Element, für das Sie eine Beschriftung erstellen wollen.

2. Wechseln Sie zur Registerkarte *Verweise* und klicken Sie in der Gruppe *Beschriftungen* auf die Schaltfläche *Beschriftung einfügen.* Word zeigt dann das Dialogfeld *Beschriftung* an.

Bild 26.2 Erstellen einer neuen Beschriftung

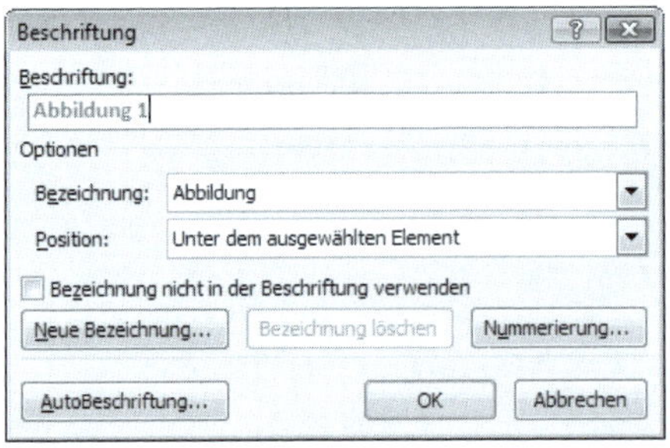

Im Feld *Beschriftung* hat Word bereits die so genannte *Bezeichnung* und eine Nummer eingetragen. Wenn Sie diese Bezeichnung nicht in die Beschriftung aufnehmen wollen, müssen Sie das Optionsfeld *Bezeichnung nicht in Beschriftung verwenden* einschalten.

3. Ergänzen Sie das Feld *Beschriftung* mit der eigentlichen Bildunterschrift.
4. Im Listenfeld *Bezeichnung* können Sie wählen, für welche Art von Elementen Sie eine Beschriftung einfügen wollen. Abbildungen, Tabellen und Formeln werden dabei von Word selbstständig erkannt.
5. Öffnen Sie das Listenfeld *Position* und legen Sie fest, ob die Beschriftung unter oder über dem ausgewählten Element eingefügt werden soll. (Wenn Sie vor dem Öffnen des Dialogfeldes *Beschriftung* kein Element markiert haben, wird die Beschriftung an der aktuellen Position der Einfügemarke erstellt.)
6. Klicken Sie auf die Schaltfläche *Nummerierung.*

Bild 26.3 In diesem Dialogfeld können Sie die Nummerierung konfigurieren

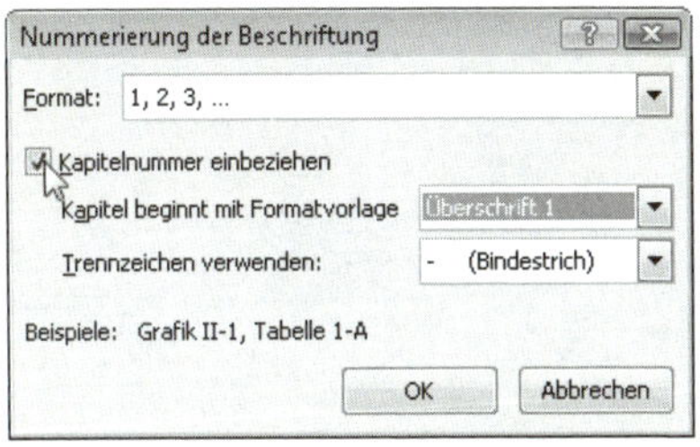

7. Stellen Sie im Listenfeld *Format* die Art der Nummerierung ein und entscheiden Sie, ob (und wie genau) eine eventuell vorhandene Kapitelnummer in die Beschriftung integriert werden soll. Hierfür wählen Sie die Formatvorlage aus, mit der die Kapitelüberschrift formatiert ist (Hinweise zur Verwendung von Formatvorlagen finden Sie in Kapitel 14). Anschließend klicken Sie auf *OK* und kehren damit zum Dialogfeld *Beschriftung* zurück.
8. Klicken Sie auch hier auf *OK,* um die Beschriftung einzufügen. Beachten Sie, dass Word allen so eingefügten Beschriftungen die Formatvorlage *Beschriftung* zuweist.

Bild 26.4 Mit dem Formatinspektor lässt sich die Formatvorlage der Beschriftung ermitteln

9. Erstellen Sie weitere Beschriftungen und überzeugen Sie sich davon, dass Word automatisch für eine konsistente Nummerierung sorgt.

Neue Beschriftungskategorie anlegen

Standardmäßig kann Word drei verschiedene Elemente beschriften: Abbildungen, Tabellen und Formeln. Es ist aber auch problemlos möglich, neue Bezeichnungen für Diagramme, Folien, Tipps usw. anzulegen. Diese Bezeichnungen können dann allerdings nicht automatisch von Word zugeordnet werden.

Um eine neue Bezeichnung anzulegen, nehmen Sie folgende Schritte vor:

1. Wechseln Sie zur Registerkarte *Verweise* und klicken Sie in der Gruppe *Beschriftungen* auf die Schaltfläche *Beschriftung einfügen.*
2. Klicken Sie im Dialogfeld *Beschriftung* auf die Schaltfläche *Neue Bezeichnung.* Word zeigt dann das Dialogfeld *Beschriftung hinzufügen* an.

Bild 26.5 Erstellen einer neuen Bezeichnung

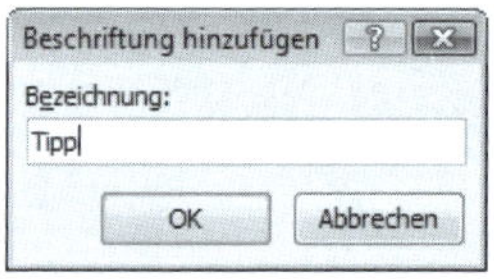

3. Tragen Sie den Namen der neuen Bezeichnung in das Dialogfeld ein und klicken Sie auf *OK.*
4. Im Dialogfeld *Beschriftung* ist die neue Bezeichnung bereits im Listenfeld *Bezeichnung* ausgewählt und kann von nun an genauso benutzt werden wie die drei Standard-Bezeichnungen von Word.

Bild 26.6 Die neue Bezeichnung ist einsatzbereit

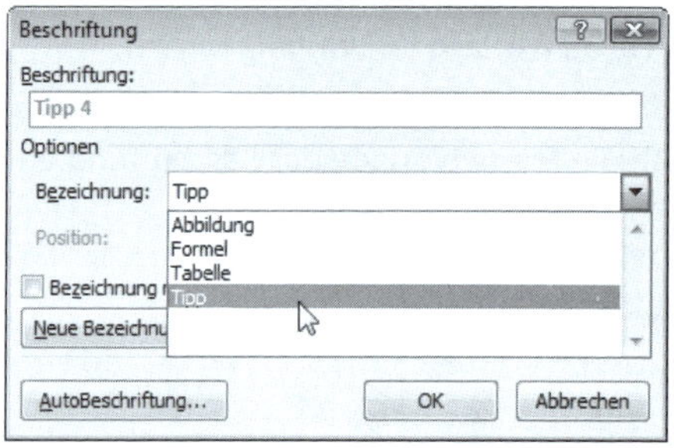

Objekte automatisch beschriften

Sie können Word auch so konfigurieren, dass eingefügte Objekte (also Bilder, Folien, Diagramme usw.) automatisch eine Beschriftung erhalten. Dazu müssen Sie Word lediglich mitteilen, für welche Objekte dieses Komfortmerkmal aktiviert werden soll und die gewünschte Beschriftungskategorie vorgeben.

1. Wechseln Sie zur Registerkarte *Verweise* und klicken Sie in der Gruppe *Beschriftungen* auf die Schaltfläche *Beschriftung einfügen.*
2. Klicken Sie im Dialogfeld *Beschriftung* auf die Schaltfläche *AutoBeschriftung.*

Bild 26.7 In diesem Dialog können Sie die Objekttypen wählen, für die Word eine automatische Beschriftung erstellen soll

3. Die Liste im oberen Bereich des Dialogfeldes zeigt alle Dokumenttypen an, die bei Windows registriert sind und die Sie in ein Word-Dokument einfügen können. Schalten Sie die Kontrollkästchen vor den Dokumenttypen ein, die die gleiche Bezeichnung erhalten sollen. Wenn Sie beispielsweise die Beschriftung *Folie* für alle PowerPoint-Folien verwenden wollen, schalten Sie die in der Abbildung gezeigten Kontrollkästchen ein.
4. Wählen Sie im *Listenfeld* Bezeichnung den Text aus, der in der Beschriftung enthalten sein soll. Wenn die gewünschte Bezeichnung dort nicht vorhanden ist, klicken Sie auf *Neue Beschriftung* und geben im Dialogfeld *Beschriftung hinzufügen* die gewünschte Beschriftung ein.
5. Legen Sie im Feld *Position* fest, ob die Beschriftung über oder unter dem Element stehen soll.
6. Klicken Sie auf *Nummerierung* und legen Sie dort das Format der Nummerierung fest.
7. Klicken Sie auf *OK*, um den Vorgang abzuschließen.

Die Einstellungen für die automatische Beschriftung gelten nicht nur für das aktuelle Dokument, sondern stehen Ihnen ab diesem Zeitpunkt in Word immer zur Verfügung.

Automatisch beschriftetes Objekt einfügen

Damit die automatische Beschriftung funktioniert, müssen Sie die Elemente mit dem Dialogfeld *Objekt* einfügen. Sie können diese Elemente weder über die Zwischenablage, noch mit den Schaltflächen aus der Gruppe *Illustrationen* der Registerkarte *Einfügen* in das Dokument aufnehmen.

Um z. B. eine neue PowerPoint-Folie in ein Dokument einzufügen, gehen Sie so vor:

1. Setzen Sie die Einfügemarke an die Stelle, an der Sie die Folie einfügen wollen.
2. Wechseln Sie zur Registerkarte *Einfügen* und klicken Sie in der Gruppe *Text* auf *Objekt.*
3. Word zeigt das Dialogfeld *Objekt* an. Wechseln Sie dort auf die Registerkarte *Neu erstellen.*

Bild 26.8 Mit diesem Dialogfeld können Sie neue Objekte erstellen

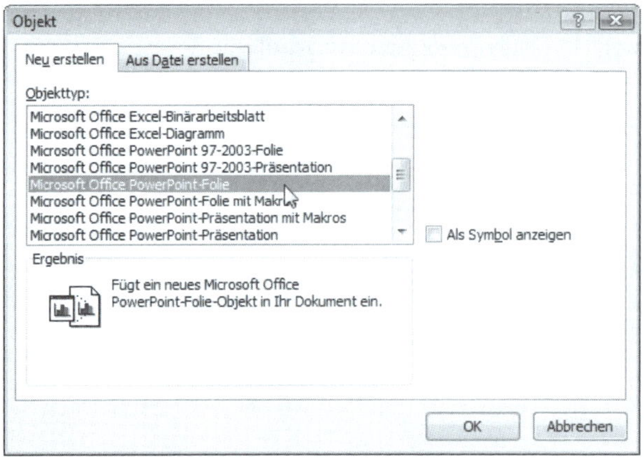

4. Markieren Sie in der Liste *Objekttyp* den Eintrag *Microsoft Office PowerPoint-Folie* bzw. den Typ des Elements, das Sie einfügen wollen.
5. Klicken Sie auf OK, um das neue Objekt zu erstellen. Wie Sie in der nächsten Abbildung sehen, fügt Word zusätzlich zum Objekt automatisch eine Beschriftung in das Dokument ein.

Bild 26.9 Das neue Objekt hat automatisch die richtige Beschriftung erhalten

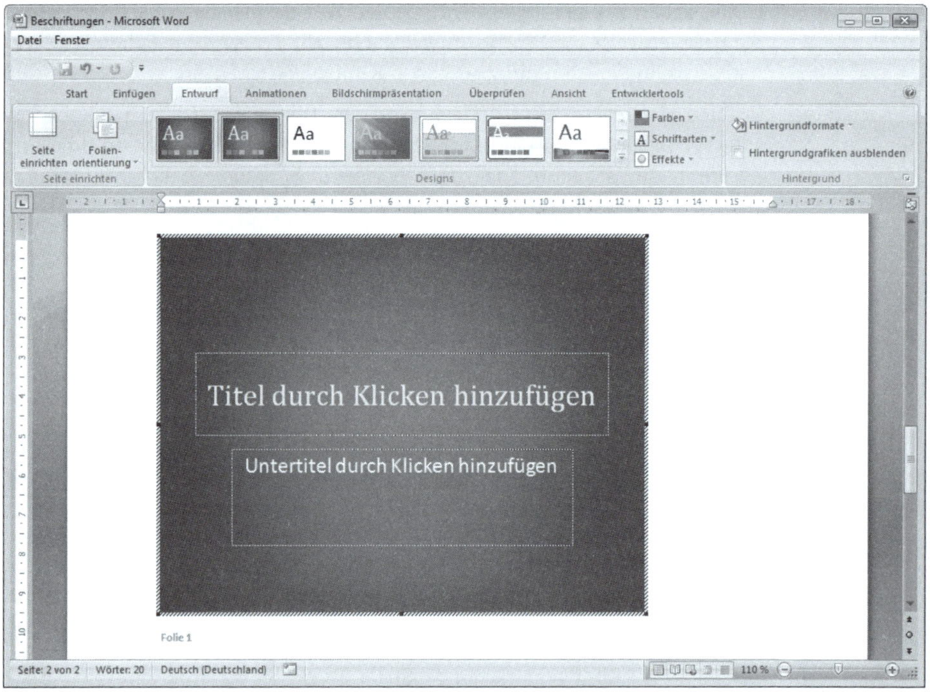

6. Vervollständigen Sie das Objekt und ergänzen Sie die Beschriftung.

Abbildungsverzeichnis erstellen

Ein weiterer Vorteil bei der Verwendung der Beschriftungen besteht darin, dass Word aus den im Dokument enthaltenen Beschriftungen automatisch ein Verzeichnis erstellen kann. Auch wenn der zugehörige Word Befehl *Abbildungsverzeichnis* lautet, kann Word für alle Beschriftungskategorien die Sie erstellt und verwendet haben, ein separates Verzeichnis erstellen.

Gehen Sie so vor, um ein Verzeichnis der beschrifteten Elemente zu erstellen:

1. Öffnen Sie ein Dokument, in dem sich mehrere Grafiken befinden, die mit einer Beschriftung versehen sind.
2. Setzen Sie die Einfügemarke an die Stelle, an der Sie das Verzeichnis einfügen wollen.
3. Wechseln Sie zur Registerkarte *Verweise* und klicken Sie in der Gruppe *Beschriftungen* auf die Schaltfläche *Abbildungsverzeichnis einfügen.* Das Dialogfeld *Abbildungsverzeichnis* erscheint.
4. Stellen Sie im Listenfeld *Beschriftungskategorie* ein, für welchen Beschriftungstyp das Verzeichnis erstellt werden soll.

Bild 26.10 Word kann aus den Beschriftungen eines Dokuments automatisch ein Verzeichnis erstellen

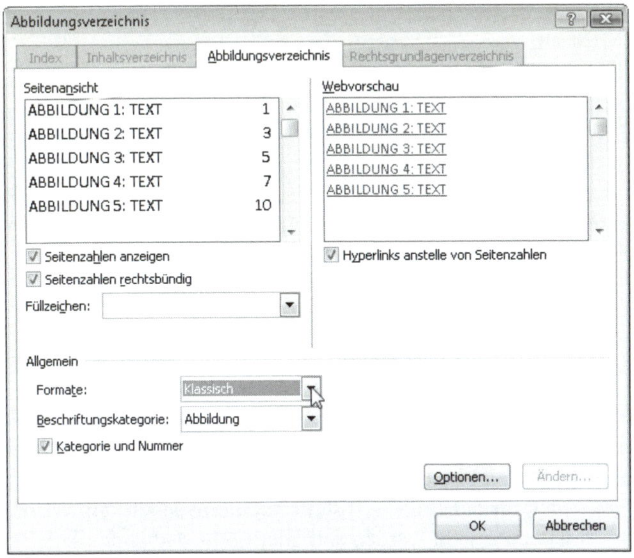

5. Nehmen Sie die verschiedenen Formatierungseinstellungen im Dialog vor und beurteilen Sie ihre Wirkung im Vorschaubereich des Dialogs. Lassen Sie bitte die Option *Seitenzahlen anzeigen* eingeschaltet, da wir die Seitenzahlen gleich noch benötigen.
6. Abschließend fügen Sie das Verzeichnis mit *OK* in das Dokument ein.

   In der Abbildung auf der nächsten Seite sehen Sie ein Abbildungsverzeichnis, das wir aus den ersten zehn Bildüberschriften dieses Kapitel erstellt haben. Dieses Verzeichnis und die in ihm steckende »Technik« werden wir im nächsten Abschnitt etwas eingehender untersuchen.

Bild 26.11 Das fertige Abbildungsverzeichnis

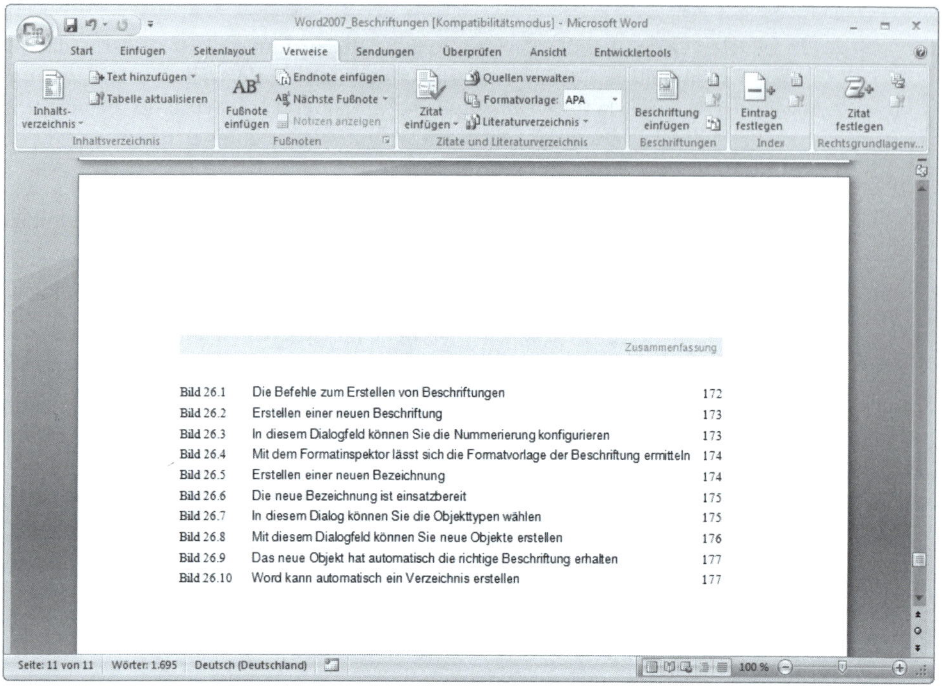

7. Zeigen Sie mit der Maus auf eine der Seitenzahlen im Verzeichnis. Wenn Sie jetzt die Taste Strg drücken, sehen Sie, dass sich der Mauszeiger zu einer Hand verändert. Klicken Sie die Seitenzahl dann an, damit Word zu der betreffenden Abbildung springt.

Abbildungsverzeichnis aktualisieren

Wenn Sie das Verzeichnis zu einem späteren Zeitpunkt aktualisieren wollen bzw. müssen, setzen Sie die Einfügemarke in das Abbildungsverzeichnis und drücken die Taste F9. Alternativ können Sie auch die Einfügemarke in das Verzeichnis setzen, zur Registerkarte *Verweise* wechseln und in der Gruppe *Beschriftungen* auf die Schaltfläche *Tabelle aktualisieren* klicken. Word fragt dann nach, ob das gesamte Verzeichnis neu erstellt werden soll oder ob Sie lediglich die Seitenzahlen aktualisieren möchten.

Bild 26.12 Das Verzeichnis kann bei Bedarf aktualisiert werden

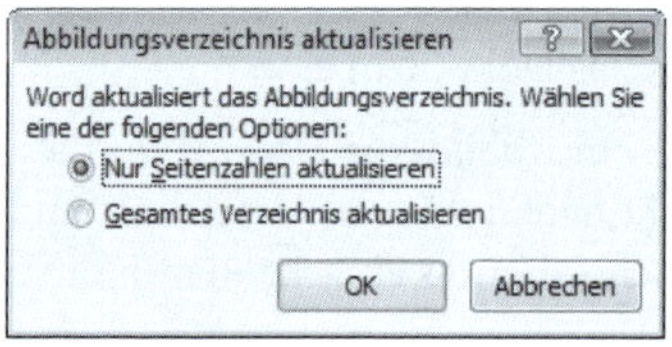

Die Feldfunktion TOC

Abhängig davon, wie Sie die Ansichts-Optionen von Word eingestellt haben, werden Sie eventuell schon bemerkt haben, dass Word das gesamte Abbildungsverzeichnis grau hinterlegt, wenn Sie die Einfügemarke irgendwo innerhalb des Verzeichnisses platzieren.

Dieser Effekt hat damit zu tun, dass das Verzeichnis kein normaler Text ist (dann ließe er sich ja auch nicht aktualisieren), sondern von einer Feldfunktion erzeugt wird. Wir werden im nächsten Kapitel noch ausführlich über Feldfunktionen sprechen, so dass wir an dieser Stelle nur einen kurzen Blick hinter die Kulissen werfen wollen.

Um die Feldfunktion sichtbar zu machen, müssen Sie das Verzeichnis vollständig markieren und dann die Tastenkombination ⇧+F9 drücken. Das Verzeichnis schrumpft dadurch zu folgenden kryptischen Zeichen zusammen:

{ TOC \h \z \c "Abbildung" }

Das Kürzel TOC (Abk. für Table Of Content) ist der Name der Feldfunktion; die restlichen Buchstaben – die als Schalter bezeichnet werden – sind für das »Feintuning« verantwortlich. So ist zum Beispiel unschwer zu erkennen, dass der Code »\c "Abbildung"« angibt, für welche Kategorie das Verzeichnis erstellt werden soll.

Eine vollständige Übersicht der von der TOC-Funktion unterstützten Schalter erhalten Sie, wenn Sie im Dialogfeld *Feld* den Feldnamen *TOC* markieren und dann erst auf die Schaltfläche *Feldfunktionen* und anschließend auf die Schaltfläche *Optionen* klicken.

Bild 26.13 Das Dialogfeld *Feld* erreichen Sie über *Einfügen/Schnellbausteine/Feld*

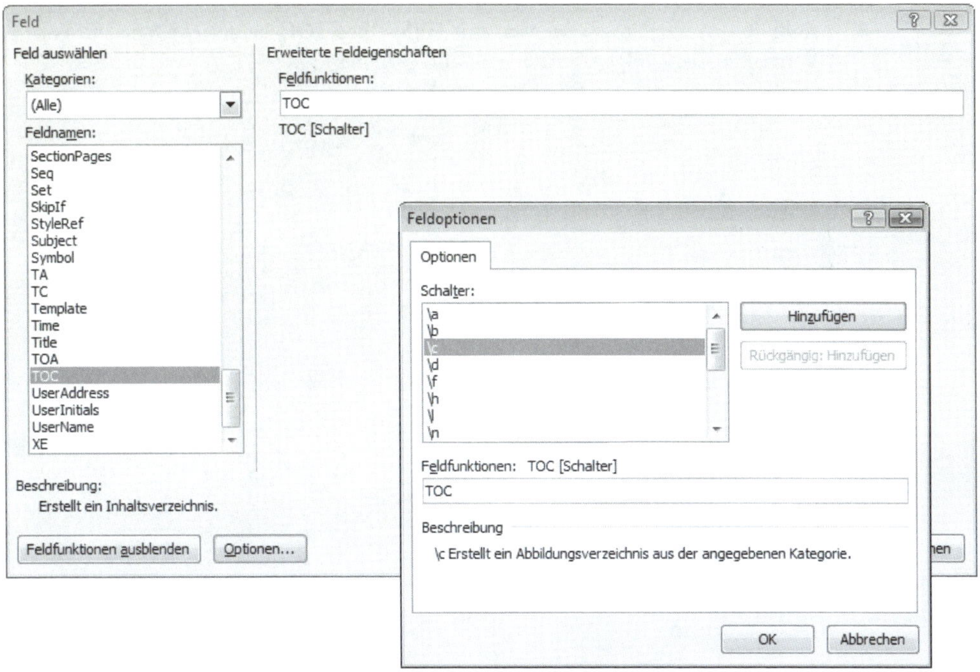

Um wieder das Verzeichnis anzuzeigen, markieren Sie die Feldfunktion und drücken ⇧+F9.

Zusammenfassung

In diesem Kapitel haben Sie gelernt, wie Sie Grafiken und Tabellen mit einer automatischen Beschriftung versehen können.

- Die Befehle zum Einfügen von Beschriftungen befinden sich auf der Registerkarte *Verweise* in der Gruppe *Beschriftung* (Seite 520).
- Um eine Grafik oder eine Tabelle nachträglich mit einer Beschriftung zu versehen, markieren Sie das betreffende Objekt und klicken in der Registerkarte *Verweise* auf die Schaltfläche *Beschriftung einfügen*. Word kann Grafiken, Tabellen und Formeln automatisch die passende Beschriftung zuordnen (Seite 520).
- Word weist Beschriftungen die Formatvorlage *Beschriftung* zu (Seite 521).
- Zusätzlich zu den vorhandenen Beschriftungskategorien *Tabelle*, *Grafik* und *Formel* können Sie auch eigene Kategorien erstellen (Seite 522).
- Word kann bestimmte Objekte direkt beim Einfügen mit einer Beschriftung versehen. Diese Funktion nennt sich *AutoBeschriftung* und ist normalerweise deaktiviert (Seite 522).
- Sie können für jede Kategorie ein eigenes Abbildungsverzeichnis erstellen lassen, in dem alle zugehörigen Beschriftungen aufgelistet werden. Die Seitenzahlen eines solchen Verzeichnisses fungieren als Link zu der jeweiligen Beschriftung. Um diesen Links zu folgen, müssen Sie die Seitenzahlen mit gedrückter Strg-Taste anklicken (Seite 525).
- Abbildungsverzeichnisse lassen sich bei Bedarf manuell aktualisieren. Sie haben dabei die Wahl zwischen der Aktualisierung des gesamten Verzeichnisses oder lediglich der Seitenzahlen (Seite 526).
- Abbildungsverzeichnisse werden mit Hilfe eines TOC-Feldes erzeugt. Die Formatierung des Verzeichnisses erfolgt durch so genannte *Schalter* (Seite 527).

Teil E

Mit speziellen Dokumenttypen arbeiten

In diesem Teil:

Kapitel 27

Feldfunktionen verstehen und verwenden

In diesem Kapitel:

In diesem Kapitel stellen wir Ihnen einen sehr interessanten Bestandteil von Word vor: die sogenannten *Feldfunktionen*, die manchmal auch einfach nur *Felder* genannt werden. Felder sind Anweisungen an Word, bestimmte Informationen zu ermitteln und anstelle des Feldes das Ergebnis des Feldes in das Dokument einzufügen. Diese Information kann z.B. das Datum, der Name des Dokuments, der Name des Autors oder die aktuelle Seitenzahl sein.

Die Feldfunktionen von Word sind derart vielseitig und leistungsfähig, dass man ihnen ohne Weiteres ein eigenes Buch widmen könnte. Dieses Kapitel hat das Ziel, Ihr Interesse an diesem Thema zu wecken, und es versucht, einen einfachen Einstieg in das Thema aufzuzeigen. Sie finden in diesem Kapitel:

- eine allgemeine Einführung in das Thema Felder,
- alle Anweisungen für die Formatierung von Feldern und
- die Erläuterung einiger interessanter Sonderfelder.

Schnellkurs: Felder

Lassen Sie uns das Datum-Beispiel aus den einführenden Worten zu diesem Kapitel noch einmal aufgreifen und daran die Grundbegriffe der Felder erläutern. Um das Feld einzufügen, das als Ergebnis das aktuelle Datum und die aktuelle Uhrzeit in den Text einfügt, sind nur wenige Schritte erforderlich:

1. Erstellen Sie mit dem Befehl *Neu* im Menü der Schaltfläche *Office* ein leeres Dokument, damit Sie sich ganz auf das eingefügte Feld konzentrieren können.
2. Klicken Sie erneut auf die *Office*-Schaltfläche, dann auf *Word-Optionen* und wechseln Sie im Dialogfeld *Word-Optionen* zur Kategorie *Erweitert*.

Bild 27.1 Im Abschnitt *Dokumentinhalt anzeigen* legen Sie fest, wie Word die Feldfunktionen im Dokument anzeigt

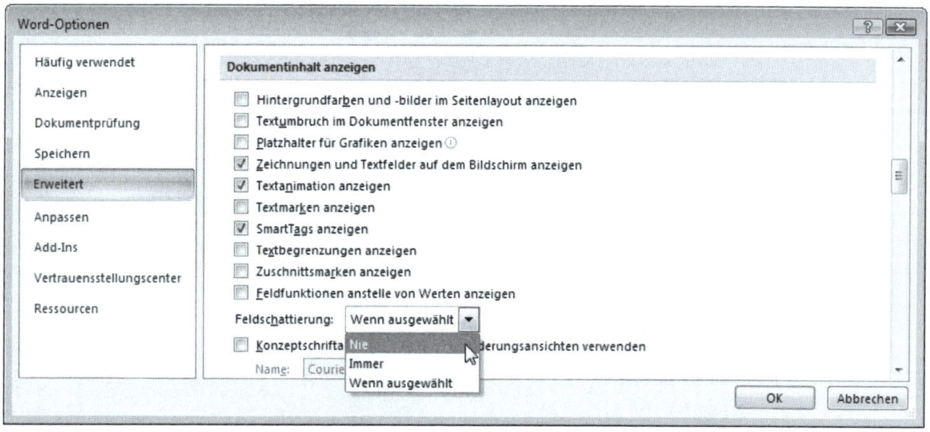

3. Scrollen Sie zum Abschnitt *Dokumentinhalt anzeigen,* schalten Sie das Kontrollkästchen *Feldfunktionen anstelle von Werten anzeigen* aus und wählen Sie in der Liste *Feldschattierung* die Option *Nie* aus (wir gehen auf die beiden Optionen gleich noch genauer ein). Schließen Sie dann das Dialogfeld mit einem Klick auf *OK*

4. Wechseln Sie zur Registerkarte *Einfügen* und klicken Sie in der Gruppe *Text* auf *Datum und Uhrzeit.* Word zeigt das gleichnamige Dialogfeld an.

Bild 27.2 Das Dialogfeld *Datum und Uhrzeit*

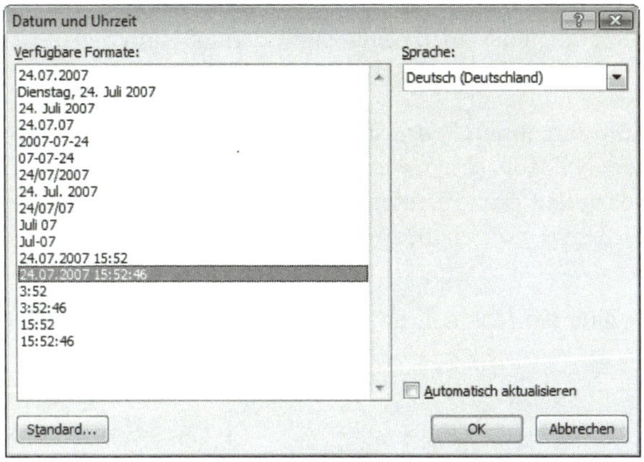

In diesem Dialogfeld bietet Ihnen Word verschiedene Formate für die Ausgabe des Datums und der Uhrzeit an. Entscheidender als die große Auswahl der Formate ist das Kontrollkästchen *Automatisch aktualisieren.* Hiermit können Sie steuern, ob Word das Datum bzw. die Uhrzeit als normalen Text oder als Feld einfügt.

5. Schalten Sie das Kontrollkästchen *Automatisch aktualisieren* zunächst **aus**, damit Word das Datum als normalen Text in Ihr Dokument einfügt.

6. Doppelklicken Sie auf den in Bild 27.2 markierten Eintrag.

   Ihr Dokument enthält jetzt das aktuelle Datum und die Uhrzeit in dem Format, das Sie via Doppelklick eingefügt haben. An den Zahlen, die Word in Ihr Dokument eingefügt hat, ist absolut nichts Besonderes. Sie können sie formatieren, löschen etc. wie jeden anderen Text auch. Fügen Sie die Zeitangabe hingegen als Feld ein, sieht die Sache schon anders aus:

7. Drücken Sie [↵], um die Einfügemarke in eine neue Zeile zu setzen.

8. Klicken Sie auf der Registerkarte *Einfügen* erneut auf *Datum und Uhrzeit.*

9. Schalten Sie das Kontrollkästchen *Automatisch aktualisieren* ein, damit Word das Datum als Feldfunktion in Ihr Dokument einfügt.

10. Doppelklicken Sie auf den gleichen Eintrag wie in Schritt 6.

Word fügt nun erneut eine Zeitangabe an, die sich jedoch in nichts von der ersten Version zu unterscheiden scheint (bis auf die Uhrzeit natürlich). Doch wie Sie gleich im nächsten Abschnitt sehen werden: Der Schein trügt.

Felder aktualisieren

Die zuletzt eingefügte Datumsversion sieht auf den ersten Blick so aus wie ein normaler Text. In Wirklichkeit hat Word jedoch an dieser Stelle eine Feldfunktion in das Dokument eingefügt, die die Fähigkeit hat, das aktuelle Datum und die momentane Uhrzeit zu ermitteln und als Text anzuzeigen. Natürlich wird die Zeitangabe nicht ständig aktualisiert, da Sie mit einem Text, dessen Inhalt sich selbstständig ändert, kaum einverstanden sein werden.

Sie können Word jedoch veranlassen, ein Feld neu zu berechnen. In unserem Beispiel bedeutet das, dass die eingefügte Uhrzeit aktualisiert wird.

1. Setzen Sie die Einfügemarke in die zuletzt eingefügte Datums- und Zeitangabe.
2. Drücken Sie F9.

Beim Drücken der F9-Taste aktualisiert Word sofort die Zeitangabe. Sie können den Vorgang beliebig oft wiederholen und dabei beobachten, wie die Sekunden und Minuten hochgezählt werden. Am besten markieren Sie dazu den ganzen Absatz, da Sie dann die Einfügemarke nicht nach jeder Aktualisierung erneut in die Uhrzeit setzen müssen.

Bild 27.3 Felder können auch durch einen Befehl in ihrem Kontextmenü aktualisiert werden

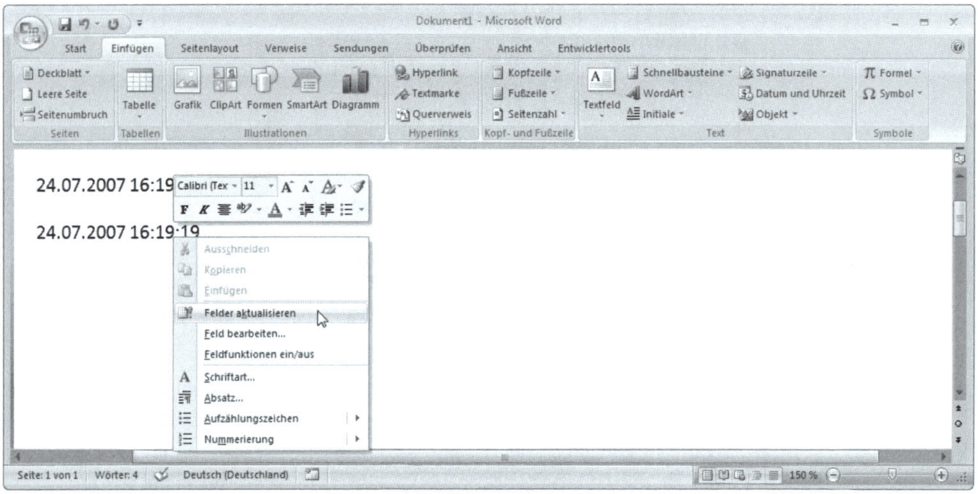

Alternativ können Sie auch das Kontextmenü des Feldes aufrufen (mit der rechten Maustaste in das Feld klicken) und dort den Befehl *Felder aktualisieren* wählen.

Feldschattierung anzeigen lassen

Wie Sie im Beispiel gesehen haben, lässt sich ein Feld rein optisch nicht von normalem Text unterscheiden. Die Ursache für dieses Verwirrspiel liegt in den Einstellungen des Dialogfeldes *Word-Optionen* begründet, die wir zu Beginn des Beispiels entsprechend manipuliert haben. Word ist nämlich durchaus in der Lage, die Felder eines Dokuments besonders zu kennzeichnen. Es benutzt dazu die sogenannten *Feldschattierungen*.

1. Klicken Sie auf die *Office*-Schaltfläche, dann auf *Word-Optionen* und wechseln Sie im Dialogfeld *Word-Optionen* zur Kategorie *Erweitert.*
2. Scrollen Sie zum Abschnitt *Dokumentinhalt anzeigen* und wählen Sie in der Liste *Feldschattierung* die Option *Wenn ausgewählt* aus. Beenden Sie dann das Dialogfeld mit einem Klick auf *OK.*
3. Bewegen Sie nun die Einfügemarke durch das Dokument und beobachten Sie, wie Word das Feld schattiert.

HINWEIS **Die Optionen für die Feldschattierung** Mit der Option *Nie* schalten Sie die Feldschattierungen komplett aus, das heißt, Word markiert die Felder eines Dokuments in keinem Fall. Mit *Immer* erzielen Sie genau das Gegenteil, die Felder werden also permanent durch eine Schattierung kenntlich gemacht. Die Variante *Wenn ausgewählt* bewirkt, dass die Schattierung eines Feldes nur dann eingeschaltet wird, wenn das Feld markiert ist bzw. wenn die Einfügemarke im Feld steht.

Zwischen Feldfunktion und Feldergebnis umschalten

In diesem und dem folgenden Abschnitt werden wir hinter die Kulissen der Felder schauen. Dazu lassen wir uns den Code anzeigen, der sich hinter dem eingefügten Datumsfeld verbirgt. Dieser Code wird in Word als *Feldfunktion*, sein Resultat als *Feldergebnis* bezeichnet. In unserem Beispiel ist das Feldergebnis das aktuelle Datum/die aktuelle Uhrzeit und die Feldfunktion ist der Code, mit dem Word angewiesen wird, das aktuelle Datum und die Uhrzeit zu ermitteln.

Word kann entweder die Funktion oder das Ergebnis eines Feldes anzeigen. Um zwischen diesen beiden Anzeigemodi zu wechseln, stehen Ihnen drei Möglichkeiten zur Verfügung, die wir im Folgenden kurz beschreiben. (Lassen Sie sich dabei von den Hieroglyphen der Feldfunktion nicht irritieren; wir werden sie im Anschluss an diesen Abschnitt erläutern.)

- **Mit dem Dialogfeld *Word-Optionen*** Die umständlichste, aber dafür auch eindeutigste Methode, um zwischen der Anzeige der Feldfunktion und dem Feldergebnis umzuschalten, ist das Dialogfeld *Word-Optionen* mit der Kategorie *Erweitert.* Schalten Sie im Bereich *Dokumentinhalt anzeigen* das Kontrollkästchen *Feldfunktionen anstelle von Werten anzeigen* ein, dann zeigt Word im gesamten Dokument die Feldfunktionen an; schalten Sie es aus, werden die Feldergebnisse sichtbar.
- **Mit der Tastatur** Deutlich schneller geht das Umschalten mit der Tastatur. Setzen Sie die Einfügemarke in ein Feld und drücken Sie ⇧+F9. Diese Tastenkombination wirkt sich nur auf das Feld aus, in dem sich die Einfügemarke befindet. Wenn Sie hingegen Alt+F9 drücken, können Sie zwischen der Anzeige der Feldfunktion und der Werte im gesamten Dokument hin- und herschalten.

Bild 27.4 Feldfunktionen oder Feldergebnisse anzeigen

- **Mit dem Kontextmenü der Felder** Zu guter Letzt können Sie die Darstellung der Felder auch mit deren Kontextmenü umschalten, das Sie durch einen Klick mit der rechten Maustaste auf eines der Felder öffnen. Der richtige Befehl ist in diesem Fall *Feldfunktionen ein/aus*. Er hat die gleiche Wirkung wie die Tastenkombination ⇧+F9, das heißt, er schaltet immer nur die Ansicht des aktuellen Feldes um.

Elemente von Feldfunktionen

Wenn Sie das einleitende Beispiel dieses Kapitels nachvollzogen haben, enthält Ihr Dokument jetzt das Feld »TIME«, das wir im nächsten Bild wiedergegeben haben. An diesem Beispiel wollen wir den prinzipiellen Aufbau einer Feldfunktion beschreiben.

Bild 27.5 Die Bestandteile einer Feldfunktion

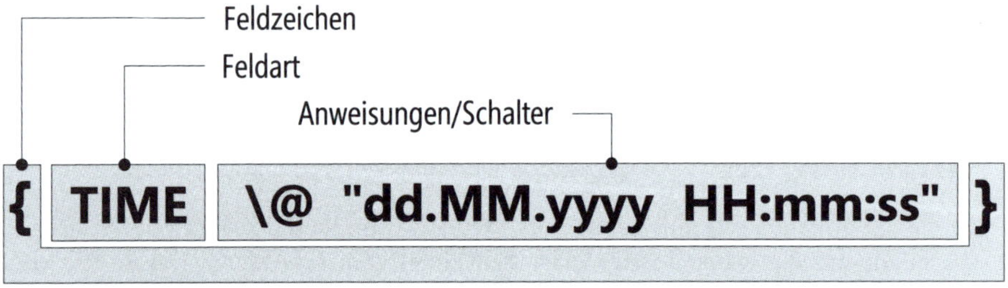

- { } = **Feldzeichen** Die Feldzeichen kennzeichnen den Anfang und das Ende eines Feldes und müssen immer vorhanden sein. Auch wenn diese Zeichen genauso aussehen wie geschweifte Klammern, sind es keine normalen geschweiften Klammern, sondern eben Feldzeichen. Wenn Sie die geschweiften Klammern über die Tastatur eingeben, werden diese von Word nicht als Feldzeichen erkannt. Das Eingeben der Feldzeichen werden wir im Abschnitt »Felder einfügen« noch ausführlich behandeln.
- TIME = **Feldart** Nach dem öffnenden Feldzeichen steht im Feld zuerst die Feldart, in unserem Beispiel also TIME. Die Feldart beschreibt die Aktion, die mit dem Feld verbunden ist.
- \... = **Feldschalter** Das dritte Element sind Anweisungen und Schalter. Sie verändern die Aktion des Feldes oder beeinflussen die Darstellung des Feldergebnisses. Die Schalter beginnen immer mit dem Zeichen \. In unserem Beispiel wird der Schalter \@ verwendet, dem ein weiteres Argument folgt, das in Anführungszeichen eingeschlossen wird. Hiermit wird die Ausgabeform des Datums festgelegt.

Felder einfügen

Zum Einfügen von Feldern stellt Ihnen Word verschiedene Möglichkeiten zur Verfügung, die wir Ihnen nun der Reihe nach vorstellen möchten.

Einfügen über spezialisierte Schaltflächen

Am einfachsten ist das Einfügen von Feldern mit den entsprechenden Schaltflächen der Multifunktionsleiste von Word. Eine dieser Schaltflächen, und zwar die für das Einfügen von Datum und Uhrzeit, haben Sie bereits zu Beginn dieses Kapitels kennengelernt. In der folgenden Tabelle finden Sie eine vollständige Aufstellung der entsprechenden Menübefehle, von denen einige auch mehrere Feldarten einfügen können:

Tabelle 27.1 Schaltflächen der Multifunktionsleiste, mit denen Feldfunktionen eingefügt werden

Schaltfläche	Eingefügte Feldfunktion
Einfügen/Hyperlinks/Hyperlink	HYPERLINK
Einfügen/Illustrationen/Grafik	INCLUDEPICTURE
Einfügen/Kopf- und Fußzeile/Seitenzahl	PAGE
Einfügen/Querverweis/Fußnote	NOTEREF
Einfügen/Querverweis/Seitenzahl	PAGEREF
Einfügen/Querverweis/Textmarke	REF
Einfügen/Symbole/Symbol	SYMBOL
Einfügen/Text/Datum und Uhrzeit	DATE
Einfügen/Text/Datum und Uhrzeit	TIME
Einfügen/Text/Objekt/Objekt	EMBED
Einfügen/Text/Objekt/Text aus Datei	INCLUDETEXT
Tabellentools/Layout/Daten/Formel	= (Feldfunktion Formel)
Verweise/Beschriftungen/Beschriftung einfügen	SEQ
Verweise/Index/Eintrag festlegen	XE
Verweise/Index/Index einfügen	INDEX
Verweise/Inhaltsverzeichnis/Inhaltsverzeichnis einfügen	TOC
Verweise/Rechtsgrundlagenverzeichnis/ Rechtsgrundlagenverzeichnis einfügen	TOA
Verweise/Rechtsgrundlagenverzeichnis/Zitat festlegen	TA
Verweise/Zitate und Literaturverzeichnis/ Literaturverzeichnis einfügen	BIBLIOGRAPHY
Verweise/Zitate und Literaturverzeichnis/Zitat einfügen	CITATION

Einfügen mit einem Dialogfeld

Der Befehl *Einfügen/Text/Schnellbausteine/Feld* stellt Ihnen ein Dialogfeld zur Verfügung, mit dem das Eingeben von Feldern sehr komfortabel wird. Dieses Dialogfeld bietet Ihnen nicht nur eine vollständige Übersicht über die verfügbaren Feldarten und deren Optionen (Schalter und Anweisungen), sondern auch einen direkten Zugang zum Hilfesystem von Word. Wir werden seine Bedienung an einem kleinen Beispiel vorstellen:

1. Wechseln Sie zur Registerkarte *Einfügen.* Klicken Sie in der Gruppe *Text* auf *Schnellbausteine* und dann auf *Feld.* Das Dialogfeld *Feld* wird angezeigt.

Bild 27.6 Einfügen von Feldfunktionen mit dem Dialogfeld *Feld*

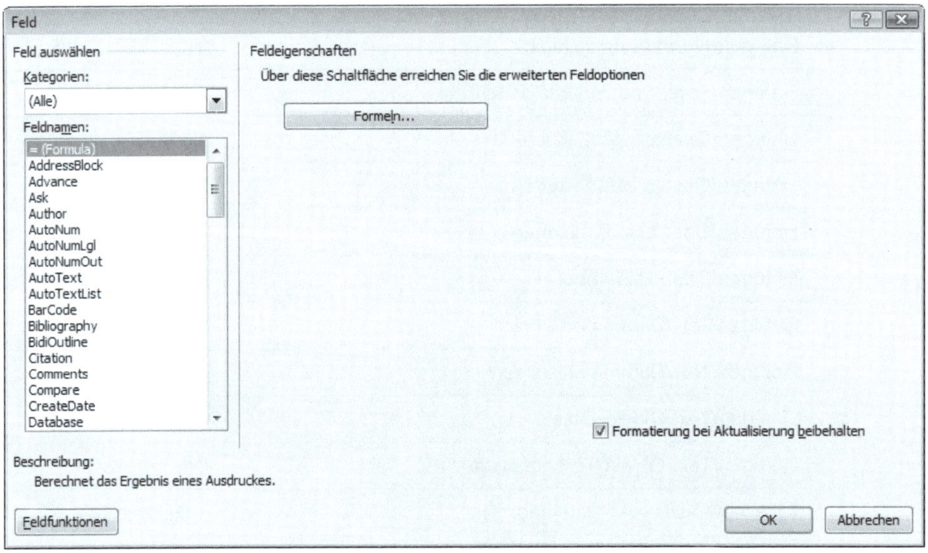

Im linken Listenfeld des Dialogfeldes sind die verschiedenen Feldarten-Kategorien von Word aufgeführt. Wenn Sie die Markierung mit den Pfeiltasten durch die Liste bewegen, sehen Sie, wie im Listenfeld rechts daneben die Feldarten der markierten Kategorie auftauchen. Wenn Sie nicht genau wissen, in welcher Kategorie sich die von Ihnen gesuchte Feldart befindet, markieren Sie einfach die Kategorie *(Alle).* Im Listenfeld *Feldnamen* werden dann sämtliche Word-Felder angezeigt.

Wenn bei einer Feldfunktion weitere Anweisungen und Schalter verwendet werden können, werden diese im Bereich Feldeigenschaften angezeigt und Sie können diese dort auswählen oder einschalten.

Wenn Sie die Schaltfläche *Feldfunktionen* im unteren Bereich des Dialogfeldes anklicken, wird statt der umgangssprachlichen Beschreibung der Optionen ein Textfeld eingeblendet. Word übernimmt die im Listenfeld *Feldnamen* markierte Feldfunktion in das Textfeld *Feldfunktionen.* In diesem Textfeld wird die zu erstellende Feldfunktion zusammengestellt. Dazu können Sie entweder die benötigten Schalter von Hand eintragen oder Sie benutzen die Schaltfläche *Optionen,* mit der Sie zu einem weiteren Dialogfeld verzweigen.

Als kleine Hilfestellung sehen Sie unterhalb des Textfeldes die allgemeine Syntax der Feldart.

Nach diesen eher theoretischen Beschreibungen wollen wir in die Praxis einsteigen:

2. Wechseln Sie zur Kategorie *Dokumentautomation.*
3. Markieren Sie im Feld *Feldnamen* den Eintrag *MacroButton.*
4. Markieren Sie im Feld *Makroname* den Eintrag *MicrosoftExcel.*
5. Geben Sie in das Feld *Text anzeigen* **Excel starten** ein.
6. Word zeigt das Textfeld *Feldfunktionen* an.

   Dort können Sie erkennen, wie die in den vorherigen Schritten ausgewählten Optionen zu einer Feldfunktion zusammengebaut wurden.

Bild 27.7 Word hat aus Ihren Eingaben eine Feldfunktion erstellt

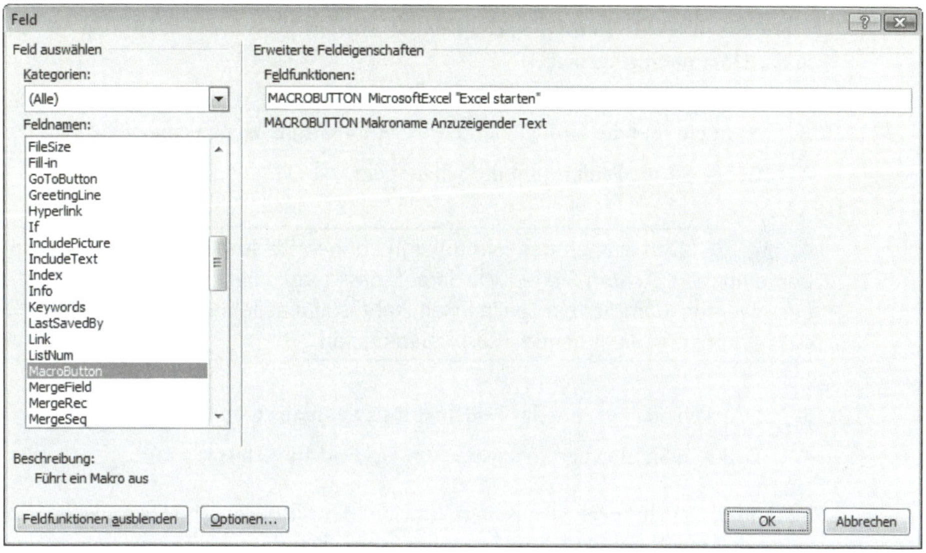

7. Schließen Sie das Dialogfeld *Feld* mit *OK.*
8. Drücken Sie [Alt]+[F9], wenn Word das vollständige Feld anzeigt.
9. Doppelklicken Sie auf den Text *Excel starten,* um das Feld zu aktivieren.

   Wenn alles geklappt hat, wird nun Microsoft Excel gestartet. Statt des Doppelklicks können Sie auch die Einfügemarke auf den Text *Excel starten* bewegen und die Tastenkombination [Alt]+[⇧]+[F9] drücken.

HINWEIS **Eigene Makros aufrufen** In der Liste *Makroname* werden nicht nur die in Word eingebauten Makrobefehle angezeigt, sondern auch die Namen aller von Ihnen selbst erstellten Makros. Da die Word-Version 2007 es bedeutend schwieriger macht, die Multifunktionsleiste anzupassen und es keine benutzerdefinierten Symbolleisten mehr gibt, stellt die Verwendung der Feldfunktion *MacroButton* eine gute Möglichkeit dar, beispielsweise in eigenen Dokumentvorlagen den Anwendern eine einfache Startmöglichkeit auf erweiterte Funktionalität, die in Makros enthalten ist, zur Verfügung zu stellen.

Sie sehen, das Erstellen eines Feldes wird durch das Dialogfeld *Feld* enorm erleichtert. Fassen wir die Vorteile noch einmal zusammen:

- Das Dialogfeld des Befehls zeigt Ihnen alle Feldarten an.
- Die Feldarten werden im Klartext angezeigt. Sie brauchen z.B. nicht auswendig zu wissen, dass zu der Feldart Indexeintrag der Feldcode XE gehört.
- Auch die Anweisungen der Feldarten sind im Klartext aufgeführt. Dies erspart Ihnen zeitraubendes Nachschlagen in der Online-Hilfe, die – im Unterschied zu bisherigen Word-Versionen – auch leider nicht alle Feldfunktionen dokumentiert.

Feld mit einer Tastenkombination einfügen

Wenn Sie die Feldart und die Schalter und Anweisungen kennen, können Sie ein Feld auch direkt in das Dokument eingeben:

1. Drücken Sie die Tastenkombination Strg+F9. Word fügt die Feldzeichen in das Dokument ein und die Einfügemarke wird automatisch ins neu eingefügte Feld positioniert.
2. Geben Sie die Feldart und die Schalter ein.

WICHTIG Den Namen der Feldfunktion können Sie sowohl in Klein- als auch in Großbuchstaben eingeben. Achten Sie jedoch darauf, dass hinter der öffnenden und vor der schließenden geschweiften Klammer ein Leerzeichen steht; sollte es fehlen, kann dies dazu führen, dass Word die Feldfunktion nicht richtig interpretieren kann.

3. Drücken Sie F9, um das Feldergebnis zu aktualisieren.
4. Drücken Sie eine der Pfeiltasten, um das Feld zu verlassen.

Sie können auch zuerst die Feldart und die Anweisungen eingeben, den gesamten zukünftigen Feldinhalt markieren und dann Strg+F9 drücken.

Felder bearbeiten

Feldinhalte können genau wie anderer Text bearbeitet, markiert, gelöscht oder formatiert werden. Beim Markieren gibt es jedoch die Besonderheit, dass das gesamte Feld markiert wird, wenn die Markierung eines der Feldzeichen einschließt. Wenn Sie zum Erweitern der Markierung die Pfeiltasten benutzen (mit gleichzeitig gedrückter ⇧-Taste), können Sie die Markierung eines Feldes nicht wieder durch das Verkleinern der Markierung rückgängig machen.

Um ein Feld zu löschen, müssen Sie es **ganz** markieren und dann die Taste Entf drücken.

Neben den normalen Editierbefehlen enthält Word einige Befehle, die dem besonderen Charakter von Feldern Rechnung tragen. Sie werden mit Tastenkombinationen aufgerufen, in denen die Tasten F9 und F11 benutzt werden. In der Zusammenfassung am Ende dieses Kapitels finden Sie eine Tabelle, in der alle Tastenkombinationen aufgeführt sind.

Felder aktualisieren

Wenn Sie ein Feld aktualisieren, wird Word aufgefordert, die Anweisungen in den Feldern auszuführen und die Ergebnisse auf den aktuellen Stand zu bringen. Einige der Felder werden beim Drucken automatisch aktualisiert, andere nicht.

1. Setzen Sie die Einfügemarke in das Feld, das aktualisiert werden soll. Wenn Sie mehrere Felder aktualisieren wollen, markieren Sie den Teil des Dokuments, in dem sich die Felder befinden, oder drücken Sie `Strg`+`A`, um das gesamte Dokument zu markieren.
2. Drücken Sie die Taste `F9`.

   Alternativ können Sie auch mit der rechten Maustaste in die Markierung klicken. Das dadurch angezeigte Kontextmenü enthält automatisch den Befehl *Felder aktualisieren,* wenn sich in der Markierung ein Feld befindet.
3. Schalten Sie, falls erforderlich, mit `Alt`+`F9` auf die Anzeige der Feldergebnisse um, um das Resultat der Aktualisierung zu sehen.

   Wenn Sie die Anzeige der Feldfunktionen lieber über das Kontextmenü ändern wollen, klicken Sie einfach mit der rechten Maustaste auf eines der Felder und wählen dann den Befehl *Feldfunktionen ein/aus.*

Als kleines Anschauungsmaterial haben wir einen Beispieltext vorbereitet, in dem ein Autohändler einen Brief an seine Kundschaft verschickt, der für die Einführung eines Tempolimits wirbt. Da das Tempolimit auch unter seinen Kunden heiß diskutiert ist, möchte der Autohändler natürlich einen möglichst flexiblen Brief aufsetzen. Der Text befindet sich in der Beispieldatei *Tempolimit.* Laden Sie das Dokument und schalten Sie die Anzeige der Feldfunktionen ein.

Bild 27.8 Beispiel für die Verwendung der Felder *SET* und *REF*

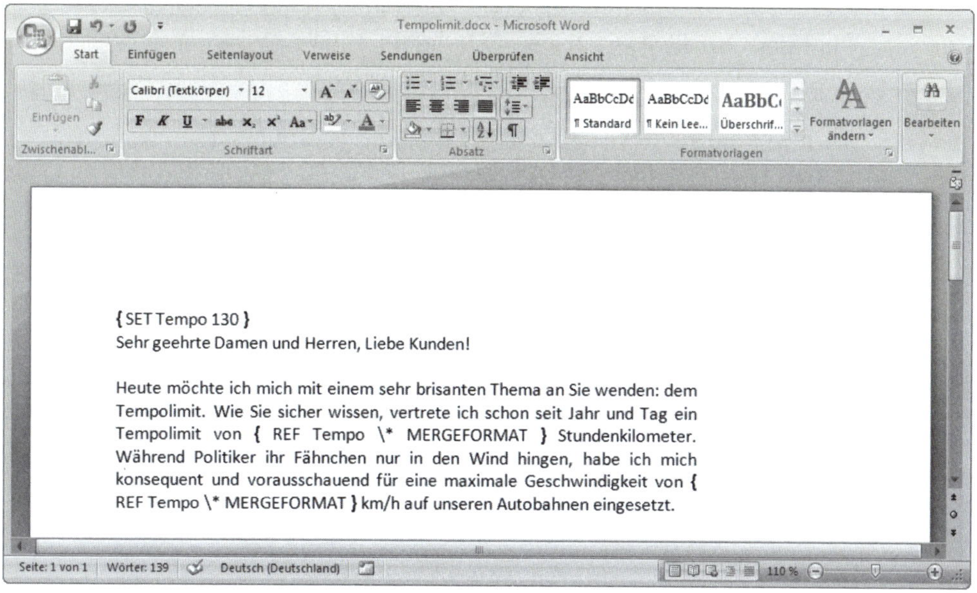
Tempolimit.docx - Microsoft Word
Start
Einfügen
Seitenlayout
Verweise
Sendungen
Überprüfen
Ansicht
{ SET Tempo 130 }
Sehr geehrte Damen und Herren, Liebe Kunden!
Heute möchte ich mich mit einem sehr brisanten Thema an Sie wenden: dem Tempolimit. Wie Sie sicher wissen, vertrete ich schon seit Jahr und Tag ein Tempolimit von { REF Tempo * MERGEFORMAT } Stundenkilometer. Während Politiker ihr Fähnchen nur in den Wind hingen, habe ich mich konsequent und vorausschauend für eine maximale Geschwindigkeit von { REF Tempo * MERGEFORMAT } km/h auf unseren Autobahnen eingesetzt.
Seite: 1 von 1
Wörter: 139
Deutsch (Deutschland)
110 %

Sie sehen dann in der ersten Zeile des Textes das Feld:

```
{ SET Tempo 130 }
```

Mit dieser Feldfunktion wird eine Textmarke mit dem Namen »Tempo« definiert und ihr der Text »130« zugewiesen. Wenn Sie mit dem Begriff der Textmarke noch nicht vertraut sind, stellen Sie sich darunter einfach einen Ersatznamen für einen beliebig wählbaren Text vor. Wir werden uns in Kapitel 38 ausführlich mit dem Thema befassen. Nach dem Aktualisieren des SET-Feldes verbindet Word also mit dem Namen »Tempo« den Text »130«.

Um den mit der Textmarke »Tempo« verbundenen Text an anderer Stelle in das Dokument aufzunehmen, verwenden wir die Feldart REF. Die vollständige Feldfunktion `{REF Tempo}` finden Sie gleich mehrfach im Text.

Wenn Sie dieses Feldfunktion aktualisieren, erhalten Sie als Ergebnis den Inhalt der Textmarke »Tempo«, der momentan »130« lautet. Wenn Sie mit Alt+F9 die Feldergebnisse anzeigen lassen, sehen Sie, dass die »130« mehrfach im Text auftaucht. Um alle Vorkommen auf einen Schlag zu ändern, sind folgende Schritte notwendig:

1. Schalten Sie mit Alt+F9 die Anzeige der Feldfunktionen ein.
2. Ersetzen Sie in dem SET-Feld die `130` durch eine Zahl Ihrer Wahl.
3. Schalten Sie mit Alt+F9 die Anzeige der Feldfunktionen wieder aus.
4. Markieren Sie mit Strg+A das gesamte Dokument.
5. Drücken Sie nun F9, um alle Felder zu aktualisieren, oder benutzen Sie den Befehl *Felder aktualisieren* aus dem Kontextmenü. Nach einer kurzen Wartezeit erscheinen die neuen Ergebnisse auf dem Bildschirm.

Felder, die nicht auf das Aktualisieren reagieren

Wenn Sie zur Aktualisierung eines Feldes die Taste F9 drücken und dieses Feld gesperrt ist, gibt Word einen Signalton aus. Sollte von mehreren markierten Feldern eines oder mehrere gesperrt sein, hören Sie kein akustisches Signal. In beiden Fällen werden die gesperrten Felder nicht aktualisiert.

Der Befehl für die Feldaktualisierung hat auf folgende Felder keine Auswirkung: AUTONUM, AUTONUMLGL, AUTONUMOUT, FORMULA, GOTO, MACROBUTTON und PRINT.

Felder beim Drucken aktualisieren

Wenn Sie möchten, dass vor dem Drucken im gesamten Dokument alle Felder aktualisiert werden, müssen Sie das Kontrollkästchen *Felder vor dem Drucken aktualisieren* im Dialogfeld *Word-Optionen* einschalten. Sie können das Feld auf zwei Wegen erreichen:

- Klicken Sie auf die *Office-Schaltfläche* und dann auf *Word-Optionen.* Wechseln Sie zur Kategorie *Anzeigen* und scrollen Sie, bis der Bereich *Druckoptionen* sichtbar ist.
- Klicken Sie auf die *Office-Schaltfläche* und dann auf *Drucken.* Klicken Sie im Dialogfeld *Drucken* auf die Schaltfläche *Optionen.*

Bild 27.9 Mit diesem Kontrollkästchen können Sie die Felder vor dem Drucken automatisch aktualisieren lassen

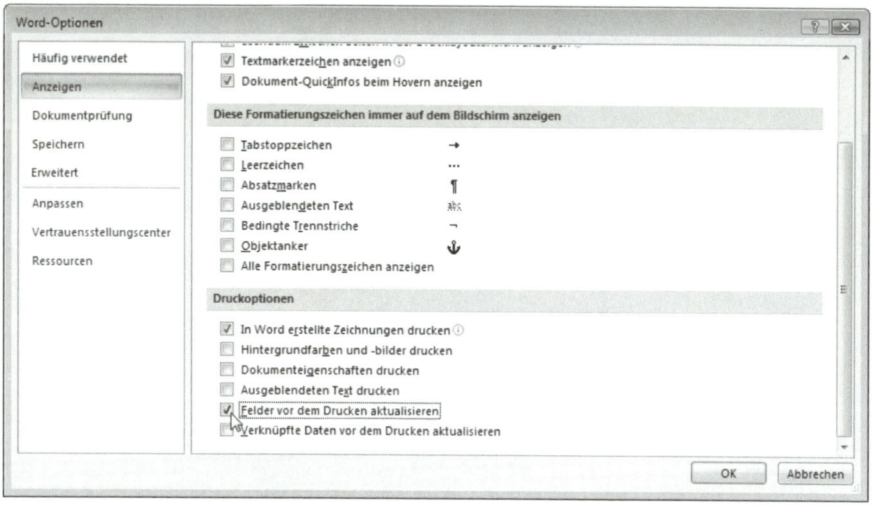

Feldaktion ausführen

Normalerweise sind Felder dafür vorgesehen, ein bestimmtes Ergebnis in ein Dokument aufzunehmen. Das kann z.B. ein Datum, eine Seitenzahl oder das Ergebnis einer mathematischen Berechnung sein. Einige Felder arbeiten im Verborgenen und können kein vorzeigbares Ergebnis vorweisen. Die beiden Feldarten MACROBUTTON und GOTOBUTTON genießen hier eine echte Sonderstellung: Mit ihnen ist es möglich, eine Aktion ausführen zu lassen. Die Feldart MACROBUTTON, die einen beliebigen Word-Befehl oder ein Makro starten kann, haben Sie bereits weiter vorne in diesem Kapitel kennengelernt.

Es fehlt also noch die Feldart GOTOBUTTON. Mit dieser Feldfunktion können Sie die Einfügemarke an eine andere Stelle im Dokument setzen und so das Bewegen in langen Dokumenten vereinfachen. Auch hier haben wir wieder ein kleines Beispiel vorbereitet, mit dem wir die Feldart GOTO und das Auslösen der Feldaktion veranschaulichen wollen. Es befindet sich in der Datei *FeldartGoToButton*.

1. Laden Sie die Beispieldatei *FeldartGoToButton* und schalten Sie die Ansicht der Feldfunktionen aus (mit [Alt]+[F9]).
2. Schalten Sie auch die Anzeige der nicht druckbaren Zeichen aus. Klicken Sie dazu auf der Registerkarte *Start* in der Gruppe *Absatz* auf die Schaltfläche *Alle anzeigen* oder benutzen Sie die Tastenkombination [Strg]+[⇧]+[*].
3. Doppelklicken Sie auf einen der eingeklammerten Ausdrücke. Mit der Tastatur müssen Sie zunächst die Einfügemarke vor eine der eckigen öffnenden Klammern setzen und die Tastenkombination [Alt]+[⇧]+[F9] drücken. Beobachten Sie, wie die Einfügemarke an ihre neue Position springt.

Bild 27.10 Beispiel für die Verwendung der Feldfunktion *GOTOBUTTON*

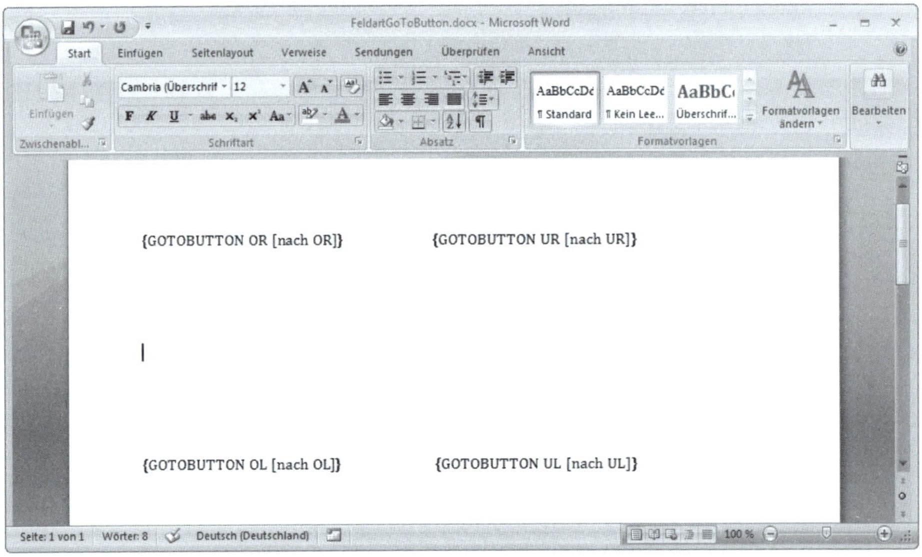

Damit Sie das Beispiel auch für eigene Zwecke modifizieren können, wollen wir Ihnen seinen prinzipiellen Aufbau kurz vorstellen. Schalten Sie dazu die Anzeige der Feldfunktionen ein. Sie sehen nun vier Feldfunktionen, die alle den gleichen Aufbau haben. Gleich zu Beginn sehen Sie das Feld

```
{GOTOBUTTON OR [nach OR]}
```

dessen Aufgabe es ist, die Einfügemarke zur Textmarke OR zu bewegen. Die Buchstaben OR stehen dabei für »oben rechts«. Der eingeklammerte Text in der Feldfunktion ist für die Arbeitsweise des Feldes nicht von Belang. Er wird lediglich zur Anzeige benutzt und dient als »Schaltfläche« für den Doppelklick, mit dem die Feldaktion ausgeführt werden kann.

Die Textmarke OR befindet sich im zweiten Feld des Beispieldokuments. Dies können Sie am besten erkennen, wenn Sie auf der Registerkarte *Start* in der Gruppe *Bearbeiten* auf den Pfeil der Schaltfläche *Suchen* und dann auf *Gehe zu* klicken (oder `Strg`+`G` drücken) und die Textmarke OR im Listenfeld des Dialogfeldes auswählen. Word bewegt dann die Einfügemarke an die entsprechende Position und markiert den mit der Textmarke OR verknüpften Text. (Nähere Informationen zu Textmarken finden Sie in Kapitel 38.)

Zum nächsten oder vorherigen Feld springen

Zwei weitere Tastenkombinationen ermöglichen es, im Dokument schnell von Feld zu Feld zu springen. Die Feldarten XE, TOC und RD werden von diesen Tasten nicht erreicht:

- Drücken Sie die Taste `F11`, um zum nächsten Feld zu gelangen.
- Drücken Sie die Tastenkombination `⇧`+`F11`, um zum vorherigen Feld zu gelangen.

Felder sperren

Zwei weitere Tastenkombinationen können Sie verwenden, wenn Sie zwar das Feld im Dokument stehen lassen, jedoch seine Aktualisierung verhindern wollen. Diese Möglichkeit können Sie einsetzen, um eine versehentliche Änderung an einem Feld zu vermeiden, wenn mehrere Personen an ein und demselben Dokument arbeiten.

So können Sie Felder sperren:

1. Setzen Sie die Einfügemarke in das Feld, das gesperrt werden soll. Wenn Sie mehrere Felder sperren wollen, markieren Sie den Teil des Dokuments, in dem sich die Felder befinden.
2. Drücken Sie Strg + F11, um das Feld zu sperren.

Und so heben Sie die Feldsperrung wieder auf:

1. Setzen Sie die Einfügemarke in das Feld, dessen Sperrung aufgehoben werden soll. Wenn Sie die Sperrung mehrerer Felder aufheben wollen, markieren Sie den Teil des Dokuments, in dem sich die Felder befinden.
2. Drücken Sie die Tastenkombination ⇧ + Strg + F11, um die Sperrung aufzuheben.

Feldfunktionen statt Feldergebnisse drucken

Word druckt normalerweise die Ergebnisse der Felder, und nicht die Feldfunktionen, wenn Sie den *Drucken*-Befehl verwenden. Es ist jedoch auch möglich, die Felder mit ihren Anweisungen drucken zu lassen:

1. Klicken Sie auf die *Office-Schaltfläche* und dann auf *Word-Optionen.*
2. Wechseln Sie zur Kategorie *Erweitert* und scrollen Sie zum Abschnitt *Drucken.*
3. Schalten Sie das Kontrollkästchen *Feldfunktionen anstelle von Werten drucken* ein.

Feld dauerhaft durch letztes Ergebnis ersetzen

Sie können eines oder alle Felder eines Dokuments durch das letzte Feldergebnis ersetzen. Dieser Vorgang heißt bei Word *Verknüpfung eines Feldes lösen*:

1. Setzen Sie die Einfügemarke in das Feld, dessen Verknüpfung gelöst werden soll. Wenn Sie die Verknüpfung bei mehreren Feldern lösen wollen, markieren Sie den Teil des Dokuments, in dem sich die Felder befinden, oder drücken Sie Strg + A, um das gesamte Dokument zu markieren.
2. Drücken Sie die Tastenkombination Strg + ⇧ + F9.

Felder formatieren

Die meisten Felder besitzen spezifische Schalter und Anweisungen, mit denen die Aktion und das Aussehen des Feldes festgelegt werden kann. Diese Schalter stellen wir Ihnen jeweils mit der vertieften Betrachtung des Feldes vor.

Darüber hinaus stehen Ihnen für Felder allgemeine Schalter zur Verfügung, die sich in vier Kategorien einteilen lassen:

- Formatierungsschalter, die mit den Zeichen * eingeleitet werden und bei denen mit dem Schalter eine Umwandlung von Groß- und Kleinbuchstaben, die Umwandlung von Zahlen und die Zeichenformatierung festgelegt wird.
- Schalter zur Formatierung eines numerischen Ergebnisses, mit denen das Erscheinungsbild der Zahl festgelegt wird, werden mit den Zeichen \# eingeleitet.
- Datum/Uhrzeit-Bildschalter, die mit den Zeichen \@ eingeleitet werden und mit denen Felder formatiert werden können, deren Ergebnis ein Datum oder eine Uhrzeit ist.
- Der Schalter \!, mit dem die Aktualisierung eines Feldes, das ein Ergebnis hat, verhindert wird.

In den Feldern der folgenden Tabelle dürfen die allgemeinen Schalter nicht verwendet werden:

Tabelle 27.2 Felder, in denen keine allgemeinen Feldschalter erlaubt sind

Feldart	Kurzbeschreibung
AUTONUM	Dient zur Nummerierung mit arabischen Ziffern
AUTONUMLGL	Dient zur Dezimal- oder DIN-Nummerierung
AUTONUMOUT	Dient zur Nummerierung im Gliederungsformat
EMBED	Fügt ein Objekt in ein Dokument ein
FORMULA	Fügt eine mathematische Formel ein
GOTOBUTTON	Bewegt die Einfügemarke
MACROBUTTON	Führt ein Makro aus
RD	Erstellt dateiübergreifende Verzeichnisse
TC	Legt einen Eintrag für ein Inhaltsverzeichnis fest
XE	Legt einen Eintrag für einen Index fest

Formatschalter

Jede Feldart gibt das Ergebnis in einem bestimmten Zahlenformat bzw. als Groß- oder Kleinbuchstaben zurück. Zur Zeichenformatierung wird das Format des ersten Zeichens nach dem Feldzeichen verwendet. Mit den Formatschaltern können Sie diese Vorgabe überschreiben. Die Schalter lassen sich in drei Gruppen unterteilen:

- Schalter zur Umwandlung der Groß- und Kleinschreibung,
- Schalter zur Umwandlung von Zahlen und
- Schalter zum Festlegen der Zeichenformatierung.

Alle Formatierungsschalter werden mit den Zeichen * eingeleitet, denen der Name des Schalters folgt. Der Schalter kann vor oder nach weiteren Anweisungen stehen.

Das Feld:

```
{ QUOTE "WinWord" \*Upper }
```

liefert als Ergebnis `WINWORD`.

Bei der Zeichenformatierung übernimmt Word die Formatierung des ersten Zeichens der Feldart. Diese Vorgabe kann mit den Schaltern **Mergeformat* und **Charformat* überschrieben werden.

Tabelle 27.3 Die Formatierungsschalter

Schalter	Beschreibung
* Alphabetic	Dieser Schalter wandelt das Ergebnis in alphabetische Zahlen um. Die Schreibweise des ersten Buchstabens von »Alphabetisch« bestimmt, ob das Ergebnis ein Klein- oder ein Großbuchstabe ist. Beispiel: { =2+1 * Alphabetic } liefert als Ergebnis: C
* Arabic	Dieser Schalter wandelt das Ergebnis des Feldes in arabische Ziffern um. Wenn Sie diesen Schalter gemeinsam mit der Feldart PAGE verwenden, wird die Einstellung überschrieben, die Sie im Dialogfeld Seitenzahlenformat (Befehl: *Einfügen/Kopf- und Fußzeile/Seitenzahl/ Seitenzahlen formatieren)* vorgenommen haben. Beispiel: { PAGE * Arabic } liefert als Ergebnis z.B.: 55
* CardText	Wandelt das Feldergebnis in die Grundtextform um. Standardmäßig beginnt der Text mit einem Kleinbuchstaben. Wenn Sie eine andere Groß-/Kleinschreibung verwenden wollen, fügen Sie noch einen Schalter für die Zeichenumwandlung ein. Beispiel: { =20+4 * CardText } liefert als Ergebnis: vierundzwanzig
* Caps	Der erste Buchtstabe jedes Wortes wird in Großbuchstaben umgewandelt. Beispiel: { QUOTE "otto normal" * Caps } liefert als Ergebnis: Otto Normal
* Charformat	Dieser Schalter weist Word an, die Formatierung des ersten Zeichens hinter dem Feldzeichen auf sämtliche Zeichen des Feldergebnisses anzuwenden. Beispiel: { **Q**UOTE "Winword" * Charformat } liefert als Ergebnis: **Winword**
* Dollartext	Dieser Schalter wandelt die Zahlen im Ergebnis in Grundtext um und gibt die Nachkommastellen als Hunderter-Bruchteile aus. Beispiel: { =7,5*1,19 * Dollartext } Euro liefert das Ergebnis: acht und 93/100 Euro
* FirstCap	Der erste Buchstabe des ersten Wortes wird in Großbuchstaben umgewandelt. Beispiel: { QUOTE "otto normal" * FirstCap} liefert als Ergebnis: Otto normal

Tabelle 27.3 Die Formatierungsschalter *(Fortsetzung)*

Schalter	Beschreibung
* Hex	Die Zahlen im Feldergebnis werden in Hexadezimalzahlen umgewandelt. Beispiel: { =1023 *Hex } liefert als Ergebnis: 3FF
* Lower	Alle Zeichen der Wörter im Feldergebnis werden in Kleinbuchstaben umgewandelt. Beispiel: { QUOTE "otTO norMal" * Lower } liefert als Ergebnis: otto normal
* MergeFormat	Die Formatierung des letzten Ergebnisses des Feldes wird übernommen und nicht durch die Feldaktualisierung überschrieben. Wenn das Feld noch kein Ergebnis hat, wendet Word die Formatierung des ersten Zeichens nach dem Feldzeichen auf das Feldergebnis an. Dieser Schalter wird von dem Dialogfeld *Feld* automatisch in die eingefügte Feldfunktion aufgenommen, sofern Sie in dem Dialogfeld des Befehls nicht das Optionsfeld *Formatierung bei Aktualisierung beibehalten* ausschalten.
* Ordinal	Dieser Schalter wandelt Zahlen im Feldergebnis in arabische Ordnungszahlen um, d.h., ihnen wird ein Punkt nachgestellt. Beispiel: { =3+3 *Ordinal } liefert als Ergebnis: 6.
* OrdText	Dieser Schalter wandelt das Feldergebnis in die Ordnungszahl-Textform um. Standardmäßig beginnt der Text mit einem Kleinbuchstaben. Wenn Sie eine andere Groß-/Kleinschreibung verwenden wollen, fügen Sie einen weiteren Schalter für die Zeichenumwandlung ein. Beispiel: { =3+4 * OrdText } liefert als Ergebnis: siebte
* Roman * roman	Dieser Schalter wandelt das Feldergebnis in römische Ziffern um. Es werden Kleinbuchstaben verwendet, wenn Sie * roman angeben und Großbuchstaben, wenn Sie * Roman verwenden. Beispiel: { =1994 * Roman } liefert als Ergebnis: MCMXCIV
* Upper	Alle Zeichen der Wörter im Feldergebnis werden in Großbuchstaben umgewandelt. Beispiel: { QUOTE "otTO norMal" * Upper } liefert als Ergebnis: OTTO NORMAL

Feldfunktionen und Schalter für die Ausgabe von Datum und Uhrzeit

Einige der Felder liefern als Ergebnis ein Datum oder eine Uhrzeit, die Sie mit speziell für diese Feldarten vorgesehenen Feldern formatieren können. Diese Schalter werden mit den Sonderzeichen »\@« eingeleitet, denen das gewünschte Format des Datums bzw. der Uhrzeit als Zeichenfolge folgt, das in Anführungszeichen eingeschlossen wird. Wenn Sie im Dialogfeld *Feld* eines der Felder für die Ausgabe eines Datums oder die Uhrzeit auswählen, zeigt Word einige mögliche Kombinationen an, aus denen Sie eine auswählen können.

Bild 27.11 Auswahlliste für das Format eines Datums und/oder einer Uhrzeit

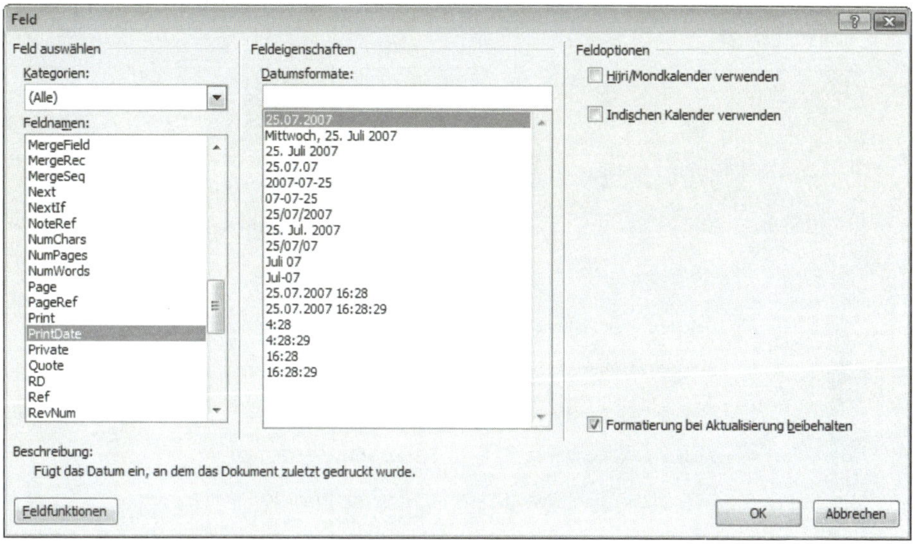

Word stellt Ihnen die folgenden Feldfunktionen zur Verfügung, die alle ein Datum oder eine Uhrzeit als Ergebnis liefern und die Sie mit den Bildschaltern, die weiter unten beschrieben sind, formatieren können.

Tabelle 27.4 Feldfunktionen, die ein Datum/eine Uhrzeit als Ergebnis liefern

Bildschalter	Beschreibung
DATE TIME	Liefert das aktuelle Datum und/oder die aktuelle Uhrzeit.
CREATEDATE	Liefert das Datum/die Uhrzeit, an dem das Dokument, in dem sich das Feld befindet, erstellt wurde.
PRINTDATE	Liefert das Datum/die Uhrzeit, an dem das Dokument, in dem sich das Feld befindet, zum letzten Mal gedruckt wurde.
SAVEDATE	Liefert das Datum/die Uhrzeit, an dem das Dokument, in dem sich das Feld befindet, zum letzten Mal gespeichert wurde.

Die letzten drei Feldfunktionen eignen sich beispielsweise für den Einsatz in einer Kopf- oder Fußzeile, oder Sie verwenden sie auf einem Deckblatt für ein Dokument. Alle Felder, die ein Datum als Ergebnis liefern, können auch mit den Bildern für die Uhrzeitausgabe versehen werden.

Die Bildschalter, die den Wochentag oder den Monat als Text liefern, berücksichtigen automatisch die Sprache, mit der das Feld formatiert wurde. Die folgende Abbildung zeigt ein Beispieldokument, das die Feldfunktion CREATEDATE verwendet. Den vier Feldern wurden unterschiedliche Sprachen zugewiesen und Word übersetzt dann für Sie den Namen des Wochentags und den Namen des Monats.

Bild 27.12 Namen für Wochentag und Monat werden von Word automatisch in die korrekte Sprache übersetzt

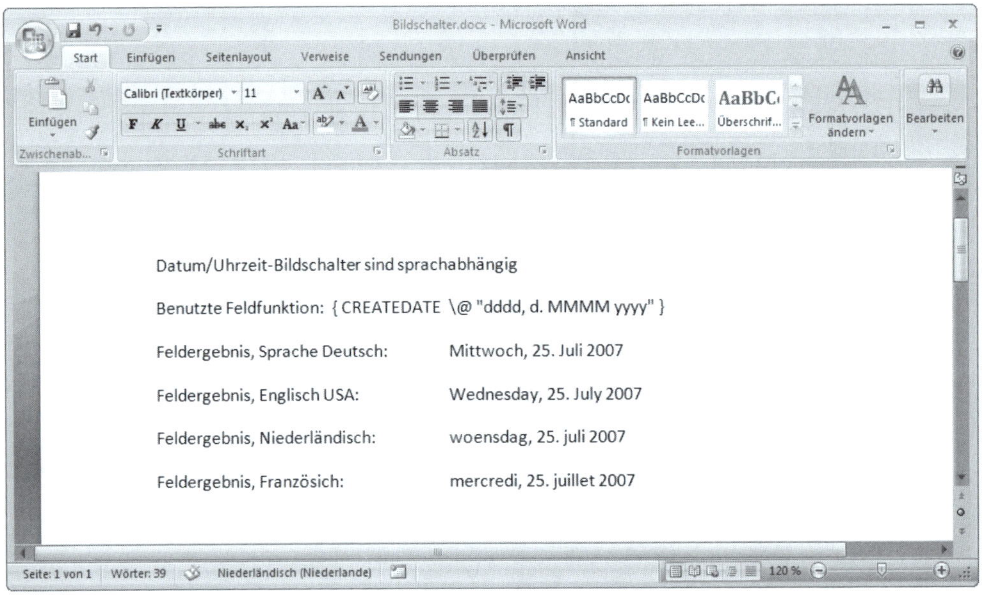

Die in den folgenden Tabellen aufgeführten Buchstaben können in einer beliebigen Kombination im Datum-/Uhrzeit-Bildschalter vorkommen. Wenn Sie die Datums- oder Uhrzeitangabe durch wörtlichen Text ergänzen wollen, setzen Sie diesen in doppelten Anführungszeichen und schließen ihn in einfache Anführungszeichen ein.

Tag

Um das Datum oder den Wochentag im Feldergebnis zu erhalten, verwenden Sie den Buchstaben »d«, wobei es keine Rolle spielt, ob Sie ihn als Klein- oder Großbuchstaben eingeben. Der Buchstabe »d« kann bis zu viermal hintereinander vorkommen.

Tabelle 27.5 Bildschalter für die Ausgabe des Tages

Bildschalter	Beschreibung
\@ "d"	Liefert den Tag des Monats als Ziffer. Die Ziffern für die ersten neun Tage des Monats erhalten keine führende Null (1-31).
\@ "dd"	Liefert den Tag des Monats als Ziffer. Die Ziffern für die ersten neun Tage des Monats erhalten eine führende Null (01-31).

Tabelle 27.5 Bildschalter für die Ausgabe des Tages *(Fortsetzung)*

Bildschalter	Beschreibung
\@ "ddd"	Liefert den Wochentag als Text, wobei er mit den ersten drei Buchstaben abgekürzt wird (Mon-Son).
\@ "dddd"	Liefert den Wochentag mit dem vollen Namen (Montag-Sonntag).

Monat

Um den Monat im Feldergebnis zu erhalten, verwenden Sie den Buchstaben »M« als Großbuchstaben, da das kleine »m« zur Formatierung der Minuten reserviert ist.

Tabelle 27.6 Bildschalter für die Ausgabe des Monats

Bildschalter	Beschreibung
\@ "M"	Liefert den Monat als Ziffer. Die Ziffern für die ersten neun Monate erhalten keine führende Null (1-12).
\@ "MM"	Liefert den Monat als Ziffer. Die Ziffern für die ersten neun Monate erhalten eine führende Null (01-12).
\@ "MMM"	Liefert den Monatsnamen als Text, wobei er mit den ersten drei Buchstaben abgekürzt wird (Jan-Dez). Word berücksichtigt hierbei die Sprache, mit der das Feld formatiert wurde.
\@ "MMMM"	Liefert den Monat mit dem vollen Namen (Januar-Dezember). Word berücksichtigt hierbei die Sprache, mit der das Feld formatiert wurde.

Jahr

Um das Jahr im Feldergebnis zu erhalten, verwenden Sie den Buchstaben »y« in zwei möglichen Varianten. Hierbei spielt es keine Rolle, ob Sie die Buchstaben in Groß- oder Kleinschrift eingeben.

Tabelle 27.7 Bildschalter für die Ausgabe des Jahres

Bildschalter	Beschreibung
\@ "yy"	Ergibt die beiden letzten Ziffern der Jahreszahl, wobei, falls erforderlich, eine führende Null vorangestellt wird.
\@ "yyyy"	Ergibt alle vier Ziffern der Jahreszahl.

Stunden

Zur Formatierung der Stunden verwenden Sie die Buchstaben »h« und »H«. Wenn Sie ein kleines »h« verwenden, erfolgt die Ausgabe im 12-Stunden-Format. Ein großes »H« ergibt die Stunden im 24-Stunden-Format. Die Anzahl der Buchstaben beeinflusst die Voranstellung einer führenden Null.

Tabelle 27.8 Bildschalter für die Ausgabe der Stunden

Bildschalter	Beschreibung
\@ "h"	Liefert die Stunden als Ziffern im 12-Stunden-Format. Die einstelligen Stunden erhalten keine führende Null (1-12).
\@ "hh"	Liefert die Stunden als Ziffern im 12-Stunden-Format. Die einstelligen Stunden erhalten eine führende Null (01-12).
\@ "H"	Liefert die Stunden als Ziffern im 24-Stunden-Format. Die einstelligen Stunden erhalten keine führende Null (1-23).
\@ "HH"	Liefert die Stunden als Ziffern im 24-Stunden-Format. Die einstelligen Stunden erhalten eine führende Null (01-23).

Minuten

Um die Ausgabeform der Minuten festzulegen, verwenden Sie den Buchstaben »m«. Hier muss der Kleinbuchstabe verwendet werden, da das große »M« für die Formatierung des Monats vorgesehen ist.

Tabelle 27.9 Bildschalter für die Ausgabe der Minuten

Bildschalter	Beschreibung
\@ "m"	Liefert die Minuten als Ziffern. Die einstelligen Minuten erhalten keine führende Null (0-59).
\@ "mm"	Liefert die Minuten als Ziffern. Alle einstelligen Minuten erhalten eine führende Null (00-59).

AM/PM

Mit den Bildschaltern AM/PM können Sie die Zeit in einem von vier Vor- und Nachmittagsformaten anzeigen lassen, wie sie im englischen Sprachraum üblich sind. AM ist die Abkürzung für »ante meridiem« (vor Mittag) und bezeichnet die Stunden 0-12. PM ist die Abkürzung für »post meridiem« (nach Mittag) und bezeichnet die Stunden 13-23. Ob die Stunden selber im 12- oder 24-Stunden-Format angezeigt werden, wird in den *Regions- und Sprachoptionen* der Windows-Systemsteuerung festgelegt. Dort können Sie auch die beiden Kürzel AM und PM verändern.

Tabelle 27.10 Bildschalter für die Ausgabe der Uhrzeit in Vor- und Nachmittagsformaten

Bildschalter	Beschreibung
AM/PM	Gibt die Tageshälfte mit AM und PM an.
am/pm	Gibt die Tageshälfte mit am und pm an.
A/P	Gibt die Tageshälfte mit A und P an.
a/p	Gibt die Tageshälfte mit a und p an.

Alle Zeichenkombinationen, die nicht in eine der oben beschriebenen Kategorien passen, werden von Word unverändert in das Feld kopiert. Sie können die einzelnen Bilder beliebig miteinander kombinieren und auch die Reihenfolge ändern. Damit ist es beispielsweise möglich, das amerikanische Datumsformat, bei dem der Monat vor dem Tag steht, zu erzeugen. Die nachfolgende Tabelle enthält einige Beispiele mit den wichtigsten Datumsformaten.

Tabelle 27.11 Beispiele für die Anwendung der Datum/Uhrzeit-Bildschalter

Feldfunktion	Feldergebnis
{ DATE \@ "MMM. yy" }	Jul. 07
{ DATE \@ "d. MMMM yyyy" }	13. Juli 2007
{ DATE \@ "dd.MM.yy" }	13.07.07
{ DATE \@ "MM-dd-yy" }	07-13-07
{ DATE \@ "dd.MM.yy H:mm" }	13.07.07 9:23
{ DATE \@ "dd. MMM. yy" }	13. Jul. 07
{ TIME \@ "HH:mm" }	09:23
{ TIME \@ "hh:mm" }	09:23
{ TIME \@ "hh:mm AM/PM" }	09:23 AM (Text muss die Sprache »Englisch« besitzen)
{ TIME \@ "hh:mm A/P" }	11:44 A (Text muss die Sprache »Englisch« besitzen)

Numerische Feldergebnisse formatieren

Die letzte Gruppe von Formatierungsschaltern dient der Formatierung von numerischen Feldergebnissen. Die Zeichenformatierung der Zahl-Bilder wird übernommen. Wenn das Ergebnis des Feldes keine Zahl ist, haben die Schalter keine Wirkung. Alle Schalter werden mit den Zeichen »\#« eingeleitet.

Platzhalter für erforderliche Ziffern (0)

Mit der Null können Sie die Anzahl der erforderlichen Ziffern im Feldergebnis festlegen. Wenn das Ergebnis auf irgendeiner Seite weniger Ziffern enthält als im Nummernbild Nullen vorhanden sind, werden die Nullen hinzugefügt. Enthält das Ergebnis auf der rechen Seite des Dezimalzeichens mehr Stellen als im numerischen Bild vorgeschrieben sind, wird das Ergebnis gerundet. Weitere Ziffern auf der linken Seite des Dezimalzeichens werden angezeigt.

Tabelle 27.12 Beispiele für die Angabe erforderlicher Ziffern im Feldergebnis

Feldfunktion	Feldergebnis
{ =0,7 \# "0,00" }	0,70
{ =7 \# "0,00" }	7,00

Tabelle 27.12 Beispiele für die Angabe erforderlicher Ziffern im Feldergebnis *(Fortsetzung)*

Feldfunktion	Feldergebnis
{ =7,777 \# "0,00" }	7,78
{ =77,777 \# "0,00" }	77,78

Platzhalter für optionale Ziffern (#)

Mit dem Zeichen »#« können Sie die Anzahl der Zeichen bestimmen, die im Ergebnis ausgegeben werden. Da keine Nullen, sondern Leerzeichen hinzugefügt werden, wenn das Ergebnis weniger Ziffern besitzt als das Nummern-Bild, können Sie das Zeichen »#« zur Ausrichtung von Feldergebnissen verwenden.

Tabelle 27.13 Beispiele für optionale Platzhalter für Ziffern

Feldfunktion	Feldergebnis
{ =20*2 \# "Euro ####,##" }	Euro 40,
{ =2000*2 \# "Euro ####,00" }	Euro 4000,00
{ =98 * 19% \# "Euro #,00" }	Euro 116,72

Platzhalter für abschneidende Ziffern (x)

Wenn Sie ein »x« in das numerische Bild aufnehmen, legen Sie die exakte Anzahl der Ziffern fest, die im Ergebnis enthalten sein sollen. Sie müssen den Kleinbuchstaben verwenden. Überzählige Ziffern (auf beiden Seiten des Ergebnisses) werden gerundet und der Rest abgeschnitten. Enthält das Ergebnis weniger Ziffern, werden auf der linken Seite des Dezimalzeichens Leerzeichen vorangestellt.

Tabelle 27.14 Beispiele für das Festlegen der exakten Ziffernanzahl

Feldfunktion	Feldergebnis
{ =1 \# "xx,xx" }	1,
{ =123,5 \# "xx,xx" }	23,5
{ =1,255 \# "xx,xx" }	1,26

Dezimalzeichen

Durch die Eingabe eines Dezimalzeichens im numerischen Bild legen Sie die Anzahl der Stellen vor und nach dem Dezimalzeichen fest. Ob die weiteren Ziffern angezeigt werden oder nicht, hängt von den anderen Platzhaltern ab. Sie müssen hier das Dezimalzeichen verwenden, das in der Systemsteuerung von Windows in den *Regions- und Sprachoptionen* im Feld *Dezimaltrennzeichen* festgelegt wurde.

Tausender-Trennzeichen

Wenn Sie in eines der numerischen Bilder ein Tausender-Trennzeichen eingeben, erscheint es im Feldergebnis, wenn

- auf jeder Seite des Trennzeichens ein »#« oder eine Null steht und
- wenn die Zahl so groß ist, dass sie ein Trennzeichen benötigt.

Sie müssen hier das gleiche Trennzeichen verwenden, das in der Windows-Systemsteuerung bei den *Regions- und Sprachoptionen* im Feld *Symbol für Zifferngruppierung* festgelegt wurde.

Tabelle 27.15 Angabe der Position des Tausender-Trennzeichens

Feldfunktion	Feldergebnis
{ =500 \# "Euro ###.###" }	Euro 500
{ =345*213 \# "Euro #.###" }	Euro 73.485

Vorzeichen

Sie haben zwei Möglichkeiten, die Ausgabe eines Vorzeichens zu erreichen und können außerdem verschiedene numerische Bilder festlegen, die von Word in Abhängigkeit vom Vorzeichen verwendet werden.

Mit dem Pluszeichen erreichen Sie, dass das Vorzeichen immer angezeigt wird. Nur, wenn das Feldergebnis 0 ist, wird kein Vorzeichen, sondern ein Leerzeichen ausgegeben.

Durch Voranstellen eines Minuszeichens wird nur dann das Vorzeichen angezeigt, wenn die Zahl negativ ist. Ist das Feldergebnis positiv oder Null, wird ein Leerzeichen ausgegeben. Der Unterschied bei der Verwendung von Plus- und Minuszeichen besteht darin, dass beim Pluszeichen auch bei einem positiven Feldergebnis das Vorzeichen ausgegeben wird.

Tabelle 27.16 Beispiele für die Ausgabe des Vorzeichens

Feldfunktion	Feldergebnis
{ =3+3 \# "+##0" }	+6
{ =3-3 \# "+##0" }	0
{ =3-4 \# "+##0 "}	–1
{ =3-3 \# "-##0" }	0
{ =3-4 \# "-##0" }	–1

Bei der sogenannten *negativen Variante* legen Sie zwei Bildschalter fest. Der erste wird von Word zur Ausgabe verwendet, wenn das Feldergebnis positiv oder null ist. Der zweite numerische Bildschalter, der nach dem ersten Bildschalter und einem trennenden Semikolon steht, wird von Word zur Ausgabe benutzt, wenn das Feldergebnis negativ ist. Bei der *vollen Variante* legen Sie drei numerische Bildschalter fest: Der erste Bildschalter wird verwendet, wenn das Ergebnis positiv ist, der zweite, wenn es negativ ist, und der dritte, wenn es null ist. Auch hier werden die einzelnen Bildschalter durch ein Semikolon voneinander getrennt.

Tabelle 27.17 Angeben von verschiedenen Varianten

Feldfunktion	Wert an Textmarke	Feldergebnis
{Zahl \# "0,00; (0,00)"}	23,50	23,50
	–23,50	(23,50)
{Zahl \# "0,00; -0,00; Null"}	23,50	23,50
	–23,50	–23,50
	0	Null

Schalter zum Sperren eines Feldes

Der Schalter »\!« hat keine weiteren Argumente und verhindert, dass ein Feld, zu dem ein Ergebnis gehört, aktualisiert werden kann. Die Aufnahme des Schalters entspricht dem Drücken der Tastenkombination Strg+F11.

Das Löschen des Schalters aus dem Feld hebt die Sperrung wieder auf und entspricht somit der Tastenkombination Strg+⇧+F11.

Mit Feldern rechnen

Mit der Feldart FORMULA, die durch das Gleichheitszeichen symbolisiert wird, können Sie mathematische Gleichungen berechnen. In diesen Feldern können Sie zahlreiche Operatoren und Funktionen verwenden, die wir Ihnen in diesem Abschnitt vorstellen. Operanden in den Ausdrücken können Zahlen, Textmarken oder Positionsangaben in Tabellen sein.

Um ein Feld zur Berechnung einer mathematischen Gleichung zu erhalten, gibt es wie immer zwei Alternativen: Sie können auf die gute alte Handarbeit zurückgreifen oder Sie lassen sich von Word mit dem Dialogfeld *Formel* helfen.

Ein Formelfeld von Hand eingeben

Kurze Formeln können Sie durchaus ohne den Umweg über ein Dialogfeld eingeben. Drücken Sie einfach die Tasten Strg+F9, damit Word ein leeres Feld in Ihr Dokument aufnimmt. Geben Sie dann als erstes Zeichen ein Gleichheitszeichen ein und schreiben Sie danach den gewünschten mathematischen Ausdruck. Bei der Aktualisierung des Feldes wird das Ergebnis berechnet. Haben Sie bei der Eingabe einen Fehler gemacht, lesen Sie allerdings nur `Syntaxfehler` auf dem Bildschirm.

Formelfelder mit einem Dialogfeld eingeben

Das Dialogfeld *Formel* können Sie auf zwei Wegen aufrufen. Wenn sich die Einfügemarke in einer Tabelle befindet, blendet Word die kontextbezogenen Registerkarten *Tabellentools* ein. In der

Gruppe *Daten* der Registerkarte *Tabellentools/Layout* befindet sich die Schaltfläche *Formel*, mit der Sie das Dialogfeld *Formel* anzeigen lassen und dort den Ausdruck eingeben können, der berechnet werden soll. Eine ausführliche Beschreibung und ein Beispiel, wie Sie mit Word rechnende Tabellen erstellen können, finden Sie in Kapitel 19 dieses Buches.

Die Feldart FORMULA können Sie jedoch nicht nur in Tabellen, sondern auch an anderen Stellen innerhalb eines Word-Dokuments verwenden. Wenn sich die Einfügemarke nicht in einer Tabelle befindet, müssen Sie den Umweg über das Dialogfeld *Feld* machen, dort die Feldart *FORMULA* markieren und schließlich auf die Schaltfläche *Formeln* klicken, um das Dialogfeld *Formel* aufzurufen.

Bild 27.13 Das Dialogfeld zum Eingeben einer Formel

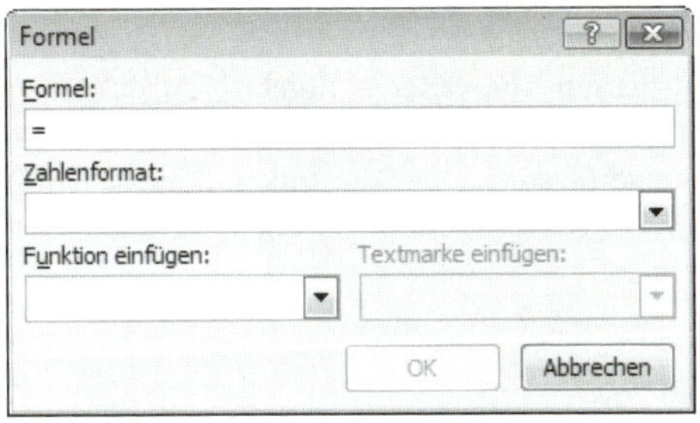

Der Aufbau des Dialogfeldes ist recht einfach gehalten. Im Textfeld *Formel* müssen Sie das gewünschte Formelfeld eingeben. Die für die Formel benötigten Funktionen können Sie sich direkt aus dem Listenfeld *Funktion einfügen* besorgen. Wenn Sie einen der Einträge auswählen, fügt Word ihn an der aktuellen Cursorposition in das Textfeld *Formel* ein. Das gleiche Prinzip gilt auch für Textmarken, auf die Sie in der Formel Bezug nehmen wollen. Sie werden im Listenfeld *Textmarke einfügen* angeboten.

WICHTIG Wenn Sie in Ihrer Formel Textmarken einsetzen wollen, so müssen Sie darauf achten, dass die Namen Ihrer Textmarken nicht mit den Formel-Funktionen identisch sind. Zum Beispiel werden Sie mit der Textmarke Summe immer die Meldung Syntaxfehler erhalten, da Word davon ausgeht, dass Sie die Funktion Summe benutzen wollen, bei der nach dem Namen eine Klammer stehen muss.

Im Listenfeld *Zahlenformat* des Dialogfeldes *Formel* bietet Ihnen Word die wichtigsten Möglichkeiten an, wie Sie das Ergebnis des Formelfeldes formatieren können. Wenn Ihnen keines der Formate gefällt, können Sie auch ein völlig neues Format eingeben und dazu gegebenenfalls einen der Listeneinträge als Ausgangsbasis nehmen.

Operatoren und Operanden

In den zu berechnenden Ausdrücken können Sie die mathematischen Operatoren verwenden, die Sie in der Tabelle auf der folgenden Seite sehen.

Tabelle 27.18 Die Operatoren, die in Ausdrücken verwendet werden können

Operator	Beschreibung	Operator	Beschreibung
+	Addition	=	Gleich
–	Subtraktion	<	Kleiner als
*	Multiplikation	<=	Kleiner oder gleich
/	Division	>	Größer als
%	Prozentrechnung	>=	Größer oder gleich
^	Potenz/Wurzel	<>	Ungleich

Als Operanden können Sie Zahlen, Felder, die ein numerisches Ergebnis zurückgeben, Textmarken, die mit einer Zahl verbunden sind, oder Zeilen, Spalten, Zellen oder Bereiche einer Tabelle verwenden. Die folgende Tabelle enthält einige Beispiele. Auf der linken Seite sehen Sie die Feldfunktion mit dem Ausdruck, auf der rechten Seite das Ergebnis. Beachten Sie auch, dass im letzten Beispiel zwei Felder verschachtelt sind.

Tabelle 27.19 Beispiele für die Verwendung von Operatoren

Feldfunktion	Feldergebnis
{ = 34+7 }	41
{ = Ums –Kst \# "#.###,00" }	200.000,00
{ = { NUMPAGES }/4 \# "#" }	83

Um Verweise auf Tabellen zu erzeugen, verwenden Sie die Notation, die Ihnen vielleicht schon aus Tabellenkalkulationsprogrammen geläufig ist. Die Adresse jeder Zelle setzt sich aus der Angabe der Spalte und der Zeile zusammen. Die Spalten werden dabei mit Buchstaben nummeriert, die Zeilen mit Zahlen. So bezieht sich z.B. die Angabe A3 auf die erste Spalte der dritten Zeile; C1 hingegen auf die dritte Spalte der ersten Zeile.

Word kennt dabei keine relativen Adressen, wie Sie es vielleicht aus Microsoft Excel gewohnt sind. Die Word-Adresse A3 ist daher mit der Excel-Adresse A3 identisch (in Excel werden absolute Adressen durch ein Dollarzeichen gekennzeichnet).

Tabelle 27.20 Tabellenfelder als Operanden

Operand (Beispiel)	Bezeichnet
`A3`	eine einzelne Tabellenzelle
`2:2`	eine Tabellenzeile (die zweite)
`C:C`	eine Tabellenspalte (die dritte)
`A1:C3`	einen Tabellenbereich (die ersten drei Spalten der ersten drei Zeilen)

Tabelle 27.20 Tabellenfelder als Operanden *(Fortsetzung)*

Operand (Beispiel)	Bezeichnet
Textmarke`[A3]`	eine Tabellenzelle in der Tabelle, der die angegebene Textmarke zugewiesen wurde
Textmarke`[A4:E4]`	einen Bereich in der Tabelle, der die angegebene Textmarke zugewiesen wurde

Funktionen in Formelfeldern

In Ausdrücken können außerdem verschiedene Funktionen und Bedingungen verwendet werden. Bedingungen ergeben entweder das Ergebnis *True* (wahr) oder *False* (falsch). Auch diese beiden Wahrheitswerte sind definiert, wobei der Wahrheitswert *True* den Wert 1 und *False* den Wert 0 besitzt.

Funktionen, die eine beliebige Anzahl von Argumenten verarbeiten können, sind durch leere runde Klammern gekennzeichnet. Die einzelnen Argumente der Liste werden durch Semikola voneinander getrennt. Bei Funktionen mit einer festgelegten Anzahl von Argumenten sehen Sie als Platzhalter Buchstaben in Kleinschrift.

Tabelle 27.21 Funktionen, die in Formel-Feldern benutzt werden können

Operand (Beispiel)	Beschreibung
ABS(x)	Liefert den Absolutwert einer Zahl. Der Absolutwert einer Zahl ist ihr Abstand zur 0. Beispiel: { =ABS(-3) } und { =ABS(3) } liefern als Ergebnis: 3
AND(x;y)	Logische UND-Verknüpfung. Der gesamte Ausdruck ergibt nur True, wenn beide Argumente das Ergebnis Wahr ergeben. Andernfalls ist das Ergebnis False. Beispiel:{ =AND(True;False) } liefert das Ergebnis: False
AVERAGE ()	Bildet die Summe aus den Elementen der Liste und teilt sie durch die Anzahl der Elemente. Beispiel: { =AVERAGE (6;7;2) } liefert das Ergebnis: 5
COUNT()	Liefert als Ergebnis die Anzahl der übergebenen Argumente. Beispiel: { =COUNT(a;b;c) } liefert das Ergebnis: 3
DEFINED(x)	Ergibt den Wert Wahr, wenn der Ausdruck ein Ergebnis liefert oder der angegebene Operand (beispielsweise eine Textmarke) definiert ist. Andernfalls ist das Ergebnis: Falsch.
IF (x;y;z)	Mit der IF-Funktion wird der Ausdruck *x* ausgewertet. Ergibt er den Wert Wahr, ist das Ergebnis *y*, sonst *z*. Beispiel: { =IF (2>3;7;5) } liefert das Ergebnis: 5

Tabelle 27.21 Funktionen, die in Formel-Feldern benutzt werden können *(Fortsetzung)*

Operand (Beispiel)	Beschreibung
INT(x)	Ermittelt die nächstkleinere ganze Zahl des Arguments.
MAX()	Liefert den Wert der größten Zahl einer Liste. Beispiel: { =MAX(6;7;2) } liefert das Ergebnis: 7
MIN()	Liefert den Wert der kleinsten Zahl einer Liste. Beispiel: { =MIN(6;7;2) } liefert das Ergebnis: 2
MOD (x;y)	Ermittelt den Rest einer Ganzzahldivision, bei der *x* durch *y* dividiert wird. Das Ergebnis hat das gleiche Vorzeichen wie *y*. Beispiel: { =MOD (5;2) } liefert das Ergebnis: 1
NOT (x)	Logische NICHT-Verknüpfung. Verkehrt den Wahrheitswert des Ausdrucks in sein Gegenteil. Aus True wird False und aus False wird True.
OR(x;y)	Logische ODER-Verknüpfung von zwei Ausdrücken. Ergibt Wahr, wenn mindestens einer der ausgewerteten Ausdrücke den Wert Wahr ergibt. Ergibt Falsch, wenn beide Ausdrücke den Wert Falsch ergeben. Beispiel: { =OR(WAHR;FALSCH) } liefert das Ergebnis: Wahr
PRODUCT()	Multipliziert alle Argumente der übergebenen Liste und gibt das Ergebnis zurück. Beispiel: { =PRODUCT(6;7;2) } liefert das Ergebnis: 84
ROUND (x;y)	Rundet die Zahl *x* auf *y* Stellen.
SIGN (x)	Ergibt das Vorzeichen des angegebenen Ausdrucks. Das Ergebnis ist 1, wenn die Zahl positiv ist, -1, wenn die Zahl negativ ist, und 0, wenn das Argument den Wert null hat.
SUM()	Alle Zahlen, die in der Liste enthalten sind, werden addiert und das Ergebnis zurückgegeben. Beispiel: { =SUM(20;14;5) } liefert das Ergebnis: 39

Zusammenfassung

Dieses Kapitel hat Sie mit den Feldfunktionen von Word vertraut gemacht, die Ihnen dabei helfen können, Texte und Dokumente noch flexibler zu gestalten. Bei der Nutzung von Feldern sind Sie stärker als bei anderen Textverarbeitungsaufgaben auf den Einsatz der Tastatur angewiesen, da sich für viele der Aktionen in der Multifunktionsleiste kein Befehl findet. Hier darum noch einmal eine Aufstellung aller Tasten, die im Zusammenhang mit Feldern relevant sind.

Tabelle 27.22 Die Tastenkombinationen beim Einsatz von Feldern

Tastenkombination	Beschreibung
Strg + ⇧ + F7	Verknüpfte Daten aktualisieren
F9	Markierte Felder aktualisieren
⇧ + F9 Alt + F9	Umschalten zwischen Anzeige der Feldfunktionen und der Feldergebnisse
Strg + F9	Neues Feld einfügen
Strg + ⇧ + F9	Markierte Felder durch letztes Ergebnis ersetzen (Feldverknüpfung lösen)
Alt + ⇧ + F9	Feldaktion ausführen, entspricht einem Doppelklick auf das Feld
F11	Zum nächsten Feld springen
⇧ + F11	Zum vorherigen Feld springen
Strg + F11	Feld sperren und Aktualisierung verhindern
⇧ + Strg + F11	Feldsperrung aufheben und Aktualisierung ermöglichen
Alt + ⇧ + D	Feld DATE einfügen
Alt + ⇧ + P	Feld PAGE einfügen
Alt + ⇧ + T	Feld TIME einfügen

- In einem Schnellkurs am Anfang des Kapitels haben Sie an einem einfachen Beispiel die grundlegenden Techniken bei der Verwendung von Feldfunktionen kennengelernt (Seite 532) und dabei gesehen, wie Sie Felder einfügen, wie Sie Felder aktualisieren (Seite 534), wie Sie die Feldschattierung anzeigen lassen (Seite 534) und wie Sie zwischen der Anzeige der Feldfunktionen und der Feldergebnisse umschalten können (Seite 535).
- Sie kennen nun die Bestandteile, aus denen eine Feldfunktion aufgebaut ist: Feldzeichen, Name der Feldfunktion, Anweisungen und Schalter (Seite 536).
- Einige der Schaltflächen der Multifunktionsleiste fügen Feldfunktionen in das Dokument ein (Seite 537). Alle Feldfunktionen, die Word anbietet, können Sie mit dem Dialogfeld *Feld* einfügen (Seite 538).
- Der nächste Abschnitt hat Ihnen die verschiedenen Bearbeitungsmöglichkeiten von Feldfunktionen vorgestellt: Sie wissen, wie Sie Felder aktualisieren, wie Sie die Einfügemarke zwischen den Feldfunktionen in einem Dokument bewegen können, wie Felder gesperrt und dadurch nicht mehr aktualisiert werden können und wie Sie statt der Feldergebnisse die Feldfunktionen selbst ausdrucken lassen können (Seite 540).
- Mit Formatschaltern lässt sich festlegen, wie das Feldergebnis von Word dargestellt wird. Sie haben die allgemeinem Schalter (Seite 546), die Bildschalter für Datum- und Zeitangaben (Seite 548) und die Schalter zur Formatierung von numerischen Feldergebnissen (Seite 553) kennengelernt.
- Der letzte Abschnitt dieses Kapitels hat gezeigt, wie Sie das Feld FORMULA einsetzen, um in Word einfache Berechnungen ausführen zu lassen (Seite 556).

Kapitel 28

Serienbriefe erstellen

In diesem Kapitel:

Die Seriendruckfunktionalität befindet sich bei Word 2007 auf einer eigenen Registerkarte mit dem Namen *Sendungen.* Auf ihr finden Sie die Befehle, die bei Word 2003 über den Menübefehl *Extras/Briefe und Sendungen* und dessen Untermenü und über die *Seriendruck*-Symbolleiste verfügbar waren. Die Befehlsgruppe *Erstellen* der Registerkarte *Sendungen* können Sie verwenden, um Etiketten und Umschläge zu erstellen. Hinter der Befehlsschaltfläche *Beschriftungen* verbergen sich die Etiketten. (Leider ist hier ein Übersetzungsfehler passiert, der daraus resultiert, dass das englische Wort »label« verschiedene Bedeutungen hat. Vielleicht haben Sie schon ein Service Pack für Office 2007 installiert, mit dem dieser Fehler behoben wurde.)

Dieses Kapitel stellt Ihnen exemplarisch anhand eines Rundbriefes das Erstellen eines Serienbriefes vor. Der erste Abschnitt macht Sie zunächst mit einigen der Begriffe bekannt, die im Zusammenhang mit dem Seriendruck von Bedeutung sind, und beschreibt die prinzipiellen Schritte beim Erstellen eines Serienbriefes, die von der Reihenfolge der Befehlsgruppen auf der Registerkarte *Sendungen* gut abgebildet wird. Die nachfolgenden Abschnitte stellen dann die einzelnen Schritte ausführlich vor.

Wenn Sie bereits in Word 2003 oder einer früheren Version mit der Seriendruckfunktion gearbeitet haben, reicht es aus, dieses Kapitel zu überfliegen. Sollten Sie zum ersten Mal einen Serienbrief erstellen, gelangen Sie mit den Schritt-für-Schritt-Anleitungen dieses Kapitels schnell ans Ziel.

Grundlagenwissen für den Seriendruck

Beim Seriendruck, der im Englischen »mail merge« heißt, was so viel wie »Briefe zusammenführen« bedeutet, arbeiten Sie mit zwei verschiedenen Elementen: einem Hauptdokument und einer Datenquelle.

- Beim *Hauptdokument* handelt es sich um ein Word-Dokument, das neben dem Text, der in allen zu erstellenden Briefen enthalten sein soll, Platzhalter für variable Elemente enthält, die sich je nach Empfänger des Briefes ändern können. Sie können ein Hauptdokument komplett neu erstellen oder auch ein bestehendes Word-Dokument in ein Hauptdokument für den Seriendruck umwandeln lassen.
- Die variablen Elemente jedes einzelnen Briefes befinden sich in einer *Datenquelle,* bei der es sich in den meisten Anwendungsfällen des Seriendrucks um eine Adressenliste handelt. Sie können in Word beispielsweise die Outlook-Kontakte verwenden, damit Sie die Adressen, die in Outlook bereits vorliegen, nicht erneut eingeben müssen. Auch die Verwendung von anderen Datenformaten ist möglich.

Auf der Registerkarte *Sendungen* stehen Ihnen alle Werkzeuge zur Verfügung, die Sie zum Erstellen eines Serienbriefes benötigen. Die Anordnung der Befehlsgruppen und Befehle entspricht den einzelnen Schritten, die Sie beim Seriendruck erledigen müssen und die nachfolgend beschrieben werden.

Bild 28.1 Die Registerkarte *Sendungen* fasst alle Werkzeuge zusammen, die Sie zum Erstellen eines Serienbriefes benötigen

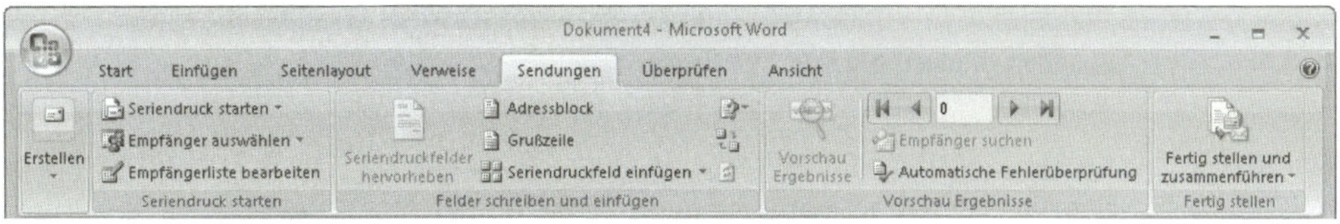

1. **Erstellen des Hauptdokuments** Im ersten Schritt erstellen Sie das Seriendruck-Hauptdokument. Das Hauptdokument enthält den Text und die Grafiken, die in allen Versionen des zusammengeführten Dokuments identisch sein sollen, wie beispielsweise die Absenderadresse, den eigentlichen Text des Briefes und die Grußformel.
2. **Verbinden des Hauptdokuments mit einer Datenquelle** Im nächsten Schritt legen Sie die Datenquelle fest, in der sich die variablen Elemente befinden, die beim Zusammenfügen in das Hauptdokument eingefügt werden sollen.
3. **Bearbeiten der Empfängerliste** Wenn Sie als Datenquelle beispielsweise die Outlook-Kontakte verwenden, erstellt Word eine Kopie der gesamten Daten des Kontakte-Ordners. Wenn Sie den Serienbrief nicht an alle Personen der Adressliste senden wollen, können Sie die Liste in Word sortieren und filtern und so die tatsächlichen Empfänger des Serienbriefes festlegen.
4. **Einfügen der Platzhalter in das Hauptdokument** Damit Word weiß, an welchen Stellen im Hauptdokument beispielsweise die Adresse stehen soll, fügen Sie in das Hauptdokument Platzhalter ein, die festlegen, wo beim Zusammenführen welche Daten aus der Datenquelle eingefügt werden sollen. Diese Platzhalter werden auch Seriendruckfelder genannt.
5. **Prüfen in der Seriendruckvorschau** Lassen Sie sich anschließend in der Seriendruckvorschau anzeigen, wie die Ergebnisse des Zusammenführens aussehen. Dies entspricht in etwa der Druckvorschau, wie Sie sie bei normalen Word-Dokumenten verwenden; der Unterschied besteht darin, dass bei der Seriendruckvorschau zusätzlich die Platzhalter durch die tatsächlichen Daten der Datenquelle ersetzt werden.
6. **Zusammenführen und fertigstellen** Wenn Sie mit den Ergebnissen der Seriendruckvorschau zufrieden sind, können Sie die Briefe zusammenführen und ausdrucken lassen.

Hauptdokument einrichten

In der ersten Phase der Serienbrieferstellung erstellen Sie das Hauptdokument. Sie können hierfür ein neues Dokument erstellen oder ein bereits vorhandenes öffnen.

1. Klicken Sie auf die *Office-Schaltfläche* und verwenden Sie dort den Befehl *Neu* oder *Öffnen*, um das Dokument zu erstellen bzw. zu laden, das Sie als Hauptdokument für den Seriendruck verwenden wollen.
2. Wenn Sie ein neues Dokument erstellen, geben Sie in das Dokument den Text ein, der in allen Versionen des zusammengeführten Dokuments enthalten sein soll. Sie können wie bei anderen Word-Dokumenten auch die Registerkarte *Einfügen* verwenden, um Tabellen, Abbildungen, SmartArts und weitere Elemente in das Dokument einzufügen.

3. Öffnen Sie die Registerkarte *Sendungen* und klicken Sie in der Gruppe *Seriendruck starten* auf die Schaltfläche *Seriendruck starten.*

4. Wählen Sie im Menü den Dokumenttyp aus, den Sie erstellen möchten. Um einen Brief zu erstellen, klicken Sie hier auf *Briefe.*

Bild 28.2 Klicken Sie auf die Schaltfläche *Seriendruck starten,* um den Dokumenttyp festzulegen, den Sie erstellen wollen

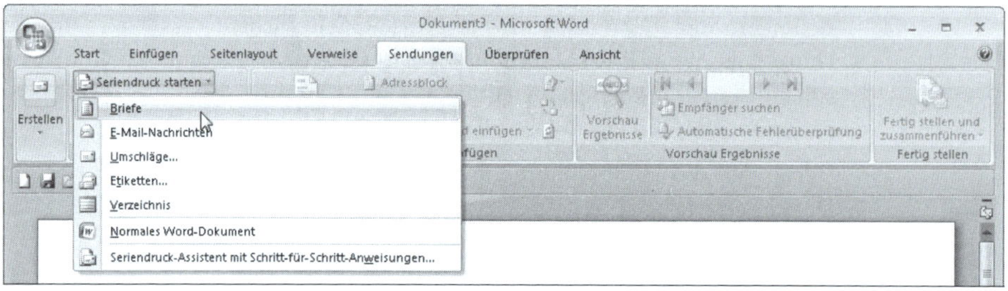

Sie können mit der Seriendruckfunktion die folgenden Dokumenttypen erstellen:

- **Briefe** und **E-Mail-Nachrichten** Bei diesen beiden Optionen ist der Inhalt in allen Briefen oder E-Mails im Wesentlichen derselbe, aber Name, Adresse oder andere spezifische Daten hängen vom jeweiligen Empfänger ab.
- **Etiketten** Klicken Sie diesen Befehl an, damit Word das Dialogfeld *Etiketten einrichten* anzeigt. Dort können Sie den Hersteller und den Typ der Etiketten auswählen, die Sie bedrucken wollen. Word fügt hierfür dann eine Tabelle in das Dokument ein.

Bild 28.3 Wählen Sie für den Dokumenttyp *Etiketten* in diesem Dialogfeld den Hersteller und den Typ der Etiketten aus

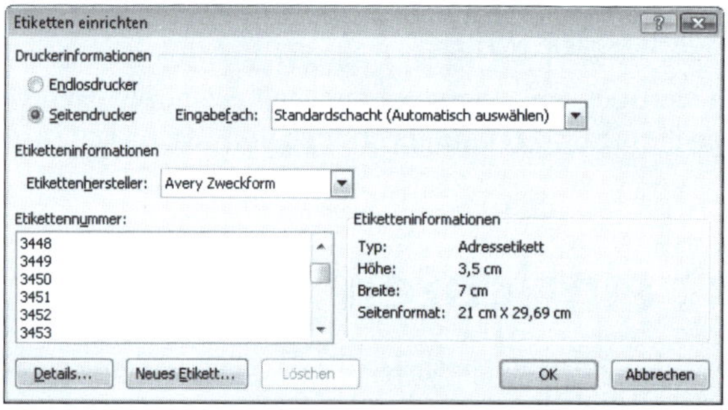

- **Umschläge** Wenn Sie den Befehl *Umschläge* anklicken, wird das Dialogfeld *Umschlagoptionen* angezeigt. Dort können Sie auf der Registerkarte *Umschlagoptionen* das *Umschlagformat* (beispielsweise DIN lang) auswählen und die Zeichenformatierungen festlegen. Bei den mit der Option *Umschläge* erstellten Seriendruckdokumenten ist die Absenderadresse auf allen Umschlägen identisch, die Empfängeradresse ist jedoch unterschiedlich. Die Absenderadresse geben Sie direkt in das Dokument ein, für die Empfängeradresse verwenden Sie Seriendruckfelder.

HINWEIS **Etiketten mit dem gleichen Text und einzelne Umschläge erstellen** Wenn Sie Etiketten erstellen wollen, auf denen der gleiche Empfänger/Absender steht oder lediglich einen Umschlag ausdrucken wollen, verwenden Sie auf der Registerkarte *Sendungen* die Schaltflächen der Befehlsgruppe *Etiketten*. Die genaue Vorgehensweise ist in Kapitel 29 dieses Buches beschrieben.

Bild 28.4 Im Dialogfeld *Umschlagoptionen* wählen Sie das Format der Umschläge aus. Sie können auch die Position der Empfänger- und Absenderadresse ändern und die Zeichenformatierung für beide Elemente einstellen.

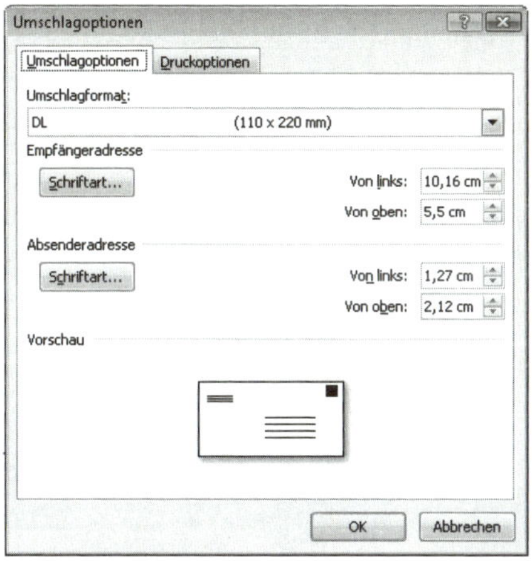

- **Normales Word-Dokument** Wenn Sie die Option *Normales Word-Dokument* anklicken (die ausgewählt ist, bevor Sie den Dokumenttyp festlegen), können Sie aus einem Seriendruck-Hauptdokument wieder ein normales Word-Dokument machen. Die speziell für den Seriendruck erforderlichen Informationen (wie der Name der Datenquelle), werden dann aus dem Dokument entfernt.

HINWEIS **Den Aufgabenbereich *Seriendruck* verwenden** Sie können für das Durchführen eines Seriendruckprojekts auch den Aufgabenbereich *Seriendruck* verwenden, der bereits in Word 2003 vorhanden war. Dieser Aufgabenbereich führt Sie schrittweise durch den Vorgang. Klicken Sie zum Verwenden des Aufgabenbereichs auf der Registerkarte *Sendungen* in der Gruppe *Seriendruck starten* auf *Seriendruck starten* und anschließend auf *Seriendruck-Assistent mit Schritt-für-Schritt-Anweisungen*. Dieses Kapitel beschreibt die Serienbrieferstellung jedoch anhand der neuen Registerkarte *Sendungen*.

Seriendruckprojekt fortsetzen

Wenn Sie die Arbeit an einem Seriendruckprojekt zeitweise unterbrechen müssen, können Sie das Hauptdokument speichern und den Seriendruck zu einem späteren Zeitpunkt fortsetzen. Word speichert alle Informationen zum Seriendruck (wie den Namen der Datenquelle) gemeinsam mit dem Dokument ab, sodass Sie diese Informationen nicht erneut eingeben müssen. Um den Seriendruck fortzusetzen, öffnen Sie das Dokument.

Während des Öffnens wird eine Meldung angezeigt, in der Sie aufgefordert werden, das Öffnen des Dokuments zu bestätigen. Daraufhin wird ein SQL-Befehl ausgeführt, durch den das Hauptdokument erneut mit der Datenquelle verbunden wird. Sie können dann die Registerkarte *Sendungen* anklicken und Ihre Arbeit fortsetzen.

Hauptdokument mit der Datenquelle verbinden

Im nächsten Schritt legen Sie fest, welche Datenquelle für das Hauptdokument verwendet werden soll.

1. Klicken Sie in der Gruppe *Seriendruck starten* auf die Schaltfläche *Empfänger auswählen.*

Bild 28.5 Klicken Sie in der Gruppe *Seriendruck starten* auf *Empfänger auswählen* und legen Sie dann fest, woher die Daten kommen, die in dem Seriendruckprojekt verwendet werden

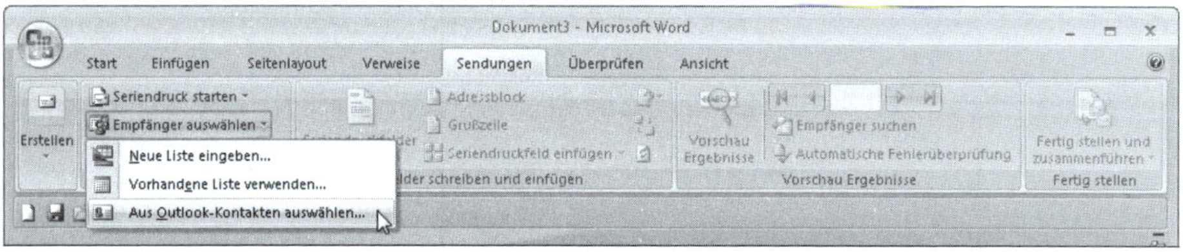

2. Wählen Sie eine der folgenden Optionen aus:

   - **Neue Liste eingeben** Wenn Sie bisher noch keine Datendatei erstellt haben, die Sie für den Seriendruck verwenden wollen, oder nur Microsoft Word 2007 und nicht eine der Office-Suiten installiert haben, in denen auch Outlook enthalten ist, dann wählen Sie den Befehl *Neue Liste eingeben* aus. Word zeigt daraufhin ein Formular an, in dem Sie die Adressdaten eingeben können (siehe folgende Abbildung). Um einen weiteren Listeneintrag zu erstellen, klicken Sie die Schaltfläche *Neuer Eintrag* an.

Bild 28.6 Geben Sie in dieses Formular die Adressdaten ein, die Sie für das Seriendruckprojekt benötigen

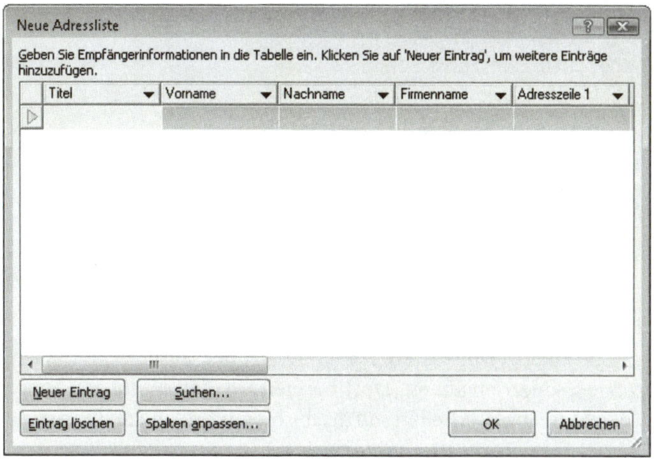

Wenn Sie im Formular auf *OK* klicken, wird das Dialogfeld *Adressliste speichern* angezeigt. Geben Sie dort einen aussagekräftigen Namen für die Liste ein und klicken Sie dann auf *Speichern*. Die Adressliste wird im MDB-Format gespeichert, dem Dateiformat, das von Microsoft Office Access genutzt wird. Sie können diese Liste dann in anderen Seriendruckprojekten wiederverwenden.

- **Vorhandene Liste verwenden** Den Befehl *Vorhandene Liste verwenden* können Sie auswählen, wenn Sie bereits früher eine Office-Adressliste erstellt und gespeichert haben oder wenn die Daten in einem anderen Format vorliegen. Sie können in Word die unterschiedlichsten Formate (Word-Tabelle, Excel-Arbeitsblatt, Tabelle oder Abfrage in Access-Datenbank und viele weitere mehr) importieren und beim Seriendruck verwenden. Leider reicht in diesem Buch der Platz nicht aus, um all die verschiedenen Optionen vorzustellen.

- **Aus Outlook-Kontakten auswählen** Wenn Sie Ihre Adressen im Kontakte-Ordner von Microsoft Office Outlook verwalten, klicken Sie die Option *Aus Outlook-Kontakten auswählen* an.

  Word zeigt daraufhin das Dialogfeld *Kontakte auswählen* an, in dem alle Kontakte-Ordner aufgeführt werden, die in Ihrem Outlook-Profil enthalten sind. Klicken Sie in der Liste zuerst die Kontakte an, die Sie verwenden wollen, und dann auf *OK*.

Bild 28.7 Wählen Sie in diesem Dialogfeld den Kontakte-Ordner aus, den Sie im aktuellen Seriendruckprojekt verwenden wollen

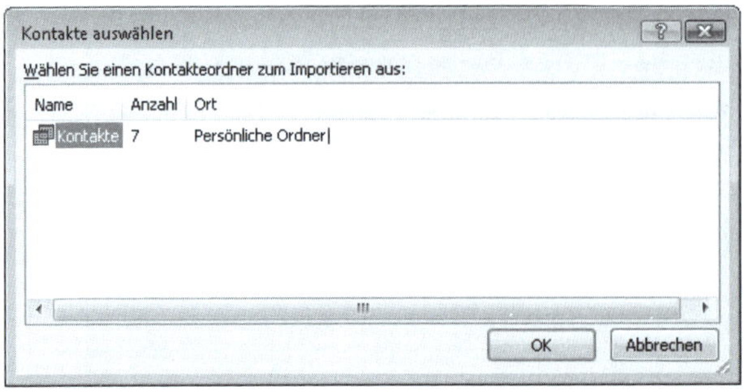

Nachdem Sie den gewünschten Kontakte-Ordner ausgewählt haben, wird das Dialogfeld *Seriendruckempfänger* angezeigt. Dort können Sie die Empfängerliste bearbeiten und auswählen, wer den Serienbrief erhalten soll. Mehr hierzu finden Sie im folgenden Abschnitt.

Empfängerliste filtern und sortieren

Sie möchten nicht immer alle Datensätze, die in der Datenquelle vorhanden sind, auch tatsächlich mit dem Hauptdokument zusammenführen. Um festzulegen, wer das zusammengeführte Dokument erhalten soll, verwenden Sie das Dialogfeld *Seriendruckempfänger.*

1. Wenn nach der Auswahl der Datenquelle das Dialogfeld *Seriendruckempfänger* nicht automatisch angezeigt wird, klicken Sie in der Gruppe *Seriendruck starten* auf die Schaltfläche *Empfängerliste bearbeiten.*

Bild 28.8 Im Dialogfeld *Seriendruckempfänger* legen Sie fest, für welche Datensätze ein zusammengeführtes Dokument erstellt werden soll

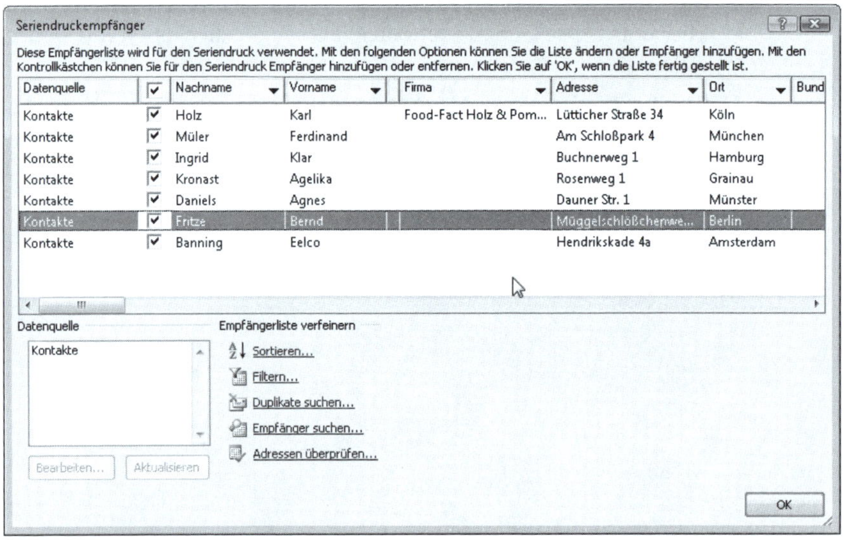

2. Wenn Sie lediglich mit einer kurzen Adressliste arbeiten, können Sie die Empfänger auswählen, indem Sie die Kontrollkästchen neben den gewünschten Empfängern einschalten und die Kontrollkästchen neben den Einträgen deaktivieren, die Sie nicht in die Empfängerliste aufnehmen möchten.

TIPP **Das Kontrollkästchen in der Überschrift der Liste verwenden** Wenn Sie bereits wissen, dass Sie nur einige Datensätze in den Seriendruck aufnehmen möchten, können Sie das Kontrollkästchen in der Überschrift deaktivieren und dann gezielt die gewünschten Datensätze auswählen. Wenn Sie dagegen fast alle Datensätze aufnehmen möchten, aktivieren Sie das Kontrollkästchen in der Überschrift und deaktivieren dann die Kontrollkästchen für die Datensätze, die Sie ausschließen möchten.

3. Um die Liste nach einer bestimmten Spalte zu sortieren, klicken Sie auf die Spaltenüberschrift des Elements, nach dem Sie die Sortierung vornehmen möchten. Die Liste wird in aufsteigender alphabetischer Reihenfolge (A bis Z) sortiert. Klicken Sie erneut auf die Spaltenüberschrift, um die Liste in absteigender alphabetischer Reihenfolge zu sortieren (Z bis A).

   Sie können auch die Filterfunktionen verwenden, wenn die Liste Datensätze enthält, die nicht angezeigt werden bzw. nicht im Seriendruck enthalten sein sollen:

4. Klicken Sie unterhalb von *Empfängerliste verfeinern* auf *Filtern.*

5. Legen Sie auf der Registerkarte *Datensätze filtern* des Dialogfeldes *Filtern* die Kriterien fest, die für den Filter verwendet werden sollen.

   Die Liste in Abbildung 28.8 enthält sowohl Adressen aus Deutschland als auch aus den Niederlanden. Wenn Sie das Hauptdokument beispielsweise mit Adressen zusammenführen möchten, in denen Deutschland als Land/Region festgelegt ist, klicken Sie in der Liste *Feld* auf *Land/Region,* in der Liste *Vergleich* auf *Gleich* und geben dann in das Feld *Vergleichen mit* den Text **Deutschland** ein. Das sieht dann so aus, wie es die folgende Abbildung zeigt:

Bild 28.9 Auf der Registerkarte *Datensätze filtern* können Sie Filterregeln festlegen und so Empfänger aus der Empfängerliste ausschließen

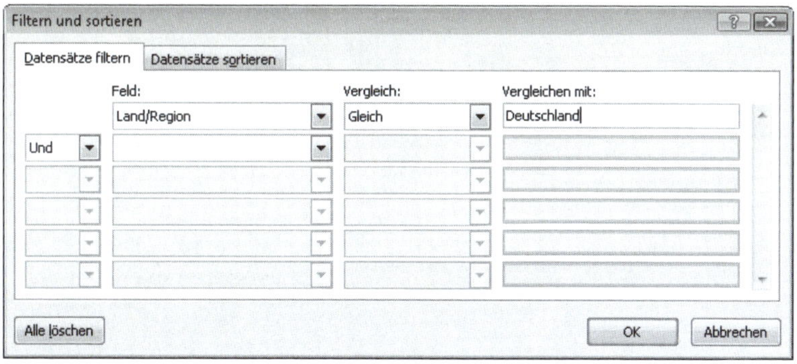

6. Sie können den Filter weiter anpassen, indem Sie auf *Und* bzw. *Oder* klicken und dann weitere Kriterien angeben. Zum Abschluss klicken Sie auf *OK.*

7. Schließen Sie das Dialogfeld *Seriendruckempfänger* mit einem Klick auf *OK.*

Sie können das Dialogfeld *Seriendruckempfänger* zu jedem Zeitpunkt erneut aufrufen, indem Sie auf der Registerkarte *Sendungen* die Schaltfläche *Empfängerliste bearbeiten* anklicken, falls Sie Änderungen an der Auswahl der Empfänger vornehmen möchten.

Platzhalter einfügen

Nachdem Sie das Gerüst des Hauptdokuments erstellt und die Seriendruckempfänger ausgewählt haben, können Sie sich nun an das Fertigstellen des Hauptdokuments begeben und die Platzhalter einfügen. Dieser Abschnitt zeigt, wie Sie die Adresse in das Hauptdokument einfügen und wie Sie mit einer Regel eine geschlechtsabhängige Briefanrede (Sehr geehrter Herr, Sehr geehrte Frau) erstellen.

1. Setzen Sie die Einfügemarke im Hauptdokument an die Stelle, an der die Empfängeradresse stehen soll.

2. Klicken Sie auf der Registerkarte *Sendungen* in der Gruppe *Felder schreiben und einfügen* auf *Adressblock*. Word zeigt das Dialogfeld *Adressblock einfügen* an (siehe folgende Abbildung).

   Das Seriendruckfeld *Adressblock* ist ein zusammengesetzter Platzhalter, in dem mehrere Felder der Datenquelle miteinander kombiniert und zu einem Seriendruckfeld gruppiert werden. Das Seriendruckfeld *Adressblock* kombiniert u.a. die Felder *Vorname, Nachname, Adresse, Postleitzahl* und *Stadt*.

   Über das Dialogfeld *Adressblock einfügen* können Sie festlegen, welche Adresselemente im Adressblock enthalten sein sollen, und weitere Formatierungsmerkmale bestimmen.

Bild 28.10 Im Dialogfeld *Adressblock einfügen* können Sie die Adresselemente auswählen, die in der Adresse enthalten sein sollen, und einige Formateinstellungen vornehmen

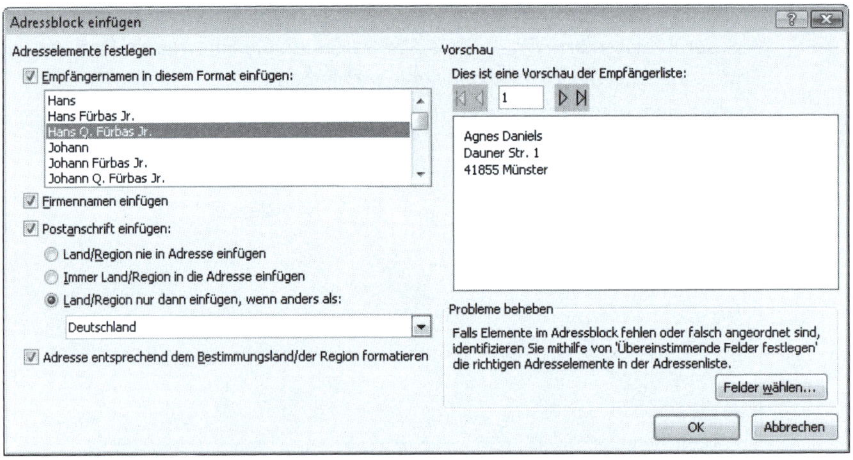

3. Klicken Sie in der Liste *Empfängernamen in diesem Format einfügen* die Option an, die Sie verwenden wollen. Bei manchen der Formate werden der Vor- und der Nachname verwendet; andere wiederum verwenden nur den Nachnamen und ergänzen diesen dann mit *Herrn und Frau* oder *Familie*. Das Feld *Vorschau* zeigt eine Vorschau des ausgewählten Formats an.

TIPP **Andere Adresse im Vorschaufeld anzeigen lassen** Das Feld *Vorschau* verwendet keine fiktiven, sondern die Adressen, die in der Datenquelle des aktuellen Seriendruckprojekts enthalten sind. Auch die Filter- und Sortieroptionen, die Sie eingestellt haben, werden berücksichtigt. Daher können Sie die Pfeil-Schaltflächen oberhalb des Vorschau-Feldes verwenden, um eine andere Adresse der aktuellen Empfängerliste anzeigen zu lassen.

4. Wenn der Firmenname nicht in der Anschrift enthalten sein soll, schalten Sie das Kontrollkästchen *Firmennamen einfügen* aus. Anderenfalls lassen Sie es eingeschaltet.
5. Mit den Optionsfeldern unterhalb von *Postanschrift einfügen* können Sie festlegen, ob und wann das Empfängerland in die Adresse eingefügt werden soll oder nicht.
6. Die Postanschrift besitzt in den verschiedenen Ländern ein anderes Format. Wenn Sie möchten, dass die Adresse so formatiert wird, wie es im Land des Empfängers Standard ist, lassen Sie das Kontrollkäschen *Adresse entsprechend dem Bestimmungsland/der Region formatieren* eingeschaltet.
7. Klicken Sie auf *OK*.

Bild 28.11 Der Platzhalter *«Adresse»* wurde in das Hauptdokument eingefügt

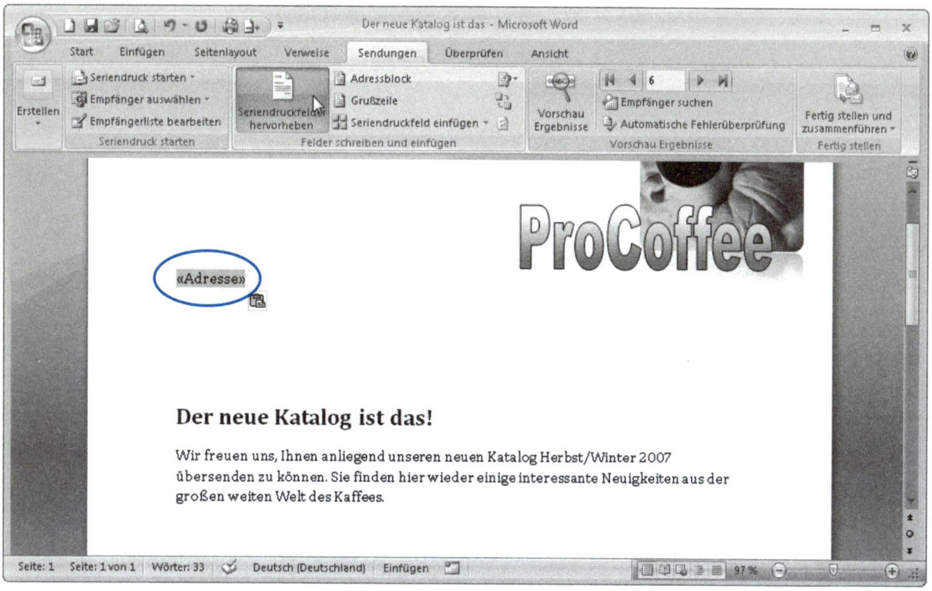

In das Dokument wird der Platzhalter «**Adresse**» eingefügt. Die Platzhalter werden immer von den Zeichen «» eingeschlossen.

8. Klicken Sie in der Gruppe *Felder schreiben und einfügen* auf *Seriendruckfelder hervorheben.* Das Seriendruckfeld «**Adresse**» wird nun grau unterlegt. So können Sie die Seriendruckfelder besser von dem normalen Text des Hauptdokuments unterscheiden.

Verwenden einer Regel

Neben dem kombinierten Seriendruckfeld *Adressblock* können Sie auch einzelne Felder der Datenquelle in das Hauptdokument einfügen. Außerdem ist es möglich, Regeln festzulegen und so den Vorgang des Zusammenführens genauer einzustellen. Dieser Abschnitt zeigt exemplarisch, wie das geht. Hierzu soll zwischen der Betreffzeile im Brief und dem eigentlichen Text eine persönliche Anrede (Sehr geehrte ...) eingefügt werden, die berücksichtigt, ob der Empfänger eine Frau oder ein Mann ist.

1. Setzen Sie die Einfügemarke im Hauptdokument an die Stelle, an der die Grußformel stehen soll.
2. Klicken Sie in der Gruppe *Felder schreiben und einfügen* auf die Schaltfläche *Regeln* und dann auf *Wenn...Dann...Sonst.*

Bild 28.12 Über die Schaltfläche *Regeln* können Sie beispielsweise Bedingungen festlegen, die das Zusammenführen beeinflussen

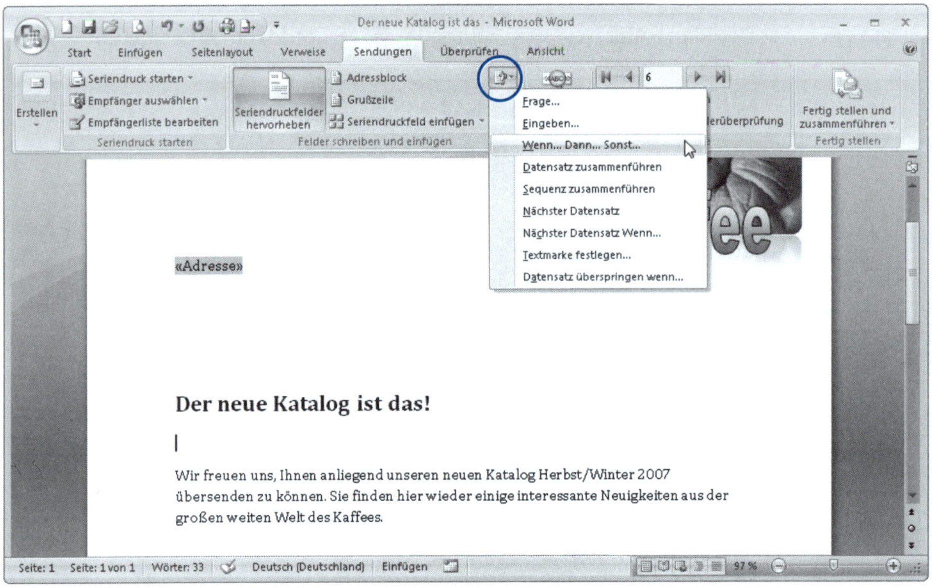

Im Dialogfeld *Bedingungsfeld einfügen:WENN* (siehe nächste Seite) können Sie nun die Regel festlegen, die je nach Geschlecht des Empfängers entweder den Text *Sehr geehrte Frau* oder *Sehr geehrter Herr* beim Zusammenführen einfügt.

3. Wählen Sie in der Liste *Feldname* den Eintrag *Geschlecht* und im Feld *Vergleich* den Eintrag *Gleich* aus.
4. Geben Sie in das Feld *Vergleichen mit* eine 1 ein, wenn Sie als Empfängerliste die Outlook-Kontakte verwenden. (Wenn Sie in Outlook als Geschlecht weiblich eintragen, speichert Outlook hierfür intern eine 1 ab, für männlich eine 2. Wenn Sie andere Datenquelle verwenden, müssen Sie hier den Text eingeben, anhand dessen weibliche Empfänger erkannt werden können.)

Bild 28.13 Legen Sie hier die Bedingung und die Texte fest, die in Abhängigkeit von der Auswertung der Bedingung eingefügt werden sollen

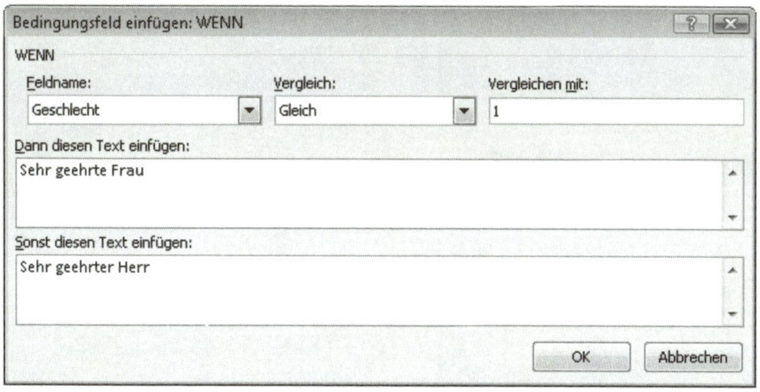

PROFITIPP

Geschlecht für Outlook 2007-Kontakt eintragen

Damit die Bedingung wie oben beschrieben ausgewertet werden kann, muss in der Datenquelle das Feld *Geschlecht* enthalten sein. Um das Geschlecht für einen Outlook-Kontakt festzulegen, öffnen Sie den Kontakt, klicken auf der Registerkarte *Kontakt* auf *Alle Felder* und wählen dann in der Liste *Auswählen aus* den Eintrag *Persönliche Felder* aus. Das Feld *Geschlecht* befindet sich im oberen Bereich der Eingabemaske.

5. Geben Sie in das Feld *Dann diesen Text einfügen* **Sehr geehrte Frau** und in das Feld *Sonst diesen Text einfügen* **Sehr geehrter Herr** ein. Schließen Sie das Dialogfeld mit *OK*. Word fügt die Regel in das Hauptdokument ein.

HINWEIS **Hervorheben der Regelfelder** Standardmäßig werden die Regeln nicht hervorgehoben dargestellt, auch dann nicht, wenn Sie die Schaltfläche *Seriendruckfelder hervorheben* eingeschaltet haben. Damit die Regelfelder auf dem Bildschirm mit einer Schattierung angezeigt werden, klicken Sie auf die *Office-Schaltfläche* und dann auf *Word-Optionen*. Wechseln Sie zur Seite *Erweitert* und scrollen Sie zur Gruppe *Dokumentinhalt anzeigen*. Öffnen Sie die Liste *Feldschattierung* und wählen Sie dort den Eintrag *Immer* aus.

6. Jetzt fehlt in der Grußzeile lediglich noch der Nachname. Setzen Sie die Einfügemarke hinter die soeben eingefügte Regel, geben Sie ein Leerzeichen ein und klicken Sie dann in der Gruppe *Felder schreiben und einfügen* auf *Seriendruckfeld einfügen*. Das gleichnamige Dialogfeld wird angezeigt (siehe nächste Seite).

Bild 28.14 Mit diesem Dialogfeld können Sie alle Seriendruckfelder auswählen und in das Hauptdokument einfügen, die in der Datenquelle enthalten sind

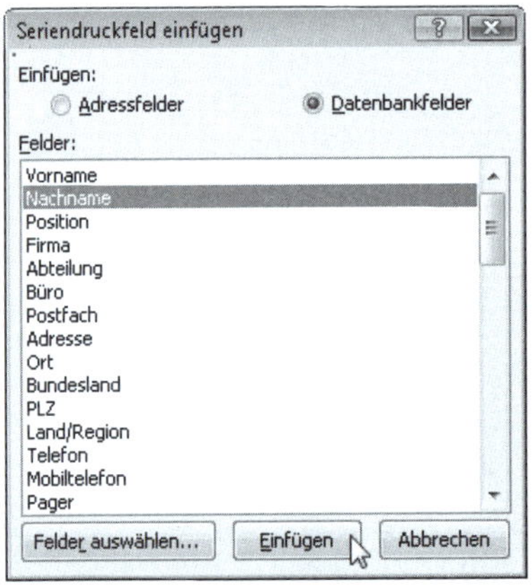

7. Wählen Sie in der Liste *Felder* den Eintrag *Nachname* aus und klicken Sie dann auf *Einfügen*.
8. Ergänzen Sie hinter dem Seriendruckfeld «Nachname» ein Komma.

Damit sind die Arbeiten am Hauptdokument für das Beispiel-Seriendruckprojekt abgeschlossen.

Seriendruckvorschau verwenden

Um sich vor dem tatsächlichen Zusammenführen von Hauptdokument und Datenquelle die Ergebnisse auf dem Bildschirm anzusehen und so eventuelle Fehler erkennen und beheben zu können, verwenden Sie die Seriendruckvorschau.

Klicken Sie dazu in der Gruppe *Vorschau Ergebnisse* auf die gleichnamige Schaltfläche. Word zeigt dann das Dokument so an, wie es nach dem Zusammenführen ausgedruckt würde. Mit den Navigationsschaltflächen in der Gruppe *Vorschau Ergebnisse* können Sie alle Empfänger anzeigen lassen, die in der Adressliste enthalten sind.

Um zur Bearbeitung des Hauptdokuments zurückzukehren, klicken Sie die Schaltfläche *Vorschau Ergebnisse* ein weiteres Mal an.

Bild 28.15 Die Seriendruckvorschau zeigt die Dokumente so an, wie sie beim Zusammenführen ausgedruckt würden

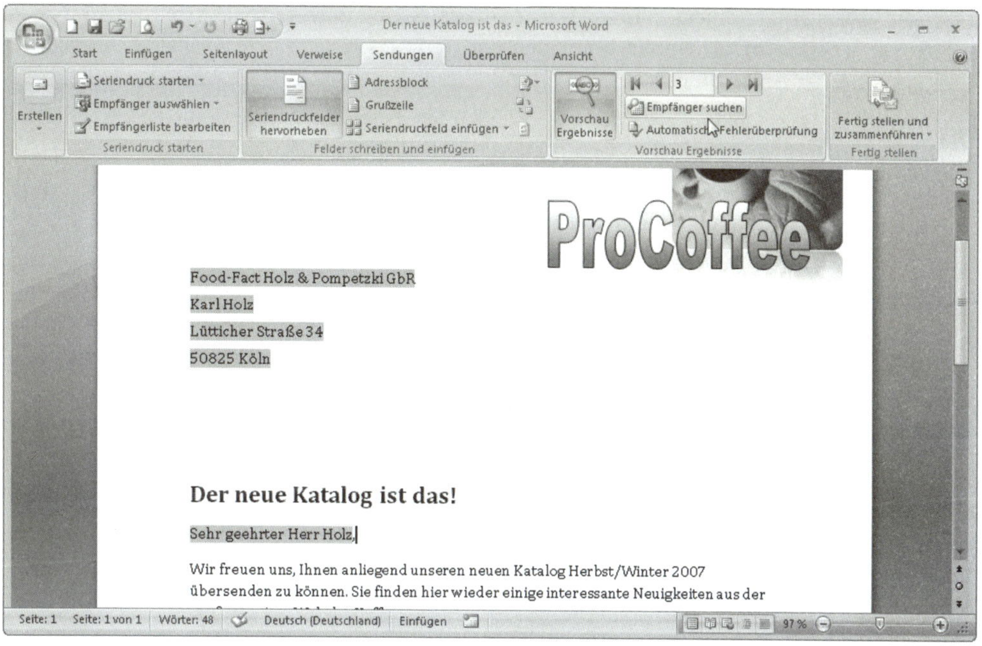

Zusammenführen und Drucken

Wenn die Seriendruckvorschau keine Probleme ergeben hat, können Sie im letzten Schritt das Hauptdokument mit der Datenquelle zusammenführen lassen.

1. Klicken Sie in der Gruppe *Fertig stellen* die Schaltfläche *Fertig stellen und zusammenführen* an. Ein kleines Menü wird geöffnet.

Bild 28.16 In dem kleinen Menü legen Sie fest, was als Nächstes getan werden soll

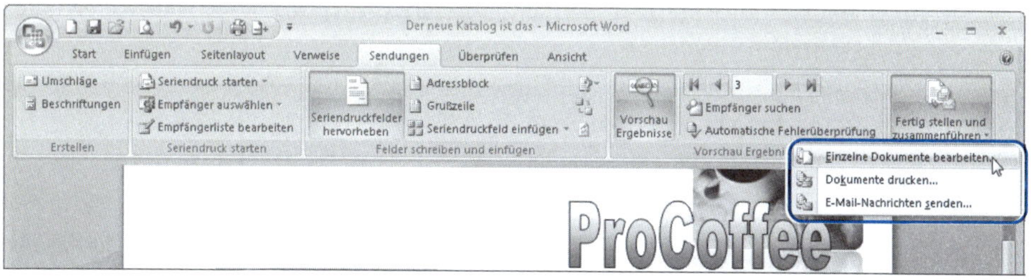

2. Wählen Sie eine der folgenden Optionen:
   - **Einzelne Dokumente bearbeiten** Klicken Sie diese Option an, wenn Word aus den zusammengeführten Daten ein neues Dokument erstellen soll. Sie können so die Dokumente einzeln bearbeiten und verwenden dann den normalen *Drucken*-Befehl, um die Dokumente auszudrucken.
   - **Dokumente drucken** Wählen Sie diesen Befehl, wenn die zusammengeführten Dokumente direkt ausgedruckt werden sollen.
   - **E-Mail-Nachrichten senden** Mit dieser Option können Sie das Seriendruckprojekt zusammenführen und als E-Mail versenden lassen.
3. Wenn Sie eine der ersten beiden Optionen ausgewählt haben, wird das folgende Dialogfeld angezeigt, indem Sie die Datensätze auswählen können, die zusammengeführt werden sollen. Bei einem E-Mail-Seriendruckprojekt können Sie zusätzlich noch die Betreffzeile und das E-Mail-Format festlegen.

Bild 28.17 Hier können Sie die Datensätze auswählen, die zusammengeführt werden sollen

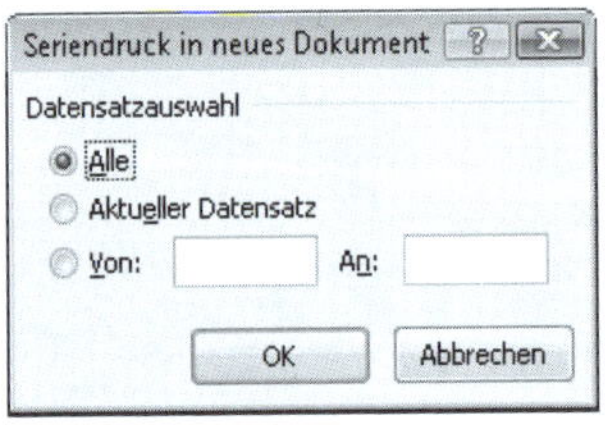

4. Klicken Sie auf *OK*.

Zusammenfassung

In diesem Kapitel haben Sie gelernt, wie Sie mit Word Serienbriefe und andere Seriendruckdokumente erstellen und zusammenführen können.

- Im ersten Abschnitt wurden die typischen Phasen beim Seriendruck beschrieben und einige wichtige Begriffe erläutert (Seite 564).

Die weiteren Abschnitte haben dann die verschiedenen Phasen genauer vorgestellt und Sie haben dabei lernen können,

- wie Sie ein neues Hauptdokument einrichten (Seite 565) oder ein bereits bestehendes Seriendruckprojekt fortsetzen (Seite 567),
- welche Arten von Datenquellen Ihnen zur Verfügung stehen und wie Sie ein Hauptdokument mit einer Datenquelle verbinden (Seite 568),
- wie Sie die Liste der Empfänger filtern und sortieren können, um so die zusammengeführten Dokumente in einer bestimmten Reihenfolge zu erhalten oder um eine Auswahl der Empfänger zu treffen, die das zusammengeführte Dokument erhalten sollen (Seite 570),
- wie Sie in das Hauptdokument Platzhalter einfügen, um so die Position, den Inhalt und die Formatierung der variablen Elemente zu steuern (Seite 572),

- wie Sie Regeln erstellen und verwenden, um in Abhängigkeit vom Wert eines Eintrags in der Empfängerliste im zusammengeführten Dokument unterschiedliche Texte einzufügen (Seite 574),
- wie Sie die Seriendruckvorschau verwenden, um sich die Ergebnisse des Zusammenführens ansehen zu können, ohne hierzu die Dokumente ausdrucken zu müssen (Seite 577), und
- wie Sie Hauptdokument und Datenquelle zusammenführen und die zusammengeführten Dokumente ausdrucken (Seite 577).

Kapitel 29

Briefumschläge und Etiketten

In diesem Kapitel:

Word stellt Ihnen für das Drucken von Briefumschlägen und Etiketten zwei Möglichkeiten zur Verfügung: Wenn Sie Etiketten oder Umschläge für unterschiedliche Empfänger erstellen und drucken wollen, verwenden Sie am besten die Funktion Serienbriefe, die in Kapitel 28 dieses Buches beschrieben ist. Wollen Sie lediglich einen Umschlag drucken oder Etiketten erstellen, die den gleichen Text beinhalten, dann verwenden Sie die Schaltflächen *Umschläge* und *Beschriftungen*, die sich auf der Registerkarte *Sendungen* befinden und deren Einsatz in diesem Kapitel beschrieben wird.

HINWEIS **Die Schaltfläche *Beschriftungen*** Die Schaltfläche *Beschriftungen* heißt in der englischen Word-Version *Labels*. Das englische Wort »label« kann, je nach Kontext, in dem es verwendet wird, entweder mit »Beschriftung« oder mit »Etikett« übersetzt werden; leider wurde diese Schaltfläche in der aktuellen deutschen Word-Version falsch mit *Beschriftungen* übersetzt. Möglicherweise verwenden Sie eine Word-Version, in der dieser Übersetzungsfehler behoben wurde. Wenn wir in diesem Kapitel auf diese Schalfläche verweisen, wird mit *Beschriftungen/Etiketten* sowohl die falsche als auch die korrekte Übersetzung angegeben.

Etiketten erstellen und drucken

Mit der Etikettenfunktion von Word können Sie sowohl Adressetiketten erstellen und bedrucken als auch Etiketten, die einen anderen beliebigen Text enthalten. Wenn Sie ein neues Etiketten-Dokument erstellen, fügt Word in das Dokument eine Tabelle ein, deren Tabellenzellen die Größe des Etikettenformats besitzen, das Sie verwenden. Daher stehen Ihnen zum Formatieren der Etiketten neben den üblichen Schrift- und Absatzmerkmalen auch alle Möglichkeiten zur Tabellenformatierung zur Verfügung, die in Kapitel 19 dieses Buches beschrieben wurden.

Gehen Sie folgendermaßen vor, um Etiketten zu erstellen:

1. Wechseln Sie zur Registerkarte *Sendungen* und klicken Sie in der Gruppe *Erstellen* auf *Beschriftungen/Etiketten.*

Bild 29.1 Im QuickInfo-Fenster ist die Funktion der Schaltfläche *Beschriftungen* richtig beschrieben

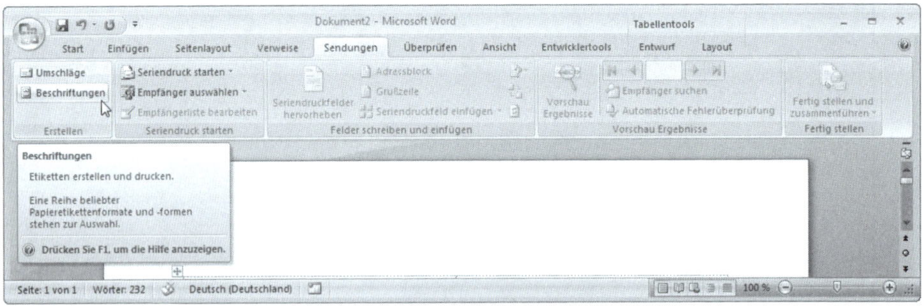

Das Dialogfeld *Umschläge und Etiketten* wird angezeigt; die Registerkarte *Etiketten* ist geöffnet.

HINWEIS **Automatisches Erkennen der Adresse** Wenn Sie die Schaltfläche *Beschriftungen/ Etiketten* anklicken, während ein Dokument geöffnet ist, das auf einer der Briefvorlagen von Word basiert, versucht Word die Adresse dem Dokument zu entnehmen und sucht dazu nach Absätzen, die mit der Formatvorlage *Empfängeradresse* formatiert sind. Diese Erkennung funktioniert jedoch nicht sehr sicher, was auch daran liegt, dass diese Formatvorlage nicht in allen Briefvorlagen an den richtigen Stellen verwendet wurde.

2. Führen Sie eine der folgenden Aktionen durch:
   - Tippen Sie in das Feld *Adresse* die Adresse (oder den Text) ein, der auf dem Etikett erscheinen soll.
   - Schalten Sie das Kontrollkästchen *Absenderadresse verwenden* ein, wenn auf dem Etikett Ihre eigene Postanschrift stehen soll. Diese Anschrift entnimmt Word den Einstellungen, die im Dialogfeld *Word-Optionen* im Abschnitt *Allgemein* der Kategorie *Erweitert* im Feld *Postanschrift* eingetragen wurde. Die Absenderadresse kann auch festgelegt werden, während Sie mit Word Briefumschläge erstellen. Mehr hierzu finden Sie im Tippkasten auf Seite 589.

   - Klicken Sie auf die Schaltfläche *Adressbuch*. Wenn Sie aufgefordert werden, ein E-Mail-Profil auszuwählen, wählen Sie das gewünschte Profil aus. Markieren Sie im Dialogfeld *Namen auswählen* die Adresse, die Sie verwenden wollen und klicken Sie auf *OK*. Die ausgewählte Adresse wird in das Feld *Adresse* übertragen.

     In Abhängigkeit davon, welches E-Mail-Programm installiert ist, können Sie im Dialogfeld *Namen auswählen* in der Liste *Adressbuch* noch das Adressbuch auswählen, das Sie verwenden wollen.

Bild 29.2 Die Adresse, die auf dem Etikett stehen soll, wurde eingetragen

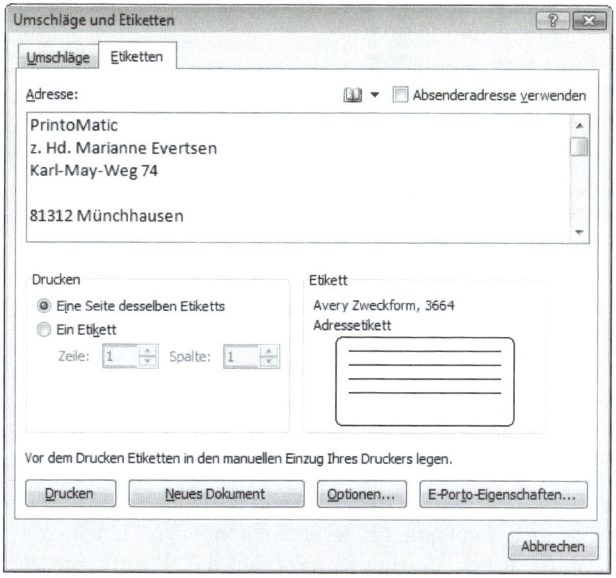

3. Markieren Sie im Abschnitt *Drucken* die Option *Eine Seite desselben Etiketts.*

4. Klicken Sie im Abschnitt *Etikett* auf das Musteretikett, falls dort nicht der Etikettentyp angezeigt wird, auf dem die Druckausgabe erfolgen soll, und ändern Sie das Etikettenformat.

   Wie Sie das Etikettenformat ändern und wie Sie ein benutzerdefiniertes Etikettenformat einrichten, ist in den Abschnitten ab Seite 585 beschrieben.

5. Führen Sie eine der folgenden Aktionen durch:

   - Klicken Sie auf *Drucken*, wenn die Seite mit den Etiketten sofort ausgedruckt werden soll. Legen Sie vorher das Papier in den manuellen Einzug Ihres Druckers ein. Die Druckausgabe erfolgt auf dem Drucker, der in Windows als Standarddrucker eingerichtet ist. Weitere Druckoptionen können Sie nicht mehr einstellen.
   - Klicken Sie auf *Neues Dokument* damit Word ein neues Dokument erstellt, das eine Tabelle mit Tabellenzellen enthält, die der Größe eines Etiketts entspricht. Sie können dieses Dokument noch formatieren, beispielsweise die Schriftart ändern oder eine Schattierung einstellen, wie wir es für die Abbildung unten auf der Seite gemacht haben.

     Nach den vorgenommenen Formatierungen können Sie das Dokument speichern und es steht Ihnen auch später noch zur Verfügung, wenn Sie die gleichen Etiketten ein weiteres Mal benötigen. Verwenden Sie die Druckbefehle von Word, um die Etiketten auszudrucken.

Bild 29.3 Aus den im Dialogfeld *Umschläge und Etiketten* vorgenommenen Einstellungen wurde ein neues Dokument erstellt, das wie alle Word-Dokumente noch formatiert werden kann

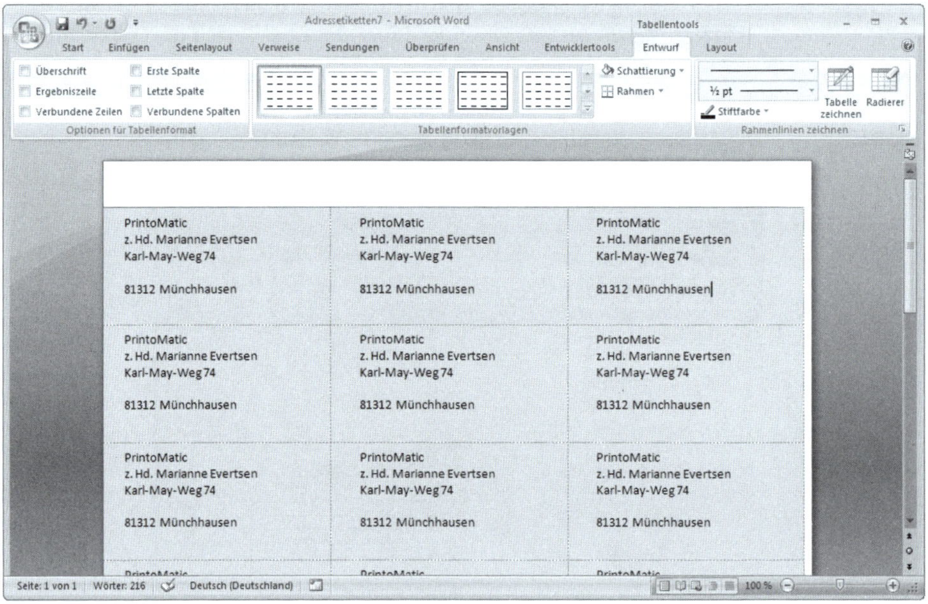

HINWEIS **Papierart beim Drucken einstellen** Wenn Sie einen Drucker verwenden, in dessen Druckereinstellungen Sie auch den Papiertyp festlegen können, sollten Sie in Schritt 5 ein neues Dokument erstellen lassen. Klicken Sie zum Drucken auf die Schaltfläche *Office* und dann auf *Drucken*. Klicken Sie im Dialogfeld *Drucken* auf *Einstellungen*, damit das Dialogfeld mit den Druckereinstellungen angezeigt wird. ▶

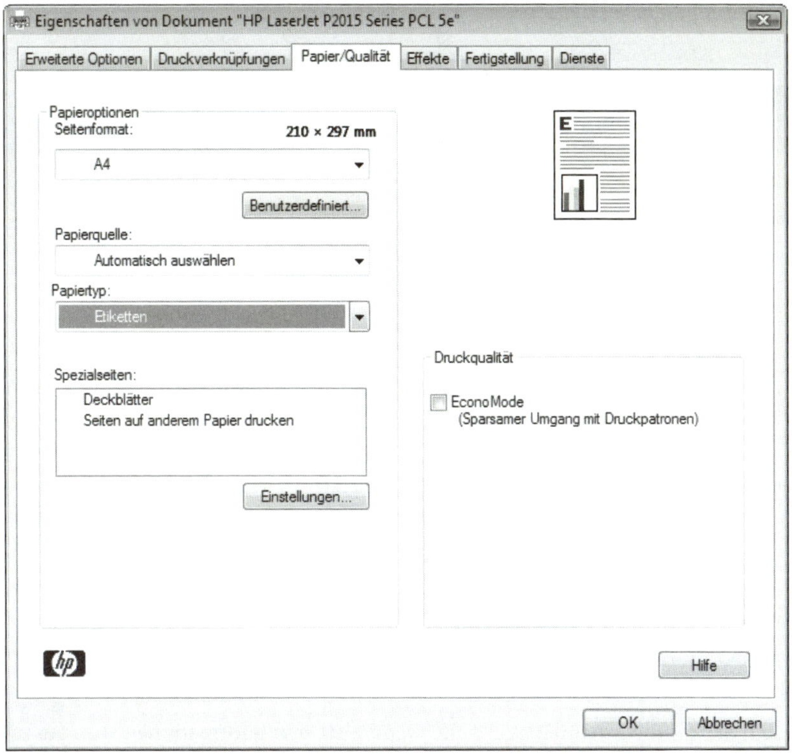

Obige Abbildung zeigt exemplarisch die Druckereinstellungen für einen Hewlett-Packard Laserjet 2015. Bei diesem Drucker würden Sie zur Registerkarte *Papier/Qualität* wechseln, das Listenfeld *Papiertyp* öffnen und dort die Option *Etiketten* auswählen. Wenn Sie einen anderen Drucker verwenden, kann sich diese Einstellung möglicherweise auf einer anderen Registerkarte befinden oder anders lauten.

Wenn Ihr Drucker diese Einstellmöglichkeit bietet und Sie den Papiertyp nicht richtig einstellen kann dies evtl. dazu führen, dass die Etiketten nicht richtig fixiert werden und der Toner beim Lösen der Etiketten von der Trägerfolie abbröselt.

Etikettenformat ändern

Im Abschnitt *Etikett* des Dialogfeldes *Umschläge und Etiketten* zeigt Word das derzeit benutzte Etikettenformat an. Hier wird der Hersteller, die Typbezeichnung und die Art des Etiketts angegeben, Wenn Sie ein anderes Format benutzen wollen, gehen Sie folgendermaßen vor:

1. Klicken Sie das Musteretikett an oder benutzen Sie die Schaltfläche *Optionen*.

   Das Dialogfeld *Etiketten einrichten* wird angezeigt.

Bild 29.4 Wählen Sie hier eines der Standardetikettenformate aus

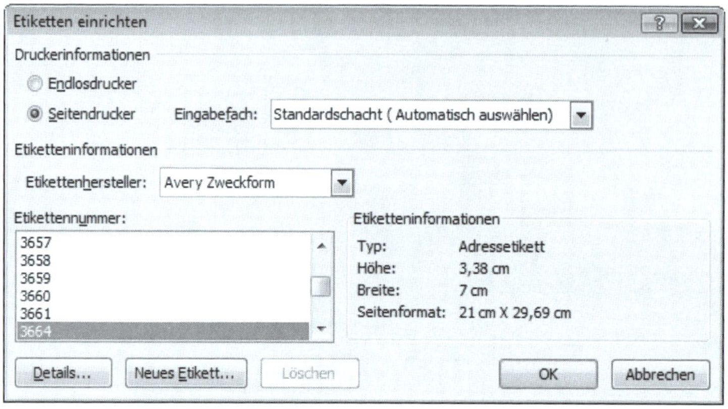

2. Legen Sie in der Gruppe *Druckerinformationen* fest, welchen Druckertyp Sie benutzen. Bei einem Seitendrucker (Laser- oder Tintenstrahldrucker) können Sie außerdem noch den Schacht festlegen, aus dem das Etikett entnommen werden soll.
3. Öffnen Sie die Liste *Etikettenhersteller* und wählen Sie dort den Hersteller des Etiketts aus, das Sie verwenden wollen.
4. Die Liste *Etikettennummer* enthält die Typnummern der Etiketten, die für Ihren Drucker verfügbar sind. Wählen Sie dort den gewünschten Typ aus.
5. Klicken Sie auf die Schaltfläche *Details*, wenn Sie Detailinformationen zum ausgewählten Etikett sehen wollen. Schließen Sie das Dialogfeld *Informationen* mit einem Klick auf *Abbrechen*.
6. Klicken Sie auf *OK*, um das Dialogfeld *Etiketten einrichten* zu schließen.

   Sie kehren zum Dialogfeld *Umschläge und Etiketten* zurück. Der ausgewählte Etikettentyp wird im Abschnitt *Etikett* angezeigt.

Benutzerdefiniertes Etikettenformat einrichten

Trotz der großen Anzahl vordefinierter Etikettenformate kann es sein, dass das Etikett, das Sie verwenden wollen, in Word nicht verfügbar ist. In diesem Fall können Sie ein eigenes, benutzerdefiniertes Etikettenformat einrichten. Gehen Sie dazu so vor:

1. Klicken Sie das Musteretikett an oder benutzen Sie die Schaltfläche *Optionen*.

   Das Dialogfeld *Etiketten einrichten* wird angezeigt.
2. Wählen Sie mithilfe der Listen *Etikettenhersteller* und *Etikettennummer* ein Etikett aus, das demjenigen, das Sie verwenden wollen, am nächsten kommt. Achten Sie dabei besonders auf die Größe der Etiketten, die im Bereich *Etiketteninformationen* angezeigt werden.
3. Klicken Sie die Schaltfläche *Neues Etikett* an.

   Das Dialogfeld *Etikettendetails* wird angezeigt (siehe Abbildung auf der folgenden Seite).
4. Tippen Sie in das Feld *Etikettenname* einen Namen für das neue Etikett ein.

Bild 29.5 Wählen Sie hier eines der Standardetikettenformate aus

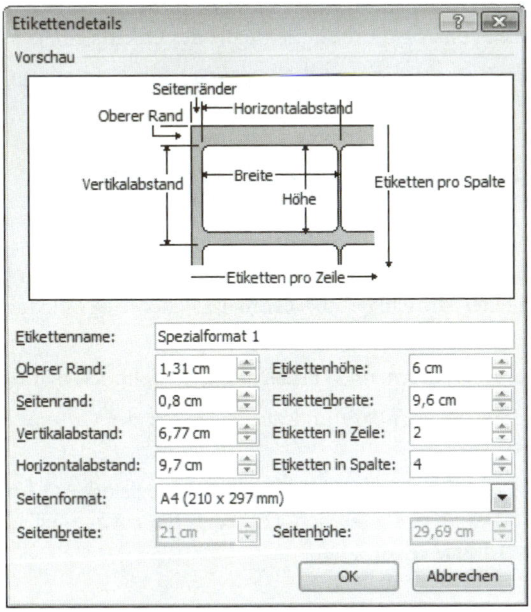

5. Verwenden Sie die weiteren Felder des Dialogfeldes, um die Maße Ihrer Etiketten und die Anzahl der Etiketten je Zeile/Spalte anzugeben.
6. Klicken Sie auf *OK*, um die vorgenommenen Einstellungen zu übernehmen.

   Sie kehren zum Dialogfeld *Etiketten einrichten* zurück. Im Listenfeld *Etikettenhersteller* wird der Text *Andere/Benutzerdefiniert* angezeigt. Der festgelegte Name erscheint in der Liste *Etikettennummer*.
7. Klicken Sie auf *OK*, um zum Dialogfeld *Umschläge und Etiketten* zurückzukehren und fahren Sie mit dem Erstellen/Drucken der Etiketten fort.

Ein einzelnes Etikett ausdrucken

Sie können mit Word nicht nur eine Seite desselben Etiketts drucken, sondern auch ein einzelnes Etikett. Hierbei können Sie dann die Spalte und Zeile angeben, auf denen sich auf dem Blatt noch ein unbenutztes Etikett befindet. Dies ist besonders dann praktisch, wenn Sie nicht immer alle Etiketten eines Blattes bedrucken wollen.

Sie sollten diese Möglichkeit jedoch mit Vorsicht einsetzen, da es passieren kann, dass sich ein Etikett von der Trägerfolie löst, im Innenleben Ihres Druckers verbleibt und diesen so beschädigt. Beachten Sie auf jeden Fall auch die Hinweise, die Sie in der Dokumentation zu Ihrem Drucker finden.

Beim Drucken von Etiketten ist es generell empfehlenswert, die hintere Abdeckklappe am Drucker zu öffnen (sofern er eine solche besitzt), da dann das Papier den geraden Weg durch den Drucker nehmen kann und so mechanisch weniger beansprucht wird.

Wenn Sie nach diesen Warnhinweisen ein einzelnes Etikett drucken wollen, gehen Sie so vor, wie in der Schrittfolge ab Seite 582 beschrieben. In Schritt 3 wählen Sie jedoch die Option *Ein Etikett* und geben dann in die Felder *Zeile* und *Spalte* die Zeile/Spalte des Etiketts ein, das bedruckt werden soll.

Briefumschlag erstellen und drucken

Briefumschläge werden meistens für einen Brief gedruckt, bei dem sich die Adresse des Empfängers bereits im Word-Dokument befindet. Word versucht, die Empfängerangabe im Dokument zu ermitteln und für die Erstellung eines Umschlags übernehmen. Sicherer ist es jedoch, im Dokument die Adresse zu markieren.

1. Wenn sich die Adresse des Empfängers im Word-Dokument befindet, markieren Sie sie.
2. Wechseln Sie zur Registerkarte *Sendungen* und klicken Sie in der Gruppe *Erstellen* auf *Umschläge.*

   Das Dialogfeld *Umschläge und Etiketten* wird angezeigt; die Registerkarte *Umschläge* ist geöffnet. Im Feld *Empfänger(adresse)* sehen Sie den Text, den Sie zuvor im Dokument markiert haben bzw. den Word als Adresse erkannt hat.

Bild 29.6 In diesem Dialogfeld legen Sie die Einstellungen für das Erstellen eines Briefumschlags fest

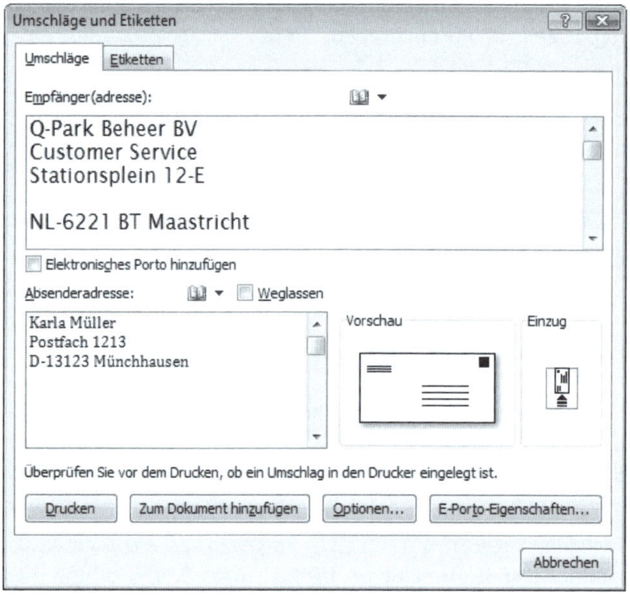

3. Führen Sie eine der folgenden Aktionen durch:
   - Korrigieren Sie – falls erforderlich – die Anschrift des Empfängers.
   - 
     Klicken Sie im oberen Bereich des Dialogfeldes auf die Schaltfläche *Adressbuch*. Wenn Sie aufgefordert werden, ein E-Mail-Profil auszuwählen, wählen Sie das gewünschte Profil aus. Markieren Sie im Dialogfeld *Namen auswählen* die Adresse, die Sie verwenden wollen, und klicken Sie auf *OK*. Die ausgewählte Adresse wird in das Feld *Empfänger(adresse)* übertragen.
4. Das Feld *Absenderadresse* enthält die Angaben aus dem Feld *Postanschrift* (Dialogfeld *Word-Optionen*, Kategorie *Erweitert*, Abschnitt *Allgemein*). Falls das Feld leer ist, geben Sie hier Ihren Namen und Ihre Anschrift ein.

TIPP **Word kann sich die Angaben zum Absender merken** Wenn Sie die Absenderadresse eingegeben bzw. geändert haben, werden Sie beim Schließen des Dialogfeldes gefragt, ob die Absenderadresse als Standardadresse gespeichert werden soll. Klicken Sie dann auf *Ja*, wenn Word Ihre Eingaben in das Feld *Postanschrift* des Dialogfeldes *Word-Optionen* übernehmen soll.

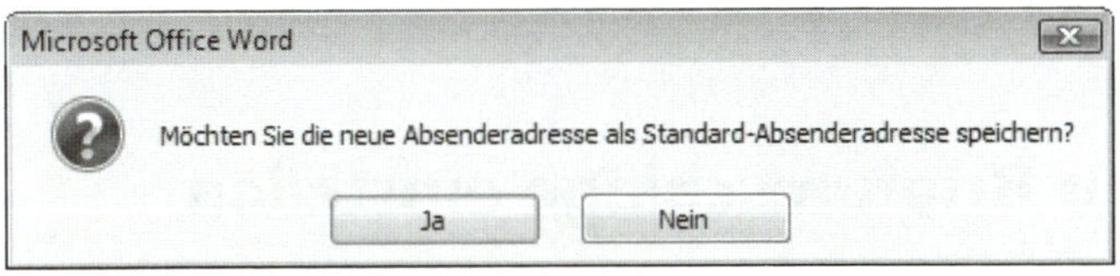
Microsoft Office Word
Möchten Sie die neue Absenderadresse als Standard-Absenderadresse speichern?
Ja
Nein

5. Schalten Sie das Kontrollkäschen *Weglassen* ein, wenn auf dem Umschlag keine Absenderadresse enthalten sein soll.
6. Klicken Sie im Bereich *Vorschau* auf die Grafik des Briefumschlags, wenn Sie das Format des Umschlags und weitere Optionen ändern wollen. (Ausführliche Informationen dazu, welche Optionen Sie einstellen können, finden Sie im Abschnitt »Optionen für Briefumschläge einstellen« ab Seite 590.)
7. Führen Sie eine der folgenden Aktionen durch:
   - Klicken Sie auf *Drucken*, wenn Sie den Umschlag sofort ausdrucken wollen. Wenn Ihr Drucker keine separate Zufuhr für Briefumschläge besitzt, legen Sie den Umschlag in die manuelle Papierzufuhr ein. Besitzt der Drucker einen Schacht für Umschläge, sendet Word den Steuerbefehl an den Drucker, um von dort einen Umschlag zuzuführen.
   - Klicken Sie auf *Dokument ändern*, wenn der Umschlag dem Dokument hinzugefügt werden soll. Word fügt dann am Anfang des Dokuments einen eigenen Abschnitt ein, der den Briefumschlag enthält. Die Seitenabmessungen für diesen Abschnitt werden auf das Maß des Umschlags festgelegt.

Die Abbildung auf der folgenden Seite zeigt ein Word-Dokument in der Seitenansicht, in das ein Briefumschlag eingefügt wurde.

Bild 29.7 Der Umschlag befindet sich in einem eigenen Abschnitt am Anfang des Word-Dokuments

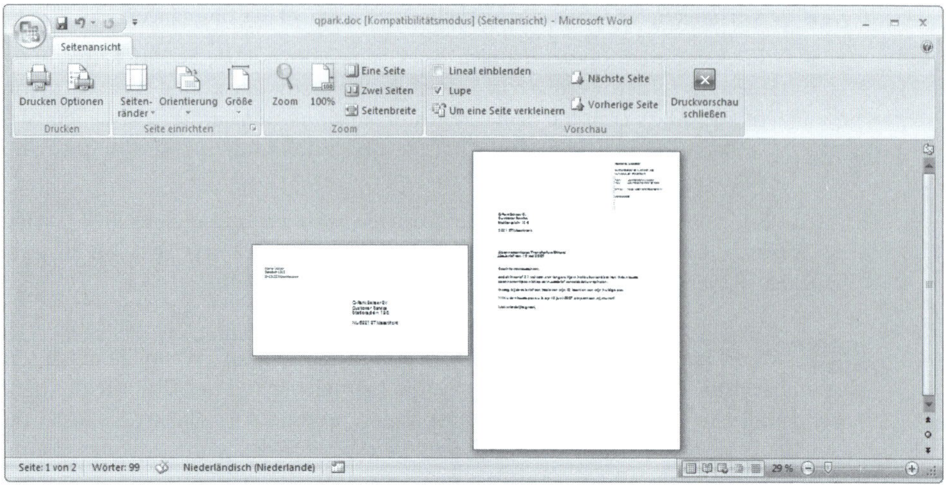

Optionen für Briefumschläge einstellen

Im Bereich *Vorschau* der Registerkarte *Umschläge* sehen Sie eine kleine Grafik des Umschlags; rechts daneben zeigt ein weiteres Symbol an, wie der Umschlag in den Drucker eingelegt werden muss. Beide Einstellungen können Sie verändern.

1. Öffnen Sie die Registerkarte *Umschläge* des Dialogfeldes *Umschläge und Etiketten.*
2. Klicken Sie auf das Vorschaubild des Briefumschlags.

   Das Dialogfeld *Umschlagoptionen* wird angezeigt.

Bild 29.8 Hier können Sie u.a. das Format des Briefumschlags einstellen

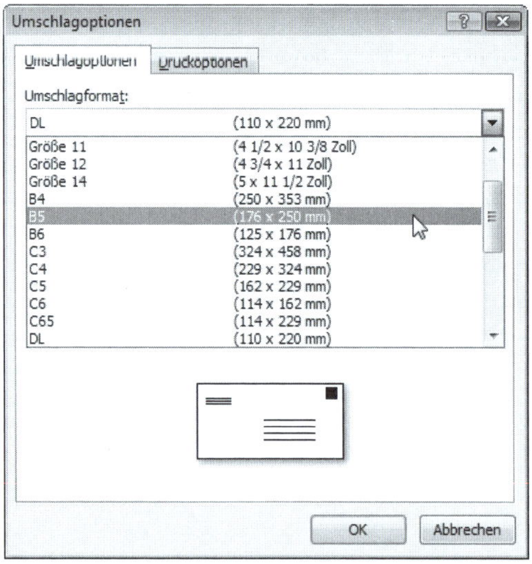

3. Führen Sie eine der folgenden Aktionen durch:
   - Wählen Sie in der Liste *Umschlagformat* das von Ihnen benutzte Format aus und machen Sie bei Schritt 5 weiter.
   - Sollte das von Ihnen benutzte Format nicht in der Liste enthalten sein, wählen Sie den letzten Eintrag *Benutzerdefiniertes Format,* um das Dialogfeld *Umschlagformat* anzuzeigen. Machen Sie bei Schritt 4 weiter.

Bild 29.9 Sie können auch ein benutzerdefiniertes Umschlagformat anlegen

4. Geben Sie in die Felder *Breite* und *Höhe* die Abmessungen des von Ihnen benutzten Umschlags ein und klicken Sie danach auf *OK.*
5. Wechseln Sie zur Registerkarte *Druckoptionen.*

   In der Gruppe *Zufuhrmethode* sehen Sie die Einzugsarten, die Ihr Drucker unterstützt. Das Bild zeigt exemplarisch die Einzugsarten für einen Laserdrucker. Falls Sie einen anderen Drucker, etwa einen Tintenstrahldrucker, verwenden, werden die für Ihren Drucker gültigen Optionen angezeigt.

Bild 29.10 Legen Sie die Zufuhrmethode und den Einzugsschacht fest

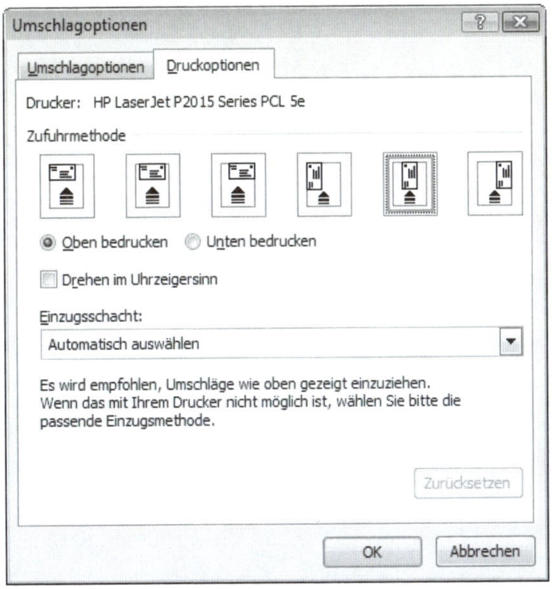

6. Legen Sie in der Gruppe *Zufuhrmethode* die gewünschte Methode fest.

7. Legen Sie in der Liste *Einzugsschacht* den Schacht fest, aus dem der Drucker den Umschlag entnehmen soll.
8. Klicken Sie auf *OK*.

Schriftarten und Position der Adressen festlegen

Wenn Sie den Briefumschlag dem Dokument hinzugefügt haben, können Sie die Schriftart und die Position der Absender- und Empfängeradresse direkt im Dokument ändern. Wollen Sie den Umschlag sofort ausdrucken, können Sie die Schriftart und die Position auf der Registerkarte *Umschlagoptionen* des gleichnamigen Dialogfeldes ändern:

1. Öffnen Sie die Registerkarte *Umschläge* des Dialogfeldes *Umschläge und Etiketten* und klicken Sie auf das Vorschaubild des Briefumschlags.

   Das Dialogfeld *Umschlagoptionen* wird angezeigt.
2. Wechseln Sie, falls erforderlich, zur Registerkarte *Umschlagoptionen*.

Bild 29.11 Auf der Registerkarte *Umschlagoptionen* können Sie die Schriftart und die Position der Adressen einstellen

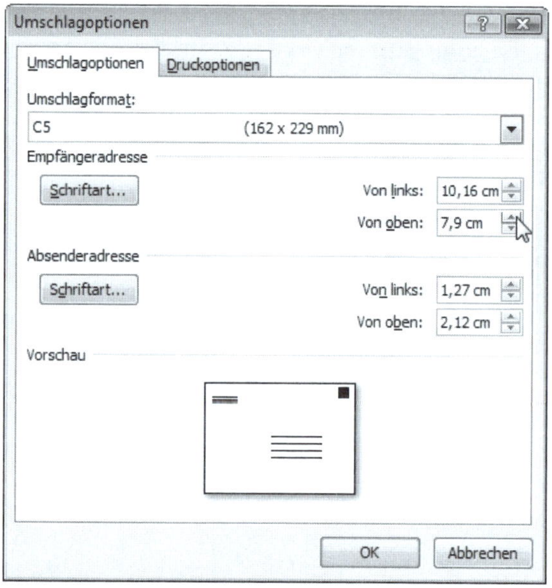

3. Klicken Sie im Bereich *Empfängeradresse* oder *Absenderadresse* auf die Schaltfläche *Schriftart*.

   Word zeigt das Dialogfeld für die Zeichenformatierung an, wie Sie es auch über die Registerkarte *Start* aufrufen können.
4. Nehmen Sie die gewünschten Einstellungen vor und klicken Sie anschließend auf *OK*.
5. Passen Sie bei Bedarf die Position der Adresse auf dem Umschlag mit den Feldern *Von links* und *Von oben* an.
6. Schließen Sie das Dialogfeld mit einem Klick auf *OK*.

Zusammenfassung

Dieses Kapitel hat gezeigt, wie Sie mit Word Adress- und andere Etiketten sowie Briefumschläge erstellen und ausdrucken können.

- Mit der Etikettenfunktion von Word lassen sich Adress- und andere Etiketten auf einer Fülle von vordefinierten Etikettenformaten der unterschiedlichsten Hersteller einrichten (Seite 582).
- Die Adresse, die auf dem Etikett gedruckt werden soll, kann entweder aus dem Word-Dokument übernommen werden, aus einem Adressbuch (wie beispielsweise den Outlook-Kontakten oder dem Adressbuch von Windows Mail) eingefügt werden oder es kann auch Ihre eigene Postanschrift sein (Seite 583).
- Falls Sie ein Etikettenformat verwenden, das Word noch nicht kennt, können Sie in wenigen Schritten auch ein benutzerdefiniertes Format erstellen (Seite 586).
- Auch für das Bedrucken von Briefumschlägen stellt Ihnen Word zahlreiche Umschlagformate zur Verfügung. Wie bei den Etiketten können Sie die Empfängeradresse aus dem Word-Dokument übernehmen. Außerdem können Sie festlegen, ob Ihre eigene Anschrift auf dem Briefumschlag erscheinen soll oder nicht (Seite 588).
- Sie können den Briefumschlag wahlweise dem Dokument hinzufügen und dann im Dokument selbst weitere Formatierungen vornehmen. Wenn Sie den Umschlag sofort ausdrucken wollen, können Sie im Dialogfeld *Umschlagoptionen* sowohl die Schriftart für die Adressen als auch deren Position auf dem Umschlag einstellen (Seite 592).

Kapitel 30

Formulare

In diesem Kapitel:

Word bietet Ihnen die Möglichkeit, eigene Formulare zu erstellen, die Sie auf dem Bildschirm ausfüllen und dann ausdrucken können. »Das ist doch eigentlich nichts Besonderes«, werden Sie vielleicht sagen, wenn Sie bereits mit Dokumentvorlagen (siehe auch Kapitel 17) gearbeitet haben. Im Prinzip stimmen wir Ihnen zu, allerdings nur im Prinzip.

Es gibt ein paar wesentliche Unterschiede zwischen einfachen Dokumentvorlagen und Formularen:

- Bei einem Formular legen Sie die Bereiche fest, in denen Eingaben vorgenommen werden können. Alle anderen Bereiche können beim Ausfüllen nicht verändert werden.
- Word stellt Ihnen drei verschiedene Formularfelder zur Verfügung (Kontrollkästchen, Textfelder und Dropdown-Listenfelder), die Sie in ein Formular einbauen und in denen der Anwender des Formulars dann Eingaben vornehmen kann.
- Sie können beim Drucken eines Formulars festlegen, ob das gesamte Formular oder nur die eingegebenen Daten ausgegeben werden sollen.
- Wenn Sie ein ausgefülltes Formular speichern, können Sie festlegen, ob das gesamte Formular oder nur die in die Formularfelder eingegebenen Daten als Textdatei gespeichert werden sollen.

HINWEIS **Inhaltssteuerelemente von Word 2007** Eine der Neuerungen von Word 2007 sind die sogenannten Inhaltssteuerelemente, mit denen Sie ebenfalls Textfelder und Listenfelder, aber auch ein Datumsauswahl-Steuerelement in ein Dokument (oder eine Vorlage bzw. ein Formular) einfügen können. Im Unterschied zu den drei Arten der oben genannten Formularfelder ist es bei der Verwendung der Inhaltssteuerelemente nicht möglich, lediglich die eingegebenen Daten in einer Textdatei abspeichern zu lassen. Daher eignen sich die Inhaltssteuerelemente dann nicht für den Einsatz in einem Formular, wenn Sie die eingegebenen Daten in ein Datenbankprogramm, wie Access, importieren und weiterverarbeiten wollen. Wenn Sie jedoch Dokumentvorlagen erstellen, was in Kapitel 17 beschrieben ist, sind die Inhaltssteuerelemente einfacher zu verwenden. Daher werden wir uns in diesem Kapitel auf die Beschreibung und die Verwendung der drei Formularfelder konzentrieren.

In diesem Kapitel können Sie zuerst ein einfaches Formular selbst erstellen. Anschließend stellen wir Ihnen die Formularfelder vor und erläutern an einem etwas komplexeren Beispiel die Verwendung von Makros bei Formularen. Im letzten Abschnitt wollen wir schließlich einige allgemeine Optionen für Formulare vorstellen.

Formular erstellen

Um Ihnen die Schritte, die beim Erstellen eines Formulars erforderlich sind, an einem einfachen Beispiel deutlich zu machen, haben wir ein Dokument vorbereitet, in das Notizen zu einem Telefonat eingegeben werden können. Dieses Dokument wird im Verlauf dieses Kapitels in ein Formular umgewandelt.

1. Klicken Sie auf die *Office-Schaltfläche* und dann auf *Neu*.
2. Klicken Sie im Dialogfeld *Neues Dokument* auf die Kategorie *Neu von vorhandenem*.
3. Wechseln Sie im Dialogfeld *Neu aus vorhandenem Dokument* zu dem Ordner mit den Beispieldateien zu diesem Buch, klicken Sie die Datei *Telefonnotiz Start* an und klicken Sie dann auf die Schaltfläche *Öffnen*.

Bild 30.1 Der Ausgangspunkt für das Formular

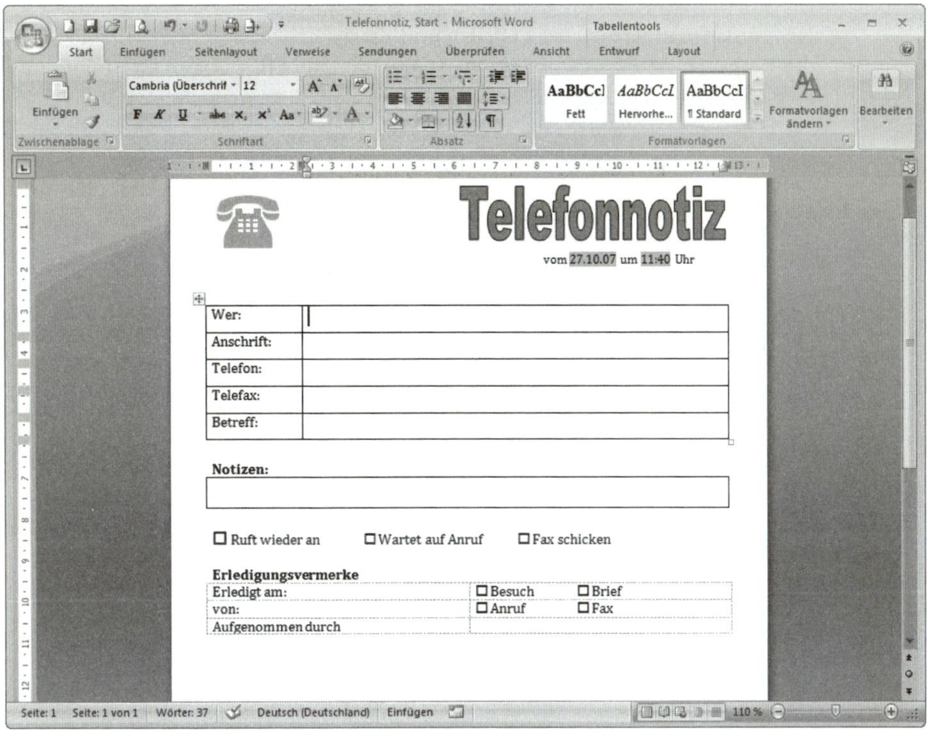

4. Klicken Sie auf die *Office-Schaltfläche,* zeigen Sie auf *Speichern unter* und klicken Sie dann auf *Word-Vorlage.*

5. Geben Sie in das Feld *Dateiname* **Telefonnotiz Formular** ein und klicken Sie auf *Speichern.*

Lassen Sie uns ein wenig innehalten und überlegen, an welcher Stelle in dieser Vorlage welche Eingaben vorgenommen werden sollen:

- In die Tabellenfelder auf der rechten Seite der oberen Tabelle sollen Textfelder eingefügt werden, in denen ein beliebig langer Text eingegeben werden kann. Das Gleiche gilt für den Notizbereich.
- Dort, wo derzeit der Text »Wer:« steht, soll ein Dropdown-Listenfeld eingefügt werden, in dem der Benutzer des Formulars aus den Optionen *Herr, Frau, Mr.* und *Mrs.* eine Angabe auswählen kann.
- In den unteren Bereich sollen Kontrollkästchen eingefügt werden, bei denen der Benutzer des Formulars anklicken kann, welche Reaktionsform der Anrufer erwartet.

Die Registerkarte *Entwicklertools* einblenden

Die Werkzeuge, die Sie zum Erstellen und Bearbeiten eines Formulars benötigen, befinden sich auf der Registerkarte *Entwicklertools*, die standardmäßig nicht in der Multifunktionsleiste sichtbar ist. So blenden Sie diese Registerkarte ein:

1. Klicken Sie in der linken oberen Ecke des Word-Fensters auf die *Office-Schaltfläche* und dann auf *Word-Optionen*.

Bild 30.2 Hier schalten Sie die Registerkarte *Entwicklertools* ein

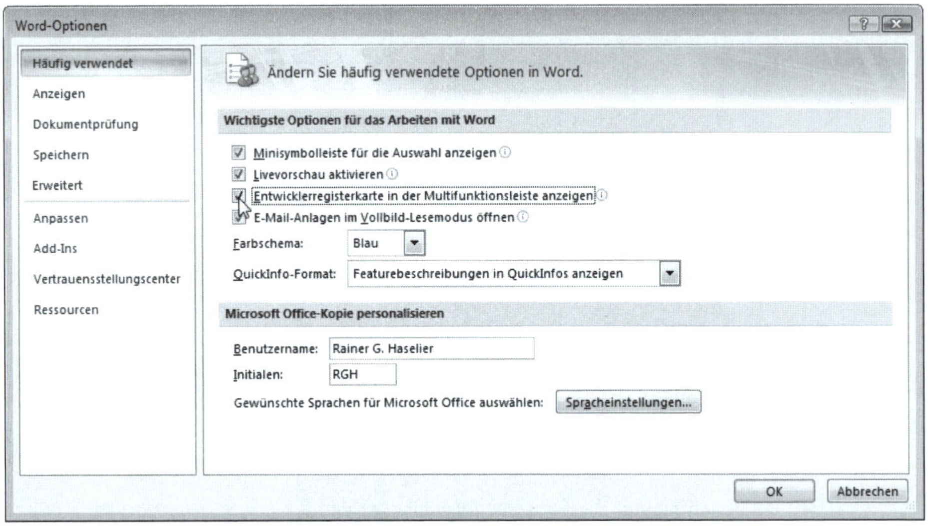

2. Lassen Sie im Dialogfeld *Word-Optionen* die Kategorie *Häufig verwendet* anzeigen und schalten Sie das Kontrollkästchen *Entwicklerregisterkarte in der Multifunktionsleiste anzeigen* ein.

Die Registerkarte *Entwicklertools* sehen Sie in der folgenden Abbildung. Die Schaltflächen für das Einfügen der Formularfelder werden sichtbar, wenn Sie in der Gruppe *Steuerelemente* die Schaltfläche *Legacytools* anklicken.

Bild 30.3 Die Registerkarte *Entwicklertools* und die Schaltflächen zum Einfügen von Formularfeldern

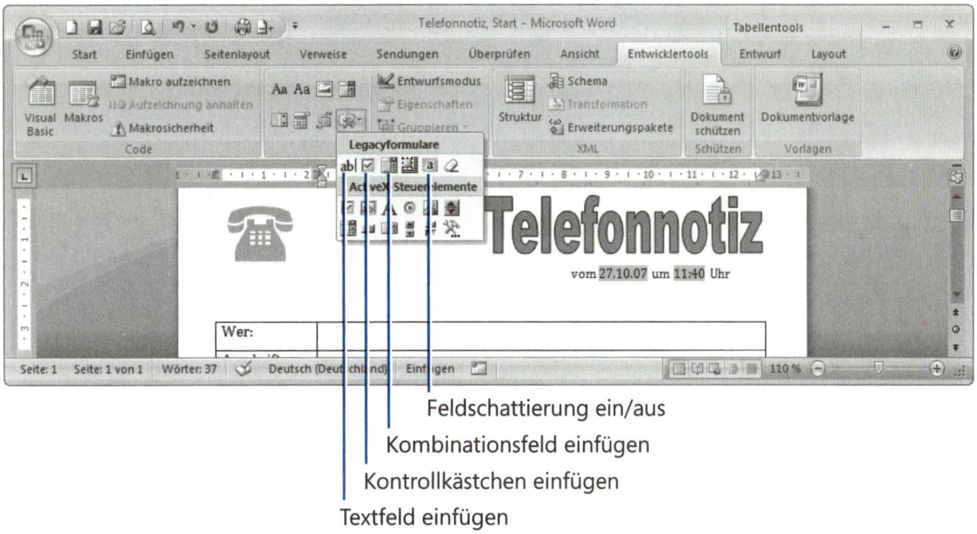

Textfeld einfügen

Nachdem Sie die Registerkarte *Entwicklertools* eingeblendet haben, können Sie die Formularfelder in das Dokument einfügen. Lassen Sie uns mit den Textfeldern beginnen.

1. Setzen Sie die Einfügemarke in das zweite Tabellenfeld der Zeile *Wer:*.
2. Klicken Sie auf der Registerkarte *Entwicklertools* in der Gruppe *Steuerelemente* auf die Schaltfläche *Legacytools* und dann auf *Textfeld.* Word fügt das Formularfeld ein.
3. Wiederholen Sie diese Schritte für alle Felder in der oberen Tabelle und für das Feld in der Tabelle *Notizen.*

Kombinationsfeld einfügen

Lassen Sie uns nun den Text *Wer:* durch ein Kombinationsfeld mit verschiedenen Anredeformen ersetzen.

1. Löschen Sie im ersten Tabellenfeld den Text *Wer:* und lassen Sie die Einfügemarke in diesem Feld stehen.
2. Klicken Sie auf der Registerkarte *Entwicklertools* in der Gruppe *Steuerelemente* auf die Schaltfläche *Legacytools* und dann auf *Kombinationsfeld.* Word fügt ein leeres Kombinationsfeld ein. Diese Liste muss nun noch mit Einträgen gefüllt werden.
3. Doppelklicken Sie auf das leere Kombinationsformularfeld. Das Dialogfeld *Optionen für Dropdown-Formularfelder* wird geöffnet.

Bild 30.4 Optionen für ein Dropdown-Formularfeld einstellen

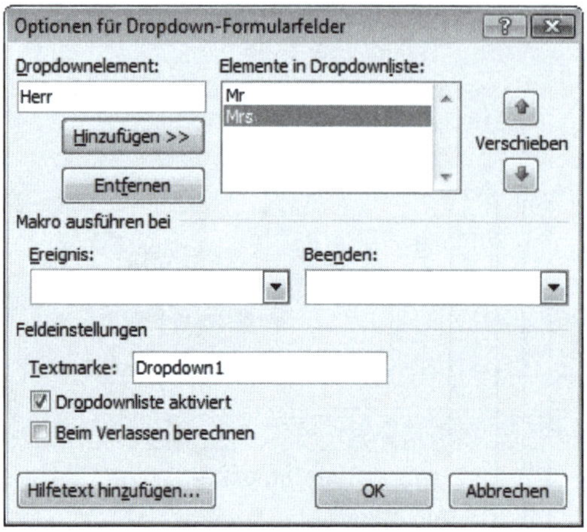

4. Geben Sie in das Feld *Dropdownelement* den Text *Frau* ein.
5. Klicken Sie auf *Hinzufügen.*
6. Wiederholen Sie diese beiden Schritte für *Herr, Mr.* sowie *Mrs.*
7. Schließen Sie das Dialogfeld mit einem Klick auf *OK.*

Kontrollkästchen einfügen

Lassen Sie uns zum Abschluss die drei Quadrate bei *Ruft wieder an …* durch Kontrollkästchen ersetzen.

1. Löschen Sie das Quadrat vor *Ruft wieder an.*
2. Klicken Sie auf der Registerkarte *Entwicklertools* in der Gruppe *Steuerelemente* auf die Schaltfläche *Legacytools* und dann auf *Kontrollkästchen.* Word fügt ein aktiviertes Kontrollkästchen ein.
3. Wiederholen Sie die beiden Schritte für *Wartet auf Anruf* und *Fax schicken.*

Eins der drei Kontrollkästchen soll standardmäßig eingeschaltet sein. Nehmen wir für dieses Beispiel das Kontrollkästchen *Ruft wieder an:*

1. Doppelklicken Sie auf das Kontrollkästchen vor *Ruft wieder an.* Sie sehen dann das Dialogfeld *Optionen für Kontrollkästchen-Formularfelder.*

Bild 30.5 Optionen für Kontrollkästchen-Formularfelder einstellen

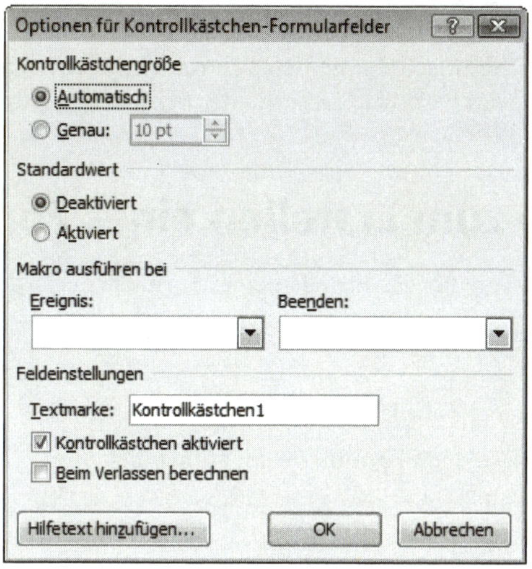

2. Schalten Sie in der Gruppe *Standardwert* das Kontrollkästchen *Aktiviert* an.
3. Schließen Sie das Dialogfeld mit einem Klick auf *OK.*

Formular testen

Wenn Sie ein Formular erstellt haben, dem Sie die drei beschriebenen Word-Formularfelder verwenden, müssen Sie es zuerst schützen, damit diese Felder ausgefüllt werden und Sie die Funktionsweise des Formulars testen können.

1. Klicken Sie auf der Registerkarte *Entwicklertools* auf *Dokument schützen.* Der Aufgabenbereich *Formatierung und Bearbeitung einschränken* wird eingeblendet.
2. Achten Sie darauf, dass die Schaltfläche *Entwurfsmodus* auf der Registerkarte *Entwicklertools* nicht aktiviert ist.
3. Schalten Sie unterhalb von *2. Bearbeitungseinschränkungen* das Kontrollkästchen *Nur diese Bearbeitungen im Dokument zulassen* ein.
4. Öffnen Sie das Listenfeld unterhalb des eingeschalteten Kontrollkästchens und wählen Sie den Eintrag *Ausfüllen von Formularen* aus.
5. Klicken Sie auf die Schaltfläche *Ja, Schutz jetzt anwenden.* Das Dialogfeld *Dokumentschutz anwenden* wird angezeigt.
6. Da Sie in der jetzigen Phase das Formular lediglich testen, brauchen Sie kein Kennwort einzugeben (mehr Informationen zum Schützen eines Dokuments finden Sie ab Seite 605). Klicken Sie daher lediglich auf *OK.*

Testen Sie nun, ob das Formular wie gewünscht funktioniert. Wenn Sie eine Stelle finden, die Sie ändern wollen, müssen Sie den Dokumentschutz zuerst wieder aufheben:

1. Klicken Sie auf der Registerkarte *Entwicklertools* auf *Dokument schützen.* Der Aufgabenbereich *Formatierung und Bearbeitung einschränken* wird eingeblendet.

2. Klicken Sie auf die Schaltfläche *Schutz aufheben.*
3. Nehmen Sie die gewünschten Änderungen am Formular vor.

Bevor Sie das fertige Formular speichern, sollten Sie den Schutz wieder einschalten, damit sich beim Öffnen eines neuen Dokuments das Formular bereits in der richtigen Betriebsart befindet.

Überblick: Schritte zum Erstellen eines Formulars

Lassen Sie uns die einzelnen Schritte, die für das Erstellen eines Formulars erforderlich sind, noch einmal zusammenfassen:

1. Neue Vorlage erstellen
2. Leeres Formular (z.B. in Form einer Tabelle) in die Vorlage aufnehmen
3. Mithilfe der Registerkarte *Entwicklertools* Formularfelder aufnehmen
4. Vorlage schützen
5. Testen
6. Schutz aufheben
7. Korrekturen anbringen
8. Vorlage schützen und speichern

Bild 30.6 Das fertige Formular mit geöffneter Dropdownliste

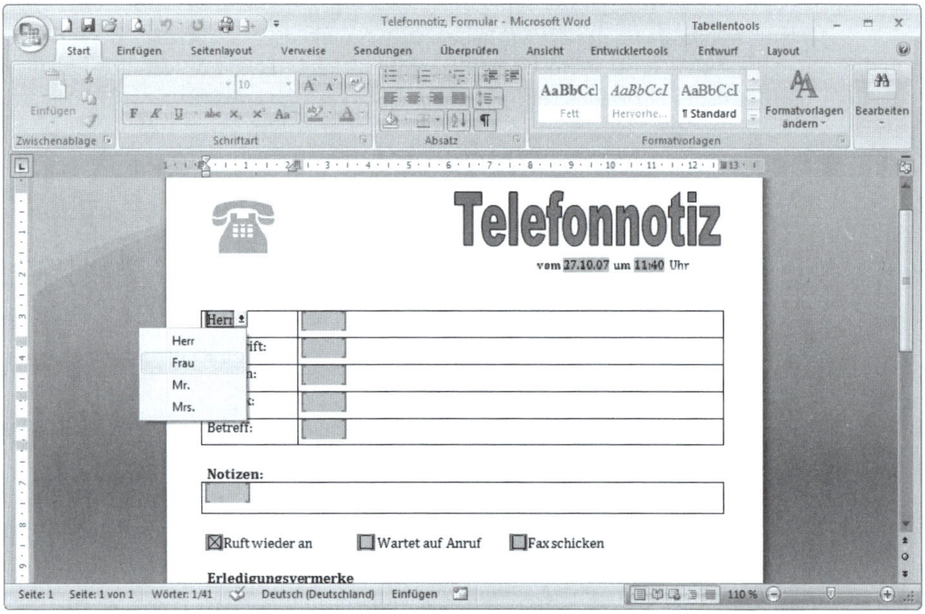

Überblick über Formularfelder

Sie haben im vorigen Abschnitt dieses Kapitels bereits die drei Arten der Formularfelder kennengelernt, die Ihnen Word zur Verfügung stellt. Wir wollen in diesem Abschnitt weitere Optionen für die Formularfelder vorstellen und beschreiben, wie Sie zu jedem Feld einen eigenen Hilfetext definieren können.

Optionen für Formularfelder

Für jedes Formularfeld können Sie verschiedene Optionen festlegen. Hierzu dient ein Dialogfeld, das angezeigt wird, wenn Sie im Entwurfsmodus auf das Formularfeld doppelklicken bzw. die Einfügemarke in das Feld setzen und die Schaltfläche für die Optionen auswählen.

Optionen für Textfelder

Textfelder in Formularen bieten die meisten Eigenschaften an, die eingestellt werden können. Im Listenfeld *Typ* können Sie zwischen einfachem Text, Zahlen und verschiedenen Datumsformaten wählen. Interessant sind die beiden Typen *Aktuelles Datum* und *Aktuelle Uhrzeit,* die beim Öffnen des Formulars automatisch aktualisiert werden und vom Benutzer nicht verändert werden können.

Im Textfeld *Standardtext/Vorgabezahl/Vorgabedatum* können Sie den Text bzw. die Zahl/das Datum eintragen, der bzw. das als Standardwert im Formular erscheinen soll.

Die Vorgabe im Feld *Maximale Länge* lautet zwar *Unbegrenzt,* jedoch bedeutet dies bei Formularen maximal 255 Zeichen. Wenn Sie die mögliche Eingabe auf weniger Zeichen einschränken wollen, geben Sie die Zeichenanzahl hier ein.

Je nach ausgewähltem Texttyp ändert sich die Überschrift oberhalb der Formatliste. Bei *Normalem Text* können Sie in der Liste *Textformat* die Groß-/Kleinschreibung festlegen, in die der eingegebene Text vom Formular umgewandelt werden soll. Bei Zahlen bzw. bei Datums- und Uhrzeiteingaben stehen Ihnen die vielfältigen Zahl- und Zeitschalter zur Verfügung, die Sie auch bei den Word-Feldfunktionen verwenden können.

Optionen für Dropdown-Formularfelder

Bei Dropdown-Formularfeldern haben Sie etwas weniger Einstellmöglichkeiten. Sie können im Dialogfeld lediglich neue Listeneinträge hinzufügen, vorhandene löschen oder mit den beiden Schaltflächen neben der Liste die Reihenfolge der Einträge verändern.

Optionen für Kontrollkästchen

Bei Kontrollkästchen haben Sie drei Einstellmöglichkeiten. Zum einen können Sie die Standardeinstellung *(Deaktiviert/Aktiviert)* festlegen, die beim Öffnen des Formulars verwendet werden soll. Mit der Gruppe *Kontrollkästchengröße* legen Sie fest, in welcher Schriftgröße das Kästchen angezeigt werden soll. Wenn Sie die Option *Automatisch* wählen, passt sich das Kontrollkästchen an den nebenstehenden Text an.

Wenn Sie das Ein- bzw. Ausschalten des Kontrollkästchens verhindern wollen, schalten Sie die Option *Kontrollkästchen aktiviert* aus.

Hilfe für Formularfelder

In den drei Dialogfeldern zu den Optionen der Formularfelder finden Sie die Schaltfläche *Hilfetext hinzufügen,* mit der Sie für jedes Feld zwei eigene Hilfetexte definieren können: Einer wird in der Statusleiste angezeigt, wenn die Einfügemarke in das Feld gesetzt wird; der andere wird in einem Dialogfeld ausgegeben, sobald der Benutzer die Taste F1 drückt, während sich die Einfügemarke in dem zugehörigen Feld befindet.

Bild 30.7 Hilfetext für Formularfelder ergänzen

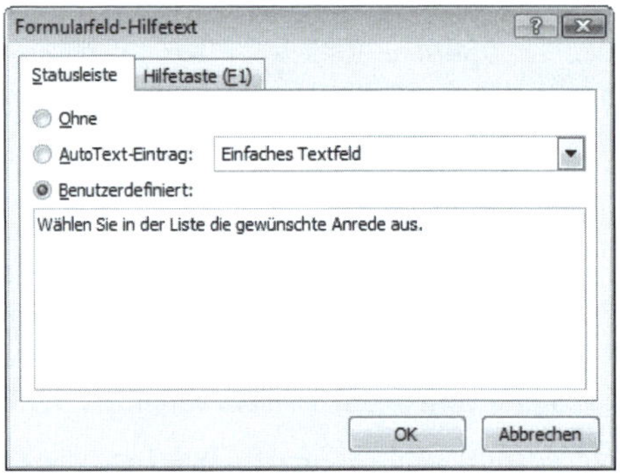

Um einen Hilfetext festzulegen, nehmen Sie folgende Schritte vor:

1. Doppelklicken Sie auf das gewünschte Formularfeld.
2. Klicken Sie im Dialogfeld die Schaltfläche *Hilfetext hinzufügen* an.
3. Wählen Sie, je nachdem, wofür Sie den Hilfetext definieren wollen, die Registerkarte *Statusleiste* oder die Registerkarte *Hilfetaste (F1)* aus.
4. Wenn sich der Hilfetext bereits in einem AutoText-Eintrag befindet, wählen Sie seinen Namen aus der Liste aus. Sie können durch die Verwendung der AutoTexte mehreren Formularfeldern den gleichen Hilfetext zuordnen. Wenn Sie keinen AutoText-Eintrag definiert haben, geben Sie den Text im Feld *Benutzerdefiniert* ein.
5. Schließen Sie das Dialogfeld mit *OK*.

Formulare speichern

Wenn Sie ein Formular speichern, können Sie entweder das gesamte Formular abspeichern (dies geschieht standardmäßig im Word-Format) oder nur die eingegebenen Daten. Um das gesamte Formular zu speichern, verwenden Sie den »normalen« *Speichern*-Befehl.

Wenn nur die Daten des Formulars gespeichert werden sollen, erstellt Word eine Textdatei, in der die Inhalte der einzelnen Felder jeweils durch Semikolon voneinander getrennt sind. Texte, die das Ergebnis eines Text- oder Dropdown-Listenfeldes sind, werden dabei von Anführungszeichen eingeschlossen. Ergebnisse der Kontrollkästchen werden als Zahl in die Datei geschrieben, wobei 1 dem Zustand »markiert« und 0 dem Zustand »nicht markiert« entspricht. Um nur die Formulardaten zu speichern, gehen Sie folgendermaßen vor:

1. Klicken Sie auf die *Office-Schaltfläche* und dann auf *Word-Optionen.*
2. Wechseln Sie zur Kategorie *Erweitert* und scrollen Sie zum Abschnitt *Speichern.*
3. Schalten Sie das Kontrollkästchen *In Formulardaten als durch Trennzeichen getrennte Textdatei speichern* ein. Achtung: Diese Option bezieht sich nur auf das aktuelle Dokument!

HINWEIS **Inhaltssteuerelemente von Word 2007** Bitte beachten Sie, dass sich die in die neuen Inhaltssteuerelemente eingegebenen Daten mit dieser Methode nicht getrennt abspeichern lassen, sondern dass dies nur für die sogenannten Legacy-Formularfelder funktioniert.

Einlesen der Textdateien

Das Einlesen der mit einem Word-Formular erzeugten Dateien in eine Datenbank ist unter Umständen problematisch. Da Word als Trennzeichen das auch im normalen Text übliche Semikolon benutzt, kann die einlesende Datenbank die Daten nicht mehr richtig zuordnen, sobald beim Ausfüllen des Formulars in einem Textfeld ein Semikolon eingetragen wurde.

Formulare drucken

Auch beim Drucken können Sie festlegen, ob das gesamte Dokument oder nur die Inhalte der Formularfelder ausgegeben werden. Diese Option ist sinnvoll, wenn Sie Word lediglich zum Ausfüllen von Formularen verwenden wollen, die bereits gedruckt vorliegen.

1. Klicken Sie auf die *Office-Schaltfläche* und dann auf *Word-Optionen.*
2. Wechseln Sie zur Kategorie *Erweitert* und scrollen Sie zum Abschnitt *Beim Drucken dieses Dokuments.*
3. Schalten Sie das Kontrollkästchen *Nur Formulardaten drucken* ein. Achtung: Diese Option gilt nur für das aktuelle Dokument und muss vor dem Drucken explizit eingestellt werden.

Weitere Optionen beim Schützen eines Formulars

Wie bereits weiter vorn erwähnt wurde, muss ein Formular zunächst geschützt werden, bevor Daten darin eingegeben werden können. Sie können dabei entweder das ganze Formular schützen oder auch nur einen Teil des Dokuments. Letzteres bietet sich an, wenn Sie ein Formular erstellt haben, das sowohl eine Tabelle enthält, in die Werte eingegeben werden sollen, als auch einen Bereich, in dem der Benutzer die Möglichkeit haben soll, weiteren Text zu erfassen. Um dies zu realisieren, trennen Sie die verschiedenen Teile des Formulars durch Abschnittsumbrüche. Um einen Abschnittsumbruch einzufügen, setzen Sie den Cursor an die gewünschte Position, wechseln zur Registerkarte *Seitenlayout,* klicken auf die Schaltfläche *Umbrüche* und dann auf *Abschnittsumbrüche/Fortlaufend.* Wiederholen Sie dies, bis Sie das Formular wie gewünscht in verschiedene Abschnitte unterteilt haben.

Um das Dokument zu schützen, gehen Sie dann folgendermaßen vor:

1. Wechseln Sie zur Registerkarte *Entwicklertools* und klicken Sie in der Gruppe *Schützen* auf *Dokument schützen* und dann auf *Formatierung und Bearbeitung einschränken*. Der gleichnamige Aufgabenbereich wird angezeigt.

Bild 30.8 Mit diesem Aufgabenbereich konfigurieren Sie den Dokumentschutz

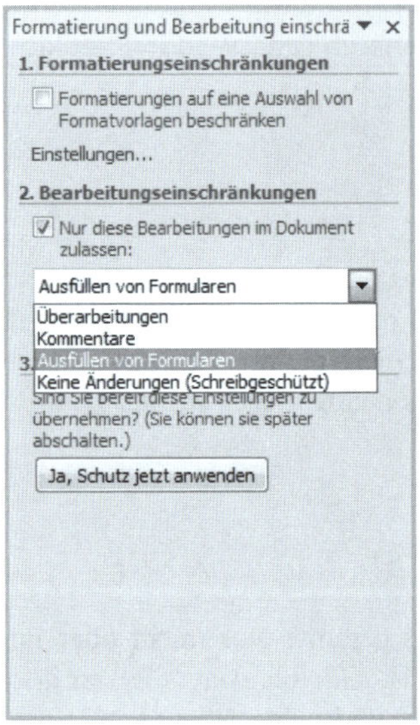

2. Schalten Sie im Aufgabenbereich das Kontrollkästchen *Nur diese Bearbeitungen im Dokument zulassen* ein und wählen Sie im darunter liegenden Listenfeld den Eintrag *Ausfüllen von Formularen* aus.
3. Klicken Sie unterhalb des Listenfeldes auf *Abschnitte auswählen* und schalten Sie im Dialogfeld *Abschnitt schützen* den/die Abschnitt/e aus, der/die nicht geschützt werden soll(en). Schließen Sie dann das Dialogfeld.

Bild 30.9 So schützen Sie einzelne Abschnitte in einem Formular

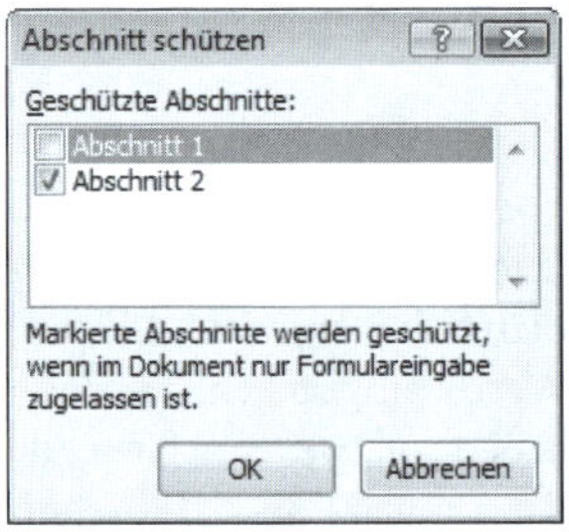

4. Klicken Sie im Aufgabenbereich auf die Schaltfläche *Ja, Schutz jetzt anwenden*. Word zeigt dann ein Dialogfeld an, in dem Sie ein Kennwort festlegen können, ohne das der Dokumentschutz nicht entfernt werden kann.

Bild 30.10 Vergabe eines Kennwortes

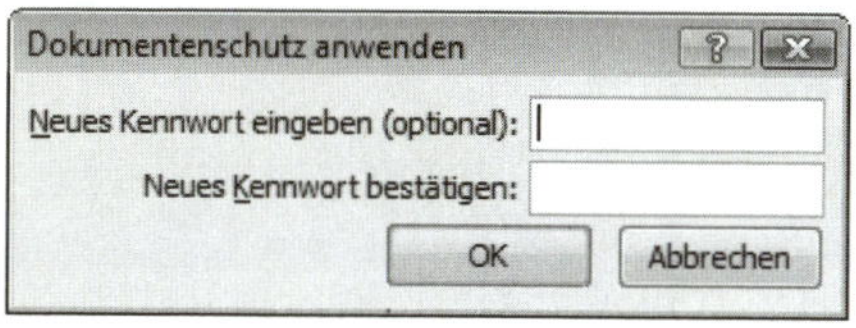

5. Speichern Sie das Formular ab.

Nachdem Sie das Dokument geschützt haben, wird im Aufgabenbereich *Formatierung und Bearbeitung einschränken* die Schaltfläche *Schutz aufheben* angezeigt. Klicken Sie diese an, um den Dokumentschutz aufzuheben. Wenn Sie beim Schützen des Formulars ein Kennwort vergeben haben, werden Sie aufgefordert, dieses einzugeben.

Zusammenfassung

In diesem Kapitel haben Sie gesehen, wie Sie mit Word eine spezielle Art Dokumentvorlage, nämlich ein Formular erstellen können.

- Die beim Erstellen eines Formulars erforderlichen Schritte haben Sie am Beispiel einer Telefonnotiz kennengelernt (Seite 596).
- Um Formularfelder in ein Dokument einzufügen, benötigen Sie die Registerkarte *Entwicklertools* (Seite 598). In der Gruppe *Steuerelemente* stehen Ihnen nach dem Einblenden dieser Registerkarte dann ein Textformularfeld (Seite 599), ein Dropdown-Formularfeld (Seite 599) und ein Kontrollkästchen-Formularfeld zur Verfügung (Seite 600).
- Um das Formular zu testen, müssen Sie den Dokumentschutz einschalten (Seite 601). Für das Testen ist es nicht erforderlich, ein Kennwort zu vergeben.
- Die weiteren Abschnitte dieses Kapitels haben Sie dann mit zusätzlichen Möglichkeiten beim Erstellen von Formularen vertraut gemacht. Sie haben u.a. gesehen, wie Sie die weiteren Optionen für Formularfelder einstellen können (Seite 603), wie Sie beim Speichern eines Formulars lediglich die eingegebenen Daten speichern (Seite 604), wie Sie nur die eingegebenen Daten ausdrucken (Seite 605) und wie Sie nur einzelne Abschnitte eines Formulars schützen (Seite 605).

Teil F

Dokumente gemeinsam nutzen

In diesem Teil:

Kapitel 31

Dokumente kommentieren und überarbeiten

In diesem Kapitel:

In den nächsten beiden Kapiteln dieses Buches stellen wir Ihnen Funktionen vor, mit denen Word das gemeinsame Arbeiten an Dokumenten unterstützt. In diesem Kapitel kümmern wir uns zunächst um die Werkzeuge, mit denen Sie Dokumente anderer Autoren kommentieren bzw. überarbeiten können.

Im nächsten Kapitel begeben wir uns dann in die Position eines Autors, der Kommentare bzw. Korrekturvorschläge von Dritten in sein Originaldokument einarbeiten möchte.

Textstellen hervorheben

Eine sehr einfache Möglichkeit, um auf bestimmte Textstellen in einem Dokument aufmerksam zu machen, ist ihre farbliche Hervorhebung im Stil eines Textmarkers. Mit diesem Werkzeug können Sie sehr schnell bestimmte Textpassagen kennzeichnen, auf die Sie den Autor oder einen anderen Leser hinweisen möchten.

Damit lassen sich zum Beispiel Änderungsvorschläge gewichten. Zum Beispiel nach Dringlichkeit: Rot muss geändert werden, gelb sollte geändert werden und grün braucht nur geändert zu werden, wenn es der Zeitrahmen zulässt. Oder nach Fehlerklassen: Rot ist sachlich falsch, gelb ist unverständlich, aber trotzdem richtig, grün ist sprachlich unsauber.

Natürlich können Sie die Markierungen auch als Gedächtnisstütze dafür verwenden, dass Sie die entsprechenden Stellen noch bearbeiten bzw. vervollständigen müssen.

Um eine oder mehrere Textstellen im Dokument hervorzuheben, gehen Sie so vor:

1. Wechseln Sie auf die Registerkarte *Start* und öffnen Sie in der Gruppe *Schriftart* das Ausklappmenü der Schaltfläche *Texthervorhebungsfarbe.*

Bild 31.1 Die Farbpalette für Texthervorhebungen

2. Wählen Sie eine Farbe aus. Die Farbe wird auf der Schaltfläche angezeigt, damit Sie sie beim nächsten Mal direkt durch Anklicken der Schaltfläche anwählen können und nicht wieder den Umweg über die Farbpalette nehmen müssen.

3. Der Mauszeiger befindet sich jetzt im »Textmarkermodus«. Kennzeichnen Sie die gewünschte(n) Textstelle(n), indem Sie mit gedrückter Maustaste darüberfahren. Überflüssige oder falsche Markierung können Sie entfernen, indem Sie noch einmal mit dem Stift darüber fahren. Das funktioniert jedoch nur, wenn Sie dabei nicht über einen bisher noch nicht hervorgehobenen Text streichen.

4. Wenn Sie den Modus wieder beenden wollen, klicken Sie entweder die Schaltfläche *Texthervorhebungsfarbe* erneut an oder Sie drücken die Taste Esc.

HINWEIS **Erst markieren, dann hervorheben** Sie können natürlich auch den umgekehrten Weg gehen, d.h. Sie markieren erst die gewünschte(n) Textstelle(n) mit der Maus und weisen der (Mehrfach-)Markierung anschließend die gewünschte Hervorhebungsfarbe zu.

Zur Erinnerung: Um mehrere, nicht zusammenhängende Textstellen zu markieren, müssen Sie die `Strg`-Taste drücken.

Einzelne Textstelle hervorheben

Wenn Sie nur eine einzelne Textstelle hervorheben wollen, gehen Sie besser etwas anders vor. In diesem Fall empfiehlt sich folgende Variante, bei der Sie mit deutlich kürzeren Mauswegen auskommen:

1. Markieren Sie die gewünschte Textpassage.
2. Bewegen Sie den Mauszeiger nach rechts oben aus der Markierung hinaus. Dadurch zeigt Word die Minisymbolleiste an.

Bild 31.2 Einzelne Textstellen lassen sich bequemer mit Hilfe der Minisymbolleiste markieren

3. Öffnen Sie das Menü der Schaltfläche *Texthervorhebungsfarbe* und wählen Sie in der Palette die gewünschte Markierungsfarbe aus.

Hervorheben im Vollbild-Lesemodus

Sie können die Hervorhebungsfunktion auch gut im Vollbild-Lesemodus verwenden. In diesem Modus sehen Sie oben links auf dem Bildschirm eine kleine Symbolleiste, auf der sich auch die Schaltfläche *Texthervorhebungsfarbe* befindet. Zum Kennzeichnen des Textes gehen Sie analog zur obigen Beschreibung vor.

Texthervorhebung löschen

Um eine vorhandene Hervorhebung wieder zu löschen, müssen Sie die Hervorhebungsfarbe *Keine* wählen und mit gedrückter Maustaste über die entsprechende Textpassage streichen. Dabei brauchen Sie in der Regel nicht besonders genau zu zielen und können den umgebenden, nicht hervorgehobenen Text ruhig mit »erwischen«.

TIPP **Hervorhebungen lassen sich ausblenden** Wenn Sie sich durch die Hervorhebungen eines Dokuments beim Lesen gestört fühlen oder wenn Sie ein Dokument ohne die vorhandenen Hervorhebungen ausdrucken möchten, können Sie die Markierungen temporär ausblenden.

Schalten Sie dazu in den Word-Optionen in der Rubrik *Anzeigen* die Option *Textmarkenzeichen anzeigen* aus. Sobald Sie eine weitere Hervorhebung in Ihren Text aufnehmen, aktiviert Word die Option wieder und zeigt alle bereits vorhandenen Hervorhebungen auf dem Bildschirm an.

PROFITIPP

Probleme beim Drucken

Wenn Sie einen Text mit hervorgehobenen Textstellen auf einem Schwarzweiß-Drucker ausgeben, können Sie unter Umständen eine böse Überraschung erleben. Ihr Text wird vom Drucker »zensiert«, d. h. statt der wichtigsten Textpassagen gibt Ihr Drucker schwarze Balken aus.

Wenn Sie vor dem Lesen dieses Abschnitts schon erfolglos versucht haben, dieses Problem in den Griff zu kriegen, werden Sie sich bestimmt wundern, an welchem Rädchen Sie drehen müssen:

1. Rufen Sie die Word-Optionen auf und zeigen Sie die Kategorie *Erweitert* an.
2. Klicken Sie ganz unten in der Gruppe *Kompatibilitätsoptionen für* auf das kleine Pluszeichen vor *Layoutoptionen*. Word zeigt dann eine lange Liste von Optionen an.
3. Schalten Sie die Option *Farben auf Schwarzweißdruckern schwarz drucken* aus.

Beachten Sie, dass diese Einstellung nur für das aktuelle Dokument gilt.

Kommentare

Wenn Sie ein Dokument mit einer Bemerkung versehen wollen, ohne dabei den eigentlichen Text zu verändern, können Sie einen so genannten *Kommentar* einfügen. Dabei handelt es sich um eine Art »Sprechblase«, die neben dem eigentlichen Kommentar auch Ihre Benutzerinitialen und eine fortlaufende Nummerierung enthalten. Außerdem werden sie für jeden Benutzer in einer anderen Farbe angezeigt, so dass Sie später leicht erkennen können, wer die verschiedenen Kommentare eingefügt hat.

TIPP **Dokument schützen** Bevor Sie ein Dokument von jemand Dritten mit Kommentaren versehen lassen, können Sie dieses Dokument so schützen, dass am Text keine Änderungen vorgenommen werden können. Es ist dann lediglich möglich, Kommentare in das Dokument aufzunehmen. Ausführliche Hinweise, wie Sie den Dokumentschutz aktivieren können, finden Sie in Kapitel 33 im Abschnitt »Die Bearbeitungsmöglichkeiten einschränken«.

Kommentare einfügen

Um einen Kommentar in ein Dokument einzufügen, nehmen Sie folgende Schritte vor:

1. Wechseln Sie in die Ansicht *Seitenlayout* oder *Weblayout*. In diesen Ansichten werden die Kommentare in komfortablen Sprechblasen angezeigt (das gilt übrigens auch für den *Vollbild-Lesemodus*, auf den wir gleich noch kurz eingehen werden). In den Ansichten *Gliederung* und *Entwurf* öffnet sich beim Einfügen eines Kommentars das Überarbeitungsfenster, das wir Ihnen erst im nächsten Kapitel vorstellen werden.
2. Markieren Sie die Textstelle, die Sie kommentieren möchten.

Neuer
Kommentar

3. Zeigen Sie die Registerkarte *Überprüfen* an und klicken Sie in der Gruppe *Kommentare* auf die Schaltfläche *Neuer Kommentar*. Word zeigt dann am rechten Rand der Seite eine Sprechblase an, die auf den markierten Text verweist.
4. Wenn bei Ihnen auch das Überarbeitungsfenster eingeblendet wird, können Sie es über die Schaltfläche *Überarbeitungsfenster* (in der Gruppe *Nachverfolgung)* wieder ausschalten.
5. Geben Sie jetzt Ihre Bemerkung in das Kommentarfeld ein. Sie können den Text übrigens auch formatieren, wenn Sie zum Beispiel einzelne Teile gesondert hervorheben möchten.

Bild 31.3 Einfügen eines Kommentars

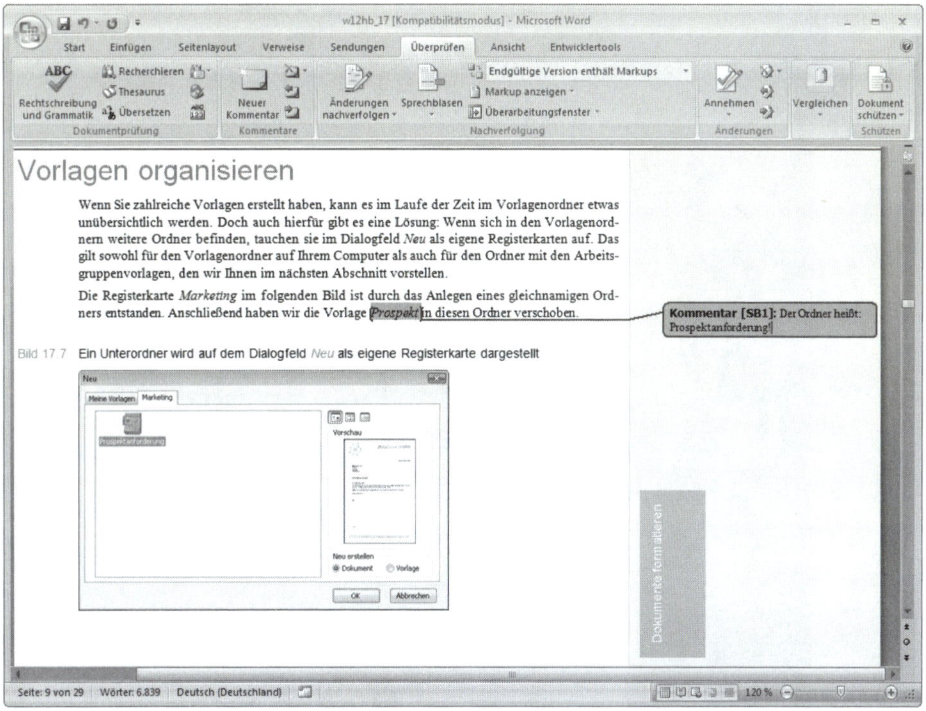
w12hb_17 [Kompatibilitätsmodus] - Microsoft Word
Start
Einfügen
Seitenlayout
Verweise
Sendungen
Überprüfen
Ansicht
Entwicklertools
Rechtschreibung und Grammatik
Recherchieren
Thesaurus
Übersetzen
Dokumentprüfung
Neuer Kommentar
Kommentare
Änderungen nachverfolgen
Sprechblasen
Endgültige Version enthält Markups
Markup anzeigen
Überarbeitungsfenster
Nachverfolgung
Annehmen
Änderungen
Vergleichen
Dokument schützen
Schützen
Vorlagen organisieren
Wenn Sie zahlreiche Vorlagen erstellt haben, kann es im Laufe der Zeit im Vorlagenordner etwas unübersichtlich werden. Doch auch hierfür gibt es eine Lösung: Wenn sich in den Vorlagenordnern weitere Ordner befinden, tauchen sie im Dialogfeld Neu als eigene Registerkarten auf. Das gilt sowohl für den Vorlagenordner auf Ihrem Computer als auch für den Ordner mit den Arbeitsgruppenvorlagen, den wir Ihnen im nächsten Abschnitt vorstellen.
Die Registerkarte Marketing im folgenden Bild ist durch das Anlegen eines gleichnamigen Ordners entstanden. Anschließend haben wir die Vorlage Prospekt in diesen Ordner verschoben.
Kommentar [SB1]: Der Ordner heißt: Prospektanforderung!
Bild 17.7 Ein Unterordner wird auf dem Dialogfeld Neu als eigene Registerkarte dargestellt
Neu
Meine Vorlagen
Marketing
Prospektanforderung
Vorschau
Neu erstellen
Dokument
Vorlage
OK
Abbrechen
Dokumente formatieren
Seite: 9 von 29
Wörter: 6.839
Deutsch (Deutschland)
120 %

6. Erstellen Sie bei Bedarf weitere Kommentare. Beachten Sie, dass Word die Nummerierung der Kommentare anpasst, wenn Sie vor einem vorhandenen Kommentar einen weiteren einfügen. Die Nummerierung gibt also die Reihenfolge der Kommentare innerhalb des Dokuments an und nicht die Reihenfolge, in der Sie die Kommentare erstellt haben.

7. Wenn Sie die Kommentare wieder ausblenden wollen, wählen Sie auf der Registerkarte *Überprüfen* im Listenfeld *Anzeige für Überarbeitung* die Einstellung *Endgültig*.

Bild 31.4 Ausblenden der Kommentare

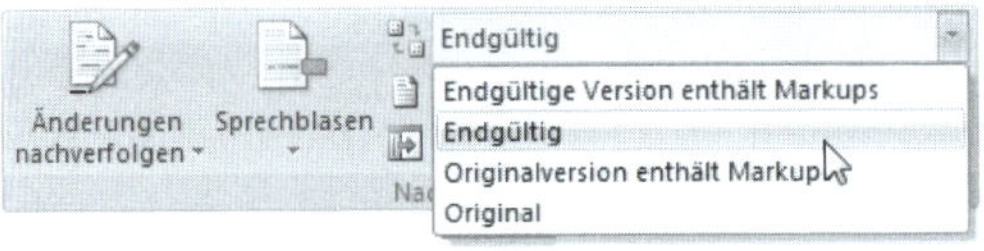
Änderungen nachverfolgen
Sprechblasen
Endgültig
Endgültige Version enthält Markups
Endgültig
Originalversion enthält Markups
Original

Kommentare im Vollbild-Lesemodus eingeben

Falls Sie ein umfangreiches Dokument am Bildschirm kommentieren wollen, sollten Sie dazu in die Ansicht *Vollbild-Lesemodus* wechseln, in der fast der ganze Bildschirm zur Anzeige des Dokuments zur Verfügung steht.

Zur Eingabe der Kommentare finden Sie in der linken oberen Ecke des Bildschirms eine kleine Symbolleiste, auf der sich unter anderem auch die Schaltfläche *Neuer Kommentar* befindet.

In dem Menü der Schaltfläche *Ansichtsoptionen* können Sie die Darstellung an Ihre Bedürfnisse anpassen. Beachten Sie, dass Sie auch eine Druckansicht wählen können (siehe Abbildung).

Bild 31.5 Der Vollbild-Lesemodus eignet sich ebenfalls gut zum Kommentieren eines Dokuments

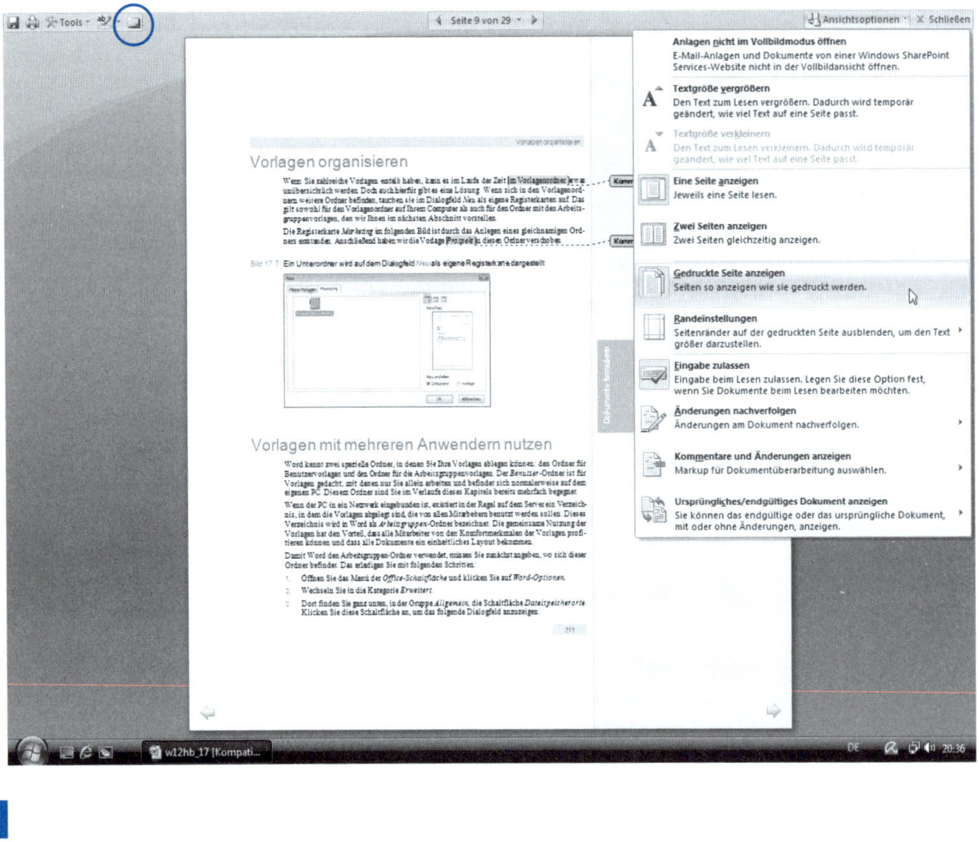
Tools
Seite 9 von 29
Ansichtsoptionen
Schließen
Anlagen nicht im Vollbildmodus öffnen
E-Mail-Anlagen und Dokumente von einer Windows SharePoint Services-Website nicht in der Vollbildansicht öffnen.
Textgröße vergrößern
Den Text zum Lesen vergrößern. Dadurch wird temporär geändert, wie viel Text auf eine Seite passt.
Textgröße verkleinern
Den Text zum Lesen verkleinern. Dadurch wird temporär geändert, wie viel Text auf eine Seite passt.
Eine Seite anzeigen
Jeweils eine Seite lesen.
Zwei Seiten anzeigen
Zwei Seiten gleichzeitig anzeigen.
Gedruckte Seite anzeigen
Seiten so anzeigen wie sie gedruckt werden.
Randeinstellungen
Seitenränder auf der gedruckten Seite ausblenden, um den Text größer darzustellen.
Eingabe zulassen
Eingabe beim Lesen zulassen. Legen Sie diese Option fest, wenn Sie Dokumente beim Lesen bearbeiten möchten.
Änderungen nachverfolgen
Änderungen am Dokument nachverfolgen.
Kommentare und Änderungen anzeigen
Markup für Dokumentüberarbeitung auswählen.
Ursprüngliches/endgültiges Dokument anzeigen
Sie können das endgültige oder das ursprüngliche Dokument, mit oder ohne Änderungen, anzeigen.
Vorlagen organisieren
Vorlagen mit mehreren Anwendern nutzen
w12hb_17 [Kompati...
20:36

Kommentare bearbeiten

Wenn Sie die Kommentare eines Dokuments noch einmal der Reihe nach prüfen bzw. korrigieren möchten, können Sie systematisch von Kommentar zu Kommentar springen, indem Sie auf die Schaltflächen *Vorheriger Kommentar* bzw. *Nächster Kommentar* klicken.

Kommentare formatieren

Wie wir bereits erwähnt haben, können Sie den Inhalt eines Kommentarfeldes nicht nur jederzeit editieren, sondern auch formatieren. Wenn Sie die Schriftart bzw. -größe der Kommentartexte jedoch generell ändern wollen, sollten Sie die gewünschten Einstellungen direkt an der zugrunde liegenden Formatvorlage *Kommentartext* vornehmen.

Hinweise zum Bearbeiten von Formatvorlagen finden Sie in Kapitel 14. Damit die Formatvorlage im Aufgabenbereich *Formatvorlagen* angezeigt wird, müssen Sie eventuell noch im Aufgabenbereich auf den Link *Optionen* klicken und dann im Dialogfeld *Optionen für Formatvorlagenbereich* im ersten Listenfeld den Eintrag *Alle Formatvorlagen* wählen.

Kommentare anderer Benutzer ausblenden

Wenn sich in einem Dokument bereits Kommentare anderer Benutzer befinden, können Sie diese bei Bedarf ausblenden:

1. Klicken Sie auf der Registerkarte *Überprüfen* in der Gruppe *Nachverfolgung* auf die Schaltfläche *Markup anzeigen* und zeigen Sie in dem Menü der Schaltfläche auf *Bearbeiter*.

Bild 31.6 Kommentare anderer Benutzer können ausgeblendet werden

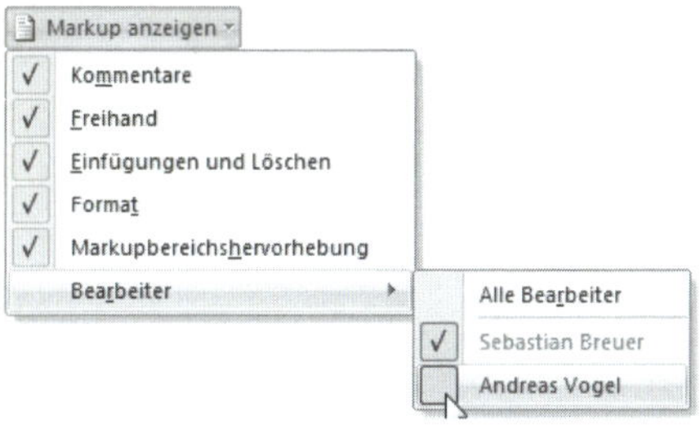

2. Schalten Sie die Häkchen bei den gewünschten Bearbeitern aus.

Kommentare löschen

Um Kommentare wieder aus dem Dokument zu entfernen, haben Sie folgende Möglichkeiten:

- Sie können den Kommentar mit der rechten Maustaste anklicken und in seinem Kontextmenü den Befehl *Kommentar löschen* aufrufen.
- Sie können den Kommentar markieren und auf der Registerkarte *Überprüfen* auf die Schaltfläche *Kommentar löschen* klicken.

- Um alle eigenen Kommentare zu löschen, blenden Sie erst die Kommentare aller anderen Bearbeiter aus, markieren dann einen beliebigen Kommentar und wählen im Ausklappmenü der Schaltfläche *Kommentar löschen* den Befehl *Alle angezeigten Kommentare löschen.*
- Wollen Sie wirklich sämtliche Kommentare im Dokument löschen, markieren Sie einfach einen beliebigen Kommentar und wählen im Ausklappmenü der Schaltfläche *Kommentar löschen* den Befehl *Alle Kommentare im Dokument löschen.*

Kommentare drucken

Nachdem ein Dokument mit Kommentaren versehen ist, können bzw. müssen Sie beim Ausdrucken entscheiden, ob Sie nur die Kommentare, nur das Dokument oder beide gemeinsam drucken wollen. Die notwendigen Einstellungen können Sie im Dialogfeld *Drucken* vornehmen:

1. Klicken Sie auf die *Office-Schaltfläche* und wählen Sie den Befehl *Drucken.* Word zeigt dann das Dialogfeld *Drucken* an.
2. Stellen Sie im Listenfeld *Drucken* ein, welche Teile des Dokuments ausgedruckt werden sollen. Damit z. B. nur die Kommentare ausgedruckt werden, müssen Sie die Option *Markupliste* einstellen.

Bild 31.7 Hier legen Sie fest, ob Kommentare gedruckt werden sollen

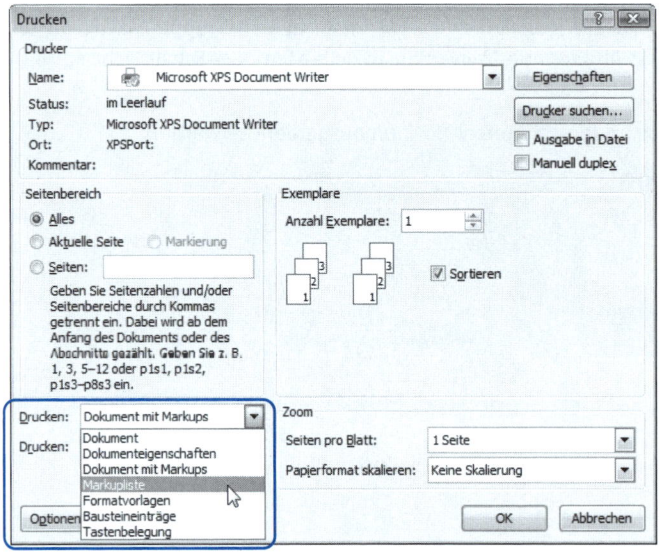

3. Nehmen Sie gegebenenfalls noch weitere Einstellungen vor und starten Sie dann den Ausdruck mit *OK.*

In der Abbildung auf der nächsten Seite finden Sie ein Beispiel für eine Markupliste. Wie Sie sehen, ist diese Liste in mehrere Gruppen unterteilt. Aus der Sicht von Word ist ein Dokument nämlich nicht einfach eine Aneinanderreihung von einzelnen Seiten, sondern es enthält neben dem eigentlichen Dokumenttext noch weitere eigenständige Komponenten wie Kopf- und Fußzeilen, Textfelder, Fuß- und Endnoten usw.

Bild 31.8 Beispiel für eine mit Word erstellte Markupliste im XPS-Format

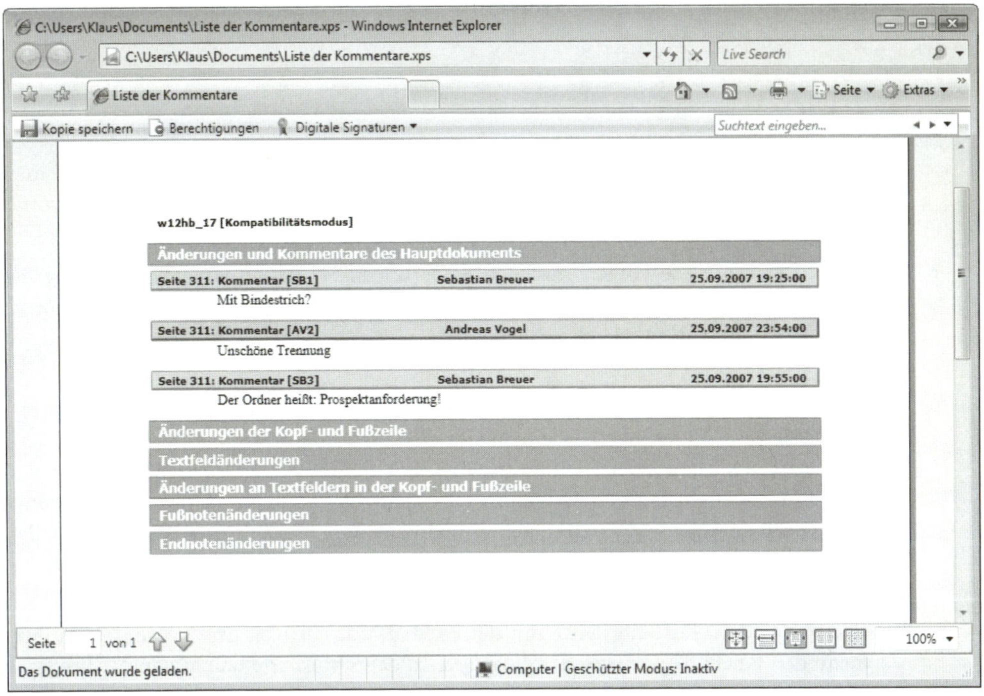

Änderungen nachverfolgen

Wie wir eingangs angekündigt haben, wollen wir uns in diesem Kapitel in die Rolle eines Bearbeiters begeben, der ein fremdes Dokument überarbeiten soll. Nachdem Sie in den vorherigen Abschnitten gelernt haben, wie Sie Textstellen hervorheben und mit Kommentaren versehen, wird es jetzt darum gehen, ein Dokument zu bearbeiten und diese Änderung zu dokumentieren.

Workflow für die gemeinsame Bearbeitung eines Dokuments

Bei der Dokumenterstellung im Team lassen sich folgende Phasen unterscheiden:

1. Der Autor erstellt einen Text und leitet ihn zur Überarbeitung an Kollegen oder an externe Bearbeiter (Korrektorat, Fachlektorat o. ä.) weiter.

2. Der Text wird überarbeitet. Dabei werden die vorgenommenen Änderungen, also Ergänzungen, Streichungen und Formatierungen, besonders markiert. An diesem Vorgang können auch mehrere Personen beteiligt sein, die das Dokument entweder parallel oder nacheinander bearbeiten. Anschließend kehrt das Dokument zum Autor zurück.

3. Der Autor begutachtet die vorgenommenen Änderungen und entscheidet, ob er die Änderung übernehmen oder verwerfen will.

Damit dieser Prozess funktioniert, muss gewährleistet sein, dass jede Änderung so protokolliert wird, dass sie später für den Autor nachvollziehbar ist. Diese Aufgabe wird in Word von der Überarbeitungsfunktion erledigt, die dazu zwischen drei verschiedenen Bearbeitungsmöglichkeiten unterscheiden kann:

- Löschen
- Einfügen
- Formatieren

Zusätzlich werden noch der Name des Benutzers und der Zeitpunkt der einzelnen Änderung gespeichert. Die beiden letzten Angaben werden benötigt, um die Historie der vorgenommenen Änderungen rekonstruieren zu können.

Damit der Autor die vorgenommenen Änderungen bei Bedarf wieder rückgängig machen kann, müssen die Originale gelöschter Textstellen im Dokument verbleiben. Dadurch kann sich der Umfang des Dokuments erheblich vergrößern.

Vorbereitende Maßnahme: Status des Überarbeitungsmodus anzeigen

Wenn Sie Ihre Änderungen an einem fremden Dokument protokollieren wollen, ist es natürlich wichtig, dass Sie den Überarbeitungsmodus auch definitiv eingeschaltet haben, sobald Sie das Dokument bearbeiten. Deshalb empfehlen wir Ihnen, den Status der Überarbeitungsfunktion auf der Statusleiste anzeigen zu lassen. Das hat nicht nur den Vorteil, dass Sie den aktuellen Status der Funktion immer im Blick haben, sondern Sie können die Funktion auch bequem in der Statusleiste ein- und ausschalten.

Klicken Sie dazu die Statusleiste mit der rechten Maustaste an und wählen Sie in ihrem Kontextmenü den Befehl *Änderungen nachverfolgen.* In der Statusleiste taucht dann entweder die Meldung »Änderungen nachverfolgen: Ein« oder »Änderungen nachverfolgen: Aus« auf.

Bild 31.9 Der Status der Überarbeitungsfunktion kann in der Statusleiste angezeigt werden

Überarbeitungsmodus einschalten

Sie können den Überarbeitungsmodus mit folgenden Methoden ein- bzw. auszuschalten:

1. Klicken Sie in der Statusleiste auf die Statusanzeige der Funktion (siehe letzter Abschnitt).
2. Drücken Sie den Shortcut ⇧+Strg+E.
3. Klicken Sie in der Registerkarte *Überprüfen* auf den oberen Teil der Schaltfläche *Änderungen nachverfolgen* (in der Gruppe *Nachverfolgung).* Wenn die Funktion eingeschaltet ist, bleibt die Schaltfläche hervorgehoben.

Wenn Sie jetzt das Dokument bearbeiten, speichert Word alle Änderungen und nimmt auf dem Bildschirm eine entsprechende Kennzeichnung vor (siehe nächste Abbildung). Dafür stehen verschiedene optische Lösungen zur Verfügung, auf die wir gleich noch näher eingehen. Dies sind die einzigen Besonderheiten; ansonsten können Sie Ihr Dokument genauso bearbeiten wie gewohnt.

Bei dem Status des Überarbeitungsmodus handelt es sich übrigens um eine Dokumenteigenschaft. Das heißt, wenn Sie mit mehreren Dokumentfenstern arbeiten, können Sie ein anderes Fenster aktivieren, ohne vorher die Überarbeitungsfunktion ausschalten zu müssen.

Bild 31.10 Word »merkt« sich alle am Dokument vorgenommenen Änderungen

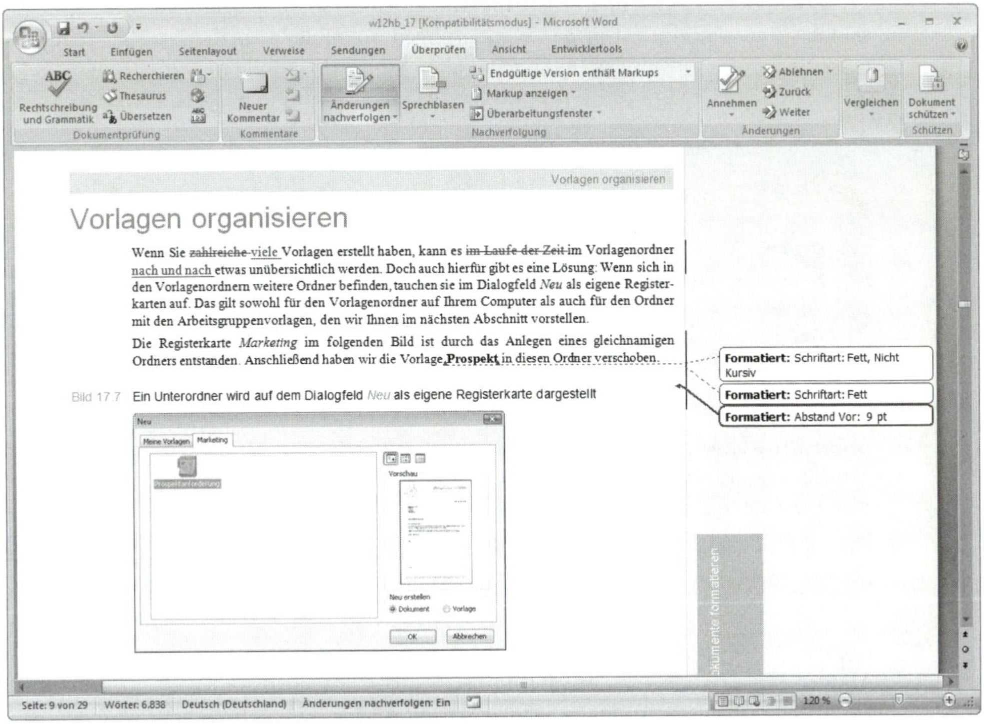
w12hb_17 [Kompatibilitätsmodus] - Microsoft Word
Start
Einfügen
Seitenlayout
Verweise
Sendungen
Überprüfen
Ansicht
Entwicklertools
Recherchieren
Thesaurus
Übersetzen
Rechtschreibung und Grammatik
Dokumentprüfung
Neuer Kommentar
Kommentare
Änderungen nachverfolgen
Sprechblasen
Endgültige Version enthält Markups
Markup anzeigen
Überarbeitungsfenster
Nachverfolgung
Annehmen
Ablehnen
Zurück
Weiter
Änderungen
Vergleichen
Dokument schützen
Schützen
Vorlagen organisieren
Vorlagen organisieren
Wenn Sie zahlreiche viele Vorlagen erstellt haben, kann es im Laufe der Zeit im Vorlagenordner nach und nach etwas unübersichtlich werden. Doch auch hierfür gibt es eine Lösung: Wenn sich in den Vorlagenordnern weitere Ordner befinden, tauchen sie im Dialogfeld Neu als eigene Registerkarten auf. Das gilt sowohl für den Vorlagenordner auf Ihrem Computer als auch für den Ordner mit den Arbeitsgruppenvorlagen, den wir Ihnen im nächsten Abschnitt vorstellen.
Die Registerkarte Marketing im folgenden Bild ist durch das Anlegen eines gleichnamigen Ordners entstanden. Anschließend haben wir die Vorlage Prospekt in diesen Ordner verschoben.
Formatiert: Schriftart: Fett, Nicht Kursiv
Formatiert: Schriftart: Fett
Formatiert: Abstand Vor: 9 pt
Bild 17.7 Ein Unterordner wird auf dem Dialogfeld Neu als eigene Registerkarte dargestellt
Seite: 9 von 29
Wörter: 6.838
Deutsch (Deutschland)
Änderungen nachverfolgen: Ein
120 %

Darstellung der Änderungen konfigurieren

Wie Sie in der obigen Abbildung vielleicht erkennen können, hat Word einen Teil der Änderungen (und zwar den gelöschten und den eingefügten Text) direkt im Dokument gekennzeichnet und einen anderen Teil (die Formatierungen) mit Sprechblasen versehen, wie sie auch für Kommentare verwendet werden.

Wenn Ihnen diese Form der Darstellung nicht zusagt, können Sie alternativ auch alle Änderungen einheitlich in Sprechblasen oder innerhalb des Textes anzeigen lassen. Wählen Sie dazu einfach die gewünschte Option aus dem Menü der Schaltfläche *Sprechblasen* aus.

Bild 31.11 Verwendung der Sprechblasen steuern

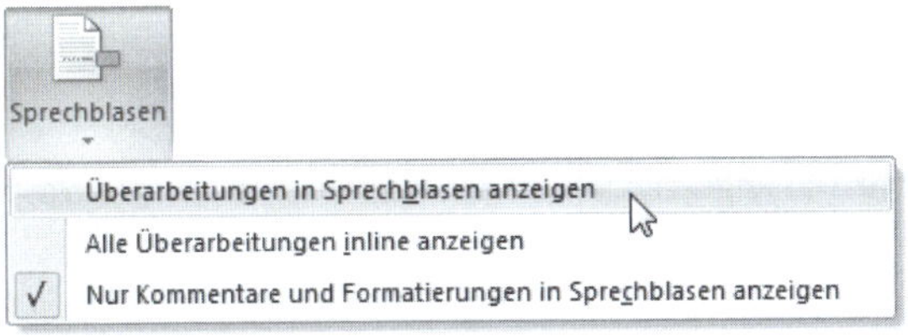
Sprechblasen
Überarbeitungen in Sprechblasen anzeigen
Alle Überarbeitungen inline anzeigen
Nur Kommentare und Formatierungen in Sprechblasen anzeigen

Auswahl der zu kennzeichnenden Änderungen

Wenn ein Dokument sehr intensiv im Überarbeitungsmodus bearbeitet wurde, ist es unter Umständen sinnvoll, einen Teil der Markierungen auszublenden. Klappen Sie dazu das Menü der Schaltfläche *Markup anzeigen* auf und schalten Sie die gewünschten Optionen ein bzw. aus.

Bild 31.12 Auswahl der anzuzeigenden Änderungen

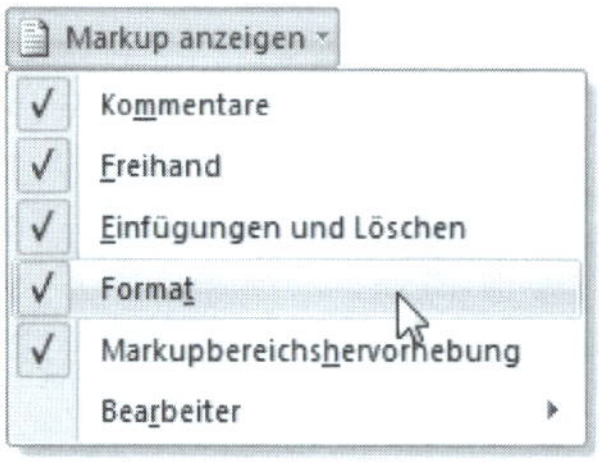

Außerdem können Sie die Änderungen anderer Benutzer ausblenden, indem Sie in dem Menü auf den Eintrag *Bearbeiter* zeigen und im Untermenü des Befehls die Häkchen vor den gewünschten Benutzernamen ein- bzw. ausschalten (siehe auch Bild 31.6 auf Seite 617).

Die Option *Markupbereichshervorhebung* steuert lediglich, ob der Bereich, auf dem die Sprechblasen stehen, durch eine hellgraue Schattierung hervorgehoben wird oder nicht.

Die vier Sichtweisen auf ein geändertes Dokument

Auf der Registerkarte *Überprüfen* befindet sich das Listenfeld *Anzeige für Überarbeitung*, mit dem Sie zwischen vier verschiedenen Sichtweisen auf das Dokument umschalten können.

Bild 31.13 Sichtweise auf das Dokument einstellen

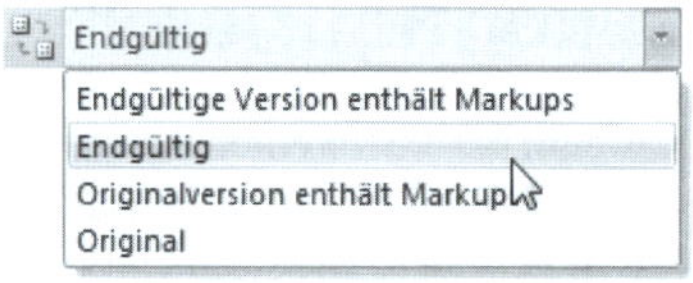

Für die in der folgenden Auflistung abgebildeten Beispiele haben wir das Wort »Prospekt«, das im Originaldokument kursiv gesetzt war, nachträglich in fetter Schrift formatiert.

- **Endgültige Version enthält Markups** Der Text wird in der überarbeiteten Version angezeigt; eingefügte und gelöschte Textpassagen sind im Dokument gekennzeichnet; geänderte Formatierungen werden in Sprechblasen am Seitenrand angezeigt:

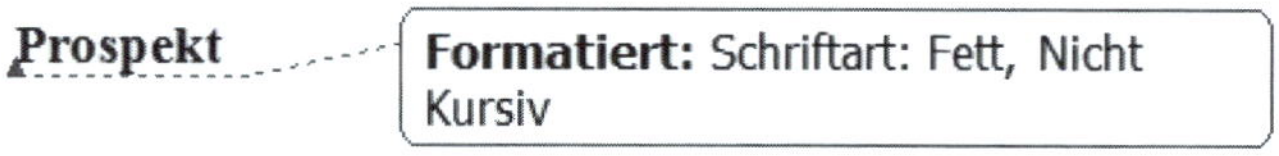

- **Endgültig** Das Dokument wird so angezeigt, als ob alle Änderungen übernommen wurden:

Prospekt

- **Originalversion enthält Markups** Das Dokument wird in der Originalversion angezeigt; gelöschte und eingefügte Textpassagen sind im Text gekennzeichnet, Formatierungen werden in Sprechblasen am Seitenrand ausgegeben:

  Prospekt **Formatiert:** Schriftart: Fett, Nicht Kursiv

- **Original** Das Dokument wird in seiner ursprünglichen Fassung angezeigt:

  Prospekt

Weitere Optionen zur Nachverfolgung von Änderungen werden Sie im nächsten Kapitel kennenlernen, wenn wir die Perspektive eines Autors einnehmen, der die Korrekturvorschläge und Anmerkungen anderer Benutzer begutachtet und entscheiden muss, ob er sie in die endgültige Fassung des Dokument übernimmt oder nicht.

Zusammenfassung

In diesem Kapitel haben Sie gelernt, mit welchen Funktionen Word das Arbeiten im Team unterstützt. Wir haben Ihnen die Funktionen dabei aus dem Blickwinkel eines Bearbeiters vorgestellt, der das Dokument eines anderen Autors überarbeitet.

- Textstellen lassen sich nach Art eines Textmarkers hervorheben. Die dazu benötigte Schaltfläche *Texthervorhebungsfarbe* befindet sich auf der Registerkarte *Start* (Seite 612).
- Hervorhebungen können auch im Vollbild-Lesemodus angebracht werden (Seite 613).
- Hervorhebung werden durch Überstreichen mit der Farbe *Keine* gelöscht (Seite 613).
- Um ein Dokument mit Bemerkungen zu versehen, ohne dabei den eigentlichen Text zu verändern, können Sie Kommentare einfügen (Seite 615).
- Kommentare basieren auf der Formatvorlage *Kommentartext* und können wie normaler Text formatiert werden (Seite 617).
- Kommentare anderer Benutzer können bei Bedarf ausgeblendet werden, um die Übersichtlichkeit auf dem Bildschirm zu erhöhen (Seite 617).
- Word kann ein Dokument mit oder ohne Kommentare ausdrucken. Außerdem ist es möglich, eine Liste aller Kommentare auszudrucken (Seite 618).
- Damit Word beim Bearbeiten eines Dokuments alle Veränderungen protokolliert, müssen Sie den Überarbeitungsmodus aktivieren. Dies lässt sich am bequemsten mit Hilfe der Statusleiste erledigen (Seite 619).
- Die vorgenommenen Änderungen können entweder innerhalb des Textes, in Sprechblasen oder in einer Mischform dargestellt werden (Seite 621).
- Außerdem können Sie zwischen vier verschiedenen Sichtweisen auf das Dokument wählen. Sie unterscheiden sich dadurch, ob die Änderungen angezeigt werden oder nicht und ob dies aus der Perspektive des Originaldokuments oder der Perspektive des geänderten Dokuments geschieht (Seite 622).

Kapitel 32

Änderungen zusammenführen

In diesem Kapitel:

Im Idealfall kann ein Dokument mit Word durchgehend elektronisch bearbeitet werden, ohne dass es für einzelne Bearbeitungsschritte ausgedruckt werden muss. Die Vorteile liegen auf der Hand: Das Drucken eines Dokuments kostet Zeit und Geld und das Papier eignet sich nur bedingt für den elektronischen Versand (maximal als Faxvorlage). Außerdem müssen handschriftliche Änderungen auf dem Papier aufwändig in das Dokument übertragen werden. Der damit verbundene Zeitaufwand ist in der Praxis erheblich.

Nachdem Sie im letzten Kapitel bereits gelernt haben, wie Sie Dokumente von anderen Autoren überarbeiten können, werden Sie nun in die Rolle des Autors schlüpfen und erfahren, wie sich die von anderen Benutzern angebrachten Änderungen übernehmen oder auch ablehnen lassen.

Dokumente zur Überarbeitung versenden

Wenn Sie Ihr Dokument von jemandem überarbeiten lassen möchten, können Sie es direkt aus Word per Email verschicken:

1. Öffnen Sie das gewünschte Dokument.
2. Klicken Sie auf die *Office-Schaltfläche*, zeigen Sie im Menü auf *Senden* und wählen Sie dann den Befehl *E-Mail*. Word erstellt eine neue E-Mail und fügt eine Kopie des Dokuments als Anhang ein.
3. Geben Sie die Empfängeradresse wie gewohnt in das Feld *An* ein.
4. Im Feld *Betreff* hat Word zwar bereits den Namen des Dokuments eingetragen, aber etwas ausführlicher sollte ein E-Mail-Betreff schon sein.
5. Schreiben Sie dem Empfänger noch eine kurze Nachricht und fügen Sie gegebenenfalls einen Hinweis ein, bis zu welchem Termin Sie das überarbeitete Dokument benötigen.

Bild 32.1 Word hat das Dokument automatisch als Anhang eingefügt

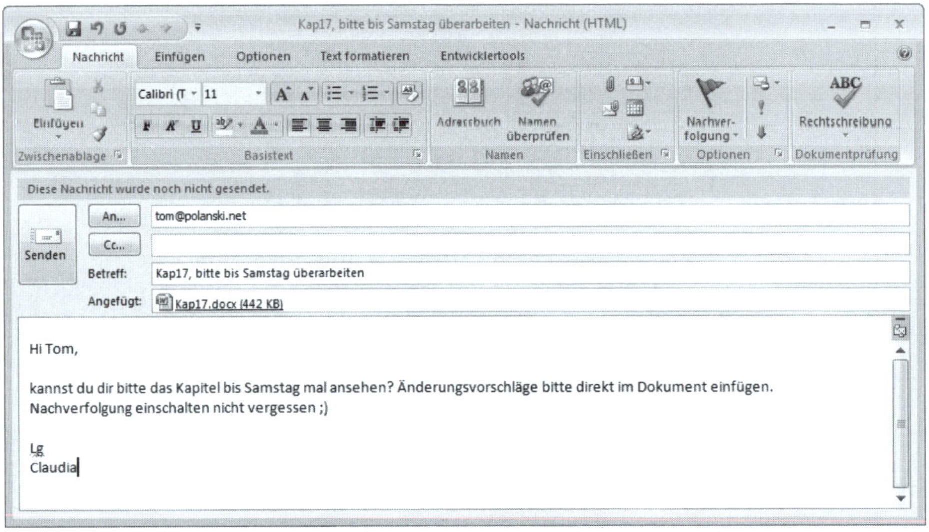

6. Klicken Sie auf *Senden*, um die E-Mail abzuschicken.

Änderungen überprüfen

Wenn Sie ein Dokument erhalten, das von anderen Benutzern überarbeitet wurde, können Sie deren Änderungen bzw. Korrekturvorschläge der Reihe nach ansehen und einzeln entscheiden, ob Sie sie annehmen oder ablehnen.

Damit Sie die folgenden Schritte nachvollziehen können, haben wir für Sie eine Beispieldatei vorbereitet, die Änderungen und Kommentare von drei verschiedenen Personen enthält.

1. Öffnen Sie das Beispieldokument *Kap17, überarbeitet* oder ein beliebiges anderes Dokument, das Änderungen und/oder Kommentare von anderen Benutzern enthält.
2. Zeigen Sie die Registerkarte *Überarbeiten* an.
3. Falls die Schaltfläche *Änderungen nachverfolgen* aktiv sein sollte, schalten Sie die Nachverfolgung bitte aus. Zur Erinnerung: Der Status der Überarbeitungsfunktion ist eine Eigenschaft des Dokuments, nicht von Word selbst.
4. Zuerst sollten Sie prüfen, welche Änderungen an dem Dokument vorgenommen wurden. Stellen Sie dazu in der Liste *Anzeige für Überarbeitung* die Option *Endgültige Version enthält Markups* ein.

Bild 32.2 Ein überarbeitetes Dokument kann auf den ersten Blick sehr unübersichtlich wirken

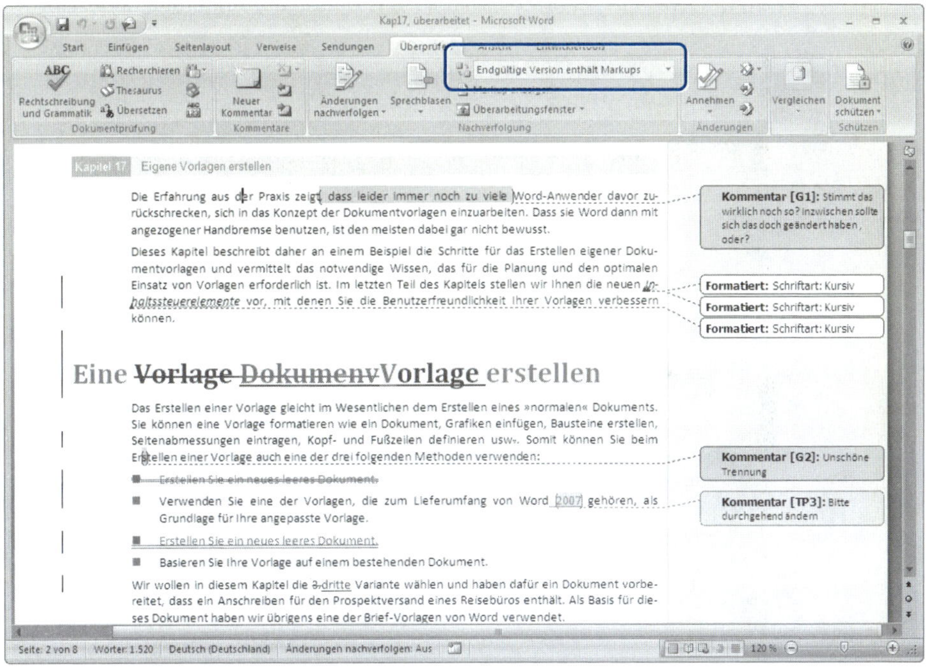

5. Klicken Sie dann noch auf die Schaltfläche *Markup anzeigen* und prüfen Sie, ob in ihrem Ausklappmenü alle Häkchen eingeschaltet sind. Zeigen Sie auch auf den Eintrag *Bearbeiter* und aktivieren Sie gegebenenfalls im Untermenü die Option *Alle Bearbeiter*, falls das Dokument von mehreren Personen überarbeitet wurde.

Bild 32.3 So machen Sie alle Änderungen sichtbar

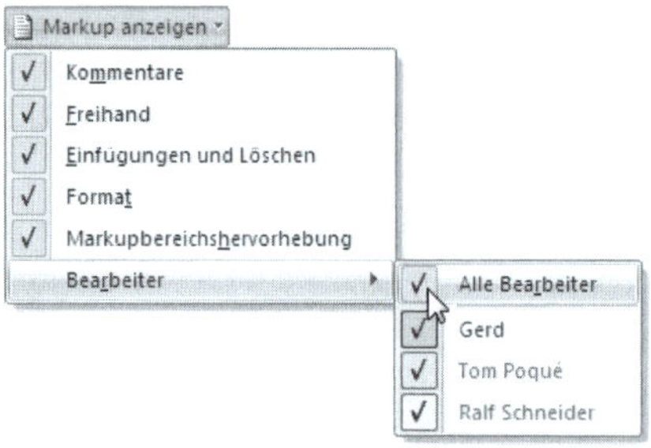

6. Analysieren Sie das Dokument und überlegen Sie, wie Sie die Änderungen am besten einarbeiten können. Falls das Dokument von mehreren Personen korrigiert wurde, empfiehlt es sich, die individuellen Änderungen getrennt anzuzeigen.
7. Sehr hilfreich ist auch das Überarbeitungsfenster, in dem alle Änderungen und Kommentare unter Angabe des Bearbeiters und des Änderungsdatums (nur im horizontalen Fenster) aufgelistet werden. Zum Einschalten des Überarbeitungsfensters verwenden Sie die gleichnamige Schaltfläche in der Gruppe *Nachverfolgung*.

Bild 32.4 Im Überwachungsfenster wird auch das Datum der Änderung angezeigt

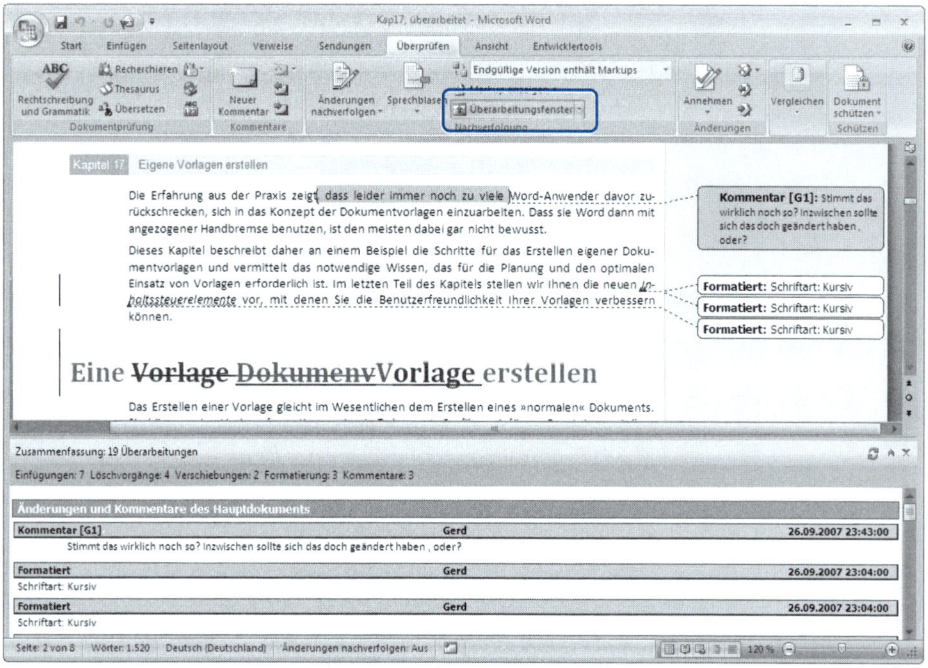

Beachten Sie, dass Word die Änderungen in den verschiedenen Dokumentbereichen getrennt aufführt. Das hat seine Ursache in den so genannten *Dokumentkomponenten* (StoryRanges), in die Word jedes Dokument unterteilt. So befindet sich zum Beispiel der Text einer Fußzeile in einer anderen Dokumentkomponente als der normale Fließtext des Dokuments.

Änderungen annehmen und verwerfen

Nachdem Sie sich einen Überblick über den Zustand des Dokuments verschafft haben, können Sie damit beginnen, die Änderungsvorschläge zu bearbeiten:

1. Springen Sie mit der Schaltfläche *Nächste Änderung* zur ersten angezeigten Änderung des Dokuments; die betreffende Textstelle und eine eventuell vorhandene Sprechblase werden dann markiert. Falls Sie das Überarbeitungsfenster geöffnet haben, wird die Liste automatisch mit dem Hauptfenster synchronisiert.
2. Wenn Sie den Mauszeiger auf die Markierung bewegen, werden in einem Tooltipp-Fenster der Name des Überarbeiters, das Datum, die Uhrzeit und die Art der Änderung angezeigt.

Bild 32.5 Word zeigt die Details einer Änderung in einem Tooltipp-Fenster an

3. Bestimmen Sie mit den Schaltflächen *Annehmen* und *Ablehnen* (sie befinden sich in der Gruppe *Änderungen)*, ob Sie die Korrektur in Ihr Dokument übernehmen wollen oder nicht. Word springt anschließend automatisch zur nächsten Änderung.
4. Alternativ können Sie auch mit den Ausklappmenüs der Schaltflächen *Annehmen* und *Ablehnen* alle angezeigten Änderungen oder sogar alle Änderungen des Dokuments auf einen Schlag akzeptieren oder verwerfen.

Bild 32.6 Sie können auch mehrere Änderungen annehmen bzw. ablehnen

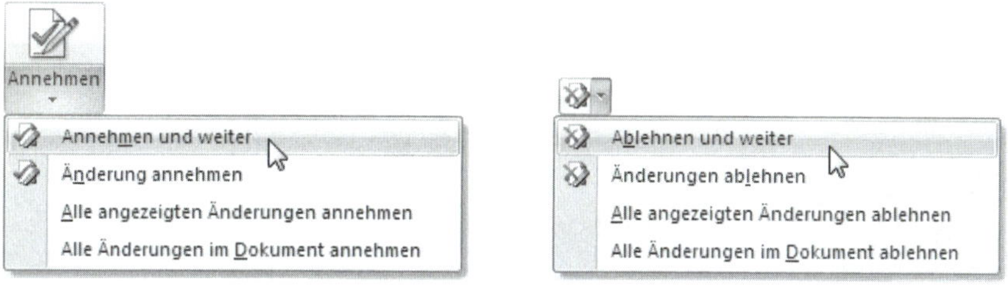

HINWEIS **Verschiebungen werden endlich erkannt** In früheren Versionen erzeugte das Umstellen einer Textpassage zwei Änderungen: An seiner ursprünglichen Position wurde der Text als »gelöscht«, an seiner neuen als »eingefügt« markiert. Da Word zwischen den beiden Änderungen keine Verbindung herstellen konnte, ließen sich solche Textänderungen kaum nachvollziehen.

Mit Word 2007 gehört dieses Manko endlich der Vergangenheit an. Textverschiebungen werden deutlich als solche gekennzeichnet und Sie können sogar zwischen den beiden Textstellen hin- und herspringen. Klicken Sie dazu einfach eine der beiden Passagen mit der rechten Maustaste an und wählen Sie im Kontextmenü den Befehl *Verschiebung nachverfolgen*.

Optionen der Überarbeitungsfunktion

Im letzten Kapitel haben Sie bereits erfahren, dass Sie die Art und Weise, wie Word die Änderungen der verschiedenen Bearbeiter kennzeichnet, beeinflussen können. Dabei haben wir uns jedoch noch auf das Ein- und Ausblenden der Sprechblasen beschränkt. Jetzt wollen wir Ihnen die verschiedenen Optionen im Detail vorstellen.

Um die Darstellung der Änderungen zu konfigurieren, rufen Sie das Dialogfeld *Optionen zum Nachverfolgen von Änderungen* auf, das Sie über den gleichnamigen Befehl der Schaltfläche *Änderungen nachverfolgen* erreichen. Wie Sie in der nächsten Abbildung sehen, hat das Dialogfeld einiges zu bieten.

Bild 32.7 Der Dialog zum Konfigurieren der Überarbeitungsfunktion

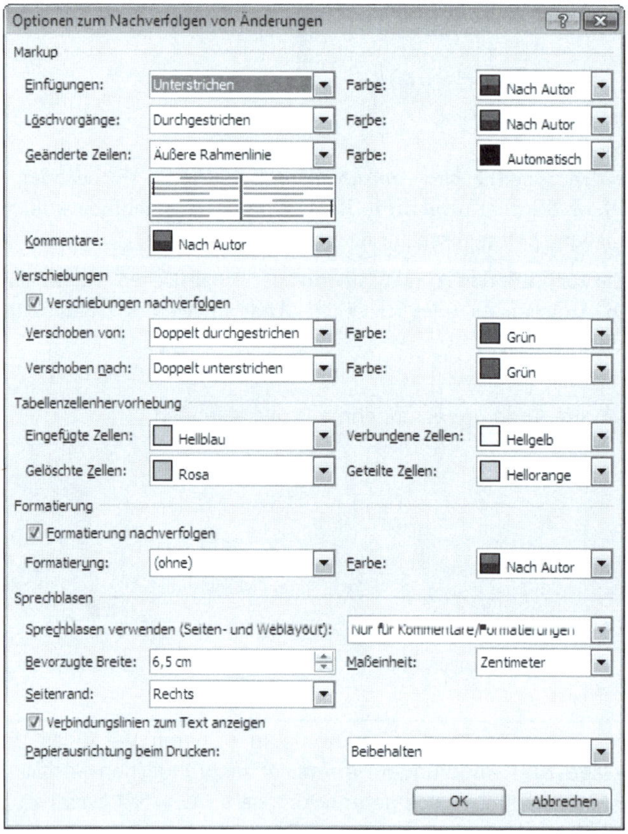

Markup

Mit den ersten beiden Listenfeldern der Gruppe *Markup* können Sie festlegen, ob bzw. wie eingefügter und gelöschter Text innerhalb des Dokuments gekennzeichnet werden soll. Zum Beispiel können Sie einstellen, dass gelöschter Text gar nicht angezeigt wird, wodurch der Text deutlich besser zu lesen ist.

Eine weitere interessante Option ist die Möglichkeit, die betreffenden Textstellen lediglich farblich zu kennzeichnen. In diesem Fall sollten Sie jedoch immer nur die Änderungen eines Bearbeiters anzeigen, da Sie sonst vermutlich mit den Farben durcheinander kommen.

Apropos Farben: Standardmäßig weist Word jedem Bearbeiter eine eigene Farbe zu. Sie können aber auch feste Farben zuweisen und eingefügten Text z. B. immer grün und gelöschten rot anzeigen lassen.

Mit dem Listenfeld *Geänderte Zeilen* beeinflussen Sie die Darstellung der Korrekturleisten auf dem Bildschirm und beim Ausdruck auf dem Papier. Korrekturleisten werden als vertikale Striche links oder rechts neben dem Text angezeigt. Wollen Sie auf die Korrekturleisten verzichten, wählen Sie die Einstellung *(ohne)*.

Das letzte Listenfeld der Gruppe *Markup* steuert die Markierungsfarbe für eingefügte Kommentare. Auch hier können Sie sich zwischen einer individuellen Farbe für jeden Bearbeiter und einer fest vorgegebenen Farbe entscheiden.

Verschiebung

Wie bereits im Hinweis-Kasten auf Seite 629 erwähnt, kann Word 2007 auch Textumstellungen erkennen und durch separate Markierungsoptionen kenntlich machen. Wir halten die Voreinstellung der Optionen in dieser Gruppe für recht sinnvoll: Die grüne Farbe signalisiert, dass hier weder Text gelöscht noch eingefügt wurde und die doppelte Durch- bzw. Unterstreichung macht den Sonderstatus dieser Aktion zusätzlich deutlich.

Tabellenzellenhervorhebung

Wie Sie sehen, kann Word 2007 sogar Änderungen an Tabellen dokumentieren. Erkannt werden eingefügte, gelöschte, verbundene und geteilte Zellen. In der Voreinstellung wird diesen Aktionen jeweils eine eigene Farbe zugeordnet, wobei es sich hier um zarte Pastelltöne handelt.

Formatierung

Auch Änderungen an der Formatierung des Textes werden von Word akribisch protokolliert, falls Sie die Option *Formatierung nachverfolgen* eingeschaltet lassen. Zur Kennzeichnung stehen Ihnen die üblichen Varianten zur Verfügung, wobei uns Optionen wie *Kursiv* oder *Fett* wenig sinnvoll erscheinen, da sie ja selbst eine Formatierung darstellen.

Sprechblasen

Mit den Optionen in der Gruppe *Sprechblasen* legen Sie fest, wo und in welcher Breite die Sprechblasen angezeigt werden sollen, mit denen Sie über die Änderungen auf dem Bildschirm informiert werden. Mit Sprechblasen lassen sich die vorgenommenen Änderungen an einem Dokument übersichtlich in der Randspalte darstellen, ohne dass dabei das eigentliche Dokument zu sehr gestört wird. Außerdem können Sie bestimmen, an welchem Seitenrand die Sprechblasen erscheinen sollen und ob zu der Textstelle, auf die sich die Änderung bezieht, eine Verbindungslinie zeigen soll

Papierausrichtung

Die letzte Option steuert die Seiteausrichtung beim Drucken eines Dokuments, das Markups enthält. Normalerweise behält Word die Ausrichtung des Dokuments bei; Sie können aber auch einstellen, dass das Dokument immer im Querformat ausgedruckt wird oder dass Word das geeignete Format selbst auswählen darf.

Dokumente vergleichen

Wenn Sie von einem Dokument zwei verschiedene Versionen besitzen, können Sie mit Hilfe von Word relativ leicht feststellen, wie bzw. wo sich die beiden Dokumente unterscheiden. Die vorhandenen Unterschiede werden dabei als Änderungen in ein neu erstelltes oder wahlweise auch in eines der beiden verglichenen Dokumente eingetragen. Ohne diese Funktion wäre es kaum zu schaffen, die Unterschiede der beiden Dokumente mit vertretbarem Aufwand zu finden.

Damit Sie das nächste Beispiel nachvollziehen können, haben wir zwei Beispieldateien vorbereitet: *Kap17, Original* enthält die Ursprungsfassung des Dokuments und *Kap17, geändert* eine bearbeitete Fassung, die jedoch nicht im Überarbeitungsmodus erstellt wurde.

1. Starten Sie Word und zeigen Sie die Registerkarte *Überprüfen* an.
2. Klicken Sie in der Gruppe *Vergleichen* auf die Schaltfläche *Vergleichen* und wählen Sie in deren Ausklappmenü den Befehl *Vergleichen...* Word zeigt dann das folgende Dialogfeld an (falls das Dialogfeld bei Ihnen in seiner reduzierten Form angezeigt wird, können Sie die Optionen mit einem Klick auf die Schaltfläche *Erweitern* einblenden):

Bild 32.8 Auswahl der Dateien und Konfiguration des Vergleichsvorgangs

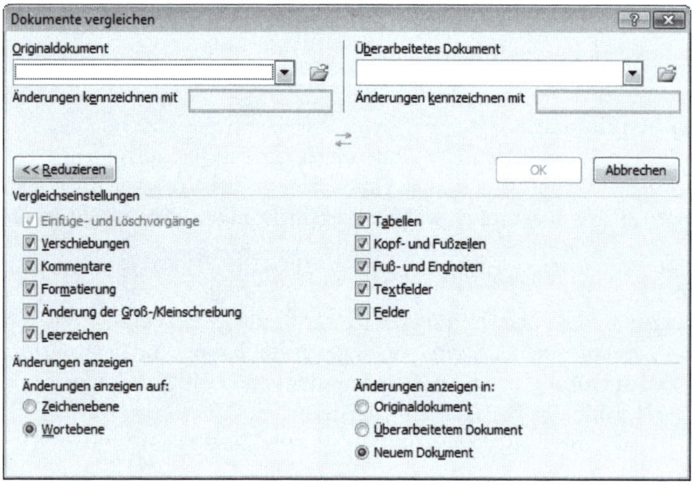

3. Wählen Sie in den beiden Listenfeldern des Dialogs die zu vergleichenden Dokumente aus. Wenn Sie die Übungsdateien verwenden, sollten Sie links die Datei *Kap17, Original* und rechts die Datei *Kap17, geändert* eintragen. Wenn Sie möchten, können Sie auch einen Namen oder eine Bezeichnung angeben, mit der die Änderungen gekennzeichnet werden.
4. Stellen Sie mit den Optionsfeldern der Gruppe *Vergleichseinstellungen* ein, welche Änderungen Word beim Vergleichen der Dokumente berücksichtigen soll. Eventuell empfiehlt es sich, einige Optionen auszuschalten (z. B. *Formatierung*), um dadurch die Anzahl der Änderungen zu reduzieren.
5. Für die Option *Änderungen anzeigen auf* empfehlen wir Ihnen die Einstellung *Wortebene.* In diesem Fall kennzeichnet Word immer das gesamte Wort als geändert, auch wenn nur ein einzelner Buchstabe geändert wurde. Diese Form der Kennzeichnung ist unserer Meinung nach deutlich leichter zu lesen (Beispiel: Schaltfläche~~Schaltlfäche~~ anstelle von Schalt~~l~~fläche).

6. Zum Schluss können Sie noch mit der Option *Änderung anzeigen in* entscheiden, ob Word die gefundenen Änderungen in einem neuen Dokument oder in einem der beiden verglichenen Dokumente anzeigen soll.
7. Klicken Sie dann auf *OK*, um den Vergleich zu starten.

Bild 32.9 Standardmäßig werden die Änderungen in einem neuen Dokument angezeigt

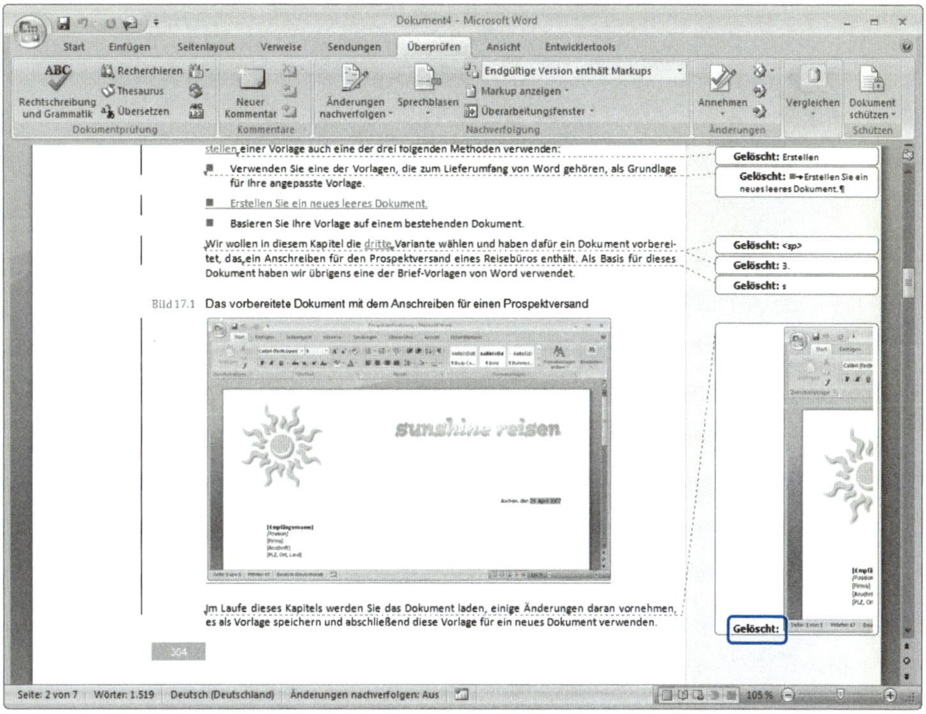
Dokument4 - Microsoft Word
Start
Einfügen
Seitenlayout
Verweise
Sendungen
Überprüfen
Ansicht
Entwicklertools
Rechtschreibung und Grammatik
Recherchieren
Thesaurus
Übersetzen
Dokumentprüfung
Neuer Kommentar
Kommentare
Änderungen nachverfolgen
Sprechblasen
Endgültige Version enthält Markups
Markup anzeigen
Überarbeitungsfenster
Nachverfolgung
Annehmen
Änderungen
Vergleichen
Dokument schützen
Schützen
stellen einer Vorlage auch eine der drei folgenden Methoden verwenden:
Verwenden Sie eine der Vorlagen, die zum Lieferumfang von Word gehören, als Grundlage für Ihre angepasste Vorlage.
Erstellen Sie ein neues leeres Dokument.
Basieren Sie Ihre Vorlage auf einem bestehenden Dokument.
Wir wollen in diesem Kapitel die dritte Variante wählen und haben dafür ein Dokument vorbereitet, das ein Anschreiben für den Prospektversand eines Reisebüros enthält. Als Basis für dieses Dokument haben wir übrigens eine der Brief-Vorlagen von Word verwendet.
Bild 17.1 Das vorbereitete Dokument mit dem Anschreiben für einen Prospektversand
sunshine reisen
Im Laufe dieses Kapitels werden Sie das Dokument laden, einige Änderungen daran vornehmen, es als Vorlage speichern und abschließend diese Vorlage für ein neues Dokument verwenden.
Gelöscht: Erstellen
Gelöscht: Erstellen Sie ein neues leeres Dokument.
Gelöscht: <sp>
Gelöscht: 3.
Gelöscht: s
Gelöscht:
Seite: 2 von 7
Wörter: 1.519
Deutsch (Deutschland)
Änderungen nachverfolgen: Aus
105 %

8. Ob Word die Änderungen als Sprechblasen oder direkt im Dokument anzeigt, steuern Sie über die Befehle der Schaltfläche *Sprechblasen.*
9. Außerdem können Sie mit dem Ausklappmenü der Schaltfläche *Markup anzeigen,* einzelne Änderungstypen (z. B. Formatierungen) ausblenden.

HINWEIS **Änderungen an Grafiken** In der obigen Abbildung ist zu erkennen, dass Word eine Grafik als gelöscht gekennzeichnet hat. Tatsächlich haben wir diese Grafik jedoch lediglich etwas verkleinert, um auf der Seite noch etwas Platz für die beiden folgenden Textzeilen zu schaffen. Ein verschobenes CD-Symbol (in der Abbildung nicht zu sehen) wurde von Word sogar erst gar nicht als Änderung erkannt. Bei dieser Funktion ist also etwas Vorsicht angebracht.

HINWEIS **Änderungen aus mehreren Dokumenten zusammenfassen** Diese Funktion können Sie auch verwenden, wenn ein Dokument von mehreren Personen parallel überarbeitet wurde, d. h. wenn sich nicht alle Änderungen in einem Dokument befinden. Wählen Sie dann im Untermenü der Schaltfläche *Vergleichen* den Befehl *Kombinieren,* um die Änderungen zweier Dokumente in ein Dokument zusammenzuführen.

Originaldokumente anzeigen

Wenn Sie nachvollziehen möchten, wie eine bestimmte Änderungsmarkierung zustande gekommen ist, können Sie sich auch alle beteiligten Dokumente gleichzeitig anzeigen lassen. Klicken Sie dazu in der Gruppe *Vergleichen* auf die Schaltfläche *Quelldokumente anzeigen* und wählen Sie im Ausklappmenü den Befehl *Beide anzeigen*.

Bild 32.10 Jetzt lässt sich erkennen, dass das verschobene Symbol plötzlich doppelt auftaucht

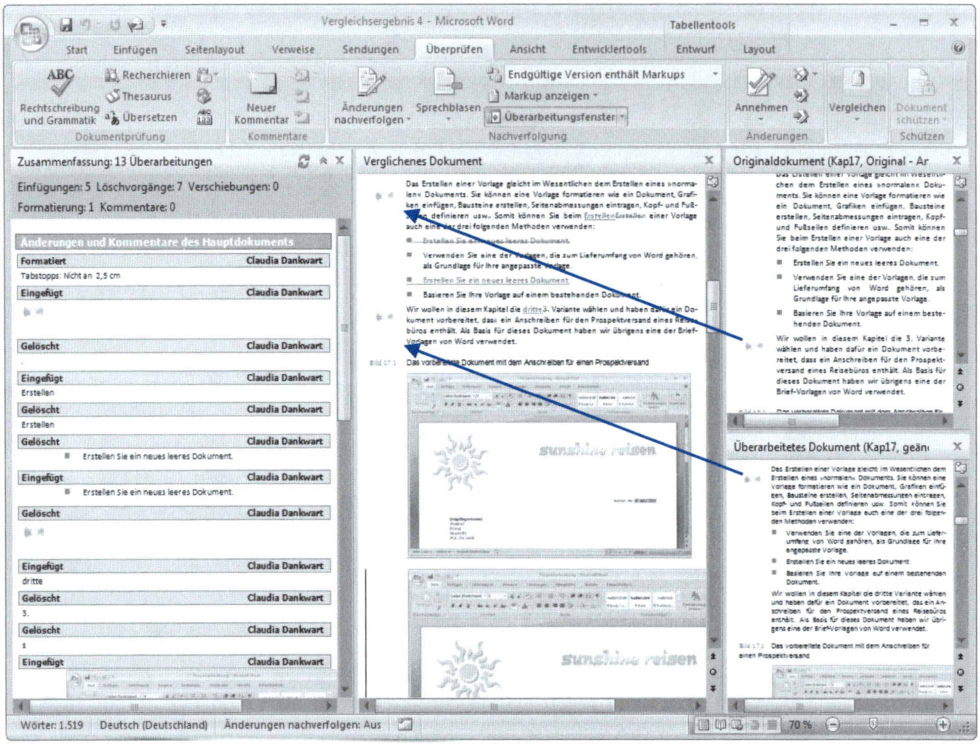

Word hält den Inhalt der verschiedenen Fenster automatisch synchron, d. h. wenn Sie in einem der Fenster einen Bildlauf durchführen, folgen die anderen Fenster dieser Bewegung.

Synchroner Bildlauf

Mit Word können Sie den Inhalt zweier Dokumente aber auch noch auf eine andere Art und Weise vergleichen, die wir Ihnen im letzten Abschnitt dieses Kapitels vorstellen wollen:

1. Öffnen Sie die beiden Dokumente, die Sie miteinander vergleichen wollen (zum Beispiel die Übungsdateien *Kap17, Original* und *Kap17, geändert*).

2. Wechseln Sie in einem der Dokumente (das dann links angezeigt wird) auf die Registerkarte *Ansicht* und klicken Sie in der Gruppe *Fenster* auf die Schaltfläche *Nebeneinander anzeigen*.

3. Wenn Sie zurzeit mehr als zwei Dokumente in Word geöffnet haben, erscheint ein Dialogfenster, in dem Sie das zweite Dokument auswählen können.

Bild 32.11 Auswahl des zweiten Dokuments

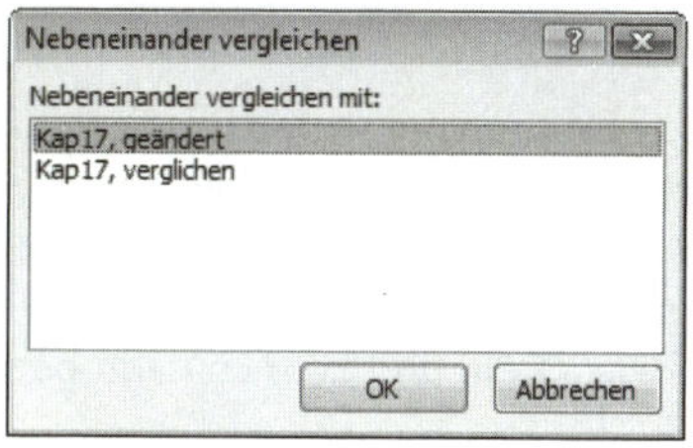

Andernfalls zeigt Word die beiden Dokumente sofort nebeneinander an.

Bild 32.12 Word hat die beiden Dokumentfenster bildschirmfüllend nebeneinander angeordnet

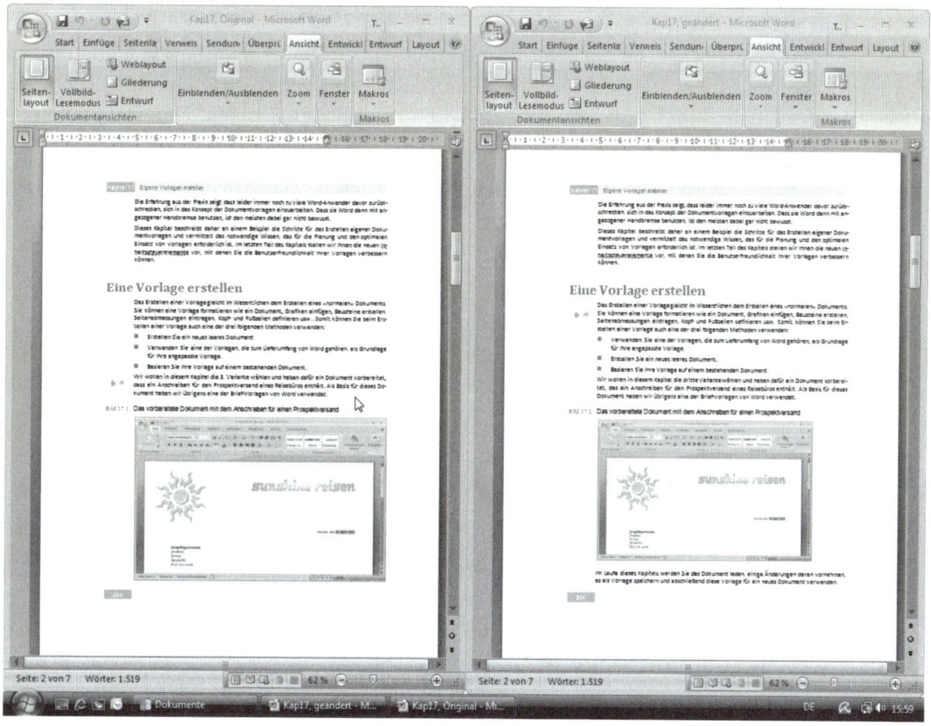

Zum Anzeigen der beiden Dokumente passt Word deren Fenstergröße so an, dass sie die gesamte Fläche des Bildschirms ausnutzen. Die aktuelle Bildlaufposition der beiden Dokumente wird dabei nicht verändert! Wenn Sie also vor dem Aufruf des Befehls im ersten Dokument die fünfte Seite angezeigt hatten und im zweiten Dokument die siebte, werden genau diese beiden Seiten nebeneinander dargestellt.

4. Wenn Sie nun in einem der beiden Fenster einen Bildlauf vornehmen, folgt ihm das Dokument im anderen Fenster synchron.

Zu Beginn ist die Schaltfläche *Synchroner Bildlauf* (sie befindet sich auf der Registerkarte *Ansicht* in der Gruppe *Fenster)* aktiviert, d.h. die beiden Dokumente hängen gewissermaßen aneinander fest. Wenn Sie diese Schaltfläche deaktivieren (also einmal anklicken), wird die Verbindung gelöst und Sie können wieder in beiden Dokumenten einen unabhängigen Bildlauf vornehmen. Das ist zum Beispiel notwendig, wenn Sie die Dokumente anders »nebeneinander legen« wollen, sie also gewissermaßen gegeneinander verschieben möchten.

Stellen Sie sich zum Beispiel vor, eines der beiden Dokumente wurde am Textanfang um vier Seiten erweitert, so dass die gemeinsamen Passagen dort erst ab der fünften Seite beginnen. Sie können sich dann bei ausgeschaltetem synchronem Bildlauf zu der entsprechende Textstelle bewegen, bis sich diese auf gleicher Höhe mit ihrem Gegenstück im anderen Dokumentfenster befindet. Anschließend schalten Sie den synchronen Bildlauf wieder ein und können dann bequem nach weiteren Abweichungen der Dokumente suchen.

Sobald Sie beim synchronen Bildlauf den Anfang oder das Ende eines der beiden Dokumente erreicht haben, bleibt das betreffende Dokument an dieser Position stehen. Dies ist zum Beispiel der Fall, wenn die Dokumente unterschiedlich lang sind.

Fenster übereinander anordnen

Mit der Schaltfläche *Alle anordnen* können Sie die beiden Fenster auch übereinander auf dem Bildschirm anzeigen lassen. Dies hat den Vorteil, dass Sie dann die volle Bildschirmbreite zur Verfügung haben und den Text auf den Seiten besser lesen können. Natürlich sehen Sie dann auch nur einen entsprechend kleineren Ausschnitt der beiden Dokumente.

Um die Fenster wieder nebeneinander zu stellen, klicken Sie in der Gruppe *Fenster* auf die Schaltfläche *Fensterposition zurücksetzen.*

Vergleichsmodus verlassen

Um den Modus wieder zu verlassen, klicken Sie die Schaltfläche *Nebeneinander anzeigen* erneut an. Word stellt beim Verlassen der Ansicht die alte Größe und Position der beiden Fenster wieder her.

Zusammenfassung

In diesem Kapitel haben Sie gelernt, wie Sie Änderungen, die andere Bearbeiter an Ihrem Dokument vorgenommen haben, übernehmen bzw. ablehnen können und wie Sie zwei Versionen eines Dokumentes vergleichen können.

- Dokumente lassen sich direkt aus Word per E-Mail an andere Personen zur Überarbeitung verschicken (Seite 626).
- Beim Überprüfen der von anderen Bearbeitern vorgenommenen Änderungen können Sie jede Änderung gezielt annehmen oder ablehnen (Seite 627).
- Wie Word die Änderungen anderer Bearbeiter auf dem Bildschirm darstellt, können Sie im Dialogfeld *Optionen zur Nachverfolgung von Änderungen* dezidiert einstellen (Seite 630).
- Wenn ein Bearbeiter seine Änderungen an einer Kopie des Originaldokuments vorgenommen hat, können Sie die Änderungen in einem Dokument zusammenführen (Seite 632).
- Word kann zwei Dokumente nebeneinander auf dem Bildschirm anzeigen und über einen synchronen Bildlauf aneinander koppeln (Seite 634).

Kapitel 33

Dokumente schützen

In diesem Kapitel:

Dem Wunsch, ein Word-Dokument vor dem Zugriff durch andere Benutzer zu schützen, liegen in aller Regel zwei Motive zugrunde: Entweder sollen unberechtigte Benutzer erst gar keinen Zugriff auf die Daten erhalten oder das Dokument soll vor Veränderungen durch autorisierte Benutzer geschützt werden.

In diesem Kapitel erfahren Sie zunächst, wie Sie Ihre Word-Dokumente vor unberechtigten Zugriffen bzw. Veränderungen schützen können. Anschließend zeigen wir Ihnen, wie Sie gewährleisten, dass Dokumente, die Sie an Dritte weitergeben, keine versteckten privaten Informationen mehr enthalten.

Dokument abschließen

Wenn Sie ein Word-Dokumente als *abgeschlossen* kennzeichnen, deaktiviert Word alle Funktionen, mit denen ein Word-Dokument bearbeitet werden kann. Das Dokument lässt sich dann also nicht mehr verändern.

Da diese Eigenschaft jedoch nicht durch ein Kennwort abgesichert werden kann, handelt es sich dabei nicht um eine Schutzfunktion, sondern eher um eine Statusinformation. Sie dient also dazu, anderen Anwendern zu signalisieren, dass es sich um die endgültige Version des Word-Dokuments handelt.

Um ein Word-Dokument abzuschließen, nehmen Sie folgende Schritte vor:

1. Klicken Sie auf die Schaltfläche Office, zeigen Sie auf *Vorbereiten* und wählen Sie dann den Befehl *Als abgeschlossen kennzeichnen.*
2. Bestätigen Sie die nächste Meldung mit *OK*. Das Dokument wird gespeichert und als abgeschlossen gekennzeichnet. Anschließend erscheint eine weitere Meldung mit Informationen über den neuen Status des Dokuments.

Bild 33.1 Das Dokument ist als abgeschlossen gekennzeichnet

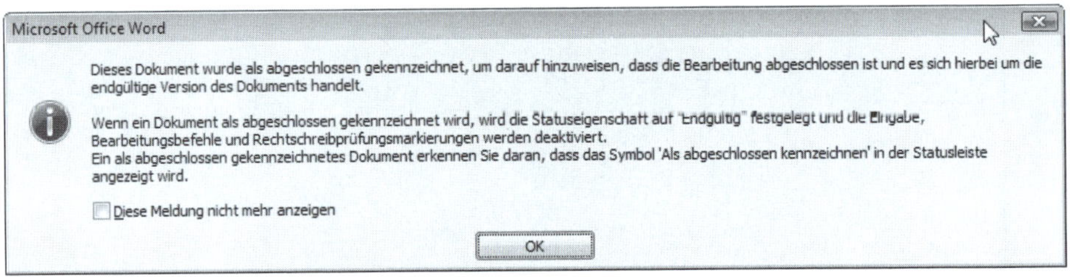
Microsoft Office Word
Dieses Dokument wurde als abgeschlossen gekennzeichnet, um darauf hinzuweisen, dass die Bearbeitung abgeschlossen ist und es sich hierbei um die endgültige Version des Dokuments handelt.
Wenn ein Dokument als abgeschlossen gekennzeichnet wird, wird die Statuseigenschaft auf "Endgültig" festgelegt und die Eingabe, Bearbeitungsbefehle und Rechtschreibprüfungsmarkierungen werden deaktiviert.
Ein als abgeschlossen gekennzeichnetes Dokument erkennen Sie daran, dass das Symbol 'Als abgeschlossen kennzeichnen' in der Statusleiste angezeigt wird.
Diese Meldung nicht mehr anzeigen
OK

3. Klicken Sie auf *OK*, um die Meldung zu schließen. Wenn Sie nicht möchten, dass diese Meldung in Zukunft erneut erscheint, schalten Sie vorher noch das Kontrollkästchen *Diese Meldung nicht mehr anzeigen* ein.

Dass ein Dokument abgeschlossen ist, erkennen Sie zum einen daran, dass in der Statusleiste ein weiteres, kleines Symbol angezeigt wird. Deutlich auffälliger ist allerdings, dass in der Multifunktionsleiste nahezu alle Befehle deaktiviert sind. Wenn Sie versuchen, einen der deaktivierten Befehle aufzurufen, erscheint ein QuickInfo-Fenster, das Sie über den besonderen Status des Dokuments informiert.

Bild 33.2 Abgeschlossene Dokumente können nicht mehr bearbeitet werden

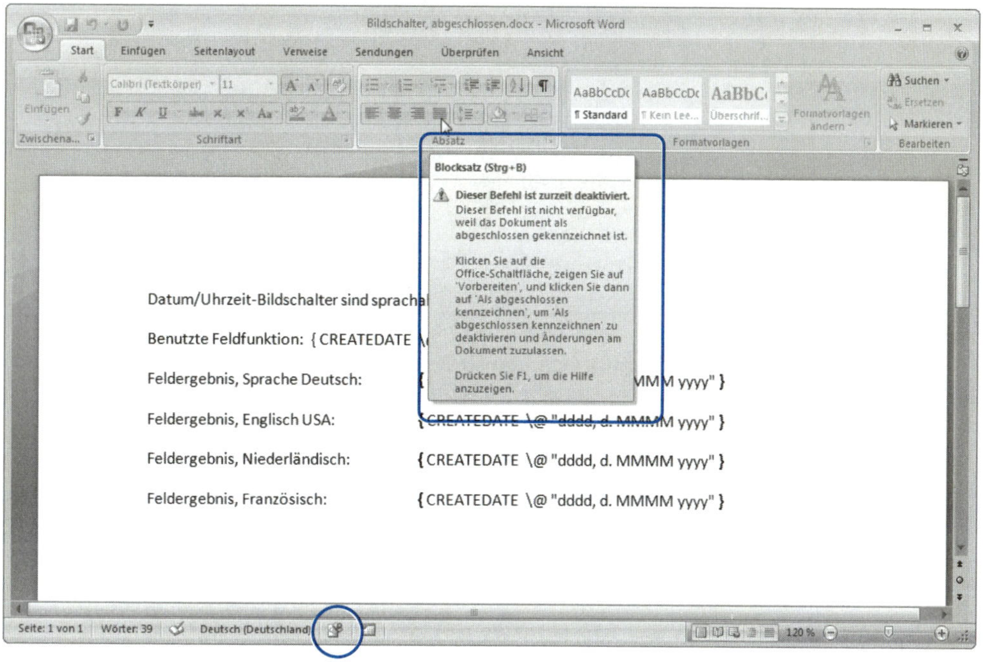

Um das Dokument wieder bearbeiten zu können, müssen Sie den Befehl *Office-Schaltfläche/Vorbereiten/Als abgeschlossen kennzeichnen* erneut aufrufen.

Dokument verschlüsseln

Die größtmögliche Sicherheit für Ihre Daten erhalten Sie, wenn Sie das Dokument verschlüsseln. Um diesen Schutzmechanismus zu aktivieren, nehmen Sie folgende Schritte vor:

1. Öffnen Sie das Menü der *Office-Schaltfläche*, zeigen Sie mit der Maus auf *Vorbereiten* und wählen Sie dann den Befehl *Dokument verschlüsseln*.
2. Es erscheint ein Dialogfeld, das Sie zur Eingabe eines Kennwortes auffordert. Dieses Kennwort benötigen Sie, um das Dokument öffnen zu können.

Bild 33.3 Kennworteingabe

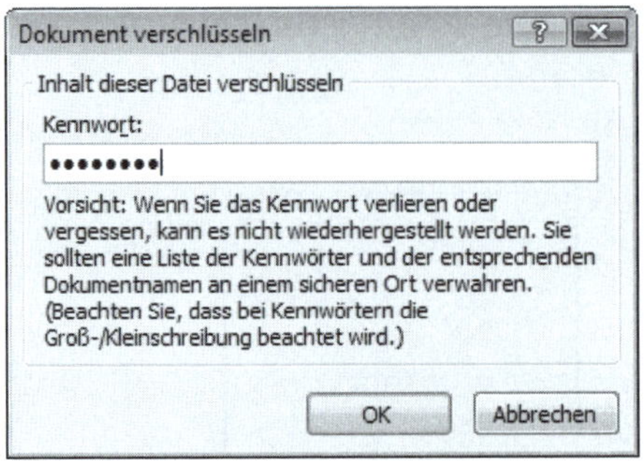
Dokument verschlüsseln
Inhalt dieser Datei verschlüsseln
Kennwort:
Vorsicht: Wenn Sie das Kennwort verlieren oder vergessen, kann es nicht wiederhergestellt werden. Sie sollten eine Liste der Kennwörter und der entsprechenden Dokumentnamen an einem sicheren Ort verwahren. (Beachten Sie, dass bei Kennwörtern die Groß-/Kleinschreibung beachtet wird.)
OK
Abbrechen

3. Geben Sie ein Kennwort ein und klicken Sie auf *OK*. Beachten Sie bei der Wahl des Kennwortes unsere Hinweise aus dem Abschnitt »Hinweise zur Kennwortwahl« (auf Seite 648). Es erscheint ein weiteres Dialogfeld, in dem Sie das soeben eingegebene Kennwort bestätigen müssen.

Bild 33.4 Kennwort bestätigen

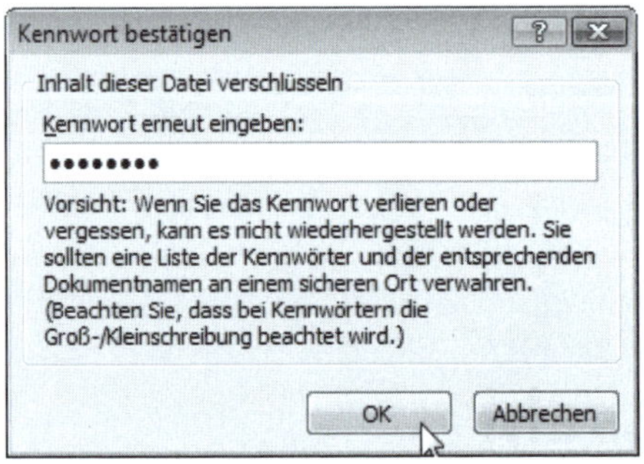
Kennwort bestätigen
Inhalt dieser Datei verschlüsseln
Kennwort erneut eingeben:
Vorsicht: Wenn Sie das Kennwort verlieren oder vergessen, kann es nicht wiederhergestellt werden. Sie sollten eine Liste der Kennwörter und der entsprechenden Dokumentnamen an einem sicheren Ort verwahren. (Beachten Sie, dass bei Kennwörtern die Groß-/Kleinschreibung beachtet wird.)
OK
Abbrechen

4. Tippen Sie das Kennwort erneut ein. Damit wird kontrolliert, ob Sie sich beim ersten Eingeben des Kennwortes nicht vertan haben. Klicken Sie abschließend auf *OK*.

Ein so gesichertes Dokument kann nur noch von jemand geöffnet werden, der im Besitz des richtigen Kennwortes ist. (Das gilt auch für Sie persönlich – vergessen Sie das Kennwort also nicht.) Zusätzlich bietet die Verschlüsselung einen weiteren Schutz gegen Datenspionage, da auch jemand, der die Datei mit einem Hex-Editor öffnet, keine lesbaren Inhalte vorfindet.

Bild 33.5 Öffnen eines verschlüsselten Dokuments

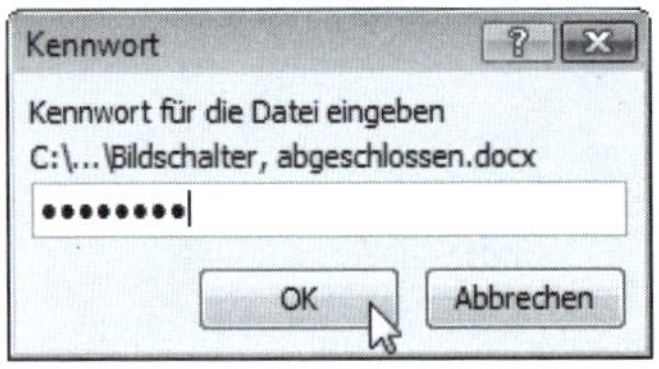
Kennwort
Kennwort für die Datei eingeben
C:\...\Bildschalter, abgeschlossen.docx
OK
Abbrechen

Wenn Sie die Verschlüsselung wieder aufheben möchten, rufen Sie den Befehl *Dokument verschlüsseln* erneut auf und löschen den Inhalt des Kennwortfeldes.

Dokument mit Schreibschutz versehen

Wenn Sie zwar das Öffnen eines Dokuments ohne Kennwort zulassen wollen, aber andererseits verhindern möchten, dass jemand am Dokument Änderungen vornimmt, können Sie es mit einem Schreibschutz versehen.

Um diesen Schutzmechanismus zu aktivieren, ist es erforderlich, dass Sie das Dokument speichern:

1. Öffnen Sie das Menü der *Office-Schaltfläche.*
2. Wählen Sie den Befehl *Speichern unter*. Word zeigt das gleichnamige Dialogfeld an.

Bild 33.6 Hinter der Schaltfläche *Tools* (Windows Vista) bzw. *Extras* (Windows XP, Abbildung auf der folgenden Seite) verbergen sich weitere Optionen, mit denen Sie das Speichern von Word-Dokumenten beeinflussen können

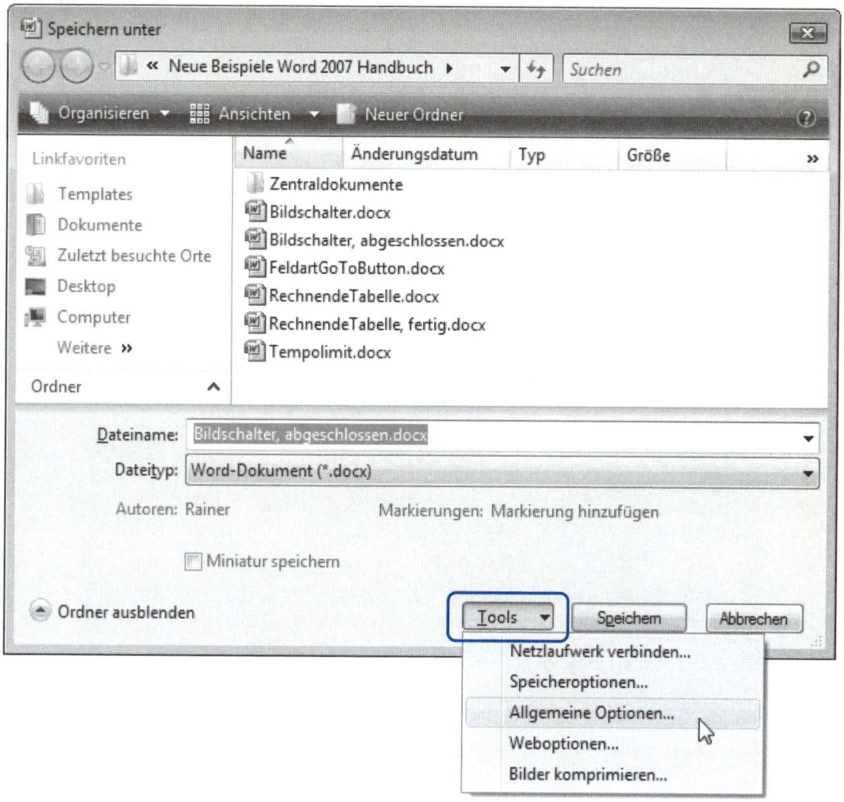

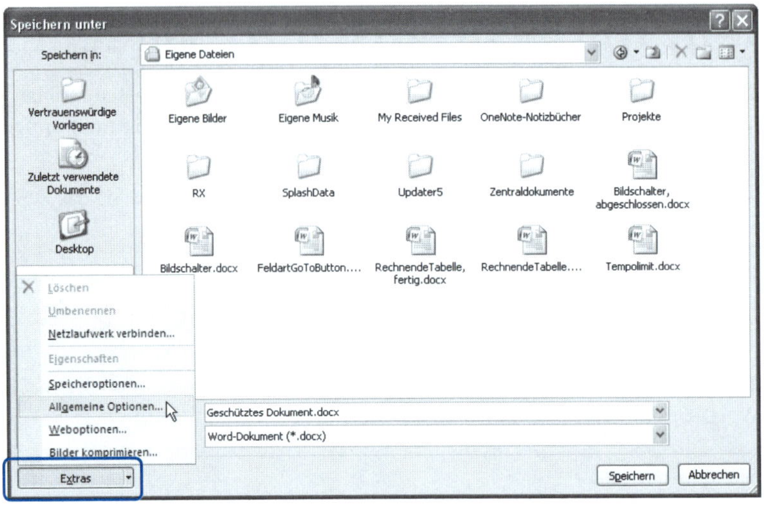

3. Führen Sie, je nachdem, welche Windows-Version Sie verwenden, eine der folgenden Aktionen durch:

- **Windows Vista** Klicken Sie unten im Dialogfeld auf die Schaltfläche *Tools* und wählen Sie in deren Ausklappmenü den Befehl *Allgemeine Optionen.*
- **Windows XP** Klicken Sie unten im Dialogfeld auf die Schaltfläche *Extras* und wählen Sie in deren Ausklappmenü den Befehl *Allgemeine Optionen.*

Das Dialogfeld *Allgemeine Optionen* wird angezeigt.

Bild 33.7 Dokumente können mit einem Schreibschutz versehen werden

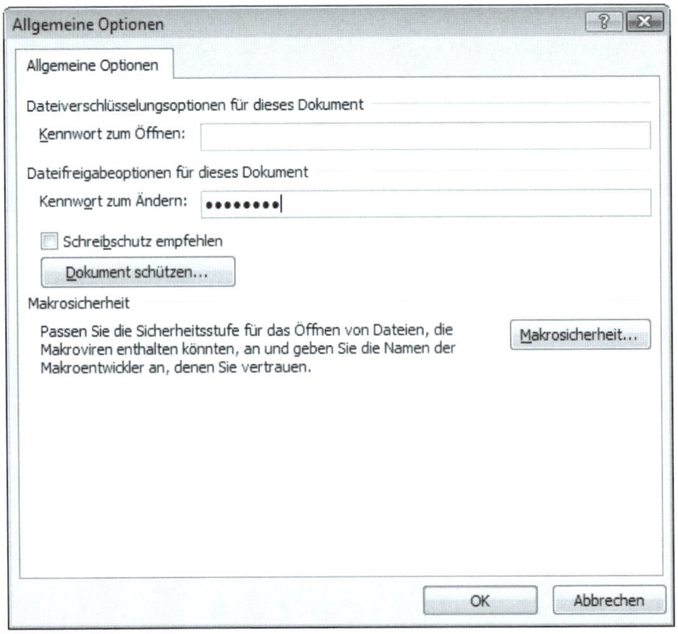

Die Felder im Dialogfeld *Allgemeine Optionen* haben folgende Bedeutung:

- **Kennwort zum Öffnen** Wenn Sie in diesem Feld eine Eingabe vornehmen, hat das die gleiche Wirkung wie der im letzten Abschnitt vorgestellte Befehl *Dokument verschlüsseln.*
- **Kennwort zum Ändern** Wenn Sie hier ein Kennwort eingeben, wird das Dokument mit einem Schreibschutz versehen. Das Dokument kann anschließend zwar ohne Kennwort geöffnet werden, jedoch nur im Schreibschutz-Modus. Benutzer, die am Dokument Änderungen vornehmen wollen, benötigen dazu das richtige Kennwort.
- **Schreibschutz empfehlen** Schalten Sie dieses Kontrollkästchen ein, wenn Sie verhindern möchten, dass die Bearbeiter von Inhalten versehentlich eine Datei ändern. Hierdurch zeigt Word beim Öffnen der Datei eine Meldung an, die darauf hinweist (aber es nicht zwingend erfordert), dass die Bearbeiter die Datei mit Schreibschutz öffnen sollen. Eine Datei mit Schreibschutz kann gelesen oder kopiert werden. Werden an einer Datei mit Schreibschutz Änderungen vorgenommen, können die Änderungen nur gespeichert werden, indem der Datei ein neuer Name gegeben wird.

4. Nehmen Sie im Feld *Kennwort zum Ändern* eine Eingabe vor, um das Dokument mit einem Schreibschutz zu versehen, und klicken Sie auf *OK.*
5. Bestätigen Sie das Kennwort im nächsten Dialogfeld.
6. Klicken Sie auf *Speichern*, um den Vorgang abzuschließen.

Wenn Sie ein Dokument öffnen wollen, das mit einem kennwortgeschützten Schreibschutz versehen ist, erscheint ein Fenster, mit dem Sie entweder den Schreibschutz per Kennworteingabe aufheben oder das Dokument mit der Schaltfläche *Schreibgeschützt* im schreibgeschützten Modus öffnen können.

Bild 33.8 Der Schreibschutz kann per Kennwort aufgehoben werden

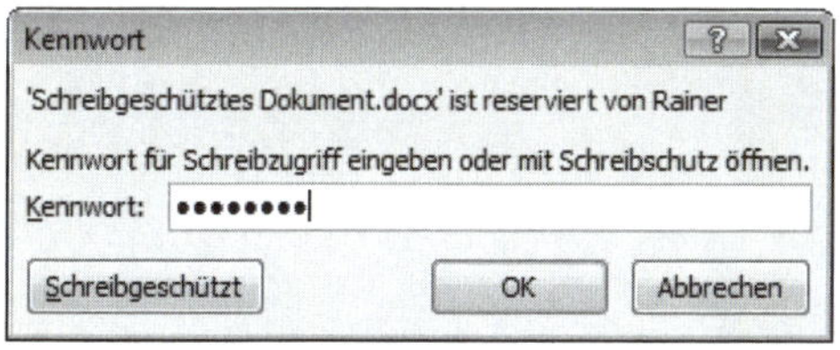
Kennwort
'Schreibgeschütztes Dokument.docx' ist reserviert von Rainer
Kennwort für Schreibzugriff eingeben oder mit Schreibschutz öffnen.
Kennwort:
Schreibgeschützt
OK
Abbrechen

Um den Schreibschutz zu einem späteren Zeitpunkt wieder zu entfernen, rufen Sie das Dialogfeld *Allgemeine Optionen* erneut auf, löschen das Kennwort und speichern das Dokument anschließend wieder ab.

Festlegen, welcher Benutzer welche Bearbeitung vornehmen darf

Die Schutzverfahren, die Sie bisher kennengelernt haben, beziehen sich immer auf das gesamte Word-Dokument: Entweder hat jemand schreibenden Zugriff auf das Dokument und damit kann er alle Bearbeitungen vornehmen; oder jemand kann das Dokument nur lesen oder der Zugriff auf das Dokument wird komplett verwehrt.

Neben diesen drei globalen Schutzmöglichkeiten können Sie den Schutz noch feiner einstellen und dabei beispielsweise nur bestimmte Bearbeitungen zulassen, die Verwendung von Formatvorlagen einschränken und dies dann zusätzlich noch für verschiedene Benutzer unterschiedlich konfigurieren.

Die Formatierungsmöglichkeiten einschränken

Gehen Sie folgendermaßen vor, um Bearbeitungsmöglichkeiten an einem Dokument zu konfigurieren:

1. Wechseln Sie zur Registerkarte *Überprüfen* und klicken Sie in der Gruppe *Schützen* auf *Dokument schützen*.

   Der Aufgabenbereich *Formatierung und Bearbeitung einschränken* wird angezeigt.

Bild 33.9 Mit diesem Aufgabenbereich konfigurieren Sie den Dokumentschutz

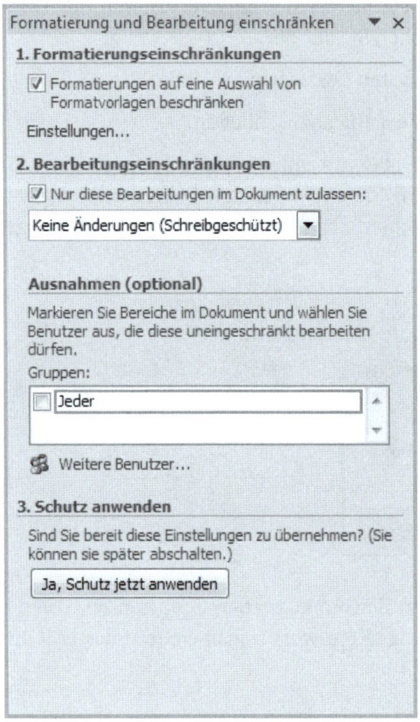

2. Schalten Sie das Kontrollkästchen *Formatierungen auf eine Auswahl von Formatvorlagen beschränken* ein und klicken Sie dann auf *Einstellungen*.

   Das Dialogfeld *Formatierungseinschränkungen* wird angezeigt.

Bild 33.10 Mit diesem Dialogfeld legen Sie fest, welche Formatierungen vorgenommen werden dürfen

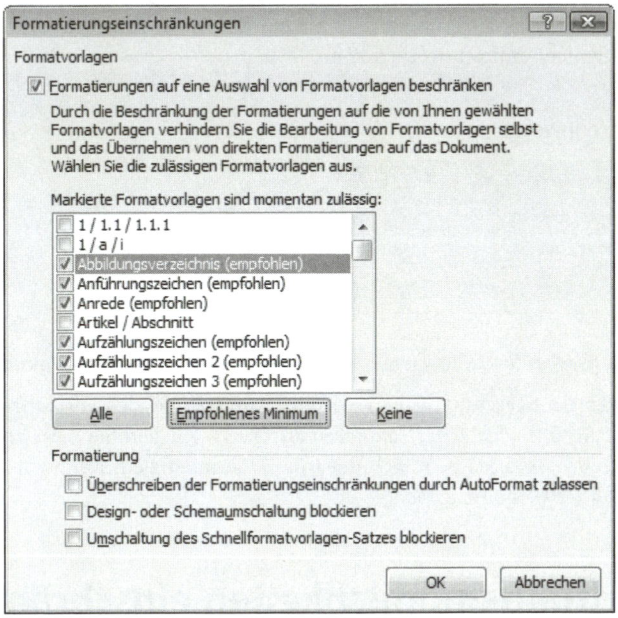

3. Schalten Sie das Kontrollkästchen *Formatierungen auf eine Auswahl von Formatvorlagen beschränken* ein.

4. Schalten Sie das Kontrollkästchen vor allen Formatvorlagen ein, die verwendet werden dürfen. Sie können die Schaltflächen *Alle, Empfohlenes Minimum* und *Keine* verwenden, um eine erste Vorauswahl der Formatvorlagen zu treffen.

5. Schalten Sie eine oder mehrere der folgenden Kontrollkästchen ein:

   - **Überschreiben der Formatierungseinschränkungen durch AutoFormat zulassen** Wenn Sie dieses Kontrollkästchen einschalten, kann die Funktion AutoFormat weiterhin verwendet werden und es können dem Dokument auch Formatvorlagen zugewiesen werden, die Sie im vorherigen Schritt ausgeschaltet haben.
   - **Design- oder Schemaumschaltung blockieren** Wenn Sie dieses Kontrollkästchen einschalten, ist es nicht mehr möglich, dem Dokument ein anderes Design zuzuweisen.
   - **Umschalten des Schnellformatvorlagen-Satzes blockieren** Wenn Sie dieses Kontrollkästchen einschalten, kann der Befehl *Formatvorlagensatz* der Schaltfläche *Formatvorlage ändern* (Registerkarte *Start,* Gruppe *Formatvorlagen)* nicht mehr verwendet werden.

6. Klicken Sie auf *OK*.
7. Klicken Sie im Aufgabenbereich auf die Schaltfläche *Ja, Schutz jetzt anwenden.*

   Word zeigt dann ein Dialogfeld an, in dem Sie ein Kennwort festlegen können, ohne das der Dokumentschutz nicht entfernt werden kann.

Bild 33.11 Vergabe eines Kennwortes

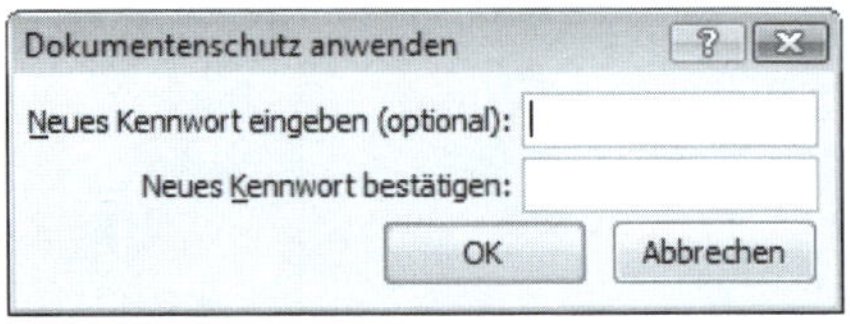

8. Legen Sie das Kennwort fest, klicken Sie auf *OK* und speichern Sie das Dokument ab.

Nachdem Sie das Dokument geschützt haben, wird im Aufgabenbereich *Formatierung und Bearbeitung einschränken* die Schaltfläche *Schutz aufheben* angezeigt. Klicken Sie diese an, um den Dokumentschutz aufzuheben. Wenn Sie beim Schützen des Dokuments ein Kennwort vergeben haben, werden Sie aufgefordert, dieses einzugeben.

Die Bearbeitungsmöglichkeiten einschränken

Alternativ oder auch zusätzlich zu den Formatierungsmöglichkeiten können Sie auch die Art der Bearbeitung, die am Dokument vorgenommen werden kann, beschränken. Außerdem können Sie diese Beschränkung für einzelne Benutzer auch wieder aufheben.

1. Wechseln Sie zur Registerkarte *Überprüfen* und klicken Sie in der Gruppe *Schützen* auf *Dokument schützen.*
2. Schalten Sie das Kontrollkästchen *Nur diese Bearbeitungen im Dokument zulassen* ein.
3. Öffnen Sie das Listenfeld unter 2. und legen Sie fest, welche Bearbeitung im Dokument noch erlaubt sein soll.

Bild 33.12 Mit diesem Listenfeld können Sie die Bearbeitung des Dokuments auf bestimmte Funktionen einschränken

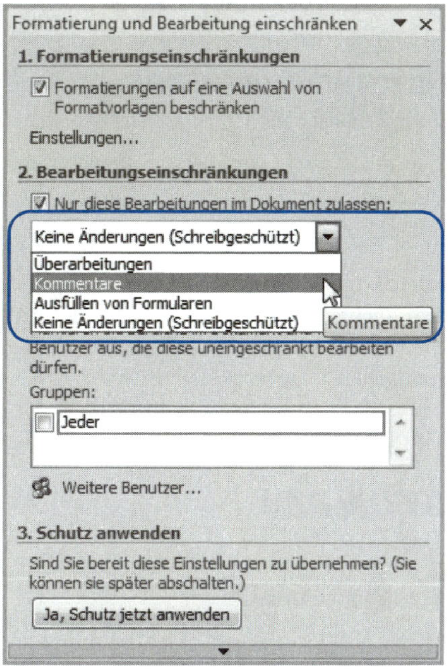

Die Überarbeitungsfunktion und das Erstellen von Kommentaren sind in Kapitel 31 dieses Buches beschrieben; das Erstellen von Formularen wird in Kapitel 30 behandelt.

Wenn Sie die Option *Schreibgeschützt* auswählen, entspricht dies dem Zuweisen eines Schreibschutzkennwortes. Im Unterschied zu dem ab Seite 641 beschriebenen Schreibschutz können Sie im folgenden Schritt für einzelne Benutzer diese Einschränkung wieder aufheben. Diese Benutzer benötigen dann auch kein Kennwort, um die Datei zu öffnen.

4. Klicken Sie im Bereich *Ausnahmen* auf *Weitere Benutzer*, um die Einschränkung für einzelne Benutzer wieder aufzuheben. Das Dialogfeld *Benutzer hinzufügen* wird angezeigt.

Bild 33.13 Legen Sie hier die Benutzer fest, für die die Einschränkung nicht gelten soll

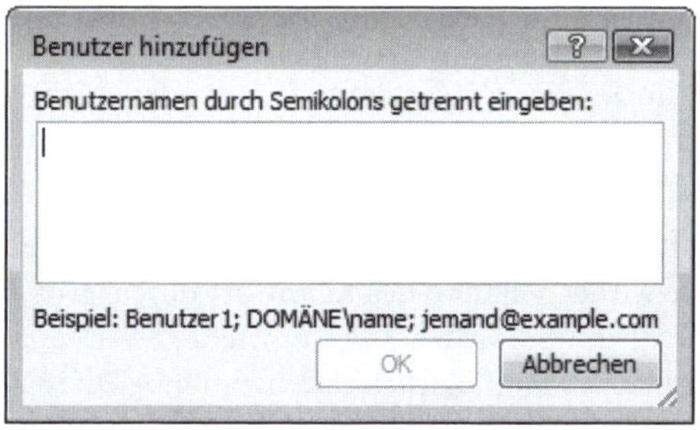

5. Geben Sie in das Textfeld die Namen der Benutzer ein, für die die Einschränkung nicht gelten soll. Sie können hier entweder den Benutzernamen eines lokalen Kontos auf dem Computer angeben, eine E-Mail-Adresse, wenn Sie das Dokument per E-Mail weiterleiten wollen, oder bei Netzwerkbenutzern das Format *Domänenname\Benutzername* verwenden.
6. Klicken Sie auf *OK*, um zum Aufgabenbereich zurückzukehren.
7. Klicken Sie im Aufgabenbereich auf die Schaltfläche *Ja, Schutz jetzt anwenden.*

   Word zeigt dann ein Dialogfeld an, in dem Sie ein Kennwort festlegen können, ohne das der Dokumentschutz nicht entfernt werden kann.
8. Legen Sie das Kennwort fest, klicken Sie auf *OK* und speichern Sie das Dokument ab.

Nachdem Sie das Dokument geschützt haben, wird im Aufgabenbereich *Formatierung und Bearbeitung einschränken* die Schaltfläche *Schutz aufheben* angezeigt. Klicken Sie diese an, um den Dokumentschutz wieder aufzuheben. Wenn Sie beim Schützen des Dokuments ein Kennwort vergeben haben, werden Sie aufgefordert, dieses einzugeben.

Hinweise zur Kennwortwahl

Einige Schutzfunktionen müssen, andere können optional mit einem Kennwort gesichert werden. Bei der Wahl eines Kennwortes sollten Sie folgende Punkte bedenken:

- Word berücksichtigt bei Kennwörtern die Groß- und Kleinschreibung. Die Kennwörter *Geheim* und *geheim* sind also verschieden.
- Apropos geheim: Vermeiden Sie Kennwörter, die leicht zu erraten sind. Dazu gehören zum Beispiel Namen und Begriffe aus Ihrem privaten bzw. beruflichen Umfeld, Reiseziele oder Kennwörter wie *12345, Geheim, Password* etc. Ein gutes Kennwort sollte sich auch in keinem Lexikon finden lassen. Wie wäre es z.B. mit *DirdGwinnl* (»Die ich rief, die Geister, werd ich nun nicht los« aus dem Zauberlehrling) oder *DsiniaTUbskawz* (»Da steh ich nun, ich armer Tor! Und bin so klug als wie zuvor« aus Faust)?
- Verwenden Sie in Ihren Kennwörtern keine Umlaute oder Buchstaben mit Akzent, wenn es notwendig sein könnte, das Dokument auch auf einem Macintosh zu öffnen.
- Notieren Sie Ihre Kennwörter nach Möglichkeit nicht. Falls Sie es doch machen, dann legen Sie den Zettel bitte nicht unter die Tastatur und hängen Sie ihn auch nicht an die nächste Pinnwand!
- Gehen Sie nicht davon aus, dass Ihre Daten durch Vergeben eines Kennwortes hundertprozentig sicher sind. Bis jetzt ist noch jeder Kopierschutz früher oder später geknackt worden. Allerdings muss man zur Ehrenrettung von Microsoft sagen, dass der Kennwortschutz gegenüber früheren Versionen von Office erheblich verbessert wurde.
- Auch wenn wir gerade gesagt haben, dass sich jeder Kopierschutz aushebeln lässt: Verlassen Sie sich nicht darauf! Wenn Sie wirklich einmal das Kennwort für ein Dokument mit wichtigen Daten vergessen, würde es Sie mit Sicherheit Zeit und Geld kosten, um das Kennwort zu rekonstruieren (falls es dann im konkreten Einzelfall überhaupt möglich ist).

Dokument auf versteckte Informationen prüfen

Durch die ständige Präsenz immer neuer Viren hat das Thema Sicherheit in den letzten Jahren an Bedeutung gewonnen. Ein Aspekt, der von vielen Anwendern allerdings häufig übersehen wird, sind die vielen versteckten Informationen, die man durch das Versenden eines Office-Dokuments ungewollt aus der Hand gibt. Zu diesen – als Metadaten – bezeichneten Informationen, gehören z.B. die Namen aller Personen, die das Dokument bearbeitet haben. Häufig lassen sich sogar mit geeigneten Programmen noch gelöschte Texte finden.

Microsoft hat in Office 2007 auf diese Problematik reagiert und den sogenannten *Dokumentinspektor* geschaffen. Dieses Tool durchsucht ein Dokument nach Metadaten sowie nach persönlichen Informationen und kann sie auf Wunsch entfernen. Wenn Sie planen, ein Dokument weiterzugeben, sollten Sie dieses Tool auf jeden Fall anwenden.

1. Öffnen Sie das Menü der *Office-Schaltfläche*, zeigen Sie auf *Vorbereiten* und klicken Sie im rechten Teil des Menüs auf *Dokument prüfen.*

Bild 33.14 Das Untermenü *Vorbereiten* der Schaltfläche *Office*

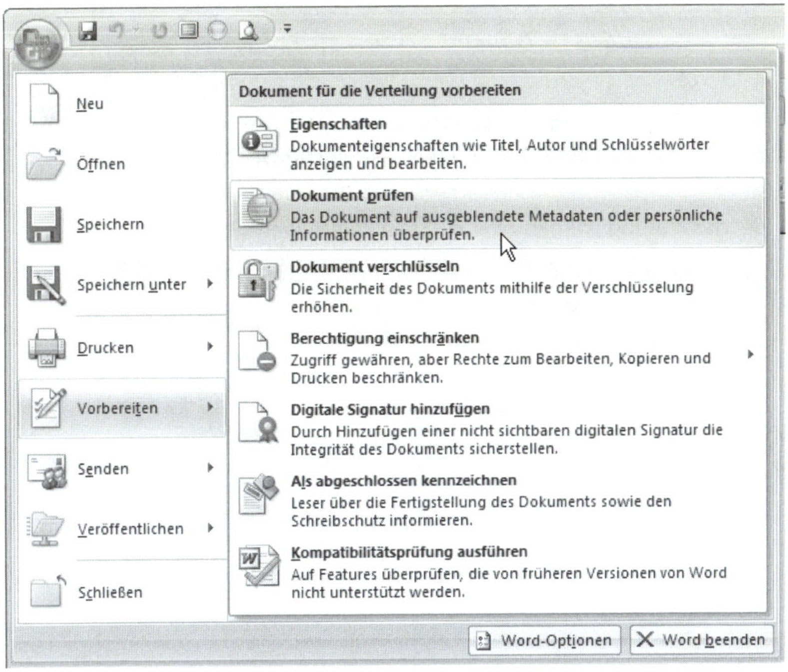

Word zeigt den Dokumentinspektor auf dem Bildschirm an.

Wie Sie in der Abbildung auf der folgenden Seite sehen, lässt sich der Umfang der Prüfung detailliert konfigurieren. Wie hoch Ihr Sicherheitsbedürfnis ist, müssen Sie letztendlich selbst einschätzen. Vielen Anwendern genügt es vielleicht schon, wenn ihre persönlichen Daten wie Name und Adresse aus den Dokumenten entfernt werden. Andere hingegen achten mit Argusaugen darauf, dass Dritte keinerlei persönliche Daten (wie z.B. Kommentare) erhalten.

Bild 33.15 Der Dokumentinspektor

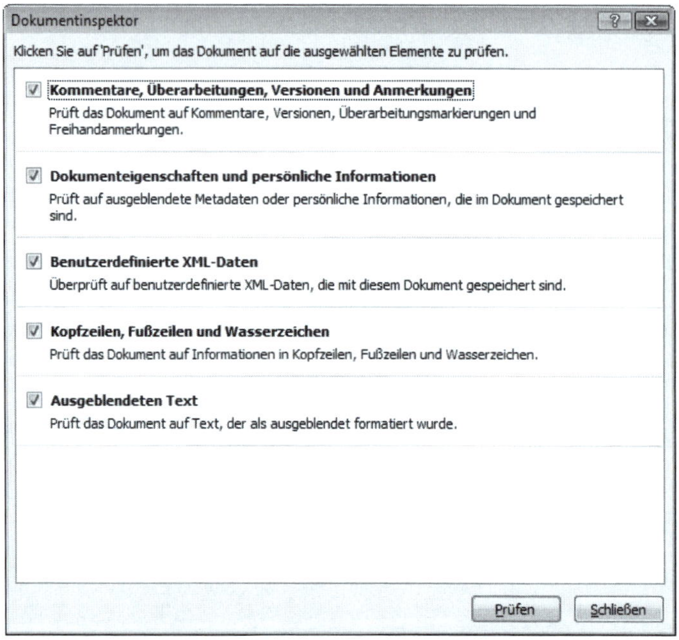
Dokumentinspektor
Klicken Sie auf 'Prüfen', um das Dokument auf die ausgewählten Elemente zu prüfen.
Kommentare, Überarbeitungen, Versionen und Anmerkungen
Prüft das Dokument auf Kommentare, Versionen, Überarbeitungsmarkierungen und Freihandanmerkungen.
Dokumenteigenschaften und persönliche Informationen
Prüft auf ausgeblendete Metadaten oder persönliche Informationen, die im Dokument gespeichert sind.
Benutzerdefinierte XML-Daten
Überprüft auf benutzerdefinierte XML-Daten, die mit diesem Dokument gespeichert sind.
Kopfzeilen, Fußzeilen und Wasserzeichen
Prüft das Dokument auf Informationen in Kopfzeilen, Fußzeilen und Wasserzeichen.
Ausgeblendeten Text
Prüft das Dokument auf Text, der als ausgeblendet formatiert wurde.
Prüfen
Schließen

2. Wählen Sie die zu untersuchenden Bereiche des Dokuments aus und klicken Sie auf *Prüfen,* damit der Dokumentinspektor Ihr Word-Dokument analysiert.

Bild 33.16 Bei der Prüfung wurden zwei kritische Bereiche entdeckt

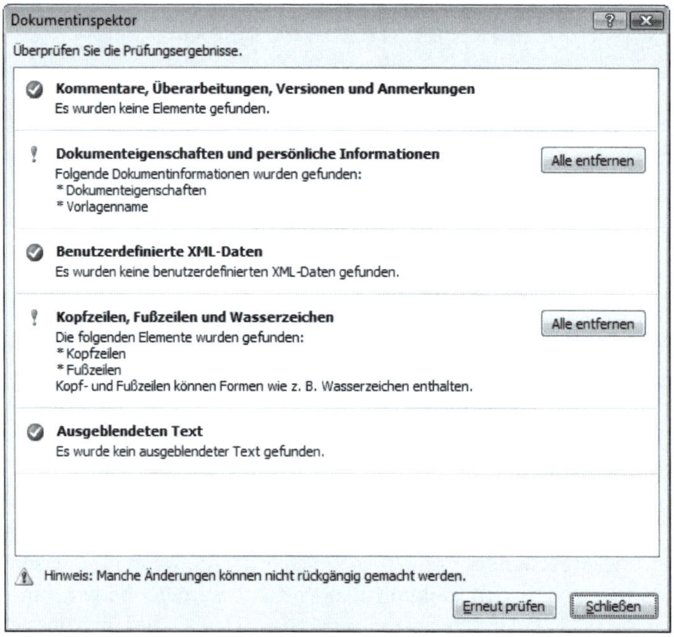
Dokumentinspektor
Überprüfen Sie die Prüfungsergebnisse.
Kommentare, Überarbeitungen, Versionen und Anmerkungen
Es wurden keine Elemente gefunden.
Dokumenteigenschaften und persönliche Informationen
Folgende Dokumentinformationen wurden gefunden:
* Dokumenteigenschaften
* Vorlagenname
Alle entfernen
Benutzerdefinierte XML-Daten
Es wurden keine benutzerdefinierten XML-Daten gefunden.
Kopfzeilen, Fußzeilen und Wasserzeichen
Die folgenden Elemente wurden gefunden:
* Kopfzeilen
* Fußzeilen
Kopf- und Fußzeilen können Formen wie z. B. Wasserzeichen enthalten.
Alle entfernen
Ausgeblendeten Text
Es wurde kein ausgeblendeter Text gefunden.
Hinweis: Manche Änderungen können nicht rückgängig gemacht werden.
Erneut prüfen
Schließen

3. Klicken Sie auf *Alle entfernen*, um die kritischen Informationen zu löschen. Vorsicht: Der Löschvorgang erfolgt ohne vorherige Nachfrage!

Zusammenfassung

In diesem Kapitel haben Sie gelernt, welche Möglichkeiten Ihnen Word bietet, um Ihre Dokumente vor unberechtigten Zugriffen und Veränderungen zu schützen:

- Sie können ein Dokument abschließen und so anderen Anwendern signalisieren, dass es sich um die endgültige Version des Dokuments handelt (Seite 638).
- Sie können ein Dokument verschlüsseln und so sicherstellen, dass es verschlüsselt gespeichert wird und dass zum Entschlüsseln der Datei ein Kennwort eingegeben werden muss (Seite 639).
- Sie können ein Dokument mit Schreibschutz versehen. Auch hierbei ist zum Öffnen und/oder Bearbeiten die Eingabe eines Kennwortes erforderlich, jedoch wird das Dokument nicht verschlüsselt abgespeichert (Seite 641).
- Sie können den Aufgabenbereich *Formatierung und Bearbeitung einschränken* verwenden und so festlegen, welche Formatierungsaktionen und welche Bearbeitungsmöglichkeiten nach dem Öffnen des Dokuments zur Verfügung stehen (Seite 643).
- Abschließend haben Sie noch gesehen, wie Sie den Dokumentinspektor verwenden, um Metadaten und persönliche Informationen in einem Dokument zu ermitteln und diese zu entfernen (Seite 649).

Teil G

Umfangreiche und wissenschaftliche Dokumente erstellen

In diesem Teil:

Kapitel 34

Die Gliederungs-funktion

In diesem Kapitel:

In diesem Teil des Buches stellen wir Ihnen Word-Funktionen vor, die Sie beim Erstellen von wissenschaftlichen und von umfangreichen Dokumenten unterstützen. Wir beginnen dabei in diesem Kapitel mit der Gliederungsfunktion, die Ihnen vor allem beim Schreiben längerer Texte helfen kann, Ihre Gedanken zu strukturieren. Wenn Sie dieses Werkzeug effektiv einsetzen, können Sie die Struktur Ihrer Dokumente mit wenigen Mausklicks neu organisieren.

Die Gliederungsansicht

Wenn Sie ein umfangreiches Dokument erstellen, z. B. einen Vortrag oder eine wissenschaftliche Arbeit, beginnen Sie diese Aufgabe vermutlich damit, die Themen bzw. Aspekte festzulegen, die Sie behandeln wollen und die Struktur des Textes zu planen. Sinnvollerweise legen Sie dabei schon Haupt- und Unterpunkte fest und überlegen, welche Inhalte in den einzelnen Abschnitten behandelt werden sollen. Sobald die Gliederung des Textes einmal steht, können Sie dieses Textskelett füllen und schreiben Ihren Text um die Gliederung herum.

Wenn Sie dann beim Schreiben des Textes zum Beispiel bemerken, dass einzelne Abschnitte an anderer Stelle besser untergebracht wären, können Sie die Struktur des Dokuments in der Gliederungsansicht von Word mit wenig Aufwand modifizieren oder ergänzen. Wie Sie gleich noch im Detail sehen werden, ziehen Sie dazu einfach die betreffenden Überschriften mit der Maus an ihre neue Position. Dabei wandert der untergeordnete Text der verschobenen Überschrift mit.

Um in die Gliederungsansicht zu gelangen, klicken Sie am einfachsten unten in der Statusleiste auf die Schaltfläche *Gliederung*. Alternativ können Sie auch auf der Registerkarte *Ansicht* in der Gruppe *Dokumentansichten* die Schaltfläche *Gliederung* verwenden.

Bild 34.1 Die Gliederungsansicht von Word

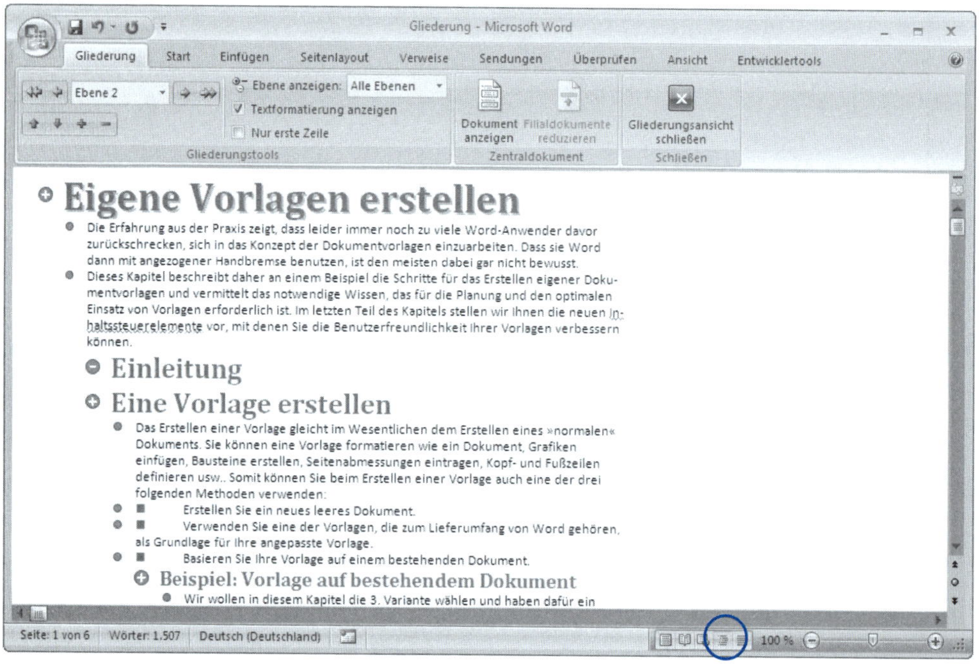
Gliederung - Microsoft Word
Gliederung
Start
Einfügen
Seitenlayout
Verweise
Sendungen
Überprüfen
Ansicht
Entwicklertools
Ebene 2
Ebene anzeigen: Alle Ebenen
Textformatierung anzeigen
Nur erste Zeile
Gliederungstools
Dokument anzeigen
Filialdokumente reduzieren
Zentraldokument
Gliederungsansicht schließen
Schließen
Eigene Vorlagen erstellen
Die Erfahrung aus der Praxis zeigt, dass leider immer noch zu viele Word-Anwender davor zurückschrecken, sich in das Konzept der Dokumentvorlagen einzuarbeiten. Dass sie Word dann mit angezogener Handbremse benutzen, ist den meisten dabei gar nicht bewusst.
Dieses Kapitel beschreibt daher an einem Beispiel die Schritte für das Erstellen eigener Dokumentvorlagen und vermittelt das notwendige Wissen, das für die Planung und den optimalen Einsatz von Vorlagen erforderlich ist. Im letzten Teil des Kapitels stellen wir Ihnen die neuen Inhaltssteuerelemente vor, mit denen Sie die Benutzerfreundlichkeit Ihrer Vorlagen verbessern können.
Einleitung
Eine Vorlage erstellen
Das Erstellen einer Vorlage gleicht im Wesentlichen dem Erstellen eines »normalen« Dokuments. Sie können eine Vorlage formatieren wie ein Dokument, Grafiken einfügen, Bausteine erstellen, Seitenabmessungen eintragen, Kopf- und Fußzeilen definieren usw.. Somit können Sie beim Erstellen einer Vorlage auch eine der drei folgenden Methoden verwenden:
Erstellen Sie ein neues leeres Dokument.
Verwenden Sie eine der Vorlagen, die zum Lieferumfang von Word gehören, als Grundlage für Ihre angepasste Vorlage.
Basieren Sie Ihre Vorlage auf einem bestehenden Dokument.
Beispiel: Vorlage auf bestehendem Dokument
Wir wollen in diesem Kapitel die 3. Variante wählen und haben dafür ein
Seite: 1 von 6
Wörter: 1.507
Deutsch (Deutschland)
100 %

Im Dokumentfenster sind anschließend die verschiedenen Ebenen des Textes gut zu erkennen, da tiefere Ebenen gegenüber den höheren etwas eingerückt werden. Damit dies funktioniert, müssen Sie die Überschriften Ihres Dokuments mit den dafür vorgesehenen Formatvorlagen *Überschrift 1*, *Überschrift 2* usw. formatiert haben, denn sonst ist Word natürlich nicht in der Lage, die Struktur Ihres Textes zu erfassen. (Formatvorlagen werden ausführlich in Kapitel 14 vorgestellt.)

Vor jedem Absatz erscheint ein Symbol, das folgende Informationen liefert:

- Steht vor einem Absatz ein Pluszeichen, handelt es sich um eine Überschrift, zu der noch weitere Textkörper und/oder untergeordnete Gliederungsebenen gehören.
- Sehen Sie vor einem Absatz ein Minuszeichen (wie bei der Überschrift »Einleitung« in der letzten Abbildung), handelt es sich um eine Überschrift, zu der weder eine weitere Gliederungsebene noch ein Textkörper existiert.
- Kleine Punkte signalisieren, dass es sich bei den Absätzen nicht um Überschriften, sondern um Textkörper handelt.

HINWEIS **Lineal** Beim Wechsel in die Gliederungsansicht wird das Lineal – sofern es aktiv war – ausgeschaltet, da es sich in dieser Ansicht grundsätzlich nicht benutzen lässt.

Die Registerkarte *Gliederung*

In der Multifunktionsleiste ist die Registerkarte *Gliederung* aufgetaucht, mit deren Schaltflächen Sie die meisten Aufgaben, für die die Gliederungsansicht geschaffen wurde, erledigen können.

Bild 34.2 Die Registerkarte *Gliederung*

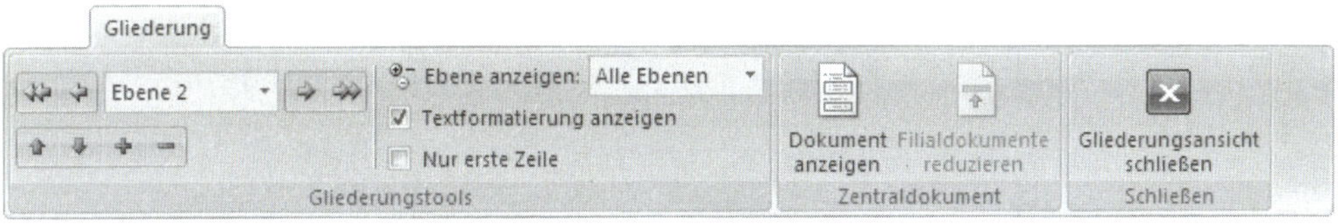

In diesem Kapitel werden wir uns mit den Funktionen der Gruppe *Gliederungstools* beschäftigen. Wie Sie sehen, ist diese Gruppe in zwei Bereiche unterteilt:

- Die Schaltflächen im linken Teil der Gruppe dienen dazu, einen Absatz in der Gliederungshierarchie höher oder tiefer zu stufen. Das heißt, diese Schaltflächen verändern Ihr Dokument; gehen Sie mit ihnen also entsprechend vorsichtig um.
- Die Optionen im rechten Bereich der Gruppe *Gliederungstools* beeinflussen hingegen nur die Darstellung. Mit ihnen können Sie zum Beispiel steuern, wie viele Ebenen der Gliederung angezeigt werden sollen.

Ganz rechts auf der Registerkarte *Gliederung* finden Sie noch die Schaltfläche *Gliederungsansicht schließen*, mit der Sie die Gliederungsansicht wieder verlassen können. Wirklich sinnvoll ist sie unserer Meinung nach nicht, da Sie genauso gut die Schaltflächen in der Statusleiste oder auf der Registerkarte *Ansicht* verwenden können. Es ist sogar noch nicht einmal so, dass Sie bei Verwendung dieser Schaltfläche automatisch zur letzten Ansicht gelangen.

Formatvorlagenbereich anzeigen

Wenn Ihnen die genaue Ebene einer Überschrift aufgrund der Einrückung nicht ganz ersichtlich ist, können Sie den so genannten *Formatvorlagenbereich* einblenden. Word zeigt dann am linken Fensterrand die Namen der nebenstehenden Formatvorlagen an.

Zum Einschalten des Bereichs rufen Sie das Dialogfeld *Word-Optionen* auf, zeigen die Kategorie *Erweitert* an und tragen in der Gruppe *Anzeigen* im Feld *Breite des Formatvorlagenbereichs…* einen Wert größer als 0 cm ein.

Bild 34.3 Im Formatvorlagenbereich zeigt Word die Namen der verwendeten Formatvorlagen an, mit denen die nebenstehenden Absätze formatiert wurden

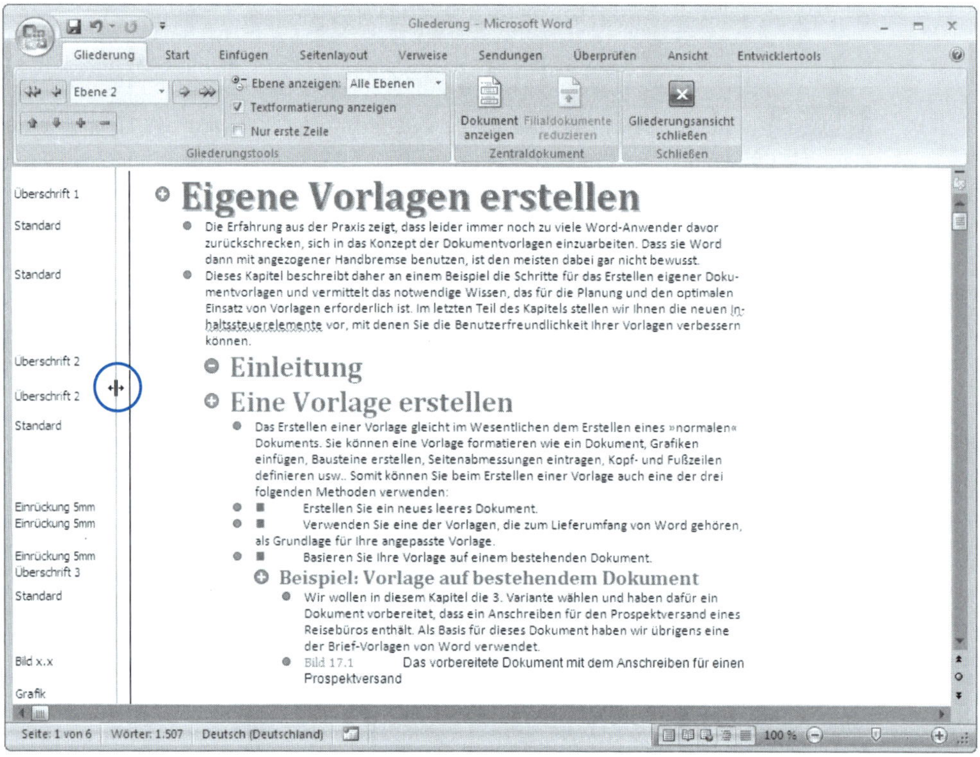
Gliederung - Microsoft Word
Gliederung
Start
Einfügen
Seitenlayout
Verweise
Sendungen
Überprüfen
Ansicht
Entwicklertools
Ebene 2
Ebene anzeigen: Alle Ebenen
Textformatierung anzeigen
Nur erste Zeile
Gliederungstools
Dokument anzeigen
Filialdokumente reduzieren
Zentraldokument
Gliederungsansicht schließen
Schließen
Überschrift 1
Standard
Standard
Überschrift 2
Überschrift 2
Standard
Einrückung 5mm
Einrückung 5mm
Einrückung 5mm
Überschrift 3
Standard
Bild x.x
Grafik
Eigene Vorlagen erstellen
Die Erfahrung aus der Praxis zeigt, dass leider immer noch zu viele Word-Anwender davor zurückschrecken, sich in das Konzept der Dokumentvorlagen einzuarbeiten. Dass sie Word dann mit angezogener Handbremse benutzen, ist den meisten dabei gar nicht bewusst.
Dieses Kapitel beschreibt daher an einem Beispiel die Schritte für das Erstellen eigener Dokumentvorlagen und vermittelt das notwendige Wissen, das für die Planung und den optimalen Einsatz von Vorlagen erforderlich ist. Im letzten Teil des Kapitels stellen wir Ihnen die neuen Inhaltssteuerelemente vor, mit denen Sie die Benutzerfreundlichkeit Ihrer Vorlagen verbessern können.
Einleitung
Eine Vorlage erstellen
Das Erstellen einer Vorlage gleicht im Wesentlichen dem Erstellen eines »normalen« Dokuments. Sie können eine Vorlage formatieren wie ein Dokument, Grafiken einfügen, Bausteine erstellen, Seitenabmessungen eintragen, Kopf- und Fußzeilen definieren usw.. Somit können Sie beim Erstellen einer Vorlage auch eine der drei folgenden Methoden verwenden:
Erstellen Sie ein neues leeres Dokument.
Verwenden Sie eine der Vorlagen, die zum Lieferumfang von Word gehören, als Grundlage für Ihre angepasste Vorlage.
Basieren Sie Ihre Vorlage auf einem bestehenden Dokument.
Beispiel: Vorlage auf bestehendem Dokument
Wir wollen in diesem Kapitel die 3. Variante wählen und haben dafür ein Dokument vorbereitet, dass ein Anschreiben für den Prospektversand eines Reisebüros enthält. Als Basis für dieses Dokument haben wir übrigens eine der Brief-Vorlagen von Word verwendet.
Bild 17.1 Das vorbereitete Dokument mit dem Anschreiben für einen Prospektversand
Seite: 1 von 6
Wörter: 1.507
Deutsch (Deutschland)
100 %

Der Formatvorlagenbereich ist übrigens keine Spezialität der Gliederungsansicht, sondern steht Ihnen auch in der Entwurfsansicht zur Verfügung.

Um den Bereich breiter oder schmaler zu machen, verschieben Sie einfach die Trennlinie mit der Maus in die gewünschte Richtung. Auf diese Weise können Sie den Bereich auch wieder schließen: Bewegen Sie die Trennlinie dazu einfach ganz nach links.

Gliederungsebenen ein- und ausblenden

Die Gliederungsfunktion soll Ihnen helfen, die Übersicht über umfangreiche Dokumente zu behalten. Dies wird natürlich umso schwieriger, je mehr Ebenen, Überschriften und Text ein Dokument besitzt. In der Gliederungsansicht können Sie jedoch die Menge der angezeigten Informationen ausgezeichnet dosieren.

Mit dem Listenfeld *Ebene anzeigen*, das sich auf der Registerkarte *Gliederung* rechts in der Gruppe *Gliederungstools* befindet, können Sie festlegen, bis zu welcher Ebene die Überschriften angezeigt werden sollen. Wollen Sie zum Beispiel alle Ebenen bis einschließlich zur dritten Ebene sehen, wählen Sie den Eintrag *Ebene 3*.

Bild 34.4 Auswahl der anzuzeigenden Ebenen

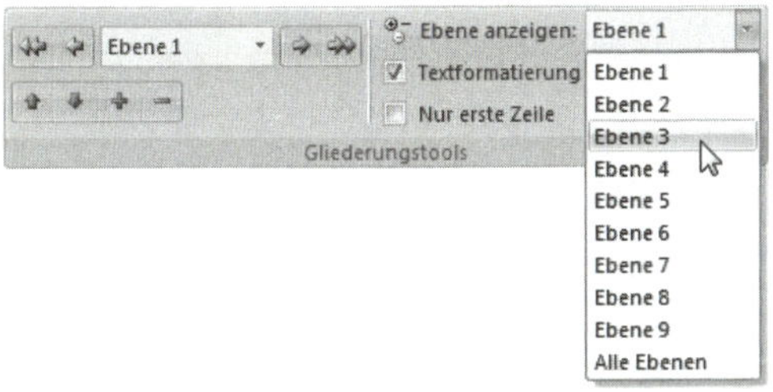

Alternativ können Sie auch die Tastenkombinationen ⇧+Alt+1 bis ⇧+Alt+9 verwenden, um die entsprechenden Ebenen einzublenden. (Vorsicht: Mit ⇧+Alt+0 fügen Sie eine Formel ein.)

Um den gesamten Text des Dokuments zu sehen, wählen Sie den Listeneintrag *Alle Ebenen* bzw. drücken den Shortcut ⇧+Alt+A. Dadurch werden nicht nur sämtliche Überschriften, sondern auch der vollständige Text des Dokuments eingeblendet.

Nur erste Zeile anzeigen

Falls Sie jetzt einwenden sollten, dass Sie die Gliederungsansicht genauso gut verlassen können, wenn Sie den gesamten Text einblenden, haben Sie nur bedingt recht. Auf der Registerkarte *Gliederung* befindet sich nämlich noch die Option *Nur erste Zeile*. Sie veranlasst Word, nur noch die erste Zeile der Textkörper anzuzeigen, wodurch sich eine kompakte und dennoch übersichtliche Sichtweise auf Ihr Dokument ergibt.

Einzelne Überschriftenebenen ein-/ausblenden

Sie können die Gliederungsansicht auch benutzen, um schnell zu einer gesuchten Textstelle zu springen. Dazu ist ein dokumentenweites Ein- und Ausschalten der Gliederungsebenen allerdings eher unpraktisch. In diesem Fall ist es effektiver, wenn Sie die Ebenen nur für einzelne Überschriften einblenden.

Damit Sie die nächsten Schritte nachvollziehen können, haben wir für Sie eine Beispieldatei vorbereitet, deren Überschriften mit den Formatvorlagen *Überschrift 1* bis *Überschrift 4* formatiert sind.

1. Öffnen Sie die Beispieldatei *Gliederung*.
2. Zeigen Sie das Dokument in der Gliederungsansicht an.
3. Blenden Sie zunächst nur die Ebene 2 ein (per Listenfeld bzw. per Shortcut), damit Sie sich einen schnellen Überblick verschaffen können.
4. Setzen Sie die Einfügemarke in die Überschrift, deren untergeordnete Ebenen Sie einblenden möchten (z. B. in Überschrift »Eigene Vorlagen erstellen«).
5. Klicken Sie auf der Registerkarte *Gliederung* auf die Schaltfläche mit dem Pluszeichen oder drücken Sie den Shortcut Alt+ +. Wie Sie sehen, erscheinen die 3er-Ebenen jetzt nur für die Überschrift, in der sich der Cursor befindet.

Bild 34.5 Sie können auch nur die Unterebenen einer einzelnen Überschrift anzeigen lassen

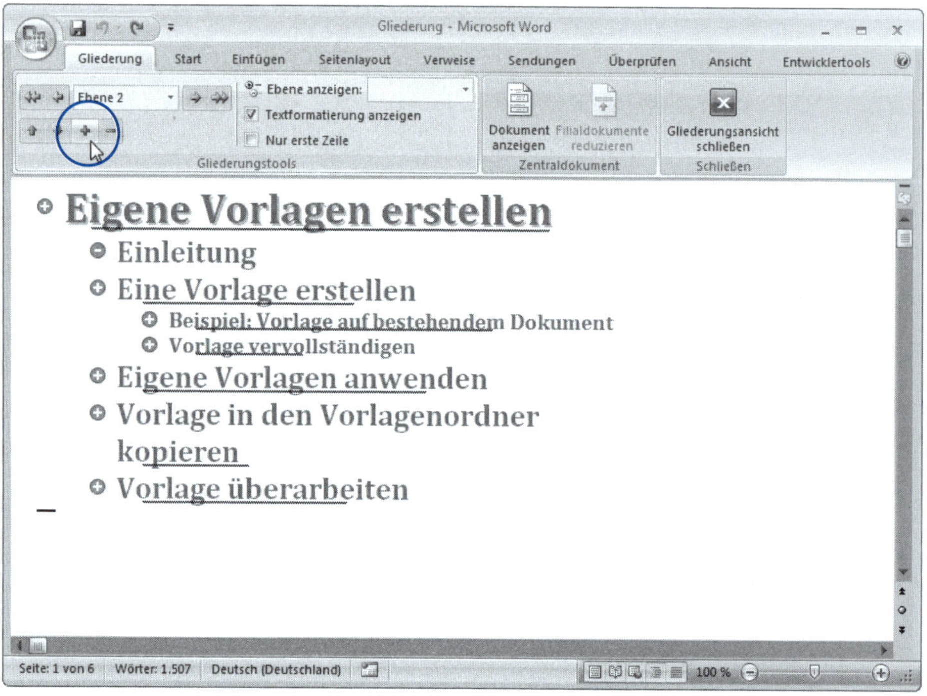

6. Auf die gleiche Weise können Sie weitere Überschriften gezielt aufklappen, bis Sie auf der Ebene der Textkörper angelangt sind.

Für den umgekehrten Weg, also das Ausblenden der untergeordneten Ebenen, benutzen Sie die Minus-Schaltfläche (bzw. den Shortcut ⇧+Alt+-). Mit jedem Klick wird eine Ebene weniger angezeigt.

HINWEIS **Dokumentstruktur** Zur Navigation in umfangreichen Dokumenten können Sie natürlich auch die *Dokumentstruktur* einblenden (siehe Kapitel 5, Seite 94).

Gliederungsaufbau überarbeiten

Die wahren Stärken der Gliederungsfunktion kommen jedoch erst beim Überarbeiten der Textstruktur zum Tragen. Wie Sie gleich noch sehen werden, ist das Höher- und Tieferstufen einer Überschrift eine Sache von wenigen Sekunden. Und auch das Umstellen von Textabschnitten lässt sich in der Gliederungsansicht hervorragend erledigen.

Gliederungsebenen zuordnen

Um einer Überschrift eine gewünschte Ebene zuzuweisen, sind folgende Wege möglich:

Ebene 3

- Sie weisen der Überschrift mit dem Listenfeld *Gliederungsebene* direkt die gewünschte Formatvorlage zu.

Alt+1

- Für die ersten drei Ebenen können Sie die Shortcuts Alt+1 bis Alt+3 verwenden. Wenn Sie häufiger mit Shortcuts arbeiten, lohnt es sich für Sie unter Umständen, auch den Formatvorlagen für die weiteren Gliederungsebenen Tastenkombinationen zuzuweisen (siehe dazu Abschnitt »Formatvorlagen und Shortcuts« auf Seite 298).
- Sie benutzen die Schaltflächen *Höher stufen* (Pfeil nach links) und *Tiefer stufen* (Pfeil nach rechts). Jeder Klick auf eine der beiden Schaltflächen bewegt die Überschrift eine Ebene nach oben bzw. unten. Ob die untergeordneten Ebenen diese Beförderung bzw. Degradierung mitmachen, hängt von ihrer Sichtbarkeit ab. Wenn Sie die Überschriften eingeblendet haben, folgen sie der übergeordneten Überschrift **nicht**. Sind sie allerdings ausgeblendet, werden sie ebenfalls von der Höher-/Tieferstufung betroffen.
- Sie ziehen das Plus- bzw. Minuszeichen vor der Überschrift wie in der folgenden Abbildung nach links oder rechts, bis es sich in der gewünschten Ebene befindet. Achtung: Bei dieser Technik werden die untergeordneten Ebenen immer mitgezogen!

Bild 34.6 Überschriften mit der Maus höherstufen

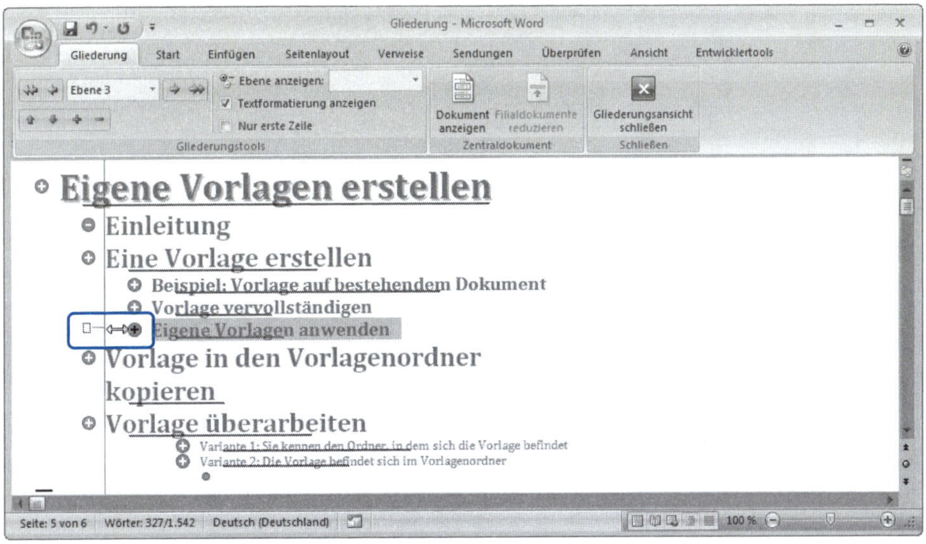

Wenn Sie aus einer Überschrift normalen Text machen wollen, müssen Sie sie zum Textkörper degradieren. Zu diesem Zweck setzen Sie den Cursor in die gewünschte Überschrift und klicken auf die Schaltfläche *Tieferstufen zu Textkörper* (Doppelpfeil nach rechts). Auch hier müssen Sie vorsichtig sein: Sind die untergeordneten Überschriften ausgeblendet, werden sie ebenfalls zu Textkörpern umgewandelt.

Der Vollständigkeit halber sei auch noch die Schaltfläche mit dem nach Links zeigenden Doppelpfeil erwähnt. Mit ihr weisen Sie einem Absatz die Überschriftebene 1 zu.

Texte umstellen

Der Clou beim Bearbeiten des Gliederungsaufbaus besteht darin, dass eine markierte Überschrift mit allen niedrigeren **ausgeblendeten** Überschriften und den dazugehörigen Textkörpern eine Einheit bildet. Wenn Sie also eine Überschrift umstellen, folgt ihr der untergeordnete Text an die neue Position. Das gleiche gilt analog für das Kopieren, Einfügen und Löschen von Überschriften.

Das Umstellen erfolgt dabei entweder über die Schaltflächen *Nach oben* und *Nach unten* oder direkt mit der Maus, mit der Sie die Überschriften an ihren vorangestellten Plus- bzw. Minuszeichen durch das Dokument ziehen können. Die Einfügeposition wird dabei mit einer dünnen waagerechten Linie gekennzeichnet, auf der ein kleiner Pfeil zu sehen ist, der die Ebene der verschobenen Überschrift kennzeichnet. Diese Methode hat den Vorteil, dass dabei die untergeordneten Ebenen, unabhängig von ihrer Sichtbarkeit, auf jeden Fall mitgezogen werden.

Bild 34.7 Verschieben einer Überschrift mit der Maus

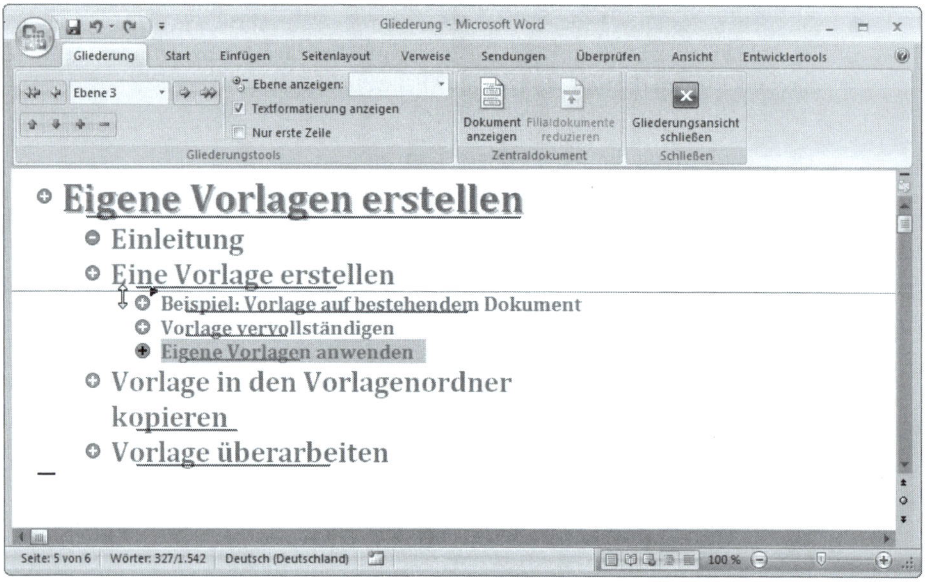

HINWEIS Beim Umstellen einer Überschrift mit den Schaltflächen werden die untergeordneten Ebenen nur mitgenommen, wenn sie **ausgeblendet** oder aber **markiert** sind. Machen Sie unbedingt ausgiebige Tests, bevor Sie sich an einen wichtigen Text heranwagen.

Gliederung ausdrucken

Wenn ein Dokument in der Gliederungsansicht dargestellt wird, können Sie nicht nur den Text bearbeiten, sondern außerdem bestimmen, welche Teile des Textes gedruckt werden sollen. Das heißt, Sie können in der Gliederungsansicht die gewünschten Textelemente auf dem Bildschirm anzeigen und anschließend drucken.

Dabei kann es sich zum Beispiel um einen Ausdruck handeln, der nur die Überschriften bis zur zweiten Ebene enthält, oder eine Textgliederung, bei der alle Ebenen sichtbar sind, oder um eine Gliederung, bei der zusätzlich zu den Überschriften einige Textkörper eingeblendet sind.

Beispiel: Auszüge eines Dokuments drucken

Für das folgende Beispiel haben wird die letzte Übungsdatei etwas abgeändert, indem wir den zuvor leeren Abschnitt »Einleitung« mit Text gefüllt haben. Wir wollen nun einen Ausdruck erstellen, der alle Überschriften bis zur dritten Ebene und zusätzlich noch den Textkörper des Abschnitts »Einleitung« enthält.

1. Öffnen Sie die Beispieldatei *Gliederung drucken* und wechseln Sie in die Gliederungsansicht.
2. Wählen Sie auf der Registerkarte *Gliederung* im Listenfeld *Ebene anzeigen* den Eintrag *Ebene 3*.
3. Blenden Sie den Textkörper des Abschnitts »Einleitung« ein, indem Sie seine Überschrift anklicken und in der Registerkarte *Gliederung* auf die Schaltfläche mit dem Pluszeichen klicken. Jetzt wird genau der Text angezeigt, den wir ausdrucken wollen.
4. Markieren Sie den Text. Dazu können Sie entweder das runde Pluszeichen vor der obersten Überschrift anklicken oder den Shortcut Strg+A drücken. Ihr Bildschirm sollte nun so aussehen wie in der nächsten Abbildung.

Bild 34.8 Der auszudruckende Text ist angezeigt und markiert

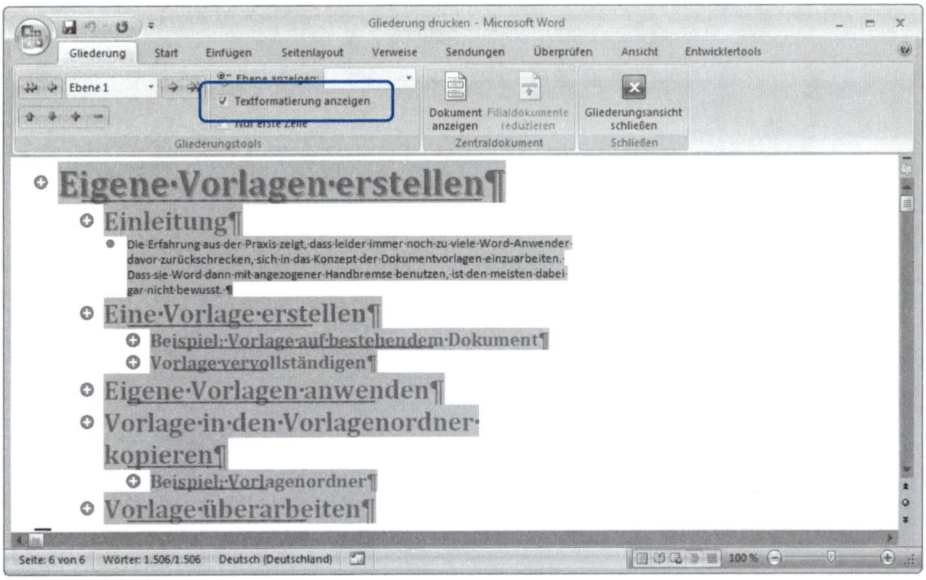

5. Mit der Option *Textformatierung anzeigen,* können Sie steuern, ob beim Drucken die Formatierung des Textes beachtet werden soll oder nicht. Diesen Effekt können Sie natürlich auch auf dem Bildschirm beobachten.

6. Klicken Sie auf die *Office-Schaltfläche* und wählen Sie in ihrem Ausklappmenü den Befehl *Drucken* (schneller geht es mit dem Shortcut Strg+P). Word zeigt dann das Dialogfeld *Drucken* an.

Bild 34.9 Im Dialog *Drucken* ist die Option *Markierung* aktiv

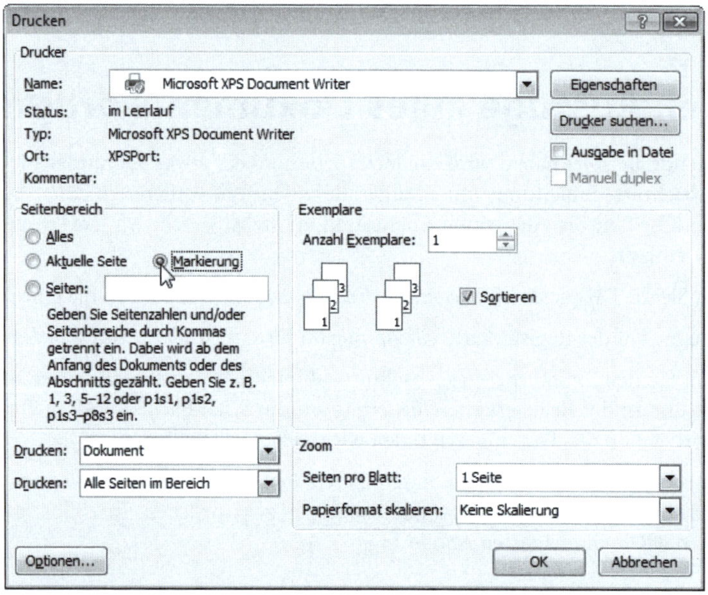

7. Schalten Sie die Option *Markierung* ein. Diese Option ist nur aktiv, wenn Sie vor dem Aufruf des Dialogfeldes Text markiert haben.

8. Wählen Sie den gewünschten Drucker aus und nehmen Sie gegebenenfalls noch weitere Einstellungen vor.

9. Starten Sie den Ausdruck mit *OK.*

Das Ergebnis eines solchen Ausdrucks sehen Sie in der nächsten Abbildung.

HINWEIS **Mehrfachmarkierung drucken** Das gleiche Ergebnis hätten Sie natürlich auch erzielen können, indem Sie zum Beispiel in der Ansicht *Seitenlayout* die gewünschten Textpassagen mit einer Mehrfachmarkierung ausgewählt hätten (dazu müssen Sie beim Markieren die Strg-Taste drücken; siehe dazu auch Seite 133).

Bild 34.10 Word hat nur die in der Gliederungsansicht markierten Textbereiche gedruckt

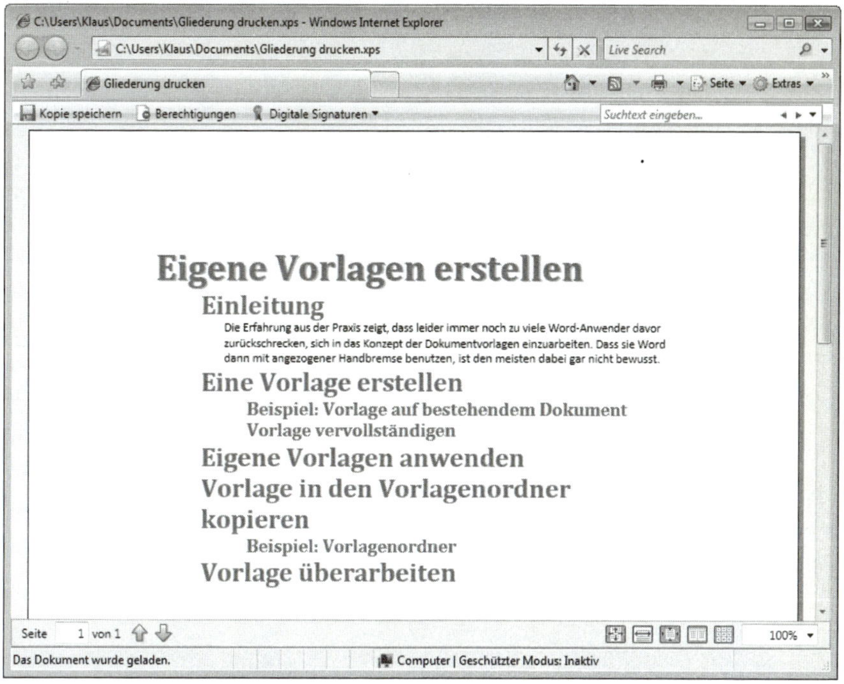

Zusammenfassung

In diesem Kapitel haben Sie die Gliederungsansicht kennengelernt, die für das Bearbeiten und Umstrukturieren längerer Dokumente hervorragend geeignet ist.

- Um in die Gliederungsansicht zu wechseln, klicken Sie in der Statusleiste auf die Schaltläche *Gliederung* (Seite 656).
- Die Gliederungsansicht verfügt über eine eigene Registerkarte, die ansonsten nicht sichtbar ist (Seite 657).
- Durch das Einblenden des Formatvorlagenbereichs lassen sich die einzelnen Gliederungsebenen zuverlässig zuordnen (Seite 658).
- Die Gliederungsebenen eines Dokuments lassen sich gezielt ein- und ausblenden (Seite 659).
- Um die Struktur des Textes zu überarbeiten, können Überschriften innerhalb der Gliederungshierarchie höher oder tiefer gestuft werden (Seite 661).
- In der Gliederungsansicht lassen sich Textpassagen sehr leicht umstellen, indem man einfach ihre Überschrift an eine neue Position bewegt. Der zu der verschobenen Überschrift gehörende Text folgt dieser Bewegung (Seite 662).
- Die Gliederungsansicht eignet sich auch gut, um Dokumente auszugsweise zu drucken. Die gewünschten Passagen werden dazu in der Gliederungsansicht eingeblendet und können dann im Dialogfeld *Drucken* über die Option *Markierung* gedruckt werden (Seite 663).

Kapitel 35

Mit Zentraldokumenten arbeiten

In diesem Kapitel:

Das Konzept der Zentraldokumente ist vor allem für umfangreiche Dokumente, wie Bücher, Diplomarbeiten etc., gedacht. Die Grundidee besteht darin, ein Projekt von einer einzigen Datei aus, dem sogenannten Zentraldokument, zu verwalten. Alle anderen Dateien, in denen sich z.B. die verschiedenen Kapitel eines Buches befinden, sind dem Zentraldokument untergeordnet und treten nicht mehr als eigenständige Dateien in Erscheinung.

Das Zentraldokument (auch Masterdokument genannt) enthält Verknüpfungen zu einer Gruppe von zusammengehörigen Filialdokumenten. Sie können Zentraldokumente verwenden, um ein umfangreiches Dokument zu organisieren und zu verwalten, indem Sie es in kleinere, einfacher zu handhabende Filialdokumente aufteilen. In einer Arbeitsgruppe können Sie ein Zentraldokument in einem Netzwerk freigeben und in Filialdokumente aufteilen.

Pro & Contra Zentraldokumente

Der Ruf der Zentraldokumente war bei früheren Word-Versionen eher zweifelhaft. Das Konzept wurde zwar durchgängig als gelungen betrachtet, aber viele Anwender berichten von massiven Problemen, die bis hin zum Verlust des gesamten Zentraldokuments reichen. Zwar ist die Zentraldokumentsfunktion seit zwei Word-Versionen deutlich zuverlässiger geworden, jedoch ist es nie verkehrt, ein wenig Sorgfalt walten zu lassen:

- Sichern Sie alle Dokumente Ihres Projekts in regelmäßigen Abständen (mindestens einmal am Tag).
- Sie sollten über gute Word-Kenntnisse verfügen (Formatvorlagen und Dokumentvorlagen sind ein absolutes Muss). Ohne diese Kenntnisse werden Sie die besonderen Möglichkeiten von Zentraldokumenten – wie dokumentübergreifende Querverweise oder Inhaltsverzeichnisse – nicht gewinnbringend einsetzen können.
- Arbeiten Sie möglichst »gradlinig«. Das heißt, entwickeln Sie zunächst eine Dokumentvorlage, erstellen Sie dann eine Gliederung und legen Sie erst dann mit dem eigentlichen Schreiben los.

Wenn Sie diese Ratschläge berücksichtigen, werden im Normalfall keine großen Probleme auftauchen. Falls Sie dennoch auf Schwierigkeiten stoßen, raten wir Ihnen, nicht zu viel Energie in deren Lösung zu investieren. Die auftretenden Fehler sind in der Regel kaum reproduzierbar und hängen vermutlich mit bestimmten Besonderheiten der erstellten Dokumente zusammen (Tabellen, AutoFormen, mehrere Spalten etc. etc.). Bedingt durch ihre interne Struktur sind Word-Dokumente sehr empfindlich gegenüber »Beschädigungen«. Selbst kleine Schäden können das gesamte Dokument unbrauchbar machen. Nach dieser, zugegebenermaßen etwas düsteren Einstimmung, wollen wir uns nun den positiven Aspekten von Zentraldokumenten widmen.

Warum Zentraldokumente Sinn machen ...

Es gibt viele gute Gründe, warum Sie ein langes Dokument auf mehrere Dateien verteilen sollten. Dass Word bei kleinen Texthäppchen wesentlich flotter arbeitet, ist dabei noch der geringste Vorteil. Viel entscheidender ist, dass Sie so einen besseren Überblick über Ihr Projekt bekommen und sogar mit mehreren Personen gleichzeitig daran arbeiten können, da so unterschiedliche Bearbeiter verschiedene Filialdokumente editieren können.

Das Zentraldokument spielt dabei die Rolle eines Cheforganisators, der über die Aktivitäten aller am Projekt Beteiligten bestens Bescheid weiß. Sämtliche untergeordneten Dateien, die bei Word *Filialdokumente* heißen, sind im Zentraldokument registriert und übernehmen von ihm wichtige Eigenschaften, wie Seiteneinrichtung, Formatvorlagen etc. Dank dieser Vorbildfunktion können Sie Dokumenten, die über mehrere Dateien verteilt sind, zu einer einheitlichen Optik verhelfen.

Auch die Kopf- und Fußzeilen, die Sie im Zentraldokument definieren, werden an die Filialdokumente weitergegeben. Sollte eines der Filialdokumente eine Kopf- oder Fußzeile enthalten, die sich von der des Zentraldokuments unterscheidet, wird die Kopf-/Fußzeile des Filialdokuments unterdrückt, wenn es im Kontext des Zentraldokuments angesehen wird.

Außerdem können Sie im Zentraldokument die Rechtschreibprüfung durchführen: Word prüft dann automatisch auch alle eingefügten Filialdokumente. Die fortlaufende Nummerierung der einzelnen Seiten stellt bei der Verwendung der Zentraldokumente auch kein Problem dar: die Nummer der ersten Seite eines Filialdokuments ergibt sich automatisch aus der Nummer der letzten Seite des vorherigen Filialdokuments. Die gleichen Vorteile ergeben sich auch bei der Nummerierung der Fußnoten und der Nummerierung der Beschriftungen für Abbildungen und Tabellen.

Ein Zentraldokument können Sie auf zwei unterschiedliche Weisen erstellen. Wenn die verschiedenen Einzeldokumente, beispielsweise die verschiedenen Kapitel eines Buches, bereits existieren, können Sie diese in einem Zentraldokument zusammenfassen. Wenn sich der gesamte Text in einer einzigen Datei befindet und Sie ihn in verschiedene Abschnitte aufteilen wollen, verwenden Sie dieses Dokument und weisen Word an, aus bestimmten Teilen Filialdokumente zu erstellen. Beide Vorgehensweisen werden in den folgenden Abschnitten beschrieben.

Dokumente in Zentraldokument zusammenfassen

Falls verschiedene Dokumente eines größeren Projekts bereits als Einzeldateien vorliegen, können Sie diese mittels eines Zentraldokuments zusammenfassen. Gehen Sie dazu folgendermaßen vor:

1. Erstellen Sie ein neues, leeres Dokument.

   Dieses Dokument wird als Zentraldokument fungieren.

2. Geben Sie in das Dokument den Text ein, der außerhalb der einzelnen Filialdokumente vorhanden sein soll.

   Hierbei kann es sich beispielsweise um ein Deckblatt handeln, das Sie mit der Schaltfläche *Einfügen/Seiten/Deckblatt* in das Zentraldokument aufnehmen. Dies können Sie auch zu einem späteren Zeitpunkt erledigen, es muss nicht direkt beim Erstellen des Zentraldokuments passieren.

3. Klicken Sie auf der Registerkarte *Ansicht* in der Gruppe *Dokumentansichten* auf *Gliederung*, um zur Gliederungsansicht zu wechseln.

   Dieser Schritt ist erforderlich, da sich alle Schaltflächen zum Arbeiten mit Zentral- und Filialdokumenten auf der Registerkarte *Gliederung* befinden, die nur dann eingeblendet wird, wenn auch die Gliederungsansicht aktiv ist.

4. Klicken Sie auf der Registerkarte *Gliederung* in der Gruppe *Zentraldokument* auf *Dokument anzeigen.*

   Mit dieser Schaltfläche blenden Sie in der Gruppe *Zentraldokument* die weiteren Schaltflächen zum Verwalten von Zentraldokumenten ein.

Bild 35.1 Die Schaltflächen zum Verwalten von Zentraldokumenten

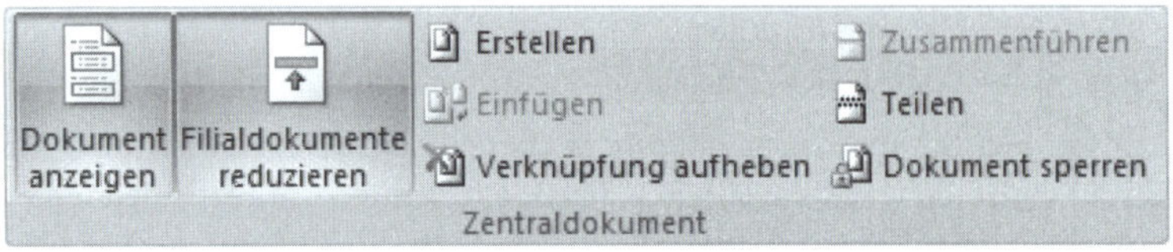

5. Klicken Sie auf der Registerkarte *Gliederung* in der Gruppe *Zentraldokument* auf *Einfügen.*
6. Wählen Sie im Dialogfeld *Filialdokument einfügen* die Datei aus, die Sie in das Zentraldokument integrieren wollen, und klicken Sie auf *Öffnen.*

Bild 35.2 Wählen Sie das Dokument aus, das Sie in das Zentraldokument einfügen wollen

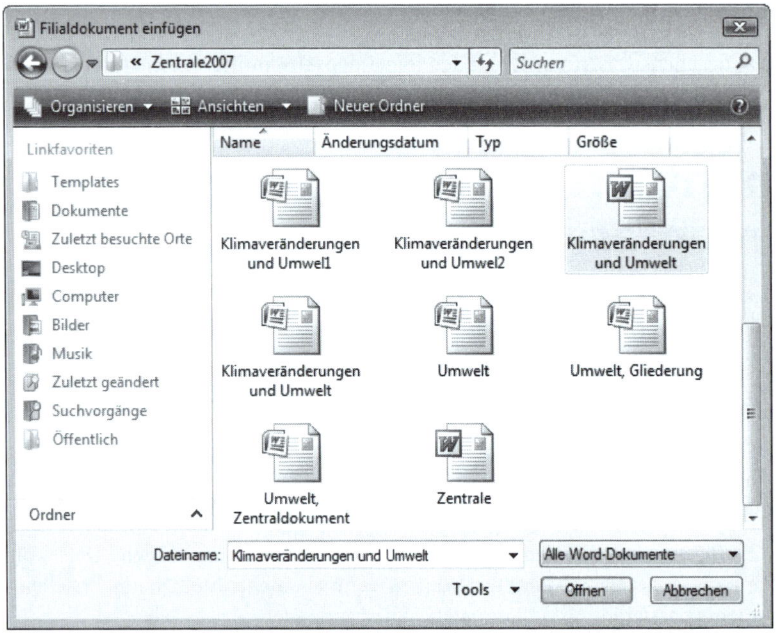

7. Wiederholen Sie den letzten Schritt für alle weiteren Filialdokumente.

Die eingefügten Filialdokumente werden im Zentraldokument mit einem gestrichelten Rahmen versehen. Am Symbol in der linken, oberen Ecke erkennen Sie, dass es sich hierbei um ein Filialdokument handelt. Wenn Sie dieses Symbol anklicken, wird der gesamte Inhalt dieses Filialdokuments markiert.

Bild 35.3 Die einzelnen Filialdokumente sind an dem gestrichelten Rahmen zu erkennen

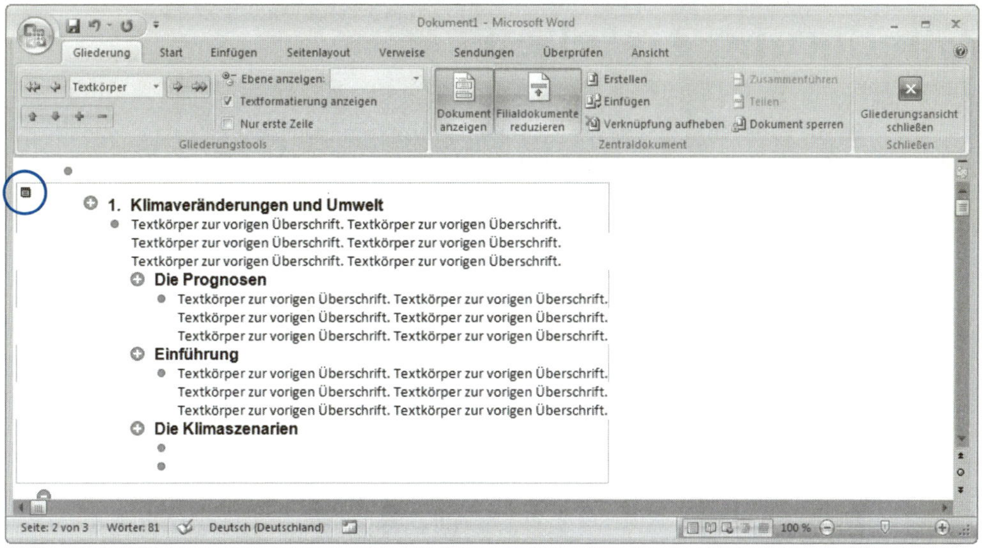

Nachdem Sie alle Filialdokumente eingefügt haben, können Sie die Texte weiter in der Gliederungsansicht bearbeiten, aber auch alle anderen Ansichten auswählen. Schalten Sie beispielsweise zur Ansicht *Seitenlayout* um, dann ist der Zentraldokumentaufbau nicht mehr zu erkennen, wie es das folgende Bild zeigt.

Bild 35.4 In der Ansicht *Seitenlayout* ist nicht mehr zu erkennen, dass es sich um ein Zentraldokument handelt

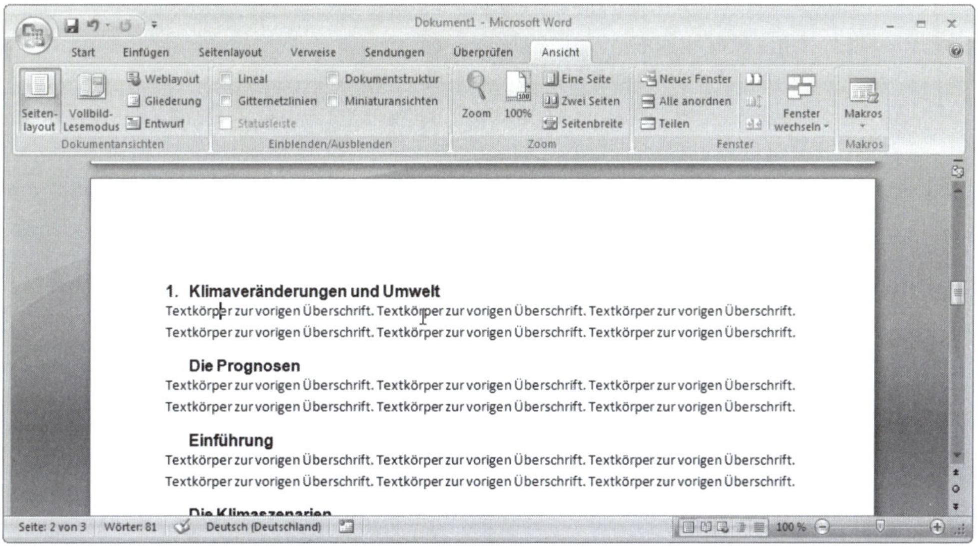

Zentral- und Filialdokumente aus Gliederung erstellen

Wenn Sie ein Projekt vollkommen neu beginnen und noch keine Dokumente existieren, beginnen Sie die Erstellung eines neuen Zentraldokuments am besten damit, dass Sie die Gliederungsansicht verwenden und dort die Gliederung des Textes erstellen. Die Überschriften, die Sie in der Gliederungsansicht erstellt haben, werden von Word verwendet, um das Gesamtdokument in einzelne Filialdokumente aufzuteilen.

Bei dieser Vorgehensweise erstellen Sie am besten einen neuen Ordner, der dann als Speicherort für das Zentraldokument und alle Filialdokumente dient. Auf diese Weise befinden sich alle für dieses Projekt relevanten Daten an einer Stelle, was die Verwaltung und die Sicherung der Dateien vereinfacht.

Die Beispieldatei *Umwelt*

Für diesen Abschnitt haben wir eine Beispieldatei erstellt, die Sie im Ordner *Zentraldokumente* unterhalb des Ordners mit den Beispielen für dieses Buch finden. Die Datei enthält bereits eine knapp zweiseitige Gliederung, die auf den Standardformatvorlagen *Überschrift 1* bis *Überschrift 3* aufbaut.

HINWEIS Ausführliche Informationen zur Gliederungsfunktion von Word finden Sie in diesem Buch in Kapitel 34.

Da Word beim Erstellen des Zentraldokuments auch neue Dateien anlegt (die Filialdokumente), sollten Sie die Beispieldatei am besten in einen neuen Ordner kopieren, den Sie dann nach Abschluss aller Versuche vollständig löschen können.

1. Öffnen Sie die Beispieldatei *Umwelt, Gliederung* und speichern Sie diese unter einem anderen Namen, beispielsweise *Umwelt, Zentraldokument.*

   Dieser Schritt ist sinnvoll, da Word beim Erstellen des Zentraldokuments die ursprüngliche Datei mit der Gliederung überschreibt.

2. Aktivieren Sie die Gliederungsansicht, indem Sie auf der Registerkarte *Ansicht* in der Gruppe *Dokumentansichten* auf *Gliederung* klicken.

   Word blendet die Registerkarte *Gliederung* ein.

3. Die Schaltflächen für das Arbeiten mit Zentraldokumenten befinden sich in der Gruppe *Zentraldokument.* Damit die Schaltflächen sichtbar werden, müssen Sie in dieser Gruppe zuerst auf *Dokument anzeigen* klicken.

HINWEIS Die Schaltfläche *Dokument anzeigen* entspricht der Schaltfläche *Masterdokumentansicht* aus Word 2003.

Bild 35.5 Aus dieser Gliederung soll ein Zentraldokument erstellt werden

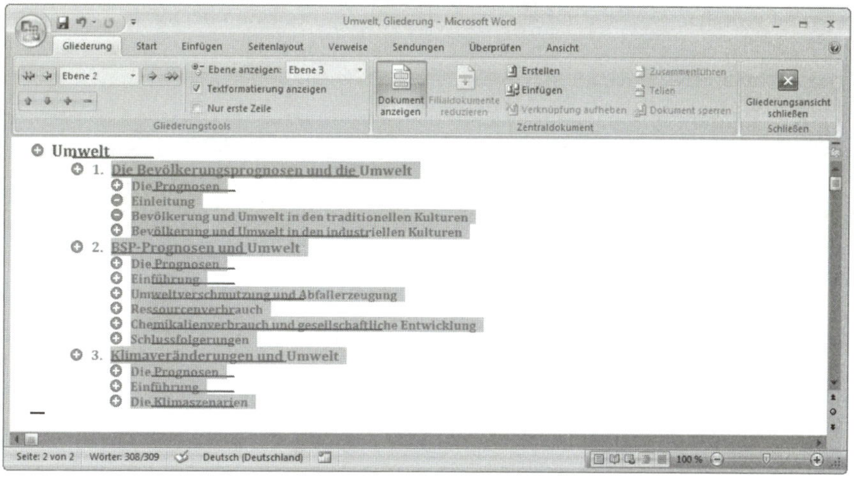

4. Markieren Sie jetzt den Textbereich, den Sie in verschiedene Dateien aufsplitten wollen.

Word orientiert sich beim Aufteilen des Textes an der ersten markierten Gliederungsebene. Das heißt, wenn die erste markierte Gliederungsüberschrift mit der Formatvorlage *Überschrift 2* formatiert ist, legt Word für jede 2er-Ebene eine eigene Datei an. Achten Sie darauf, dass hinter der Markierung noch mindestens ein Absatz im Zentraldokument stehen bleibt. Ansonsten wird das letzte Filialdokument später nicht korrekt angezeigt.

5. Klicken Sie in der Gruppe *Zentraldokument* auf die Schaltfläche *Erstellen.*

Word zerlegt das Dokument nun gemäß der markierten Gliederungsebenen.

Bild 35.6 Aus dieser Gliederung soll ein Zentraldokument erstellt werden

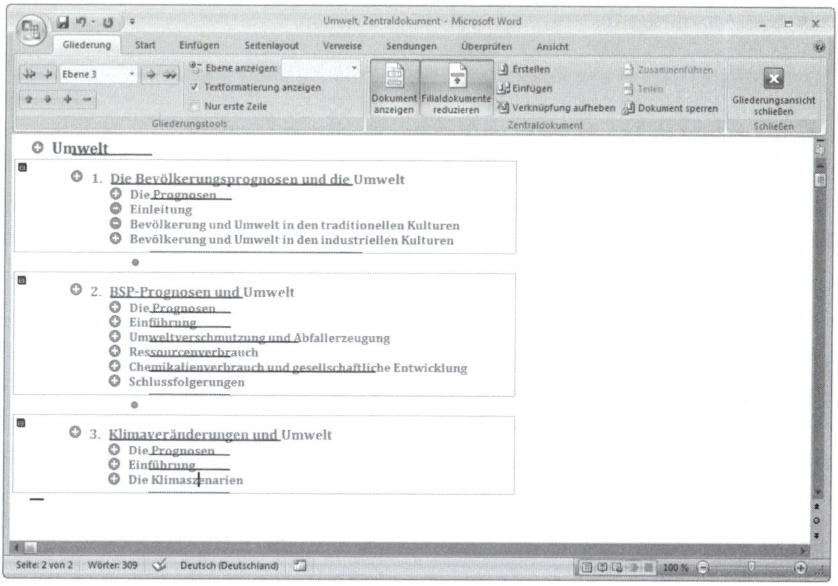

6. Speichern Sie das Dokument, damit Word die Filialdokumente anlegt.

   Auf dem Bildschirm haben sich diese Ereignisse kaum bemerkbar gemacht. Es tauchen lediglich einige Rahmen auf, die die einzelnen Filialdokumente markieren, und verschiedene Abschnittswechsel, mit denen die Filialdokumente voneinander getrennt werden.

7. Klicken Sie in der Gruppe *Zentraldokument* auf die Schaltfläche *Filialdokumente reduzieren.*

   Mit der Schaltfläche *Filialdokumente reduzieren* in der Gruppe *Zentraldokument* können Sie zwischen zwei verschiedenen Ansichten des Zentraldokuments umschalten: entweder wird der Inhalt der Filialdokumente angezeigt (Bild auf der vorigen Seite) oder Sie sehen die Verknüpfungen zu den verschiedenen Filialdokumenten (folgendes Bild).

Bild 35.7 Jetzt sind die Verknüpfungen zu den Filialdokumenten sichtbar

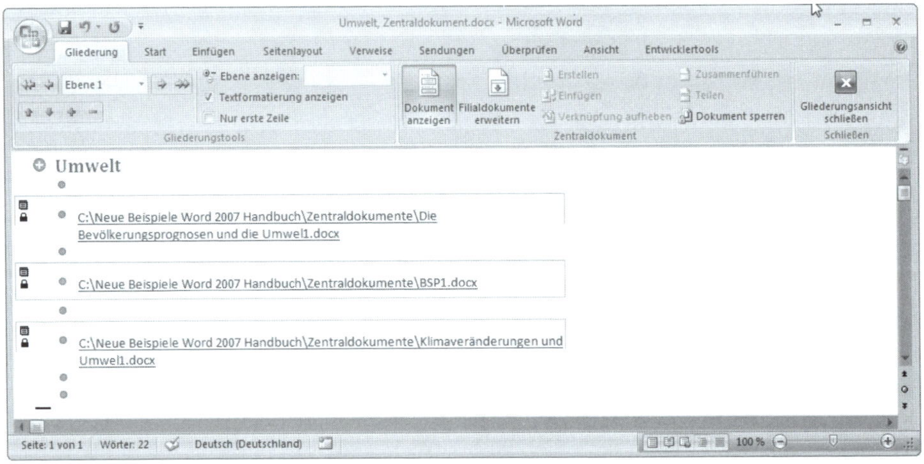

Auch bei dieser Vorgehensweise können Sie zu den anderen Dokumentansichten wie der Ansicht *Seitenlayout* umschalten, um den Text zu bearbeiten.

Mit Filialdokumenten arbeiten

Für das reibungslose Arbeiten mit Filialdokumenten sind einige Punkte zu beachten, die wir in den folgenden Abschnitten ansprechen wollen. Wir hatten ja schon zu Beginn des Kapitels gesagt, dass der Umgang mit Zentraldokumenten zwar vom Prinzip her relativ einfach ist, jedoch einiges Wissen über die grundsätzliche Arbeitsweise von Word voraussetzt.

Filialdokumente öffnen

Die Filialdokumente eines Zentraldokuments sind eigenständige Dateien, die Sie wie jede andere Datei öffnen und bearbeiten können. Es ist jedoch sicherer, wenn Sie zunächst das Zentraldokument öffnen und dann von dort aus in die gewünschten Filialdokumente verzweigen.

Andernfalls kann es passieren, dass die Verwaltungsdaten des Zentraldokuments inkonsistent werden. Wenn Sie z.B. ein Filialdokument allein öffnen und es unter einem anderen Namen speichern, hat Word keine Chance, diese Änderung im Zentraldokument zu berücksichtigen.

Um ein Filialdokument in der erweiterten Ansicht (die zweite Schaltfläche der Gruppe *Zentraldokument* heißt dann *Filialdokumente reduzieren)* zu öffnen, doppelklicken Sie im Zentraldokument auf das kleine Symbol, das Sie in der linken oberen Ecke des zugehörigen Rahmens sehen. In der reduzierten Ansicht (die zweite Schaltfläche der Gruppe *Zentraldokument* heißt dann *Filialdokumente erweitern)* drücken Sie die [Strg]-Taste und klicken den Hyperlink des gewünschten Filialdokuments an.

Wenn Sie nach dem Öffnen des Filialdokuments zurück zum Zentraldokument wechseln, werden Sie feststellen, dass Word das Filialdokument nun mit einem kleinen Schloss gesperrt hat. Dieser Schutzmechanismus ist für die Arbeit in Netzwerken notwendig, damit nicht mehrere Benutzer im selben Filialdokument Änderungen vornehmen.

Diese Sperre können Sie auch im Zentraldokument aktivieren, wenn Sie möchten, dass die Datei nicht mehr bearbeitet werden kann. Markieren Sie dazu das gewünschte Filialdokument und klicken Sie in der Gruppe *Zentraldokument* die Schaltfläche *Dokument sperren* an. Das Dokument kann anschließend nur noch geöffnet, jedoch nicht mehr abgespeichert werden.

Filialdokumente löschen und hinzufügen

Sie können die Struktur des Zentraldokuments und die Anzahl der Filialdokumente auch nachträglich verändern. So ist es z.B. möglich, ein Filialdokument zu löschen, indem Sie die Schaltfläche *Verknüpfung aufheben* verwenden. Bei diesem Vorgang wird der Inhalt des Filialdokuments wieder in das Zentraldokument eingefügt und das Filialdokument anschließend gelöscht. Bei diesem Vorgang geht also kein Text verloren.

Mit der Schaltfläche *Einfügen* können Sie eine bereits vorhandene Datei in das Zentraldokument einfügen. Wir raten allerdings von solchen Aktionen ab, da es dadurch gelegentlich zu den eingangs erwähnten Schwierigkeiten kommen kann.

Filialdokumente verbinden

Wenn Sie im Nachhinein feststellen, dass sich in Ihrem Projekt zu viele Filialdokumente befinden, können Sie einzelne Filialdokumente wieder zusammenfassen:

1. Öffnen Sie das Zentraldokument und wechseln Sie zur erweiterten Ansicht, indem Sie auf der Registerkarte *Gliederung* in der Gruppe *Zentraldokument* die Schaltfläche *Filialdokumente erweitern* anklicken.
2. Markieren Sie zwei oder mehrere Filialdokumente, die direkt hintereinander stehen. Drücken Sie dazu die [⇧]-Taste und klicken Sie nacheinander die kleinen Symbole der Filialdokumente an. So ist gewährleistet, dass Sie die Filialdokumente vollständig, d.h. mit allen zugehörigen Abschnittswechseln, markieren.
3. Klicken Sie auf der Registerkarte *Gliederung* in der Gruppe *Zentraldokument* auf die Schaltfläche *Zusammenführen.*
4. Speichern Sie das Zentraldokument, damit die Änderung wirksam wird.

Filialdokumente teilen

Zu guter Letzt können Sie ein Filialdokument auch aufteilen. Das kann z.B. erforderlich werden, wenn ein Filialdokument sehr umfangreich geworden ist. Gehen Sie in diesem Fall folgendermaßen vor:

1. Öffnen Sie das Zentraldokument und wechseln Sie zur erweiterten Ansicht, indem Sie auf der Registerkarte *Gliederung* in der Gruppe *Zentraldokument* die Schaltfläche *Filialdokumente erweitern* anklicken.
2. Markieren Sie die Überschrift, an der das Dokument geteilt werden soll. Die Teilung findet unmittelbar vor der markierten Überschrift statt.

Bild 35.8 Die Überschrift, an der das Dokument geteilt werden soll, wurde markiert

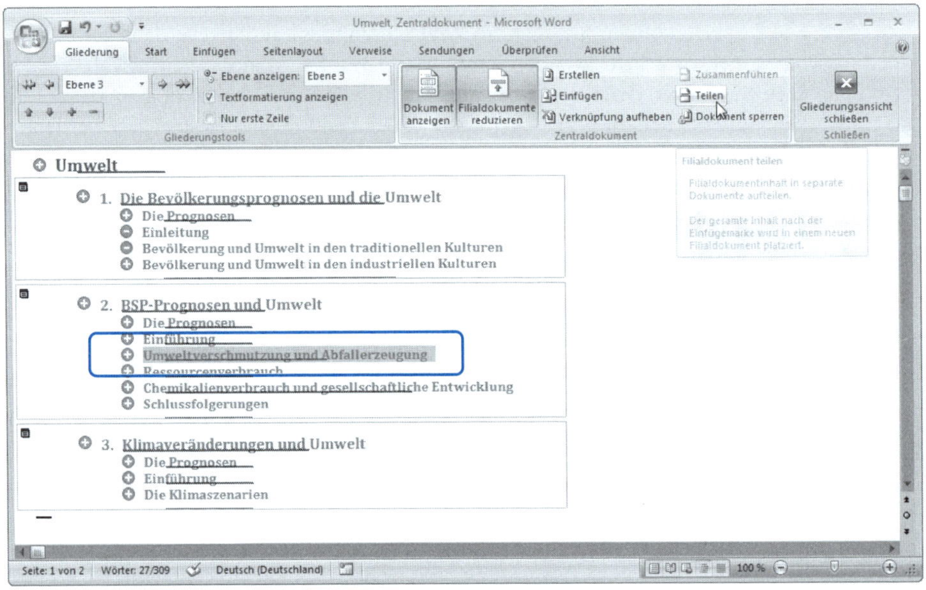

3. Klicken Sie auf der Registerkarte *Gliederung* in der Gruppe *Zentraldokument* auf die Schaltfläche *Teilen.*
4. Speichern Sie das Zentraldokument.

Bild 35.9 Das Filialdokument wurde geteilt

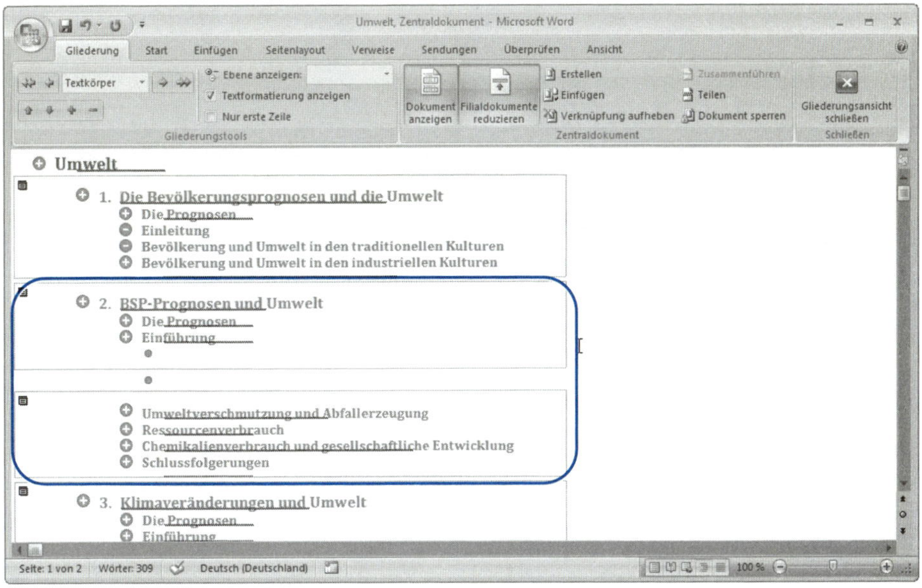

Struktur des Zentraldokuments ändern

Wenn Sie beim Erstellen des Textes merken sollten, dass die anfängliche Gliederung überarbeitet werden muss und darum Teile des Dokuments an eine andere Stelle sollen, erledigen Sie dies am besten in der Gliederungsansicht, da Sie dort die einzelnen Filialdokumente anhand der Rahmen am besten erkennen können.

Bei größeren Umbauarbeiten, bei denen beispielsweise nur ein Teil eines Filialdokuments an eine andere Stelle verschoben werden soll, teilen Sie es zuerst, wie im vorhergehenden Abschnitt beschrieben.

Klicken Sie dann für das Filialdokument, das Sie verschieben wollen, das Symbol in der linken Randspalte an, damit es komplett markiert ist, und ziehen Sie es an die gewünschte Stelle. Wenn Sie die Maustaste innerhalb eines anderen Filialdokuments loslassen, erhalten Sie eine verschachtelte Struktur mit zwei Zentraldokumenten. Das Dokument, in dem Sie die Markierung ablegen, ist dann sowohl ein Zentraldokument, und zwar für die verschobene Markierung, als auch ein Filialdokument, und zwar bezogen auf das Zentraldokument der obersten Ebene. Das folgende Bild zeigt, wie dies auf dem Word-Bildschirm aussieht:

Bild 35.10 Das Filialdokument wurde geteilt

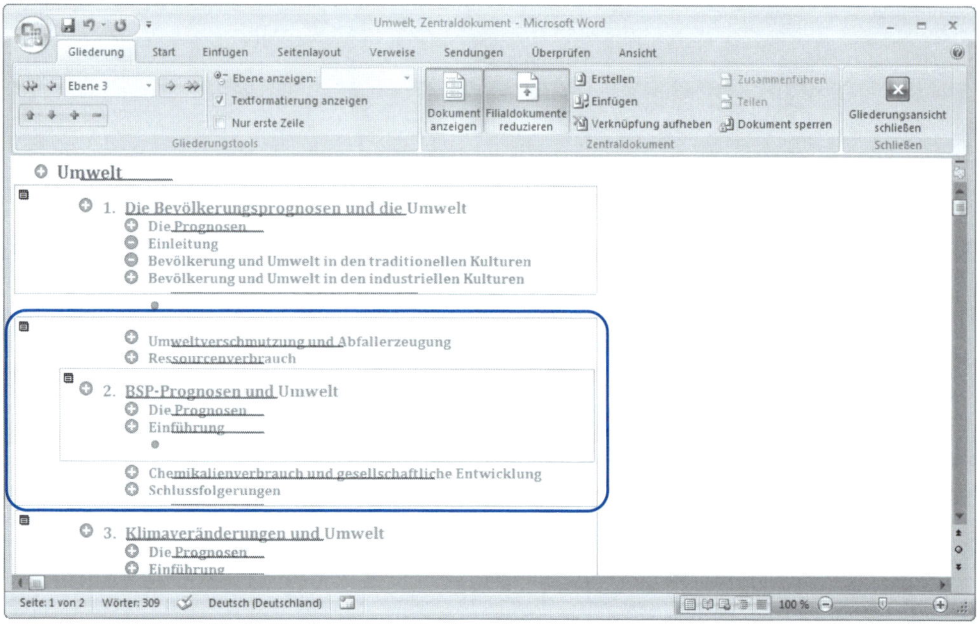

Filialdokument sperren oder Sperrung aufheben

Wenn ein Filialdokument gesperrt ist, kann es vom Zentraldokument aus nicht geändert werden, Auch Änderungen, die am Filialdokument außerhalb des Zentraldokuments vorgenommen wurden, werden dann nicht in das Zentraldokument übernommen. Gehen Sie folgendermaßen vor, um ein Filialdokument zu sperren oder um die Sperrung aufzuheben:

1. Öffnen Sie das Zentraldokument und wechseln Sie zur erweiterten Ansicht.
2. Klicken Sie in dem Filialdokument, das Sie sperren bzw. freigeben möchten, eine beliebige Stelle an.
3. Klicken Sie auf der Registerkarte *Gliederung* in der Gruppe *Zentraldokument* auf *Dokument sperren.*

Es gibt einige Situationen, in denen die Filialdokumente von Word automatisch gesperrt werden:

- Die Filialdokumente sind reduziert.
- Das Zentraldokument wird von einer Arbeitsgruppe gemeinsam genutzt und das Filialdokument wird momentan von einer anderen Person bearbeitet.
- Bei der früheren Bearbeitung des Filialdokuments wurde der gemeinsame Dateizugriff auf schreibgeschützt gesetzt.
- Das Filialdokument ist in einem freigegebenen, schreibgeschützten Ordner gespeichert.

Übergreifende Formatierungsaufgaben

Die Filialdokumente sind im Zentraldokument in eigenen Abschnitten untergebracht. Das bedeutet, dass alle Formatierungsmerkmale von Abschnitten, wie z.B. Kopf- und Fußzeilen, für jedes Filialdokument individuell eingestellt werden können. Soll eine Formatierung für alle Dokumente gelten, müssen Sie sie im Zentraldokument zuweisen.

Auch die Erstellung des Inhaltsverzeichnisses, des Index und der Querverweise funktioniert nur vom Zentraldokument aus. Es ist jedoch durchaus möglich, einen Index bzw. ein Inhaltsverzeichnis in ein Filialdokument zu verwandeln. Aber auch in diesem Fall müssen Sie den Index und das Inhaltsverzeichnis vom Zentraldokument aus aktualisieren.

Zusammenfassung

In diesem Kapitel haben Sie den Einsatz von Zentraldokumenten kennengelernt, mit denen sich größere Projekte einfach verwalten lassen. Das Zentraldokument dient vor allem dazu, die einzelnen untergeordneten Dateien (Filialdokumente genannt) zusammenzufassen.

- Sie können ein neues Zentraldokument erstellen, indem Sie bereits vorhandene Dateien, die zu dem Projekt gehören, in das Zentraldokument einfügen (Seite 669).
- Eine andere Möglichkeit besteht darin, zuerst die Gliederung des Projekts zu erstellen (siehe hierzu Kapitel 34) und dann Word anzuweisen, anhand der Gliederung die Filialdokumente zu erstellen (Seite 672).
- Die Struktur des Zentraldokuments können Sie zu jedem Zeitpunkt ändern. Folgende Möglichkeiten stehen Ihnen zur Verfügung:
  - weitere Filialdokumente hinzufügen oder Filialdokumente löschen (Seite 675)
  - mehrere Filialdokumente zu einem Filialdokument zusammenfassen (Seite 675)
  - ein Filialdokument in mehrere Filialdokumente aufteilen (Seite 676)
  - die Struktur des Zentraldokuments ändern (Seite 677)

Kapitel 36

Fuß- und Endnoten

In diesem Kapitel:

Fuß- und Endnoten sind kleine, meist hochgestellte Zeichen, die auf einen ausgelagerten Text, eine die direkte Argumentation eher störende Bemerkung, auf einen Verweis, einen Beleg oder Ähnliches hindeuten. Im wissenschaftlichen Gebrauch werden sie üblicherweise durchnummeriert.

Fußnoten werden standardmäßig am Ende der Seite ausgegeben, auf der auch das Fußnotenzeichen steht. Endnoten, die ebenfalls automatisch und in einem anderen Format nummeriert werden, können wahlweise am Ende des Dokuments oder am Ende des aktuellen Abschnitts gedruckt werden.

Die meisten Aktionen, die Sie in Word mit Fußnoten vornehmen können, gelten auch für Endnoten. Wir werden daher im weiteren Verlauf des Kapitels den Ausdruck Fußnoten als Oberbegriff für Fuß- und Endnoten verwenden. Falls sich eine beschriebene Vorgehensweise für Fuß- und Endnoten unterscheidet, weisen wir Sie ausdrücklich darauf hin.

Die Tücken der Fußnoten

Der Umgang mit Fuß- und Endnoten hat schon so manchen Word-Anwender an den Rand der Verzweiflung gebracht. Schwierigkeiten macht dabei weniger das Einfügen, sondern eher das Formatieren der Fuß- bzw. Endnoten, das in Word nicht intuitiv erfolgen kann.

Das größte Problem im Zusammenhang mit Fußnoten ist ihre Positionierung im Text bzw. auf der Seite. Eine simple Quellenangabe, mit der ein Autor zum Beispiel ein Zitat belegt, ist für den Leser in der Regel wenig interessant und kann sich daher am Ende des Dokuments befinden.

Eine Bemerkung zur Forschungslage, eine Kritik an Kollegen, eine Diskussion anderer Meinungen und Standpunkte scheinbar gegenläufiger Mess- und Forschungsergebnisse, all dies kann für den Leser dagegen von großer Wichtigkeit sein. Solcher Fußnoten werden üblicherweise unten auf der Seite ausgegeben, auf der auch das zugehörige Fußnotenzeichen steht.

Dadurch entstehen – gerade bei umfangreichen Fußnotentexten – nahezu zwangsläufig Schwierigkeiten beim Seitenumbruch. Ein typischer Fall ist ein Fußnotenzeichen, das relativ weit unten auf der Seite steht und zu dem ein umfangreicher Fußnotentext gehört. Wenn der Fußnotentext nun soviel Platz auf der Seite benötigt, dass er den Textbereich, der das Fußnotenzeichen enthält, verdrängen würde, entsteht eine Patt-Situation, die auf den ersten Blick kaum lösbar scheint. Word behilft sich in solchen Fällen dann einfach damit, dass es den Fußnotentext auf zwei Seiten verteilt (dazu später mehr).

Fußnoten einfügen

Um Ihnen die Vorgehensweise beim Erstellen von Fußnoten zu verdeutlichen, haben wir wieder eine kleine Übungsdatei vorbereitet. Wir verwenden dazu einen kurzen wissenschaftlichen Textauszug zum Thema »CO_2«, der bereits einige Fußnoten enthält. Im folgenden Beispiel werden Sie eine weitere in den Text einfügen und mit den verschieden Darstellungsarten von Fußnoten auf dem Bildschirm experimentieren.

1. Öffnen Sie die Übungsdatei *Fußnoten* und wechseln Sie in die Ansicht *Seitenlayout.*
2. Setzen Sie die Einfügemarke direkt hinter die Abkürzung »UNFCCC«. Wir haben diese Stelle im nächsten Bild mit einem Pfeil gekennzeichnet. Beachten Sie, dass sich diese Position zwischen der ersten und zweiten bereits vorhanden Fußnote befindet.

Bild 36.1 In der Übungsdatei befinden sich bereits mehrere Fußnoten (siehe Markierungen)

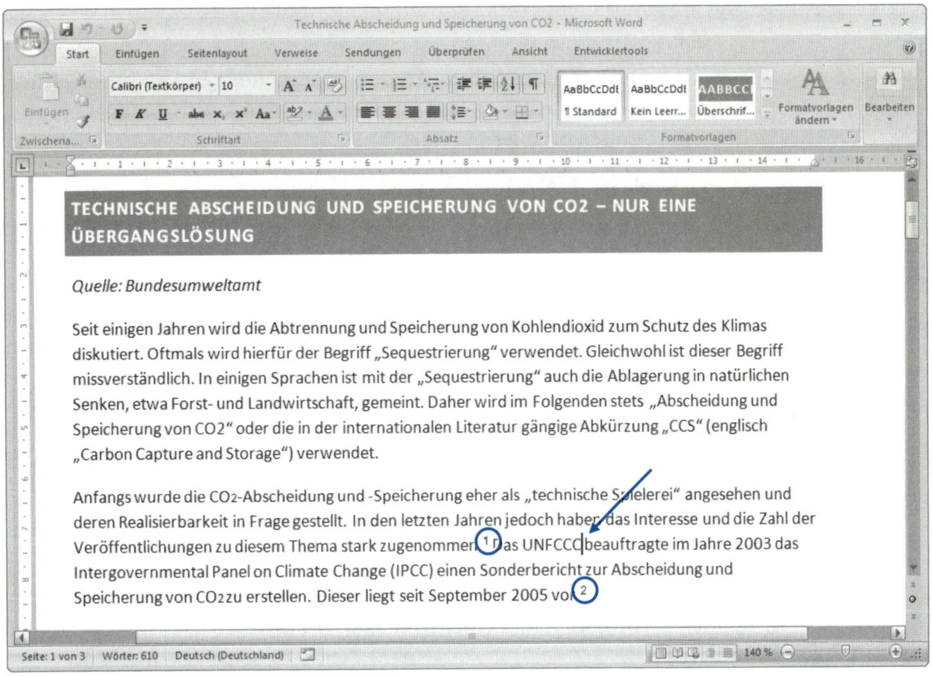
Technische Abscheidung und Speicherung von CO2 - Microsoft Word
Start
Einfügen
Seitenlayout
Verweise
Sendungen
Überprüfen
Ansicht
Entwicklertools
TECHNISCHE ABSCHEIDUNG UND SPEICHERUNG VON CO2 – NUR EINE ÜBERGANGSLÖSUNG
Quelle: Bundesumweltamt
Seit einigen Jahren wird die Abtrennung und Speicherung von Kohlendioxid zum Schutz des Klimas diskutiert. Oftmals wird hierfür der Begriff „Sequestrierung" verwendet. Gleichwohl ist dieser Begriff missverständlich. In einigen Sprachen ist mit der „Sequestrierung" auch die Ablagerung in natürlichen Senken, etwa Forst- und Landwirtschaft, gemeint. Daher wird im Folgenden stets „Abscheidung und Speicherung von CO2" oder die in der internationalen Literatur gängige Abkürzung „CCS" (englisch „Carbon Capture and Storage") verwendet.
Anfangs wurde die CO2-Abscheidung und -Speicherung eher als „technische Spielerei" angesehen und deren Realisierbarkeit in Frage gestellt. In den letzten Jahren jedoch haben das Interesse und die Zahl der Veröffentlichungen zu diesem Thema stark zugenommen. Das UNFCCC beauftragte im Jahre 2003 das Intergovernmental Panel on Climate Change (IPCC) einen Sonderbericht zur Abscheidung und Speicherung von CO2 zu erstellen. Dieser liegt seit September 2005 vor.
Seite: 1 von 3
Wörter: 610
Deutsch (Deutschland)
140 %

Fußnote einfügen

3. Wechseln Sie auf die Registerkarte *Verweise* und klicken Sie in der Gruppe *Fußnoten* auf die Schaltfläche *Fußnote einfügen*. Word springt nach unten auf die Seite und erstellt eine neue leere Fußnote. Wie Sie in der nächste Abbildung sehen, passt Word die Nummerierung automatisch an. Die ehemals zweite Fußnummer besitzt nun die Nummer 3.

Bild 36.2 Haupttext und Fußnoten werden durch eine kurze Linie getrennt (siehe Pfeil)

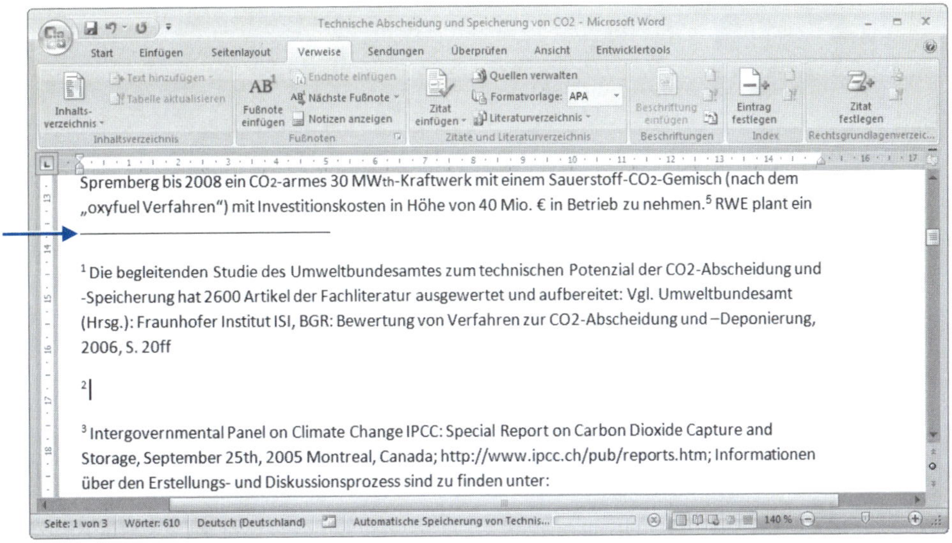
Technische Abscheidung und Speicherung von CO2 - Microsoft Word
Start
Einfügen
Seitenlayout
Verweise
Sendungen
Überprüfen
Ansicht
Entwicklertools
Inhaltsverzeichnis
Fußnote einfügen
Nächste Fußnote
Notizen anzeigen
Zitat einfügen
Quellen verwalten
Formatvorlage: APA
Literaturverzeichnis
Eintrag festlegen
Zitat festlegen
Spremberg bis 2008 ein CO2-armes 30 MWth-Kraftwerk mit einem Sauerstoff-CO2-Gemisch (nach dem „oxyfuel Verfahren") mit Investitionskosten in Höhe von 40 Mio. € in Betrieb zu nehmen.5 RWE plant ein
1 Die begleitenden Studie des Umweltbundesamtes zum technischen Potenzial der CO2-Abscheidung und -Speicherung hat 2600 Artikel der Fachliteratur ausgewertet und aufbereitet: Vgl. Umweltbundesamt (Hrsg.): Fraunhofer Institut ISI, BGR: Bewertung von Verfahren zur CO2-Abscheidung und –Deponierung, 2006, S. 20ff
2
3 Intergovernmental Panel on Climate Change IPCC: Special Report on Carbon Dioxide Capture and Storage, September 25th, 2005 Montreal, Canada; http://www.ipcc.ch/pub/reports.htm; Informationen über den Erstellungs- und Diskussionsprozess sind zu finden unter:
Seite: 1 von 3
Wörter: 610
Deutsch (Deutschland)
Automatische Speicherung von Technis...
140 %

4. Geben Sie den Fußnotentext ein. Hinweis: UNFCCC ist die Abkürzung für das englische »United Nations Framework Convention on Climate Change«.
5. Doppelklicken Sie auf das Fußnotenzeichen, um wieder an die Textstelle zu springen, an der Sie die Fußnote eingefügt haben. Alternativ klicken Sie in der Registerkarte *Verweise* auf die Schaltfläche *Notizen anzeigen*, mit der Sie zwischen dem Fußnotentext und dem Fußnotenzeichen hin- und herspringen können.
6. Zeigen Sie mit der Maus auf das Fußnotenzeichen. Word zeigt dann den eingegebenen Fußnotentext in einem kleinen Tooltipp-Fenster an.

Bild 36.3 Der Fußnotentext wird in einem Tooltippfenster angezeigt

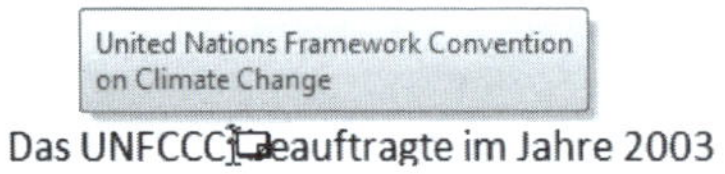
United Nations Framework Convention on Climate Change
Das UNFCCC beauftragte im Jahre 2003

Der Fußnotenausschnitt

Wenn Sie eine Fußnote nicht in der Ansicht *Seitenlayout*, sondern in der Ansicht *Entwurf* einfügen, blendet Word den so genannten *Fußnotenausschnitt* ein, in dem Sie dann den Fußnotentext eingeben können. Word sorgt bei einem Bildlauf automatisch dafür, dass die beiden Ausschnitte synchronisiert werden.

Bild 36.4 In der Ansicht *Entwurf* werden Fuß- und Endnoten in einem Fensterausschnitt bearbeitet

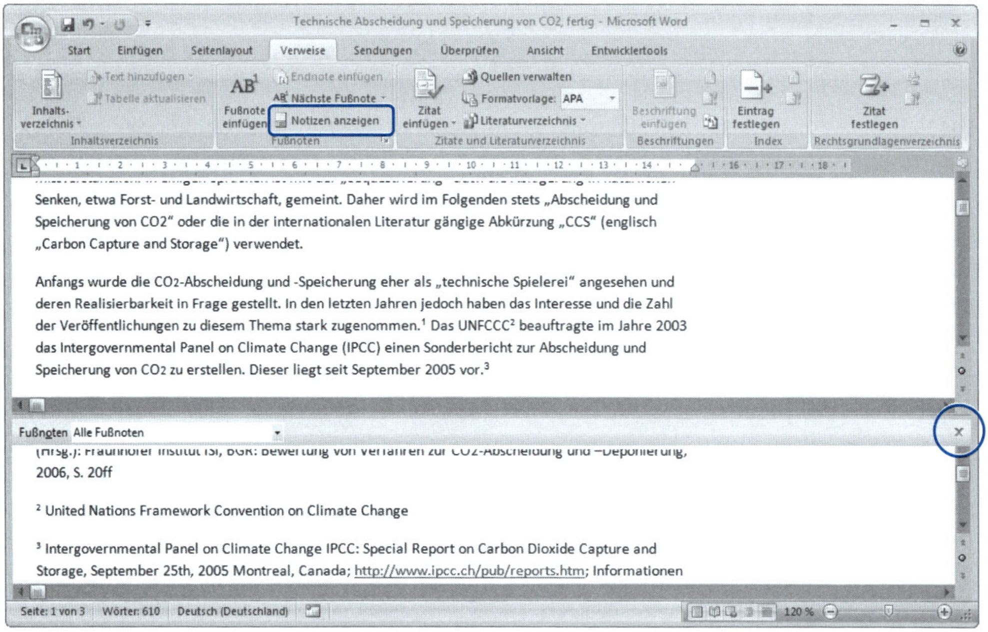
Technische Abscheidung und Speicherung von CO2, fertig - Microsoft Word
Start
Einfügen
Seitenlayout
Verweise
Sendungen
Überprüfen
Ansicht
Entwicklertools
Text hinzufügen
Tabelle aktualisieren
Inhaltsverzeichnis
Endnote einfügen
Nächste Fußnote
Fußnote einfügen
Notizen anzeigen
Fußnoten
Quellen verwalten
Formatvorlage: APA
Literaturverzeichnis
Zitat einfügen
Zitate und Literaturverzeichnis
Beschriftung einfügen
Beschriftungen
Eintrag festlegen
Index
Zitat festlegen
Rechtsgrundlagenverzeichnis
Senken, etwa Forst- und Landwirtschaft, gemeint. Daher wird im Folgenden stets „Abscheidung und Speicherung von CO2“ oder die in der internationalen Literatur gängige Abkürzung „CCS“ (englisch „Carbon Capture and Storage“) verwendet.
Anfangs wurde die CO2-Abscheidung und -Speicherung eher als „technische Spielerei“ angesehen und deren Realisierbarkeit in Frage gestellt. In den letzten Jahren jedoch haben das Interesse und die Zahl der Veröffentlichungen zu diesem Thema stark zugenommen.1 Das UNFCCC2 beauftragte im Jahre 2003 das Intergovernmental Panel on Climate Change (IPCC) einen Sonderbericht zur Abscheidung und Speicherung von CO2 zu erstellen. Dieser liegt seit September 2005 vor.3
Fußnoten Alle Fußnoten
2006, S. 20ff
2 United Nations Framework Convention on Climate Change
3 Intergovernmental Panel on Climate Change IPCC: Special Report on Carbon Dioxide Capture and Storage, September 25th, 2005 Montreal, Canada; http://www.ipcc.ch/pub/reports.htm; Informationen
Seite: 1 von 3
Wörter: 610
Deutsch (Deutschland)
120 %

Zum Schließen verwenden Sie seine *Schließen*-Schaltfläche oder die Schaltfläche *Notizen anzeigen.*

Nummerierung der Fußnoten ändern

Word beginnt die Nummerierung der Fußnoten normalerweise bei Eins. Wenn neue Fußnoten zwischen bereits vorhandenen eingeschoben werden, passt Word die gesamte Fußnotennummerierung entsprechend an, d.h. die Fußnoten sind immer fortlaufend nummeriert.

Wenn Sie jedoch einen längeren Text erstellen, der aus mehreren Dateien besteht, und wenn Sie nicht mit einem Zentraldokument arbeiten (Zentraldokumente behandeln wir im nächsten Kapitel), müssen bzw. können Sie die Fußnotenzählung für jede Datei nachträglich neu festlegen. Gehen Sie dazu folgendermaßen vor:

1. Klicken Sie auf der Registerkarte *Verweise* in der Gruppe *Fußnoten* auf das Startprogramm für ein Dialogfeld. Word zeigt das Dialogfeld *Fuß- und Endnote* an.

Bild 36.5 In diesem Dialog können Sie u.a. die Nummerierung der Fußnoten konfigurieren

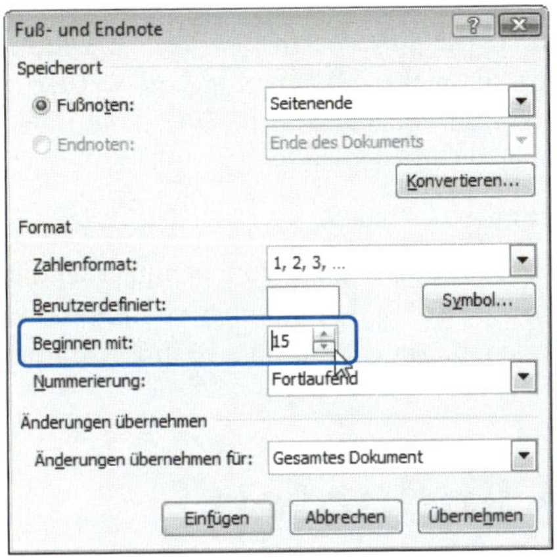

2. Stellen Sie die gewünschte Startnummer im Feld *Beginnen mit* ein.
3. Klicken Sie auf *Übernehmen.*

Seiten- oder abschnittsweise nummerieren

Word kann Fußnoten auch seitenweise nummerieren, d.h. die Nummerierung beginnt auf jeder Seite mit 1. Außerdem kann bei Dokumenten, die aus mehreren Abschnitten bestehen, die Fußnotenzählung auch abschnittsweise erfolgen. Die dazu nötigen Einstellungen können Sie ebenfalls im Dialogfeld *Fuß- und Endnote* vornehmen (siehe Bild oben).

Zu Auswahl stehen die folgenden drei Optionen:

- *Fortlaufend*
- *Jeden Abschnitt neu beginnen*
- *Jede Seite neue beginnen*

Benutzerdefinierte Fußnotenzeichen

Anstelle der automatisch nummerierten Fußnoten können Sie auch spezielle Fußnotenzeichen oder kurze Texte verwenden. Benutzerdefinierte Fußnotenzeichen bieten sich beispielsweise an, wenn Sie nur einen einzigen Verweis, beispielsweise mit einem Stern (*), auf das Ende der Seite bringen wollen. Durch die Verwendung eines Fußnotenzeichens erhalten Sie wegen der Hochstellung und des kleineren Schriftgrades schnell eine passende Formatierung. Außerdem brauchen Sie sich beim Drucken nicht darum zu kümmern, dass die Fußnote auf der Seite richtig platziert wird.

Um eine benutzerdefinierte Fußnote einzufügen, nehmen Sie folgende Schritte vor:

1. Rufen Sie das Dialogfeld *Fuß- und Endnote* auf, indem Sie entweder – wie im letzten Abschnitt beschrieben – das Startprogramm für Dialogfelder *Fußnoten* benutzen oder einen der beiden Shortcuts Strg+Alt+F (für Fußnoten) und Strg+Alt+D (für Endnoten) verwenden.
2. Geben Sie das gewünschte Zeichen im Textfeld *Benutzerdefiniert* ein. Sie können hier maximal 10 Zeichen eingeben (Vorsicht: Wenn Sie mehr Zeichen eingeben, werden von Word trotzdem nur die ersten 10 übernommen). Über die Schaltfläche *Symbol* können Sie für ein Fußnotenzeichen auch beliebige Sonderzeichen verwenden.
3. Klicken Sie auf *Einfügen*, um die Fußnote zu erstellen.

Die automatische Nummerierung anderer Fußnoten wird von benutzerdefinierten Fußnotenzeichen nicht gestört. Wenn Sie zum Beispiel zwischen den nummerierten Fußnoten 15 und 16 ein Sternchen (*) als Fußnotenzeichen verwenden, behält die Fußnote 16 ihre Nummer.

Position der Fuß- und Endnoten

Die Druckposition der Fuß- und Endnoten wird über zwei Dialogfelder gesteuert. Im Dialogfeld *Fuß- und Endnote*, das Sie über das Startprogramm für Dialogfelder *Fußnoten* (auf der Registerkarte *Verweise)* erreichen, können Sie zunächst die Druckposition für das gesamte Dokument bestimmen.

Hier sind folgende Varianten möglich:

- **Fußnoten**
  - **Seitenende** Dies ist die Voreinstellung von Word für die Positionierung der Fußnoten, da sie wohl die am häufigsten anzutreffende Form darstellt. Word versucht bei jeder Seite, die Fußnotentexte aller Fußnoten an das Ende der Seite zu bringen und vergrößert bei Bedarf den Platz, der den Fußnoten zur Verfügung gestellt wird. Fließtext und Fußnoten werden von einer ca. 5 cm langen Linie getrennt. Sie können die Linie beliebig ändern und formatieren (siehe Abschnitt »Trennlinien und Fortsetzungshinweise« auf der Seite 688).
  - **Unterhalb des Textes** Wenn Sie diese Option wählen, beginnt Word mit dem Ausdrucken der Fußnoten direkt unterhalb der letzten Zeile auf der Seite (die Fußnoten werden also nicht nach unten geschoben). Sie vermeiden damit große Zwischenräume zwischen Fließtext und Fußnoten.

- **Endnoten**
  - **Abschnittsende** Mit dieser Option lassen sich die Endnoten am Ende des aktuellen Abschnitts ausgeben.
  - **Ende des Dokuments** Wenn Sie diese Option auswählen, werden alle Endnoten am Ende des Dokuments ausgedruckt, unabhängig davon, aus wie vielen Abschnitten das Dokument besteht.

Endnoten abschnittsweise unterdrücken

Falls Ihr Dokument aus mehreren Abschnitten besteht, können Sie zusätzlich im Dialogfeld *Seite einrichten* auf der Registerkarte *Layout* die Option *Endnoten unterdrücken* verwenden, um für einen Abschnitt das Drucken der Endnoten ein- bzw. auszuschalten. Unterdrückte Endnoten werden im nächsten Abschnitt vor dessen Endnoten ausgedruckt. Die Option ist logischerweise nur verfügbar, wenn Sie als Druckposition für die Endnoten die Option *Abschnittsende* eingestellt haben.

Sie erreichen das Dialogfeld *Seite einrichten*, indem Sie auf der Registerkarte *Seitenlayout* das Startprogramm für Dialogfelder der Gruppe *Seite einrichten* verwenden.

Fuß- und Endnoten umwandeln

Falls Sie in einem Dokument sowohl mit Fuß- als auch mit Endnoten arbeiten, kann es sein, dass Sie aus einer Endnote eine Fußnote machen wollen und umgekehrt. Oder aber Sie haben im gesamten Dokument Fußnoten eingegeben und entscheiden sich später, alle in Endnoten umzuwandeln, damit sie am Dokumentende platziert werden können. Auch für diese Fälle hat Word vorgesorgt und stellt Ihnen entsprechende Befehle zur Verfügung.

Einzelne Fußnote umwandeln

Um eine einzelne Fußnote in eine Endnote umzuwandeln, gehen Sie so vor:

1. Doppelklicken Sie auf das Fußnotenzeichen, um zum Fußnotentext zu gelangen.
2. Klicken Sie den zugehörigen Fußnotentext mit der rechten Maustaste an und wählen Sie im Kontextmenü *In Endnoten umwandeln.*

Die Fußnote verschwindet und taucht am Ende des Dokuments wieder auf.

Alle Fußnoten des Dokuments umwandeln

Um alle Fußnoten in einem Rutsch in Endnoten umzuwandeln sind folgende Schritte notwendig:

1. Wechseln Sie auf die Registerkarte *Verweise* und klicken Sie in der Gruppe *Fußnoten* auf das Startprogramm für Dialogfelder. Word zeigt das Dialogfeld *Fuß- und Endnote* an.
2. Klicken Sie oben im Dialogfeld auf die Schaltfläche *Konvertieren* (siehe Bild 36.5). Word zeigt ein kleines Dialogfeld an, in dem Sie sich zwischen drei Optionen entscheiden können.

Bild 36.6 Umwandeln von Fuß- und Endnoten

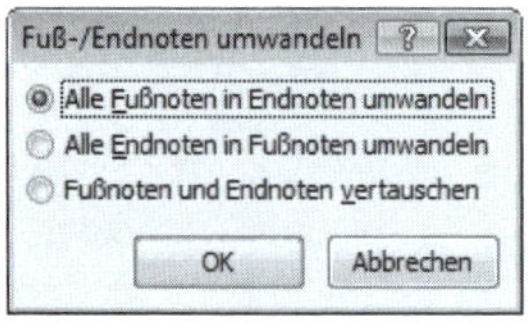

3. Markieren Sie eine der möglichen Optionen und beenden Sie dann das Dialogfeld mit *OK*.

Wenn Sie nur Endnoten oder nur Fußnoten in einem Dokument benutzt haben, ist in dem Dialogfeld nur die erste bzw. die zweite Option aktiv.

Fußnoten bearbeiten

Beim Bearbeiten von Fußnotenzeichen und -text sind folgende Besonderheiten zu beachten:

- Fußnotentext kann wie jeder andere Text bearbeitet und formatiert werden. Dazu gehört auch die zu Beginn des Fußnotentextes erfolgende Wiederholung des Fußnotenzeichens. Sie ist hier bloß ein Textteil, der bearbeitet und gelöscht werden kann.
- Automatisch nummerierte Fußnotenzeichen können Sie nicht editieren, jedoch formatieren.

Fußnoten formatieren

Wenn Sie Fußnoten in Ihr Dokument aufgenommen haben, werden dem Fußnotenzeichen und dem Fußnotentext automatisch die Formatvorlagen *Fußnotenzeichen* und *Fußnotentext* zugewiesen. So ist garantiert, dass sämtliche Fußnoten ein einheitliches Aussehen erhalten. Nehmen Sie daher die gewünschten Formatierungen nach Möglichkeit direkt an diesen Formatvorlagen vor.

Selbstverständlich gilt das eben Gesagte analog für das Arbeiten mit Endnoten. Dort heißen die beiden Formatvorlagen *Endnotenzeichen* und *Endnotentext*.

Trennlinien und Fortsetzungshinweise

Word kennt für Fuß- und Endnoten jeweils zwei verschiedene Linien und ein Textelement:

- Die eingangs erwähnte Trennlinie, mit der die Fuß- bzw. Endnoten vom Fließtext getrennt werden. Diese Linie ist standardmäßig 5 cm breit.
- Wenn eine Fuß- bzw. Endnote aus Platzgründen auf der nächsten Seite fortgesetzt werden muss, macht Word dies durch die Verwendung einer so genannten *Fortsetzungstrennlinie* kenntlich. Diese Linie ersetzt die normale Trennlinie und verläuft normalerweise über die gesamte Seitenbreite.

Zusätzlich verwaltet Word noch den so genannten *Fortsetzungshinweis,* mit dem Sie dem Leser signalisieren können, dass eine Fuß- bzw. Endnote auf der nächsten Seite fortgesetzt wird. Dieser Text wird jedoch in der Voreinstellung von Word nicht angezeigt und muss erst eingegeben und formatiert werden.

Viele Word-Anwender sind schon bei dem Versuch verzweifelt, die Trennlinie für Fußnoten zu löschen, da sie die Linie einfach nicht »zu packen kriegten«. Word macht es einem an dieser Stelle auch wirklich nicht einfach, denn der Zugriff auf diese Elemente ist gut versteckt.

Beispiel: Fortsetzungstrennlinien ändern

Das Bearbeiten der Trennlinien, Fortsetzungslinien und Fortsetzungshinweise erfolgt immer nach dem gleichen Muster. Wir beschreiben die Vorgehensweise beispielhaft für die Bearbeitung der Fortsetzungstrennlinie:

1. Wechseln Sie in die Entwurfsansicht. In der Ansicht *Seitenlayout* haben Sie keinen Zugriff auf die gleich benötigten Auswahlfelder und Schaltflächen.
2. Zeigen Sie die Registerkarte *Verweise* an und klicken Sie in der Gruppe *Fußnoten* auf die Schaltfläche *Notizen anzeigen* (der Befehl ist nur verfügbar, wenn das Dokument Fuß- und/oder Endnoten enthält).
3. Falls das aktuelle Dokument sowohl Fuß- als auch Endnoten enthält, müssen Sie zunächst in einem kleinen Dialog entscheiden, ob der Fußnoten- oder der Endnotenbereich angezeigt werden soll.

Bild 36.7 Wahl des zu öffnenden Bereichs

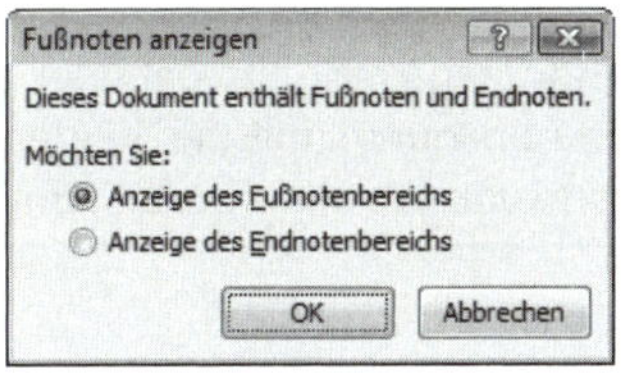

4. Anschließend können Sie unten im Fußnotenbereich die Fußnoten-Fortsetzungstrennlinie anzeigen lassen.

Bild 36.8 Wahl des zu bearbeitenden Elements

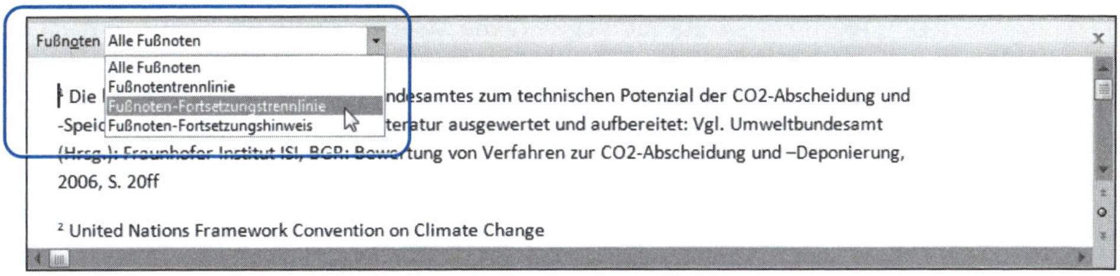

5. Löschen Sie die Linie, indem Sie sie markieren und `Entf` drücken.
6. Sie können den leeren Absatz nun nach Belieben formatieren. Vielleicht gefällt Ihnen ja die (nicht ganz ernst gemeinte) Variante aus der folgenden Abbildung.

Bild 36.9 Anstelle eine Linie können Sie auch beliebigen anderen Text eingeben

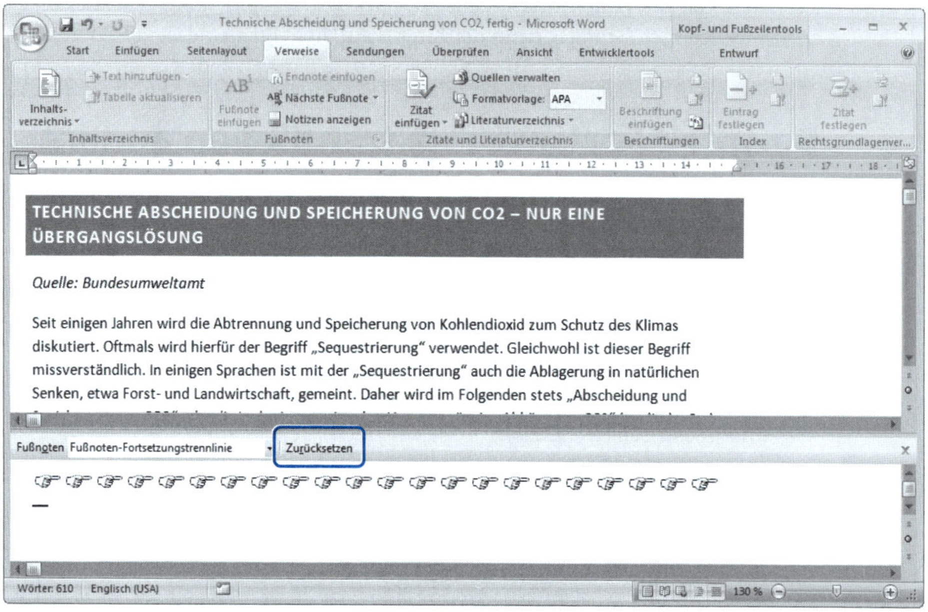

HINWEIS **Trennlinien zurücksetzen** Im Fuß-/Endnotenausschnitt befindet sich die Schaltfläche *Zurücksetzen* (siehe Markierung in der obigen Abbildung), mit der Sie den Inhalt des entsprechenden Ausschnitts wieder auf die Standardwerte von Word einstellen können.

Zusammenfassung

In diesem Kapitel haben Sie die Möglichkeiten der Fuß- und Endnotenverwaltung kennengelernt:

- Fuß- und Endnoten lassen sich auf einem der folgenden Wege einfügen (Seite 682):
  - Wechseln Sie auf die Registerkarte *Verweise* und klicken dort in der Gruppe *Fußnoten* auf die Schaltfläche *Fußnote einfügen* bzw. *Endnote einfügen.*
  - Rufen Sie das Dialogfeld *Fuß- und Endnote* auf und klicken Sie auf *Einfügen.*
  - Mit den Shortcuts Strg+Alt+F (Fußnoten) und Strg+Alt+D (Endnoten).
- Fuß- und Endnoten werden von Word fortlaufend nummeriert. Die Startnummer kann jedoch festgelegt werden (Seite 685).
- Unabhängig von den nummerierten Fuß- und Endnoten können auch benutzerdefinierte Fuß- und Endnotenzeichen verwendet werden (Seite 686).
- Fuß-/Endnoten können am Ende der Seite, des Abschnitts oder des Dokuments stehen (S. 686).
- Fußnoten können in Endnoten umgewandelt werden und umgekehrt (Seite 687).
- Fußnotenlinien lassen sich nur im Fußnotenausschnitt bearbeiten (Seite 688).

Kapitel 37

Zitate und Literatur-verzeichnisse

In diesem Kapitel:

Eines der neuen Merkmale von Word 2007 ist die Möglichkeit, automatisch ein Literaturverzeichnis zu erstellen, das in der Regel am Ende eines Dokuments die Quellenangaben aufführt, die beim Erstellen des Dokuments verwendet oder zitiert wurden. Alle Befehle, die Sie hierfür benötigen, finden Sie in der Gruppe *Zitate und Literaturverzeichnis* auf der Registerkarte *Verweise.*

Leider haben sich in der beim Schreiben dieses Kapitels vorliegenden Word-Version einige Fehler in dieses Feature eingeschlichen, durch die bei verschiedenen Zitatstilen beispielsweise zwischen Jahreszahl und Seitenangabe das Leerzeichen fehlt. Auch ist die Anpassung der Formatvorlagen, die für die Formatierung der Inlinezitate und des Literaturverzeichnisses verwendet werden, etwas kompliziert und erfordert Kenntnisse zu XML, zu XSL-Stylesheets und zur XLT-Transformation.

Wenn Sie mit Word ein Literaturverzeichnis erstellen, führen Sie in der Regel die folgenden Schritte durch:

- **Formatvorlage auswählen** Bevor Sie mit dem Erfassen von Quellen beginnen, ist es am besten, die Formatvorlage auszuwählen, die Sie für die Inlinezitate und für das Literaturverzeichnis verwenden wollen bzw. verwenden müssen. Sie können die Formatvorlage zwar auch zu einem späteren Zeitpunkt festlegen, da sich jedoch das Eingabeformular für das Erfassen der Quellen je nach verwendeter Formatvorlage ein wenig unterscheidet, ist es sinnvoll, die Entscheidung über die Formatvorlage zu treffen, bevor Sie die erste Quelle erfassen.
- **Quellen erfassen** Je nach Art der Quellen (Buch, Zeitschrift usw.) stellt Ihnen Word Formulare mit unterschiedlichen Feldern zur Verfügung, in die Sie die Informationen zu der Quelle eintragen können. Word verwaltet eine sogenannte Masterliste für Quellen, auf die Sie von verschiedenen Dokumenten aus zugreifen können. Jedes Dokument wiederum enthält eine eigene Liste mit den Quellen, die im betreffenden Dokument verwendet wurden. In der Quellenverwaltung können Sie u.a. einen Eintrag aus der Masterliste in die Quellenliste des Dokuments kopieren. Außerdem können Sie von verschiedenen Stellen im Dokument auf die gleiche Quelle verweisen, sodass Sie jede Quelle nur einmal erfassen müssen.
- **Zitat in das Dokument einfügen** Immer dann, wenn Sie innerhalb Ihres Dokuments auf eine Quelle verweisen wollen, fügen Sie mit der entsprechenden Schaltfläche ein Zitat in das Dokument ein.
- **Literaturverzeichnis erstellen** Nachdem Sie alle Quellen und Zitate für das Dokument erstellt haben, können Sie von Word das Literaturverzeichnis erstellen lassen.

Formatvorlage auswählen

Word stellt Ihnen verschiedene Formatvorlagen zur Verfügung, mit denen sowohl die in das Dokument eingefügten Inlinezitate als auch das aus den Quellen generierte Literaturverzeichnis formatiert wird. So legen Sie fest, welches der Formate verwendet werden soll:

1. Wechseln Sie zur Registerkarte *Verweise.*
2. Klicken Sie in der Gruppe *Zitate und Literaturverzeichnis* auf den Pfeil bei *Formatvorlage* und wählen Sie dort das gewünschte Format aus.

Bild 37.1 Auswahl der Formatvorlage für die Zitate und das Literaturverzeichnis

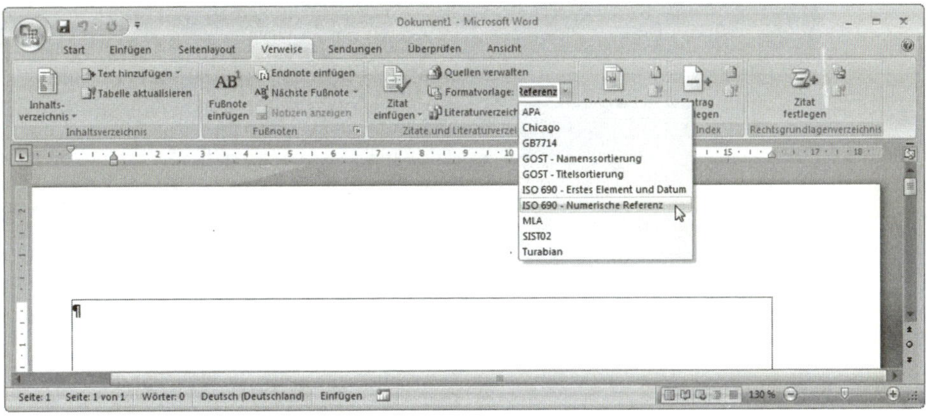

Die verschiedenen Formatvorlagen, die Ihnen zur Verfügung stehen, sind in der folgenden Tabelle beschrieben. Im deutschsprachigem Raum wird hauptsächlich ein Format verwendet, das weitestgehend der Formatvorlage *ISO 960 – Numerische Referenz* entspricht.

Tabelle 37.1 Die verschiedenen Formatvorlagen für Zitate und das Literaturverzeichnis

Formatvorlage	Beschreibung
APA	**American Psychological Association** Hierbei handelt es sich um die von der American Psychological Association herausgegebenen Richtlinien zur Gestaltung wissenschaftlicher Texte. Der APA-Standard ist mittlerweile in der fünften Auflage verfügbar und ist in dem von der APA herausgegebenen Buch *The Publication Manual of the American Psychological Association* beschrieben.
Chicago	**The Chicago Manual of Style** Beim Chicago-Standard handelt es sich um Gestaltungsrichtlinien für Amerikanisches Englisch, die vom Verlag *University of Chicago Press* veröffentlicht werden.
GB7714	Hierbei handelt es sich um einen Standard, der von der Standardization Administration of China herausgegeben wurde.
GOST – Namenssortierung	**Gossudarstwenny Standart** GOST ist die Abkürzung für den russischen Ausdruck *Gossudarstwenny Standart,* was wörtlich übersetzt *Staatlicher Standard* bedeutet und mit dem sowjetische bzw. russische Normen bezeichnet werden. Diese werden von der russischen Normungsorganisation *Föderale Agentur für technische Regulierung und Metrologie* (ähnlich der DIN in Deutschland) herausgeben und verwaltet. Bei dieser Variante werden die Quellen im Literaturverzeichnis nach den Namen der Autoren sortiert.
GOST – Titelsortierung	Wie oben, jedoch werden hier die Quellen im Literaturverzeichnis nach dem Titel sortiert.

Tabelle 37.1 Die verschiedenen Formatvorlagen für Zitate und das Literaturverzeichnis *(Fortsetzung)*

Formatvorlage	Beschreibung
ISO 690	**International Organization for Standardization** Dieser von der ISO herausgegebene Standard legt die Elemente fest, die in bibliographischen Verweisen enthalten sein sollen. Die beiden Varianten unterscheiden sich darin, ob im Zitat und im Verzeichnis das erste Element (meist der Autor) und das Datum der Veröffentlichung oder ein durchlaufender Index verwendet wird.
MLA	**Modern Language Association** Die *Modern Language Association of America* ist der wichtigste US-Berufsverband für Literaturwissenschaftler und Literaturkritiker. Die von ihr herausgegebenen und als MLA-Standard bezeichneten Festlegungen zur Verfassung wissenschaftlicher Papiere, etwa zur Gliederung und Zitierweise, sind Grundlage auch vieler Nachbardisziplinen.
SIST02	**Standards for Information of Science and Technology by Japan Science and Technology Agency** Hierbei handelt es sich um einen Standard, der fast ausschließlich in Asien verwendet wird.
Turabian	benannt nach **Kate L. Turabian** Beim Turabianformat, das nach seiner Erfinderin Kate Turabian benannt ist, handelt es sich um eine vereinfachte Version des Chicago-Standards. Während sich der Chicago-Standard mit Gestaltungsrichtlinien im Allgemeinen auseinandersetzt, konzentriert sich der Turabian-Standard auf Regeln für Dissertationen und Studienarbeiten.

Quelle und Zitat hinzufügen

Nachdem Sie die gewünschte Formatvorlage ausgewählt haben, können Sie beginnen, Quellen und Zitate in das Dokument einzufügen. Gehen Sie wie folgt vor, um eine neue Quelle zu erfassen und gleichzeitig ein Zitat einzufügen:

1. Setzen Sie die Einfügemarke an die Stelle des Dokuments, an der Sie das neue Zitat einfügen wollen.
2. Wechseln Sie zur Registerkarte *Verweise* und klicken Sie in der Gruppe *Zitate und Literaturverzeichnis* auf *Zitat einfügen*.

Bild 37.2 Neues Zitat einfügen

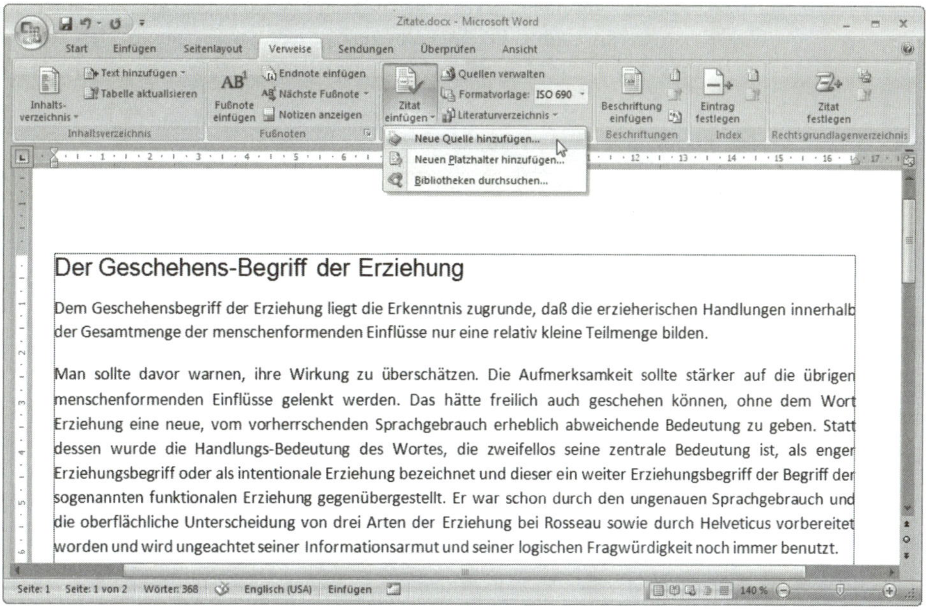
Zitate.docx - Microsoft Word
Start
Einfügen
Seitenlayout
Verweise
Sendungen
Überprüfen
Ansicht
Text hinzufügen
Tabelle aktualisieren
Inhaltsverzeichnis
Inhaltsverzeichnis
Endnote einfügen
Nächste Fußnote
Fußnote einfügen
Notizen anzeigen
Fußnoten
Zitat einfügen
Quellen verwalten
Formatvorlage: ISO 690
Literaturverzeichnis
Beschriftung einfügen
Beschriftungen
Eintrag festlegen
Index
Zitat festlegen
Rechtsgrundlagenverzeichnis
Neue Quelle hinzufügen...
Neuen Platzhalter hinzufügen...
Bibliotheken durchsuchen...
Der Geschehens-Begriff der Erziehung
Dem Geschehensbegriff der Erziehung liegt die Erkenntnis zugrunde, daß die erzieherischen Handlungen innerhalb der Gesamtmenge der menschenformenden Einflüsse nur eine relativ kleine Teilmenge bilden.
Man sollte davor warnen, ihre Wirkung zu überschätzen. Die Aufmerksamkeit sollte stärker auf die übrigen menschenformenden Einflüsse gelenkt werden. Das hätte freilich auch geschehen können, ohne dem Wort Erziehung eine neue, vom vorherrschenden Sprachgebrauch erheblich abweichende Bedeutung zu geben. Statt dessen wurde die Handlungs-Bedeutung des Wortes, die zweifellos seine zentrale Bedeutung ist, als enger Erziehungsbegriff oder als intentionale Erziehung bezeichnet und dieser ein weiter Erziehungsbegriff der Begriff der sogenannten funktionalen Erziehung gegenübergestellt. Er war schon durch den ungenauen Sprachgebrauch und die oberflächliche Unterscheidung von drei Arten der Erziehung bei Rosseau sowie durch Helveticus vorbereitet worden und wird ungeachtet seiner Informationsarmut und seiner logischen Fragwürdigkeit noch immer benutzt.
Seite: 1
Seite: 1 von 2
Wörter: 368
Englisch (USA)
Einfügen
140 %

3. Führen Sie einen der folgenden Schritte durch:

- Klicken Sie auf *Neue Quelle hinzufügen,* wenn Sie aus einer Quelle das erste Mal zitieren. Das Dialogfeld *Quelle erstellen* wird angezeigt. Machen Sie dann bei Schritt 5 weiter.
- Klicken Sie auf *Neuen Platzhalter hinzufügen,* wenn Sie einen Zitatplatzhalter hinzufügen möchten. Sie können auf diese Weise ein Zitat erstellen und die Quellenangaben später einfügen.

  Das Dialogfeld *Platzerhaltername* wird angezeigt. Machen Sie bei Schritt 4 weiter.

Bild 37.3 In diesem Dialogfeld legen Sie den Platzhalternamen für eine Quelle fest, deren bibliographische Angaben Sie später erfassen

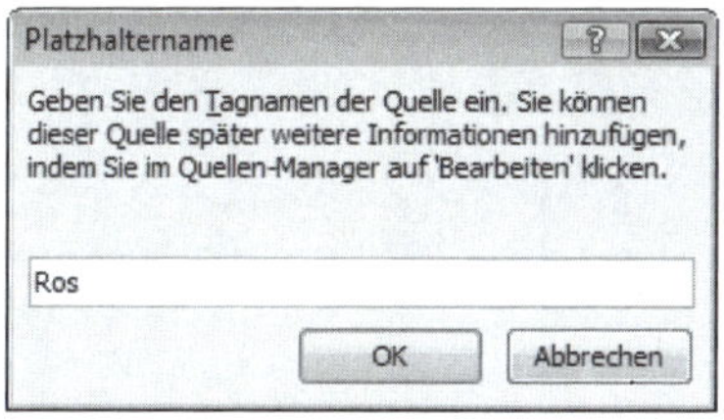
Platzhaltername
Geben Sie den Tagnamen der Quelle ein. Sie können dieser Quelle später weitere Informationen hinzufügen, indem Sie im Quellen-Manager auf 'Bearbeiten' klicken.
Ros
OK
Abbrechen

4. Geben Sie im Dialogfeld *Platzerhaltername* einen Tagnamen für die Quelle ein, auf die Sie verweisen wollen. Sie können die genauen Daten der Quelle zu einem späteren Zeitpunkt im Quellen-Manager erfassen. Weitere Informationen zur Verwendung von Zitatplatzhaltern finden Sie ab Seite 702. Klicken Sie auf *OK.*

5. Öffnen Sie die Liste *Quellentyp* und legen Sie fest, aus welcher Art von Quelle (*Buch, Zeitungsartikel, Konferenzprotokoll* usw.) Sie zitieren. Word passt die Eingabefelder im Dialogfeld *Quelle erstellen* an, damit diejenigen angezeigt werden, die Sie für den ausgewählten Quellentyp benötigen.

Bild 37.4 Hinzufügen einer neuen Quelle

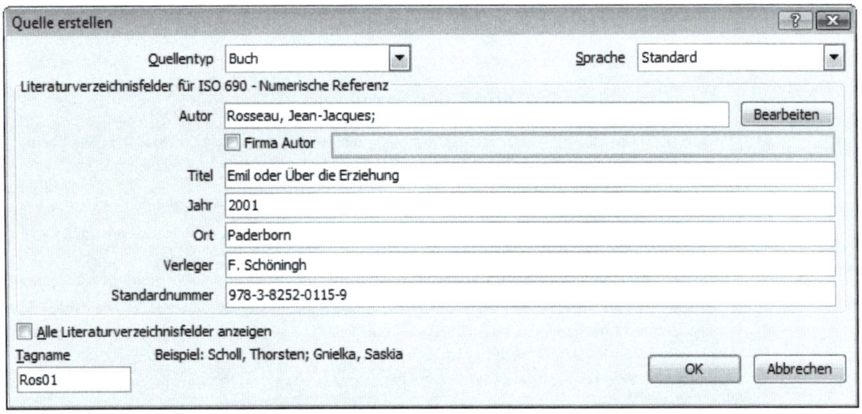

6. Tippen Sie den Namen des Autors in das Feld *Autor* ein. Sie können hier entweder das Format **Vorname Nachname** oder **Nachname, Vorname** verwenden. Anhand des Kommas kann Word den Vor- und Nachnamen richtig zuordnen.

   Wenn Sie mehrere Autoren eingeben wollen, trennen Sie die Angaben durch ein Semikolon. Word sortiert die Autoren dann automatisch nach dem Nachnamen.

   Falls Sie eine andere Sortierung angeben wollen, klicken Sie auf *Bearbeiten.* Word zeigt dann das Dialogfeld *Name bearbeiten* an. Markieren Sie in der Liste *Namen* den Autorennamen, den Sie verschieben wollen, und verwenden Sie dann die Schaltflächen *Nach oben* bzw. *Nach unten.* Klicken Sie abschließend auf *OK.*

Bild 37.5 Festlegen der Autorenreihenfolge bei Werken mit mehreren Autoren

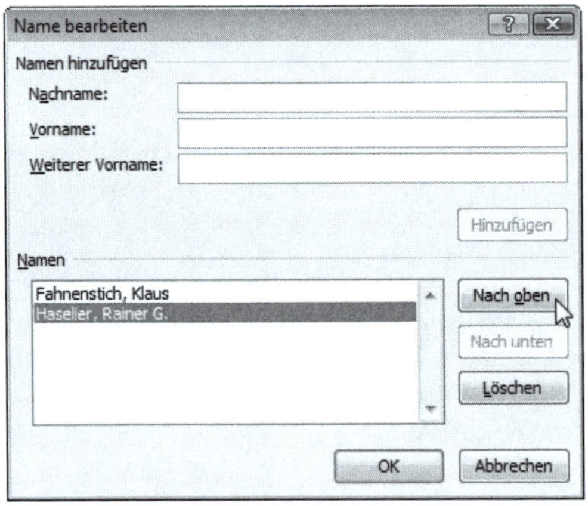

7. Füllen Sie die weiteren Felder des Eingabeformulars aus.
8. Wenn Sie für Ihre Quellen die ISO 690-Formatvorlage verwenden und ein Zitat nicht eindeutig ist, fügen Sie ein alphabetisches Zeichen an die Jahreszahl an. Das Zitat wird dann beispielsweise als [Rosseau 2001a] dargestellt.
9. Optional können Sie das Kontrollkästchen *Alle Literaturverzeichnisfelder anzeigen* einschalten, wenn Sie für eine Quelle weitere Informationen hinzufügen wollen.

Bild 37.6 Im Formular sind zusätzliche Eingabefelder sichtbar, wenn Sie das Kontrollkästchen *Alle Literaturverzeichnisfelder anzeigen* einschalten

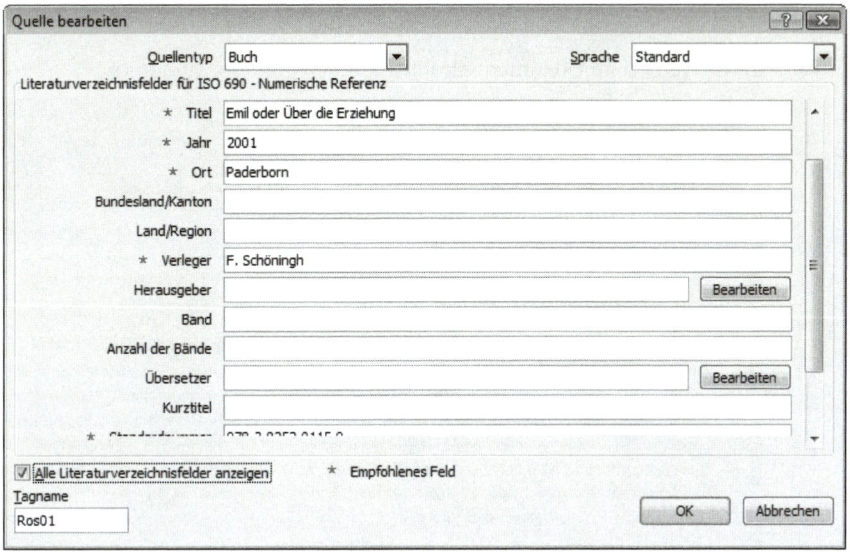

10. Klicken Sie auf *OK*.

    Word fügt den Zitathinweis in das Dokument ein. Das Format des Zitatverweises wird durch die Formatvorlage bestimmt, die Sie festgelegt haben.

Bild 37.7 Hinter dem Zitat verbirgt sich ein CITATION-Feld

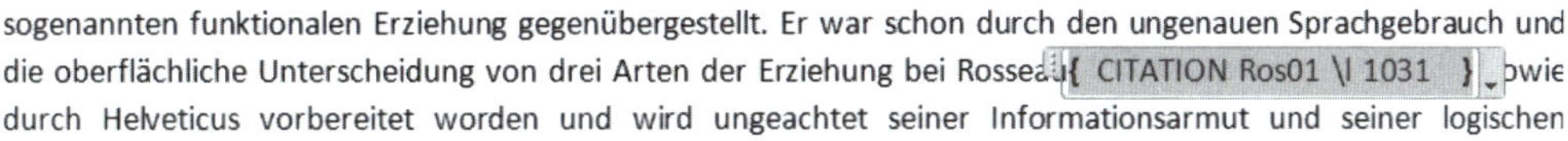

Die Zitate werden in das Word-Dokument als Inhaltssteuerelemente eingefügt. Im Inhaltssteuerelement befindet sich die Feldfunktion CITATION (siehe auch Kapitel 27 mit weiteren Informationen zu Feldfunktionen), die als einen Parameter den Tagnamen enthält, wie er im unteren Bereich des Dialogfeldes *Quelle bearbeiten* von Word automatisch erstellt bzw. von Ihnen überschrieben wurde. Außerdem wird in der Feldfunktion der Schalter \l verwendet, mit dem die Sprache der zitierten Quelle angegeben wird. Die Sprache kann ebenfalls im Dialogfeld *Quelle bearbeiten* eingestellt werden. Die zugewiesene Sprache hat Auswirkungen darauf, wie die Quelle im Literaturverzeichnis angezeigt wird. Haben Sie beispielsweise einer Quelle mit mehreren Autoren die Sprache Englisch zugewiesen, werden die Namen der Autoren mit »and« statt mit »und« verbunden.

Zitat anpassen

Welche Informationen im Zitat angezeigt werden, hängt davon ab, welche Formatvorlage Sie verwenden. Word entnimmt die benötigten Informationen aus der Liste mit den Quellen; diese stellen dann das Ergebnis des Feldes CITATION dar.

Sie können das Format jedes Zitats auch einzeln anpassen und dabei die Ausgabe bestimmter Informationen unterdrücken oder das Zitat um eine Seitenzahlangabe ergänzen. Gehen Sie dazu folgendermaßen vor:

1. Klicken Sie das Zitat an, das Sie bearbeiten wollen. Word blendet den Rahmen des Inhaltssteuerelements ein, in dem sich das Zitat befinden.

Bild 37.8 Zitate werden im Dokument als Inhaltssteuerelemente eingefügt

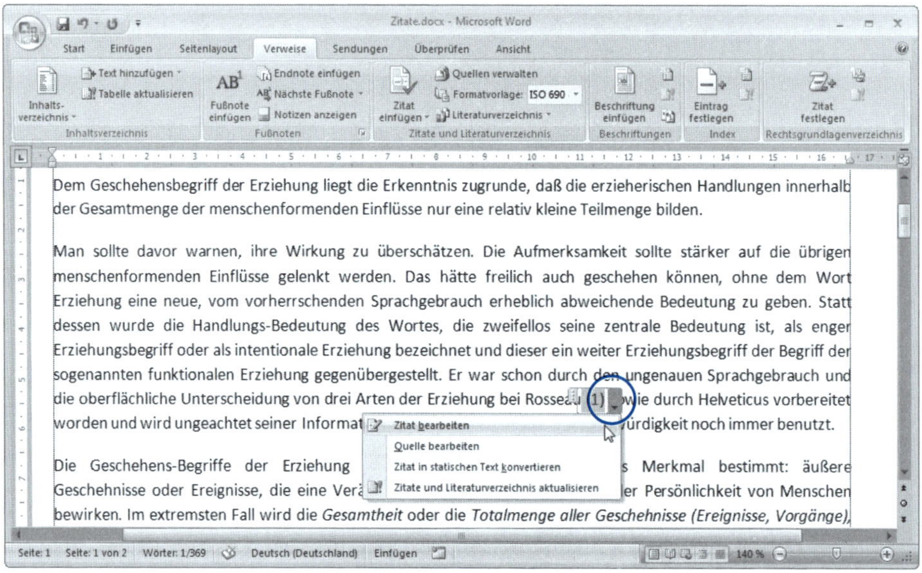

2. Klicken Sie auf den Pfeil an der rechten Seite des Inhaltssteuerelements, um das Kontextmenü zu öffnen, und klicken Sie auf *Zitat bearbeiten.* Das gleichnamige Dialogfeld wird angezeigt.

Bild 37.9 In diesem Dialogfeld legen Sie fest, welche Informationsfelder im Zitat enthalten sein sollen

3. Geben Sie in das Feld *Seiten* die Seite(n) der Quelle an, auf die Sie verweisen wollen. Wenn Sie auf mehrere Seiten verweisen, verbinden Sie die Seitenzahlen der Bereichsangabe durch einen Gedankenstrich.
4. Schalten Sie im Bereich *Unterdrücken* die Kontrollkästchen der Informationsfelder ein, die im Zitat nicht enthalten sein sollen.
5. Klicken Sie auf *OK*.

Eine bereits vorhandene Quelle zitieren

Wenn Sie für das aktuelle Dokument eine Quelle bereits erfasst haben, können Sie diese Quelle an mehreren Stellen im Dokument zitieren. Gehen Sie dazu wie folgt vor:

1. Setzen Sie die Einfügemarke an die Stelle des Dokuments, an der Sie das Zitat einfügen wollen.
2. Wechseln Sie zur Registerkarte *Verweise* und klicken Sie in der Gruppe *Zitate und Literaturverzeichnis* auf *Zitat einfügen.*

   Im Menü werden alle im Dokument vorhandenen Quellen angezeigt.

Bild 37.10 Das Menü der Schaltfläche *Zitat einfügen* zeigt alle im Dokument vorhandenen Quellen an

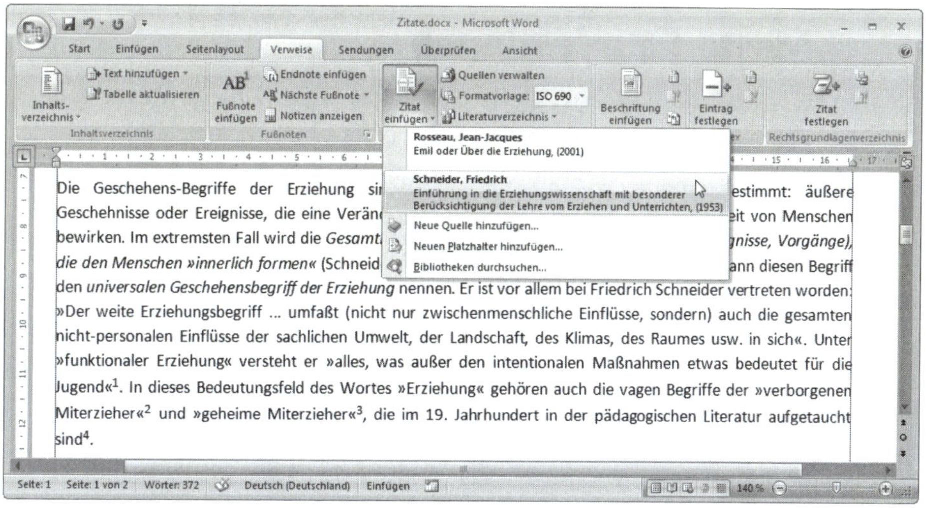

3. Klicken Sie die Quelle an, die Sie zitieren wollen.

   Word fügt das Zitat in das Dokument ein.
4. Führen Sie optional die Schritte durch, die im Abschnitt »Zitat anpassen« (Seite 698) beschrieben sind.

Quellen verwalten und bearbeiten

Word verwaltet die Quellenangaben in zwei verschiedenen Listen:

- **Masterliste** Die Masterliste enthält alle Quellen, die Sie auf Ihrem Computer erfasst haben. Diese Masterliste wird für jeden Benutzer erstellt, für den sich auf dem Computer ein Benutzerkonto befindet. Die Liste liegt im XML-Format vor und befindet sich standardmäßig in der Datei *C:\Users\<Benutzername>\AppData\Roaming\Microsoft\Bibliography\sources.xml* (Windows Vista) bzw. *C:\Dokumente und Einstellungen\<Benutzername>\Anwendungsdaten\Microsoft\Bibliography\sources.xml* (Windows XP).

  Wenn Sie zu mehreren Personen an einem Dokument arbeiten, können Sie die gleiche Masterliste verwenden, die dann am besten in einem freigegebenen Ordner abgelegt wird, auf den alle Autoren zugreifen können. Mehr hierzu finden Sie im nächsten Abschnitt »Masterliste festlegen«.

- **Quellliste des Dokuments** Alle zitierten Quellen werden im Word-Dokument selbst abgelegt. Das hat den großen Vorteil, dass die Quellenangaben immer zur Verfügung stehen, auch wenn Sie das Dokument beispielsweise per E-Mail versenden. Wenn sich in der Masterliste Angaben zu einer Quelle befinden, die Sie im aktuellen Dokument noch nicht verwendet haben, müssen Sie die Daten zuerst von der Masterliste in die Quellliste des Dokuments kopieren, bevor Sie sie zitieren können. Die dafür nötigen Schritte sind weiter unten beschrieben.

Masterliste festlegen

Wenn Sie von Ihrem Dokument aus auf eine andere Liste als die Standardmasterliste zugreifen wollen, gehen Sie folgendermaßen vor:

1. Wechseln Sie zur Registerkarte *Verweise* und klicken Sie in der Gruppe *Zitate und Literaturverzeichnis* auf *Quellen verwalten.*

   Das Dialogfeld *Quellen-Manager* wird angezeigt.

2. Klicken Sie auf *Durchsuchen.*

   Das Dialogfeld *Quellliste öffnen* wird angezeigt.

3. Wechseln Sie zu dem Laufwerk/Ordner, in dem sich die gewünschte Masterliste befindet, markieren Sie die betreffende Datei und klicken Sie auf *Öffnen.*

   In der Liste *Masterliste* werden die Quellen aus der ausgewählten Datei angezeigt.

4. Klicken Sie auf *Schließen.*

Quelle aus Masterliste in Quellenliste des Dokuments übernehmen

Wenn sich die Daten zu einer Quelle bereits in der Masterliste befinden, brauchen Sie diese nicht erneut einzugeben, um diese Quelle in Ihrem Dokument zu zitieren. Stattdessen kopieren Sie die Informationen aus der Masterliste in die Quellliste des Dokuments. Hierzu führen Sie folgende Schritte durch:

1. Wechseln Sie zur Registerkarte *Verweise* und klicken Sie in der Gruppe *Zitate und Literaturverzeichnis* auf *Quellen verwalten.*

   Das Dialogfeld *Quellen-Manager* wird angezeigt.

2. Markieren Sie in der Liste *Masterliste* den Eintrag, den Sie in die Quellliste des aktuellen Dokuments einfügen wollen.

Bild 37.11 Eine Quelle aus der Masterliste in die Quellliste des aktuellen Dokuments kopieren

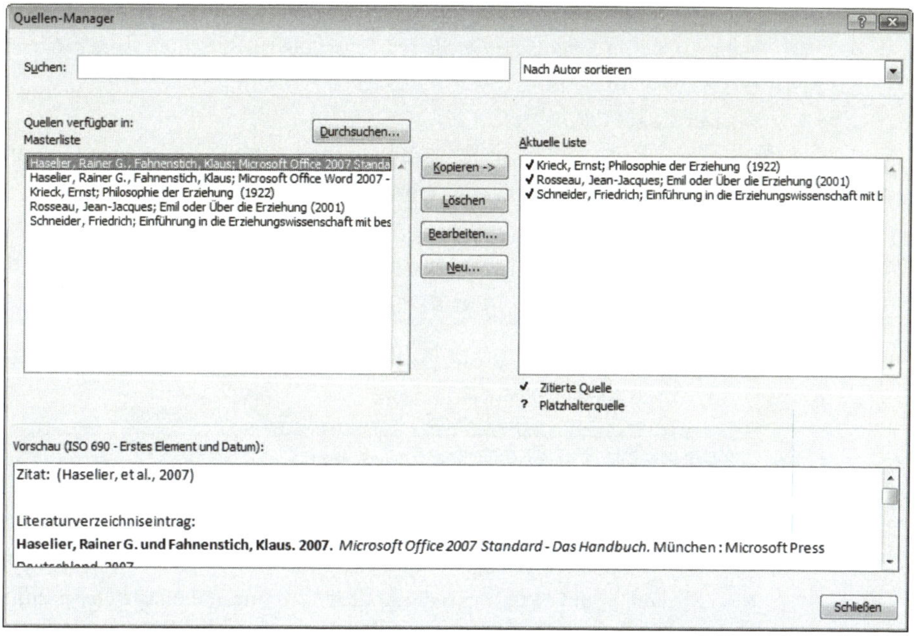

3. Klicken Sie auf *Kopieren.*

Mit diesem Dialogfeld können Sie außerdem Quellen aus der Quellliste des aktuellen Dokuments in die Masterliste aufnehmen. Hierzu markieren Sie den gewünschten Eintrag in der Liste auf der rechten Seite und klicken dann auf *Kopieren.*

Wenn Sie eine Quelle nicht mehr benötigen, können Sie sie löschen. Einträge in der Masterliste können immer gelöscht werden; Einträge in der Quellliste des aktuellen Dokuments lassen sich nur löschen, wenn die Quelle nicht im Dokument zitiert ist. Markieren Sie die betreffende Quelle in einer der beiden Listen und klicken Sie dann auf *Löschen.* (Wenn die Schaltfläche *Löschen* deaktiviert ist, haben Sie in der Quellliste des aktuellen Dokuments eine Quelle markiert, die im Dokument zitiert wird.)

Quelle bearbeiten

Falls Sie feststellen, dass sich bei der Erfassung einer Quelle ein Fehler eingeschlichen hat, oder wenn Sie zu einem späteren Zeitpunkt weitere Informationen zur Quelle entdecken und diese ergänzen wollen, können Sie die Quellenangaben bearbeiten, indem Sie folgende Schritte durchführen:

1. Führen Sie einen der folgenden Schritte durch:
   - Wechseln Sie zur Registerkarte *Verweise* und klicken Sie in der Gruppe *Zitate und Literaturverzeichnis* auf *Quellen verwalten.* Markieren Sie in einer der beiden Listen des Dialogfeldes die Quelle, die Sie bearbeiten wollen, und klicken Sie auf *Bearbeiten.*
   - Klicken Sie im Dokument das Inlinezitat an, damit der Rahmen des Inhaltssteuerelements angezeigt wird. Klicken Sie auf den Pfeil an der rechten Seite des Rahmens und wählen Sie im Menü den Befehl *Quelle bearbeiten.*

   Das Dialogfeld *Quelle bearbeiten* wird angezeigt.
2. Nehmen Sie im Dialogfeld *Quelle bearbeiten* die gewünschten Änderungen an den Literaturverzeichnisfeldern vor.
3. Klicken Sie auf *OK.*

   Wenn die bearbeitete Quelle sowohl in der Masterliste als auch in der Quellliste des aktuellen Dokuments vorhanden ist, zeigt Word das folgende Meldungsfeld an:

Bild 37.12 Hier legen Sie fest, in welcher Liste die Aktualisierung vorgenommen werden soll

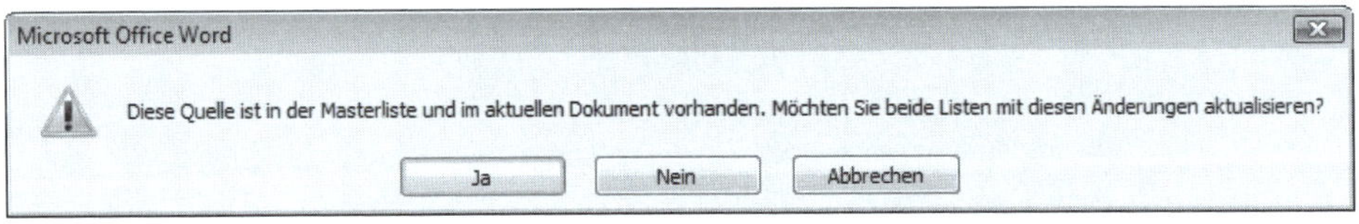
Microsoft Office Word
Diese Quelle ist in der Masterliste und im aktuellen Dokument vorhanden. Möchten Sie beide Listen mit diesen Änderungen aktualisieren?
Ja
Nein
Abbrechen

4. Führen Sie einen der folgenden Schritte durch:
   - Klicken Sie auf *Ja,* wenn die Änderungen an den Daten der Quelle sowohl in die Masterliste als auch in die Quellliste des aktuellen Dokuments übernommen werden sollen.
   - Klicken Sie auf *Nein,* wenn die Änderungen nur in die Liste übernommen werden sollen, in der Sie den Quelleintrag im Dialogfeld *Quellen-Manager* markiert haben. Wenn Sie die Quelländerung aus dem Zitat selbst initiiert haben, werden die Änderungen immer in der Quellliste des aktuellen Dokuments gespeichert.
   - Klicken Sie auf *Abbrechen,* um zum Dialogfeld *Quelle bearbeiten* zurückzukehren.
5. Bearbeiten Sie weitere Quellen oder klicken Sie auf *Schließen.*

Zitatplatzhalter verwenden

Wenn Sie beim Hinzufügen eines Zitats einen Platzhalter haben einfügen lassen (siehe Seite 695) können Sie den Platzhalter zu einem späteren Zeitpunkt bearbeiten und die fehlenden bibliographischen Angaben zur Quelle ergänzen.

1. Führen Sie einen der folgenden Schritte durch:
   - Wechseln Sie zur Registerkarte *Verweise* und klicken Sie in der Gruppe *Zitate und Literaturverzeichnis* auf *Quellen verwalten.* Markieren Sie in der Liste *Aktuelle Liste* den Eintrag, für den Sie einen Platzhalter eingefügt haben. Zitatplatzhalter sind an dem Fragezeichen vor dem Eintrag zu erkennen. Klicken Sie auf *Bearbeiten.*

Bild 37.13 Zitatplatzhalter sind im Quellen-Manager am Fragezeichen zu erkennen

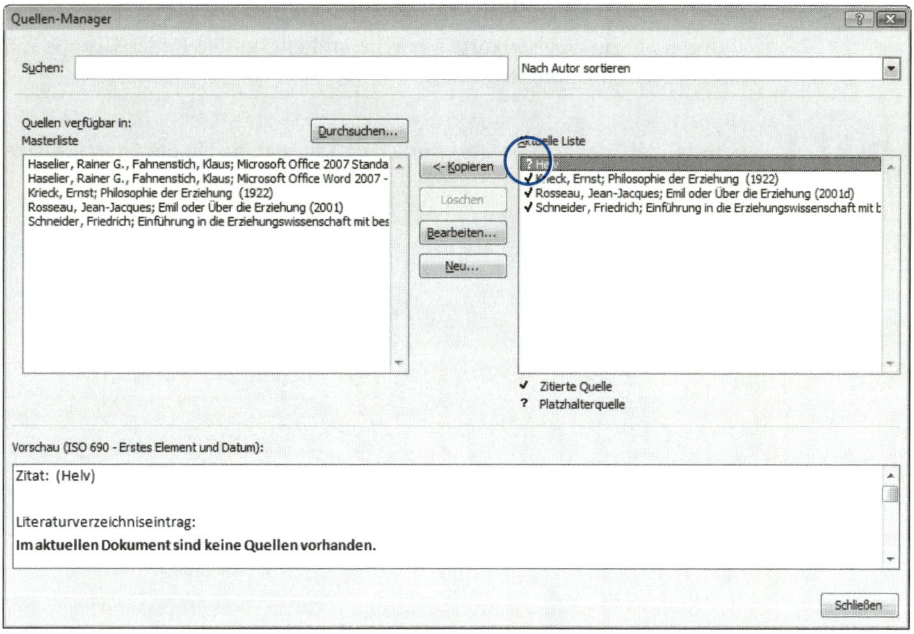

- Klicken Sie im Dokument das Inlinezitat an, damit der Rahmen des Inhaltssteuerelements angezeigt wird. Klicken Sie auf den Pfeil an der rechten Seite des Rahmens und wählen Sie im Menü den Befehl *Quelle bearbeiten.*

Das Dialogfeld *Quelle bearbeiten* wird angezeigt.

2. Nehmen Sie im Dialogfeld *Quelle bearbeiten* die gewünschten Änderungen an den Literaturverzeichnisfeldern vor.
3. Klicken Sie auf *OK.*
4. Bearbeiten Sie weitere Platzhalter oder klicken Sie auf *Schließen.*

Literaturverzeichnis erstellen

Sie können das Literaturverzeichnis zu jedem beliebigen Zeitpunkt nach dem Einfügen von Quellen in ein Dokument erstellen lassen. Wenn Ihnen noch nicht alle erforderlichen Informationen zu einer Quelle zur Verfügung stehen, um ein Zitat vollständig zu erstellen, können Sie ein Platzhalterzitat erstellen und die Quellenangaben zu einem späteren Zeitpunkt vervollständigen (siehe vorigen Abschnitt).

HINWEIS **Platzhalterzitate** Bitte beachten Sie, dass Platzhalterzitate im Literaturverzeichnis nicht angezeigt werden.

1. Setzen Sie die Einfügemarke an die Stelle, an der das Literaturverzeichnis eingefügt werden soll (in der Regel am Ende des Dokuments).
2. Wechseln Sie zur Registerkarte *Verweise* und klicken Sie in der Gruppe *Zitate und Literaturverzeichnis* auf *Literaturverzeichnis.*

Bild 37.14 Im Menü der Schaltfläche *Literaturverzeichnis* wählen Sie das Literaturverzeichnisformat aus

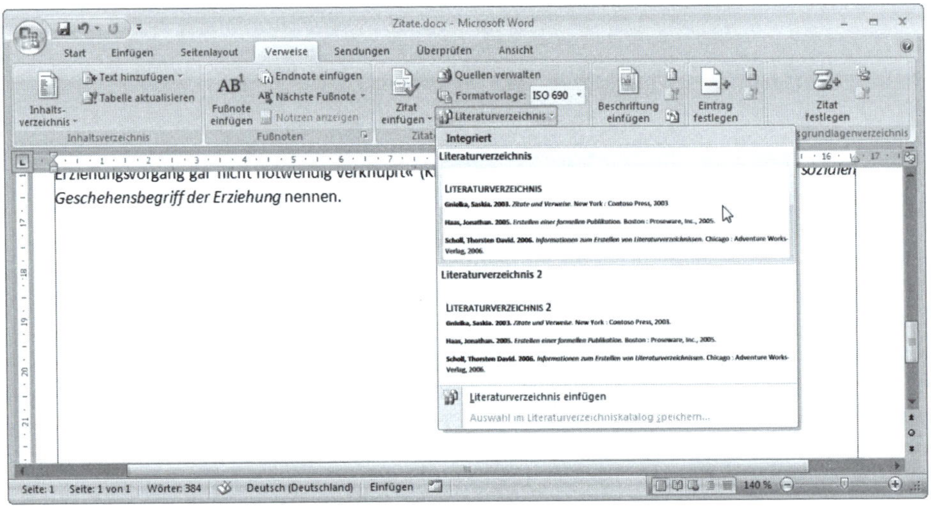

3. Klicken Sie ein vordefiniertes Literaturverzeichnisformat an.

   Word fügt das Literaturverzeichnis ein.

Bild 37.15 Das eingefügte Literaturverzeichnis

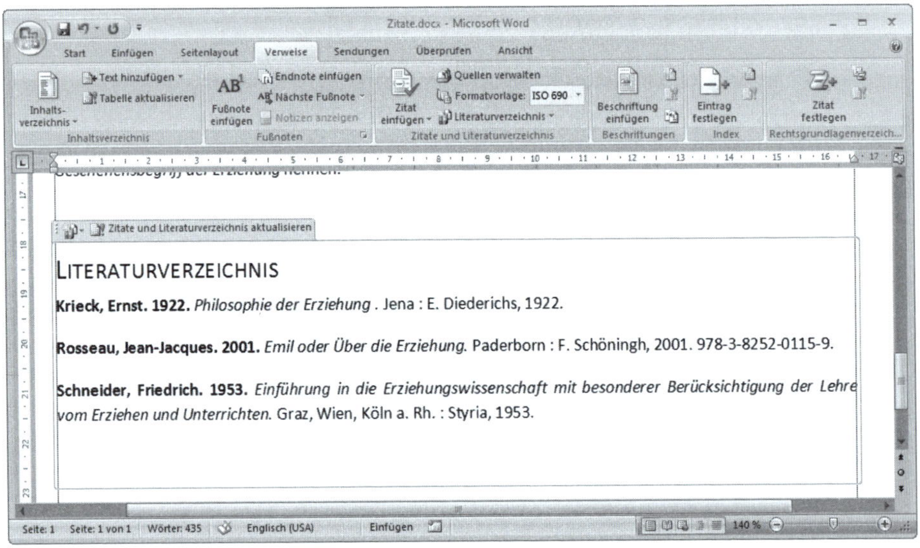

Beim Literaturverzeichnis handelt es sich um ein Inhaltssteuerelement, in dem sich das Feld BIBLIOGRAPHY befindet. Wenn Sie bei der Arbeit am Dokument weitere Quellen hinzufügen, können Sie das Literaturverzeichnis aktualisieren lassen (und brauchen es nicht neu einzufügen). Klicken Sie zum Aktualisieren zuerst das Literaturverzeichnis an, damit der Rahmen angezeigt wird, und klicken Sie danach im oberen Bereich des Rahmens auf *Zitate und Literaturverzeichnis aktualisieren.*

Zusammenfassung

Dieses Kapitel hat Ihnen das neue Word-Feature vorgestellt, mit dem Sie in Word-Dokumenten Zitate erstellen, bibliographische Quellenangaben verwalten und aus den eingegebenen Daten ein Literaturverzeichnis einfügen lassen.

- Bevor Sie mit dem Erfassen von Quellen beginnen, ist es empfehlenswert, die Formatvorlage auszuwählen, die Word zur Formatierung der Zitate und des Literaturverzeichnisses verwenden soll (Seite 692).
- Wenn Sie eine Quelle zitieren wollen, die in der Quellliste des Dokuments noch nicht vorhanden ist, können Sie beim Einfügen des Zitats die Quelle hinzufügen (Seite 694), einen Platzhalter einfügen und diesen dann später bearbeiten (Seite 702) oder eine Quelle aus der Masterliste in die Dokumentquellliste kopieren (Seite 700).
- Quellen, die Sie bereits erfasst haben und die sich in der Quellliste des Dokuments befinden, können Sie zitieren, indem Sie den gewünschten Eintrag im Menü der Schaltfläche *Zitat einfügen* anklicken (Seite 699).
- Wenn Sie im Zitat zusätzlich eine Seitenzahl bzw. Seitenbereich angeben oder bestimmte Informationselemente ausschließen wollen, verwenden Sie das Menü des Inhaltssteuerelements, in dem sich das Zitat befindet (Seite 698).
- Im Dialogfeld *Quellen-Manager* können Sie sowohl die Einträge der Masterliste als auch die der Quellliste des Dokuments bearbeiten, löschen und Elemente zwischen den beiden Listen hin und her kopieren (Seite 700). Außerdem können Sie eine andere Datei als Masterliste festlegen, was sich besonders dann anbietet, wenn Sie zu mehreren am gleichen Text arbeiten und/oder die gleichen Quellangaben benötigen (Seite 700).
- Sie können das Literaturverzeichnis selbst zu jedem Zeitpunkt in Ihr Dokument einfügen, da es aktualisiert werden kann, wenn Sie weitere Zitate/Quellen ergänzt haben (Seite 703).

Ein Nachteil bei der aktuellen Version der Zitat- und Literaturverzeichnisfunktion besteht darin, dass es ohne fundierte XML-Kenntnisse nicht möglich ist, die Formatvorlagen an eigene Anforderungen anzupassen. Daher ist es empfehlenswert, genau zu prüfen, ob Word bei der Literaturverzeichnisfunktion im Hinblick auf die Formatierung genau das bietet, was Sie benötigen.

Kapitel 38

Querverweise, Textmarken und Sprungbefehle

In diesem Kapitel:

Sie kennen bereits die Bildlauffunktion, mit der Sie alle Stellen eines Dokuments erreichen, einsehen und bearbeiten können. Bei kurzen Texten ist dies sicherlich das schnellste und einfachste Verfahren, um zu der gewünschten Textstelle zu gelangen. Anders sieht es jedoch aus, wenn Sie ein langes Dokument bearbeiten, das vielleicht aus 30 Seiten und mehreren Abschnitten besteht. Dann kann das Auffinden der gewünschten Textstelle ein langwieriges Unterfangen werden.

Eine Möglichkeit, das Verfahren zu beschleunigen, besteht in der Verwendung des Befehls *Suchen* (in der Gruppe *Bearbeiten* der Registerkarte *Start)*, mit dem Sie gezielt nach einer bestimmten Formatierung oder einem Wort/Satz suchen lassen können. Um diese Suche effektiv gestalten zu können, müssen die Suchkriterien jedoch eindeutig sein, was auch nicht immer der Fall ist.

Abhilfe schafft für diese Fälle der Befehl *Gehe zu,* mit dem Sie gezielt zu einer gewünschten Textstelle navigieren können. Um diesen Befehl und seine Möglichkeiten wird es im ersten Teil dieses Kapitels gehen. Anschließend widmen wir uns den Textmarken, die so etwas Ähnliches sind wie Lesezeichen, die Sie beim Lesen eines Buches zum schnellen Auffinden einer Textstelle verwenden. Da mit Textmarken auch längeren Passagen ein Name zugewiesen werden kann, eignen sie sich auch zum Einfügen von Teilen eines Textes in einen anderen.

An eine Stelle im Dokument springen

Mit dem Befehl *Gehe zu* können Sie schnell an eine bestimmte Stelle Ihres Dokuments gelangen. Auch hier sind die Möglichkeiten vielfältig, um den Befehl auszulösen:

- Wechseln Sie zur Registerkarte *Start,* klicken Sie in der Gruppe *Bearbeiten* auf den Pfeil der Schaltfläche *Suchen* und dann auf *Gehe zu.* Das zum Befehl gehörende Dialogfeld wird angezeigt und Sie können den Zielort eingeben.
- Drücken Sie F5 oder drücken Sie die Tastenkombination Strg+G. Auch hier erscheint die Registerkarte *Gehe zu* des Dialogfeldes *Suchen und Ersetzen.*
- Doppelklicken Sie in der Statusleiste auf die Seitenzahl, damit das folgende Dialogfeld angezeigt wird:

Bild 38.1 Die Registerkarte *Gehe zu* des Dialogfeldes *Suchen und Ersetzen*

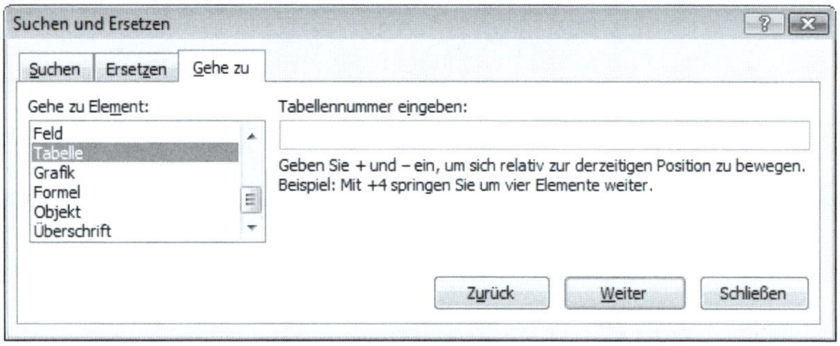

Das Prinzip des Dialogfeldes ist aber zugegebenermaßen sehr simpel. Im Listenfeld auf der linken Seite wählen Sie zuerst den Elementtyp an, den Sie »anspringen« möchten. Die angebotene Auswahl ist beeindruckend: Neben eher banalen Dingen wie *Seite, Zeile* und *Abschnitt* finden Sie auch exklusivere Einträge wie *Tabelle* und *Objekt.*

Textelemente der Reihe nach ansteuern

Für einen ersten Test laden Sie einfach ein mehrseitiges Dokument.

1. Rufen Sie das Dialogfeld *Suchen und Ersetzen* mit aktivierter Registerkarte *Gehe zu* auf (siehe Seite 708).
2. Wählen Sie im Listenfeld den Eintrag *Zeile.* Daraufhin ändert sich die Beschriftung des Textfeldes in *Zeilennummer eingeben.*
3. Klicken Sie auf die Schaltfläche *Weiter.* Sie sehen, wie sich die Einfügemarke um eine Zeile nach unten bewegt. Ein Klick auf *Zurück* und die Einfügemarke geht wieder an ihre Ausgangsposition.

Das ist natürlich eine sehr umständliche Art des Bildlaufs. Aber das gleiche Prinzip können Sie auf fast alle im Listenfeld angebotenen Elemente übertragen. Dann springt Word nicht von Zeile zu Zeile, sondern von Tabelle zu Tabelle oder von Klang-Objekt zu Klang-Objekt. Die einzige Ausnahme sind Textmarken, auf die wir im weiteren Verlauf dieses Kapitels noch genauer eingehen werden.

Textelemente direkt/relativ ansteuern

Wenn Sie ein Element gezielt ansteuern wollen, müssen Sie im Textfeld des Dialogfeldes *Gehe zu* eine Eingabe machen. Der Einfachheit halber werden wir wieder auf das Zeilen-Beispiel aus dem letzten Abschnitt zurückgreifen.

1. Rufen Sie das Dialogfeld *Suchen und Ersetzen* mit aktivierter Registerkarte *Gehe zu* auf (siehe Seite 708).
2. Wählen Sie im Listenfeld das Element *Zeile.*
3. Geben Sie in das Textfeld eine Zeilennummer ein. Dadurch verändert sich die Beschriftung der Schaltfläche *Weiter* zu *Gehe zu.* Die Schaltfläche *Zurück* ist deaktiviert, wie Sie an ihrer nun grauen Beschriftung erkennen können.
4. Klicken Sie auf *Gehe zu,* um die Einfügemarke in die gewünschte Zeile zu setzen.

Oft kommt es vor, dass Sie die Zeile/Seite etc., zu der Sie gehen möchten, nicht exakt angeben können, sondern einfach nur zehn Zeilen/Seiten etc. vor oder zurück gehen möchten. Auch das ist mit der Funktion *Gehe zu* kein Problem. In diesem Fall stellen Sie einfach ein Plus- oder Minuszeichen vor die eingegebene Zahl. Um z.B. fünf Seiten in Richtung Textbeginn zu blättern, geben Sie in das Textfeld –5 ein.

Textmarken erstellen und ansteuern

Was sind Textmarken? Eine Textmarke ist ein Name, den Sie einer markierten Textstelle zuweisen. Die Passage, die als Textmarke formatiert werden soll, kann ein einzelnes Zeichen, eine Grafik, eine Zeile oder auch ein umfangreicher Text sein.

Sie haben bei der Vorstellung der Registerkarte *Gehe zu* des Dialogfeldes *Suchen und Ersetzen* im vorigen Abschnitt gesehen, dass Sie als Ziel auch den Namen einer Textmarke angeben können. Damit wäre bereits eine der Einsatzmöglichkeiten von Textmarken beschrieben. Sie können damit in einem langen Dokument mehrere »Lesezeichen« einfügen. Eine Möglichkeit wäre, wichtige Überschriften eines Textes als Textmarken zu formatieren. Wenn der Name der Textmarke mit der Überschrift identisch ist, können Sie so leicht den Text zu einer Überschrift finden.

Textmarken erstellen

Bevor Sie die Möglichkeiten von Textmarken nutzen können, müssen Sie zuerst Textmarken erstellen. Und das geschieht mit den folgenden Schritten:

1. Markieren Sie den Textabschnitt, dem ein Textmarkenname zugewiesen werden soll. Es kann sich hierbei um ein einzelnes oder um mehrere Zeichen, eine Zeile, einen Absatz oder eine größere Textpassage handeln. Wenn Sie die Textmarke nur benötigen, um die Textstelle später mit *Gehe zu* anzusteuern, können Sie auch auf das Markieren verzichten.
2. Wechseln Sie zur Registerkarte *Einfügen* und klicken Sie in der Gruppe *Hyperlinks* auf *Textmarke*. Das Dialogfeld *Textmarke* wird angezeigt.

Bild 38.2 Dialogfeld zum Erstellen von Textmarken

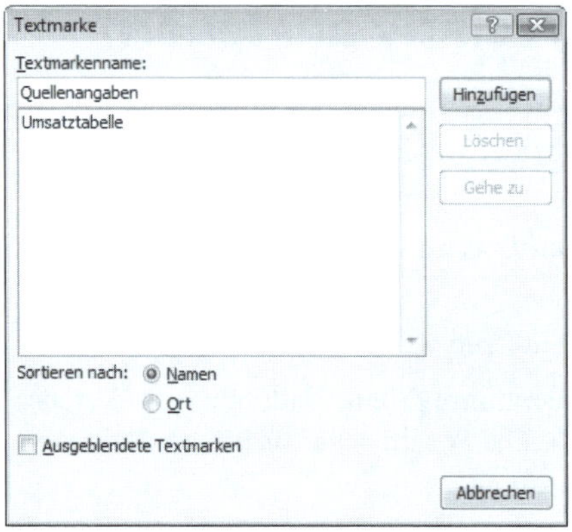

3. Geben Sie im Textfeld des Dialogfeldes den Namen für die Textmarke ein. Wenn sich in Ihrem Dokument bereits Textmarken befinden, enthält das Textfeld des Dialogfeldes eine der vorhandenen Textmarken. Überschreiben Sie den Eintrag dann einfach mit dem Namen der neuen Textmarke.
4. Klicken Sie auf *Hinzufügen*, um die Textmarke zu erstellen. Das Dialogfeld verschwindet dadurch vom Bildschirm.
5. Klicken Sie ein weiteres Mal auf der Registerkarte *Einfügen* auf die Schaltfläche *Textmarke* und überprüfen Sie, ob die neue Textmarke jetzt in der Liste des Dialogfeldes aufgeführt wird.

HINWEIS Der Name einer Textmarke kann zwischen 1 und 40 Zeichen lang sein und darf nur aus Buchstaben und Zahlen bestehen. Das erste Zeichen muss immer ein Buchstabe sein. Zur Trennung einzelner Wörter in den Namen der Textmarken können Sie das Unterstrichzeichen (_) verwenden; Punkte und Bindestriche im Namen sind nicht erlaubt. Sobald Sie einen ungültigen Namen eingeben, wird die Beschriftung der Schaltfläche *Hinzufügen* in grauer Schrift dargestellt.

Textmarken hervorheben

Normalerweise sind auf dem Bildschirm die Stellen, denen eine Textmarke zugewiesen wurde, nicht sichtbar. So kann es schnell passieren, dass eine Textmarke aus Versehen gelöscht wurde. Sie können jedoch die Textmarken Ihrer Dokumente auf dem Bildschirm besonders kennzeichnen lassen:

1. Klicken Sie auf die *Office-Schaltfläche* und dann auf *Word-Optionen.*
2. Lassen Sie die Kategorie *Erweitert* anzeigen und scrollen Sie bis zum Abschnitt *Dokumentinhalt anzeigen.*
3. Schalten Sie das Kontrollkästchen *Textmarken anzeigen* ein.

Bild 38.3 Hier können Sie die mit einer Textmarke versehenen Stellen sichtbar machen

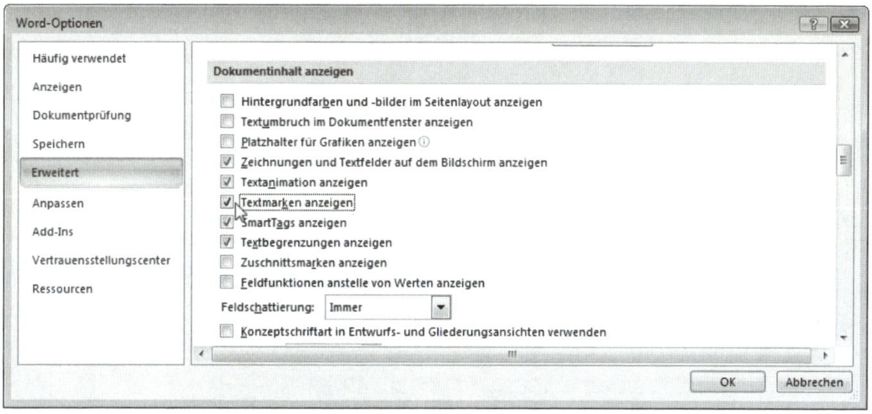

Word fasst Ihre Textmarken dann in zwei graue eckige Klammern ein. Ist einer Textmarke kein Text zugeordnet, erscheint an ihrer Position ein graues »I«.

Doch wie heißt es so schön: Kein Licht ohne Schatten. Die Kennzeichnung der Textmarken hat auch ihre Tücken. Haben Sie zwei Textmarken definiert, deren Bereiche sich überschneiden, können die Klammern auch irreführend sein. In diesem Fall sollten Sie auf der Registerkarte *Einfügen* auf *Textmarke* klicken und zu der unklaren Textmarke springen, die dann von Word vollständig markiert wird.

Textmarken löschen

Wenn Sie eine Textmarke nicht mehr benötigen, können Sie sie wieder löschen:

1. Wechseln Sie zur Registerkarte *Einfügen* und klicken Sie in der Gruppe *Hyperlinks* auf *Textmarke.* Das Dialogfeld *Textmarke* wird angezeigt.
2. Geben Sie im Textfeld den Namen der Textmarke ein oder wählen Sie ihn in der Liste aus.
3. Klicken Sie auf die Schaltfläche *Löschen,* um die Textmarke zu entfernen.

Wenn Sie den mit der Textmarke verbundenen Text aus Ihrem Dokument löschen, ist die Textmarke natürlich ebenfalls verschwunden.

Textmarken als Sprungziel verwenden

Nachdem Sie Textmarken festgelegt haben, können Sie diese als Ziel in den Dialogfeldern *Suchen und Ersetzen/Gehe zu* und *Textmarke* als Navigationsziel verwenden. Das Prinzip ist bei beiden Methoden das gleiche.

Der Befehl *Gehe zu* hat den Vorteil, dass Sie ihn auch über einen Doppelklick auf die Seitenzahl in der Statusleiste aufrufen können. Dafür ist die Bedienung des Dialogfeldes etwas aufwändiger.

1. Rufen Sie das Dialogfeld *Suchen und Ersetzen* mit aktivierter Registerkarte *Gehe zu* auf (siehe Seite 708).
2. Wählen Sie im linken Listenfeld den Eintrag *Textmarke.*
3. Klappen Sie dann das rechts daneben erschienene Listenfeld *Textmarkennamen eingeben* auf und wählen Sie die gewünschte Textmarke.
4. Klicken Sie auf *Gehe zu,* damit Word die zugehörige Textstelle anzeigt.
5. Springen Sie zu einer weiteren Textmarke oder verlassen Sie das Dialogfeld mit *Schließen.*

Mit dem Dialogfeld *Textmarke* ist das Ansteuern von Textmarken deutlich einfacher, schließlich ist dieses Dialogfeld auf diese Aufgabe spezialisiert.

1. Wechseln Sie zur Registerkarte *Einfügen* und klicken Sie in der Gruppe *Hyperlinks* auf *Textmarke.*

Bild 38.4 Mit der Schaltfläche *Gehe zu* können Sie die markierte Textmarke anzeigen lassen

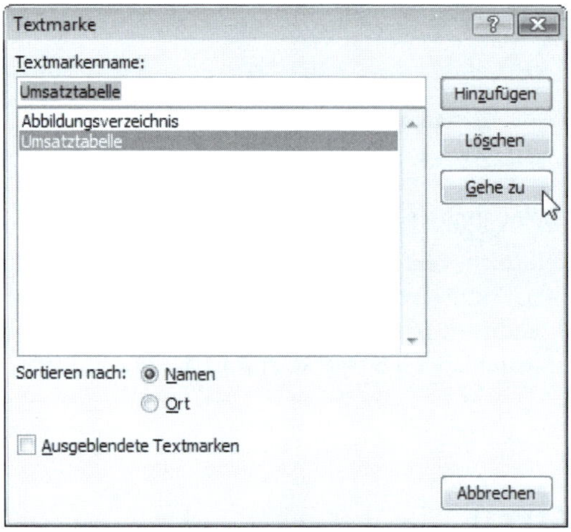

2. Legen Sie mit den Optionsfeldern *Namen* und *Ort* fest, ob die Textmarken alphabetisch sortiert oder in der Reihenfolge ihres Auftretens im Dokument angezeigt werden.
3. Markieren Sie die gewünschte Textmarke und klicken Sie auf *Gehe zu.* Alternativ können Sie auch auf den Namen doppelklicken.
4. Lassen Sie sich weitere Textmarken anzeigen oder schließen Sie das Dialogfeld direkt mit *Schließen.*

Der Einsatz der Textmarken als Lesezeichen ist jedoch nur eine der Möglichkeiten, wie Sie Textmarken einsetzen können. Weitaus spannender wird es, wenn Sie sie zum Verknüpfen von Dokumenten oder zum automatischen Erstellen von Querverweisen einsetzen. Diese beiden Themen werden wir im nächsten Abschnitt behandeln.

Die Feldart GOTOBUTTON

Nachdem Sie die Möglichkeiten kennen, wie Sie mit den Befehlen *Textmarke* und *Gehe zu* eine Zielstelle im Dokument erreichen, wollen wir Ihnen noch die Feldart GOTOBUTTON vorstellen. Wenn Sie ein GOTOBUTTON-Feld in den Text aufnehmen, kann der Leser des Textes durch einen Doppelklick auf das Feld oder durch Drücken von [Alt]+[⇧]+[F9] die im Feld angegebene Zielstelle erreichen.

Als ersten Schalter im Feld geben Sie die Zielstelle an, wie Sie sie auch im Dialogfeld *Suchen und Ersetzen*, Registerkarte *Gehe zu* bzw. im Dialogfeld *Textmarke* festlegen würden. Als zweiten Schalter können Sie einen Text festlegen, der in der »Schaltfläche« ausgegeben werden soll. Die allgemeine Form für den Einsatz des Feldes lautet:

{GOTOBUTTON Textmarke Anzeigetext}

Um beispielsweise den Text anzuspringen, dem die Textmarke »Tab1« zugewiesen wurde, müssen Sie folgendes Feld aufnehmen:

{GOTOBUTTON Tab1 Hier doppelklicken, um Tabelle 1 zu sehen}

Beachten Sie, dass der Anzeigetext nicht in Anführungszeichen eingeschlossen wird.

Ausführliche Informationen zum Erstellen von Feldern in Word finden Sie in Kapitel 27.

Querverweise erzeugen

Unter Querverweisen versteht man in Word die automatisierte Bezugnahme auf Textstellen. Der einfachste Fall ist sicherlich der Verweis auf eine Seite, die eine Textstelle oder eine Abbildung enthält, auf die Sie den Leser aufmerksam machen möchten. Natürlich können Sie die Seitenzahl einfach als normalen Text eingeben, doch dann laufen Sie Gefahr, dass der Verweis nicht mehr stimmt, sobald Sie Ihren Text weiter bearbeiten. Fügen Sie die Seitenzahl hingegen als Querverweis ein, ist ihre dauerhafte Aktualität gesichert.

Beispiel: Auf Textmarken verweisen

Am Beispiel der Textmarken wollen wir Ihnen zeigen, wie Sie auf andere Textstellen verweisen. Da das Prinzip bei allen Verweistypen gleich ist, können Sie es leicht auf andere Typen wie Bildunterschriften, Fußnoten, Überschriften usw. übertragen.

1. Öffnen Sie ein Dokument, in dem sich einige Textmarken befinden.
2. Setzen Sie die Einfügemarke an die Stelle, an der Sie einen Verweis einfügen möchten.
3. Wechseln Sie zur Registerkarte *Einfügen* und klicken Sie in der Gruppe *Hyperlinks* auf *Querverweis;* das gleichnamige Dialogfeld wird angezeigt.

Bild 38.5 Einfügen von Querverweisen

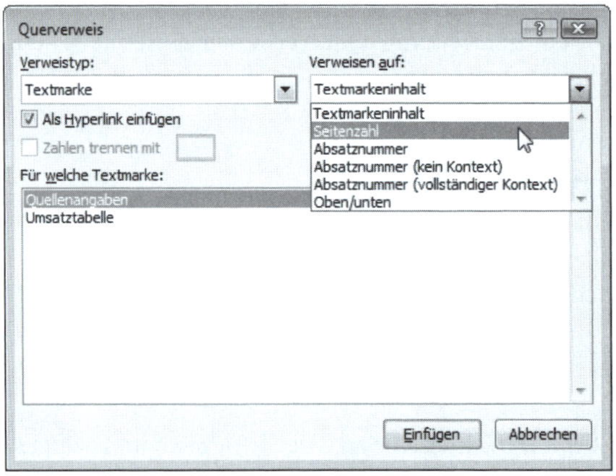

Das Dialogfeld enthält drei Listenfelder, mit denen Sie Ihre Querverweise »komponieren« können. Im Listenfeld *Verweistyp* sehen Sie, dass Sie nicht nur auf Textmarken, sondern auch auf viele andere Textelemente verweisen können. Um auf fortlaufend nummerierte Elemente wie Abbildungen oder Tabellen verweisen zu können, müssen Sie sie zuvor mit der Schaltfläche *Beschriftung einfügen* gekennzeichnet haben.

4. Da wir in diesem Beispiel auf eine Textmarke verweisen wollen, markieren Sie im Listenfeld *Verweistyp* den Eintrag *Textmarke.*
5. Anschließend können Sie im Listenfeld *Verweisen auf* festlegen, ob Sie auf den Textmarkeninhalt (also den Text, dem Sie die Textmarke zugewiesen haben), auf die Seitenzahl der Textmarke oder auf ihre Absatznummer verweisen wollen. Die letzte Wahlmöglichkeit ist nur von Interesse, wenn sich die Textmarke in einem Absatz befindet, der von Word automatisch nummeriert wurde.
6. Im letzten Listenfeld wählen Sie die Textmarke, auf die Sie sich beziehen wollen.
7. Wenn Sie Ihre Wahl getroffen haben, können Sie den fertigen Querverweis mit einem Klick auf die Schaltfläche *Einfügen* in Ihr Dokument aufnehmen und das Dialogfeld mit *Schließen* verlassen.

Sie sehen nun, dass der Inhalt der gewählten Textmarke an der aktuellen Position der Einfügemarke steht. Erscheint statt des Textes eine Feldfunktion, wie z.B. *{ REF Textmarke * MERGEFORMAT }*, so drücken Sie `Alt`+`F9`, um zur Anzeige der Feldergebnisse umzuschalten.

Nun wollen wir noch testen, ob sich der Verweis auch wirklich aktualisieren lässt.

1. Rufen Sie den Befehl *Gehe zu* auf (siehe Seite 708) und springen Sie zu der Textmarke, auf die Sie gerade verwiesen haben. Schließen Sie dann das Dialogfeld.
2. Ändern Sie den Text der Textmarke.
3. Gehen Sie wieder zu der Textstelle zurück, an der Sie den Querverweis aufgenommen haben.
4. Setzen Sie den Cursor in den Verweis und drücken Sie `F9`. Wie Sie sehen, wird die Änderung sofort übernommen, wenn Sie im Querverweise auf den Textmarkeninhalt verweisen.

PROFITIPP

Verweise auf Fuß- und Endnoten

Wenn Sie in einem Dokument mit Endnoten einige Endnotentexte mehrfach verwenden wollen, also z.B. an mehreren Textstellen auf die Endnote 3 verweisen möchten, bieten Querverweise eine elegante Lösung, bei der der Komfort der automatischen Endnotennummerierung erhalten bleibt.

Dazu fügen Sie immer wenn Sie auf eine bereits vorhandene Fuß- bzw. Endnote verweisen möchten, einen entsprechenden Querverweis ein. Der Querverweis kann dabei so formatiert werden, dass er optisch nicht von einem normalen Fuß-/Endnotenzeichen zu unterscheiden ist. Konkret gehen Sie dazu folgendermaßen vor:

1. Wechseln Sie zur Registerkarte *Einfügen* und klicken Sie in der Gruppe *Hyperlinks* auf *Querverweis.*
2. Stellen Sie im Dialogfeld den gewünschten Verweistyp ein *(Fußnote* oder *Endnote).*
3. Im Listenfeld *Verweisen auf* wählen Sie die Einstellung *Fußnotennummer (formatiert)* bzw. *Endnotennummer (formatiert).*
4. Schalten Sie das Kontrollkästchen *Als Hyperlink einfügen* ein, wenn Sie möchten, dass Sie durch Anklicken des Querverweises zu der referenzierten Fuß-/Endnote springen können. Von dort aus können Sie dann zum zugehörigen Text der Fuß-/Endnote gelangen.
5. Wenn Sie das Kontrollkästchen *Oben/unten einschließen* einschalten, wird der Querverweis um die Angabe ergänzt, ob sich die betreffende Textstelle ober- oder unterhalb im Dokument befindet.
6. Wählen Sie die gewünschte Fuß-/Endnote im Listenfeld aus. Klicken Sie dann auf *Einfügen* und schließen Sie das Dialogfeld.

Der eingefügte Querverweis erhält exakt die gleiche Formatierung wie die Fuß-/Endnote, auf die er verweist (die Formatierung wird über die Formatvorlage *Fußnotenzeichen* bzw. *Endnotenzeichen* festgelegt). Sollte sich die Nummer der zugehörigen Fuß-/Endnote später ändern, wird sich der Querverweis entsprechend anpassen. Die Übernahme der geänderten Nummer erfolgt jedoch nicht im gleichen Augenblick wie die Änderung der Fuß-/Endnotennummerierung. Sie müssen dazu erst die Felder aktualisieren, die den Querverweisen zugrunde liegen. Dazu wechseln Sie am einfachsten in die Seitenansicht (Registerkarte *Ansicht,* Schaltfläche *Seitenlayout).*

Auf Textmarken in anderen Dokumenten verweisen

Mit Word können Sie auch auf Textmarken aus anderen Dokumenten zugreifen. Auf diese Weise lassen sich z.B. einzelne Textpassagen aus anderen Textdateien einbinden. Wenn Sie von dieser Möglichkeit Gebrauch machen wollen, müssen Sie sich zunächst überlegen, ob Sie die einzufügende Passage später aktualisieren lassen wollen oder ob sie als normaler Text eingefügt werden kann.

Statisch einfügen

Wenn Sie sicher sind, dass Sie den eingefügten Text nicht mehr mit seinem Originaldokument abstimmen möchten, können Sie ihn statisch einfügen. In diesem Fall besteht zwischen dem Dokument, in dem sich die Textmarke befindet, und dem Dokument, in das der Textmarkeninhalt eingefügt wird, keinerlei Verbindung. Nehmen Sie dann folgende Schritte vor:

1. Öffnen Sie das Dokument, das den Textmarkeninhalt aufnehmen soll, und positionieren Sie die Einfügemarke.
2. Wechseln Sie zur Registerkarte *Einfügen.*
3. Klicken Sie in der Gruppe *Text* auf den Pfeil der Schaltfläche *Objekt* und dann auf *Text aus Datei.* Das Dialogfeld *Datei einfügen* wird angezeigt.

   Dieses Dialogfeld ist vom Aufbau her mit dem *Öffnen*-Dialogfeld fast identisch. Die beiden Besonderheiten sind der Pfeil an der Schaltfläche *Einfügen* und die Schaltfläche *Bereich,* deren Bedeutung wir weiter unten beschreiben.

Bild 38.6 Einfügen einer Textpassage aus einer anderen Datei

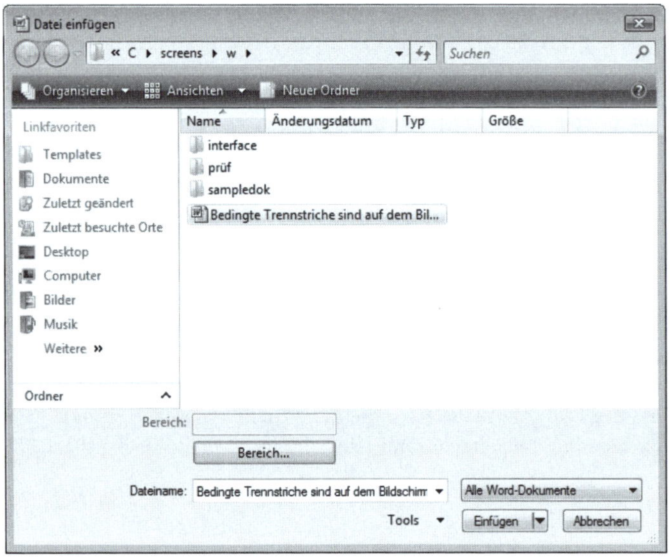

4. Wählen Sie die Datei aus, die die Textmarke enthält.
5. Klicken Sie dann auf die Schaltfläche *Bereich,* um das Dialogfeld *Bereich bestimmen* anzuzeigen.

Bild 38.7 Tippen Sie hier den Namen der Textmarke ein

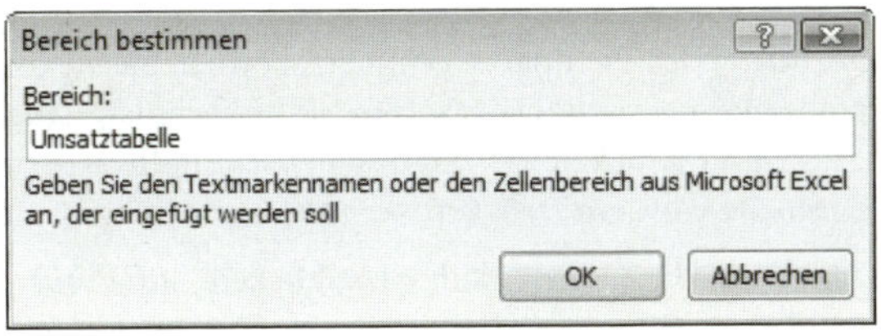
Bereich bestimmen
Bereich:
Umsatztabelle
Geben Sie den Textmarkennamen oder den Zellenbereich aus Microsoft Excel an, der eingefügt werden soll
OK
Abbrechen

6. Geben Sie dann im Textfeld *Bereich* den Namen der Textmarke an.
7. Klicken Sie auf *OK*, um das Dialogfeld *Bereich bestimmen* zu schließen.
8. Klicken Sie auf *Einfügen*, um den Textmarkeninhalt in Ihr Dokument einzufügen.

Word hat den Inhalt der Textmarke vollständig in Ihr Dokument übernommen. Das heißt, der eingefügte Text ist ebenfalls mit einer Textmarke verbunden. Sie haben also gewissermaßen eine Kopie der Textmarke erzeugt. Wenn Sie die Textmarke in dem Dokument, in das Sie den Text eingefügt haben, nicht benötigen, können Sie sie ohne Weiteres löschen.

Textmarken verknüpfen

Manchmal ist die eben vorgestellte statische Übernahme von Textmarken ungünstig. Angenommen, Sie müssen einen Prospekt oder ein Pflichtenheft zu einem Produkt schreiben, das bislang nur in den Köpfen Ihrer Marketingleute existiert. Daher sind wichtige Daten, die Sie für Ihre Arbeit benötigen, wie Leistungsmerkmale oder Ausstattung des Produkts, noch nicht festgelegt. Es ist also abzusehen, dass Sie noch etliche Angaben in Ihrem Text werden ändern müssen, wenn das Produkt fertiggestellt ist. Hier können Ihnen die Textmarken von Word entscheidend weiterhelfen.

Die Lösung für diese Problemstellung ist simpel: Sie erstellen einfach ein Dokument, in dem Sie alle variablen Daten des Projekts zusammenstellen. Benötigen Sie z.B. den Preis des Produkts, so geben Sie einfach eine Zahl in der gewünschten Größenordnung ein und weisen ihr die Textmarke *Preis* zu.

Nach dieser Vorarbeit können Sie mit den folgenden Schritten auf die Früchte Ihrer Arbeit zugreifen:

1. Wechseln Sie zur Registerkarte *Einfügen* und klicken Sie in der Gruppe *Text* zuerst auf den Pfeil der Schaltfläche *Objekt* und dann auf *Text aus Datei.* Markieren Sie die Datei, in der Sie die Textmarken gespeichert haben.
2. Klicken Sie auf die Schaltfläche *Bereich* und geben Sie den Namen der Textmarke ein.
3. Klicken Sie auf den Pfeil der Schaltfläche *Einfügen*, um das Menü zu öffnen, und wählen Sie *Als Verknüpfung einfügen.*

Dem eingefügten Text ist seine Flexibilität auf den ersten Blick nicht anzusehen. Wenn Sie jedoch mit der Tastenkombination Alt+F9 zur Anzeige der Feldfunktionen umschalten, sehen Sie, dass Word keinen reinen Text, sondern das Feld *INCLUDETEXT* in das Dokument aufgenommen hat. In diesem Feld ist sowohl der Name der Textmarke als auch der Name der Datei gespeichert, in der diese Textmarke zu finden ist. (Weitere Informationen zu Feldern finden Sie in Kapitel 27.)

{ INCLUDETEXT "C:\\Eigene Dateien\\Akte.docx" Preis }

Verknüpfung aktualisieren

Haben sich die Daten in der Quelldatei der Textmarke geändert, können Sie sie durch das Aktualisieren des Feldes in Ihr Dokument übernehmen. Dazu setzen Sie einfach den Cursor in den eingefügten Text bzw. die Feldfunktion und drücken F9. Um alle verknüpften Textmarken auf den neuen Stand zu bringen, markieren Sie vor dem Drücken der F9-Taste das gesamte Dokument.

Anstelle von F9 können Sie auch auf die *Office-Schaltfläche* klicken, auf *Vorbereiten* zeigen und schließlich auf *Verknüpfungen mit Dateien bearbeiten* klicken. Im Dialogfeld *Verknüpfungen* können Sie dann die Aktualisierung mit der Schaltfläche *Jetzt aktualisieren* vornehmen. Außerdem können Sie über das Dialogfeld eine andere Quelle festlegen, wenn Sie z.B. die Datei in einen anderen Ordner kopiert haben.

Bild 38.8 Bearbeiten der Verknüpfung

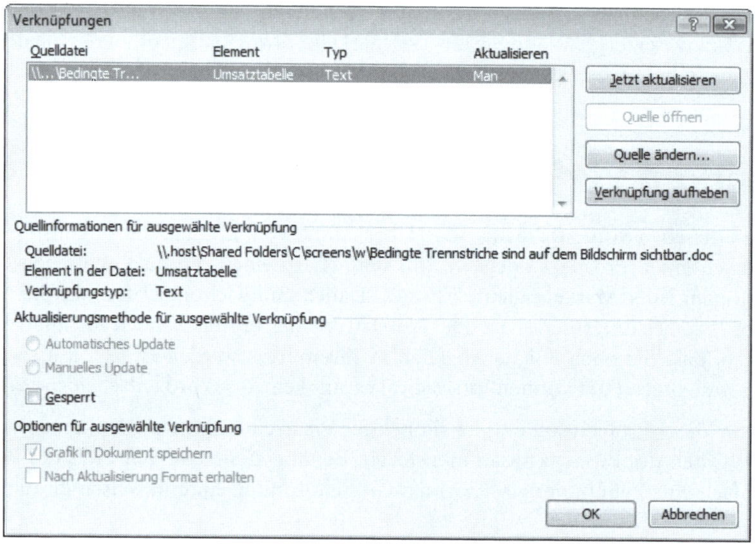

Sie können bei der Aktualisierung sogar den umgekehrten Weg gehen. Das heißt, Sie ändern die eingefügte Textmarke und können diese Änderung dann in die Quelldatei übertragen. Diesen Vorgang nennt man in Word Quellaktualisierung. Stellen Sie dazu die Einfügemarke in die geänderte Textmarke und drücken Sie Strg+⇧+F7. Anschließend können Sie sich davon überzeugen, dass die Änderung in der Quelldatei »angekommen« ist.

Übernahme von Formatierungen aus der eingefügten Datei

Der mit der Feldart *{ INCLUDETEXT }* aufgenommene Teil einer Datei behält seine ursprünglichen Druckformate und Zeichenformatierungen, wenn der Text eine Absatzmarke enthält. Fehlt die Absatzmarke, übernimmt der eingefügte Text die Formatierung der Zieldatei.

Wenn der eingefügte Text mit einer Abschnittsmarke endet, bleibt die Abschnittsformatierung im Zieldokument erhalten. Anderenfalls übernimmt der eingefügte Text die Abschnittsmerkmale der Zielstelle.

Zusammenfassung

In diesem Kapitel haben Sie gelernt, wie Sie innerhalb von umfangreichen Dokumenten navigieren können und wie Sie Querverweise in Dokumente einfügen:

- Mit der Registerkarte *Gehe zu* des Dialogfeldes *Suchen und Ersetzen* können Sie gezielt zu einer gewünschten Seite oder einem bestimmten Textelement springen. Den Befehl rufen Sie am schnellsten mit der Taste F5 auf (Seite 708).
- Mit Textmarken können Sie beliebige Stellen eines Dokuments kennzeichnen, um von anderer Stelle darauf verweisen zu können (Seite 709).
- Querverweise können nicht nur auf Textmarken, sondern auch auf Überschriften, Fuß- und Endnoten, Abbildungen und Tabellen verweisen. Zum Einfügen verwenden Sie am besten die Schaltfläche *Querverweis,* die Sie in der Gruppe *Hyperlinks* auf der Registerkarte *Einfügen* finden (Seite 713).
- Mit Word können auch Querverweise auf andere Dokumente erstellt werden. Sie haben dabei die Wahl zwischen statischen und verknüpften Querverweisen (Seite 715).

Kapitel 39

Inhaltsverzeichnis erstellen

In diesem Kapitel:

Wenn Sie ein langes Dokument, eine wissenschaftliche Arbeit oder ein Buch-Manuskript schreiben, gehört zu diesen Texten natürlich auch ein Inhaltsverzeichnis. Das manuelle Erstellen eines Inhaltsverzeichnisses wäre allerdings nicht nur eine zeitraubende, sondern auch eine fehlerträchtige Aufgabe, die Sie besser an Word delegieren.

Und Word hat auch auf diesem Gebiet einiges zu bieten: Wenn Sie die Überschriften Ihrer Dokumente mit den dafür vorgesehenen Formatvorlagen formatiert haben, müssen Sie für Ihr Inhaltsverzeichnis nicht viel mehr als einen einzigen Mausklick investieren.

Von dieser »Ein-Klick-Lösung für den Sofortgebrauch« wollen wir einen Bogen bis hin zur selbst erstellten Feldfunktion spannen, mit der Sie den Umfang und die Funktionalität eines Inhaltsverzeichnisses präzise steuern können.

Inhaltsverzeichnisse aus dem Baukasten

Wir beginnen das Kapitel mit einem Beispiel, in dem wir Ihnen zunächst einmal demonstrieren, wie schnell sich ein Inhaltsverzeichnis mit Word erstellen lässt. Wir werden dazu eine Übungsdatei verwenden, die Sie aus Kapitel 34, in dem wir Ihnen die Gliederungsfunktion vorgestellt haben, bereits kennen.

1. Öffnen Sie die Beispieldatei *Inhaltsverzeichnis.*
2. Setzen Sie die Einfügemarke an den Anfang des Dokuments.
3. Wechseln Sie auf die Registerkarte *Verweise* und klicken Sie auf die Schaltfläche *Inhaltsverzeichnis.* Sie sehen dann folgendes Ausklappmenü:

Bild 39.1 Das Menü zum Einfügen von Inhaltsverzeichnissen

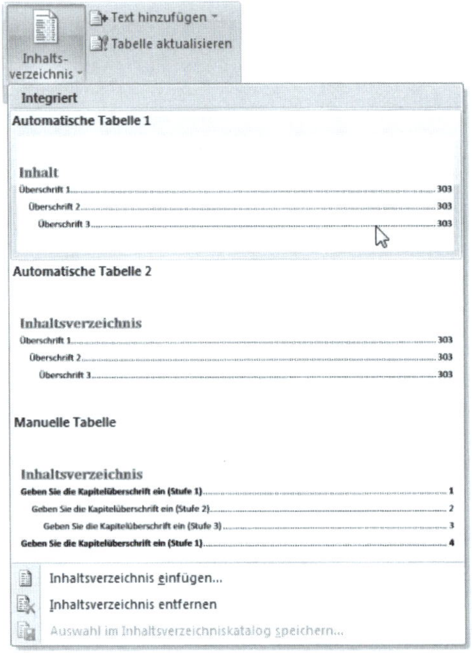

4. Wählen Sie eines der beiden automatischen Formate aus. Word fügt dann das fertige Inhaltsverzeichnis an der aktuellen Position der Einfügemarke ein.

Bild 39.2 Das fertige Inhaltsverzeichnis

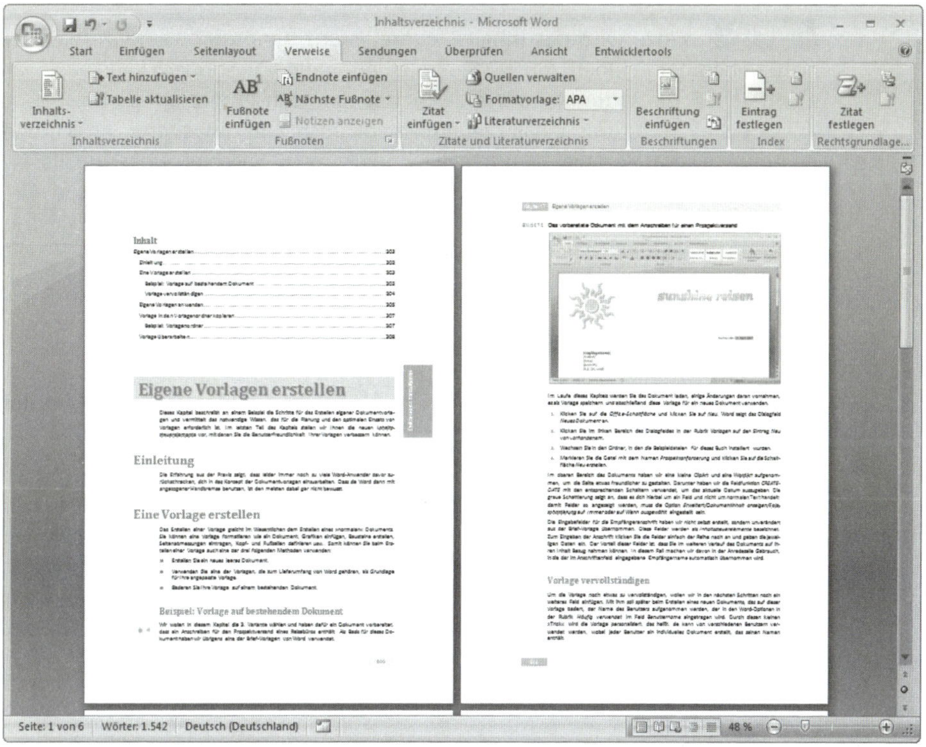

5. Klicken Sie das Wort »Inhalt« an. Jetzt können Sie erkennen, dass Word das Verzeichnis in ein Inhaltssteuerelement eingefügt hat. (Inhaltssteuerelemente behandeln wir in diesem Buch in Kapitel 17.)

Bild 39.3 Das Verzeichnis ist in ein Inhaltssteuerelement eingebettet

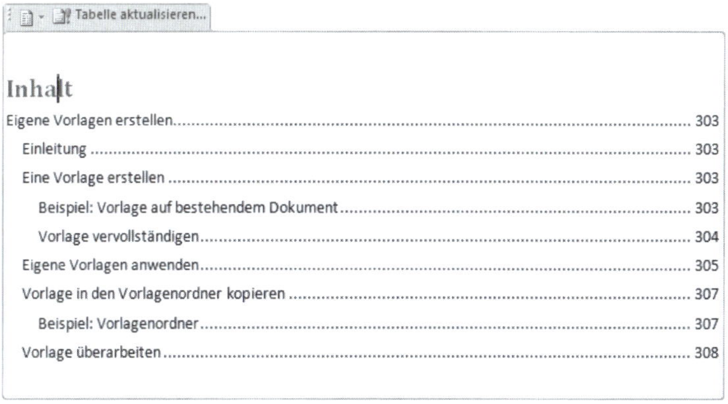

Das Inhaltsverzeichnis lässt sich so wunderbar leicht erstellen, da im Beispieldokument für die Formatierung der Überschriften die Formatvorlagen *Überschrift 1* bis *Überschrift 3* benutzt wurden. Auf diese Weise war es für Word problemlos möglich, die Überschriften im Dokument zu identifizieren.

HINWEIS **Wozu wird das Inhaltssteuerelement benötigt?** Ein Inhaltsverzeichnis muss sich nicht unbedingt in einem Inhaltssteuerelement befinden, sondern kann auch »alleine« im Dokument stehen. Sie sollten Inhaltsverzeichnisse dennoch immer auf die im Beispiel beschriebene Weise erstellen, da das Inhaltssteuerelement auch eine erweiterte, unsichtbare Funktionalität mitbringt. Diese Vorteile kommen besonders beim Löschen eines Inhaltsverzeichnisses zum Tragen, da das Inhaltssteuerelement in diesem Fall auch dafür sorgt, dass im Dokument »aufgeräumt« wird, indem es unsichtbare Textmarken löscht.

Inhaltsverzeichnis formatieren

Ein Inhaltsverzeichnis können Sie prinzipiell wie einen normalen Text bearbeiten. Das heißt, Sie können den Inhalt eines automatisch erstellen Verzeichnisses nicht nur formatieren, sondern auch nachträglich ergänzen.

Formatierungen sollten Sie sinnvollerweise direkt an den zugrunde liegenden Formatvorlagen *Verzeichnis 1* bis *Verzeichnis 9* vornehmen. Da diese Formatvorlagen standardmäßig so eingestellt sind, dass sie sich automatisch aktualisieren, können Sie die Änderungen auch direkt im Verzeichnis durchführen. Wenn Sie zum Beispiel einen Absatz der obersten Verzeichnisebene markieren und dann seine Schriftgröße ändern, wird die neue Formatierung von allen anderen Absätzen mit dieser Ebene übernommen.

Inhaltsverzeichnis aktualisieren

Wenn sich die Überschriften, aus denen das Inhaltsverzeichnis erstellt wurde, geändert haben, werden Sie in der Regel auch das Inhaltsverzeichnis aktualisieren wollen. Diese Aktualisierung wird von Word nicht selbstständig vorgenommen, denn wie Sie im letzten Abschnitt gelernt haben, können Sie ein automatisch erzeugtes Inhaltsverzeichnis manuell bearbeiten – und diese Änderungen gehen bei einer Aktualisierung unter Umständen verloren.

Zum Aktualisieren eines Inhaltsverzeichnisses klicken Sie entweder auf den Reiter des Inhaltssteuerelements auf *Tabelle aktualisieren* oder Sie klicken das Verzeichnis an und drücken die Taste F9. In beiden Fällen erscheint folgendes Dialogfeld, mit dem Sie entscheiden können, ob Sie nur die Seitenzahlen oder das gesamte Verzeichnis aktualisieren wollen:

Bild 39.4 Nachfrage beim Aktualisieren eines Inhaltsverzeichnisses

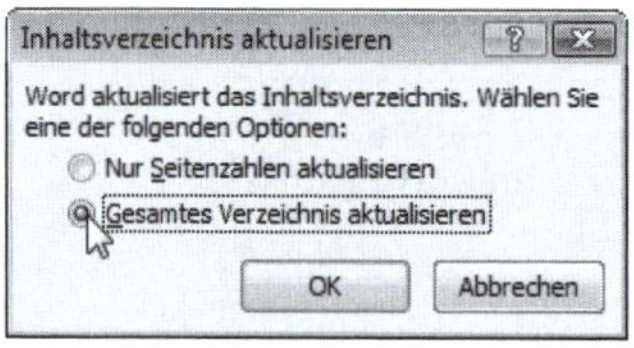

Inhaltsverzeichnis löschen

Wenn Sie ein Inhaltsverzeichnis löschen wollen, sollten Sie dazu immer den dafür vorgesehenen Befehl *Inhaltsverzeichnis entfernen* verwenden und das Verzeichnis nicht mit Entf löschen. Sie finden den Befehl im Ausklappmenü der Schaltfläche *Inhaltsverzeichnis,* die sich auf der Registerkarte *Verweise* und im Reiter des Inhaltssteuerelements befindet.

Bild 39.5 Ein Inhaltsverzeichnis sollten Sie immer über den Befehl *Inhaltsverzeichnis entfernen* löschen

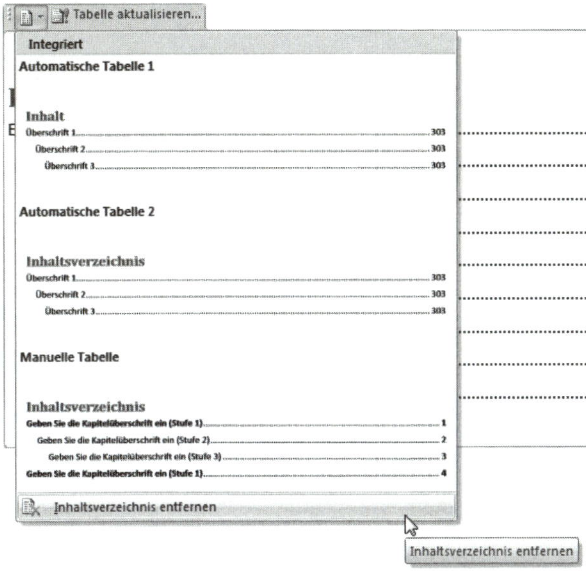

Die Gliederungsebene

Die so genannte *Gliederungsebene* spielt im Zusammenhang mit Inhaltsverzeichnissen eine ganz zentrale Rolle. Wir wollen Sie daher in diesem Abschnitt mit ein wenig Theorie versorgen, denn erst mit diesem Wissen können Sie die Fähigkeiten von Word beim Erstellen von Inhaltsverzeichnissen voll ausloten.

Die zehn Gliederungsebenen von Word

Jedem (!) Absatz eines Word-Dokuments ist eine Gliederungsebene zugewiesen, wobei Word insgesamt zwischen zehn verschiedenen Gliederungsebenen unterscheidet:

- **Ebene 1 … Ebene 9** *Ebene 1* ist die oberste, *Ebene 9* die unterste Ebene.
- **Textkörper** Diese Gliederungsebene ist dem »normalen« Text vorbehalten, der keiner der anderen neun Ebenen zugeordnet wurde.

Bei der Gliederungsebene handelt es sich also um ein Formatierungsmerkmal auf Absatzebene, ähnlich wie z. B. die Ausrichtung oder der Einzug eines Absatzes. Diese Formatierung kann einem Absatz daher entweder direkt oder über eine Formatvorlage zugewiesen werden.

Gliederungsebene eines Absatze anzeigen und ändern

Wenn Sie einen Absatz mit der rechten Maustaste anklicken und im Kontextmenü den Befehl *Absatz* aufrufen, können Sie im Dialogfeld *Absatz* auf der Registerkarte *Einzüge und Abstände* nachsehen, welche Gliederungsebene der Absatz besitzt (bzw. ihm eine neue Ebene zuweisen).

Bild 39.6 Zuweisen einer neuen Gliederungsebene

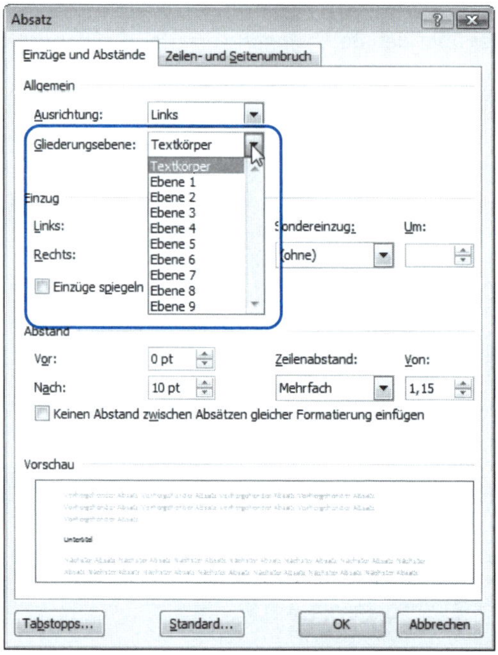

Diese Eigenschaft eines Absatzes können Sie auch in der Gliederungsansicht ändern (siehe Kapitel 34), indem Sie ihm mit den Schaltflächen *Höher stufen* und *Tiefer stufen* der Registerkarte *Gliederung* eine neue Ebene zuweisen.

Und auch auf der Registerkarte *Verweise* gibt es eine Schaltfläche, die die Gliederungsebene eines Absatzes beeinflusst: Es ist die Schaltfläche *Text hinzufügen* aus der Gruppe *Inhaltsverzeichnis*, die einem Absatz eine der Gliederungsebenen *Textkörper, Ebene 1, Ebene 2* oder *Ebene 3* zuweist.

Die Formatvorlagen Überschrift 1 bis Überschrift 9

Natürlich kann die Gliederungsebene auch über eine Formatvorlage zugewiesen werden. Hier kommt den Formatvorlagen *Überschrift 1* bis *Überschrift* 9 eine besondere Rolle zu, denn sie unterscheiden sich in zwei wichtigen Punkten von »normalen« Formatvorlagen:

- Sie können die Formatvorlagen *Überschrift 1* bis *Überschrift* 9 nicht löschen.
- Sie können die Gliederungsebenen der Formatvorlagen *Überschrift 1* bis *Überschrift* 9 nicht ändern.

Mit diesen Einschränkungen soll gewährleistet werden, dass Ihnen immer ein funktionierender und gewissermaßen unzerstörbarer Mechanismus zum Erstellen von Inhaltsverzeichnissen zur Verfügung steht.

Inhaltsverzeichnis bearbeiten

Mit dem Wissen aus dem letzten Abschnitt wollen wir nun etwas tiefer in die Materie einsteigen und einen Blick hinter die Kulissen werfen. Wir stellen Ihnen dazu zunächst das Dialogfeld *Inhaltsverzeichnis* vor und machen Sie anschließend mit der Feldfunktion TOC bekannt, die sich hinter jedem Inhaltsverzeichnis verbirgt.

Das Dialogfeld *Inhaltsverzeichnis*

Im ersten Beispiel dieses Kapitels haben Sie ein Standard-Inhaltsverzeichnis eingefügt. Dieser Weg empfiehlt sich, wenn Sie keine großen Ansprüche an das Aussehen eines Inhaltsverzeichnisses stellen und mit den Vorgaben von Word zufrieden sind. Wenn Sie jedoch Einfluss auf den Inhalt und die Gestaltung des Verzeichnisses nehmen wollen, müssen Sie einen anderen Weg einschlagen:

1. Öffnen Sie wieder die Beispieldatei *Inhaltsverzeichnis* und setzen Sie die Einfügemarke an den Anfang des Dokuments.
2. Wechseln Sie auf die Registerkarte *Verweise* und wählen Sie im Menü der Schaltfläche *Inhaltsverzeichnis* den Befehl *Inhaltsverzeichnis einfügen.* Word zeigt dann das folgende Dialogfeld an.

Bild 39.7 Im Dialog *Inhaltsverzeichnis* können Sie Inhalt und Gestalt des Verzeichnisses beeinflussen

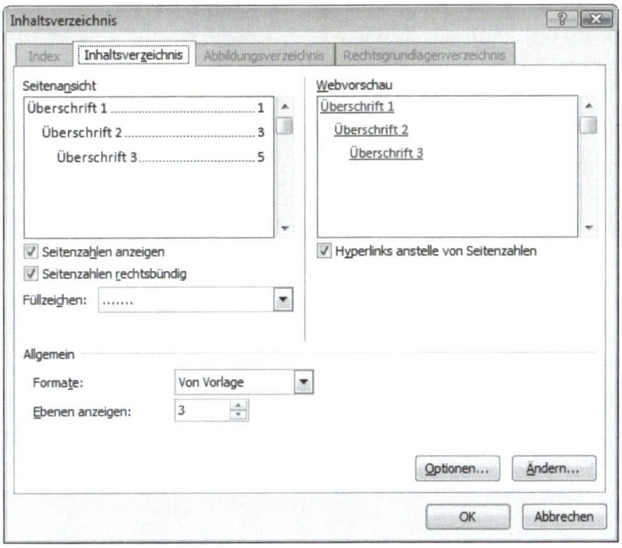

3. Im oberen Bereich dieses Dialogfeldes können Sie einstellen, ob das Inhaltsverzeichnis Seitenzahlen enthalten soll und wie diese formatiert werden. Die Wirkung Ihrer Einstellungen können Sie direkt in den beiden Vorschaubereichen des Dialogfeldes beurteilen.
4. Im Listenfeld *Formate* legen Sie fest, ob das Inhaltsverzeichnis auf Basis der aktuellen Einstellungen der Formatvorlagen *Verzeichnis 1* bis *Verzeichnis 9* formatiert werden soll oder ob eine der Standardeinstellungen *Klassisch, Modern, Elegant* usw. zum Einsatz kommen sollen.
5. Die Anzahl der Gliederungsebenen steuern Sie mit dem Feld *Ebenen anzeigen.*

Optionen für Inhaltsverzeichnis

Wenn Sie im Dialogfeld *Inhaltsverzeichnis* auf die Schaltfläche *Optionen* klicken, erscheint das folgende Dialogfeld, mit dem Sie genau festlegen können, aus welchen Inhalten Word das Verzeichnis aufbaut.

Bild 39.8 Hier können Sie festlegen, welche Absätze in das Inhaltsverzeichnis gelangen

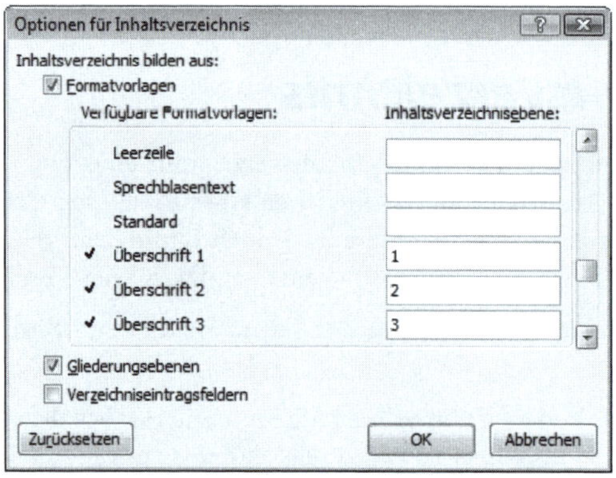

In diesem Dialogfeld wird am besten deutlich, dass Word sich beim Erstellen eines Inhaltsverzeichnisses aus drei verschiedenen »Textpools« bedient:

- **Formatvorlagen** Word kann alle Absätze berücksichtigen, die eine bestimmte Formatvorlage besitzen. Normalerweise sind dies die Formatvorlagen *Überschrift 1* bis *Überschrift 3*. Sie können dem Inhaltsverzeichnis jedoch auch beliebige andere Formatvorlagen zugrunde legen, indem Sie in der Spalte *Inhaltsverzeichnisebene* eine andere Zuordnung vornehmen.
- **Gliederungsebenen** Wenn diese Option eingeschaltet ist, werden alle Absätze berücksichtigt, die eine passende Gliederungsebene besitzen. Das heißt, wenn Sie einem beliebigen Absatz z. B. die Gliederungsebene 1 zuweisen, taucht er im Inhaltsverzeichnis auf. Genau dies passiert, wenn Sie auf der Registerkarte *Verweise* die Schaltfläche *Text hinzufügen* benutzen.
- **Verzeichniseintragsfelder** Mit der Feldfunktion TC können Sie beliebige Inhalte in ein Verzeichnis schleusen. Sie funktioniert ähnlich wie ein Indexeintrag, d. h. sie ist im Dokument nicht sichtbar. Weitere Informationen finden Sie im Dialogfeld *Feld* (siehe dazu auch den Tipp auf der folgenden Seite).

Sie können für ein Verzeichnis jede beliebige Kombination dieser Quellen »anzapfen«, indem Sie die entsprechenden Optionsfelder ein- bzw. ausschalten.

Die Feldfunktion TOC

Wie Sie im letzten Abschnitt gesehen haben, können Sie mit dem Dialogfeld *Inhaltsverzeichnis* das Aussehen eines Inhaltsverzeichnisses schon recht genau steuern. Die volle Kontrolle erhalten Sie jedoch erst, wenn Sie sich an die Feldfunktion heranwagen, die dem Inhaltsverzeichnis zugrunde liegt. Wenn man sich einmal an deren etwas kryptische Syntax gewöhnt hat, ist das im Prinzip auch nicht besonders schwierig. (Feldfunktionen haben wir in Kapitel 27 ausführlich beschrieben.)

Um die Feldfunktion auf dem Bildschirm anzuzeigen und zu bearbeiten, gehen Sie so vor:

1. Erstellen Sie ein Inhaltsverzeichnis, wie wir es zu Beginn dieses Kapitels beschrieben haben. Am besten verwenden Sie eine der beiden ersten Varianten aus dem Menü der Schaltfläche *Inhaltsverzeichnis*, da Word das Feld dann direkt in ein Inhaltssteuerelement einfügt.
2. Setzen Sie die Einfügemarke direkt vor die erste Zeile des Inhaltsverzeichnisses und drücken Sie [⇧]+[F9]. Das Inhaltssteuerelement sieht anschließend so aus wie im nächsten Bild. Um wieder zur Anzeige des Feldergebnisses zu gelangen, drücken Sie erneut [⇧]+[F9].

Bild 39.9 Die Feldfunktion *TOC* im Inhaltssteuerelement

Die Wirkungsweise der TOC-Funktion steuern Sie über die verschiedenen Schalter, von denen wir die wichtigsten in der Tabelle auf der nächsten Seite zusammengestellt haben.

3. Fangen Sie am besten klein an und ändern Sie die Anzahl der anzuzeigenden Gliederungsebenen, indem Sie »\o "1-3"« zum Beispiel durch »\o "2-2"« ersetzen.
4. Nach der Änderung müssen Sie das TOC-Feld mit [F9] aktualisieren. Für die Beispieldatei *Inhaltsverzeichnis* sollten Sie dann folgendes Ergebnis erhalten:

Bild 39.10 Das Inhaltsverzeichnis zeigt jetzt nur noch die zweite Ebene an

TIPP **Informationen über Feld-Schalter aufrufen** Wenn Sie sich über die Schalter eines Feldes informieren möchten, um sich zum Beispiel einen Überblick über die generellen Fähigkeiten des Feldes zu verschaffen oder um die Syntax eines bestimmten Schalters nachzuschlagen, rufen Sie am besten das Dialogfeld *Feld* auf.

Dazu wählen Sie entweder im Auswahlmenü der Schaltfläche *Schnellbausteine* (auf der Registerkarte *Einfügen)* den Befehl *Feld* oder Sie klicken ein Feld im Dokument mit der rechten Maustaste an und wählen in seinem Kontextmenü den Befehl *Feld bearbeiten.*

Anschließend lassen Sie im Dialogfeld *Feld* die Feldfunktionen für das Feld anzeigen und rufen mit der Schaltfläche *Optionen* das Dialogfeld *Feldoptionen* auf. Dieses Dialogfeld enthält eine Liste, in der alle Schalter der ausgewählten Feldfunktion aufgeführt sind. Klicken Sie einfach einen der Listeneinträge an, um eine kurze Beschreibung des Schalters zu erhalten.

Tabelle 39.1 Wichtige Schalter des TOC-Feldes für Inhaltsverzeichnisse

Schalter	Beschreibung
\b "*Textmarke*"	Word berücksichtigt für das Inhaltsverzeichnis nur den Bereich, der durch die angegebene Textmarke festgelegt wird.
\f	Nimmt die durch TC-Felder festgelegten Inhalte in das Verzeichnis auf. Der Schalter entspricht der Option *Verzeichniseintragsfeldern* im Dialogfeld *Optionen für Inhaltsverzeichnis* (siehe Bild 39.8).
\h	Seitenzahlen werden als Hyperlinks dargestellt.
\n *Ebenen*	Schaltet die Seitenzahlen aus. Sie können das Unterdrücken der Seitenzahlen auch auf bestimmte Ebenen beschränken. Beispiel: \n 2-3
\o *Ebenen*	Nimmt Absätze auf, die mit den internen Formatvorlagen *Überschrift 1* bis *Überschrift 9* formatiert sind.
\p "*c*"	Trennzeichen zwischen Text und Seitenzahl. Sie können maximal 5 Zeichen eingeben. Standardmäßig verwendet Word einen Tabulator mit Füllpunkten.
\t	Gibt die Formatvorlagen an, die für das Inhaltsverzeichnis berücksichtigt werden sollen. Diese Einstellung nehmen Sie besser im Dialogfeld *Optionen für Inhaltsverzeichnis* vor (siehe Bild 39.8).
\u *Ebenen*	Nimmt alle Absätze in das Verzeichnis auf, die mit den angegebenen Gliederungsebenen formatiert sind. Korrespondiert mit der Option *Gliederungsebenen* des Dialogfelds *Optionen für Inhaltsverzeichnis* (siehe Bild 39.8).
\w	Normalerweise werden Tabulatoren in Überschriften im Inhaltsverzeichnis entfernt. Mit diesem Schalter können Sie das verhindern.
\x	Entspricht \w für Zeilenschaltungen.
\z	Unterdrückt die Seitenzahlen in der Weblayoutansicht.

Verzeichnis aus mehreren Dateien erstellen

Ein längerer Text besteht selten aus einer einzigen Datei. Wenn Sie für mehrere zusammengehörende Dateien ein gemeinsames Verzeichnis oder einen Index mit fortlaufenden Seitenzahlen erstellen wollen, können Sie die Zentraldokument-Funktion verwenden, die wir in Kapitel 35 vorgestellt haben.

Es gibt aber noch einen anderen Weg, den wir übrigen auch bei der Herstellung dieses Buches benutzt haben: Dabei kommt die Feldfunktion RD (referenced document = Dokument, auf das Bezug genommen wird) zum Einsatz, die speziell für den Einsatz mit den Feldfunktionen TOC und INDEX vorgesehen ist.

Allgemeine Vorgehensweise

Um mit Hilfe der RD-Feldfunktion ein Verzeichnis zu erstellen, das auf mehreren Dokumenten basiert, müssen Sie folgende Schritte durchführen:

1. Erstellen Sie ein Hauptdokument, das für alle benötigten Dateien ein RD-Feld enthält.
2. Nehmen Sie die Feldfunktion für das Verzeichnis (also TOC oder INDEX) in das Hauptdokument auf. Sie können dabei alle Schalter der Feldfunktion verwenden.
3. Stellen Sie für die einzelnen Dokumente die korrekte Seitenzahl ein.
4. Aktualisieren Sie die Feldfunktion im Hauptdokument (z. B. mit [F9]).

Beispiel: Inhaltsverzeichnis aus mehrere Dateien

Für das folgende Beispiel haben wir die drei Übungsdateien *A, B* und C erstellt. Diese Dokumente enthalten jeweils drei Überschriften, denen die Formatvorlagen *Überschrift 1* bis *Überschrift 3* zugewiesen sind. Für diese Dateien soll nun ein gemeinsames Inhaltsverzeichnis erstellt werden.

Schritt 1: Hauptdokument erstellen

Zuerst erstellen Sie ein neues Dokument und fügen dort die benötigten RD-Felder ein:

1. Legen Sie ein neues Dokument an und speichern Sie es. Am einfachsten ist es, wenn Sie das Dokument in dem gleichen Ordner speichern, in dem sich auch die Beispieldateien befinden.
2. Schalten Sie die Anzeige der Formatierungssymbole ein. Verwenden Sie dazu entweder den Shortcut [⇧]+[Strg]+[*] oder klicken Sie auf der Registerkarte *Start* in der Gruppe *Absatz* auf die Schaltfläche *Alle anzeigen.*
3. Drücken Sie [Strg]+[F9], um eine leere Feldfunktion einzufügen. Auf dem Bildschirm tauchen zwei geschweifte Klammern ({}) auf.
4. Tippen Sie innerhalb der Klammern **RD A.docx** ein. Falls sich die Datei *A* in einem anderen Verzeichnis befindet, müssen Sie entweder den gesamten Pfad angeben oder eine relative Pfadangabe vornehmen. Bei einem relativen Pfad ergänzen Sie zusätzlich den Schalter \f. Beachten Sie, dass Sie in einer Pfadangabe den Backslash verdoppeln müssen, damit Word ihn nicht als Einleitungszeichen für einen Schalter interpretiert.

   Anschließend sollte das RD-Feld etwa so aussehen

   - { **RD A.docx** } (Datei befindet sich im gleichen Verzeichnis)
   - { **RD C:\\Beispiele\\A.docx** } (absolute Pfadangabe)
   - { **RD ..\\Kapitel\\A.docx \f** } (relative Pfadangabe)
5. Duplizieren Sie das RD-Feld zweimal und passen Sie die Kopien für die Dateien *B* und *C* an.
6. Schalten Sie die Anzeige der Formatierungszeichen wieder aus. Die RD-Felder verschwinden vom Bildschirm. Damit haben Sie den Grundstein für das übergeordnete Inhaltsverzeichnis gelegt.

Schritt 2: Feldfunktion für das Inhaltsverzeichnis einfügen

1. Wechseln Sie auf die Registerkarte *Verweise.*
2. Klicken Sie auf die Schaltfläche *Inhaltsverzeichnis* und wählen Sie in deren Menü eine der beiden automatischen Varianten aus.

   Sobald Sie das Verzeichnis eingefügt haben, beginnt Word damit, die in den RD-Feldern angegebenen Dateien zu durchsuchen. Diesen Vorgang können Sie in der Statuszeile beobachten. Wenn Sie sich beim Erstellen der RD-Felder nicht vertan haben, sehen Sie anschließend das neue Inhaltsverzeichnis.

Bild 39.11 Das Inhaltsverzeichnis der drei Beispieldateien (mit eingeblendeten RD-Feldern)

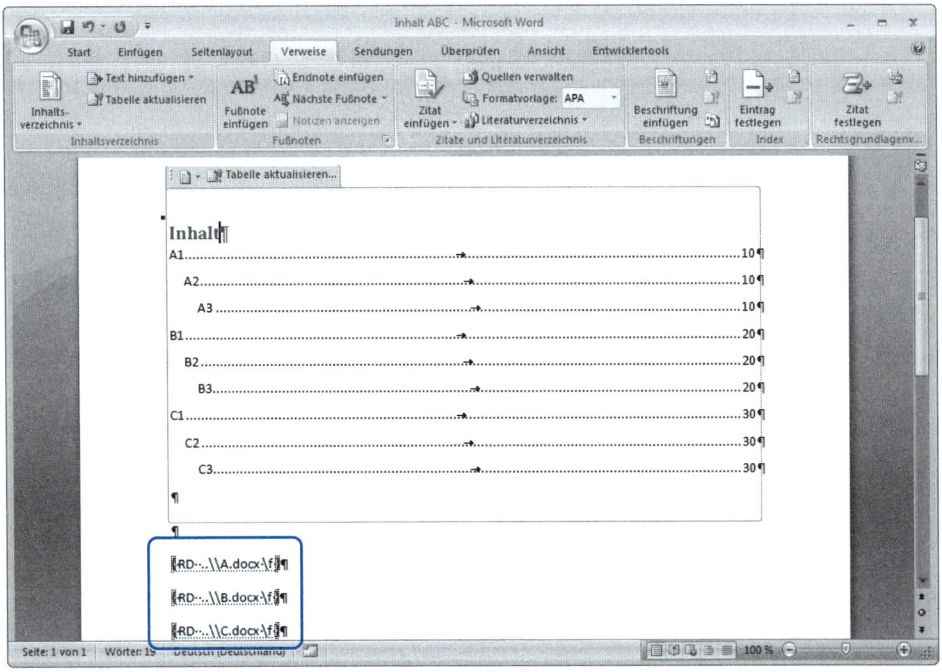

In der obigen Abbildung können Sie unterhalb des Verzeichnisses die drei RD-Felder erkennen, die die Verbindung zu den drei Beispieldateien herstellen. Wie Sie sehen, spielt es keine Rolle, ob sich dieser Felder unter- oder oberhalb des Inhaltsverzeichnisses befinden.

Schritt 3: Seitenzahlen anpassen

Nun müssen Sie (leider) noch in allen Dateien manuell die Startnummer für die Seitennummerierung ändern. Dieser Schritt ist gewissermaßen der Wermutstropfen dieser Lösung. Aber da ein Inhaltsverzeichnis üblicherweise erst dann erstellt wird, wenn alle anderen Dateien fertig gestellt sind, handelt es sich dabei in der Praxis um keine große Einschränkung.

1. Öffnen Sie die erste Datei.
2. Zeigen Sie die Registerkarte *Einfügen* an, klicken Sie in der Gruppe *Kopf- und Fußzeile* auf die Schaltfläche *Seitenzahl* und wählen Sie in deren Menü den Befehl *Seitenzahl formatieren.*

Bild 39.12 Start der Seitenzählung festlegen

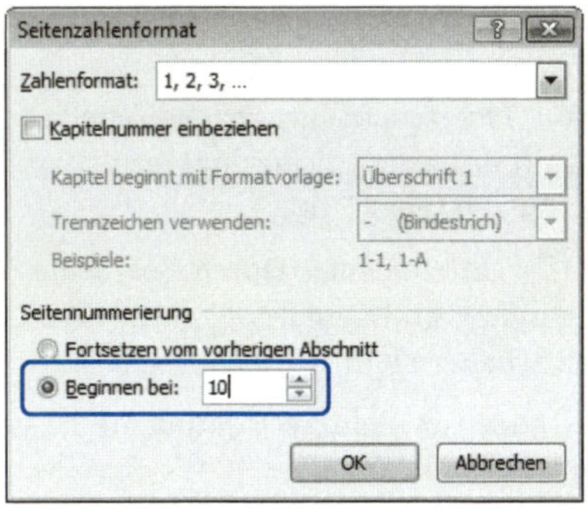

3. Geben Sie die gewünschte Seitenzahl im Feld *Beginnen mit* ein und klicken Sie auf *OK*.
4. Gehen Sie zur letzten Seite der Datei und merken Sie sich deren Seitennummer. Anschließend können Sie die Datei wieder schließen.
5. Öffnen Sie nun die nächste Datei und tragen Sie dort die passende Anfangsseitenzahl ein.
6. Wiederholen Sie die Schritte 4 und 5, bis alle Dateien mit der richten Seitenzahl beginnen.

Schritt 4: Inhaltsverzeichnis aktualisieren

Jetzt müssen Sie noch das Inhaltsverzeichnis aktualisieren, damit die geänderten Seitenzahlen übernommen werden:

1. Wechseln Sie zu dem Dokument, in dem sich das Inhaltsverzeichnis befindet.
2. Setzen Sie die Einfügemarke in das Inhaltsverzeichnis und drücken Sie F9.

Zusammenfassung

In diesem Kapitel haben Sie die Funktionen kennengelernt, mit denen Sie ein Inhaltsverzeichnis erstellen und anpassen können:

- Am schnellsten kommen Sie mit einem der Inhaltsverzeichnis-Bausteine zum Ziel. Word fügt das Inhaltsverzeichnis dann in ein Inhaltssteuerelement ein (Seite 722).
- In diesem Inhaltssteuerelement kann das Verzeichnis wie ein normaler Text bearbeitet und formatiert werden (Seite 724).
- Beim Aktualisieren eines Verzeichnisses können Sie entscheiden, ob Sie das gesamte Verzeichnis ersetzen wollen oder nur die Seitenzahlen aktualisieren möchten (Seite 724).
- Um ein Verzeichnis zu löschen, sollten Sie den Befehl *Inhaltsverzeichnis entfernen* verwenden. Dieser Befehl sorgt dafür, dass verborgene Textmarken gelöscht werden, die Word beim Erstellen eines Verzeichnisses in das Dokument eingefügt hat (Seite 725).
- Word entscheidet normalerweise anhand der Gliederungsebene eines Absatzes, ob er in das Inhaltsverzeichnis aufgenommen wird oder nicht (Seite 725).
- Die Gliederungsebene eines Absatzes kann über eine Formatvorlage oder manuell zugewiesen werden (Seite 726).

- Mit dem Dialogfeld *Inhaltsverzeichnis* können wichtige Eigenschaften eines Inhaltsverzeichnisses kontrolliert werden. Sie können zum Beispiel die Position der Seitenzahlen festlegen und zwischen verschiedenen Formatierungsarten wählen (Seite 727).
- Im Dialogfeld *Optionen für Inhaltsverzeichnis* steuern Sie, welche Inhalte in das Verzeichnis aufgenommen werden sollen. Word kann dazu die Gliederungsebene, vorgegebene Formatvorlagen und Verzeichniseintragsfelder nutzen (Seite 728).
- Inhaltsverzeichnisse werden durch TOC-Felder erzeugt. Durch Bearbeiten der Feldfunktion können Sie den größten Einfluss auf Umfang und Gestaltung eines Verzeichnisses nehmen. Dazu müssen Sie das Feld mit Hilfe von Schaltern konfigurieren (Seite 728).
- Um ein Inhaltsverzeichnis oder einen Index für mehrere Dokumente zu erstellen, die nicht von einem Zentraldokument verwaltet werden, können Sie RD-Felder einsetzen. Diese Felder stellen eine Verknüpfung zu den einzelnen Dokumenten her, so dass Word auf deren Inhalt zugreifen kann (Seite 731).

Kapitel 40

Stichwortverzeichnis erstellen

In diesem Kapitel:

Die meisten Bücher (so auch dieses) besitzen einen Index, in dem der Leser zu einzelnen Stichwörtern die Angabe einer Seitenzahl oder einen Verweis auf inhaltsverwandte Indexeinträge finden kann. Bei einem kurzen Text ist es vielleicht noch möglich, den Index von Hand zu erstellen. Bei größeren Projekten wäre dies eine langwierige und fehlerträchtige Arbeit.

Mit der Hilfe von Word geht die Erstellung eines Index deutlich leichter von der Hand. Wir zeigen Ihnen in diesem Kapitel Schritt für Schritt, wie Sie Ihre Dokumente aufbereiten müssen, damit Word daraus einen automatischen Index erzeugen kann.

Das Prinzip der Index-Funktion

Word unterscheidet zwischen den Begriffen *Index* und *Indexeintrag*. Während der Begriff »Index« das fertige Stichwortverzeichnis meint, versteht man unter einem Indexeintrag eine im Dokument verborgene Textstelle, deren Inhalt in den Index übernommen werden soll.

Zum Erstellen eines Stichwortverzeichnisses gehören demnach zwei verschiede Arbeitsschritte:

1. Damit Word weiß, welche Einträge in das Stichwortverzeichnis aufgenommen werden sollen, müssen Sie diese zunächst markieren bzw. in das Dokument einfügen. Hierzu wird an den betreffenden Stellen die Feldfunktion XE (Indexeintrag) aufgenommen (entweder manuell oder mit Hilfe des Dialogfeldes *Indexeintrag festlegen)*. Darüber hinaus gibt es in Word auch die Möglichkeit, die Indexeinträge mit Hilfe einer Konkordanzdatei automatisch festlegen zu lassen. Auf diese Spezialität gehen wir weiter hinten in diesem Kapitel noch genauer ein.
2. Anschließend fügen Sie den eigentlichen Index ein. Dabei handelt es sich ebenfalls um eine Feldfunktion, nämlich die Funktion INDEX.

Indexeinträge festlegen

Wie soeben erwähnt, wird beim Festlegen eines Indexeintrags die Feldart XE in den Text aufgenommen. Ein typisches Beispiel für solch ein Feld sieht folgendermaßen aus:

{XE "Grafik" \i}

Wie die meisten Feldfunktionen besteht auch das XE-Feld aus vier Teilen:

- dem Felderkennungszeichen {}
- der Angabe der Feldart: XE
- der Angabe des Textes für den Index, der in Anführungszeichen eingeschlossen wird
- den möglichen Schaltern für die Formatierung des Eintrags. In dem Beispiel bewirkt der Schalter \i, dass die Seitenzahl kursiv formatiert wird.

Ein XE-Feld wird, wie andere Felder auch, als ausgeblendeter (verborgener) Text formatiert. Sie erkennen diese Art der Formatierung an einer punktierten Unterstreichung. Um einen Indexeintrag auf dem Bildschirm anzuzeigen, schalten Sie entweder in den Word-Optionen in der Kategorie *Anzeigen* die Option *Ausgeblendeten Text* ein oder – was deutlich schneller geht – Sie verwenden den Shortcut [⇧]+[Strg]+[*], um alle Formatierungszeichen einzublenden.

Indexeintrag einfügen

Am schnellsten können Sie einen Indexeintrag mit dem Shortcut ⇧+Alt+X aufnehmen. Dadurch wird das Dialogfeld *Indexeintrag festlegen* angezeigt, das Sie auch über die Schaltfläche *Eintrag festlegen* der Registerkarte *Verweise* aufrufen können.

1. Öffnen Sie ein Dokument, in das Sie Indexeinträge einfügen wollen.
2. Markieren Sie ein Wort, das Sie in den Index aufnehmen wollen.
3. Rufen Sie das Dialogfeld *Indexeintrag festlegen* auf, am besten direkt mit ⇧+Alt+X. Dies ist gleichzeitig eine gute Übung, um die Gelenkigkeit Ihrer linken Hand zu trainieren. ;)

Bild 40.1 Word hat das markierte Wort ins Dialogfeld übernommen

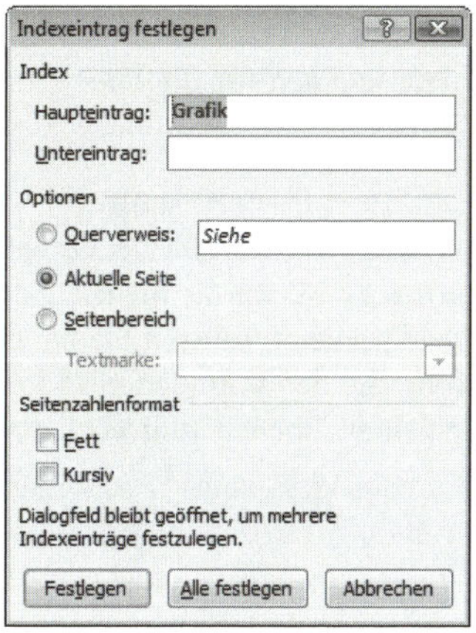

Wie Sie sehen, hat Word den markierten Begriff in das Feld *Haupteintrag* übernommen.

4. Wenn Sie einen einfachen Eintrag erstellen wollen, lassen Sie das Feld *Untereintrag* frei, sonst geben Sie einen entsprechenden Begriff ein.
5. Mit den Feldern der Gruppe *Optionen* können Sie entscheiden, welche Art von Eintrag Sie erstellen möchten:
   - **Querverweis** Für Einträge wie »Grafik, *siehe* Illustration«
   - **Aktuelle Seite** Normaler Indexeintrag mit Angabe einer Seitenzahl
   - **Seitenbereich** Fügt den Seitenzahlbereich einer Textmarke ein
6. Wenn Sie einen einzelnen Indexeintrag erstellen wollen, klicken Sie jetzt auf *Festlegen.* Mit der Schaltfläche *Alle festlegen* erreichen Sie, dass Word für jedes Vorkommen des Begriffs einen Indexeintrag erstellt. Das hört sich vielleicht ganz praktisch an, führt aber in der Regel zu völlig unbrauchbaren Stichwortverzeichnissen, da ein Begriff natürlich auch dann aufgenommen wird, wenn er nur kurz erwähnt, aber nicht weiter erläutert wird.

Das Dialogfeld bleibt nach dem Festlegen eines Eintrags so lange auf dem Bildschirm stehen, bis Sie es explizit schließen. Sie haben dadurch die Möglichkeit, mehrere Indexeinträge zu erstellen, ohne dafür den Befehl immer wieder neu aufrufen zu müssen.

Außerdem übernimmt das Dialogfeld jedes Mal den momentan markierten Text in das Feld *Haupteintrag*, sobald sie es anklicken.

Haupt- und Untereinträge

Stichwortverzeichnisse bestehen häufig aus mehreren Ebenen, sie besitzen Haupt- und Untereinträge. Um bei der Festlegung eines Indexeintrages den Haupt- von seinem Untereintrag zu unterscheiden, finden Sie im oberen Bereich des Dialogs neben dem Feld *Haupteintrag* noch das Feld *Untereintrag*. Wenn Sie beide Textfelder ausfüllen, werden sie von Word im XE-Feld durch einen Doppelpunkt getrennt. Das XE-Feld sieht dann zum Beispiel folgendermaßen aus:

{XE "Grafik:einfügen"}

Bei der Erstellung eines Standard-Index erscheinen der Haupt- und Untereintrag jeweils in einer eigenen Zeile, wobei die Untereinträge gegenüber dem Haupteintrag eingerückt werden.

Beachten Sie, dass die Seitennummer bei unserem Beispiel nur für den Untereintrag ausgegeben wird. Dies wäre auch der Fall, wenn es sich um einen Untereintrag der dritten, vierten oder fünften Ebene handeln würde. Wenn Sie wollen, dass Word für jede Ebene die Seitenzahl mit aufnimmt, müssen Sie mehrere Einträge in den Text aufnehmen: je einen für die Ebene, die eine Seitenzahl erhalten soll. In unserem Fall wären dies also zwei Einträge:

{XE "Grafik"}{XE "Grafik:einfügen"}

Sie können in einem Index bis zu neun Ebenen verwenden, obwohl die Verwendung von neun Ebenen den Index eher unübersichtlicher als klarer macht. Wenn Sie mehr als die beiden Ebenen verwenden wollen, die Ihnen Word in dem Dialogfeld anbietet, müssen Sie bei der Eingabe selbst die Doppelpunkte eingeben. Es reicht dann aus, wenn Sie den kompletten Indexeintrag mit allen Ebenen in das Feld *Haupteintrag* eingeben; die einzelnen Ebenen müssen lediglich durch einen Doppelpunkt getrennt sein.

Seitenbereich festlegen

Normalerweise wird im Index für jeden Indexeintrag nur eine Seitenzahl ausgegeben. In manchen Fällen ist es jedoch wünschenswert, auf Textpassagen zu verweisen, die sich über mehrere Seiten erstrecken. Um dies zu erreichen, müssen Sie die Textpassage markieren und ihr eine Textmarke zuweisen (vgl. Kapitel 38). Sie können dann das Listenfeld *Textmarke* öffnen und aus der Liste die passende Textmarke auswählen. Word nimmt dann in den Index die erste und die letzte Seitenzahl des Bereichs auf. Beispiel: »Grafik, 123-135«.

Sonderzeichen verwenden

Anführungszeichen, die in einem Indexeintrag erscheinen sollen, können Sie im Textfeld Haupt- oder Untereintrag genauso eingeben, wie sie nachher vorkommen sollen. Wenn Sie dort z. B. eingeben: »Grafik:"aufpeppen"«, macht Word daraus folgendes Feld:

{XE "Grafik:\"aufpeppen\""}

Word fügt also vor den Anführungszeichen den umgekehrten Schrägstrich (Backslash) ein, der signalisiert, dass das folgende Zeichen seine besondere Bedeutung innerhalb des XE-Feldes verliert und als normaler Text behandelt wird. Falls Sie einen Doppelpunkt in einem Eintrag verwenden wollen, müssen Sie den Backslash bereits im Dialogfeld eingeben, damit der Doppelpunkt nicht als Signal für einen Untereintrag interpretiert wird.

Indexeinträge automatisch markieren

Mit Word können Sie Ihre Indexeinträge sogar automatisch erstellen. Dazu benötigen Sie eine so genannte *Konkordanzdatei*. Eine Konkordanzdatei ist ein Word-Dokument, in das Sie eine zweispaltige Tabelle aufnehmen. Tragen Sie in die linke Spalte den Begriff ein, nach dem Word suchen soll und in die rechte Spalte den Indexeintrag, den Word für diesen Begriff erstellen soll. Achten Sie darauf, dass Sie die Begriffe in der Groß-/Kleinschreibung eingeben, wie sie im Dokument erscheinen bzw. im Index stehen sollen.

Anschließend können Sie mit folgenden Schritten Ihre Dokumente automatisch mit Indexeinträgen versehen lassen:

1. Öffnen Sie das Dokument, für das Sie Indexeinträge erstellen wollen.
2. Klicken Sie auf der Registerkarte *Verweise* in der Gruppe *Index* auf die Schaltfläche *Index einfügen*. Word zeigt dann das Dialogfeld *Index* an.
3. Klicken Sie im Dialogfeld auf die Schaltfläche *AutoMarkierung*. Word zeigt dann das Dialogfeld *Index-AutoFestlegungsdatei öffnen* an.
4. Standardmäßig geht Word davon aus, dass die Konkordanzdatei im »alten« Word-Format vorliegt. Wenn Sie Ihre Konkordanzdatei im neuen Dateiformat abgespeichert haben, müssen Sie daher zunächst als Dateiformat *Word-Dokumente* einstellen, damit die Datei im Dialogfeld angezeigt wird.
5. Wählen Sie Ihre Konkordanzdatei aus und klicken Sie auf *Öffnen*. Word durchsucht dann die Datei nach den Begriffen, die in der linken Spalte der Konkordanztabelle eingetragen haben und erstellt die zugehörigen Indexeinträge.

HINWEIS **Indexeinträge werden nur einmal pro Absatz eingefügt** Beim automatischen Markieren von Indexeinträgen sorgt Word dafür, dass Indexeinträge nicht mehrfach in den gleichen Absatz eingefügt werden. Das heißt, selbst wenn ein bestimmter Begriff mehrmals in einem Absatz gefunden wird, fügt Word lediglich einen Indexeintrag ein.

Das gilt auch für den Fall, dass zwei verschiedenen Begriffen der gleiche Indexeintrag zugeordnet wurde. Nehmen Sie zum Beispiel an, in Ihrer Konkordanzdatei haben Sie für die Begriffe »Illustration« und »Bild« jeweils den Indexeintrag »Grafik« festgelegt. Wenn nun ein Absatz sowohl das Wort »Illustration« als auch das Wort »Bild« enthält, fügt Word dennoch nur einen Indexeintrag ein.

Index erzeugen

Nachdem Sie alle gewünschten Indexeinträge in das Dokument eingefügt haben, können Sie Word anweisen, den Index zu generieren. Dabei prüft Word zuerst, ob im Dokument bereits ein Index vorhanden ist. In diesem Fall können Sie sich entscheiden, ob Sie den vorhandenen Index aktualisieren, d. h. ersetzen wollen oder ob Word einen weiteren Index in das Dokument einfügen soll.

1. Öffnen Sie ein Dokument, in dem sich einige Indexeinträge befinden.
2. Setzen Sie die Einfügemarke an die Stelle, an der Word den Index einfügen soll (das ist üblicherweise das Ende des Dokuments).

3. Zeigen Sie die Registerkarte *Verweise* an und klicken Sie in der Gruppe *Index* auf die Schaltfläche *Index einfügen.* Word zeigt das Dialogfeld *Index* an.

Bild 40.2 Dialogfeld zum Einfügen eines Stichwortverzeichnisses (Index)

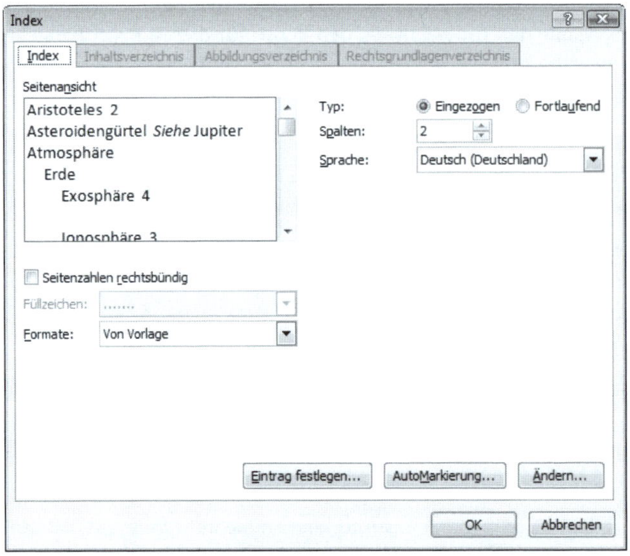

4. Legen Sie in der Gruppe *Typ* fest, ob Sie einen eingezogenen oder einen fortlaufenden Index erstellen wollen. Bei einem eingezogenen Index stehen die Untereinträge unter dem Haupteintrag. Beim fortlaufenden Index werden die Untereinträge in der gleichen Zeile wie der Haupteintrag ausgegeben.
5. Im Feld *Spalten* können Sie die Spaltenanzahl für den Index festlegen. Hier sind Werte im Bereich von 1 bis 4 möglich. Word fügt vor dem Index automatisch einen Abschnittswechsel ein, um die neue Spaltenanzahl formatieren zu können.
6. Im Listenfeld *Formate* bietet Ihnen Word einige Formatierungsvorschläge für Ihren Index an. Stellen Sie die verschiedenen Optionen ein und beurteilen Sie im Vorschaufenster, ob sie Ihnen gefallen.
7. Wenn Sie das Optionsfeld *Seitenzahlen rechtsbündig* einschalten, nimmt Word zwischen dem Eintrag und der Seitenzahl einen Tabulator auf. Sie können dann in der Liste *Füllzeichen* eine der Varianten auswählen, die auch bei der Formatierung der Tabstopps benutzt werden.
8. Bestätigen Sie die vorgenommenen Einstellungen und klicken Sie auf *OK,* damit Word den Index in Ihr Dokument einfügt.

Die automatischen Index-Formatvorlagen

Wenn Sie im Listenfeld *Formate* den Eintrag *Von Vorlage* wählen, wird gleichzeitig die Schaltfläche *Ändern* aktiviert. Über diese Schaltfläche gelangen Sie zum Dialogfeld *Formatvorlage.* Dort können Sie die Formatierung der neun Indexebenen vornehmen, wie Sie es bereits von den anderen Formatvorlagen her kennen.

Bild 40.3 Über dieses Dialogfeld lassen sich die Index-Formatvorlagen bequem bearbeiten

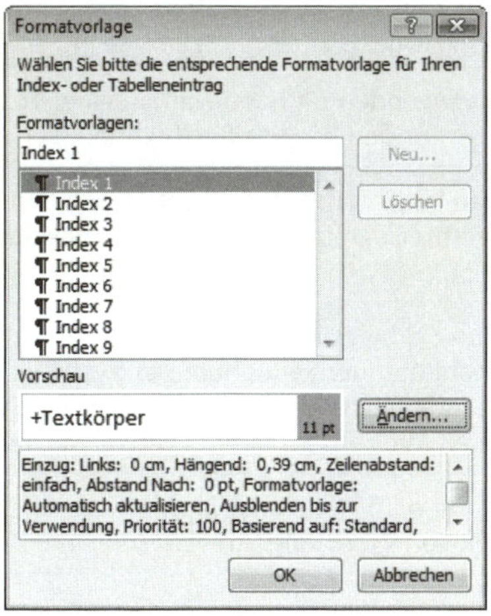

Index aus mehreren Dokumenten erstellen

Wenn sich die Einträge, aus denen Sie ein Stichwortverzeichnis erstellen wollen, in mehreren Dateien befinden, können Sie diese entweder über ein Zentraldokument miteinander koppeln oder Sie greifen mit Hilfe von RD-Feldern von einer zentralen Datei darauf zu.

Hinweise zur Verwendung von Zentraldokumenten finden Sie in Kapitel 35. Das Verfahren mit RD-Feldern haben wir im letzten Kapitel am Beispiel eines Inhaltsverzeichnisses ausführlich vorgestellt (ab Seite 730). Sie können diese Beschreibung problemlos auf die Erzeugung eines Index übertragen.

Die Feldfunktion INDEX

Wenn Sie mit dem Dialogfeld *Index* einen Index erstellen, fügt Word keinen »normalen« Text in Ihr Dokument ein, sondern eine Feld-Funktion. Sie kennen diese Technik bereits aus dem letzten Kapitel, in dem wir uns mit Inhaltsverzeichnissen beschäftigt haben. Während dort die Feldfunktion TOC verwendet wurde, benutzt Word für ein Stichwortverzeichnis die Funktion INDEX.

Da wir den Umgang mit Feldfunktionen bereits mehrfach beschrieben haben, beschränken wir uns an dieser Stelle auf einige kurze Hinweise:

- Zum Ein- und Ausblenden der Feldfunktion setzen Sie die Einfügemarke in das Stichwortverzeichnis und drücken die Tastenkombination [⇧]+[F9].
- Um das Stichwortverzeichnis zu aktualisieren, markieren Sie es und drücken [F9].
- Das genaue Verhalten einer Feldfunktion wird mit Schaltern gesteuert. In der Tabelle auf der nächsten Seite haben wir für Sie die Schalter des INDEX-Feldes für Sie zusammengestellt. Bitte beachten Sie, dass Sie einen Teil der Schalterargumente in Anführungszeichen einschließen müssen, andere jedoch nicht.

Tabelle 40.1 Die Schalter der Feldart *INDEX*

Schalter	Beschreibung
\b Textmarke	Wenn Sie den Schalter \b verwenden und den Namen einer Textmarke angeben, wird der Index nur für den Bereich der Textmarke erstellt.
\c Zahl	Erstellt einen mehrspaltigen Index. Wenn Sie beispielsweise »\c 3« eingeben, erzeugt Word einen dreispaltigen Index. Es sind maximal vier Spalten möglich.
\d "Zeichen"	Mit dem Schalter \d können Sie bis zu fünf Zeichen festlegen, die von Word zwischen der Folgezahl und der Seitennummer ausgegeben werden sollen. Word verwendet standardmäßig den Bindestrich. Dieser Schalter kann nur zusammen mit dem Schalter \s verwendet werden.
\e "Zeichen"	Legt das/die Zeichen fest, mit dem/denen der Eintrag von der Seitenzahl getrennt wird. Die Vorgabe von Word sind zwei Leerzeichen.
\f Zeichen	Verwendet für den Index nur diejenigen XE-Felder, die mit dem gleichen Zeichen markiert sind. In diesem Buch haben zum Beispiel die XE-Felder für den Praxisindex die Form *{ XE "Eintrag" \f p }*. Der Praxisindex kann dann mit der Funktion *{ INDEX \f p }* erstellt werden.
\g Zeichen	Legt das/die Zeichen fest, mit dem/denen von Word die Zahlen einer Seitenfolge getrennt werden. Die Vorgabe ist der Bindestrich (-). Sie können maximal 5 Zeichen angeben.
\h "Zeichen"	Legt das Zeichen fest, mit dem die einzelnen Buchstabenabschnitte voneinander getrennt werden. In diesem Buch haben wir zum Beispiel den Schalter »\h "A" verwendet, damit Word den jeweiligen Großbuchstaben vor die einzelnen Buchstabenabschnitte setzt.
\k	Legt das Trennzeichen zwischen Querverweisen und anderen Einträgen fest.
\l "Zeichen"	Legt das Zeichen fest, mit dem die einzelnen Seitenzahlen im Index voneinander getrennt werden. Die Vorgabe von Word ist das Komma.
\p Buchst1-Buchst2	Erstellt den Index nur für die angegebenen Buchstaben.
\r	Erstellt einen fortlaufenden Index. Dieser Schalter entspricht dem gleichnamigen Optionsfeld im Dialogfeld *Index*.
\s SEQ-Name	Legt fest, dass die aktuelle Nummer der Folge mit dem Erkennungszeichen SEQ-Name den ersten Teil der Seitenzahl bildet, die aus Kapitelnummer und Seite besteht.
\y	Ermöglicht die Verwendung von Yomi-Text in Indexeinträgen. Nach unseren Recherchen handelt es sich dabei um Hinweise zur korrekten Aussprache von japanischen Wörtern, die eine unübliche Aussprache besitzen (vor allem Eigennamen). Wenn Sie diesen Schalter benötigen, verstehen Sie von diesem Thema sicherlich mehr als wir.
\z "####"	Legt die Sprache fest, die Word dem Index zuweist. Um zum Beispiel für einen Index als Sprache Englisch festzulegen, verwenden Sie den Schalter *\z "1033"*.

Trennzeichen festlegen

Da zum Festlegen der verschiedenen Trennzeichen gleich drei Schalter benötigt werden, wollen wir auf diese Schalter noch etwas näher eingehen.

Bild 40.4 Die verschiedenen Trennzeichen in einem Stichwortverzeichnis

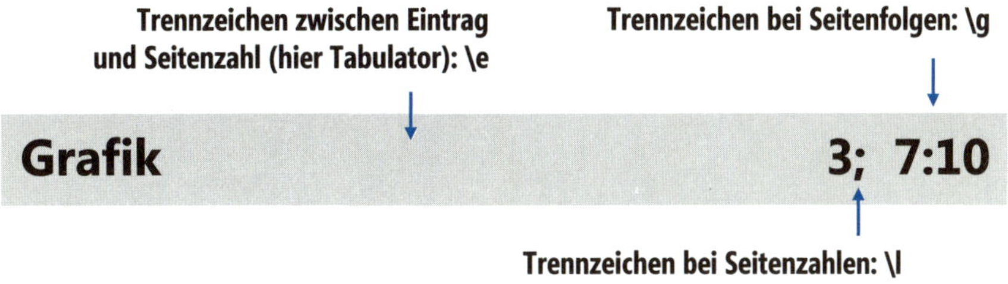

Mit dem Schalter \e können Sie bis zu fünf Zeichen festlegen, die zwischen dem Eintrag und den Seitenzahlen ausgegeben werden. Word verwendet standardmäßig zwei Leerzeichen als Trennzeichen. Sinnvoll ist beispielsweise die Verwendung des Tabulators, wenn Sie die Seitenzahlen rechtsbündig ausrichten wollen.

Der Schalter \g legt das Zeichen fest, das zwischen zwei Zahlen einer Seitenfolge ausgegeben wird. Seitenfolgen im Index erhalten Sie, wenn Sie einen Indexeintrag mit dem Schalter \r und einer Textmarke aufnehmen. Für Seitenfolgen verwendet Word normalerweise den Bindestrich. Beachten Sie, dass Sie das Zeichen nicht in Anführungszeichen setzen dürfen.

Das dritte Trennzeichen, das Sie festlegen können, trennt die einzelnen Seitenzahlen voneinander. Sie geben dazu hinter dem Schalter \l (jetzt wieder in Anführungszeichen) bis zu drei Zeichen an. Auch hier sind neben Buchstaben und Sonderzeichen auch das Leerzeichen und der Tabulator erlaubt.

Zusammenfassung

In diesem Kapitel haben Sie gelernt, wie Sie Ihre Dokumente mit einem Stichwortverzeichnis ausstatten können.

- Die Einträge, aus denen das Verzeichnis gebildet werden soll, müssen mit XE-Feldern in das Dokument eingefügt werden (Seite 736).
- Ein Stichwortverzeichnis kann bis zu neun Ebenen enthalten. Die einzelnen Ebenen müssen im XE-Feld durch Doppelpunkte getrennt werden (Seite 738).
- Mit Hilfe einer Konkordanzdatei lassen sich Indexeinträge automatisch erstellen (Seite 739).
- Um ein Stichwortverzeichnis einzufügen, klicken Sie auf der Registerkarte *Verweise* in der Gruppe *Index* auf die Schaltfläche *Index einfügen* (Seite 739).
- Stichwortverzeichnisse werden von der Feldfunktion INDEX erzeugt, die Sie mit Hilfe von Schaltern konfigurieren können (Seite 741).

Teil H

Word 2007 an eigene Bedürfnisse anpassen

In diesem Teil:

Kapitel 41

Optionen einstellen

In diesem Kapitel:

In diesem Kapitel stellen wir Ihnen die zahlreichen Einstellungsmöglichkeiten von Word 2007 vor, mit denen Sie das Verhalten von Word und die Bildschirmdarstellung der Dokumente an Ihre Wünsche und Bedürfnisse anpassen können. Wir beschränken uns dabei auf die Beschreibung der wichtigsten Optionen.

Die Palette reicht vom Ein- und Ausschalten des Warntons bis hin zur Wahl der verwendeten Maßeinheit. Schauen Sie sich die Optionen der Reihe nach an, da sich neben vielen banalen auch einige wichtige Funktionen dahinter verstecken.

Um das Dialogfeld aufzurufen, mit dem Sie die Word-Optionen einsehen und bearbeiten können, öffnen Sie das Menü der *Office-Schaltfläche* und klicken dort auf die Schaltfläche *Word-Optionen.* Word zeigt dann das Dialogfeld *Word-Optionen* an, in dem die verschiedenen Optionen thematisch in Gruppen zusammengefasst sind, so dass Sie sich relativ schnell darin orientieren können.

Bild 41.1 Die zahlreichen Optionen sind thematisch gegliedert. Wenn Sie mit dem Mauszeiger auf ein Info-Symbol zeigen, erscheint ein kurzer erklärender Text

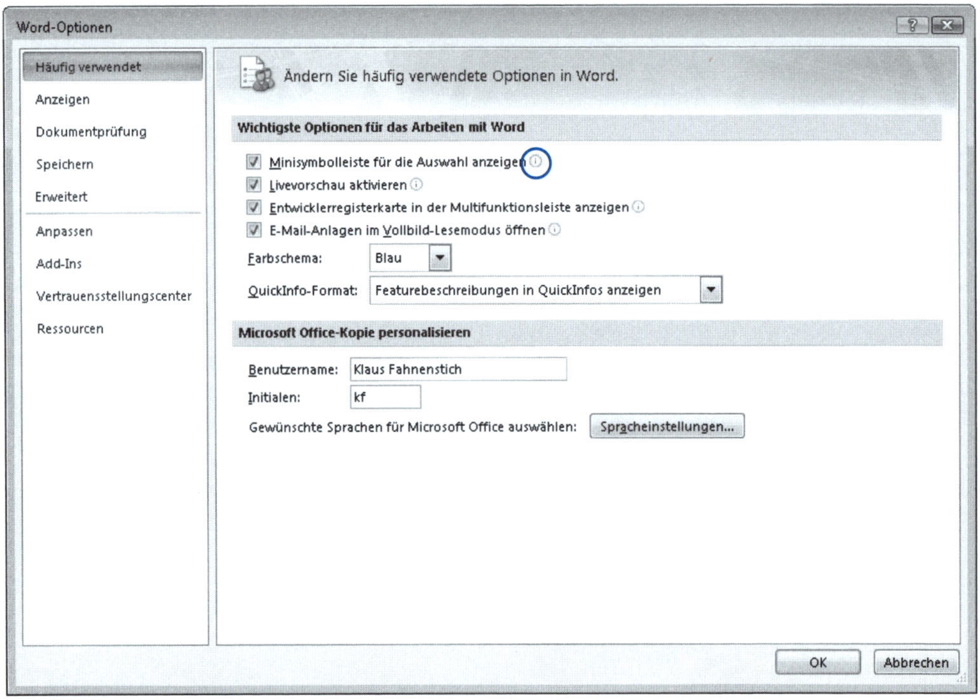

Häufig verwendet

Minisymbolleiste Wenn Sie es als störend empfinden, dass Word jedes Mal die neue Minisymbolleiste einblendet, sobald Sie einen Text markieren, können Sie die Symbolleiste durch Ausschalten der Option vom Bildschirm verbannen.

Livevorschau Auch die in Word 2007 eingeführte Livevorschau lässt sich bei Bedarf deaktivieren. Da diese Funktion das Arbeiten mit Word erheblich erleichtert, sollten Sie dieses Feature nur dann ausschalten, wenn es Sie beim flüssigen Arbeiten mit Word behindert.

Entwicklerregisterkarte in der Multifunktionsleiste anzeigen Wenn Sie diese Option aktivieren, taucht in der Multifunktionsleiste die Registerkarte *Entwicklertools* auf, mit deren Befehle Sie automatisierte Dokumente erstellen können. Eine Einführung in die Makroprogrammierung mit Word finden Sie in Kapitel 21.

Bild 41.2 Mit den Befehlen dieser Registerkarte können Sie zum Beispiel Makros aufzeichnen und interaktive Formulare erstellen

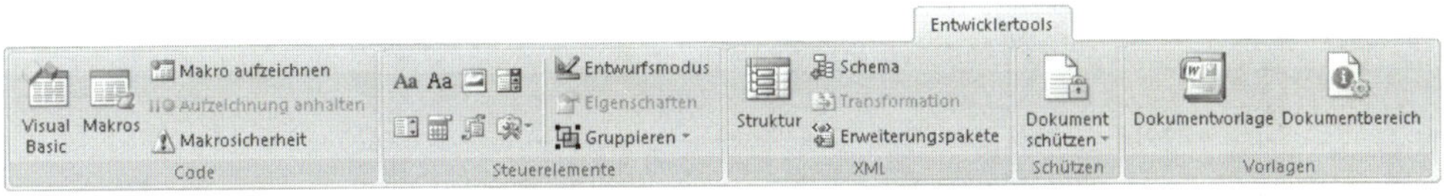

Farbschema Wenn Ihnen die himmelblaue Farbgebung des Wordfensters nicht zusagt, können Sie hier noch zwei andere Varianten, nämlich *Silber* und *Schwarz*, ausprobieren.

QuickInfo-Format QuickInfos sind die kleinen Fenster, die Word automatisch anzeigt, wenn Sie den Mauszeiger über eine Schaltfläche halten. Mit dieser Option können Sie festlegen, ob überhaupt und wenn ja, in welcher Form Word diese QuickInfos anzeigen soll:

- **QuickInfos nicht anzeigen** Die automatische Anzeige wird unterbunden.
- **Featurebeschreibungen in QuickInfos nicht anzeigen** Wenn Sie diese Einstellung auswählen, zeigt Word lediglich den Namen der Schaltfläche an.
- **Featurebeschreibungen in QuickInfos anzeigen** Im QuickInfo erscheint zusätzlich zum Namen der Schaltfläche ein kurzer erläuternder Text. Falls für die Schaltfläche in der Online-Hilfe eine eigene Seite existiert, taucht im QuickInfo-Fenster zusätzlich der Text »Drücken Sie F1, um die Hilfe anzuzeigen« auf (siehe auch Kapitel 4).

Bild 41.3 QuickInfo mit Featurebeschreibung

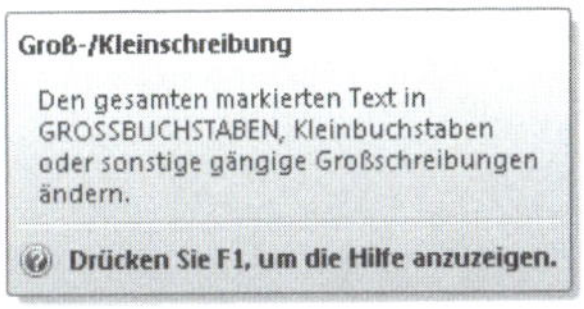

Anzeigen

Leerraum zwischen Seiten in der Drucklayoutansicht anzeigen Diese Option ist normalerweise eingeschaltet und bewirkt, dass Word in der Seitenlayout-Ansicht die Seiten vollständig anzeigt. Mit vollständig ist hier gemeint, dass auch die oberen und unteren Seitenränder auf dem Bildschirm sichtbar sind. Da diese Bereiche aber in aller Regel leer sind, wird wertvoller Platz auf dem Bildschirm verschwendet.

Wenn Sie die Option ausschalten, »schneidet« Word die weißen Ränder ab, so dass die Textbereiche der Seiten direkt aneinander stoßen.

Bild 41.4 Word zeigt die leeren Randbereiche der beiden Seiten nicht mehr an

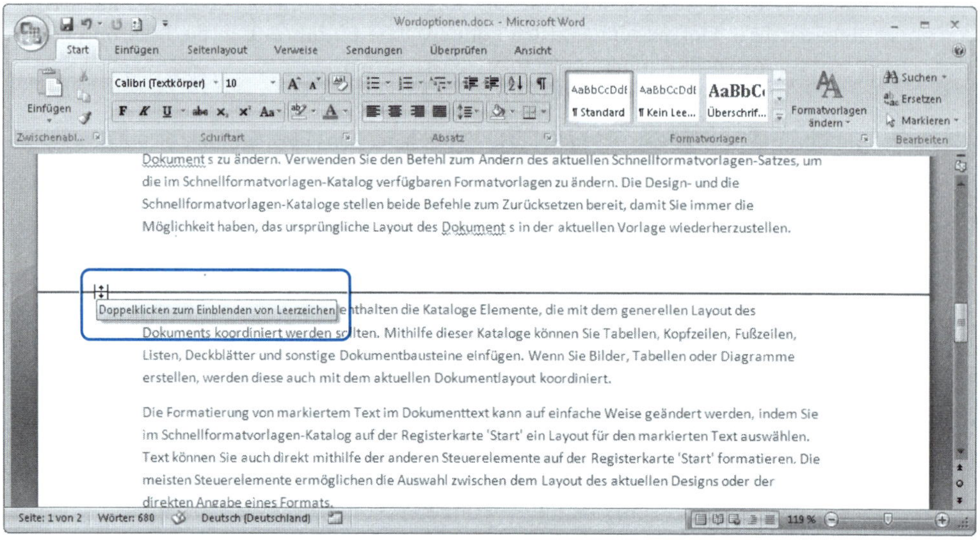
Wordoptionen.docx - Microsoft Word
Start
Einfügen
Seitenlayout
Verweise
Sendungen
Überprüfen
Ansicht
Einfügen
Zwischenabl...
Calibri (Textkörper)
10
Schriftart
Absatz
AaBbCcDdI
¶ Standard
AaBbCcDdI
¶ Kein Lee...
AaBbC
Überschrif...
Formatvorlagen ändern
Formatvorlagen
Suchen
Ersetzen
Markieren
Bearbeiten
Dokument s zu ändern. Verwenden Sie den Befehl zum Ändern des aktuellen Schnellformatvorlagen-Satzes, um die im Schnellformatvorlagen-Katalog verfügbaren Formatvorlagen zu ändern. Die Design- und die Schnellformatvorlagen-Kataloge stellen beide Befehle zum Zurücksetzen bereit, damit Sie immer die Möglichkeit haben, das ursprüngliche Layout des Dokument s in der aktuellen Vorlage wiederherzustellen.
Doppelklicken zum Einblenden von Leerzeichen
enthalten die Kataloge Elemente, die mit dem generellen Layout des Dokuments koordiniert werden sollten. Mithilfe dieser Kataloge können Sie Tabellen, Kopfzeilen, Fußzeilen, Listen, Deckblätter und sonstige Dokumentbausteine einfügen. Wenn Sie Bilder, Tabellen oder Diagramme erstellen, werden diese auch mit dem aktuellen Dokumentlayout koordiniert.
Die Formatierung von markiertem Text im Dokumenttext kann auf einfache Weise geändert werden, indem Sie im Schnellformatvorlagen-Katalog auf der Registerkarte 'Start' ein Layout für den markierten Text auswählen. Text können Sie auch direkt mithilfe der anderen Steuerelemente auf der Registerkarte 'Start' formatieren. Die meisten Steuerelemente ermöglichen die Auswahl zwischen dem Layout des aktuellen Designs oder der direkten Angabe eines Formats.
Seite: 1 von 2
Wörter: 680
Deutsch (Deutschland)
119 %

Um zwischen den beiden Darstellungsarten hin- und herzuschalten, können Sie den Mauszeiger zwischen zwei Seiten positionieren, bis er die Form aus Bild 41.4 annimmt, und dort doppelklicken.

Diese Formatierungszeichen immer auf dem Bildschirm anzeigen Mit den Optionen dieser Gruppe können Sie festlegen, ob bestimmte Formatierungszeichen, unabhängig vom Status der Schaltfläche *Alle anzeigen* (sie befindet sich auf der Registerkarte *Start* in der Gruppe *Absatz),* immer auf dem Bildschirm angezeigt werden sollen.

In Word erstellte Zeichnungen drucken Wenn Sie diese Option ausschalten, werden in Word erstellte Zeichnungen (z.B. SmartArts) nicht ausgedruckt. Die Einstellung bietet sich an, wenn Sie einen schnellen Konzeptausdruck Ihres Dokuments benötigen.

Dokumentprüfung

In dieser Rubrik können Sie das Verhalten der Rechtschreib- und Grammatikprüfung steuern. Dieses Thema wird ausführlich in Kapitel 12 behandelt.

Speichern

AutoWiederherstellen-Informationen speichern Diese Option sollten Sie unbedingt eingeschaltet lassen. Word speichert dann in dem von Ihnen vorgegebenen Rhythmus nicht nur die gerade von Ihnen bearbeiteten Dokumente, sondern darüber hinaus auch Informationen über den aktuellen Zustand von Word selbst.

Wenn Word oder Ihr Rechner aus irgendeinem Grund abstürzt, lädt Word beim nächsten Programmstart nicht nur die zuletzt geöffneten Dateien, sondern versucht zusätzlich, die Bearbeitungssituation kurz vor dem Absturz zu rekonstruieren (wie zum Beispiel die Anordnung der Fenster).

Schriftarten in der Datei einbetten Wenn Sie ein Dokument verschicken, werden Sie in aller Regel wünschen, dass es beim Empfänger genauso aussieht wie bei Ihnen. Damit dieses gelingt, müssen auf dem Computer des Empfängers die im Dokument verwendeten Schriften installiert sein.

Wenn Sie die Option *Schriftarten in der Datei einbetten* einschalten, speichert Word die vom Dokument benötigten Schriften mit im Dokument ab. Beim Anzeigen des Dokuments werden die Schriften dann bei Bedarf automatisch installiert.

Da sich dadurch der Umfang des Dokuments zum Teil deutlich erhöht, können Sie mit der Option *Nur im Dokument verwendete Zeichen einbetten* das Speichern unbenutzter Zeichen vermeiden. Außerdem lässt sich über die Option *Allgemeine Systemschriftarten nicht einbetten* das unnötige Verschicken von Schriften, die mit hoher Wahrscheinlichkeit auf jedem Rechner zu finden sind, vermeiden.

HINWEIS **Beachten Sie die Urheberrechte der Schriften** Seit Jahr und Tag herrscht bei vielen Anwendern die Meinung vor, dass Schriften beliebig kopiert und weitergegeben werden dürfen. Diese Annahme ist jedoch falsch. Auch Schriften unterliegen dem Urheberrecht und der Hersteller einer Schrift kann somit genau festlegen, ob bzw. in welcher Art und Weise seine Schrift weitergegeben werden darf.

Erweitert

Eingabe ersetzt markierten Text Wenn diese Option eingeschaltet ist, wird ein markierter Text durch die Eingabe des nächsten Zeichens überschrieben. Dieses Verhalten löst bei Word-Neulingen oft einen kleinen Schock aus, da sie den Zusammenhang zwischen Tastendruck und Löschen des markierten Textes nicht unmittelbar erkennen. Natürlich sind die gelöschten Daten nicht verloren und können über den Befehl *Rückgängig* wiederhergestellt werden.

Automatisch ganze Wörter markieren Bei aktivierter Option erleichtert Word das wortweise Markieren mit der Maus. Zum Markieren mehrerer Wörter brauchen Sie nur noch in das erste Wort zu klicken und können die Markierung dann wortweise aufziehen. Für das Markieren eines einzelnen Wortes hat diese Option keine Bedeutung, da Sie das am schnellsten über einen Doppelklick erledigen.

Drag und Drop für Text zulassen Mit diesem Optionsfeld können Sie das Umstellen von Text via Drag & Drop ein- bzw. ausschalten. Der Sinn dieser Flexibilität will nicht unbedingt einleuchten. Es mag einen triftigen Grund geben, wir kennen ihn leider nicht!

Automatisch beim Einfügen von AutoFormen einen neuen Zeichenbereich erstellen Zeichenbereiche sollen Sie beim Erstellen von Grafiken unterstützen, die aus mehreren Formen bestehen. Dieses Feature hat sich in der Praxis jedoch nicht richtig durchsetzen können. Außerdem gibt es mit der Einführung der neuen SmartArts heute noch weniger Gründe als früher, aufwändige Grafiken mühselig mit Hilfe von Formen zu erstellen.

EINFG-Taste zum Steuern des Überschreibmodus verwenden Mit dieser Option können Sie ein altes Relikt aus der Mottenkiste von Word herausholen: den Überschreibmodus. In diesem Modus ersetzen neu eingegebene Zeichen den bereits vorhandenen Text.

Es mag zwar Situationen geben, in denen diese Funktion einen gewissen Nutzwert hat. In aller Regel führt es jedoch eher zu Irritationen, wenn Word scheinbar unvermittelt Text überschreibt, nur weil Sie als Anwender unbeabsichtigt die `Einfg`-Taste gedrückt haben.

Klicken und Eingeben aktivieren Wenn Sie den Mauszeiger bei eingeschalteter Option über die Seite bewegen, sehen Sie, dass an dem Mauszeiger das Symbol für die Textausrichtung (linksbündig, zentriert, rechtsbündig) klebt. Wenn Sie dann eine beliebige Stelle doppelt anklicken, setzt Word die Einfügemarke an diese Stelle und Sie können dort Ihren Text eingeben.

Diese Funktion eignet sich besonders für das Erstellen von zentrierten Überschriften, rechtsbündigen Datumsangaben in einem Brief oder um ein einzelnes Wort an eine bestimmte Stelle in das Dokument aufzunehmen. Die notwendigen Formatierungen (Einzüge, Tabulatoren, Textumbruch usw.) werden von Word eigenständig vorgenommen.

Ausschneiden und Einfügen mit Leerzeichenausgleich Mit dieser Option können Sie eine der praktischsten Funktionen von Word ein- bzw. ausschalten. Bei aktivierter Option sorgt Word dafür, dass beim Umstellen von Text die Leerzeichen anschließend richtig gesetzt werden. Wenn Sie zum Beispiel ein Wort an das Satzende stellen, ist automatisch gewährleistet, dass vor dem Punkt kein Leerzeichen steht.

Da sich das Verhalten von Word im Laufe der verschiedenen Programmversionen etwas geändert hat, haben Sie hier zusätzlich noch die Möglichkeit, die genaue Wirkungsweise dieser Funktion zu steuern. Klicken Sie dazu auf die Schaltfläche *Einstellungen* und wählen Sie in dem angezeigten Dialog Ihre bevorzugte Konfiguration.

Bild 41.5 Konfiguration des Leerstellenausgleichs

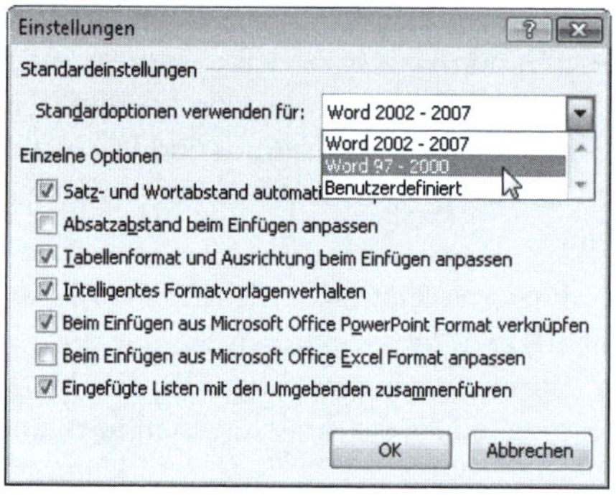

Platzhalter für Grafiken anzeigen Wenn Sie diese Option einschalten, zeigt Word anstelle einer Grafik einen leeren Rahmen an. Diese Option ist zum Beispiel sinnvoll, um einen schnelleren Bildlauf durchzuführen oder um bei einem Testausdruck Zeit und Tinte zu sparen.

Textbegrenzungen anzeigen Bei aktivierter Option macht Word die eingestellten Seitenränder durch eine dünne punktierte Linie auf dem Bildschirm sichtbar. Auf diese Weise können Sie zum Beispiel besser abschätzen, wie weit der Text eine Seite bereits gefüllt hat, das heißt, wie viel Platz auf der Seite noch frei ist.

Diese Anzahl zuletzt verwendeter Dokumente anzeigen Hier stellen Sie ein, wie viele Einträge das Menü der Office-Schaltfläche für die zuletzt von Ihnen bearbeiteten Dateien maximal enthalten soll. Standardmäßig merkt sich Word die letzten 17 Dateien; Sie können diese Liste aber auf bis zu 50 Dateien ausbauen. Wenn Sie nicht möchten, dass jemand feststellen kann, an welchen Dokumenten Sie zuletzt gearbeitet haben, geben Sie hier eine Null ein.

Maße in folgenden Einheiten anzeigen Die im Listenfeld gewählte Maßeinheit wird von Word für das horizontale und das vertikale Lineal und für die meisten Maßangaben in Dialogfeldern verwendet. Einige Maßangaben, wie zum Beispiel die Abstände vor und nach einem Absatz, sind von der Einstellung unabhängig.

Feedback mit Sound bereitstellen Wenn Sie bei der Eingabe eines ungültigen Befehls bzw. einer ungültigen Tastenkombination von Word mit einem akustischen Signal gewarnt werden möchten, dann schalten Sie die Option ein. Das hat zum Beispiel den Vorteil, dass Sie bei falschen Eingaben eine Reaktion von Word bekommen und Fehler so schneller bemerken.

Feedback mit Animation Mit dieser Einstellung können Sie verschiedene animierte Mauszeiger und kleine Animationen in der Statuszeile aktivieren, die erscheinen, wenn Word z.B. ein Dokument druckt oder speichert.

Dateiformatkonvertierung beim Öffnen bestätigen Sie können mit Word auch Texte bearbeiten, die mit anderen Programmen erstellt worden sind. Hinter dieser sich vielleicht banal anhörenden Aussage steckt ein Problem: Jeder Anbieter von Textverarbeitungsprogrammen verwendet in den Dateien, in denen die Texte abgespeichert werden, ein anderes Format. Damit Word z.B. ein mit WordPerfekt erstelltes Dokument lesen und Sie das Dokument in Word bearbeiten können, muss das WordPerfekt-Format zuerst in das Word-Format umgewandelt werden.

Word versucht beim Öffnen eines Fremdformates dessen Dateityp zu erkennen. Bei eingeschalteter Option haben Sie die Möglichkeit, Words Annahme über das Format zu überprüfen und evtl. korrigierend einzugreifen. Ist das Feld ausgeschaltet, findet die Konvertierung ohne Rückfrage statt.

Automatische Verknüpfungen beim Öffnen aktualisieren Diese Option wird für Sie wichtig, wenn Sie Objekte mit Ihren Dokumenten verknüpft haben. Bei eingeschaltetem Feld aktualisiert Word die Objekte automatisch beim Öffnen des Dokuments. Schalten Sie die Option aus, müssen Sie die Objekte manuell auf den neuesten Stand bringen.

Beide Varianten haben ihre Vor- und Nachteile: Aktivieren Sie das Optionsfeld, so ist zwar garantiert, dass sich die angezeigten Daten immer auf dem neuesten Stand befinden; das Öffnen der Dokumente dauert dann jedoch deutlich länger.

Seitenumbruch im Hintergrund Bei eingeschalteter Option hält Word die Seitenwechsel Ihres Dokuments immer auf dem aktuellen Stand und nimmt dazu in bestimmten Zeitabständen selbstständig einen Seitenumbruch vor. Besonders bei langen Dokumenten kann Word dadurch spürbar langsamer werden.

Wenn Sie sich beim Aufruf des Dialogs in der Seitenlayoutansicht befunden haben, können Sie die Option *Seitenumbruch im Hintergrund* nicht verändern. Das würde allerdings auch keinen Sinn machen, da diese Ansicht ja den Sinn hat, das Dokument möglichst so darzustellen, wie es später auf dem Papier aussieht.

Dokument so gestalten, als ob es erstellt wurde in Die Kompatibilitätsoptionen von Word steuern die Art und Weise, wie Word ein Dokument auf dem Bildschirm darstellt bzw. ausdruckt. Das heißt, durch das Ein- oder Ausschalten bestimmter Optionen wird ein Word-Dokument nicht geändert. Es wird lediglich die Art der Darstellung beeinflusst.

Die meisten Optionen haben die Aufgabe, ein spezielles Verhalten älterer Word-Versionen nachzuahmen. Dadurch ist es in aller Regel möglich, dass ein Dokument, das mit einer früheren Version von Word erstellt wurde, in der aktuellen Programmversion korrekt dargestellt werden kann.

Ohne Kompatibilitätsoptionen würde sich bei alten Dokumenten häufig der Seitenumbruch ändern, da neue Word-Versionen auf ein- und dieselbe Formatierung unterschiedlich reagieren. Ein gutes Beispiel ist die Behandlung des Anfangs- und des Endeabstandes von Absätzen, die sich mit Word 2000 deutlich geändert hat.

Um ein Gefühl für die vielen kleinen Unterschiede im Verhalten der einzelnen Word-Versionen zu bekommen, können Sie interessehalber eine ältere Word-Version im Listenfeld einstellen und dann auf das kleine Pluszeichen vor *Layoutoptionen* klicken. Im Dialog taucht dann eine schier endlose Liste von Optionen auf. Aktivierte Optionen deuten auf darauf hin, dass Word 2007 sich in dem betreffenden Punkt anders verhält, als die im Listenfeld gewählte Word-Version.

Bild 41.6 Kompatibilitätsoptionen zeigen die Unterschiede der einzelnen Word-Versionen auf

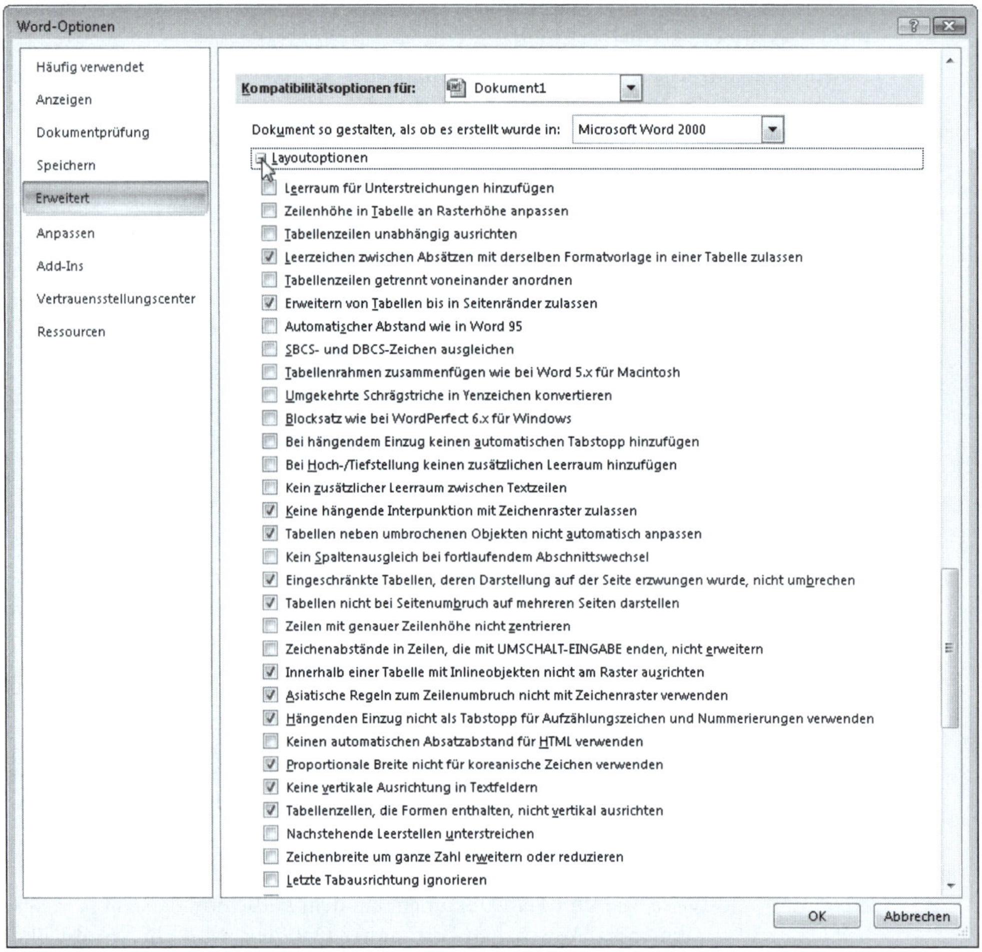

Anpassen

In der Rubrik *Anpassen* des Optionen-Dialogs können Sie weitere Befehle in die Symbolleiste für den Schnellzugriff aufnehmen bzw. nicht benötigte Befehle aus ihr entfernen. Außerdem lässt sich hier die Reihenfolge der Schaltflächen auf der Symbolleiste verändern. Weitere Informationen zu diesem Thema finden Sie in Anhang E.

Add-Ins

In dieser Rubrik können Sie die Verwaltung der Add-Ins vornehmen, mit denen die Funktionalität von Word erweitert werden kann. Dieses Thema wird in diesem Buch nicht näher behandelt.

Vertrauensstellungscenter

In der Vergangenheit waren Word-Dokumente, die Makros enthalten, ein großes Einfallstor für Computerviren. Das Grundproblem bestand darin, dass der Programmcode, der sich in diesen Dokumenten befindet, automatisch ausgeführt wurde, sobald das Dokument geöffnet wurde.

Um hier einen Riegel vorzuschieben, gibt es in Word 2007 verschiedene Sicherheitsmechanismen, mit denen Sie verhindern können, dass der Programmcode eines Dokuments unbemerkt bzw. unbeabsichtigt ausgeführt wird.

Vertrauenswürdige Herausgeber

Damit Sie nicht ständig von Nachfragen der Art »Sind Sie sicher, dass Sie dieses Makro ausführen wollen?« gestört werden, können Sie im Vertrauensstellungscenter bestimmte Herausgeber als vertrauenswürdig einstufen. Word öffnet dann Dokumente aus diesen Quellen ohne Nachfrage.

Um einen Herausgeber in die Liste der vertrauenswürdigen Herausgeber aufzunehmen, benötigen Sie ein von ihm signiertes Dokument (z. B. eine Vorlage oder ein Add-In). Die Signatur muss dabei von einem zertifizierten Anbieter stammen.

Das Dialogfeld, in dem Word Sie beim Laden des Dokuments fragt, ob der Programmcode der Datei ausgeführt werden soll, enthält eine Schaltfläche, mit der Sie dem Herausgeber Ihr Vertrauen aussprechen können.

Vertrauenswürdige Speicherorte

Dokumente, die in einem Ordner gespeichert sind, den Sie als vertrauenswürdig eingestuft haben, werden ebenfalls ohne Nachfrage geöffnet. Hier sollten Sie beachten, dass Word in seiner Standardeinstellung Netzwerkordner grundsätzlich als nicht vertrauenswürdig einstuft. Das hat auch durchaus seinen Sinn, da Sie nicht zuverlässig verhindern können, dass jemand Dritter dort ein manipuliertes Dokument ablegt. Wenn Sie dieses Schutzprinzip für sich als zu unsicher einstufen, können Sie es mit der Option *Alle vertrauenswürdigen Speicherorte deaktivieren* abschalten.

Add-Ins

In der Kategorie *Add-Ins* legen Sie fest, welche Sicherheitsüberprüfungen ein Add-In durchlaufen muss, bevor der in ihm enthaltene Programmcode von Word aktiviert wird.

Bild 41.7 Sicherheitseinstellung für Add-Ins

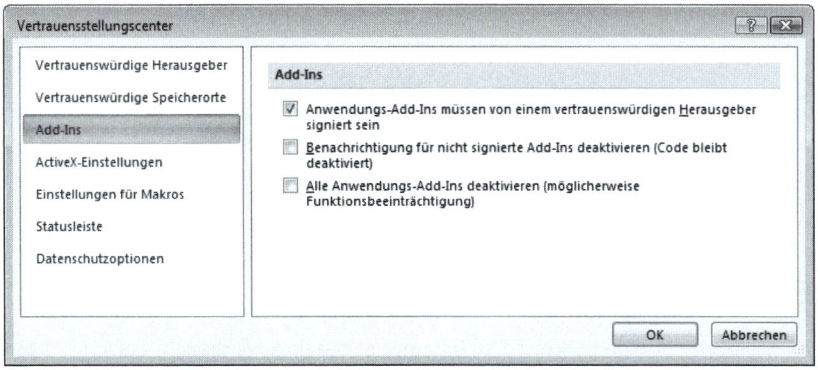

Wenn Sie die erste Option aktivieren, können nur noch signierte Add-Ins ausgeführt werden, deren Signatur von einer anerkannten Zertifizierungsstelle bestätigt wurde. Wurde eine Signatur von Word nicht akzeptiert, wird das Add-In deaktiviert und in der Statuszeile erscheint eine entsprechende Benachrichtigung. Wollen Sie das Ausführen von Add-Ins grundsätzlich verhindern, schalten Sie die dritte Option ein. Allerdings weist Word Sie zu Recht darauf hin, dass Sie dann mit Funktionsbeeinträchtigungen rechnen müssen.

Einstellungen für Makros

Makros werden in der Standardeinstellung von Word automatisch deaktiviert, wenn sie nicht aus einer vertrauenswürdigen Quelle stammen. In der Kategorie *Einstellungen für Makros* können Sie diesen Schutz in drei Stufen (früher: *Hoch, Mittel Niedrig*) variieren bzw. ganz ausschalten.

Bild 41.8 Sicherheitseinstellung für Makros

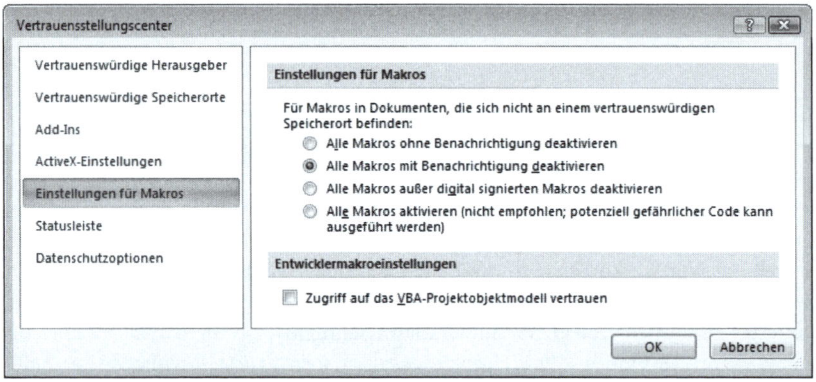

Statusleiste

Hier hat sich ein ernsthafter Übersetzungsfehler in Word eingeschlichen, denn in dieser Rubrik geht es keineswegs um die Statusleiste (Status bar), sondern um die Nachrichtenleiste (Message Bar), auf der Word eine Meldung ausgibt, wenn die Ausführung eines Add-Ins oder eines Makros blockiert wurde.

Bild 41.9 Word hat die Ausführung eines Makros verhindert

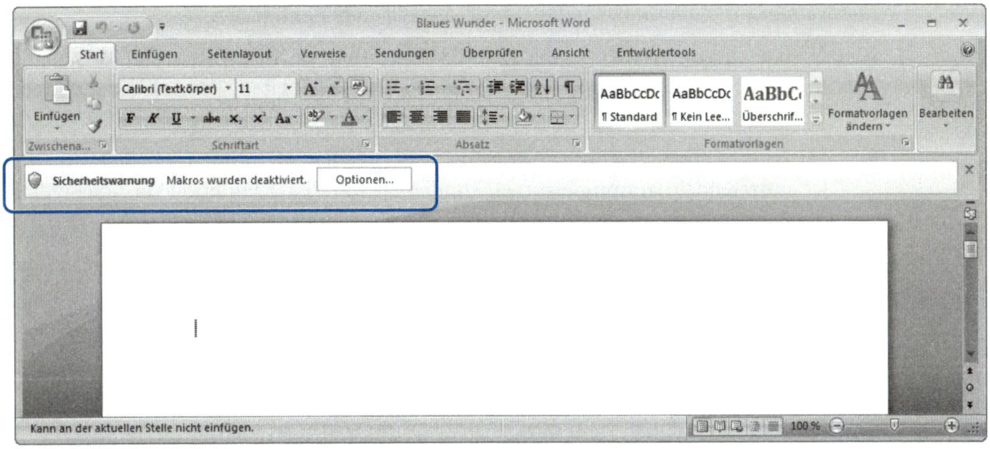

Wenn Sie diese Leiste ausschalten – wovon wir dringend abraten – haben Sie keinen Zugriff mehr auf die Schaltfläche *Optionen*, mit der Sie das folgende Dialogfeld aufrufen können, in dem sich der gesperrte Inhalt nachträglich aktivieren lässt.

Bild 41.10 Mit diesem Dialog können Sie die gesperrten Inhalte manuell aktivieren

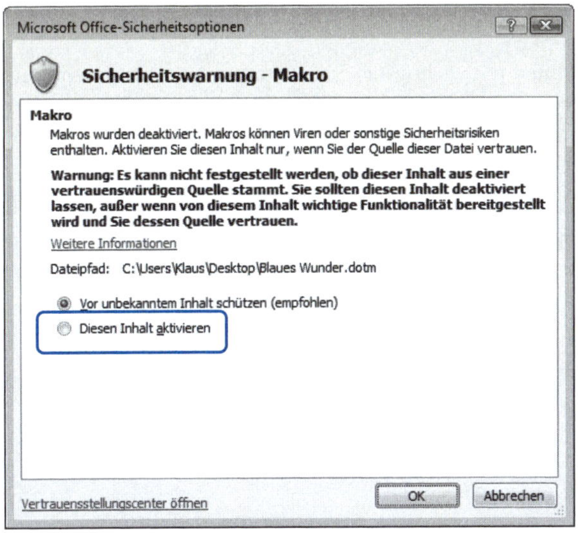

Word 2007 an eigene Bedürfnisse anpassen

Datenschutzoptionen

In der Kategorie *Datenschutzoptionen* können Sie zum Beispiel steuern, in welchem Umfang Office auf das Internet zugreift, um nach Aktualisierungen zu suchen.

Ressourcen

In der Rubrik *Ressourcen* haben Sie Zugriff auf folgende Funktionen:

- **Updates herunterladen** Hier können Sie prüfen, ob Ihre Office 2007-Installation auf dem neusten Stand ist. Wenn Sie mit Windows Vista arbeiten, können Sie alternativ Windows Updates direkt aus dem Startmenü aufrufen *(Start/Alle Programme/Windows Update)*.
- **Microsoft Office-Diagnose ausführen** Falls bei der Arbeit mit Word schwere Programmfehler auftreten (Programmabstürze), können Sie mit dieser Funktion versuchen, dem Fehler auf die Spur zu kommen. Weitere Hinweise finden Sie in Kapitel 4.
- **So erreichen Sie uns** Wenn Sie auf diese Schaltfläche klicken, gelangen Sie auf die Feedback-Seite von Microsoft Office Online. Sie finden dort Hinweise, welche Möglichkeiten es gibt, mit Microsoft Kontakt aufzunehmen (Supportanfrage, Feedback usw.).
- **Microsoft Office aktivieren** Falls Sie Ihre Office-Version nicht direkt bei der Installation aktiviert haben, können Sie dies hier nachholen.
- **Gehe zu Microsoft Office Online** Zugang zur Website zu Microsoft Office.
- **Info** Hier können Sie neben anderen Systeminformationen die exakte Versionsnummer Ihrer Office-Installation ermitteln. Anhand dieser Nummer lässt sich zum Beispiel feststellen, ob Sie die aktuellen Updates installiert haben.

Zusammenfassung

In diesem Kapitel haben wir Ihnen die wichtigsten Einstellungen und Optionen von Word 2007 vorgestellt. Auch wenn wir aus Platzgründen nicht auf alle Optionen eingehen konnten, haben Sie jetzt zumindest eine Vorstellung davon, wie individuell sich das Verhalten von Word anpassen lässt.

Als Word-Neuling sollten Sie allerdings möglichst wenige Voreinstellungen ändern, da sich viele Optionen vor allem an Umsteiger von älteren Word-Versionen richten, denen damit die Gelegenheit gegeben werden soll, ihre gewohnten Arbeitsabläufe möglichst unverändert übernehmen zu können.

Auch die Sicherheitseinstellungen des Vertrauensstellungscenters sollten Sie erst dann ändern, wenn Sie sich über die Konsequenzen und die potentiellen Gefahren im Klaren sind.

Kapitel 42

Makro-Programmierung

In diesem Kapitel:

In diesem Kapitel wollen wir die Gleichung »Makros = anspruchsvolle Programmierung« widerlegen. Wir werden dazu in einem ersten Schritt den Fokus auf das so genannte *Aufzeichnen* von Makros setzen. Bei dieser Art der Makroerstellung wird der Visual Basic-Editor – also die Programmierumgebung von Word – nicht benötigt. Die potenzielle Arbeitsersparnis ist gleichwohl enorm, denn selbst mit einfachsten Makros können Sie sich eine Menge Routinearbeiten vom Hals schaffen.

In der täglichen Praxis kommt es immer wieder zu Situationen, in denen Sie eine bestimmte Befehlsfolge häufig unverändert eingeben müssen: Wenn Sie zum Beispiel ein mehrseitiges Glossar nachträglich so formatieren wollen, dass die enthaltenen Begriffe durch eine bestimmte Formatierung vom erklärenden Text abgehoben werden sollen, müssen Sie unter Umständen in mehreren Dutzend Absätzen das erste Wort markieren und die gewünschte Formatierung zuweisen. Mit einem kleinen Makro lässt sich die dazu notwendige Befehlsfolge auf einen Tastendruck pro Absatz reduzieren.

Oft existieren im Alltag lästige Routineaufgaben, die sich ebenfalls per Makro abkürzen lassen: Wer z.B. jeden Tag mehrfach die Silbentrennung in einem Dokument einschalten muss, kann dank Makro den dazu erforderlichen Mausslalom durch Registerkarte und Dialogfeld durch einen Shortcut überflüssig machen.

Was sind Makros?

Aus der Sicht eines Programmierers sind Makros kleine Programme, mit denen sich Word um individuelle Funktionen erweitern lässt. Die Erstellung solcher Programme erfordert in der Regel eine fundierte Kenntnis der internen Struktur eines Word-Dokuments (oder technischer ausgedrückt: dem Objekt-Modell von Word) und zumindest grundlegende Programmierfähigkeiten.

Es gibt aber auch noch eine andere Perspektive, nämlich die des Anwenders, der über keinerlei Programmiererfahrung verfügt: Makros sind eine Sammlung von Befehlen, die auf Knopfdruck abgespult werden können.

Makros aufzeichnen

Der einfachste Weg, einen Makro zu erstellen, besteht darin, die gewünschte Befehlssequenz ganz normal auszuführen und dabei als Makro aufzeichnen zu lassen. Die Aufzeichnung erledigt der in Word integrierte Makro-Rekorder. Er arbeitet ähnlich wie ein Kassettenrecorder, nur dass er keine Musik, sondern Befehlsfolgen aufzeichnet. Sind alle eingegebenen Befehle aufgezeichnet, können sie, sozusagen per Knopfdruck, beliebig oft in derselben Reihenfolge wieder abgespielt werden.

Die Registerkarte *Entwicklertools*

Bevor Sie gleich »in medias res« gehen können, müssen Sie erst noch etwas Vorarbeit leisten. Microsoft hat nämlich die Makro-Funktionalität von Word vor dem »normalen« Anwender verborgen, indem die dazu notwendige Registerkarte *Entwicklertools* standardmäßig nicht angezeigt wird. Diese Registerkarte müssen Sie also zunächst einmal einschalten.

1. Öffnen Sie den Dialog *Word-Optionen* (via *Office-Schaltfläche/Word-Optionen*).
2. Wechseln Sie in die Rubrik *Häufig verwendet.*
3. Schalten Sie dort die Option *Entwicklerregisterkarte in Multifunktionsleiste anzeigen* ein.

Bild 42.1 Die Registerkarte *Entwicklertools*

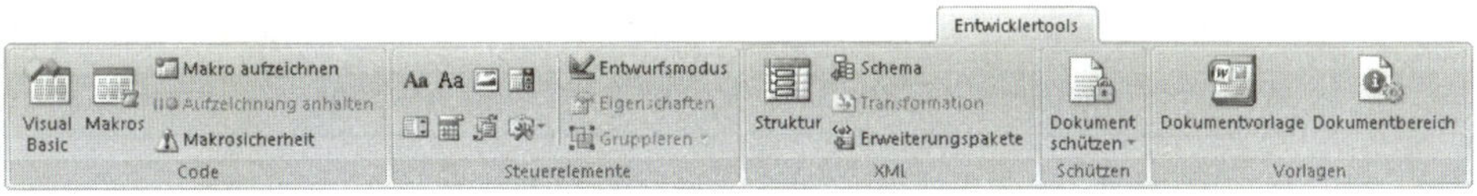

Beispiel 1: Silbentrennung einschalten

Für einen ersten Test soll nun das oben erwähnte Silbentrennungs-Beispiel aufgegriffen werden. Die Aufgabe des Makros besteht also darin, das Dialogfeld *Silbentrennung* aufzurufen und dort die gewünschten Einstellungen vorzunehmen.

1. Wechseln Sie auf die Registerkarte *Entwicklertools* und klicken Sie auf die Schaltfläche *Makro aufzeichnen.* Es erscheint das Dialogfeld *Makro aufzeichnen,* das der Ausgangspunkt für das Aufzeichnen von Makros ist.

Bild 42.2 Zuerst wird der Name festgelegt und ein Shortcut zugewiesen

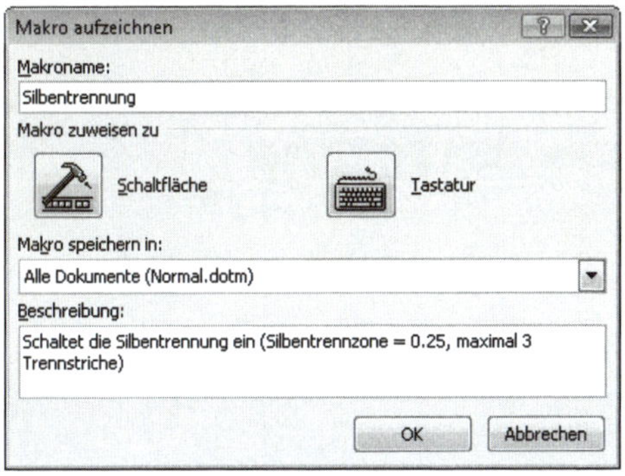

TIPP Der Dialog *Makro aufzeichnen* lässt sich auch über die Schaltfläche *Makroaufzeichnung* der Statusleiste aufrufen. Die Schaltfläche wird automatisch aktiviert, sobald Sie die Registerkarte *Entwicklertools* einschalten. Sie können die Sichtbarkeit der Schaltfläche aber auch über das Kontextmenü der Statusleiste steuern.

In diesem Dialogfeld können Sie den Namen des neuen Makros und eine kurze Beschreibung seiner Aufgabe eingeben. Darüber hinaus ist es auch möglich (und sinnvoll), dem Makro direkt eine Tastenkombination zuzuweisen oder ihn in eine Symbolleiste oder ein Menü aufzunehmen.

2. Tragen Sie in das Feld *Makroname* den Namen *Silbentrennung* ein.

HINWEIS Bei der Wahl des Namens müssen bestimmte Regeln eingehalten werden:

- Das erste Zeichen muss ein Buchstabe sein. Der Name *1tesMakro* ist also unzulässig.
- Folgende Zeichen dürfen nicht im Namen enthalten sein: Punkt (.), !, @, &, $ und #.
- Der Name darf höchstens 255 Zeichen lang sein. Diese Bedingung stellt in der Praxis keine echte Einschränkung dar.
- Der Name darf nicht mit dem Namen eines Visual Basic-Befehls identisch sein.

Wenn Sie gegen eine der Regeln verstoßen, erscheint eine entsprechende Fehlermeldung.

3. Legen Sie im Listenfeld *Makro speichern in* fest, wo der neue Makro gespeichert werden soll. Wenn Sie sich für die Dokumentvorlage *Normal.dotm* entscheiden, steht der Makro später allen Dokumenten zur Verfügung und wird dann als »globaler« Makro bezeichnet. Legen Sie ihn in der aktuellen Vorlage ab, kann er nur in den Dokumenten benutzt werden, die auf eben dieser Vorlage basieren. Für unser Beispiel ist es am einfachsten, wenn Sie den Makro als globalen Makro speichern.
4. Geben Sie im Feld *Beschreibung* eine kurze Beschreibung ein, die Sinn und Zweck des Makros dokumentiert.
5. Klicken Sie auf die Schaltfläche mit der Tastatur, um dem Makro einen Shortcut zuzuweisen. Es erscheint das Dialogfeld *Tastatur anpassen*.
6. Drücken Sie den gewünschten Shortcut. Er wird automatisch in das Textfeld *Neue Tastenkombination* eingetragen. Versuchen Sie zum Beispiel ⇧+Alt+S. Sollte der gewählte Shortcut bereits für einen anderen Befehl vergeben sein, wird die aktuelle Belegung im Dialogfeld angezeigt und Sie müssen auf eine andere Tastenkombination ausweichen.

Bild 42.3 Zuweisen eines Shortcuts, mit dem der Makro später aufgerufen werden kann

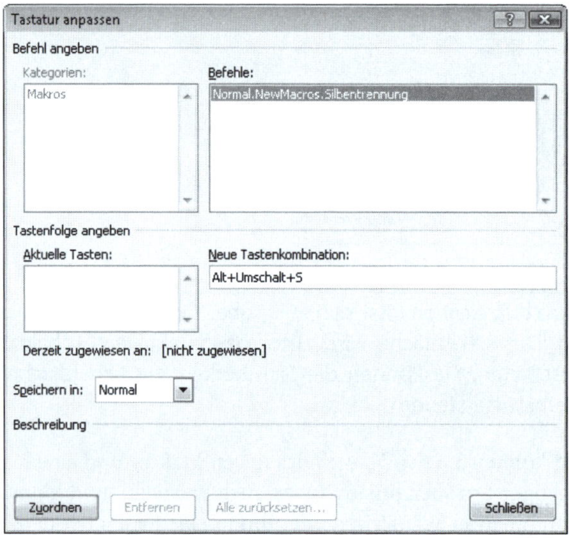

7. Wenn Sie Ihre Wahl getroffen haben, klicken Sie auf die Schaltfläche *Zuordnen*, um die Verbindung von Makro und Shortcut zu besiegeln. Beenden Sie das Dialogfeld mit *Schließen*.

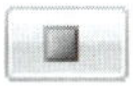

Die Aufzeichnung läuft! In der Statusleiste hat die Schaltfläche *Makroaufzeichnung* ihr Aussehen verändert und hat nun die Form einer Stopptaste angenommen. Mit ihr können Sie die Aufzeichnung später wieder beenden.

Auch beim Mauszeiger hat sich etwas getan. Er ist jetzt mit einem kleinen Kassetten-Symbol versehen, um Ihnen anzuzeigen, dass momentan eine Makroaufzeichnung läuft.

8. Tun Sie nun so, als wüssten Sie vom Makro-Rekorder überhaupt nichts, und nehmen Sie die Schritte vor, mit denen Sie die Silbentrennung unter normalen Umständen einschalten bzw. konfigurieren würden. Vielleicht zählen Sie spaßeshalber mit, wie viele Einzelschritte dazu nötig sind (Wechsel auf die Registerkarte *Seitenlayout*, Menü der Schaltfläche *Silbentrennung* öffnen, Dialog mit dem Befehl *Silbentrennungsoptionen* aufrufen, 4 Eingabefelder kontrollieren bzw. einstellen, Dialog schließen).

Bild 42.4 Diese Einstellungen soll der Makro später auf Knopfdruck vornehmen

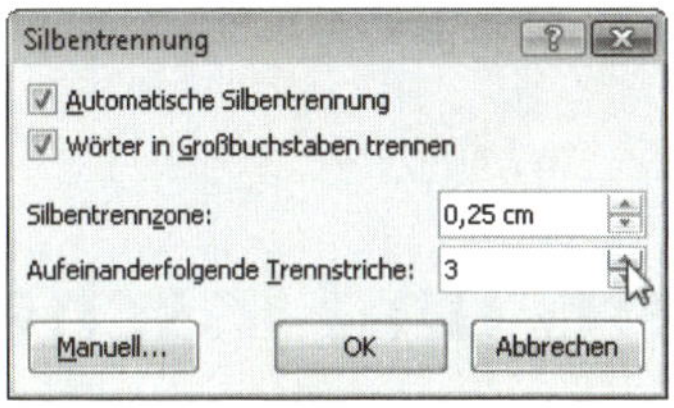

9. Anschließend klicken Sie in der Statusleiste auf die Stopptaste. Die Makroaufzeichnung ist damit beendet.

Herzlichen Glückwunsch, das war schon alles! Sie haben Ihren ersten Makro erstellt, der alle eingegebenen Schritte unter dem neuen Befehl *Silbentrennung* zusammenfasst. Da Sie dem Makro vor der Aufzeichnung eine Tastenkombination zugewiesen haben, können Sie ihn mit ihrer Hilfe sofort aufrufen.

Makros ausführen

Um einen Makro zu starten, gehen Sie folgendermaßen vor:

1. Klicken Sie in der Registerkarte *Entwicklertools* auf die Schaltfläche *Makros* oder drücken Sie den Shortcut Alt+F8. Word zeigt das Dialogfeld *Makros* an (siehe Bild 42.5 auf der folgenden Seite).
2. Wählen Sie im Listenfeld *Makros in* die Vorlage aus, in der Ihr Makro gespeichert ist. Um alle zurzeit verfügbaren Makros anzuzeigen, markieren Sie den Eintrag *Allen aktiven Dokumentvorlagen und Dokumenten.*
3. Wählen Sie aus der Liste den gewünschten Makro aus.
4. Klicken Sie auf die Schaltfläche *Ausführen*, um den Makro zu starten. Alternativ können Sie auch direkt auf den Makronamen doppelklicken.

Bild 42.5 Aufruf des soeben aufgezeichneten Makros

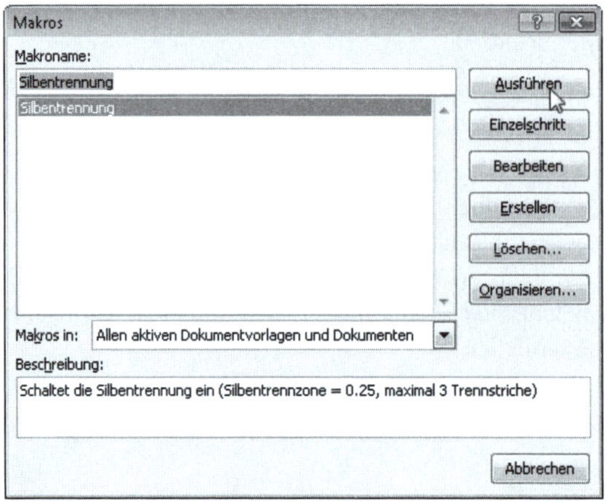

Tastenkombination ändern und löschen

Wenn Sie die Zuweisung einer Tastenkombination aufheben oder ändern wollen, können Sie die folgende Methode benutzen:

1. Öffnen Sie den Dialog *Word-Optionen* (via *Office-Schaltfläche/Word-Optionen).*
2. Wechseln Sie in die Rubrik *Anpassen* und klicken Sie anschließend im unteren Bereich des Fensters auf die Schaltfläche *Anpassen* (davor steht noch *Tastenkombinationen).* Word zeigt dann das Dialogfeld *Tastatur anpassen* an.

Bild 42.6 Tastenkombination löschen und neu zuweisen

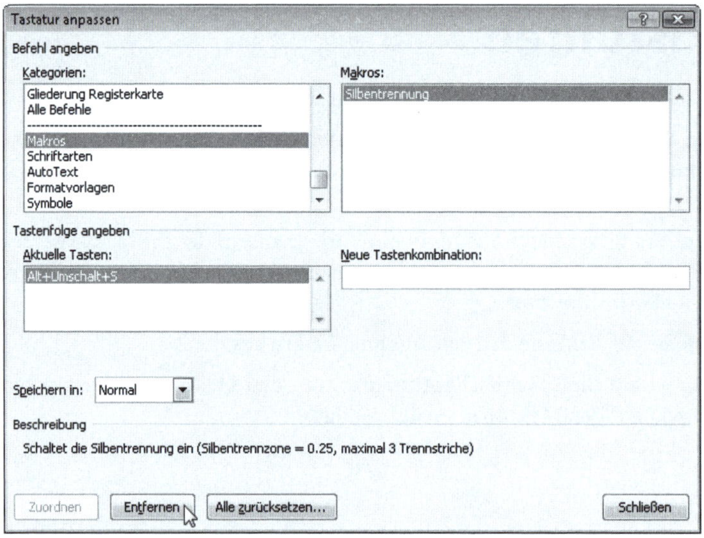

3. Markieren Sie im Listenfeld *Kategorien* den Eintrag *Makros*.
4. Jetzt können Sie rechts im Listenfeld *Makros* den gewünschten Makro markieren. Die aktuelle Tastenkombination wird im Listenfeld *Aktuelle Tasten* angezeigt.
5. Um einen Shortcut zu löschen, markieren Sie ihn im Listenfeld *Aktuelle Tasten* und klicken auf *Entfernen*.
6. Wollen Sie dem Makro einen neuen Shortcut zuweisen, setzen Sie den Cursor in das Textfeld *Neue Tastenkombination* und drücken dann die gewünschte Tastenkombination. Wenn diese bereits für eine andere Funktion vergeben ist, erscheint unter dem Textfeld eine entsprechende Meldung. Um den Shortcut endgültig zu übernehmen, müssen Sie zwingend auf die Schaltfläche *Zuordnen* klicken (diesen Schritt dürfen Sie nicht vergessen).

Weitere Beispiele für einfache Makros

In diesem Abschnitt wollen wir Ihnen noch drei weitere Anwendungsfälle vorstellen, in denen sich das Erstellen eines kleinen Makros lohnen kann.

Beispiel 2: Datei drucken

Die Aufgabenstellung für den nächsten Makro lautet, dass er nicht ein, sondern zwei Exemplare des aktuellen Dokuments drucken soll. Auch diesen Makro können Sie einmal aufzeichnen und dann immer wieder verwenden. Nehmen Sie dazu die gleichen Schritte vor wie beim ersten Beispiel. Hier noch einmal die Kurzfassung:

1. Dialogfeld *Makro aufzeichnen* aufrufen. Das geht am schnellsten über die Schaltfläche *Makroaufzeichnung* in der Statuszeile.
2. Makronamen eingeben und (auf Wunsch) einen Shortcut festlegen.
3. Die Schritte ausführen, die aufgezeichnet werden sollen. Also: *Office-Schaltfläche/Drucken/Drucken* aufrufen, im Dialogfeld das Feld *Anzahl Exemplare* auf 2 einstellen und den Druck mit *OK* starten.
4. Den Makro-Rekorder über Stopptaste in der Statusleiste beenden.

Anschließend können Sie den Makro mit seinem Shortcut oder über das Dialogfeld *Makros* (via *Entwicklertools/Makros* oder Alt+F8) starten.

Beispiel 3: Formatierungen erledigen

In diesem Beispiel wollen wir das eingangs erwähnte Glossar-Beispiel aufgreifen. Der Makro soll folgende Aufgaben erledigen:

1. An den Anfang des aktuellen Absatzes springen
2. Das erste Wort markieren
3. Das markierte Wort fett formatieren
4. Die Markierung aufheben.

Für diese Aufgabe existieren in Visual Basic spezielle Befehle, mit denen sich das erste Wort eines Absatzes gezielt ansprechen lässt. Mit den richtigen Shortcuts kommt man jedoch auch ohne dieses Spezialwissen ans Ziel:

1. Rufen Sie den Dialog *Makro aufzeichnen* auf.
2. Vergeben Sie einen Namen und weisen Sie eine Tastenkombination zu.
3. Drücken Sie Strg+↑. Dadurch springt die Einfügemarke an den Anfang des aktuellen Absatzes (sie darf vorher jedoch nicht bereits am Absatzanfang stehen).
4. Markieren Sie das erste Wort des Absatzes mit ⇧+Strg+→.
5. Weisen Sie die gewünschte Formatierung mit ⇧+Strg+F zu.
6. Drücken Sie →, um die Markierung aufzuheben. Unter Umständen ist es auch sinnvoll, direkt mit Strg+↓ zum nächsten Absatz zu springen, um die Einfügemarke bereits für den nächsten Aufruf des Makros in eine geeignete Position zu bringen. In diesem Fall muss die Einfügemarke noch mit → ein Zeichen nach rechts bewegt werden, damit der im 3. Schritt aufgezeichnete Befehl an den Anfang des aktuellen Absatzes springt und nicht zum vorherigen Absatz.
7. Beenden Sie die Makroaufzeichnung mit der Stopptaste.

Mit dem so erstellten Makro können Sie das erste Wort des aktuellen Absatzes mit einem Tastendruck formatieren.

TIPP Wenn Sie zum Beispiel den Anfang eines Absatzes bis zu einem bestimmten Zeichen markieren wollen, können Sie folgenden Trick anwenden:

1. Springen Sie an den Anfang des Absatzes (mit Strg+↑).
2. Drücken Sie F8, damit Word die Markierung in den Erweiterungsmodus schaltet.
3. Springen Sie mit *Start/Bearbeiten/Suchen* zu dem gewünschten Zeichen (z.B. einem Doppelpunkt). Der gewünschte Text ist nun markiert.
4. Drücken Sie Esc, um den Erweiterungsmodus wieder zu verlassen. Fertig!

Beispiel 4: Mit blauen Wellenlinien unterstreichen

Im letzten Beispiel soll ein Makro entstehen, mit dem Sie ein Wort oder einen markierten Textbereich mit einer bestimmten Formatierung versehen können. Für unser Beispiel haben wir uns für die Unterstreichung mit zwei blauen Wellenlinien entschieden. Für diese Formatierung sind bei Verwendung der normalen Menübefehle etliche Einzelschritte erforderlich, so dass sich der Aufwand der Makroerstellung lohnen wird.

Im ersten Schritt werden wir den Makro-Rekorder einsetzen, um die Aktionen zum Unterstreichen eines markierten Textes aufzuzeichnen. Wie Sie gleich noch sehen werden, werden dabei auch überflüssige bzw. störende Befehle aufgezeichnet, die wir in einem zweiten Schritt aus dem Makro entfernen müssen.

1. Rufen Sie das Dialogfeld *Makro aufzeichnen* auf.
2. Geben Sie als Makronamen **BlaueWellenlinien** ein.
3. Wählen Sie im Listenfeld *Makro speichern* den Eintrag *Alle Dokumente (Normal.dotm)*.

4. Geben Sie im Textfeld *Beschreibung* eine kurze Beschreibung des Makros ein.

Bild 42.7 Dialog mit den Angaben für den neuen Makro

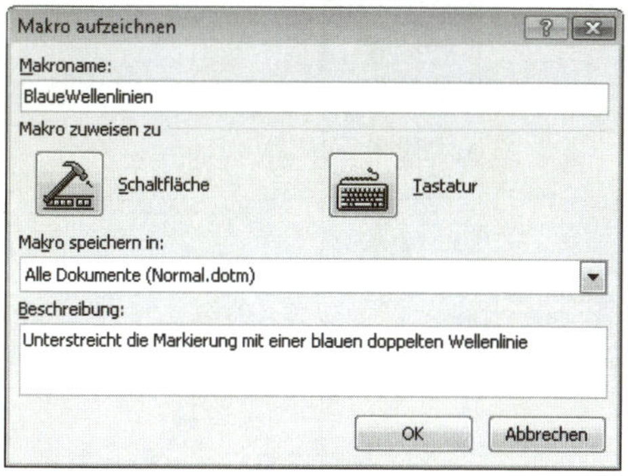

5. Klicken Sie auf die Schaltfläche mit der Tastatur und definieren Sie eine Tastenkombination, mit der Sie den Makro später komfortabel aufrufen können. Die dazu notwendigen Schritte haben wir im Abschnitt »Makros aufzeichnen« auf Seite 760 beschrieben.
6. Klicken Sie im Dialogfeld *Tastatur anpassen* auf *Schließen*. Dadurch wird der Makro-Rekorder gestartet, was Sie u.a. an dem geänderten Mauszeiger erkennen.
7. Wechseln Sie auf die Registerkarte *Start* und rufen Sie das Dialogfeld *Schriftart* auf (über die kleine quadratische Schaltfläche unten rechts in der Gruppe *Schriftart*). Nehmen Sie den gewünschten Einstellungen im Dialogfeld vor. Anschließend klicken Sie auf *OK*, um die Formatierung zuzuweisen.
8. Schalten Sie den Makro-Rekorder wieder ab.

Sie sehen, man benötigt durchaus keine jahrelange Programmiererfahrung, um mit Word eigene Makros zu erzeugen. Einige wenige Handgriffe und Befehle genügen und schon haben Sie einen Makro erstellt. Da Sie das Prinzip nun kennen, werden Ihnen sicherlich zahlreiche Situationen und Aktionen einfallen, bei denen Ihnen ein aufgezeichneter Makro die Arbeit mit Word erleichtern kann.

Makros bearbeiten

Im zweiten Teil dieses Workshops werfen wir einen Blick hinter die Kulissen und werden den in Beispiel 4 aufgezeichneten Makro *BlaueWellenlinien* bearbeiten. Auch in diesem Teil werden keine Programmierkenntnisse vorausgesetzt.

Zum Bearbeiten von Makros wird der so genannte *Visual Basic-Editor* benutzt. Wenn Sie noch nie programmiert haben, wird dieses Programm vermutlich etwas Unbehagen bei Ihnen auslösen. Ignorieren Sie dieses Gefühl einfach in dem Bewusstsein, dass Sie sich nicht mit unnötigen technischen Details belasten wollen.

1. Rufen Sie das Dialogfeld *Makros* mit `Alt`+`F8` auf.
2. Wählen Sie im Listenfeld *Makros in* den Eintrag *Allen aktiven Dokumentvorlagen und Dokumenten*.

Bild 42.8 Auswahl eines aufgezeichneten Makros, um ihn zu bearbeiten

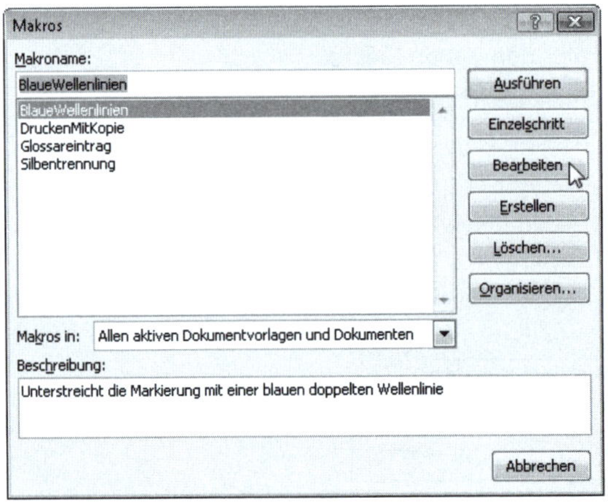
Makros
Makroname:
BlaueWellenlinien
BlaueWellenlinien
DruckenMitKopie
Glossareintrag
Silbentrennung
Ausführen
Einzelschritt
Bearbeiten
Erstellen
Löschen...
Organisieren...
Makros in:
Allen aktiven Dokumentvorlagen und Dokumenten
Beschreibung:
Unterstreicht die Markierung mit einer blauen doppelten Wellenlinie
Abbrechen

3. Markieren Sie den Makro in der Liste und klicken Sie auf *Bearbeiten.* Ihr Bildschirm sollte nun in etwa so aussehen, wie im nächsten Bild.

Bild 42.9 Der aufgezeichnete Makro im Visual Basic-Editor

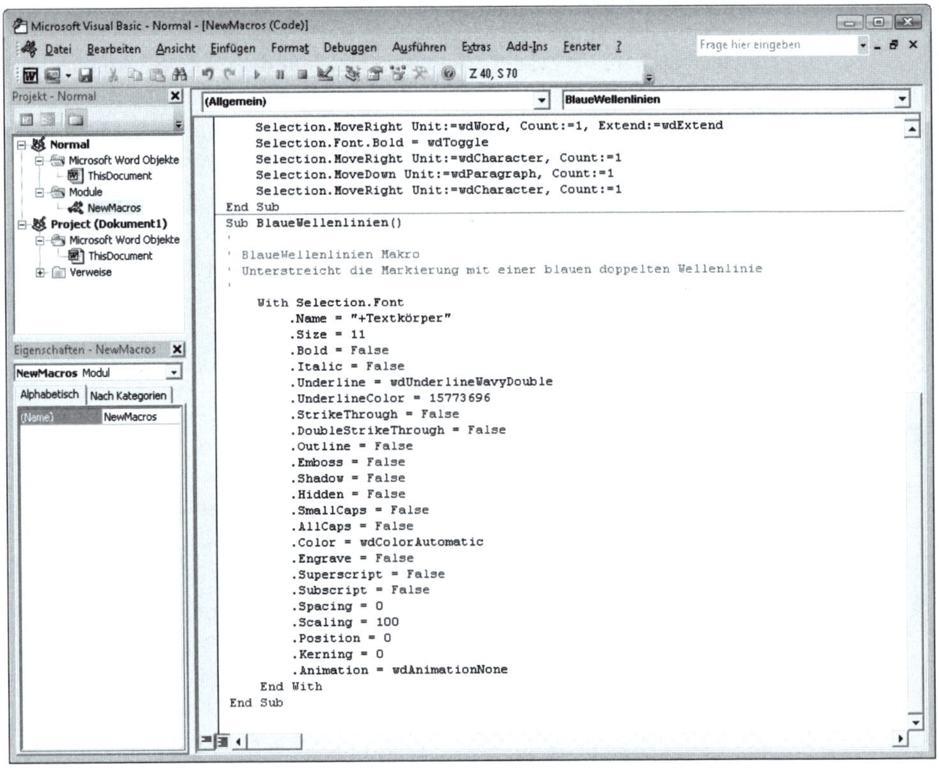
Microsoft Visual Basic - Normal - [NewMacros (Code)]
Datei Bearbeiten Ansicht Einfügen Format Debuggen Ausführen Extras Add-Ins Fenster ?
Frage hier eingeben
Z 40, S 70
Projekt - Normal
Normal
Microsoft Word Objekte
ThisDocument
Module
NewMacros
Project (Dokument1)
Microsoft Word Objekte
ThisDocument
Verweise
Eigenschaften - NewMacros
NewMacros Modul
Alphabetisch
Nach Kategorien
(Name)
NewMacros
(Allgemein)
BlaueWellenlinien
Selection.MoveRight Unit:=wdWord, Count:=1, Extend:=wdExtend
Selection.Font.Bold = wdToggle
Selection.MoveRight Unit:=wdCharacter, Count:=1
Selection.MoveDown Unit:=wdParagraph, Count:=1
Selection.MoveRight Unit:=wdCharacter, Count:=1
End Sub
Sub BlaueWellenlinien()
'
' BlaueWellenlinien Makro
' Unterstreicht die Markierung mit einer blauen doppelten Wellenlinie
'
With Selection.Font
.Name = "+Textkörper"
.Size = 11
.Bold = False
.Italic = False
.Underline = wdUnderlineWavyDouble
.UnderlineColor = 15773696
.StrikeThrough = False
.DoubleStrikeThrough = False
.Outline = False
.Emboss = False
.Shadow = False
.Hidden = False
.SmallCaps = False
.AllCaps = False
.Color = wdColorAutomatic
.Engrave = False
.Superscript = False
.Subscript = False
.Spacing = 0
.Scaling = 100
.Position = 0
.Kerning = 0
.Animation = wdAnimationNone
End With
End Sub

In diesem – zugegebenermaßen – etwas unübersichtlichen Fensterkonglomerat interessiert hier nur der große Bereich auf der rechten Seite. Dort ist gut zu erkennen, dass der Makro mit der Zeile

```
Sub BlaueWellenlinien()
```

beginnt. Anschließend folgen einige Zeilen in grüner Schrift, die mit einem einfachen Anführungszeichen beginnen:

```
'
' BlaueWellenlinien Makro
' Unterstreicht die Markierung mit einer blauen doppelten Wellenlinie
'
```

Bei diesen Zeilen handelt es sich um Kommentare, die keine Aktionen auslösen, sondern lediglich dazu dienen, die Aufgabe bzw. die Funktionsweise des Makros zu beschreiben.

Unterhalb der Kommentarzeilen taucht dann eine erschreckend lange Liste von Befehlen auf. Damit stellt sich die berechtigte Frage, warum der Makro-Rekorder gleich zwei Dutzend Befehle aufgezeichnet hat, obwohl wir nur eine einzige Aktion – nämlich die punktierte Unterstreichung – vorgenommen haben.

Dies erklärt sich daraus, dass der Makro-Rekorder nicht die vorgenommene *Änderung* der Formatierung registriert, sondern *sämtliche* Einstellungen des Zeichen-Dialogs berücksichtigt. Wenn Sie sich die Liste der Befehl ansehen, werden Sie feststellen, dass dort sämtliche Optionen des Dialogs auftauchen.

Dadurch ist der aufgezeichnete Makro natürlich nicht mehr universell verwendbar. In dieser Form würde ein Aufruf des Makros nicht nur die punktierte Linie zuweisen, sondern auch alle anderen Zeichenformatierungen auf die Werte einstellen, die im Makro gespeichert sind. Der Makro stellt also genau den Zustand her, der bei der Aufzeichnung des Makros aktiv war.

Überflüssige Befehle löschen

Da der Makro aber nur die Art der Unterstreichung beeinflussen soll, ist er für unseren Zweck etwas übereifrig. Löschen Sie daher die störenden Zeilen, so dass der Makro folgendes Aussehen erhält:

```
Sub BlaueWellenlinien()
'
' BlaueWellenlinien Makro
' Unterstreicht die Markierung mit einer blauen doppelten Wellenlinie
'
    With Selection.Font
        .Underline = wdUnderlineWavyDouble
        .UnderlineColor = 15773696
    End With
End Sub
```

In dieser Form wirkt sich der Makro nur noch auf die Unterstreichung des markierten Textes aus, das heißt, er wird alle anderen Formatierungseigenschaften ignorieren.

Mit dieser Technik kommen Sie in vielen Fällen problemlos zum Ziel, da sich die Bedeutung der meisten Befehle dank ihrer »sprechenden Namen« auch ohne tiefer gehende Programmierkenntnisse aus dem Kontext erschließt.

HINWEIS Vielleicht haben Sie sich schon über die beiden Zeilen gewundert, in denen das Wort *With* auftaucht. Dabei handelt es sich lediglich um eine Methode, mit der man sich beim Programmieren viel Schreibarbeit ersparen kann. Umgangssprachlich könnte man die Bedeutung von *With* in etwa so formulieren: »Wenn nichts anderes angegeben ist, beziehen sich die folgenden Befehle auf *Selection.Font.*«. Ohne dieses Hilfsmittel sähe der aufgezeichnete Makro so aus:

```
Sub PunktiertUnterstreichen2()
Sub BlaueWellenlinien2()
'
' BlaueWellenlinien Makro
' Unterstreicht die Markierung mit einer blauen doppelten Wellenlinie
'
    Selection.Font.Underline = wdUnderlineWavyDouble
    Selection.Font.UnderlineColor = 15773696
    Selection.Font.StrikeThrough = False
    ...
    Selection.Font.Kerning = 0
    Selection.Font.Animation = wdAnimationNone
End Sub
```

Speichern und Testen des Makros

Speichern Sie den modifizierten Makro mit *Datei/Normal speichern*. Anschließend können Sie den Visual Basic-Editor beenden und den neuen Makro testen. Markieren Sie dazu einen beliebigen Text und geben Sie dann den Shortcut ein, den Sie bei der Aufzeichnung des Makros definiert haben. Der markierte Text ist anschließend mit einer blauen Wellenlinie unterstrichen, ohne dass irgendwelche anderen Zeichenformatierungen davon beeinflusst werden.

Intelligente Makros

Haben Sie Blut geleckt? Dann wollen wir den Makro *BlaueWellenlinien* noch etwas erweitern. Er soll in seiner endgültigen Form die Unterstreichung ein- und ausschalten können. Dazu benötigt er etwas »Intelligenz«, damit er seine Aktionen an die Ausgangsbedingungen anpassen kann.

Wir beschreiben die Anweisungen, die der Makro ausführen muss, zuerst in der Umgangssprache und übertragen sie dann in die Programmierwelt (dies ist übrigens eine gängige Vorgehensweise beim Programmieren).

1. »Prüfe, ob der markierte Text mit einer doppelten Wellenlinie unterstrichen ist.«
2. »Wenn der Text mit einer doppelten Wellenlinie unterstrichen ist, entferne sie.«
3. »In allen anderen Fällen (d.h. der Text ist nicht oder auf irgendeine andere Art unterstrichen) unterstreiche ihn mit einer blauen doppelten Wellenlinie.«

Entscheidungen fällen

Um diese Anforderung in Programmcode umzusetzen, benötigt man spezielle Befehle, die dem Makro erlauben, eine Entscheidung zu fällen. Der häufigste Befehl für solche Fälle ist die *If-Then-Else*-Anweisung (Wenn-Dann-Sonst). Ihre allgemeine Form sieht folgendermaßen aus (die kursiv dargestellten Wörter müssen noch durch den konkreten Programmcode ersetzt werden):

```
If Bedingung Then
        AnweisungWennWahr
Else
        AnweisungWennFalsch
End If
```

Im Falle unseres Makros sieht das Ergebnis wie folgt aus:

```
Sub BlaueWellenlinien()
'
' BlaueWellenlinien Makro
' Unterstreichung mit doppelter Wellenlinie ein- und ausschalten
'
    With Selection.Font
        If .Underline = wdUnderlineWavyDouble Then
            .Underline = wdUnderlineNone
        Else
            .Underline = wdUnderlineWavyDouble
            .UnderlineColor = 15773696
        End If
    End With
End Sub
```

Und so funktioniert der Makro: Zuerst prüft er mit der Bedingung `.Underline = wdUnderline-WavyDouble`, ob der Text zurzeit mit einer doppelten Wellenlinie unterstrichen ist. Wenn das der Fall ist, entfernt der Makro die Unterstreichung, indem er der Formatierungseigenschaft *Underline* den neuen Wert *wdUnderlineNone* zuweist. Sollte der Text jedoch noch nicht mit einer doppelten Wellenlinie unterstrichen sein (z.B. wenn der Text gar nicht oder auf andere Weise unterstrichen ist), erhält die Eigenschaft *Underline* den Wert *wdUnderlineWavyDouble,* was Word als Aufforderung versteht, den Text mit einer doppelten Wellenlinie zu unterstreichen. In diesem Fall wird auch die Farbe der Linie auf Blau gesetzt.

Das Prinzip ist übertragbar

Diese Technik des Ein- und Ausschaltens können Sie auf viele Anwendungsfälle übertragen. Wenn Sie zum Beispiel einen Makro erstellen möchten, der die Ausrichtung eines Absatzes zwischen *Blocksatz* und *Rechts* wechseln soll, gehen Sie so vor:

1. Starten Sie den Makro-Rekorder.
2. Ändern Sie die Ausrichtung des aktuellen Absatzes auf *Rechts.*
3. Ändern Sie die Ausrichtung auf *Blocksatz.*
4. Stoppen Sie die Aufzeichnung.

5. Drücken Sie Alt+F8, markieren Sie den aufgezeichneten Marko und klicken Sie auf *Bearbeiten.*
6. Löschen Sie die überflüssigen Befehle (falls vorhanden).
7. Ergänzen Sie den Makro um eine *If-Then-Else*-Anweisung.
8. Speichern Sie den Makro.

Der fertige Makro sollte anschließend so aussehen:

```
Sub AbsatzAusrichtung()
'
' AbsatzAusrichtung Makro
'
    With Selection.ParagraphFormat
        If .Alignment = wdAlignParagraphRight Then
            .Alignment = wdAlignParagraphJustify
        Else
            .Alignment = wdAlignParagraphRight
        End If
    End With
End Sub
```

Makros kommentieren

Um den Zweck und die Arbeitsweise Ihrer Makros auch nach längerer Zeit noch nachvollziehen zu können, ist es sinnvoll, die Makros beim Schreiben zu kommentieren. Ein Kommentar ist ein erklärender Text, der für den Ablauf des Makros ohne Bedeutung ist. Damit Word diesen Text bei der Ausführung des Makros ignoriert, muss er mit einem besonderen Zeichen beginnen. In Visual Basic wird dazu das Hochkomma benutzt, das sich in der Regel auf der Taste mit dem Nummernzeichen (#) befindet. Die Akzent-Zeichen, die sich links neben der Rücktaste befinden, werden nicht akzeptiert.

In dem folgenden Listing finden Sie die endgültige Version des Makros *BlaueWellenlinien*, die wir mit einigen Kommentaren versehen haben. Beachten Sie, dass Kommentare auch hinter einem Befehl stehen dürfen:

```
Sub BlaueWellenlinien()
'
' BlaueWellenlinien Makro
' Unterstreichung mit doppelter Wellenlinie ein- und ausschalten
'
    With Selection.Font
        If .Underline = wdUnderlineWavyDouble Then    ' Markierung mit dop. Wellenlinie unterstrichen?
            .Underline = wdUnderlineNone              ' ja:   Unterstreichung entfernen
        Else
            .Underline = wdUnderlineWavyDouble        ' nein: Mit blauer Wellenlinie unterstreichen
            .UnderlineColor = 15773696
        End If
    End With
End Sub
```

Zusammenfassung

In diesem Kapitel haben Sie gesehen, dass das Erstellen von einfachen Makros keine Programmierkenntnisse erfordert.

- Die Funktionen zum Erstellen, Bearbeiten und Ausführen von Makros befinden sich auf der Registerkarte *Entwicklertools*. Da diese Registerkarte normalerweise nicht sichtbar ist, muss sie zunächst im Dialogfeld *Word-Optionen* eingeschaltet werden. Die betreffende Option befindet sich dort in der Rubrik *Häufig verwendet* (Seite 760).
- Der einfachste Weg, einen Makro zu erstellen, besteht darin, die gewünschte Befehlssequenz ganz normal auszuführen und dabei als Makro aufzeichnen zu lassen (Seite 760).
- Damit Sie Ihre Makros komfortabel aufrufen können, weisen Sie ihnen eine Tastenkombination zu (Seite 761), die sich nachträglich problemlos ändern oder löschen lässt (Seite 764).
- Zum Starten eines Makros verwenden Sie entweder die zugewiesene Tastenkombination oder das Dialogfeld *Makros*, das Sie am schnellsten mit dem Shortcut Alt+F8 aufrufen können (Seite 763).
- In der Regel müssen Sie ein aufgezeichnetes Makro nachträglich bearbeiten, um zum Beispiel überflüssige Befehle zu löschen. Dazu verwenden Sie den Visual Basic Editor (Seite 767).
- Mit einer *If-Then-Else*-Anweisung verleihen Sie Ihren Makros die Fähigkeit, auf unterschiedliche Ausgangssituationen reagieren zu können. Auf diese Weise lassen sich zum Beispiel Formatierungen gezielt ein- und ausschalten (Seite 770).

Kapitel 43

RibbonX – Anpassen der Benutzeroberfläche

In diesem Kapitel:

Im Unterschied zu den vorherigen Word-Versionen ist die Benutzeroberfläche von Word 2007 für den Endanwender nur noch eingeschränkt anpassbar. Die einzige Symbolleiste, die sich interaktiv ändern lässt, ist die Symbolleiste für den Schnellzugriff, die standardmäßig neben der Office-Schaltfläche angezeigt wird und in der der Anwender die Schaltflächen für die Befehle ablegen kann, die er häufig benötigt.

Besonders dann, wenn Word 2007 innerhalb eines Unternehmens eingesetzt wird oder wenn Sie lösungsspezifische Dokumentvorlagen erstellen (siehe hierzu auch Kapitel 17) kann es sinnvoll sein, die Multifunktionsleiste zu ändern oder zu erweitern. Anders als bei den Vorgängerversionen müssen Sie bei Word 2007 hierzu keinen Code erstellen, der die CommandBars anpasst, sondern Sie können sowohl das Office-Menü als auch die Multifunktionsleiste und die Symbolleiste für den Schnellzugriff konfigurieren, indem Sie eine XML-Datei erstellen, in der Sie die Elemente, die in der Benutzeroberfläche enthalten sein sollen, deklarieren.

Dieses neue Konzept besitzt den Namen RibbonX (Abkürzung für Ribbon Extensibility). Word 2007 stellt Ihnen verschiedene Verfahren zur Verfügung, um die Benutzeroberfläche mittels RibbonX anzupassen. Sie können entweder ein COM-Add-In programmieren (und hierzu sowohl eine nicht-verwaltete Sprache wie C++ als auch eine der verwalteten .NET-Sprachen verwenden) oder die Definition der Benutzeroberfläche in eine Word-Dokumentvorlage einfügen und dann den benötigten Code als VBA-Makro ebenfalls in die Vorlage aufnehmen.

Dieses Kapitel führt in die Grundlagen von RibbonX ein und zeigt an kleineren Beispielen, wie Sie Dokumentvorlagen verwenden, um die Word-Benutzeroberfläche anzupassen.

HINWEIS Da ein Teil der Beispiele dieses Kapitels Makros verwendet, empfehlen wir, vor dem Durcharbeiten dieses Kapitels zuerst Kapitel 42 zu lesen, falls Sie mit der Makroprogrammierung noch nicht vertraut sind.

Das neue Dateiformat von Word 2007

Word 2007 verwendet ein neues Dateiformat, das auf Microsoft Open XML basiert. Bei einer Datei im OpenXML-Format handelt es sich um eine ZIP-Datei, die wiederum weitere Dateien und Unterordner enthält, in der sowohl der Inhalt des Dokuments als auch die Optik und weitere Informationen beschrieben sind. Einer dieser Unterordner (der optional enthalten sein kann) hat den Namen *CustomUI*. In diesem Ordner wiederum befindet sich die Datei *CustomUI.xml*, die die Änderungen an der Word-Benutzeroberfläche als XML beschreibt.

Um sich einen ersten Überblick über den internen Aufbau einer Datei zu verschaffen, die eine Word-Dokumentvorlage enthält, gehen Sie so vor:

1. Starten Sie Word 2007, klicken Sie auf die *Office-Schaltfläche* und dann auf *Neu* und erstellen Sie ein leeres Word-Dokument.
2. Klicken Sie auf die *Office-Schaltfläche* und dann auf *Speichern unter*, damit das gleichnamige Dialogfeld angezeigt wird.
3. Öffnen Sie das Listenfeld *Dateityp* und wählen Sie den Eintrag *Word-Vorlage mit Makros (*.dotm)* aus.

Bild 43.1 Speichern Sie Vorlagen, in die Sie Änderungen an der Word-Benutzeroberfläche einfügen wollen, im Format *Word Vorlage mit Makros* ab

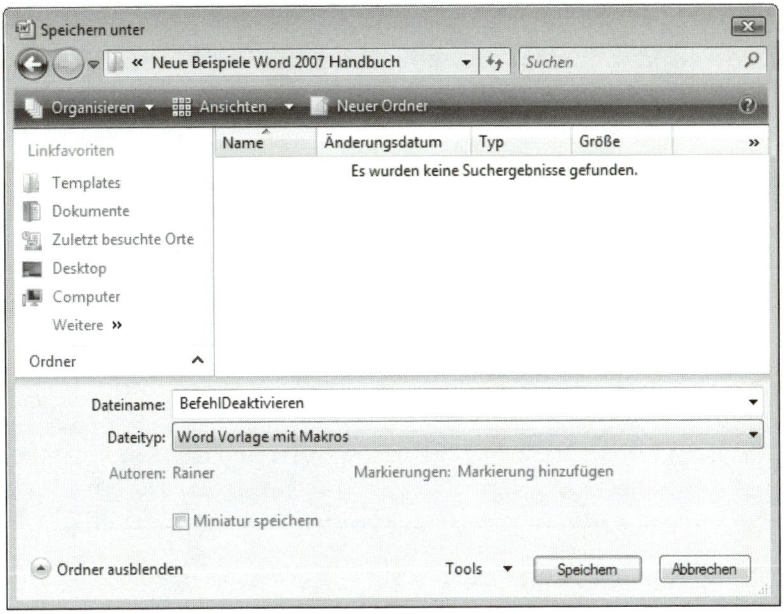

4. Geben Sie in das Feld *Dateiname* den Namen *BefehlDeaktivieren* ein und klicken Sie abschließend auf *Speichern.*
5. Öffnen Sie ein weiteres Mal das Menü der *Office-Schaltfläche* und klicken Sie auf *Schließen.*

Um sich einen Eindruck von der internen Struktur der Datei zu verschaffen, können Sie im Windows-Explorer den Ordner mit der Dokumentvorlage öffnen und dann die Datei umbenennen und mit der Erweiterung .zip ergänzen. Anschließend doppelklicken Sie auf die ZIP-Datei, damit sie geöffnet und der Aufbau der Datei sichtbar wird.

HINWEIS Sie können die Datei nur dann korrekt mit einer anderen Erweiterung versehen, wenn im Fenster auch die ursprüngliche Dateierweiterung *.dotm* sichtbar ist. Falls Sie die Erweiterung nicht sehen, klicken Sie im Ordnerfenster auf die Schaltfläche *Organisieren* und dann auf *Ordner- und Suchoptionen.* Wechseln Sie im Dialogfeld *Ordneroptionen* zur Registerkarte *Ansicht,* schalten Sie in der Liste *Erweiterte Einstellungen* das Kontrollkästchen *Erweiterungen bei bekannten Dateitypen ausblenden* aus und schließen Sie das Dialogfeld mit einem Klick auf *OK.*

Die Abbildung auf der folgenden Seite zeigt den typischen Aufbau einer Word-Datei, die noch keine benutzerdefinierten Anpassungen der Multifunktionsleiste enthält (was Sie daran erkennen können, dass der Ordner *CustomUI* nicht vorhanden ist).

Benennen Sie die Datei *BefehlDeaktivieren.dotm.zip* wieder um und entfernen Sie die Erweiterung .zip, bevor Sie die Schritte im folgenden Abschnitt durchführen.

Bild 43.2 Beispiel für das »Innenleben« einer Word-Datei

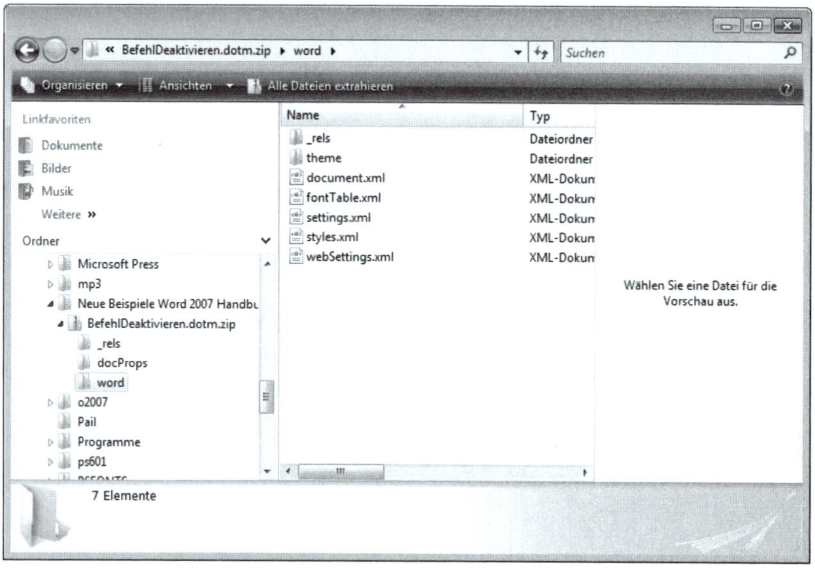

Custom UI Editor herunterladen und installieren

Um die Benutzeroberfläche anzupassen, können Sie manuell Änderungen an der Datei vornehmen. Einfacher ist es jedoch, hierfür ein Tool zu verwenden. Eines dieser Tools ist Custom UI Editor, das Sie kostenlos herunterladen können.

1. Starten Sie Internet Explorer und surfen Sie zu der folgenden Seite: *http://openxmldeveloper.org/articles/customuieditor.aspx*
2. Klicken Sie auf den Download-Link im oberen Bereich der Seite und lassen Sie die ZIP-Datei auf Ihrem Computer speichern.
3. Doppelklicken Sie nach dem erfolgreichen Download auf die heruntergeladene ZIP-Datei, um sie zu öffnen.

Bild 43.3 Die ZIP-Datei enthält ein Windows Installer-Paket

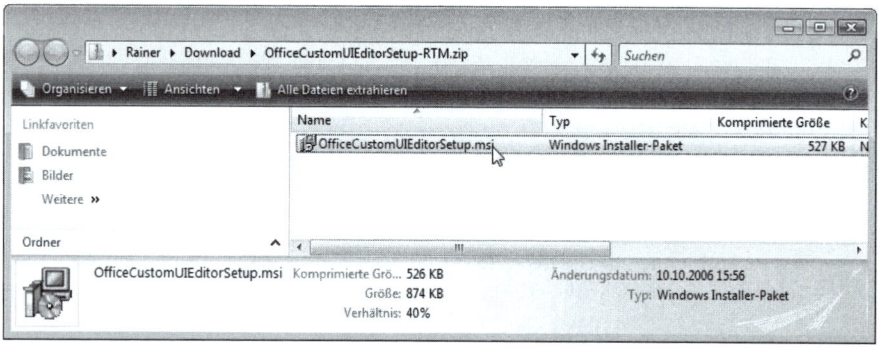

4. Doppelklicken Sie auf den Namen des in der ZIP-Datei enthaltenen Windows Installer-Pakets und folgen Sie den Anweisungen des Installationsprogramms.

Nach der erfolgreichen Installation finden Sie im Startmenü unter *Alle Programme* den neuen Befehl *Office 2007 Custom UI Editor.*

Beispiel: Befehl deaktivieren

Starten Sie nun das Tool Custom UI Editor. Der Custom UI Editor hat eine übersichtliche Benutzeroberfläche. Wichtig ist das Menü *Sample,* mit dem Sie verschiedene XML-Elemente einfügen und dann anpassen können. Die Symbolleiste enthält die Schaltfläche *Validate,* mit der Sie prüfen lassen können, ob das XML mit dem Schema übereinstimmt, denn nur dann kann das XML in Word geladen werden.

Bild 43.4 Das Fenster des Tools *Custom UI Editor*

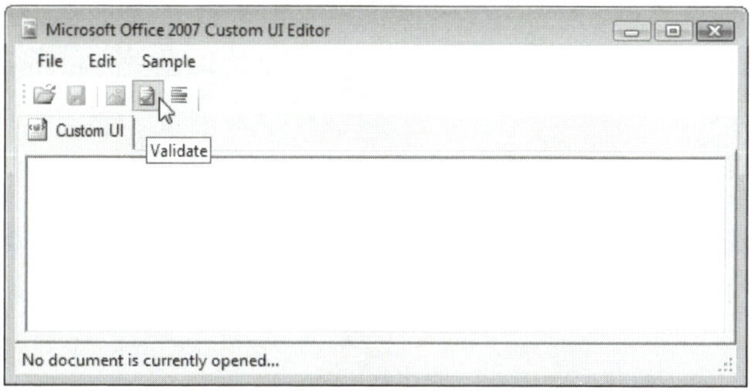

Im ersten Beispiel werden Sie sehen, wie Sie Befehle der Multifunktionsleiste deaktivieren und wie Sie einen der eingebauten Befehle mit einem eigenen Makro verknüpfen können.

1. Klicken Sie im Menü *File* auf *Open* und öffnen Sie die Word-Vorlage *BefehlDeaktivieren,* die Sie im vorigen Abschnitt erstellt haben.
2. Wählen Sie im Menü *Sample* den Befehl *Repurpose.*

   Custom UI Editor fügt ein Gerüst des XML ein.
3. Ändern Sie das XML wie folgt ab:

```
<customUI xmlns="http://schemas.microsoft.com/office/2006/01/customui">
   <commands>
      <command idMso="Bold" enabled="false"/>
      <command idMso="FilePrint" onAction="MyFilePrint"/>
  </commands>
</customUI>
```

   Das erste `<command>`-Tag setzt den Wert `enabled` der Schaltfläche *Fett* (Bold) auf `false`. Hierdurch wird die Schaltfläche *Fett* an allen Stellen der Benutzeroberfläche (also sowohl auf der Registerkarte *Start* als auch in der Minisymbolleiste) deaktiviert und kann dadurch nicht mehr ausgewählt werden.

Mit dem zweiten <command>-Tag wird der Befehl mit der ID `FilePrint` (das ist der *Drucken*-Befehl) mit einer eigenen Routine verknüpft, die den Namen `MyFilePrint` besitzt. Dieses Makro werden Sie weiter unten noch erstellen.

4. Klicken Sie auf die Schaltfläche *Validate* und korrigieren Sie eventuell gefundene Fehler in der XML-Syntax.

   Das Fenster sollte jetzt wie folgt aussehen:

Bild 43.5 Die Änderungen am *commands*-Element

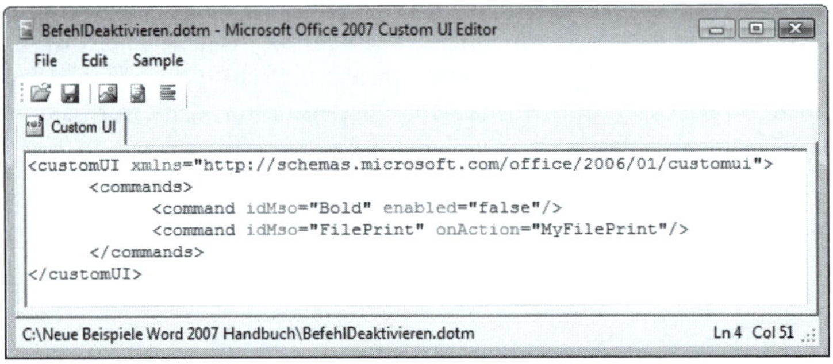
BefehlDeaktivieren.dotm - Microsoft Office 2007 Custom UI Editor
File Edit Sample
Custom UI
<customUI xmlns="http://schemas.microsoft.com/office/2006/01/customui">
<commands>
<command idMso="Bold" enabled="false"/>
<command idMso="FilePrint" onAction="MyFilePrint"/>
</commands>
</customUI>
C:\Neue Beispiele Word 2007 Handbuch\BefehlDeaktivieren.dotm
Ln 4 Col 51

5. Klicken Sie auf die *Speichern*-Schaltfläche, um die Änderungen an der Dokumentvorlage zu speichern.

6. Klicken Sie auf die Schaltfläche *Generate Callbacks*, damit Custom UI Editor die Signatur der VBA-Prozedur erzeugt, die im *onAction*-Attribut angegeben ist.

Bild 43.6 Die Signatur des Makros, das noch erstellt werden muss

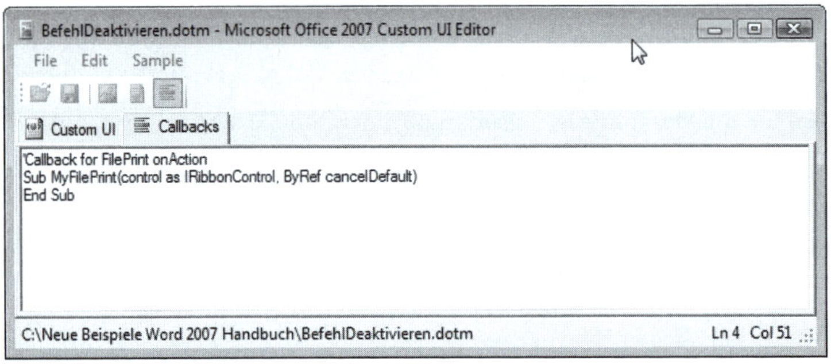
BefehlDeaktivieren.dotm - Microsoft Office 2007 Custom UI Editor
File Edit Sample
Custom UI
Callbacks
'Callback for FilePrint onAction
Sub MyFilePrint(control as IRibbonControl, ByRef cancelDefault)
End Sub
C:\Neue Beispiele Word 2007 Handbuch\BefehlDeaktivieren.dotm
Ln 4 Col 51

7. Kopieren Sie die Signatur in die Zwischenablage, damit Sie sie später im Visual Basic-Editor einfügen können.

Wenn Sie nun die Datei mit der Dokumentvorlage ein weiteres Mal als ZIP-Datei öffnen, sehen Sie den neuen Ordner *CustomUI* mit der neuen Datei *CustomUI.xnl*, die den XML-Code enthält, den Sie soeben erstellt haben.

Das Root-Element der XML-Datei zur Anpassung der Benutzeroberfläche lautet immer *customUI* und das Attribut *xmlns* muss immer auf den Namespace *http://schemas.microsoft.com/office/2006/01/customui* verweisen.

Unterhalb dieses Root-Elements sind zwei weitere Elemente erlaubt:

- das Element *commands,* das wir in diesem Beispiel verwenden und
- das Element *ribbon,* auf das wir weiter unten zu sprechen kommen.

Das *commands*-Element kann mehrere *command*-Tags enthalten, mit denen Sie einzelne Befehle deaktivieren oder deren Abarbeitung zu einer eigenen Routine umleiten können.

Im *command*-Element können Sie die folgenden Attribute angeben:

- *idMso:* Dieses Attribut muss vorhanden sein. Als Wert geben Sie den Namen des Befehls an, den Sie ändern wollen. Der Bezeichner *Bold* bezieht sich auf die Schaltfläche *Fett,* und zwar sowohl in der Multifunktionsleiste, in der Symbolleiste für den Schnellzugriff als auch in der Minisymbolleiste.
- *enabled:* Für das Attribut *enabled* können Sie die Werte *true* und *false* verwenden und damit angeben, ob der Befehl aufgerufen werden kann oder nicht.
- *onAction:* Im zweiten *command*-Element haben wir das Attribut *onAction* verwendet und als Wert den Namen eines (noch zu erstellenden) Makros angegeben, das aufgerufen werden soll, wenn der Anwender den Befehl *Drucken* auswählt.

Die IDs der Word-Steuerelemente

Die IDs der Word-Steuerelemente, die Sie für das Attribut *idMso* verwenden können, lassen sich auf zwei verschiedene Arten ermitteln. Eine Möglichkeit besteht darin, das Dialogfeld *Word-Optionen* zu verwenden. Klicken Sie die Kategorie *Anpassen* an und wählen Sie im Listenfeld *Befehle auswählen* den Eintrag *Alle Befehle* aus. Scrollen Sie in der Liste bis zum Befehlsnamen, den Sie verwenden wollen und lassen Sie den Mauszeiger einen Moment auf dem Befehlsnamen stehen. In dem Tooltipp-Fenster wird dann die ID in runden Klammern angezeigt.

Bild 43.7 Die ID des Word-Steuerelements wird im Tooltipp-Fenster angezeigt

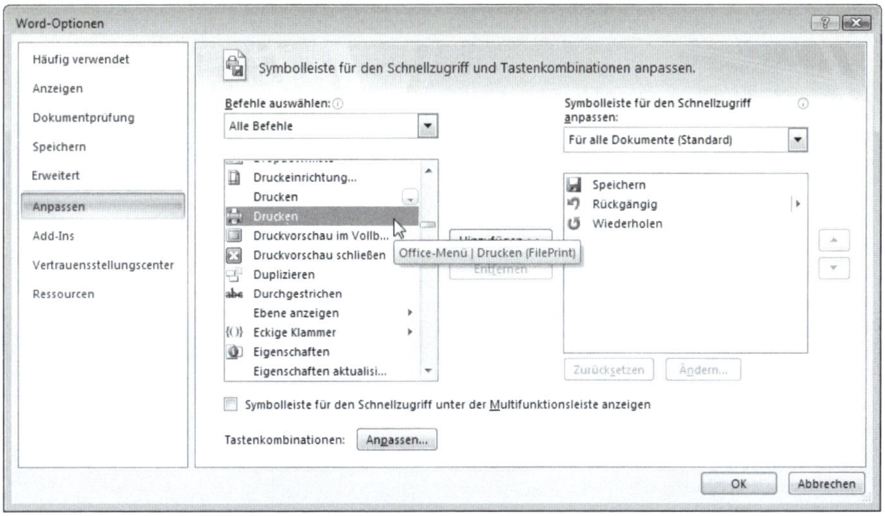

Sie können alternativ von der Microsoft-Website eine Excel-Tabelle mit allen gültigen Bezeichnern, die Sie als Wert für das Attribut *idMso* verwenden dürfen, herunterladen.

Surfen Sie zu *www.microsoft.com/downloads*, geben Sie in das Suchfeld den Text *Lists of Control IDs* ein und klicken Sie auf *Go*. Auf der Seite mit den Suchergebnissen wird der Eintrag *2007 Office System Document: Lists of Control IDs* angezeigt, über den Sie zur entsprechenden Download-Seite gelangen. Laden Sie von dort die Datei *2007OfficeControlIDsExcel2007.exe* herunter und öffnen Sie diese.

Das einfache Installationsprogramm fragt lediglich nach einem Zielordner, in den die Dateien kopiert werden sollen. Nach dem Kopiervorgang finden Sie in dem Ordner zahlreiche Excel-Dateien, eine davon hat den Namen *WordRibbonControls.xlsx*. Wenn Sie die Datei öffnen (siehe folgende Abbildung), sehen Sie eine Excel-Tabelle, in deren erster Spalte die IDs stehen, die Sie verwenden können. Die zweite Spalte gibt die Art des Steuerelements an, in der dritten finden Sie die ID der Kontextregisterkarte, falls sich der Befehl auf einer solchen befindet. Die vierte Spalte enthält die ID der Registerkarte, der der Befehl zugeordnet ist, oder den Eintrag *Office Menu*, wenn sich der Befehl im Menü der Office-Schaltfläche befindet, bzw. *Quick Access Toolbar*, sofern der Befehl in der Symbolleiste für den Schnellzugriff verfügbar ist. Die Spalte *GroupName* schließlich gibt den Bezeichner der Befehlsgruppe an, die das Steuerelement enthält.

Bild 43.8 Übersicht der IDs der Word-Befehle, Registerkarten und Befehlsgruppen

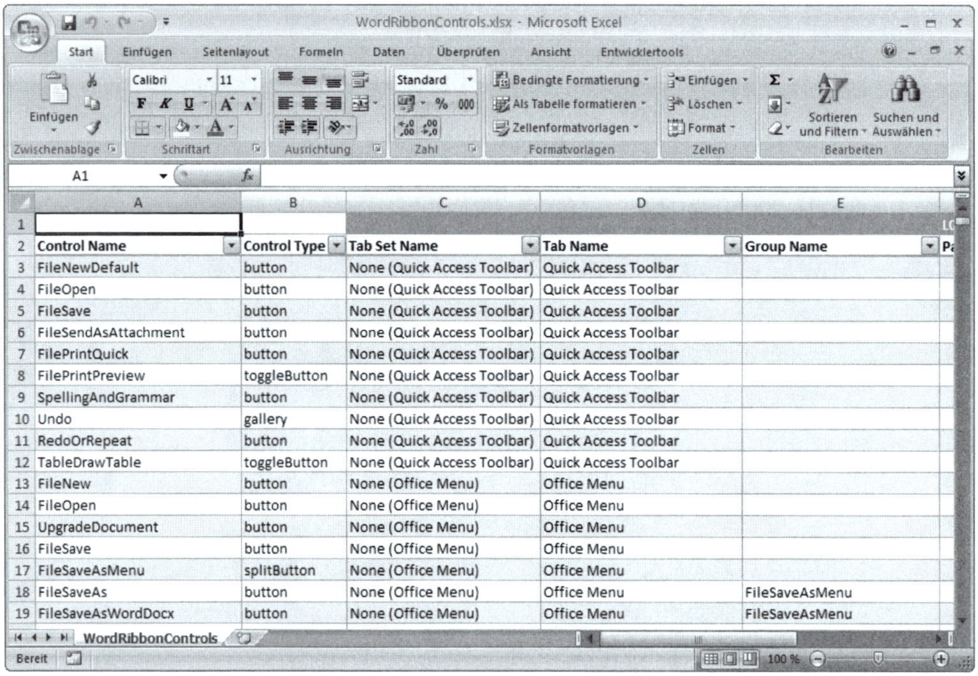

Control Name	Control Type	Tab Set Name	Tab Name	Group Name
FileNewDefault	button	None (Quick Access Toolbar)	Quick Access Toolbar	
FileOpen	button	None (Quick Access Toolbar)	Quick Access Toolbar	
FileSave	button	None (Quick Access Toolbar)	Quick Access Toolbar	
FileSendAsAttachment	button	None (Quick Access Toolbar)	Quick Access Toolbar	
FilePrintQuick	button	None (Quick Access Toolbar)	Quick Access Toolbar	
FilePrintPreview	toggleButton	None (Quick Access Toolbar)	Quick Access Toolbar	
SpellingAndGrammar	button	None (Quick Access Toolbar)	Quick Access Toolbar	
Undo	gallery	None (Quick Access Toolbar)	Quick Access Toolbar	
RedoOrRepeat	button	None (Quick Access Toolbar)	Quick Access Toolbar	
TableDrawTable	toggleButton	None (Quick Access Toolbar)	Quick Access Toolbar	
FileNew	button	None (Office Menu)	Office Menu	
FileOpen	button	None (Office Menu)	Office Menu	
UpgradeDocument	button	None (Office Menu)	Office Menu	
FileSave	button	None (Office Menu)	Office Menu	
FileSaveAsMenu	splitButton	None (Office Menu)	Office Menu	
FileSaveAs	button	None (Office Menu)	Office Menu	FileSaveAsMenu
FileSaveAsWordDocx	button	None (Office Menu)	Office Menu	FileSaveAsMenu

Beispiel: Eigenes Makro aufrufen

Lassen Sie uns nun das Beispiel vom Anfang des Kapitels vervollständigen und das Makro *MyFilePrint* erstellen, das für den Befehl *FilePrint* aufgerufen werden soll. Das eigene Makro soll den Wert für die Anzahl der Kopien, wie er im *Drucken*-Dialogfeld angezeigt wird, auf 2 setzen und dann das Dialogfeld anzeigen.

1. Starten Sie Word, öffnen Sie die Word-Vorlage *BefehlDeaktivieren* und wechseln Sie zur Registerkarte *Entwicklertools.*

HINWEIS Falls die Registerkarte *Entwicklertools* nicht sichtbar ist, klicken Sie auf die *Office-Schaltfläche*, dann auf *Word-Optionen* und schalten auf der Seite der Kategorie *Häufig verwendet* das Kontrollkästchen *Entwicklerregisterkarte in der Multifunktionsleiste anzeigen* ein.

2. Klicken Sie in der Gruppe *Code* auf *Makros.*
3. Geben Sie in das Feld *Makroname* **MyFilePrint** ein.
4. Öffnen Sie die Liste *Makros in* und wählen Sie dort den Namen der aktuellen Vorlage aus; in unserem Beispiel also *BefehlDeaktivieren.*
5. Klicken Sie auf *Erstellen.*

Bild 43.9 Erstellen des neuen Makros, das bereits mit dem Befehl *FilePrint* verbunden ist

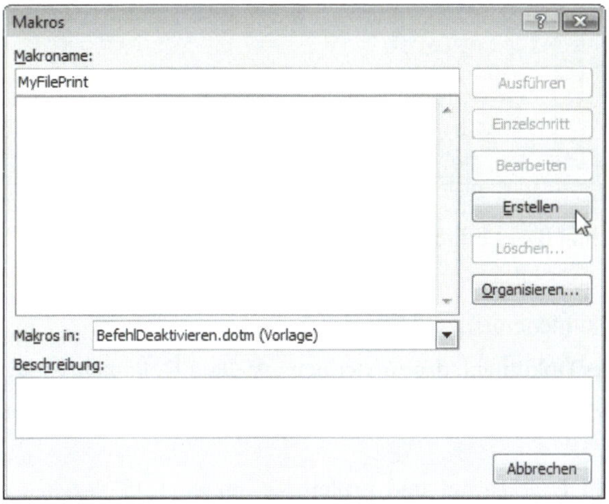

Der Visual Basic-Editor wird geöffnet.

6. Markieren Sie den gesamten Quellcode und fügen Sie die Signatur für das Rückruf-Makro *MyFilePrint* ein, wie sie von Custom UI Editor erstellt wurde. Der Code sieht dann folgendermaßen aus:

```
Sub MyFilePrint (control as IRibbonControl, ByRef CancelDefault)

End Sub
```

7. Geben Sie zwischen *Sub* und *End Sub* den folgenden Code ein:

```
With Dialogs(wdDialogFilePrint)
   .NumCopies = 2
   .Show
End With
```

Bild 43.10 Der Code des Makros *MyFilePrint* im Visual Basic-Editor

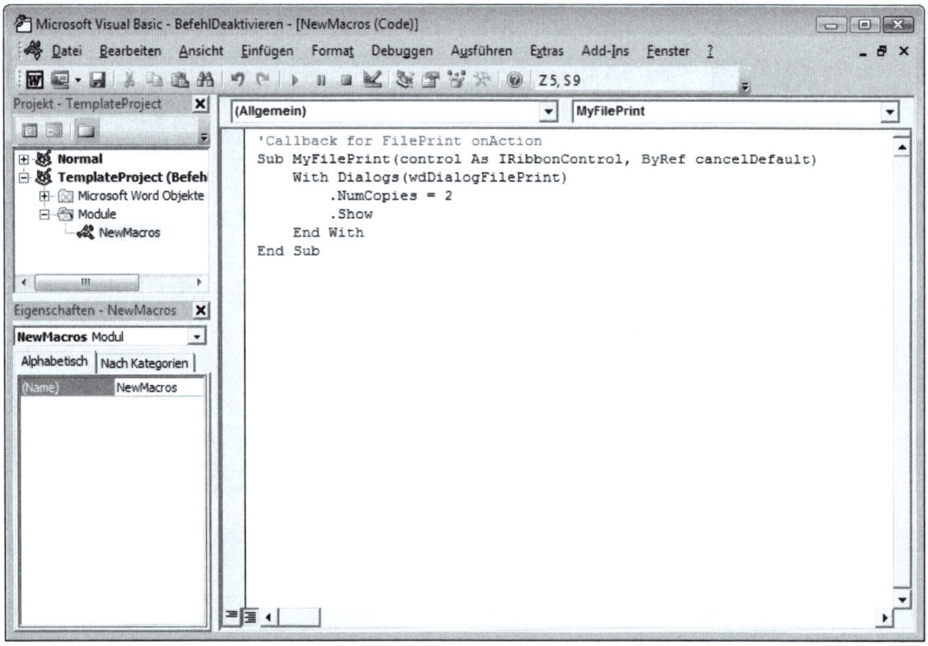

8. Schließen Sie den Visual Basic-Editor.
9. Klicken Sie in Word auf *Speichern.*
10. Schließen Sie die Dokumentvorlage.
11. Erstellen Sie ein neues Dokument, das auf der neu erstellten Dokumentvorlage basiert.
12. Überprüfen Sie in der Gruppe *Schriftart* der Registerkarte *Start,* ob die Schaltfläche *Fett* deaktiviert ist.
13. Rufen Sie den Befehl *Drucken* auf und prüfen Sie, ob im Feld *Anzahl Exemplare* wie gewünscht eine 2 angezeigt wird.

Die soeben vorgenommenen Änderungen an der Benutzeroberfläche sind nur dann wirksam, wenn ein Dokument bearbeitet wird, das auf dieser Dokumentvorlage basiert. Wenn Sie möchten, dass die Änderungen immer verfügbar sind, kopieren Sie die Dokumentvorlage in den AutoStart-Ordner von Word (mehr hierzu im Abschnitt auf Seite 788).

Beispiel: Vorhandene Registerkarte anpassen

Das zweite Unterelement, dass Sie in einer RibbonX-XML-Datei angeben können, ist das Element *ribbon*. Sie verwenden es, um den Inhalt der vorhandenen Registerkarten zu ändern oder um eine eigene Registerkarte zu erstellen. In diesem Beispiel soll die Registerkarte *Einfügen* modifiziert werden.

1. Erstellen Sie wie oben beschrieben eine neue Dokumentvorlage mit Makros, benennen Sie diese *RibbonX02* und schließen Sie die Vorlage.
2. Starten Sie Custom UI Editor und öffnen Sie die Dokumentvorlage.
3. Öffnen Sie das Menü *Sample* und wählen Sie den Befehl *Word – Group on Insert Tab,* damit Sie das Gerüst für das benötigte XML erhalten.
4. Ändern Sie die Zeile mit dem *group*-Element wie folgt ab:

   ```
   <group id="customGroup" label="Weiteres" insertAfterMso="GroupInsertIllustrations">
   ```

   Im Attribut *label* legen Sie den Namen der neuen Befehlsgruppe fest, wie er am unteren Rand der Gruppe angezeigt wird. Über das Attribut *insertAfterMso* bestimmen Sie die Position der neuen Befehlsgruppe auf der Registerkarte. Als Wert geben Sie die ID einer vorhandenen Befehlsgruppen an. Die neue Gruppe soll hinter der Befehlsgruppe *Illustrationen* erscheinen; deren ID ist jedoch *GroupInsertIllustrations,* und nicht *GroupIllustrations,* wie im Sample von Custom UI Editor angegeben.
5. Löschen Sie die vorhandene Zeile mit dem *button*-Element.
6. Fügen Sie innerhalb des *group*-Elements die folgende Zeile ein:

   ```
   <button idMso="MicrosoftExcel" size="large" />
   ```

   Mit dieser Zeile wird die Schaltfläche mit der ID *MicrosoftExcel* eingefügt. Es handelt sich hierbei um einen integrierten Word-Befehl, mit dem Microsoft Excel gestartet wird. Das Attribut *size* legt die Größe der Schaltfläche fest. Statt des Wertes *large* kann auch der Wert *normal* verwendet werden, wenn Sie eine kleine Schaltfläche erhalten wollen.
7. Fügen Sie hinter dem *button*-Element zum Starten von Excel die folgende Zeile ein:

   ```
   <button idMso="BreakInsertDialog" label="Umbruch"
     screentip="Manuellen Umbruch einfügen"/>
   ```

   Hinter der ID *BreakInsertDialog* verbirgt sich das Dialogfeld *Manueller Umbruch,* das standardmäßig nicht in der Multifunktionsleiste enthalten ist. Da wir das Attribut *size* nicht angegeben haben, wird ein kleines Symbol auf der Schaltfläche angezeigt.

   Im Unterschied zur Deklaration der Excel-Schaltfläche haben wir hier noch die Attribute *label* und *screentip* verwendet. Mit *label* legen Sie den Text der Schaltfläche fest und mit *screentip* den Text des Tooltipp-Fensters. Wenn Sie diese Attribute weglassen, werden die Vorgabetexte von Word für diesen Befehl verwendet, die *Bruch* lauten. Hierbei handelt es um einen von vielen Übersetzungsfehlern in der deutschen Word-Version, durch den der Sinn der Schaltfläche vollkommen falsch wiedergeben wird (hier wurde das englische *break* übersetzt, ohne den Kontext zu berücksichtigen). Wenn Sie die Attribute *label* und *screentip* angeben, werden wie hier gezeigt die Vorgabewerte mit den eigenen Texten überschrieben.

8. Fügen Sie hinter dem *button*-Element zum Starten von Excel die folgende Zeile ein:

```
<button id="eigenenNamen" label="Eigener Name"
  screentip="Fügt den eigenen Namen ein" onAction="InsertOwnName" />
```

Mit dieser Zeile wird die Befehlsgruppe um eine weitere Schaltfläche erweitert. Da hier keiner der eingebauten Word-Befehle verwendet wird, müssen Sie die ID des Buttons statt mit *idMso* mit *id* angegeben. Als Name verwenden Sie einen beliebigen Bezeichner, der innerhalb der XML-Datei eindeutig sein muss. Wie beim vorherigen Button werden hier auch die Attribute *label* und *screentip* gesetzt. Mit dem Attribut *onAction* schließlich wird der Name des Makros festgelegt, das nach dem Anklicken der Schaltfläche aufgerufen werden soll. Dieses Makro werden Sie weiter unten noch erstellen.

9. Fügen Sie hinter dem abschließenden *group*-Tag die folgende Zeile ein:

```
<group idMso="GroupInsertIllustrations" visible="false" />
```

In dieser Zeile wird für die Befehlsgruppe *GroupInsertIllustrations* das Attribut *visible* auf *false* gesetzt. Diese Befehlsgruppe wird damit unsichtbar.

10. Klicken Sie auf die Schaltfläche *Validate* und korrigieren Sie eventuell gefundene Fehler in der XML-Syntax.

Nach diesen Änderungen sollte das XML wie folgt aussehen:

```
<customUI xmlns="http://schemas.microsoft.com/office/2006/01/customui">
  <ribbon>
    <tabs>
      <tab idMso="TabInsert">
        <group id="customGroup" label="Weiteres"
               inser-tAfterMso="GroupInsertIllustrations">
          <button id-Mso="MicrosoftExcel" size="large" />
          <button id-Mso="BreakInsertDialog" la-bel="Umbruch"
                  screentip="Manuellen Umbruch einfügen" />
          <button id="eigenenNamen" label="Eigener Name"
                  screentip="Fügt den eigenen Namen ein" onAc-tion="InsertOwnName" />
        </group>
        <group id-Mso="GroupInsertIllustrations" visible="false" />
      </tab>
    </tabs>
  </ribbon>
</customUI>
```

11. Klicken Sie auf die *Speichern*-Schaltfläche, um die Änderungen an der Dokumentvorlage zu speichern.

12. Klicken Sie auf die Schaltfläche *Generate Callbacks*, damit Custom UI Editor die Signatur der VBA-Prozedur *InsertOwnName* erzeugt.

13. Öffnen Sie Dokumentvorlage in Word, erstellen Sie wie oben beschrieben ein neues Makro mit dem Namen *InsertOwnName* und fügen Sie den folgenden Code ein, der den Namen des Anwenders, wie er im *Optionen*-Dialogfeld eingetragen ist, ermittelt und an der aktuellen Cursorposition in das Dokument einfügt:

```
Sub InsertOwnName(control As IRibbonControl)
   Selection.InsertAfter (Application.UserName + " ")
End Sub
```

14. Speichern und schließen Sie die Vorlage.

15. Erstellen Sie ein neues Dokument, das auf dieser Vorlage basiert, wechseln Sie zur Registerkarte *Einfügen* und prüfen Sie, ob alle Änderungen wie geplant funktionieren.

Bild 43.11 Die angepasste Registerkarte *Einfügen*

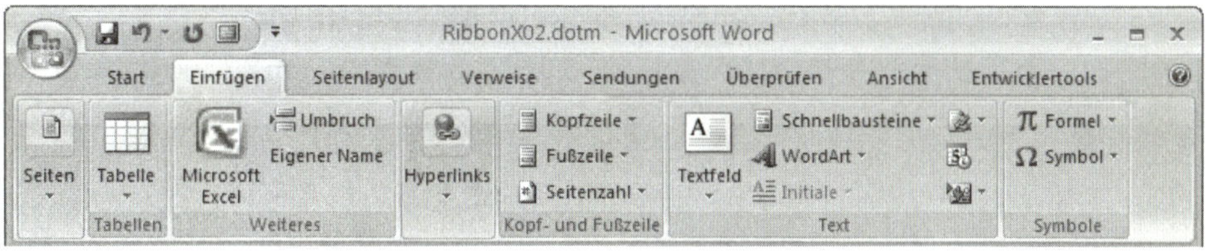

Beispiel: Neue Registerkarte erstellen

Das letzte Beispiel zeigt, wie Sie alle Standardregisterkarten von Word entfernen und diese durch eine eigene Registerkarte ersetzen, in der sich beispielsweise die für eine bestimmte Dokumentvorlage benötigten Befehle befinden. Die Schritte zum Erstellen der Dokumentvorlage sind mit denen der anderen Beispiele identisch. Hier das XML, mit dem eine neue Registerkarte »komponiert« wird:

```
<customUI xmlns="http://schemas.microsoft.com/office/2006/01/customui">
  <ribbon startFromScratch="true">
    <tabs>
      <tab id="simpleTab" label="Meine Registerkarte">
        <group id="BuiltInControlGroup" label="Gruppe eingebauter Steuerelemente">
          <comboBox idMso="Font"/>
          <comboBox idMso="FontSize"/>
          <separator id="sep1"/>
          <buttonGroup id="BuiltInControls">
            <splitButton idMso="PasteMenu"/>
            <gallery idMso="ShadingColorPicker"/>
            <gallery idMso="FontColorPicker"/>
          </buttonGroup>
          <buttonGroup id="BuiltInSimpleControls">
            <toggleButton idMso="Bold" />
            <toggleButton idMso="Italic" />
            <toggleButton idMso="Underline" />
          </buttonGroup>
        </group>
        <group idMso="GroupFont" />
        <group idMso="GroupClipboard" />
      </tab>
    </tabs>
  </ribbon>
</customUI>
```

Im *ribbon*-Element dieses Beispiels wird das Attribut *startFromScratch* verwendet. Wenn Sie den Wert auf *true* setzen, werden alle vorhandenen Registerkarten sowie die Standardschaltflächen der Symbolleiste für den Schnellzugriff ausgeblendet und das Menü der Office-Schaltfläche auf wenige Befehle reduziert. Der Standardwert dieses Attributs ist *false*.

Im *tab*-Element wird eine neue Registerkarte deklariert; hierzu werden die bereits bekannten Attribute *id* und *label* verwendet. Anschließend wird mit dem ersten *group*-Element eine neue Befehlsgruppe erstellt. In diese Gruppe werden dann verschiedene Steuerelemente eingefügt, die Sie von den Standardregisterkarten her kennen. Beachten Sie, dass Sie für jedes Steuerelement den richtigen Steuerelementtyp (*comboB ox, splitButton, gallery, toggleButton* usw.) angeben müssen, wie Sie ihn der Excel-Datei mit den Steuerelement-IDs entnehmen können.

Um in einer Befehlsgruppe eine Trennlinie zu erhalten, um so verschiedene Steuerelemente zu gruppieren, setzen Sie das *separator*-Tag ein.

Mit dem Tag *buttonGroup* lassen sich mehrere Schaltflächen innerhalb einer Befehlsgruppe zu einer Schaltflächengruppe zusammenfassen.

Am Ende der XML-Datei ist schließlich noch zu sehen, wie Sie eine komplette Befehlsgruppe in eine eigene Registerkarte integrieren. Hierzu verwenden Sie das *group*-Element und geben für das Attribut *idMso* die ID der gewünschten Gruppe an. In unserem Beispiel haben wir die Befehlsgruppen *Schriftart* und *Zwischenablage* benutzt.

Wenn Sie basierend auf dieser Vorlage ein neues Dokument erstellen, präsentiert sich die Multifunktionsleiste von Word so, wie es die folgende Abbildung zeigt.

Bild 43.12 Die Benutzeroberfläche von Word wurde auf eine einzige Registerkarte reduziert

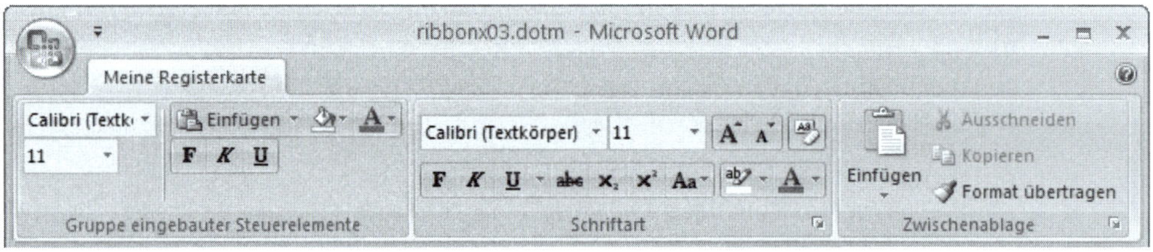

Änderungen an der Benutzeroberfläche immer verfügbar machen

Wenn Sie die Änderungen an der Benutzeroberfläche immer verfügbar machen wollen, reicht es aus, die Dokumentvorlage mit dem XML für RibbonX im AutoStart-Ordner abzulegen. Standardmäßig befindet sich der AutoStart-Ordner in einem der folgenden Ordner:

- **Windows Vista** C:\Benutzer*Benutzername*\AppData\Microsoft\Word\STARTUP
- **Windows XP/Windows Server 2003** C:\Dokumente und Einstellungen*Benutzername*\ Anwendungsdaten\Microsoft\Word\STARTUP

Wenn der Speicherort des AutoStart-Ordners geändert wurde, können Sie die aktuelle Einstellung ermitteln, indem Sie die *Office-Schaltfläche* und dann *Word-Optionen* anklicken. Wechseln Sie zur

Kategorie *Erweitert*, scrollen Sie bis zum Abschnitt *Allgemein* und klicken Sie auf *Dateispeicherorte*. Den Speicherort können Sie dem dann angezeigten Dialogfeld entnehmen.

Weitere Informationen

Weitere Informationen zu RibbonX finden Sie im englischsprachigen Portal zu dieser Technologie unter folgender Webadresse:

msdn.microsoft.com/office/tool/ribbon

Zusammenfassung

Dieses Kapitel hat Sie mit der Technologie RibbonX vertraut gemacht, mit der sich die Benutzeroberfläche von Word 2007 (und auch der anderen Office-Anwendungen, die die neue Multifunktionsleiste verwenden) anpassen lässt.

- Sie haben einen Blick in das »Innenleben« einer Word-Datei geworfen, die das neue OpenXML-Format verwendet (Seite 776) und das Tool Custom UI Editor heruntergeladen und installiert, mit dem sich das XML, das zur Definition der Benutzeroberfläche benötigt wird, einfach und komfortabel in eine Word-Datei einfügen lässt (Seite 778).
- Im ersten Beispiel haben Sie gesehen, wie Sie einen Befehl der Multifunktionsleiste deaktivieren können (Seite 779), wie ein eingebauter Word-Befehl mit einem eigenen Makro verknüpft werden kann und wie Sie dieses Makro erstellen (Seite 783).
- Eine weitere Möglichkeit, die Benutzeroberfläche anzupassen, besteht darin, eine vorhandene Registerkarte zu erweitern und dabei sowohl integrierte Word-Befehle zu verwenden als auch eigene Befehlsschaltflächen zu erstellen und diese dann mit einem Makro zu verknüpfen (Seite 785).
- Durch ein weiteres XML-Tag können Sie die komplette Word-Benutzeroberfläche ausblenden und diese durch eigene Registerkarten ersetzen (Seite 787).
- Im letzten Abschnitt des Kapitels schließlich wurde dann noch beschrieben, wie Sie die Änderungen an der Benutzeroberfläche immer verfügbar machen können, und zwar unabhängig davon, auf welcher Dokumentvorlage das derzeit bearbeitete Dokument basiert (Seite 788).

Teil I

Anhänge

In diesem Teil:

Anhang A

Umsteigen auf Word 2007

In diesem Anhang:

Eine der Hauptänderungen bei Word 2007 ist die neue Benutzeroberfläche mit der Multifunktionsleiste und der *Office-Schaltfläche* in der linken oberen Ecke des Programmfensters. Unsere eigene Erfahrung hat gezeigt, dass es ein paar Tage dauern kann, bis man in der neuen Benutzeroberfläche alle Befehle wiedergefunden hat, deren Position in den »alten« Menüs einem nach Jahren des fast täglichen Einsatzes von Word in Fleisch und Blut übergegangen ist.

Um Ihnen den Umstieg auf Word 2007 zu erleichtern und die Suche zu verkürzen, finden Sie in diesem Anhang eine Übersicht über die bisherigen Positionen der Word-Befehle und wo Sie diese in der neuen Benutzeroberfläche finden. Anhang B zeigt, wie Sie die Befehle – auch solche, die nicht in der neuen Benutzeroberfläche enthalten sind – in die Symbolleiste für den Schnellzugriff einfügen, um so schneller auf sie zugreifen zu können.

Neue Positionen alter Word-Befehle

In diesem Abschnitt finden Sie Tabellen der wichtigsten Word-Befehle aus der Version 2003 und deren Position in der Benutzeroberfläche von Word 2007. Für jedes Menü der 2003er-Version finden Sie eine eigene Tabelle, in der die Befehlsnamen der 2003er-Version alphabetisch sortiert sind. In der Spalte *Position in Word 2007* wird angegeben, wo Sie den entsprechenden Befehl in der Multifunktionsleiste von Word 2007 finden.

Wenn ein Befehl nicht über die Standardbenutzeroberfläche zur Verfügung steht, Sie diesen aber in die Symbolleiste für den Schnellzugriff aufnehmen können, wird in der Spalte *Position in Word 2007* zuerst die folgende Grafik angezeigt und dann der Name des Befehls, wie Sie ihn auf der Seite *Anpassen* des Dialogfeldes *Word-Optionen* auswählen können. Anhang B enthält eine Schritt-für-Schritt-Anleitung, die Sie verwenden können, um die Symbolleiste für den Schnellzugriff mit den für Sie wichtigen Befehlen zu ergänzen.

Wenn Sie in der Multifunktionsleiste in einer Gruppe ein Dialogfeld aufrufen müssen, wird in den Tabellen das Symbol verwendet.

Menü *Datei*

Word 2003-Befehl	Position in Word 2007
Als Website speichern	Office-Schaltfläche | Speichern unter | Andere Formate | Dateityp | Website
Beenden	Office-Schaltfläche | Word beenden
Eigenschaften	Office-Schaltfläche | Vorbereiten | Eigenschaften
Neu	Office-Schaltfläche | Neu
Öffnen	Office-Schaltfläche | Öffnen
Schließen	Office-Schaltfläche | Schließen
Seite einrichten	Seitenlayout | Seite einrichten
Seitenansicht	Office-Schaltfläche | Drucken | Seitenansicht

Word 2003-Befehl	Position in Word 2007
Senden an (Microsoft PowerPoint)	Alle Befehle | An Microsoft Office PowerPoint senden
Senden an, E-Mail-Empfänger, als Anlage	Office-Schaltfläche | Senden | E-Mail
Senden an, E-Mail-Empfänger, zur Überarbeitung	Alle Befehle | Zum Bearbeiten versenden
Speichern	Office-Schaltfläche | Speichern
Speichern unter	Office-Schaltfläche | Speichern unter
Webseitenvorschau	Alle Befehle | Webseitenvorschau
Zuletzt verwendete Dokumente	Office-Schaltfläche | Zuletzt verwendete Dokumente

Menü *Bearbeiten*

Word 2003-Befehl	Position in Word 2007
Alles markieren	Start | Bearbeiten | Markieren | Alles markieren
Als Hyperlink einfügen	Start | Zwischenablage | Einfügen | Als Hyperlink einfügen
Ausschneiden	Start | Zwischenablage | Ausschneiden
Einfügen	Start | Zwischenablage | Einfügen
Ersetzen	Start | Bearbeiten | Ersetzen
Gehe zu	Start | Bearbeiten | Suchen | Gehe zu
Hyperlinks	Start | Vorbereiten | Verknüpfungen mit Dateien bearbeiten
Inhalte einfügen	Start | Zwischenablage | Einfügen | Inhalte einfügen
Kopieren	Start | Zwischenablage | Kopieren
Löschen/Formate	Start | Schriftart | Formatierung löschen
Löschen/Inhalt	Alle Befehle | Inhalt
Office-Zwischenablage	Start | Zwischenablage
Rückgängig	Symbolleiste für den Schnellzugriff | Rückgängig
Suchen	Start | Bearbeiten | Suchen | Suchen
Wiederholen	Symbolleiste für den Schnellzugriff | Wiederholen

Menü *Ansicht*

Word 2003-Befehl	Position in Word 2007
Aufgabenbereich	Über manche Startprogramme für ein Dialogfeld wird ein Aufgabenbereich geöffnet. So zeigt z.B. das Startprogramm für das Dialogfeld auf der Registerkarte *Start* in der Gruppe *Formatvorlagen* den Aufgabenbereich *Formatvorlagen* an.
Dokumentstruktur	Ansicht | Einblenden/Ausblenden | Dokumentstruktur
Fußnoten	Verweise | Fußnoten | Notizen anzeigen
Ganzer Bildschirm	Alle Befehle | Ganze Bildschirmansicht ein/aus
Gliederung	Ansicht | Dokumentansichten | Gliederung
HTML-Quelle	nicht mehr vorhanden
Kopf- und Fußzeile	Einfügen | Kopf- und Fußzeile | Kopfzeile | Kopfzeile bearbeiten
	Einfügen | Kopf- und Fußzeile | Fußzeile | Fußzeile bearbeiten
Lesemoduslayout	Ansicht | Dokumentansichten | Vollbild-Lesemodus
Lineal	Ansicht | Einblenden/Ausblenden | Lineal
Markup	Überprüfen | Nachverfolgung | Markup zeigen
Miniaturansichten	Ansicht | Einblenden/Ausblenden | Miniaturansichten
Normal	Ansicht | Dokumentansichten | Entwurf
Seitenlayout	Ansicht | Dokumentansichten | Seitenlayout
Symbolleisten	Die Symbolleisten, wie sie in früheren Versionen vorhanden waren, gibt es nicht mehr. Die Funktionen der Symbolleisten wurden in die Multifunktionsleiste und in die Kontexttools aufgenommen. Die einzige Symbolleiste, die angepasst werden kann, ist die Symbolleiste für den Schnellzugriff.
Weblayout	Ansicht | Dokumentansichten | Weblayout
Zoom	Ansicht | Zoom | Zoom
	Statusleiste | Zoomregler

Menü *Einfügen*

Word 2003-Befehl	Position in Word 2007
AutoText | AutoText	Einfügen | Text | Schnellbausteine
AutoText | Neu	Alle Befehle | AutoText erstellen
Datei	Einfügen | Text | Objekt | Text aus Datei
Datum und Uhrzeit	Einfügen | Text | Datum und Uhrzeit

Word 2003-Befehl	Position in Word 2007
Feld	Einfügen | Text | Schnellbausteine | Feld
Grafik | Aus Datei	Einfügen | Illustrationen | Grafik
Grafik | AutoFormen	Einfügen | Illustrationen | Formen
Grafik | ClipArt	Einfügen | Illustrationen | ClipArt
Grafik | Diagramm	Einfügen | Illustrationen | Diagramm
Grafik | Freihandzeichnung oder -schrift	Überprüfen | Freihandeingabe | Freihandeingabe starten
Grafik | Neue Zeichnung	Einfügen | Illustrationen | Formen | Neuer Zeichenbereich
Grafik | Organigramm	Einfügen | Illustrationen | SmartArt
Grafik | Von Scanner oder Kamera	nicht mehr vorhanden
Grafik | WordArt	Einfügen | Text | WordArt
Hyperlink	Einfügen | Hyperlinks | Hyperlink
Kommentar	Überprüfen | Kommentare | Neuer Kommentar
Manueller Wechsel	Einfügen | Seiten | Seitenumbruch
Objekt	Einfügen | Text | Objekt
Referenz | Beschriftung	Verweise | Beschriftungen | Beschriftung einfügen
Referenz | Fußnote	Verweise | Fußnoten
Referenz | Index und Verzeichnisse	Verweise | Inhaltsverzeichnis | Inhaltsverzeichnis
	Verweise | Index | Index einfügen
	Verweise | Rechtsgrundlagenverzeichnis | Rechtsgrundlagenverzeichnis einfügen
Referenz | Querverweis	Einfügen | Hyperlinks | Querverweis
	Verweise | Beschriftungen | Querverweis
Seitenzahlen	Einfügen | Kopf- und Fußzeile | Seitenzahl
Symbol	Einfügen | Symbole | Symbol
Textfeld	Einfügen | Text | Textfeld | Textfeld
Textmarke	Einfügen | Hyperlinks | Textmarke

Menü *Format*

Word 2003-Befehl	Position in Word 2007
Absatz	Start | Absatz | Absatz
	Seitenlayout | Absatz | Absatz
AutoFormat	Alle Befehle | AutoFormat
Design	Seitenlayout | Designs | Designs
Formatierung anzeigen	Alle Befehle | Formatierung anzeigen
Formatvorlagen und Formatierung	Start | Formatvorlagen | Formatvorlagen
Groß-/Kleinschreibung	Start | Schriftart | Groß-/Kleinschreibung
Hintergrund	Seitenlayout | Seitenhintergrund | Seitenfarbe
Initiale	Einfügen | Text | Initiale
Nummerierung und Aufzählungszeichen	Alle Befehle | Nummerierung und Aufzählungszeichen
	Start | Absatz | Aufzählungszeichen
	Start | Absatz | Nummerierung
Positionsrahmen	Alle Befehle | Positionsrahmen
Rahmen und Schattierung	Start | Absatz | Rahmen und Schattierung | Rahmen
	Start | Absatz | Rahmen und Schattierung | Schattierung
Schriftart	Start | Schriftart | Schriftart
Spalten	Seitenlayout | Seite einrichten | Spalten
Tabstopps	Start | Absatz | Tabstopps
Zeichen	Start | Schriftart

Menü *Extras*

Word 2003-Befehl	Position in Word 2007
Änderungen nachverfolgen	Überprüfen | Nachverfolgung | Änderungen nachverfolgen
Anpassen	Office-Schaltfläche | Word-Optionen | Anpassen
AutoKorrektur-Optionen	Office-Schaltfläche | Word-Optionen | Dokumentprüfung | AutoKorrektur-Optionen
AutoZusammenfassen	Alle Befehle | Tools für AutoZusammenfassen

Word 2003-Befehl	Position in Word 2007
Briefe und Sendungen | Seriendruck	Sendungen | Seriendruck starten | Seriendruck starten | Seriendruck-Assistent mit Schritt-für-Schritt-Anweisungen
Briefe und Sendungen | Umschläge und Etiketten	Sendungen | Erstellen | Umschläge
	Sendungen | Erstellen | Beschriftungen (= Etiketten)
Dokument schützen	Überprüfen | Schützen | Dokument schützen
Dokumente vergleichen und zusammenführen	Überprüfen | Vergleichen | Vergleichen | Vergleichen
	Überprüfen | Vergleichen | Vergleichen | Kombinieren
Makro | Aufzeichnen	Ansicht | Makros | Makros | Makro aufzeichnen/Aufzeichnung anhalten
Makro | Makros	Ansicht | Makros | Makros
Makro | Sicherheit	Entwicklertools | Code | Makrosicherheit
Makro | Visual Basic-Editor	Entwicklertools | Code | Visual Basic
Onlinezusammenarbeit	nicht mehr vorhanden
Optionen	Office-Schaltfläche | Word-Optionen
Recherchieren	Überprüfen | Dokumentprüfung | Recherchieren
Rechtschreibung und Grammatik	Überprüfen | Dokumentprüfung | Rechtschreibung und Grammatik
Signatur anzeigen	Office-Schaltfläche | Fertig stellen | Digitale Signatur hinzufügen
Sprache | Silbentrennung	Seitenlayout | Seite einrichten | Silbentrennung | Silbentrennungsoptionen
Sprache | Sprache festlegen	Überprüfen | Dokumentprüfung | Sprache festlegen
Sprache | Thesaurus	Überprüfen | Dokumentprüfung | Thesaurus
Sprache | Übersetzen	Überprüfen | Dokumentprüfung | Übersetzen
Vorlagen und Add-Ins	Entwicklertools | Vorlagen | Dokumentvorlage
Wörter zählen	Überprüfen | Dokumentprüfung | Wörter zählen

Menü *Tabelle*

Word 2003-Befehl	Position in Word 2007
AutoAnpassen | AutoAnpassen an Inhalt	Tabellentools | Layout | Zellengröße | AutoAnpassen | Inhalt automatisch anpassen
AutoAnpassen | Feste Spaltenbreite	Tabellentools | Layout | Zellengröße | AutoAnpassen | Feste Spaltenbreite

Word 2003-Befehl	Position in Word 2007
AutoAnpassen | Größe an Fenster anpassen	Tabellentools | Layout | Zellengröße | AutoAnpassen | Fenster automatisch anpassen
AutoAnpassen | Spalten gleichmäßig verteilen	Tabellentools | Layout | Zellengröße | Spalten verteilen
AutoAnpassen | Zeilen gleichmäßig verteilen	Tabellentools | Layout | Zellengröße | Zeilen verteilen
AutoFormat für Tabelle	Tabellentools | Entwurf | Tabellenformatvorlagen
Einfügen | Spalten nach links	Tabellentools | Layout | Zeilen und Spalten | Links einfügen
Einfügen | Spalten nach rechts	Tabellentools | Layout | Zeilen und Spalten | Rechts einfügen
Einfügen | Tabelle	Einfügen | Tabellen | Tabelle | Tabelle einfügen
Einfügen | Zeilen oberhalb	Tabellentools | Layout | Zeilen und Spalten | Darüber einfügen
Einfügen | Zeilen unterhalb	Tabellentools | Layout | Zeilen und Spalten | Darunter einfügen
Einfügen | Zellen	Tabellentools | Layout | Zeilen und Spalten
Formel	Tabellentools | Layout | Daten | Formel
Gitternetzlinien anzeigen	Tabellentools | Layout | Tabelle | Gitternetzlinien anzeigen
Löschen | Spalten	Tabellentools | Layout | Zeilen und Spalten | Löschen | Spalten löschen
Löschen | Tabelle	Tabellentools | Layout | Zeilen und Spalten | Löschen | Tabelle löschen
Löschen | Zeilen	Tabellentools | Layout | Zeilen und Spalten | Löschen | Zeilen löschen
Löschen | Zellen	Tabellentools | Layout | Zeilen und Spalten | Löschen | Zellen löschen
Markieren | Spalte	Tabellentools | Layout | Tabelle | Auswählen | Spalte auswählen
Markieren | Tabelle	Tabellentools | Layout | Tabelle | Auswählen | Tabelle auswählen
Markieren | Zeile	Tabellentools | Layout | Tabelle | Auswählen | Zeile auswählen
Markieren | Zelle	Tabellentools | Layout | Tabelle | Auswählen | Zelle auswählen
Sortieren	Start | Absatz | Sortieren
	Tabellentools | Layout | Daten | Sortieren
Tabelle teilen	Tabellentools | Layout | Zusammenführen | Tabelle teilen
Tabelle zeichnen	Tabellentools | Entwurf | Rahmenlinien zeichnen | Tabelle zeichnen
	Start | Absatz | Rahmen | Tabelle zeichnen
	Einfügen |Tabellen | Tabelle | Tabelle zeichnen
Tabelle zeichnen	Tabellentools | Entwurf | Tabellenformatvorlagen | Rahmen | Tabelle zeichnen

Word 2003-Befehl	Position in Word 2007
Tabelleneigenschaften	Tabellentools | Layout | Zellengröße | Eigenschaften
	Tabellentools | Layout | Tabelle | Eigenschaften
Überschriftenzeilen wiederholen	Tabellentools | Layout | Daten | Überschriften wiederholen
Umwandeln | Tabelle in Text	Tabellentools | Layout | Daten | In Text konvertieren
Umwandeln | Text in Tabelle	Einfügen | Tabellen | Tabelle | Text in Tabelle umwandeln
Zellen teilen	Tabellentools | Layout | Zusammenführen | Zellen teilen
Zellen verbinden	Tabellentools | Layout | Zusammenführen | Zellen verbinden

Menü *Fenster*

Word 2003-Befehl	Position in Word 2007
Alle anordnen	Ansicht | Fenster | Alle anordnen
Derzeit geöffnete Dokumente	Ansicht | Fenster | Fenster wechseln | Fenstername
Nebeneinander vergleichen mit	Ansicht | Fenster | Nebeneinander anzeigen
Neues Fenster	Ansicht | Fenster | Neues Fenster
Teilen	Ansicht | Fenster | Teilen

Die interaktive Befehlsreferenz

Auf der Begleit-CD zu diesem Buch finden Sie eine visuelle, interaktive Referenzanleitung, die von Microsoft erstellt wurde, um Ihnen dabei zu helfen, die häufig verwendeten Befehle von Microsoft Office Word 2003 in der neuen Benutzeroberfläche von Word 2007 zu finden. Um diese Anleitung zu installieren und zu verwenden gehen Sie folgendermaßen vor:

1. Legen Sie die CD in das CD-ROM-Laufwerk Ihres Computers ein.
2. Klicken Sie im Startfenster auf *Befehlsreferenz*, um das Installationsprogramm zu starten.
3. Bestätigen Sie die erste Nachfrage mit *Ja* und geben Sie dann den Ordner an, in dem die interaktive Befehlsreferenz installiert werden soll.

Bild A.1 Installation der interaktiven Befehlsreferenz

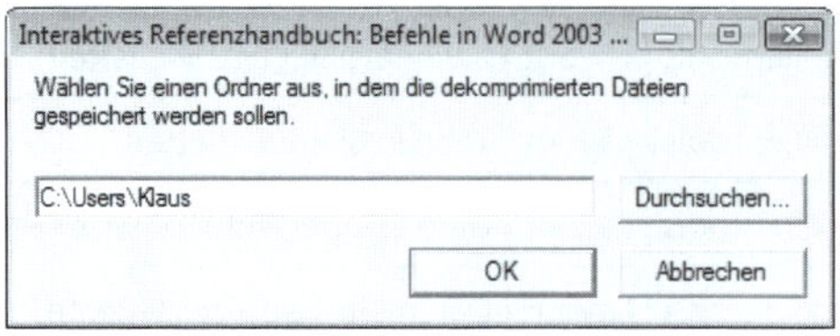

4. Klicken Sie auf *OK*, um die Installation zu starten.

   Nach dem Abschluss der Installation finden Sie in dem angegebenen Ordner die Anwendung *Interaktiv – Word 2003 in Word 2007 Befehl*. Die Anwendung taucht nicht im Startmenü auf.

5. Starten Sie die interaktive Befehlsreferenz, indem Sie den Ordner öffnen und auf das Symbol der Anwendung klicken bzw. doppelklicken.

Bild A.2 Die interaktive Befehlsreferenz

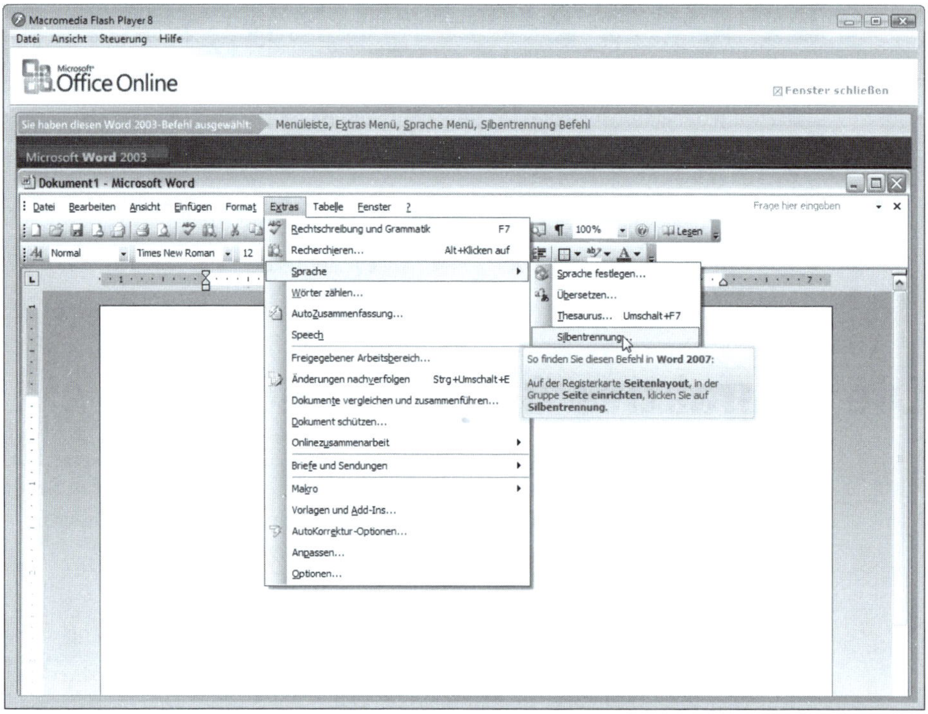

6. Zeigen Sie in der Word 2003-Simulation auf den gesuchten Befehl. Das Programm gibt Ihnen dann in einem Tooltipp einen Hinweis, wie Sie den Befehl in Word 2007 aufrufen können.

7. Wenn Sie den gesuchten Befehl anklicken, startet eine kleine Demonstration, die Ihnen anhand einer Word 2007-Simulation die genaue Vorgehensweise zum Aufruf des Befehls zeigt.

Anhang B

Anpassen der Symbolleiste für den Schnellzugriff

In diesem Anhang:

Bei der neuen Office-Benutzeroberfläche mit der Multifunktionsleiste gibt es nur noch eine einzige Symbolleiste: die Symbolleiste für den Schnellzugriff. Sie wird standardmäßig rechts neben der *Office-Schaltfläche* angezeigt. In dieser Symbolleiste befinden sich die Tools, die häufig benötigt werden, und andere, die nicht direkt einer der Registerkarten zugeordnet werden können, wie beispielsweise der Befehl *Rückgängig* oder der Befehl *Wiederholen*. Die Schaltflächensymbole entsprechen denen, die auch in vorherigen Versionen von Office verwendet wurden.

Symbolleiste für den Schnellzugriff anpassen

Wenn Sie Befehle benötigen, die standardmäßig nicht mehr in der Benutzeroberfläche von Word 2007 vorhanden sind, können Sie diese in die Symbolleiste für den Schnellzugriff einfügen. Solche Befehle sind in den Tabellen in Anhang A an dem Symbol zu erkennen.

Gehen Sie zum Anpassen der Symbolleiste für den Schnellzugriff wie folgt vor:

1. Klicken Sie auf die *Office-Schaltfläche* und dann auf *Word-Optionen*.

Bild B.1 Auf der Seite *Anpassen* können Sie die Symbolleiste für den Schnellzugriff konfigurieren

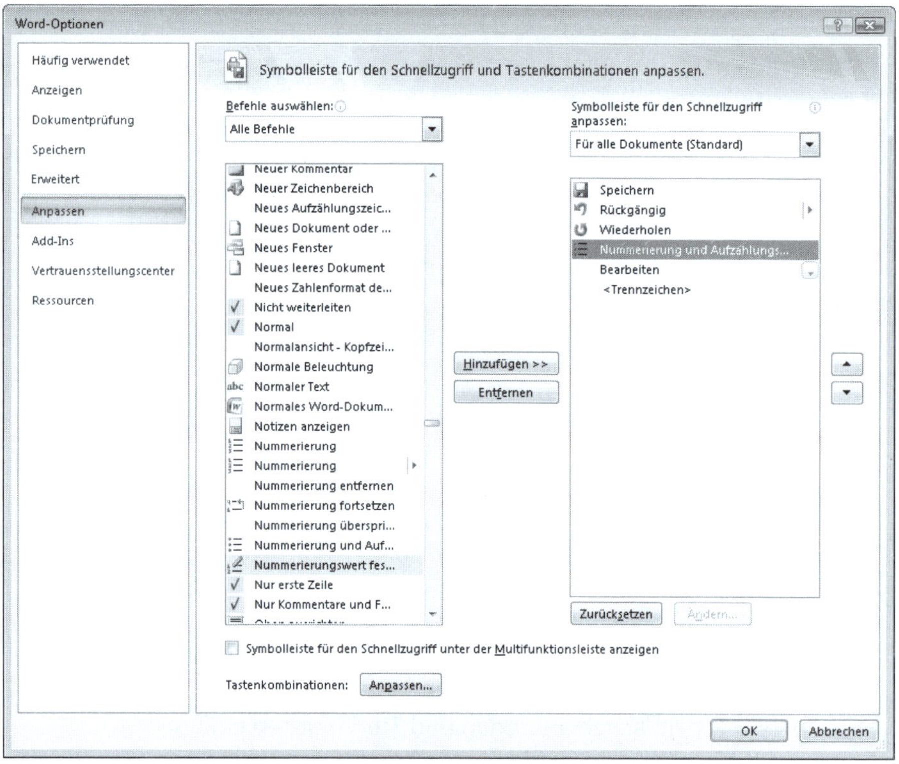

2. Klicken Sie in der Liste auf der linken Seite des Dialogfeldes auf *Anpassen*.

3. Öffnen Sie das Listenfeld *Befehle auswählen* und klicken Sie auf *Alle Befehle.*
4. Öffnen Sie das Listenfeld *Symbolleiste für den Schnellzugriff anpassen* und legen Sie fest, ob die angepasste Symbolleiste für alle Dokumente oder nur für ein bestimmtes Dokument zur Verfügung stehen soll.
5. Scrollen Sie in der linken Liste, bis Sie den Befehl sehen, den Sie in die Symbolleiste für den Schnellzugriff einfügen wollen, markieren Sie ihn und klicken Sie dann auf *Hinzufügen.*
6. Wiederholen Sie den letzten Schritt für alle Befehle, die in der Symbolleiste für den Schnellzugriff zur Verfügung stehen sollen.
7. Klicken Sie auf *OK.*

Schaltfläche einer Registerkarte in die Symbolleiste für den Schnellzugriff einfügen

Alle Befehlsschaltflächen, die Sie auf den verschiedenen Registerkarten finden, besitzen ein Kontextmenü, in dem sich der Befehl *Zu Symbolleiste für den Schnellzugriff hinzufügen* befindet. Klicken Sie einfach die Schaltfläche, die Sie in die Symbolleiste einfügen wollen, mit der rechten Maustaste an und wählen Sie diesen Befehl aus. (Dieses Kontextmenü steht Ihnen übrigens auch in allen Befehlen des Menüs der *Office-Schaltfläche* zur Verfügung.)

Bild B.2 Alle Befehlsschaltflächen besitzen in ihrem Kontextmenü den Befehl *Zu Symbolleiste für den Schnellzugriff hinzufügen*

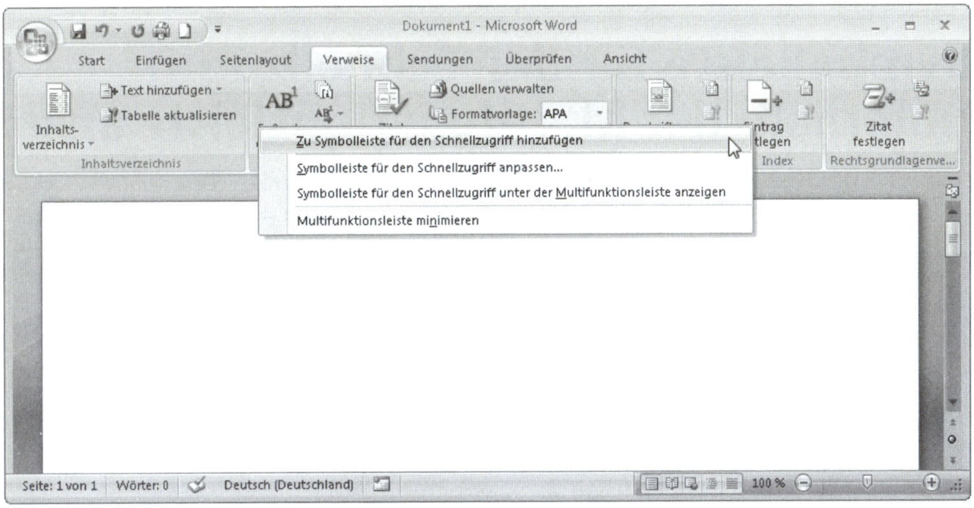

Um eine Schaltfläche wieder aus der Symbolleiste für den Schnellzugriff zu entfernen, klicken Sie sie in der Symbolleiste mit der rechten Maustaste an und wählen im Kontextmenü den Befehl *Aus Symbolleiste für den Schnellzugriff entfernen.*

Schaltflächen anordnen und Trennzeichen einfügen

In der Symbolleiste für den Schnellzugriff werden die Schaltflächen in der Reihenfolge angezeigt, in der Sie sie dort eingefügt haben. Wenn Sie ein wenig Struktur in der Symbolleiste bevorzugen, können Sie die Reihenfolge der Schaltflächen verändern, sie zu logischen Gruppen zusammenfassen und die einzelnen Gruppen durch Trennzeichen voneinander abheben.

Gehen Sie dazu wie folgt vor:

1. Klicken Sie die Pfeil-Schaltfläche *Symbolleiste für den Schnellzugriff anpassen* an und wählen Sie dann im Menü *Weitere Befehle* aus. Das Dialogfeld *Word-Optionen* wird angezeigt, die Seite *Anpassen* ist geöffnet.
2. Markieren Sie in der Befehlsliste den Eintrag *<Trennzeichen>* und klicken Sie auf *Hinzufügen.* Wiederholen Sie diesen Schritt, bis die benötigte Anzahl von Trennzeichen in der Liste auf der rechten Seite vorhanden ist.
3. Markieren Sie in der Liste auf der rechten Seite den Befehl, den Sie an eine andere Position verschieben wollen.
4. Klicken Sie die Schaltfläche *Nach oben* bzw. *Nach unten* an, die Sie neben der Liste sehen, bis der Befehl an der gewünschten Position steht.
5. Wiederholen Sie die beiden letzten Schritte, bis die Symbolleiste so aufgebaut ist, wie Sie es möchten.
6. Klicken Sie auf *OK,* um das Dialogfeld zu schließen.

Symbolleiste für den Schnellzugriff unterhalb der Multifunktionsleiste anzeigen

Die Symbolleiste für den Schnellzugriff wird standardmäßig neben der *Office-Schaltfläche* angezeigt. Wenn Sie die Wege verkürzen möchten, die Sie mit der Maus zurücklegen müssen, um die Schaltflächen anzuklicken, können Sie die Symbolleiste auch unterhalb der Multifunktionsleiste anzeigen lassen, was sich besonders dann anbietet, wenn Sie zahlreiche Schaltflächen hinzugefügt haben.

Bild B.3 Die Symbolleiste für den Schnellzugriff an ihrer Standardposition (links im Bild) und unterhalb der Multifunktionsleiste (rechts im Bild)

Gehen Sie wie folgt vor, um die Position der Symbolleiste für den Schnellzugriff anzupassen:

1. Klicken Sie auf die Pfeil-Schaltfläche an der rechten Seite der Symbolleiste für den Schnellzugriff.
2. Klicken Sie im Menü auf *Unter der Multifunktionsleiste anzeigen.*

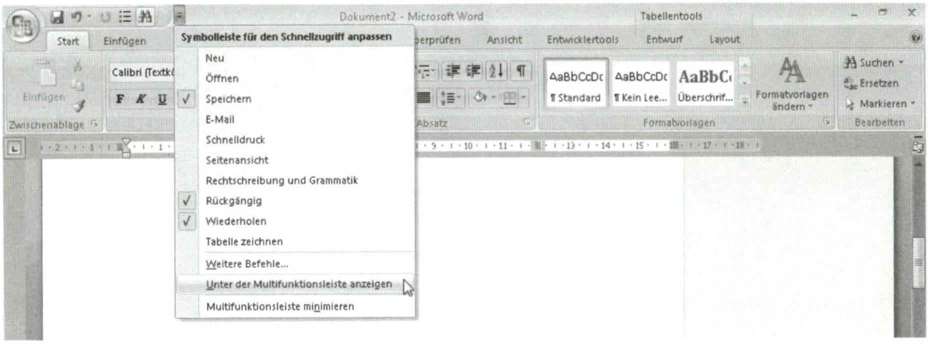

Bild B.4 Im Menü der Schaltfläche zum Anpassen der Symbolleiste für den Schnellzugriff finden Sie einen Befehl, um die Symbolleiste unterhalb der Multifunktionsleiste anzeigen zu lassen

Im oberen Bereich des Kontextmenüs finden Sie die Namen von weiteren häufig verwendeten Befehlen. Klicken Sie auf einen der Befehlsnamen, um ihn in der Symbolleiste für den Schnellzugriff anzeigen zu lassen oder um ihn von der Leiste zu entfernen, sollte er derzeit dort enthalten sein.

Anhang C

Anpassen der Installation

In diesem Anhang:

Wartungsinstallation

Wenn Sie bei der Installation von Microsoft Office 2007 bzw. Microsoft Office Word 2007 nicht alle Komponenten installiert haben, können Sie dies jederzeit über eine Wartungsinstallation nachholen. Auch der umgekehrte Weg ist möglich, das heißt, Sie können bereits installierte Komponenten wieder deinstallieren.

Verwenden Sie dann die Windows-Systemsteuerung, um die Installation anzupassen:

1. Klicken Sie auf *Start* und dann auf *Systemsteuerung.*
2. Klicken Sie im Fenster *Systemsteuerung* auf *Programme.*
3. Klicken Sie jetzt auf *Programme und Funktionen.*

Bild C.1 Liste der installierten Programme

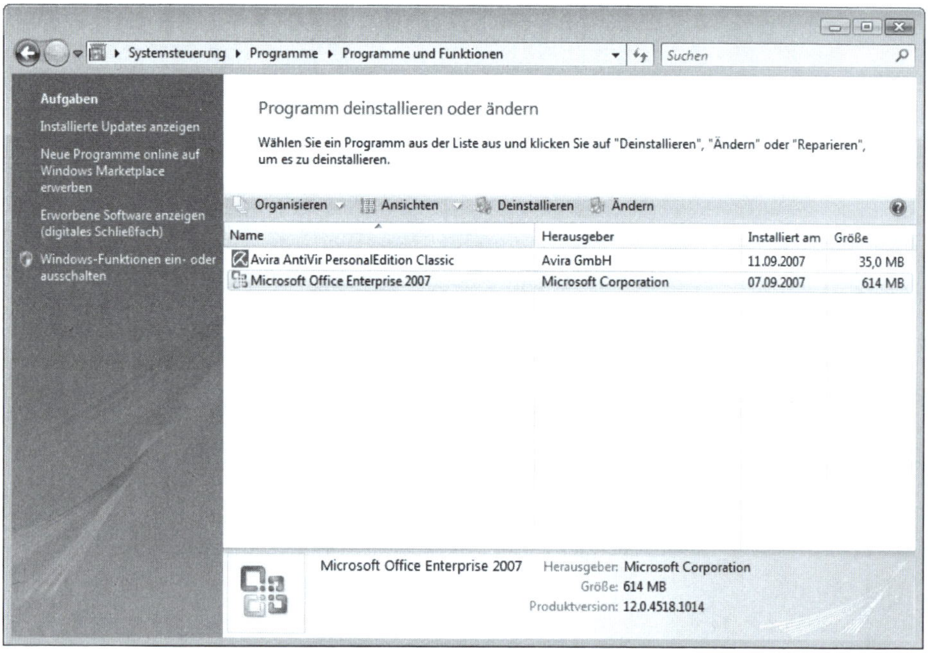

4. Markieren Sie den Eintrag für Microsoft Office 2007. Je nachdem, welche Edition von Office 2007 auf Ihrem Rechner installiert ist, kann der Eintrag bei Ihnen etwas anders aussehen.
5. Klicken Sie auf die Schaltfläche *Ändern,* um das Setup-Programm zu starten.
6. Im ersten Schritt des Programms haben Sie die Wahl zwischen einer Anpassung oder einer Reparatur Ihrer Office-Installation. Lassen Sie die Option *Features hinzufügen oder entfernen* markiert und klicken Sie auf *Weiter.* Das Setup-Programm zeigt dann eine Liste der Anwendungen an, die in Ihrer Edition von Microsoft Office enthalten sind.

Bild C.2 Liste der Office-Anwendungen

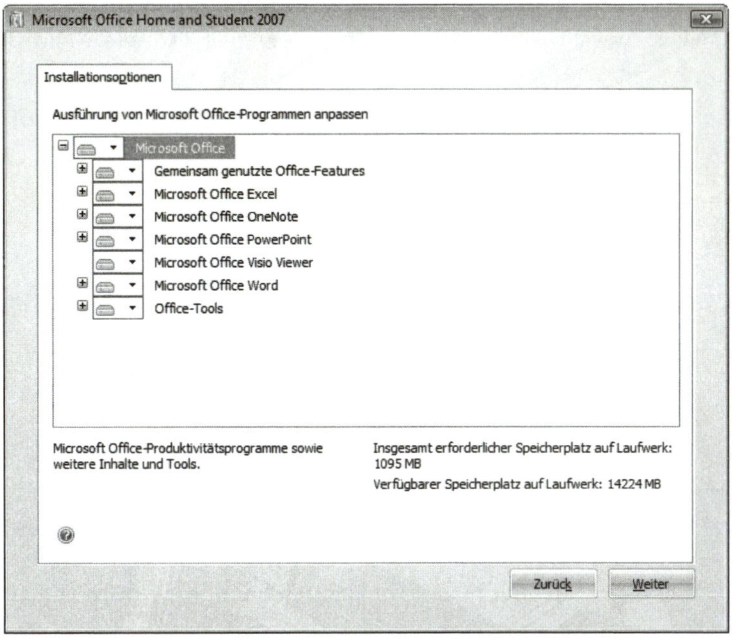

7. Um zu sehen, welche Features der einzelnen Anwendungen installiert werden, klicken Sie auf das Pluszeichen vor den Einträgen in der Liste.

Bild C.3 Anzeigen der Features für eine Anwendung

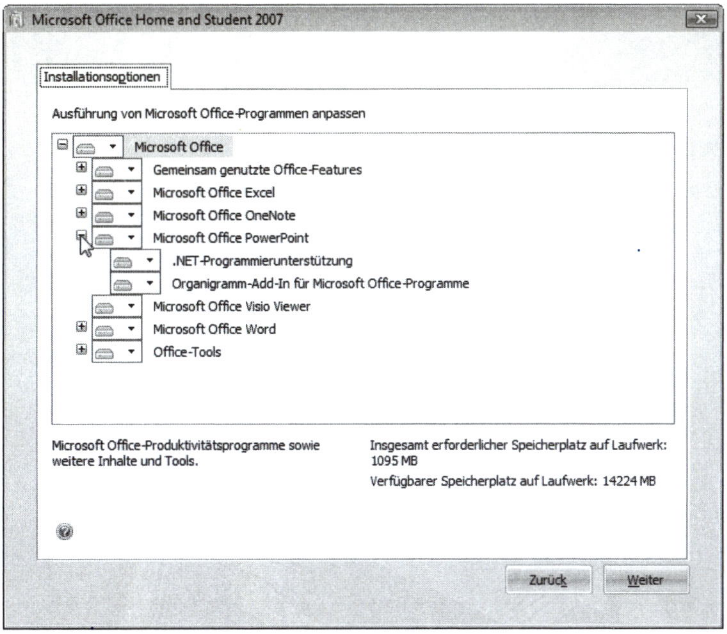

8. Die Symbole neben den einzelnen Einträgen zeigen an, wie die zugehörigen Komponenten installiert sind (bzw. werden). Um die Installationsweise zu ändern, klicken Sie das Symbol an und wählen aus dem dann angezeigten Menü die gewünschte Installationsweise aus.

Bild C.4 Auswahl des Installationsmodus

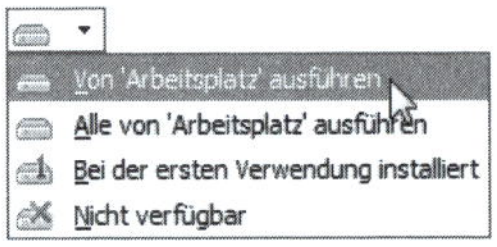

Hier stehen Ihnen folgende Optionen zur Verfügung:

- **Von 'Arbeitsplatz' ausführen** Das Feature wird auf der Festplatte installiert und es steht sofort zur Verfügung.
- **Alle von 'Arbeitsplatz' ausführen** Das Feature und alle zugehörigen Unterfeatures werden auf der Festplatte installiert und stehen sofort zur Verfügung.
- **Bei der ersten Verwendung installiert** Das Feature wird dann auf der Festplatte installiert, wenn Sie es zum ersten Mal verwenden wollen. Zu diesem Zeitpunkt benötigen Sie die Office-CD.
- **Nicht verfügbar** Das Feature wird nicht installiert bzw. wieder entfernt.

9. Treffen Sie die gewünschte Auswahl und klicken Sie auf *Weiter*, um den Vorgang zu starten. Die Wartungsinstallation erfordert in der Regel kein Eingreifen und meldet sich nach einiger Zeit mit folgender Abschlussmeldung:

Bild C.5 Die Wartungsinstallation wurde erfolgreich abgeschlossen

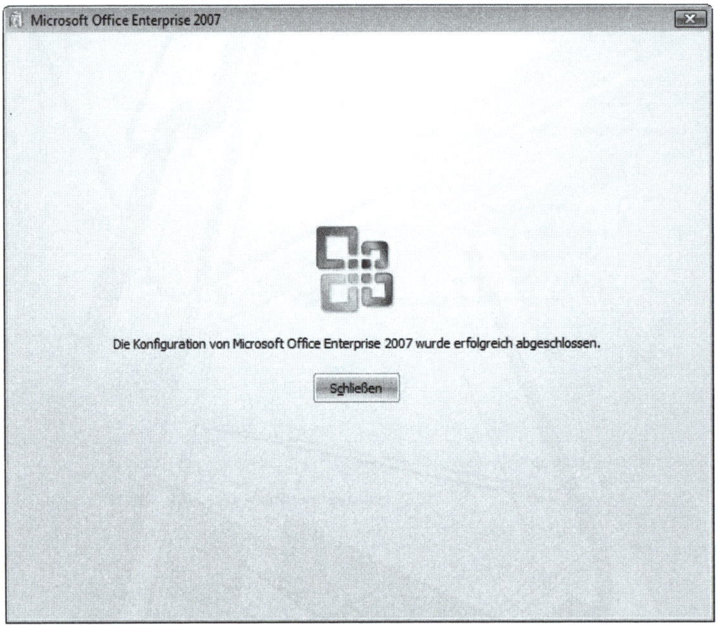

Praxisindex

Die Einträge im Praxisindex verweisen auf Schritt-für-Schritt-Anleitungen zu spezifischen Arbeitsgängen.

E

F

G

H

I

K

L

M

N

O

P

Q

R

S

T

U

V

W

X

Z

Stichwortverzeichnis

B

C

D

E

F

G

K

L

M

N

O

P

Q

R

S

T

U

V

X

Z